〈샤리아르 왕과 샤라자드·두냐자드 자매〉 폴 에밀 드투슈

〈우즈라족의 연인들〉 '사촌누이가 나한테 오다가 사자의 습격을 받아 잡아먹히고 말았어요.'

〈협잡할멈 다리라와 사기꾼 딸 자이나브의 못된 장난〉

〈카이로의 도적신 알리의 기담〉 '당신의 원수이며 알라의 적인 제 아비의 머리를 가지고 왔어요.'

〈바다에서 태어난 줄나르와 그 아들 페르시아 왕 바드르 바심〉 르네 불. '임금님께 선물로 바칠까 합니다.'

〈바다에서 태어난 줄나르와…〉 프랜시스 브런디지. 1933. '줄나르는 향을 피워 가족을 불렀다.'

〈바다에서 태어난 줄나르와…〉 브런디지. 1933. '바드르 바심 왕은 마법에 걸려 새가 되어 버렸다.'

〈모하메드 빈 시바이크 왕과 상인 하산〉 사이프 알 무르크 왕자와 바디아 알 자마르 공주 이야기 '왕자는 갑옷에 그려진 미녀의 초상을 보고 정신이 아득해졌다.'

사이프 알 무르크 왕자와 바디아 알 자마르 공주 이야기 '괴물 왕의 공주는 왕자에게 자신의 몸을 즐겁게 해달라고 요구했다.'

〈바소라의 하산〉 알버트 레치포드. 1897. '새 열 마리가 날아오더니 처녀들로 변신했다.'

〈바소라의 하산〉 알버트 레치포드. 1897. '하산은 한 처녀의 깃옷을 숨겼다.'

〈바소라의 하산〉 '여왕은 병사를 시켜 사나 공주의 머리채로 몸뚱이를 매달라고 명령했다.'

〈바소라의 하산〉 '그리고 여왕은 동생 사나 공주의 살갗이 찢어질 때까지 채찍으로 때렸다.'

〈마스룰과 자인 알 마와시프〉 '…키가 크지도 작지도 않고 얼굴은 휘영청 밝은 보름달 같은 여자가 있었다.'

〈마스룰과 자인 알 마와시프〉 '남편은 특별히 마련한 낙타 가마에 아내를 태웠다.'

〈알리 누르 알 딘과 띠를 만드는 미리암 공주〉 '상대가 말 도둑임을 안 미리암은 칼로 그의 목덜미를 찔렀다.'

World Book 136
Richard Francis Burton
THE BOOK OF THE THOUSAND NIGHTS AND ONE NIGHT
# 아라비안나이트 IV
리처드 버턴/고산고정일 옮김

동서문화사

디자인 : 동서랑 미술팀

# 아라비안나이트 IV
## 차례

우즈라 족의 연인들 (688번째 밤~691번째 밤) … 3185
바다위인과 그 아내 (691번째 밤~693번째 밤) … 3196
바소라의 연인들 (693번째 밤~695번째 밤) … 3207
모술의 이사크와 그 연인 그리고 악마 (695번째 밤~696번째 밤) … 3216
알 메디나의 연인들 (696번째 밤~697번째 밤) … 3223
알 말리크 알 나시르와 그 재상 (697번째 밤~698번째 밤) … 3229
협잡할멈 다리라와 사기꾼 딸 자이나브의 못된 장난
(698번째 밤~708번째 밤) … 3233
카이로의 도적신(盜賊神) 알리의 기담 (708번째 밤~719번째 밤) … 3275
아르다시르와 하야트 알 누후스 공주 (719번째 밤~738번째 밤) … 3332
바다에서 태어난 줄나르와 그 아들 페르시아 왕 바드르 바심
(738번째 밤~756번째 밤) … 3413
모하메드 빈 사바이크 왕과 상인 하산 (756번째 밤~778번째 밤) … 3473
　　사이프 알 무르크 왕자와 바디아 알 자마르 공주 이야기 … 3479
바소라의 하산 (778번째 밤~831번째 밤) … 3569
바그다드의 어부 할리파 (831번째 밤~845번째 밤) … 3775
바그다드의 어부 할리프 (브레슬라우판) … 3834
마스룰과 자인 알 마와시프 (845번째 밤~863번째 밤) … 3865
알리 누르 알 딘과 띠를 만드는 미리암 공주 (863번째 밤~894번째 밤) … 3979

상이집트 남자와 프랑크인 아내(894번째 밤~896번째 밤) … 4141
빈털터리가 된 바그다드 남자와 노예계집(896번째 밤~899번째 밤) … 4149
인도의 잘리아드 왕과 시마스 재상(899번째 밤~930번째 밤) … 4163
   고양이와 생쥐 이야기 … 4165
   탁발승과 버터 항아리 … 4170
   물고기와 게 … 4174
   까마귀와 뱀 … 4177
   야생 나귀와 승냥이 … 4179
   막돼먹은 왕과 순례하는 왕자 … 4182
   까마귀와 매 … 4186
   뱀 사육사와 그 아내 … 4189
   거미와 바람 … 4192
   두 사람의 왕 … 4199
   장님과 앉은뱅이 … 4202
   어리석은 어부 … 4229
   소년과 도둑 … 4232
   남편과 아내 … 4235
   상인과 도둑 … 4238
   승냥이와 이리 … 4242
   양치기와 도둑 … 4245
   자고새와 거북 … 4252

## 우즈라족의 연인들[1]

환관 마스룰은 이런 이야기를 하였습니다.
—어느 날 밤, 하룬 알 라시드 교주는 아무래도 잠이 오지 않는지 나에게 이렇게 말했습니다.
"오늘 밤에는 어느 시인이 찾아왔는지 가보고 오게."
그래서 나가 보았더니, 자밀 빈 마마르 알 우즈리[2]가 대기실에 앉아 있었다.
"충실한 자들의 임금님께서 부르시네."
"알았습니다."
자밀이 나와 함께 교주님에게 가서 인사를 하자, 교주님도 답례하면서 자리를 권하고 입을 열었습니다.
"오, 자밀, 뭐 신기하고 재미있는 이야기가 없을까?"
"오, 충실한 자들의 임금님이시여, 제 눈으로 직접 본 이야기를 들으시겠습니까? 아니면 다른 사람한테서 들은 이야기를 들으시겠습니까?"
"그대가 직접 본 것을 얘기해 다오."
"알았습니다. 충실한 자들의 임금님이시여, 부디 마음을 기울여 들어주시기 바랍니다."
교주님은 그 속은 타조의 깃털로 채우고, 겉은 금실로 수놓은 붉은 비단으로 싼 긴 베개를 허벅다리 밑에 받치고, 그 위에 두 팔꿈치를 괸 뒤 시인에게 빨리 하라며 졸랐습니다.
"자, 어서 이야기를 시작해라."
시인은 곧 이야기를 시작했습니다.
"오, 충실한 자들의 임금님, 저는 일찍이 어떤 처녀에게 마음을 뺏겨 발바닥이 닳도록 찾아다닌 적이 있었습니다."

—여기서 날이 훤히 새었으므로 샤라자드는 이야기를 그쳤다.

## 689번째 밤

샤라자드는 이야기를 계속했다.

오, 인자하신 임금님, 교주님의 재촉에 시인은 이야기를 시작했습니다.

―오, 충실한 자들의 임금님이시여! 저는 옛날에 한 처녀에게 홀딱 반해 발바닥이 닳도록 처녀를 찾아다닌 적이 있었습니다. 그 처녀야말로 이 세상 모든 것 가운데 나의 유일한 희망이요 기쁨이었기 때문입니다. 그런데 얼마쯤 지나자 그 근처에 가축이 먹을 풀이 부족하다고 처녀는 가족들과 함께 이사를 하고 말았습니다. 그 때문에 오랫동안 만나지 못하고 있다가 그 처녀를 만나고 싶은, 견딜 수 없을 만큼 욕정에 불타올라 당장에라도 찾아 나서지 않고서는 미칠 것만 같았습니다.

어느 날 밤, 기어코 참지 못하여 침대에서 벌떡 일어난 저는 암낙타에 안장을 놓고 터번을 머리에 두르고, 가장 허름한 옷*3을 입은 다음 칼을 어깨에 메고 창은 등에 짊어지고는 낙타에 올라 처녀의 행방을 찾아 길을 떠났습니다.

부지런히 길을 가는 동안 한 치 앞도 보이지 않는 캄캄한 어둠이 찾아왔지만, 그래도 나는 골짜기를 지나고 언덕을 넘어갔습니다.

그러자 여기저기서 사자의 울부짖음과 늑대의 울음소리, 그 밖의 사나운 짐승들의 울음소리가 들려와서 이루 말할 수 없이 무서웠으나, 그래도 전능하신 알라의 이름을 부르는 것만은 잊지 않았습니다.

이렇게 나아가는 사이에 차츰 졸음이 몰려와 나는 마침내 낙타 등에서 잠이 들고 말았습니다.

그 사이에 낙타가 방향을 잃었는지, 갑자기 무언가에*4 머리가 세게 부딪혀서 깜짝 놀라 눈을 떠보니, 어느새 나무가 자라고 시냇물이 흐르는 목장에 와 있었습니다.

숲에서는 새들이 시끄럽게 지저귀고 있고 나무가 아주 울창하게 자라고 있어 나는 낙타에서 내려 고삐를 잡고 걸어갔습니다. 이윽고 숲을 벗어나 널찍한 사막에 나서자, 나는 다시 낙타에 올라 어디라고 할 목적도 없이 다만 하늘에 운을 맡기고 나아갔습니다.

문득 눈을 들어보니 아득한 사막 저 멀리 불빛이 반짝이고 있었으므로, 나는 낙타에 채찍질하며 그 불빛을 향해 나아갔습니다.

가까이 가보니 천막이 하나 있고, 입구에 창 한 자루가 땅에 꽂혀 있으며 그 꼭대기에 긴 깃발*5이 바람에 펄럭이고 있었습니다. 그리고 말들이 매어져 있고 낙타는 풀을 뜯고 있었습니다. 나는 속으로 '이 사막에는 다른 천막이 하나도 없는 걸 보니 틀림없이 중요한 볼일이 있는 사람인가 보다' 생각하면서 그 앞으로 다가가 말을 걸었습니다.

"천막 안에 계신 분들에게 오늘 밤 알라의 자비와 축복이 있기를!"

내가 하는 이 말을 듣고 천막 안에서 열아홉 살가량 되어 보이는 젊은이가 나왔는데, 그 모습은 마치 동녘 하늘에 빛나는 보름달 같고 눈썹과 눈썹 사이에는 씩씩하고 용맹스러운 기운이 서려 있었습니다.

"당신에게도 알라의 자비와 축복이 있기를! 오, 아랍인 형제여, 길을 잃으신 모양이군요?"

"그렇습니다. 어디로 가야 하는지 가르쳐주십시오. 알라께서 당신에게 은총을 내려주시기를!"

"오, 아랍인 형제여, 사실 이 지방에는 사자가 많이 살고 있을 뿐만 아니라, 밤에는 어둡고 조용해 쓸쓸하고 추위도 심하니 밤길은 힘듭니다. 만일 사나운 짐승에게 잡혀 먹히기라도 하면 큰일이니 낙타에서 내리셔서 오늘밤은 저와 함께 쉬어 가시는 게 어떻겠습니까? 내일 길을 가르쳐 드리겠습니다."

나는 이 말을 듣고 낙타에서 내려 고삐로 낙타의 두 발을 묶었습니다.*6 그리고 무거운 외투를 벗고 자리에 앉았습니다. 젊은이는 곧 양을 잡아 불을 피운 뒤, 천막 안에서 곱게 빻은 소금과 향료를 가지고 나와 고기를 썰기 시작했습니다. 그것을 불에 구워 나에게 주면서도 젊은이는 눈물을 흘리기도 하고 한숨을 쉬기도 했습니다. 그러다가 이윽고 깊게 탄식하고는 하염없이 흐느껴 울다가 이런 시를 즉흥적으로 읊었습니다.

그에게 남은 것은 재빨리
뛰어가는 숨소리와
끝없이 헤매는 눈동자뿐.
팔다리에는 뼈마디 하나 남지 않고

뿌리 깊게도 병은
영원히 그 사람을 괴롭히네.
눈물이 흘러내리고
가슴은 타오르고
혀가 있어도 아무 말 하지 않으니,
그 어떤 원수라도
그 슬픔 안다면
가엾이 여겨 눈물지으리,
아, 원수조차 그를 가엾이 여기리.

이것을 들으니, 오, 신앙 깊은 자의 임금님, 저는 이 젊은이가 사랑 때문에 마음이 어지러워진 것을 알고(참사랑의 정열을 맛본 사람은 당장에 알 수 있는 법이지요.) 이렇게 혼자 생각했습니다.
'어디 한번 물어볼까?'
하지만 곧 마음을 바꾸고 생각했습니다.
'어떻게 그런 실례된 것을 물어볼 수가 있나. 나는 지금 이 젊은이에게 신세를 지는 판인데.'
그리하여 나는 궁금함을 누르고 배불리 음식을 먹었습니다.
이윽고 식사가 끝나자 젊은이는 일어나서 천막 안으로 들어가 깨끗한 수반과 물 항아리, 그리고 순금으로 가장자리를 두른 비단 이불과 사향을 섞은 장미수가 담긴 병을 가지고 나왔습니다.
그것을 본 나는 젊은이의 섬세하고 우아한 마음씨에 놀라서 속으로 이렇게 말했습니다.
'사막 속에서 이렇게 우아한 생활을 하는 사람이 있을 줄은 꿈에도 몰랐네.'
우리는 손을 씻고 잠깐 이야기를 나눴습니다. 이윽고 젊은이는 천막 안으로 들어가서 붉은 비단 휘장을 내려 자기와 내가 자는 장소를 구분하고 나서 말했습니다.
"오, 아랍인 손님, 부디 편히 주무십시오, 오늘 밤에는 여행 탓에 틀림없이 매우 고단하실 테니까요!"

나는 곧 옷을 벗고 초록색 비단 이불에 누워, 평생 다시는 겪을 수 없는 하룻밤을 보냈습니다.

—여기서 날이 훤히 밝아오기 시작했으므로 샤라자드는 이야기를 그쳤다.

## 690번째 밤

샤라자드는 이야기를 계속했다.
오, 인자하신 임금님, 시인 자밀은 이야기를 계속했습니다.
—나는 지금까지 그와 같은 밤을 보낸 것은 정말 난생처음이었습니다. 젊은이에 대해 이것저것 생각하며 비몽사몽, 어느덧 깊은 잠에 빠졌는데, 문득 나지막한 목소리가 들려 눈을 떴습니다. 이제까지 한 번도 들은 적이 없는 부드럽고 아름다운 목소리여서 칸막이의 휘장을 살짝 들춰보니 젊은이 옆에 한 처녀가 앉아 있었습니다(나는 생전에 이처럼 아름다운 아가씨를 본 적이 없었습니다). 두 사람은 사랑과 욕정과 부부의 결합을 간절히 바라는 안타까운 심정을 호소하며 눈물짓고 있었습니다.
'이상도 하다. 저 여잔 대체 누구일까? 아까 내가 들어왔을 땐 젊은이 말고는 아무도 없었는데.'
나는 잠시 이렇게 생각하다가 다시 상상했습니다.
'그래, 저건 틀림없이 마신의 딸인데 이 젊은이에게 반한 게 틀림없어. 그래서 세상을 피해 이런 쓸쓸한 곳에서 둘이서만 사는 거야.'
하지만 처녀의 모습을 좀더 자세히 살펴보니, 그것은 틀림없는 인간이며 게다가 아랍인 처녀가 분명했습니다. 이윽고 여자가 베일을 벗으니 그 얼굴은 빛나는 태양보다 더 아름다웠고, 천막 안이 그 얼굴빛으로 눈부시게 밝아지는 듯했습니다.
나는 여자가 젊은이의 연인이라는 것을 확인하자 갑자기 질투심이 고개를 쳐들어, 휘장을 내리고는 이불을 푹 뒤집어쓰고 말았습니다.
날이 새자 나는 얼른 일어나 옷을 입고 몸을 씻은 다음, 정해진 기도를 드리고 나서 젊은이에게 말했습니다.

"오, 아랍인의 형제여, 거듭 부탁해서 죄송합니다만 길을 가르쳐주시지 않겠습니까?"

젊은이가 대답했습니다.

"서두르지 마십시오, 아랍인 손님. 손님을 붙잡는 기간은 사흘 아닙니까? *7 사흘도 되기 전에 손님을 보내고 싶지 않습니다."

그래서 나는 사흘 동안 그곳에 머물렀는데, 나흘째 되는 날 이런저런 이야기를 하다가 젊은이에게 이름과 내력을 물어보았습니다.

"저는 오드라족 출신입니다."

젊은이는 자기의 이름과 부모 형제들의 이름을 가르쳐주었습니다.

그런데, 오, 충실한 자들의 임금님, 어떻게 이런 일이! 알고 보니 그 젊은이는 저의 큰아버지의 아들이며, 우즈라족 중에서도 명문 출신이었던 것입니다. 그래서 나는 물었습니다.

"아니, 사촌아우여! 무슨 까닭으로 세상을 등지고 사막에 숨어서, 훌륭한 신분과 아버지, 노예와 시녀들까지 버리고 이렇게 쓸쓸한 생활을 하는 것인가?"

그랬더니 젊은이는 눈에 가득 눈물을 머금고 이렇게 대답했습니다.

"오, 사촌형님, 나는 큰아버님의 딸과 미칠 듯한 사랑에 빠지고 말았습니다. 마치 마신에게라도 홀린 것처럼 영혼을 빼앗기고 마음은 어지러워, 한시도 얼굴을 보지 않으면 견딜 수 없었습니다. 그래서 큰아버님에게 결혼을 허락해 달라고 간청했지만, 큰아버님은 내 청을 한마디로 거절하고 딸을 오드라족에게 출가시켜 버렸습니다.

그리하여 그 남자는 처녀와 혼인을 하고 작년에 자기가 사는 곳으로 데려가버리고 말았습니다. 처녀와 헤어져 만날 수가 없게 된 나는 가슴이 찢어지는 듯한 사랑의 아픔을 달랠 수가 없어서 마침내 혈족*8과 친구, 재산마저 버리고 이 사막에 와서 살게 된 겁니다. 이젠 이 쓸쓸한 생활에도 꽤 익숙해졌습니다."

"그렇다면, 그 두 사람이 사는 곳은 어딘가?"

"바로 건너다보이는 저 언덕 위에 살고 있습니다. 그래서 매일 밤 가족들이 잠든 한밤중이 되면 그 여자는 누구에게도 들키지 않게 살짝 천막을 빠져나와 이리로 옵니다. 나는 사랑하는 그녀와 이야기를 나누는 것만으로도 충분합니다.*⁹ 밤의 한때를 이렇게 연인과 함께 지내며 겨우 마음을 달래고 있는 것이지요. 언젠가는 알라의 뜻으로 소원이 이루어질 거라고 믿으면서 말입니다. 알라께선 틀림없이 저를 위해서 무슨 일인가 해 주시겠지요. 알라야말로 심판자이시니까요."

오, 충실한 자들의 임금님, 젊은이에게서 이런 고백을 듣고 보니 나는 그 신세와 명예가 몹시 걱정스러워졌습니다.

"사촌아우여, 내가 그대에게 좋은 생각을 가르쳐줄까. (알라여, 용서하소서!) 이 방법을 쓰면 그대는 평화롭게 자신의 소망을 이룰 수 있을 것이고, 알라도 아우의 슬픔을 없애줄 테니까."

"오, 사촌형님, 제발 그걸 가르쳐주십시오."

"그것은 이렇게 하면 된다. 밤이 되어 처녀가 오거든 발이 빠른 내 낙타에 태우고, 아우는 말을 타고, 그 대신 나는 이곳에 있는 낙타를 타고 함께 떠나 밤새도록 길을 서둘러 가는 것이네. 그러면 아침에는 이 사막을 가로지를 수 있을 거야. 그땐 아우의 소망이 이루어지고 사랑하는 사람을 손에 넣을 수 있지 않겠나? 알라께서 지배하시는 땅은 넓다. 알라께 맹세코, 내가 마음과 재물과 칼로 아우를 지켜주겠다."

―여기서 날이 훤히 밝아왔으므로 샤라자드는 이야기를 그쳤다.

## 691번째 밤

샤라자드는 이야기를 계속했다.

오, 인자하신 임금님, 자밀은 상대가 살아 있는 한 힘을 빌려주겠다고 약속하고, 두 사람에게 사랑의 도피를 권하자, 젊은이는 고개를 끄덕이며 말했습니다.

"그럼 사촌형님, 그 처녀와 의논하고 올 때까지 기다려주십시오. 그 처녀는 생각이 깊고 지혜가 많으니까요."

이윽고(하고 자밀은 이야기를 계속했습니다) 밤이 깊어 처녀가 올 시간이 되자 젊은이는 목이 빠져라 기다렸지만, 평소에 오는 시간이 지나도 처녀는 나타나지 않았습니다. 그러자 젊은이는 천막 입구에 서서 입을 크게 벌리고, 여자가 사는 방향에서 불어오는 약한 바람을 들이마셨습니다. 마치 연인의 향기라도 맡으려는 듯한 모습이었습니다. 그리고 다음과 같은 시를 읊기 시작했습니다.

> 솔솔 부는 봄바람은
> 사랑하는 임이 사는 곳에서
> 부드러운 공기를 가져왔네.
> 아 약한 바람아,
> 너는 반갑게도 내 임의 입김은 실어오건만
> 어째서 임이 오시는 소식은 알려주지 않느냐?

그리고 나서 젊은이는 천막 안에 들어와 한동안 울면서 앉아 있었습니다. 잠시 뒤 젊은이는 나를 향해 말했습니다.

"오, 사촌형님, 사촌누이에게 뭔가 좋지 않은 일이 일어난 게 틀림없습니다. 아니면 무슨 급한 사정이 생겨서 올 수 없게 되었겠죠. 제가 이제부터 가서 동정을 살피고 오겠으니 여기서 기다려주십시오."

젊은이는 칼과 방패를 갖고 나가서 얼마쯤 있더니 무엇인가 손에 들고 들어와서 큰 소리로 나를 불렀습니다.

나는 급히 달려나갔습니다.

"오, 사촌형님, 무슨 일이 일어난 건지 아시겠어요?"

"아니, 모르겠는걸."

"오늘 밤은 저는 사촌누이 때문에 미쳐버리고 말 것 같아요. 사실 사촌누이가 나한테 오다가 사자의 습격을 받아 잡아먹히고 말았어요. 그리고 겨우 이것밖에 남지 않았습니다."

그러면서 손에 든 것을 내던졌습니다. 놀랍게도 그것은 처녀의 터번과 사자가 뜯어 먹다 남은 뼛조각이 아니겠습니까!

젊은이는 몸부림을 치며 울다가 들고 있던 활을 내던지고[*10] 자루를 하나 들고 밖으로 나갔습니다.

"만일 알라의 뜻이 있다면 금방 돌아올 테니 그때까지 여기서 가만히 계십시오."
 젊은이는 그렇게 말하고 나가서 한참 동안 돌아오지 않았습니다.
 그러나 얼마 뒤 한 손에 사자의 목을 들고 돌아와서, 그것을 땅에 내려놓고 물을 달라고 했습니다. 물을 가져다주었더니 그것으로 사자의 입을 닦고 그 입에 자기 입을 갖다 대고는 울기 시작했습니다. 젊은이는 그렇게 하염없이 울면서 다음과 같은 시를 읊었습니다.

오 사자여,
너는 스스로 화를 불러 쓰러졌구나.
그러나 보아라, 내 가슴은
더 큰 슬픔에 갈기갈기 찢어진다.
오, 사자여,
너는 아름다운 내 아내를 빼앗아
영원토록 땅속에 묻었구나.
이 슬픔을 빚어낸
'시간'을 향해 내가 말하리,
오, 신이여, 그 여자 대신
어떠한 벗도 주지 마소서!

 그러고 나서 젊은이는 나에게 말했습니다.
 "오, 사촌형님, 알라께 맹세코, 또는 친척의 정리(情理)*11로 부탁하니 부디 들어주십시오. 저는 얼마 뒤 형님 앞에서 죽겠으니, 내 시체를 씻어 여기 있는 사촌누이의 유골과 함께 이 옷에 싸서, 둘을 한 무덤에 묻어주시고 그 묘비에 다음의 시를 새겨주십시오."

대지 위에 우리 살면서
정답게 한집에 생활하고
더없이 즐겁고 평화롭게
그날 그 밤을 보냈도다.
그러나 슬프게도 운명의

장난 때문에 헤어져
한 수의(壽衣) 함께 걸치고
차가운 대지 속에 눕도다.

젊은이는 이렇게 시를 읊고 목메어 울부짖으면서 천막 안으로 들어가더니 한동안 모습을 보이지 않다가, 이윽고 소리쳐 신음하면서 다시 밖으로 나왔습니다.

그리고 유달리 소리 높여 흐느끼더니 그대로 숨이 끊어지고 말았습니다. 사촌동생이 정말 죽었다는 것을 알았을 때 나는 슬픔으로 가슴이 미어지는 듯하여, 나도 그 뒤를 좇아 죽어 버릴까 하는 생각마저 들었습니다. 그러나 나는 부탁 받은 대로 사촌동생의 시체와 여자의 유골을 하나의 옷에 싸서 함께 묻어주었습니다. 그리고 무덤 옆에 사흘 동안 머물다가 그곳을 떠났습니다. 그 뒤 2년 동안은 자주 그 무덤을 찾았지요! 충실한 자들의 임금님, 이것이 두 사람의 사랑 이야기입니다.

알 라시드 교주는 자밀의 이야기를 듣고 매우 감동하여 옷 한 벌과 훌륭한 선물을 내렸습니다.

또 이런 이야기도 전해지고 있습니다.

〈주〉

*1 알 마수디는 오드라(Odhrah)족의 연인으로서 유명하다 하여, 오르와(Orwah)와 아프라(Afra)의 슬픈 이야기를 소개하고 있다.
*2 시인 자밀 빈 마마르 알 우즈리(Jamil bin Ma'amar al-Uzri)에 대해서는 앞에서도 주를 달았다. 〔이 책 '오마르 빈 알 누만 왕과 두 아들 샤르르칸과 자우 알 마칸 이야기' 주석 45 참조.〕 그는 알 라시드가 태어나기 몇 년 전에 사망했으므로 여기서는 진실이 아닌 것을 진실로 꾸민 것이 되는 셈이다.
*3 가장 허름한 옷이란 여행용으로 사용되는, 아랍어의 아트마리(Atmari)를 말한다. 영국계 미국인은 이른바 '기성복'을 입고 아직 잘 모르는 지방을 여행하며, 익숙한 곳에서는 가장 나쁜 옷을 입는 상식을 가진 유일한 국민이다.
*4 즉, 나뭇가지.
*5 레인은 한 마리의 '짐승이 서 있다'로 번역했다!
*6 왼쪽 앞다리를 무릎 바로 위에 묶는 것. 이렇게 해두어도 낙타는 하룻밤 안에 모래땅을 몇 마일이나 껑충껑충 뛰어갈 수 있다. 레인 역 《신역 천일야화》의 삽화에는 이 절

뚝거리는 걸음걸이가 그려져 있다.
* 7 손님을 환대하는 기간은 더 정확하게 말하면 사흘과 8시간이며, 그 뒤부터는 손님은 친구가 되어, 아르헨티나의 대초원에서도 마찬가지지만 친구로서의 의무를 수행하는 것이 요구된다. 속담에 '손님 접대는 사흘, 노자 대접은 하루 밤낮, 이것을 넘기면 회사가 된다'라고 했다.
* 8 혈족(clan)은 아랍어로 아시라(Ashirah)이다. 책에 의하면 바다위족 사이에는 7단계의 관계가 있다. 샤브(Sha'ab)는 부족, 또는 종족으로, 공통의 조상에서 나온 것을 말한다. 카빌라(Kabilah)는 원래의 부족(여기서 *les Kabyles*가 나왔다)〔알제리의 카빌리인을 가리킨다〕. 파실라(Fasilah, 씨족), 이마라(Imarah), 아시라(Ashirah, 한 인간의 모든 인척), 파히즈(Fakhiz, 글자 그대로는 넓적다리, 즉 혈연), 바튼(Batn, 배(腹))은 가족. 그러나 실제로는 카빌라는 부족, 아시라는 혈족, 바이트(Bayt)는 가족이며, 한편 하이(Hayy)는 부족에서 일가친척까지 모든 사람을 가리킬 수 있다.
* 9 이것은 고귀한 아랍인의 진정한 정신적인 사랑이다.
* 10 원전에는 알 카우스(Al-kaus)〔활〕로 되어 있는데, 레인과 페인은 이 말을 방패로 바꿨다. 물론 앞에는 활은 등장하지 않았다. 그러나 아라비아의 독자라면 '그런 건 아무래도 상관없다(*n'importe*)'고 말할 것이다. 또한 본문에서는 활을 집에 두고 가는데, 그것은 칼이나 창보다 활이 비겁한 무기이기 때문이다. 따라서 스페인 사람은 칼을 '무기 가운데 가장 용감한 것'으로 말하고 있는데, 참으로 지당한 말이라 하겠다.
* 11 정리(情理)의 아랍어 원어는 라힘(Rahim) 또는 림(Rihm)이며, 자궁, 한 배에서 나온 인척, 또는 연민이나 동감(同感)을 뜻하는데, 여기서는 후자의 의미일 것이다.

## 바다위인과 그 아내*¹

무아위야 교주는 어느 날 다마스쿠스에 있는 궁전*²의 한 방에 앉아 있었습니다. 선선한 바람이 불어오도록 사방의 창문은 모두 활짝 열려 있었는데, 그날은 몹시 무더워 언덕 쪽에서는 바람이 전혀 불어오지 않았습니다.

그렇게 가장 더운 한나절이 되었을 때, 마침 한 남자가 타는 듯이 뜨거운 땅바닥을 맨발로 절뚝거리며 오는 모습이 교주의 눈에 띄었습니다. 얼마 동안 그 모습을 쳐다보고 있다가, 이윽고 교주는 신하들을 향해 말했습니다.

"알라께서 만드신 인간 가운데, 이렇게 더운 시간에 길을 걸어가야 하는 저자만큼 가엾은 사람이 또 있을까?"

그러자 신하 하나가 대답했습니다.

"어쩌면 저 사람은 충실한 자들의 임금님을 뵈려고 오는지도 모르겠습니다."

"저자가 나를 만나고 싶어 한다면 곧 만나주지. 그리고 남에게 억울한 일을 당하고 있다면 내 힘으로 도와줘야겠다. 여봐라, 노예들아, 문밖에 나가 기다렸다가 저 아라비아의 떠돌이가 나를 만나고 싶어 하거든 상관 말고 들여보내라."

노예가 나가 있으니 곧 아랍인이 다가왔습니다.

"무슨 볼일이오?"

그러자 아랍인이 대답했습니다.

"충실한 자들의 임금님을 뵙고 싶습니다."

"좋소, 어서 들어가시오."

그리하여 아랍인은 궁전 안으로 들어가 교주에게 인사를 했습니다.

―여기서 날이 훤히 밝았으므로 샤라자드는 이야기를 그쳤다.

## 692번째 밤

샤라자드는 이야기를 계속했다.

오, 인자하신 임금님, 이렇게 문지기의 허락을 받고 안으로 들어간 아랍인 떠돌이가 교주에게 인사를 하자, 교주가 그에게 물었습니다.

"너는 대체 누구냐?"

"저는 타밈족*3의 한 사람입니다."

"그런데 이런 때에 무슨 볼일이 있어 찾아왔는고?"

"임금님께 직접 호소할 일이 있어서 왔습니다. 임금님의 보호를 청하고자 합니다."

"누구를 고발하려는고?"

"임금님의 신하인 마르완 빈 알 하캄*4입니다."

그리고 다음과 같은 시를 읊었습니다.

>무아위야시여, 당신께선
>너그러우신 임금님으로서
>세상에 보기 드문 어진 분,
>뛰어난 학식에, 자비롭고
>덕망 높으신 임금님,
>살아나갈 길 막막하여
>나는 왔소이다!
>부디 나를 살려주소서.
>이 몸을 절망케 하지 마시고
>공평한 법을 펴소서.
>저 폭군의 실없는 짓 때문에
>저질러진 불의를 바로잡아주소서.
>이러한 모욕은 참기 어려워
>오히려 목숨이 끊어지기를
>나는 바랐다오. 그 도둑은
>내 아내 수아드를 훔쳐

부정한 행동으로 무도하게도
내 체면을 짓밟아 놓은
끝없이 미운 원수로서
운명이 정한 마지막 날이
오기도 전에 은밀하게
내 목숨을 끊으려 했다오.

이 노래를 들은 교주는 입에서 불이 뿜어 나오는 것처럼 노한 목소리로 말했습니다.

"잘 왔다! 아랍인의 형제여, 어서 네 신상을 얘기하고 자초지종을 털어놓으렷다."

"오, 충실한 자들의 임금님, 저에게는 누구 못지않게 사랑하는 아내가 있었습니다. 그 아내야말로 제 눈동자의 위안이었고, 마음의 기쁨이었습니다. 저는 낙타를 키우며 생계를 꾸려가고 있었는데, 어느 해인가 재난을 만나 한 마리도 남김없이 다 죽고 말았습니다.

그렇게 재산을 몽땅 잃고부터는 그야말로 불운이 죽 이어져, 순식간에 가난의 구렁텅이에 빠져서 전에는 곧잘 찾아주던 사람들도 저를 외면하고 상대조차 해 주지 않았습니다. 그것을 안 장인은 곧 아내를 데려가 서로간의 인연을 끊고 인정사정없이 저를 쫓아내고 말았습니다.

그래서 제가 임금님의 신하인 마르완 빈 알 하캄한테 가서 도움을 청하자, 마르완은 곧 장인을 불러내어 저에 대해 물었습니다. 장인이 그런 일은 모른다고 우기기에 제가 말했습니다.

'알라여, 태수님을 축복하소서! 그렇다면 여자를 불러서 장인의 진술에 대해 심문해 주십시오. 그러면 이 일의 참된 모습이 밝혀질 것입니다.'

그래서 마르완은 아내를 불러들였습니다. 그런데 그는 아내의 모습을 보자마자 엉뚱한 생각을 품고 만 것입니다. 그리하여 마르완은 저의 원수가 되어 저를 도와주기는커녕 오히려 저에게 화를 내며 저를 옥에 처넣었습니다.

그때 저는 마치 하늘에서 떨어져 바람에 이리저리 날리다 엉뚱한 나라에 던져진 듯한 심정이었습니다.

마르완은 장인에게 이렇게 말했습니다.

'딸을 내 아내로 주지 않겠나? 그렇게 해 준다면 지참금*5으로 금화 1천 닢과 그대에 대한 사례로 별도로 은화 1만 닢을 주고, 저 아랍인 떠돌이하고는 깨끗이 인연을 끊게 해 주겠네.'

아내의 아버지는 황금에 눈이 멀어 이 거래를 승낙하고 말았습니다.

그래서 마르완은 저를 끌어내어 성난 사자 같은 얼굴로 노려보며 말했습니다.

'이 아랍인아, 수아드와 이혼해라.'

'싫습니다. 죽어도 이혼하지 않겠습니다.'

제가 이렇게 대답하자 마르완은 부하들을 시켜 저를 고문하고 갖은 형벌을 다 가했으므로 저는 견디다 못해 결국 아내와 이혼할 수밖에 없었습니다. 제가 이혼을 승낙하자, 마르완은 여자의 부정을 씻는 의식이 끝날 때까지 저를 다시 옥에 가두었다가 혼인이 끝나자 겨우 풀어주었습니다. 그래서 저는 곧 임금님께 도움을 청하여 보호를 받으려고 이렇게 온 것입니다."

그리고 아랍인은 다음과 같은 시를 읊기 시작했습니다.

　　내 가슴속에 타오르는 불길
　　끝없이 번져가고
　　온몸은 상처투성이
　　어떤 의술로도 고칠 길 없네.
　　생 숯은 타오르며
　　불꽃을 요란하게 튀기고
　　내 눈에서 흐르는 눈물
　　마를 새 없이 불을 적시누나.
　　오로지 알라의 구원과
　　임의 도움을 빌 뿐!

노래를 마친 아랍인은 팔다리에 경련을 일으키며*6 이를 덜덜 떨더니 불을 만난 뱀처럼 몸부림치면서 까무러치고 말았습니다.

교주는 이 아랍인의 이야기와 시를 듣고 말했습니다.

"마르완은 참으로 신앙의 법도를 짓밟고, 신앙심 깊은 백성의 성전을 더럽혔다."

―여기서 날이 훤히 밝아왔으므로 샤라자드는 이야기를 그쳤다.

## 693번째 밤

샤라자드는 이야기를 계속했다.
오, 인자하신 임금님, 무아위야 교주는 아랍인의 이야기를 듣고 마르완이 신앙의 법도를 짓밟고 신앙심 깊은 백성의 성전을 더럽혔다고 말했습니다.
교주는 다시 말을 이었습니다.
"아랍인이여, 나는 방금 네가 말한 그런 이야기는 지금까지 한 번도 들어본 적이 없다."
그러고는 먹통과 종이를 가져오게 하여 마르완에게 다음과 같은 편지를 썼습니다.

"듣자하니, 그대는 백성에 대해 신앙의 법도를 범했다고 하는데 모름지기 백성을 다스리는 소임에 있는 태수는 자신의 욕망에는 눈을 감고 육욕의 유혹을 멀리해야 하는 의무가 있느니라……"

이 밖에도 다른 말을 써 보냈지만(이 이야기를 저에게 전한 분이 말씀하셨습니다) 매우 길고 번거로워지므로 모두 생략하겠습니다. 다만 그 속에 다음과 같은 시가 있었습니다.

(그대에게 재앙이 내릴지어다!)
그대는 신분에 어울리지 않는
권력과 세력을 위임받았도다.
간음의 죄를 뉘우치고
알라의 용서를 구할지어다.
불행한 젊은이가 울부짖으며

나를 찾아와 호소했도다.
아내와 갈라진 슬픔을
강한 집념으로 호소했도다.
그것은 뜻밖에도 그대로 인해
나에게 떨어진 근심거리로다.
알라께 맹세한 게 아니면
나는 절대로 용서치 않고,
신앙의 가르침에 따라
그것을 어김없이 집행하리라.
만일 그대가 지금 여기에
내가 적어서 명령한 것을
거역하고 감히 대항할 때는
그대의 주검을 들에 버려
까마귀밥을 만들리라.
어서 수아드와 인연을 끊고
비단옷으로 곱게 차려 입혀
나에게 돌려보내라.
이 편지를 들고 가는 알 쿠마이트와
지반의 아들 나스르에게 맡겨서.

 교주는 편지를 다 쓰고 나자 접어서 봉인한 다음 알 쿠마이트와 나스르 빈 지반[7](이 두 사람을 교주는 매우 신뢰하여 언제나 중요한 일을 시키곤 했습니다)에게 주었습니다. 두 사람은 편지를 갖고 알 메디나에 가서 마르완을 만났습니다. 그리고 인사를 나눈 뒤 편지를 내주고 자초지종을 자세히 얘기해 주었습니다.
 마르완은 교주의 편지를 읽고 울음을 터뜨렸지만, 그 명령을 거역할 수 없어 곧 수아드에게 가서 사정을 얘기하고 알 쿠마이트와 나스르가 보는 앞에서 이혼했습니다. 그리고 수아드를 보낼 채비를 하여 알 쿠마이트와 나스르에게 맡기고 교주한테 편지를 썼는데, 그 속에는 다음과 같은 시가 들어 있었습니다.

신앙심 깊은 자의 임금님이시여!
일을 서두르지 마소서.
임은 그지없는 은덕을
일찍이 맹세하였사오니
나는 임의 그 맹세 받들어
명을 받아 기꺼이
맡은 바 책임을 다하리.
이 몸은 그 여자를 사랑했을 뿐
불의를 범한 죄는 모르는 일,
무엇으로 이 몸에게
간악과 사음의 턱없는 죄를 씌우시느뇨.
임 앞에 머지않아
세상에 드물고 희한한
태양이 도착하리라.
모름지기 땅 위에 사는 한
사람이건 마신이건
수아드처럼 아름다운 것은
다시없으리라.

마르완은 편지를 봉인하여 사자들에게 맡겼습니다. 알 쿠마이트와 나스르는 수아드를 데리고 다마스쿠스로 돌아가서 교주에게 편지를 바쳤습니다. 교주는 그것을 받아 읽은 뒤 이렇게 소리쳤습니다.
"마르완이 내 명령을 훌륭하게 시행해 주었구나. 그런데 여자에 대한 칭찬이 너무 지나친걸."
그리고 나서 수아드를 불러들이고 보니, 교주도 일찍이 본 적이 없을 만큼 그 용모와 우아한 자태, 균형 잡힌 몸매가 정말 뛰어나게 아름다운 미인이었습니다. 그뿐만 아니라 말을 시켜보니 목소리도 아름답고 말솜씨도 매우 세련되었습니다.
"그 아랍인을 불러라."
교주가 분부하자 곧 아랍인은 사람들의 안내를 받아 운명의 장난에 들볶여 보기에도 애처롭게 여윈 모습으로 나타났습니다.

"오, 아랍인이여, 만일 네가 이 여자를 나에게 양보해 준다면 그 대신 달처럼 아름답고 가슴이 봉곳한 처녀 세 사람에 각각 금화 1천 닢씩을 줘서 너에게 주마. 그리고 네가 풍족한 생활을 할 수 있도록 해마다 국고에서 많은 돈을 내주마, 어떠냐?"

이 말을 들은 아랍인은 외마디 신음을 내면서 그대로 정신을 잃고 말았습니다. 교주는 죽은 줄만 알았던 아랍인이 잠시 뒤 깨어나자 이렇게 물었습니다.

"왜 그러느냐?"

아랍인이 대답했습니다.

"저는 마음의 고통을 참다못해 임금님을 찾아뵙고 마르완의 무도함을 호소했습니다만, 임금님의 억지에 대해서는 대체 누구에게 호소하면 됩니까?"

그리고 다음과 같은 시를 읊었습니다.

　　(알라시여, 교주를 구원하소서!)
　　나를 배신하지 마시라,
　　배신을 당하지만 않았던들
　　구원을 찾아, 불타는
　　사막을 헤매지는 않았을 텐데.
　　가련하다, 애타는 이 가슴에
　　수아드를 돌려주소서.
　　밤이나 낮이나 슬픔에 잠긴
　　이 몸의 굴레를 벗기고
　　아낌없이 망설임 없이
　　수아드를 나에게 돌려주소서.
　　임께서 여자를 돌려주신다면
　　나는 감사하리, 높은 은혜를.

아랍인은 다시 말을 이었습니다.

"오, 충실한 자들의 임금님이시여, 설령 임금님께서 이 나라의 재물을 모두 저에게 주신다 해도, 저는 수아드를 놓치고 싶지 않습니다."
그리고 다시 다음과 같은 시를 읊었습니다.

　　내가 수아드를 사랑하지 않는다면,
　　그 누구를 사랑하리.
　　아침마다 내가 느끼는
　　정다운 수아드의 사랑은
　　목마름을 적셔주는 물과 같고
　　나날의 양식과도 같아라.

그러자 교주가 말했습니다.
"너는 네 입으로 여자와 이혼했다고 고백했고, 마르완도 역시 이혼했다고 말했다. 그러므로 이제 우리는 여자의 마음에 맡기기로 하고 자유롭게 남편을 고르게 하는 게 어떻겠느냐? 만일 여자가 너 아닌 다른 남자를 고른다면 그자에게 보내고, 만약에 너를 택한다면 너에게 돌려주마."
"좋습니다."
교주는 여자를 향해 물었습니다.
"오, 수아드여, 그대는 누구를 남편으로 고르겠는지 대답하라. 명예와 영광, 영토와 궁전, 그 밖에 대충 그대가 짐작하는 모든 것을 가진 자이자 신앙심 깊은 백성의 임금인 나를 택하겠느냐? 저 무도한 폭군 마르완에게 가겠느냐, 아니면 굶주리고 가난한 이 아랍인을 고르겠느냐? 세 사람 가운데 너는 누구를 고르겠느냐?"
그러자 수아드는 다음과 같은 시로 대답했습니다.

　　굶주림에 울고 누더기를 걸친
　　이분이야말로 핏줄로 이어진
　　누구보다 사랑스러운 참사랑.
　　왕관을 쓴 임금님보다도
　　그 신하 마르완보다도
　　아니, 더 많은 부를 자랑하는

누구보다도."

그리고 여자는 말했습니다.

"오, 충실한 자들의 임금님이시여, 저는 이이가 운명의 학대를 받고 어려운 처지에 빠졌다고 해서 저버리고 싶은 생각은 조금도 없습니다. 우리 두 사람 사이에는 끊을 수 없는 인연이 있고, 말로써는 다할 수 없는 깊은 사랑이 있습니다. 좋은 시절에 이이와 행복한 생활을 함께했듯이 괴로움도 함께 나누고 싶습니다."

이 말을 듣고 교주는 수아드가 총명한 데다 깊은 애정과 굳은 절개를 가진 데 감탄하면서, 은화 1만 닢을 주어 아랍인에게 돌려주었습니다.

남편은 아내의 손을 잡고 어디론가 떠났다고 합니다.*8

그리고 이런 이야기도 있습니다.

〈주〉

*1 레인은 이 이야기를 제1권에 옮기고, 전의 이야기와 마찬가지로 단지 줄거리만 소개했다.

*2 이븐 바투타에 의하면 이 궁전은 대이슬람 사원의 남쪽에 있으며, 나중에 구리 세공인의 시장이 되었다. 그 소재지는 알 하즈라(Al-Kházra, 녹색의 땅)로서 세상에 알려졌고, 건조물은 아바스 왕조에 의해 파괴되었다.

*3 타밈족(Banu Tamim)이라는 위대한 부족 또는 민족에 대해서는 앞에서 주석했다. 〔이 책 '오마르 빈 알 누만 왕과 두 아들 샤르르칸과 자우 알 마칸 이야기' 주석 115 참조.〕 타미라는 이름은 '강력한'을 의미하며, 서기 121년 무렵에 태어난, 아드난족에 속하는 타밈 빈 무르라는 자에게서 유래한다. 타밈족은 대사막 알 다나(Al-Dahna)를 포괄하는 나지드의 동북쪽 고지를 지배하며, 알 바라인(Al-Bahrayn)〔페르시아만 안의 섬들〕까지 세력권을 확장했다. 수많은 부족과 씨족으로 갈라져서 유명한 2종파를 낳은 것을 자랑으로 여기고 있다. 그 하나는 수프리야(Suffriyah)의 시조 압둘라 빈 수파르(Abdullah bin Suffar)이고, 또 하나는 압둘라 빈 이바즈(이바드)(Abdullah bin Ibaz, Ibadh)로, 그에게서 오만의 이단적인 이바기야(Ibagiyah)파가 나왔다.

파르그레이브 씨는 실수로 Abadeeyah, Biadeeyah라고 쓰나, 나의 '바야지(Bayazi)'는 잔지바르인이 사용하는 아랍 속어였다. 〔버턴은 그의 저서 《순례》 제2권에서, 이바자 종파를 설명하며, 마스카트 부근에서 번성했으며 오스만 교주를 부정한다고 했다.〕

*4 마르완 빈 알 하캄(Marwan bin al-Hakam)은 무아위야(Mu'awiyah)와 그 뒤의 옴미아

드 왕조 제4대(이슬람력 64~65년=서기 683~684년) 시대, 알 메디나의 총독을 지냈다. 〔참고로 무아위야는 옴미아드 왕조 제1대 교주, 제4대는 마르완 1세였다.〕 알 슈티는 알 하캄을 알 주바이르(Al-Zubayr)에 대한 반역자로 여기고, 충실한 자들의 신하들 속에 넣지 않았다. 또한 오클리는 이븐 알 주바이르를 제9대 교주, 마르완(Marwan)을 제10대로 치고 있다. 〔알 주바이르는 보통 에지드 또는 야지드라 부른다. 옴미아드 왕조의 역대 교주에 대해서는 여러 종류의 다른 의견이 있다.〕

\*5 이것은 또 5백 파운드가 여자에 대한 '마르(mahr)', 즉 결혼지참금이고, 250파운드가 아버지의 승낙을 사기 위한 선물이었다는 의미도 될 것이다.

\*6 마치 눈앞에 보는 것처럼 또렷한 묘사이다.

\*7 이것은 관사 알(Al)이 어떤 고유명사에는 바르게, 어떤 고유명사에는 잘못 사용되는 경우를 예시한 실례이다. 알 쿠마이트(Al-Kumayt, 시인의 고유명사)는 글자 그대로는 검은 반점이 있는 구렁말을 뜻하고, 나스르(Nasr)는 승리를 뜻한다.

\*8 실화처럼 재미있게 읽히는 이 이야기는 여성에 대한 수많은 비하를 보상하고도 남는다. 책 속에서는, 모두가 인정할 만큼 여자를 경멸하는 힌두교도도 때로는 너그러워지는 일이 있다. 이를테면 《카타 사리트 사가라》에 이런 말이 있다. "그러므로 왕이시여, 훌륭한 여인들은 남편에게 온몸을 바쳐 봉사하니 여자라고 해서 다 나쁜 것은 아닙니다."(제2권)

## 바소라의 연인들

어느 날 밤, 하룬 알 라시드 교주는 아무래도 잠이 오지 않아 알 아스마이와 후사인 알 할리아*1를 불러서 말했습니다.
"나에게 재미있는 이야기를 들려주지 않겠느냐? 먼저 후사인 그대부터 시작해 보라."
"오, 충실한 자들의 임금님, 분부대로 하겠습니다."
후사인은 이렇게 대답하고 다음과 같은 이야기를 시작했습니다.
—몇 년 전에 저는 모하메드 빈 술라이만 알 라비*2 님에게 바칠 노래를 지어서 칭찬받을 생각으로 바소라에 간 일이 있습니다. 그랬더니 라비 님께서 제 노래가 마음에 드셨는지 얼마 동안 바소라에 머무르라고 말씀하셨습니다.
어느 날, 알 무할리야*3를 지나 알 미르바드*4로 갔는데, 그날은 몹시 무더워서 목이 말랐으므로 물을 얻어 마실까 하고 큰 대문이 있는 집으로 갔습니다.
문득 보니 그곳에 한 처녀가 마치 바람에 흔들리는 나뭇가지처럼 시름에 겨운 눈초리로 서 있었습니다. 그 눈썹은 초승달처럼 아름답고 봉긋한 두 뺨은 탐스럽고 매끄러웠으며, 몸에는 석류꽃 색깔의 속옷에 사나*5산 베일을 걸치고 있었습니다.
그리고 그 옷 속에는 놀랍도록 흰 살결과 석류처럼 솟은 두 개의 유방이 속옷 속에서 반짝이고 있었습니다. 또 허리 근처는 아름다운 콥트 아마 천을 감은 듯한데, 사향을 싼 새하얀 두루마리처럼 주름*6이 물결치고 있었습니다. 그뿐만 아니라 목에는 황금 부적을 걸었는데 그것이 유방 사이로 늘어져 있었습니다. 넓은 이마에는 옻칠*7한 듯한 검은 머리가 소용돌이치고, 눈썹은 붙은 듯 이어졌으며 눈은 호수처럼 맑고 오뚝 솟은 코 아래 조개 같은 입술 사이로 보석 같은 이가 반짝이고 있었습니다. 처녀는 이렇듯 어느 것 하나 나무랄 데 없는 매력으로 넘치고 있었지만, 어딘지 모르게 걱정거리가 있는지 문 앞을 왔다 갔다 하고 있었습니다. 그 걸음걸이는 마치 연인의 심장 위라도 걷는 것처럼, 발목에 매단 방울 소리도 나지 않을 만큼 사뿐사뿐 했습니다. 그 모습은 어느 시인이 쓴 다음과 같은 시를 떠올리게 했습니다.

　　내 눈에 비치는 그 매력,
　　하나하나가 전체를
　　품고 있는 듯하구나.

오, 충실한 자들의 임금님이시여, 저는 황홀한 여자의 모습에 눈이 팔려 있다가 곧 인사를 해야겠다는 생각으로 다가갔습니다. 그런데 이게 웬일입니까. 집도, 손님방도, 큰 거리도 온통 사향향기로 가득 차 있는 게 아니겠습니까! 제가 마음속으로 은근히 놀라면서 인사를 건네자 여자 쪽에서도 답례했습니다. 그녀의 목소리는 정열을 깡그리 태워버린 사람처럼 시들어서 나른했습니다. 제가 먼저 말을 걸었습니다.
"오, 부인, 나는 다른 나라에서 온 노인인데 날씨가 하도 더워서 목이 몹시 마르군요. 물을 한 잔 분부하셔서, 천국이 주는 대가를 받을 마음은 없으신지요?"
그러자 여자가 소리쳤습니다.
"영감님, 저쪽으로 가 주세요. 저는 지금 마음이 어지러워서, 먹고 마시는 일 같은 것은 생각지 않기로 했으니까요."

　―여기서 날이 훤히 밝아왔으므로 샤라자드는 이야기를 그쳤다.

## 694번째 밤

샤라자드는 이야기를 계속했다.
오, 인자하신 임금님, 후사인은 다음과 같이 이야기를 이었습니다.
　―처녀가 자기는 먹고 마시는 일에 대해서는 절대로 생각하지 않기로 했

다고 대답하자 저는 다시 물었습니다.

"아가씨, 어디 몸이라도 편찮으신가요?"

"저는 어떤 분을 사랑하고 있는데, 그분은 조금도 저를 사랑해 주지 않는군요. 제가 아무리 사랑해도 저쪽에선 전혀 반응이 없어서 저는 밤에도 잠을 이루지 못하고 별만 바라보며 슬픔에 잠겨 있답니다."

"오, 아가씨, 이 넓은 세상에 당신처럼 아름다운 분이 마음을 보내는데도 그것을 아무렇지도 않게 생각하는 남자가 있단 말인가요?"

"네, 그리고 그분은 세상에 보기 드문 미모의 소유자랍니다."

"그런데, 당신은 왜 이 문 앞에 서 계십니까?"

"여기가 그분이 지나가는 길목이에요. 매일 이맘때면 여기를 지나가시죠."

"그래서 당신은 그 사람을 만나 정답게 이야기한 적이 있나요?"

제가 그렇게 질문하자 여자는 뜨거운 한숨을 내쉬었습니다. 그 뺨을 타고 장미꽃에 앉은 이슬 같은 눈물이 굴러 떨어졌습니다.

여자는 다음과 같은 시를 읊었습니다.

  우리는 빛나는 꽃동산의
  버들가지처럼 맺어져
  행복한 날을 즐겼네.
  뜻밖에도 한 가지가
  나머지 가지에서 꺾어지면
  아, 그 아픔 얼마나 깊을지
  그대도 아시련만.

그래서 제가 여자에게 말했습니다.

"오, 아가씨, 당신은 그런 남자를 사랑해서 대체 어쩔 셈이오?"

그러자 여자는 대답했습니다.

"그분 집 담장 위에 태양이 보여요. 그 태양을 그분이라 생각하고 있어요. 어쩌다가 뜻하지 않게 그분의 모습이라도 보게 되면, 그때부터 제 마음은 산산이 흩어지고 온몸에서 피와 생명이 빠져나가는 듯해요. 그래서 이레 밤낮을 그저 멍한 채 아무것도 생각할 힘조차 없이 보낸답니다."

"그만 실례되는 말을 하고 말았소만, 나도 그대와 마찬가지로 사랑에 애태우며 마음이 미칠 듯해, 그로 말미암아 병든 적도 있었기에 하는 말이오. 보아하니 당신은 얼굴색도 파리하고 몹시 수척해 보이는데, 그것은 연정이라고 하는 심한 발작에 걸려 있는 증거요. 그런데, 이 바소라라는 곳에 살면서도 용케 그 발작을 누르고 있구려?"

"제가 아직 그 젊은 분에게 마음을 두지 않았을 땐, 저는 아름답고 사랑스럽고 애교도 있어서 바소라의 모든 귀공자가 저한테 모두 마음을 뺏기기도 했었지요. 그러다가 그분도 저를 사랑하게 되었는데……."

"그래, 아가씨, 대체 누가 당신들 사이를 갈라놓았소?"

"변덕스러운 운명의 장난 때문이지요. 하지만 우리의 이별은 정말 이상했어요. 사실은 새해를 맞은 어느 날, 제가 바소라의 처녀들을 초대한 적이 있었는데, 그들 가운데 시란이라는 남자의 소유인 노예계집이 하나 있었어요.

시란은 그 아가씨를 은화 8만 닢을 주고 오만에서 사왔지요. 그런데 그 처녀가 저를 미칠 듯이 사랑하게 되었던 거예요. 그 처녀는 제 방에 들어오기가 무섭게 저에게 몸을 던져 깨물기도 하고 꼬집기도 하며 제 몸을 갈기갈기 찢어버릴 듯이 애무했어요.*8

우리는 식사준비가 다 될 때까지 둘이서 쉬면서 술을 마시기*9 위해 별실로 갔어요. 이윽고 마음이 들뜨자 그 처녀와 저는 서로 위로 올라갔다 아래로 내려갔다 하면서 희롱하고 놀았지요.

그러다가 술기운이 몸에 번지자 처녀가 내 은밀한 두덩을 감춘 속곳 끈을 건드렸는데, 저는 그것이 풀어진 줄도 모르고 계속 장난치다가 마침내 속옷이 벗겨지고 말았어요. 하필이면 그때 제 애인이 발소리를 죽이고 들어왔지요. 그는 우리의 망측한 꼴을 보고 몹시 화를 내면서 마치 아라비아산 망아지가 굴레의 짤랑거리는 소리를 들었을 때처럼 획 몸을 돌려 나가고 말았어요."

—여기서 날이 훤히 밝아왔으므로 샤라자드는 이야기를 그쳤다.

## 695번째 밤

샤라자드는 이야기를 계속했다.
오, 인자하신 임금님, 후사인은 이야기를 계속해 나갔습니다.
―처녀는 다시 말을 이었습니다.
"오, 영감님, 이것은 3년 전에 일어난 일인데, 그 뒤 저는 줄곧 그이에게 사과하고 용서를 구했지요. 그렇지만 그분은 저를 거들떠보지도 않을뿐더러 편지 한 장 주는 일도 없고, 심부름꾼을 시켜서 말 한마디 전해 주지 않았어요."
"잠깐만, 아가씨, 그 사람은 아랍인이오, 아니면 외국인이오?"
"무슨 말씀이세요? 그분은 바소라의 귀공자예요!"
"늙은이오, 젊은 사람이오?"
여자는 웃으면서 내 얼굴을 쳐다보더니 이윽고 말했습니다.
"영감님은 참 바보셔. 그분은 마치 한밤중에 떠오르는 달님처럼 뺨이 부드럽고 아직 수염도 없어요. 저에게 매정하게 대하시는 것 말고는 터럭만큼도 흠이란 없단 말이에요."
"이름은 무엇이오?"
"그건 아셔서 뭘 하시게요?"
"될 수 있으면 내가 그 사람을 만나서 당신들 두 사람을 화해시켜 주고 싶어서 그렇다오."
"제 편지를 그분에게 전해 주신다면 말씀드리지요."
"좋아, 꼭 전해 주지."
"그분의 이름은 자므라 빈 알 무가이라, 다른 이름은 아부 알 사하[10]이고 집은 미르바드에 있어요."
여자는 곧 시녀를 시켜 먹통과 종이를 가져오게 하더니 소매를 걷어붙이고 폭이 넓은 은테 같은 손목을 드러냈습니다. 그리고 바스말라[1]의 문구에 이어서 다음과 같은 편지를 써 내려갔습니다.

"한 글자 올립니다. 이 편지 첫머리에 축복의 말을 생략한 것[11]은, 저에게는 그것조차 쓸 힘이 없다는 사실을 증명하고 있습니다. 아시는 바와 같이, 저의 기도가 받아들여졌다면 당신께서 저를 매정하게 버리시지는 않았을 테니까요.

당신께서 저를 버리시지 않도록 해 달라고 얼마나 신께 빌고 또 빌었는지! 하지만 당신은 기어코 저를 버리고 말았습니다. 그러나 저의 이 고뇌를 견딜 수 있는 한, 물론 당신이 답장을 주시지 않는다는 것을 잘 알면서도 이렇게 미련을 둔 편지를 당신에게 보내는 것은, 이것이 당신의 노예인 저에게는 유일한 마음의 위안이기 때문입니다.

서방님 부디! 문간에서 당신의 모습을 뵙고 싶어 하는 이 가엾은 노예의 간절한 소원을 들어주세요. 서방님이 한길을 지나가실 때는 이 노예의 죽은 영혼에도 생기가 감돈답니다. 오, 그리고 이 노예에게 답장해 주신다면 얼마나 기쁠까요! 알라께서는 그 일에 대해 모든 은총을 내려주실 거예요. 지나간 옛날 우리 두 사람 사이에 오간 다정한 추억을 위해서라도 부디 답장을 보내주세요. 당신께선 틀림없이 그때의 일들을 기억하고 계실 거예요!

저의 주인님, 그 무렵의 저는 애욕에 사로잡힌 사랑스러운 계집이 아니었던가요? 만일 당신께서 저의 간절한 이 기도를 들어주신다면, 저는 진정으로 당신께 감사를 드리고 알라를 찬양하겠어요. 이만 실례합니다."[12]

나는 여자한테서 편지를 받아서 그곳을 떠났습니다.

이튿날 아침 부왕(副王) 모하메드 빈 술라이만 님의 저택에 가보니 바소라의 이름난 사람들이 모여 있었는데, 그중에서도 뛰어나게 아름다운 젊은이가 하나 있었습니다.

또 실제로 태수 무함마드조차 그 젊은이에게 경의를 표하기에 대체 누구냐고 물어보았더니, 그 젊은이가 바로 자므라였던 겁니다.

그래서 저는 생각했지요.

'그 아가씨에게 찾아온 것과 같은 불행이 저 젊은이에게도 찾아온 거야!'[13]

그러고는 미르바드로 가서 자므라의 집 문 앞에 기다리고 있으니, 이윽고 자므라가 말에 높이 앉아 위풍당당하게 나타났습니다.

그래서 저는 그에게 인사를 하고 한결 정중하게 축복의 말을 건넨 다음, 편지를 주었더니 자므라는 그것을 읽어보고 고개를 끄덕이며 말했습니다.

"오, 노인장, 저는 그 여자 대신 다른 여자를 맞이했습니다. 혹시 괜찮으시다면 보시겠습니까?"

"보여주십시오."

자므라는 여자의 이름을 불렀습니다.

그러자 두 개의 커다란 빛⁽²⁾도 부끄러워할 듯한 아름다운 여자가 가슴을 펴고 두려움을 모르는 사뿐한 걸음걸이로 걸어나왔습니다. 자므라는 그 여자에게 편지를 주면서 말했습니다.

"그대가 답장을 쓰도록 하시오."

여자는 편지를 읽더니 새파랗게 질려서 나에게 말했습니다.

"여보세요, 영감님! 이런 편지를 갖고 오셨으니 알라 신께 용서나 비세요!"

그래서, 충실한 자들의 임금님, 저는 무거운 발걸음으로 여자의 집에 되돌아가 안내를 청했습니다. 여자는 나를 보자마자 물었습니다.

"어떻게 되었어요?"

"이제 거의 가망이 없구려."

내 대답을 듣고 여자가 말했습니다.

"그분에 대해서는 이제 더는 걱정할 것 없어요. 알라께서는, 알라의 위력(威力)은, 도대체 어디에 있는 걸까요?"*14

그런 다음 나에게 금화 5백 닢을 주었으므로, 저는 그것을 받아서 돌아왔습니다.

그리고 나서 며칠 뒤, 나는 우연히 그 여자의 집 앞을 지나가다가 기마병과 보병들이 있는 것을 보았습니다. 그래서 여자의 집 안으로 들어가 보았더니, 뜻밖에도 그들은 자므라의 부하 병사들로 여자에게 제발 자므라한테 가자고 부탁하는 게 아니겠습니까?

그런데 여자는 이렇게 말하는 것이었습니다.

"싫어요. 나는 그 사람과 다시는 얼굴을 맞대고 싶지 않아요."

그리고 마침내 자므라가 항복한 것을 기뻐하며 그녀는 알라께 엎드려 감사했습니다. 제가 곁으로 가까이 가니 여자는 편지 한 통을 내주었는데, 거기에는 비스밀라 다음에 이런 글이 씌어 있었습니다.

"나의 연인이여, 나는 당신을 용서하기로 했소. 그러나 당신 탓에 일어난 일들을 여기에 쓰고, 당신이 범한 죄에 대한 나의 해명도 쓰고 싶소. 당신은 분명히 맹세를 어기고, 정조를 깨고, 내가 아닌 다른 사람을 선택함으로써 명백하게 당신 자신과 나에게 죄를 범한 것이오. 알라께 맹세코(나는 당신의 무례하고 건방진 행동에 대해 알라께 구원을 청하오만), 나의 사랑을 배신한 것은 당신이오. 끝으로 당신에게 평안함이 있기를 기도하겠소."

그리고 여자는 자므라가 보내온 온갖 진귀한 선물을 보여주었는데, 그것은 모두 금화 3만 닢의 가치가 넘는 것이었습니다.
그 뒤에 저는 다시 그 여자를 만났습니다. 그때는 이미 자므라와 결혼한 뒤였습니다.

후사인의 이야기를 듣고 난 알 라시드 교주는 이렇게 말했습니다.
"자므라에게 선수를 뺏기지 않았던들 틀림없이 내가 그 계집을 차지했을 텐데, 분하게 됐군."*15
또 이런 이야기도 있습니다.

〈주〉
*1 알 할리아(Al-Khalia)는 본디 '흉도' '악당' 등의 뜻으로, 스페인어의 페르디도(perdido)='어찌할 도리가 없는 인간'과 마찬가지로 사용된다. 어릿광대 아부 알리 알 후사인(Abu Ali al-Husayn)은 바소라 사람으로, 탕아 아부 노와스의 동료였다. 그러나 아버지 알 라시드 교주가 아니라, 아들 알 아민 교주를 섬겼다.
*2 모하메드 빈 술라이만 알 라비(Mohammed bin Sulayman al-Rabi'i)는 바소라의 총독, 그러나 알 후사인의 시대는 아니었다.
*3 알 무할리야(Al-Muhaliyah)는 바소라의 한 구역.
*4 알 미르바드(Al-Mirbad)는 유명한 시장으로, 시가가 낭송되었다. 알 하리리도 이에 대해 언급하고 있다.
*5 사나(Sana'a)는 알 야만(흔히 예멘이라고 한다)의 수도로, 가죽과 그 밖의 공예품 산지로 유명하다.
*6 복부의 주름은 큰 배꼽과 마찬가지로 항상 강조된다.
*7 옻은 아랍어의 사바지(Sabaj, 맥나튼판은 잘못된 글자를 인쇄한 것이며, 사바(Sabah)가 아니다). 그러나 나에게는 그 의미가 명확하지 않다.

*8 가톨릭 신부들의 이른바 일시적인 음락(morosa voluptas)이다. 본문 속에 그려져 있는 여성 동성애자(Sapphist)들은 사랑하는 소녀를 깨물고 애무하여 오르가슴(이탈리아인은 in gloria라고 하지만)에 도달한다. 그러나 속곳 끈을 풂으로써 이 동성애자는 명백하게 더욱 완전한 동성애(tribadism) ― 아랍어로 무사히카(Musāhikah) ― 를 목적으로 하고 있다. 〔트리바디즘은 서로 성기를 비벼 성감을 만족시키는 것을 말하며, 그리스어의 트리보=I rub에서 나왔다.〕

*9 우리는 밥을 먹은 뒤 술을 마신다(또는 마셨다). 그러나 동양인은 식사하기 전에, 또 반동양인은(러시아인처럼) 식전과 식후에 술을 마신다. 우리는 빈속에 술을 마시면 건강에 나쁘다고 하지만, 사실 단순한 습관상의 문제에 지나지 않는다.

또 러시아인이 보드카 안주로 캐비아를 먹는 것처럼, 동양인도 라키(Raki) 또는 마하야(Mahaya(Ma al-Hayat), 즉 생명의 물)를 마시면서 살라타(Salatah)를 먹는다. 살라타가 어떤 것인지는 졸저 《순례》 제1권에 자세히 나와 있다. 〔살라타는 《순례》 제1권에 의하면, 요컨대 오이에 소금과 후추, 응고시킨 우유를 섞어서 만든 요리이다.〕

이 동양적인 습관에는 여러 가지 장점이 있다. 즉, 식욕을 돋우고 소화를 촉진하는 동시에, 동양인이 크게 중요시하는 경제성을 갖고 있다. 반병으로 한 병의 효과를 내는 것이다. 방그와 쿠슘바(Kusumba, 녹여서 걸러낸 아편을 말함)도 항상 식사하기 전에 복용한다. 그러므로 '떠들며 즐기는' 시간은 언제나 식후가 아니라 식전이다.

*10 아부 알 사하(Abu al-Sakha)는 '관용의 아버지'라는 뜻.
*11 즉, 예언자와 모든 진실한 신자(그녀 자신도 포함하여)를 축복하는 것.
*12 이 서간체는 30년 전 카이로 시장에서 남을 대신하여 공문서를 작성하던 사람의 문체이다.
*13 즉, 그녀는 이 미남자에게 반하지 않을 수 없었다는 뜻.
*14 위력(威力)은 아랍어로 쿠드라트(Kudrat)라고 하며, 우리가 막연하게 사용하는 '섭리' '신의 뜻'이라는 의미이다. 이 문장은 그를 어떻게 하든 전능하신 신께 맡긴다는 뜻.
*15 독자는 이 이야기가 328번째 밤 이하의 '주바이르 빈 우마이르와 부주르 공주의 사랑'과 비슷하다는 것을 알았을 것이다. 그 이유로 레인은 이 이야기를 번역하지 않았다.

〈역주〉
(1) 바스말라는 비스밀라(신의 이름으로!)와 같다.
(2) 태양과 달을 가리킨다.

## 모술의 이사크와 그 연인 그리고 악마*1

이사크 빈 이브라힘 알 마우시리는 이런 이야기를 했습니다.
―어느 겨울밤, 집에 틀어박혀 있는데, 갑자기 날씨가 스산해지면서 구름이 무겁게 덮쳐오더니 물주머니의 아가리를 갑자기 열어 놓은 듯 세찬 비가 쏟아졌습니다. 길은 여기저기 진흙투성이가 되어 자연히 오가는 사람도 뜸해졌습니다.
 길이 이처럼 온통 진창이니 형제들도 찾아오지 않을 테고 내 쪽에서도 찾아갈 수 없다 생각하니 왠지 마음이 우울해졌습니다. 그래서 하인들을 불러 말했습니다.
 "무슨 심심풀이할 거라도 가져오너라."
 이윽고 하인들이 가져온 것은 음식과 술이었습니다. 그러나 친구도 없이 혼자 먹고 마시는 것도 흥이 나지 않아 날이 다 저물 때까지 창문으로 거리를 내다보고 있었습니다.
 그러다가 문득 알 마디*2의 아들이 데리고 있는 한 노예계집이 머릿속을 스치고 지나갔습니다. 사실 나는 그 아가씨를 사랑했습니다. 그 여자는 노래를 잘 부르고 악기를 타는 솜씨가 놀라웠습니다. 그래서 나도 모르게 혼잣말로 중얼거렸습니다.
 "오늘 밤 그 여자가 옆에 있다면 얼마나 좋을까? 그러면 이 울적하고 초조한 기분도 완전히 풀릴 텐데."
 그때 뜻밖에도 누군가 문을 똑똑 두드리며, 이렇게 말하는 것이 아니겠습니까?
 "귀여운 여자가 문밖에 서 있어요. 안에 들어가도 될까요?"
 "이거 어쩐지 내 소원이 풀릴 것 같은데."
 나는 혼잣말을 하면서 현관으로 나가보았습니다. 그러자 거기엔 나의 정부가 비를 피하려고 긴 초록색 바지를 입고, 머리에는 비단 두건을 쓴 채 서 있었습니다. 양 무릎까지 진흙이 튀었고 몸에 걸친 옷이란 옷은 모두 홈통 주둥이[*3]에서 떨어지는 빗물로 흠뻑 젖어서 정말 애처로운 꼴이었습니다.
"아니, 이렇게 날씨가 우중충한데 무슨 일로 찾아왔지?"
"서방님, 심부름꾼이 와서 내가 그리워 짜증을 내고 계시다기에 모든 일을 제쳐놓고 말씀대로 찾아왔지요."
나는 이 말을 듣고 뭔가 의아한 생각이 들었습니다.

—여기서 날이 훤히 밝아왔으므로 샤라자드는 이야기를 그쳤다.


## 696번째 밤

샤라자드는 이야기를 계속했다.
오, 인자하신 임금님, 이사크 빈 이브라힘 알 마우시리는 이야기를 계속했습니다.
—여자의 대답을 듣고 나는 의아하게 생각했지만, 이제 와서 심부름꾼을 보낸 적이 없다 할 수도 없고 해서 이렇게 말했습니다.
"우리를 만나게 해 주신 알라의 이름을 칭송하자. 나는 기다리고 기다리느라 미칠 것만 같았으니까. 절대 거짓말이 아니야. 네가 오는 것이 한 시간만 늦었더라면 너무나 보고 싶고 그리워서 아마 내 쪽에서 너를 찾아갔을 거다."
그리고 진흙에 범벅된 해당화처럼 후줄근해진 여자의 옷을 갈아입혀 주려고 시동에게 물을 가져오게 했습니다. 시동은 여자가 좋아하도록 뜨거운 물이 가득 든 쇠 주전자를 가져왔습니다.
그것을 여자의 발에 끼얹게 하고 나는 내 손으로 귀여운 여자의 발을 씻겨주었습니다. 다 씻고 나자 가장 호사스런 옷을 한 벌 가져오게 하여, 진흙투성이의 옷을 벗긴 뒤 여자에게 입혀주었습니다.
이윽고 우리는 편안하게 자리에 앉았습니다. 나는 당장 식사를 준비시키려고 했지만, 여자가 고개를 저어서 물어보았습니다.
"그럼 술을 가져오랄까?"

"좋아요."
그 대답에 술을 가져오게 하자, 여자가 물었습니다.
"노래는 누가 부르죠?"
"오, 나의 공주, 내가 노래하마."
"그건 싫어요."
"그럼, 노예를 하나 불러올까?"
"그것도 싫어요."
"그렇다면 네가 부르려무나."
"나도 싫어요!"
"아니, 그러면 누구를 시키자는 거냐?"
"밖에 나가셔서 누군가 나를 위해 노래 불러줄 사람을 찾아보세요."
 나는 여자의 소원대로 거리로 나가기는 했지만, 이런 비 오는 날 과연 노래를 부를 사람이 있을까 반쯤 체념하고 잠깐 걸어가니 큰길이 나왔습니다. 그러자 그곳에서 뜻밖에 한 장님을 만났습니다.
 그 장님은 지팡이로 땅을 또드락거리면서 중얼거리고 있었습니다.
"알라시여, 조금 전에 나를 불러들인 자들에게는 부디 행운을 내려주시지 마옵소서! 내가 애써서 노래를 불렀는데 귀담아듣지도 않았을 뿐 아니라 병신이라고 놀리기까지 했으니까요!"
 그래서 내가 말을 걸었습니다.
"노래를 부르고 싶은가?"
"예."
"그럼, 오늘 밤 우리 집에 와서 하룻밤 즐겁게 보내지 않겠나?"
"그렇다면 제 손을 잡고 안내해 주십시오."
 그래서 나는 장님의 손을 잡고 집으로 데리고 갔습니다. 그리고 여자에게 말했습니다.
"오, 나의 연인이여, 노래 부르는 장님을 데리고 왔다. 장님이라 아무리 우리가 장난을 치고 놀아도 볼 염려가 없지."
"이리 데리고 오세요."
 그래서 장님을 방에 데리고 들어가서 음식을 권하자, 그는 몇 번 먹는 둥 마는 둥 시늉만 하더니 손을 씻었습니다. 다음에는 술을 권했더니 석 잔 마신 다음 나에게 물었습니다.

"당신은 누구십니까?"

"나는 이사크 빈 이브라힘 알 마우시리라고 하네."

"소문에 들어 본 적이 있습니다. 나리 같은 분과 한자리에 앉게 되다니 반갑군요."

"그래, 나도 자네가 기뻐해 주니 마음이 흡족하네."

"그럼 이사크 님, 저에게 뭔가 한 곡 들려주시지 않으시겠습니까?"

나는 비파를 들고 장난삼아 소리쳤습니다.

"그럼 해 볼까."

내 노래가 끝나자 장님이 말했습니다.

"오, 이사크 님, 노래 전문가라고 해도 될 만큼 잘하시는데요. 역시 조금 부족하지만요."

그 말이 어쩐지 사람을 비웃는 것처럼 들려서 화가 난 나는 손에 들고 있던 비파를 팽개쳐 버렸습니다.

그러자 장님이 물었습니다.

"이 자리에 누구 노래 잘 부르는 분은 없습니까?"

"이 자리엔 아가씨 한 분밖에 없어."

"그럼, 그 아가씨에게 노래를 한 번 청해 보시지요?"

"아가씨가 노래하면 그다음엔 자네 차례야."

"좋습니다."

그래서 여자가 노래하자 장님이 말했습니다.

"틀렸어, 틀려. 도무지 노래할 줄 모르는구먼."

여자는 화가 나서 손에 든 비파를 내던지며 소리쳤습니다.

"여보세요, 내 딴에는 열심히 부른 거예요. 당신이 그렇게 좋은 목청을 가졌다면 보시하는 셈 치고 어디 한 번 불러 봐요!"

그러자 장님이 말했습니다.

"아직 아무도 타보지 않은 비파를 가져다주십시오."

그래서 하인을 시켜 새 비파를 가져오게 하니, 장님은 지금까지 한 번도 들어본 적 없는 묘한 연주법으로 비파를 타면서 다음과 같은 즉흥시를 노래했습니다.

칠흑의 어둠 헤치고
우울한 밤도 싫다 않고
기다리던 내 사랑 찾아왔네.
몰래 만나는 일 겹쳐도
지금은 잉태할 염려 없는
좋은 임을 알았기에.
놀라워라, 그 말,
실로 틈도 주지 않고
앞질러서 그는 말하네.
"문간에 서 있는 귀여운 여자
안에 들어가도 될까요?"

　여자는 이 노래를 듣고 나자 나를 흘겨보며 말했습니다.
　"당신은 우리 둘만의 비밀을 잠시도 간직해 두지 못하고 이런 정체 모를 사람에게 말했군요?"
　"아니, 난 아무 말도 안 했어."
　내가 변명하며 여자의 손에 입을 맞추고 젖가슴을 간질이면서 두 뺨을 잘근잘근 깨물어주었더니, 여자는 뾰로통했던 얼굴을 해사하게 펴면서 장님을 향해 말했습니다.
　"여봐요, 다시 한 번 불러 보세요."
　장님은 비파를 집어 들고 이번엔 이런 시를 노래했습니다.

오, 나는 몇 번이나
아름다운 여자를 구했던가,
몇 번이나 기뻐하며 즐겼던가,
색색으로 물들인 가녀린 손가락을
이 손으로 어루만지고
두 개의 석류처럼 봉곳이 솟은
단단한 젖가슴을 간질이면서
뺨의 능금을 깨물고 깨물면서

몇 번이나 입을 맞추었던가.

이 노래를 듣고 나는 여자에게 말했습니다.
"나의 공주여, 우리가 지금 막 한 일을 누가 이자에게 이야기했지?"
그러자 여자 역시 말했습니다.
"정말 이상도 하네요."
우리는 자기도 모르게 장님한테서 멀리 떨어져 앉았습니다. 이윽고 그가 말했습니다.
"소피를 좀 보아야겠는데요."
"여봐라, 아이야, 촛불을 켜서 이분을 안내해 드려라."
나는 시동에게 지시했습니다.
장님은 자리에서 일어나 나간 뒤로 좀처럼 돌아오지 않았습니다. 어찌 된 일인지 찾으러 나갔으나 어디에도 보이지 않았습니다.
문이란 문은 모두 잠긴 채 그대로 있고 열쇠도 찬장 속에 숨겨져 있었습니다. 하늘로 솟았는지 땅속으로 꺼졌는지 도무지 영문을 알 수가 없었습니다.
나는 그제서야 비로소 그 장님은 마신의 화신이었고, 우리 사이에 끼어들어 서로 화해시켜 주었다는 것을 깨닫고, 아부 노와스가 노래한 다음과 같은 시를 생각하며 방으로 돌아갔습니다.

이상하구나, 마신에게도
사악한 행실 말고
이 같은 명예가 있을 줄이야!
신을 받들지 않았던
아담에겐 수많은 죄 저질렀어도
아담의 후예에게는
사랑을 붙여주었구나.

또, 이런 이야기도 있습니다.

〈주〉

*1 레인은 앞의 이야기와 마찬가지로 이 이야기도 생략했다(제3권). 이 이야기의 다른 형태에 대해서는 688번째 밤을 참조하기 바란다.

*2 알 마디(Al-Mahdi)는 아바스 왕조 3세(이슬람력 158~169년=서기 775~785년)로 하룬 알 라시드의 아버지. 그는 주로 여러 가지 기이한 행동으로 유명했다. 이를테면, 자신이 키우던 전서구의 목을 잘라 죽인다거나, 표주박에 설탕을 쳐서 사람들에게 먹이고, 또 7백 마일이나 떨어진 곳에서 그가 있는 메카로 눈(雪)을 가져오게 했다.

*3 홈통 주둥이(gargoyle)는 아랍어의 마야지브(Mayazib)로, 페르시아어의 미자브(Mizab)='지붕의 빗물을 배수하는 홈통 출구'의 복수형이다. 북서쪽 카바의 빗물을 배수하는 홈통 출구는 시자브 알 라마(Mizab al-Rahmah, 자비의 홈통 출구)라 불리며, 순례자들은 신성한 관수(灌水)를 찾아 그 밑에 선다. 홈통 출구는 황금으로 만든 것으로 상상이 되고 있지만, 실제로는 은에 금을 도금한 것으로, 부르크하르트도 나 자신(《순례》제3권)도 그것에 대해 간략하게 설명했다. 길이는 4피트 10인치, 폭은 9인치, 양쪽의 높이는 8인치, 입구의 경사면은 길이 1피트 6인치이다.

## 알 메디나의 연인들

이사크의 아버지[1] 이브라힘은 다음과 같은 이야기를 했습니다.
—나는 줄곧 바르마크 집안과 전부터 친하게 지내면서 열심히 봉사해 오고 있었다.
어느 날 집에 혼자 있는데 누군가가 문을 똑똑 두드렸다. 하인이 나가 보고 돌아와서 말했다.
"아주 잘생긴 젊은 분이 주인님을 뵙겠다고 문 앞에 와 있습니다."
들어오게 했더니 이윽고 한 젊은이가 들어왔는데, 그 얼굴엔 어딘지 괴로움의 빛이 어려 있었다. 젊은이는 나에게 이렇게 말했다.
"오래전부터 만나 뵙고 싶었습니다. 꼭 힘을 빌려주십사 부탁할 일이 있어섭니다."
내가 물었다.
"그 부탁이라는 것이 무엇이오?"
젊은이는 금화 3백 닢을 내 앞에 늘어놓고 애원했다.
"부디 이것을 받아주십시오. 그리고 제가 지은 시 두 편에 곡을 붙여주십시오."
"그럼, 그 시를 읽어 보구려."

—여기서 날이 훤히 밝아왔으므로 샤라자드는 이야기를 그쳤다.


## 697번째 밤

샤라자드는 이야기를 계속했다.
오, 인자하신 임금님, 젊은이는 다음과 같은 시를 읊었습니다.

오, 내 눈동자여,
그대는 내 마음을 어지럽혔네.
그러니 어서 내 가슴을
태우는 이 불을 꺼주시라.
세상 사람들 날 비웃어도
그대 마음속에 내가 살기에.
수의를 두르고 잠들 때까지
그대를 안 보고 살 수가 없네.

그래서 나는(하고 이브라힘은 말을 이었습니다.) 그 시에 상엿소리 같은 슬픈 곡조를 붙여 젊은이에게 들려주었다. 젊은이가 그것을 듣고 정신을 잃어 나는 그가 죽은 게 아닌가 하고 생각했지. 그러나 그는 곧 정신을 차리고 말했다.

"다시 한 번 들려주십시오."

"다시 노래하는 건 어렵지 않지만, 그러다가 당신이 아주 죽어 버릴까 봐 걱정이오."

"차라리 그렇게 되어버리는 편이 낫겠습니다!"

젊은이가 몇 번이나 간청했으므로 가엾어서 나는 다시 그 노래를 불러주었다.

그러자 젊은이는 간장을 녹이는 듯 비통한 신음을 내면서 아까보다 더 심한 발작을 일으켰다. 이번에는 참말로 죽는구나 생각하면서 얼굴에 장미수를 뿌리니 다행히 다시 깨어나 벌떡 일어났다.

나는 젊은이가 다시 살아난 것을 알라께 감사드리고 젊은이 앞에 금화를 간추려 주면서 말했다.

"이 돈을 다시 집어넣고 돌아가시오."

"저에겐 이제 그 돈이 필요 없습니다. 그보다 다시 한 번 그 노래를 불러주시면 같은 액수의 돈을 더 드리겠습니다."

나는 돈 이야기를 듣자 마음이 가벼워졌다.

"그럼 다시 노래하겠는데, 그 대신 세 가지 조건이 있소. 첫째 당신 몸이 튼튼해질 때까지 우리 집에서 묵으면서 내가 권하는 음식을 먹을 것, 둘째로 기분이 밝아지도록 술을 마실 것, 셋째로 당신의 신상 이야기를 해 줄 것."
 젊은이는 그 조건에 승낙하고 음식을 먹고 마신 뒤, 이런 이야기를 했다.
 —저는 알 메디아 사람인데, 어느 날 친구들과 함께 소풍을 나갔습니다. 알 아키크*2의 골짜기로 통하는 길을 지나다가 처녀 한 떼와 마주쳤습니다. 그런데 그중에 마치 반짝이는 이슬방울이 맺힌 가련한 나뭇가지처럼 아름다운 처녀가 있었습니다. 그 곁눈질에는 보는 사람의 영혼을 빼앗고 황홀경에 빠지게 하는 매력이 있었습니다. 여자들은 해가 질 때까지 나무 그늘에서 쉬다가 이윽고 내 마음에 아물기 어려운 상처만 남기고 가버렸습니다.
 그 이튿날 아침 여자의 소식을 알아보려고 그 장소에 다시 가보았지만, 누구도 그 처녀를 아는 사람이 없었습니다. 그래서 거리와 시장에서도 그 처녀를 찾아보았으나 아무런 단서도 알아낼 수 없었지요. 저는 상심한 나머지 병이 나서 집안사람 하나에게 얘기했더니 그는 이렇게 말하며 위로해 주었습니다.
 "걱정할 것 없어. 봄철이 아직 지나간 것도 아니고 하늘을 보니 비가 올 조짐*3도 보이는군. 비가 오면 그 여자도 밖으로 나올 테니까, 그때 나도 함께 가서 한번 알아보세."
 그 말에 저는 마음을 돌리고 알 아키크 골짜기가 봄에 홍수를 만나 넘치는 날을 기다렸다가 친구와 집안사람들과 함께 집을 나서서 처음 처녀를 만났던 장소에 가 앉아 있었습니다. 그러자 이윽고 앞다투어 달리는 아름다운 경주말처럼 그 처녀들이 나타났습니다. 그래서 저는 집안 여자 한 사람의 귀에다 입을 대고 속삭였습니다.
 "저 아가씨에게 가서 '이렇게 희한한 시가 있어요' 하며 내가 쓴 시를 전해 줘."

 그 여인은 내 마음을
 화살로 꿰뚫어 놓고 사라졌노라.
 사라지면서 새로운 상처 더하니
 아픔의 흔적 남았노라.

 집안 여자가 그 처녀에게 가서 제 시를 전했습니다. 그러자 처녀가 말했습니다.
"이렇게 훌륭한 화답을 한 시인도 있다고 그분에게 전해 주세요."

임은 어떻게 생각하시는지
같은 생각을 이 몸도 간직하네.
잠깐 더 참으시라!
마음의 상처 아물 날 가까우니.

저는 세상의 허튼 소문이 두려워 더는 말을 건네지 않고 그 자리를 떠날 생각으로 자리에서 일어섰습니다. 그러자 처녀도 일어섰으므로 그 뒤를 따라갔더니, 여자는 뒤돌아보고 제가 자기 집을 확인했다는 사실을 알았습니다. 그때부터 여자와 저는 사귀기 시작하여 자주 만나 달콤한 밀회를 즐겼습니다. 그러는 사이 이 일이 세상에 알려져 사람들 입에 오르내리자 마침내 여자의 아버지도 알게 되었습니다. 그렇지만 저는 끈기 있게 여자를 계속 만나면서 안타까운 연정을 호소했더니, 아버지는 친척들과 의논하여 여자의 아버지에게 혼담을 넣었습니다.

그런데 그쪽 아버지는 이렇게 대답했습니다.
"불미스러운 소문이 나기 전에 이런 혼담을 제의하셨더라면 두말 않고 승낙했을 것이오. 그러나 지금은 온 세상에 소문이 나버렸으니 이제 와서 새삼스레 세상의 소문을 인정하는 행동은 하고 싶지 않소."

나는 젊은이의 이야기를 다 듣고 나자(하고 이브라힘은 이야기를 계속했습니다.) 다시 한 번 노래를 불러주었다. 그러자 그는 자기 주소를 나에게 가르쳐주고 돌아갔는데, 그때부터 우리는 친구가 되었다.

그런데 나는 바르마크 집안사람을 섬기고 있었으므로 자파르 빈 야야가 사람들을 맞아들여 만나는 날이 되자, 평소와 다름없이 그 자리에 참석하여 젊은이의 노래를 들려주었다. 자파르는 감동하여 술을 몇 잔이나 비우고 물었다.

"나잇값도 못하는 녀석이로군, 대체 그 시는 누가 지은 건가?"

그래서 내가 젊은이의 사랑 이야기를 들려주자, 자파르 빈 야야는 나에게 그 젊은이한테 말을 타고 달려가서 반드시 소원이 이루어지게 해 줄 테니 안심하라고 전하라고 말했다. 내가 당장 젊은이를 데리고 오자, 자파르는 젊은이의 입으로 다시 한 번 직접 듣고 싶다고 했다. 젊은이가 다시 자신의 신상 이야기를 하자 자파르가 말했다.

"좋다, 그대를 도와주마. 반드시 그 여자와 짝지어줄 테니 안심해라."

젊은이는 즐거운 마음으로 우리와 함께 머물렀다.

이튿날 아침 자파르는 말을 타고 하룬 알 라시드 교주님의 궁전으로 가서 교주님에게 젊은이의 사랑 이야기를 아뢰었다.

그 이야기를 듣고 몹시 감탄한 교주님은 젊은이와 나를 불러들여 나에게 그 노래를 시킨 뒤, 술잔을 기울였다.

그러고 나서 교주님은 알 히자즈의 총독에게 편지를 써서 여자의 아버지와 그 가족에게 부끄럽지 않은 옷을 입혀 이곳에 보내게 했다. 아울러 그 옷에 대해서는 절대 돈을 아끼지 말라고 일렀다.

이윽고 그들이 도착하자 교주님은 여자의 아버지를 불러 딸을 연인에게 출가시키라고 분부했다. 그리고 그 아버지에게 금화 10만 닢을 하사하니 아버지는 그것을 받아들고 고향으로 돌아갔다.

젊은이는 그 뒤 마지막 대단원이 찾아올 때까지*4 자파르의 술친구로 살다가, 그 뒤에는 가족과 함께 알 메디나로 돌아갔다.

전능하신 알라여, 부디 그들의 영혼 위에 자비를 내리소서!

오, 인자하신 임금님, 또 이런 이야기도 있습니다.

〈주〉

*1 맥나튼판과 부르판은 '이사크의 아들'로 잘못되어 있다. 레인은 트레뷔티앙을 따라 '이브라힘의 아들 이사크'로 했다(제3권). 그러나 그 주석에서는 위의 올바른 읽기를 일러주고 있다.

*2 알 아키크(Al-Akik)라는 이름을 가진 지역이 두 군데 있다. 상(上) 알 아키크는 알 메디나의 전 지역을 포괄하고, 하(下) 알 아키크는 메카 시의 서남쪽 약 4마일에 있는 메카 큰길에 있다. 예언자 무함마드가 천사의 명령에 의해 그곳에서 기도했다 하여 '축복받은' 땅으로 불렸다. 나는 어느 해 여름, 모래먼지처럼 메마른 7월에 이 알 아키크를 지나간 적이 있다.

*3 북온대의 비가 많은 지방에 사는 사람들은, 아라비아나 누비아처럼 비가 적은 지방에

서 소나기를 반기는 마음을 거의 이해하지 못한다. 신드에서는 우리는 알몸으로 빗속에 서서, 쏟아지는 빗물을 최대한 많이 맞으려고 얼굴을 하늘로 쳐들고 있곤 했다.
*4 즉 바르마크 집안이 파멸할 때까지.

## 알 말리크 알 나시르와 그 재상

아부 아미르 빈 마르완*¹은 어느 날, 이제까지 아무도 본 적이 없는 예쁜 기독교도 소년을 선물로 받았습니다. 정복자 알 나시르 왕은 소년을 바라보면서 재상인 아부 아미르에게 물었습니다.
"이 소년은 어디서 손에 넣었는고?"
"알라께서 주신 것이옵니다."
"그대는 별을 가지고 나를 놀라게 하고, 달을 가지고 나를 농락하려는 겐가?"[1]
아부 아미르는 해명을 위해 진상물을 챙겨 소년과 함께 보내면서 이렇게 말했습니다.
"너도 이 선물의 일부가 되어다오. 어쩔 수 없는 사정만 아니면 절대로 너를 내놓지 않을 텐데."
그리고 소년에게 다음과 같은 시를 주었습니다.

> 임금이시여, 이 '보름달'은
> 당신의 하늘에서 되살아나리.
> 높은 하늘, 비천한 대지보다
> 뛰어남을 뉘 있어 부정하랴.
> 내 영혼을 당신에게 바치오니
> 아, 어찌 즐겁지 않겠소!
> 영혼을 바치려는 자,
> 나 아니면 누가 있으랴,
> 없다고 감히 말하리라.

알 나시르 왕은 이 소년이 매우 마음에 들어 재상에게 많은 금은을 내려 보답했습니다.
 그 뒤 이 재상에게 세상에서 보기 드물게 아름다운 노예처녀를 선물한 자가 있었습니다. 그래서 그 소문이 임금 귀에 들어가 소년 때와 같은 일이 일어나면 큰일이라고 생각한 재상은, 전보다 훨씬 더 값비싼 진상물을 갖춰 처녀와 함께 임금님에게 보냈습니다.

―여기서 날이 훤히 밝아왔으므로 샤라자드는 이야기를 그쳤다.

## 698번째 밤

 샤라자드는 이야기를 계속했다.
 오, 인자하신 임금님, 아부 아미르는 왕의 마음을 미리 예상하고 노예처녀를 왕께 바쳤는데, 그때도 다음과 같은 시를 곁들여 보냈습니다.

> 오, 임이여, 이것은
> 태양이오니 받아주소서.
> 이미 달을 가지셨으니
> 이제는 눈부시게 밝은
> 해와 달이 짝을 지어
> 임의 하늘에 걸렸도다.
> 해와 달을 다 주선해 드린
> 소신에게 은총은 마땅하리,
> 또 존엄하신 임에게는 카우사르[2]의
> 맛있는 물도
> 천국의 영원한 환희가 되리라.
> 대지는 해와 달 다음이니,
> 알라께 맹세코 매력 없다네.
> 또 권세의 승리자이신 왕에게는
> 뒤를 잇는 왕 또한 매력 없노라.

그리하여 아부 아미르에 대한 왕의 신임은 한결 두터워졌습니다. 그런데 그 뒤 얼마 안 있어 재상의 정적 가운데 한 사람이 왕에게 참소하기를, 재상의 마음속에는 아직도 소년에 대한 불같은 연정이 숨어 있으며, 서늘한 북풍이 감정을 스치고 지나갈 때마다 색정에 사로잡혀 소년을 빼앗긴 분함에 이를 갈고 있다는 것이었습니다.

그러나 그 말을 듣고 왕은 이렇게 꾸짖었습니다.

"재상에 대해 이러쿵저러쿵하지 마라! 아니면 그대의 목을 베어버릴 테다!"

그러나 왕은 소년이 쓴 것처럼 꾸며서, 재상에게 다음과 같은 내용의 편지를 보냈습니다.

"주인님, 잘 아시겠지만, 주인님은 저에게 이 세상에 둘도 없는 분입니다. 저는 주인님 곁에서 지냈던 즐거운 나날들을 아직도 잊지 못하고 있습니다. 지금은 임금님 곁에 있지만, 제 마음대로 할 수 있는 일이라면 주인님 곁에서 사랑받으며 살고 싶습니다.

하지만 마음에 걸리는 것은 임금님의 권력입니다. 그러니 어떻게 해서든 임금님의 손에서 저를 빼내어 다시 데려가 주시기만 기다릴 뿐입니다."

왕은 이 편지를 심부름하는 시동을 시켜 대신에게 보내면서 이렇게 일러두었습니다.

"이 편지는 아무개란 자가 쓴 편지다. 왕인 내가 보내는 게 아니란 말이다."

재상은 그 편지를 읽고 시동의 이야기를 듣더니, 뭔가가 있다는 것을 느끼고 편지 뒷장에 다음과 같은 시를 썼습니다.

    세상물정에 밝은 자라면
    어찌 어리석게도 사자 아가리에
    자기 머리를 들이밀랴.
    나는 사랑 때문에 몸을 굽히고
    본마음 잃을 자도 아니고,

적이 은근하게 차려 놓은
함정에 빠질 자도 아니니라.
그대 만일 나의 마음이라면
임금님에게 이 몸 바치리.
현세의 몸 찢겨버린 심정인데
어찌 돌아올 수 있으랴!

 왕은 이 답장을 읽고 재상의 날카로운 지혜에 놀라, 그 뒤부터 두 번 다시는 어느 누가 그에 대해 참소해도 귀를 기울이지 않았습니다.
 그 뒤 어느 날 국왕이 재상에게 물었습니다.
 "그대는 어떻게 그 편지의 함정을 피할 수 있었나?"
 그러자 재상이 대답했습니다.
 "저의 사려 분별력은 아무리 쓰라리고 괴로운 색욕의 소용돌이 속에서도 결코 흐려지는 법이 없기 때문입니다."
 또, 이런 이야기도 있습니다.

〈주〉
*1 아부 아미르 빈 마르완(Abu Amir bin Marwan)은 그 위대한 '살라딘(Saladin, Salah al-Din)'='신앙을 따르는 자'의 재상이었다. 〔살라딘은 이집트와 시리아의 왕, 재위 1174~93.〕 살라딘은 또 알 말리크 알 나시르 즉 '정복왕'으로 불렸다. 〔342번째 밤 참조.〕
 살라딘은 쿠르드인으로, 어린 소년을 사랑했다(베르길리우스와 호라티우스 등과 마찬가지로). 그러나 그러한 성도착은 있었지만, 그는 인간으로서 가장 고결한 인물이 될 수 있었다. 다마스쿠스의 아마위(Amawi) 이슬람교 대사원에 매장되어 있는데, 나는 그 무덤을 참배하면서 그토록 높이 받들어 숭배하는 마음에 사로잡혔던 적은 일찍이 없었다.

〈역주〉
(1) 별과 달로 미소년을 상징한 것.
(2) 낙원의 강의 이름으로, 그 물은 맛이 좋은 술과 같다고 한다.

## 협잡꾼 할멈 다리라와 딸 자이나브의 못된 장난*1

하룬 알 라시드 교주의 시대에, 아마드 알 다나프라는 사내와 '하산 슈만'*2이라는 사내가 살고 있었습니다. 이 두 사람은 나쁜 꾀로 남을 속이는 데 뛰어나 누구보다도 세상에 널리 알려져 있었습니다. 그들은 혈기왕성하던 시절에 세상 사람들을 깜짝 놀라게 한 사건을 자주 저지르곤 했습니다.

그래서 교주는 두 사람을 불러 각각 명예의 속옷을 내려주고 바그다드의 경비대에 집어넣어, 아마드는 우대장, 하산은 좌대장에 임명했습니다. 그리고 한 달에 금화 1천 닢씩 수당을 지급하고, 건장한 남자 40명을 부하로 붙여주었을 뿐 아니라, '재앙'의 아마드에게는 성 밖의 경비대도 맡겼습니다.

그리하여 아마드와 하산이 경비대장과 하리드 태수와 함께, 저마다 기마병 40명씩을 거느리고 거리 순찰에 나서자, 맨 앞에 선 자가 큰 소리로 포고하고 다녔습니다.

"여봐라, 모두 잘 들어라. 교주님의 명령에 의해 경비대의 우대장은 아마드 알 다나프 님이고, 좌대장은 하산 슈만 님이다. 이분들이 명령을 내리실 때는 공손하게 받들고 절대 소홀히 해서는 안 된다."

그런데 이 도성에는 '다리라 할멈'이라는 노파가 살고 있고, 이 여자에게는 사기꾼 자이나브라고 불리는 딸이 하나 있었습니다.

그 자이나브가 포고를 듣고 다리라에게 말했습니다.

"보세요, 어머니. 저놈은 아마드 알 다나프예요! 카이로에서 흘러들어온 전과자인데, 바그다드에서 사기를 쳐서 교묘하게 교주에게 달라붙어 있더니 지금은 어엿한 우대장이 됐나 봐요. 그리고 저 옴 붙은 하산 슈만이 좌대장이라니 웃기지 않아요? 저 두 녀석은 달마다 금화 1천 닢씩 월급을 받아 처먹으면서 낮이나 밤이나 흥청망청 놀아나고 있는 거예요. 그런데 우리는 이게 뭐예요? 줄곧 재수가 없어서 일거리도 없고, 재산도 없고, 명예도 없으니 누구 하나 도와주려는 사람도 없이 이렇게 집에만 틀어박혀 있잖아요."

그런데 다리라의 남편이란 작자는 원래 바그다드의 거리 두목으로 달마다 금화 1천 닢의 녹을 받고 있었는데, 딸 둘을 남기고 죽고 말았습니다. 딸 하나는 시집을 가서 아마드 알 라키트,*3 즉 반병신 아마드라고 하는 사내아이를 낳았지만, 지금 있는 또 하나의 딸 자이나브는 아직 결혼하지 않았습니다.

어머니 다리라는 온갖 종류의 간사한 꾀와 속임수, 야바위, 협잡에 대해서는 모르는 것이 없고, 거짓말을 식은 죽 먹듯이 해서 그 속임수에는 당할 사람이 없을 정도였습니다. 게다가 그 솜씨는 나이가 들수록 더욱더 익숙해지고 좋아져서 땅속에 숨어 있는 용이라도 굴에서 홀려 낼만 했고, 마신도 이 할멈에게는 두 손 번쩍 들 정도였습니다.

또 다리라의 아버지*4도 살아 있을 때 교주 직속의 전서구(傳書鳩) 사육주임으로서, 달마다 금화 1천 닢의 녹을 받으며 전서구를 훈련시켜 공문서와 밀서를 전달하는 소임을 맡고 있었습니다. 그러므로 무슨 일이 있을 때면 교주에게는 이 비둘기 한 마리가 자식보다도 더 소중했습니다.

그래서 자이나브는 어머니에게 말했습니다.

"어머니, 이제 슬슬 세상이 깜짝 놀랄 만한 일을 한번 해 보세요."

—여기서 날이 훤히 밝아왔으므로 샤라자드는 이야기를 그쳤다.

## 699번째 밤

샤라자드는 이야기를 계속했다.

오, 인자하신 임금님, 자이나브의 말에 어머니 다리라가 말했습니다.

"자이나브야, 네 목숨에 맹세코, 어미가 이 바그다드에서 '재앙'의 아마드나 '역신' 하산은 흉내도 낼 수 없는 어마어마한 사기를 한번 쳐볼 테다."

그리고 일어나더니 얼굴에 베일을 쓰고 가난한 수피파가 입는 옷에 발목까지 내려오는 바지를 입고 넓은 띠가 달린 흰 양털 장옷을 걸쳤습니다.

그리고 물 항아리*5를 하나 가져와 8부 정도 물을 채우고, 금화 세 닢을 그 안에 넣고 종려 섬유로 짠 마개로 단단히 봉했습니다. 그러고 나서 나뭇짐 한 바리의 무게는 충분히 될 성싶은 큰 염주를 전대처럼 어깨에 비스듬히 걸치고 손에는 빨강, 노랑, 초록 등의 헝겊 조각으로 만든 기를 든 채 이렇게 외치면서 큰길로 나갔습니다.

"오, 알라여, 오 알라여!"

그러나 입으로는 신을 칭송하는 말을 외면서도 속으로는 악마와 겨루어 무엇인가 도성 사람들을 속여서 깜짝 놀라게 할 만한 거리가 없을까 두리번거리고 있었습니다.

그렇게 이 거리 저 거리로 돌아다니다가 이윽고 깨끗하게 비질하여 물을 뿌린, 대리석이 깔린 골목으로 들어섰습니다.

그곳에는 설화석고 문지방에 둥근 지붕이 있는 대문이 있고, 그 문 앞에 무어인 문지기가 하나 서 있었습니다. 놋쇠를 붙인 백단향 문짝에는 은으로 만든 문고리가 하나 달려 있었습니다.

그 저택은 교주의 시종장 집으로 그는 토지와 과수원을 많이 가졌을 뿐만 아니라 녹봉도 충분히 받고 있는 부자였습니다. 그는 하산 샤르 알 타리크, 즉 '깡패 하산'이라 불렸는데, 그것은 그에게 툭하면 입보다 손이 먼저 나가는 버릇이 있기 때문이었습니다.

이 알 타리크는 하툰*6이라는 아름다운 아내를 매우 사랑하고 있었습니다. 아내는 아내대로, 첫날밤 이불 속에서 남편에게 다른 여자를 들이거나 하룻밤도 외박하지 않겠다는 맹세를 받아낸 적이 있었습니다.

그리하여 이 부부는 아무런 어려움 없이 살고 있었는데, 어느 날 알 타리크는 접견실에서, 다른 태수들은 모두 아들을 한둘은 두었다는 사실을 알게 되었습니다. 그런 뒤 목욕탕에 가서 거울에 비친 자신의 얼굴을 보니 턱수염이 마치 서리라도 맞은 듯 희끗희끗해진 것을 비로소 깨닫고 속으로 중얼거렸습니다.

'나의 아버지를 천국으로 불러들이신 알라께서 어째서 나에겐 아들을 점지해 주시지 않는 것일까?'

그리고 울적한 심정으로 아내의 방에 들어갔습니다.

"어서 오세요, 여보."

아내의 인사에 남편은 이렇게 대답했습니다.

"보기 싫으니 어디론가 사라져버려! 당신을 만난 이후로 되는 일이 하나도 없으니 말이야!"

"갑자기 무슨 말씀이에요?"

"우리가 처음 인연을 맺던 밤, 당신은 나에게 절대로 다른 여자를 가까이 해선 안 된다고 맹세하게 했어. 그런데 오늘 접견실에 들어가 보니 다른 태수들은 모두 아들 한둘은 가졌더란 말이야. 그런데 나는 이 나이가 되도록 여태 혈육 하나 없으니 어찌 부아가 나지 않을 수 있겠어? 아들이 없으면 내 무예와 용맹을 후대에 남길 수가 없잖으냐 말이야. 이건 다 당신이 돌계 집인 탓이야. 당신하고 자는 건, 마치 바위를 비벼대는 것과 같아!"

"어머나, 부끄러운 줄이나 아세요. 남들이 들을까 봐 무서워요. 이제까지 나는 털이 닳도록, 약*7이 가루가 되도록 열심히 맷돌을 돌려왔단 말이에요. 아이가 생기지 않는 건 내 잘못이 아니라 모두 당신 탓이에요. 왜냐고요? 당신은 사자코의 노새처럼 정액이 멀게서 안쪽 깊숙이 들어가지 못하니까 아이가 생기지 않는 거예요."

"이번에 여행 갔다가 돌아오면 여자를 하나 더 얻을 거야."

"마음대로 하시구려."

이윽고 남편은 아내의 방에서 나갔는데, 부부는 곧 이렇게까지 심하게 싸운 것을 후회했습니다.

그런데 태수의 아내가 마치 남몰래 감춰 둔 보물의 신부*8처럼 갖은 보석으로 몸을 장식한 아리따운 모습으로 격자창에서 얼굴을 내밀고 있을 때, 마침 다리라가 지나가다가 이 아름다운 유부녀의 모습을 보고는 혼잣말을 했습니다.

"이봐, 다리라, 저기 있는 저 젊은 유부녀를 홀려서 저 여자가 몸에 지닌 보석과 옷을 홀딱 벗긴다면 아무도 못 당할 재주가 되겠지?"

그래서 다리라는 창문 아래로 다가가 소리 높여 알라의 이름을 외면서 소리쳤습니다.

"오, 경비대장님, 알라의 친구여, 부디 나를 찾아오소서!"

이 소리에 놀란 이웃 아낙네들이 모두 창문 앞에 모여들어 밖을 내다보니, 수피파 여인처럼 흰 양털 장옷을 입은 노파가 빛의 사원에 있는 듯 우뚝 서 있는 것이 보여서 저마다 한마디씩 하는 것이었습니다.

"얼굴에 빛이 어려 있는 저 신앙심 깊은 할멈의 힘을 입어, 알라여, 부디 저희에게 은총을 내려주시기를!"

한편 태수 하산의 아내 하툰은 와락 울음을 터뜨리며 시녀에게 말했습니다.

"오, 마크부라야, 아래로 내려가서 문지기 아부 알리 영감의 손에 입을 맞추고 나서, '저 신앙심 깊은 노인네를 마님한테 들여보내세요. 어쩌면 마님이 저 할머니한테서 축복을 받을지도 모르니까요' 하고 말해라."

그래서 시녀는 문지기에게 가서 그의 손에 입을 맞춘 다음 말했습니다.

"마님께서 '저 신앙심 깊은 할머니를 나에게 들여보내라. 그러면 저 여자에게서 축복을 받을지도 모르고, 언젠가는 그 축복이 모든 사람에게 똑같이 번지게 될 테니까.' 이렇게 분부하셨어요."

—여기서 날이 훤히 밝아왔으므로 샤라자드는 이야기를 그쳤다.

## 700번째 밤

샤라자드는 이야기를 계속했다.

오, 인자하신 임금님, 시녀의 전갈을 받은 문지기가 다리라에게 가서 그 손에 입을 맞추려 하자 노파는 손을 빼며 말했습니다.

"내 옆에 오지 마오. 모처럼 목욕재계한 몸에 부정 탄다오.[*9] 하지만 당신도 알게 마음이 끌린 사람이고, 알라의 사랑을 받으며 특별한 가호를 받고 있는 사람이에요. 오, 아부 알리여! 알라께서 그대를 이 고역에서 건져 주시기를."

그런데 태수는 이 문지기에게 아직도 석 달치 월급을 주지 않고 있었으므로, 이 사나이는 생활이 몹시 어려워 어떻게 하면 주인한테서 돈을 받아 내나 생각하는 중이었습니다.

그래서 문지기는 노파에게 말했습니다.

"오, 할머니, 그 항아리 속에 있는 물을 마시게 해 주오. 그러면 당신 덕택으로 하느님의 은총이 내릴지도 모르니까."

그런데 노파가 어깨에 지고 있던 항아리를 손에 들고 높이 쳐든 채 휘두르는 바람에, 마개가 빠져 달아나 그 속에서 금화 세 닢이 굴러떨어졌습니다. 문지기는 그것을 집어 들면서 속으로 중얼거렸습니다.

'참으로 고마운 일이다. 이 늙은이는 돈 광을 맡고 있는 성인의 한 사람인 모양이다. 내가 매일 끼니에 쪼들리고 있다는 사실을 신께서 이분에게 알려주신 게 틀림없어. 그래서 빈 항아리에서 금화 세 닢을 요술로 꺼내주신 거야.'

그는 노파에게 말했습니다.

"자, 할머니, 그 항아리에서 나온 금화 세 닢이 여기 있습니다."

그러자 노파가 대답했습니다.

"그걸 가지고 가요! 나는 이 세상의 금전 같은 것 때문에 마음을 번거롭게 하는 사람이 아니오. 결코 그런 사람이 아니지! 그건 당신에게 줄 테니 마음대로 쓰고 태수님에게 빌려준 돈 대신 마음대로 쓰시오."

이 말을 듣자 문지기는 그만 큰 소리로 외쳤습니다.

"야, 신난다! 이렇게 고마운 일이! 이런 일을 책에서 읽고 이야기로 들은 적은 있지만, 아직 한 번도 구경하지 못했는데. 이것이 바로 기적이라는 것이로구나."

그때 시녀가 나와서 노파에게 인사를 하고 그 손에 입맞춘 다음 하툰의 방으로 안내했습니다. 노파의 눈에 비친 여주인은 마치 지키는 사람 없는 보물과 같았습니다. 하툰이 노파에게 인사하고 그 손에 입을 맞추자 노파는 말했습니다.

"오, 마님, 제가 이렇게 찾아온 것은 알라의 뜻을 받들어 마님께 행복을 드리기 위해섭니다."

하툰이 노파 앞에 음식을 내오자, 노파는 사양하면서 말했습니다.

"마님, 저는 천국의 음식 말고는 입에 대지 않아요. 그리고 1년 동안 단식을 계속하는데 음식을 입에 대는 것은 1년에 겨우 닷새뿐이지요. 그런데 마님, 보아하니 무슨 근심이 있으신 모양인데 무슨 일인지 얘기해 주시지 않겠어요?"

"오, 할머니, 들어 보세요. 저는 혼인하던 날 밤 남편에게 맹세를 받아냈어요. 저 말고는 아무도 아내로 들이지 않겠다고요. 그런데 어찌 된 일인지 저희에게는 아직도 아이가 생기지 않네요. 그런데 갑자기 남편은 다른 남자들이 모두 아들을 두셋씩 가진 것을 보자 별안간 욕심이 생겨 자기도 아들이 갖고 싶다며 저에게 '아이를 못 낳는 계집!'이라고 욕했어요. 그래서 나도 지지 않고 당신이야말로 '씨 없는 노새!'라고 말해 주었죠. 그랬더니 남편은 홧김에 여행을 떠나고 말았어요. 그리고 '이번에 돌아오면 다른 여자를 하나 얻겠다'고 말했어요. 남편에겐 땅도 많고 수입도 넉넉하니까, 만일 그 여자와의 사이에 자식이 생기면 나는 재산도 집도 모두 뺏기고 말아요."

"마님, 당신은 제 남편에 대해 들으신 적이 없나요? 아부 알 함라트[10]라는 영감인데, 아무리 많은 빚을 진 자라도 이 영감의 힘을 빌리면 쉽사리 갚을 길이 열리고, 아무리 아기를 못 낳는 여자라도 쉽게 임신하거든요."

"할머니, 저는 혼인한 날부터 집 밖에 나간 일이 한 번도 없어요. 병문안도 잔치에도 가본 적이 없었어요."

"그렇다면 마님, 걱정할 것 없어요. 내가 그 노인한테 안내해 드릴 테니 당신의 마음속을 남김없이 이야기하고 그 노인이 시키는 대로 하세요. 그 뒤, 남편이 여행에서 돌아오셨을 때 함께 자면 당신은 곧 애가 들어서서 아기를 낳게 될 거예요. 하지만 태어난 아이가 사내아이든 계집아이든, 반드시 아부 알 함라트 노인한테 보내 탁발승을 만들어야 해요."

이 말에 하툰은 일어나서 가장 좋은 나들이옷을 차려입고, 있는 대로 보석을 전부 몸에 장식하고는 시녀에게 일렀습니다.

"내가 없는 동안 집 잘 보아라."

"네, 마님. 잘 다녀오세요."

하툰이 아래로 내려가니 문지기 아부 알리가 안주인의 드문 나들이를 보고 물었습니다.

"아니, 마님, 어디 가십니까?"

"아부 알 함라트라는 노인에게 다녀오마."

안주인의 대답에 문지기가 말했습니다.

"제가 하는 말이 틀리면 1년 동안 단식도 서슴지 않겠습니다, 마님! 저 신앙심 깊은 할머니는 정말 신의 사도 가운데 한 분이십니다. 어디를 보아도 거룩하시지 않습니까, 네, 마님? 그리고 아마도 남몰래 숨겨둔 보물 광도 맡고 계신 게 분명합니다. 왜냐하면 아무 말도 안 했는데 제가 생활이 어렵다는 것을 아시고 번쩍번쩍 빛나는 금화를 세 닢이나 주셨으니까요."

이렇게 하여 노파는 젊은 유부녀 하툰을 감쪽같이 밖으로 꾀어냈습니다.

"마님, 아부 알 함라트 노인을 찾아가시면 당신은 틀림없이 영혼의 위안을 얻고, 전능하신 알라의 은총으로 잉태하실 겁니다. 그러시면 태수님도 아마 당신을 사랑하게 되어 두 번 다시 쓸데없는 말은 하시지 않게 될 거예요."

"오, 할머니, 그 말을 들으니 한시라도 빨리 그 노인한테 가고 싶어져요."

그러나 노파는 마음속으로 생각했습니다.

'그런데, 어디서 이 여자를 발가벗기고 옷과 보석을 빼앗는담? 이렇게 많은 사람이 오가는 큰길에선 곤란한데……'

그래서 얼마 있다가 여자에게 말했습니다.

"마님, 내 모습을 놓치지 않을 만큼 떨어져서 따라오세요. 무슨 걱정거리가 있는 사람은 모두 나에게 고백하고, 하느님께 시주하고 싶은 사람은 누구나 나에게 다가와서 공물을 내밀고 내 손에 입을 맞추니까요."

그래서 하툰은 노파에게서 조금 떨어져서 따라갔는데, 여자가 걸음을 옮길 때마다 발목의 방울이 울리고 머리장식*[11]도 소리를 냈습니다. 이윽고 시장에 다다른 두 사람은 젊은 장사꾼의 가게 앞에 섰습니다.

시디 하산이라고 하는 이 장사꾼은 얼굴이 매우 잘생겼고, 턱에는 아직 수염이 하나도 나지 않은 젊은이였습니다. 하산이 하툰의 아름다운 모습을 보고 쉴 새 없이 눈을 깜박이며 추파를 던지자, 그것을 본 노파는 손짓하며 하툰을 가까이 불렀습니다.

"내가 돌아올 때까지 잠깐 이 가게 앞에서 쉬고 계세요."

하툰은 시키는 대로 그 젊은 상인의 가게 앞에 걸터앉았습니다. 상인은 이 미모의 유부녀의 모습을 한 번 흘깃 보고는 수백 번도 더 한숨을 내쉬었습니다.

노파는 가게 안에 들어가 상인에게 인사를 하고 물었습니다.

"당신의 이름은 시디 하산이고, 모신이라는 상인의 아드님이 아니오?"

"예, 맞습니다. 그런데 누구에게 들으셨습니까?"

"어느 유명한 분에게서 들었지요. 사실 저기 있는 젊은 여자는 내 딸인데 상인이었던 아버지가 더할 수 없이 많은 재산을 남기고 일찍 돌아갔지요. 딸도 이미 결혼을 할 나이고 옛사람들도 '딸은 남을 주더라도 아들은 집에 두라'고 했지만, 저 아이는 태어나서 지금까지 한 번도 바깥출입을 한 적이 없다오. 그런데 몰래 알라의 뜻을 물어보았더니 딸을 당신에게 시집보내는 것이 가장 좋다고 하지 않겠수? 그러니 만일 당신 집이 가난하다면 자본도 대주고 가게도 한두 채 내주겠소."

이 말을 들은 젊은이는 혼잣말을 했습니다.

"전부터 색시를 점지해 달라고 알라께 열심히 빌었더니, 드디어 돈에 옷에 여자까지 세 가지 소원이, 한꺼번에 생기려나 보다."

그래서 젊은이는 노파에게 말했습니다.

"오, 할머니, 저야 물론 좋습니다. 어머니께서 오래전부터 제게 혼인 말을 꺼냈지만, 그때마다 '내 눈으로 직접 보지 않고는 장가들지 않겠어요' 하며 반대해 왔지요."

다리라가 말했습니다.

"그럼, 빨리 준비를 하고 내 뒤를 따라와요. 내 딸의 발가벗은 모습을 보여줄 테니까."

젊은이는 얼른 일어나 금화 1천 닢을 챙기면서 속으로 생각했습니다.

'뭔가 돈 쓸 일이 생길지도 모르고 혼인계약서 값을 지급할 때도 필요할 테니까.'

―여기서 날이 훤히 밝아왔으므로 샤라자드는 이야기를 그쳤다.

## 701번째 밤

샤라자드는 이야기를 계속했다.

오, 인자하신 임금님, 노파는 젊은이에게 딸의 모습을 놓치지 않을 만큼 떨어져서 따라오라고 말한 뒤 혼잣말을 중얼거렸습니다.

"너는 젊은 유부녀와 상인을 어디로 데리고 갈 작정이냐? 가게 문을 열기 전에 두 연놈을 발가벗겨야 할 텐데."

그리하여 노파가 앞장서고 그 뒤에 하툰, 그 뒤에 다시 젊은이가 따라가자, 이윽고 어떤 염색가게 앞에 이르렀습니다.

이 가게 주인은 하지 무함마드라고 하는 매우 평판이 나쁜 남자인데, 칼라(콜로카시아)[*12] 장수의 칼처럼 수꽃·암꽃 가리지 않고 요절을 낼 뿐 아니라, 무화과도 석류[*13]도 다 좋아하는 호색한이었습니다.

그가 발목의 방울 소리를 듣고 얼굴을 들어 보니 눈앞에 아름다운 여자와 새파란 젊은이가 서 있었습니다. 그때 노파가 다가와 인사하고 마주 앉더니 이렇게 물었습니다.

"당신은 염색가게 주인 하지 무함마드 님인가요?"

"예, 그렇습니다. 무슨 일로 오셨습니까?"

"사실 평판이 높으신 분들한테서 당신에 대해 듣고 이렇게 찾아왔습니다. 보십시오, 저기 있는 아름다운 여자는 제 딸이고, 저 깨끗하게 생기고 수염도 나지 않은 젊은이는 아들이지요. 이 손 하나로 저 애들을 길러 냈는데 밑천도 많이 들었어요. 그런데 다름이 아니라 나는 큰 집에서 살면서 지금까지는 기둥 하나로 그럭저럭 버티어 왔지만, 이제 목수가 말하기를 '언제 어느 때 무너질지 모르니까 일단 딴 곳에 옮겼다가 수리가 끝나거든 돌아오십시오.' 하는군요. 그래서 어딘가 셋집이 없나 찾아 나왔는데, 어느 분이 당신 이야기를 하더군요. 그러니 아들과 딸을 댁에 있게 해 주실 수 없을까요?"

이 말을 듣고 염색장이는 속으로 생각했습니다.

'이거야말로 최고급 빵에 버터까지 발라서 잡수시라고 대령하는 것과 같구나.'

그리고 이렇게 말했습니다.

"하기야 저는 손님방과 2층이 딸린 셋집을 갖고 있기는 합니다만, 여분의 방이 하나도 없군요. 손님과 거래처인 쪽 재배자들에게 빌려주어야 하니까요."

"여보세요, 길어야 한 달이나 두 달이면 넉넉해요. 그러는 동안 집수리도 끝날 테고, 게다가 우리는 타향 사람이라요. 손님방을 같이 나눠 쓰면 안 되겠소? 당신의 손님을 우리 쪽 손님으로 대접하라면 기꺼이 맞이해서 식사도 같이하고 잠자리를 함께해도 상관없어요."

그러자 염색가게 주인은 큰 것과 작은 것과 꼬부라진 것, 세 개의 열쇠를 노파에게 내주면서 말했습니다.

"큰 열쇠는 안채, 꼬부라진 열쇠는 손님방, 작은 열쇠는 2층 열쇠입니다."

다리라는 열쇠를 받아들고 젊은 상인보다 한발 먼저 도착한 여자를 뒤에 데리고 셋집이 있는 골목으로 가서, 문을 열고 먼저 안에 들어가 여자를 맞아들이면서 말했습니다.

협잡꾼 할멈 다리라와 딸 자이나브의 못된 장난  3243

"마님, 여기가(손님방을 가리키면서) 아부 알 함라트의 집이에요. 2층에 먼저 올라가서 베일이며 옷을 벗고 내가 갈 때까지 기다리세요."

여자가 2층에 올라가서 자리에 앉았습니다. 이윽고 젊은 상인이 들어오자 다리라는 손님방으로 불러들였습니다.

"좀 있다가 딸을 데려올 테니 그때까지 여기서 쉬고 있어요."

젊은이가 자리에 앉자 노파는 하툰에게 갔습니다. 하툰은 노파에게 말했습니다.

"다른 사람들이 오기 전에 그 노인을 만나고 싶어요."

"마님, 사실 마음이 놓이지 않아서 그러는데요."

"무슨 일인데요?"

"사실 말입니다. 이 집에는 내 아들 녀석이 있는데, 여름과 겨울도 구별 못하는 천치라서 1년 내내 발가숭이로 산다오. 이 아이가 아버지의 대리 노릇을 하기도 하지만, 당신처럼 아름다운 분이 여기 있는 것을 안다면 귀걸이를 빼앗거나 귀를 꼬집거나 입고 있는 비단 나들이옷을 찢을지도 몰라요. 그러니까 옷을 벗으시고 보석도 떼어 놓으세요. 당신의 중요한 볼일이 끝날 때까지 내가 맡아 드릴 테니까요."

하툰은 노인이 하라는 대로 웃옷을 벗고 보석을 떼어주었습니다.

"마님에게 축복이 있기를! 이것을 노인의 휘장 위에 걸쳐두겠어요."

이렇게 속옷만 걸친 여자를 남기고 나온 노파는 계단 근처에 그 옷과 보석을 감췄습니다. 그리고 나서 젊은 애송이 장사꾼한테 가 보니, 젊은이는 하툰이 오기를 애타게 기다리고 있었습니다.

"할머니의 딸은 어디 있습니까? 빨리 만나고 싶은데……"

그러나 노파는 대답은 하지 않고 자꾸만 손바닥으로 가슴만 두드렸습니다.

"왜 그러십니까?"

"마음이 비뚤어지고 시기심 많고 입방아만 찧는 이웃 사람들만 없으면 얼마나 좋을까! 이웃들이 당신이 우리 집에 들어오는 것을 보고 당신에 대해 꼬치꼬치 캐묻지 않겠어요? 그래서 '이번에 찾아낸 사윗감이야' 하고 말해주었지요. 그랬더니 당신이 정말 잘생기고 훌륭한 사윗감이라는 것을 알고 샘이 나서는, 딸에게 말하기를 '네 어머니는 이제 너를 밥 먹여 주기가 아까워졌나 보지? 하필이면 그런 문둥이에게 너를 시집보내게!' 하고 씨부렁대지 않겠어요? 나는 분해서 딸에게 당신이 아무 병도 없다는 걸 증명하기 위해 발가벗겨 보이겠다고 약속했지요."

"오 알라여, 시기심 많은 사람에게서 저를 구해 주소서!"

젊은이는 팔꿈치까지 팔을 걷어 올리고 은 같은 살결을 보여주었습니다.

"오, 정말 아무렇지도 않군요. 그렇다면 딸아이도 홀딱 벗겨 알몸을 보여 드리겠어요."

"그럼, 따님을 데려오십시오. 내 몸 어디고 다 보여 드릴 테니까."

그러더니 젊은이는 웃옷과 검은담비 가죽 옷을 벗고 허리띠를 풀고 칼마저 끌어내어 속옷과 속바지 바람이 되었습니다. 그리고 금화 1천 닢이 든 돈주머니만은 가지고 있으려 하자 노파가 소리쳤습니다.

"그 돈주머니도 이리 주시우. 맡아 두었다 드릴 테니."

노파는 그것을 받아들고 나와서 여자의 옷과 보석과 함께 꾸려가지고 어깨에 둘러멨습니다.

그리고 그 두 사람을 집에 남겨 둔 채 바깥문을 걸어 잠그고 가 버렸습니다.

―여기서 날이 훤히 밝아왔으므로 샤라자드는 이야기를 그쳤다.

## 702번째 밤

샤라자드는 이야기를 계속했다.

오, 인자하신 임금님, 여자와 젊은이를 홀랑 벗긴 노파는 빼앗은 물건을 전부터 안면이 있는 약방에 맡겨 놓고 염색가게로 갔습니다.

노파가 오기를 기다리고 있던 가게 주인이 물었습니다.

"인샬라! 어떻습니까, 그 집이 마음에 드셨소?"

"물론이오, 정말 마음에 들었어요. 나는 이제부터 인부를 데려와서 이삿짐과 가구를 날라올 참이오. 그런데 돌아올 때 맛있는 고기죽을 사다 달라고 애들이 졸라대니 미안하지만, 이 돈으로 고기죽을 사다 주시겠소? 그리고 당신도 애들과 함께 아침을 들구려."

"그동안 이 가게와 손님 물건은 누구에게 지키게 하고요?"

"점원이 있잖소!"

"그럼, 그렇게 하지요."

염색가게 주인은 접시와 덮개를 들고 노파의 심부름을 하러 바깥으로 나갔습니다.

노파는 그동안 잽싸게 약국에 가서 맡겨 놓은 옷과 보석을 찾아 염색가게로 돌아와서 가게를 지키는 젊은이에게 말했습니다.

"어서 빨리 주인 양반 뒤를 따라가 봐. 두 사람이 돌아올 때까지 내가 가게를 지켜줄 테니까."

"알았습니다."

점원이 대답을 하고 나갔습니다. 그동안에 노파는 단골거래처의 물건을 모조리 쓸어 모아 짐을 꾸렸습니다.

이때 노새도 몰고 오물도 치우고 하는 사내가 염색가게 앞에 나타났습니다. 그는 일주일 동안이나 일거리를 잡지 못했습니다. 게다가 그는 아편쟁이였습니다.

"이봐요, 노새 모는 양반, 이리 좀 와 봐요."

노파가 부르자 상대가 다가왔습니다.

"당신 우리 아들네 염색가게를 잘 알고 있수?"

"잘 알고말고요."

"어이구, 가엾기도 하지. 아들 녀석은 요즘 빚을 잔뜩 져놓고 갚지를 못해서 빚쟁이에게 쫓겨 다니고, 이 늙은 할멈이 그 뒷바라지를 하고 있다오. 그래서 차라리 파산선고를 하기로 작정하고 이 물건도 주인들한테 돌려줄 참인데 마침 잘 왔수. 이 물건을 나르게 임자의 나귀를 좀 빌려 주구려. 삯으로 이 금화를 줄 테니까, 내가 나가고 나거든 큰 통과 물감 독을 모두 쏟아 버리고 하나도 남김없이 죄다 때려 부숴요. 재판소에서 관리들이 왔을 때 집 안에 아무것도 없도록 말이오."

"이 댁 주인에겐 그동안 신세도 많이 졌으니 이럴 때 은혜를 갚아야겠군요. 사례 같은 건 필요 없습니다."

그래서 노파는 물건들을 노새에 싣고 수호신의 가호를 빌며 자기 집을 향해 길을 서둘렀습니다. 무사히 집에 도착하여 딸 자이나브에게 가니 딸이 말했습니다.

"어머니, 어디 갔다 오세요? 궁금해서 죽을 뻔했지 뭐예요. 대체 무슨 속임수를 쓰고 왔죠?"

"네 사람을 속여 먹었다. 시종장 마누라와 젊은 장사치, 염색가게 주인 녀석과 노새 몰이꾼인데, 그 멍청이들의 물건을 몽땅 노새에 실어왔지."

"어머니는 이제 두 번 다시 거리를 돌아다닐 수 없게 되었군요. 그 부인의 옷과 보석을 훔쳤으니 시종장도 무섭고, 발가벗긴 상인도, 거래처의 물건을 약탈한 염색가게 주인과 노새 몰이꾼도 가만히 있지 않을 걸요?"

"흥, 모르는 소리 마라. 너는 공연한 걱정을 다 하는구나. 다른 놈은 하나도 겁 안 나. 노새 몰이꾼은 나를 잘 알고 있어서 좀 겁이 나긴 하지만."

이 무렵 염색가게 주인은 고기죽을 사서 하인에게 들려 자기 셋집으로 걸어가고 있었습니다. 그 도중에 자기 가게 앞을 지나다가 무심코 보니, 자기 집에 자주 드나드는 노새 몰이꾼이 큰 통이며 물감 독을 엎어버리고 마구 때려 부수며 난장판을 만들고 있었으므로 눈이 휘둥그레져서 고함을 쳤습니다.

"아니, 이놈아, 이게 무슨 미친 짓이냐?"

그는 손길을 멈추고 말했습니다.

"주인어른이 무사하신 걸 보니 다행입니다. 정말 얼마나 걱정했는지 모릅니다."

"왜?"

"나리께선 장사가 잘 안 돼서 파산을 당하셨다면서요?"

"누가 그따위 터무니없는 소리를 해?"

"저, 나리의 어머님께서 그러시던데요. 그리고 재판소에서 관리들이 나왔을 때, 가게 안에 아무것도 남아 있지 않도록 독을 모조리 깨버리고 큰 통은 엎어버리라고 하셨는데요."

"빌어먹을! 이 바보 같은 놈아, 우리 어머니는 벌써 옛날에 돌아가셨단 말이야!"

염색가게 주인은 자기 가슴팍을 치면서 울부짖었습니다.

"아! 내 것만이라면 또 모르겠는데, 손님들 것까지 잃어버렸으니 이 일을 어쩌하면 좋단 말이냐."

그러자 노새 몰이꾼도 눈물을 흘리며 소리쳤습니다.

"아, 이 일을 어떡하지? 내 노새도 사라져버렸어!"
그러고는 염색가게 주인에게 대들었습니다.
"네놈 어머니가 훔쳐간 내 노새를 내놔!"
염색가게 주인은 그의 멱살을 잡고 마구 두들겨 패며 악을 썼습니다.
"그 할망구부터 데려와!"
노새 몰이꾼도 지지 않고 그를 때리면서 소리쳤습니다.
"내 노새를 돌려줘!"
이렇게 두 사람이 서로 욕설을 퍼붓고 주먹질을 하는 사이, 어느새 구경꾼들이 모여들기 시작했습니다.

―여기서 날이 훤히 밝아왔으므로 샤라자드는 이야기를 그쳤다.

## 703번째 밤

샤라자드는 이야기를 계속했다.
오, 인자하신 임금님, 두 사람을 둘러싼 구경꾼 가운데 한 사람이 물었습니다.
"여보시오, 무함마드 씨, 대체 왜들 이러시오?"
"실은 말이오."
노새 몰이꾼은 그때까지의 경위를 이야기한 다음 마지막으로 이렇게 덧붙였습니다.
"나는 이 가게 주인 양반에게 은혜를 갚는다고 생각했는데, 주인 양반은 내가 하는 꼴을 보더니 가슴을 치면서 '우리 어머니는 옛날에 죽어 버렸어.' 하더란 말이요. 여하튼 이렇게 되었으니 노새를 돌려줘야 하지 않겠소? 주인 양반이 이런 사기를 꾸미면서 노새를 잃어버리게 한 것이 틀림없으니까."
그러자 구경꾼들도 염색장이를 향해 저마다 말했습니다.
"여보시오, 염색가게 주인 양반, 당신은 그 할멈을 잘 알지요? 가게에 있는 물건을 모두 그 할멈에게 맡기지 않았소?"
"아니오, 그런 할멈이 누군지 내가 알 게 뭐야? 오늘 그 할멈과 그 아들

딸이 내 셋집을 빌려 들었는데."

그러자 한 남자가 말했습니다.

"내 생각으로는 당신이 아무래도 이 양반에게 노새 값을 물어줘야 할 것 같소."

"무엇 때문에?"

다른 한 사람이 묻자 그가 대답했습니다.

"주인 양반이 가게 물건까지 할멈에게 전부 맡겼으니까, 나귀 몰이꾼도 그만 할멈을 믿고 나귀를 빌려준 게 아니오?"

그러자 또 한 사람이 말했습니다.

"주인 양반, 당신이 할멈에게 집을 빌려줬으니까 이 사람 소유의 노새도 돌려주는 게 당연하오."

그리하여 그들은 염색가게 주인의 셋집으로 갔는데, 그 이야기는 나중에 하기로 하고, 한편 아까 그 젊은 상인은 노파가 여자를 데려오기를 애타게 기다리고 있었지만, 노파는 물론이고 여자도 좀처럼 나타나지 않았습니다. 마찬가지로 젊은 유부녀 쪽에서도 노파가 돌아오기를 조바심내며 기다리고 있었습니다. 그러다가 기다리다 지친 여자는 혼자서 늙은 영감을 찾기로 하고 아래층 손님방으로 내려오니, 뜻밖에도 젊은 상인이 있다가 여자에게 말했습니다.

"어서 오십시오. 당신과 결혼시킨다고 나를 데리고 온 당신 어머니는 어디 가셨습니까?"

"아니, 우리 어머니는 이미 돌아가셨는데요. 당신이 그 할머니의 아드님이자 알라를 섬기는 아부 알 함라트 노인의 대리인이신가요?"

"그 사기꾼 할멈은 내 어머니가 아닙니다. 그 늙은 것이 나를 속여 옷과 금화 1천 닢을 빼앗아 갔구나!"

그러자 하툰도 말했습니다.

"저도 속았어요. 아부 알 함라트 노인을 만나게 해 준다고 데려와서는 옷까지 벗겨 갔어요."

"하여튼 나는 내 옷과 금화 1천 닢의 배상을 당신한테서 받아야겠소."

"그보다 먼저 제 옷과 보석을 돌려주세요."

이렇게 두 사람이 싸우고 있는데 염색가게 주인이 들어와서 옷을 벗고 있는 두 남녀를 보고 물었습니다.
"당신들 어머니는 어디 있소?"
그래서 젊은 유부녀는 그때까지의 사정을 자세히 얘기했고, 이어서 젊은 상인도 자기가 당한 일을 얘기해 주었습니다.
그 얘기를 다 듣자 염색가게 주인이 소리쳤습니다.
"아! 이를 어쩐다? 내 물건도 이 사람들의 물건도 도대체 어디서 찾는담?"
그러자 노새 몰이꾼도 울부짖었습니다.
"이 염색장이야, 내 노새를 내놔!"
이윽고 염색장이가 말했습니다.
"그 할망구는 사기꾼이야! 모두 나갑시다. 문을 걸어 잠가야겠으니."
그러자 젊은 상인이 말했습니다.
"옷을 입고 당신 집에 들어온 우리가 나갈 때는 이렇게 알몸이면, 어디 당신 체면이 서겠소?"
염색가게 주인은 하는 수 없이 젊은이와 여자에게 옷을 입혀주고, 여자는 집까지 데려다주었습니다.
그리고 나서 여자 이야기는 남편이 여행에서 돌아온 뒤에 다시 하기로 하고, 아무튼 염색장이는 가게 문을 닫고 젊은 상인에게 말했습니다.
"자, 이제부터 그 늙은 할망구를 찾아내어 경비대장에게 끌고 갑시다."
그래서 그들은 노새 몰이꾼과 함께 경비대장을 찾아갔습니다.
"그래, 무슨 일로 왔느냐?"
그들이 경비대장에게 그동안의 사정을 얘기하자 상대가 대답했습니다.
"대체 이 도성 안에 할멈이 몇 명이나 있는 줄 아느냐? 너희 손으로 그 할망구를 찾아내서 꼭 붙들고 나한테 끌고 와. 그러면 너희 대신 족쳐서 토해 놓도록 할 테니까."
그들은 거리를 샅샅이 뒤지며 노파를 찾았지만, 그 결과는 잠시 뒤에 말씀드리기로 하고,*14 한편 그 협잡꾼 할멈 다리라는 딸에게 이렇게 말하고 있었습니다.
"나는 또 한 가지 장난을 칠 생각이다."
그러자 딸이 대답했습니다.

"어머니, 웬만큼 해두는 게 좋을 걸요."
"걱정하지 마라, 난 바짝 마른 콩깍지 같은 사람이야. 그래서 불은 튕겨내고 물에도 젖지 않아."
 노파는 일어나서 지체 높은 사람들을 시중드는 여자노예로 변장한 뒤, 봉을 찾아서 밖으로 나갔습니다.
 이윽고 어떤 골목에 이르니, 그곳에는 양탄자가 깔려 있고 눈부시게 밝은 램프의 불빛 아래서 가희들의 노랫소리와 탬버린을 두드리는 소리가 들려왔습니다.
 그때 노파의 눈에 들어온 것은, 사내아이를 어깨 위에 태운 한 시녀의 모습이었습니다. 사내아이는 은 레이스를 단 바지에 귀여운 벨벳 저고리를 입고 머리에는 진주 장식이 달린 모자를 쓴 데다, 목을 감싼 깃에는 보석이 박혀 있었습니다.
 이 집 주인은 바그다드 상인의 총 우두머리로, 이 아이는 그의 아들이었습니다. 이 총 우두머리에게는 이 아이 말고도 나이 찬 딸이 있었는데, 이날이 바로 그 딸의 약혼잔치가 있는 날이었습니다.
 어머니는 곱게 차린 여자들과 가희들을 상대하느라 정신없이 바쁜 데도 아들이 자꾸만 옆에 달라붙어서 떨어지지 않으려 하자 여자노예를 불렀습니다.
"도련님을 저리로 데려가. 잔치가 끝날 때까지."
 그리고 여자노예에게 아이를 업혀서 내보냈습니다.
 그래서 다리라는 계집종에게 물었습니다.
"너희 주인댁에선 무슨 축하잔치를 하는 거냐?"
"아가씨의 약혼잔치인데, 가희들도 와 있어요."
 이 대답을 듣고 노파는 혼자 중얼거렸습니다.
"오, 다리라! 이 어린애를 계집종에게서 유괴해라!"

―여기서 날이 훤히 밝아왔으므로 샤라자드는 이야기를 그쳤다.

## 704번째 밤

샤라자드는 이야기를 계속했다.

오, 인자하신 임금님, 혼잣말하던 노파는 갑자기 큰 소리로 말했습니다.

"아이고, 내 정신 좀 보게! 축하인사도 하지 않고 있었으니, 송구스러워졌네."

그러면서 구리로 금화처럼 보이게 만든 가짜 돈을 꺼내 어리석은 계집종에게 주면서 말했습니다.

"이 돈을 줄 테니 마님한테 가서 이렇게 말해라. '옴 알 하일 님이 무척 기뻐하고 계십니다. 그리고 전부터 신세 진 은혜를 갚기 위해 혼인날에는 딸을 데려와서 문안을 드리고 옷 담당 부인들의 바느질을 도와 드리겠대요' 하고 말이야."

"할머니, 제가 업고 있는 이 도련님은 마님만 봤다 하면 떨어지지 않으려 하는 걸요."

"그럼, 마님한테 갔다가 돌아올 때까지 내가 도련님을 봐 주마."

그래서 계집종은 노파에게 어린애를 맡기고 가짜 돈을 받은 다음 집 안으로 들어갔습니다. 그 틈에 다리라는 재빨리 어린애를 안고 어느 골목으로 들어가서 아이의 옷과 보석을 빼앗았습니다.

그리고 또 혼자 중얼거렸습니다.

"다리라, 넌 지금 계집종을 속이고 아이를 훔쳐 왔는데, 머리를 한 번 더 써서 이 아이의 몸값으로 금화 1천 닢을 받아 내는 게 어떻겠냐?"

그 길로 보석시장에 가보니, 한 유대인 세공사가 보석이 가득 든 바구니를 앞에 놓고 가게에 앉아 있었습니다. 노파는 다시 속으로 생각했습니다.

'이 유대인을 속여서 금화 1천 닢가량의 보석을 빼앗고, 그 볼모로 이 아이를 잡힌다면 세상에 흔치 않은 사기꾼 노릇을 할 수 있겠군.'

유대인 세공사는 아이를 데리고 있는 노파를 흘금흘금 쳐다보다가 그 아이가 상인 우두머리의 아이라는 것을 재빨리 눈치챘습니다. 그런데 이 유대인은 큰 부자였지만, 양쪽의 가게들은 번창하는데 자기 물건은 팔리지 않으므로 이웃 가게를 매우 시기하고 있었습니다.

그래서 좋은 봉이 걸렸다 생각하고 다리라의 얼굴빛을 살피면서 말을 걸었습니다.
"마님, 어떤 물건을 쓰시겠습니까?"
노파는 이 유대인의 이름을 다른 가게에서 미리 알아 두었으므로 이렇게 물었습니다.
"유대인 아자리아 님이신가요?"
"그렇습니다."
"이 도련님의 누나인 상인 우두머리의 따님이 약혼하는데 오늘은 그 잔칫날이라 보석이 필요해요. 금발찌 두 쌍과 금팔찌 한 쌍, 그리고 진주 목걸이와 허리띠, 단검, 보석 반지를 갖춰주세요."
보석상이 그 물건들을 꺼내 놓자, 노파는 금 1천 냪어치가량의 보석을 고른 다음 말했습니다.
"그럼 이 정도면 된 것 같으니 가져가겠어요. 이 중에서 마음에 드는 것을 골라서 주인님이 사실 것이니 값은 내가 곧 갖다 드리지요. 그때까지 이 도련님을 맡아 계세요."
"좋을 대로 하십시오."
노파는 보석을 받아서 집으로 뺑소니를 쳤습니다. 그리고 딸 자이나브에게 자초지종을 이야기하자 딸이 말했습니다.
"어머, 어머니는 이제 큰일 났어요. 다시는 거리에 나가지 못할 거예요."

한편, 아까 그 계집종은 안주인에게 가서 노파가 시킨 대로 말했습니다.
"마님, 움 알 하일 님이 마님께 문안드리고 혼인날엔 딸들을 데리고 와서 일을 도와주신다고 했어요."
"그런데, 우리 아기는 어디다 두고 왔니?"
"마님을 보면 도련님이 또 울고 보챌까 봐 그 할머니에게 맡겨 놓고 왔어요. 그 할머니가 가희들에게 주는 수고비라고 이걸 주셨어요."
그래서 안주인은 가희들의 우두머리에게 돈을 건네주었습니다.
"이 돈은 당신들에게 주는 것이니 넣어둬요."
가희 우두머리가 그것을 받아 보니 구리로 만든 가짜 금화였습니다. 그것을 안 안주인은 자기도 모르게 소리를 버럭 지르며 계집종을 나무랐습니다.
"이 바보 같은 것, 어서 뛰어가서 도련님을 데려오너라!"

안주인에게 꾸지람을 듣고 계집종이 급히 대문 밖으로 나가보았으나, 아이는 물론이고 노파도 보일 리가 없었지요. 계집종은 그만 비명을 지르며 까무러치고 말았습니다.

이 일 때문에 모든 사람의 기쁨은 순식간에 슬픔으로 변했습니다. 때마침 그 자리에 상인 우두머리인 주인이 돌아왔기에 마누라가 그동안의 사정을 이야기하자 주인은 곧 발길을 돌려 아들을 찾으러 나섰습니다.

그 자리에 모였던 다른 상인들도 밖으로 뛰어나가 제각기 알만한 곳을 찾아 흩어졌습니다. 여기저기를 찾아다닌 끝에 우두머리는 시장에서 자기 아들이 발가숭이가 되어 유대인 보석상 앞에 앉아 있는 것을 발견하고 상인에게 말했습니다.

"이 아이는 내 아들이다!"

그러자 유대인이 대답했습니다.

"물론 잘 알고 있지요."

우두머리가 아들을 찾은 기쁨에 입혔던 옷은 별로 생각지도 않고 발가숭이 아들을 안아 들고 가려고 하자, 유대인이 그 소매를 꼭 붙잡았습니다.

"여보시오, 이러는 법이 어디 있소? 교주님조차 안중에 두지 않는 무엄한 짓이오."

"이 유대 놈아! 내 아들을 데리고 가는데 무슨 잔소리야!"

"그건 안 돼요. 어떤 노파가 찾아와 당신 따님의 혼사에 쓴다고 금화 1천 냥어치의 보석을 가져가면서, 돈을 가져오겠다며 아드님을 내게 맡겨 놓고 갔소. 나는 이 아이가 당신 아들이라는 걸 알고 있었기 때문에 그따위 할망구의 말을 믿은 거요."

"내 딸은 보석 같은 건 주체 못할 만큼 많다. 우리 애 옷이나 내놓아라."

이 말을 들은 유대인은 비명을 질렀습니다.

"여보시오, 이슬람교도들! 나를 도와주시오."

그때 마침 그 염색장이와 노새 몰이꾼, 그리고 젊은 상인 세 사람이 노파의 행방을 찾아 헤매다가 그곳을 지나가고 있었습니다.

세 사람은 상인 우두머리와 유대인이 다투고 있는 까닭을 물어보고 그 사정을 듣고는 말했습니다.

"그 할멈은 협잡꾼이오. 우리가 당신네보다 먼저 당했소."

그러면서 그들은 저마다 노파에게 속아 넘어간 이야기를 들려주었습니다. 그러자 상인 우두머리가 말했습니다.
"나는 아들을 찾았으니 아들의 옷으로 몸값을 치르도록 하지! 그 늙은 년을 찾으면 되찾을 테니까."
그리고 아들을 안고 집으로 돌아갔습니다. 어머니는 눈물을 흘리며 아들의 무사함을 보고 기뻐했습니다.
한편 유대인은 상인 우두머리가 돌아가자 세 사람에게 물었습니다.
"당신들은 어디로 가실 거요?"
"그 늙은 협잡꾼을 찾으러 가야지."
"그렇다면 나도 같이 갑시다. 그런데, 누가 그 할멈의 얼굴을 잘 아시오?"
"내가 알고 있소."
노새 몰이꾼의 대답에 유대인이 말했습니다.
"이렇게 한꺼번에 몰려다녀서는 그 할멈을 잡지 못할 것이오. 우리 모습을 보면 가까이 가기도 전에 달아날 테니 말이오. 그러니 저마다 따로 찾기로 하고 무어인 이발사 하지 마수드의 가게에서 만나기로 하는 게 어떻겠소?"
모두 그렇게 하기로 하고 저마다 방향을 정하여 찾아 나섰습니다.
이 무렵 노파 다리라는 다시 누구를 속여먹을 궁리를 하며 길을 쏘다니고 있었습니다. 그것을 노새 몰이꾼이 발견하자 노파의 소매를 덥석 붙잡고 호통을 쳤습니다.
"이 도둑년! 네년은 만날 그런 짓만 하고 돌아다니고 있지?"
"왜 이래요?"
노파는 시치미를 뗐습니다.
"내 노새를 내놔라!"
"호호호, 여보세요, 알라께서 숨기신 것을 그렇게 함부로 떠들어 대면 못 써요. 그런데 당신은 자기 노새 말고 남의 물건도 찾고 있수?"
"나는 노새만 찾으면 그만이다."
"나는 말이야, 당신이 가난뱅이라는 것을 잘 알고 있지, 그래서 당신을 위해 무어인 이발사의 가게에 그 나귀를 맡겨 놓았다우. 그것을 찾아올 테니,

가까이 오지 말고 여기서 기다리고 있어요."
 노파는 마그라비인⁽¹⁾에게 다가가서 이발사의 손에 입을 맞추고는 눈물을 흘리기 시작했습니다.
 "아니, 왜 그러시오?"
 "여보세요, 저기 서 있는 내 아들 좀 보세요. 저 애가 병이 들었을 때 집에 얌전히 누워만 있었으면 아무 일도 없었을 걸, 밖에 나가 바람을 쐬어 그만 머리가 조금 이상해졌다우. 그리고 병이 들기 전에는 입버릇처럼 노새를 사달라고 했지요. 그래서 그런지 지금도 걸핏하면 '내 노새! 내 노새!' 하고 졸라서 이 늙은 어미의 속을 무던히도 썩이지 뭐예요.
 어떤 의사에게 물으니 머리가 돌아서 그렇다는 거예요. 그것을 고치려면 어금니를 두 개 뽑고 양쪽 관자놀이에 뜸을 떠야 한대요. 수고스럽지만 내가 당신에게 이 금화를 드릴 테니 부디 당신 입으로 '네 나귀는 내가 갖고 있다'고 말해서 저 애를 좀 불러 줘요."
 "알았습니다. 아드님의 나귀는 내가 분명히 맡아 갖고 있다고 말하지요. 저 아드님이 알아듣지 못하면 1년 동안 단식이라도 하겠소."
 이 이발사는 조수를 두 명 부리고 있었는데, 그중 한 사람을 불러 일렀습니다.
 "인두를 벌겋게 달궈 놓아라."
 이윽고 노파가 가버리자 이발사는 노새 몰이꾼을 가까이 불렀습니다.
 "이봐, 친구, 자네 노새는 우리 집에 있네. 이리 와서 몰고 가게나, 틀림없이 자네 손에 내줄 테니."
 노새 몰이꾼이 가까이 오자 이발사는 앞장서서 어두운 방으로 들어가더니 느닷없이 그에게 달려들어 마구 패는 것이었습니다. 그러자 조수들이 달려들어 팔다리를 묶어 버렸습니다. 그다음에 이발사는 노새 몰이꾼의 어금니를 두 개 잡아 뽑고, 양쪽 관자놀이에 뜸까지 뜨고 난 뒤에야 묶은 것을 풀어주었습니다.
 노새 몰이꾼은 비틀비틀 일어나며 소리소리 외쳤습니다.
 "야, 이 무어인 놈아! 어째서 나를 이 꼴로 만들어 놓은 거냐!"
 "네 어머니 말을 들으니, 넌 어렸을 때 앓다가 나쁜 바람을 쐬는 바람에 대가리가 돌아서 앉으나 서나 늘 '내 노새! 내 노새!' 노래를 한다면서? 그래서 네놈이 노새라는 걸 알게 해 준 것뿐이야."
이발사가 말하자, 노새 몰이꾼이 쏘아붙였습니다.
"내 이를 뽑아버린 놈에게 천벌이 내리기를!"
그래서 이발사가 노파한테서 들은 이야기를 전부 얘기해 주자, 노새 몰이꾼은 소리쳤습니다.
"알라시여! 부디 그 할망구에게 업보를 내리소서!"
그 뒤에도 두 사람은 계속 입씨름을 벌였습니다. 그러다가 두 사람이 가게로 나와 보니 가게가 텅 비어 있었습니다. 두 사람이 싸우는 사이에 다리라가 몽땅 쓸어 모아서 달아났기 때문입니다. 노파는 그것을 딸에게 가지고 가서 자초지종을 자세히 얘기하고 자신의 무용담을 자랑했습니다. 한편 온 집안이 약탈당한 광경을 본 이발사는 노새 몰이꾼을 붙들고 고함을 쳤습니다.
"네놈의 어미를 빨리 잡아 와!"
"그 할멈은 내 어머니가 아니다. 간덩이가 큰 협잡꾼이란 말이야. 많은 사람을 속였을 뿐만 아니라 내 노새까지 훔쳐 갔어."
그러고 있는데 염색장이와 유대인과 젊은 상인이 들이닥쳤습니다. 세 사람은 양쪽 관자놀이에 인두 자국이 난 노새 몰이꾼이 무언이 이발사에게 붙잡혀 있는 걸 보고 물었습니다.
"이봐, 친구, 대체 어떻게 된 노릇이오?"
노새 몰이꾼은 자기가 당한 일을 얘기했고, 이발사는 이발사대로 자기의 주장을 펼쳤습니다. 세 사람이 노파에게 감쪽같이 속은 사정을 들려주자, 이발사는 가게 문을 닫고 그들과 함께 경비대장에게 몰려가서 호소했습니다.
"이 사건과 도둑맞은 금품을 조사해 주십시오."
"아무리 그렇다 해도 이 넓은 바그다드에 노파가 몇 사람이나 있는 줄 아느냐? 그런데, 너희 가운데 노파의 얼굴을 아는 자가 없느냐?"
"제가 알고 있습니다. 그러니 관원을 10명가량 빌려주십시오."
노새 몰이꾼이 말했습니다.
경비대장이 포리 열 명을 붙여주자 다섯 사람은 포리들을 뒤에 데리고 밖으로 나갔습니다. 그렇게 온 마을을 순찰하는 동안 결국 노파와 딱 마주치게 되어, 마침내 늙은이를 붙잡아 경비대장에게 데려가서, 경비대장이 나올 때까지 창문 밑에서 기다리고 있었습니다.

그런데 너무 돌아다닌 탓에 피로가 몰려 와서 포리들은 그만 잠이 들고 말았습니다. 다리다도 일부러 그들처럼 잠든 척하고 있으니, 노새 몰이꾼을 비롯하여 다른 사람들도 모두 꾸벅꾸벅 졸기 시작했습니다.

노파는 살며시 그곳을 빠져나와 경비대장 집 안채로 들어가서 부인의 손에 입을 맞춘 뒤 물었습니다.

"경비대장님은 어디 계십니까?"

"지금 주무시는 데 무슨 볼일이신가요?"

"제 남편은 노예상인인데, 저에게 노예 다섯 명을 팔아달라고 부탁하고 여행을 떠났어요. 그래서 댁의 주인어른을 찾아뵸더니 그 노예들을 금화 1천 닢에 사 주시고 저를 금화 2백 닢에 고용해 주시겠다고 약속하셨지요. 그리고 '그 다섯 명은 내 집으로 데려와 주게.' 하셔서 지금 그 노예들을 데리고 왔답니다."

— 여기서 날이 훤히 밝아왔으므로 샤라자드는 이야기를 그쳤다.

## 705번째 밤

샤라자드는 이야기를 계속했다.

오, 인자하신 임금님, 경비대장 부인은 그만 노파에게 감쪽같이 속아 넘어가 버렸습니다.

"그 노예들은 어디 있어요?"

"마님 댁 창문 밑에서 잠자고 있습니다."

부인이 창밖을 내다보니 과연 백인 노예 차림을 한 무어인 이발사, 취한*15 백인 노예처럼 보이는 젊은 상인, 그리고 어느 모로 보나 노예로밖에 볼 수 없는 까까중이 유대인과 염색장이, 노새 몰이꾼이 잠자고 있었습니다.

'저건 한 사람에 금화 1천 닢의 가치는 된다.'

부인은 속으로 그렇게 생각하며 돈궤를 열어 금화 1천 닢을 노파에게 주면서 말했습니다.

"그럼 일단 돌아갔다가 나중에 다시 와요. 남편이 일어나면 나머지 2백 닢을 받아 줄 테니까."

"마님, 그중 백 닢은 마님의 것으로, 마님께서 드시는 셔벗수의 차가운 병 밑에 있을 겁니다.*16 나머지는 요다음에 올 때까지 맡아 두세요. 그리고 참 죄송합니다만 사정이 좀 있어서 뒷문으로 나가도 될까요?"

그리하여 무사히 달아난 노파는 운 좋게 도중에 별다른 일 없이 무사히 딸에게 돌아갔습니다. 그리고 또다시 감쪽같이 속여서 자기를 잡으러 다니는 다섯 사람을 노예로 팔아 금화 1천 닢을 벌었다고 자랑스럽게 이야기했습니다.

"하지만 자이나브야, 제일 께름칙한 것은 그 노새 몰이꾼이다. 그놈은 내 얼굴을 잘 알고 있거든."

"어머니, 이제 당분간은 제발 집에 얌전히 계세요. 이만큼 큰일을 했으면 됐잖아요. 원숭이도 나무에서 떨어질 때가 있다고 하잖아요."

한편 얼마 뒤, 경비대장이 잠에서 깨어나자 아내가 말했습니다.

"당신이 노파에게서 산 다섯 명의 노예들이 기다리고 있어요."

"노예라니, 무슨 노예?"

"어머, 왜 저에게 숨기시는 거예요? 보시면 아시겠지만 제법 쓸 만한 훌륭한 노예들이에요."

"천만에, 나는 노예 같은 건 산 적이 없어. 누가 그따위 소리를 했소?"

"그렇게 시치미만 떼지 마세요. 당신이 사들인 거간꾼 노파가 그렇게 말했으니까요. 노예들은 금화 1천 닢에, 노파는 금화 2백 닢에 사겠다고 약속하셨다면서요?"

"그래서 당신은 그 돈을 치러줬단 말이오?"

"그럼요, 이 눈으로 똑똑히 노예들을 보았고, 노예들이 입고 있는 옷만 해도 천 닢 값은 넉넉히 되어 보였으니까요. 그래서 포리들에게 감시를 시키려고 금방 사람을 보냈어요."

대장이 허둥지둥 밖에 나가보니 다섯 사람의 고발인들이 목을 빼고 기다리고 있었으므로 포리에게 물었습니다.

"노파한테서 금화 1천 닢에 샀다는 노예 다섯은 어디 있느냐?"

"여기엔 노예라는 이름이 붙은 자는 하나도 없습니다. 다섯 사람이라면 여기 있는 이 사람들이겠지만 이 사람들은 그 협잡꾼 노파를 붙잡아 온 사람들입니다. 그런데 대장님이 나오시기를 기다리다 잠이 깜박 들었지요. 그 틈에 그 잡아 죽일 할망구가 빠져나가 마님의 방에 들어갔고 얼마 뒤 마님이 나오셔서 '노예와 함께 온 다섯 사람이 틀림없이 있느냐?' 물으시기에 그렇다고 대답했을 뿐입니다."

경비대장이 외쳤습니다.

"이게 무슨 꼴이냐. 거참, 세상에, 정말 세상에 드문 사기꾼이로다!"

그러자 다섯 사람이 한결같은 목소리로 말했습니다.

"제발 저희 물건을 돌려주십시오."

"나는 금화 1천 닢이란 큰돈을 내고 너희를 샀다!"

"그런 엉터리가 어디 있습니까? 그것만은 알아게서도 허락하지 않으실 겁니다. 저희는 자유민으로 태어난 자들이라 매매할 수 없습니다. 당신이 들어주지 않는다면 교주님께 직접 고소하겠습니다."

"노파를 우리 집에 데리고 온 것은 바로 너희다. 그러니 너희를 한 사람에 금화 2백 닢씩 받고 노예선에 팔아 버려야겠다."

그때 뜻밖에도 하산 샤르 알 타리크 태수가 나타났습니다. 그는 여행에서 돌아와 아내에게서 옷과 보석을 몽땅 빼앗긴 경위를 듣고 '이것은 모두 경비대장의 잘못이다. 책임을 물어야지' 하며 당장 달려온 것입니다.

"귀관은 어째서 그따위 노파가 이 거리를 쏘다니면서 양민을 속이고 재물을 빼앗아 가는 걸 눈감아 주고 있는가? 그런 발칙한 자들을 단속하는 것이 귀관의 직무가 아닌가? 이것은 귀관의 책임이다. 내 아내의 재물을 변상해라."

그런 다음 다섯 사람을 향해서 물었습니다.

"너희는 무슨 죄로 끌려 왔느냐?"

그들이 번갈아가며 노파에게 속은 이야기를 해 주니 태수가 말했습니다.

"너희에게는 죄가 없다."

그러고는 경비대장에게 물었습니다.

"이 사람들을 왜 묶었나?"

"그 노파를 우리 집에 데리고 온 것은 바로 이자들이었습니다. 덕분에 내 아내는 그 노파에게 금화 1천 닢을 주고 이놈들을 샀다지 뭡니까."

다섯 사람은 울상이 되어 이렇게 말했습니다.

"오, 하산 태수님, 태수님만이라도 이 사건에서 제발 저희 편이 되어 주십시오."
　경비대장이 말했습니다.
　"태수님, 마넘의 물건은 제가 반드시 책임지겠습니다."
　그리고 다섯 사람을 향해 물었습니다.
　"너희 가운데 노파를 알고 있는 자는 누구누구냐?"
　"모르는 사람은 아무도 없습니다. 저희에게 포리 10명만 빌려주십시오. 반드시 잡아 오겠습니다."
　다섯 사람이 저마다 말하므로, 경비대장은 하는 수 없이 부하 10명을 빌려주었습니다. 그러자 나귀 몰이꾼이 모두에게 말했습니다.
　"내 뒤를 따라오시오. 내 눈이 파랗다 해도 그 할망구쯤은 금방 알아볼 수 있으니까."*17
　그래서 모두 밖으로 나갔습니다. 그런데 이게 웬일입니까! 어느 뒷골목에서 나오는 다리라 노파와 딱 마주친 겁니다.
　그들이 다시 노파를 붙잡아 경비대장에게 데리고 가니, 대장은 당장 노파를 심문했습니다.
　"이 사람들의 물건은 어디에 있느냐?"
　"저는 그런 물건을 본 적도, 훔친 적도 없습니다."
　경비대장은 간수에게 소리쳤습니다.
　"이 할멈을 데려가서 내일 아침까지 옥에 가둬라."
　그러나 간수는 이렇게 말했습니다.
　"아닙니다, 이 할멈을 데려가서 옥에 가두는 일만은 사양하고 싶습니다. 결국 저도 속아 넘어가서 책임을 지게 되면 큰일이니까요."
　경비대장은 할 수 없이 몸소 말을 타고 다리라와 그 밖의 사람들을 데리고 티그리스 강 언저리로 가서 형리에게 노파의 머리채를 묶어서 매달라고 명령했습니다. 형리가 노파의 몸뚱이를 십자가에 높이 매달자, 경비대장은 감시병으로 부하 열 명을 남겨 두고 돌아왔습니다.
　이윽고 해가 꼴깍 넘어가자 감시병들은 졸음이 오기 시작했습니다.
　그런데 얘기는 바뀌어, 한 바다위인이 어떤 사람들이 길에 서서 주고받는 얘기를 우연히 들은 적이 있었습니다.
　"무사히 돌아오셔서 다행입니다. 지금까지 어디에 계셨습니까?"

"바그다드에 가 있었네. 그곳에서는 아침으로 늘 꿀튀김을 먹었다네."
바다위인은 속으로 생각했습니다.
'굉장히 맛있는 음식인 모양이다. 바그다드에 가서 그 꿀튀김이라는 걸 한 번 먹어봐야겠는걸.'
이 바다위인은 태어나서 지금까지 바그다드에 가본 적이 한 번도 없었고 또 그런 튀김은 구경도 한 적이 없었습니다. 그래서 말을 타고 바그다드로 부지런히 달리면서 몇 번이고 되풀이해서 중얼거렸습니다.
"꿀튀김을 먹게 되다니 생각만 해도 군침이 돈다. 아랍인의 명예를 걸고, 난 아침을 꿀튀김으로 정했다. 그래 정하구말고."

—여기서 날이 훤히 밝아왔으므로 샤라자드는 이야기를 그쳤다.

## 706번째 밤

샤라자드는 이야기를 계속했다.
오, 인자하신 임금님, 말을 타고 가던 바다위인은 이윽고 다리라가 매달린 장소에 이르렀습니다. 그리고 자기가 중얼거리는 말을 노파가 들은 줄은 물론 꿈에도 모르고 있었습니다.
바다위인이 노파에게 다가와서 물었습니다.
"아니, 거기서 왜 그러고 있소?"
"오, 아라비아의 장로님, 제발 저를 살려주십시오."
"알라의 가호가 있기를 빌어주겠소! 그런데 무슨 일로 형틀에 매달리게 된 거요?"
"저에게는 적이 한 사람 있었답니다. 그 적은 튀김을 만들어 파는 남자입니다. 내가 튀김을 조금 사려고 그놈 가게 앞에 서 있다가 무심코 침을 뱉었는데, 그 침이 재수 없게 튀김에 튀었지 뭐예요. 그놈이 몹시 화가 나 펄펄 뛰며 나를 지사에게 고소하자 지사는 나를 형틀에 매달라고 명령하고는 튀김장수에게 '꿀튀김 10파운드를 가져가서 십자가에 매달린 그 여자에게 먹여라. 그래서 먹으면 석방해 주고 먹지 않으면 그대로 매달아 놓아라.' 시켰단 말이에요. 그런데 말이요, 나는 달콤한 것은 아예 입에 대지도 못하는 성미예요."

"아랍인의 명예를 두고 맹세하지만 내가 일부러 여행에 나선 것은 그 꿀튀김을 먹기 위해서였어. 좋아, 할멈 대신 내가 먹어주지."

"하지만 당신이 나 대신 여기에 매달려 있지 않으면 그 튀김을 먹을 수 없어요."

바다위인은 노파의 거짓말에 감쪽같이 속아 넘어가 묶은 것을 풀어주었습니다. 노파는 사내의 옷과 터번을 벗기고 묶어서 달아매고는 그 사내의 겉옷을 걸치고 사내의 말을 타고 집으로 돌아갔습니다.

"어머니, 그 모습이 뭐예요? 대체 무슨 일이 있었어요?"

자이나브가 노파에게 물었습니다.

"십자가에 매달렸지."

노파는 이렇게 말하면서 바다위인을 속인 이야기를 들려주었습니다.

한편 감시병 중에서 맨 먼저 눈을 뜬 사내가 동료들을 흔들어 깨웠을 때는 벌써 날이 훤하게 밝은 뒤였습니다.

그때 감시병 하나가 십자가를 올려다보더니 소리쳤습니다.

"다리라!"

바다위인이 대답했습니다.

"이거 원, 어디 견딜 수가 있나! 나는 밤새도록 아무것도 못 먹었어. 당신들은 꿀튀김을 잊지는 않았겠지?"

그들은 한결같은 목소리로 소리를 질렀습니다.

"아니, 저놈은 사내가 아닌가? 게다가 바다위인이야!"

그중 한 사람이 물었습니다.

"어이, 바다위인! 다리라는 어디로 갔지? 누가 그 할멈을 풀어주었지?"

"내가 풀어주었소. 싫다는 꿀튀김을 억지로 먹일 수는 없잖아. 뭐 보기만 해도 소름이 끼친다더군."

아무것도 모르는 이 바다위인이 감쪽같이 노파에게 속아 넘어갔다는 사실을 알게 된 감시병들은 서로 수군거리면서 의논하기 시작했습니다.

"이대로 달아나 버릴까? 아니면 알라의 처분에 맡기고 저대로 내버려 둔 채 기다려 볼까?"

어쩌자는 결론이 아직 나오기도 전에 경비대장이 노파에게 사기당한 자들을 데리고 들이닥쳤습니다.

"빨리 다리라의 결박을 풀어라!"

바다위인이 말했습니다.

"난 간밤에 아무것도 먹지 않았소. 꿀튀김을 가져오셨나요?"

경비대장은 이상하게 생각하면서 십자가를 올려다보니, 노파 대신 바다위인이 매달려 있으므로 감시병들에게 물었습니다.

"대체 어찌 된 일이냐?"

"오, 대장님, 제발 용서해 주십시오."

"어찌 된 일인지 빨리 말해 봐라."

"저희는 줄곧 감시하고 있다가 좀 피곤하기도 하고, 또 할망구가 틀림없이 십자가에 매달려 있었으므로 안심하여 그만 잠이 들고 말았습니다. 그런데 눈을 떠보니 할망구 대신 이 바다위 놈이 매달려 있지 않겠습니까? 아무쪼록 너그러우신 처분을 바랍니다."

"너희에게 알라의 자비가 내리기를 빌어주마! 그나저나, 어쨌든 그 노파는 대단한 사기꾼이다!"

이윽고 묶은 것을 풀어주자 바다위인은 경비대장에게 따지고 들었습니다.

"댁들 때문에 나만 이렇게 생고생을 했군. 알라여! 부디 교주님을 가호해 주소서! 이렇게 된 이상 당신이 내 말과 옷을 물어줘야겠소."

경비대장이 그 까닭을 물으니, 그는 다리라와의 사이에 일어난 일을 모두 얘기했습니다.

입이 딱 벌어진 경비대장이 물었습니다.

"그래서 묶은 것을 풀어주었단 말이지?"

"예, 그년이 그렇게 악질인 줄은 꿈에도 몰랐습니다."

그러자 다른 사람들도 대들었습니다.

"경비대장님, 우리 재물은 어떻게 해 주실 작정입니까? 우리는 일단 그 노파를 잡아서 당신 손에 넘겨주었으니, 이젠 마땅히 당신 책임입니다. 그러니 우리와 함께 교주님의 알현실로 갑시다."

한편, 하산 태수가 알현실에 들어와 교주를 뵙고 있는데, 경비대장이 바다위인과 다섯 사람의 피해자를 데리고 들어왔습니다.

"저희는 참으로 억울한 일을 당했습니다."
"누구한테 당했는데 그러느냐?"
교주가 묻자 다섯 사람은 차례차례 그 앞에 가까이 나가서 자기가 당한 재난을 얘기했고, 마지막으로 경비대장이 나가서 말했습니다.
"오, 충실한 자들의 임금님이시여, 저도 노파에게 사기를 당했습니다. 노파는 여기 있는 다섯 사람이 자유인임에도 불구하고 저에게 금화 1천 닢에 노예로 팔았습니다."
"그대들이 잃어버린 물건은 모두 내가 책임지마. 경비대장, 노파는 그대의 손에 맡긴다."
경비대장은 고개를 설레설레 흔들며 말했습니다.
"오, 충실한 자들의 임금님, 저는 그 노파를 절대로 맡을 수 없습니다. 십자가에 매달려서도 바다위인을 속여 자기의 결박을 풀게 하고 그를 대신 묶어놓고, 또 그 옷과 말까지 훔쳐 달아날 정도로 무서운 인간이니까요."
"하지만 그대 말고 누구에게 맡기란 말이냐?"
"아마드 알 다나프에게 분부를 내리십시오. 그 사람은 달마다 금화 1천 닢의 녹을 받고 있으며, 그뿐만 아니라 금화 백 닢씩 받고 있는 부하 40명을 데리고 있으니까요."
"여봐라, 아마드."
"예, 충실한 자들의 임금님, 무슨 분부이십니까?"
"그 노파를 잡아서 내 앞에 대령하렷다!"
"예."
그리고 교주는 바다위와 다섯 사내를 가두어 버렸습니다.

―여기서 날이 훤히 밝아왔으므로 샤라자드는 이야기를 그쳤다.


## 707번째 밤

샤라자드는 이야기를 계속했다.
오, 인자하신 임금님, 교주의 명령을 받은 아마드와 그 부하들은 숙소로 돌아가서 의논을 하기 시작했습니다.
"그 늙은이를 무슨 수로 잡지? 이 도성에 노파가 한두 사람이라야 말이지."

아마드는 부하 하산 슈만에게 물었습니다.

"무슨 좋은 생각이 없을까?"

그러자 그 자리에 있던 알리 키토프 알 자마르라는 부하가 아마드에게 말했습니다.

"하산 같은 자에게 의논하시다니요. '역신' 하산에게 무슨 좋은 생각이 있겠습니까?"

이에 화가 난 하산이 말했습니다.

"이봐 알리! 어째서 내 욕을 하는 거지? 좋아, 최고의 신 알라의 이름을 걸고, 이번만큼은 내 쪽에서 먼저 사양하겠어!"

그러고는 그대로 일어나 투덜대면서 나가버렸습니다. 이윽고 아마드가 입을 열었습니다.

"모두, 두목 한 사람에 10명씩 붙어서 각자의 구역에서 다리라를 찾아보거라."

그들은 알리를 포함하여 아마드의 지시에 따라, 나중에 알 카르프 거리에서 만나기로 약속하고 패를 나누어 출발했습니다.

그리하여 '재앙'의 아마드가 협잡꾼 다리라 할멈을 잡으려고 찾아 나섰다는 소문이 온 도성 안에 쫙 퍼졌습니다.

그러자 자이나브는 어머니를 이렇게 부추겼습니다.

"어머니가 정말 솜씨 좋은 협잡꾼이라면 아마드와 그 부하들을 골탕 먹여 보세요."

이 말에 다리라가 대답했습니다.

"난 말이야, 하산 슈만 말고는 겁나는 사람이 없어."

"내 이마의 곱슬머리에 맹세코, 이번에는 제가 아마드를 비롯한 부하 40명을 모조리 발가벗겨 보이겠어요."

자이나브는 곧 준비하고 얼굴에 베일을 쓴 뒤 밖으로 나가서 출입구가 두 개 있는 약방으로 갔습니다. 그리고 가게 주인에게 인사한 다음, 돈을 내밀며 말했습니다.

"이 금화를 계약금으로 드릴 테니 저녁때까지 댁의 손님방을 좀 빌려주세요."

주인이 열쇠를 내주자 자이나브는 훔친 노새에 양탄자와 그 밖의 물건들을 싣고 와서 방을 장식하고, 한 단 높은 양쪽 단 위에는 고기와 술을 차린 음식상을 놓았습니다.

그리고 나서 베일로 얼굴을 가리고 문 앞에 서 있으니 마침 알 키토프 알 자마르와 그 부하가 지나갔습니다. 자이나브가 그 손에 입을 맞추자, 상대방이 아름다운 여자인지라 자마르는 그만 마음을 빼앗겨 버렸습니다.

"무슨 일인가, 아가씨?"

"아마드 알 다나프 대장님이신가요?"

"아니야, 난 그분의 부하 '낙타 몰이 알리'야."

"어디 가시는 길이세요?"

"협잡꾼 할멈을 잡으러 가는 길이야. 그 할멈이 남을 속이고 물건을 훔쳤기 때문에 잡아들이려는 거지. 그런데 당신은 누구이고 무슨 볼일인가?"

"제 아버지는 전에 모술에서 선술집을 하셨는데 더할 수 없이 많은 재산을 남기고 돌아가셨지요. 그래서 저는 관가의 눈이 무서워 이곳에 와서, 누군가 저를 보호해 주실 분은 없나 하고 알아봤더니, 누가 아마드 알 다나프에게 부탁해 보라고 하더군요."

"그렇다면 오늘부터라도 두목의 보살핌을 받을 수 있지."

그러자 자이나브가 말했습니다.

"잠깐 들러서 물이라도 한 잔 마시고*18 가시는 게 어때요?"

그들은 그만 유혹에 넘어가서 먹고 마시고 하다가 곤드레만드레 취해 버렸습니다. 자이나브는 그들에게 마약을 먹여서 옷과 무기를 모두 벗기고 말았습니다. 나머지 세 수색대도 자이나브의 같은 수법에 모두 걸려들었습니다.

얼마 뒤 재앙의 아마드도 노파를 찾으러 나갔지만, 노파의 모습은 보이지 않고 부하들마저도 역시 행방이 묘연했습니다. 아마드는 이리저리 찾고 다니다가 이윽고 자이나브가 서 있는 문 앞에 이르렀습니다. 여자가 아마드의 손에 입을 맞추자 그 아름다운 얼굴과 사람을 호릴 만큼 아리따운 자태를 보고 한눈에 반하고 말았습니다.

"아마드 알 다나프 대장님이세요?"

"그렇소, 당신은 누구요?"

"저는 모술에서 온 여자예요. 아버지가 그곳에서 선술집을 하시다가 더할 수 없이 많은 재산을 남기고 돌아가셨지요. 그래서 그곳 관가의 눈이 두려워 이곳으로 옮겨와서 술집을 냈지요. 경비대장님은 저에게 세금을 내라고 하시는데, 저로서는 나리의 보호를 받고 관가에 내는 세금을 차라리 나리께 드리고 싶어요. 나리가 훨씬 더 권한이 있잖아요?"

"그 사람한테는 한 푼도 낼 필요 없어. 아가씨는 내가 뒤를 봐줄 테니 안심하라고."

"그렇다면 저희 집에 들러 식사라도 하시고 저를 안심시켜 주세요."

그래서 아마드도 안으로 들어가 먹고 마시고 하다가 역시 취하고 말았습니다. 자이나브는 아마드에게도 마약을 먹여 곯아떨어지게 하고는 옷과 무기를 빼앗아 버렸습니다. 그 약탈품을 바다위인의 말과 노새 몰이꾼의 노새에 싣고 알리 키토프 알 자마르만 흔들어 깨웠습니다. 그리고 자이나브는 뒤도 돌아보지 않고 줄행랑을 놓아버렸습니다.

낙타 몰이 알리가 눈을 떠보니, 자기가 실오라기 하나 걸치지 않은 알몸이 되어 있을 뿐만 아니라, 대장 아마드와 그 부하들도 모두 마약에 곯아떨어져서 발가벗겨져 있었습니다. 그래서 얼른 모두에게 마취를 푸는 약을 먹여서 깨어나게 했습니다. 그들도 역시 눈을 뜨고서야 자신들이 알몸이 되어 있는 것을 알았습니다.

'재앙'의 아마드가 엉뚱한 호통을 쳤습니다.

"야, 이놈들아, 이게 도대체 무슨 꼴이냐? 우리는 그 할멈을 잡으러 나왔다가 갈보 년에게 감쪽같이 속고 말았구나. 하산 슈만이 이 꼴을 보면 어지간히 좋아하겠다. 그건 그렇고, 옷이 없으니 어두워질 때까지 여기 있다가 돌아가기로 하자."

날이 저물어서 숙소에 찾아온 '역신' 하산은 문지기에게 물었습니다.

"이봐, 모두 어디 있나?"

마침 그때 그들이 누구랄 것도 없이 저마다 허둥지둥 돌아오는 처량한 몰골이 눈에 띄었습니다. 그 꼬락서니를 보고 하산은 다음과 같은 시를 읊었습니다.

사람마다 가슴속
　　마음은 같아도,
　　각자가 하는 일은 차이가 난다.
　　똑똑한 사람이 있는가 하면
　　어리석은 사람이 있고,
　　어느 별은 밝고 진주 같지만
　　어느 별은 그 빛이 어두운 것처럼.

한 수 읊고 난 하산은 모두 둘러보며 물었습니다.
"도대체 누구에게 속아서 옷을 뺏겼나?"
"그 할멈을 찾으러 나갔다가 예쁜 처녀를 만나서 털렸어."
"그 처녀도 제법인걸."
"그 처녀를 아나?"
"알고말고! 그 처녀도 할멈도 잘 알지."
"교주님에게 뭐라고 말씀드려야 하지?"
그래서 하산은 알 다나프에게 말했습니다.
"이봐, 다나프, 당신은 교주님 앞에 나가서 아무 말 하지 말고 고개만 푹 숙이고 있으면 돼. 그러면 교주님은 이렇게 물으실 거야.
'그 여자의 체포를 맡은 사람은 누구냐?'
그러시고는 어째서 잡지 못 했느냐고 물으실 거야. 그러면 이렇게 말하는 거야.
'저는 그 노파의 얼굴을 모르니 하산 슈만에게 맡기시면 어떨는지요?'
그래서 내가 맡기만 하면 틀림없이 그 노파를 잡아 묶어버릴 테니까."
그래서 그들은 이튿날 아침 교주의 알현실에 들어가서 바닥에 엎드렸습니다.
"오, 아마드 대장, 그 노파는 어떻게 되었나?"
아마드가 고개를 옆으로 흔들며 대답을 하지 않자 교주는 그 까닭을 물었습니다.
"저는 노파의 얼굴을 모릅니다. 그러니 하산 슈만에게 체포 명령을 내려주십시오. 그 사람은 노파와 딸을 잘 알고 있답니다."

이어서 하산이 교주 앞에 나가 노파의 사정을 얘기했습니다.

"노파가 지금까지 그러한 나쁜 짓을 저지른 것은 결코 남의 재물이 탐나서가 아니라, 자기와 딸의 솜씨를 사람들에게 보여주고 싶었기 때문입니다. 그 이유는, 교주님의 은혜를 받다가 죽은 남편의 연금을 자기와 딸에게 계속 내려주십사 호소하기 위해섭니다. 그러니 만일 교주님께서 노파의 목숨을 살려주신다면 제가 끌어 오겠습니다."

그러자 교주가 소리쳤습니다.

"내 조상의 목숨에 걸고, 노파가 훔친 물건을 모두 돌려준다면 그대의 중재도 있고 하니 이번만은 노파의 목숨을 살려주리라."

"오, 참된 신자의 임금님이시여, 그러면 황송하오나 무엇인가 그 말씀의 증거가 되시는 물건을 제게 주십시오."

'역신' 하산의 말에 알 아시드 교주는 목숨을 살려준다는 뜻의 손수건을 하산에게 주었습니다.

이윽고 하산이 노파의 집으로 가서 다리라의 이름을 부르니 딸 자이나브가 나왔습니다.

"어머니는 어디 있는가?"

"2층에 계세요."

"그럼, 그동안 빼앗은 물건을 가지고 나와 함께 교주님한테 가자 전해라. 사면의 손수건을 받아 왔으니까. 싫다고 한다면 나중에 어찌 되어도 난 모른다."

2층에서 내려온 다리라는 사면의 손수건을 목에 매고, 그동안 훔친 물건들을 노새 몰이꾼의 노새와 바다위인의 말에 실어서 하산에게 넘겨주었습니다.

"아직 우리 대장과 부하들의 옷이 남았소."

"알라께 맹세코 그 사람들은 내가 벗긴 게 아닌걸."

"참 그렇지. 네 딸 자이나브의 짓이었지. 효녀를 두어서 할멈은 좋겠소."

이윽고 하산은 노파를 알현실로 데려가서 물건을 모두 교주 앞에 쌓아 놓은 다음 그 앞에 꿇어앉혔습니다. 교주가 노파를 보자마자 '피의 양탄자'[2]에 눕히라고 명령하니 노파는 쇳소리를 질렀습니다.

"어이구, 슈만 님, 살려줍쇼!"

슈만이 얼른 일어나서 교주의 손에 입을 맞추었습니다.

"오, 충실한 자들의 임금님이시여, 고정하십시오. 임금님께서는 저에게 사면의 손수건을 분명히 내리지 않으셨습니까?"

그러자 참된 신자들의 임금님도 말했습니다.

"좋다, 그럼 자네를 봐서 용서해 주지. 할멈, 이리 가까이 오게. 이름이 무엇인고?"

"저는 '협잡꾼 할멈' 다리라라고 합니다."

"흠, 정말 꾀가 많은 할멈이로다."

이때부터 노파는 '협잡꾼 할멈' 다리라라고 불리게 되었습니다.

잠시 뒤, 교주가 다시 물었습니다.

"너는 어째서 사람들을 속이고 내 마음을 아프게 하였느냐?"

"저는 남의 재물이 탐나서 그런 짓을 한 건 아닙니다. 아마드 알 다나프와 하산 슈만이 그 옛날 바그다드에서 못된 장난을 좀 쳤다는 얘기를 듣고, 나도 한번 해 보자 생각했던 것뿐입니다. 그리고 훔친 물건은 이미 돌려주었습니다."

그때 노새 몰이꾼이 벌떡 일어나서 말했습니다.

"저는 어디까지나 알라의 정당한 심판을 바랄 뿐입니다. 이 할멈은 저의 노새를 끌고 갔을 뿐만 아니라 무어인 이발사를 꼬드겨서 제 어금니를 잡아 뽑고, 이렇게 양쪽 관자놀이에 인두 자국까지 남겨 놓았습니다."

—여기서 날이 훤히 밝아왔으므로 샤라자드는 이야기를 그쳤다.


## 708번째 밤

샤라자드는 이야기를 계속했다.

오, 인자하신 임금님, 노새 몰이꾼의 주장을 들은 교주는 금화 백 닢을 주고, 또 염색장이에게도 같은 금액을 주었습니다.

"자, 이젠 돌아가도록 해라. 그대는 다시 염색 가게를 시작하고."

두 사람은 교주에게 축복의 말을 아뢰고 돌아갔습니다.

바다위인도 옷과 말을 받자, 이렇게 혼잣말을 하면서 그 자리를 떠났습니다.

"앞으로는 절대로 꿀튀김을 먹으러 바그다드에 갈 생각은 하지 않을 테다. 아마도 나는 꿀튀김을 먹지 못할 팔잔가 보다."

그 밖의 사람들도 저마다 자기 물건을 찾아서 나가자 교주는 다리라에게 물었습니다.

"다리라, 무언가 소원하는 것은 없느냐?"

"제 아버지는 전에 교주님을 섬기며 전서구 사육을 맡고 있었습니다. 그래서 저도 비둘기 사육에 대해 약간의 지식이 있습니다. 또 제 죽은 남편은 바그다드의 관원이었습니다. 그러니 죽은 남편의 연금을 내려주십시오. 제 딸아이도 역시 아버지의 녹봉을 원래대로 받고 싶다고 합니다."

교주가 두 사람의 소원을 들어주자 다리라가 다시 간절히 청했습니다.

"제발 제가 저 여관의 관리인으로 일하게 해 주십시오."

얼마 전 교주는 상인들의 숙박을 위해 3층짜리 여관을 지었는데, 술라이마니야인*19 왕이 왕위에서 쫓겨났을 때 데려온 노비 40명과 같은 수의 개를 두고 부리고 있었습니다. 여관에는 노예 요리사가 한 사람 있어서 노비의 밥을 지어주고 개도 돌보고 있었습니다. 그리고 개를 위해서는 일부러 목걸이까지 만들어주고 있었습니다.

"오, 다리라, 그렇다면 너에게 여관 관리인의 특허장을 써 주마. 그 대신 여관에서 무슨 물건이 없어질 때는 너에게 책임을 물어도 좋으냐?"

"좋습니다. 그리고 제 딸은 여관 건너편의 누각에서 살게 해 주십시오. 그곳의 널찍한 지붕에서 전서구를 키우는 게 좋을 듯합니다."

교주는 이 소원도 들어주었으므로 다리라와 딸은 그 여관으로 옮겼습니다. 그러자 자이나브는 '재앙'의 아마드와 그 부하 41명, 또 한 사람의 옷을 옥상에 내걸었습니다.

다리라는 왕가의 명령을 전달하는 전서구 40마리를 맡는 동시에, 교주의 임명으로 노비 40명을 부리게 되었고, 노비들에게는 다리라의 명령에 복종하라는 분부가 내려졌습니다.

그리하여 다리라는 여관 현관 옆에 자신의 방을 마련하고 매일 전서구의 통신에 대한 분부를 받으러 궁전에 가서, 노비 40명이 여관에서 일하는 동안 저녁때까지 궁전에 머물러 있었습니다. 그리고 날이 저물면 개 40마리를 풀어 밤새도록 지키게 했습니다.

이상이 바그다드의 '협잡꾼 할멈' 다리라의 이야기입니다만, 이것과 비슷한 이야기가 또 있습니다.

〈주〉

*1 레인은 이것과 다음 이야기를 생략했는데, 그 이유는 첫째, 내용이 야비하고, 두 번째, 음란한 사건 때문에 더욱 난감한 것이 되었기 때문이다(제3권). 이 이야기는 이슬람력 1278년 카이로에서 석판인쇄로 간행되는 명예를 얻었다. 브레슬라우판(제9권)에는 '다리라를 상대로 한 아마드 알 다나프의 이야기'라는 제목으로 되어 있다.
*2 '비참한 질병' 또는 '재앙'의 아마드, '역신(疫神)' 하산, '뚜쟁이' 다리라.
*3 알 라키트(Al-Lakit)는 태아, 버려진 아이, 경멸받을 놈이라는 뜻.
*4 맥나튼판에서는 '그녀의 남편'으로 되어 있는데, 이 이야기의 맨 끄트머리에서 그 잘못이 드러난다.
*5 물 항아리는 아랍어의 이브리크(Ibrik)로, 페르시아어의 아브리즈(Ab-riz)='물을 따르는 것'에서 유래하며, 보통은 물주전자, 물병 등의 의미이다. 노파는 의식상의 청결함을 일부러 과시한 것이다. 수반도 물주전자도 시가(詩歌)에서는 '두 사람의 소문을 내는 자'라고 불리는데, 그것은 옮길 때 찰랑찰랑 소리가 나기 때문이다.
*6 터키어의 하툰(Khatun)은 신분이 높은 부인을 의미한다. 때로는 본문에서도 그렇듯이 고유명사가 될 때도 있다.
*7 약이란 아랍어의 아카키르(Akakir)로, 연구와 실험을 쌓지 않고는 분간할 수 없는 약품, 향료, 약초 등을 가리킨다. 따라서 이런 속담이 있다(부르크하르트, 제703번). '이건 약품학인가?' 즉 '약제사의 기술처럼 어려운 것인가?'라는 뜻이다.
*8 즉, 이를테면 알 샤마르달의 그것과 같은, 마법에 걸린 보물을 수호하는 요정처럼 아름답다는 뜻. 알 샤마르달에 대해서는 610번째 밤을 보기 바란다.
*9 즉, 예식상 부정한 상태에 있는 사람과 접촉했을 때. 하인들은 이 점에 대해 까다롭지 않다. 살라트 맘루키야(Salat Mamlukiyah, 백인 노예의 기도)는 목욕을 하지 않고 하는 기도를 의미한다.
*10 아부 알 함라트(Abu al-Hamlat)는 폭행, 무거운 짐, 또는 임산부의 아버지로, 여기서는 마지막 의미이다.
*11 머리장식은 아랍어로 이크사(Iksah)라고 하며, 변발 말고 머리털 속에 꽂는 작은 금화, 그 밖의 장식품을 의미한다. 그러나 현재는 중, 하층계급의 여성들만 그것을 사용한다. 비열한 유럽인은 이따금 원주민 매춘부를 속여서 그들의 귀중품을 빼앗기도 한다.
*12 칼라(콜로카시아(colocasia))는 아랍어로 칼라카스(Kallakas)라고 하며, 아프리카산

천남성과 다년생 풀(arum)로 먹기도 한다. 이 콜로카시아는 야자과 식물과 달리 한 개의 불염포(佛焰苞)에 자웅 양성의 꽃을 피우는 것으로 상상이 되고 있다.
* 13 216번째 밤〔'카마르 알 자만의 이야기' 주석 87〕을 참조하기 바란다. 뽕나무 열매는 항문을, 석류는 무화과와 마찬가지로 여자의 음부를 가리킨다. "Me nec faemina nec puer……(나에게는 여자도 소년도 즐겁지 않다……)"고 호라티우스는 우울하게 가라앉은 마음으로 노래했다.
* 14 글자 그대로는 '일단 얘기를 중단한다'는 뜻. 이 형식은 특히 이 이야기에서 많이 사용되고 있는데, 명백하게 다른 작자, 또는 필사생이 쓴 것임을 보여주고 있다.
* 15 즉, '그 자신의 아름다움에 취한'이라는 의미.
* 16 수수료를 줄 때의 야릇하고 묘한 표현. 인도에 주둔한 연대를 지휘하는 장관들이 부하 장병의 옷에 대한 계약을 체결할 때, 그들은 이런 종류의 뇌물을 냅킨 속에서 발견하곤 했다. 지금은 모든 것이 변했다. 그러나 나에게는 그 변화가 과연 발전된 것인지 의심스럽다.
* 17 〔본문은 I should know her with blue eyes.〕 이 문장은 설사 백내장 탓에 내 두 눈이 파랗다(눈이 멀어서 보지 못하는 눈) 해도 노파를 알아볼 수 있다는 의미로도 볼 수 있고, 아니면 하와르(Hawar)라는 거무스름하고 고뇌에 찬 눈에 비해, 번들거리는 눈빛으로 노려보는 굶주린 듯한 노파의 눈을 통해 그녀를 알 수도 있다는 의미로도 볼 수 있다.

《코란》 제20장 102절의 주르크안(Zurk-an, 푸른 눈)은 로드웰에 의해 '흐리터분한 눈(leaden eyes)'으로 번역되어 있지만, '푸른 눈의', '시력이 약한', '침침한 눈의'라고 해야 할 것이다.
* 18 이렇게, 브라질에서는 한 잔의 물(copa d'aqua)을 마시라는 권유에 집 안으로 들어가 보면 훌륭한 진수성찬이 차려져 있는 경우가 많다. 이 관행에는, 남유럽 일대에서 좀처럼 사라지지 않는 중국식 의례와 비슷한 점이 있다. 그러나 사회가 발달하지 않으면 않을수록 그만큼 의례와 '예의'에 얽매이는 경향이 강하다.
* 19 술라이마니야(Sulaymaniyah)인은 아프간인을 말한다. 술라이마니(Sulaymani)〔단수형〕는 아프간인에 대한 이집트와 성지의 용어로, '술라이마니 하라미(Sulaymani haram)'라고 하는 속담은, '아프간인은 악당'이라는 뜻이다. 졸저 《순례》 제1권 참조, 거기에서는 '좀더' 훌륭한 그들의 성격을 묘사했다. 〔즉, 정의를 위해 약자를 돕는 의로운 인간으로 그려져 있다. 그러나 술라이마니의 원뜻은 '독(毒)'이라고 한다.〕

〈역주〉
(1) 마그라비인은 무어인과 같다.
(2) 죄인의 목을 벨 때 까는 모피깔개.

# 카이로의 도적신(盜賊神) 알리의 기담*¹

그럼, 이번에는 '도둑의 귀신'이라고 일컬어지던 알리의 이야기입니다.
 옛날 이집트인 사라가 부하 40명을 거느리고 카이로*² 경비대장을 지내고 있었을 때, 그곳에 알리라는 사기꾼이 살고 있었습니다.
 경비대장은 알리를 붙잡으려고 늘 덫을 쳐놓고는 이번에야말로 꼼짝없이 걸려들 거라고 생각했습니다. 그러나 막상 마지막 단계에 가보면 마치 자이바크, 즉 수은처럼 그림자도 형체도 없이 사라진 뒤였습니다.
 그래서 세상에서는 알리를 카이로의 알리 자이바크, 즉 '도적신 알리'라고 불렀습니다.⁽¹⁾
 어느 날 알리가 자기 소굴에서 부하들과 함께 앉아 있는데, 왜 그런지 기분이 침울해지고 가슴이 답답해지는 것을 느꼈습니다. 소굴의 망을 보고 있던 부하가 언짢은 기색으로 앉아 있는 알리를 보고 말했습니다.
 "두목, 왜 그러십니까? 마음이 울적할 때는 카이로의 시장거리를 한 바퀴 돌면 틀림없이 기분이 풀릴 걸요."
 알리도 부하의 말이 그럴듯해서 밖으로 나가 얼마 동안 거리를 여기저기 거닐어 보았지만, 가슴이 트이기는커녕 더욱 침울해지기만 했습니다. 그러다가 어떤 술집 앞에 이르렀습니다.
 "차라리 술이라도 마시고 거나하게 취해 보자."
 이렇게 중얼거리며 안으로 들어가 보니 손님이 일곱 줄이나 늘어앉아서 술을 마시고 있었습니다.
 "이봐, 주인, 나는 혼자 조용히 마시고 싶어."
 술집 주인은 알리를 별실로 안내한 다음 독한 술을 한 병 권했습니다. 그 병을 비우자 알리는 마침내 곤드레만드레 취하고 말았습니다.
 잠시 뒤 알리는 가게에서 나와 '붉은 길'이라고 부르는 거리로 나왔는데, 지나가는 사람들은 모두 알리를 무서워하며 피해서 지나갔습니다.

이윽고 알리가 길모퉁이를 돌자, 물장수가 가죽 자루와 옹기물병을 지고 터벅터벅 걸어오는 모습이 보였습니다.

"자, 물이 왔어요, 물! 건포도로 만든 것 말고는 마실 것이 없고, 연인에게서 받는 기쁨 말고는 사랑의 기쁨은 없으며, 분별 있는 사람이 아니고는 훌륭한 자리에 앉지 못하는 법!"*3

이 소리를 듣고 알리가 불렀습니다.

"이봐, 물 한 잔 주구려."

물장수가 알리 얼굴을 힐끔 본 다음 물병을 내밀자, 알리는 그것을 받아들고 안을 들여다보더니 아래위로 흔들어서는 결국 물을 모두 쏟고 말았습니다.

"아니, 어째서 안 마십니까?"

"한 그릇 더 줘."

물장수가 그릇에 다시 가득 부어 건네주자 알리는 그것도 땅바닥에 쏟아버렸습니다. 세 번째도 같은 짓을 했으므로 물장수는 다시 말했습니다.

"마시지 않으면 난 가버리겠소."

"한 그릇만 더 주구려."

물장수가 다시 네 번째 그릇에 물을 채워 내주자, 이번엔 단숨에 들이마시고 금화 한 닢을 주었습니다.

그러자 물장수는 경멸하듯 알리를 지긋이 쳐다보면서 말했습니다.

"잘 가시오! 젊은 양반, 잘 가시오! 작은 인간과 큰 인간은 역시 다르구려."

—여기서 날이 훤히 밝아왔으므로 샤라자드는 이야기를 그쳤다.

## 709번째 밤

샤라자드는 이야기를 계속했습니다.

오, 인자하신 임금님, 그러자 '도적신' 알리는 느닷없이 물장수의 헐렁한 멱살을 움켜잡고 시퍼렇고 날카로운 칼을 들이댔는데, 그것은 마치 시인이 이렇게 노래한 것과 같았습니다.

> 서릿발 같은 석 자짜리 칼
> 사람들은 명검이라 일컫고
> 원수조차 뱀독 머금은 양 겁낸다.
> 한 번 번쩍 내리치면
> 순간에 내뿜는 피보라
> 생생한 피가 여기저기 흩어지는구나.
> 대리석을 깐 방바닥에
> 흩어진 보석을 주워라.*4

알리가 소리쳤습니다.
"이놈의 물장수 영감! 입 조심해. 네가 가진 그 가죽 자루는 아무리 비싸게 봐도 은 세 닢의 가치도 없어. 내가 땅바닥에 쏟은 물도 기껏해야 세 홉밖에 더 되나?"
"예, 말씀한 대로입죠."
"나는 네놈에게 금화 한 닢을 줬어. 그런데도 나를 업신여겼겠다? 나보다 시원시원하고 인심이 후한 사람을 본 적이 있나?"
"예, 예, 당신보다 씩씩하고 인심이 후한 분을 뵌 적이 있습지요. 그럴 수밖에 없는 것이, 천지가 개벽한 뒤부터 이 대지 위에는 씩씩하고도 인심이 후하지 않은 인간이란 없거든요."
"뭐? 나보다 배짱 좋고 인심이 후한 놈이 대체 누구야?"
그러자 물장수는 이런 이야기를 했습니다.
"사실 나는 이 세상에 그리 흔치 않은 짓을 하며 살아왔습죠. 아버지는 카이로의 도성 안에서 물을 팔고 돌아다니던 물장수의 우두머리였는데, 죽을 때 암낙타 다섯 마리에 수낙타 한 마리, 그리고 가게와 집을 남겨 주었습죠. 아버지는 그만한 재산을 남겼으니 만족하고 죽어갔는지 모르지만, 뒤에 남은 나로선 그따위 재산쯤으론 만족할 수 없었지요. 그래서 나는 마음속으로 생각했지요. '차라리 이제부터 알 히자즈로 가야겠다.'
그래서 낙타 한 떼와 온갖 물건을 사들였는데, 그만 금화 5백 닢의 빚을

지게 되었고, 게다가 그 물건과 낙타는 여기저기 돌아다니는 사이에 모두 날려버리고 말았습니다.
'이제 빈털터리로 카이로에 돌아갔다가는 빚 때문에 감옥 신세를 지겠구나.'
나는 이렇게 생각하고 다마스쿠스 순례대상에 끼어 알레포로 갔다가 다시 바그다드까지 가서, 그곳의 물장수 우두머리를 찾았지요. 그리고 그 사람의 집을 알아내어, 그 집에 어슬렁거리고 들어가면서 코란의 첫 장을 외웠어요. 그러자 우두머리가 이것저것 내 신상에 대해 묻기에 내가 겪은 이야기를 해 주었더니, 우두머리는 나에게 가게를 내주고 물을 담는 가죽 자루와 그릇 따위를 주더란 말이오.
아침이 되자 나는 알라께 기도한 다음 발걸음도 씩씩하게 집을 나와 도성 안을 돌아다니고 있는데, 마침 지나가던 사람에게 물 항아리를 내밀며 권했소. '한 잔 드시지 않겠수?' 그랬더니 그 사람은 '난 오늘 아침 아무것도 먹지 않아서 물을 마실 필요가 없네. 오늘 어떤 구두쇠 집에 초대를 받아 갔는데, 물만 두 잔 주고 아무것도 주지 않잖아. 그래서 한마디 해 주었지. '여봐, 구두쇠. 물만 주고 먹을 것은 아무것도 안 주나?' 그러니 물장수 영감, 내가 뭘 먹고 올 때까지 다른 데 돌아다니다가 오게, 그러면 한 잔 마실 테니까.'
그래서 하는 수 없이 이번에는 다른 사람에게 수작을 걸었더니 그 사람은 '알라여, 이 영감을 지켜 주소서!' 한 마디 내뱉더니 가 버렸소. 그렇게 점심 나절까지 돌아다녔는데 장사가 돼야 말이지.
그래서 속으로 중얼거렸지요. '일부러 바그다드까지 온 내가 잘못이지!' 그런데 잠깐 있으니 사람들이 어딘가를 향해 마구 뛰어가지 않겠소. 무슨 일인가 뒤를 따라가 보았더니, '어이구 깜짝이야!' 말을 타고 두 줄로 늘어선 긴 행렬이 다가오고 있지 않겠소? 강철 갑옷을 입고 목에는 두 겹의 목걸이를 두르고, 머리에는 펠트 모자, 터번이 달린 망토를 걸치고, 손에는 칼과 둥근 방패를 들고 말이오.
옆에 있던 사내에게 누구의 행렬이냐고 물었더니, 아마드 알 다나프 대장의 부하들이라고 하더군요. 그래서 다시 그 사람이 누구냐고 물으니, 바그다드의 경비대장으로서 알현실에도 출입하고 도성 밖 치안도 단속하며, 하산 슈만과 마찬가지로 교주님한테서 한 달에 금화 1천 닢의 녹봉을 받아먹고 그 부하들도 금화 백 닢의 녹을 받고 있다는 거요. 그때는 궁전에서 자신의 숙소로 돌아가는 중이라고 하더군요. 그런데 내가 행렬이 지나가는 모습을 쳐다보고 있는데 뜻하지 않게 '재앙'의 아마드가 나를 보더니 물을 한 잔 달라고 소리치는 게 아니겠소? 그래서 내가 서둘러 그릇에 물을 가득 따라 가져다주었더니 아마드는 그것을 휘휘 돌리더니 당신처럼 모두 엎질러 버렸소. 두 번째도 마시지 않고 땅에 쏟아버리고, 세 번째는 역시 당신과 마찬가지로 쭉 들이켜고 나서 나에게 묻습디다. '여봐, 물장수 어디서 왔나?' 그래서 내가 카이로에서 왔다고 대답하니까, '알라시여, 부디 카이로와 그 주민들을 지켜주소서!' 그러더니 '그런데 이런 곳에는 뭐하러 왔나?' 물으셨소. 그래서 나는 내 신상 이야기를 하고 빚과 가난에 쫓겨 도망쳐 왔다고 말했지요. 그랬더니 아마드 대장은 이렇게 말했소. '오, 바그다드에 잘 왔다.' 그러고는 금화 다섯 닢을 주었을 뿐만 아니라 부하들에게도 이르더군요. '알라의 사랑으로 이 영감을 친절하게 대해 줘라.' 그래서 부하들까지 저마다 금화 한 닢씩을 나에게 주더란 말이오. 그러고 나서 아마드는 말했소.

'여봐, 물장수 영감, 영감이 이 바그다드에 사는 동안 물을 사 먹을 때마다 반드시 이번처럼 해 주겠네.'

그래서 나는 그 뒤에도 자주 그 댁을 찾아갔지요.

어느 날, 아마드를 비롯하여 여러 사람에게서 받은 돈을 세어 보니, 맙소사! 금화가 1천 닢이나 되지 않겠소? 나는 속으로 은근히 이만큼 돈이 모였으니 이제 카이로로 돌아가는 것이 좋겠다고 생각했어요. 그래서 아마드 대장의 집을 찾아가서 먼저 그 손에 입을 맞추었더니, 아마드가 무슨 부탁으로 왔느냐고 묻기에, 나는 이제 그만 고향으로 돌아가고 싶다 대답했지요.

그리고 다음의 시를 읊었소.

어딘지 모를 타국의
나그네 잠자리, 비유한다면
바람에 날리는 모래성인가.
쌓아 올린 것은 모두
산들산들 불어오는 바람의

숨결만도 못하네.
고향을 찾는 나그네의 꿈길은
참으로 애달프기만 하구나.

나는 다시 말을 이었지요.
'대상이 카이로를 향해서 떠난다니까 저도 그들과 같이 고향에 가고 싶습니다.'
그랬더니 아마드는 암나귀 한 마리와 금화 백 닢을 주면서 이렇게 묻더군요.
'너에게 부탁할 것이 있는데, 너는 카이로 사람들을 잘 아느냐?'
'예, 잘 알고 있습죠.'"

―여기서 날이 훤히 밝아왔으므로 샤라자드는 이야기를 그쳤다.

## 710번째 밤

샤라자드는 이야기를 계속했다.
오, 인자하신 임금님, 물장수는 다시 말을 이었습니다.
"제가 알고 있다고 대답하자, 아마드 대장은 이렇게 말했죠. '그럼 이 편지를 카이로의 '도적신' 알리에게 전해 주고, 네 대장은 지금 교주를 섬기고 있다고 말해라.' 그래서 그 편지를 받아서 여행을 계속해 카이로에 돌아오자 곧 빚을 갚고 물장수를 시작했던 거지요. 그런데 그 '도적신'이란 자가 어디 있는지 도무지 알 수가 없어서 그 편지는 아직 전해 주지 못하고 내가 갖고 있다오."
이 이야기를 들은 알리가 말했습니다.
"여보 영감, 걱정하지 말고 기운을 차리구려. 내가 바로 경비대장 아마드의 첫째 부하 알리야. 그런데 편지는 지금 갖고 있나?"
물장수한테서 편지를 받아 보니 다음과 같은 시가 적혀 있었습니다.

오, 아름다운 그대여,
살랑 지나가는 바람처럼
그대 앞에 이르리라
나는 적었도다, 종이 위에.
만약 내게 하늘을 나는 날개 있다면
날아가리라, 그대 가슴에.
하지만 애달프구나, 이 몸은
날개 없는 새,
어찌 하늘을 날아갈까?

그리고 편지의 사연은 다음과 같았습니다.

대장 아마드 알 다나프가 멀리 있는 내 첫째 부하인 카이로의 '도적신' 알리에게 보낸다.

너도 알다시피 나는 카이로 사람 사라 알 딘을 실컷 깔보며 놀린 끝에, 놈을 산 채로 묻고 알리 키토프 알 자마르를 비롯한 부하들을 모두 내 부하로 삼고 말았다. 그래서 지금 나는 바그다드의 경비대장이 되어 교주의 궁전에 출입하고 있다.

그뿐인가, 교주로부터 성 밖을 다스리라는 소임을 맡고 있으니, 만일 우리의 서약을 잊지 않았다면 나에게 오지 않겠냐? 바그다드에서 한바탕 재주를 부려 잘만 된다면 교주님 측근에서 근무할 수도 있을뿐더러 녹봉과 수당과 집도 받을 수 있을 거다. 이것은 너도 바라는 바일 테다.

이 글을 읽은 알리는 편지에 입을 맞추고서 머리에 얹고, 물장수에게 금화 열 닢을 준 다음 자기 집으로 돌아갔습니다. 그리고 곧 부하들에게 자세한 사정을 얘기하고 마지막으로 이렇게 말했습니다.

"뒷일은 너희에게 맡긴다."

그리고 옷을 갈아입고 여행용 겉옷과 터키모자를 썼습니다. 또 길이가 24자나 되는 대나무 창을 분해해서 창집에 넣었습니다.

그것을 보고 있던 참모격인 부하 하나가 물었습니다.

"금고에는 동전 한 푼 없는데 두목은 어떻게 여행을 떠나시려 합니까?"
"걱정하지 마라. 다마스쿠스에 도착하면 돈을 듬뿍 보내줄 테니."
그는 이 말만 남기고 출발했습니다.
알리는 부지런히 걸어가 막 출발하려고 하는 대상을 만났습니다.
그것은 대상 우두머리가 이끄는 장사꾼 40명으로, 상인들의 짐은 이미 모두 노새 등에 실려 있고, 우두머리 짐만은 아직 땅바닥에 널려 있었습니다.
그때 알리는 문득 시리아인 안내인이 노새 몰이꾼들을 향해 이렇게 외치는 소리를 들었습니다.
"누구 한 사람, 나 좀 도와줘!"
그런데 아무도 도와주려 하지 않고, 오히려 그에게 욕을 퍼붓는 모습을 보고 알리는 속으로 생각했습니다.
'이 안내인과 함께 여행하는 게 제일 좋겠구나.'
아직 수염도 안 나고 얼굴이 빼어나게 아름다운 알리가 안내인 앞에 가서 인사를 하자, 안내인은 은근히 반기면서 물었습니다.
"볼일이 무엇인가?"
"아저씨, 보아하니 혼자서 40바리나 되는 짐을 갖고 주체를 못하시는 것 같은데, 왜 인부를 데려오지 않았어요?"
"실은 말이다, 여보게, 내가 젊은 인부 둘을 고용해서 옷을 갈아입히고, 호주머니에 금화 2백 닢씩 넣어 주었다네. 그리고 여러 가지 일을 시키면서 탁발승이 있는 수도원*5까지는 왔는데 아, 거기서 그만 두 놈 다 뺑소니를 치고 말았어."
"어디까지 가시는데요?"
"알레포까지 간다."
"그럼, 제가 도와 드리죠."
그리하여 둘이서 힘을 합쳐서 노새에 짐을 실었습니다. 우두머리가 암노새를 타고 출발하자, 안내하는 시리아인은 알리의 동행을 반기면서, 드디어 일행과 함께 여행길에 올랐습니다.
그러는 동안 안내인은 알리를 예쁘게 여기고 매우 친절하게 돌봐주었습니다. 그렇게 부지런히 길을 재촉하다가 날이 저물자 모두 말에서 내려 저녁을 먹었습니다.

이윽고 잠잘 시간이 되어 알리는 안내인 바로 옆에 누워 잠든 척하며 시리아인이 잠들기를 기다렸다가 살그머니 일어나서 천막 입구에 나가 앉았습니다.

잠시 뒤 안내인이 돌아누우며 알리를 품 안에 끌어안으려고 옆을 보니 어느 틈엔가 나가고 없었습니다.

"누군가 딴 놈과 약속하고 어디론지 간 모양이구나. 하지만 뭐니뭐니해도 첫 권리는 나에게 있으니까 내일 밤엔 내 곁에 바짝 붙여 눕혀야겠다."

알리는 천막 입구에 죽 앉아 있다가 새벽녘이 되어서야 다시 시리아인 옆에 가서 누웠습니다. 얼마 뒤 잠을 깬 시리아인은 어느 틈에 알리가 옆에 와서 자는 것을 보고 속으로 중얼거렸습니다.

'지금까지 어디 가 있었느냐고 꾸짖으면 나를 버리고 가 버리겠지?'

그래서 안내인은 모르는 척하고 여행을 계속했습니다.

그들은 다시 여행을 계속하여 어떤 숲 가까이 이르렀는데, 이 숲에는 사자가 사는 동굴이 있었습니다. 그곳을 지나갈 때는 제비를 뽑아 걸린 자가 사자 밥이 되고, 다른 자들은 위험을 모면하는 관습이 있었습니다.

곧 제비를 만들어서 저마다 뽑았는데 재수 없게도 대상 우두머리가 걸려 버렸습니다. 사자는 그들 앞을 가로막으며 먹이가 나오기를 기다리고 있었습니다. 대상 우두머리는 말할 수 없이 애처롭게 울부짖으면서 안내인에게 말했습니다.

"알라시여! 멀리 있는 자의 행운[*6]을 빼앗고, 그자의 여행을 헛되게 돌리소서! 내가 죽거든 내 짐은 자식들에게 전해 주오!"

머리가 영리한 알리가 물었습니다.

"대체 왜 그러는 겁니까?"

그러자 함께 간 이들이 사정을 얘기해 주었습니다.

"어째서 사막의 암고양이 따위에게 절절매는 것입니까? 좋아요. 내가 그놈을 해치워 버리지요."

시리아인이 대상 우두머리에게 가서 이 말을 전했습니다.

"정말 사자를 없애준다면 금화 1천 닢을 주겠다!"

대상 우두머리가 이렇게 약속하자, 다른 상인들도 저마다 말했습니다.

"좋아, 우리도 모두 따로 사례하겠네."

그 말을 듣고 알리가 겉옷을 벗어버리자, 그 속에서 강철로 만든 미늘옷이 나타났습니다. 알리는 강철 도끼를 꺼내 들고 나아가 사자와 마주하고 서서 큰 소리로 기합을 질렀습니다. 그와 동시에 사자는 곧바로 알리에게 덤벼들었지만, 카이로의 알리가 도끼를 치켜들어 사자의 미간을 향해 내려찍으니, 안내인과 상인들이 보는 앞에서 사자의 몸은 두 쪽으로 갈라지고 말았습니다.

"아저씨, 이제 무서워할 것 없어요!"

알리가 안내인에게 말하니 안내인이 대답했습니다.

"오, 젊은이, 나는 이제부터 죽을 때까지 당신을 위해서라면 뭐든지 하겠소."

대상 우두머리는 알리를 끌어안고 이마에 입을 맞춘 다음 약속 한대로 금화 1천 닢을 내주었고, 다른 상인도 저마다 금화 20닢씩 알리에게 주었습니다. 알리는 그 돈을 모두 우두머리에게 맡겼습니다.

그날 밤은 그곳에서 자고 날이 밝자 또다시 바그다드를 향해 출발하여, 이윽고 '사자의 숲'과 '개의 골짜기'라고 하는 곳에 이르렀습니다.

그런데 그곳에서 바다위인 산적들이 매복하고 있다가, 대상이 가까이 오자 바로 습격해 왔습니다. 일행은 산적을 피해 뿔뿔이 흩어졌고, 대상 우두머리도 '이제 내 돈도 다 달아났다!' 소리치면서 달아났습니다.

바로 그때 이번에도 알리가 나섰습니다. 방울이 달린 가죽 외투를 걸치고 가지고 온 긴 창을 꺼내 토막을 연결하더니, 아라비아 말을 붙잡고 획 올라타고는 바다위인 산적두목을 향해 큰 소리로 외쳤습니다.

"자, 덤벼라! 나하고 승부를 겨루자."

알리가 방울을 흔들자 아라비아 말은 그 소리에 깜짝 놀라 더욱 날뛰었고, 알리는 눈 깜짝할 사이에 산적두목의 창을 부러뜨리고 말았습니다. 이어서 적의 목을 단칼에 베어버렸습니다.

두목이 살해된 것을 본 바다위족이 일제히 알리에게 덤벼들었다.

"알라호 아크바르! 알라는 위대하다!"

그러나 알리는 이렇게 외치면서 마구 창을 휘둘러 쫓아버렸습니다.

알리가 창끝에 산적두목의 머리를 꽂아 상인들에게 돌아오니, 상인들은 아낌없이 알리에게 사례를 내밀었습니다. 상인들은 다시 길을 떠나 마침내 목적지 바그다드에 이르렀습니다.

알리는 대상 우두머리에게 맡겨 둔 돈을 찾아 시리아인에게 맡기면서 이렇게 말했습니다.

"카이로로 돌아가거든 내 숙소를 찾아가서 이 돈을 대리인에게 전해 주시오."

그날 밤은 그곳에서 대상과 함께 자고 이튿날 아침이 되자 곧 거리로 나가 재앙의 아마드가 사는 집을 찾아다녔습니다. 그러나 아무도 가르쳐주지 않았습니다.[7]

하는 수 없이 계속 돌아다니다가 알 나프즈 광장에 갔더니 그곳에 놀고 있는 아이들 가운데 아마드 알 라키트[8]라는 소년이 있었습니다.

알리는 자기도 모르게 혼잣말을 중얼거렸습니다.

"오, 불쌍한 알리! 너는 꼬마들의 입을 통해서가 아니면 아무것도 얻어들을 수가 없구나."

문득 알리가 돌아보니 과자장수가 있어서, 과자를 몇 가지 사서 아이들을 불렀습니다.

그러자 아마드 알 라키트가 동무들을 쫓아 버리고 알리 앞에 다가왔습니다.

"왜 그러세요?"

"나에게도 너 같은 아들이 있었는데 그만 죽어 버렸단다. 그런데 그 녀석이 꿈에서 과자를 사달라고 조르기에, 방금 이렇게 과자를 사서 너희에게 나눠주고 싶어 그런다."

그러면서 아마드에게 하나 주었습니다. 아이는 그 과자를 받아서 쪼개 보았더니 그 속에 금화가 한 닢 들어 있었습니다. 아이는 화를 내며 소리쳤습니다.

"꺼져, 난 갈보가 아니야! 누구 다른 상대를 찾아봐!"

"애, 아가, 똑똑한 아이가 아니면 품삯을 받지 못한단다. 품삯을 주는 이 아저씨처럼 똑똑해야 하는 거야. 나는 말이다, 날마다 아마드 알 다나프라는 사람의 집을 찾아다니고 있는데 아무도 가르쳐주지 않는구나. 그러니 네가 가르쳐준다면 이 돈을 주마."

"그럼, 내가 먼저 뛰어갈 테니까 따라와요. 그 집 앞에 가서 발끝으로 돌을 주워[9] 문을 향해 찰게요. 그러면 알 수 있을 것 아니에요?"

소년이 뛰기 시작하자 알리도 그 뒤를 따라갔습니다.

잠시 뒤 어느 집까지 오자, 소년은 발가락 사이에 조약돌을 끼워 문짝을 향해 찼습니다. 그렇게 하여 아마드 알 다나프의 집이라고 가르쳐준 겁니다.

―여기서 날이 훤히 밝아왔으므로 샤라자드는 이야기를 그쳤다.

## 711번째 밤

샤라자드는 이야기를 계속했다.
오, 인자하신 임금님, 아마드 소년의 덕택으로 아마드 알 다나프의 집을 찾은 알리는 그 소년을 붙잡아 조금 전에 준 금화를 다시 뺏으려 했지만, 뜻대로 되지 않았습니다. 하는 수 없이 알리는 아이에게 말했습니다.
"그럼, 이젠 가거라. 그건 용돈으로 주마. 넌 보통이 넘는 아이구나. 머리도 영리하지만, 배짱도 있어. 내가 만일 교주님 밑에서 무슨 대장이라도 되면 그땐 틀림없이 너를 내 부하로 써 주마."
아이가 가버리자 알리는 현관으로 가서 문을 두드렸습니다. 그 소리를 듣고 아마드 알 다나프는 문지기에게 말했습니다.
"어이, 문지기, 빨리 문을 열어라. 지금 문을 두드리고 있는 놈은 카이로의 '도적신' 알리다."
문지기가 문을 열어주자 알리는 들어와서 오른손을 이마에 대고 인사했습니다. 아마드가 알리를 끌어안고 진심으로 반기고 나자 부하 40명도 알리에게 인사말을 건넸습니다. 재앙의 아마드는 이윽고 옷을 한 벌 가져와 알리에게 주면서 말했습니다.
"이건 내가 우두머리로 임명될 때 부하들에게 입히라고 교주님이 주신 것인데, 이 옷 한 벌*10을 널 주려고 남겨 두었지."
이어서 알리를 호화로운 방에 데려가서 온갖 산해진미를 앞에 놓고 부어라 마셔라 하면서 날이 밝을 때까지 즐겼습니다. 이윽고 아침이 되자 아마드가 말했습니다.
"당분간 여기 틀어박혀 있어라. 거리를 쏘다니면 안 돼."
"그건 왜요? 모처럼 이 바그다드까지 왔는데 방 안에만 틀어박혀 있으라고요? 그런 시시한 짓은 싫소. 이것저것 구경도 하고 기분전환을 하려고 온 건데."
"이봐, 알리, 이 바그다드를 카이로와 똑같이 생각하면 큰코다친다. 카이로와는 달라서 여기엔 교주님의 궁전도 있고, 거리엔 협잡꾼과 악당들이 무성한 잡초처럼 우글우글 들끓고 있단 말이야."
그래서 알리는 이틀 동안 얌전히 집 안에 들어앉아 있었습니다. 그러다가 사흘째가 되자 아마드가 말했습니다.
"너를 교주님한테 데리고 가서 무슨 수당이라도 받게 해 주고 싶다만."
그러자 뜻밖에도 알리는 이렇게 대답했습니다.
"때가 오면요."
그래서 아마드는 그대로 내버려 두기로 했습니다.
어느 날, 알리는 집 안에 틀어박혀 있으니 도무지 기분이 울적하고 가슴이 답답해서 견딜 수가 없었습니다.
"에라, 바그다드의 거리나 돌아다니면서 기분을 풀어야겠다."
그는 이렇게 중얼거리며 집에서 나와 이 거리 저 거리로 돌아다녔습니다. 그러다가 중앙 시장에 이르러, 음식점에 들어가 점심을 먹고 손을 씻으러 밖으로 나갔습니다. 마침 그때 노예 40명이 펠트 모자에 강철 단검을 차고 두 줄로 나란히 걸어왔습니다.
행렬 끝에는 번쩍번쩍하게 닦은 강철 구슬을 단 금박 투구를 쓰고 미늘옷을 입은 '협잡꾼 할멈' 다리라가 암노새에 버티고 앉아 으스대며 오고 있었습니다.
궁전에서 집으로 돌아가던 다리라는 문득 길가에 서 있는 알리에게 눈길이 가서 자세히 살펴보니, 키도 그렇고 체격도 그렇고 재앙의 아마드와 똑 닮은 게 아니겠습니까?
줄무늬 옷 위에 두건이 달린 겉옷을 걸치고 허리에는 단검을 찼는데, 두 눈동자에서 늠름한 기개가 넘쳐흘러 알리의 인품을 더욱 돋보이게 해 주었습니다.
그래서 다리라는 집에 돌아가기가 무섭게 딸 방으로 가서 점을 치는 모래 그릇을 꺼내 점을 쳐보니, 그 젊은이는 카이로의 알리라는 자로서, 그의 운이 자기와 딸의 운보다 강한 것으로 나타났습니다. 딸 자이나브가 그것을 들여다보면서 말했습니다.
"어머니, 모래 그릇을 꺼내 놓고 점을 치시다니 대체 무슨 일이에요?"
"실은 말이다. 오늘 궁전에서 돌아오다가 그 재앙의 아마드와 똑 닮은 젊은이를 만났단다. 그 젊은이는 아마드가 너에게 한바탕 골탕을 먹었다는 말을 듣고 아마드를 비롯해서 부하 40명의 원수를 갚으려고 우리 집에 찾아올지 몰라. 그자는 지금 알 다나프의 집에 있는 모양이거든."
"그래서 뭐가 어떻다는 거예요? 어머니, 그자의 능력을 확인한 게 아니었어요?"
자이나브는 곧 나들이옷을 차려입고 거리로 나갔습니다. 사람들은 자이나브의 모습을 보자 모두 마음을 애태우며 수작을 걸곤 했습니다. 그러면 자이나브는 말로 약속하거나 맹세를 하고, 때로는 얌전하게 귀를 기울이거나 요염한 몸짓을 해 보이면서 이 시장 저 시장으로 돌아다녔습니다. 그러다가 마침내 카이로 사람 알리가 걸어오는 것을 발견하고, 일부러 옆에 다가가서 상대의 어깨에 자기 어깨를 탁 부딪쳤습니다. 그래 놓고는 알리를 돌아보며 말을 걸었습니다.
"오, 알라여, 눈 밝은 사람에게 장수를 내려주소서!"
그러자 알리도 말을 받았습니다.
"멋진 아가씨로군! 당신 임자는 대체 누구요?"
"꼭 당신 같은 멋쟁이*11 남자지요."
"당신은 유부녀요? 아니면 혼자 몸이오?"
"남편이 있어요."
"내가 있는 곳에 오겠소? 아니면 당신 집에 갈까요?"*12
그러자 자이나브가 말했습니다.
"나는 상인의 딸이고 상인의 아내이지만, 이날까지 밖에 나온 적이 한 번도 없었답니다. 그런데 오늘 외출한 것은 밥을 해서 막 먹으려고 하는데, 함께 먹어 줄 사람이 없어서 그만 진저리가 나도록 싫어지지 뭐예요. 하지만 마침 여기서 당신을 흘끗 보고 나니 마음이 좀 들뜨네요. 어떠세요. 내 마음을 위로해 주시는 셈 치고 저와 함께 식사하지 않겠어요?"
"이런 초대를 싫다고 할 사람은 아무도 없지."
그리하여 여자가 앞장서서 골목골목을 빠져나가자, 알리도 여자의 뒤를 따라갔습니다. 그러나 곧 알리는 문득 정신이 돌아와, 혼잣말을 했습니다.
"넌 도대체 어찌할 작정이냐? 타국 사람인 내가 이제부터 어쩌려고 이러는 거지. '알라께서는 타국에서 여자를 사는 자는 실망만 안겨서 고향으로 돌려보내신다' 하지 않았느냐? 그러니 무슨 좋은 구실을 만들어서 이 여자와 헤어져야겠다."

그래서 알리는 자이나브에게 말했습니다.
"이 돈을 받으시구려, 색시. 오늘은 급한 볼일이 있으니까 언젠가 좋은 날을 골라서 다시 초대를 받겠소."

그러나 여자는 들으려 하지 않습니다.
"위대한 알라 신의 이름을 걸고, 오늘은 반드시 제 손님이 되어 집에 가주시지 않으면 곤란해요. 언제까지나 변치 않는 친구가 되어 주셨으면 하거든요."

알리는 하는 수 없이 여자 꽁무니를 따라갔습니다. 이윽고 커다란 대문이 달린 집 앞에 이르렀습니다.

여자는 문에 질러 둔 빗장을 가리키며 말했습니다.
"빗장을 뽑아주세요."
"열쇠는 어디 있소?"
"잃어버렸어요."
"열쇠도 없이 빗장을 뽑는 건 악당이나 하는 짓이오. 그런 짓을 하면 벌을 받아야 해. 난 열쇠를 사용하지 않고 문을 여는 방법 따위는 몰라."*13

이 말에 자이나브는 별안간 베일을 벗어 얼굴을 드러냈습니다. 알리는 그 눈길을 한번 본 순간, 그만 몇 번이나 한숨을 내쉬었습니다.

여자는 베일을 벗어 빗장 위에 씌우고 모세 어머니의 이름을 되풀이하여 외워 열쇠도 없이 문을 열고 안으로 들어갔습니다.

알리도 여자의 뒤를 따라 들어가 보니 방 안에는 칼과 그 밖의 무기들이 걸려 있었습니다. 알리는 베일을 벗은 여자와 함께 자리에 앉으면서 속으로 생각했습니다.

'이렇게 된 것도 모두 알라의 뜻이다. 알라의 뜻대로 해치워 버리자.'

그러고는 여자 위에 덮치며 뺨에 입을 맞추려고 하자, 여자가 손바닥으로 막으면서 이렇게 말했습니다.

"그건 밤에나 하는 거예요."
 이윽고 술과 안주가 준비되자 두 사람은 마음껏 먹고 마시며 즐겼습니다. 식사가 끝나자 여자는 일어나 우물물을 길어 주전자에 담아 와서 알리의 손에 부어 주었습니다. 이렇게 함께 희롱하며 놀다가 갑자기 여자는 자기 가슴을 치면서 큰 소리로 말했습니다.
 "남편이 금화 5백 닢이나 주고 루비 도장반지를 사줘서 손가락에 끼고 있었어요. 그런데 조금 큰 것 같아서 꿀밀을 발라 작게 했는데, 조금 전에 두레박*14을 우물 속에 내릴 때 그 반지도 빠졌나 봐요. 그래서 이제부터 우물 안에 들어가 찾아봐야겠으니 옷을 벗는 동안 미안하지만, 얼굴을 문 쪽으로 돌리고 계세요."
 "내가 있는데 당신이 우물 안에 들어가는 것은 사나이의 수치요! 내가 하겠소."
 알리는 이렇게 말하고 옷을 벗어 던지더니 밧줄을 타고 우물 밑으로 내려갔습니다.
 우물에는 물이 가득 괴어 있었는데 여자가 위에서 소리쳤습니다.
 "밧줄이 짧으니 밧줄을 풀고 내려가세요."
 그러나 알리가 몸을 묶은 밧줄을 풀자, 그 순간 첨벙 물속에 빠져 그대로 몇 길이나 되는지 바닥을 알 수 없는 물속 깊이 가라앉고 말았습니다. 자이나브는 당장 베일을 쓰고 알리의 옷을 쓸어 모아 어머니한테로 달아나 버렸습니다.

 ―여기서 날이 훤히 밝아왔으므로 샤라자드는 이야기를 그쳤다.


## 712번째 밤

 샤라자드는 이야기를 계속했다.
 오, 인자하신 임금님, 카이로의 알리가 우물 속에 가라앉는 것을 보고 자이나브는 알리의 옷을 갖고 서둘러 어머니에게 가버렸습니다.
 "그 이집트 녀석 알리를 기어이 발가벗겨서 태수 하산의 집 우물 속에 빠뜨려 버렸으니, 이젠 살아나오지 못할 거예요!"
 한편, 마침 그때 접견실로 나가서 집에 없었던 그 집 주인 하산 태수가 집에 돌아왔습니다. 그리고 문이 열려 있는 것을 보고 말구종을 불러 꾸짖었습니다.
 "왜 문에 빗장을 걸어두지 않았느냐?"
 "틀림없이 빗장을 걸어 뒀는데요."
 "그럼, 틀림없이 도둑이 들어왔나 보다."
 그러나 집 안을 샅샅이 살펴보았지만, 도무지 그런 흔적이 없었습니다.
 "목욕할 테니 물독에 물을 길어다 놓아라."
 말구종이 두레박으로 물을 길어 올리려고 하는데, 두레박이 몹시 무거워서 이상하게 여기고 우물 안을 들여다보니, 웬 사내가 두레박에 매달려 있는 게 아닙니까? 말구종은 놀라서 두레박줄을 내던지고 고함을 쳤습니다.
 "나리, 나리! 우물 속에서 마신이 나타났습니다!"
 "뭐? 그럼 율법박사 네 사람을 불러오너라! 아직 코란을 강의하고 있을 테니 어디로 가버리기 전에 빨리 갔다 와!"
 말구종은 쏜살같이 달려가 박사들을 데려왔습니다.
 "이 우물 둘레에 앉아서 마귀를 쫓는 경을 읽어주시오."
 박사들은 태수의 말대로 주문을 외고 악마를 쫓는 의식을 올렸습니다.
 그것이 끝나자 말구종과 다른 하인들이 다시 다른 두레박을 우물 안에 내리자, 알리는 그 밑에 몸을 숨겨 우물 가장자리까지 올라왔습니다. 그리고 갑자기 몸을 날려 율법 박사들 속에 뛰어들었습니다.
 "악마다! 악마다!"
 놀란 박사들은 이렇게 고함을 치면서 서로 때리기 시작했습니다.
 그러나 알리를 자세히 살펴본 태수는 그가 젊은 남자라는 것을 알고 물었습니다.
 "너는 도둑이냐?"
 "천만의 말씀입니다."
 "그럼, 그 우물에는 왜 들어가 있었나!"
 "잠을 자다가 그만 젖는 꿈*15을 꾸고 몸을 씻어 부정을 없애려고 티크리스 강에 뛰어들었습니다. 그런데 물결에 휩쓸려 흘러가다가 지하로 빨려들어 갔는데, 문득 정신을 차려보니 이 우물 속에 있더군요."
"똑바로 대지 못할까!"*16
알리가 하는 수 없이 자기가 당한 일을 모두 이야기하자 태수는 헌 옷을 내주고 놓아주었습니다. 알리는 집에 돌아와서 그날 있었던 일을 아마드에게 자세히 이야기했습니다.
"그러기에 내 뭐라더냐? 이 바그다드에는 사내를 홀리는 못된 계집들이 우글우글하니 조심하라고 하지 않았느냐!"
"부탁인데요, 어디 당신이 카이로 젊은이들의 두목으로 추앙받으면서 어떤 계집에게 홀려 발가벗겨졌던 이야기를 들려주지 않겠어요?"
알리에게는 이 사건이 몹시 괴로운 일이었습니다. 그는 아마드의 충고를 듣지 않은 일을 진심으로 후회했습니다.
아마드는 새 옷을 또 한 벌 꺼내 알리에게 주었습니다. 그때 아마드의 동료 하산 슈만이 물었습니다.
"그 젊은 여자가 누군지 아나?"
"아니오, 모릅니다."
"그년은 말이다, 교주님의 대상숙소에 사는 '협잡꾼 할멈' 다리라의 딸 자이나브야. 자네는 그 딸년의 손에 걸려든 거란 말이야."
"그랬군요."
"알리, 네 두목과 부하들의 옷을 죄다 벗긴 것도 고것일세."
"우리의 수치로군."
"그런데 너는 어떻게 할 생각인가?"
"그 여자를 내 여편네로 삼아야지."
"그런 어리석은 생각은 꿈에도 하지 말게. 흥분하지 말고 마음을 가라앉혀."
"이봐, 하산, 어떻게 하면 그 여자하고 부부가 될 수 있는지 지혜를 좀 빌려줘."
"좋아. 하지만 그 대신 내가 주는 잔을 받고 내 부하가 되겠다고 한다면, 네 소원을 들어주지."
"좋아."
그래서 하산은 알리를 발가벗긴 다음 솥에다 송진 같은 것을 넣고 고아서 그것을 온몸에 발라주었습니다. 그러자 알리는 마치 검둥이 노예처럼 변해버렸습니다. 그리고 입술과 뺨에도 바르고 눈에는 빨간 콜 가루를 칠했습니다.*17 그리고 나서 노예가 입는 옷을 입혀주고 포도주와 고기를 담은 쟁반을 건네준 뒤 이렇게 말했습니다.

"그 대상숙소에는 검둥이 요리사가 하나 있는데, 시장에서 고기를 사오는 일도 하지. 이제 너도 그런 노예가 되었으니, 허리를 낮추고 그자에게 가서 친한 척하며 흑인 말투로 이렇게 얘기하는 거야.

'이게 얼마 만인가? 그 술집에서 만난 뒤로 처음이지?'

그러면 녀석은 이렇게 대답하겠지.

'난 지금 굉장히 바빠. 노예 40명에게 점심과 저녁밥을 먹여줘야 하고 다리라와 자이나브의 음식도 만들어야 하거든. 개가 먹는 것까지 내가 만들어야 해.'

그러면 넌 이렇게 말하면 돼.

'어디서 고기를 먹으면서 생맥주*18라도 한잔하자.'

그리고 함께 술집에 들어가서 상대를 고주망태가 되게 한 다음, 녀석이 하는 일을 물어보란 말이야. 요리에 쓰는 접시가 몇 개나 되고 어떤 요리를 만들며 그 밖에 개밥이나 부엌, 식료품 창고의 열쇠 같은 것에 대해서도 죄다 알아내는 거야. 그러면 녀석은 틀림없이 지껄일 거야.

인간이란 대체로 맑은 정신일 때는 숨기는 일도 술에 취하면 털어놓는 법이니까. 아무튼 그것이 끝나면 녀석에게 마약을 맡게 해서 잠재우고, 그의 옷을 벗겨서 네가 입어. 그리고 허리에 부엌칼을 두 자루 지르고, 장바구니를 들고 시장에 가서 채소와 고기를 사서 여관으로 돌아가 부엌에서 요리하는 거야. 다 되면 접시 속에 마약을 넣어. 개밥에도 노예들의 밥에도 다리라와 자이나브의 음식에도 마찬가지로. 그리고 그것을 갖고 가서 먹여주는 거야. 그래서 전부 잠들어 버리면 급히 2층으로 올라서서 옷을 모조리 쓸어오는 거지. 네가 자이나브와 결혼할 생각이면 전서구 40마리도 모두 갖고 오는 게 좋을 거다."

그래서 알리는 대상숙소로 가서 요리사에게 접근하여 인사를 했습니다.

"이게 얼마 만인가? 그 술집에서 만난 뒤로 처음이지?"

그러자 요리사가 말했습니다.

"난 노예들과 개가 먹을 밥을 준비해야 해서 굉장히 바빠."

그러나 알리는 계획대로 요리사를 밖으로 끌어내어 거나하게 취하게 해놓고 이것저것 하는 일을 물었습니다.

"난 매일 점심과 저녁으로 다섯 가지 요리를 만들어. 하지만 어제는 특별히 노란 쌀밥*19 한 접시에 석류알 요리까지 해달라고 주문하더군."

"그런데 순서는 어떻게 내나?"

"먼저 자이나브 님에게 요리를 가져다주고, 그다음에 다리라 님이 먹을 것을 가지고 가지. 그것이 끝나면 노예와 개들을 배불리 먹여야 해. 아무리 못 해도 한 마리에 한 근은 줘야 하지."

그런데 알리는 열쇠에 대해서는 깜박 잊고 물어보지 않았습니다.

이윽고 요리사에게 마약을 맡게 하여 그 옷을 벗겨 자기가 입었습니다. 그리고 바구니를 들고 시장으로 가서 고기와 신선한 과일과 채소를 샀습니다.

─여기서 날이 훤히 밝아왔으므로 샤라자드는 이야기를 그쳤다.


## 713번째 밤

샤라자드는 이야기를 계속했다.

오, 인자하신 임금님, 알리가 곧장 대상숙소로 가보니 놀랍게도 다리라가 문 앞에 앉아 드나드는 사람들을 일일이 지켜보고 있는 게 아니겠습니까? 그뿐만 아니라 노예 40명이 무기를 들고 그 다리라를 에워싸고 있었습니다. 그것을 본 알리는 용기를 내어 문 안으로 들어갔습니다. 그러자 다리라는 금방 정체를 알아채고 불렀습니다.

"거기! 도적 두목! 이 대상숙소에서 나를 속일 작정이냐?"

진짜 노예 시늉을 하고 있던 알리는 하는 수 없이 다리라 쪽으로 몸을 돌리면서 말했습니다.

"오, 문지기님, 무슨 말씀인지요?"

"너는 내가 고용한 요리사 노예에게 무슨 짓을 했나? 그 노예를 죽여 버렸느냐, 아니면 마약을 먹였느냐? 순순히 자백해라."

"요리사라니요? 이 집에는 나 말고 또 요리사가 있습니까?"

"이게 어디라고 거짓말을! 너는 카이로의 '도적신' 알리 아니냐!"

"오, 문지기님, 지금 말한 그 알리인지 뭔지 하는 카이로인은 흰둥입니까, 아니면 검둥입니까? 아, 당신 때문에 노예 노릇도 해먹기 정말 어렵군요."

이때 다른 노예들이 끼어들었습니다.

"이봐, 형제, 무슨 일이야?"

그러자 다리라가 소리쳤습니다.

"이놈은 너희의 형제가 아니라 알리 자이바크라는 이집트 놈이란 말이다! 아무래도 이놈이 너희 형제인 요리사를 죽여 버렸거나 마약을 먹인 것 같아."

그래도 노예들은 한결같이 말했습니다.

"아닙니다, 이 사람은 진짜 우리의 형제인 요리사 사즈라가 틀림없습니다."

"아니라니까, 이놈은 '도적신' 알리란 놈이다. 다만 살에 물을 들여서 요리사로 둔갑하고 있을 뿐이야."

그러나 사기꾼 알리는 역시 빈틈이 없었습니다.

"대체 그 알리라는 작자는 어떻게 생겼습니까, 나는 진짜 사즈라라니까요."

그래서 다리라는 검사용 연고를 가져오게 하여 알리의 팔뚝에 발라 문질렀습니다. 그런데 아무리 문질러도 검은색 그대로였습니다. 그것을 보고 노예들이 말했습니다.

"이제 그만하고 이 사람을 놓아주세요. 우리가 먹을 음식을 만들어야 하니까요."

"그도 그렇다만, 이자가 분명히 너희 형제인 요리사라면 어젯밤에 한 요리와 매일 만드는 요리 접시 수도 틀림없이 알고 있겠지."

그래서 노예들이 알리에게 어젯밤의 요리와 매일 하는 요리 접시 수를 물어보았습니다. 그러자 알리는 전혀 망설이지 않고 대답했습니다.

"저는 매일, 아침에 다섯 접시, 저녁에도 다섯 접시를 만듭니다. 렌즈콩, 쌀, 수프, 스튜,[*20] 장미수 이렇게 다섯 접시를 만들죠. 어젯밤에는 당신들의 요청으로 여섯 번째 접시와 일곱 번째 접시를 추가했고요. 그것은 노란 쌀밥과 석류알을 요리한 것이었죠."

알리가 막힘없이 대답하자 노예들은 입을 모아 말했습니다.
"완벽히 그대로다!"
그러자 다리라가 말했습니다.
"여하튼 이자를 안으로 데리고 들어가서 부엌과 식품 창고를 알고 있는지 보자. 알고 있다면 너희 형제가 틀림없고, 모른다면 그때는 이놈을 죽여 버릴 테다."
그런데 요리사는 전부터 고양이를 한 마리 키우고 있었는데, 부엌에 들어갈 때마다 그 고양이는 입구에서 기다리고 있다가 요리사가 안에 들어갈 때마다 등에 뛰어오르는 습관이 있었습니다. 그래서 알리가 들어가자 고양이는 곧바로 알리의 어깨 위에 올라탔습니다. 그러나 알리가 그것을 내려놓으니 고양이는 먼저 부엌까지 달려가서, 거기서 가만히 기다렸습니다. 그리하여 알리는 그곳이 부엌 입구라는 걸 알았습니다. 알리는 열쇠 다발을 꺼내 수많은 열쇠 중에서 깃털 무늬가 있는 열쇠를 골라 쉽게 부엌문을 열 수 있었습니다. 그 안에 채소를 집어넣고 나니, 고양이가 또 달려가서 다른 문 앞에 웅크렸습니다.
알리는 그곳이 식품 창고라는 것을 알고 많은 열쇠 중에서 기름이 묻어 있는 열쇠를 골라 문을 열었습니다.
이 광경을 지켜보고 있던 노예들은 입을 모아 말했습니다.
"다리라 마님, 이 사람이 타국 놈이라면 요리실도 식품 창고도 알 까닭이 없습니다. 또 그렇게 많은 열쇠 중에서 맞는 열쇠를 골라내지도 못했을 겁니다. 이자는 우리의 형제 사즈라가 분명합니다."
그러자 다리라는 성큼성큼 앞으로 나와서 말했습니다.
"뭐라고? 이자는 고양이 때문에 부엌이 어디 있고 식품창고가 어디 있는지 안 거다. 열쇠만 해도 짐작으로 골라냈단 말이야. 이놈이 아무리 약은꾀를 부려도 난 넘어가지 않아."
알리는 부엌으로 돌아가 아침을 준비하고, 먼저 2층 자이나브의 방에 밥상을 가져가 보니, 도둑맞은 자신의 옷이 방에 죽 걸려 있었습니다. 아래로 내려가서 다리라의 방에 밥상을 날라 놓고 마지막으로 노예들의 밥과 개밥을 마련했습니다.
저녁때도 똑같이 한 뒤, 다리라를 비롯하여 자이나브와 노예들의 음식에 마취약을 섞었습니다.
 그런데 이 숙소의 문은 해가 뜰 때 열고 해가 지면 닫게 되어 있었으므로 알리는 밖으로 나가서 큰 소리로 외쳤습니다.
 "자, 객주에 드신 여러분, 파수꾼도 세웠고 개도 풀어놓았습니다. 이제부터는 밖에 나가서 사고를 당해도 책임지지 않습니다."
 알리는 개밥에도 독약을 섞어서 조금 늦게 주었습니다. 그것을 먹은 개들은 다리라와 자이나브, 노예들이 마취약에 취해서 곯아떨어진 사이에 모조리 죽고 말았습니다.
 알리는 방 안에 들어가 옷을 모조리 걷고 전서구도 모두 훔쳐, 문을 나와 자신의 숙소로 달려갔습니다.
 하산이 있다가 알리를 보고 물었습니다.
 "잘 돼 가나?"
 알리가 그때까지의 경위를 자세히 이야기하자 하산은 자꾸 잘했다고 칭찬했습니다. 그리고 알리가 입고 있는 옷을 벗기고 풀잎을 달인 물로 몸을 씻어주니 다시 전과 같이 하얘졌습니다.
 옷을 갈아입은 알리가 대상숙소로 다시 돌아가서, 요리사에게 옷을 도로 입혀주고 마취에서 깨어나는 향료를 맡게 하자, 노예는 곧 정신을 차리고 시장으로 달려가 채소를 사서 숙소로 돌아왔습니다.
 날이 밝은 뒤 숙소에 묵고 있던 손님 하나가 방에서 나와 보니 대문이 활짝 열려 있을 뿐만 아니라, 노예들은 마약에 취해서 곯아떨어져 있고 개들은 모두 죽어 자빠져 있었습니다. 손님은 놀라서 다리라의 방으로 달려갔습니다.
 다리라도 목에 옷을 감은 채 머리맡에 마약을 적신 해면을 놓고 잠들어 있었습니다. 손님이 마취에서 깨어나는 향료를 해면에 적셔 다리라의 콧구멍에 쑤셔 넣으니 다리라는 그제서야 눈을 떴습니다.
 "대체 여기가 어디지?"
 "내가 방에서 나와 내려가 보니 문은 열려 있고 개들은 모두 죽어서 자빠졌으며, 노예들과 당신들은 이렇게 마약에 취해 있었소."
 그때 그곳에 떨어져 있는 종이쪽지 하나가 눈에 띄어 다리라가 읽어보니 다음과 같은 글귀가 적혀 있었습니다.

"이것은 바로 이집트인 알리가 한 일이다!"

다리라는 자이나브와 노예들에게 마취에서 깨어나는 향료를 맡게 하여 정신이 들게 했습니다.

"그 요리사로 둔갑한 놈이 카이로의 알리라고 내가 그렇게 말하지 않더냐?"

그리고 이내 이렇게 덧붙였습니다.

"하지만, 이번 일은 누구에게도 얘기하면 안 된다!"

다리라는 딸을 향해서도 말했습니다.

"몇 번이나 말했지만, 알리는 앙심을 먹은 것에 대해서는 절대로 단념할 놈이 아니야. 그 녀석은 너에게 당한 것 때문에 복수를 한 것뿐이지. 사실은 더한 짓도 할 수 있었지만, 의리를 아는 놈이라 그렇게까지 심하게는 하지 않았어. 게다가 우리와 화해하고 싶은 마음도 있는 것 같으니까 말이야."

그렇게 말하면서 다리라는 입고 있던 남자 옷을 벗고 여자 옷으로 갈아입은 뒤,*21 목에 화해를 표시하는 헝겊을 감고 아마드 알 다나프의 숙소를 찾아갔습니다.

그런데 알리가 옷과 전서구를 가지고 숙소로 돌아오자, 하산 슈만이 미리 문지기에게 40마리분의 비둘기 값을 건네 두었기 때문에, 문지기는 그 비둘기를 사서 동료들과 함께 요리했습니다. 그로부터 얼마 뒤, 문을 두드리는 소리가 들려오자 아마드가 말했습니다.

"다리라가 왔다. 문지기, 어서 나가서 문을 열어줘라."

문지기가 문을 열어 다리라를 방으로 안내했습니다.

—여기서 날이 훤히 밝아왔으므로 샤라자드는 이야기를 그쳤다.


## 714번째 밤

샤라자드는 이야기를 계속했다.

오, 인자하신 임금님, 다리라가 들어오자 하산이 물었습니다.

"이봐, 재수 없는 할멈, 도대체 여기엔 무엇하러 왔나? 당신과 당신 동생인 생선장수 즈라이크라는 놈은 정말 빼다 박은 듯이 닮았어."
그러자 다리라가 말했습니다.
"대장님, 모두 내 잘못이오. 이 할멈의 목을 어떻게 하든 당신 마음대로 하시구려. 그런데 나한테 와서 그렇게 심한 장난을 한 사람은 대체 누구요?"
"내 첫째 부하야."
"부탁이오만, 어떻게 잘 주선해 주셔서 전서구만은 돌려받을 수 없을까요? 그렇게만 해 주면 그 은혜 잊지 않으리다."
옆에서 듣고 있던 하산이 알리에게 물었습니다.
"이봐, 알리, 넌 천벌을 받게 생겼다. 어쩌자고 비둘기를 먹어치워 버렸나?"
"누가 전서구인 줄 알았나."
"이봐, 문지기, 요리한 비둘기를 가져와 봐."
아마드의 말에 문지기가 비둘기 고기를 가져오자 다리라는 한 점을 입에 넣고 씹으면서 말했습니다.
"이건 전서구가 아닌데. 난 사향꽈리를 먹이고 있었으니까 이것이 내가 기르던 전서구라면 사향꽈리 냄새가 고기에 스며 있어야 해."
그러자 슈만이 참견했습니다.
"이봐, 할멈, 비둘기를 찾고 싶으면 알리와 타협을 해야 해."
"그게 무슨 소리야?"
"알리는 할멈의 딸 자이나브에게 장가들고 싶대."
"그건 본인의 마음에 달렸지, 나도 그 애는 어떻게 못해."
그래서 하산은 카이로인 알리에게 말했습니다.
"알리, 비둘기를 다리라에게 돌려줘라."
알리가 비둘기를 돌려주자 다리라는 매우 기뻐하며 받았습니다.
하산이 다시 다리라에게 말했습니다.
"좋은 소식을 가져오지 않으면 곤란해."
"정말로 내 딸과 살고 싶다면 그따위 나쁜 짓은 하지 말았어야지. 그보다는 딸의 작은아버지이자 후견인인 즈라이크 영감한테 가서 부탁하는 게 낫지. 그 영감은 '자, 싱싱한 생선 한 근이 단돈 동전 두 푼이오!' 하며 소리소리 지르기도 하고, 가게 앞에 금화 2천 닢이 든 지갑을 매달아 놓기도 하는 사람이지만."

이 말을 듣자 부하 40명은 모두 일어서서 욕설을 퍼부었습니다.

"뭐라고 주절대는 거냐, 이 음탕한 할망구야! 그래 우리더러 카이로의 알리가 당하는 걸 가만히 보고 있으란 말이야?"

다리라는 대상숙소로 돌아오자 딸에게 말했습니다.

"그 이집트인 알리가 너하고 혼인하고 싶어 하더라."

이 말을 듣고 자이나브는 기뻐했습니다. 왜냐하면 지난번에 알리가 담백한 태도를 보여서*22 밉지 않게 여기고 있었기 때문입니다. 그래서 자이나브는 어머니에게 자초지종을 물으니, 어머니는 자세히 얘기한 뒤 이렇게 덧붙였습니다.

"네 아저씨 즈라이크의 승낙을 얻어오라고 조건을 달아 두었다. 그렇게 해두면 알리란 녀석, 반드시 몸을 망치고 말 테니까."

한편 알리는 동료들에게 물었습니다.

"그 즈라이크란 작자는 어떤 놈이야?"

"알 이라크의 사기꾼 두목인데, 산을 뚫고 별을 따는 것도 능히 해 치울 만한 놈이지. 사람 눈두덩에 붙은 콜 가루까지 훔쳐내거든. 한마디로 말해, 세상에 드문 대도적이지. 지금은 마음을 고쳐먹고 손을 씻은 뒤 생선가게를 열었는데, 생선을 팔아서 금화 2천 닢이나 모았다더군. 그것을 비단끈이 달린 주머니에 넣어서 끈에 딸랑딸랑 울리는 놋쇠방울과 금고리를 달아 출입구 안쪽 못에 걸어 두었지. 그리고 가게 문을 열 때마다 이렇게 소리치네. '야, 이집트의 협잡꾼들! 알 이라크의 도적들! 야잠의 야바위꾼들아! 네놈들은 지금 어디에 처박혀 있는 거냐? 봐라, 생선장수 즈라이크는 가게 문에 돈지갑을 매달아 놓았지 않느냐! 자신 있는 놈은 무슨 수를 쓰든지 이 지갑을 훔쳐가 봐! 그러면 내줄 테니까.' 그래서 좀 날고 긴다 하는 놈이 찾아와서는 지갑을 채 가려고 했지만, 그게 그렇게 마음대로 안 되지. 왜냐하면 즈라이크가 생선을 튀기든가 아궁이를 들여다볼 때조차 발밑에는 꼭 보리과자만 한 둥근 납덩어리를 여러 개 놔뒀다가, 도둑이 틈을 타서 돈주머니에 손을 댈라치면 냅다 그 납덩어리를 던져서 죽이거나 반병신을 만드니까 말이야.

그러니까 알리, 그놈을 상대하는 건 누가 죽었는지도 모르고 남의 장례행

렬에 뛰어드는 것과 같다고 할 수 있지.*23 아무리 자네라도 그놈만은 도저히 못 당할 걸, 오히려 무슨 짓을 당할지 모른다니까."

그러자 알리가 소리쳤습니다.

"그런 말을 들은 이상 도저히 물러설 수 없다! 그러면 우리 얼굴이 말이 아니지. 좋아, 내가 무슨 수를 써서라도 그 돈주머니를 훔쳐내 보이겠어. 이봐, 젊은 여자들이 입는 옷을 좀 마련해 와."

부하들이 여자 옷을 가져오자, 알리는 그것을 몸에 걸치고 손을 헤나 잎으로 물들인 뒤 베일을 푹 덮어 썼습니다. 그리고 새끼 양을 한 마리 잡아서 긴 창자*24를 꺼내 잘 씻은 다음 아래쪽을 묶었습니다. 거기에 새끼 양의 피를 가득 담아서 사타구니 사이에 달아맨 뒤, 그 위에 바지를 입고 긴 장화를 신었습니다.

다음에는 새의 모이주머니에 진한 우유를 담아 가짜 유방을 만들어 가슴에 달고, 허리둘레와 배 위에 솜을 넣은 리넨을 감고, 다시 그 위에 풀 먹인 비단을 빙빙 둘렀습니다.

이렇게 차리고 밖으로 나가니 길가는 사람들이 모두 뒤돌아보며 한마디씩 했습니다.

"늘씬한 암사슴 같구나, 뺨이 어쩜 저리 예쁠까!"

곧 나귀 몰이꾼을 발견한 알리는 금화 한 닢을 주고 나귀에 올라앉아 즈라이크의 가게로 갔습니다. 그곳에 이르니 문 안쪽에 걸려 있는 돈주머니와 그 속에 비쳐 보이는 번쩍거리는 금화가 곧 눈에 띄었습니다.

마침 그때 즈라이크는 생선을 튀기고 있었으므로, 알리는 나귀 몰이꾼에게 물었습니다.

"이게 무슨 냄새예요?"

"즈라이크네 가게 생선 냄새입니다."

"내 배 속에는 아기가 들어 있어서 저 기름 냄새를 못 맡겠군요. 미안하지만 나 대신 저 가게에 가서 생선 한 토막을 사다줘요."

그래서 나귀 몰이꾼은 즈라이크를 향해 말을 걸었습니다.

"웬일이야, 아침부터 생선을 튀겨서 온통 고약한 냄새를 풍겨놓게! 애 밴 여자가 싫어하잖아. 저 나귀에 타고 계신 분은 하산 샤르 알 타리크 태수님 댁 마님이신데, 지금 홀몸이 아니란 말일세. 배 속의 아기가 생선을 먹고 싶다니 한 토막 팔아주게. 오, 우리를 지키시는 알라시여! 오늘의 재난을 막아주소서!"

이 말을 들은 즈라이크가 생선 한 마리를 집어 튀기려 하자, 공교롭게도 불이 꺼져서 다시 불을 피우려고 집 안으로 들어갔습니다.

그때 알리는 나귀에서 내려와 쭈그리고 앉아서 사타구니 사이에 매달아 놓은 양의 창자를 터뜨렸습니다. 그러자 다리에 피가 철철 흘러내리기 시작했습니다. 알리는 새된 목소리로 비명을 질렀습니다.

"아이고 배야, 아이고 허리야!"

나귀 몰이꾼이 놀라서 뒤돌아보니 여자가 피를 흘리고 있지 않겠습니까?

"마님, 왜 그러십니까?"

"유산인가 봐요!"

마침 그때 즈라이크가 가게 밖으로 얼굴을 내밀다가 피가 가게 쪽으로 흘러오는 것을 보고 깜짝 놀라서 안으로 뛰어들었습니다.

나귀 몰이꾼이 소리쳤습니다.

"이 즈라이크 영감아! 천벌을 받을 거다. 봐라, 마님께서 유산하셨단 말이다. 이분의 주인한테 뭐라고 말할 거야? 어째서 아침부터 그따위 고약한 냄새를 풍겼느냐 말이다. 생선 한 토막을 달라고 해도 들은 척도 않고!"

나귀 몰이꾼은 한바탕 늘어놓고는 나귀를 끌고 가버렸습니다.

그래도 즈라이크가 나오지 않기에, 알리는 손을 뻗어 돈주머니를 잡으려 했습니다.

그러자 손이 돈주머니에 닿자마자 방울이 요란스럽게 울리고 금화까지 짤랑거리기 시작했습니다.

그 소리에 놀라서 즈라이크가 뛰어나왔습니다.

"야, 이 도둑놈아! 네 정체가 드러났구나! 나를 골탕 먹이려고 여자로 변장해서 나타났지? 어디 이거나 먹어라!"

그는 호통을 치며 알리를 향해 납덩어리를 냅다 던졌습니다. 그러나 납덩어리는 빗나가서 다른 사람이 맞고 말았습니다.

그 광경을 보고 구경꾼들은 일제히 즈라이크에게 공격의 화살을 돌렸습니다.

"네놈은 도대체 상인이냐, 아니면 무뢰한이냐? 상인이라면 상인답게 돈주머니 같은 건 치우고 남에게 폐를 끼치지 말란 말이야!"

"무슨 소리요! 알라께 맹세코, 내 목에 맹세코 난 상인이오."
즈라이크는 이렇게 말하며 사과했습니다.
알리는 곧 숙소로 돌아가서 하산 슈만에게 오늘 있었던 일을 얘기한 다음, 여자 옷을 벗어 던지고 대장에게서 받은 신랑 예복으로 갈아입었습니다. 그리고 큰 접시와 금화 다섯 닢을 갖고 다시 즈라이크의 가게로 갔습니다.
"무엇을 드릴까요, 나리?"
알리가 금화를 보여주니 즈라이크는 접시에 담은 생선을 내밀었습니다.
"익은 생선이 아니면 필요 없소."
그래서 즈라이크는 흙 냄비에 넣어 튀기려고 했습니다만, 하필이면 그때 불이 꺼져 불을 피우러 안으로 들어갔습니다.
그때 알리는 다시 돈주머니로 손을 뻗어 그 한쪽 끝을 꼭 잡았습니다. 그러자 또 방울이 울렸으므로 즈라이크가 뛰어나와 소리소리 질렀습니다.
"그따위 속임수엔 안 넘어간다! 접시와 금화를 들고 있는 네놈의 손만 보고도, 네놈이 신랑으로 변장했다는 것을 다 알았단 말이다!"

―여기서 날이 훤히 밝아왔으므로 샤라자드는 이야기를 그쳤다.


## 715번째 밤

샤라자드는 이야기를 계속했다.
오, 인자하신 임금님, 즈라이크는 이번에도 알리를 향해 납덩어리를 던졌습니다. 하지만 알리가 잽싸게 몸을 피해 납덩이는 물고기를 튀기고 있는 냄비에 떨어져 냄비가 박살나고 말았습니다. 그 바람에 그곳을 지나가던 판관의 가슴과 어깨에 생선 살점과 기름이 잔뜩 튀고 말았습니다. 게다가 기름이 옷 속에 스며들어 중요한 사타구니 사이까지 들어가자 판관은 죽는다고 비명을 질러댔습니다.
"오, 가엾은 내 새끼! 이 무슨 액운이냐! 오늘은 재수 더럽게 없는 날이다. 대체 누가 이따위 장난을 했지?"
그러자 구경꾼들이 대답했습니다.

"나리, 냄비에 돌을 던진 것은 못된 개구쟁이들 짓일 겁니다. 어쨌든 알라의 가호가 없었더라면 큰일 날 뻔하셨습니다."

그렇게 말하면서 뒤돌아보니 그것은 돌이 아니라 납덩어리인지라 즈라이크가 던졌다는 것을 알고 모두 몰려가서 큰 소리로 욕설을 퍼부었습니다.

"이 즈라이크 놈아, 이런 짓을 했으니 알라께서 그냥 두지 않으실 거다. 저 돈주머니를 치워라. 안 그러면 크게 경을 치고 말리라."

"예, 예, 치우겠습니다."

즈라이크는 잘못을 사과했습니다.

한편 알리는 얼른 숙소로 돌아가서 어떻게 됐느냐고 묻는 동료들에게 자초지종을 얘기해 주었습니다.

그러자 동료들은 말했습니다.

"네가 그놈의 못된 꾀를 8할은 꺾어 놓은 셈이군."

알리는 신랑의 예복을 벗고, 이번에는 상인 차림으로 다시 찾아가다가 중간에 땅꾼 한 사람을 만났습니다. 알리는 그 사내가 뱀이 든 자루와 여행 장비를 담은 보따리를 들고 있는 것을 보고 말을 걸었습니다.

"여보게, 땅꾼, 우리 집에 와서 젊은이들에게 재주를 보여주지 않겠나? 사례금을 듬뿍 줄 테니."

그리하여 땅꾼을 데리고 숙소로 돌아온 알리는 음식을 배불리 먹인 다음 마약을 먹이고 그의 옷을 벗겨 내 자기가 입었습니다. 그리고 뱀 자루와 보따리를 들고 즈라이크의 가게로 가서 갈대피리를 불기 시작했습니다.

"알라께 먹여 살려 달라고 해!"

즈라이크가 이렇게 말하며 퇴짜를 놓자, 알리는 느닷없이 뱀을 꺼내 즈라이크 앞에 던졌고, 뱀을 몹시 싫어하는 그는 허둥지둥 안으로 달아나 버렸습니다. 알리는 얼른 뱀을 잡아서 다시 자루 속에 집어넣고는 돈주머니를 움켜잡았습니다. 그러자 또 방울이 시끄럽게 딸랑거렸고, 즈라이크 역시 소리를 질렀습니다.

"아직도 버릇을 못 고쳤구나! 이번엔 땅꾼으로 둔갑했겠다!"

그러면서 납덩어리를 던졌는데, 이번에도 겨냥이 빗나가 알리에게 맞지 않고 마침 한 기병을 모시고 지나가던 말구종의 머리를 맞히고 말았습니다. 말구종은 그 자리에 퍽 쓰러져 버렸습니다.

"아니, 내 말구종을 쓰러뜨린 놈이 누구냐!"
군인이 고함치자 지나가던 사람들이 대답했습니다.
"지붕에서 돌이 떨어졌습니다."
기병은 하는 수 없이 그냥 지나가 버렸습니다.
그러나 사람들은 납덩어리가 떨어져 있는 것을 보자, 즈라이크한테 몰려가서 소리쳤습니다.
"그 돈주머니를 걷어 치워라!"
"오늘 밤에는 꼭 내리겠습니다."
알리는 지치지도 않고 즈라이크를 속이기 위해 일곱 번[(2)]이나 방법을 바꿔가며 시도해 보았지만, 일곱 번 모두 실패로 끝나고 말았습니다.
그래서 땅꾼에게 옷과 보따리를 돌려주고 상당한 사례를 한 다음, 알리는 다시 한 번 즈라이크의 가게로 가보았습니다. 그랬더니 즈라이크가 이렇게 말하는 소리가 들려왔습니다.
"오늘 밤에 돈주머니를 그냥 두고 돌아갔다간 그놈이 와서 벽을 뚫고 가져갈 게 틀림없으니 집으로 갖고 가야겠다."
이윽고 즈라이크는 가게 문을 닫고 돈주머니를 끌러 집으로 향했습니다. 집 가까이 오자, 이웃집에서 혼인잔치가 있는 것을 보고 중얼거렸습니다.
"빨리 집으로 돌아가서 돈주머니를 여편네에게 맡기고 옷을 갈아입고 잔칫집에 가야겠다."
줄곧 즈라이크의 뒤를 밟고 있던 알리가 이 혼잣말을 모두 엿들었습니다.
즈라이크의 아내는 흑인의 딸로, 재상 자파르를 섬기다가 자유로운 몸이 된 여자였는데, 두 사람 사이에는 이미 아브달라라고 하는 아들이 하나 있었습니다. 그리고 전부터 즈라이크는 이 아들의 할례와 혼인 때 그 돈주머니의 돈을 꺼내 쓰기로 아내와 약속이 되어 있었습니다.
즈라이크가 집에 돌아오니, 아내는 남편의 표정이 좋지 않은 것을 보고 물었습니다.
"왜 그러세요?"
"오늘은 운세가 나쁜지 악당이 일곱 번이나 찾아와 돈주머니를 훔치려고 했소. 가까스로 지키기는 했지만."
"그럼, 아이의 기쁜 일 때 쓰게 간직해 둘 테니 돈주머니를 내게 맡겨 두세요."
 알리는 즈라이크의 뒤를 미행하여 작은 방에 숨어서 이 모든 것을 엿듣고 있었습니다.
 생선장수 즈라이크는 돈주머니를 아내에게 주고 옷을 갈아입으면서 말했습니다.
 "여보, 움 아브달라, 이 돈주머니를 잘 넣어둬. 나는 잔칫집에 갔다 올 테니까."
 "잠깐 눈 좀 붙이는 게 어때요?"
 즈라이크는 아내가 권하는 대로 누워서 금세 잠이 들어버렸습니다.
 알리는 즉각 일어나서 발소리를 죽이고 돈주머니 있는 데로 가서 그것을 움켜잡고는, 시치미를 떼며 옆집에 가서 잔치를 구경하고 있었습니다.
 한편 즈라이크는 꿈속에서 새 한 마리가 자루를 물고 도망가는 것을 보고 놀라서 눈을 뜨며 아내에게 말했습니다.
 "일어나, 돈주머니는 어디 있어?"
 아내가 사방을 둘러보았으나 돈주머니가 보이지 않았으므로 그만 자기 얼굴을 때리면서 울부짖었습니다.
 "아, 움 아브달라, 너는 정말 불쌍한 신세가 되었구나! 도둑놈이 돈주머니를 훔쳐갔어! 틀림없이 오늘 온종일 나를 귀찮게 굴던 그 악당 알리의 짓이 틀림없다. 죽일 놈 같으니! 내 뒤를 쫓아와서 기어코 내 돈주머니를 훔쳐 갔구나. 어서 가서 다시 찾아와야지."
 "여보, 영감, 돈주머니를 찾아오지 않으면 문에 빗장을 걸어 잠그고 밤새도록 집에 들이지 않겠어요."
 즈라이크가 잔칫집에 가 보았더니 마침 알리가 눈에 띄었습니다.
 "저놈이 내 돈주머니를 훔쳐 갔어. 그런데 잠깐! 저 뻔뻔스러운 도둑놈이 아마드 알 다나프의 집에 묵고 있겠다."
 즈라이크가 한 걸음 먼저 알리의 숙소로 가서 뒷담을 뛰어넘어 손님방으로 들어가 보니 모두 깊이 잠들어 있었습니다.
 잠깐 있으니 문을 두드리는 소리가 나서 즈라이크가 물었습니다.
 "누구요?"
 "카이로의 알리야."

"돈주머니는 가져왔나?"

알리는 상대가 하산 슈만인 줄 알고 대답했습니다.

"갖고 오고말고.*25 어서 문 좀 열어줘."

"돈주머니를 보기 전에는 열어줄 수 없어. 네 두목하고 내기를 한걸."

"그럼, 손을 내밀어 봐."

즈라이크가 문 옆의 작은 구멍으로 손을 내미니 알리가 돈주머니를 얹어 주었습니다. 즈라이크는 그것을 받아들고 먼저 들어온 곳으로 빠져나가 잔칫집으로 돌아갔습니다.

알리는 오랫동안 문 앞에 서서 기다렸으나 아무리 기다려도 열어주지 않자, 마침내 문을 요란하게 두드려서 집안사람들을 모두 깨우고 말았습니다.

"저 두들기는 모양이 카이로의 알리 같군."

부하들이 모두 그렇게 말하자, 문지기가 문을 열어주었습니다.

하산 슈만이 당장 물었습니다.

"돈주머니는 갖고 왔나?"

"어이, 슈만, 농담 좀 작작 좀 하슈! 넌 아까 내가 돈주머니를 보여줘야 문을 열어준다고 했잖아. 그래서 문 옆 구멍으로 돈주머니를 쥐여 줬잖아. 돈주머니를 이 눈으로 보기 전에는 절대로 문을 열어주지 않기로 내기했다고 네가 그랬잖아?"

"알라께 맹세코 그 돈주머니를 받은 것은 내가 아니라 틀림없이 그 즈라이크라는 놈이다!"

"그렇다면 무슨 수를 써서라도 다시 가서 빼앗아 와야지!"

알리는 그렇게 말하고 다시 잔칫집에 갔습니다. 그러자 그 집에서는 익살꾼*26이 큰 소리로 이렇게 말하고 있었습니다.

"만세! 아부 아브달라, 아드님과 더불어 행복이 깃드시기를!"

"아무래도 내 운도 열릴 것 같은걸."

알리는 그렇게 말하며 생선장수의 집으로 가서 뒷담을 넘어 들어갔습니다. 들어가 보니 즈라이크의 마누라는 세상모르고 잠에 곯아떨어져 있었습니다. 그래서 알리는 즈라이크 마누라의 코에 마약을 대어 정신을 잃게 한 다음, 옷을 벗겨 자기가 입고 아이를 안고 여기저기 찾고 있으니, 마침 구두쇠 즈라이크가 대축제일부터 소중히 간직해 온 과자*27가 든 종려바구니가 눈에 띄었습니다.
 얼마 뒤 즈라이크가 돌아와 문을 두드리자 알리는 즈라이크 마누라의 목소리를 흉내내며 말했습니다.
 "누구세요?"
 "아부 아브달라야."
 "돈주머니를 찾아오지 않으면 열어주지 않겠다고 했잖아요?"
 "여기, 가져왔어."
 "그럼, 문을 열기 전에 나한테 넘겨주세요."
 "바구니를 내리면 그 속에 넣을 테니 끌어올려서 잘 보구려."
 알리가 바구니를 내려주니 즈라이크가 돈주머니를 넣었습니다. 알리는 그것을 끌어올려 품 안에 쑤셔 넣었습니다. 그리고 아이에게도 마취약을 맡게 하고서 즈라이크 마누라를 흔들어 깨우고, 아까 들어왔던 뒷문으로, 아이와 돈주머니는 물론이고 과자가 든 바구니까지 몽땅 들고 숙소로 달아났습니다. 젊은이 40명은 그 전리품을 들여다보며 알리의 솜씨를 입이 닳도록 칭찬했습니다.
 알리는 과자를 꺼내 그들에게 주고, 아이는 하산 슈만에게 넘기면서 이렇게 말했습니다.
 "이 아이는 즈라이크의 자식이니 당신이 숨겨 주구려."
 슈만은 아이를 숨겨 놓고 새끼 양을 한 마리 끌고 와서 문지기에게 넘겨주었습니다. 문지기는 그 양을 통째로 구워 천으로 싼 뒤, 마치 사람의 시체인 것처럼 수의를 입혀서 눕혀 두었습니다.
 한편 즈라이크는 잠깐 문 앞에 서서 기다리다가 좀처럼 문이 열리지 않자 천둥 같은 소리를 내며 문을 두드렸습니다.
 그러자 마누라의 목소리가 들려왔습니다.
 "여보, 돈주머니 가져오셨소?"
 "조금 아까 네가 내려준 바구니에 넣어 줬잖아. 그걸 끌어올려 놓고 뭘 그래?"
 "난 바구니 같은 걸 내린 적이 없어요. 그리고 돈주머닌 구경도 못했어요."
 "아차! 이건 분명히 그 협잡꾼 알리 놈이 먼저 와서 돈주머니를 다시 뺏어간 게야!"

온 집안을 뒤져본 즈라이크는 과자 바구니와 아이까지 없어진 것을 알고 비명을 질렀습니다.

"큰일 났어! 아들까지 도둑맞았어!"

마누라도 가슴을 치며 한탄하고 울부짖었습니다.

"자, 함께 대신님한테 가서 고소합시다. 그 협잡꾼 말고는 아이를 죽일 사람이 없어요. 그나저나 이 모든 건 다 당신 탓이에요."

"뭐, 아이는 내가 꼭 찾아올 테니 걱정하지 마."

즈라이크는 휴전의 표시로 목에 흰 헝겊을 감고 아마드 알 다나프의 숙소로 가서 문을 두드렸습니다. 안으로 들어가자 하산 슈만이 물었습니다.

"무슨 일로 왔소?"

"카이로 사람 알리와 협상해서 내 아이를 찾고 싶소. 그렇게 하면 돈주머니는 그자에게 주겠소."

하산은 알리를 돌아보면서 말했습니다.

"여봐, 알리, 이 천벌을 받을 놈! 어째서 넌 그 애가 이 양반의 아들이라는 걸 말하지 않았나?"

"우리 아이가 어떻게 됐습니까?"

즈라이크가 소리치자 하산이 대답했습니다.

"아, 글쎄, 건포도를 주었더니 그것이 목에 걸려 죽어 버리지 않겠어. 저기 눕혀 둔 것이 그 애야."

"오, 가엾은 내 아들! 나는 애 엄마에게 뭐라고 빌어야 하나?"

이렇게 말하면서 일어나 수의를 끌러 보니 그것은 통째로 삶은 새끼 양이었습니다.

"야, 알리, 너는 나를 놀리는 거냐?"

그들은 즈라이크에게 아이를 돌려주었습니다. 그러자 역신 하산이 입을 열었습니다.

"즈라이크 영감, 당신은 그 돈주머니를 걸어놓고 누구든 그것을 훔친 사람에게 준다고 말했잖소. 그러면 알리가 감쪽같이 훔쳤으니까 그 돈주머니는 카이로 사람, 알리의 것일세."

"물론, 알리에게 주고말고요."

그러자 알리가 말했습니다.
"당신 조카딸 자이나브를 봐서 돌려주겠소."
"그렇다면 사양하지 않고 받아 둘까."
그러자 알리의 패거리 40명이 저마다 한마디씩 했습니다.
"알리와 짝지어 줄 테니까 자이나브를 이리로 보내시오."
"본인이 생각이 없으면 나도 어쩔 도리가 없어."
그러자 하산이 물었습니다.
"그럼, 당신은 이 혼담에 이의 없는 거지?"
"뭐, 지참금을 마련할 수 있는 사람이라면 언제라도 내주지."
"지참금은 얼마나?"
"그 애는 스스로 맹세했소. 유대인 아자리아의 딸 카마르의 옷과 그 소지품을 몽땅 가져다주는 사내가 아니면 절대로 자기 배 위에 태워주지 않겠다고……."

─여기서 날이 훤히 밝아왔으므로 샤라자드는 이야기를 그쳤다.


## 716번째 밤

샤라자드는 이야기를 계속했다.
오, 인자하신 임금님, 자이나브가 카마르의 옷은 물론 패물과 허리띠, 금으로 만든 슬리퍼*28까지 가져다주는 사내가 아니면 배 위에 태워주지 않는다고 들은 알리는 이렇게 소리쳤습니다.
"오늘 밤 안에 그 물건들을 가지고 오지 못하면 이 혼담은 내 쪽에서 집어치우겠어!"
그러자 즈라이크가 말했습니다.
"이봐, 알리! 경고해 두지만, 카마르에게 잘못 집적거렸다가 목숨이 없어질 줄 알게."
"어째서?"
"카마르의 아버지 유대인 아자리아란 자는 기운도 세고 교활하며 음흉한 마술사라 마신들을 거느리고 있거든. 그놈의 집은 성 밖에 있는데, 벽을 금벽돌과 은벽돌로 엇갈리게 쌓아 놓았어. 그런데 그게 집 안에 있을 때만 보이고 밖에 나오면 사라져서 보이지 않게 돼. 내가 말한 그 옷은 그 자식이 자기 딸을 위해서 마법의 보물창고에서 훔쳐낸 것인데, 놈은 그것을 금으로 만든 큰 쟁반에 담아 두고는 매일 창문을 열고 이렇게 소리치지.

'카이로의 협잡꾼 놈들, 알 이라크의 야바위꾼들, 아잠의 도적들은 다 어디 있느냐? 이 옷을 훔칠 수 있거든 훔쳐봐, 다 줄 테니.'

그래서 손버릇 나쁜 녀석들이 모두 한 번씩은 덤벼 봤지만 한 놈도 성공하지 못했지. 그뿐만 아니라 아자리아의 마술로 원숭이나 나귀가 되어 버렸다네."

"좋아, 내가 그걸 빼앗아 와서 자이나브에게 입혀주어야지."

알리는 곧 유대인 아자리아의 가게로 가 보았습니다. 아자리아는 험상궂고 음흉스런 얼굴로 저울과 돌추와 금은 서랍이 있는 상자 등을 주위에 놓고 앉아 있었고, 옆에는 암노새 한 마리도 매여져 있었습니다.

이윽고 그는 일어나서 가게 문을 닫고 금화와 은화를 돈주머니 두 개에 넣고 안장자루 한 쌍에 쑤셔 넣은 뒤 노새 등에 얹었습니다. 그리고 노새를 타고 성문 밖으로 나갔습니다.

알리는 유대인 아자리아가 눈치채지 않도록 조심해서 그 뒤를 밟았습니다. 성 밖에 나가자 아자리아는 지갑에서 쓰레기 같은 것을 꺼내 뭐라 뭐라 중얼거리면서 공중에 뿌렸습니다. 그러자 알리의 눈앞에 세상에 둘도 없는 멋진 성이 홀연히 나타났습니다.

유대인은 마물인 노새를 타고 계단을 올라가더니 노새에서 내려 안장자루를 끌렀습니다. 그런 다음 노새를 놓아주니, 노새는 홀연히 자취를 감추었습니다.

유대인은 성 안에 들어가 앉더니 곧 다시 일어나서 격자창을 열고 거기에 금지팡이를 세워 놓았습니다. 그리고 그 지팡이에 금사슬로 큼직한 황금 쟁반을 걸어 놓고 그 속에 옷을 담았습니다.

알리가 몰래 문틈으로 엿보고 있으니 아니나 다를까, 아자리아는 큰 소리로 외치기 시작했습니다.

"카이로의 협잡꾼들, 알 이라크의 야바위꾼들, 아잠의 도적 두목들은 다 어디 있느냐? 이 옷을 훔칠 수 있거든 훔쳐봐라, 다 주겠다!"

 그런 다음, 뭔지 모를 주문을 외자 음식이 담긴 쟁반이 눈앞에 나타났습니다. 그것을 먹고 나서 또 주문을 외니 이번엔 쟁반이 사라졌습니다. 세 번째 주문을 외자 술상이 나타나서 유대인은 맛있다는 듯이 술잔을 기울이기 시작했습니다.

 그것을 보고 알리는 속으로 중얼거렸습니다.

 '저자가 술에 취하지 않는 한, 옷을 빼앗을 수는 없겠구나.'

 기회를 살피던 알리는 칼을 단단히 움켜잡고 유대인의 등 뒤로 다가갔습니다. 그러나 어느새 상대는 뒤돌아보고 알리의 손을 향해 소리쳤습니다.

 "칼을 쥔 채 꼼짝하지 마라!"

 그 순간 알리의 오른팔은 칼을 잡은 채 허공에서 움직이지 않게 되어 버렸습니다. 알리는 왼손을 뻗어 무기를 잡으려고 했지만, 그 왼손도 역시 공중에 뜬 채 움직이지 않았습니다. 그리고 오른발도 마찬가지로 움직이지 않게 되자 결국 한쪽 다리로 서 있는 신세가 되었습니다.

 그러나 잠시 뒤 아자리아가 마법을 풀어주어 알리는 가까스로 본디 상태로 돌아갈 수 있었습니다.

 유대인 아자리아는 모래 그릇을 두드려 점을 쳐보고, 이 도둑이 카이로의 '도적신' 알리라는 것을 알았습니다.

 "좀더 가까이 와. 넌 누구냐? 여기는 뭣 하러 왔지?"

 "나는 카이로의 알리라고 하며 아마드 알 다나프의 부하다. '협잡꾼 할멈' 다리라의 딸 자이나브에게 지참금으로 주려고 네 딸의 옷을 손에 넣으려 여기 왔다. 목숨이 아깝거든 그 옷을 나에게 내주고 이슬람교도가 되라."

 "네놈이 뒈진 뒤에나 넘겨줄까? 어중이떠중이들이 이 옷을 훔치러 왔지만 아무도 손대지 못했거든. 그러니 좋게 말할 때 얼른 꺼져서 네 목숨이나 보전해라. 솔직히 말해서 네 운이 내 운보다 강하다는 점괘가 나오지 않았더라면 네 목은 벌써 달아나고 없었을 거다."

 이 말을 듣고 알리는 자기의 운이 아자리아의 운보다 강하다는 것을 알았습니다.

 "나는 반드시 옷을 뺏고 너를 이슬람교도로 만들어야겠다!"

 "그것이 네가 이 세상에 마지막으로 남기는 말이냐? 더 할 말은 없느냐?"

"내가 왜 유언을 해!"

그러자 아자리아는 컵 하나를 가져와서 그것에 물을 채우더니 거기에 대고 무슨 주문을 외더니, 알리를 향해 말했습니다.

"인간의 모습을 버리고 나귀의 모습이 되라!"

그리고 알리에게 물을 뿌리니, 알리는 순식간에 발굽과 긴 귀를 가진 나귀가 되어 나귀처럼 울어댔습니다.

이어서 유대인이 알리 둘레에 원을 그리니 그것은 벽이 되어 알리를 둘러쌌습니다. 그런 뒤 아자리아는 아침까지 계속 술을 마시다가 아침이 되자 알리에게 말했습니다.

"오늘은 너를 타기로 하고 암나귀는 푹 쉬게 해 줘야겠다."

그리고 옷과 큰 접시, 지팡이와 부적까지 모두 장 속에 집어넣고 자물통을 채웠습니다.

이윽고 유대인은 알리의 등에 안장자루를 얹어 올라타고 성을 나섰는데, 신기하게도 밖에 나오자 성은 홀연히 사라지고 말았습니다.

아자리아는 그 나귀를 타고 바그다드 시내에 들어갔습니다. 그리고 자신의 가게까지 오자, 나귀에서 내려 눈앞에 있는 쟁반 위에 금화와 은화가 든 주머니를 열었습니다.

나귀가 된 알리는 가게 문에 매여 있어서 모든 것을 보고 들었지만, 말을 할 수는 없었습니다.

그때 홀연히 나타난 한 젊은 상인이 있었습니다. 이 남자는 불행한 운명에 시달리면서 물장수 말고는 살아갈 길이 없는 청년이었습니다. 그 유대인은 아자리아에게 아내의 팔찌를 내보이며 말했습니다.

"이 팔찌를 드릴 테니 나귀 한 마리 살 수 있는 돈을 주시겠소?"

유대인이 물었습니다.

"나귀는 무엇에 쓰려고?"

"강에서 물을 날라 생활을 꾸리려고요."

"그럼, 내 나귀를 데려가구려."

상인은 아자리아에게 그 팔찌를 팔고 그 값의 일부로 나귀 모습을 한 카이로의 알리를 끌고 집으로 돌아갔습니다. 알리는 마음속으로 생각했습니다.

'이 친구가 나에게 안장을 얹고 물주머니를 싣고서 하루에 열 번만 왔다

갔다 해도 내 몸뚱이는 형편없이 되어 죽고 말겠는데.'
 그래서 물장수 아내가 여물을 갖고 왔을 때, 알리는 머리를 흔들어 여자를 벌렁 자빠뜨렸습니다. 그러고는 여자의 배 위에 올라타고 주둥이로 여자의 이마를 때리면서 부모에게 받은 연장을 드러냈습니다.
 여자가 소스라치게 놀라 비명을 지르자, 이웃 사람들이 달려와 나귀를 후려갈기고 여자의 가슴에서 떼어냈습니다.
 물장수가 되려고 하는 서방이 밖에서 돌아오자 마누라는 곧 말을 꺼냈습니다.
 "자, 나와 이혼하든지 저 나귀를 전 주인에게 돌려주든지 해요."
 "대체 왜 그래?"
 "저건 나귀로 둔갑한 마물이에요. 나한테 덤벼들어서 배 위로 덮쳐 왔으니까요. 이웃 사람들이 마구 때려서 내 가슴에서 떼어놓지 않았으면 나는 그놈에게 망측한 짓을 당했을 거예요."
 이 말을 들은 남편은 나귀를 유대인에게 다시 끌고 갔습니다.
 "왜 나귀는 끌고 왔소?"
 "이놈이 우리 마누라에게 엉뚱한 짓을 해서요."
 아자리아는 팔찌를 돌려준 뒤 상인이 돌아가자 알리를 돌아보며 말했습니다.
 "일부러 못된 짓을 한 거지? 너도 참 불운한 놈이다……."

 ─여기서 날이 훤히 밝아왔으므로 샤라자드는 이야기를 그쳤다.


## 717번째 밤

 샤라자드는 이야기를 계속했다.
 오, 인자하신 임금님, 아자리아는 나귀가 된 알리를 향해 말했습니다.
 "도로 쫓겨온 걸 보니 너도 어지간히 못된 짓을 했나 보구나. 너도 참 불운한 놈이다. 하지만 넌 나귀가 된 걸 만족하게 여기는 듯하니, 어디 너를 구경거리로 만들어 세상의 웃음거리가 되게 해주마."
 유대인은 나귀가 된 알리를 타고 성 밖으로 나와 재를 꺼내 주문을 외며

카이로의 도적신 알리의 기담 3315

공중에 뿌렸습니다. 그러자 홀연히 지난번 그 성이 나타났습니다. 유대인은 그 안으로 들어가서 나귀 등에서 안장자루를 풀고 지팡이를 세우더니 거기에 옷을 담은 금접시를 걸어 놓고 큰 소리로 외쳤습니다.

"이 옷을 감쪽같이 훔쳐갈 수 있는 영리한 인간은 대체 어디에 있느냐!"

그런 다음 전날과 마찬가지로 주문을 외니 눈앞에 산해진미가 나타나, 그것을 먹고 나서 다시 주문을 외니 술도 나타났습니다. 그는 술을 마시고 나자 물 한 잔을 들고 주문을 중얼거리면서 나귀가 되어 있는 알리에게 뿌렸습니다.

"다시 인간이 되어라!"

알리는 어느새 사람 모습으로 되돌아왔습니다.

"여봐, 알리, 해로운 얘기는 하지 않겠네. 내 장난엔 이제 질렸겠지? 네 놈은 자이나브에게 장가들 주제도 못 될뿐더러, 내 딸의 옷을 훔칠 재주도 없어. 그런 짓은 백 번 죽었다 깨어나도 못해. 분수에 넘치는 욕심은 버리는 게 너 자신을 위해서 좋을 거다. 그렇잖으면 곰이나 원숭이 모습으로 바꿔 버리든지, 마물을 시켜서 카프 산 저쪽에 갖다 버리게 할 테다."

"나는 옷을 뺏어 오겠다고 약속을 했으니 무슨 수를 써서라도 뺏고 말 테다. 그리고 너는 이슬람교도가 되거나, 내 손에 죽거나 둘 중 하나다."

"여봐, 알리, 너는 호두 같은 놈이로구나. 깨뜨리지 않으면 먹을 수 없으니."

유대인은 물 한 잔을 들고 주문을 외면서 알리에게 뿌렸습니다.

"곰이 되어라!"

그러자 알리는 금방 곰으로 변하고 말았습니다. 유대인은 곰의 목에 목걸이를 걸고 부리망을 끼운 다음 쇠말뚝에 사슬로 붙들어 맸습니다.

그리고 나서 유대인은 혼자 앉아 먹고 마시면서 이따금 먹다 남은 음식을 알리에게 던져주기도 하고 술잔에 남은 찌꺼기를 끼얹기도 했습니다.

날이 밝자, 유대인은 일어나서 금접시와 옷을 치우고 곰이 된 알리에게 다시 주문을 걸었습니다. 곰은 유대인을 따라 가게로 갔습니다. 그리고 가게에 이르자 유대인은 알리를 사슬로 묶은 다음, 알리가 보는 앞에서 쟁반에 금은을 쏟았습니다.

곰이 된 알리는 사슬에 매인 채 말은 할 수 없었지만 모든 광경을 보고 들을 수는 있었습니다.
 잠시 뒤 한 남자와 상인이 와서 유대인에게 인사를 했습니다.
 "주인장, 저 곰을 나에게 팔지 않겠소? 나는 사촌누이를 마누라로 데리고 사는데 마누라가 오랫동안 병을 앓고 있소. 남들이 말하길 곰 고기를 먹고 곰 기름을 몸에 바르면 좋다는구려."
 이 말을 듣고 유대인은 매우 기뻐하며 속으로 생각했습니다.
 '이 상인에게 저놈을 팔아야겠다. 그러면 저놈의 손에 죽게 될 테니, 나도 다리를 쭉 뻗고 잘 수 있겠지.'
 알리는 알리대로 속으로 중얼거렸습니다.
 '이 자는 틀림없이 나를 죽이겠지. 하지만 죽는 것도 사는 것도 다 알라의 뜻에 달린 일.'
 이때 유대인이 말했습니다.
 "이놈을 거저 드릴 테니 가져가시오."
 그래서 상인은 알리를 끌고 푸줏간으로 가서 이렇게 말했습니다.
 "칼을 들고 따라오게."
 백정은 여러 종류의 칼을 갖고 상인을 따라 그 집으로 갔습니다. 그리고 곰을 꽁꽁 묶어놓고 칼을 쓱쓱 갈기 시작했습니다.
 이윽고 백정이 막 곰을 죽이려고 다가서는 데, 별안간 곰은 백정의 손에서 빠져나가 공중으로 솟아오르더니 어디론지 사라지고 말았습니다. 하늘을 날아간 곰은 마침내 유대인의 성에 내렸습니다.
 여기에는 이런 까닭이 있었습니다.
 유대인 아자리아가 집에 돌아가니 딸이 알리의 소식을 물어서 그녀는 사실대로 말해 주었습니다. 그러자 딸이 말했습니다.
 "그러지 말고 마신을 불러 여쭤보세요. 그 젊은이가 정말 '도적신' 알리인지, 아니면 다른 남자가 아버지를 속이려 하는 건지."
 그래서 유대인은 주문을 외어 마신을 불러내 알리에 대해 물어보았습니다.
 "그는 카이로의 알리가 틀림없습니다. 지금 백정이 알리를 꽁꽁 묶어놓고 죽이려고 칼을 갈고 있습니다."
 "백정이 알리의 멱을 따기 전에 얼른 가서 채갖고 오너라."
 그래서 마신은 달려가서 백정의 손에서 알리를 빼앗아 성으로 날아와서 유대인 앞에 내려놓은 겁니다.
 유대인은 물 한 그릇을 떠다가 알리의 몸에 뿌리면서 주문을 외었습니다.
 "본디 모습으로 돌아가라!"
 그러자 알리는 홀연히 인간의 모습으로 되돌아왔습니다.
 유대인의 딸 카마르*29는 잘생긴 알리를 보고 홀딱 빠져버렸고, 알리 역시 카마르에게 한눈에 반하고 말았습니다.
 "오, 불행하신 분, 당신은 어째서 아버지에게 이렇게 무서운 꼴을 당하면서까지 내 옷을 뺏으려 하시는 거예요?"
 "나는 토끼잡이 자이나브에게 그 옷을 가져다주겠다고 약속했소. 그것을 손에 넣어 자이나브와 부부가 되려고."
 "당신 말고도 여러 사람이 아버지를 속여 그 옷을 뺏으려고 했지만 모두 실패했답니다. 그러니까 터무니없는 생각은 버리세요."
 "나는 무슨 일이 있어도 그것을 빼앗아야 하오. 그리고 당신 아버지가 이슬람교도로 개종하지 않으면 죽여 버릴 작정이오."
 그때 유대인이 끼어들었습니다.
 "거 봐라, 내가 뭐랬느냐? 이자는 스스로 파멸을 원하고 있어. 이번엔 개로 만들어 버려야지."
 유대인은 다시 글자가 새겨진 컵에 물을 가득 담아와 주문을 외면서 알리에게 뿌렸습니다.
 "개가 되어라!"
 그러자 알리는 눈 깜짝할 사이에 개가 되었고, 유대인과 그 딸 카마르는 날이 샐 때까지 함께 술잔을 기울였습니다.
 아침이 되자 아버지는 옷과 금접시를 챙긴 뒤 나귀에 올라탔습니다. 그리고 개에게 주문을 거니, 개는 유대인을 따라 시내로 갔습니다.
 개가 된 알리가 지나가자 곳곳에서 개들이 짖어댔습니다.*30 고물장수 앞에 이르자 주인이 가게에서 나와 개들을 쫓아주었기 때문에, 알리는 그 주인 앞에 웅크리고 앉았습니다.
 뒤돌아본 유대인은 알리가 보이지 않자 그대로 가버렸습니다.
 이윽고 가게 문을 닫은 고물장수는 개를 데리고 집으로 돌아갔습니다. 고물장수의 딸은 개가 집 안으로 들어오는 것을 보고, 얼른 얼굴을 베일로 가리면서 말했습니다.

"아버지는 낯선 남자를 나한테 데려오셨네요."

"무슨 소리냐, 이것은 개야."

"아니에요. 이 사람은 유대인 아자리아의 마법에 걸린 카이로의 알리예요."

그러면서 알리를 향해 물었습니다.

"당신은 카이로의 알리 님 맞죠?"

알리는 고개를 끄덕이며 그렇다는 시늉을 했습니다.

"유대인이 어째서 이 개에게 마법을 걸었을까?"

"알리가 딸 카마르의 옷을 탐냈기 때문이에요. 그러나 저는 이 사람의 마법을 풀 수 있어요."

"정말 그런 일을 할 수 있다면 해 보렴."

"이분이 저하고 결혼해 주신다면요."

알리가 '결혼하고말고' 하는 뜻으로 고갯짓을 해 보이자 딸은 이상한 부적이 그려져 있는 그릇에 물을 담아 주문을 왼 다음, 그 물을 알리에게 끼얹으려고 했습니다. 그런데 별안간 날카롭게 외치는 소리에 놀라서 딸은 그만 그릇을 떨어뜨리고 말았습니다. 그들이 뒤돌아보니 소리를 지른 것은 아버지의 여종이었습니다. 여종은 고물장수의 딸에게 대들었습니다.

"아가씨, 저와 약속하신 것을 이런 식으로 어기실 거예요? 그 마법을 가르쳐 드린 건 바로 저예요. 아가씨는 저와 의논하기 전에는 마법을 쓰지 않겠다고 약속하셨잖아요. 아가씨와 함께 살 분은 저와도 인연을 맺어 하룻밤은 저와 하룻밤은 아가씨와 지내기로 했잖아요."

"그래, 알았어."

여종의 말을 들은 고물장수는 딸에게 물었습니다.

"누가 그런 마법을 이 아이한테 가르쳤단 말이냐?"

"아버지, 그건 본인한테 물어보세요."

그러자 여종이 대답했습니다.

"주인님, 제가 유대인 아자리아의 집에 있었을 때, 아자리아가 마법을 부릴 때마다 잘 지켜보고 귀 기울여 들어 봤지요. 그러다가 아자리아가 바그다드의 가게로 나간 틈에 아자리아의 책을 몰래 읽고, 그 밀교의 요술 비법을 알게 된 거예요.

하루는 아자리아가 포도주를 마시고 기분이 거나해졌는지 저더러 같이 자고 졸랐지만, 저는 이슬람교도가 아니면 싫다고 뿌리쳐 버렸지요. 그랬더니 아자리아는 이슬람교도가 되기는 싫다기에 그렇다면 임금님의 시장으로 가는 수밖에 없겠다*31고 했더니 결국 저를 주인님께 팔아버린 거예요. 그 뒤 저는 아가씨에게 마술을 가르쳤지요. 그때 우리 둘이서 '저에게 의논하지 않고 무슨 일을 해선 안 된다, 아가씨의 남편이 될 사람은 제 남편도 되어서 하룻밤은 저와 함께 하룻밤은 아가씨와 함께 잠자리를 해야 한다'고 약속했던 거랍니다."

이어서 여종은 물그릇을 손에 들고 주문을 외면서 개에게 뿌렸습니다.

"인간으로 돌아가라!"

그러자 개는 홀연히 알리의 본모습으로 돌아왔습니다.

고물장수가 이마에 손을 얹어 알리에게 인사한 다음 마법에 걸린 까닭을 묻자, 알리는 자초지종을 이야기했습니다.

―여기서 날이 훤히 밝아왔으므로 샤라자드는 이야기를 그쳤다.


### 718번째 밤

샤라자드는 이야기를 계속했다.

오, 인자하신 임금님, 알리가 모든 경위를 이야기하자 고물장수는 다시 물었습니다.

"내 딸과 종년 가지고는 마음에 차지 않소?"

"무슨 일이 있어도 자이나브도 내 것으로 만들지 않고는 만족할 수 없습니다."

그때 별안간 누가 문을 두드리는 소리가 났습니다.

"누구세요?"

"유대인 아자리아의 딸 카마르예요. 카이로의 알리 님이 여기 와계시지요?"

고물장수의 딸이 말했습니다.

"오, 당신은 개의 딸이군요! 그 양반이 여기 계시면 어떻게 하겠다는 거죠? 얘, 내려가서 문을 열어줘."

그리하여 여종이 카마르를 안내해 들어오자, 알리와 카마르는 서로 얼굴을 마주 보았습니다. 이윽고 알리가 먼저 입을 열었습니다.

"개의 딸이여, 어떻게 여기를 찾아왔소?"

"알라 외에 신은 없고 무함마드는 알라의 사도이다!"

카마르는 이런 맹세로 이슬람교도가 되었음을 보여주고 나서 그들에게 물었습니다.

"이슬람교도 사이에선 지참금을 남자가 여자에게 보내나요, 여자가 남자에게 보내나요?"

"남자가 여자에게 보내지."

"저는 이 몸을 당신에게 바치겠어요. 지참금으로는 저의 옷을 비롯한 지팡이, 황금 쟁반, 금사슬, 그리고 당신의 원수이며 알라의 적인 제 아비의 머리를 가지고 왔어요."

이렇게 말하면서 카마르는 아버지인 유대인 아자리아의 머리를 알리 앞에 놓았습니다.

그런데 카마르가 자기 아버지를 죽인 경위는 이러했습니다.

아자리아가 알리를 개로 만든 그날 밤, 카마르는 꿈에 어떤 사람의 목소리를 들었습니다.

"이슬람교도가 되어라."

그래서 이튿날 아침 일어나자마자 아버지에게 이슬람교도의 가르침을 설명했는데, 그 아버지가 이슬람교도가 되기를 거절했으므로 마약을 맡게 하여 죽이고 말았던 겁니다.

알리는 카마르에게서 받은 물건을 안고 고물장수에게 말했습니다.

"내일 교주님의 알현실에서 만납시다. 댁의 따님과 여종을 아내로 맞이하기 위해서요."

알리는 기뻐 날뛰면서 경비대 40명 있는 숙소로 향했습니다. 도중에 한 과자장수를 만났는데, 그는 손뼉을 치면서 이렇게 외치고 있었습니다.

"위대한 신 알라 외에 주권 없고 권력 없다! 인간들은 날이 갈수록 죄만

지으며 오로지 남을 속이는 데만 열을 올리는구나!"
그러고는 알리를 보고 말했습니다.
"제발 이 과자 맛 좀 보십시오."
알리는 무심코 한 개 집어 먹다가 금방 의식을 잃고 쓰러져 버렸습니다. 과자 속에 마취약이 들어 있었던 겁니다.
과자장수는 옷과 황금 쟁반, 그 밖의 것을 모두 빼앗아 과자 상자에 넣어 짊어지고는 그 자리를 떠나가 버렸습니다.
과자장수는 얼마 안 가 판관을 만났습니다.
"여보게, 과자장수, 이리 오게."
과자장수는 판관 앞에 가서 상자를 내려놓고 그 위에 과자 접시를 늘어놓은 뒤 물었습니다.
"어느 것을 드릴까요?"
"설탕과자*32를 주게."
판관은 몇 개를 집어 보더니 이렇게 말했습니다.
"이건 모두 가짜구나."
그러면서 자기 품 안에서 과자를 꺼내더니 말했습니다.
"이 과자를 좀 봐, 정말 훌륭하지 않은가? 하나 먹어보고 이런 것을 만들도록 하게."
그래서 과자장수가 그것을 받아 입안에 넣자 곧 정신을 잃고 쓰러져버렸습니다. 그 설탕과자에도 수면제가 들어 있었던 겁니다.
과자장수가 쓰러지자 판관은 그를 묶어서 자루에 넣고 물건도 깡그리 쓸어 모아 경비대 40명이 있는 숙소로 갔습니다.
사실 이 판관은 하산 슈만이었고, 그가 판관으로 변장한 데는 까닭이 있었습니다.
알리가 옷을 훔치러 떠난 지 며칠이 지나도 아무 소식이 없자 아마드는 부하들에게 일렀습니다.
"모두 나가서 너희 형제인 카이로의 알리를 찾아오라."
그래서 모두 알리를 찾으러 나섰는데, 그중에는 판관으로 변장한 '역신' 하산 슈만도 끼어 있었습니다.
하산은 과자장수와 마주치자 그것이 아마드 알 라키트*33라는 것을 알아채고, 알리에게 무슨 나쁜 장난을 친 게 아닌가 생각했습니다. 그래서 수면제를 사용하여 방금 이야기한 일을 벌였던 겁니다.

그동안에도 패거리 40명은 여기저기 찾아 돌아다니고 있었는데, 그중에는 앞에 나온 알리 키토프 알 자마르도 섞여 있었습니다. 그가 한군데 이르니 구경꾼들이 빙 둘러서서 왁자하게 떠들고 있어서 가까이 가 보니, 뜻밖에도 카이로의 알리가 마약 때문에 의식을 잃고 쓰러져 있는 게 아니겠습니까?

알 자마르가 흔들어 깨우자 알리는 정신을 차리고 자기를 둘러싼 구경꾼들을 둘러보며 물었습니다.

"나는 지금 어디 있지?"

"당신은 속아서 마약을 먹고 이 자리에 쓰러져 있었던 거요. 그런데 당신에게 마약을 먹인 놈이 누구인지 모르오?"

"과자장수야. 그놈이 어디로 갔나?"

"그런 놈 못 봤는데. 자, 일어나서 집으로 돌아가세."

숙소에서는 아마드 알 다나프가 기다리고 있다가 옷을 가져왔느냐고 물었습니다.

"옷과 함께 아자리아의 머리까지 가지고 돌아오다가, 도중에 과자장수를 만나 그놈한테 속아서 마약이 든 과자를 먹고 그만 몽땅 뺏기고 말았어요."

그리고 알리는 그때까지 있었던 일을 모두 얘기하고 이렇게 덧붙였습니다.

"이번에 그놈을 만나면 단단히 본때를 보여주고 말 테다."

이윽고 하산 슈만도 방에서 나와 알리에게 물었습니다.

"여, 알리, 옷은 손에 넣었나?"

알리는 다시 한 번 그간의 사정을 얘기했습니다.

"그 악당 놈이 어디 있는지 알면 실컷 앙갚음할 텐데, 형은 그놈이 어디 있는지 몰라요?"

"난 그놈이 어디 있는지 알고 있지."

그러고는 방문을 열고 수면제를 먹어 정신을 잃고 곯아떨어진 과자장수를 보여주었습니다.

하산이 과자장수를 깨우니 눈을 뜬 그는 자기 주위에 도적신 알리와 재앙의 아마드, 그리고 부하 40명이 쭉 늘어서 있는 것을 보고, 깜짝 놀라 반사적으로 일어나더니 소리쳤습니다.

"여기는 대체 어디요? 나를 잡아온 건 도대체 누구요?"
하산 슈만이 말했습니다.
"널 붙잡은 건 바로 나야."
이번에는 알리가 말했습니다.
"야, 네놈은 어째서 그따위 짓을 했지?"
그러면서 죽이려고 덤벼들자 하산이 가로막았습니다.
"이놈은 네 아내의 친족이야."
"그게 무슨 소리야?"
"이놈은 자이나브의 언니 아들이거든. 아마드 알 라키트라고 하지."
"이봐, 라키트, 왜 나한테 그따위 짓을 했지?"
"우리 할머니인 '협잡꾼 할멈' 다리라가 시켜서 했죠. 생선장수 즈라이크가 할머니를 만나서 '카이로의 알리는 대단한 협잡꾼이라, 그 협잡질에 있어선 천하에 따를 자가 없는 솜씨를 가졌으니 틀림없이 아자리아를 죽이고 옷을 가져올 거야.' 말했거든요. 그래서 할머니는 나를 불러 '아마드, 카이로의 알리를 알고 있지?' 묻기에 '알고말고요.' 대답했죠. 진짜로 알고 있었거든요. 당신이 처음으로 바그다드에 왔을 때, 아마드 알 다나프의 집에 데려다 준 건 바로 나니까요. 아무튼 그랬더니 할머니는 '이제부터 나가서 그물을 치고 알리를 기다렸다가, 만일 알리가 옷을 갖고 돌아오거든 속임수를 써서 빼앗아 버려라.' 하기에 큰길에 나가서 과자장수를 만나 그 옷과 장사도구를 사서 그런 장난을 친 겁니다."
알리가 말했습니다.
"네 할머니와 즈라이크한테 돌아가서 '알리는 옷뿐만 아니라 유대인의 머리까지 가지고 왔다'고 일러라. 그리고 내일 교주님의 알현실에서 자이나브의 혼인예물을 받으란다고 전해라."
옆에서 그 말을 듣고 있던 아마드가 기뻐하며 말했습니다.
"여보게, 알리, 우리가 너를 돌봐준 보람이 있었군!"
다음 날 아침 알리는 옷과 황금 쟁반, 지팡이, 금사슬 그리고 창끝에 꽂은 유대인 아자리아의 머리를 들고, 아마드 알 다나프와 부하 40명과 함께 알현실로 가서 교주 앞에 엎드렸습니다.

―여기서 날이 훤히 밝아왔으므로 샤라자드는 이야기를 그쳤다.

## 719번째 밤

샤라자드는 이야기를 계속했다.
오, 인자하신 임금님, 교주는 그들을 굽어보다가 팔팔한 젊은이를 보더니 재앙의 아마드를 돌아보며 물었습니다.
"저 젊은이는 누군고?"
"오, 충실한 자들의 임금님이시여, 이자는 카이로의 용맹한 젊은이들의 우두머리로 이집트인 '도적신' 알리라고 하는데, 저의 첫째 부하입니다."
교주는 알리의 미간에 넘치는 늠름한 기백이 마음에 들었습니다. 그것은 그의 인품을 높여 줄지언정 결코 떨어뜨리는 기백이 아니었습니다.
이윽고 알리는 일어나서 아자리아의 머리를 교주 앞에 놓으며 말했습니다.
"오, 진실한 신자들의 임금님이시여, 우리 임금님의 적은 모두 이런 꼴이 되기를!"
"대체 이것은 누구의 머리냐?"
"유대인 아자리아의 머리입니다."
"누가 죽였느냐?"
알리가 자세히 이야기하자 알 라시드 교주가 말했습니다.
"요술사 아자리아를 네가 죽일 줄은 몰랐구나."
"오, 충실한 자들의 임금님, 이놈을 제가 죽일 수 있었던 것은 오로지 알라 덕분입니다."
교주가 경비대장을 아자리아의 집에 보내 조사하게 했더니, 정말 목이 없는 유대인의 시체가 나뒹굴고 있었습니다. 경비대장이 그것을 관대(棺臺)*34에 실어 알 라시드 교주에게 날라 오자, 교주는 내다가 태워 버리라고 분부했습니다.
마침 바로 그때 카마르가 나타나 교주 앞에 무릎을 꿇고, 자기는 유대인 아자리아의 딸이며 이슬람으로 개종했다고 말했습니다. 그리고 충실한 자들의 임금님 앞에서 다시금 신앙을 고백한 뒤 이렇게 말했습니다.

"제발 교주님의 도움으로 협잡꾼 알리의 아내가 되도록 해 주십시오."

카마르는 또 자신과 알리의 혼인을 승인하는 후견인으로 교주를 지명했습니다. 그러자 교주는 유대인의 성과 재산을 알리에게 주면서, 무엇이든 소원이 있으면 말하라고 했습니다.

"저는 교주님을 곁에서 모시면서 녹봉을 받고 싶습니다."

알리의 대답을 듣고 교주는 이렇게 물었습니다.

"오, 알리, 그대에겐 부하가 있는고?"

"예, 부하 40명이 있는데 모두 카이로에 있습니다."

"그럼 그 부하들을 이리로 데려오너라. 그런데 알리, 그 부하들을 잠재울 숙소는 있느냐?"

"없습니다."

그때 하산 슈만이 나서서 말했습니다.

"충실한 자들의 임금님, 저희 집과 저희 집에 있는 모든 가재도구를 알리에게 제공하겠습니다."

"아니다, 하산, 그대의 집은 그대의 것이지."

교주는 이렇게 말하면서 슈만의 제의를 거절했습니다. 그리고 재상을 불러 목수에게 금화 1만 닢을 주어, 네 칸의 큰 홀과 부하들이 쓸 40개의 방이 있는 집을 짓게 하라고 명령했습니다.

그런 다음 교주는 다시 알리를 돌아보며 말했습니다.

"알리, 그 밖에 다른 소원은 없느냐? 무슨 일이든 들어주마."

"오, 현세의 임금님이시여, 그 협잡꾼 할멈 다리라와 저를 화해시켜 주시고, 지참금 대신 아자리아의 옷과 가구를 받고, 노파의 딸 자이나브를 저에게 주도록 주선해 주십시오."

다리라도 교주의 주선을 받아들였으므로, 이윽고 자이나브와 유대인 아자리아의 딸 카마르, 고물장수의 딸, 그 여종, 이 네 여자와 알리는 서로 혼인 계약서를 주고받게 되었습니다.

그뿐만 아니라 교주는 아침저녁 식사 때 반드시 알리를 초대하고, 녹봉과 사료비까지 주기로 하는 등, 매우 후하게 대우했습니다.

카이로인 알리는 당장 혼례 준비를 시작했고, 한 달 뒤에는 카이로에 있는 부하들에게 편지를 보내 교주에게서 받은 여러 가지 은총과 명예에 대해 애기하고, 맨 끄트머리에 이렇게 적었습니다.
 '나는 처녀 네 사람과 결혼하게 되었으니, 너희도 결혼식에 꼭 참석해다오.'
 그로부터 얼마 뒤 부하 40명이 도착하여 성대한 결혼식을 올렸습니다. 부하들을 모두 자기 집에 살게 하고 후히 대접했을 뿐 아니라 교주에게도 데리고 갔습니다.
 교주는 그 부하 40명에게 옷과 갖가지 물품을 주었습니다.
 이윽고 품삯 바느질꾼들이 알리 앞에 유대인 딸 카마르의 옷을 입은 자이나브를 보여줬습니다. 알리는 곧 자이나브의 방에 들어가 부부의 인연을 맺었습니다. 그녀는 아직 실을 꿴 적이 없는 진주, 알리 말고는 누구도 올라탄 적이 없는 훌륭한 암말이었습니다.
 이어서 알리는 다른 세 처녀의 방에도 들어가 베개를 나란히 했는데, 모두 한결같이 뛰어난 미녀들이었습니다.
 그 뒤의 일입니다만, 어느 날 밤 알리가 교주를 호위하고 있으려니 교주가 알리에게 말을 걸었습니다.
 "여봐라, 알리, 그대가 '협잡꾼 할멈' 다리라와 토끼잡이 자이나브, 생선장수 즈라이크와의 사이에서 온갖 모험을 했다고 들었는데, 어디 그 얘기를 자세히 들려다오."
 그래서 알리가 자신의 모험담을 자세히 얘기하자, 충실한 자들의 임금님은 그것을 낱낱이 기록하여 왕궁의 서고에 보관하라고 명령했습니다. 서기들은 알리의 이야기를 전부 적어서, 다른 역사 이야기와 함께 최상의 인간 무함마드의 가르침을 믿는 사람들을 위해 보존했습니다.
 그리하여 알리를 비롯하여 그의 네 아내와 자식들은 큰 즐거움을 파괴하는 자, 교제를 단절시키는 자가 찾아올 때까지 이 세상의 즐거움과 기쁨을 맘껏 누리면서 남은 생애를 보냈습니다. 알라(그분을 칭송하라!)께서는 전지전능한 신이십니다.[35]
 또, 이런 이야기도 전해오고 있습니다.

〈주〉
*1 이 이야기는 '다리라 이야기'의 속편으로, 둘 다 아랍인이 매우 좋아하는 이야기이다.

브레슬라우판에서는 두 가지 이야기가 하나로 묶여 있다.
* 2 카이로(Cairo)는 아랍어의 미스르(Misr), 마스르(Masr), 즉 수도를 뜻하며, 사바리에 의하면 멤피스(Memphis)나 포스타트(Fostat), 대(大)카이로 등에도 쓰이는 말.〔멤피스는 이집트에서 가장 오래된 수도로, 현재는 그 자취가 보존되어 있다. 포스타트는 카이로의 옛 이름이며, 정확하게는 미스르 알 포스타트라 불렸다. 사바리는 Anne Jean Marie René를 가리키는데, 나폴레옹 시대에 이집트에서 활약한 군인이며, 나중에 알제리에서 사령장관에 임명되었다. 대표작《회상록》. 1774~1833년.〕
* 3 카이로 행상인의 기묘한 호객에 대해서는 레인(《근대 이집트인》제14장)과 졸저《순례》(제1권)에 나와 있다.〔레인은 위 저서에서 카이로의 우물물이 염분을 조금 함유하고 있기 때문에, 수많은 물장수가 나일 강물을 퍼 와서 거리에서 팔고 있다는 것과 그 습속, 행상인의 종류, 호객하는 소리 등을 상세히 해설했다.〕
* 4 맥나튼판과 부르판은 권선징악적인 교훈을 노래한 신통찮은 2행 연시(聯詩)를 싣고 있다. 본문 속 시는 브레슬라우판 제9권에서 인용했다.
* 5 탁발승의 수도원 또는 예배소는 아랍어로 알 하나카(Al-Khanakah)라고 하며, 지금은 타키야(Takiyah) 쪽이 '더욱' 일반적인 명칭이다(《순례》제1권).
* 6 행운은 아랍어로 카브 알 바이드(Kab al-Baid)='뒤꿈치'이며, 비유적으로 행운이나 명성을 뜻한다. 또 '멀리 있는 자'는 여기서는 대상 안내인을 가리킨다.
* 7 모두 걸음을 멈추고 이 유명한 악당에게 대답하는 것도 두려워한 것이다.
* 8 알 라키트(Al-Lakit)는 '팔삭둥이'나 '버려진 아이'라는 뜻으로, 토끼잡이 자이나브의 조카.
* 9 영리한 이 소년은 손가락으로 가리키지 않고 집을 알려준 셈이다. 동양인이 발가락으로 무언가를 잡아 쥐는 힘에 대해서는 길게 설명하지 않아도 매우 유명하다. 재단사는 옷감을 발가락 사이에 끼워 넣고 발가락으로 바늘을 집어 올리고, 여자는 발가락으로 가려운 데를 긁고 때로는 모기도 잡을 수 있다. 내가 알고 있는 한 인도 주재 장교는 정부와 남몰래 만나 즐기던 중, 절정에 도달하려는 중요한 순간에 상대가 발가락으로 모기를 잡는 바람에 기분이 몹시 상했다고 한다.
* 10 이 옷 한 벌은 아랍어로 훌라(Hullah)이다. 옛날에는 부르드(Burd) 또는 리다(Rida), 즉 6피트에서 9피트, 또는 10피트 길이에 이르는 어깨를 덮는 천과 가죽 또는 금속 띠에 연결하거나 그냥 허리에 질러 넣는 이자르(Izar), 즉 허리천으로 구성되어 있었다. 여자의 허리천은 니타(Nitah)라고도 하며, 발까지 늘어지는 것이었다.
* 11 멋쟁이(gallant)는 아랍어로 간두르(Ghandur)이며, 사전류에는 다만 '뚱뚱한', '두터운' 등의 번역어밖에 나오지 않는다. 이 말은 아라비아에서는 특히 하라미(Harami), 즉 무장한 도둑이나 해적 등과 싸우다가 목숨을 잃는 가장 명예로운 직업에 사용된다. 그 반대는 파티스(Fatis) 즉 썩은 고기로, 하찮은 방법으로 죽는 사람을 가리킨다.

*12 독자는 이러한 일들이 동양에서는 느닷없이 빠르게 진행되는 것을 보고 깜짝 놀랄 테다. 그러나 이러한 풍경은 남녀의 희롱이나 '연애유희'가 전혀 알려지지 않은, 아니 실제로 불가능한 나라에서는 결코 드문 일이 아니다.
*13 즉, 나는 좀도둑이 아니라는 뜻.
*14 물통은 아랍어로 사틀(Satl)='솥', '양동이'. 라틴어의 시툴라(Situla, 물 긷는 독)가 여기서 나온 것인 듯하다.
*15 젖는 꿈, 즉 몽정은 아랍어로 이틸람(Ihtilam)이며, 남녀가 사춘기에 달한 표시이다. 몽정하면 의식적이거나 무의식적인 다른 모든 사정과 마찬가지로 온몸을 목욕해야 하며, 목욕하지 않으면 기도를 올릴 수 없다. 《타와즈드 이야기》를 참조하기 바란다. 〔이 책 '아부 알 우슨과 노예처녀 타와즈드' 이야기와 그 이야기 주석 22 참조.〕
*16 동양인이 일부러 거짓말을 할 경우, 이렇게 상대의 빈틈을 찌르는 것이다. 그러면 상대는 움찔하며 놀라 사실을 털어놓고 마는 경우가 종종 있다.
*17 아프리카인의 결막은 하얀색인 경우가 거의 없다. 종종 붉은색인 경우도 있고, 더욱 일반적으로는 노란색이다.
*18 〔본문에는 영어 속어인 swipes가 사용되어 있다.〕 원전에는 맥주로 되어 있지만, 아마 술을 잘못 쓴 것이리라. 그러나 맥주는 이집트의 아프리카인 노예들이 좋아하여 자주 마시던 유달리 독한 술이다.
*19 노란 쌀밥은 아랍어로 자르다(Zardah)이며, 벌꿀이나 사프란으로 조리한 밥을 말한다. 이 말은 오늘날에도 터키에서는 널리 사용되고 있다.
*20 스튜는 아랍어의 야흐니(Yakhni)로, 페르시아와 인도에서 흔히 쓰이는 말이다. 원래는 쌀밥과 육식을 위해 조리된 복잡한 수프를 가리킨다.
*21 패배했다는 표시로, 또 자신은 그의 적이 못된다고 인정하고.
*22 인정의 묘미가 잘 그려져 있다.
*23 동양의 장례식 또는 결혼식에서는 걸핏하면 싸움이 잘 벌어진다. '온건한 힌두교도'들 사이에서도 그렇다.
*24 창자는 아랍어로 알 무스란(Al-Musran, 마시르(Masir)의 복수형)이며, 원래는 지방이 들어 있는 창자를 가리킨다. 알리가 만든 주머니는 사실상 '칸담(Cundum)'(찰스 2세 시대의 근위병 칸담(Cundum) 대령이라는 발명자의 이름에서 유래함) 또는 '프랑스인의 편지(French letter)'〔영국 은어〕즉 '영국인의 모자(une capote anglaise)'〔프랑스 은어〕, '피임구(check upon child)'이다. 〔이상의 명칭은 모두 콘돔(condom)을 가리킨다.〕

그로스 대위(《고전사전》의 칸담 항 참조)는 이렇게 설명하고 있다. "성병을 예방하기 위해 성교 중에 남자가 끼는 양의 창자 말린 것. 이러한 기구는 런던 스트랜드가(街) 반달거리의 그린 캐니스터 가게에서 필립이라는 이름의 기혼 여성이 오랫동안 제조 판매하고 있었다……. 도검을 넣는 모조 칼집, 연대기용(聯隊旗用) 유포(油布) 자루도 되었다."〔그로스(Francis Grose)는 영국의 고고학자로, 처음에는 군인에 뜻을 두어 바라다가 나중에 고고학 취미를 살려서 많은 저서를 남겼다. 위의 책은 《통속어 고전사전 A Classical Dictionary of the Vulgar Tongue》(1785)의 약자이다. 1731~91년.〕

G. 해리스(Harris) 박사는 《성병의 실험적 지도 Guide Pratique des Maladies Secrètes》에서 양의 창자로 만든 이러한 작은 주머니를 '발명한 의사의 이름에서 따온 칸담(Candoms)'이라고 부르고 있다. 리트레는 이 말을 무시했고, 다른 사람들은 쾌락을 예방하는 철갑이라느니 성병을 방지하는 도구라고 이름 지어 붙였다. 어쨌든 18세기에는 널리 이용되었다.

현재 이 성기구는 두 종류가 있으며, 대부분 양의 창자(baudruche)이지만, 소수는 탄성고무제품이다. 이러한 것들은 거의 파리 교외에서 제조되며, 많은 여성과 소녀들이 이 일에 고용되고 있다. 서넛 명의 제조업자 가운데 도샴프 씨가 가장 유명하다.

양의 창자는 절대 한데 닿아 붙지 않아서 양의 항문에서 끌어낸 그대로 절단하지 않고 사용한다. 이것을 얇고 유연하게 하려고 여러 가지 조작이 이루어진다. 가격은 1그로스〔12다스〕당 4.5프랑에서 36프랑으로 모두 차이가 있다. 탄성고무제품은 특별하게 조제된 용액으로 측면이 이어져 있다. 나는 물고기의 부레로 만든 것에 대한 애기도 들은 적이 있으나 상세한 것은 모른다. 어쨌든 칸담〔콘돔〕은 매독이 널리 알려졌음에도 불구하고 유럽의 고대인에게는 미지의 기구였다. 사실, 유사 이전의 두개골을 보면 매독이 널리 퍼져있던 흔적이 또렷하다.

*25 일상 언어에서 아랍인은 마지막 말을 되풀이하여 질문에 대답한다(이것은 예와 아니오, 또는 에이(yea)와 네이(nay)를 잘 사용하지 않았던 유럽의 고전과 비슷하다). 그렇지만 아랍인은 긍정적인 달라지지 않은 언어를 많이 가지고 있다. 이를테면 '가지 않겠나?'의 부정적 의문에 대한 니암(Ni'am) '응, 가지 않고말고!', '가라'의 명령에 대한 더욱 강의적(强意的)인 형태, 아잘(Ajal) '예, 예.' 일반적인 말은 아이와(Aywa)('llahi) 즉, '예, 알라께 맹세코 반드시'이다. 주된 부정어는 마(Ma)와 라(La)이며, 둘 다 자주 '……가 없다'의 의미로 사용된다.

*26 익살꾼은 아랍어로 할부스(Khalbus)라고 하며, 원래 접대는 물론이고 어릿광대 역할도 하는 춤꾼(Almah) 하인이다. 마스하라(Maskharah, 여기서 영어의 마스크가 나옴)는 중세유럽의 광대 또는 남사당에 해당한다. 아르나우트인(Arnauts)〔아르메니아인을 말함〕들 사이에서는 '수타리(Suttari)'라 불리며, 여우 꼬리를 달고 있는 것으로 유명하다. 목마를 타고 주전자를 두드리는데, 보통은 이런 종류의 광대 가운데 가장 용감하다.

이러한 광대들은 또한 매우 외설적인 행동을 하는 것으로 유명하다. 그들은 동물의

3330 아라비안나이트

창자로 만든 노끈 모양의 줄로 커다란 양근이 달린 목걸이를 걸고 나타나, 그것으로 남녀노소를 희롱하여 관중을 배꼽 빠지게 웃긴다.
*27 과자(buns)는 아랍어로 카크 알 이드(Ka'ak al-I'd)〔정확하게 말하면 축하의 과자〕이며, 카크는 페르시아어 카크(Kahk)의 아랍적인 형태로, 나는 여기서 영어의 케이크(cake)의 유래를 찾고 싶다. 또 이것은 라마단의 단식이 끝나고 작은 축제(대축제는 아니다)의 손님을 맞이할 때, 대추야자 열매와 셔벗수 등과 함께 손님에게 제공하는 달콤한 과자를 가리킨다(레인 저《근대 이집트인》제25장 참조).
*28 아랍어의 타수마(Tasumah)로, 일종의 독특한 슬리퍼에 대해 아주 드물게 사용되는 말.
*29 카마르(Kamar)는 브레슬라우판에서는 카마리야(Kamariyah)로 되어 있으며, '달과 같다'의 여성형이다.
*30 여행자들은 모두 동양의 도시에 사는 개의 습관에 대해 서술하고 있다. 그 개들은 동족의 침입자를 보면 맹렬하게 짖어댄다. 나는 알 메디나의 기술에서 개에 대해서도 언급했는데, 그곳에서 개를 먹이어 기르는 것은 교외에서만 허용되고 있다(졸저《순례》제2권).

〔부르크하르트는《아라비아 여행기》제2권에서, 알 메디나는 동양에서 유일하게 개를 들이지 않는 도시라고 말했다.〕
*31 이 여자는 합법적으로 자신을 팔게 할 수 있었던 것이다. 왜냐하면 이단자인 상대가 이슬람교도인 여자를 속이려 했으므로.
*32 설탕과자는 아랍어로 할라와트와 물라바스(Halawat wa Mulabbas)이며, 뒤의 말은 어원적으로는 '완성되었다' 또는 '묻혔다'는 뜻이다. 여기서는 설탕을 입히거나 묻힌 편도 등을 가리킨다.
*33 아마드 알 라키트는 다리라의 손자.
*34 관대(棺臺)는 아랍어로 타부트(Tabut)라 하며, 모세의 지팡이와 신, 아론의 모자, 만나 항아리 등을 넣은 계약의 상자(Ark of the Covenant)에 사용된다《코란》제2장 39절). 〔출애굽기 참조.〕 유럽인은 이것을 흔히 관으로 번역하고 있지만, 원래는 귀인의 무덤 위에 두는 나무상자이다.
*35 즉, 방금 이야기한 것은 '절대적인 진실'은 아니라는 뜻.

〈역주〉
(1) 자이바크는 영어로는 머큐리라고 하며, '수은'의 의미와 동시에, 머큐리 신, 여기서는 '도적신'이라는 의미를 포함한다.
(2) 사실은 네 번이다.

## 아르다시르와 하야트 알 누후스 공주[*1]

옛날 시라즈에 사이프 알 아잠 샤라고 하는 권세가 당당한 왕이 있었습니다. 그 왕은 노년에 이르러서도 자식이 없었습니다. 그래서 왕은 학자와 의사들을 불러 놓고 말했습니다.

"이제 나도 몹시 늙었다. 내 몸과 나라의 사정은 그대들도 잘 알고 있는 일이지만, 내가 죽은 뒷날을 생각하니 백성들이 걱정되어 가슴이 아프구나. 그것은 모두 이 나이가 되도록 내 뒤를 이어줄 왕자를 점지받지 못해서이다."

그러자 그들 모두가 대답했습니다.

"그러면 뭔가 좋은 약을 한번 지어 올리겠습니다. 알라의 뜻이 있다면 반드시 신비로운 효과가 나타날 겁니다."

그리하여 왕은 그들이 지어준 약을 먹고 왕비의 방에 들었습니다. 왕비는 "있으라!" 라는 한 마디로 만물을 창조하시는 더없이 높으신 알라의 은총을 입어 마침내 잉태했습니다.

드디어 아이를 낳을 달이 되어 달덩이 같은 사내아이가 태어나자 왕은 아르다시르[*2]라는 이름을 지어주었습니다.

왕자는 무럭무럭 자라 살도 오동통하게 찌고 글공부도 열심히 하여 이윽고 열다섯 봄을 맞이했습니다.

그런데 알 이라크에는 아브드 알 카디르라고 하는 국왕이 군림하고 있었습니다. 그에게는 돋아나는 보름달처럼 아름다운 하야트 알 누후스라는 딸이 하나 있었는데, 이 공주는 나면서부터 남자를 몹시 싫어해서 신하들도 공주 앞에서는 남자 이야기조차 꺼내지 못했습니다.

코스로 왕조의 왕들은 하야트 공주를 왕비로 맞이하고 싶다며 그녀의 아버지에게 혼담을 청했으나, 아버지가 공주에게 말하면 공주는 막무가내로 이렇게 말했습니다.

"싫어요, 만일 아버님께서 억지로 결혼을 성사시키려고 하시면 전 죽어 버리고 말겠어요."

한편 아르다시르 왕자도 공주의 소문을 듣고 연모하는 마음을 이기지 못해 그 괴로움을 부왕에게 호소했습니다. 아들의 안타까운 심정을 가엾게 여긴 왕은 꼭 공주에게 장가보내 주겠다고 약속했습니다.

그래서 대신을 사자로 보내 청혼했지만, 아브드 알 카디르 왕은 단번에 거절했습니다. 대신은 사이프 알 아잠 왕에게 돌아와서 자초지종을 보고하고 사자의 소임을 다하지 못했음을 아뢰었습니다.

그 보고를 들은 왕은 불같이 노하여 소리쳤습니다.

"대왕인 내가 일부러 사자를 보내 간청했는데 거절하다니 괘씸한지고!"

왕은 당장 싸움터로 나아가라는 포고를 내린 뒤, 장병들은 천막을 꺼내고 전쟁 비용을 빚내는 한이 있더라도 준비를 철저히 하라고 분부했습니다.

"카디르 왕의 영토를 짓밟고 그 부하들을 모조리 다 죽인 다음, 금은보화를 빼앗아 그 땅에 아무것도 남지 않게 하기 전에는 절대 물러서지 않으리라!"

이 말을 들은 왕자는 양탄자에서 일어나 부왕한테 가서 그 앞에 엎드렸습니다.*3

"오, 아버님, 그 일 때문에 너무 심려치 마십시오."

—여기서 날이 훤히 밝아왔으므로 샤라자드는 이야기를 그쳤다.


## 720번째 밤

샤라자드는 이야기를 계속했다.

오, 인자하신 임금님, 출진 소식을 듣고 부왕한테 달려간 아르다시르 왕자는 다시 말을 이었습니다.

"용맹스러운 장수를 소집하고 군사를 모아 돈을 헛되이 쓰는 일은 그만두십시오. 아버님은 카디르 왕보다 강대하시니 이 병력을 가지고 쳐들어가시면 반드시 적국의 도성과 영토를 쑥밭으로 만들 뿐만 아니라, 그 금은보화를 빼앗고 적 왕을 비롯하여 부하들을 모조리 거꾸러뜨리실 수 있겠지요. 그러나 공주는 자기 때문에 부왕과 백성에게 그와 같은 비극이 닥쳐왔다는 것을 알면 아마도 스스로 목숨을 끊고 말 겁니다. 그렇게 되면 저도 더는 살지 못할 겁니다. 공주를 잃고 저만 살아갈 수는 없습니다."

"그렇다면 너는 대체 어떻게 할 작정이냐?"

"저는 상인으로 변장하여 어떻게든 공주에게 접근해서 이 안타까운 마음을 하소연하려고 합니다."

"그런 결심을 했단 말이냐?"

"네."

왕은 대신을 불렀습니다.

"내 마음의 정수인 아들과 함께 여행을 떠나, 아들을 도와 그 소원을 이룰 수 있도록 해다오. 나 대신 잘 돌봐주고 좋은 의논상대가 되어다오."

"네, 분부대로 하겠습니다."

대신이 대답하자 왕은 금화 30만 냥과 수많은 보석, 황금으로 만든 물건들 그리고 갖가지 귀중품을 왕자에게 주었습니다.

왕자는 어머니에게 가서 그 손에 입을 맞추고 축복을 빌어달라고 말했습니다. 왕비는 왕자의 축복을 빈 다음, 보물상자를 열어 목걸이와 금은으로 만든 작은 장식품, 옷 그리고 돈으로 구할 수 없는 조상 대대로 내려온 보물을 수없이 꺼내주었습니다.

왕자는 또한 많은 백인 노예와 흑인 노예, 가축 등 여행에 필요한 모든 것을 빠짐없이 준비하고 나서, 자신은 물론 대신과 수행원들도 모두 상인으로 변장하여, 이윽고 부모를 비롯한 친척과 벗들에게 작별을 고하고 길을 떠났습니다.

그리하여 밤을 낮 삼아 길을 재촉하면서 도중에 심심하고 지루해질 때면 이런 즉흥시를 지어 읊기도 했습니다.

    그리움이 사랑으로 변해서
    짙어만 가니 편치 않네.
    시운이 또한 불리하여
    구원의 손도 나타나지 않으니

하늘에 빛나는 칠요(七曜)자리와
쌍어(雙魚)자리를 우러러보며
경건하게 마음 불사르는
신자와도 같이 나 또한
샛별이 그 모습 보일 때까지
눈길을 모아 지켜보며
뜨거운 상념과 망상과
슬픔으로 하여 나는 미쳤노라.
여기 굳게 맹세하리, 내 일찍이
그대를 그리며 한시라도
행여 잊은 적이 없고
밤에도 뜬눈으로 밝혔다고
설령 소원 못 이루어
마음의 괴로움만 쌓여가고
그대를 원하다 얻지 못해
견딜 수 없게 되더라도
나 구해 줄 이 없더라도
나는 기다리리, 어느 땐가
알라께서 기꺼운 마음으로
우리의 사랑 맺어주실 날을,
시기하는 자들을 때려눕혀
적을 비웃게 될 날을.

　노래를 마친 왕자는 그만 정신을 잃고 말았습니다. 대신이 놀라 장미수를 끼얹어주니 왕자는 가까스로 정신을 차렸습니다.
　"왕자님, 견디셔야 합니다. 그러는 사이에 언젠가 기쁨이 찾아올 겁니다. 왕자님은 지금 애타게 사랑하는 분을 찾아가는 길이 아닙니까?"
　이렇게 대신이 위로하고 격려해 주어서 왕자도 근심스러운 마음이 어느 정도 풀렸습니다. 그리하여 다시 여행을 계속했는데, 차츰 긴 여행이 견딜 수 없이 지루해지자, 여자에 대한 그리움이 다시 끓어올라 왕자는 또 다음과 같은 시를 읊었습니다.

> 사랑하는 사람 보지 못해
> 애절한 마음,
> 불안과 분노만 커질 뿐,
> 연모의 정에 타오르는
> 불길에 내 몸 타들어가네.
> 사랑만을 위해 견디는
> 운명의 오뇌와 사랑의 아픔에
> 머리카락마저 하얘지고,
> 하염없이 흐르는 눈물에
> 짓무른 눈동자, 앞이 보이지 않네.
> 오, 나의 희망이여, 모든
> 간절한 소원과 사랑의 과녁이여,
> 사람을 만드시고 가지마다
> 잎을 피우시는 신께
> 나 맹세하노라, 그대 위해
> 사랑의 무거운 짐 견디리라고.
> 나 또한 자랑하리라, 그 누구도
> 이 무거운 짐 질 수 없으리라고.
> 나에 대해선 '밤'에게 물어보라,
> 그대의 의혹 사라질 테니,
> 밤의 언어와 나의 눈꺼풀
> 밤새도록 잠들지 못하네.

왕자는 격렬하게 흐느껴 울면서 애절한 그리움을 탄식했습니다. 대신은 틀림없이 그 간절한 소원은 이루어질 거라고 달래며, 왕자의 마음을 다정하게 위로했습니다.

그리하여 그들은 다시 며칠 동안 여행을 계속하여, 드디어 아침 일찍 아브드 알 카디르 왕의 수도인 '하얀 도시' 가까이에 이르렀습니다. 대신은 왕자를 돌아보며 말했습니다.
"왕자님, 기뻐하십시오. 모든 일이 순조롭게 이루어졌습니다. 보십시오, 저것이 우리의 목적지 '하얀 도시'입니다."
왕자는 매우 기뻐하며 이런 노래를 읊었습니다.

> 벗들이여, 내 그 아가씨
> 그리워 이 마음 미쳤네.
> 그리움이 가시지 않아 몸에 겨운 고통
> 사랑하는 자식을 잃은 어머니처럼 탄식하건만
> 이 몸 위로해 줄 사람은 없고
> 빛마저 바래어 흐려졌네.
> 하지만 그대 사는 곳에서 불어오는 산들바람,
> 내 가슴을, 손과 발을 상쾌하게 어루만지네.
> 비를 머금은 구름처럼
> 눈에서 눈물 떨어져
> 내 마음 떠도네, 눈물의 바다를.

'하얀 도시'에 들어간 그들은 사람들에게 부유한 상인들이 묵는 객주를 물었습니다. 안내를 받은 왕자와 그 무리는 창고 세 채를 빌려서 열쇠를 받은 뒤, 가져온 수많은 물건을 창고에 넣었습니다. 그리고 그곳에 잠깐 머무르면서 피로를 푸는 동안, 대신은 왕자를 위해서 여러 가지 계책을 궁리하기 시작했습니다.

─여기서 날이 훤히 밝아왔으므로 샤라자드는 이야기를 그쳤다.


### 721번째 밤

샤라자드는 이야기를 계속했다.
오, 인자하신 임금님, 객주에 묵으면서 왕자를 위해 계책을 궁리하던 대신은 이렇게 말했습니다.

"이제야 겨우 왕자님의 소원도 이룰 수 있고, 또 전능하신 알라의 뜻에도 맞는 좋은 생각이 떠올랐습니다."

"분별 있는 대신이니 그대가 생각한 대로 주선해 주오. 알라께서 부디 그대의 계획을 올바르게 인도해 주시기를!"

"제 생각으로는 시장에 가게를 한 채 얻어서 옷가게를 차렸으면 합니다. 시장에는 상하귀천의 구별이 없고 온갖 사람들이 모여들어오니까, 그 사람들이 가게에 앉아 계신 왕자님을 본다면 누구든지 마음이 끌리게 될 겁니다. 그러면 왕자님의 소원도 풀리게 되겠지요. 왕자님의 얼굴은 매우 아름다워 보는 사람의 마음을 기쁘게 하고 또 끌어당기기 때문입니다."

"좋도록 하시오."

대신은 곧 왕자에게 가장 훌륭한 옷을 입히고 자기도 가장 좋은 옷으로 갈아입고 나서, 금화 1천 닢이 든 지갑을 품에 지닌 채 객주를 나와 이리저리 거리를 걸어 다녔습니다.

그들을 본 사람들은 왕자의 아름다운 모습에 눈이 휘둥그레져서 말했습니다.

"'부정한 물'*4로 저 젊은이를 만드신 알라께 영광을! 더없이 높은 창조주 알라께 축복을!"

사람들은 저마다 왕자에게 찬사를 보냈고, 그중에는 왕자를 천사에 비유하는 사람도 있었습니다.

"저건 인간이 아니야, 하늘에서 내려온 천사가 분명해."*5

"저런 젊은이가 나타나다니! 낙원의 문지기 리즈완이 그만 깜박 잊고 문을 감시하지 않았던 모양이지?"

사람들은 두 사람의 뒤를 졸졸 따라 시장까지 왔습니다. 이윽고 두 사람이 걸음을 멈추자, 인품이 뛰어나고 풍채가 당당한 노인 하나가 다가와서 두 사람에게 인사를 했습니다.

대신과 왕자가 답례를 하자 노인이 말했습니다.

"뭔가 도와 드릴 일이 있으시면 말씀해 주십시오."

"노인은 누구십니까?"

"저는 이 시장의 우두머리입니다."

"영감님, 이 젊은이는 내 자식인데, 사실 이 아들에게 가게를 내주어 물건을 사고파는 일을 배우도록 해서 착실한 장사꾼을 만들고자 하오."

"그러시다면 이 늙은이에게 맡겨주십시오."

우두머리는 곧 한 점포의 열쇠를 갖고 와서 거간꾼들에게 그 가게를 깨끗하게 청소하라고 시켰습니다. 가게의 청소가 끝나자, 대신은 타조의 깃털로 만든 고급 양탄자를 가져오게 하여 가게 안에 깔고 그 위에 작은 기도용 깔개와 순금으로 가장자리를 두른 방석을 놓았습니다. 그 밖에 베개를 비롯하여 고국에서 가져온 상품과 천들을 옮겨 오자 가게 안은 금세 상품으로 가득 찼습니다.

이튿날 아침 가게를 연 왕자는 쿠션이 있는 긴 의자에 앉아서 자기 앞에는 훌륭하게 차려입은 백인 노예 두 명을, 가게 앞에는 체격이 늠름한 아비시니아인 흑인 노예 두 사람을 세워 놓았습니다.

대신은 소원을 이룰 때까지는 남에게 비밀을 절대 얘기하지 말라고 왕자에게 이른 다음, 그날그날 가게에서 일어나는 일을 죄다 자기에게 알리라고 말하고는 객줏집으로 돌아갔습니다.

왕자는 날이 저물 때까지 보름달을 연상시키는 아름다운 모습으로 가게에 앉아 있었습니다. 그의 미모를 전해 듣고 볼일도 없이 왕자를 구경하려고 가게 앞에 모여든 사람들은, 그 아름다움과 의젓한 태도, 균형 잡힌 몸매를 보고 그러한 남자를 창조하신 전능한 신을 칭송했습니다.

그러는 사이 가게 앞에 모인 사람이 점점 많아져서 시장을 오가는 사람들이 길을 지나가지 못할 정도였습니다.

왕자는 많은 사람이 자기를 쳐다보자 부끄럽기는 했지만, 그리운 공주의 소식을 들려줄 궁전 사람이 없는지 사방을 두리번거렸습니다. 그러나 그의 소원을 풀어줄 만한 사람은 쉽사리 나타나지 않아 애만 태웠습니다.

대신은 매일같이 틀림없이 소원이 이루어질 거라면서 왕자를 달랬습니다. 그러한 날들이 계속된 어느 날 아침, 왕자가 가게에 나가 앉아 있으니, 인품이 고상해 보이는 노파가 눈처럼 새하얀 옷을 입고, 달덩이처럼 아름다운 여자노예 둘을 거느리고 나타났습니다.

노파는 가게 앞에서 걸음을 멈추고 잠깐 왕자에게 눈길을 보내더니 이렇게 말했습니다.

"저 얼굴과 모습을 만드신 신께 영광을!"

그리고 왕자에게 인사를 하자 왕자도 답례하고 옆에 있는 자리를 권했습니다.
"귀공자님, 당신은 어디에서 오셨나요?"
"인도라는 곳에서 왔습니다. 세상을 구경하고 경험을 쌓기 위해 이곳으로 왔지요."
"정말 잘 오셨어요. 그런데 어떤 상품과 직물을 갖고 계신가요? 뭐, 임금님에게 어울릴 만한 아름다운 물건은 없을까요?"
"훌륭한 직물을 원하신다면 보여 드리지요. 필요하신 분에게 어울리는 물건을 갖고 있습니다."
"오, 젊은 양반, 값은 비싸도 좋으니 제일 좋은 물건을 보여주세요."
"입으실 분이 누구십니까? 입으실 분의 신분에 따라 물건을 보여 드리겠습니다."
"암, 그렇지요. 사실 이 고장의 영주님이시고 이 나라의 임금님이시기도 한 아브드 알 카디르 님의 따님이자, 나의 주인이신 하야트 알 누후스 님이 입으실 옷이랍니다."
자나 깨나 잊지 못해 그토록 그리워하던 여자의 이름을 들은 순간, 왕자는 매우 기뻐서 마음이 들뜨고 가슴이 심하게 두근거리기 시작했습니다. 그래서 노예나 하인에게 시키려 하지도 않고, 스스로 손을 뒤로 뻗어 금화 백 닢이 든 지갑을 꺼내 노파에게 내밀면서 말했습니다.
"이걸로 당신 옷의 세탁비라도 하시오."
그런 다음 보퉁이 하나를 끌러 금화 1만 닢은 할 성싶은 옷을 꺼냈습니다.
"이것은 내가 이곳에 가지고 온 물건의 하나입니다."
노파는 그것을 보자 매우 마음에 들어 하며 물었습니다.
"정말 훌륭한 물건이군요. 이건 얼마 하나요?"
"돈은 필요 없습니다."
이 말에 노파는 상대의 호의에 감사하면서 다시 한 번 값을 물었습니다.
"정말 돈은 받지 않겠습니다. 제 선물로 바치겠습니다. 공주님이 받지 않으신다면 당신에게 드리지요. 우리 두 사람을 만나게 해 주신 알라께 영광을! 언젠가 혹시 내가 무엇을 부탁할 때는 꼭 도와주십시오."
노파는 왕자의 친절한 말씨와 너그러운 태도에 감탄하여 말했습니다.

"오, 젊은 양반, 당신의 이름은 뭐라고 하십니까?"
"아르다시르라 합니다."
그러자 그녀는 자기도 모르게 큰 소리로 외쳤습니다.
"오호, 정말 진기한 이름이군요! 왕가의 후계자들이 흔히 쓰는 이름인데, 혹시 당신은 상인으로 모습을 바꾼 왕자님이 아니세요?"
"아닙니다. 아버지가 저를 아주 사랑하셔서 이런 이름을 지어주셨습니다. 그러나 이름 같은 건 아무런 의미도 없지요."
이윽고 노파는 뭔가 석연치 않다는 듯한 표정을 지으면서 말했습니다.
"젊은 양반, 제발 이 물건의 값을 받으세요."
그러나 왕자는 끝내 받으려 하지 않았습니다.
"여보세요, 진실은(쓸데없는 참견일지 모르나) 무엇보다 소중한 거예요. 이렇게 친절하신 걸 보니 분명히 무슨 목적이 계시나 본데, 당신의 신분을 밝혀주세요. 아마도 당신은 내 손을 빌려 누군가를 손에 넣으려는 듯한데."
그래서 왕자는 노파의 손을 잡고 비밀을 굳게 지킬 것을 맹세하게 한 뒤 하야트 알 누후스 공주를 연모하는 가슴속을 털어놓았습니다. 이야기를 다 듣고 난 노파는 고개를 저으면서 말했습니다.
"그랬군요. 하지만 널리 알려진 속담 가운데 현자의 이런 말이 있어요. '만일 그대의 소원이 이루어지기를 원한다면 실행하기 어려운 일은 원하지 말라.'
그러니까 젊은 양반, 당신의 이름은 상인, 만일 비밀의 보물창고를 여는 열쇠를 쥐고 있다 하더라도 상인은 어디까지나 상인으로만 불릴 뿐이잖아요? 신분에 어울리는 자리에 오르고 싶으면 판관이나 기껏해야 태수의 따님한테서 사랑을 구하세요. 하필이면 나는 새도 떨어뜨리는 임금님의 따님을 사모하다니! 그리고 공주님은 세상일을 아무것도 모르실 뿐 아니라, 살고 계시는 궁전 밖에는 한 발짝도 나오신 적이 없는 순결한 처녀랍니다.
그렇긴 해도 공주님은 어린 나이답지 않게 매우 영리하고 지혜롭고 발랄하시며, 눈과 머리도 좋아서 하시는 일, 생각하시는 일 모두가 훌륭한 분이지요. 임금님에겐 공주님 말고는 혈육이 없어서 당신의 목숨보다 더 소중히 여기시며, 매일 아침 공주님의 궁전을 찾아와 먼저 아침인사를 하시죠. 그래서 궁전에 사는 사람은 누구나 공주님 앞에 나가면 두려움을 느낀답니다. 젊은 양반, 공주님에게 농담이라도 그런 말을 올릴 사람은 없고 저도 그럴 수 없어요. 나는 당신이 무척 마음에 들어서 할 수만 있다면 당신이 공주님과 인연을 맺게 해 주고 싶지만 그건 안 될 말이고, 그보다는 다른 방법을 가르쳐 드리겠어요. 그러면 당신 그 마음의 병도 아물지 모르니까요. 나도 당신의 소원이 이루어질 때까지 힘닿는 대로 도와 드리겠어요."

"그것은 어떤 방법입니까?"

"대신이나 태수의 따님을 원하신다면 나도 쾌히 응해 드릴 생각이에요. 하지만 땅 위에서 하늘로 단숨에 뛰어오르는 짓은 할 수가 없어요."

이 말을 들은 왕자는 정중하게 말했습니다.

"할머니, 할머니는 머리도 좋으시고 세상일에 밝은 분입니다. 그런데 머리가 아플 때 손을 묶으라는 말씀이십니까?"

"무슨 그런 말도 안 되는 소리를!"

"내 마음도 그것과 마찬가지입니다. 공주님 아닌 다른 여자는 눈에 보이지도 않습니다. 내 목숨을 빼앗는 것은 공주를 사모하는 안타까운 사랑뿐입니다. 나는 산송장이나 다름없는데, 누구 하나 의논할 상대도 없고 구원의 손길도 없습니다. 할머니, 부디 소원이니, 이 이국의 하늘 아래 눈물을 흘리고 있는 나를 가엾게 여겨주십시오."

—여기서 날이 훤히 밝아왔으므로 샤라자드는 이야기를 그쳤다.


## 722번째 밤

샤라자드는 이야기를 계속했다.

오, 인자하신 임금님, 왕자가 그토록 간절하게 애원하자 노파가 말했습니다.

"오, 젊은 양반, 당신의 말을 들으니 내 가슴도 찢어질 듯 아립니다. 하지만 나로선 어쩔 도리가 없어요."

"그럼, 수고스럽지만 제발 편지라도 전해 주시고 나 대신 공주님의 손에 입을 맞춰주십시오."

노파는 연민의 정을 느꼈습니다.

"그럼, 당신의 애타는 마음을 편지에 쓰세요. 전해 드릴 테니."
왕자는 뛸 듯이 기뻐하며 종이와 붓을 가져오게 하더니, 다음과 같은 시를 물 흐르듯 적어 나갔습니다.

오, 하야트 알 누후스 공주님이여,
이별의 운명에 울면서도
그대를 그리워하는 자에게
마음을 열고 넘어오시라.
지난날 뜬세상의
온갖 즐거움에 젖은 이 몸이지만,
지금은 괴로움에 마음이 지쳐
기나긴 밤잠 못 이루며
밤이면 밤마다 한탄의 연못에 가라앉는구나.[*6]
그대여, 슬픔에 가슴 찢어진
나를 가엾게 여기소서.
내 눈은 날마다 흐르는 눈물로
언제나 짓물러 있나니.
그러나 마침내 아침이 찾아오면
연모의 술에 취해 미친 이 몸을 또렷이 보리라.

왕자는 편지를 둘둘 말아 입을 맞추고 노파에게 주었습니다. 그리고 궤 속에 손을 넣어 금화 1천 닢이 들어 있는 지갑을 꺼내 노파에게 주면서 말했습니다.
"이것을 여자노예들에게 나누어주십시오."
그러나 노파는 손사래를 치면서 소리쳤습니다.
"젊은 양반, 나는 이런 걸 바라고 편의를 봐 드리는 게 아니에요."
"압니다. 아무쪼록 받아주십시오."
노파는 마지못해 지갑을 받아 들고 왕자의 손에 입을 맞춘 뒤 왕궁으로 돌아갔습니다.
한참 뒤 노파는 공주의 방에 들어갔습니다.

"공주님, 이 도성 안에서는 아무도 갖고 있지 않은 물건을 가져왔어요. 그리고 그 물건의 주인은 이 세상 어디에서도 볼 수 없는 잘생긴 젊은이였습니다."

"유모, 그 젊은이는 어디서 왔어?"

"인도 쪽에서 왔답니다. 그 사람이 이 금란(金襴) 옷을 주었는데, 이 옷은 코스로 황제와 로마 황제의 왕국도 살 수 있을 만큼 많은 진주와 보석으로 장식되어 있어요."

그렇게 말하며 노파가 펼쳐 놓은 옷을 보니 온 궁전이 그 눈부시게 빛나는 광채에 눈이 어릴 만큼 화려할 뿐만 아니라, 그 옷에 꿰매 놓은 진주와 보석은 아주 진귀한 것들이었습니다. 그래서 그 자리에 있던 사람들은 그저 환성을 지르며 감탄했습니다.

공주는 옷을 한참 동안 살펴보다가, 이윽고 아버지의 영토에서 올리는 1년 수입을 몽땅 털어도 이것을 살 수는 없다는 것을 깨닫고 노파에게 물었습니다.

"유모, 이 옷은 그 젊은이에게서 샀어, 아니면 다른 사람한테서 샀어?"[*7]

"그 사람한테서 가져왔지요."

"그이는 이 도성 사람이야, 타국에서 온 사람이야?"

"공주님, 그 사람은 요즘 이 도성 안에 온 타국 사람이에요. 하인과 노예도 많이 거느리고 있는 데다, 얼굴도 잘생기고 몸매도 날씬하며 예법이 깍듯하고 마음도 너그러운 젊은이랍니다. 저는 이제까지 그렇게 한 군데도 나무랄 데 없는 남자를 본 적이 없어요."

"한낱 상인한테 이렇게 호사스러운 의상이 있다니 정말 신기한 일이야. 이런 의상은 아무리 돈을 줘도 살 수가 없거든. 그런데 유모, 이 옷이 얼마라고?"

"그런데 아무리 물어도 값을 말하지 않아요. 공주님에게서 맡은 돈도 돌려주면서 '이 물건은 공주님께 드리는 선물로 바치고 싶습니다. 이 옷은 공주님이 아니면 어울리지 않습니다. 공주님이 받지 않으신다면 당신에게 드리겠어요.' 하면서 한 푼도 받지 않는 거예요."

이 말을 들은 공주는 자기도 모르게 소리를 질렀습니다.

"어머, 정말 마음이 너그러운 분이네요! 하지만 난 뒷일이 걱정돼. 만일

이 일 때문에 그분에게 곤란한 일이라도 생기게 될까 봐. 유모, 혹시 아무 소리도 못 들었어? 그분에게 무슨 소원이라도 있다면 들어 드릴 텐데."

"네, 공주님. 저도 그렇게 물었더니, 그분은 이렇게 말하더군요. '사실 저에겐 한 가지 말 못할 소원이 있습니다. 하지만 어떤 소원인지는 말할 수 없습니다.' 다만 이런 편지를 주면서 공주님에게 전해 달라고 했어요."

그래서 하야트 알 누후스는 유모한테서 편지를 받아 봉인을 뜯고 끝까지 읽어 내려갔습니다. 그러나 몹시 마음의 상처를 입고 분노하여 얼굴색까지 변해서 노파를 향해 소리쳤습니다.

"이 저주받을 유모 같으니! 공주인 나에게 이따위 것을 써 보낸 자의 이름이 뭐예요? 나에게 이렇게 뻔뻔스러운 말을 하다니, 나하고 그 비천한 사람 사이에 무슨 인연이 있다는 거지? 전능하신 신께 맹세코, 젬젬 샘에 있는 하팀의 벽*8의 주님께 맹세코, 만일 내가 전지전능한 더없이 높으신 알라를 두려워하지만 않는다면, 그 들개의 손을 꽁꽁 묶고 콧구멍을 찢고 귀를 베어서, 그자의 가게가 있는 시장 입구에 본보기로 매달아 놓을 텐데!"

그 말을 들은 노파는 얼굴이 노래지고 옆구리 근육*9이 떨리면서 혀까지 굳어 말이 나오지 않았습니다.

그러나 노파는 간신히 용기를 내어 이렇게 물어보았습니다.

"오, 공주님, 부디 고정하세요. 그 편지에 공주님의 마음에 거슬리는 말이 쓰여 있기라도 한 건가요? 공주님의 은총으로 어떻게 해 달라면서 다만 가난이나 압제로 괴로워하고 있음을 호소한 게 아니었나요?"

"아니야, 유모, 그런 게 아니에요. 시와 낯 뜨거운 말들뿐이야. 그 들개는 악마에게 홀려서 분별심을 잃고 스스로 제 무덤을 파고 있거나, 아니면 세도가나 국왕의 힘을 빌려 나를 자기 것으로 만들려고 하거나, 그것도 아니면 나를 손님에게 하룻밤 봉사하는 이 도시의 매춘부로 잘못 알고, 이따위 음탕한 시를 써 보내서 나를 홀리려는 자이거나 이 셋 중 하나일 거야!"

"공주님, 그럴지도 모르겠군요. 하지만 그렇게 아무것도 모르는 건달 따위가 무슨 말을 하든지 조금도 신경 쓰지 마세요. 공주님은 하늘 높이 솟아 있어 사람들이 얼씬 못하는 궁전에 살고 계십니다. 이곳으로는 새도 날아올 수 없고, 바람도 불어 지나가지 못합니다. 그리고 누가 봐도 상대방은 미친 놈이 틀림없으니 편지를 한 통 쓰셔서 엄하게 꾸짖으시고, 단단히 혼쭐을 내세요. 목숨도 가차 없이 뺏겠다고 무서운 말로 위협하시면서 이렇게 쓰시는 겁니다. '이 장사꾼 개야! 너는 기껏해야 한두 푼의 금화나 은화를 벌기 위해 황야와 늪을 쏘다니는 주제가 아니냐? 그런 네가 뻔뻔스럽게도 나에게 그런 편지를 보내다니, 대체 어디서 내 소문을 들었느냐? 만일 네가 정신을 차려서 미친 수작을 그만두지 않는다면, 알라께 맹세코 네 가게가 있는 시장 입구에 너를 매달 테다!' 이렇게요."

"답장을 주면 오히려 더 좋아하지나 않을까?"

"하지만 어떤 남자, 어떤 신분의 남자가 이보다 더 뻔뻔스럽게 기어오를 수 있겠어요? 하여튼 남자에게 답장을 주는 것은, 그자의 두꺼운 철면피를 벗겨서 혼을 내주려는 거지요."

이렇게 노파가 교묘하게 권하는 바람에 공주는 마침내 붓과 종이를 가져 오게 하여 다음과 같은 시를 썼습니다.

> 사랑과 황홀의 희생이
> 되고 싶어 하는 자여,
> 사랑 탓에 슬퍼하고 아파하며
> 눈물로 몇 밤을 지낸 자여,
> 그러면서 그대 마음 교만한 자여,
> 하늘의 달을 손에 넣어 즐기려 하다니 욕심도 많구나.
> 아무리 마음이 미쳤기로서니
> 달을 장식으로 달라는 자 어디 있을까.
> 내 그대에게 이로운 지혜 빌려주노니
> 죽음을 부르는 위험이 닥치기 전에
> 그러한 소망을 되풀이한다면
> 악을 범한 죄로서 엄벌이 내리리라.
> 그러니 마음을 가라앉혀
> 이성과 분별 되찾으라.
> 진정 내가 그대에게 권하노니
> 그대에게 더없이 값진 것임을 알라.
> 무에서 만물을 창조하시고

하늘에 빛나는 별을 장식하신
알라께 맹세코 내 말하노라.
그대 만일 죄를 두려워하지 않고
또다시 그러한 말 던지는 날엔
내 반드시 그대의 몸뚱이를
못 박아 나무에 걸리라.

공주가 편지를 말아 유모에게 건네자, 유모는 얼른 아르다시르의 가게를 찾아가서 전했습니다.

―여기서 날이 훤히 밝아왔으므로 샤라자드는 이야기를 그쳤다.


## 723번째 밤

샤라자드는 이야기를 계속했다.

오, 인자하신 임금님, 공주의 편지를 가지고 아르다시르의 가게를 찾아간 노파는 마침 가게에 앉아 있는 아르다시르에게 주면서 이렇게 말했습니다.

"이 답장을 읽어 봐요. 당신의 편지를 읽으신 공주님은 불같이 화를 내셨어요. 내가 공주님의 마음이 풀리도록 잘 말씀 드려서 겨우 답장을 쓰셨답니다."

아르다시르는 기쁜 듯 공주의 답장을 받아들었으나, 그것을 읽고 뜻을 깨닫자 눈물을 흘리며 울었습니다. 그것을 본 노파는 가엾게 여기며 큰 소리로 위로했습니다.

"오, 도련님, 알라께서 당신을 슬프게 하시는 일이 없기를 기도하겠어요. 할 수 있는 대로 온 힘을 다해 답장을 받았으니, 더 바랄 게 뭐가 있겠어요?"

"할머니, 무슨 좋은 수가 없을까요? 이 편지를 보세요. 공주님은 저를 죽이겠다면서 두 번 다시 편지를 보내지 말라고 하셨습니다. 이렇게 된 이상 저는 살아 있는 것보다 차라리 죽는 게 낫겠습니다. 할머니, 부디 소원이니다시 한 번 편지를 전해 주십시오."
"전해 드릴 테니 쓰세요. 그리고 또 공주님의 답장을 가져다 드리겠어요. 내 목숨을 걸고서라도 당신의 소원을 풀어 드리겠어요."
왕자는 노파가 고마워 그 손에 입을 맞추고 다시 다음과 같은 시를 썼습니다.

이렇듯 그대를 연모하는 몸을
죽음으로써 위협하느뇨?
나에게는 죽음도 휴식이고
멸망하는 것도 운명이로다.
어느 날 죽을지는 알지 못해도
날로 더해 가는 괴로움 앞엔
죽음이 오히려 은총이로다.
쓸쓸하게 살아가는 이 세상을
버리는 계기가 될 것이기에
그대의 뜻대로 하시라,
의지할 데 없는 이 몸을.
사람이 믿어줄 행동이라면
알라도 기리시며 용납하리니.
하지만, 그대의 그 결의가
그토록 굳다면 나를 심판하시라.
나는 어디까지나 종이니
그대의 문 앞을 지키리라.
그대 없이는 견디지 못할
이 몸이 갈 곳은 어디느뇨.
사랑의 괴로움에 상처 입은
이 몸은 대체 어이하리오.
공주여, 따뜻한 인정을 베푸시라,
귀하신 사람을 그리는 자는
손가락질 받지 않고
영원히 용서받게 되기를.

왕자는 편지를 맡아 노파에게 주며 금화 2백 닢이 든 지갑을 꺼내주었습니다.
노파는 한참 사양하다가 왕자가 굳이 애원하므로 지갑을 받아 넣으면서 맹세했습니다.
"당신 적들의 반대를 무릅쓰고, 무슨 일이 있어도 소원을 꼭 풀어 드리겠어요."

노파는 다시 궁전으로 돌아가서 하야트 알 누후스 공주에게 왕자의 편지를 전했습니다.
"유모, 이건 대체 뭐야? 이 편지를 보면 마치 우리가 유모를 사이에 두고 편지질이라도 하고 있는 듯하잖아. 이것이 남의 눈에 띄어서 소문이라도 나고 험담이라도 듣게 되는 날엔 정말 큰일이에요."
"공주님, 무슨 말씀이세요? 누가 그런 소문을 퍼뜨리겠어요?"
알 누후스 공주는 다시 한 번 그 편지를 읽고 그 뜻을 이해하자, 한쪽 손을 다른 손으로 찰싹찰싹 때리면서 말했습니다.
"정말 이건 우리에게 닥친 재앙인가 봐. 그런데 대체 이 젊은이는 어디서 왔어요?"
"공주님, 부탁이니 다시 한 번 답장을 쓰세요. 이번에는 좀더 따끔하게 답장을 쓰시는 거예요. '다음에 또 무슨 수작을 적어 보낸다면 목을 댕강 잘라 버릴 테다'라고요."
"그렇지만 유모, 그렇게 해 봐야 끝이 없을 것 같으니 편지를 주고받는 건 그만두어야겠어. 그보다는 그 애송이가 그래도 정신을 차리지 못한다면 정말로 목을 베어 버릴 테야."
"그러시다면 다시 한 번 답장을 쓰셔서 그것을 확실하게 알려주시는 게 좋겠어요."
그래서 공주는 노파가 권하는 대로 붓과 종이를 가져오게 하여 다음과 같은 시를 썼습니다.

오, '세월'을 생각하지 않고
'세월'의 엄격한 노여움을 모르는 자!

오, 내 사랑을 속절없이 바라고 기다리는 자여,
마음이 오만해도 분수를 알라.
그대 스스로 하늘을 차지하려느냐,
눈부시게 밝은 달에 이르고자 하느냐?
내 영원히 꺼지지 않는 불로 그대를 태우리.
그렇지 않으면 더없이 날카로운 칼로
그대를 베어 눕혀 능지처참하리.
그러니 어서 이 어리석은 짓은 그만두고
검은 머리 백발로 물들이는
지옥의 고통을 면해라.
내 경고를 받아들여
사랑의 미로에서 벗어나라.
분수를 모르는 그릇된 길로 빠지지 말라.

공주가 편지를 말아서 노파에게 주니, 노파는 일이 되어가는 꼴이 어리둥절해 어찌해야 좋을지 알 수가 없었습니다. 그래도 노파는 아르다시르에게 그 편지를 전했습니다. 그것을 읽은 왕자는 아무 말도 하지 않고 고개를 숙인 채 손가락으로 땅바닥에 무엇인가 끼적였습니다.

"왜 아무 말이 없어요? 왜 그러세요?"

"할머니, 대체 무슨 말을 할까요? 공주님의 마음은 더욱 굳어져서 갈수록 나를 싫어하며 위협만 하고 있는데요."

"그런 말씀 마시고 도련님의 마음속을 전부 털어 놓으세요. 내가 있는 한 절대 당신을 낙담시키지 않을 테니까. 반드시 두 분이 인연을 맺도록 도와 드리겠어요."

왕자는 노파의 이 친절한 말에 기뻐하면서 그 손에 입을 맞춘 뒤 다음과 같은 시를 적었습니다.

애달프다, 사랑하는 몸을
조금도 어루만져 주지 않는 사람의 마음이여,
만나고자 애태우는 몸은

칠흑 같은 밤의 어둠, 땅을 뒤덮을 때
눈물에 부은 눈으로
아픔을 참노라.
공평하시라, 관대하시라,
사랑에 상심하며 서로 떨어져
쫓겨 가야 하는 연인에게
따뜻한 인정을 내려 착한 시주를 하시라.
기나긴 밤 뜬눈으로 지새우며
불길에 타오르고 눈물의 홍수에 빠지는 나,
오, 하다못해 이 가슴의 애타는 동경을
잘라 버리지나 마시라.
지금은 절망에 빠져 힘은 다하고
병독에 좀먹히며 헛되이 허우적거릴 뿐.

아르다시르는 편지를 말아서 금화 3백 닢과 함께 노파에게 건네면서 말했습니다.
 "이것은 할머니의 용돈에 보태십시오."
 노파는 왕자에게 감사해하며 그 손에 입맞추고, 궁전으로 돌아가 공주에게 편지를 전했습니다. 공주는 그것을 펴서 읽어 보더니 홱 집어던지고 자리에서 벌떡 일어났습니다.
 그리고 여느 때처럼 진주와 보석으로 장식한 금 구두를 신고 부왕의 궁전으로 갔습니다. 두 눈썹 사이에는 아직도 분노의 심줄이 서 있어서 아무도 감히 그 까닭을 묻지 않았습니다.
 공주가 궁전에 들어가서 부왕이 계시느냐고 물으니 여자노예와 측실들이 대답했습니다.
 "공주님, 임금님은 사냥을 나가셨어요."
 그러자 공주는 날뛰는 암사자처럼 성이 나서 투덜거리며 다시 돌아와 3시간가량이나 누구하고도 말을 하지 않았습니다. 그러나 그 사이에 노여움도 가시고 다시 이마도 환해졌습니다. 그것을 눈치챈 노파는 공주에게 다가가 그 앞에 엎드렸습니다.

"공주님, 어디 갔다 오셨어요?"
"아버님 궁전에."
"볼일을 보셨나요?"
"아니. 난 그 상인이 한 짓을 아버님에게 여쭈어서 그자는 물론, 시장 상인들을 모두 잡아다가 가게 문에 거꾸로 매달게 할 작정이었어. 그리고 이 도성에서 외국인들은 모조리 쫓아내려고 했지."
"공주님, 아버님의 궁전에는 그런 이유만으로 가셨던가요?"
"그렇다니까. 하지만 아버님께서 사냥을 나가셔서 기다리고 있는 거야."
그러자 늙은 유모는 큰 소리로 외쳤습니다.
"모든 것을 들으시고 모든 것을 아시는 알라여, 부디 공주님을 보호해 주소서! 알라를 칭송하라! 오, 공주님! 그토록 분별력이 있으신 공주님께서 누구도 감히 입에 올릴 수 없는 어리석은 일을 임금님께 여쭐 생각을 하시다니 믿을 수가 없군요!"
"왜?"
"생각해 보세요, 공주님. 임금님이 궁전에 계시다가 이 이야기를 들으시고 곧 상인들을 잡아 가게 앞에 매달아 죽이신다면 사람들은 아마 그 광경을 보고 틀림없이 그 까닭을 묻겠죠. 그러면 '저놈들은 공주님을 유혹하려고 했다'고 말씀하실 게 틀림없어요."

—여기서 날이 훤히 밝아왔으므로 샤라자드는 이야기를 그쳤다.

## 724번째 밤

샤라자드는 이야기를 계속했다.
오, 인자하신 임금님, 노파는 다시 말을 이었습니다.
"그렇게 되면 세상 사람들은 공주님에 대해 온갖 있는 말 없는 말을 지어내어, 그중에는 '저놈들이 공주님을 궁전에서 꾀어내어 열흘 동안 실컷 재미를 보다가 놓아주었다는군.' 이렇게 지껄이는 놈도 있을 것이고, 또 다른 소문을 퍼뜨리는 놈도 있겠지요. 공주님, 여자의 정조란 우유와 같아서 조금만 먼지가 들어가도 썩고 맙니다. 또 유리그릇처럼 한번 깨지면 다시 붙일 수도 없는 거예요. 그러니 이런 일은 아버님은 물론 다른 누구에게도 말해선 안 돼요. 그런 것은 남에게 이야기해 보았자 아무 소용이 없어요. 공주님, 제가 하는 말을 잘 생각해 보시고, 만일 제가 잘못 생각했다면 그때는 절 어떻게 하시든 마음대로 하세요."

노파의 말을 곰곰이 생각해 본 공주는, 정말 그것이 자신을 위한 길이며 도리라는 것을 깨달았습니다.

"유모, 말해 줘서 고마워. 내가 너무 화가 나서 그만 판단력이 흐려졌던 거야."

"공주님이 마음속에 간직하시고 누구에게도 얘기하지 않는다면 알라의 뜻에도 맞는 것이지만, 전 이대로 내버려 둘 수 없어요. 그 더러운 상인을 그냥 두면 수치를 당하게 돼요. 그러니 이번에는 이런 편지를 쓰시는 거예요. '장사치 중에서도 가장 더러운 자여, 아버님께서 계시기만 했다면 나는 곧 사람을 보내 너를 비롯하여 네 이웃까지 모두 목을 베어 죽여 버리고 말았을 것이다. 어쨌든 너는 이 일로 아무것도 얻는 바가 없으리라. 만일 네가 또다시 이따위 짓을 한다면 나는 더없이 높은 알라께 맹세코! 이 세상에서 너의 존재를 흔적도 없이 지워버리고 말 테다!' 아무튼 이렇게 거친 말투로 엄하게 꾸짖으신다면, 그자도 기가 꺾여 무모한 짓을 그만둘 것이고, 정신을 차리고 자신의 철없는 행동을 깨닫게 될 거예요."

"하지만 그런 말을 쓴다고 해서 그자가 손을 뗄까?"

"어찌 감히 또다시 그런 짓을 하겠어요? 게다가 나도 잘 타일러 보겠어요."

노파의 말을 듣고 공주는 붓과 종이를 가져오게 하여 다음과 같은 시를 적었습니다.

좋은 대답 들으려고
그대 아직 희망 버리지 않는가.
그러나 가소롭다, 자만에 빠져
소망을 이루려고 기를 쓰는 뻔뻔스러움이여.
마음이 교만한 그 헛된 수작은

사랑을 해칠 뿐,
　　그렇다, 그 수작으로 말미암아
　　그대는 내 손에 걸려 죽으리라.
　　그대는 권력 센 임금도 아니고
　　무리의 우두머리도 아니며
　　태수도, 왕자도, 천사도 아니면서
　　그따위 짓을 저지르는가,
　　나와 같은 족속이라면
　　그 머리는 두려움으로 말미암아
　　이미 하얗게 변했으리라.
　　그러나 지금 한 번은
　　그대의 죄를 용서하리.
　　이제, 내게 뉘우침의 증거를 보여라.

　공주는 편지를 말아서 노파에게 주었습니다.
　"유모, 그 사람을 잘 타일러서 내가 목을 베거나 이로울 것 없는 살생을 하지 않도록 해 줘요."
　"예, 그자가 마음을 고쳐먹기 전에는 이리로 돌아오지 않겠어요."
　노파는 왕자를 찾아가서 이마에 손을 대 인사한 다음, 공주의 편지를 전했습니다.
　그것을 읽고 난 왕자는 고개를 저으며 말했습니다.
　"참으로 우리는 알라의 것, 언젠가 모두 알라게 돌아가리라!"
　그리고 이렇게 덧붙였습니다.
　"할머니, 나는 도대체 어쩌면 좋을까요? 나는 이제 더는 참을 수가 없습니다."
　"오, 도련님, 조금만 더 참으세요. 어쩌면 이다음에는 틀림없이 신께서 어떤 실마리를 마련해 주시겠죠. 자, 가슴속에 쌓인 것을 모두 쓰세요. 반드시 내가 그 답장을 받아 올 테니까. 마음을 굳게 먹고 눈물을 닦으세요. 내가 두 분의 사이를 맺어주지 않고 그냥 둘 줄 아세요? 인샬라!"
　왕자는 노파에게 다시 감사하면서 다음과 같은 시를 썼습니다.

아르다시르와 하야트 알 누후스 공주

아, 내 사랑에 힘을 주는 사람
아무도 없으니
오직 마음의 슬픔 때문에
불행 속에 숨이 끊어질 듯
웅크리고 있노라.
가슴의 불길 타올라
날마다 밤마다 더욱 성하니,
그대에 대한 그리움을
어찌 말하지 않으랴,
오, 어떻게 하면 동경이
기쁨으로 넘치게 되랴.
어여쁜 여인 그리워 땅에 쓰러진,
사랑과 공포에 시달린 자여,
더없이 높은 알라께
빌고 또 빌리라,
부디 만나게 해 주십사 하고.

 왕자는 편지를 말아서 금화 4백 닢이 들어 있는 지갑과 함께 노파의 손에 쥐여주었습니다. 노파는 이 편지를 갖고 궁전으로 돌아가 공주에게 주려고 했습니다. 하지만 공주는 받으려 하지 않고 거친 목소리로 물었습니다.
 "이건 또 뭐야?"
 "오, 공주님, 이것은 공주님이 상인에게 보내신 편지의 답장입니다."
 "유모는 내가 말한 대로 전했어?"
 "그럼요, 그랬더니 그 상인은 이 편지를 공주님께 전하라고 하던데요."
 공주는 마지못해 편지를 받아 끝까지 읽고 나더니 노파를 돌아보며 소리쳤습니다.
 "전에 유모가 약속한 것은 조금도 효과가 없잖아?"
 "공주님, 이번 편지엔 이제까지 한 짓을 빌고 다시는 잘못을 저지르지 않겠다고 씌어 있지 않나요?"
 "천만에, 그런 말이 씌어 있기는커녕 전보다 더 거만해졌어요."

"그럼, 공주님, 부디 그자에게 다시 답장을 써주세요. 그러면 제가 그자를 어떻게 골탕 먹이는지 아시게 될 테니까."

"이젠 편지도 답장도 쓰지 않을 거야!"

"그자를 더욱 호되게 꾸짖어서 헛된 소망을 버리도록 하기 위해서라도 꼭 쓰셔야 해요."

"편지를 쓰지 않더라도 그렇게 할 수 있잖아?"

"아닙니다. 편지가 아니면 안 됩니다."

그래서 하야트 알 누후스 공주는 또 마지못해 승낙하고 종이와 붓을 가져오게 하여 다음과 같은 시를 썼습니다.

그토록 타이른 지 오래인데
아직껏 그대는 지키지 않누나.
오, 가소로워라, 내가 쓴 노래
오히려 그대를 부추겼으니
그대의 뜨거운 정이 있을지언정
가슴 깊이 숨겨서
꿈엔들 나타나지 말지어다.
이래도 내가 하는 말
그대 거역한다면
대지는 이제 그대를 받쳐주지 않으리라.
만일 그대가 내 경고를
다시 한 번 소홀히 하여
어리석게도 그러한 인사를
되풀이해 보내온다면
'죽음'의 사자 그대에게 이르러
엄숙하게 죽음을 선고하리.
그리하여 그대의 주검은
찬바람 불어 사위어 가고
억센 황야의 새들은
그 주린 부리로

너를 쪼아 갈기갈기 찢으리라!
어서 돌아가라, 올바른 길로,
진정 그대를 위함이로다.
그대, 만일 사악하여
음탕한 음모 버리지 않는다면
나도 단호히 그 맹세를
실행에 옮길 뿐!

다 쓰고 난 공주는 화가 나서 편지를 노파에게 내던졌습니다. 노파는 그것을 집어 들고 급히 아르다시르에게 갔습니다.
 공주의 편지를 읽고 난 왕자는 공주의 마음이 도무지 누그러들지 않을 뿐만 아니라 오히려 극심한 분노의 불꽃을 태우고 있음을 깨달았습니다. 공주와 남몰래 만나 달콤함을 즐길 수 있기는커녕 만날 엄두도 못 낼 형편이었습니다.
 그래서 오로지 알라의 구원을 빌며 답장을 쓸 수밖에 없다고 생각하고, 다음과 같은 시를 써 내려갔습니다.

오, 신이시여,
다섯 장로의 이름으로
나를 사랑에서 구해 주소서.
사랑이란 이토록 슬프고도 괴로운 것.
알라만은 아시리,
내 얼마나 뜨거운 정념의 불길을 인내하는지를.
무정한 처녀를 애타게 사랑하여
내 얼마나 괴로운 시름에 병드는지를.
조금도 연민을 보이지 않는 그 처녀,
오, 언제까지 그대는
쇠약해진 이 몸을 무정하게 학대하려나?
내 이처럼 미칠 듯이
괴로워하며 애태우는데

이 가슴의 한탄을 들어줄 벗도 없구나.
칠흑 같은 밤의 장막이
세상을 덮고 휩싸는데
오, 언제까지 가슴 안팎으로
나는 계속 한탄만 해야 하나?
그대를 사랑하여 망각의
달콤한 맛을 전혀 모르니,
내 어찌 그대를 잊을까.
이젠 참고 견딜 마음조차
날개를 퍼덕이며 날아갈 때
가엾다, 황야에 사는 이별의 새[*10]야,
나에게 알려다오,
내 임도 세상의 흥망성쇠와
거친 파도 모면하고
안녕히 계신지 어떤지를.

 왕자가 이 편지를 금화 5백 닢과 함께 노파의 손에 쥐여주자, 노파는 그것을 가지고 곧 공주에게 돌아갔습니다. 공주는 편지를 끝까지 읽고 나더니 그것을 내동댕이치면서 소리쳤습니다.
 "이 괘씸한 할멈 같으니! 속 시원하게 자백하시지그래? 그자와 한통속이 되어 몇 번이고 나에게 답장을 쓰게 하고, 두 사람 사이를 오가면서 편지질을 하게 계략을 꾸미고 있는 거지? 그래서 나를 이렇게 귀찮게 만드는 거지? 유모는 언제나 이렇게 말했어. '이번에는 틀림없이 그 남자가 장난질을 못하게 하고, 두 번 다시 편지를 보내지 않도록 하겠어요.' 하지만 이젠 입으로 무슨 말을 해도 용서하지 않을 테야. 넌 언제까지나 나에게 답장을 쓰게 하고 아침저녁으로 두 사람 사이를 오가다가 나중에는 내 체면을 더럽힐 생각이었지? 아이 분해! 여봐라, 환관들! 이 여자를 붙잡아라!"
 하야트 알 누후스 공주는 그들에게 노파를 때리라고 명령했습니다. 환관들은 노파에게 가차 없이 매질을 했고, 노파는 온몸이 피투성이가 되어 정신을 잃고 말았습니다.

공주는 또 노예여자들에게 노파를 끌고 가서 궁전 밖에 내던지라고 명령했습니다. 그리고 그중 한 사람은 노파가 정신이 깨어날 때까지 옆에 있다가, 정신이 들자 이렇게 말했습니다.

"공주님은 당신을 두 번 다시 궁전 안에 들이지 않겠다고 맹세하셨어요. 만일 당신이 이곳에 다시 돌아온다면 가차 없이 죽여 버리라는 분부십니다."

그러자 노파는 알겠다고 대답했습니다.

노예여자는 광주리를 짊어진 한 인부를 데리고 와서 노파를 집까지 데려다주게 했습니다. 그리고 그 뒤 의사를 보내 병이 완전히 나을 때까지 간호하게 했고, 의사도 명령대로 정성껏 치료했습니다. 노파는 몸이 완전히 낫자 말을 타고 아르다시르의 가게로 갔습니다. 아르다시르는 노파가 나타나지 않아 몹시 걱정하며 어떻게든 그 소식을 알려고 애를 태우고 있던 참이었습니다.

그래서 젊은이는 노파의 모습을 보자 벌떡 일어나 맞이하며 인사를 했습니다. 보니 노파는 매우 수척해진 데다 무척 괴로워 보여서 그동안의 사정을 물으니 노파는 자세히 얘기해 주었습니다. 그 말을 들은 왕자는 너무 슬퍼서 자기 손을 손으로 때리면서 말했습니다.

"오, 할머니, 정말 죄송합니다. 그런데 공주님은 어째서 그렇게 사람을 싫어하는 걸까요?"

"그 까닭은 공주님은 이 세상에 둘도 없이 아름다운 꽃밭을 갖고 계시는데, 어느 날 밤 그 꽃밭 안 별당에서 주무신 뒤부터였어요. 공주님께선 편안히 주무시는 동안 이런 꿈을 꾸셨답니다.

공주님이 뜰에 나가 계실 때, 그곳에 한 새 몰이꾼이 와서 그물을 치고 먹이를 뿌리더래요. 그런 뒤 그는 약간 떨어진 곳에 앉아서 새가 걸리기를 기다렸는데, 두 시간도 되기 전에 수비둘기 한 마리가 그물에 걸려 버둥거리기 시작했어요. 그 광경을 본 다른 새는 수비둘기를 남기고 모두 날아가 버리고 말았대요. 그중에는 수비둘기의 짝인 암비둘기도 있었는데, 잠시 뒤 그 암비둘기가 돌아와서 수비둘기 가까이 가더니 다리가 걸린 그물눈을 찾아서 부리로 열심히 쪼았답니다. 그래서 마침내 수비둘기를 구해 내어 함께 날아갔대요.

그동안 꾸벅꾸벅 졸고 있던 새 몰이꾼은 눈을 떠보니 그물이 찢어져 있어서 그것을 다시 꿰매고, 또 새 먹이를 뿌린 다음 조금 떨어진 데서 망을 보고 있었어요. 얼마 뒤 또 새들이 모여들어 모이를 쪼아 먹기 시작했고, 그중에는 아까의 그 비둘기 한 쌍도 섞여 있었지요.

이윽고 이번엔 암비둘기가 그물에 걸려 푸드득거리기 시작하자 다른 새들은 모두 놀라서 달아나고 말았대요. 그중에는 암비둘기에게 구조받은 수비둘기도 섞여 있었지만 끝내 돌아오지 않았답니다.

한편 새 몰이꾼은 또 졸음이 와서 오랫동안 꾸벅거리다가 이윽고 눈을 떠 보니 암비둘기가 그물에 걸려 있지 않겠습니까? 그래서 그물로 다가가 암비둘기를 잡아서 그 목을 베어버리고 말았습니다.

이 악몽에 놀라서 잠이 깨신 공주님은 이렇게 혼잣말을 하셨답니다.

'남자란 여자에 대해 그토록 인정이 메마른 존재란 말인가? 남편이 괴로운 일을 당하면 아내는 그걸 구하려고 목숨까지 내던지지만, 아내가 불행한 꼴을 당해도 남편은 보고만 있을 뿐 구해 주지 않으니 말이야. 친절한 마음으로 해준 것도 물거품이 되어 버리는구나. 신은 남자를 믿는 여자를 저주하신다. 왜냐하면 여자가 남자를 섬기며 잘 보필해 주어도, 남자는 여자에게 은혜를 원수로 갚기 때문이다.' 그래서 그날부터 공주님은 남자를 증오하게 되신 겁니다."

"그렇다면 공주님은 거리에 전혀 나오지 않습니까?"

"네, 도련님, 하지만 좋은 것을 가르쳐 드리죠. 공주님은 이 세상에 둘도 없는 아름다운 꽃밭을 갖고 계시는데, 해마다 열매가 여물 무렵이 되면 딱 한 번 그곳에 가셔서 그날 밤은 반드시 정원의 별당에서 주무십니다.

공주님은 궁전과 통하는 샛문을 지나 그 꽃밭에 가십니다. 앞으로 한 달이면 공주님이 나오실 무렵이 되니까, 내가 말한 대로 오늘이라도 당장 정원지기한테 가서 얼굴을 익히고 비위를 맞춰 두세요. 그곳은 궁전과 바로 통하는 곳이라 정원지기는 누구도 정원에 들이지 않거든요.

나는 공주님이 나오시기 이틀 전에 와서 당신에게 알려줄 테니, 그때 정원으로 가서 밤이 되기를 기다리세요. 하지만 공주님이 나오실 때까지는 어딘가에 몸을 숨기고 있어야 합니다."

—여기서 날이 훤히 밝아왔으므로 샤라자드는 이야기를 그쳤다.

## 725번째 밤

샤라자드는 이야기를 계속했다.

오, 인자하신 임금님, 노파는 다시 말을 이었습니다.

"이윽고 공주님이 뜰에 나오시거든 그 앞에 나타나 당신의 얼굴을 보여주세요. 공주님이 당신을 한 번 보게 되면 틀림없이 반하고 마실 거예요. 왜냐하면 당신은 누가 봐도 잘생겨서 어떤 여자도 황홀해할 테니까요. 자, 그러니까 당신의 눈동자를 시원하고 상쾌하게 하고*11 쓸데없는 걱정일랑 거두세요. 난 반드시 두 분을 맺어 드리고 말 테니까요."

왕자는 노파의 손에 입을 맞추며 거듭거듭 고마워했습니다. 그리고 알렉산드리아산 비단 세 필, 온갖 색으로 물들인 고운 비단 세 필, 속옷용 리넨과 바지용 모직물 한 필씩, 그 밖에 터번을 만드는 천과 안감으로 발바크산의 하얀 무명을 곁들여 나들이옷 여섯 벌을 지을 수 있는 옷감에 금화 6백 닢이 들어 있는 지갑을 주면서 말했습니다.

"이것은 바느질삯입니다."

노파는 모든 것을 받은 뒤 말했습니다.

"도련님, 괜찮으시다면 살고 계시는 집을 가르쳐주세요. 나도 내 집으로 가는 길을 가르쳐 드릴 테니."

"좋습니다."

왕자는 노파의 집을 알고 또 자기 집을 가르쳐주기 위해 노파에게 백인 노예 하나를 딸려 보냈습니다.

이윽고 젊은이는 자리에서 일어나 하인들에게 가게 문을 닫게 하고, 대신을 찾아가 그동안 노파와 자신 사이에 있었던 일을 하나도 빠짐없이 자세히 얘기했습니다.

그러자 대신이 말했습니다.

"왕자님, 만일 알 누후스 공주가 나와서 왕자님을 보고 마음에 들지 않아 하면 그때는 어떻게 하실 작정입니까?"

"그때는 이미 말로는 다 틀린 노릇이니 행동으로 옮겨 목숨을 던질 각오를 해야지. 시종들이 있건 없건 공주를 납치해서 준마를 집어타고 황야 속에서도 가장 험한 곳으로 도망칠 테야. 무사히 도망친다면 소원을 풀 수 있을 테고, 만일 그로 말미암아 목숨을 잃는 한이 있어도 이 한 많은 세상을 떠나 안식처를 얻게 되니까 좋아."

"오, 왕자님, 그런 짓을 하고 살아남을 수 있다고 생각하십니까? 우리의 조국은 머나먼 곳에 있는데 어떻게 도망칠 수 있겠습니까? 그리고 이 나라의 대왕은 10만 기의 군대를 풀어 우리의 갈 길을 가로막을 텐데, 왕자님의 그 계획은 터무니없습니다. 현명한 자는 절대 그런 짓을 하지 않습니다."

"그렇다면 현명한 대신이여, 나는 대체 어떻게 해야 한단 말인가? 공주를 내 것으로 만들지 못하면 나는 산송장이나 다름없어."

"그럼, 내일 아침까지 기다리십시오. 내일 아침에 그 정원에 가서 상황을 살피고 또 문지기에게 접근할 수단을 찾아보기로 합시다."

이튿날 아침 날이 새기를 기다려서 두 사람은 품 안에 금화 1천 닢을 넣고 그 꽃밭을 찾아갔습니다. 높은 담으로 둘러싸인 그곳은 숲이 울창하고 냇물이 졸졸 흐르며 탐스러운 과일들이 익어가고 있었습니다. 그리고 온갖 꽃들이 향기롭게 피어 있고, 새들은 꽃에서 꽃으로 날아다니며 지저귀고 있는 모습이 마치 낙원 속 낙원 같은 정원이었습니다.

문 안쪽에 한 장로가 돌 의자에 앉아 있어서 두 사람이 인사를 하자, 그 노인은 그들의 훌륭한 모습을 보고 답례한 뒤 자리에서 일어나 말했습니다.

"오, 나리들, 무슨 볼일이십니까?"

대신이 대답했습니다.

"노인장, 사실 우리는 보다시피 외국인인데 너무 더워서 고생이 이만저만이 아니오. 게다가 숙소가 멀리 도성 저편의 변두리에 있으니, 이거 미안하지만, 이 금화 두 닢으로 뭐 먹을 것을 좀 사다주실 수 없겠소? 그리고 이 꽃밭 문을 열어주시면 어디든 시원한 샘물이 있는 나무 그늘에서 좀 쉴 수 있겠는데. 노인이 먹을 것을 사오시면 거기서 함께 먹읍시다. 그리고 피로가 가시고 기운이 나면 우리는 돌아갈 테니까."

그렇게 말하고 나서 대신은 주머니에서 금화 두 닢을 꺼내어 문지기 손에 쥐여주었습니다.

문지기는 이미 70고개를 넘긴 노인이었으나, 지금까지 그렇게 큰돈은 한번도 손에 쥐어 본 적이 없었으므로 무척 기뻐하는 눈치였습니다. 문지기는 황급히 정원 문을 열고는 왕자와 대신을 안으로 안내하여, 과일이 열린 가지를 드리우고 있는 나무 그늘에 앉혔습니다.
"여기서 더는 들어가지 않도록 하십시오. 그곳에는 알 누후스 공주의 궁전으로 통하는 비밀 문이 있으니까요."
"여기서 움직이지 않을 테니 안심하시오."
이윽고 부탁받은 음식을 사러 나간 노인은 얼마 뒤 구운 양고기와 빵을 머리에 인 인부를 데리고 돌아왔습니다. 그들은 그것을 먹으면서 잠깐 이런저런 이야기를 나누었습니다. 근처의 경치를 쳐다보고 있던 대신은 문득 정원 안쪽 깊숙한 곳에 서 있는 정자 한 채를 발견했습니다.
자세히 보니, 매우 낡아서 하얀 벽은 헐고 나무도 썩은 정자였습니다. 대신은 시치미를 떼고 물었습니다.
"오, 노인장, 이 정원은 당신 것이오, 아니면 빌린 것이오?"
"아닙니다. 저는 이 정원의 주인도 빌린 사람도 아닙니다. 그저 문지기나 하고 있지요."
"그런데, 실례지만 당신의 품삯은 얼마나 되오?"
"한 달에 금화 한 닢입죠."
"그건 너무 심하군. 특히 가족이라도 있으면 더더욱 힘들겠는걸."
"저에겐 자식 놈이 여덟이나 있고 게다가 저는……"
대신이 노인의 말을 가로막으며 끼어들었습니다.
"오, 위대한 신 알라 외에 주권 없고 권력 없다! 안됐구려, 당신 이야기를 듣고 나니 내 마음이 언짢아졌소. 당신 가족이 행복해질 수 있게 해 줄 사람이 있다면 당신은 어떻게 하겠소?"
"오, 나리, 어떤 선행도 결국은 알라께서 다 기억해 주실 테니까요."
그래서 대신은 말했습니다.
"노인장도 아시다시피 이 정원은 참으로 훌륭한데, 저기 보이는 저 정자는 낡아서 쓰러져 가는구려. 그래서 내가 한번 저걸 수리해서 벽도 새로 바르고 색도 다시 칠해 이 정원에서 가장 아름다운 장소로 만들고 싶은데, 어떻소? 이 정원의 주인이 나와서 아름답게 수리된 저 정자를 보면 틀림없이 당신에게 어찌 된 일이냐고 물을 것이오. 그때는 이렇게 말씀하시오.
'주인님, 이 정자가 너무 낡아 아무도 쓰실 수도 앉으실 수도 없을 것 같아서, 경비는 많이 들었지만 제가 고쳤습니다.'

만일 주인이 비용이 어디서 났느냐고 묻거든 이렇게 대답하면 될 거요.
'제 돈으로 벽을 발랐습죠. 주인님의 눈에 들어서 은총을 입을까 생각해서지요.'
그러면 주인은 반드시 당신이 쓴 돈보다 더 많은 돈을 주실 거요. 내일 아침 내가 목수와 미장이, 화공들을 데리고 와서 저 정자를 고쳐 영감님과의 약속을 지켜주리다."
그리고 금화 5백 닢이 든 지갑을 꺼내 노인 손에 쥐어주었습니다.
"이걸로 아이들에게 뭘 사 주구려. 그리고 우리 부자를 위해서 기도해 주시오."
이 광경을 옆에서 보고 있던 왕자가 물었습니다.
"그런 짓을 해서 대체 어떻게 하겠다는 거요?"
"어떻게 될지 곧 아시게 될 겁니다."

─여기서 날이 훤히 밝아왔으므로 샤라자드는 이야기를 그쳤다.

## 726번째 밤

샤라자드는 이야기를 계속했다.
오, 인자하신 임금님, 문지기는 큰돈 5백 닢의 금화를 보고 깜짝 놀라, 대신의 발 앞에 엎드려 그 발에 입을 맞추며 두 사람에게 신의 축복이 있기를 빌었습니다.
이윽고 두 사람이 돌아가려 하자 정원사가 뒤에서 불러 세웠습니다.
"그럼, 내일 아침에 기다리고 있겠습니다. 전능하신 알라께 맹세코, 밤이고 낮이고 당신들 곁을 떠나지 않겠습니다."
이튿날 아침 대신은 왕자의 가게로 가서 도편수를 불러오게 했습니다. 그리고 그 밖의 목수와 일꾼들과 함께 정원으로 나가니 문지기가 반갑게 맞이했습니다.
수당[12]과 수리에 필요한 물건값은 대신이 미리 모두 내주었으므로, 일꾼들은 낡은 정자의 헌 곳을 고치고 벽을 바른 뒤 장식을 붙였습니다.

그 일이 끝나자 대신은 화공을 불러 말했습니다.

"모두 내 말을 잘 듣고, 내 소원과 목적을 잘 안 다음 일을 해 주게. 나는 이런 정원이 갖고 싶네. 어느 날 밤 꿈에 새 몰이꾼이 그물을 치고 모이를 뿌리는 것을 봤지.

이윽고 그 모이를 먹으려고 많은 새가 모여들었는데 그중에 수비둘기가 그물에 걸리고 다른 새들은 놀라서 모두 날아가 버리더군. 그중에는 수비둘기의 짝인 암비둘기도 끼여 있었는데, 잠시 뒤 이 암비둘기 혼자 되돌아와서, 수비둘기 다리에 걸린 그물눈을 부리로 쪼아서 마침내 그것을 풀고 함께 날아가더란 말이야.

새 몰이꾼은 조금 전부터 졸고 있다가 눈을 떠보니 그물이 찢어져 있어서, 그걸 꿰매고는 새로 모이를 뿌린 뒤 조금 떨어진 곳에 앉아서 기다리고 있었어. 그곳에 다시 많은 새가 모여들었는데, 그 속엔 아까 그 비둘기 한 쌍도 끼여 있었지. 그리고 이번엔 암비둘기가 그물에 걸려들었다네. 그러나 수비둘기는 다른 새들과 함께 날아간 채 영영 나타나지 않았어.

그래서 새 그물에 걸린 암비둘기를 잡아 목을 베어버리고 말았는데, 실은 다른 새와 같이 달아난 수비둘기도 사나운 매에게 잡아먹히고 말았던 거야.

내가 바라는 건 지금 이야기한 정경을 그대로 그림으로 나타내서 생생하게 보여 달라는 거네. 이 희한하고 아름다운 정원을 배경으로 나무와 냇물, 새 몰이꾼과 새들을 모두 그려주게. 내가 하라는 대로 완성되어 내 마음에 들면 삯보다 훨씬 많은 상금을 줄 테니까."

그리하여 화공들은 대신이 말한 대로 열심히 그려서 훌륭한 그림을 완성했습니다. 그것을 대신에게 보여주었더니 그 꿈 이야기를 그대로 재현해 놓았으므로 대신은 고마워하면서 상금을 듬뿍 주었습니다.

이윽고 평소처럼 정원에 들어간 아르다시르 왕자는 대신이 화공들에게 시킨 줄은 모르고 새 몰이꾼과 새 떼와 그물, 그리고 수비둘기가 매의 날카로운 발톱에 채여 피를 빨리고 잡아먹히는 그림을 보자 깜짝 놀라 대신에게로 달려갔습니다.

"오, 대신! 오늘은 참으로 놀라운 광경을 보았소. 그것을 바늘로 눈 속에 새겨 두기라도 한다면 조금 아프기는 하겠지만, 인간들에게 좋은 교훈이 될 거요."
"왕자님, 무엇을 보셨기에 그리 놀라십니까?"
"내가 그대에게 공주가 꾼 꿈과 공주가 남자를 싫어하게 된 까닭을 이야기한 적이 있지 않소?"
"예, 있지요."
"그 꿈이 그대로 그림이 되어 있더란 말이오. 내 눈으로 똑똑히 보았소. 그런데 단 한 군데 공주가 미처 보지 못한 것이 있기는 한데, 내 소원이 이루어질지는 바로 거기에 달렸소."
"그건 무슨 말씀이신지?"
"나는 보았소. 그물에 걸린 암비둘기를 두고 날아가서 다시는 돌아오지 않은 수비둘기가, 사실은 나중에 매의 발톱에 걸려 피를 빨리고 잡아먹히는 장면 말이오. 만일 공주가 끝까지 꿈을 꾸었더라면 암비둘기의 짝인 수비둘기가 구해 주러 돌아오지 못한 까닭을 알았을 텐데!"
"오, 왕자님, 그것은 참으로 진실하고 훌륭하며 신기한 그림이군요!"
아르다시르 왕자는 그 그림을 보고 언제까지나 놀라고 감탄하면서, 공주가 끝까지 꿈을 꾸지 않은 것을 탄식했습니다. 그리고 마음속으로 생각했습니다.
'공주가 그 꿈을 끝까지 꾸거나, 아니면 이제라도 다시 한 번 생각해 주면 좋으련만!'
대신은 왕자에게 말했습니다.
"왕자님은 전날 저에게 왜 정자를 수리하냐고 물으셨지요? 그때 저는 머지않아 알게 되실 거라고 대답했습니다. 그 뒤의 과정은 지금 왕자님이 보신 바와 같습니다. 그 그림을 그리게 한 사람은 바로 저입니다. 화공에게 시켜서 공주의 꿈을 그리게 하고, 거기에 수비둘기가 매의 발톱에 걸려 피를 빨리고 잡아먹히는 그림을 더한 겁니다. 그것은 공주가 이 정자에 왔을 때 여기에 그려진 자기의 꿈을 보고 수비둘기가 죽은 것을 알면, 수비둘기에게 없는 죄를 씌운 것을 후회하고 남자에 대한 증오심도 버리게 될 거라 생각했기 때문입니다."
왕자는 대신의 손에 입맞추며 감사의 말을 했습니다.
"그대야말로 이 세상 최고의 왕을 섬기는 재상다운 인물이오. 내가 소원을 이루어 귀국할 수 있게 되면 반드시 아버님께 아뢰어, 대신의 명예와 지위를 더욱 높이고 그대가 하는 말은 무엇이든 들으시게 해 주겠소."

대신도 왕자의 손에 정중하게 입을 맞췄습니다. 그런 뒤 두 사람은 함께 정원지기를 찾아갔습니다.

"노인, 저 정자를 보시오, 정말 멋지지 않소?"

"이 모든 게 두 분 덕택입니다."

"만일 이 정원의 주인이 저 정자를 누가 수리했느냐고 묻거든, 주인에게 행운이 찾아오기를 바라는 마음에서 노인이 자신의 돈으로 했다고 대답하시오."

"예, 그렇게 하겠습니다."

그 뒤에도 왕자는 이따금 이 정원을 찾아갔습니다.

한편 하야트 알 누후스 공주는 왕자의 편지도 끊어지고 노파의 모습도 보이지 않게 되자 매우 기뻐하면서, 아마도 그 젊은이는 고향으로 돌아갔을 거라고 생각했습니다.

어느 날, 부왕이 뚜껑을 덮은 그릇을 보내왔습니다. 그 뚜껑을 열어보니 잘 익은 과일이 들어 있어서 공주는 시녀에게 물었습니다.

"벌써 과일의 계절이 돌아왔느냐?"

"네, 그럼요."

공주가 느닷없이 소리쳤습니다.

"그럼, 소풍 삼아 정원에 나가고 싶으니 준비해라."

—여기서 날이 훤히 밝아왔으므로 샤라자드는 이야기를 그쳤다.

## 727번째 밤

샤라자드는 이야기를 계속했다.

오, 인자하신 임금님, 과일의 계절이 된 사실을 안 공주가 정원으로 소풍을 가겠다고 하자 시녀들도 말했습니다.

"오, 공주님, 저희도 정원에 나가 놀 날을 몹시 기다리고 있었어요."

"해마다 정원을 산책할 때 언제나 안내해 주며 여러 가지 나무와 꽃들의 이름을 가르쳐준 것은 그 유모였는데 출입을 하지 못하게 해 버렸으니, 올해는 어떻게 하지? 정말, 그토록 무정한 짓은 하지 말 걸 그랬어. 누가 뭐라 해도 그 할멈은 내 유모로 나를 길러준 은혜가 있는데. 하지만 위대한 신 알라 외에 주권 없고 권력 없다!"

시녀들은 이 말을 듣자 모두 달려와서 공주 앞에 무릎을 꿇고 소리쳤습니다.

"오, 공주님, 유모를 용서하시고 이제 그만 불러들이세요."

"나도 그럴 생각이었어. 좋은 예복을 한 벌 마련해 두었으니, 그 옷을 가지고 누가 갔다 오너라."

그러자 두 시녀가 나섰습니다. 부르부르와 시와드 알 아인이라는 시녀들은 둘 다 얼굴도 예쁘고 맵시가 있어서 시녀 중에서도 남달리 귀여움을 받고 있었습니다.

"공주님, 그 심부름은 저희가 가겠어요."

"그럼, 너희에게 모든 걸 맡기마."

그리하여 두 시녀는 유모의 집을 찾아갔습니다. 유모는 두 사람을 보자 두 팔을 벌리며 반갑게 맞이했습니다.

"유모, 공주님의 노여움이 풀리셔서 다시 궁전에 나오라 하십니다."

"네에? 그것은 안 돼요. 설사 파멸의 잔을 마시는 한이 있어도 그건 안 돼요. 나를 사랑하고 미워하는 사람들 앞에서 공주님이 그토록 욕을 보이신 일을 어떻게 잊을 수 있겠어요? 그때 내 옷은 피투성이가 되고 매질을 당한 고통으로 거의 죽을 뻔했지요. 게다가 마치 죽은 개처럼 궁전 밖으로 끌려나가서 내동댕이쳐졌어요. 무슨 일이 있어도 다시는 궁전으로 돌아가지 않을 테고, 공주님도 뵙지 않겠어요."

"저희가 모처럼 찾아왔으니 저희를 봐서라도 이대로 쫓아내지는 말아 주세요. 저희에 대한 친절한 마음씨는 눈곱만큼도 없는 건가요? 저희가 일부러 스스로 청해서 찾아왔는데 생각 좀 해 보세요. 공주님을 모시는 시녀 가운데 저희보다 신분이 높은 여자는 없잖아요."

"내 신분이 당신들보다 낮다는 건 나도 잘 알고 있어요. 하지만 공주님은 어떤 시녀보다도 나를 더 아껴주셨답니다. 그래서 어쩌다 내 비위를 건드린 사람은 시녀들 중에 가장 신분이 높은 사람이라 할지라도 스스로 두려움에 죽을 지경이 되곤 했지요."

"모든 건, 전과 똑같고 달라진 건 조금도 없어요. 아니, 오히려 전보다 더 좋아졌어요. 왜냐하면 공주님 쪽에서 먼저 당신과 화해하려고 손을 내미신 거니까요."

그러자 노파는 대답했습니다.

"당신들이 와서 주선해 주지 않았더라면 난 두 번 다시 공주님에게 돌아가지 않았을 거예요. 설령 공주님이 나를 죽이라고 명령하셨다 해도 절대로!"

두 시녀가 노파에게 감사의 말을 하자, 노파는 일어나 옷을 갈아입고 궁전으로 향했습니다.

공주는 유모를 보자 몸소 일어나 맞이했습니다.

"알라여! 공주님, 말씀해 보세요. 도대체 어느 쪽이 잘못했을까요? 저일까요, 아니면 공주님일까요?"

노파의 물음에 하야트 알 누후스 공주가 대답했습니다.

"내가 나빴어. 용서해 줄 사람은 유모야. 유모, 그대의 신분은 분명히 낮지만, 그대는 나를 키워준 부모지. 그리고 유모도 알고 있듯이, 알라는(칭송하라!) 자신이 창조하신 것에 성질과 생명, 나날의 양식과 죽음, 이 네 가지를 내려주셨어. 또 인간의 힘으로는 정해진 운명에서 달아날 수는 없는 거야. 정말이지 나는 나 자신을 잃고 본성을 잃어버리고 있었어. 하지만 유모, 난 내가 한 짓을 후회하고 있어요."

이 말을 듣고 노파는 노여움이 모두 풀려서 다시 몸을 일으켜 공주 앞에 무릎을 꿇었습니다. 공주는 곧 값비싼 예복을 가져오게 하여 노파에게 걸쳐주었고, 노파는 노예와 시녀들이 보는 앞에서 더할 수 없는 기쁨에 잠겼습니다.

이렇게 하여 일이 순조롭게 풀리자 공주는 노파에게 물었습니다.

"그런데 유모, 정원의 과일과 풀과 나무들은 어떻게 되었을까?"

"공주님, 지금 도시 안에는 훌륭한 과일들이 나와 있습니다. 하지만 다시 한 번 알아보고, 오늘 안에 알려 드리지요."

노파는 분에 넘치는 영광을 안고 공주 앞을 물러나와 그 길로 아르다시르를 찾아갔습니다. 왕자는 두 팔을 벌려 노파를 포옹하며 반갑게 맞이했습니다. 오랫동안 노파가 오기만을 애타게 기다리고 있었기 때문입니다.

노파는 공주와의 사이에 일어난 일을 자세히 얘기한 다음, 이러이러한 날에 공주가 정원으로 소풍을 간다는 사실을 알려주었습니다.

―여기서 날이 훤히 밝아왔으므로 샤라자드는 이야기를 그쳤다.

## 728번째 밤

오, 인자하신 임금님, 이렇게 노파는 왕자에게 공주가 정원에 나오는 날을 알린 다음 물었습니다.

"당신은 내가 말한 대로 그 정원지기에게 뇌물을 주어 환심을 사두었나요?"

"할머니 말대로 해서 그 노인과는 매우 친해졌습니다. 내 말이라면 무엇이든 잘 들어주니까 만일의 경우엔 어떻게 잘 되겠지요."

그리고 그동안 있었던 일을 얘기해 주면서, 대신이 정자 안에 그리도록 한 그림에 대해 말할 때는 새 몰이꾼과 그물, 그리고 매에 대해 자세하게 얘기했습니다. 노파는 매우 기뻐하며 외쳤습니다.

"오, 알라여, 부디 이 사람을 지켜주소서!"

그리고 이렇게 덧붙였습니다.

"도련님은 대신이 해 놓은 일을 잊지 않도록 하세요. 대신이 한 일은 그분의 뛰어난 머리의 활동을 나타내는 것이고, 또 그분은 당신의 소원을 이루는 데 없어선 안 될 사람이니까요.

그럼, 어서 목욕하고 가장 좋은 결과를 얻기 위해 가장 좋은 옷으로 갈아입도록 해요. 그런 뒤 정원지기한테 갔다가, 밤이 되거든 정원 안에 살짝 숨어 들어가도록 하세요. 왜냐하면 정원지기는 공주님이 정원에 계시는 동안에는 아무리 돈이 쏟아지는 땅을 준다 해도 누구 하나 안에 들여보내지 않으니까요. 안으로 숨어들거든 사람 눈에 띄지 않는 곳에 숨어 있다가 '은총을 지니신 분이여, 우리를 두려움에서 벗어나게 하소서.' 외치는 내 목소리가 들릴 때까지 꼼짝 말고 있어요. 내 목소리가 들리면 곧 나와서 나무 사이로 눈이 번쩍 뜨일 당신의 아름다운 얼굴을 보여주어 공주님의 마음을 단단히 사로잡아 버려야 해요. 그렇게 하면 틀림없이 소원은 이루어지고 슬픔은 사라지고 말 거예요."

"알았습니다."

왕자가 금화 1천 닢이 든 지갑을 노파에게 주자 그녀는 그것을 품 안에 넣고 돌아갔습니다.

왕자는 곧 목욕탕으로 가서 몸을 씻은 다음, 왕 중의 왕이 입을 만한 예복을 갖춰 입고 허리에는 갖가지 보석을 아로새긴 띠를 두르고, 머리에는 순금과 진주를 장식한 터번을 감았습니다.

그의 두 뺨은 장미처럼 붉고 입술은 진분홍빛으로 타올랐으며, 눈동자는 사슴같이 부드럽고 허리는 술에 취한 사람처럼 하늘거렸습니다. 그리고 뭐라 형용하기 어려운 요염한 아름다움에 싸여 나긋나긋한 버들가지도 얼굴을 붉힐 정도였습니다.

왕자는 품 안에 금화 1천 닢이 든 지갑을 넣고 정원으로 가서 문을 두드렸습니다. 문을 열고 나와 매우 반갑게 인사를 한 정원지기는 근심 어린 왕자의 얼굴을 보자 어쩐 일이냐고 물었습니다.

"영감님, 사실 저는 아버지의 귀여움을 독차지하면서 지금까지 한 번도 매를 맞은 적이 없었는데, 오늘은 마침내 말다툼이 일어나서 아버지가 저를 마구 때리며 욕설을 퍼부으며 쫓아내고 말았습니다. 나에겐 친한 친구도 없으니 이제부터 어떤 운명의 장난에 시달리게 될지 두렵기만 하군요. 영감님도 아시다시피 부모의 노여움을 사는 것은 그리 예사로운 일이 아니니까요. 그래서 영감님이라면 아버지도 알고 있으니까 여기 찾아온 겁니다. 저녁때까지라도 좋고 내일 아침까지라도 좋으니 이 정원 안에 있게 해 주시면 정말 고맙겠습니다. 어차피 그때까지는 알라께서 우리 부자의 마음을 잘 풀어주실 테니까요."

이 말을 들은 노인은 진심으로 걱정하며 말했습니다.

"그럼 내가 아버님을 찾아뵙고 두 분의 사이를 주선해 드리죠."

"그러나 영감님, 아버지를 잘 아시겠지만 완고하고 성미가 급해서 화가 풀리기 전에 화해를 시키려 해봤자 제대로 대답도 하지 않을 거예요. 아마

하루나 이틀쯤 지나면 마음도 누그러질 테니, 그때나 찾아가서 잘 주선해 주세요."
"알았습니다. 그동안 우리 집에 오셔서 우리 식구들과 함께 주무십시오."
"아니오, 영감님, 이렇게 화가 났을 땐 혼자 있는 것이 좋아요."*13
"하지만 나에게 집이 있는데 당신을 이런 쓸쓸한 정원에서 혼자 자게 하면 내 마음이 괴롭소."
"영감님, 내 걱정은 하지 마세요. 그리고 이 쓸쓸한 정원에서 자면 마음의 괴로움도 잊을 거고 아버지의 화도 풀리실 테니까."
"그렇다면 이부자리를 가져다 드리죠."
"미안하군요."
노인은 정원 문을 열어주고 이부자리를 가져다주었습니다. 노인은 그때까지도 공주가 정원에 나온다는 것을 모르고 있었습니다.
이렇게 왕자 쪽은 모든 일이 순조롭게 진행되고 있었습니다.
한편 노파는 공주에게 돌아가서 정원의 나무에는 과일이 주렁주렁 맛있게 익어가고 있다고 말했습니다.
"그럼, 유모, 내일 함께 정원을 거닐어요. 그리고 정원지기에게 사람을 보내서 내일 나간다고 알려요."
노파는 정원지기에게 사람을 보내 이렇게 알리도록 했습니다.
"내일 공주님이 정원에 나오시니까, 물 긷는 인부와 정원사를 들이지 말고, 누구든 정원의 출입을 금지하도록."
이 전갈을 받고 정원지기는 물을 끌어오고 도랑을 말끔히 친 다음 왕자에게 갔습니다.
"도련님, 이 정원은 공주님의 것입니다. 그런데 한 가지 용서를 구할 일이 생겼습니다. 제 물건은 도련님의 것이고 저는 도련님의 은혜로 살고 있지만, 뭐니뭐니해도 남에게 고용된 몸이라 분부를 지키지 않을 수 없습니다. 실은 내일 아침 일찍부터 알 누후스 공주님이 이 정원에 납시기 때문에 누구 하나 이 안에 들여선 안 된다는 엄명이 내렸습니다.
그러니 부디 오늘만큼은 이 정원을 비워주십시오. 공주님이 이곳에 계시는 건 고작 정오의 기도시각뿐입니다. 그러니 그 뒤에는 1주일이나 2주일, 아니 몇 달이나 몇 년이든간에 자유롭게 쓰시게 하겠습니다."

"아니, 영감님, 내가 영감님에게 해가 되는 일을 한 적이 있었나요?"
"원 별말씀을 다 하십니다. 도련님에게는 말할 수 없는 신세를 진 걸요."
"그렇다면 앞으로도 영감님에게 절대 폐를 끼치지 않을 거예요. 정원 안에 숨어서 공주님이 궁전으로 돌아가실 때까지 눈에 띄지 않도록 하겠어요."
"그렇지만 도련님, 안뜰에 남자 그림자가 얼씬만 해도, 살아 있는 수컷의 모습이 공주님 눈에 띄기만 해도 내 목은 달아나고 맙니다."

—여기서 날이 훤히 밝아왔으므로 샤라자드는 이야기를 그쳤다.


## 729번째 밤

샤라자드는 이야기를 계속했다.
오, 인자하신 임금님, 왕자는 걱정하는 정원지기 노인에게 다시 말했습니다.
"걱정하지 마세요. 무슨 일이 있어도 남에게 들키는 실수는 안 할 테니. 그건 그렇고, 오늘쯤 당신도 살림에 돈 쓸 일이 있을 듯한데?"
그러고는 지갑에서 금화 5백 닢을 꺼내 노인에게 주었습니다.
"필요한 데 쓰도록 하세요. 생계 때문에 마음을 괴롭힐 필요는 없거든."
그 큰돈을 보자 노인은 인생살이가 구름 한 점 없는 즐거운 것으로 생각되어 왕자를 그대로 정원에 두기로 했습니다. 그래서 절대로 남의 눈에 띄어서는 안 된다고 거듭 다짐을 한 뒤, 그 근방을 서성거리는 왕자를 남겨놓고 가버렸습니다.
이윽고 날이 샐 무렵 환관들이 오자, 공주는 궁전에서 정원으로 통하는 비밀 샛문을 열게 했습니다.
그리고 홍옥을 아로새긴 값비싼 비단속옷 위에 진주와 갖가지 보석을 단 나들이옷을 입었습니다. 나들이옷에 둘러싸인 비단결 같은 살결은 말로는 도저히 형용할 수 없을 만큼 아름다워서 한 번 흘깃 보기만 해도 마음이 어지러워지고 비겁한 겁쟁이라도 감히 연모할 정도였습니다.
또 머리에는 진주와 보석을 아로새긴 족두리를 얹고 발에는 갓 딴 진주[*14]

와 온갖 보석으로 장식된 비단구두를 신고 있었습니다. 이윽고 공주는 노파의 어깨에 손을 얹으며 비밀 샛문을 통해 정원으로 나가자고 분부했습니다.

노파는 잠깐 정원을 살피다가 환관과 시녀들이 왔다 갔다 하면서 과일을 따 먹으며 냇물에서 물장난하는 모습을 보고 공주에게 말했습니다.

"오, 공주님, 저 광경들은 무엇입니까? 여기가 대체 정원입니까, 아니면 정신병원입니까?"

"유모, 그게 무슨 말이지?"

"정원에서 많은 시녀와 환관들이 과일을 따 먹고 서로 물장난을 치면서 새들을 놀라게 하고 있습니다. 이러면 공주님이 한가롭게 즐기거나 놀 수가 없지요. 공주님이 성 안 큰 거리에 납시는 것이라면 체통이나 경호를 위해서 필요할지 모르지만, 은밀히 정원에 납시는 지금은 누구의 눈에도 띄지 않게 조용한 것이 좋지 않을까요?"

"오, 유모, 정말 맞는 말이야. 그럼 어떻게 할까?"

"환관들은 모두 물러가게 하시고, 공주님을 모실 여자노예 둘 정도만 남기시면 될 것 같습니다."

그래서 공주는 자기가 가장 귀여워하는 두 여자노예만 남기고 정원에서 모두 물러가게 했습니다. 노파는 이 즐거운 계절에 공주의 마음이 들떠 있는 것을 보고 재촉했습니다.

"이렇게 하니 저희도 즐겁습니다. 자, 일어나세요. 정원으로 가십시다."

공주는 노파의 어깨에 손을 살포시 얹고 샛문을 지나 정원으로 걸음을 옮겼습니다. 두 여자노예가 앞서서 아장아장 걸어가니 공주는 그 뒤를 따라가며 두 여자의 모습을 보고 웃으면서 매우 기뻐하고 즐거워하며 찬란한 옷자락을 차면서 걸어갔습니다.

노파는 공주에게 이리저리 안내하면서 나무를 가리키며 설명하고 과일을 따서 권하기도 하면서 걸음을 옮기다가 마침내 그 정자에 이르렀습니다.

그러자 공주는 정자가 말끔히 수리된 모습을 보고 깜짝 놀라며 말했습니다.

"어머, 유모! 저 정자 좀 봐! 깨끗하게 손질이 되어 있고 벽도 하얗게 발라 놓았잖아?"

"네, 공주님, 제가 정원지기한테서 들은 이야기로는 정원지기가 상인 친구들한테 물건을 빌려서 그것을 판 돈으로 벽돌이며 석회며 풀, 돌 등을 샀다나 봐요. 그래서 제가 왜 그런 짓을 했느냐고 물어봤더니 이렇게 대답하지 않겠어요? '정자가 몹시 헐어서 고쳤습니다.' 그리고 정원지기가 이런 말도 했어요. '상인들이 빌린 돈을 달라고 졸라대서, 난 공주님이 정원에 납시어 정자를 보실 때까지 기다려 달라, 그때 공주님이 마음에 드셔서 듬뿍 상금을 받으면 빌린 돈을 갚아주마' 했다고요. 그래서 저는 '공주님은 매우 친절하시고 인정이 많으신 분이니까 틀림없이 당신에게 보상해 주실 거예요.' 위로해 주었지요. 그 늙은이는 오로지 공주님의 은총만 바라고 이런 짓을 한 것이지요."

"정말 잘 고쳐 놓았네, 놀라운 일이에요. 마음이 너그럽지 않으면 도저히 하지 못할 일이잖아요. 어서 회계관을 불러요."

그리하여 노파가 회계관 우두머리를 부르자 공주는 이렇게 명령했습니다.

"정원지기에게 금화 2천 닢을 주세요."

노파는 곧 사람을 보내 노인을 공주 앞에 나오게 했습니다. 사자를 맞이한 듯 노인은 부들부들 떨면서 주저앉았습니다.

"틀림없이 공주님이 그 젊은이를 보신 게야. 아, 오늘은 정말 사나운 운수가 뻗친 날이구나!"

그래서 늙은 정원지기는 집에 돌아가서 아내와 자식들에게 사정을 얘기한 뒤 마지막 지시를 해놓고 작별을 고했습니다. 가족들은 다만 슬픔의 눈물만 흘릴 뿐이었습니다.

이윽고 정원지기는 얼굴은 강황 뿌리와 흡사한 색을 하고 아래 위 턱을 딱딱 마주치면서 금방이라도 쓰러질 듯한 모습으로 공주 앞에 나타났습니다.

그 가련한 모습을 본 노파는 상대가 무슨 말을 하기도 전에 먼저 선수를 쳐서 이렇게 말했습니다.

"오, 영감님, 대지에 무릎을 꿇고 전능하신 알라께 감사를 드리시오. 당신은 언제나 공주님을 위해서 신께 기도를 드려야만 해요. 당신이 그 정자를 고친 앞뒤 사정을 아뢰었더니, 공주님은 매우 기뻐하시며 금화 2천 닢을 하사하셨답니다. 회계관에게서 그 돈을 받으면 공주님 앞에 엎드려 축복을 기원하고 얼른 돌아가시오."

이어서 큰돈을 받은 노인은 알 누후스 공주 앞에 무릎을 꿇고 축복의 기도를 올렸습니다.
　정원지기가 집에 돌아오자, 가족들은 노인이 무사히 돌아온 것을 기뻐하며 이런 행운의 원인을 제공해 준 대신을 축복했습니다.

　―여기서 날이 훤히 밝아왔으므로 샤라자드는 이야기를 그쳤다.

## 730번째 밤

　샤라자드는 이야기를 계속했다.
　오, 인자하신 임금님, 정원지기 노인이 뜻밖의 큰돈을 받고 가족과 함께 기뻐하고 있었을 때, 정원에서는 노파가 이렇게 말하고 있었습니다.
　"오, 공주님, 정말 훌륭하게 고쳐냈군요. 지금까지 이렇게 새하얀 회반죽이나 이렇게 좋은 빛깔은 본 적이 없어요. 그 정원지기는 안에도 이렇게 꾸며 놨을까요? 아니면 바깥쪽만 깨끗하게 바르고 안은 전과 마찬가지로 우중충할까요?"
　"유모, 안으로 들어가 봐요."
　그래서 노파가 앞장서서 두 사람이 안으로 들어가 보니 안쪽의 벽 역시 아름다운 색깔로 칠하여 훌륭하게 꾸며져 있었습니다.
　공주는 좌우를 쳐다보면서 안쪽으로 갔습니다. 그때 공주의 눈이 문득 벽 위에 못 박히더니 오랫동안 지긋이 쳐다보고 있었습니다. 노파는 공주의 눈동자가 그 꿈 이야기 그림에 멈춘 것을 눈치채자 신이 흩어지지 않도록 두 시녀에게 곁에서 떠나라고 눈짓했습니다.
　그림을 다 보고 난 공주는 노파를 뒤돌아보더니, 너무나 놀라워하면서 자신의 손을 때렸습니다.
　"오, 유모, 여기 와 봐요, 정말 희한한 그림이 있어요. 저것을 바늘로 눈귀퉁이에라도 새겨 둔다면 세상의 어리석은 자들에게 얼마나 좋은 훈계가 될까?"
　"대체 무엇인데요?"
　"저 단 위쪽을 봐요. 그리고 유모가 본 대로 한 번 말해 봐요."

노파는 안으로 걸어가서 꿈의 그림을 보았습니다.

잠시 뒤 노파는 의아한 낯빛으로 단을 내려왔습니다.

"오, 공주님, 저곳에는 이 정원과 새 몰이꾼, 그물 그리고 새 떼, 공주님의 꿈과 다른 것은 수비둘기가 뒤에 남은 암비둘기를 구해 주러 가지 못한 까닭이 그려져 있다는 것뿐입니다.

수비둘기가 매의 발톱에 채여 피를 빨리고 잡아먹히고 있지 않아요? 보세요, 공주님, 그런 까닭으로 수비둘기는 돌아와서 암비둘기를 살려 줄 수가 없었던 거지요. 그건 그렇고 공주님의 꿈을 어째서 저렇게 그렸을까요? 참으로 신기한 일도 다 있군요. 만일 공주님이 꿈꾸신 것을 그림으로 그리게 한다 해도 이젠 늦으셨네요.

공주님, 이건 틀림없이 우리가 수비둘기를 오해하고 있다는 걸 알고 천사들이 아담의 아들에게 시킨 일일 거예요. 왜냐하면 우리는 암비둘기를 매정하게 죽게 내버려 두었다고 수비둘기를 욕했으니까요. 천사의 명을 받은 아담의 아들들은 수비둘기가 억울하게 누명을 쓴 걸 알고 이렇게 그림을 그려 변명을 한 게 분명해요. 그리고 우리도 이제야 비로소 수비둘기가 매의 발톱에 채여 죽었음을 알게 된 거지요."

"오, 유모, 운명의 신은 이 수비둘기를 정말 참혹한 꼴로 만들었어요. 그런데 우리까지 이 수비둘기를 미워했으니 정말 미안한 짓을 했군요."

"공주님, 적들은 더없이 높으신 신의 심판을 모면할 수 없습니다. 어쨌든 참된 모습이 밝혀지고 수비둘기는 누명을 벗었어요. 매가 수비둘기를 잡아채서 죽이지만 않았더라면, 암비둘기를 죽게 내버려 두지 않고 틀림없이 돌아와서 살려주었을 거예요. 하지만 죽고 말았으니 모든 것이 헛일이지요.

공주님, 전능하신 알라께서 창조하신 온갖 생명 가운데 수컷이 보여주는 암컷에 대한 다정한 마음만 한 것은 없답니다. 특히 인간은 더하지요. 남자는 아내를 먹여 살리기 위해 자신이 굶주리는 것을 돌보지 않고, 아내를 입히기 위해서 자신의 헐벗음을 마다하지 않으며, 아내의 비위를 맞추기 위해선 부모의 노여움도 겁내지 않습니다.

또 부모의 분부를 거역하거나 부모의 말을 소홀히 하면서까지 아내의 입장을 세워주지요. 아내는 남편의 비밀을 알고 있어도 오로지 그것을 숨기고 남편과 잠시라도 떨어져서 살 수 없게 되지요.*15 하룻밤이라도 남편이 딴 곳에 가 돌아오지 않으면 아내는 뜬눈으로 밤을 밝힌답니다. 아내로서는 남편보다 더 가까운 존재는 없으니까요. 아내는 남편을 부모보다 더 사랑하며, 두 사람은 서로 팔베개를 베어주며 잠을 자지요. 시인의 노래에도 이런 것이 있지 않습니까?

    내 팔을 여자의 베개로 삼아
    안고 잔 그 밤의 기쁨이여,
    밤을 향해
    "더 길어져라!" 빈 것은
    보름달 밝은 밤이 샐 무렵이라오.
    그것은 일찍이 맛보지 못한
    하룻밤이었으니, 누가 뭐래도
    초저녁은 달콤한 것
    새벽녘은 쓰라린 것.

그래서 남편이 아내에게 입맞추면 아내도 남편에게 입을 맞추지요.
저는 옛날 어떤 임금님이 병들어 돌아가신 왕비님을 따라 함께 산 채로 땅속에 묻혀 죽었다는 이야기를 들은 적이 있습니다. 그 까닭도 임금님이 왕비님을 매우 깊이 사랑하셨고 두 분의 금실이 아주 좋았기 때문이죠.
또 이런 이야기도 들었습니다. 어느 임금님이 병환으로 돌아가셔서 신하들이 시체를 땅속에 묻으려고 하자 왕비는 신하들에게 이렇게 말했답니다.
'나도 함께 묻어다오. 함께 묻어주지 않으면 나는 스스로 목숨을 끊어 그대들 머리 위에 내 피를 뿌릴 테다.'
그들은 왕비의 굳은 결심을 돌이킬 수가 없어서 왕비를 혼자 남겨 두고 돌아갔더니, 왕비는 왕에 대한 깊은 사랑과 그리움의 정을 이기지 못하고 자기 몸을 죽은 왕의 무덤구덩이 속에 던지고 말았지요."
이렇게 노파가 오래도록 부부 사이의 아름다운 사랑에 얽힌 이야기를 애기해 주자, 공주의 마음에 숨어 있던 남자를 미워하고 꺼리던 마음도 어느덧 사라지고 말았습니다. 이렇듯 남자에게 기울어지는 여자의 자연스러운 정감이 공주의 가슴에 솟아나는 것을 노파는 눈치챘습니다.

"자, 이제는 뜰로 나가서서 거닐어 보세요."

노파가 공주를 재촉했으므로 모두 정자에서 나와 나무 사이를 여기저기 거닐었습니다.

이때 왕자가 힐끗 뒤를 돌아보았더니 하야트 알 누후스 공주의 모습이 눈에 들어왔습니다. 알맞게 균형 잡힌 몸매, 장밋빛으로 빛나는 두 뺨, 검은 눈동자, 우아한 기품, 흠 잡을 데 없이 맑고 깨끗한 자태와 아름답고 우아한 몸놀림에 왕자는 그만 넋을 잃고 눈길을 뗄 수가 없었습니다.

그리고 분별심은 어디로 다 가버렸는지 오로지 공주를 옆에서 섬기고 싶은 마음만 간절해지고 가슴은 슬픔으로 찢어지는 듯하여 그만 정신이 아득해져서 땅에 쓰러지고 말았습니다. 왕자가 간신히 정신을 차렸을 때는 이미 공주의 모습은 나무 사이로 사라지고 보이지 않았습니다.

―여기서 날이 훤히 밝아왔으므로 샤라자드는 이야기를 그쳤다.


## 731번째 밤

샤라자드는 이야기를 계속했다.

오, 인자하신 임금님, 공주의 모습을 놓친 왕자는 땅이 꺼져라 한숨을 쉬면서 다음과 같은 즉흥시를 읊었습니다.

아리따운 그대 모습 바라보고
사랑과 기쁨에 고동치다가
갈가리 찢어졌네, 내 마음.
아, 그러나 한 번 땅에 쓰러져
이윽고 다시 눈을 떠보니
그대 모습 간 곳 없네, 이내 차오르는 내 근심.
사랑의 종이 되어버린
내 영혼 부추겨서
훔쳐간 그대여, 그대

애달프다, 따뜻한 인정을 베푸시라.
신께서도 만날 기회 주시고,
죽음의 검은 그림자 깃들기 전에
내 영혼 낫게 해 주소서,
그러면 수없는 입맞춤을
그리운 그대에게 보내리라.
여위어 파리한 뺨에
뜨거운 입맞춤 받기 위해.

　노파는 정원을 여기저기 거닐다가 왕자가 숨어 있는 곳으로 공주를 안내해 왔습니다.
　때가 바야흐로 무르익었다고 생각한 노파는 이렇게 말했습니다.
　"오, 은총을 지니신 신이여! 저희를 두려움에서 벗어나게 하소서."
　이 신호를 들은 왕자는 버들가지도 부끄러워할 만한 자태로 자랑스럽게, 하늘하늘 몸을 흔들면서 나무 사이를 걷기 시작했습니다. 그 이마에는 진주 같은 이슬이 맺혀 있고, 두 뺨은 저녁노을처럼 붉게 타고 있었습니다.
　오, 이토록 아름다운 남자를 창조하신 전능하신 신을 칭송하라! 공주는 왕자의 모습을 보자 잠깐 말끄러미 쳐다보고 있었습니다. 이윽고 그 미모와 우아한 자태, 넘치는 애교와 사슴처럼 정겨운 눈동자, 가자나무 가지[*16]마저 얼굴을 붉힐 만한 날씬한 모습에 마음이 이끌렸습니다.
　그러자 공주의 마음은 홀연히 어지러워지면서 영혼은 육체를 빠져나가고 심장은 왕자의 미모의 화살에 관통되고 말았습니다.
　공주는 노파를 돌아보며 물었습니다.
　"오, 유모, 저기 있는 아름다운 젊은이는 어디서 온 분이지?"
　노파는 시치미를 떼고 반문했습니다.
　"젊은이라니요, 어디 있는데요?"
　"봐요, 저기, 나무 사이를 누비며 이쪽으로 오고 있지 않아."
　노파는 그래도 왕자의 모습을 못 본 체하며 사방을 둘러보고 나서 말했습니다.
　"대체 누가 저 젊은 사람에게 정원에 들어오는 길을 가르쳐주었을까요?"

"누가 저분에 대해 아는 사람이 없을까? 남자를 만드신 알라께 영광을! 오, 유모는 저 사람을 알고 있지?"

"공주님, 저 사람은 공주님에게 편지를 써 보낸 바로 그 젊은 상인이에요."

공주는 그만 애욕의 바다에 빠져 사랑과 정열의 불길에 타오르기 시작했습니다.

"오, 유모, 저렇게 잘생긴 남자가 또 있을까? 정말 아름다운 분이네. 저렇게 사랑스러운 분이 이 세상에 또 있을까?"

노파는 공주의 마음이 온통 아르다시르를 향한 연모로 불타기 시작한 것을 알았습니다.

"공주님, 그러니까 제가 전부터 그토록 말씀드리지 않았나요? 그분은 눈부시도록 잘생긴 젊은이라고."

"유모, 공주란 세상일이나 법도에 대해서는 아무것도 아는 것이 없어요. 아무도 가르쳐주지도 않고 말해 주지 않는걸 뭐. 유모, 어떻게 하면 저분과 가까워질 수 있을까? 저분을 만나면 뭐라고 말해야 할까? 저분은 뭐라고 말씀해 주실까?"

"글쎄요, 어떻게 하면 좋을지…… 공주님이 그런 말씀을 하시니 저는 정말 난처하기만 해요."

"유모, 만일 누가 사랑 때문에 죽은 사람이 있다면 내가 꼭 그렇게 될 것 같아. 이렇게 안타까운 심정으로 애태울 바엔 차라리 지금이라도 당장 죽는 게 낫겠어요."

"오, 공주님, 저쪽에서 이리로 오고 있으니 걱정하실 것 없어요. 공주님은 아직 젊으시니까 이쪽에서 가지 않아도 실례가 되지 않아요. 자, 저를 따라오세요. 제가 말을 거들어 드리면 공주님의 부끄러움도 가시게 될 거예요. 눈 몇 번 깜박이는 동안 서로 금세 가까워질 걸요, 뭐."

알 누후스 공주는 자기도 모르게 큰 소리로 말했습니다.

"신께서 정하신 운명을 거역할 수는 없으니, 자, 유모, 어서 안내해 줘요."

이윽고 두 사람은 보름달처럼 아름다운 아르다시르 앞으로 갔습니다.

"오, 젊은 양반, 당신 앞에 누가 있으신지 잘 보세요. 이분은 왕녀 하야트 알 누후스 공주님이십니다. 이분의 신분을 생각하고 몸소 당신에게 걸음을 옮기신 명예를 감사히 여기시고, 공주님께 예를 다해 공손히 서세요."

노파의 말에 왕자는 벌떡 일어났습니다. 그리고 두 사람의 눈동자가 서로 얽히더니 술도 마시지 않았는데 그만 둘 다 취하고 말았습니다.

공주는 아르다시르에 대한 사모의 정이 점점 더 높아져서 자기도 모르게 팔을 벌렸고, 아르다시르 역시 팔을 벌려 서로 와락 끌어안았습니다. 그리하여 격렬한 욕정에 사로잡힌 두 사람은 포옹한 채 정신이 아득해져서 그대로 쓰러지고 말았습니다.

이 광경을 본 노파는 남의 눈에 띄어 소문이 날까 겁이 나서 두 사람을 얼른 정자 안으로 안아 들인 다음, 자기는 문턱에 걸터앉아 두 시녀에게 말했습니다.

"공주님은 지금 쉬고 계시니 그동안 정원에 가서 놀도록 해요."

두 시녀가 다른 곳으로 간 뒤, 이윽고 정신이 깨어난 두 연인은 자신들이 정자 안에 있다는 사실을 알았습니다. 아르다시르 왕자가 말했습니다.

"오, 아름다운 공주여, 알라께서 당신을 지켜주시기를! 이것이 꿈일까요, 생시일까요?"

두 사람은 다시 굳게 끌어안고 서로 사랑의 괴로움과 기쁨을 주고받으면서 마시지도 않은 술에 취해 버렸습니다.

왕자는 그 자리에서 다음과 같은 시를 지어 읊었습니다.

    그대의 빛나는 이마에서 태양은 떠오르고
    그대의 뺨엔 장밋빛 노을이 어렸네.
    사람들이 두 얼굴을 우러러볼 때
    하늘의 별도 무색해 빛을 잃네.
    방긋하게 웃는 입술, 빛을 발하면
    밤은 물러가고 어둠이 걷히리.
    나긋나긋한 몸매 사뿐히 그대 걸으면
    뭇 잎을 단 가자나무 가지도 시샘하여
    깊이 고개 숙이네, 나도 그대 모습에
    마음 흥겨워 더 바랄 나위 없도다.

오, 인간과 아침을 다스리는 알라여,
기도하리, 임을 원수로부터 지켜주소서,
보름달도 당신에게 아름다움을 빌렸거늘
당신과 겨룬 태양은 맥없이 졌네.
어이하여 태양은 아름다움을 겨루었던고,
또 어이하여 보름달은
그러한 지혜를 찾아냈던고.
이토록 임 사랑한다고 뉘가 날 탓하리,
만남도 헤어짐도 운명인 것을.
슬픔에 잠기면서, 오, 그대여
아리따운 그 모습, 내 마음을 휘어잡았네.
애달파라, 애달파라, 사랑하는 마음
이렇듯 자태 아름다우니 그 무엇이 막으리.

—여기서 날이 훤히 밝아왔으므로 샤라자드는 이야기를 그쳤다.

## 732번째 밤

샤라자드는 이야기를 계속했다.
오, 인자하신 임금님, 왕자가 시를 읊고 나자 공주는 왕자를 가슴에 힘껏 끌어안고 그 입술과 이마에 입을 맞추었습니다.
그러자 싱싱하고 힘찬 기운을 되찾은 왕자는 오랫동안 사랑 탓에 괴로워해 온 심정을 말하고, 이 모든 것은 공주의 완고한 마음 때문에 생긴 고뇌였음을 자세하게 얘기했습니다.
그 말을 들은 공주는 왕자의 손과 발에 입맞추고 사랑으로 넘치는 자신의 마음을 보여주기 위해 얼굴에 쓴 베일마저 벗어 버렸습니다.[17]
그러자 정자 안은 공주의 눈부신 아름다움으로 가득 차서 마치 보름달이 떠오른 듯했습니다.
"오, 나의 사랑스러운 임, 나의 온갖 소망을 걸고 있는 그대, 이별의 날이 영원토록 오지 말기를! 신께서 우리 두 사람 사이에 이별의 슬픔을 주시는 일은 영원히 없기를!"
 공주가 이렇게 말하자, 두 사람은 다시 서로 끌어안고 흐느껴 울었습니다. 그러다가 공주는 시를 읊었습니다.

    오, 달빛도 햇빛도
    얼굴 붉힐 임이여,
    임은 사납게 나를 쳐서
    땅 위에 쓰러뜨렸네.
    임은 눈길의 칼로
    내 마음을 도려내었네.
    임의 그 눈길에
    내 어찌 몸을 피하리.
    또한 임의 눈썹
    내 가슴을 쏘는 활이라
    날카로운 화살을 꽂았네.
    그러나 풍요로운 그 뺨은
    낙원을 꿈꾸게 하네.
    그러니 어쩌랴, 이 몸인들
    그토록 향기롭고 풍요한
    수확의 열매를 놓치랴.
    임의 자태 다정함도
    꽃을 피운 가지이니.
    이윽고 나도 그 가지에서
    더없이 달콤한 열매를 따리라.
    오, 다정하게 나를 매혹하는 임
    어디까지 나를 이끌어
    잠조차 훔쳐 가려나.
    임의 사랑으로 흐트러진 나,
    체면도 잊고

부끄러움도 없이
벗은 알몸마저 보여주고 말았네.
알라여, 바라건대
더없이 올바른 광명을
임에게 보내시어
멀기만 한 임이지만 제 곁에 다가와
다시 만날 날 맹세하게 하소서.
나 역시 바라건대
사랑으로 찢어진 영혼에
자비를 내리시고,
임 곁으로 날아가는
마음 가련하다 여기시라.

 시를 읊고 난 공주는 또다시 애타는 마음에 불이 붙고, 욕정에 마음이 미칠 듯하여 비 오듯 눈물을 흘리며 울었습니다.
 이 광경을 보고 왕자도 연모의 정에 몸과 마음이 찢어지는 것만 같았습니다. 왕자는 공주에게 무릎으로 다가앉으며, 그 손에 입을 맞춘 뒤 격렬하게 흐느껴 울었습니다.
 이렇게 두 사람이 언제 끝날지 모를 연인끼리의 달콤하고 정다운 이야기를 나누고 시를 읊는 사이, 정오의 기도를 알리는 소리가 헤어질 시간이 다가왔음을 알렸습니다.
 "오, 나의 눈동자, 내 마음의 양식이여, 헤어져야 할 때가 왔어요. 언제 또 뵐 수 있을까요?"
 공주의 말에 왕자의 가슴은 날카로운 창에 꿰뚫리는 듯했습니다.
 "나는 무슨 일이 있어도 헤어진다는 말만은 하고 싶지 않습니다!"
 이윽고 공주는 정자에서 나갔습니다만 곧 뒤돌아보니, 왕자의 눈에 바위도 녹일 듯한 뜨거운 한숨을 쉬며 소나기 같은 눈물을 흘리는 공주의 모습이 비쳤습니다. 왕자는 그런 공주를 보며 견딜 수 없는 슬픔의 바다에 빠져 이런 즉흥시를 읊었습니다.

아, 내 가슴의 동경이여!
사랑의 괴로움으로
슬픔은 더욱 심해졌네.
애달프다, 나를 고치는 건 무엇이냐,
참으로 그곳은 어둠을 걷는
희망의 빛과도 같은 얼굴,
칠흑 같은 어둠에 비길 검은 머리,
불어오는 바람의 입김에
하늘거리는 가지처럼 연약한 그 자태.
뒤쫓는 귀공자를 보는
새끼 사슴의 그것처럼
잘도 닮은 부드러운 눈길,
묵직한 엉덩이를 받드는
우아한 버들가지 허리여,
맑은 물이냐, 또는 사향이냐
마시기 좋고 달콤한
입술의 이슬이여.
오, 가엾다, 우리의 족속인
영양이여, 내 슬픔의
영혼을 평안하게 가라앉혀
잠든 꿈에라도 그대 얼굴
보여주시라, 승낙하시라!

  공주는 자신을 찬미하는 노랫소리를 듣자 왕자를 돌아보고는 그 곁으로 다시 되돌아가 왕자의 몸을 와락 끌어안았습니다. 불같이 타오르는 욕정의 불길을 끄자면 서로 입맞추고 어루만지는 수밖에 없었습니다.
  "속담에도 말하듯이 사랑의 길에는 참는 게 중요하다는 것을 잊어선 안 돼요. 이제부터 우리 두 사람이 만날 방법을 궁리할 도리밖에 없어요."
  그렇게 소리친 공주는 왕자와 헤어지자 견딜 수 없는 사랑의 무거운 짐에 허덕이며, 어디로 가야 할지 모르는 채 밖으로 나갔습니다. 그렇게 넋이 나간 사람처럼 걸어가는 사이에 어느새 자기 방으로 돌아와 있었습니다.
 공주가 가버린 뒤 밤이 되자, 젊은 왕자는 연모의 정을 못 이겨서 밤에도 편히 잘 수 없었습니다. 공주 쪽에서도 음식이 목구멍에 넘어가지 않고 참고 견딜힘도 사라져서 마침내 사랑 때문에 몸져눕게 되었습니다.
 날이 밝자 공주는 당장 유모를 불러들였습니다. 노파가 와 보니 공주가 하룻밤 사이에 몰라보게 수척해져 있었습니다.
 "나에게 아무것도 묻지 마세요. 이렇게 내가 괴로워하는 것도 다 유모 탓이니까. 대체 그 아름다운 분은 어디 계시지?"
 "공주님, 그분과 헤어진 것은 언제였죠? 겨우 어제 하룻밤뿐이잖아요."
 "한시라도 그분이 계시지 않으면 견딜 수가 없어. 어서 어떻게든 만나도록 해줘! 영혼이 몸에서 빠져 달아날 것만 같으니."
 "오, 공주님, 아무도 생각 못할 좋은 생각이 떠오를 때까지 참아주세요."
 "아니야, 유모, 지금 곧 그분을 이곳에 모셔오지 않으면 아버님에게 내가 유모 때문에 이런 꼴이 되었다고 알려서 목을 자르게 할 테야."
 "소원이니 조금만 참아주세요. 목숨이 관련된 아주 큰 사건이니까요."
 이렇게 노파가 애원하자 공주는 사흘의 말미를 주면서 말했습니다.
 "유모, 이 사흘은 나에게는 마치 3년처럼 긴 거예요. 나흘째가 되어도 그분을 데려오지 않으면 난 유모를 죽여 버릴 테니 그리 알아요."
 노파는 공주의 궁전에서 나와 자기 집에 돌아가서는 아무 일도 하지 않고 누워 있었습니다. 그리고 나흘째가 되자 거리의 여자 미용사들을 불러와서 젊은 여자 화장에 쓰는 고급 물감과 연지를 주문했습니다.
 이윽고 고급 미용용품이 배달되자 노파는 사람을 보내 왕자를 불러온 뒤, 옷장 속에서 금화 5천 닢의 가치는 되어 보이는 부인복 한 벌과 같은 보석으로 가녘을 두른 두건이 든 보따리를 꺼냈습니다.
 "오, 도련님, 알 누후스 공주를 만나고 싶지 않아요?"
 "만나고 싶어 죽겠소."
 노파는 족집게로 왕자 얼굴의 수염을 뽑고 눈에는 콜 가루를 칠했습니다.[18] 그런 다음 옷을 벗기고 손톱 끝에서 어깨 언저리까지, 발뒤꿈치에서 샅에까지 헤나[19]로 물들이고 온몸에 문신을 그려 넣었습니다.[20] 그 때문에 왕자는 순백의 석고판에 새빨간 장미를 그려 넣은 모습이 되었습니다. 잠시 뒤 왕자가 몸을 씻자 몸이 마르기를 기다려 속옷과 아랫바지를 입혔습니다. 그리고 나서 앞에서 말한 여자 옷을 입히고, 머리에는 두건을 감은 뒤 베일을 씌우고 걸음걸이를 가르쳐주었습니다.

"왼발을 내디디면 오른발을 뒤로 물리세요."

왕자가 노파가 가르쳐주는 대로 따라 하니 그 모습은 마치 낙원을 빠져나온 선녀 같았습니다. 왕자는 노파가 생각했던 것보다 훨씬 더 익숙하고 솜씨 있게 걸음을 옮겼습니다.

"이제부터 임금님의 궁전에 가는 것이니 조심하세요. 문에는 아마도 문지기와 환관들이 있을 거예요. 그자들을 보고 당신이 멈칫거리거나 이상한 몸짓을 하며 겁내는 기색을 보이면 수상히 여기고 조사를 할 거예요. 그렇게 되면 우리 두 사람은 호된 봉변을 당하고 목숨까지 뺏길 수 있어요. 당신이 그곳을 잘 빠져나갈 자신이 없다면 미리 말씀하세요."

"나는 조금도 두렵지 않습니다. 제발 걱정하지 마세요."

그리하여 노파는 왕자를 안내하여 곧 궁전 문 앞에 이르렀습니다. 과연 문 앞에는 많은 환관이 버티고 서 있었습니다.

노파는 왕자를 돌아보며 다짐하듯이 물었습니다.

"괜찮겠어요?"

왕자의 얼굴빛이 조금도 변하지 않은 것을 보고 노파는 안심하고 거침없이 안으로 들어갔습니다. 환관 우두머리는 노파와 잘 아는 사이였는데, 그 뒤에 따라오는 처녀를 보자 그 요염한 모습에 감탄하며 말했습니다.

"저 노파는 공주의 유모가 틀림없는데 함께 온 저 처녀는 처음 보는 여자군. 저렇게 귀엽게 생긴 여자는 알 누후스 공주 말고는 없을 텐데, 공주님이 언제 밖에 나가셨을까? 궁전 밖으로는 한 번도 나가신 적이 없는데? 임금님의 허락을 받으셨는지 한 번 여쭈어 볼까."

환관 우두머리가 일어나서 두 사람 쪽으로 다가가니 그 뒤로 환관 30명이 따라갔습니다. 그 광경을 보고 노파는 공포에 질려 정신을 차리지 못하고 중얼거렸습니다.

"오, 우리는 신의 자식이니 언젠가는 신에게 돌아가리라! 이렇게 되었으니 어차피 죽은 목숨이다."

―여기서 날이 훤히 밝아왔으므로 샤라자드는 이야기를 그쳤다.

## 733번째 밤

샤라자드는 이야기를 계속했다.

오, 인자하신 임금님, 환관 우두머리는 노파가 혼자서 중얼거리는 소리를 듣더니, 공주의 발끈하는 성깔과 부왕이 공주의 말이라면 무엇이든지 들어주는 것을 알고 있는지라 갑자기 겁이 났습니다.

'분명히 무슨 까닭이 있어 임금님께서 공주님을 밖으로 데리고 나가도록 유모에게 분부하신 모양이다. 그리고 공주님은 그것을 누구에게도 숨기시려는 것일 테다. 만일 내가 공주님의 심기를 건드린다면 공주님은 화를 내시고 "이 환관이 저를 가로막고 내 비밀을 캐내려고 했어요" 하며 임금님께 고해 바칠 테지. 그러면 내 모가지는 무사히 붙어 있지 못한다. 이런 일은 아예 모른 척하는 게 가장 좋은 대책이다.'

이렇게 생각한 환관 우두머리는 도중에 발길을 돌렸고, 환관 30명도 그 뒤를 따라가서 궁전 문 앞에 떼 지어 몰려 있는 사람들을 쫓아 버렸습니다. 노파는 이때다 싶어 얼른 문을 지나 환관들에게 고개를 살짝 숙여 인사하니, 환관들은 일어서서 두 사람을 공손하게 맞이하며 이마에 손을 얹어 답례했습니다.

그리하여 노파의 안내로 궁전에 들어간 왕자는 차례차례 문을 지나 안으로 들어갔습니다. 물론 알라의 가호로 어느 문에서도 걸리지 않고 무사히 통과했습니다.

그러는 동안 일곱 번째 문 앞에 이르렀습니다. 그곳은 옥좌가 마련되어 있는 으리으리한 건물의 입구였는데, 그 안에는 처첩들의 방과 후궁의 넓은 홀이 있고, 공주의 궁전과도 이어져 있었습니다.

거기까지 오자 노파는 비로소 걸음을 멈췄습니다.

"간신히 여기까지 무사히 들어왔군요. 우리를 여기까지 무사히 데려다주신 알라께 영광을! 하지만 우리는 밤이 되기 전에는 공주님을 만날 수 없어요. 어둠은 두려운 것을 모두 덮어주니까요."

"그렇겠지요, 하지만 그때까지 어떻게 하면 좋을까요?"
"이 어두운 구멍 안에 숨어 계세요."
노파는 문 뒤에 있는 깊고 어두운 큰 물통을 가리켰습니다. 왕자가 뚜껑이 달린 물통 속에 몸을 숨기자, 노파는 그대로 어디론가 사라져서 날이 저물 때까지 나타나지 않았습니다.
날이 저물 무렵 노파는 다시 돌아와서 왕자를 궁전 안으로 안내하여 알 누후스 공주 방문 앞으로 데리고 갔습니다. 문을 두드리자 젊은 여자가 얼굴을 내밀었습니다.
"누구신가요?"
"저예요."
여자는 공주에게 유모가 온 것을 알렸습니다.
"문을 열어주렴. 그리고 같이 온 사람이 있으면 함께 들여보내라."
두 사람은 방 안으로 들어갔습니다. 노파가 사방을 둘러보니 방은 말끔히 치워져 있고, 등불이 눈부시도록 환하게 늘어서 있었습니다. 금은 촛대에도 불이 켜져 있고, 긴 의자와 높은 단 위에는 융단과 방석도 놓여 있었습니다. 그리고 요리와 과일과 과자가 차려져 있고, 방 안에 그윽하게 사향이며 침향(沈香), 용연향 향기가 풍기고 있었습니다.
공주는 등불과 촛불 사이에 앉아 있었는데, 그 얼굴은 등불도 겸연쩍고 부끄러울 정도로 눈부시게 빛났습니다. 공주는 노파를 보자 물었습니다.
"유모, 나의 사랑스러운 그분은 어디 계시지?"
"공주님, 아무래도 그분을 찾아낼 수가 없어서 그분의 누이를 데려왔어요. 이분이 그 누이예요."
노파의 이 말에 공주가 소리쳤습니다.
"넌 악마에게 사로잡힌 게 분명해. 그분 누이에게 내가 무슨 볼일이 있다는 거지? 머리가 아플 때 손을 묶는 사람도 있어?"
"오, 공주님, 물론 누이에게 볼일이 없을지도 모릅니다. 그러나 이분을 잘 보시고 마음에 드시면 곁에 두도록 하세요."
공주가 처녀 얼굴에서 베일을 벗겨보니 왕자였으므로 깜짝 놀라 그를 꼭 끌어안았습니다. 왕자도 공주를 가슴에 와락 포옹하니, 두 사람은 함께 정신을 잃고 쓰러졌습니다.

노파가 두 사람에게 장미수를 뿌려주자 공주는 가까스로 정신을 차렸습니다. 그러고는 거듭거듭 왕자의 입술에 입을 맞추면서 다음과 같은 즉흥시를 읊었습니다.

　　이 가슴이 반기는 임은
　　밤의 어둠 속에서 나를 찾네.
　　주저 없이 임이 앉을 때까지
　　공손히 나는 서서 말하네.
　　"오, 나의 동경, 나의 소망,
　　이러한 방의 방문일진대
　　두렵지 않소,
　　문을 지키는 파수꾼이?"
　　임은 대답하여 말하기를
　　"그렇소, 내 심히 두려웠소,
　　두렵지만, 사랑은 이성의
　　테두리 밖이라 마음만 어지럽소."
　　우리는 입맞춤을 나누고
　　잠깐 포옹하고 있었네.
　　번뜩이는 파수꾼의 눈이
　　없는 낙원임을 알기에.
　　이윽고, 우리는 헤어지기 위해
　　몸을 일으켰네,
　　하지만 우리는 깨끗하고 순수한,
　　한 점 얼룩도 없는
　　바지를 펼쳐 보였네.

　―여기서 날이 훤히 밝아왔으므로 샤라자드는 이야기를 그쳤다.

## 734번째 밤

샤라자드는 이야기를 계속했다.

오, 인자하신 임금님, 공주는 즉흥시를 읊고 나서 왕자에게 말했습니다.

"이렇게 궁전 안에서 당신을 만나다니, 술잔을 함께 나누는 친한 사이가 되다니, 꿈은 아니겠죠?"

이윽고 뜨거운 정열이 불타올라 연모의 정을 견딜 수 없게 되자, 공주는 기쁨에 겨워 자기도 모르게 이런 시를 읊었습니다.

밤의 어둠 속을 찾아오신 분에게
내 온 영혼으로 보답하리,
당신 모습을 보려고
애타게 기다린 나이므로.
내 영혼을 흔들어 깨운 것은
임의 다정한 속삭임,
그리하여 나는 속삭였네.
"사뿐사뿐 발걸음을 옮겨
오소서, 어서어서 오소서."
난 넋을 잃고 임의 볼에
천 번 만 번 입맞추고,
다시 천 번 만 번 되풀이했네.
이윽고 어두운 방 안에서
임의 가슴에 안겨
몸부림을 치며 외쳤네.
"이제 비로소 내 소원 다 이루었네.
이 은총 입었으니 알라를 칭송하리,
또한 기도하리, 진정으로."
이윽고 우리는 마음 편히
꿈길을 더듬어 잠을 잤네,
밤을 일깨우는 아침이 찾아와

대지를 찬란하게 비출 때까지.

날이 밝자, 공주는 방 안의 아무도 모르는 장소에 왕자를 숨겼습니다. 그리고 날이 저물자, 다시 왕자를 데리고 나와 정답게 이야기도 하고 술잔치를 벌이면서 즐겁게 놀았습니다.

이윽고 왕자는 공주에게 말했습니다.

"나는 고국으로 돌아가 아버님에게 우리 사이에 있었던 일을 모두 알릴까 하오. 그렇게 하면 아버님께서 대신을 사신으로 내세워 당신 아버님께 청혼해 주실 것이오."

"나의 사랑하는 분, 고향에 돌아가시면 마음이 저에게서 멀어져 사랑도 잊게 되지 않을까요? 또 당신 아버님께서 이 혼담을 당신이 원하는 대로 승낙해 주시지 않아서, 저만 애타게 그리워하다가 죽어 버리지나 않을까 걱정 돼요.

저에게 무슨 좋은 방법이 생각날 때까지, 당신과 함께 여기서 지내면서 서로 얼굴을 쳐다보며 사는 게 훨씬 더 좋을 듯해요. 그러다가 무슨 좋은 생각이 떠올라, 밤에 몰래 이 성을 빠져나가 당신과 둘이서 당신의 고국으로 달아날 수 있을지도 몰라요. 전 이 나라 사람들에겐 아주 질려 버려서 완전히 단념해 버렸거든요."

그러자 아르다시르 왕자가 말했습니다.

"알았소, 당신 말대로 합시다."

두 사람은 또다시 술을 마시며 희롱하고 정다운 이야기를 주고받았습니다.

이렇게 나날을 보내던 어느 날 밤, 두 사람은 특별하고 맛 좋은 사랑의 술에 취해서 잠을 잘 생각도 하지 않고 새벽녘까지 술잔을 기울이며 서로 달콤하고 정다운 이야기를 속삭이고 있었습니다.

그때 공교롭게도 어느 국왕이 공주의 부왕에게 보낸 선물이 들어왔습니다. 그중에 진주 목걸이가 하나 있었는데, 그것은 스물아홉 개의 구슬을 꿴 것으로 웬만한 왕후의 재물로는 손에 넣을 수 없을 만큼 진귀한 것이었습니다. 그것을 본 아브드 알 카디르 왕이 말했습니다.

"이 목걸이를 할 만한 사람은 내 딸 하야트 알 누후스 공주밖에 없다."

그리고 공주의 손으로, 공주 말고는 아무도 모르는 이유로 이를 뽑힌[21]

한 환관을 돌아보며 말했습니다.

"이 목걸이를 공주한테 가져다주고 '이것은 어느 왕이 나에게 보낸 선물인데, 돈으로는 절대로 살 수 없는 비싼 물건이니 공주의 목에 걸라' 하더라고 전해라."

환관은 그 목걸이를 받아 들고 자기도 모르게 중얼거렸습니다.

"전능하신 알라시여, 이것이 공주의 몸을 장식하는 마지막 것이 되기를! 내 멀쩡한 이를 뽑은 데 대한 천벌로!"

환관이 공주의 방에 가보니, 문은 닫혀 있는데, 노파가 문 앞에서 잠들어 있었습니다. 환관이 흔들어 깨우니 노파는 소스라치게 놀라며 일어났습니다.

"무슨 일입니까?"

"임금님의 분부로 공주님을 뵈러 왔소."

"지금 여기에는 열쇠가 없으니, 그것을 갖고 올 동안 저쪽에 가 계십시오."

"분부하신 어명을 완수하기 전에는 떠날 수 없소."

노파는 열쇠를 가지러 가는 척하면서 그 자리를 떠났지만, 사실 공포에 떨면서 나는 듯이 달아나고 말았던 겁니다.

환관은 한동안 노파를 기다리다가 좀처럼 돌아오지 않자, 왕이 늦게 돌아온다고 화를 낼 것 같아서 은근히 걱정되었습니다. 그래서 문을 한 번 흔들어보니 빗장이 벗겨져 반쯤 열려 있기에 안으로 들어갔습니다. 그리고 일곱 번째 문 앞에 다다라 공주의 방 안에 들어가 보니 매우 아름답게 장식된 촛불들이 켜져 있고 술병이 나뒹굴고 있었습니다.

이 광경을 보고 놀란 환관이 침대로 가서 보석으로 두른 비단휘장을 들춰보았습니다. 그랬더니 공주가 자기보다 아름다운 젊은이의 목을 끌어안고 잠들어 있는 게 아니겠습니까!

이것을 본 환관은 더러운 물로 이토록 아름다운 젊은이를 만드신 전능하신 신을 칭송한 다음 이렇게 중얼거렸습니다.

"남자를 싫어하던 공주의 이 추잡한 꼬락서니는 대체 뭐란 말인가! 내 어금니를 뽑게 한 것도 분명히 이 사내 때문이리라."

잠시 뒤 환관은 휘장을 다시 내리고 발길을 돌렸습니다. 그때 깜짝 놀라 눈을 뜬 공주는 그 카푸르 환관의 모습을 보고 불러 세웠습니다.

그러나 상대가 대답하지 않자, 공주는 침대에서 뛰어내려 그의 옷자락을 붙잡아 머리 위로 받쳐 들고 그 발에 입을 맞추며 애원했습니다.
"제발 이 자리의 비밀만은 누구에게도 말하지 말아다오."
그러자 환관이 대답했습니다.
"알라여, 당신과 이 젊은이의 죄를 이대로 숨겨두지 마시기를! 공주님은 내 어금니를 뽑으며 '누구도 나에게 남자 얘기나 남자가 한 일에 대해 얘기해서는 안 된다!' 하시지 않았습니까?"
환관은 공주의 손을 뿌리치고 달려가 밖에서 문을 잠근 다음, 다른 환관에게 감시하라 이르고는 왕의 어전으로 달려갔습니다.
"그 목걸이를 공주에게 전하고 왔느냐?"
"알라께 맹세코 아뢰옵니다만, 참으로 일어나서는 안 될 일이 일어나고 말았습니다."
"무슨 일인데 그러느냐! 어서 말하라!"
"아무도 없는 곳에서 은밀히 말씀드려야 할 일입니다."
"상관없으니 모두 듣는 앞에서 말해라."
그러자 환관은 목소리를 높여서 말했습니다.
"그럼 무례를 용서하신다는 표시를 보여주십시오."
왕이 죄를 면제한다는 하얀 손수건을 던져주자, 환관은 비로소 입을 열었습니다.
"실은, 공주님의 방에 가보니 공주님은 양탄자를 깐 침대에서 웬 젊은이를 품고 잠들어 있었습니다. 그래서 저는 두 사람을 방 안에 가둬놓고 돌아왔습니다."
이 말을 들은 왕은 펄쩍 뛰며 칼자루를 잡더니 환관장에게 큰 소리로 외쳤습니다.
"부하들을 데리고 공주의 방으로 가서 침대 위의 모습 그대로 두 사람을 이리 끌고 오너라. 그러나 두 사람 몸 위에 이불만은 덮어줘라."

―여기서 날이 훤히 밝아왔으므로 샤라자드는 이야기를 그쳤다.

## 735번째 밤

샤라자드는 이야기를 계속했다.
오, 인자하신 임금님, 왕의 명령을 받은 환관장이 부하들을 데리고 공주의 방으로 가보니, 공주는 눈에 눈물을 가득 담은 채 서 있고 왕자가 그 옆에서 부축하고 있었습니다. 환관장은 두 사람에게 말했습니다.
"자, 침대 위에 처음 모습대로 누우십시오. 젊은 양반도 똑같이 하고."
공주는 무엇보다도 연인이 걱정되어 왕자에게 충고했습니다.
"지금 반항하시면 안 돼요."
두 사람이 침대에 눕자 환관들은 그 위에 이불을 덮고 왕의 어전으로 운반해 갔습니다. 왕이 이불을 젖히자 공주는 벌떡 일어났습니다. 왕은 공주를 무섭게 노려보며 당장에라도 목을 내려칠 기세였습니다. 왕자는 왕의 가슴에 몸을 던지며 애원했습니다.
"잘못은 공주가 아니라 저에게 있습니다. 공주를 죽이기 전에 제발 저를 먼저 죽여주십시오."
왕이 왕자를 향해 칼을 치켜들자, 이번에는 공주가 부왕의 가슴에 매달리며 애걸했습니다.
"이분은 안 돼요! 부디 저를 죽여주세요. 이분은 크고 넓은 영토를 다스리시는 대왕의 후계자시니까요."
왕은 이 말을 듣자, 온갖 악덕을 한몸에 지닌 재상을 돌아보며 말했습니다.
"대신, 그대는 이 일을 어떻게 생각하나?"
재상이 대답했습니다.
"제 소견으로는 이 같은 짓을 한 당사자들은 모두가 하나같이 거짓말을 하는 법입니다. 두 사람 다 온갖 고문을 가한 뒤 가차 없이 처단하는 것이 옳을 줄 압니다."
왕이 대신의 말에 따라 사형집행인을 불러들이자, 그가 부하와 함께 들어와서 왕 앞에 엎드렸습니다.
"이 죄인을 끌고 가서 목을 베어라. 그런 다음, 이 음탕하고 난잡한 계집의 목도 같이 베어 두 시체 모두 불태우고, 이 두 연놈에 대해선 두 번 다시 나에게 얘기해선 안 된다."

 사형집행인이 명령대로 공주를 끌고 가기 위해 등에 손을 대었습니다. 그러자 왕은 고함을 치면서 손에 든 칼을 던졌으므로 그는 하마터면 목이 달아날 뻔했습니다.

 "네 이놈, 어째서 너는 내 노여움을 산 자에게 동정을 베푸느냐? 머리채를 움켜잡고 얼굴을 땅바닥에 질질 끌며 데려가라!"

 그리하여 집행인은 공주의 머리채를 틀어잡고 왕자도 똑같은 방법으로 형장으로 끌고 갔습니다. 형장에 다다르자 그는 자기 옷자락을 찢어서 먼저 왕자의 눈부터 가렸습니다. 공주를 뒤로 미룬 것은 누군가가 나타나 공주의 목숨을 구해 주기를 바랐기 때문입니다.

 이윽고 처형준비를 다하자, 그는 날카로운 칼을 세 번 허공에 휘둘렀습니다. 그것을 본 병사들은 모두 눈물을 흘리며 누군가 목숨을 구해 줄 사람이 나타나서 두 사람을 살려주기를 신께 빌었습니다.

 드디어 사형집행인이 칼을 높이 치켜들고 막 왕자의 목을 내리치려는데, 홀연히 모래먼지가 뭉게뭉게 피어오르더니 금세 사방에 퍼져서 시야를 가로막고 말았습니다.

 왕자의 여행이 예상 밖으로 오래 이어지자, 부왕이 대군을 이끌고 왕자를 찾으러 진군해 온 것이었습니다.

 이 모래먼지를 바라본 카디르 왕은 신하들을 돌아보며 물었습니다.

 "여봐라, 멀리 하늘을 덮어오는 저 먼지는 어인 일이냐?"

 정찰하러 나간 대신은 이윽고 모래먼지 뒤로 수없이 많은 병사와 군마가 메뚜기처럼 산과 들, 골짜기를 가득 메우고 있는 사실을 알았습니다.

 재상이 국왕에게 돌아와 알아본 대로 보고하자 왕은 다시 명령을 내렸습니다.

 "다시 한 번 가서 대군의 정체와 무슨 까닭에 내 영토로 진격해 왔는지 알아 오너라. 그리고 총대장을 만나 내 대리로서 인사하고, 이곳에 온 이유를 물어봐라. 뭔가 찾는 것이 있으면 협력해 주고, 어느 왕에게 원한이 있다면 우리도 싸움터로 말을 몰아 힘을 빌려주자. 이도 저도 아니고 공물을 원한다면 원하는 만큼 선물을 주도록 하지 뭐. 엄청난 대군으로 막강한 힘을 가진 듯하니, 저 대군이 이 나라를 쑥밭으로 만들기 전에 말이다."

그리하여 대신은 곧 출발하여 천막과 기병과 호위병들 사이를 누비며 아침부터 해질 무렵까지 계속 걸어갔습니다.

여기저기 흩어진 천막들 속에 번쩍거리는 칼을 들고 지키는 경비병들 옆을 지나 태수와 대신, 지사와 시종들 사이를 빠져나가서, 마침내 왕의 천막에 이르렀습니다.

재상이 상대를 자세히 보니 그는 위풍당당한 대왕이었습니다. 왕의 시종들은 재상의 모습을 보자 큰 소리로 꾸짖었습니다.

"무릎을 꿇어라! 무릎을 꿇어라!"

대신이 엎드려 조아린 뒤 몸을 일으키자 시종들은 두 번 세 번 같은 말을 외쳤습니다.

그때마다 대신은 몇 번이고 무릎을 꿇고 엎드렸다가 고개를 들고 일어나려 했지만, 너무나도 무서운 위엄에 눌려 다시 납작 엎드리고 말았습니다. 이윽고 간신히 왕 앞에 나아간 재상이 말했습니다.

"오, 자비로우신 임금님이시여! 알라께서 임금님께 장수를 내리시고 권력을 더하시고 지위를 더욱 높여주시기를! 다름이 아니오라 저희 아브드 알 카디르 왕께서 임금님께 삼가 인사를 올리시며, 무슨 볼일로 이 땅에 오셨는지 묻고 계십니다. 어떤 국왕에게 피의 복수를 하고 싶으시면 카디르 왕은 군마를 마련해 빌려 드릴 것이고, 무엇인가 원하시는 게 있어서 찾아오셨다면 힘껏 협조를 아끼지 않겠습니다. 오로지 임금님의 명을 받들어, 있는 힘을 다할 작정입니다."

그러자 아르다시르 부왕이 대답했습니다.

"여봐라, 사신, 그대의 주군에게 돌아가서 전해라. 시라즈의 대왕 사이프 알 아잠 샤에게는 왕자가 하나 있었는데, 그 왕자가 곁에서 떠난 지 이미 오랜 세월이 흘렀으나 아직 소식이 없다. 왕자가 이 도성에 있다면 나는 곧 데리고 여기를 떠나리라. 그러나 만일 왕자의 몸에 재앙이나 사고가 생겼거나 이곳의 왕에게 무슨 위해를 당했다면, 나는 아버지로서 이 국토를 짓밟고 왕의 재물을 약탈할 것이며, 부하들을 살육하고 여자들을 빼앗아 갈 것이다. 재난이 일어나기 전에 어서 주군한테 돌아가서 그렇게 전하라."

"잘 알았습니다."

재상이 그대로 일어나서 나가려 하자 시종이 큰 소리로 외쳤습니다.

"무릎을 꿇어라! 무릎을 꿇어라!"
 또다시 소스라치게 놀라서 스무 번이나 땅에 엎드린 다음 아잠 왕 앞에서 물러나 도성으로 돌아간 재상은, 새파랗게 질린 얼굴로 두려움에 벌벌 떨면서 카디르 왕에게 자초지종을 보고했습니다.

—여기서 날이 훤히 밝아왔으므로 샤라자드는 이야기를 그쳤다.


## 736번째 밤

샤라자드는 이야기를 계속했다.
 오, 인자하신 임금님, 재상의 보고를 듣고 자기 자신과 신하들의 신변에 불안과 공포를 느낀 카디르 왕은 재상에게 물었습니다.
 "그래, 그 왕자란 대체 누구란 말이냐?"
 "그것은 임금님께서 처형하라고 명령하신 바로 그 젊은이입니다. 아직, 형의 집행을 서두르지 않았다면 알라를 찬양하라! 그렇지만 그 왕자를 죽여 버렸다면 왕자의 아버지는 그 어마어마한 대군으로 이 나라를 쑥밭으로 만들어 놓고 우리의 재물을 모조리 휩쓸어 갈 것입니다."
 "그럼, 그대의 판단이 잘못되었구나. 그 젊은이를 죽이라고 한 사람은 그대가 아니던가? 그 대왕의 후계자라는 그 젊은이는 지금 어디 있느냐?"
 "아니, 임금님, 젊은이를 베어 버리라고 말씀하신 것은 임금님이 아니십니까?"
 왕은 완전히 마음의 평정을 잃고 가슴 깊숙한 곳에서, 머릿속에서 힘껏 목소리를 짜내어 부르짖었습니다.
 "이 괘씸한 놈 같으니! 우물쭈물하다가 그 젊은이를 죽게 해선 안 된다. 어서 사형집행인을 이리 대령시켜라."
 사형집행인이 즉각 달려왔습니다.
 "오, 현세의 임금님이시여, 분부대로 목을 베어 버렸습니다."
 그러자 왕은 호통을 쳤습니다.
 "이 개 같은 놈! 그것이 사실이면 너도 그 뒤를 따라가게 해 주마."

"오, 임금님, 임금님께서 두 번 다시 의논할 것도 없이 죽이라고 명령하시지 않았습니까?"

"화가 나서 그랬다. 그러니 살고 싶거든 사실대로 말해라."

"예, 임금님, 사실 그 젊은이는 아직 살아 있습니다."

이 말을 듣고 카디르 왕은 기뻐하며 안심이 되어 가슴을 쓸어내렸습니다. 그리고 아르다시르를 불러내고, 그가 나타나자 몸소 일어나서 맞이하며 입술에 입을 맞춘 뒤 말했습니다.

"오, 왕자여, 그대를 모질고 혹독하게 대한 일을 전능하신 알라께 사죄하리다. 그러니 부디 그대의 아버님이신 대왕께 내 체면이 깎이는 말은 하지 마시오."

"오, 현세의 임금님이시여, 저의 아버지는 어디 계십니까?"

"아버님은 그대의 안부가 걱정돼서 지금 이곳에 와 계시오."

"임금님에게 의심받은 내 체면과 공주의 체면이 회복되기 전에는 절대 이 자리에서 물러나지 않겠습니다. 왜냐하면 공주는 아직 깨끗한 처녀이기 때문입니다. 산파들을 불러 임금님이 보시는 앞에서 공주의 몸을 살펴보도록 하십시오. 만일 산파들이 공주가 처녀가 아님을 증명한다면, 저는 임금님 손에 죽어도 상관없습니다. 그러나 산파들이 아직 처녀라는 것을 인정한다면 공주도 저도 누명을 벗게 되는 셈이겠지요?"

왕은 즉시 산파를 불러 공주의 몸을 조사하도록 했습니다. 그 결과 아직 한 번도 쓴 적이 없는 완벽한 새 그릇이었으므로 그 사실을 왕에게 아뢰고 축의금을 청했습니다.

왕은 그들이 원하는 대로 축의금을 내리고, 입고 있던 예복까지 벗어주었습니다. 또 후궁의 여자들에게도 아낌없이 금품을 하사했습니다.

그러자 처첩들이 향로를 꺼내 와서 태수와 고관들의 몸에 향을 피워주자 모두 매우 기뻐했습니다.

이어서 왕은 아르다시르의 어깨에 팔을 두르고 명예를 다하여 예우한 뒤, 환관들을 시켜 목욕탕으로 안내했습니다.

왕자가 목욕을 마치고 돌아오자 왕은 왕자에게 값진 옷을 입히고 보석을 박은 관을 씌워주었습니다. 또 허리에는 순금으로 가장자리를 둘러 진주와 보석을 장식한 비단띠를 두르게 한 다음, 준마에 진주와 보석을 수놓은 금안장을 얹어 왕자를 태웠습니다.
 그런 뒤 대관들과 무장들에게 말을 타고 왕자를 수행하여 아잠 왕의 천막으로 안내하라고 분부하면서, 아잠 왕의 명령에 모두 다 따르겠다는 뜻을 전해 달라고 왕자에게 부탁했습니다.
 "잘 알았습니다."
 이윽고 왕자는 부왕에게 갔습니다.
 대왕은 아들의 모습을 보자 매우 기뻐서 춤이라도 출 듯이 앞으로 뛰어나와 아들을 와락 끌어안았습니다.
 장병들 사이에도 왕자가 무사히 돌아왔다는 기쁜 소식이 전해졌습니다. 그래서 대신들을 비롯한 시종과 무장, 호위병들이 몰려와 왕자 앞에 무릎을 꿇고 엎드려 재회의 기쁨을 나누었습니다. 그리하여 그날은 대왕을 비롯하여 신하들에게도 참으로 기쁜 날이 되었습니다.
 왕자는 자기를 경호해 준 카디르 왕의 장수와 도성 사람들에게 부왕의 강대한 대군의 위엄과 자기 나라의 강성함을 보여준 일이 여간 흐뭇하지 않았습니다. 왕자가 한때 시장 거리에서 포목을 팔고 있던 모습을 본 적이 있는 도성 사람들은 비로소 그가 왕자의 신분임을 알고는 눈이 휘둥그레졌습니다.
 한편 부왕의 명령으로 아직 몸의 자유를 속박당하고 있던 알 누후스 공주에게도 아잠 대왕의 대군이 몰려왔다는 소식이 전해졌습니다.
 그래서 공주가 궁전 발코니로 올라가서 산 쪽을 바라보니, 산이란 산은 온통 갑옷 입은 병사들로 뒤덮여 있었습니다.
 공주는 그 대군이 아르다시르 왕자의 부왕이 이끌고 온 군대의 형제임을 알고, 어쩌면 왕자가 부왕 때문에 자기를 두고 고국으로 돌아가지는 않을까 걱정이 되었습니다. 그리고 뒤에 남은 자신은 아버지에게 죽음을 당하지나 않을까 불안해지기도 했습니다.
 공주는 그래서 얼른 마음 놓고 일을 맡길 수 있는 시녀를 불렀습니다.
 "대왕의 세자이신 아르다시르 왕자님께 갔다 오너라. 조금도 겁낼 것 없으니, 왕자님 앞에 나가거든 무릎을 꿇고 네 신분을 밝힌 다음 이렇게 여쭈어라.
 '공주님의 전갈을 가지고 왔습니다. 공주님은 지금 아버님께서 용서해 주시거나 아니면 목숨을 끊으시거나 둘 중 하나의 처분을 기다리면서 궁중에 갇혀, 오로지 왕자님이 잊으시지나 않을까 저버리시지나 않을까 두려워하고 계십니다. 지금 왕자님은 무슨 일이라도 할 수 있는 신분이 되셨고, 누구 하나 명령을 거역하는 자가 없으니, 만일 공주님의 아버님에게서 공주님을 구해 주시고 함께 데려가주신다면 이보다 더 기쁜 일은 없을 겁니다. 공주님은 왕자님을 위해 모진 시련을 견디고 계시는데, 왕자님께서 공주님에 대한 사랑도 식고 살려주실 생각도 없으시다면 하다못해 왕자님의 아버님께라도 그것을 여쭤주십시오. 그러면 대왕님께선 틀림없이 공주님을 위해 주선해 주시고 공주님을 자유의 몸으로 만들어주실 거예요. 그리고 공주님의 아버님에게서 절대로 공주님을 죽이거나 괴롭히지 않겠다는 확실한 약속을 받기 전에는 귀국하지 않으실 거예요. 이것이 공주님께서 왕자님께 보내시는 마지막 말씀입니다. 오, 제발 신께서 왕자님의 공주를 구해 주시고 공주님께 평안함을 내려주시기를!'"

―여기서 날이 훤히 밝아왔으므로 샤라자드는 이야기를 그쳤다.

## 737번째 밤

샤라자드는 이야기를 계속했다.

오, 인자하신 임금님, 알 누후스 공주의 시녀한테서 전갈을 들은 아르다시르 왕자는 눈물 젖은 얼굴로 말했습니다.

"너도 알다시피 알 누후스 공주는 나의 연인이며 나는 그녀의 노예이다. 나는 지금도 두 사람 사이에 어떤 일이 있었고, 또 이별의 날이 얼마나 쓰라렸는지 한시도 잊은 적이 없다. 그러니 공주에게 돌아가거든 그 발에 입을 맞추고 왕자님이 이렇게 말하더라고 전해라.

'내가 아버님께 공주에 대한 말씀을 아뢰리다. 그러면 아버님은 전에 우리의 혼인을 청했던 그 대신을 사신으로 내세워 다시 혼인 교섭을 해 주실 거요. 설마하니 당신 아버님도 이 상황에 또 거절하시겠소? 그러니 공주도 아버님께서 이 일을 의논하시거든 절대 반대하지 마시오. 나는 공주와 함께 가지 않으면 맹세코 귀국하지 않을 작정이오.'"

시녀가 알 누후스 공주에게 돌아가서 그 손에 입을 맞춘 뒤, 왕자의 말을 전하니 공주는 매우 기뻐 눈물을 뚝뚝 흘리면서 전능하신 신께 감사를 올렸습니다.

그날 밤 아르다시르 왕자와 부왕은 단둘이 마주 앉아 있었습니다. 부왕이 이번 일이 일어난 까닭을 묻자, 왕자는 모든 것을 자세히 얘기했습니다.

"오, 왕자여 무슨 일이든 내가 도와줄 일은 없느냐? 만약에 네가 아브드 알 카디르 왕에게 복수하고 싶다면 이 나라를 짓밟아 금은보화를 빼앗고 왕가의 이름을 더럽혀주마."

"아버지, 저에겐 그럴 생각은 털끝만치도 없습니다. 그 왕은 별로 저를 괴롭힌 적이 없습니다. 제 소원은 오직 알 누후스 공주와 결혼하는 겁니다. 부디 저를 위해 공주의 아버님에게 보낼 훌륭한 선물을 마련해 주십시오. 그리고 그것을 그 분별 있는 대신에게 들려 상대방에게 전하게 해 주십시오."

"오냐, 네가 원하는 대로 해 주마."

대왕이 옛날부터 소중히 간직해 둔 보물을 가져오게 하여 온갖 보석을 쌓아올려 보여주자 왕자는 이루 말할 수 없이 기뻐했습니다. 이윽고 왕은 대신을 불러 재물을 카디르 왕에게 가져가 왕자를 위해 공주에게 청혼하고, 이 선물의 답례를 받고 싶다는 뜻을 전하게 했습니다.

이때 카디르 왕은 아르다시르 왕자가 가 버리고 나서 마음이 불안하여 영토가 짓밟히고 재물을 노략질 당할까 봐 두려워하고 있었습니다. 그때 마침 대신이 찾아와서 양탄자에 엎드리자, 카디르 왕도 자리에서 일어나 공손히 그를 맞이했습니다. 대신은 얼른 왕의 발아래 무릎을 꿇고 그 발에 입을 맞추며 말했습니다.

"오, 현세의 임금님이시여, 부디 용서해 주십시오. 비천한 종 중에서도 종에 지나지 않는 저 같은 자를 위해 임금님처럼 높으신 분이 자리에서 일어나실 필요는 없습니다. 사실 아르다시르 왕자님이 임금께 받은 친절과 호의를 대왕께 자세히 아뢰자, 대왕께서는 임금님께 깊은 감사의 뜻을 나타내며, 전에 어전에서 뵌 적이 있는 저에게 임금님께 보내시는 선물을 맡기시며 진심으로 축복과 번영을 기원하셨습니다."

카디르 왕은 대신이 가지고 온 선물이 눈앞에 쌓이기 전에는 너무나도 두려워서 그 말을 믿을 수 없었습니다.
그러나 선물을 살펴보니 어느 것 하나라도 돈으로 구할 수 있는 물건이 아님은 물론이고, 왕후의 재산으로도 손에 넣을 수 없는 호화로운 물건들뿐이었습니다. 카디르 왕은 춤이라도 출 듯이 기뻐하며 전능하신 알라의 덕을 칭송하고 그 영광을 기도하는 동시에 왕자에게 감사했습니다.
대신은 다시 말을 이었습니다.
"임금님, 부디 제 말씀에 귀를 기울여주십시오. 대왕님은 임금님과 사돈을 맺고자 하시는 마음에서 이러한 선물을 보내신 겁니다. 저는 아르다시르 왕자님의 배필로 알 누후스 공주님을 맞이하러 왔습니다. 이러한 사정이오니 이 청혼을 받아들이신다면 바라건대 공주님을 위해서 예물을 받아주십시오."
"잘 알았소. 나로선 조금도 반대할 뜻이 없을 뿐만 아니라 오히려 매우 기쁘게 생각하는 바이오. 그러나 공주도 나이가 차서 분별심이 생겼으니 자신의 일은 스스로 결정하도록 하고 있다오. 그러니 지금 이야기를 공주에게 전해서 마음을 정하게 하리다."
왕은 환관장을 돌아보며 공주에게 혼담을 전하게 했습니다. 환관장은 후궁으로 가서 알 누후스 공주의 손에 입을 맞추고 대왕의 청혼을 알린 다음 물었습니다.
"공주님의 뜻은 어떠십니까?"
"전 아무런 이의 없어요."

─여기서 날이 훤히 밝아왔으므로 샤라자드는 이야기를 그쳤다.


## 738번째 밤

샤라자드는 이야기를 계속했다.
오, 인자하신 임금님, 공주의 마음속을 살펴본 환관장은 곧 돌아와서 공주의 대답을 전했습니다.
왕은 매우 기뻐하며 값비싼 예복을 가져오게 하여 사자인 대신의 어깨에 걸쳐준 다음, 다시 금화 1만 닢을 주면서 대왕의 요청을 받아들인다는 의사를 전하고 대왕과 한 번 만나도록 주선해 달라고 부탁했습니다.

"잘 알았습니다."

대신은 대왕에게 돌아가서 아브드 알 카디르 왕의 대답을 전하고, 두 사람 사이에 오갔던 말들을 자세히 얘기했습니다.

이야기를 들은 대왕은 매우 기뻐했습니다. 또 아르다시르 왕자도 뛸 듯이 기뻐하며 무겁고 답답하던 마음이 활짝 풀려 말할 나위 없이 행복해했습니다.

왕의 방문을 기다리겠다는 사이프 알 아잠 왕의 대답을 전해들은 카디르 왕은 이튿날 말을 타고 아잠 대왕의 천막을 찾아왔습니다.

대왕은 몸소 그를 맞이하여 인사를 나눈 다음, 카디르 왕에게 명예로운 자리를 내주며 환영의 말을 한 뒤 아르다시르 왕자와 함께 자리에 앉았습니다.

그러자 궁전에서 카디르 왕을 섬기고 있는 한 웅변가가 일어나서, 왕자가 소원을 이루어 왕녀 중의 왕녀인 알 누후스 공주와 결혼하게 되었다는 축사를 읽었습니다. 웅변가가 자리에 앉자 대왕은 진주와 보석이 가득 들어 있는 보물 상자 하나와 금화 5만 닢을 가져오게 한 다음 카디르 왕에게 말했습니다.

"이 결혼에 대해선 내가 왕자의 대리인이 되어 모든 것을 주선하리다."

예물을 받은 카디르 왕은 금화 5만 닢을 잔치비용에 쓰기로 하고 남은 물품은 모두 신하들에게 나누어주었습니다. 신하들은 판관과 증인을 데리고 와서 왕자와 공주의 혼인계약서를 작성하게 했습니다.

그날은 참으로 경사스러운 날로서 두 사람을 사랑하는 사람들은 기뻐서 춤을 추고, 두 사람을 미워하고 시기하는 사람들은 원통해했습니다.

그리하여 성대한 잔치와 향연이 베풀어진 뒤, 아르다시르 왕자는 공주의 침실로 들어가 부부의 인연을 맺었습니다. 알 누후스 공주는 흙 속에서 방금 캐낸 보석, 실을 꿴 적이 없는 커다란 진주며, 자신 말고는 아직 아무도 올라탄 적이 없는 싱싱한 암말이었으므로, 왕자는 그 사실을 부왕에게 알렸습니다.

그로부터 얼마 뒤 사이프 알 아잠 왕은 왕자에게 물었습니다.

"귀국하기 전에 뭔가 하고 싶은 일은 없느냐?"

"예, 있습니다. 저희를 괴롭힌 대신과 거짓말로 없는 죄를 씌운 환관에게 복수하고 싶습니다."

대신은 즉시 아브드 알 카디르 왕에게 사람을 보내 두 사람을 내달라고 요구하자, 왕은 곧 두 사람을 넘겨주었고 대왕은 그들을 성문 위에 매달아서 교수형에 처하라고 명령했습니다.

대왕은 한동안 그곳에 머문 뒤 이윽고 카디르 왕에게 사신을 보내어 이제 공주의 출발을 준비해 달라고 요청했습니다.

카디르 왕은 진주와 보석으로 아름답게 장식한 황금 수레에 공주를 태우고 그것을 혈통 좋은 말이 끌도록 했습니다. 그리고 수행원으로서 많은 시녀와 환관을 딸려 보냈는데, 그 속에는 공주의 방문 앞에서 어디론가 달아났던 유모도 끼여 있었습니다.

이윽고 아잠 왕과 아르다시르 왕자가 말에 오르자, 카디르 왕도 말을 타고 영내의 고관대작들과 함께 왕자와 공주를 전송했습니다.

그들이 얼마쯤 갔을 무렵, 아잠 왕이 카디르 왕에게 이쯤에서 그만 돌아가시라고 청하자, 카디르 왕은 대왕에게 작별인사를 하고 왕자를 굳게 포옹하며 그 이마에 입을 맞춘 다음, 왕자의 두터운 정과 호의에 감사를 표하면서 공주의 앞날을 부탁했습니다.

그리고 마지막으로 공주에게 가서 얼싸안으니, 공주도 아버지의 손에 입을 맞추고 눈물을 흘리면서 이별을 슬퍼했습니다.

이윽고 카디르 왕은 자신의 성으로 돌아가고 아르다시르 왕자 일행은 길을 재촉하여 마침내 시라즈에 도착했습니다.

여기서 다시금 성대한 축하잔치를 연 그들은 이 세상의 온갖 위안과 기쁨을 맘껏 누리다가, 즐거움을 멸하고 교제를 끊고 궁전조차 사람이 살지 않는 외진 곳으로 만들고 무덤을 늘리는 죽음의 신이 찾아올 때까지 행복하게 살았다고 합니다.

또 이런 이야기도 전해오고 있습니다.

〈주〉

*1 레인은 이 이야기를 '타지 알 무르크와 두냐 공주 이야기'(107번째 밤 이하)의 '반복 이상의 아무것도 아니라는 이유'로 생략했다. 물론 맞는 말이다. 그러나 유모의 중매가 미묘하게 전개되는 추이가 참으로 멋지게 그려져 있고, 그녀의 말솜씨도 구슬과 옥처

럼 빛나고 있다.
* 2 아르다시르(Ardashir)는 아르타쿠세르쿠세스(Artaxerxes)〔즉 위대한 왕이라는 뜻〕이며, 맥나튼판〔제2콜카타판과 동일〕에 아즈다시르(Azdashir)라고 되어 있는 것은 잘못된 글자를 인쇄한 것이다.
* 3 〔본문 속에는 '땅에 입을 맞추다(kiss ground)'라고 되어 있는데, 이 말은 앞에서부터 매우 빈번하게 사용되고 있다. 역자는 그것을 엎드리다, 무릎을 꿇다, 머리를 조아리다, 고개를 숙이고 엎드리다 등으로 번역해 왔다.〕 나는 영어의 '손에 입을 맞추다(kiss hands)'라는 의미로 사용하고 있다. 그렇다고 그것을 글자 그대로 해석해서는 안 된다. 이것과 가장 가까운 동작은 먼저 손가락을 땅에 댄 뒤, 그 손가락을 입술 또는 이마로 가져가는 일일 것이다. 힌두교도들 사이에서는 아슈탕가(Ashtanga) 즉, 납작하게 엎드리는 방법 속에 정말로 땅에 입을 맞추는 방법도 들어 있다.
* 4 정액의 코란 용어. 자주 인용된다.
* 5 《코란》 제12장 31절. 요셉의 이야기에 나온다.
* 6 아랍어의 사미르(Samir)는 아랍인의 천막 밖에서 무사라마라, 즉 밤의 대화를 즐기는 사람을 말한다. 또 사마르(Samar)는 달그림자, 또는 달이 뜨지 않고 별만 빛나는 어두운 밤, 또는 달이 없는 깜깜한 밤 등을 의미한다. 나는 다른 데서 '일찍 자고 일찍 일어나기(Early to bed and early to rise)'는 문명인의 금언(金言)이라고 말했다. 다시 말해, 미개인은 대부분 달빛 속에서 깊은 밤이 될 때까지 깨어 있다가 한낮이 되어서야 겨우 일어난다. 우리도 이 오래된 속담을 비틀어 이렇게 말한다.

　　일찍 자고 일찍 일어나면
　　　사람의 인상을 해치고, 눈을 짓무르게 한다.

그런데 미개인도 이 점에서는 같은 의견이다. 아랍어 민족의 장로(샤이프)들은 특히 밤에 공무 대부분을 처리한다.
* 7 누군가 귀인이 선물로 보낸 것은 아닌가 하고 의심하여.
* 8 하팀(Hatim)은 '깨진'이라는 뜻으로, 하팀의 벽이라 하면 '무너진 벽'이라는 뜻이 된다. 이슈마엘의 무덤 주변을 에워싸고 있다. 또 나는 《순례》 제3권에서도 이것에 대해 설명했다. 〔또한 젬젬 샘물은 예언자 무함마드를 모신 영묘의 성스러운 샘물을 가리키며, 이 책 '꼽추 시체가 들려주는 이야기' 주석 46을 참조하기 바란다. 참고로 이 물은 용기에 담아서, 먼 데서 온 순례자들도 가지고 갈 수 있고, 도시에서도 팔리고 있다.〕
* 9 아랍어의 파라이스(Farais, 파리사(farisah)의 복수형)로, 이 말은 지금까지 여러 번 나왔다. 영어의 'trembled in every nerve'='모든 신경을 떨었다'에 해당한다.
* 10 이별의 새는 아랍어로 타이르 알 바인(Tair al-bayn)이지만, 단순히 하팀, 즉 검은 까마귀뿐만 아니라 이별을 고하는 모든 새를 가리킨다. 까마귀와 갈까마귀는 봄가을의 이동을 위해 버려지는 마을로 먹을 것을 찾아 모여든다. 그 때문에 황폐와 폐허의 상

정이 되는 것이다. 까마귀는 또 《코란》(제5장 34절)의 아벨의 매장에도 관계가 있다. 그것은 유대교의 전설을 무함마드가 빌려 쓴 것이다. 〔유대의 전설에서는 까마귀가 아담에게—카인이 아니라—시체 매장법을 가르쳐준다.〕

* 11 '눈동자를 시원하고 상쾌하게 한다'는 것은 아랍어로 카르아이난(Karr'aynan)이며, 아랍인은 흔히 '알라께서 네 눈을 서늘하게 해 주시기를!'이라고 말한다. 그것은 슬픔의 눈물은 뜨겁고, 기쁨의 눈물은 차갑기(알 아스마이의 문구) 때문이다. 알 하리리(《집회》제27장)는 타는 듯이 뜨거운 한낮을 '자식을 잃은 어머니의 눈물보다 더 뜨겁다'고 표현했다. 아라비아의 불볕더위 상태에서 시원하고 차가운 느낌은 상쾌한 마음 또는 큰 기쁨과 같다.

* 12 수당은 아랍어로 무나(Muunah)라고 하며, 모로코 여행자들의 이른바 '모나(mona)'이다. 원래는 술탄이 발행한 여권을 가지고 방문하는 사람들에게, 어려운 촌민들이 무료로 제공하는 음식을 가리킨다.

* 13 이것은 검은 쓸개즙이 우세한 우울증의 기질, 즉 사우다위(Saudawi)〔앞 기질의 보유자〕의 특징이다. 이 기질은 사교를 싫어하고 고독을 즐기며, 불안증, 속세에 대한 냉담함 등의 경향을 낳는 것으로 알려졌다. 아라비아에서는 학생이 그런 기질에 기울어지기 쉬우며, 나는 메카와 알 메디나의 철학자와 문인 중에는 '사우다위'로 불리지 않는 자가 거의 없었다고 쓴 적이 있다(《순례》제2권).

* 14 '갓 딴 진주'란 물에서 막 건져 올린 진주를 말하며, 아직 공기에 오염되지 않은 것이다. 진주(마르가리타)의 아랍 이름은 룰루(Lu'lu)이며, 큰 진주는 두르(Durr, 복수는 두라르(Durar))라 부른다. 지금 쓰는 말로 두르는 12등급 가운데 2급품으로 되어 있다.

* 15 이 유모의 말은 참으로 훌륭하다. 부부애에 대한 이러한 순박하고 뛰어난 묘사는 이 이야기의 외설스러움을 보상하고도 남는다.

* 16 가자나무는 사전에서 반(Ban, 영어로는 벤 나무(ben-tree))으로 되어 있으며, 안식향을 생산하는 미로발란(myrobalan)을 말한다. 위성류(tamarisk)와 비슷하다. 라이올 씨는 고대 아라비아 시를 번역한 책(윌리엄스 앤드 노아게이트, 1885년)에서 키가 크고 푸른 잎이 매우 빽빽하게 나는 모링가(Moringa)속의 일종이며, 그 쭉 곧은 모습과 우아한 가지 때문에 비유에 흔히 사용된다고 했다. 그 굵은 열매에서 약용기름이 채취된다.

〔라이올(Sir Alfred Comyn Lyall)은 인도 서북부의 여러 성에서 부총독을 지낸 적이 있으며, 인도 평의원이기도 했다. 중근동에 대한 연구서가 많이 있다. 1835~1911년.〕

* 17 극단적인 친근함의 표시. 어둠은 두 손, 보름달은 두 눈.
* 18 유베날리스가 이 방법을 잘 묘사한 것이 있다.

Ille supercilium, madida fuligine tactum,
Obliqua producit acu, pingitque, trementes Attollens oculos.
〔바늘로 사선을 긋고 칠을 하여, 무섭도록 눈을 끌어올린다는 뜻.〕

손니니(Sonnini)(《이집트 여행기 Travels in Egypt》제16장)는 고대 레반트 교역에서 방연석(方鉛石, alquifoux or arquifoux)이라 불린 콜 가루로 눈구석을 검게 칠하면 눈이 커지고 더 길어 보인다고 했다. 나는 현대의 이집트인(특히 콥트인)의 눈이 스핑크스나 고대인의 그것처럼 옆에서 봐도 마치 정면에서 본 것처럼 보인다는 것을 설명했다(《순례》제1권). 〔콥트인은 이집트 토착 종족으로 그리스도교를 믿었다.〕

*19 같은 여행가〔손니니를 가리킴〕는 가까이에서 맡으면 '매우 강렬한 정액 냄새'를 발산하는 헤나(Henna) 꽃의 이색적인 특성을 인정하고 있다. 그래서 이 꽃은 바로 우리가 월계화(tea-rose)를 사랑하고 좋아하는 것과 마찬가지로, 여자들로부터 인기를 얻게 되었다.

손니니는 미라의 손톱에 헤나가 칠해져 있는 것을 발견하고, 그것을 고대 그리스인의 퀴프로스(Kupros, 현대 그리스인은 케네(Kene) 또는 케나(Kena)라 부르고 있다)나 솔로몬의 아가(제1장 14절)에 나오는 보트리스 테스 퀴프루($\beta \acute{o} \tau \rho \nu \varsigma\ \tau \widehat{\eta} \varsigma\ \chi \acute{o} \pi \rho o \nu$, Botrus cypri)와 같은 것으로 여기고 있다. 히브리어로는 코페르(Copher)라고 하는데, 이것은 유명한 말로, 흠정역성서〔1611년〕는 그것을 '엔게데의 들판에 있는 코페르 꽃송이(a cluster of camphire(?) in the yineyards of En-gedi)'로 번역하고 있다. 〔참고로 camphire는 일반 영어사전에는 없지만, 캐셀의 《상세히 해설한 성서사전》에 의하면, 영어 camphor=(장뇌)의 오래된 형태이다. 어쨌든 흠정역은 코페르를 '장뇌나무'로 번역했다.〕 또 제4장 13절의 주에서 어리석게도 '또는 사이프레스(or, cypress)'라고 덧붙이고 있다.

개역 성서〔1885년〕는 이것을 '헤나 꽃송이(a cluster of Henna-flowers)'라고 수정했다.

솔로몬적(?)인 묘사는 매우 정확하며, 이 떨기나무가 포도원에 영향을 미치고 있는 것이다. 또 봄베이〔뭄바이〕부근에서는 이 떨기나무가 아름다운 울타리를 이루고 있으며, 멀리서 그 향기를 맡을 수 있다.

*20 문신인 tattoo를 아랍어의 카타바(Kataba)의 동의어라고 말하기는 어렵다. 카타바는 바늘로 새기는 진짜 문신을 포함하는 동시에, 여자의 팔, 특히 가슴에 청색 또는 녹색의 작은 가지 무늬나 덩굴무늬의 '장식'을 그리는 데도 이용된다. 또 손가락을 헤나를 이용하여 줄무늬로 물들이는 데도 이용되는 듯하다. 이러한 장식 문신에 대해서는 스트라보나 갈렌도 언급하고 있다. 〔레인의 《이집트의 생활》에는 손발에 헤나를 칠하고 무늬를 그리는 방법과 지워지지 않는 문신 방법을 설명하고 있다.〕 야만인이나 미개인이 아름답기 위해 할 수 있는 데까지 장식한 것을 보면, 그들은 겉모습을 꾸미지

않는 것을 혐오하는 듯하다.
* 21 흉악한 처벌이나 육체적 폭행을 휘두르는 격렬한 기질은 동양의 공주들 사이에서는 결코 드문 것이 아니다. 페르시아에서는 파스 알리 샤의 딸들에 대한 무서운 이야기가 전해지고 있다.
　　남자든 여자든, 절대적인 명령권의 유혹에 저항하는 것은 쉬운 일이 아니다. 일찍이 아르헨티나 공화국의 어떤 독재자의 딸이 특별히 제작한 하얀 고삐를 잡고 말을 탔다 하는데, 그 고삐는 그녀와의 정사를 소문낸 한 남자의 가죽으로 만든 것이었다. 이러한 횡포를 일삼는 젊은 여자 때문에 가장 먼저 위해를 입는 것은 노예여자이고, 그다음이 환관이다.

## 바다에서 태어난 줄나르와 그 아들 페르시아 왕 바드르 바심

 아주 먼 옛날, 아잠국의 호라산에 샤리만*¹이라는 유명한 왕이 있었습니다. 이 왕은 백 명이나 되는 측실과 종들을 데리고 있었지만, 불행하게도 나이를 먹도록 자식은 점지를 받지 못했습니다.
 어느 날, 왕은 문득 자신의 장래를 생각하고, 살날이 얼마 남지 않았는데도 아들을 얻지 못하여 자신이 조상에게서 왕국을 물려받은 것처럼, 이 나라를 물려줄 후계자가 없는 것을 탄식했습니다. 그래서 깊은 시름에 잠겨 옥좌에 앉아 있는데, 한 백인 노예가 다가와서 이렇게 말했습니다.
 "오, 임금님, 지금 문 앞에 어떤 상인이 여자노예를 하나 데리고 와 있습니다. 그런데 이제껏 한 번도 본 적이 없을 만큼 아름다운 처녀입니다."
 "그 상인과 여자를 이리 데려오너라."
 이윽고 두 사람이 왕 앞에 나오자 왕은 처녀를 뚫어져라 쳐다봤습니다. 그녀는 루다이니아의 긴 자루 칼처럼 홀쭉한 여자로서 금실로 가장자리를 두른 비단베일을 쓰고 있었습니다. 상인이 그 베일을 벗기자, 별안간 사방에 빛이 비쳐든 듯 환해졌습니다. 그리고 숱 많은 머리카락은 일곱 매듭으로 땋아서 말꼬리처럼 발목 가까운 곳까지 내려와 있었습니다. 게다가 눈매는 천연 콜 가루를 칠한 듯 또렷하고, 묵직한 엉덩이와 폭신한 허벅다리, 허리는 더할 수 없이 날씬한 버들가지였습니다.
 처녀의 아리따운 모습을 한 번만 보면 무슨 병이든 다 낫고, 풀길 없는 가슴의 정념도 금세 사라질 것만 같아서, 마치 어떤 시인이 노래한 것과 같았습니다.

  미친 듯이 나는 사랑했네,
  그 아름다움이 빈틈없기에.
  실로 이 처녀 우러러보면

정숙한 자태, 어여쁜 눈매
크지도 작지도 않은 키에
묵직한 엉덩이는 움직임도 요염하여
옷으로도 가릴 수 없네.
참으로 알맞은 중간 키에
일어선 모습도 아름다워서
어디고 흠 하나 잡을 데 없네.
뒤꿈치에 드리워진 검은 머리는
칠흑의 어둠을 닮았고
얼굴을 빛내는 아름답고 찬란한 빛은
영원한 한낮과 같아라.

샤리만 왕은 이 여자노예의 아름답고 얌전한 자태, 알맞게 균형 잡힌 몸매와 매력에 감탄하여 상인에게 물었습니다.
"오, 노인, 이 처녀의 값은 얼마인고?"
"오, 임금님, 저는 이 여자를 어느 상인한테서 금화 2천 냥에 샀는데, 그 뒤 3년을 함께 여행하면서 이곳에 올 때까지 금화 3천 냥이 들었습니다. 그러나 저는 이 여자를 임금님께 선물로 바칠까 합니다."
왕이 매우 훌륭한 예복과 금화 1만 냥을 상인에게 주니, 상인은 그 손에 입을 맞추고 그 너그럽고 큰 덕을 칭송하며 물러갔습니다.
왕은 처녀를 시녀에게 맡기면서 돌봐주라고 명령했습니다.
"이 여자에게 새 옷을 입히고 방을 마련해 주어 쉬게 해라."
그리고 시종에게는 여자에게 필요한 것을 모두 갖춰주고, 밖에서 방문에 자물통을 채워두라고 일렀습니다.
이 왕이 사는 도성은 '하얀 도시'라고 불렸는데 바닷가에 자리하고 있었습니다. 그래서 시종들은 바다를 향해 격자창이 나 있는 방을 여자에게 내주었습니다.

―여기서 날이 훤히 밝아왔으므로 샤라자드는 이야기를 그쳤다.

## 739번째 밤

샤라자드는 이야기를 계속했다.

오, 인자하신 임금님, 그런데 샤리만 왕이 이 여자노예의 방에 들어가도 여자는 왕을 본척만척 말 한마디 하지 않았습니다.*2

"아마도 함께 지낸 자들이 이 여자에게 예의범절을 가르치지 않았나 보다."

왕은 그렇게 생각하며 처녀를 자세히 들여다보았습니다. 푸른 하늘에 빛나는 태양인 듯, 밤하늘을 환하게 비추는 둥근 보름달인 듯 밝고 고운 얼굴, 균형 잡힌 단아한 자태가 세상에 보기 드문 아름다운 여자였습니다.

왕은 처녀의 가늘고 긴 눈썹과 얼굴에 완전히 마음을 빼앗겨 자신도 모르게 조물주인 알라를 칭송했습니다. 그리고 여자 옆으로 다가가 그 옆에 앉아 여자를 안아서 무릎 위에 앉히고는 꿀보다 달콤한 입술의 이슬을 빨아먹었습니다.

이윽고 왕의 분부에 따라 온갖 산해진미가 차려지자, 왕은 자신도 먹으면서 여자에게도 마음껏 먹게 했습니다. 그래도 여자는 한마디도 하지 않았습니다.

왕은 여자에게 말을 걸고 이름도 물어보았습니다. 그러나 여자는 끝내 입을 다문 채 고개만 숙이고 있었습니다. 그래도 왕의 노여움을 사지 않은 까닭은 순전히 여자가 비할 데 없이 아름다운 얼굴과 요염한 매력을 가진 덕분이었습니다.

"오, 이 여자를 만드신 알라께 영광을! 말은 하지 않지만 이 얼마나 매력 있고 아름다운 처녀인가!"

왕은 다른 여자노예에게 이 여자가 말을 한 적이 있는지 물어보았습니다.

"그 사람은 여기 온 뒤로 한 번도 말을 한 적이 없습니다. 이 여자의 목소리를 들은 사람은 아직 아무도 없어요."

왕은 여자노예와 측실들을 불러서 노래를 부르든지 어떻게 하든지 해서 여자가 마음을 열게 해 보라고 분부했습니다. 그렇게 하면 입을 열지도 모른다고 생각했기 때문입니다.

그래서 여자노예와 측실들은 한자리에 앉은 사람들이 너무 재미있어서 못 견딜 때까지, 온갖 악기를 켜고 장난을 치면서 노래를 불렀으나 여자는 여전히 잠자코 바라볼 뿐 웃지도 말을 하지도 않았습니다. 왕은 슬픔에 잠겨 그 여자만 남기고 다른 여자들은 모두 물러가게 했습니다.

그리고 자기 손으로 여자의 옷을 벗겨 알몸으로 만든 뒤 은으로 빚은 조각 같은 육체를 들여다보았습니다. 그러다가 마침내 가슴에 타오르는 정염을 억제하지 못하고 여자의 몸을 끌어안고 오랫동안 떨어질 줄 몰랐습니다. 그리하여 여자가 순결한 처녀임을 안 왕은 매우 기뻐하며 중얼거렸습니다.

"오, 이렇게 아름다운 여자가 상인들의 손에 더럽혀지지 않고 때 묻지 않은 처녀로 남아 있었다니, 참으로 기적이로다!"*3

그때부터 왕은 그 많은 측실들을 거들떠도 보지 않고, 오로지 이 여자에게만 빠져 있었습니다. 그리하여 이 여자와 꼬박 1년을 함께 지냈는데, 왕에게는 그것이 불과 하루처럼 여겨졌습니다.

그런데 1년이 지나도 여자가 여전히 말 한마디 하지 않자, 어느 날 아침 왕은 마침내 견디다 못해 여자에게 말했습니다(여자를 사랑하는 왕의 마음은 날이 갈수록 더해갔습니다).

"오, 내 마음의 동경이여! 내가 너를 얼마나 사랑하는지 알고 있느냐? 나는 모든 노예와 측실들, 그리고 마음에 드는 시녀들도 모조리 버리고 이 세상에서 너 한 사람만을 내 목숨처럼 생각하며 꼬박 1년 동안을 참아왔다. 그래서 네가 진정으로 마음을 열어 나에게 말을 걸어오기를 전능하신 알라께 기도하고 있다.

만약에 네가 벙어리라서 말을 할 수 없는 거라면 손짓 발짓으로라도 그렇다고 나에게 알려주지 않겠느냐? 그러면 이제부터 너에게 말을 시키려는 허무한 생각은 버리도록 하마.

그리고 오로지 네 몸을 통해 내 왕위를 이을 왕자를 점지해 주십사고 주님이신 알라께 기도하마. 이 나이가 되도록 의지할 사람이 아무도 없고 후계자로 삼을 아들조차 없으니 말이다. 신께서 나에게 자비를 베푸시어 내가 너를 사랑하는 일을 허락해 주신다면, 제발 대답을 해다오."

여자는 잠깐 얼굴을 숙이고 생각에 잠겨 있었으나, 이윽고 고개를 들더니 생긋 미소를 지어 보였습니다. 그 모습을 본 왕에게는 마치 한줄기 번갯불이 온 방 안을 밝게 비춰주는 듯했습니다. 이윽고 여자는 조용히 입을 열어서 말했습니다.

바다에서 태어난 줄나르와 그 아들 페르시아 왕 바드르 바심

"오, 마음이 넓으시고 사자처럼 용감하며 씩씩하신 우리 임금님, 알라께서는 임금님의 기도를 들어주셨습니다. 저는 이미 잉태한 몸으로, 태어날 아기가 사내아이인지 계집아이인지 모르지만 해산달이 가까이 다가왔습니다. 만일에 임금님의 씨를 품지 않았더라면, 저는 한마디도 입을 열지 않았을 거예요."

왕은 여자의 말을 듣자 온 얼굴에 기쁨을 가득 담고 어쩔 줄 몰라 하며 여자의 머리와 손에 입을 맞췄습니다.

"나의 소망을 이루어주신 알라를 칭송하리라! 알라께선 나에게 그대의 말과 잉태의 기쁜 소식을 내려주셨다."

왕은 일어나서 여자의 방을 나와 행복에 젖어서 옥좌에 가서 앉았습니다. 그리고 대신을 불러 더없이 높으신 알라께 드리는 감사의 표시로, 가난한 사람들과 과부, 생계에 곤란을 겪고 있는 사람들에게 금화 10만 닢을 나누어 주라고 명령했습니다.

대신이 왕의 명령을 집행하자, 왕은 다시 여자에게 돌아가서 그 옆에 앉아 여자를 가슴에 꼭 끌어안았습니다.

"오, 나의 왕비여, 나는 그대의 하인이로다. 그런데 그대가 오늘까지 말을 하지 않은 까닭은 대체 무엇인고? 꼬박 1년 동안이나 낮과 밤을 함께 보냈는데도 말 한마디 하지 않은 데는 반드시 무슨 까닭이 있을 게 아니냐?"

그러자 여자가 대답했습니다.

"오, 임금님, 저는 어머니와 형제들, 가족들과 멀리 떨어져서 비극에 가슴 아파하는 가엾은 추방자입니다."

그 말을 들은 왕은 상대의 마음속을 헤아리고 이렇게 말했습니다.

"그것은 참으로 슬픈 일이다만, 앞으로는 그런 생각은 하지 말도록 해라. 내 영토와 재산은 모두 그대의 것이고 나 자신도 그대의 노예가 되었으니, 생이별한 그대 어머니와 형제, 가족들이 지금 어디 살고 있는지 가르쳐주면 사자를 보내 데리고 와서 함께 살게 해 주마."

"오, 인자하신 임금님, 사실 저는 바다에서 태어난 줄나르*4라는 여자로, 아버지는 바다의 왕 가운데 한 사람이었습니다. 아버지가 돌아가신 뒤 저희가 주권을 계승하게 되었는데, 그 혼란을 틈타 다른 왕이 반기를 들고 우리에게서 영토를 빼앗아 버렸습니다.

저에게는 사리라고 하는 오빠가 있고, 어머니도 마찬가지로 바다의 여자였습니다. 그런데 저는 '신심가'로 알려진 오빠와 말다툼을 하고 뭍에 사는 인간에게 몸을 맡겨 버리겠다고 큰소리치고는 바다에서 뛰쳐나와 달빛이 휘영청 밝은 섬 절벽 위에 앉아 있었습니다. 그러자 마침 그곳을 지나가던 어떤 사람이 저를 발견하고 집으로 데려가서 잠자리를 같이하기를 요구했습니다. 그러나 저는 상대의 머리를 마구 때려 거의 다 죽게 만들어 버렸습니다. 그래서 그 사람은 저를 끌어내어, 임금님께서 저를 사들인 그 상인에게 팔아 넘기고 말았습니다. 다행히 그 상인은 매우 선량하며 덕이 있고, 신앙심이 두터운데다 너그러운 사람이었습니다. 임금님께서 저를 진심으로 측은히 여기시고 다른 어느 처첩보다 더 사랑해 주시지 않았다면, 저는 단 한 시간도 이 궁전에 머물러 있지 않고, 저 창문에서 바다로 뛰어들어 어머니와 가족한테 돌아갔을 겁니다.

하지만 이제는 임금님의 아기를 잉태한 몸이라 부끄러워서 바다로 돌아갈 수 없습니다. 가족들이 모두 저를 언짢게 여기고 있어서 설령 임금님이 저를 돈으로 사서 이 세상의 보물로 여기시며 다른 모든 측실들보다, 또 오른손에 가지신 어떤 재물보다 저를 사랑해 주신다고 말해도 믿어주지 않을 겁니다. 이것이 제 신상 이야기입니다."

―여기서 날이 훤히 밝아왔으므로 샤라자드는 이야기를 그쳤다.

## 740번째 밤

샤라자드는 이야기를 계속했다.

오, 인자하신 임금님, 줄나르*5의 신상 이야기를 듣고서 왕은 줄나르에게 감사해하며 그 이마에 입을 맞춘 뒤 말했습니다.

"오, 내 눈동자의 빛이여! 나는 그대와 헤어져서는 한시도 견딜 수 없다. 만약 그대가 나를 버리고 가버린다면 나는 당장 죽어 버리고 말 테다. 그러니 이제 어떻게 하면 좋겠느냐?"

"오, 임금님, 저는 이제 곧 분만할 때가 머지않았으니 집안사람들을 불러

올까 합니다. 그것은 바다의 여자들이 뭍 여자들의 분만하는 법을 모르듯이 뭍의 여자들도 바다의 여자들이 아기를 낳는 방법을 모르기 때문이에요. 그래서 저는 집안사람을 불러서 화해하고 출산을 도와 달라 할까 생각하고 있어요. 가족이 찾아오면 서로 화해도 할 수 있겠지요."

"바다 사람들은 몸이 젖어 있을 텐데 어떻게 이곳에 올 수 있을까?"

"현세의 임금님이시여, 이곳 사람들이 땅 위를 걸을 수 있는 것처럼 우리는 물속을 다윗의 아들 솔로몬(그분에게 평안 있으라!)의 이름을 새긴 도장 반지의 가호로 눈을 뜬 채 걸을 수 있답니다. 친구들과 집안사람들이 오면 임금님이 저를 돈으로 사서 친절하게도 정을 베푸시며 돌봐주신 사실을 모두 얘기해 주겠어요. 그때 임금님도 제 말을 거들어주셔야 해요. 그러면 그들도 임금님의 권세를 똑똑히 눈으로 보고, 틀림없이 왕의 아들로 태어난 분임을 알게 될 테니까요."

"그대가 생각한 바대로 하도록 하라. 그대가 하는 일이라면 나는 어떠한 일도 반대하지 않으리라."

"고맙습니다. 저희는 바닷속을 걸어 다니며 바닷속에 있는 것은 물론이고, 태양과 달, 별과 하늘도 바라볼 수 있습니다. 모두 대지 위에서 보는 것과 다를 게 없습니다. 그래서 바다에 있어도 심심한 일이 전혀 없답니다. 게다가 바닷속에도 수많은 사람이 살고 있으며, 육지에 있는 온갖 형태의 수많은 생물을 볼 수 있습니다. 육지에 있는 모든 것은 바다에 있는 것에 비하면 아무것도 아니랍니다."

왕은 여자의 말을 듣고 매우 놀랐습니다. 이윽고 줄나르는 품에서 코모린 산 침향을 두 쪽 꺼내 향로에 불을 피우고 그 속에 던져 넣었습니다. 그리고 날카롭게 휘파람을 불며 무어라 뜻 모를 주문을 외웠습니다.

잠시 뒤 거기서 연기가 뭉게뭉게 피어오르자 줄나르는 옆에서 그것을 바라보고 있는 왕에게 말했습니다.

"임금님, 어서 일어나셔서 작은 방에 들어가 숨어 계세요. 임금님의 모습은 보이지 않게 해놓고 오빠와 어머니의 친척들을 이곳으로 데려와서 보여 드릴 테니까요. 그 온갖 신기한 광경을 보시면 전능하신 알라께서 만드신 참으로 기이하고 묘한 모습에 아마 깜짝 놀라실 거예요."

그래서 왕은 곧 옆에 있는 작은 방에 몸을 숨기고 여자가 하는 일을 지켜보았습니다. 줄나르가 계속 향을 사르며 주문을 외자, 이윽고 바다에 거품이 일며 탁해진다 싶더니 얼굴이 눈부시게 빛나는 아름다운 한 젊은이가 바닷속에서 불쑥 모습을 나타냈습니다. 이마는 꽃처럼 희고 뺨은 붉게 빛나며 치아는 데이지처럼 깨끗한 모습이 흡사 보름달을 보는 듯했습니다. 누구보다도 누이동생 줄나르와 똑 닮아서, 다음과 같은 시로 노래한 모습 그대로였습니다.

> 보름달은 한 달에 한 번 돌아오지만,
> 임의 얼굴은 날마다 보여주네.
> 보름달은 한곳에 살고 있지만
> 임의 얼굴은 모든 사람의 가슴에 산다네.

그 뒤를 이어 나타난 것은 흰머리가 희끗희끗한 노파와 줄나르와 비슷하게 생긴 달덩이처럼 아름다운 다섯 처녀였습니다.

그들이 물 위를 걸어서 창문 아래로 다가와 줄나르를 찾자, 줄나르는 일어나서 그들을 맞이했습니다. 서로 다시 만난 것을 무척이나 반가워하면서, 바다에서 온 사람들은 줄나르를 끌어안고 기쁨의 눈물을 흘렸습니다.

"오, 줄나르, 너는 어째서 4년씩이나 소식이 없었느냐? 어째서 있는 곳을 가르쳐주지 않았니? 우리는 너와 헤어지고 나서 날마다 음식도 제대로 목구멍에 넘기지 못하며, 밤마다 울지 않은 날이 없었단다."

줄나르는 오빠와 어머니, 사촌들의 손에 입을 맞췄습니다. 그리고 모두 함께 자리에 앉자, 그들은 줄나르에게 그동안 어떻게 지냈으며 또 지금은 어떻게 살고 있느냐고 물었습니다. 줄나르는 다음과 같이 대답했습니다.

"제가 바다에서 나와 어느 섬의 해변에 앉아 있으니, 한 남자가 저를 발견하고 집으로 데려가서는 어떤 상인에게 저를 팔아 버렸어요. 그 상인은 저를 데리고 여기저기 돌아다닌 끝에 마침내 이 왕궁에 와서 금화 1만 닢을 받고 저를 이 나라의 임금님께 팔아넘겼지요. 그런데 임금님은 저를 몹시 귀여워해 주셔서 많은 측실을 모두 물리치시고, 이 나라에 있는 모든 것을 버리고 오직 저에게만 온갖 정성을 쏟으셨답니다."

그러자 오빠가 소리쳤습니다.

"너를 만나게 해 주신 알라를 칭송하자! 하지만 누이여, 이젠 우리와 함께 바다로 돌아가자."

이 말을 엿들은 왕은 온 정열을 기울여 사랑한 여자가 오빠의 말대로 이 나라를 버리고 바다로 돌아가 버리지나 않을까 하는 불안에 정신이 아득해졌습니다. 그러나 줄나르는 이렇게 말했습니다.

"오라버니, 저를 사주신 분은 이 도성을 다스리시는 임금님으로, 총명하신 데다 선량하고 무척 너그러운 마음을 가지신 분이세요. 그리고 엄청난 부자이지만 슬프고 안타깝게도 왕자도, 공주도 없어서 저를 무척 사랑하시며 어떤 소원이고 다 들어주십니다. 저를 사신 뒤로 지금까지 한 번도 제 마음을 아프게 하신 적이 없답니다. 그뿐만 아니라 저와 의논하지 않고는 어떤 일도 하지 않으세요. 이렇게 저희는 행복하게 살고 있으니 만일 제가 임금님 앞에서 자취를 감추기라도 하는 날에는, 아마 그분은 그대로 숨이 끊어지고 마실 거예요. 그분은 저와 잠시도 떨어져 계시질 못하세요.

그리고 저도 임금님과 헤어져야 한다면 차라리 죽어 버리고 말 거예요. 그분은 누구보다도 저에게 다정하게 대해 주시고, 저도 그분을 이루 말할 수 없이 사랑하고 있거든요. 만약 아버님께서 살아 계신다 하더라도 영광과 권세에 빛나는 이 나라의 임금님과 함께 있는 것만 못할 거예요. 게다가 저는 지금 임금님의 아기를 잉태하고 있어요. 그래서 저는, 저를 바다의 임금님 딸로 태어나게 하시고 최고의 권세를 가진 뭍의 대왕의 아내가 되게 하여 제가 잃었던 것보다 훨씬 큰 보답을 내려주신 알라를 칭송하고 있답니다."

―여기서 날이 훤히 밝아왔으므로 샤라자드는 이야기를 그쳤다.

## 741번째 밤

샤라자드는 이야기를 계속했다.

오, 인자하신 임금님, 줄나르는 다시 말을 이었습니다.

"그리고 임금님께는 자식이 하나도 없으니 저는 전능하신 알라께 기도를 드려서, 임금님이 지배하시는 국토와 궁전과 재산을 물려받을 아들을 점지해 주십사 기원하고 있답니다."

 오빠와 사촌누이들은 줄나르의 이야기를 듣고 눈동자가 상쾌해지는 듯한 기분이 들었습니다.

 "오, 줄나르, 네가 우리에게 얼마나 소중한 사람인지, 우리가 너를 얼마나 사랑하고 있는지 너도 잘 알고 있을 테다. 우리는 네가 아무런 고생 없이 편안하게 살 수 있기를 바라고 있다. 그러니, 네가 불안정한 생활을 하고 있다면 우리와 함께 고국으로 돌아가서 우리 일족이 있는 곳에서 살아도 좋고, 만약 여기서 사람들의 존경을 받으면서 여유롭고 행복하게 살 수 있다면 그렇게 해도 괜찮다. 그것이야말로 우리가 원하는 바이고, 우리는 너의 행복 말고는 아무것도 바라는 게 없으니까."

 그러자 줄나르는 대답했습니다.

 "저는 이곳에서 극진한 대접과 온갖 호의를 받으면서 더할 수 없이 안락하게 살고 있어요."

 이 말을 들은 왕은 안심하여 가슴을 쓸어내리며 기뻐했습니다. 그리고 마음속으로 줄나르에게 감사했습니다. 비로소 자기가 여자를 사랑하고 있듯이 여자도 자기를 그지없이 사랑하고 있으며 왕과 함께 살며 왕의 자식을 낳고 싶은 소망을 품었음을 알고, 여자에 대한 애정이 한결 깊어져서 뼛속까지 스며드는 듯했습니다.

 이윽고 줄나르는 시녀들에게 분부하여, 주방에서 자신이 보는 앞에서 요리한 온갖 종류의 산해진미와 과일과 과자를 차려냈습니다. 그리고 어머니, 오빠, 모두와 함께 사이좋게 먹었습니다.

 한참 뒤 가족들은 줄나르에게 이렇게 말했습니다.

 "그런데 우리는 아직 네 남편인 임금님을 뵙지 못했구나. 우리는 임금님의 승낙도 없이 이 궁전에 들어왔어. 너는 임금님의 훌륭한 점을 칭찬하고 또 네가 지금 차려주어 우리가 먹은 이 맛있는 음식도 모두 임금님의 것이 아니냐? 그런데도 우리는 임금님과 자리를 함께한 것도 아니고 아직 뵙지도 못했으니, 우리가 여기 온 것을 반기지 않으시는 건지도 모르겠구나."

 그러더니 그들은 별안간 식사를 중지하고 줄나르에게 화를 냈습니다. 입에서는 마치 화톳불에서 뿜어져 나오는 듯한 불꽃이 튀고 있었습니다.

 그 광경을 본 왕은 공포에 사로잡혀 정신이 아찔해지고 말았습니다. 그러나 줄나르는 일어나서 가족들을 달랜 뒤, 왕이 숨어 있는 작은 방으로 들어와서 말했습니다.

"오, 임금님, 제가 가족들에게 임금님을 칭찬한 일이며, 가족들이 저를 데려가려고 하는 것을 보고 들으셨지요?"

"모든 것을 보고 들었다. 전능하신 알라께서 그대에게 충분히 보상해 주시기를 빌어주마! 나는 어리석게도 지금 이 순간까지 그대의 애정이 그토록 깊을 줄은 꿈에도 몰랐다. 이제부터는 그대의 사랑에 대해 털끝만큼도 의심하지 않으리라."

"오, 임금님, 따뜻한 사랑에 대한 보답은 역시 따뜻한 사랑밖에 없잖아요. 임금님은 저에게 참으로 관대하게 대하시고 소중하게 다뤄주셨어요. 또 저를 진심으로 깊이 사랑해 주시는 것도 잘 알고 있습니다. 임금님은 모든 영예와 따뜻한 사랑을 저에게 베푸시고, 자신이 사랑하는 것, 원하는 것을 모두 밀어 두시면서까지 저를 귀여워해 주셨어요. 그러니 어떻게 제가 임금님의 친절을 뿌리치고 떠날 수 있겠어요? 이렇게 저를 위해 주시는데 어떻게 그런 비정한 짓을 할 수 있겠어요?

그리고 사실 임금님의 호의를 믿고 부탁할 것이 있는데, 저쪽으로 가셔서 제 가족들과 서로 인사를 나누셨으면 합니다. 서로 얼굴을 익혀두면 친밀한 사랑의 정과 우정도 쏴틀 게 아니겠어요? 오, 현세의 임금님, 오빠와 어머니와 사촌누이들은 제가 임금님을 하도 자랑했기 때문에, 임금님에게 몹시 마음이 끌려 임금님을 뵙고 인사를 드리기 전에는 저와 헤어져 바다의 왕국으로 돌아가지 않겠다고 합니다. 모두 진심으로 임금님을 뵙고 가까이 사귀고 싶어 해요."

"좋고말고. 그것은 내가 원하는 바이기도 하다."

이윽고 왕이 가족들이 있는 곳으로 가서 정중하게 인사를 하자, 바다에서 온 손님들도 일어나서 공손히 그를 맞이하여 함께 식사를 나누었습니다. 그 뒤 왕은 30일 동안 그들을 정성껏 후하게 대접했습니다.

30일째가 되자, 바다 사람들은 고국으로 돌아가고 싶어져서 그들은 갖은 예를 다하여 왕과 왕비에게 작별인사를 남기고 자기들의 나라로 돌아갔습니다.

그 뒤 얼마 있다가 줄나르는 달이 차서 보름달 같은 사내아이를 낳았습니다. 그때까지 자식 한 명도 얻지 못했던 왕으로서는 둘도 없이 기쁜 일이었습니다.
 그래서 이레 동안 온 도시를 장식하고 성대한 잔치를 벌이며 술과 노래로 마음껏 축하했습니다. 그리고 이레째 되는 날에는 왕비 줄나르의 어머니 파라샤*6를 비롯하여 오빠 사리와 사촌누이들이 왕자가 탄생했다는 소식을 듣고 다시 찾아왔습니다.

 —여기서 날이 훤히 밝아왔으므로 샤라자드는 이야기를 그쳤다.


## 742번째 밤

 샤라자드는 이야기를 계속했다.
 오, 인자하신 임금님, 줄나르가 아직 자리에 누워 있는데 바다 사람들이 찾아왔으므로 왕은 매우 기뻐했습니다.
 "여러분이 오셔서 왕자의 이름을 지어주실 때까지 아직 이름도 짓지 않고 있었지요."
 바다 사람들이 왕자의 이름을 바드르 바심*7이라고 지으니, 누구도 이 이름에 반대하지 않았습니다.
 외삼촌인 사리는 아기를 보자 번쩍 안아 올리고 방 안을 돌아다니다가 궁전 밖으로 나가더니 왕의 눈이 미치지 않는 바닷속으로 쏙 들어가고 말았습니다.
 샤리만 왕은 사리가 왕자를 안은 채 바닷속 깊이 사라진 것을 보고 몹시 낙담하며 왕자를 잃어버리기나 한 듯이 비탄의 눈물을 흘렸습니다.
 그러자 줄나르가 말했습니다.
 "임금님, 아기에 대해서는 걱정하지 마세요. 아무것도 슬퍼하실 것 없어요. 저도 당신 못지않게 내 아들을 사랑하고 있지만, 아기는 오빠와 함께 있으니까 절대로 물에 빠져 죽을 염려가 없어요. 오빠가 왕자에게 나쁜 짓을 할 리도 전혀 없고요. 이제 곧 오빠가 무사히 데리고 돌아올 거예요. 인샬라—전능하신 알라의 뜻이라면."

그로부터 채 한 시간도 되기 전에 바다가 다시 일렁이더니 왕자를 안은 사리가 모습을 나타냈습니다. 샤리만 왕은 나는 듯이 달려가서 밤하늘에 빛나는 보름달 같은 왕자의 얼굴을 들여다보았습니다. 그러자 사리가 물었습니다.

"임금님, 제가 왕자를 바닷속에 데리고 갔을 때 왕자의 목숨을 잃을까 봐 걱정하셨겠지요?"

"그랬소. 정말 걱정했다오. 어쩌면 무사히 돌아오지 못할지도 모른다고 생각했지."

"오, 육지의 임금님이시여, 저는 왕자의 눈꺼풀을 어떤 가루로 물들이고 반지에 새긴 다윗의 아들 솔로몬의 이름을 외쳤습니다. 우리 바다 사람들 사이에서는 아기가 태어나면 그렇게 하는 관습이 있습니다. 이제부터 왕자는 세계의 어떤 바다에 가도 물에 빠져 죽을 일은 없을 겁니다. 육지를 걷듯이 바닷속에서도 걸을 수 있으니까요."

사리는 품속에서 글자를 새겨 봉인한 작은 상자를 꺼내 봉인을 뜯고 속에 든 것을 꺼냈습니다. 그것은 에메랄드가 3백 알, 태양과 달빛조차 겸연쩍고 부끄러워할 정도로 빛나는 타조 알만 한 보옥이 3백 개, 그 밖에 갖가지 히아신스석과 보석을 줄에 꿴 것이었습니다.

"현세의 임금님이시여, 이 보석과 히아신스석은 제가 임금님에게 드리는 선물입니다. 지난번에는 선물을 가지고 오지 못했는데, 그것은 줄나르가 소식을 전해 주지 않아서 있는 곳을 확실하게 몰랐기 때문입니다. 그러나 이제 임금님이 줄나르와 인연을 맺으시고 우리는 친척이 되었으니, 이것을 선물로 갖고 왔습니다. 앞으로도 자주 이러한 선물을 가지고 오겠습니다. 우리나라에는 이런 보석과 히아신스석이 바닷가의 모래알보다 많이 있고, 그 품질과 있는 장소, 또 그곳에 가는 길도 훤히 알고 있어서 쉽게 손에 넣을 수 있습니다."

샤리만 왕은 그 보석을 보고 뒤로 자빠질 것처럼 놀랐습니다.

"야, 정말 놀랍군! 이 구슬 하나에 내 왕국만큼의 가치는 있을 텐데."

왕은 바다에서 태어난 사리에게 진심으로 감사한 다음, 줄나르를 돌아보며 말했습니다.

"나는 그대의 오라버니 앞에서 부끄러움을 금할 수 없구나. 뭍의 인간으로서는 도저히 구할 수 없는 진귀한 선물을 받았으니 말이야."

"오, 임금님, 이만한 것쯤은 당신의 당연한 권리입니다. 그보다는 우리야말로 당신께 감사를 드려야지요. 이렇게 누이를 친절하게 대해 주시고 우리 또한 후한 대접을 받았으니, 그에 대한 답례를 하는 것은 마땅한 일이니까요. 시인도 이렇게 말하고 있지 않습니까?

    사다에게 뜨거운 정열 바쳐
    그대보다 내 먼저 울면,
    내 영혼은 치유되어
    후회도 생기지 않았으련만.
    그대 먼저 울기 시작하니
    나도 뒤따라 눈물이 나네.
    그러니 내가 말하리라, 공적은
    앞서 간 사람의 것이라고.

그리고(하고 신앙 깊은 사리는 다시 말을 이었습니다) 현세의 임금님이시여, 설령 저희가 1년 동안 당신을 섬기더라도 당신에게 입은 은혜를 다 갚을 수는 없을 겁니다. 따라서 이런 것쯤은 당신에게 드리는 우리의 감사한 마음의 보잘것없이 아주 작은 일부분에 지나지 않습니다."

그리하여 샤리만 왕이 진심으로 감사의 말을 하자, 바다의 남녀들은 40일 동안 궁전에 머물렀습니다. 40일째가 되자 바다의 사리는 누이의 남편인 샤리만 왕 앞에 나아가 무릎을 꿇었습니다.

"오, 사리, 무슨 일로 그러시오?"

왕이 묻자 사리는 대답했습니다.

"오, 현세의 임금님이시여, 그동안 저희를 매우 후하게 대접해 주셨습니다만, 이제 그 정을 믿고 작별의 승낙을 얻을까 합니다. 내 나라와 친척들, 집이 그리워서 견딜 수가 없군요. 저희는 결코 임금님을 비롯하여 누이와 조카를 잊지 않을 겁니다. 알라께 맹세코, 임금님 곁을 떠나는 것은 괴로운 일이지만, 저희는 원래 바다에서 자라서 육지 생활이 잘 맞지 않으니 어쩔 수가 없군요."

이 말을 들은 샤리만 왕은 일어나 바다 사람들에게 가까이 가서 눈물을 흘리며 작별을 고했습니다. 바다 사람들도 왕과 드디어 헤어질 때가 되자 이별의 인사를 했습니다.

"머지않아 곧 다시 찾아뵙겠습니다. 저희는 절대 당신을 배신하지 않을 겁니다."

그러더니 그들은 방에서 뛰어나가 바닷속에 뛰어든 뒤 그대로 사라지고 말았습니다.

―여기서 날이 훤히 밝아왔으므로 샤라자드는 이야기를 그쳤다.


## 743번째 밤

샤라자드는 이야기를 계속했다.

오, 인자하신 임금님, 줄나르의 친척들은 샤리만 왕과 작별을 아쉬워하면서 바닷속으로 뛰어 들어가 자취를 감췄습니다.

그 뒤에도 샤리만 왕은 줄나르를 더욱더 사랑했고, 바심 왕자 역시 왕의 사랑을 듬뿍 받으며 건강하게 성장해 갔습니다.

그동안 왕자의 외삼촌과 외할머니, 어머니의 사촌들은 자주 왕을 찾아와서는, 그때마다 한두 달씩 궁전에 머물렀다가 돌아가곤 했습니다.

바심 왕자는 해를 거듭할수록 타고난 아름다움과 사랑스러움이 더해져서, 이윽고 열다섯 살 봄을 맞이했을 때는, 천하의 둘도 없는 매우 훌륭하고 멋진 젊은이가 되었습니다.

그뿐만 아니라 글쓰기와 코란 읽기, 역사, 윤리, 철학, 활 쏘는 기술, 창 다루는 기술, 말 타는 기술 등등 왕자로서 필요한 것은 모두 익혀서, 백성들은 남녀노소를 가리지 아니하고 누구 하나 이 왕자의 아름다움을 칭찬하지 않는 사람이 없었습니다.

그도 그럴 것이 왕자는 참으로 놀랄 만큼 아름답고 흠잡을 데 없이 훌륭했기 때문입니다. 어떤 시인의 다음과 같은 시는, 바로 바심 왕자를 두고 부른 노래인가 싶을 정도입니다.

그 젊은이의 턱수염은
진주에 놓은 용연향인 듯,
빨간 사과에 칠흑 줄무늬인 듯
좌우로 두 줄의 선을 그었네.
수심 어린 듯한 눈동자에 깃든 건
파멸의 그림자인가,
흘깃 보기만 해도 사람을 찌르니
그 뺨에 깃든 건 술 없이도
사람을 취하게 하는 마력이로다.*8

다른 시인은, 또 이렇게도 노래했습니다.

사랑스러운 뺨의 대지*9에
수놓은 이불처럼
무성하게 덮은 것 이상하여라.
용연향 사슬에 매달려
어두운 밤하늘*10을 밝히는
등불인 양 타는 것도 이상하여라.

  샤리만 왕은 왕자를 더할 나위 없이 사랑하여, 대신을 비롯하여 영내의 태수와 중신들을 불러 자기가 죽은 뒤에는 바드르 바심 왕자를 왕으로 받들겠다는 굳은 서약을 요구했습니다. 이에 모두 기꺼이 맹세했는데, 그것은 현재의 왕이 신하에게 관대하고, 말재주가 물 흐르는 듯하며, 백성에게 불리한 말은 아무것도 하지 않는, 덕성 높은 인품이었기 때문입니다.
  그 이튿날 왕은 말을 타고 장병과 태수와 중신들을 모두 거느리고 거리로 나갔습니다. 그리고 돌아오는 도중, 궁전 가까이에 이르자 왕은 스스로 말에서 내려 말 위의 왕자 옆에 붙어서 걸었고, 태수와 대관들은 번갈아 가면서 왕의 신분을 상징하는 명예의 안장깔개를 왕자 앞에 받쳐 들고 나아갔습니다.
  궁전 문 앞에 이르러 왕자가 말에서 내리자 부왕과 태수들은 왕자를 안아 옥좌에 앉힌 뒤 모두 (왕도 포함하여) 공손하게 새 왕 앞에 섰습니다.

그런 다음 바드르 바심 왕자는 백성을 중재하거나 악한 사람은 벌을 주고 올바른 사람들은 표창하면서 오전을 보내고 정오가 되자, 옥좌에서 내려와 왕관을 쓴 채 달처럼 아름다운 모습으로 바다에서 태어난 어머니 줄나르에게 갔습니다.

어머니는 왕자와 그 앞에 서 있는 노왕의 모습을 쳐다보다가 일어나서 왕자가 국왕의 자리에 오른 것을 축하하는 입맞춤을 한 뒤, 그의 장수와 무운(武運)을 알라께 빌었습니다.

왕자는 왕비 옆에서 오후 기도시간까지 쉬다가 말에 올라 태수들의 뒤를 따라 경기장으로 나가서 부왕과 고관들을 상대로 무예를 갈고닦았습니다. 그리고 저녁때가 되자 말구종들을 거느리고 궁전에 돌아왔습니다.

이렇게 왕자는 매일같이 말을 타고 시합장으로 나갔고, 거기서 돌아오면 옥좌에 앉아 백성들의 호소를 들어주고 노예와 자유인 사이에서 정의를 펼쳤습니다.

그러는 동안 꼬박 1년의 세월이 흘렀는데, 왕자는 말을 타고 사냥을 나가기도 하고, 영내의 마을과 지방을 돌아다니며 백성들이 편안하게 살고 있는지 어떤지 살피기도 하고, 또 왕후의 법도에 따라 갖은 공덕을 쌓기도 했습니다. 그리하여 사람들은 누구에게도 뒤지지 않는 왕의 영광과 용기와 정의를 칭송했습니다.

그러던 어느 날, 대수롭지 않은 일로 병석에 누운 부왕은 심장 고동이 어지러워 영원한 세월의 세상을 향해 길을 떠나는 것도 그리 머지않은 일처럼 보였습니다. 왕의 병세가 점점 악화하여 위독한 상태가 되자, 노왕은 왕자를 머리맡에 불러 어머니와 신하들을 소중히 하라고 당부한 뒤, 태수와 대신들에게는 왕자에게 충성을 다할 것을 맹세하게 했습니다.

그리고 나서 2, 3일 뒤에 샤리만 왕은 마침내 전능하신 알라의 부름을 받아 이 세상을 떠났습니다.

왕과 왕비를 비롯하여 태수와 대신과 중신들은 모두 노왕의 죽음을 슬퍼하며 묘비를 세우고 그 밑에 유해를 묻었습니다. 장례식은 꼬박 한 달이나 계속되었습니다. 바다의 사리와 그 어머니, 사촌들도 찾아와서 왕의 죽음을 애도한 뒤 줄나르를 위로했습니다.

"너에게는 아직 늠름하고 훌륭한 왕자가 남아 있지 않니? 황야의 사자처럼 용감하고 달처럼 아름다운 왕자를 남기고 가신 분은 결코 죽은 것이 아니란다."

―여기서 날이 훤히 밝아왔으므로 샤라자드는 이야기를 그쳤다.

## 744번째 밤

샤라자드는 이야기를 계속했다.
 오, 인자하신 임금님, 한편 대신과 대관들도 새 왕인 바드르 바심 앞에 나와 이렇게 말했습니다.
 "오, 임금님, 돌아가신 부왕님으로 해서 그렇게 가슴 아파하실 것은 없습니다. 너무 한탄하시면 몸에도 해로울 뿐만 아니라, 임금님처럼 훌륭한 분을 남기고 돌아가신 선왕께서는 결코 아주 돌아가신 것이 아니니까 너무 상심하지 마십시오."
 이렇게 위로하며 왕을 목욕탕으로 모시고 갔습니다.
 목욕을 마친 왕은 황금으로 가녘을 두르고 보석과 히아신스석으로 장식한 훌륭한 의상을 입고 왕관을 쓴 다음, 옥좌에 나가 앉아 정사를 돌보면서 세력이 강한 사람과 약한 사람을 모두 공평하게 다스렸습니다. 제후들에게도 가난한 자의 올바른 권리를 지켜주도록 명령했으므로 사람들은 이 새로운 왕을 매우 사랑했습니다.
 그리하여 1년이 흘렀는데, 그동안에 바다 사람들도 이따금 찾아오곤 해서 왕은 무척 즐거운 생활을 보내고 있었습니다.
 그러던 어느 날 밤, 왕의 외삼촌 사리가 줄나르를 찾아왔습니다. 누이는 오빠를 포옹한 다음 그 옆에 앉아서 가족들의 안부를 물었습니다.
 "오라버님, 어머님과 사촌언니들은 모두 사고 없이 평안하신가요?"
 "모두 편안하고 행복하게 살고 있지. 다만 그 속에 네 얼굴이 없는 것이 불행이라면 불행이다만."
 줄나르는 오빠와 함께, 새 왕이 아름답고 사랑스러운 얼굴에 몸집도 균형이 잘 잡히고, 승마도 능숙할 뿐 아니라 총명한 데다 예의범절까지 깍듯하여 나무랄 데 없는 왕이 되었다는 이야기를 주고받았습니다.

그동안 바심 왕은 팔베개하고 누워 어머니와 외삼촌이 나누는 이야기를 잠든 척하며 듣고 있었습니다.*11

이윽고 사리가 누이동생인 줄나르에게 말했습니다.

"저 애도 벌써 열일곱 살이 되었으나 아직 혼인을 시키지 않았으니, 아름답고 귀여운 바다의 왕녀와 혼인을 시켜주고 싶은데, 네 생각은 어떠냐? 바다의 공주라면 얼굴도 예쁘고 몸매도 아름다워 왕에 못지않은 미인이란다."

"바다의 공주들이라면 저도 잘 알고 있으니 이름을 말씀해 보세요."

사리는 한 사람씩 바다의 공주들 이름을 들었습니다.

"저는 그런 여자들은 마음에 들지 않아요. 아름다움과 귀여움은 물론 똑똑하고 신앙심이 깊고 예의범절과 마음가짐이 정숙해야 하며, 권세와 가문과 지위도 모두 아들에게 걸맞은 여자와 결혼시키겠어요."

"지금 내가 든 백 명이 넘는 바다의 공주 말고는 아는 여자가 없다마는, 아 참! 그런데 누이여, 우선 저 애가 깊이 잠들었나 그것부터 살펴보아라."

그래서 줄나르가 아들을 만져 보니 깊이 잠들어 있는 듯했습니다.

"잘 자고 있어요. 오빠는 대체 무슨 말씀을 하시려고 그러세요?"

"처녀가 하나 생각나서 그러는데, 만일 바드르가 잠을 자지 않고 있다가 내 얘기를 듣고 그 처녀를 괜히 연모하게 되면 오히려 그 처녀를 맞이하지 못하는 결과가 될까 걱정되어 선뜻 이름을 말할 수 없구나. 그렇게 되면 바드르는 물론 우리도 영내의 중신들도 쓸데없는 곳에 정신을 쓰게 되고 귀찮은 일이 벌어질까 걱정인데, 시인은 그것을 이렇게 노래하고 있지.

첫눈에 반한 사랑,
튀는 침과 같지만
점차 깊어지면
나중에는 넓은 바닷물."

"그 처녀의 신분과 이름을 말씀해 주세요. 저는 바다의 처녀와 공주는 모두 다 알고 있으니까요. 만일 그 처녀가 아들의 왕비로서 부끄럽지 않은 훌륭한 규수라면 아무리 비용이 들더라도 그 처녀의 아버지에게 부탁해서 혼인승낙을 얻겠어요. 저 애는 지금 깊이 잠들어 있으니까 조금도 염려하실 것 없어요. 그 처녀에 대해서 자세히 말씀해 주세요."

"바드르가 깨어나지 않을까 그게 걱정이다. 이렇게 노래한 시도 있으니 말이다.

칭찬하는 소문으로
나는 그 처녀에게 반해버렸네.
눈보다 먼저 귀로 들은 사랑."

"아이, 오라버니, 속 시원하게 말씀해 주세요. 염려할 것은 조금도 없다니까요."

"누이여, 바드르의 배필로서 알맞은 처녀는 알 사만달*12 왕의 왕녀 야우하라를 제외하고는 아마도 없을 게다. 아름답고 귀여운 데다 총명하고 재주까지 있으니, 참으로 바드르에겐 하늘에서 미리 정해 준 배필이지. 바닷속이건 육지건 그 공주만큼 우아한 처녀도 없을걸. 얼굴은 기품이 있으면서도 아름답고 몸매는 부드럽게 균형이 잡혔으며, 뺨은 발갛고 이마는 꽃처럼 희며 가지런한 이는 보석처럼 반짝이지. 눈은 또렷하니 맑고 엉덩이는 토실토실 둥글고 묵직하며, 허리는 날씬하니 품위 있게 뻗어서 정말이지 이 처녀보다 아름다운 여자는 없을 거다. 이 처녀가 돌아보면 들소도 사슴도 얼굴을 붉히고, 사뿐사뿐 걸을 때는 버들가지도 시샘할 정도란 말이야. 베일을 벗으면 그 얼굴이 해와 달처럼 환하게 빛나서 보는 사람의 마음을 황홀케 하고, 달콤한 입술을 가진 아주 마음씨 고운 처녀이기도 하지."

"정말, 오빠가 말씀하신 그대로예요. 저도 그 처녀와 몇 번 만난 적이 있어서 알아요. 우리는 서로 아는 사이였지만 지금은 이렇게 멀리 떨어져 있으니 서로 아무것도 모르게 되었어요. 오랫동안 만나지 못했으니까요. 오빠의 말씀대로 바드르의 왕비로는 그 처녀보다 훌륭한 상대는 없을 거예요."

알 사만달 왕의 왕녀 야우하라 공주를 칭찬하는 이야기를 잠든 척하면서 모두 들어버린 바드르 바심은, 말만 듣고도 그 처녀에 대한 연정이 저도 모르게 불길처럼 솟아올랐습니다. 그렇게 사랑의 불길이 활활 타오르자 바드르 바심은 밑도 끝도 없는 깊은 욕정의 바다에 빠져버리고 말았습니다.

―여기서 날이 훤히 밝아왔으므로 샤라자드는 이야기를 그쳤다.

## 745번째 밤

샤라자드는 이야기를 계속했다.
오, 인자하신 임금님, 줄나르의 오빠 사리는 다시 말을 이었습니다.
"그런데 누이여, 바닷속에서도 그 공주의 아버지만큼 우둔하고 완고한 왕도 없으니, 그자가 이 혼인을 승낙할 때까지 바드르에게는 공주에 대한 이야기를 절대로 하지 마라. 그 바다의 왕이 우리의 청혼을 승낙해 준다면 전능하신 알라를 칭송할 것이고, 만일 딸을 내줄 수 없다고 거절한다면 다른 곳에서 더 좋은 규수를 찾아준다고 하자꾸나."
두 사람은 더는 공주 이야기를 하지 않았습니다.
그러나 바드르는 야우하라 공주에 대해 불같이 타오르는 연정을 가슴속에 숨긴 채 그날 밤을 보냈고, 어머니에게도 외삼촌에게도 그것을 드러내지 않았습니다.
이튿날 아침 바드르와 외삼촌은 함께 목욕탕에 들어가서 몸을 씻었습니다. 그런 다음 술잔을 기울이며 하인이 차려준 음식을 줄나르와 함께 배불리 먹고 손을 씻었습니다. 그러자 바다의 사리는 일어나서 누이와 조카에게 작별인사를 했습니다.
"괜찮다면, 이곳에 온 지도 한참 되었고 하니 어머님과 가족들에게 돌아가고 싶구나. 틀림없이 모두 내가 돌아오기를 목을 길게 늘이고 기다리고 있을 테니."
그러자 바드르가 외삼촌에게 말했습니다.
"제발 오늘 하루만 더 저와 함께 계시다 가십시오."
사리가 승낙하자 바드르 왕은 다시 말했습니다.
"외삼촌, 함께 정원에 나가보시지 않겠어요?"
두 사람은 함께 정원으로 나가 초원을 거닐며 쉬었습니다. 젊은 바드르 왕은 나무 그늘에 누워 한숨 자려고 했으나, 외삼촌과 어머니가 이야기한 아름다운 야우하라 공주에 대한 생각이 떠올라서 눈물을 흘리며 이런 시를 읊었습니다.

내 몸속에 불씨 당겨져
가슴속 태우며 끝없이
타올라 갈 때,
"그대여, 어느 것을 고르려는가,
불길이냐, 아니면 한 방울
맑은 물이냐" 한다면
난 대답하리, '불길'이라고.

바드르 왕은 한숨을 내쉬고는 다시금 애달파져서 눈물을 흘리며 또 시를 읊었습니다.

사랑하는 임아,
햇살보다 눈부신 그 이마
진정 사랑스러운 사슴을 연모하는 나를
누가 구원하랴.
그 옛날엔 당신을 사랑하는지도
모르고 지나버린 내 마음
이제
알 사만달의 공주를
사모하는 불길에 몸을 태우누나.

사리는 조카의 시를 듣고 자기 손을 찰싹찰싹 두드리면서 중얼거렸습니다.
"알라 외에 신은 없고, 무함마드는 알라의 사도이다! 알라 외에 주권 없고 알라 외에 권력 없다!"
그러고는 바드르 왕에게 말했습니다.
"오, 바드르, 너는 나와 네 어머니가 야우하라 공주를 칭찬하는 얘기를 들었구나."

"예, 외삼촌, 저는 외삼촌의 말씀만 듣고도 공주에게 푹 빠지고 말았습니다. 그래서 지금은 공주가 없이는 살아갈 수 없습니다."

"오, 바드르, 그렇다면 함께 어머니에게 가서 네 이야기를 해 보자. 어머니의 허락을 얻어 나와 함께 공주의 아버지를 찾아가서 청혼하자꾸나. 나는 네 어머니의 승낙 없이는 너를 데려갈 수 없다. 네 어머니가 노여워할 것 같아서 말이다. 내가 너를 데려가면 네 어머니 혼자 남게 되니까, 네 어머니로선 노여워할 만도 하지.

게다가 이 도성에는 백성을 다스리는 왕이 없어지고 백성들 사이에 일어난 일들을 재판할 사람이 없어지는 셈이니, 그 때문에 나라가 어지러워지고 왕권이 네 손에서 떠날지도 모르니까 말이다."

"오, 외삼촌, 어머니에게 그런 의논을 해봤자 들어주실 리 없습니다. 그래서 저는 어머니에게 가고 싶지도 않고 의논드리고 싶지도 않습니다."

바드르는 흐느껴 울면서 말했습니다.

"말없이 외삼촌과 떠났다가 나중에 돌아와서 잘 말씀 드리겠습니다."

사리는 그만 어찌할 줄을 몰랐습니다.

"무슨 일이 일어나든 다만 전능하신 알라의 용서를 빌 뿐이다."

그리고 더없이 높은 신의 이름이 새겨진 도장반지를 손가락에서 빼어 바드르에게 주었습니다.

"이것을 손가락에 끼고 있어라. 그러면 물에 빠지지도 않고 바다짐승이나 큰 물고기의 위협도 면할 수 있을 거다."

그리하여 바드르 바심 왕은 그 반지를 손가락에 끼고 외삼촌 사리와 함께 바닷속으로 들어갔습니다.

—여기서 날이 훤히 밝아왔으므로 샤라자드는 이야기를 그쳤다.

## 746번째 밤

샤라자드는 이야기를 계속했다.

오, 인자하신 임금님, 이윽고 바드르 바심과 외삼촌 사리는 바닷속 깊이 들어가서 사리의 궁전에 이르렀습니다.
 그곳에서는 바드르의 외할머니와 가족들이 바드르를 반갑게 맞이해 주었습니다. 외할머니는 바드르를 보더니 일어나서 포옹하며 이마에 입을 맞춘 뒤 말했습니다.
 "오, 바드르, 잘 왔다. 네 어머니 줄나르는 잘 있겠지?"
 "예, 어머니는 매우 건강하시고 행복하게 지내고 계십니다. 할머님과 사촌언니들에게 안부 여쭈라는 말씀이셨습니다."
 이윽고 사리는 어머니에게 자기와 누이동생 줄나르가 주고받는 얘기를 엿들은 바드르가 알 사만달 왕의 딸 야우하라 공주를 사랑하게 되었다고 설명한 다음 이렇게 덧붙였습니다.
 "그래서 바드르 왕은, 공주의 아버지에게 혼담을 청하러 온 겁니다."
 그러자 할머니는 매우 놀라며 말했습니다.
 "오, 사리, 네가 바드르 앞에서 야우하라 공주에 대해 얘기를 하다니, 그것은 매우 잘못한 일이구나. 너도 알다시피 공주 아버지가 너무나 완고하고 포악한 데다 도무지 분별심마저 없어서 공주에게 청혼하는 사람에게는 누구든 덮어 놓고 호통을 치는 사람이 아니냐? 지금까지 바다의 어떤 왕이 공주에게 청혼해도 어디 한 번이나 받아들인 적이 있더냐? 모조리 거절하고서는 '아름다움이나 사랑스러움, 어느 점으로 보아도 내 공주와 결혼할 자격이 전혀 없다'고 마구 깎아내렸지. 우리도 그 부왕에게 공주와의 혼담을 청하는 것이 두렵구나. 틀림없이 그이는 다른 사람 때처럼 우리의 청혼을 거절할 테니 말이다. 게다가 우리는 모두 성미가 괄괄해서 아마도 잔뜩 기분이 상해서 돌아올 게 뻔하다."
 "오, 어머니, 그러니 어쩌면 좋을까요? 바드르는 '누가 뭐래도, 설령 왕위를 버리는 한이 있더라도 공주 아버지에게서 공주와의 결혼승낙을 받고야 말겠다. 그 공주를 왕비로 맞지 못한다면 공주를 사모하는 나머지 죽어 버릴지도 모른다.' 이러고 있는 걸요. 그런 바드르는 실상 공주보다 더 아름답고 훌륭한 남자입니다. 아버지는 페르시아의 모든 백성을 다스린 대왕이었고, 그 아버지가 세상을 떠난 지금은 바드르가 페르시아의 왕이므로, 야우하라 공주의 남편으로는 누구보다도 훌륭한 자격이 있지요. 그래서 저는 공주 부왕의 신분에 걸맞은 히아신스석과 보석을 잔뜩 가지고 가서 공주와 바드르의 혼담을 청해볼까 합니다.
 만일 공주 아버지 쪽에서 자기는 왕이고 어쩌고 한다 해도, 바드르도 왕이고 왕의 아들인 만큼 꿀릴 일이 없습니다. 또 공주가 아무리 아름답다 해도 바드르 또한 공주에 못지않은 미모이니 역시 염려할 것 없지요. 영토의 넓이로 트집을 잡아도 바드르의 영토가 공주와 공주 아버지의 영토보다 훨씬 넓어서 수많은 군사와 파수꾼이 그것을 지키고 있지 않습니까? 저는 목숨을 걸고서라도 조카가 소원을 이룰 수 있도록 힘쓸 작정입니다. 제가 바드르를 그 연인인 공주가 사는 이 바닷속에 데리고 온 것은 공주와 혼인시키기 위해서니 전능하신 신이시여, 부디 저를 도와주소서!"
 "그렇다면 너 좋을 대로 하려무나. 하지만 그 왕을 대할 때는 말을 삼가고 매우 공손하게 대해야 한다. 그 왕은 고집불통에 사납기로 유명한 인물인 데다 예의라고는 전혀 모르는 사람이라서 자칫하면 네가 봉변을 당할지도 모르니 말이다."
 "잘 알았습니다."
 사리는 곧바로 일어서서 루비와 에메랄드 같은 보석이 가득 든 가죽 자루 두 개를 꺼내어 그것을 하인에게 들리고, 조카 바드르 왕과 함께 알 사만달 왕의 궁전을 향해 떠났습니다.
 궁전에 간신히 도착하여 왕에게 알현을 청해 승낙을 얻은 사리는 혼자서 어전에 나가 왕 앞에 엎드려 정중하게 인사를 올렸습니다. 그러자 왕은 일어나서 공손하게 답례를 하고 자리를 권했습니다. 사리가 자리에 앉자 왕이 말했습니다.
 "어서 오게, 매우 오랜만이군. 그런데 사리, 대체 오늘은 무슨 볼일로 찾아왔나? 이야기하게나, 볼일에 따라서 들어줄 수도 있으니까."
 사리는 일어나서 다시 한 번 엎드린 뒤 입을 열었습니다.
 "오, 현세의 임금님이시여, 제가 온 것은 다름이 아니라, 알라와 임금님께 청할 것이 있어섭니다. 임금님께서는 관대하기 그지없고 용감하고 씩씩하기가 사자와 같아서 그 위엄이 대상들에 의해 멀리까지 퍼져 있고, 인자하신 데다 하늘처럼 마음이 넓으셔서 청원하는 것은 뭐든지 들어주신다는 소문이 모든 나라에 알려졌습니다."

그리고 사리는 왕의 환심을 사기 위해 가죽 자루 두 개를 풀어서 그 속에 든 것을 늘어놓고 말했습니다.

"오, 임금님, 저의 선물을 받아주시어 제 마음을 안심시켜 주신다면 그 은혜 꿈에서도 잊지 않겠습니다."

―여기서 날이 훤히 밝아왔으므로 샤라자드는 이야기를 그쳤다.

## 747번째 밤

샤라자드는 이야기를 계속했다.

오, 인자하신 임금님, 사리의 말에 알 사만달 왕은 이렇게 대답했습니다.
"무슨 까닭으로 나에게 이런 선물을 하는가? 그대는 나에게 대체 무엇을 원하고 있는지 그것을 말해 보라. 내 힘으로 할 수 있는 일이라면, 아무리 귀찮은 일이라도 마다치 않고 그대를 구해 주마. 나로서는 도저히 불가능한 일이라 하더라도 알라께서는 무엇이든 할 힘을 가지고 계시잖느냐?"

그러자 사리는 몸을 일으켜 바닥에 세 번 입을 맞춘 뒤 다시 말했습니다.
"오, 임금님, 제 소원은 임금님이라면 꼭 하실 수 있는 일입니다. 저는 결코 임금님에게 무리한 청을 할 욕심은 없습니다. 성인도 '손쉽게 할 수 있는 것을 원하면 그것은 이루게 해 주어야 한다'고 말씀하셨습니다만, 제가 소원하는 것은 임금님(부디 알라의 가호가 있기를!)께서 반드시 하실 수 있는 일입니다."

"무엇이든 소원하는 것을 말해 보게! 그대의 사정을 얘기하고 필요한 것을 말해봐."

"오, 임금님, 사실 저는 대왕님의 오직 하나뿐인 따님, 천하에 둘도 없는 진주, 남몰래 감춰두신 귀한 보석인 야우하라 공주에 대한 청혼 대리인으로서 왔습니다. 부디 이 구혼자가 실망하지 않도록 선처해 주시기 바랍니다."

이 말을 들은 왕은 뒤로 벌렁 나자빠지도록 웃더니 이렇게 말했습니다.
"여보게, 사리, 나는 자네를 분별 있는 젊은이로 알고 도리에 맞지 않는 것은 욕심내지 않는 성실한 사람으로 알고 있었다. 그런데 어떻게 감히 이같이 훌륭한 도성과 크고 넓은 영토의 군주인 나의 공주에게 청혼한단 말이냐? 자네에게 내 딸을 탐낼 만한 지위라도 있다고 여기는가? 분별 있는 자네가 어찌하여 그까짓 선물로 나를 낚으려는 염치없는 짓을 한단 말이냐."

"오, 알라여, 제발 왕의 노여움을 풀어주소서. 공주를 달라고 하는 것은 저 자신을 위해서가 아닙니다. (설사 내가 공주를 달라 한다 해도 자격으로 보나 뭐로 보나 공주보다 못할 것도 없지요. 당신도 알다시피 본래 우리 아버지는 바다의 왕 중에서도 왕이었으니 말이오.) 공주를 달라고 청하는 자는, 임금님도 잘 아시는 샤리만 왕의 아들이자 페르시아의 왕인 바드르 바심 왕입니다. 임금님이 아무리 권력 있는 왕이라 해도 바드르 왕에겐 당하지 못하십니다. 공주가 제아무리 아름답다 해도 바드르 왕이 더욱 아름답고 훌륭한 젊은이며, 지위와 혈통도 당대에 최고의 인물입니다.

그러므로, 만일 제 소원을 들어주신다면 임금님은 옳은 결단을 내리시는 것이 되겠지요. 그러나 우리를 무례하고 건방진 태도로 대하신다면 우리는 부당한 대우를 받는 것이 되고, 임금님은 '올바른 길'*13을 짓밟는 것이 됩니다. 오, 임금님, 야우하라 공주도 언젠가는 반드시 남편을 맞이하여 신방에 들어야 할 운명. 현자도 '여자의 운명은 혼인이 아니면 무덤'이라고 하지 않았습니까? 그러니 따님을 혼인시킬 생각이 있으시다면, 제 누이동생의 아들이야말로 가장 어울리는 배필이라고 생각합니다."

이 말을 들은 알 사만달 왕은 불같이 노하여, 제정신은커녕 넋마저 육체에서 달아난 듯한 모습으로 욕설을 퍼부었습니다.

"이런 멍청한 놈을 봤나! 너같이 비천한 놈이 감히 나에게 무엇이 어째? 많은 신하가 보는 앞에서 공주의 이름을 함부로 들먹이며*14 네 누이동생 줄나르의 아들한테 시집보내라고? 내 앞에서 함부로 주둥아릴 놀리고 무엄하게도 충고 같은 수작을 하다니 괘씸한 놈 같으니! 내 딸에 비하면 너희는 모두 하인이 아니고 무엇이냐!"

이어서 왕은 시종들에게 소리쳤습니다.

"저 막돼먹은 놈의 목을 베어라!"

시종들이 칼을 뽑아들고 사리에게 달려들자, 사리는 황급히 궁전 문 쪽으로 달아났습니다.

그리하여 문밖을 뛰쳐나가니 그곳에는 사리의 사촌과 친척, 또 하인들을 비롯하여 1천여 명의 기마병들이 방패에 갑옷으로 무장하고 번득이는 창과 칼을 든 채 기다리고 있었습니다. 그것은 사리의 어머니가 아들을 보호하기 위해서 보낸 자들이었습니다.

궁전에서 도망쳐 나온 사리를 보고 그들이 까닭을 묻자, 사리는 앞뒤 사정을 얘기해 주었습니다. 사리의 얘기를 듣고 모두 알 사만달 왕이 우둔한 자인 데다 성질이 급한 고집쟁이라는 것을 알았습니다.

이윽고 기마병들은 말에서 내려 궁전 안으로 밀고 들어갔으나, 알 사만달 왕은 그들이 침입한 줄도 모르고, 그저 사리를 향해 계속 분통을 터뜨리며 옥좌에 앉아 있었습니다. 환관과 시종과 장병도 미처 생각하지 못한 갑작스러운 공격에 아무런 대비도 되어 있지 않았습니다. 왕은 사리와 그 일족이 칼을 뽑아들고 함부로 뛰어들어온 것을 보고 가신들을 향해 큰 소리로 외쳤습니다.

"뭘 꾸물대고 있느냐! 저놈들의 목을 모두 베어 버려라!"

그렇지만 눈 깜짝할 사이에 알 사만달 부하들은 사방으로 흩어져 달아나 버렸고, 사리와 그 일족은 왕을 붙잡아 꽁꽁 묶어 버렸습니다.

―여기서 날이 훤히 밝아왔으므로 샤라자드는 이야기를 그쳤다.

## 748번째 밤

샤라자드는 이야기를 계속했다.

오, 인자하신 임금님, 한편 사리의 일족이 알 사만달 왕을 꽁꽁 묶었을 때, 야우하라 공주는 그제야 잠에서 깨어 부왕이 적의 포로가 되고 호위병사들은 살해되었다는 사실을 알았습니다. 그래서 공주는 몰래 궁전을 빠져나와 어느 섬으로 건너가서 높은 나무 위에 몸을 숨겼습니다.

알 사만달 왕의 시종들도 적과 아군이 싸우는 동안 허둥지둥 멀리 달아났는데, 바드르 바심 왕이 도중에 그들을 만나 사정을 물어 자초지종을 알게 되었습니다.

그러나 바드르 왕은 알 사만달 왕이 체포되었다는 말을 듣자, 뒷일이 걱정되었습니다.

'이런 큰 소동이 일어난 것은 모두 나 때문이다. 마침내 나는 수배를 받는 죄인이 되고 말았구나.'

그는 이렇게 생각하면서 사람 눈에 띄지 않는 어딘가 안전한 장소를 찾아 정처 없이 달아났습니다.

그런데 반드시 만날 운명의 인연이라고 할까요, 바드르 왕이 우연히 다른 곳은 야우하라 공주가 먼저 위험을 피해 몸을 숨긴 섬이었습니다. 바드르는 공주가 몸을 숨기고 있는 나무 아래로 가서, 쫓기는 몸에는 휴식의 여유가 없다는 것도 모르고 지친 몸을 쉬려고 벌렁 드러누웠습니다. 신이 아닌 이상, 자기 앞에 어떤 운명이 기다리고 있는지 알 리가 없었던 거지요.

바드르 왕은 누워서 무심코 머리 위 나무를 쳐다보다가 위에서 내려다보는 공주의 눈과 딱 마주치고 말았습니다. 왕은 마치 동녘 하늘에서 솟아오르는 보름달처럼 아름다운 공주의 모습을 뚫어져라 쳐다보면서 자기도 모르게 소리쳤습니다.

"오, 이 아름다운 모습을 만드신 만물의 창조주, 전능하신 신께 영광을! 내 예감이 틀림없다면 저 처녀야말로 알 사만달 왕의 왕녀 야우하라 공주가 틀림없다. 공주는 부왕과 우리가 싸우는 것을 알고 난을 피해서 이 섬에 와 나무 위에 몸을 숨기고 있는 것이리라. 만일 저 여자가 공주가 아니라면 공주보다 아름다운 여인이겠지."

그리고 공주에 대해서 이것저것 생각하다가 몰래 중얼거렸습니다.

"그렇다, 일어나서 저 여자의 손을 잡고 여자의 신분을 물어보자. 그리고 여자가 진짜 공주라면 본인에게 직접 청혼하여 소원을 이루도록 하자."

그는 일어나서 나무 위를 쳐다보며 불렀습니다.

"오, 거기 계신 아름다운 분, 당신은 누구시며 누가 이곳에 모셔 왔습니까? 부디 숨기지 말고 말씀해 주십시오."

그러자 공주는 바드르 바심을 유심히 바라보며, 마치 검은 구름 속에서 얼굴을 내민 달과 같이 아름다운 얼굴과 부드러운 미소, 우아한 몸짓을 보고 곧 대답했습니다.

"오, 거기 계신 아름다운 분, 저는 알 사만달 왕의 딸 야우하라라고 합니다. 사리의 군사들이 아버지에게 싸움을 걸어왔는데, 아버지가 패하여 시종들과 함께 사로잡히고 말았어요. 그래서 저는 가까스로 도망쳐서 여기에 몸을 숨기고 있는 거예요. 그 뒤 아버지가 어떻게 되셨는지는 모르고 있답니다."

바드르 왕은 공주와의 이상한 만남을 몹시 기이하게 여기면서 생각했습니다.

'공주의 아버지가 포로로 잡히는 바람에 소원을 이루게 되다니!'

바드르 왕은 야우하라 공주를 지켜보며 말했습니다.

"오, 공주, 이쪽으로 내려오십시오. 당신의 그 눈은 내 마음을 사로잡고 말았습니다. 그 소란은 저와 당신 때문에 생긴 겁니다. 저는 페르시아의 국왕 바드르 바심이고, 당신 아버님께 청혼하러 간 사리는 저의 외삼촌입니다. 당신과 결혼하고 싶어서 왕국을 떠나 여기까지 왔는데, 지금 이런 곳에서 당신을 만나다니 얼마나 신기한 일입니까? 어서 이쪽으로 내려와 함께 아버님의 궁전으로 가서 사리를 만나 아버님을 풀어 드리라고 부탁하고, 당신을 정식으로 내 왕비로 주십사고 청하겠습니다."

왕의 말을 듣고 공주는 마음속으로 생각했습니다.

'그런 소동이 일어나 아버지가 포로로 잡히고 신하들과 시종들이 살해된 것, 또 내가 궁전에서 이 섬으로 도망쳐 나와 이런 비참한 꼴을 당하게 된 것, 이 모든 일이 다 이 악당 때문이다. 그러니 무슨 꾀를 부려서라도 이 남자한테서 몸을 지켜야 한다. 그렇지 않으면 이자에게 잡혀 몸을 더럽히고 말 거야. 이 남자는 나에게 홀딱 빠져 있고, 또 사랑하는 사람은 어떤 짓을 해도 용서되는 법이거든.'

이윽고 공주는 마음마저 녹일 듯한 달콤한 목소리로(물론 왕은 공주가 어떤 꿍꿍이속인지 꿈에도 몰랐습니다) 왕에게 물었습니다.

"오, 나의 임, 내 눈동자의 빛이여! 당신은 정말 줄나르 님의 아들, 바드르 바심 왕이신가요?"

"그렇습니다, 공주님."

—여기서 날이 훤히 밝아왔으므로 샤라자드는 이야기를 그쳤다.

# 749번째 밤

샤라자드는 이야기를 계속했다.

오, 인자하신 임금님, 바드르 왕의 대답에 야우하라 공주는 말을 이었습니다.

"당신보다 아름다운 분을, 이렇게 인품이 훌륭한 분을 두고 더 나은 사람을 구한다고 하다니, 부디 알라여, 아버지의 목숨을 끊고 그 왕국도 빼앗아 아버지의 마음을 심하게 괴롭힌 뒤 저승을 떠돌게 하십시오. 정말 아버지는 생각이 좁으시고 분별심이 부족한 사람이었죠!"

그리고 곧 이렇게 덧붙였습니다.

"하지만 현세의 임금님, 부디 아버지가 하신 일을 비난하지 말아주세요. 게다가 당신이 저를 손톱만큼 사랑해 주신다고 한다면, 저는 그 열 곱절이나 당신을 사모하고 있답니다. 저는 당신으로 말미암아 사랑의 포로가 되어 마음과 영혼까지 빼앗겨버리고 말았어요. 당신의 마음이 전부 저에게 옮겨와, 당신의 가슴에는 이제 제 가슴속 생각 10분의 1도 남지 않았답니다."

그렇게 말하면서 나무에서 내려온 공주는 바드르에게 다가가 그를 가슴에 꼭 끌어안고 입술을 포갰습니다. 공주의 사랑을 완전히 믿어버린 왕은 갑자기 사모하는 마음이 더욱 끌어 올라 수없이 입을 맞추며, 자기 쪽에서도 공주를 힘차게 포옹했습니다.

이윽고 왕이 말했습니다.

"오, 공주, 알라께 맹세코 말하지만, 외삼촌 사리는 당신의 아름다움을 그 40분의 1도 얘기해 주지 않았소. 아니, 24키라트*15의 4분의 1도 표현하지 못했소."

그러자 야우하라 공주는 왕을 가슴에 와락 끌어안고 뭔지 모를 주문을 외우더니 왕의 얼굴에 침을 뱉으면서 말했습니다.

"인간의 모습을 바꿔 새가 되어라! 깃털이 하얗고 부리와 발이 빨간, 가장 아름다운 새가 되어라!"

그 말이 끝나기가 무섭게 바드르 왕은, 자기가 세상에 둘도 없이 아름다운 새로 변하여, 몸을 떨면서 공주를 지켜보고 서 있다는 사실을 깨달았습니다. 이때 공주는 데리고 있던 마르시나*16라는 여자노예를 불러서 말했습니다.

"아버님을 포로로 잡은 사람은 이 남자의 외삼촌이야. 아버님의 목숨이 걱정되지만 않는다면 이 남자를 죽여 버렸을 텐데. 알라여, 부디 이 남자에게서 은총을 거두어주소서! 마르시나, 이 남자가 우리를 찾아와 이런 불행이 일어난 거야. 이 소동은 모두 이 남자 탓이니, 너는 이 바드르 바심을 '물 없는 섬'에 데려가서 버리고 오너라, 목이 말라 죽어 버리게 말이야."

마르시나는 새가 되어 버린 바드르 왕을 '물 없는 섬'으로 데리고 가서 그곳에 버리고 돌아올 작정이었지만, 문득 마음을 고쳐먹고 이렇게 중얼거렸습니다.

"이토록 아름답고 훌륭하신 분을 목이 말라 죽게 만드는 건 정말이지 아까운 일이야."

그래서 그 섬에서 조금 떨어진 다른 섬으로 데리고 갔습니다.

그곳에는 파릇파릇한 나뭇가지에 과일이 탐스럽게 달려 있고, 시냇물이 흐르고 있었습니다. 마르시나는 바드르를 그곳에 두고 여주인 야우하라 공주에게 돌아가서 말했습니다.

"'물 없는 섬'에 바드르 왕을 버리고 왔어요."

한편, 사리는 알 사만달 왕을 산 채로 잡고 그 부하를 죽인 뒤 야우하라 공주를 찾았지만, 아무리 찾아도 없어서 자신의 궁전으로 돌아가 어머니에게 물었습니다.

"조카 바드르 바심 왕은 어디에 있습니까?"

"그게 말이다, 어디에 있는지 도무지 모르겠구나! 너와 알 사만달 왕이 칼을 휘두르며 싸움을 시작했다는 얘기를 듣고는 놀라서 그만 달아난 모양이야."

사리는 이 말을 듣고 조카의 신변을 걱정하며 말했습니다.

"어머니, 바드르 왕을 보살피지 못한 일은 참으로 우리의 실수입니다. 바드르가 죽지는 않았는지, 아니면 알 사만달 왕의 병사나 딸 야우하라 공주와 마주치지는 않았는지, 그게 걱정입니다.

만일에 그런 일이 생긴다면 우리는 누이를 볼 낯도 없고, 어쩌면 좋지 않은 일이 일어날지도 모릅니다. 저는 바드르를 누이의 승낙도 얻지 않고 데려왔으니까요."

사리는 호위병과 척후병들을 바다와 육지 구석구석에 파견하여 바드르 왕의 행방을 찾게 했으나, 모두 허탕만 치고 돌아왔습니다.
 사리는 슬픔과 걱정이 점점 쌓여서 마음은 온통 바드르 왕에 대한 생각뿐이고 가슴은 찢어질 듯했습니다.
 한편 바다에서 태어난 줄나르는 바드르 왕과 사리가 떠난 뒤 그들을 기다리며 쓸쓸한 나날을 보내고 있었습니다. 그러나 아들은 돌아올 기색이 없고 소식조차 없었습니다. 줄나르는 참다못해 마침내 바닷속으로 내려가서 어머니를 찾았습니다.
 어머니는 줄나르를 보자 일어나서 맞이하여 입을 맞추고 포옹했습니다. 사촌들도 반가이 그녀를 맞이했습니다. 이윽고 줄나르가 어머니에게 바드르의 소식을 물었습니다.
 "오, 줄나르, 사실은 바드르가 사리와 함께 여기에 왔었다. 그리고 히아신스석과 보석을 많이 가지고 알 사만달 왕을 찾아가서 공주를 아내로 달라고 청혼했지. 그런데 왕은 청혼을 거절하고 너의 오빠 사리에게 욕설을 퍼부었지 뭐냐. 나는 걱정이 되어 사리가 간 곳에 군사를 1천 명가량 보내 두었는데, 결국 알 사만달 왕과 사리 사이에 싸움이 벌어지고 말았어.
 다행히 알라의 가호를 얻은 네 오빠는 왕의 호위병과 군사들을 베어 죽이고 왕을 사로잡았단다. 그런데 이 싸움 통에 바드르가 겁을 먹었는지 어디론가 달아나서는 아직 돌아오지 않고 있다. 그 뒤로 어디서 어떻게 지내고 있는지 소식조차 없구나."
 이어서 줄나르는 오빠 사리에 대한 소식을 물었습니다.
 "사리는 지금 알 사만달 왕의 자리를 빼앗아 왕좌에 오른 뒤 사방팔방으로 사람을 보내 네 아들과 공주를 찾고 있단다."
 줄나르는 어머니의 말을 듣자, 아들을 염려하며 몹시 탄식하는 한편, 사리가 자신의 허락도 없이 자기 아들을 바다로 데리고 간 일을 몹시 원망했습니다.
 "어머니, 저는 아무래도 우리 영토가 걱정되네요. 누구에게도 알리지 않고 이리로 왔으니까요. 나라 안이 어지러워져서 왕국을 잃기라도 하게 되면 큰일이라, 이곳에 더는 머물러 있을 수 없어요. 그래서 저는 이만 돌아가 신께서 바드르에게 자비로운 은총을 내리실 때까지 내 손으로 나라를 다스리고 있는 게 가장 좋을 것 같군요. 부디 바드르를 잊지 말아주세요. 만일 그

애 신상에 불행한 일이라도 생기면 저는 살 수 없어요. 그 애가 없다면 저도 이 세상에 없는 거나 다름없으니까요. 그 애가 살아 있어서 기쁨도 희망도 있는 거예요."

"오, 줄나르, 염려하지 마라. 그 애의 행방을 몰라 우리가 얼마나 슬퍼하고 있는지 아마 너는 모를 거다."

줄나르의 어머니는 사람들을 보내 손자 바드르 왕의 행방을 두루 찾아 살피게 했습니다.

줄나르는 하는 수 없이 울어서 퉁퉁 부은 눈과 무거운 마음으로 자기 나라로 돌아갔으나, 이 세상의 모든 기쁨이 한꺼번에 사라져 버린 것 같은 기분이었습니다.

―여기서 날이 훤히 밝아왔으므로 샤라자드는 이야기를 그쳤다.

## 750번째 밤

샤라자드는 이야기를 계속했다.

오, 인자하신 임금님, 살아가는 기쁨을 거의 잃은 줄나르는 답답한 가슴으로 울적한 나날을 보내고 있었습니다.

한편 바드르 왕은 어떻게 되었을까요?

바드르 왕에게 마술을 부려 새로 바꿔버린 야우하라 공주는 노예 마르시나에게 '이자를 그곳에 내버려 두어서 목말라 죽게 하라'면서 '물 없는 섬'에 버리고 오게 했습니다. 그러나 마르시나는 나무가 무성하게 자라는 푸른 섬에 왕을 두고 갔기 때문에, 바드르 왕은 새가 된 채 그곳에서 과일을 따 먹고 시냇물을 마시기도 하면서 밤과 낮을 보내고 있었습니다. 그렇지만 새가 된 그는 어디로 가야 할지, 또 어떻게 날아야 하는지 알 수 없었습니다.

그러던 어느 날, 한 사냥꾼이 살림에 보탬이 될 만한 것을 잡으려고 이 섬에 왔다가, 깃털이 새하얗고 부리와 발이 새빨간 바드르를 보자 그만 넋을 잃고 중얼거렸습니다.

"저곳에 있는 저 새는 어쩌면 저렇게도 아름다울까! 이제껏 저렇게 몸매가 고운 새는 본 적이 없는걸."

사냥꾼은 바드르에게 그물을 던져 산 채로 잡은 뒤, 비싼 값에 팔 셈으로 도시로 가지고 갔습니다. 가는 도중에 어떤 사람이 사냥꾼에게 말을 걸었습니다.

"여보시오, 그 새는 얼마요?"

"이걸 사서 뭐하실 겁니까?"

"잡아먹을 작정이오."

"이 새를 죽여서 먹을 생각을 다 하다니, 참 인정머리 없이 모진 사람도 다 있구먼. 하지만 난 이 새를 임금님에게 바칠 생각이오. 임금님은 틀림없이 당신보다 훨씬 많은 돈을 주실 테고, 죽이는 대신 이 아름답고 참한 새를 귀여워해 주실 거요.

나는 오랫동안 새를 잡아왔지만, 산에서건 바다에서건 이렇게 아름다운 새는 본 적이 없소. 당신은 아무리 갖고 싶어도 고작 은화 한 닢밖에 더 내겠소? 나는 절대로 팔지 않겠소!"

사냥꾼은 새를 가지고 왕궁을 찾아갔습니다.

임금님은 새를 보자 그 아름답고 우아한 모습, 또 부리와 발의 빨간 색깔이 매우 마음에 들어 환관에게 사도록 명령했습니다.

환관이 사냥꾼을 불러 물었습니다.

"여보게, 그 새를 팔 것인가?"

"아닙니다. 이것은 제가 임금님께 바칠 물건입니다."[*17]

환관은 왕에게 새를 가지고 가서 사냥꾼의 말을 전했습니다. 왕이 새를 받고 금화 10닢을 주자, 사냥꾼은 황공하여 두 손으로 받아 쥐고 머리를 조아린 뒤 물러갔습니다.

환관은 새를 아름다운 새장 속에 넣고 고기와 먹을 것을 주고는 왕궁의 방에 넣어 두었습니다.

왕은 접견실에서 나오자마자 물었습니다.

"그 새는 어디에 두었느냐? 보고 싶으니 이리 가져오너라. 참으로 아름다운 새더구나."

그리하여 환관은 새장을 가져와서 왕 앞에 놓았습니다. 왕은 새가 모이를 전혀 먹지 않은 것을 보고 말했습니다.

3448 아라비안나이트

"이 새를 기르자면 무엇을 먹여야 할지 모르겠는걸."

그러고 나서 왕이 무엇인가 먹을 것을 청했으므로 부하들이 식탁을 차려 내오자 왕은 곧 음식을 먹기 시작했습니다.

이때 새가 식탁 위 고기와 과자, 과일을 보더니 왕 앞으로 가서 그 음식들을 깨끗하게 먹어치우고 말았습니다.

왕을 비롯한 그곳에 있던 사람들은 모두 이상하게 생각했습니다.

"나는 지금까지 이런 것을 먹는 새는 본 적이 없다. 정말 이상한 새로다."

왕은 즉시 왕비에게 환관을 보내 이 새를 구경하러 오라고 전했습니다. 환관은 왕비를 부르러 갔습니다.

"왕비님, 임금님께서 이번에 구하신 새를 구경하시고 즐거움으로 삼으시라며 왕비님이 오시기를 기다리고 계십니다. 그 새는 참으로 진기한 새로서, 새가 새장에서 내려와 식탁에 앉은 뒤 임금님이 잡수실 음식을 말끔히 먹어치웠습니다. 왕비님, 어서 가십시오. 맵시가 참으로 아름다운 것이 현세의 불가사의 가운데 하나이니, 구경하시고 심심풀이나 하십시오."

그 말을 듣고 서둘러 왕에게 간 왕비는 그 새를 흘깃 보자, 베일로 얼른 얼굴을 가리며 부리나케 자리를 피하려 했습니다.

그러자 왕이 일어나며 물었습니다.

"여기는 우리 두 사람에게 시중드는 여자노예와 환관 말고는 아무도 없는데, 어째서 그렇게 허둥지둥 얼굴을 가리시오?"

"오, 임금님, 이것은 새가 아닙니다. 당신과 똑같은 남자입니다."

"무슨 소리요? 농담도 정도가 있지. 이것이 새가 아니면 무엇이란 말인고?"

"오, 임금님, 결코 농담이 아닙니다. 어디까지나 사실을 말씀드리는 거예요. 사실 이 새는 샤리만 왕의 아들이자 페르시아의 영주 바드르 바심 왕이며, 그 어머니는 바다에서 태어난 줄나르입니다."

―여기서 날이 훤히 밝아왔으므로 샤라자드는 이야기를 그쳤다.

## 751번째 밤

샤라자드는 이야기를 계속했다.

오, 인자하신 임금님, 왕은 왕비의 말을 듣고 이렇게 물었습니다.

"그렇다면, 어째서 바드르 왕이 이런 모습이 되었지?"

"알 사만달 왕의 딸, 야우하라 공주가 바드르 왕에게 마술을 썼기 때문이죠."

그리고 바드르 왕의 신상에 생긴 일들을 자세히 얘기해 주었습니다.

왕은 깜짝 놀라며 왕비에게 목숨을 걸고라도 바드르 왕의 마법을 풀어주어(왕비는 그 시대에 가장 유명한 여자 마법사였습니다.) 그 불행에서 구해 주게 했습니다.

"전능하신 알라여, 막돼먹은 마법사인 야우하라의 손을 베어 버리시기를! 야우하라 공주는 참으로 진심이 없는 여자, 못된 마법사일 뿐이다."

왕의 말에 왕비가 말했습니다.

"그러시다면 이 새를 향해 '오, 바드르 바심이여, 저기 있는 작은 방으로 들어가라'고 말씀하세요."

왕이 그렇게 말하자 새는 순순히 작은 방으로 들어갔습니다.

왕비는 얼굴을 베일로 가리고*18 손에 물을 담은 그릇을 든 채 그 방으로 들어가서 물을 향해 무어라 주문을 외웠습니다. 그리고 마지막으로 이렇게 외쳤습니다.

"이 위대하신 이름과 성스러운 노래의 공덕, 천지의 창조주, 죽은 자를 부활시키는 자, 나날의 양식과 수명을 주신 전능하신 알라의 크나큰 권력에 비나니, 지금 너의 모습을 버리고 신이 창조하신 모습으로 돌아가라!"

그러자 왕비의 말이 끝나기가 무섭게 새는 한 번 몸을 부르르 떨더니 갑자기 훌륭한 인간의 모습으로 변하여, 삼천세계에 이르도록 이처럼 아름다운 사람은 없으리라고 생각될 만큼 아름답고 잘생긴 젊은이가 왕의 눈앞에 서 있었습니다.

바드르 바심은 자기가 원래의 모습으로 돌아온 것을 알고 소리쳤습니다.

"알라 외에 신은 없고 무함마드는 알라의 사도이다! 온갖 생물의 창조주이시며 그 먹을 것을 준비하시고 수명을 정하신 알라께 영광을!"

그리고 왕의 손에 입을 맞추고 그 장수를 빌자, 왕도 바드르의 머리에 입을 맞추며 말했습니다.

"오, 바드르 바심이여, 당신의 사연을 자세히 얘기해 주지 않겠소?"

그리하여 바드르가 자신이 겪은 일을 남김없이 이야기해 주니 왕은 몹시 놀라며 말했습니다.

"알라께서 당신을 마법에서 구해 주셨는데, 이제부터 어떻게 할 작정이오?"

"오, 현세의 임금님, 긴히 부탁합니다만, 임금님의 하인 몇 사람과 필요한 물건을 실은 배 한 척을 마련해 주실 수 없겠는지요? 내가 왕국을 떠난 지 매우 오래되어서 내 영토가 그동안 다른 자의 손에 넘어가지는 않았는지 걱정입니다.

그리고 어머니도 내가 사라져서 슬퍼하며 한탄하시다가 벌써 저세상 사람이 되시지는 않았을까 염려됩니다. 어머니는 내가 어떻게 되었는지, 살아 있는지 죽었는지 전혀 모르고 계시니 더더욱 걱정되어 견딜 수 없습니다. 그러니 부디 자비를 베푸시어 제 청을 들어주신다면 참으로 감사하겠습니다."

왕은 바드르 바심의 아름다운 모습에 감탄의 눈길을 보내며, 그의 듣기 좋은 목소리에 귀를 기울이고 있다가 이윽고 대답했습니다.

"좋소, 승낙하리다."

왕은 배 한 척을 마련하여 필요한 물건을 모두 싣고 많은 노예를 태워 주었습니다. 바드르는 왕과 정중하게 작별하고 바다로 나갔습니다.

바드르 바심은 순풍에 돛을 달고 열흘 동안 평온한 항해를 계속했습니다. 그러나 열하루째 되는 날부터 바다가 몹시 거칠어지기 시작하더니 배가 높이 치솟았다가 아래로 곤두박질치곤 하여 닻을 조종할 수 없게 되었습니다. 그리하여 배는 파도치는 대로 흘러가다가, 마침내 바다 한복판에 있는 암초에 다가가더니 눈 깜짝할 사이에 부딪쳐*19 난파하고 말았습니다.

배에 타고 있던 사람들은 모두 물에 빠져 죽고, 오직 바드르 왕만이 간신히 널빤지 한 조각을 붙잡아서 그것에 의지했습니다. 그 널빤지는 파도치는 대로 떠내려가며 방향도 없이 바람에 따라 출렁거릴 뿐이었습니다.

이렇게 꼬박 사흘 동안 떠내려가다가 나흘째 되는 날, 널빤지는 바드르를 실은 채 어느 해변으로 밀려 올라갔습니다.

그곳은 마치 흰 비둘기를 연상시키는 새하얀 도시였습니다. 바다로 뻗어 있는 곳을 주춧돌 삼아 서서 말할 수 없이 멋진 경치를 이루고 있는데, 곳곳에 우뚝 솟은 높은 탑과 주위를 두르고 있는 높은 성벽에는 파도 머리가 부딪쳐 부서지고 있었습니다.

굶주림에 지쳐 스스로 몸도 가누지 못하던 바드르 왕은 이 아름다운 도시를 발견하자 매우 기뻐하며 널빤지에서 내려 도시를 향해 가려 했습니다.

그때 노새와 나귀와 말들이 해변의 흰 모래처럼 무수히 떼지어 몰려와서 바드르에게 덤비며 뭍으로 올라가지 못하게 길을 가로막았습니다.

그래서 바드르는 헤엄을 쳐서 반대쪽으로 돌아 얕은 여울을 건너 해안에 당도한 뒤, 성 안에 들어가 보았습니다. 그런데 이상하게도 사람 그림자 하나 얼씬거리지 않았습니다.

"이 도성에는 왕도 가신도 없는 모양인데, 대체 누구의 영토일까? 그리고 아까 뭍에 오르려고 했을 때 방해를 한 나귀와 말들은 어디서 온 걸까?"

바드르 왕이 자신의 신세를 생각하면서 정처 없이 한참 가노라니, 식료품을 팔고 있는 가게에 노인이 하나 앉아 있었습니다. 바드르가 공손히 인사를 하자 노인도 답례하고는, 상대가 아름다운 젊은이인 걸 보고 물었습니다.

"오, 젊은이, 당신은 어디서부터 무슨 일로 이곳까지 왔소?"

바드르는 노인에게 자신의 신상 이야기를 자세히 들려주었습니다.

"그렇다면 여기 오는 도중에 혹시 누군가 만난 사람은 없소?"

"예, 영감님, 거리에 사람이 아무도 없어서 깜짝 놀랐습니다."

"젊은이, 빨리 가게 안으로 들어오시오. 죽으면 큰일이니까."

바드르가 급히 가게 안으로 들어가 앉으니 노인이 먹을 것을 내왔습니다.

"방 안에 깊숙이 몸을 감추시오. 그 마녀의 손에서 당신을 지켜주신 알라께 영광을!"

바드르는 노인의 말에 은근히 놀랐지만, 워낙 배가 고팠던 참이라 음식부터 배불리 먹고 손을 씻은 다음 노인에게 물었습니다.

"주인어른, 아까 말씀하신 건 대체 무슨 뜻입니까? 그 말씀을 듣고 나니 이 도시와 여기 사는 사람들이 무서워졌습니다."

"젊은이, 잘 기억해 두시오. 이곳은 '마녀의 도시'라고 하는 곳인데, 특히 이곳 여왕은 악마로서, 아주 못된 요술을 부리는 마법사라오. 젊은이가 본 말과 나귀, 노새도 원래는 모두 나와 당신 같은 사람이었소. 그들은 모두 다른 나라에서 온 젊은이였는데, 이곳에 들어온 뒤 모두 그 못된 마녀에게 끌려가서 40일 동안 감금되었다가 끝내 마법에 걸려서 그렇게 동물이 되고 말았다오."

—여기서 날이 훤히 밝아왔으므로 샤라자드는 이야기를 그쳤다.

## 752번째 밤

샤라자드는 이야기를 계속했다.
오, 인자하신 임금님, 식료품가게 노인은 다시 말을 이었습니다.
"그런 이유 때문에 당신이 뭍에 오르려고 했을 때 모두 당신이 자기들과 같은 꼴을 당하지 않을까 하고, 말은 못하지만 당신에게 뭍에 올라선 안 된다고 알려준 것이오. 이곳 여왕은 이 도시를 차지하고 있는데, 사실은 요술을 써서 이곳 주민들한테서 빼앗은 거요. 여왕의 이름은 라브라고 하는데, 그것은 아라비아 말로 '태양력'[20]이라는 뜻이라오."
노인의 얘기를 들은 바드르는 그만 깜짝 놀라서 바람에 흔들리는 갈대처럼 몸을 떨면서 속으로 중얼거렸습니다.
'이제 가까스로 야우하라 공주의 마법에서 벗어났다고 생각했더니, 기뻐할 겨를도 없이 운명은 다시 나를 전보다 더 몹쓸 구렁텅이에 빠뜨리는구나.'
바드르 왕은 자기가 겪은 일과 현재의 처지를 곰곰이 생각했습니다. 그의 모습을 보면서 노인은 바드르가 이만저만 무서워하지 않는다는 것을 알아채고 말했습니다.
"오, 젊은이, 가게 앞에 나가 앉아서 그 짐승들의 모습을 보구려. 그들의 옷차림과 피부색, 요술에 걸린 정도 등이 구경할 만하니까. 별로 겁낼 건 없소. 이곳 여왕과 이곳 사람들은 모두 나를 소중히 여기고 나를 괴롭히거나 곤란에 빠뜨리지는 않으니까."
바드르 왕이 밖으로 나가 오가는 사람들을 구경하면서 문 앞에 앉으니, 수많은 사람이 줄줄이 옆을 지나갔습니다. 사람들은 바드르를 보자 식료품가게 주인을 향해 물었습니다.

"영감님, 이건 요즘 손에 넣은 노획물이오?"

"아니오, 이 아이는 내 아우의 아들이라오. 아우가 죽었다는 소식을 듣고 데려왔지. 같이 있으면 내 향수병도 좀 낫겠거니 하고 말이오"

"정말 잘생긴 젊은이군. 그러나 라브 여왕이 걱정이오. 젊고 잘생긴 남자라면 사족을 못 쓰니, 혹시 영감님을 속이고 이 젊은이를 채 갈지도 모르니까 말이오."

"여왕이 나를 아껴주고 소중히 생각해 주는 모양이니 내 동생의 아들인 줄 안다면야 이 애를 학대하거나, 이 아이로 해서 나를 곤경에 빠뜨리거나 걱정시키기야 하겠소?"

이렇게 하여 바드르 왕은 그곳에서 몇 달을 묵었는데, 그동안 노인은 바드르를 매우 아끼고 사랑해 주었습니다.

그러던 어느 날, 여느 때와 마찬가지로 바드르 바심이 가게 앞에 앉아 있으니, 허리에 번쩍거리는 칼을 차고 얼룩덜룩한 옷에 보석이 박힌 띠를 두른 환관들이 아라비아 말을 타고 오는 모습이 보였습니다. 그들은 식료품가게 앞에 이르자 주인에게 인사를 했습니다.

또 그 환관들의 뒤를 이어서 달처럼 아름다운 처녀들이 속속 나타났는데, 이들 역시 금으로 가장자리를 두르고 갖가지 보석으로 장식한 비단과 벨벳 옷을 입고 창을 들고 있었습니다.

그 처녀들 한가운데에, 아라비아 암말에 같은 보석과 히아신스석을 아로새긴 황금 안장을 놓고 그 위에 걸터앉은 라브 여왕의 모습이 보였습니다.

사람들은 차례로 노인에게 인사를 하고 지나갔습니다. 그런데 여왕은 가게 앞에 앉아 있는 보름달 같은 바드르 왕을 보더니, 그 아름답기 이를 데 없는 모습에 반하여 불같은 욕정에 사로잡히고 말았습니다.

그래서 여왕은 말에서 내려 젊은이 앞으로 다가가 그 옆에 앉더니, 노인을 향해 물었습니다.

"당신은 어디서 이런 아름다운 사람을 데려왔어요?"

"이 젊은이는 내 아우의 아들인데, 얼마 전에 우리 집에 왔습니다."

"그래요? 이 사람과 얘기를 하고 싶은데, 오늘 하룻밤만 빌려주지 않겠어요?"

"여왕님, 설마 이 아이에게 마법을 쓰지는 않으시겠지요?"

"그런 일은 없을 거예요."

"그렇다면 맹세해 주십시오."

여왕은 젊은이를 해치거나 마술을 걸지 않겠다고 맹세했습니다. 그리고 노인에게 황금 안장을 얹고 보석을 박고 온통 황금으로 번쩍거리는 마구로 장식한 준마를 한 마리 끌고 오라고 명령했습니다. 노인이 말을 대령하자 바드르에게 타게 하고 노인에게는 금화 1천 닢을 주면서 말했습니다.

"이 돈을 쓰세요."

이윽고, 여왕은 열나흗날 달을 닮은 바드르 바심을 데리고 그곳을 떠났습니다. 길을 가던 사람들은 젊은이의 아름다운 모습을 보고, 그의 불운을 슬퍼하며 저마다 한마디씩 했습니다.

"또 저렇게 잘생긴 젊은이가 저 저주받을 여자의 손에 걸려 끔찍한 꼴을 당하겠구나! 정말 아까운 일이다."

바드르 바심 왕은 사람들이 이렇게 수군거리는 소리를 다 들으면서, 전능하신 알라께 몸을 맡긴 채 이윽고 여왕의 궁전에 이르렀습니다.

—여기서 날이 훤히 밝아왔으므로 샤라자드는 이야기를 그쳤다.

## 753번째 밤

샤라자드는 이야기를 계속했다.

오, 인자하신 임금님, 여왕과 부하들이 궁전 문에 이르러, 태수와 환관과 영주들이 말에서 내리자, 여왕은 시종들을 시켜 무관과 영주들을 물러가게 했습니다. 그리고 여왕은 바드르 왕을 데리고 환관과 시녀들과 함께 궁전으로 들어갔습니다.

바드르 왕이 보니 건물은 모두 황금으로 지은 것이고, 그 안에 있는 넓은 정원 중앙에는 물이 찰랑찰랑하게 찬 커다란 연못이 있었습니다. 그 언저리에는 갖가지 색깔의 예쁜 새들이 앉아서 즐거운 듯 또는 구슬픈 듯 지저귀고 있었습니다.

바드르는 이제까지 이처럼 호화로운 건물과 이토록 눈부시게 아름다운 경치를 본 적이 없어서 자기도 모르게 중얼거렸습니다.
"오, 알라께 영광을! 오, 그 넓고 큰 자비와 은총으로 거짓 신을 섬기는 자들까지 지켜주시는 신이여!"
이윽고 여왕은 정원이 내려다보이는 격자창 앞 긴 상아 의자에 앉아 젊은 이를 옆에 앉히더니 자신의 가슴에 끌어안고 입을 맞추었습니다.
그리고 나서 시녀들에게 요리를 날라 오라고 분부하자, 진주와 보석을 아로새긴 황금 쟁반에 갖가지 산해진미가 차려져 나왔습니다. 바드르 왕은 여왕과 함께 음식을 배불리 먹고 손을 씻었습니다. 그러자 이번에는 갖가지 꽃과 마른 과일을 담은 접시와 함께 황금과 백은, 유리로 된 술병이 나왔습니다.
이윽고 여왕이 가희를 부르니, 달처럼 아름다운 처녀 열 명이 갖가지 악기를 들고 나타났습니다.
여왕은 잔에 찰랑찰랑 술을 따르고 단숨에 마신 뒤, 그 잔을 바드르에게 건네고 술을 따라주었습니다. 바드르도 그것을 단숨에 마셔버렸습니다. 이렇게 두 사람이 연거푸 술을 마시는 동안, 여왕은 처녀들에게 노래를 시켰고, 가희들은 명랑하게 온갖 노래를 불러주었습니다.
바드르는 마치 온 궁전이 기쁨으로 넘쳐 자기와 함께 춤추는 것만 같아 마음이 즐겁고 흥겨워서 먼 타국에 와 있다는 것도 말끔히 잊어버리고 말았습니다.
'정말 젊고 아름다운 여왕이다.*21 무슨 일이 있어도 이 사람과 헤어지지 말아야지. 이 왕국은 내 나라보다 넓고, 이 여왕은 야우하라 공주보다 예쁘단 말이야.'
그래서 바드르 왕과 여왕이 함께 술을 마시는 동안 어느새 저녁때가 되자, 시녀들은 등불을 켜고 초에 불을 붙이고 향로에 귀한 향을 피웠습니다. 두 사람은 또다시 가희의 노래를 들으면서 계속 술잔을 기울이다가, 마침내 완전히 술에 취하고 말았습니다.
몹시 취한 라브 여왕은 자리에서 일어나 침대에 누운 뒤 처녀들을 물러가게 하고, 바드르를 손짓해 불러서 자기 옆에 눕혔습니다. 바드르는 여왕이 하자는 대로 함께 누워, 아침이 올 때까지 이 세상 모든 즐거움을 마음껏 즐겼습니다.

―여기서 날이 훤히 밝아왔으므로 샤라자드는 이야기를 그쳤다.

## 754번째 밤

샤라자드는 이야기를 계속했다.

오, 인자하신 임금님, 이튿날 아침 여왕은 눈을 뜨자 바드르 바심 왕과 함께 궁전 안에 있는 목욕탕으로 가서 몸을 깨끗이 씻었습니다. 그런 다음 여왕은 젊은이에게 가장 아름다운 옷을 입히고, 시녀에게 술상을 준비하라고 명령했습니다. 시녀들이 곧 술상을 준비해 오자, 두 사람은 또다시 술잔을 주고받기 시작했습니다.

이윽고 여왕은 일어나서 젊은이의 손을 잡고 함께 긴 의자에 가서 앉아 시녀들에게 식사를 준비하라고 분부했습니다. 식사가 끝나자 다시 술상을 펴고 과일이며 꽃이며 과자를 날라 와서, 두 사람은 밤이 깊도록 먹고 마시며 놀았고, 그동안 가희들은 쉬지 않고 온갖 노래를 불렀습니다.*22

이렇게 해가 뜨고 질 때까지 두 사람은 40일 동안 매일 먹고 마시며 온갖 쾌락의 기쁨을 다 누리다가 40일째가 되자 여왕이 물었습니다.

"바드르 바심 님, 여기와 당신 큰아버지 가게 중 어디가 더 좋으신가요?"

"오, 그야 말할 것도 없이 여기가 훨씬 더 좋지요. 제 큰아버지는 채소나 팔고 있는 가난한 장사꾼에 지나지 않으니까요."

여왕은 바드르의 대답을 듣고 깔깔거리며 웃더니, 그날 밤에도 남녀의 온갖 즐거움을 누린 뒤 함께 잤습니다.

이튿날 아침, 바드르 바심 왕이 눈을 떠보니 옆에 있던 여왕이 보이지 않아서 이상한 생각이 들었습니다.

'도대체 어디로 갔을까? 궁금한걸.'

여왕이 오랫동안 돌아오지 않자, 바드르는 몹시 걱정되어 어쩔 줄을 몰랐습니다. 그래서 옷을 입고 여왕을 찾으러 나갔지만, 어디에도 보이지 않아 혼잣말을 했습니다.

"어쩌면 정원에 갔을지도 모른다."

바드르 왕은 당장 정원으로 내려가 졸졸 흘러가는 시냇가에 이르렀습니다. 그러자 그곳에 있는 흰 새 한 마리가 눈에 들어왔습니다. 냇가의 나무 위에도 갖가지 색깔의 새들이 떼지어 있었는데, 바드르는 그 흰 새에게 들키지 않도록 몸을 숨기고 지켜보았습니다.

그러자 어디서인가 검은 새 한 마리가 흰 새에게 날아오더니 비둘기처럼 서로 정답게 부리를 비벼대다가, 이윽고 검은 새가 흰 새 위에 올라가 계속해서 세 번이나 교미를 하는 것이었습니다. 그것이 끝나자 흰 새는 갑자기 여자로 변했는데, 자세히 보니 놀랍게도 라브 여왕이었습니다!

그제야 바드르는 그 검은 새는 남자의 화신이고, 여왕이 스스로 흰 새로 변신한 까닭은 사랑하는 정부와 정교를 나누기 위해서였다는 걸 깨달았습니다.

바드르는 갑자기 질투심을 느끼고, 검은 새를 상대로 음란한 행동을 한 여왕에게 심한 분노를 느꼈습니다.

바드르 왕은 방으로 돌아와서 양탄자를 깐 침대 위에 벌렁 누웠습니다. 그로부터 잠시 뒤 여왕이 돌아와서 바드르 왕에게 입을 맞추며 희롱하기 시작했습니다. 그러나 바드르 왕은 속으로 몹시 화가 나 있어서, 한마디도 대꾸하지 않았습니다.

여왕은 바드르의 심상치 않은 기색을 보고, 자기가 흰 새가 되어 검은 새와 교접하는 모습을 본 게 틀림없다고 생각했습니다. 그러나 여왕은 아무것도 밝히지 않고 자신의 괴로움을 숨기려고만 했습니다.

바드르는 여왕의 욕정을 채워주고 나서 말했습니다.

"여왕님, 저는 잠시 말미를 얻어 큰아버님의 가게에 다녀오고 싶습니다. 그리운 큰아버님과 벌써 40일이나 헤어져 있었으니까요."

"그럼 갔다 와요. 하지만 그곳에 너무 오래 있지는 마세요. 나는 당신과 헤어져서 혼자서는 살 수 없고, 한시도 떨어져 있기도 싫어요."

"알았습니다."

바드르가 말을 타고 식료품가게로 가니, 노인은 일어나서 반가운 듯이 젊은이를 포옹한 뒤 물었습니다.

"우상을 숭배하는 그 여자와는 어떻게 지냈나?"

바다에서 태어난 줄나르와 그 아들 페르시아 왕 바드르 바심

"어젯밤까지는 유쾌하고 즐겁게 지냈습니다만……."
그리고 아침에 정원에서 본 검은 새 이야기를 들려주었습니다.
"그 여왕을 조심해야 하네. 나무 위에 있는 새는 모두 젊은이들로서 다른 고장에서 온 사람들인데, 여왕이 한때 교접하고는 마법을 써서 새로 만들어버린 거라네. 그대가 본 검은 새는 여왕이 몹시 사랑하던 백인 노예로, 여왕의 시녀 하나를 사랑하다가 마침내 마법에 걸려 새가 되고 말았다네."

—여기서 날이 밝아왔으므로 샤라자드는 이야기를 그쳤다.


### 755번째 밤

샤라자드는 이야기를 계속했다.
오, 인자하신 임금님, 식료품가게 노인은 다시 말을 이었습니다.
"여왕은 그자가 그리워지면 자기도 새가 되어서 그를 만나러 가곤 하는데, 그것은 여왕이 아직도 그자를 사랑하고 있다는 증거지. 그리고 여왕은 그대를 진심으로 사랑하는 것이 아니므로, 이제 자기 비밀이 알려진 이상 뭔가 나쁜 짓을 하려고 할 걸.
하지만 내가 그대를 지키고 있는 동안엔 맹세코 그대에게 해를 끼치지 못하게 해 주지. 나는 아브달라라고 하는 이슬람교도인데, 지금 시대에 나만큼 마법을 잘 부리는 사람도 없을걸.
그러나 나는 정말로 필요한 때가 아니면 마법을 쓰지 않지. 이래봬도 나는 저 저주받을 여왕이 건 마법을 풀고 많은 사람을 구해 주었어. 그래서 나는 여왕을 별로 두려워하지 않아.
여왕은 나에게 해를 끼칠 수 없을 뿐만 아니라 반대로 나를 매우 두려워하고 있다네. 오늘은 일단 궁전으로 돌아가서 밤이 되면 여왕의 태도를 잘 봐 두었다가 내일 다시 나에게 알려주게. 여왕은 오늘 밤 틀림없이 그대를 해치려 할 텐데, 그 올가미를 피할 방법을 가르쳐주겠네."
바드르는 노인과 작별하고 여왕에게 돌아갔습니다. 여왕은 바드르를 보자마자 일어나서 자기 옆에 앉히고, 시녀들에게 음식을 차려오게 하여 함께 배불리 먹었습니다.
 그리고 손을 씻은 다음, 이번에는 술을 가져오게 하여 한밤중이 되도록 마셨습니다. 젊은이는 여왕이 억지로 술을 권하는 바람에 너무 취해서 마침내 정신이 몽롱해지고 말았습니다.
 그 모습을 보고 여왕은 말했습니다.
 "당신이 숭배하는 신께 맹세코 말하는데, 내가 묻는 말에 정직하게 진실을 대답해 주겠어요?"
 술에 취한 바드르 왕이 대답했습니다.
 "물론입니다. 여왕님."
 "오, 나의 주인, 내 눈동자의 빛이여! 당신은 오늘 아침 눈을 떴을 때, 내가 보이지 않아 나를 찾으러 나왔다가 내가 정원에서 흰 새가 되어 있는 것을 보셨지요? 그리고 검은 새가 내 위에 날아와서 교미하는 것을 보셨지요?
 그렇다면 이젠 그 일에 대해서 진실을 알려 드려야겠어요. 그 검은 새는 내가 몹시 사랑하던 백인 노예였어요. 그런데 어느 날, 그 노예가 내 시녀와 눈이 맞았기 때문에, 나는 질투의 불길에 타올라 마법을 걸어 남자는 검은 새로 만들고, 여자는 죽여 버렸어요.
 하지만 난 단 한시도 그 사람이 없으면 외롭고 쓸쓸해서 견딜 수가 없어요. 그래서 그 사람이 그리워지면 언제든지 나 자신이 암새가 되어서 그 새를 찾아간답니다. 그러면 그는 당신이 본 것처럼, 내 위에 내려와 나를 즐겁게 해 주지요. 그것 때문에 당신은 나에게 몹시 화를 내고 있는 거 아니에요? 하지만 난 불과 빛, 그늘과 열의 힘에 맹세코, 당신을 전보다 더욱 사랑하고 이 세상에 무엇과도 바꿀 수 없는 분이라고 생각하고 있어요."
 그러자 왕은(잔뜩 취해 있었으므로) 이렇게 대답했습니다.
 "내가 화를 낸 이유는 당신이 생각한 그대로입니다. 다른 이유는 없습니다."
 여왕은 젊은이를 끌어안고 입을 맞추며 정말 사랑하는 듯한 시늉을 보인 다음 침대에 누웠고, 젊은이도 그 옆에서 잠이 들었습니다. 이윽고 밤중이 되자 여왕은 양탄자 침대에서 몸을 일으켰습니다. 그때 젊은이도 잠이 깼지만, 계속 자는 척하며 여왕의 움직임을 살펴보고 있었습니다.

여왕이 빨간 자루에서 뭔가 빨간 것을 꺼내 방 한가운데 놓자, 그것은 눈 깜짝할 사이에 바다처럼 출렁거리는 강물이 되었습니다. 이어서 한 움큼의 보리씨를 꺼내 사방에 뿌린 뒤, 강물에서 물을 길어 뿌리니 보리는 금방 누릇누릇하게 잘 익은 이삭이 되었습니다. 여왕은 그것을 다 거둬들인 다음 침대로 돌아와 젊은이 옆에 누웠습니다.

이튿날 아침 젊은이는 일어나 세수를 하고 여왕에게 식료품가게 노인을 방문하게 해달라고 말했습니다. 여왕이 승낙하자 바드르는 아브달라 노인에게 가서 간밤에 있었던 일을 자세히 이야기했습니다.

노인은 웃으면서 말했습니다.

"그 앙큼한 마법사가 그대에게 무슨 나쁜 짓을 할 작정인 게 분명해. 그러나 별로 걱정할 건 없어."

그러면서 노인은 곡물가루*23 1파운드를 바드르에게 내주었습니다.

"이것을 가져가서 여왕이 '그건 뭐예요? 어디에 쓰실 건가요?' 묻거든 '맛있는 게 많이 있는 것은 좋은 일입니다.' 하면서 먼저 먹어 보이게. 그러면 여왕도 자기가 만든 가루를 가지고 와서 '이것도 드세요' 권할 거야. 그러나 내가 준 가루만 먹고 여왕이 주는 가루는 절대로 먹어서는 안 돼. 여왕이 주는 그 가루를 먹는 날엔 그녀의 요술에 걸려 '이 사람의 모습을 없애 버려라!' 외칠 테니까. 그렇게 되면 그대는 지금의 모습을 잃어버리고, 여왕이 원하는 모습으로 바뀌고 만단 말이야.

그러나 그것을 먹지만 않으면 여왕의 마법은 헛일이 돼서 조금도 해를 입지 않지. 그러면 여왕이 부끄러워 어쩔 줄 몰라 하며 얼버무릴 거야. '그저 당신을 좀 놀려봤을 뿐이에요.' 그러면서 아양을 떨 텐데 물론 그건 거짓으로 가득한 속임수지. 하지만 그때 그대는 짐짓 여왕을 사랑하는 것처럼 말하는 거야. '오, 내 눈동자 빛이여! 이 볶은 보릿가루를 먹어보시오. 정말 맛있다오.'

여왕이 그 보릿가루를 조금이라도 먹으면, 그때는 손으로 물을 떠서 여왕 얼굴에 끼얹으며 '이 사람의 모습을 바꿔버려라!'(어떤 모습이든 그대가 원하는 모습이 되도록) 말하게. 그런 다음 그대로 나한테 돌아오면, 그 뒤에 어떻게 해야 하는지, 또 좋은 방법을 가르쳐주겠네."

노인에게 얘기를 다 듣고 난 바드르 왕은, 노인과 작별하고 궁전으로 돌아와 여왕에게 갔습니다.
 여왕은 일어나서 바드르 왕에게 입을 맞추며 말했습니다.
 "잘 오셨어요! 하지만 왜 이렇게 오래 걸렸어요?"
 "큰아버님 집에 있었는데, 이 보릿가루를 먹으라고 주시던데요."
 "그것보다 더 맛있는 가루가 여기 있어요."
 여왕은 왕의 가루와 자기 것을 각각 다른 접시에 담아왔습니다.
 "이것을 잡수세요. 이쪽이 당신 것보다 훨씬 맛있는 거예요."
 바드르 왕이 그것을 먹는 척하자, 여왕은 정말로 먹은 줄로만 알고 손에 물을 떠서 왕의 몸에 끼얹으면서 소리쳤습니다.
 "오, 이 가련한 건달 놈! 사람의 모습을 버리고 보기 흉한 애꾸눈 노새가 되어라!"
 하지만 왕의 모습이 바뀌지 않자, 여왕은 일어나서 젊은이에게 몸을 비벼대고 이마에 입맞추면서 교태를 부렸습니다.
 "오, 사랑스러운 분, 잠깐 장난을 친 것뿐이에요. 언짢게 생각하지 마세요, 네?"
 "물론 조금도 나쁘게 생각지 않소. 오히려 당신의 사랑이 깊다는 걸 믿어 의심치 않아요. 어쨌든 내가 가져온 이 보릿가루를 한 입 먹어봐요. 무척 맛있으니까."
 여왕은 아브달라의 보릿가루를 한 입 먹었습니다. 그런데 그것이 채 위에 내려가기도 전에 여왕의 팔다리가 경련을 일으켰습니다. 그때를 놓치지 않고 바드르 왕은 손으로 물을 떠서 여왕 얼굴에 끼얹으며 소리쳤습니다.
 "인간의 모습을 버리고 얼룩노새가 되어라!"
 그러자 여왕은 홀연 암노새가 되어 눈물을 흘리며 바드르의 발에 코를 비비기 시작했습니다. 바드르는 노새의 코를 꿰어 재갈을 물리려 했지만, 노새가 말을 듣지 않아서 그대로 내버려두고, 곧 식료품가게 노인에게 가서 자초지종을 얘기했습니다.
 그러자 아브달라 노인은 재갈 하나를 가져와서 고삐를 연결하여 노새에게 물리라고 지시했습니다. 바드르가 궁전으로 돌아가자 노새가 앞에 다가왔으므로, 그 입에 재갈을 물리고 올라타서 노인에게로 갔습니다.
 노인은 노새로 변한 여왕을 향해 꾸짖었습니다.

"전능하신 알라께서 너를 멸망시키셨다. 이 저주받을 계집이여!"
그리고 바드르 왕을 돌아보며 말했습니다.
"오, 젊은 분, 그대는 이제 이 도성에 있을 이유가 없으니, 이 노새를 타고 어디든 가고 싶은 곳으로 가시구려. 하지만 그 고삐*24만은 절대로 남의 손에 넘겨주지 않도록 조심해야 하오."

바드르는 노인에게 진심으로 감사드리고 작별인사를 한 뒤 사흘 동안 쉬지 않고 여행을 계속하여, 마침내 어느 도성 가까이에 이르렀습니다. 그곳에서 때마침 풍채가 훌륭한 백발의 노인을 만났습니다.

"오, 젊은이는 어디서 오는 길이오?"
"마녀의 도시에서 왔습니다."
"그렇다면, 오늘 밤엔 우리 집에서 묵으시오."

바드르 왕은 승낙하고 노인의 뒤를 따라갔습니다. 그런데 가는 도중에 한 노파를 만났습니다. 그 노파는 바드르가 타고 가는 노새를 보더니 눈물을 흘리면서 말했습니다.

"오, 알라 외에 신은 없다! 정말이지 이 노새는 내 아들의 죽은 암노새와 똑같이 생겼네. 그것을 생각하니 너무 가여워서, 여보시오, 젊은 양반, 제발 소원이니 그 노새를 나에게 팔지 않겠소?"

"안 됩니다, 할머니. 이것만은 무슨 일이 있어도 팔 수 없습니다."

"그러지 말고 이 늙은이의 소원을 들어주시구려. 아들에게 이 노새를 사주지 않으면 아들은 틀림없이 죽고 말 거요."

노파가 하도 졸라대니 바드르도 귀찮아져서 이렇게 말하고 말았습니다.

"금화 1천 닢을 주면 팔지요."

그러면서 바드르는 속으로 이렇게 생각했습니다.

'이런 할머니에게 금화 1천 닢이나 되는 큰돈이 있을 리가 없지.'

그런데 노파는 금화 1천 닢이 든 지갑을 허리띠 사이에서 꺼내는 것이었습니다. 그것을 보고 바드르 바심 왕은 말했습니다.

"오, 할머니, 농담으로 해본 소리였어요. 무슨 일이 있어도 이건 절대로 팔 수 없으니까요."

노파는 바드르를 무섭게 쏘아보며 말했습니다.

"이봐요, 젊은이, 이 도성에서는 아무도 거짓말을 못한다오. 거짓말을 한 자는 모두 사형을 당해요."

그래서 바드르는 하는 수 없이 노새에서 내렸습니다.

―여기서 날이 훤히 밝아왔으므로 샤라자드는 이야기를 그쳤다.

## 756번째 밤

샤라자드는 이야기를 계속했다.
오, 인자하신 임금님, 바드르 바심이 노새에서 내려 그것을 노파에게 주자, 노파는 노새 입에서 재갈을 벗기고 손에 물을 떠서 노새에게 뿌리면서 말했습니다.
"오, 내 딸아, 처음 모습으로 돌아가라!"
그러자 순식간에 노새는 다시 여왕의 모습이 되었고, 두 여자는 서로 얼싸안고 입을 맞췄습니다.
바드르 왕은 이 노파가 라브 여왕의 어머니이며, 자기가 속았다는 것을 깨닫고 달아나려 했습니다. 그러나 노파가 날카롭게 휘파람을 부니 커다란 산과 같은 마신이 갑자기 나타나, 바드르는 깜짝 놀라 그 자리에 우뚝 서고 말았습니다.
노파가 마신의 등에 걸터앉고, 딸은 뒤에, 바드르는 앞에 태우니 마신은 곧 하늘로 날아올랐습니다. 그리고 한 시간도 못 되어, 세 사람은 라브 여왕의 궁전에 도착했습니다.
여왕은 옥좌에 앉기가 무섭게 바드르 왕을 쏘아보며 말했습니다.
"이 괘씸한 놈! 이곳에 돌아온 이상, 너와 그 늙은이를 어떻게 할지는 두고 보면 알 것이다! 그 늙은이에게는 섭섭지 않게 대해 주었는데, 나에게 이따위 교활한 짓을 했단 말이야. 그놈이 아니었으면 너는 나에게 아무 짓도 하지 못했을 텐데."
여왕은 손에 물을 떠서 바드르 왕에게 뿌리면서 말했습니다.
"사람의 모습을 버리고, 새 중에서도 가장 추한 새가 되어라!"
그런 다음 여왕은 새가 된 바드르 왕을 새장에 가두고 모이도 물도 절대로 주지 않았습니다. 여왕의 시녀 하나가 그것을 보고 가엾게 여겨 여왕 모르게 모이와 물을 주었는데, 그러다가 어느 날 여왕 몰래 궁전을 빠져나가서 식료품가게 노인을 찾아가서 사실을 일러바쳤습니다.

"라브 여왕이 영감님의 조카를 죽이려고 해요."

노인은 시녀에게 감사를 표한 뒤 이렇게 말했습니다.

"이렇게 된 이상, 이 도성을 여왕에게서 빼앗고 당신을 여왕으로 만들어 주겠소."

이윽고 노인은 날카로운 소리로 휘파람을 불었습니다. 그러자 네 개의 날개를 가진 마신이 노인 앞에 나타났습니다.

"이 여자를 태우고, 바다에서 태어난 줄나르와 그 어머니 파라샤*25가 있는 도성으로 가거라. 그 두 사람은 이 세상에서 가장 힘 있는 마술사이니까."

그리고 여자에게는 이렇게 말했습니다.

"그곳에 가거든, 바드르 왕이 라브 여왕의 포로가 되어 있다는 사실을 알리시오."

마신은 즉시 여자를 안고 아득한 하늘로 날아올라 얼마 뒤 줄나르의 궁전 지붕 위에 내렸습니다.

여자는 지붕에서 내려와 여왕 앞으로 가서 엎드린 뒤, 여왕의 아들에 대한 소식을 자세히 이야기했습니다. 줄나르는 그 말을 듣자 일어나 여자 앞에 가까이 가서 정중하게 진심 어린 감사의 말을 했습니다.

그런 뒤 온 도성 안에 들리도록 북을 울려서, 바드르 왕이 발견되었다는 소식을 영내의 부하와 영주들에게 알렸습니다. 그리고 줄나르와 어머니 파라샤와 오빠 사리는 마신 일족과 바다의 병마를 모조리 불러모았습니다. 마신의 왕들은 알 사만달 왕이 포로로 잡힌 뒤로 그들의 명령에 복종하고 있었기 때문입니다.

이윽고 마신의 전군은 하늘 높이 날아가서 마법사 여왕의 도성에 이르자, 순식간에 도성과 궁전을 점령하고 그곳의 불신자들을 모조리 다 죽여 버렸습니다. 그러고 나서 줄나르는 그곳으로 안내해 준 여자에게 물었습니다.

"내 아들은 어디 있지요?"

여자는 줄나르가 들어 있는 새장을 가지고 와서, 그 속의 새를 가리켰습니다.

"이것이 당신의 아드님이에요."

줄나르는 새장에서 새를 꺼내더니 물을 뿌리며 말했습니다.

"처음의 모습으로 돌아가라!"

말이 떨어지기가 무섭게 새는 몸부림을 치더니 갑자기 전과 같은 바드르의 모습으로 변했습니다. 어머니는 아들을 와락 끌어안았고, 아들도 눈물을 뚝뚝 흘리며 울었습니다. 외삼촌 사리도 외할머니와 어머니의 사촌들도 모두 기쁨의 눈물을 흘리며, 바드르 왕의 손과 발에 입을 맞췄습니다.

줄나르는 아브달라 노인에게 사람을 보내 아들에게 친절을 베풀어준 것에 대해 고마움을 전하고, 아들의 소식을 알려준 여자와 결혼시켜 그를 이 도성의 왕으로 봉했습니다. 그뿐만 아니라, 도성의 주민들 가운데 살아남은 사람들(이슬람교도)을 모아 노인에 대한 충성을 맹세하니, 그들은 입을 모아 대답했습니다.

"삼가 복종할 것을 맹세합니다!"

이윽고 줄나르 일행은 노인과 작별하고 자신들의 도성으로 돌아갔습니다. 북을 울리며 그들을 맞이한 백성들은, 사흘 동안 거리를 장식하며 바드르 바심 왕의 무사 귀환을 축하하는 성대한 잔치를 벌였습니다.

그것이 끝나자 바드르 왕은 어머니에게 말했습니다.

"어머니, 이것으로 모든 것이 끝났습니다. 이제 남은 것은 저의 혼인 문제뿐이군요."

"오, 그렇구나. 하지만 왕들의 딸 가운데 누가 가장 너에게 어울리는지 알아볼 테니 그때까지 기다려라."

바드르의 외할머니 파라샤와 두 사촌누이도 말했습니다.

"바드르 바심, 우리도 네 소원을 이룰 수 있게 애써보마."

그러고는 모두 일어나서 이 나라 저 나라로 신붓감을 찾으러 나섰습니다. 줄나르도 시녀들을 마신의 어깨에 태워서 어떤 왕이든 샅샅이 찾아가서 아름다운 공주를 찾아내라고 지시했습니다.

그러나 바드르 왕은 자기 때문에 모두가 고생하는 모습을 보고 줄나르에게 말했습니다.

"어머니, 그런 수고는 하지 마십시오. 알 사만달 왕의 공주 야우하라 공주 말고는 내 마음에 드는 여자가 없으니까요. 공주는 그 이름처럼 정말 보물입니다."

"네 마음은 잘 알았다."

줄나르는 곧 알 사만달 왕을 데려오게 했습니다.

이윽고 알 사만달 왕이 줄나르 앞에 나타나자, 이번에는 바드르 바심에게 사람을 보내 왕이 도착했음을 알렸습니다. 바드르 왕도 곧 알 사만달 왕 앞에 모습을 나타냈습니다.

알 사마달 왕은 바드르 왕이 온 것을 알고 일어나서 인사를 하며 진심으로 반갑게 맞이했습니다. 바드르 왕은 당장 그의 딸 야우하라 공주를 아내로 맞이하겠다고 청했습니다.

"그 아이는 당신의 측실, 아무쪼록 당신이 좋을 대로 하십시오."

그리고 바드르 왕은 부하들을 불러서 공주가 있는 곳으로 찾아가서, 아버지가 바드르 바심 왕한테 붙잡혀 있다는 사실을 알리고 즉시 데려오라고 명령했습니다.

부하들은 곧 하늘을 올라가서 자취를 감춘 뒤 얼마 안 되어 야우하라 공주와 함께 돌아왔습니다.

공주는 아버지를 보자 달려가서 그 목을 끌어안았습니다. 아버지는 딸의 얼굴을 들여다보면서 말했습니다.

"오, 공주야, 나는 너를 바다에서 태어난 줄나르 여왕의 후계자이며 관대하고 인자하신 임금, 사자처럼 용감한 바드르 바심 왕과 혼인시키기로 했다. 이 왕이야말로 당대에 어깨를 나란히 할 자가 없는 위인이요 비할 데 없는 권세를 가진 군주로서, 지위도 그렇고 신분도 그렇고 참으로 당대에 제일가는 분이다. 이 왕에게는 너보다, 또 너에게는 이 왕보다 더 잘 어울리는 짝은 없을 테다."

그러자 공주가 대답했습니다.

"아버님, 저는 아버님의 분부라면 거역하지 않겠어요. 이제는 괴로움도 원한도 모두 사라졌습니다. 아버님의 말씀대로 하겠어요. 기꺼이 그분의 측실이 되겠어요."

그래서 세 사람은 대법관과 증인을 불러 바드르 바심 왕과 야우하라 공주의 혼인계약서를 작성했습니다.

백성들은 거리를 장식하고 축하의 북을 울렸으며 옥에 있는 모든 죄수는 석방되었습니다.
 왕은 과부와 고아에게 옷을 나눠주고, 영주와 이슬람교도의 태수와 귀족들에게는 명예로운 예복을 내렸습니다. 그런 다음 결혼잔치를 열흘 동안 밤낮없이 성대하게 벌였습니다. 마지막으로 신부에게 색다른 의상 아홉 가지를 번갈아 입혀서 바드르 왕에게 보여준 뒤, 왕은 알 사만달 왕에게 명예의 옷을 내리고 그 백성과 친척들이 있는 고국으로 돌려 보내주었습니다.
 그리하여 두 사람은 오랫동안 더없는 행복 속에서 환락의 파괴자이자 즐거운 교제의 훼방꾼인 죽음이 찾아올 때까지, 이 세상의 온갖 사치와 큰 기쁨을 맛보면서 남은 생애를 보냈습니다.
 이것으로 이들에 대한 이야기는 끝이 났습니다.*26 알라여! 부디 이 모든 사람에게 자비를 내려주시기를!
 또 다음과 같은 이야기도 있습니다.

〈주〉
*1 맥나튼판에서는 샤 자만(Shah Zaman)='현세의 왕'이 본디 뜻과 달리 전해져 그릇되게 굳은 샤자만(Shahzaman)을 사용하고 있다.
*2 이렇게 거만하고 이색적인 교태의 표시는 새로 사들인 아름다운 여자노예의 경우에는 드물지 않다. 이것은 일종의 자기만족을 위한 체면문제이다. 만일 그녀들이 몸을 허락하지 않을 경우, 폭력으로 육체를 범하면 그 주인은 친구들에게서 비난을 사게 된다.
 폭군 중의 폭군인 페르시아의 파스 알리 샤도 자신의 여자노예에게 거절당해도 참았으며, 비열한 왕후들이 하듯이 왕국의 마부나 요리사에게 그녀들을 짝지어주려고도 하지 않았다.
*3 젊은 잘라브(Jallab), 즉 노예상인은 여간해서 그러한 절제를 보여주는 일이 없다. 나이가 든 뒤에야 노예가 처녀성을 잃으면 아주 큰 손해를 본다는 사실을 알게 되는 것이다.
*4 아랍어의 줄나르(Julnar)는 페르시아어의 굴나르(Gulnar, Gul-i-anar), 즉 '석류꽃'에서 나왔다(아랍어에는 g에 해당하는 문자가 없기 때문이다). 이것은 베네치아의 메히탈리스트(아르메니아) 수도원에서 동양문화를 공부한 바이런의 '갈네아(gulnare)'이기도 하다.
 나는 가장 존중받아야 할 나라(영국)에서, 현재 이 연애시인이 그다지 좋은 대접을 받지 못하는 것이 매우 안타깝다. 고(故) 새커리에 의해 시작된 고의적인 경멸은 유감스럽게도 그 뒤 우수한 비평가들에 의해 계승되었다. 이러한 비평가들은, 러시아에서

스페인으로, 노르웨이에서 시칠리아로, 유럽 전역에 영향을 주는 한 유파를 바이런이 창건했다는 사실, 또 그것이 영국에서 남아메리카 대륙까지 파급한 사실을 완전히 무시하고 있는 것으로 생각된다. 그 이례적인 성공은 오직 천재적인 재능에 의한 것이었다.

〔바이런은 베네치아에 약 2년 동안 머문 적이 있으며, 1824년 그리스 독립전쟁에 나가던 도중 병으로 죽었는데, 죽은 뒤에 모국에서의 그의 명성이 떨어졌다. 그에 비해 외국에서의 명성은 더욱 높아져, 하이네, 푸시킨, 레르몬토프, 스페인의 에스프론세다와 이탈리아의 레오파르디도 두드러지게 바이런의 영향을 보여주었다고 한다.〕

*5 맥나튼판은 줄나르(Julnar)를 줄나즈(Julnáz)라고 잘못된 글자를 인쇄했고(부르판 제2권도 마찬가지), 레인의 줄라나르(Jullanár)는 이집트의 비속어다. 레인은 '하얀 도시'를 가공의 도시일 것으로 생각했는데, 그것은 맞다. 그리고 그 바다도 카스피 해(海)와는 아무런 관련도 없다.

*6 파라샤(Farashah)라는 이름은 원전에서는 이야기가 끝날 때까지 나오지 않는다.
*7 바드르 바심(Badr Basim)은 '미소 짓는 보름달'이라는 뜻.
*8 이 시는 113번째 밤에 나왔다. 나는 페인 씨의 번역을 인용한다.
*9 대지는 아랍어로 하드(Khadd)이며, 눈에서 턱수염 사이의 뺨을 가리킨다.
*10 젊은이의 검은 머리카락.
*11 일반적으로 아랍인이나 동양인들은 이런 식으로 엿듣는 것을 부도덕한 일이라고 생각하지 않았다.
*12 알 사만달(Al-Samandal)은 페르시아어의 사만달(Samandal, →dar→dak→dun 등으로 변화)이며, 여기서 아랍어와 히브리어의 살만드라(Salmandra)가 나왔다. 의미는 샐러맨더(Salamander), 즉 불 속에서 사는 생쥐로, 그중에는 인도와 중국의 새라는 사람도 있고 또 카렐레온과 혼동하는 사람도 있다(보샤르 저 《히에로》 제2부 제6장).

〔새뮤얼 보샤르(Samuel Bochart)는 루앙 출신, 셈족 언어를 널리 공부한 목사로, 위의 책은 《히에로조이콘, 별제(別題), 성서 속의 동물 Hierozoicon, sive de Animalibus Scripturoe Sacroe》이다. 1599~1667년.〕

*13 파티하(Fatihah)에서. 〔이것은 이슬람교도가 '주기도'와 마찬가지로 늘 외는 《코란》 제1장. '듣는 것'이라는 뜻이다.〕
*14 말하는 사람이 마치 공주나 왕보다 윗사람인 것처럼, 신하들 앞에서 그 이름을 입에 올렸다는 뜻. '천하에 둘도 없는 진주, 남몰래 감춰뒀던 귀한 보물' 정도에 머물렀으면 무난했을 것이다.
*15 캐럿(carat)은 아랍어의 키라트(Kirat, χεράτιον)로, 원래의 뜻은 Abrus precatorius, 즉 콩이다. 아라비아와 인도에서는 무게의 단위로, 아프리카에서는 장식용 염주알로서 사용된다. 1캐럿은 4캄하(Kamhah, 캄하는 밀에 사용하는 그레인에 해당)이며, 약

3그레인(1그레인은 약 0.0648그램에 해당함)이다. 1미스칼(miskal)의 24분의 1이므로 모든 것의 척도에 사용된다. 이를테면, 아랍인은 아무런 결점 없는 인물에 대해 '저 사람은 24캐럿이다'라고 말한다. 즉 순금이라는 얘기이다.

*16 마르시나(Marsinah)는 천인화(天人花)라는 뜻. 카지미르스키(A. de Biberstein Kazimirski)는 자신의 저서 《아라비아 프랑스어 사전 Dictionnaire Arobe-Français》(파리, 메이손누브, 1867년 발행)에서, 마르산(Marsin)='예리코의 장미, 천인화'라고 했다. 〔예리코는 팔레스타인의 옛 도시.〕

*17 새 사냥꾼이 그 선물의 2배에서 3배 가격의 답례를 기대할 권한이 있는 것은 말할 것도 없다. 동양에서는 그것이 일반적인 관례이다. 서양의 공갈범이라면 '알아서 주십시오, 나리!'라고 말했을 것이다.

*18 이것은 바드르에게 물을 뿌리기 위해서인데, 원전에서는 그 행위가 생략되어 있다. 또한, 아랍어에는 여러 가지 형태의 탈바꿈에 대해 명확한 전용어가 있다. 나스흐(Naskh)는 짐승에서 인간, 즉 하등한 것에서 고등한 것으로의 변화, 마스(Maskh)는 그 반대, 라스흐(Raskh)는 살아 있는 것에서 무생물로(이를테면 인간에서 돌로), 파스흐(Faskh)는 완전하게 소멸해 버리는 것이다.

*19 〔본문에는 '바위가 배 위를 덮쳤다', 즉 a rock……fell upon her……라고 표현되어 있기 때문에〕 이 있을 수 없는 세부묘사를 글자 그대로 번역해 보았다. 그러나 단순히 배가 암초에 부딪쳤다는 의미에 지나지 않는다.

*20 라브(Lab)에 대한 노인의 설명은 잘못되어 있다. '고대 페르시아어의 태양'이 맞다. '아르마나크'에서는, 이 아라비아 요사스러운 계집의 이름을 단순히 평범하지 아니한 말로 꾸몄을 뿐이다.

*21 Un adolescent aime toutes les femmes.〔남자는 여자를 좋아한다는 뜻.〕 남자는 나면서부터 다처주의적이지만, 여자는 그와 반대로 일부주의적(一夫主義的)이며 사랑하는 남자가 싫증 난 경우에만 다부주의적이 된다. 그것은 옛날부터 절묘하게 표현해 온 것처럼, 남자는 여자 자체를 사랑하지만, 여자의 애정은 남자의 애정에 대한 것이기 때문이다.

*22 동양의 연애 이야기의 주인공들은 남녀 모두 언제나 대식가(bonnes fourchettes)들이라는 사실은 앞에서도 얘기한 적 있다. 그들은 유럽의 감상적인 연인들을 깜짝 놀라게 하는 왕성한 식성을 보여준다. 그러나 그렇게 많이 먹는 것은 하룻밤의 헤라클레스적인 잠자리에 필요한 정력을 얻는 데 필요한 것임은 말할 것도 없다.

*23 곡물가루는 아랍어로 사위크(Sawik)라고 하며, 토산품인 보릿가루를 말한다. 이것은 곡식(대부분은 보리)을 볶아서 곱게 간 다음, 대추야자 열매 또는 설탕과 섞어서 여행 중에 요리하기가 어려운 경우에 먹을 것으로 제공된다.

*24 케이틀리(《이야기와 민화 Tales and Popular Fictions》, 이 책은 오늘날에는 그 내용이

약간 낡은 느낌이 있다)는 이렇게 말하고 있다. "이 거래(뒤에 나오는 이야기) 속에는 고삐에 대한 것은 한마디도 언급되어 있지 않다. 그러나 이야기의 원형에서는, 바드르의 불행은 고삐를 놓았기 때문임이 틀림없다고 확신하고 있다. 중요한 부분만 뽑아 쓴 책 《기사 종자의 이야기 Squier's Tale》에서도 고삐가 어느 정도 중요성을 띠고 있었던 것처럼 생각된다." 케이틀리는 1550년 베네치아에서 간행된 밀라노인 스트라파롤라의 《익살스러운 밤 Notti Piacevoli》에서 이야기를 인용하고 있다. 독일에도 이런 종류의 민화가 있다.

〔케이틀리(Thomas Keightley)는 더블린 출신의 저술가. 역사적 연구도 많지만, 대표작은 《신화 Fairy Mythology》 1789~1872년. 스트라파롤라(Giovan Francesco Straparola)는 이탈리아의 작가. 《데카메론》풍의 74화를 모은 위의 작품이 가장 유명하다. 참고로 이 책은 1550년부터 54년 사이에 간행되었다.〕

*25 여기서 처음으로 이야기 속에서 자주 등장한 어머니의 이름이 나왔다〔원전에서〕. 파라샤(Farashah)는 나비, 나방을 뜻하는 파라슈(Farash)의 여성형 또는 단수형이다.

*26 오래된 판(版)에는, "마법사 여왕을 사랑하는 모든 사람은 여왕이 세상을 떠나자 당장 원래의 모습으로 돌아갔습니다"라고 되어 있다.

## 모하메드 빈 사바이크 왕과 상인 하산

　아주 먼 옛날 모하메드 빈 사바이크라고 하는, 페르시아 왕들 중에서도 가장 위대한 왕이 있었습니다.
　이 왕은 호라산국을 다스리면서 해마다 인도와 신드, 중국 그리고 옥수스 강 저편의 마와란나르의 나라들, 야만인이 사는 지방 등에 군사를 보내 침략하고 있었습니다. 왕은 태어나면서부터 마음이 넓고 생각이 깊었으며 청렴하고 용감하며 씩씩하고, 술자리에서 풍류담을 비롯하여 옛사람들의 이야기, 시가, 일화, 역사, 모험담, 전설 등에 대한 이야기들을 더없이 좋아했습니다.
　그래서 누구라도 진기한 이야기를 흥미진진하게 들려주는 자에게는 훌륭한 예복을 주어 머리끝에서 발끝까지 차려주고, 금화 1천 닢 말고도 많은 상품과 안장에 마구를 갖춘 말까지 하사했기 때문에, 이야기를 한 자는 그 선물들을 모두 받아서 말을 타고 돌아가곤 했습니다.
　그러던 어느 날, 한 노인이 찾아와서 매우 신기한 이야기를 하자, 왕은 몹시 기뻐하며 상으로 온갖 물건과 그 밖에 호라산 금화 1천 닢과 아름답게 장식한 말을 주었습니다.
　이 소문이 여기저기로 퍼져서 하산이라는 상인의 귀에도 들어갔는데, 하산은 훌륭한 학자이며 시인이었고, 게다가 매우 너그러운 성격의 소유자였습니다.
　그런데 이 모하메드 왕에게는 성미가 좋지 않은 대신이 있었습니다. 이자는 시기심이 강하고 빈부의 차별 없이 누구에게나 증오의 눈길을 보낼 뿐만 아니라, 왕이 재미있는 이야기를 들려준 자에게 많은 선물을 주는 것을 보면 그것을 트집 잡아 이렇게 말하곤 했습니다.
　"그렇게 하시는 것은 재물을 잃고 나라를 망하게 하는 지름길입니다. 임금 된 자는 깊이 통찰하여 삼가야 할 일인 줄 압니다."

그러나 이것은 다만 시기심에서 나온 말일 뿐 아무런 이유도 없었습니다.
어느 날 왕은 상인 하산의 소문을 듣고 그를 불러들였습니다.
"오, 하산, 여기 있는 대신은 내가 시인과 술친구, 말벗과 떠돌이 악사들에게 금품을 주는 일을 몹시 못마땅하게 여기고 있다. 그러니 내가 지금까지 한 번도 들은 적이 없는 진기한 이야기를 들려주지 않겠느냐? 만일 네 이야기가 재미있다면, 네 토지의 세금을 감면해 주고 성채가 딸린 넓은 영지를 주마. 그뿐만 아니라 너를 나의 재상으로 임명하여 왕국 전부를 네 손에 맡기도록 하겠다. 그러면 너는 내 오른쪽에 앉아서 백성들을 다스릴 수 있다. 그러나 만일 재미있는 이야기를 하지 못했을 때는 네 재산을 모조리 빼앗을 뿐만 아니라 너를 네 영토에서 추방하겠는데, 그래도 좋겠느냐?"
"삼가 어명을 받들겠습니다. 하지만 그전에 1년의 말미를 주시기 바랍니다. 그러면 제가 반드시 임금님이 지금까지 한 번도 들으신 적이 없는 그야말로 세상에서 가장 재미있는 이야기를 들려 드릴 수 있을 겁니다."
"좋다, 그럼 꼭 1년의 말미를 주마."
왕은 훌륭한 예복을 하산에게 주며 다시 말했습니다.
"그 대신 나한테 진기한 이야기를 가져올 때까지 1년 동안 반드시 집 안에 들어앉아 있어야지 절대로 말을 타고 바깥출입을 해서는 안 된다. 내 말을 잘만 지킨다면 특별한 은혜가 너를 기다리고 있으리라. 나는 반드시 약속을 지키겠지만, 네 쪽에서 내 요구에 어긋나는 행동을 할 때는 너와 나의 인연도 이것이 마지막인 줄 알아라."

―여기서 날이 훤히 밝아왔으므로 샤라자드는 이야기를 그쳤다.


## 757번째 밤

샤라자드는 이야기를 계속했다.
오, 인자하신 임금님, 모하메드 왕은 상인 하산에게 자신의 요구에 어긋나는 행동을 할 때는 자기와의 인연은 끝일 줄 알라고 말했습니다.
그래서 하산은 왕 앞에 엎드린 뒤 그 앞에서 물러났습니다. 그리고 백인 노예 중에서 글을 읽고 쓸 줄 아는 영리한 자 다섯 명을 뽑아서 각각 금화 1천 닢씩을 주며 말했습니다.

"이런 때를 대비하여 너희를 집에 두었으니, 제발 나를 도와 임금님의 기대를 저버리지 않고 또 내 체면도 서게 해다오."

그러자 다섯 노예가 말했습니다.

"대체 무슨 분부이십니까? 저희 목숨은 모두 주인님의 것입니다."

"이제부터 너희는 각각 다른 나라에 가서 이상한 이야기나 놀라운 역사 이야기를 알고 있는 배운 것 많고 학식이 넓은 이야기꾼을 찾아내 사이프 알무르크 이야기를 알아내어 와야 한다. 그 이야기를 알고 있는 자를 발견하거든 상대가 원하는 대로 돈을 주어라.

설사 금화 1천 닢을 요구하더라도 상관없으니 너희가 먼저 내고 모자라는 돈은 나중에 내겠다고 약속을 해서, 반드시 이야기를 듣고 와야 한다. 너희 가운데 이 임무를 성취하는 자에게는 훌륭한 옷과 많은 선물을 주어 누구에게보다 경의를 표할 것을 맹세하마."

그런 뒤 다섯 명 가운데 한 사람에게 이렇게 말했습니다.

"너는 인도와 신드, 그 밖에 그 영토의 자치령으로 가거라."

다음 사람에게는 이렇게 말했습니다.

"너는 페르시아와 중국과 그 속국으로 가거라."

세 번째 사람에게는 이렇게 명령했습니다.

"너는 호라산국과 그 근처로 가거라."

그리고 네 번째 사람에게는 이렇게 말했습니다.

"너는 몰리타니아의 모든 영토로 가거라."

그리고 다섯 번째 사람에게는 이렇게 명령했습니다.

"너는 시리아와 이집트, 그리고 그 주변국으로 가거라."

노예들에게 저마다 갈 곳을 지시한 하산은 길일을 뽑아서 다섯 백인 노예들에게 다짐을 두었습니다.

"너희는 오늘 길을 떠나거라. 부디 내 소원을 이루어주기 바란다. 설령 생명이 위태로운 일이 일어난다 하더라도 임무수행에 결코 망설임이 있어서는 안 된다."

마침내 노예 다섯 명은 주인과 작별하고 각각 지시받은 방향을 향해 출발했습니다.

그리하여 다섯 사람 가운데 네 사람은 넉 달 동안 사방으로 찾아다녔으나 결국 사명을 완수하지 못하고 주인에게 돌아가서 그대로 보고했습니다. 그들의 보고를 들은 하산은 매우 실망했지만, 도성과 온 나라를 샅샅이 뒤지고도 끝내 찾아내지 못했으니 어쩔 도리가 없었습니다.

그런데 다섯 번째 노예는 여행을 거듭하여 마침내 시리아의 다마스쿠스에 이르렀습니다. 그곳은 참으로 쾌적한 도시로, 나무에는 과일이 풍부하게 여물고 넓은 초원에는 맑은 시냇물이 흐르며 작은 새들은 밤과 낮의 창조주인 유일하고 전능하신 신을 찬미하며 지저귀고 있었습니다.

노예는 잠깐 이 도성에 머무르며 주인이 지시한 사람을 찾아보았습니다. 하지만 아무리 노력해도 찾지 못하고 하는 수 없이 다른 곳으로 가려는데, 한 젊은이가 옷자락을 질질 끌며 숨을 헐떡이고 뛰어오는 모습이 보였습니다.

노예는 그 젊은이를 불러 세우고 물었습니다.

"그렇게 급히 어디로 가시오?"

"박식한 장로한테 가는 길입니다. 그 장로는 매일 이맘때쯤 되면 의자[1]에 앉아서 누구도 들은 적이 없는 재미있는 이야기와 옛날 얘기를 하는데, 나는 될 수 있는 대로 앞자리를 잡으려고 달려가는 거라오. 워낙 모여드는 사람이 많아서 자리가 없을 정도이니까요."

"나도 함께 데려가줄 수 없겠소?"

"그럼, 빨리 쫓아오시구려."

노예는 젊은이와 함께 광장으로 달려갔습니다.

광장에 가보니 정말 품위 있는 노인이 수많은 청중을 앞에 놓고 의자에 앉아 있었습니다. 노예는 목소리가 잘 들리는 곳에 자리를 잡았습니다.

노인의 이야기는 해질녘까지 계속되었는데, 이윽고 얘기가 끝나자 청중들은 사방으로 흩어졌습니다. 마침내 한 사람도 남지 않게 되었을 때, 노예가 노인에게 인사를 하니 노인 쪽에서도 정중하게 이마에 손을 대고 답례를 했습니다.

"장로님은 참으로 소중하신 분입니다. 장로님이 하신 이야기는 매우 재미있었습니다만, 좀더 여쭈어보고 싶은 일이 있습니다."

"오, 무엇이든 물어보구려."

"장로님은 사이프 알 무르크와 바디아 알 자마르에 대한 이야기를 알고 계십니까?"

"당신은 누구한테서 그런 말을 들었지?"

"특별히 다른 사람에게서 들은 것은 아니고, 저는 그 이야기를 듣기 위해 아득히 먼 나라에서 찾아온 사람입니다. 제 소원을 들어주신다면 장로님의 은혜에 보답하기 위해 무엇이든 원하시는 것을 드리겠습니다. 설사 장로님에게 생명을 빼앗기는 한이 있더라도 이 이야기만 해 주신다면 더 바랄 것이 없습니다."

"너무 염려하지 말게. 소망을 들어줄 테니까. 하지만 이 이야기는 길거리에서 아무에게나 함부로 할 이야기가 아니야."

"오, 장로님, 제발 저를 의심하지 마시고 원하시는 대가를 말씀해 주십시오."

"그 이야기를 듣고 싶으면 금화 백 닢을 내놓으시오. 그러면 그 이야기를 전부 해 드리지. 또 거기에는 다섯 가지 조건이 있어. 그래도 괜찮소?"

노예는 노인이 그 이야기를 알고 있으며, 그것을 자기에게 팔 의사가 있음을 알고 매우 기뻐하며 말했습니다.

"이야기의 대가로 금화 백 닢을 내고 따로 사례금으로 금화 열 닢을 더 드리겠습니다. 그리고 말씀하시는 다섯 가지 조건도 반드시 지킬 것을 약속하겠습니다."

"그럼, 금화를 가져오시오. 그런 다음 이야기하리다."

그래서 노예는 기쁜 마음으로 객줏집으로 돌아가서 금화 백열 닢[2]을 지갑에 넣고 날이 새기를 기다렸습니다.

이튿날 아침 옷을 갈아입은 노예는 지갑을 들고 노인의 집을 찾아갔습니다. 노인은 문 앞에 앉아 있다가 노예가 정중하게 인사를 하자 답례해 주었습니다.

노예가 약속한 금화를 내놓자, 노인은 그것을 받아 넣고 노예를 집 안으로 안내했습니다. 그리고 자리에 앉힌 다음 먹통과 갈대 펜과 종이를 내놓고 다시 책 한 권을 꺼냈습니다.

"그럼, 이 책에서 사이프 알 무르크의 야화(夜話)[3]를 찾아서 베껴 쓰시오."
 백인 노예는 곧 그 이야기를 베끼기 시작했고, 다 베낀 뒤에는 노인 앞에서 한 번 낭독해 보였습니다.
 노인은 이것저것 틀린 부분을 고쳐주고 다음과 같이 말했습니다.
 "젊은이, 어제 내가 말한 다섯 가지 조건이란 첫째, 이 사이프 알 무르크 이야기는 결코 길거리에서는 하지 말 것, 다음엔 여자와 여자노예와 흑인 노예와 어리석은 자 앞에선 얘기하지 말 것, 또한 아이들에게도 들려주지 말 것, 다만 왕과 태수, 대신과 기타 호라산 및 다른 나라 사람들이라도, 학문이 높은 사람들에게만 들려줘야 한다는 것이오."
 노예는 그 다섯 가지 조건을 지킬 것을 굳게 약속하고 노인의 손에 입을 맞춘 뒤 그 집에서 나왔습니다.

—여기서 날이 훤히 밝아왔으므로 샤라자드는 이야기를 그쳤다.


## 758번째 밤

 샤라자드는 이야기를 계속했다.
 오, 인자하신 임금님, 하산의 백인 노예는 다마스쿠스 노인의 집에서 책에 있는 이야기를 베껴 쓰고, 다섯 가지 조건을 지킬 것을 약속한 다음 노인과 작별했습니다.
 그날 안에 다마스쿠스에서 출발하여 고국으로 향한 백인 노예는 사이프 알 무르크의 이야기를 손에 넣는 데 성공하여, 하늘에라도 오른 듯한 기쁜 마음으로 길을 재촉했습니다.
 이윽고 고국에 들어서자 당장 하인을 주인에게 보내 기쁜 소식을 알렸습니다.
 "주인님의 백인 노예가 사명을 훌륭하게 완수하고 무사히 돌아왔습니다."
 (이때 하산은 왕과 약속한 날짜를 겨우 열흘 남짓 남겨 놓고 있었습니다.)
 백인 노예는 자기 집에서 하루 쉰 다음, 하산에게 가서 자초지종을 자세히 얘기하고 사이프 알 무르크와 바디아 알 자마르 이야기의 사본을 내놓았습니다.

하산은 그것을 보고 기뻐하며 자기가 가진 옷을 모두 백인 노예에게 내주고, 그 위에 건강한 말과 암소와 낙타를 각 열 마리씩, 또 흑인 노예 세 명과 백인 노예 두 명을 주었습니다. 그리고 나서 하산은 손수 그 이야기를 또박또박 깨끗이 베껴 쓴 다음 곧 왕의 어전에 나아갔습니다.

"오, 인자하신 임금님, 저는 오늘 지금까지 누구도 들은 적이 없는 진기한 이야기를 가지고 왔습니다."

이 말을 듣자 왕은 즉시 이해력이 뛰어난 태수와 박학한 학자들, 교양이 풍부한 시인과 기타 지혜가 뛰어난 사람들을 모조리 불러들였습니다.

그리하여 하산은 왕 앞에 앉아 이야기를 낭독했습니다. 왕은 그 이야기가 너무나 재미있어서 매우 감탄하며 들었고, 그 자리에 참석한 사람들도 모두 경탄해 마지않았습니다.

그리하여 상인 하산의 머리 위에는 금화와 은화, 보석이 비처럼 쏟아졌습니다.

왕은 자기가 가진 훌륭한 옷 중에서도 가장 값진 예복을 하산에게 하사하고, 그 위에 성채가 있는 큰 도시를 준 뒤 재상에 임명하여 자신의 오른쪽에 앉혔습니다.

왕은 서기에게 명령하여 그 이야기를 금문자로 기록해 보물창고에 간직하게 했습니다. 그리고 마음이 울적할 때는 언제나 하산을 불러들여서 그 이야기를 낭독시켰습니다. 그것은 다음과 같은 이야기*4였습니다.


## 사이프 알 무르크 왕자와 바디아 알 자마르 공주 이야기

옛날 옛적 이집트에 아심 빈 사프완*5이라는, 마음이 매우 너그럽고 인자하며 위대한 왕이 살고 있었습니다.

이 왕은 많은 도시와 성채를 다스리면서 군대와 기사를 수없이 갖고 있었고, 파리스 빈 살리*6라는 대신도 거느리고 있었습니다.

이윽고 왕은 쌓여가는 세월에 몸이 점점 쇠약해져서 병에 걸리는 일이 많아졌습니다. 아무튼 나이가 백여든 살이나 되었으니 아주 늙어 빠졌다 해도 지나친 말이 아니었지요.
 그런데 어찌 된 까닭인지 이 왕은 그 나이에도 자식을 하나도 얻지 못해 밤낮으로 그것만 한탄하며 근심에 싸여 있었습니다.
 어느 날, 왕이 옥좌에 앉아 있으니 평소처럼 태수와 대신과 대장들이 궁전에 들어와 각각 지위에 따라 자리에 앉는데, 들어오는 태수마다 아들 한두 명을 데리고 있었습니다. 개중에는 셋을 데리고 온 자도 있었는데, 아이들은 저마다 자기 아버지 옆에 서 있었습니다.
 그들을 본 왕은 매우 부러워하며 말했습니다.
 "여기 있는 자들은 모두 자식 복이 있어서 행복한 줄 알라. 나는 자식이 하나도 없으니 내일이라도 내가 죽어 버린다면, 내 왕위와 국토와 백성은 누구의 손에 들어갈지, 이 세상에 나를 기억해 주는 자도 나를 입에 올리는 자도 없게 되겠지."
 이렇게 깊은 시름의 바다에 잠겨, 마치 샘을 찾아 헤매는 나그네처럼 마음이 슬픔과 근심으로 가득 차서 눈물을 흘리며 옥좌에서 내려오더니, 바닥에 몸을 던지며 슬피 울었습니다.
 이 광경을 보고 대신을 비롯한 중신들은, 누구보다 행복해야 할 왕이 그런 행동을 하는 것을 보며 모두 왕의 신상을 염려했습니다. 그래서 진행을 담당하는 관리에게 이렇게 소리치게 했습니다.
 "신하들은 모두 임금님의 병환이 완쾌하실 때까지 물러가서 쉬고 있어라!"
 그리하여 모두 물러가자 혼자 남은 대신은 왕 옆으로 다가가서 그 앞에 엎드린 뒤 말했습니다.
 "현세의 위대하신 임금님, 왜 그처럼 슬퍼하고 한탄하십니까? 어떤 자가 임금님을 괴롭힙니까? 부디 말씀해 주십시오. 상대는 왕입니까, 성주입니까, 아니면 태수입니까? 제발 임금님의 마음을 거스른 자의 이름을 말씀해 주십시오. 반드시 그놈을 공격하여 그자의 영혼을 찢어 놓겠습니다."
 하지만 왕은 그 말에 한마디도 대꾸하지 않을 뿐만 아니라 얼굴도 들려고 하지 않았습니다. 대신은 다시 양탄자에 엎드린 뒤 말했습니다.
 "오, 주군님,[*7] 저는 임금님의 자식이고 노예입니다. 아니, 그뿐만 아니라 임금님을 제 손으로 양육해 드렸습니다. 그런데도 어째서 그처럼 슬퍼하시는지, 그 까닭을 모르고 있습니다. 제가 모르는 일이라면 누가 저를 대신해 그것을 알 수 있겠습니까? 부디, 그 까닭을 말씀해 주십시오."

그래도 왕은 입을 열지 않을 뿐만 아니라 얼굴도 들지 않고 자꾸만 흐느껴 울며 "오오!" 애끓는 신음만 낼 뿐이었습니다. 대신은 잠깐 잠자코 기다리다가 이윽고 다시 입을 열었습니다.

"끝내 까닭을 말씀해 주지 않으신다면, 저는 이 칼을 심장에 꽂아 임금님이 보시는 앞에서 죽고 말겠습니다. 그렇게 괴로워하시는 모습을 보기보다는 차라리 스스로 목숨을 끊는 편이 낫겠습니다."

왕은 그제야 얼굴을 들고 눈물을 닦았습니다.

"오, 대신, 그대는 나에게 참으로 좋은 의논 상대이지만 이번에는 나를 가만히 내버려 두어다오. 나는 지금 슬퍼서 죽을 것만 같다."

"오, 임금님, 부디 슬퍼하시는 까닭을 말씀해 주십시오. 아마도 신께서는 제 손을 빌려 임금님을 구원해 주실 겁니다."

─여기서 날이 훤히 밝아왔으므로 샤라자드는 이야기를 그쳤다.


### 759번째 밤

샤라자드는 이야기를 계속했다.

오, 인자하신 임금님, 마침내 왕은 입을 열었습니다.

"대신, 나는 결코 황금이나 말이나 왕국 때문에 울고 있는 것은 아니다. 내 나이 벌써 이럭저럭 백여든 살이 되려고 하는데, 어찌 된 일인지 한 점 혈육이 없구나. 이대로 내가 죽어 버린다면 땅속에 묻힌 채 이름도 잊혀버리고 말겠지. 그리고 내 왕위와 주권은 누군지 모를 자의 손에 넘어가고 내 얘기를 입에 올리는 자도 하나 없지 않겠느냐."

"오, 위대하신 임금님, 저는 임금님보다 백 살이나 위인데도 역시 자식 하나 없어서 그것 때문에 낮이나 밤이나 한탄하고 있습니다. 임금님과 저는 어찌하면 좋겠습니까?"

"대신, 무슨 좋은 방법이 없을까?"

"임금님, 제 얘기를 들어 보십시오. 저는 일찍부터 사바[8]의 땅에 다윗의 아들 솔로몬(이 두 사람에게 평안함이 있기를! [9])이라는 군주가 살고 있다는 말을 들었습니다. 이 군주는 스스로 예언자라 자처하고 전능하신 신이 보낸 자라 드러내 놓고 말하고 있습니다. 그 전능하신 신은 무엇 하나 불가능한 것이 없으며 인류와 새와 짐승, 그리고 바람과 마신 등, 모든 것을 지배하신다 했고, 그 왕국은 곧 천국이라 했습니다.

그뿐만 아니라 솔로몬 왕은 새와 그 밖의 모든 짐승의 말을 알아듣고 온갖 동물을 타일러서 신을 예배하게 하고 동물들에게 길을 가르치고 있다는 겁니다.

그래서 임금님의 이름으로 솔로몬에게 사신을 보내 우리의 소원을 알리고, 신이 우리에게 각각 아이를 점지해 주시도록 솔로몬에게 기도해 달라 부탁하는 것이 어떨까요?

솔로몬의 신앙이 진실하고 그 신이 전능하다면 반드시 우리에게 사내아이든 계집아이든 점지해 주실 겁니다. 그때는 우리도 솔로몬의 신앙에 귀의해서 그 신을 공경하여 우러러보는 겁니다. 그것이 싫으시다면 좀더 참고 기다려서 무슨 다른 궁리를 해야 할 듯합니다."

"그것참 좋은 생각이다. 그대의 이야기를 들으니 내 마음이 활짝 개는 것 같구나. 그런데 이 중대한 임무를 수행할 사신으로 누구를 보내면 좋을까. 아무튼 솔로몬이라면 결코 작은 나라의 왕은 아니니까, 왕에게 가까이 가는 것만 해도 쉬운 일이 아닐 테다.

이런 일에 그대 말고 달리 적임자가 있겠느냐? 그대라면 나이도 들어서 모든 일을 잘 헤아릴 줄 알고 나와 생각도 같으니 참으로 이 일에 알맞은 사람이다. 그대가 직접 솔로몬 왕에게 가서 이 일을 꼭 이루어다오. 그러면 아마도 기쁜 결과를 얻을 수 있으리라."

"분부대로 하겠습니다. 그럼 임금님은 지금 곧 일어나셔서 옥좌에 오르십시오. 그리고 태수들을 비롯하여 영내의 귀족과 고관들, 그 밖의 신하들에게 평소 맡은 일을 수행하라 명령하십시오. 모두 임금님의 몸을 진심으로 염려하면서 물러갔습니다. 그런 다음에 저는 임금님의 사신으로 출발하고자 합니다."

왕은 곧 일어나서 옥좌에 앉았고, 대신은 시종장을 불러 명령했습니다.

"여느 때처럼 모두 궁궐에 들어 맡은 일을 보도록 전해라."
 태수들이 나와서 여느 때처럼 식탁을 나란히 하고 마시고 먹은 다음, 왕 앞에서 물러갔습니다.
 파리스 대신은 아심 왕 앞을 물러나서 일단 집으로 돌아가 여행준비를 한 뒤 다시 왕의 어전으로 나갔습니다.
 왕은 보물창고를 열어 갖가지 진귀하고 값진 물건과 세상에 보기 드문 장식품을 내주었는데, 한결같이 태수나 대신들에게는 아까우리만큼 귀한 물건들뿐이었습니다.
 왕은 대신에게 솔로몬을 만나면 정중하게 인사하고 될 수 있는 대로 불필요한 말은 하지 말라고 단단히 부탁했습니다.
 "그리고 솔로몬이 승낙해 주거든 급히 돌아오너라. 나는 그대가 돌아오기를 간절히 기다리고 있겠다."
 이윽고 대신은 왕의 손에 입을 맞추고 수많은 선물을 가지고 출발했습니다. 그리하여 밤낮을 가리지 않고 여행을 계속하여 사바까지 보름을 남겨둔 곳에 다다랐습니다.
 한편 다윗의 아들 솔로몬(이 두 사람에게 평안함이 있기를!)에게는 알라(신을 찬미할지어다!)의 신령스러운 예감이 내려서 이런 목소리가 들려왔습니다.
 "오, 솔로몬, 이집트 왕이 갖가지 진귀하고 값진 물건들을 대신에게 들려 너에게 보냈다. 너도 고문관 아사흐 빈 바르히야를 보내 그 대신을 정중하게 맞이하고, 주둔지에는 식량을 보내줘라. 그리고 대신이 네 앞에 나타나면 이렇게 말하라.
 '그대의 왕은 이러이러한 것을 부탁하기 위해서 나에게 그대를 보냈고, 그대의 임무는 이러이러한 것이구나.'
 그러면 너는 그자에게 구원의 신앙을 가르칠 수 있을 것이다."
 솔로몬은 대신에게 주둔지에 보낼 식량을 준비시키고, 이집트의 대신을 마중하기 위해 고문관 아사흐를 보냈습니다.
 모든 준비를 하고 출발한 아사흐는 이윽고 파리스를 만나 정중하게 인사를 나누고, 그 부하들에게도 존경의 뜻을 표했습니다. 그리고 그들을 주둔지로 안내하여 식량과 말여물을 주면서 말했습니다.

"어서 오십시오. 진심으로 여러분을 환영합니다. 여러분의 소원은 반드시 이루어질 테니 너무 걱정하지 마시고 안심하십시오. 그리고 푹 쉬시고 기운을 회복하십시오."

파리스는 속으로 생각했습니다.

'이상하다, 도대체 내가 온다는 것을 누가 알렸을까?'

파리스는 수상히 여기면서 아사흐에게 물었습니다.

"오, 대신, 도대체 누가 저희가 온다는 사실과 볼일에 대해서 알렸습니까?"

"다윗의 아들 솔로몬(이 두 사람에게 평안함이 있기를!)께서 말씀하셨습니다."

"그럼, 그 솔로몬 님에게는 누가 말씀하셨나요?"

"천지의 주님, 만물을 지배하시는 알라께서 예언하셨습니다."

"오, 전능하신 신이 분명하다."

"그렇다면 여러분은 전능하신 신을 숭배하고 있지 않단 말씀입니까?"

"저희는 태양을 숭배하며 늘 예배드리고 있지요."

"오, 파리스 대신이여, 태양은 알라(알라께 영광을!)께서 만드신 수많은 별 가운데 하나에 지나지 않습니다. 더구나 알라께서는 태양을 신으로 숭배하는 것을 금하고 계십니다. 왜냐하면 태양은 아침에 떠오르고 저녁에 지지만, 우리의 알라는 언제나 계시면서 결코 가시는 일이 없는 모든 것을 다스리는 전능하신 신이기 때문입니다!"

그리하여 모두 다시 오랫동안 여행을 계속하여 마침내 다윗의 아들 솔로몬(이 두 분께 평안함이 함께 하기를!)이 있는 사바에 도착했습니다.

그때 솔로몬은 인간과 마신과 그 밖의 무리*10로 구성된 군대를, 그들이 지나는 길에 죽 늘어서게 했습니다.

그 때문에 온갖 바다짐승과 코끼리, 표범, 살쾡이 등 별의별 야수들이 길 양쪽에 늘어서고, 마신들도 두 줄을 지어 인간의 눈으로 곧 알아볼 수 있도록 무시무시하고 소름 끼치는 몰골로 늘어섰습니다.

게다가 이러한 짐승들의 머리 위에는 새들이 날개를 퍼덕이면서 햇빛을 가리고 시끄럽게 재잘거렸습니다. 이 무서운 행렬 앞에 이른 이집트 사람들이 무서워서 더 나아가지 못하자 아사흐가 말했습니다.

"자, 어서 앞으로 가십시오, 조금도 무서워할 것 없습니다. 이것은 모두 다윗의 아들 솔로몬의 노예들이라 절대로 여러분을 해치지 않을 테니까요."

그리고 자신이 그 대열 속으로 걸어가니, 하는 수 없이 이집트의 대신과 그 무리도 덜덜 떨면서 그 뒤를 따라갔습니다.

그리하여 모두 도성에 도착하자, 우선 숙소에 들어 온갖 후한 대접을 받으면서 사흘가량 휴식을 취했습니다.

그 뒤에 알라의 예언자 솔로몬(그분에게 평안함이 있기를!)에게로 안내되었는데, 대신이 그 앞의 양탄자에 무릎을 꿇고 엎드리려 했으나, 솔로몬은 그들을 붙들고 못하게 말리며 이렇게 말했습니다.

"인간이 땅에 꿇어 엎드려서 예배할 분은 이 세상 모든 것의 창조주이신 알라(알라께 영광을!) 말고는 없다. 따라서 내 앞에서는 앉고 싶은 자는 앉고 서 있고 싶은 자는 서 있어도 좋다. 하지만 나를 예배하기 위해 서서는 안 된다."

그래서 모두 솔로몬의 말에 따라, 파리스 대신과 그 측근들은 앉고 신분이 낮은 가신들은 선 채 솔로몬 옆에 모였습니다.

얼마 뒤 식탁이 준비되어 사람은 물론이고 짐승들까지 모두 배불리 먹었습니다.[*11] 식사가 끝나자 솔로몬은 파리스 대신을 향해 입을 열었습니다.

"이제, 그대가 여기 온 까닭을 숨김없이 말해다오. 나는 이미 그대가 무슨 일로 이곳에 왔는지 무슨 사명을 띠고 있는지 잘 알고 있다. 그 볼일은 아마 이런 것이겠지. 그대를 사신으로 보낸 이집트 왕 아심은 쌓이는 세월과 함께 아주 늙어버려서 살날이 얼마 남지 않았는데, 알라(그 이름을 찬미할지어다!)께서는 아직도 자식을 하나도 점지해 주지 않으셨다.

그래서 왕은 낮이나 밤이나 오직 그것만 걱정하며 시름에 잠겨 있는데, 어느 날 태수와 대신과 귀족들을 거느리고 옥좌에 앉아 있으니, 그들 중에는 아들을 한둘씩 데리고 오지 않은 자들이 거의 없다는 것을 깨달았지. 이 아들들은 아버지와 함께 왕을 섬기기 위해서 온 것인데, 그것을 본 왕은 너무나 슬픈 나머지, '내가 죽은 다음, 이 나라는 누구의 손에 들어갈까? 틀림없이 내가 모르는 자의 손에 넘어가고 말겠지. 그리고 나는 마치 이 세상에 태어나지도 않았던 것처럼 잊혀버린 존재가 되고 말 것이다!'

그렇게 중얼거리며 깊은 시름에 잠겨 끝내 눈물을 흘리며 터번으로 얼굴을 가리고 슬피 울었다. 그러다가 옥좌에서 내려와 양탄자 위에 앉아 다시금 몸부림치며 통곡했지만 어째서 왕이 이처럼 슬피 한탄하는지, 그 이유는 전능하신 알라만이 아시고 다른 자는 아무도 몰랐다."

—여기서 날이 훤히 밝아왔으므로 샤라자드는 이야기를 그쳤다.

## 760번째 밤

샤라자드는 이야기를 계속했다.
오, 인자하신 임금님, 다윗의 아들 솔로몬 왕(두 분의 영혼이 편히 쉬시기를!)은 파리스 대신과 주군인 아심 왕 사이에 있었던 일을 자세히 얘기한 뒤 이렇게 덧붙였습니다.
"대신, 방금 내가 한 이야기가 틀림없으렷다?"
"오, 알라의 예언자시여! 말씀하신 그대로입니다. 하지만 저희가 그런 얘기를 나누고 있었을 때는, 저와 왕 말고는 아무도 없었고 또 누구에게도 말한 적이 없습니다. 그런데 도대체 누구에게서 그 이야기를 들으셨는지요?"
"알라께서 알려주셨다. 알라 앞에는 어떠한 일도 숨길 수 없느니라. 어떠한 인간의 마음도 꿰뚫어 보시기 때문이지."
"오, 알라의 예언자시여! 그야말로 전지전능하신 신이 틀림없습니다."
그리하여 파리스는 부하들과 함께 이슬람교로 개종했습니다. 솔로몬은 이어서 파리스에게 이러저러한 선물과 진귀한 물건들을 가져오지 않았냐고 물었습니다.
"맞습니다."
"나는 그 물건들은 일단 기꺼이 받겠다. 그리고 그것을 다시 그대에게 선물로 돌려주마. 그대들은 이제부터 숙소에 들어가서 여행의 피로를 풀도록 해라. 그리고 하늘과 땅과 낮과 밤의 신, 만물의 창조주이신 알라의 뜻에 맞는다면, 내일 그대가 목적한 바를 이루게 되리라."
파리스는 숙소로 돌아가서 더없이 감동한 마음으로 그날 밤을 지새웠습니다.

이튿날 아침, 파리스가 솔로몬 왕 앞에 나가니 왕은 이렇게 말했습니다.

"아심 빈 사프완 왕에게 돌아가거든, 어느 때고 왕과 함께 활과 횃불을 갖고 이곳을 찾아가라."

그리고 솔로몬은 찾아갈 장소를 일러주었습니다.

"그곳에 가면 나무가 한 그루 있을 테니 그 위에 올라가서 잠자코 기다려라. 그리고 정오 기도시간과 오후 기도시간 사이 꼭 중간에 한낮의 더위가 수그러질 무렵이 되거든 그 나무에서 내려와 밑동 근처를 살펴보아라. 그러면 그곳에 뱀 두 마리가 나타날 것이다. 한 마리는 머리가 원숭이 같고, 한 마리는 마신의 얼굴을 하고 있으리라.

그것을 그대들 둘이서 활을 쏘아 죽이고 머리와 꽁지를 각각 한 뼘 길이쯤 잘라서 버린 다음, 나머지 고기를 잘 요리해서 아내에게 먹이도록 해라. 그리고 그날 밤 함께 잠자리에 들면 반드시 알라의 축복을 받아, 그대들의 아내는 잉태하여 달이 차면 사내아이를 낳으리라."

그리고 파리스에게 도장반지와 칼, 황금과 보석으로 가장자리를 두른 관복 두 벌이 들어 있는 보퉁이를 내주면서 말했습니다.

"파리스 대신, 그대와 왕의 아들이 성인이 되면 이 옷을 한 벌씩 주어라."

그리고 다시 이렇게 덧붙였습니다.

"알라께 맹세코! 전능하신 신께서 그대들의 소원을 들어주시기를 기도하마. 이것으로 그대가 맡은 임무는 끝났다. 나머지는 오직 더없이 높으신 알라의 축복에 의지하여 이곳을 떠나는 것뿐이다. 아심 왕은 낮이나 밤이나 그대가 돌아오기를 간절히 기다리며 고개를 늘이고 길을 쳐다보고 있을 테니까."

그리하여 대신은 예언자 다윗의 아들 솔로몬(이 두 분의 영혼이 편히 쉬시기를!)의 손에 입을 맞춘 다음 물러나왔습니다.

그리고 무사히 맡은 일을 해낸 사실을 기뻐하면서 밤낮을 가리지 않고 여행을 계속하여, 마침내 카이로 가까이에 이르렀습니다.

파리스가 부하 한 사람을 아심 왕에게 보내 순조롭게 목적을 달성하고 돌아왔음을 알리자, 왕을 비롯하여 태수며 고관들은 진심으로 기뻐하며, 대신이 무사히 귀국한 것을 축하했습니다.

드디어 그들이 다시 만났을 때, 파리스는 말에서 내려 왕 앞에 무릎을 꿇고 무사히 소원을 이룬 기쁜 소식을 전하고는 진실한 신앙을 설명해 주었습니다. 그러자 왕을 비롯하여 모든 사람이 기뻐하며 이슬람교로 개종했습니다.

"그대는 이 길로 집에 돌아가서 오늘 밤부터 일주일 동안 푹 쉬도록 해라. 그리고 목욕을 하고 나한테 오면 그때 여러 가지 일을 의논하기로 하자."

파리스는 다시 땅에 엎드린 다음 시종과 환관들을 데리고 자기 집으로 돌아갔습니다. 그리고 일주일의 휴가가 지나가자, 왕을 찾아가서 솔로몬 왕과의 사이에 있었던 일을 자세히 이야기한 뒤 이렇게 덧붙였습니다.

"그러므로 이제부터 곧 저와 함께 성을 나가셔야 합니다."

왕과 대신은 각각 활과 화살을 가지고 솔로몬이 가르쳐준 장소로 가서 나무 위에 올라가 꼼짝하지 않고 기다렸습니다.

이윽고 한낮의 더위가 수그러지고 오후 기도시간이 가까워졌을 무렵, 두 사람이 나무에서 내려와 사방을 살펴보니, 정말로 나무 밑동에서 뱀[*12] 두 마리가 기어 나왔습니다.

왕이 그것을 자세히 보니 뱀 목에 황금 목걸이가 걸려 있었습니다. 왕은 무척 놀라며 파리스에게 말했습니다.

"대신이여, 이 뱀 목에 황금 목걸이가 걸려 있구나! 참으로 신기한 일이다! 이것을 사로잡아서 우리에 넣어 바라보며 즐기는 게 어떨까?"

"이것은 알라께서 우리를 도우시려고 보내신 겁니다. 그러니 임금님이 한 마리를 쏘시면, 나머지 한 마리는 제가 쏘겠습니다."

그리하여 두 사람은 뱀을 화살로 쏘아 죽이고 머리와 꽁지 쪽을 한 뼘가량씩 잘라 버린 다음, 나머지 고기를 궁전으로 갖고 돌아가서 요리사를 불렀습니다.

"이 고기에 양파즙[*13]과 향료를 치고 맛있게 끓여서 접시 두 개에 담아 이러저러한 시간에, 어김없이 가져오렷다!"

─여기서 날이 훤히 밝아왔으므로 샤라자드는 이야기를 그쳤다.

## 761번째 밤

샤라자드는 이야기를 계속했다.

오, 인자하신 임금님, 요리사는 고기를 받아들고 부엌으로 가서 양파즙과 따뜻한 향료를 가미하여 가장 맛있게 요리했습니다. 그리고 그것을 접시 두 개에 담아 왕과 대신 앞으로 갖고 왔습니다.

두 사람은 저마다 뱀 요리 한 접시를 아내에게 먹인 다음, 그날 밤 잠자리를 같이하여 운우의 정을 나눴습니다. 그러자 알라(알라를 칭송하라!)의 뜻에 따라 그 전능하신 힘의 도움을 얻어, 두 사람의 아내는 같은 날 밤에 잉태했습니다.

왕은 그런 줄도 모르고 석 달 동안 불안 속에서 이리저리 고민하면서 이렇게 중얼거렸습니다.

"이것이 참말인지 거짓말인지 통 알 수가 있어야지."

그러던 어느 날 왕비가 앉아 있는데, 배 속에서 아기가 움직이는 것을 느끼고 그 고통에 얼굴을 찡그렸습니다. 그제야 왕비는 자기가 임신한 사실을 알고 환관장을 불러서 말했습니다.

"어디에 계시든 임금님을 찾아서 기쁜 소식을 전해라. '오, 현세의 임금님이시여, 좋은 소식을 전해 드리겠습니다. 왕비님이 회임하신 게 분명해졌습니다. 배 속에서 아기가 움직이기 시작했다고 합니다.' 이렇게."

환관장이 나는 듯이 왕에게 달려가 보니, 왕은 혼자 쓸쓸히 턱을 괴고 골똘한 생각에 잠겨 있었습니다. 환관장은 양탄자에 엎드려 왕비의 임신 소식을 알렸습니다. 그러자 왕은 매우 기뻐서 벌떡 일어나 환관의 손과 머리에 마구 입을 맞추고는*14 자기가 입고 있던 옷을 벗어 상대에게 주었습니다. 그래도 모자라 근처에 있는 사람들을 향해 이렇게 외쳤습니다.

"나를 사랑하는 자는 모두 이 기쁜 소식을 전해 준 자에게 선물을 주어라!"

사람들은 환관장에게 돈과 보석, 히아신스석, 그 밖에 말, 암소, 토지, 논밭 등 헤아릴 수 없이 많은 선물을 주었습니다.

마침 그때 파리스 대신이 와서 아심 왕에게 말했습니다.

"오, 임금님, 조금 전에 제가 집에 혼자 앉아서 아내의 임신에 대해 이런

저런 생각에 잠겨 이렇게 혼잣말을 하고 있었습니다. '이것이 참말인지 거짓말인지 알 수가 있나! 아내 하툰*15은 정말 임신을 했을까?'

그런데 환관이 와서 아내가 틀림없이 회임했다는 기쁜 소식을 전해 주었습니다. 아내의 얼굴빛이 달라지고 배 속에서 아기가 움직였다는 겁니다. 그것을 들은 저는 매우 기뻐서 제가 입고 있던 옷을 벗어 금화 1천 닢을 얹어 환관에게 주고, 그를 환관장으로 올려주었습니다."

그러자 왕이 대답했습니다.

"오, 대신이여, 알라(알라께 영광 있으라! )께서는 진실한 신앙을 믿는 우리에게 은총을 베푸시어 어둠에서 밝은 빛으로 인도해 주셨다. 나는 그것에 대한 축하로 백성들을 위로하고 모두에게 기쁨을 줄 작정이다."

"그러하심이 좋을 줄 압니다."

대신의 대답에, 왕은 이렇게 말했습니다.

"그럼, 대신이여, 이제부터 곧 옥으로 가서 죄인에서 채무자에 이르기까지 한 사람도 남기지 말고 모두 석방해라. 이제부터 죄를 범하는 자에게도 그 죄에 따라, 설령 그것이 목을 벨 중죄인이라 하더라도 특사의 은혜를 베풀도록 해라. 그뿐만 아니라 백성들에 대해서도 앞으로 3년 동안 세금을 면제하리라. 또 도성의 성벽 둘레에 조리장을 설치하여*16 요리사들에게 명령하여 모든 종류의 냄비를 매달고 낮이고 밤이고 온갖 요리를 만들게 해라. 그리고 도성 사람이든 외국인이든 가리지 말고 오가는 사람 모두에게 실컷 먹이고, 또 남는 것은 집에 싸서 가게 해라.

그리고 백성들은 이레 동안 일을 쉬고 거리를 장식하며, 술집은 낮이고 밤이고 문을 닫지 않도록 방을 내 걸어라. 자, 어서 서둘러서 시행해라. 우물쭈물하면 목을 베어버릴 테다."

대신이 왕의 분부대로 시행하자, 백성들은 거리와 성벽을 아름답게 장식하고 좋은 옷을 입고 여러 날 동안 즐겁게 보냈습니다.

이윽고 왕비는 달이 차서 어느 날 새벽 진통이 시작되었습니다. 왕은 신학박사, 천문학자, 수학자, 문인, 점성술사, 과학자, 법률학자들을 궁전에 불러들였습니다. 그들은 곧 모여서 잔에 몇 개의 주옥이 던져지기를*17 이제나저제나 기다렸습니다. 그것은 유모와 시종과 함께 왕자의 탄생을 알리는 신호였습니다.

이윽고 왕비는 달처럼 아름다운 옥동자를 낳았습니다. 점성술사들은 곧 별자리 그림을 펼쳐 태어난 왕자의 운수를 점쳐 보고, 왕 앞에 나아가 엎드린 뒤 이렇게 말했습니다.

"이번에 탄생하신 왕자님은 참으로 좋은 운세를 타고 행복의 별 아래 태어나셨습니다. 그러나 젊어서, 임금님 앞에선 좀 아뢰옵기 황송한 어려움을 당하게 되실 겁니다."

"상관없으니 주저 말고 말해라."

"왕자님은 성장하여 이 나라를 떠나서 외국을 떠돌며, 난파를 당하기도 하고 옥에 갇히기도 하면서, 그야말로 온갖 어려움과 고생을 겪으십니다. 하지만 마지막에는 그러한 재난을 모두 물리치고 소원 성취하여, 많은 적과 시기심 많은 사람들 속에서도 굳건히 백성을 지배하고 나라를 다스리며 남은 생애를 행복하게 보내게 되실 겁니다."

왕은 이러한 점성술사들의 예언을 듣고 이렇게 말했습니다.

"오, 참으로 기이한 일이로다. 하지만 모름지기 전능하신 신께서, 좋든 나쁘든 인간에게 정해 주신 것이라면 반드시 성취될 것이다. 또 오늘 이후로 수없는 위로도 반드시 얻게 되리라."

왕은 그들의 말에는 조금도 개의치 않고, 점성술사와 그 자리에 있던 모든 사람에게 옷을 내리고 물러가게 했습니다. 그때 파리스 대신이 들어와서 얼굴 가득 기쁜 빛을 보이며 왕 앞에 엎드리고 말했습니다.

"기쁜 소식입니다! 아내가 방금 마치 달덩이 같은 사내아이를 낳았습니다."

"오, 대신, 그대의 아내와 아들을 이리로 데리고 오너라. 내 아내와 함께 이 궁전 안에서 살며 아이들도 함께 기르자."

그래서 대신은 아내와 아이를 불러들였고, 두 아기는 유모와 보모의 손에 맡겼습니다. 이레가 지났을 때 유모들은 젖먹이를 안고 왕 앞에 와서 물었습니다.

"임금님, 이 아기들에게 어떤 이름을 지어주실 건지요?"

"너희가 이름을 지어주어라."

"아들의 이름은 아버지께서 지으셔야죠."

"그렇다면 내 아들은 할아버지의 이름을 따서 사이프 알 무르크, 대신의 아들은 사이드*¹⁸라고 부르자."
 왕은 유모와 보모에게 예복을 내려주면서 단단히 부탁했습니다.
 "정성을 다해 두 아이를 길러다오."
 두 아이는 무럭무럭 자라서 이윽고 다섯 살의 봄을 맞이하게 되었습니다. 왕은 아이들을 신학자*¹⁹에게 맡겨 코란을 읽고 글을 배우게 했으며, 아이들이 열 살이 되자 무예교사에게 맡겨 말 타는 법과 활 쏘는 기술, 창 다루는 방법, 말 위에서 마음대로 움직이는 법, 그 밖의 온갖 무예를 가르쳤습니다.
 그리하여 열다섯 살이 되었을 무렵에는 두 젊은이가 다 온갖 무예에 통달했을 뿐만 아니라 승마술에서는 이제 누구도 따를 자가 없을 정도가 되어, 혼자서 능히 1천 명의 적과 대항할 힘을 지니게 되었습니다.
 그들이 어느 정도 분별심이 들 나이가 되자, 아심 왕은 두 젊은이를 볼 때마다 끝없는 기쁨을 느꼈습니다. 이윽고 두 사람이 스물다섯 살이 되었을 때의 어느 날, 왕은 대신을 별실로 불렀습니다.
 "오, 대신, 사실 나에게 한 가지 소원이 있는데, 오늘은 그 일에 대해 그대와 의논하고 싶다."
 "무슨 일이신지 뜻대로 하십시오. 임금님이 하시는 일은 모두 신의 뜻에 맞는 것이니까요."
 "나는 보다시피 나이를 먹을 대로 먹어서 너무 늙어버렸다. 그래서 오로지 전능하신 알라를 숭배하기 위해 기도소에 들어가서 남은 생애를 보내고 싶구나. 왕자도 이제 훌륭한 젊은이로 성장하여 무예도 뛰어나고 지식도 풍부하며 정치에도 정통하니, 왕국과 국왕의 지위를 왕자 사이프 알 무르크에게 물려줄 생각이다. 그대의 생각은 어떤가?"
 "참으로 어진 생각이십니다. 저로서도 훌륭하고 좋은 생각을 말씀드리지 않을 수가 없군요. 임금님이 그와 같은 생각이시라면 저도 마찬가지로 자리에서 물러나 저 대신 사이드를 왕자님의 대신으로 만들어 왕자님을 모시게 하고 싶습니다. 사이드 역시 훌륭한 젊은이로서의 지식을 쌓고 분별심을 길렀으니, 우리 두 사람이 주의 깊게 그들을 보살펴 국가의 일을 계획하고 꾸려가며 올바른 길을 갈 수 있도록 이끄는 게 어떻겠습니까?"
 "그럼, 곧 서면을 작성하여 내 지배 아래 있는 모든 나라와 도시와 성채에 파발꾼을 보내도록 해라. 그 서면에는 각 지역의 우두머리들은 어느 날에 코끼리 경기장*20에 모이라고 써라."
 대신은 즉시 왕 앞을 물러나와 아심 왕이 지배하고 있는 모든 영주와 성채의 대장들에게 편지를 보내는 동시에, 도성 안에 사는 백성들에게도 신분의 높고 낮음에 상관없이 모두 모이라는 명령을 내렸습니다.
 이렇게 하여 정해진 날이 가까워지자, 아심 왕은 연병장 한가운데 커다란 막사를 지어서 아름답게 꾸미고 잔치에나 어울릴 듯한 훌륭한 옥좌를 만들게 했고, 부하들은 즉시 명령대로 시행했습니다.
 그리하여 왕을 비롯하여 귀족과 시종, 태수들이 그곳에 가게 되었는데, 왕은 백성에게도 알라의 이름으로 경기장에 모이라는 포고를 내렸습니다. 태수와 대신과 각 영토의 지사들은 집합장소에 모여들어, 여느 때와 마찬가지로 신분에 따라 어떤 자는 앉고 어떤 자는 서서 막사 안에 자리를 잡았습니다.
 이윽고 모든 사람이 모이자 왕의 명령으로 식탁이 차려졌고, 모두 배불리 먹고 마시면서 왕을 축복했습니다. 식사가 끝나자, 왕은 시종에게 명하여 모두 잠시 그대로 남아 있게 하라고 일렀습니다.
 "임금님의 말씀이 있을 때까지 모두 그대로 앉아 계십시오."
 이윽고 왕 앞의 휘장이 걷히고, 왕이 입을 열었습니다.
 "나를 사랑하는 자는 내 이야기가 다 끝날 때까지 자리를 떠나지 마라."
 왕의 말에 사람들은 처음에는 무슨 일일까 은근히 두려워했지만, 곧 조용히 자리에 앉아 소곤거렸습니다.
 "무슨 일로 우리를 모이게 한 것일까?"
 이윽고 왕은 자리에서 일어나서 이렇게 물었습니다.
 "오, 태수, 대신, 영주, 그리고 모든 백성이여, 너희는 이 왕국을 내가 조상으로부터 물려받았다는 사실을 알고 있느냐?"
 "예, 임금님, 잘 알고 있습니다."
 "나를 비롯하여 우리 모두가 예전에는 태양과 달을 숭배하고 있었는데, 지금은 알라(알라께 영광을!)께서 우리에게 진실한 신앙을 가르쳐주시고 어둠 속에서 밝은 빛으로 인도해 주시어 우리를 이슬람교도로 만드셨다. 그러나 너희도 알다시피 나는 이처럼 아주 늙어버렸다. 그래서 나는 나의 죄를 용서받기 위해 기도를 드릴 작정이다.
 왕자 사이프 알 무르크는 말솜씨가 뛰어나고, 학문과 그 밖의 모든 일에 정통한, 참으로 총명한 젊은이다. 그래서 나는 이번에 왕자에게 나 대신 이 왕국을 다스리고 너희를 지배하는 국왕의 자리를 내주려고 한다. 그런 뒤 나는 홀로 기도소에 들어가 오직 알라만을 섬길까 하는데 모두의 의견은 어떤가?"

그들은 모두 일어나서 땅에 꿇어 엎드린 뒤 한결같은 목소리로 대답했습니다.

"이의 없습니다. 오, 우리의 수호자이신 임금님, 설령 임금님께서 흑인 노예를 우리의 지배자로 정하신다 해도 저희는 기꺼이 명령에 복종할 겁니다. 더욱이 왕자 사이프 알 무르크 님이라면 그야말로 더 바랄 게 없습니다. 저희는 삼가 왕자님을 지배자로 받들어 모시겠습니다."

그리하여 왕은 옥좌에서 내려와 왕자를 옥좌에 앉히고 손수 왕관을 벗어서 왕자의 머리에 씌워준 뒤, 아들의 허리에 제왕의 허리띠를 감아 주고*21 자신은 아들이 앉아 있던 옥좌 옆자리에 앉았습니다. 태수, 대신, 영주를 비롯한 신하들은 일제히 일어나서 땅바닥에 무릎을 꿇고 엎드렸습니다.

"참으로 새로운 왕께선 누구보다도 왕위에 어울리며, 누구보다도 왕위를 계승할 수 있는 권리를 가지고 계십니다."

시종들은 일제히 만세를 불렀습니다.

"만세! 만세!"

그리고 새 왕의 승리와 영광을 기원하자, 새로운 왕은 그들 머리 위에 금화와 은화를 골고루 뿌려주었습니다.

―여기서 날이 훤히 밝아왔으므로 샤라자드는 이야기를 그쳤다.


## 762번째 밤

샤라자드는 이야기를 계속했다.

오, 인자하신 임금님, 신왕이 신하들에게 예복과 그 밖의 선물을 내린 다음, 이윽고 파리스 대신이 일어나서 땅에 엎드리며 말했습니다.

"태수와 영주들이여, 여러분은 내가 지금 대신입니다만, 내가 방금 왕위를 왕자에게 물려주신 아심 왕이 즉위하시기 전부터 대신이었다는 걸 아시오?"

"잘 알고 있습니다. 당신은 3대의 왕조를 대신으로서 섬긴 분입니다."

"그렇다면 이때를 즈음하여 나도 벼슬을 내놓고, 아들 사이드에게 뒤를 잇게 할까 하오. 내 아들 사이드는 재주와 지혜가 뛰어난 젊은이로 생각하는데, 여러분의 의견은 어떠시오?"

"사이프 알 무르크 왕의 대신에는 당신의 아들 사이드 말고는 딱 알맞은 자가 없을 겁니다. 두 사람은 참으로 잘 어울리는 분들입니다."

이 말을 들은 파리스는 대신의 터번을 벗어 아들의 머리에 씌워주고 일할 때 사용하는 먹통을 그 앞에 놓았습니다.

그러는 동안 시종과 태수들은 이렇게 말했습니다.

"사이드야말로 대신에 걸맞은 인물이지."

또 포고를 맡은 관원은 소리 높이 외쳤습니다.

"무바라크! 무바라크! 두 분의 앞날에 행운을!"

아심 왕과 파리스 대신은 함께 일어나 왕실의 보물창고를 열고 태수, 대신, 영주를 비롯한 신하들에게 의복과 돈을 내렸습니다. 그리고 사이프 알 무르크 왕과 사이드 대신의 서명이 있는 위임장과 칙허장을 새롭게 발행했습니다. 부왕은 병사들에게도 많은 돈과 포상을 뿌렸고, 지방에서 온 사람들은 꼬박 이레 동안 도성에 머물다가 고향으로 돌아갔습니다.

이윽고 아심 대왕은 새 왕과 새 대신을 데리고 궁전으로 돌아와서 보물창고지기에게 도장반지와 도장,[*22] 그리고 보검과 꾸러미를 가져오게 한 다음 말했습니다.

"둘 다 이리 오너라. 이것을 줄 테니 저마다 두 가지씩 골라 가져라."

먼저 사이프 알 무르크가 손을 내밀어 반지와 보퉁이를 갖고 사이드는 나머지 칼과 도장을 가졌습니다. 그리고 나서 새 왕은 대왕의 손에 입을 맞추고 돌아와서는 보퉁이를 끌러 보지도 않은 채 그대로 침대 위에 던져두었습니다.

두 사람은 언제나 한 침대에서 잤습니다. 이윽고 두 사람은 잠자리에 들었는데, 머리맡에서는 촛불 한 쌍이 빨갛게 타고 있었습니다.

한밤중이 되어 문득 잠이 깬 새 왕은, 무심코 머리맡에 있는 보퉁이에 눈길이 갔습니다.

"이 보퉁이는 아버님께서 주신 것인데 대체 어떤 값진 것이 들어 있을까?"

새 왕은 옆에서 곤히 잠들어 있는 대신을 남겨 놓고 살며시 침대에서 내려와 보퉁이와 촛불을 가지고 다른 방에 가서 그것을 끌러보았습니다. 그 안에는 마신이 짠 갑옷이 한 벌 들어 있어서 그것을 펼쳐보았더니, 등 안쪽에 여자의 초상이 황금으로 새겨져 있는데*23 그 얼굴이 매우 아름다워서 깜짝 놀랐습니다. 그러자 새로운 왕은 이내 분별심을 잃고 강한 욕정에 사로잡혀 정신이 아득해졌습니다.

얼마 뒤 다시 정신을 차린 왕은 눈물을 흘리고 슬피 한탄하면서 자신의 얼굴과 가슴을 치고는, 미녀의 초상에 입을 맞추며 다음과 같은 시를 읊었습니다.

> 사랑이란 맨 처음
> 치솟아 나오는 물줄기,
> 하늘의 뜻으로 정해지고
> 운명 그대로 나타나서
> 마침내 사람의 청춘을
> 정열의 바다 깊이 가라앉혀
> 참을 수 없는 슬픔을
> 영혼에 짐 지운다.

또 다음과 같은 노래도 불렀습니다.

> 사랑이란 것이
> 얼마나 마음을 뺏는 것인지
> 애당초 알았다면
> 굳게 이 몸을 지켰으련만
> 사랑의 본질을 몰랐던 까닭에
> 나는 스스로 이 몸을 내던지노라.

사이프 알 무르크는 계속 얼굴과 가슴을 때리면서 하염없이 눈물을 흘리며 탄식했습니다.

한편 사이드가 눈을 떠보니 옆에 자고 있어야 할 왕이 보이지 않을 뿐만 아니라 초도 한 자루밖에 없었습니다.

"사이프 알 무르크 왕은 어디로 가셨을까?"

사이드는 남아 있는 촛불을 들고 궁전 안을 이곳저곳 찾아다니다가, 어느 방에서 왕이 바닥에 엎드려 심하게 울고 있는 모습을 발견했습니다.

"아니, 형님, 무슨 일로 이렇게 울고 계십니까? 무슨 일이 생겼습니까? 어서 그 까닭을 말씀해 주십시오."

왕은 아무 말도 하지 않고 고개를 숙인 채 마냥 슬피 울면서 가슴을 때릴 뿐이었습니다.

"저는 당신의 대신이고 당신의 동생입니다. 이제까지 함께 자라온 사이가 아닙니까? 저 말고 가슴의 비밀을 털어놓을 사람이 또 있습니까?"

그리고 공손하게 왕 앞에서 한 시간이나 바닥에 엎드려 기다렸으나, 왕은 여전히 한마디 대꾸도 하지 않고 슬피 울기만 했습니다.

마침내 사이드가 더는 말로는 알아낼 수 없음을 알고 밖에 나가서 칼 한 자루를 가지고 들어왔습니다. 그리고 그 칼을 자기 가슴에 대고 말했습니다.

"형님, 제발 고정하십시오. 도대체 왜 그러시는지 그 까닭을 가르쳐주지 않으시면, 저는 두 번 다시 형님의 못난 모습을 보지 않아도 되도록 이 칼로 스스로 목숨을 끊겠습니다."

그제야 사이프 알 무르크 왕은 얼굴을 들고 대신을 향해 입을 열었습니다.

"오, 아우여, 부끄러워서 자세히 말을 할 수 없구나."

"신 중의 신, 온갖 속박의 해방자, 이 세상 모든 것의 근원이고 더없이 인자하신 알라께 맹세코 부탁입니다. 제발 부끄러워하지 마시고 그 까닭을 말씀해 주십시오. 저는 당신의 노예이자 당신의 대신입니다. 어떤 일이든 당신의 의논상대가 될 수 있는 신분입니다."

"그럼, 이것을 보아라."

왕은 갑옷에 그려진 미녀의 초상을 가리키며 말했습니다. 사이드가 자세히 들여다보니, 그 여자가 쓴 관 위에 다음과 같은 글자가 진주로 새겨져 있는 것이 눈에 들어왔습니다.

"이것은 진실한 신앙을 가진 마왕 중의 마왕, 샤야르 빈 샤르프의 딸 바디아 알 자마르 공주의 초상이다. 공주는 바벨에 있는 아드 대왕의 아들 이람의 정원에 살고 있노라."

―여기서 날이 훤히 밝아왔으므로 샤라자드는 이야기를 그쳤다.

## 763번째 밤

샤라자드는 이야기를 계속했습니다.
오, 인자하신 임금님, 파리스 대신의 아들 사이드는 초상화에 새겨진 글귀를 읽고 소리쳤습니다.
"형님은 이 초상화의 여자가 누군지 알고 계십니까? 혼자서 찾아볼 생각이십니까?"
"오, 아우여, 나는 전혀 모르는 여자다."
"그럼, 이 관 위에 씌어 있는 글을 읽어 보십시오."
그것을 읽은 새 왕은 금세 가슴 깊은 곳에서 짜내는 듯한 비통한 소리로 신음했습니다.
"아! 아! 슬프도다!"
"형님, 바디아 알 자마르라는 이름의 이 초상화 주인이 정말 이 세상에 살고 있다면 지금부터 당장 이 여자를 찾아냅시다. 그러면 형님의 소원도 풀리게 되겠지요. 그건 그렇고 형님, 부디 눈물을 닦으시고 가신들이 힘써 일할 수 있도록 우선 옥좌에 앉으신 다음, 틈을 봐서 상인, 탁발승, 나그네, 순례자와 거지 등을 불러서 바벨과 이람의 정원에 대해 물어보시는 게 좋겠습니다. 그러면 아마도 알라(알라께 영광을!)의 축복과 가호에 의해 누군가가 우리에게 가르쳐주겠지요."
그리하여 날이 밝자 사이프 알 무르크는 그 갑옷을 안고 옥좌에 앉았습니다. 그 옷이 없으면 안절부절못하여 앉아 있을 수 없고, 잠도 잘 수 없게 되었습니다.
이윽고 태수와 고관대작들이 거의 모두 자리에 앉아 알현이 시작되려고 할 때, 알 무르크는 사이드 대신을 돌아보며 말했습니다.

"모두에게 내가 갑작스럽게 병에 걸려 간밤에 몸 상태가 매우 좋지 않았다고 전해다오."

사이드가 분부대로 그들에게 전하니 그 소식은 즉시 아심 노왕의 귀에도 들어갔습니다. 노왕은 아들의 건강이 몹시 걱정되어 의사와 점성술사들을 거느리고 아들을 찾아갔습니다.

의사들은 새 왕을 진찰하여 병세를 기록하고 몰약과 달이는 약을 처방해서 주었고 사흘 동안 침향과 용연향도 피웠습니다. 그러나 석 달이 지나도록 병세가 조금도 나아지지 않자, 아심 왕은 마침내 불같이 화를 내며 의사들에게 호통을 쳤습니다.

"이 멍청한 놈들! 괘씸한지고! 너희는 정녕 아들의 병을 고칠 수 없단 말이냐? 지금 당장 고치지 못하면 모조리 목을 베어버릴 테니 그리 알라."

그러자 주치의가 아뢰었습니다.

"오, 현세의 임금님, 저희는 새 왕께서 대왕님의 왕자임을 명심하고 있습니다. 저희는 결코 게으른 것이 아니라 어떻게든 고쳐 드리려 노력하고 있다는 사실을 대왕님께서도 잘 알고 계실 겁니다. 하지만 이 병은 좀처럼 완쾌가 안 되는 어려운 병이니, 원하신다면 그 까닭을 말씀드리겠습니다."

"그래, 내 아들의 병명이 무엇이냐?"

"오, 위대하신 임금님, 그분은 지금 상사병을 앓고 계십니다. 더구나 그 상대는 전혀 가까이할 수 없는 처녀입니다."

이 말에 선왕은 분노하여 소리쳤습니다.

"너희는 왕이 사랑에 빠졌다는 것을 어떻게 알았느냐? 대관절 어쩌다가 사랑이란 걸 하게 된 것이냐?"

"그것은 새 왕의 대신이고 형제인 사이드 님에게 물어보십시오. 그분은 잘 알고 계실 겁니다."

그래서 노왕은 일어나서 자신의 밀실로 돌아가 사이드를 불러서 물었습니다.

"사이드야, 네 형 사이프가 병들게 된 원인을 말해 보아라."

"저는 모릅니다."

노왕은 무사를 불러서 분부했습니다.

"사이드를 끌고 가서 눈을 가리고 목을 베어버려라."

사이드는 자신의 목숨이 위태로운 것을 알고 소리쳤습니다.
"오, 위대하신 임금님, 부디 용서해 주십시오."
"그럼 숨기지 말고 말해라."
"사실 임금님은 지금 상사병을 앓고 계십니다."
"그 사랑의 상대는 누구냐?"
"마왕의 딸입니다."
"어떻게 마왕의 딸을 만났느냐?"
"알라와 예언자 솔로몬이 임금님께 보내신 보퉁이 속 갑옷에 그 처녀의 초상이 새겨져 있었습니다."

이 말을 들은 왕은 당장 일어나서 새 왕을 찾아갔습니다.
"아들아, 너는 어째서 그처럼 괴로워하고 있느냐? 그 초상화라는 것에 그토록 마음을 뺏겼다니 대체 어찌 된 일이냐? 그러면 그렇다고 왜 진작 말하지 않았느냐?"
"오, 아버님, 부끄러워서 제 입으론 말씀드릴 수 없었습니다. 하지만 아버님께서 이미 사정을 아셨으니, 어떻게 하면 제 병이 나을지 가르쳐주십시오."
"난처한 일이로다. 어쩌면 좋을꼬? 그것이 인간의 딸이라면 접근할 궁리라도 하겠지만, 상대가 마왕의 딸이라니 어쩔 도리가 없구나. 그 딸에게 구혼해서 소원을 이루게 해 줄 수 있는 자는 아마도 다윗의 아들 솔로몬밖에 없을 듯하다. 아니, 솔로몬에게도 그리 쉬운 일이 아니리라. 그러나 아들아, 기운을 내서 침대에서 일어나 말을 타고 사냥을 하든가 마장에 나가서 열심히 무예연습이라도 하여라. 그리고 잘 먹고 마시면서 마음의 구름을 걷어치우는 것이 가장 좋은 방법이다. 그러면 왕들의 딸 백 명을 너에게 시중들게 하마. 그렇게 되면 우리 인간으로선 도저히 어떻게 할 수 없는 마왕의 딸을 굳이 연모할 필요가 없을 게 아니냐?"

그러나 사이프 알 무르크는 듣지 않았습니다.
"저는 이 처녀를 도저히 단념할 수가 없고, 다른 여자는 누구도 원하지 않습니다."
"아들아, 그러면 너는 어찌할 생각이냐?"
"도성 안 상인과 여행자, 부랑자들을 모조리 불러모아 주십시오. 그들에게 물어보시면 혹시 알라의 인도로 바벨과 이람의 정원을 알 수 있을지도 모릅니다."

그래서 노왕은 온 도성의 상인과 외국인, 뱃사람 등을 불러모아 한 사람씩 바벨과 이람의 정원에 대해 물어보았으나, 그 장소를 아는 사람은 아무도 없었습니다. 이윽고 그 모임이 끝나 사람들이 다 돌아가려고 할 때 어느 한 사람이 이렇게 말했습니다.

"오, 임금님, 그 일에 대해서 알고 싶으시다면, 중국에 가 보시는 게 좋을 듯합니다. 그곳에는 매우 큰 평화로운 도시[24]가 있어서 진귀하고 값진 물건들이 보관된 보물창고가 있고, 또한 온갖 나라의 백성들이 모여듭니다. 그곳의 백성이 아니면 바벨과 이람의 정원을 아는 사람은 아무도 없을 겁니다. 그곳으로 가시기만 하시면 틀림없이 누군가 가르쳐주리라 생각합니다."

사이프 알 무르크 왕이 말했습니다.

"오, 아버님, 제발 저를 위해 배를 준비해 주십시오. 제가 직접 중국에 가겠습니다. 그동안 아버님께서 저를 대신해 나라를 다스려주십시오."

"오, 아들아, 그대는 왕위에 머물러서 백성들을 다스리는 게 좋을 듯하구나. 내가 중국으로 건너가서 바벨과 이람의 정원을 알아 가지고 오마."

"오, 아버님, 이 일은 저에게 관련된 일인 만큼 저보다 열심히 찾을 수 있는 사람은 없습니다. 아버님께서 승낙만 해 주시면 무슨 일이 있어도 제 눈으로 직접 확인해 보고 싶습니다. 그리하여 그 처녀에 대한 단서나 소식이라도 들을 수 있다면 소원을 이룰 수 있겠지요. 또 소원을 이루지 못한다 하더라도 배를 타고 여행을 하다 보면 틀림없이 저도 기운을 다시 얻어 건강을 회복할 성싶습니다. 이 외국여행을 무사히 끝내기만 하면 반드시 늠름한 몸으로 아버님께 돌아오겠습니다."

―여기서 날이 훤히 밝아왔으므로 샤라자드는 이야기를 그쳤다.

## 764번째 밤

샤라자드는 이야기를 계속했다.

오, 인자하신 임금님, 잠깐 아들의 얼굴을 들여다보던 노왕은 이젠 본인이 바라는 대로 맡기는 수밖에 없음을 깨달았습니다. 노왕은 마침내 작별을 승낙하고 배 40척을 마련해 주었습니다.

거기에 하인들과 무장한 백인 노예 2만 명을 태우고 다시 알 무르크가 원하는 대로 많은 돈과 무기를 비롯하여 필요한 물품들을 실었습니다. 그 밖에 음료수와 식량 등을 싣고 병사들까지 배에 타자, 노왕은 사이프 알 무르크에게 말했습니다.

"그럼 떠나거라. 부디 몸조심하고 무사히 여행을 마치도록 해라. 너를 알라께 맡기니 알라께선 반드시 믿는 자를 지켜주시리라."

그리하여 사이프 알 무르크 왕은 부모와 작별하고 동생 사이드 대신과 함께 배에 올랐습니다. 이윽고 배는 닻을 올리고 항구를 떠나 오랫동안 항해한 끝에 마침내 중국의 도성에 도착했습니다.

도성 사람들은 병사와 무기, 돈과 식량 등을 가득 실은 배 40척이 들이닥치는 것을 보고 적이 전쟁을 하려고 쳐들어온 줄로만 알고 급히 성문을 닫고 투석기(投石機)*25를 장치했습니다. 이 소식을 전해들은 사이프 알 무르크는 중국 왕에게 백인 노예 우두머리 두 사람을 사자로 보내 다음과 같은 말을 전하게 했습니다.

"나는 이집트 왕 아심의 아들 사이프 알 무르크로, 다만 손님으로서 귀국을 찾아왔으며 잠깐 머물며 구경을 하고 싶을 뿐, 공략을 하거나 전쟁을 일으킬 생각은 조금도 없습니다. 다행히 반갑게 맞이해 주신다면 배에서 뭍으로 올라 방문하겠습니다만, 그럴 호의가 없으시다면 이대로 총총히 돌아가서 귀국의 왕과 국민을 괴롭히는 일은 하지 않을 테니 아무쪼록 안심하시기 바랍니다."

두 사람의 사자가 성문 앞에 가서 자신들은 사이프 알 무르크 왕의 사신이라고 고했습니다. 그들은 즉시 성문을 열고 사자를 맞이하여 파그푸르*26 샤라고 부르는 왕에게 안내했습니다.

이 왕은 전부터 아심 대왕과 아는 사이였습니다. 그래서 이번에 온 자가 그의 후계자라는 것을 알고, 사자들에게는 예복을 내리고 성문을 열게 하여 선물을 준비해서 몸소 중신들과 함께 사이프 알 무르크를 맞이하러 나갔습니다.

그리하여 두 왕은 서로 포옹하며 기쁨을 나눴습니다. 중국의 왕 파그푸르가 말했습니다.

"어서 오시오. 이렇게 먼 곳까지 찾아주신 두 분을 진심으로 환영합니다. 나는 당신의 노예요, 당신 아버님의 노예이기도 합니다. 이 도시에서 무슨 일을 하시든 당신의 자유이니, 원하시는 것이 있으면 무엇이든 말씀하시오."

그리고 사이프 알 무르크에게 가지고 온 선물을 전하고, 저마다 자기 자리를 지키고 있는 부하들에게는 먹을 음식을 주었습니다.

그런 다음 두 왕은 사이드 대신을 비롯하여 중신들과 병사들을 거느리고 말에 올라 해안에서 성문을 향해 나아갔습니다. 이윽고 그들은 환영의 북과 징소리를 들으면서 성 안으로 들어갔습니다. 그리하여 그들이 극진한 대접을 받으면서 그 도시에 머무는 동안 어느새 마흔날이 지나갔습니다. 어느 날 중국 왕이 사이프 알 무르크 왕에게 물었습니다.

"오, 내 형제의 아들이여, 오늘은 기분이 어떠시오? 이 나라가 마음에 드시오?"

"부디 전능하신 알라께서 당신의 덕을 오랫동안 기억하시기를!"

파그푸르 왕은 다시 물었습니다.

"귀공이 이 나라에 오신 것은 분명히 무슨 볼일이 있어서일 것이오. 그러니 내 나라에서 일정한 용도로 쓰이는 것이 있다면 무엇이든 말씀해 주시오, 구해 드릴 테니."

"오, 임금님, 사실 매우 색다르고 이상한 사정이 있습니다."

사이프 알 무르크는 바디아 알 자마르의 초상을 사랑하게 된 일을 자세히 얘기하고 몹시 슬프게 울었습니다. 중국 왕도 동정의 눈물을 흘리며 상대를 위로했습니다.

"그렇다면, 내가 외국을 떠도는 자와 여행자, 뱃사람, 선장 등을 한 사람도 빠짐없이 불러서, 그 초상화의 주인에 대해 물어보리다. 아마 누군가가 소식을 알려줄지도 모르잖소?"

그리하여 파그푸르 왕은 중신과 시종과 근위병들을 시켜 나라 안의 떠돌이와 나그네들을 모조리 데려오게 했습니다.

이윽고 수많은 사람이 두 왕 앞에 모여들었습니다. 사이프가 그들에게 바벨과 이람의 정원에 대해 물어보았으나, 한 사람도 아는 자가 없어 실망만 더해 갈 뿐이었습니다.

그때 한 선장이 일어나서 말했습니다.

"오, 인자하신 임금님, 바벨과 이람의 정원에 대해서 알고 싶으시면 힌드의 섬으로 가셔야만 합니다."

사이프는 즉시 부하에게 항구를 떠날 준비를 시켜 음료수와 식량, 그 밖에 필요한 것을 모두 싣고 대신을 비롯하여 부하들과 함께 배에 올라 파그푸르 왕에게 작별을 고했습니다.

그리하여 그들은 넉 달 동안 순풍에 돛을 달고 순조롭게 항해를 계속했습니다만, 어느 날 거친 폭풍우가 불더니 집채만 한 파도가 사방에서 밀어닥쳤습니다.

게다가 비와 우박*27마저 퍼부어서 스무날 동안이나 세찬 바람이 조금도 수그러들지 않을 뿐만 아니라, 바다는 갈수록 더 험악해졌습니다. 배 40척은 마치 나뭇잎처럼 흔들리다가, 마침내 서로 부딪쳐 모조리 난파하여 배에 탄 사람들은 거의 모두 물에 빠져 죽고 말았습니다.

사이프 왕과 몇 명의 하인만이 조각배를 타고 겨우 목숨을 건졌습니다. 이윽고 전능하신 알라의 은총으로 바람도 잠잠해지고 태양이 구름 사이로 빛나기 시작했을 때, 왕이 눈을 뜨고 사방을 둘러보니 바다 위에는 배는 하나도 보이지 않고, 오로지 물과 하늘만 끝없이 이어져 있을 뿐이었습니다. 왕은 백인 노예를 돌아보면서 물었습니다.

"그 많던 배는 다 어떻게 되었느냐? 내 동생 사이드는 어디 있느냐?"

"오, 임금님, 둘러보니 배는 모두 가라앉고, 선원들도 하나도 보이지 않습니다. 거의 다 물고기 밥이 된 듯합니다."

이 말을 듣고 왕은 외마디 소리를 지르고는, 이 말을 입에 올리면 길을 잃는 일이 없다고 하는 기도문을 외웠습니다. 그것은 '위대한 신 알라 외에 주권 없고 권력 없다!'라는 문구였습니다.

그런 다음 왕이 자신의 얼굴을 때린 뒤 막 바다에 몸을 던지려고 하자, 백인 노예들은 얼른 그를 부둥켜안으며 말했습니다.

"오, 주군이시여, 바다에 뛰어든다고 무슨 이익이 있겠습니까? 이 모든 것은 임금님 스스로 불러들인 재앙입니다. 아버님의 말씀을 들으셨다면 이런 일은 절대 생기지 않았겠지요. 하지만 이 또한 인간을 만드신 신의 뜻이며, 먼 옛날부터 정해진 숙명입니다."

―여기서 날이 훤히 밝아왔으므로 샤라자드는 이야기를 그쳤다.

## 765번째 밤

샤라자드는 이야기를 계속했다.
오, 인자하신 임금님, 백인 노예는 다시 말을 이었습니다.
"인간은 알라가 정하신 대로 따라야만 합니다. 임금님이 태어나셨을 때 점성술사가 아버님께 말씀드리기를, '임금님은 온갖 재난을 겪으실 거'라고 했습니다. 알라께서 이 재난으로부터 우리를 구원해 주실 때까지 꾹 참고 견디는 수밖에 없습니다."
"오, 알라 외에 영광 없고 권력 없다! 알라께서 정하신 바에서 달아날 수는 없는 법이다."
왕은 깊은 한숨을 내쉬면서 시를 읊었습니다.

은혜로운
신의 법칙 때문에
나는 괴로운 고난에 빠져버렸네.
내 몸에 일어난
이 재앙과 슬픔에
어찌할 바를 내 모르노라.
또한 재앙이 어디서부터
왔는지도 나는 모르네.
하지만 무엇이든 참고 견디면,
알로에보다 쓴 그 괴로움
참아야 한다는 걸
언젠가 세상 사람들도 깨달으리라.
내 인내를 비유한다면

진정 알로에 즙보다도
훨씬 더 쓰고
타는 불보다도 더 뜨겁다네.
이렇게 괴로울진댄
좋은 일 나쁜 일 할 것 없이
만물을 다스리시는
주님이신 알라의 뜻에
내 몸을 맡기는 도리밖에 없네.

  왕은 깊은 시름에 잠겨 눈물이 폭포처럼 뺨을 타고 흘러내렸습니다. 그런 뒤 잠시 자고 일어난 왕은 노예에게 무엇인가 먹을 것을 달라고 했습니다. 백인 노예가 먹을 것을 주자 왕은 배불리 먹었습니다.
  그동안 작은 배는 그들을 태운 채 어딘지 방향을 알 수 없는 곳으로 흘러가고 있었습니다. 그리하여 밤낮없이 물결치는 대로 바람 부는 대로 오랫동안 물 위를 정처 없이 흘러가다 마침내 양식마저 떨어져 사람들은 굶주림과 갈증으로 차츰 쇠약해져 갔습니다.
  그때 갑자기 아득히 먼 곳에 섬 그림자가 나타나고 약한 바람이 불어오자, 그들은 용기를 얻어 기슭을 향해 힘껏 노를 젓기 시작했습니다. 배가 기슭에 닿자, 그들은 감시인만 한 사람 남기고 모두 배에서 내려 뭍에 올라 섬 안으로 들어갔습니다. 그곳에는 온갖 과일이 가지가 휘도록 탐스럽게 열려 있었습니다.
  여러 가지 과일을 마음껏 따 먹은 그들은 얼마 뒤 얼굴이 좁고 길며 수염도 피부도 새하얀, 기이하게 생긴 남자가 나무 사이에 웅크리고 앉아 있는 것을 비로소 깨달았습니다. 그 사람은 백인 노예 하나를 향해 이렇게 말했습니다.
  "그 열매를 먹어선 안 돼. 아직 익지 않았으니까. 이리 오게, 가장 잘 익은 맛있는 과일을 줄 테니."
  백인 노예는 잠깐 그자를 쳐다보다가 아마 자기처럼 난파당해서 이 섬에 흘러들어온 사람이겠거니 생각하고 어쨌든 반가워하면서 그의 곁으로 다가갔습니다. '비밀의 마음'속에 어떤 숙명이 깃들어 있으며, 자신의 이마에 무슨 글자가 새겨져 있는지는 알지 못했습니다.

백인 노예가 다가가자 그자는 다짜고짜 덤벼들어 그의 어깨 위에 올라타더니, 한쪽 다리로 목을 감고 다른 다리는 등에 걸치면서 말했습니다.

"자, 일어나서 걸어라. 달아나려 해도 이젠 안 돼. 너는 내 꾀임에 속아서 내 나귀가 되었으니까."

그 이상한 사내는 사실 인간의 모습을 한 마신이었던 겁니다.[28] 백인 노예는 비명을 지르며 소리쳤습니다.

"큰일 났다! 모두 빨리 이 숲에서 달아나라! 방금 이 숲에 사는 놈이 내 어깨에 올라탔는데, 다른 놈들도 틀림없이 당신들 어깨에 타려고 달려들 테니, 빨리 달아나라!"

그래서 모두 급히 배로 달아나서 바다를 향해 노를 젓기 시작했습니다. 뒤쫓아 온 섬의 괴물들은 바닷가에 늘어서서 소리쳤습니다.

"어이, 어디로 가나? 돌아오게. 그러면 너희 등에 타고 다니는 대신 먹을 것과 마실 것을 주지. 우리는 그저 너희를 나귀로 삼으려는 것뿐인데."

하지만 사람들은 들은 체도 하지 않고 먼 바다로 달아나 버렸습니다.

그러고서 그들은 전능하신 알라를 믿고 한 달 동안 정처 없이 물 위를 떠다니다가 다시 섬 하나를 발견하여 그곳에 이르렀습니다. 그곳에도 온갖 과일이 열려 있어서 부지런히 따 먹다가, 저만치 길바닥에 이상한 물건이 뒹굴고 있어 백인 노예 하나가 가까이 가 발로 툭 차보았습니다. 그러자 상대가 벌떡 일어났는데, 그것은 눈이 어마어마하게 길고 머리는 깨졌으며 한쪽 귀가 얼굴을 완전히 덮은 괴물이었습니다.

이 괴물은 잠잘 때는 언제나 한쪽 귀는 베개 삼아 베고, 한쪽 귀로는 얼굴을 덮는 습관이 있었습니다.[29]

괴물은 자기를 발길질한 백인 노예를 붙잡아 섬 안쪽으로 끌고 갔습니다. 그곳에는 아담의 자손을 잡아먹는 식인귀들이 우글거리고 있었습니다. 백인 노예는 동료들을 향해 큰 소리로 고함쳤습니다.

"모두 빨리 달아나라! 여긴 식인귀가 사는 섬이다! 놈들이 지금 나를 뜯어 먹으려고 한다!"

그 비명에 놀라 사람들은 과일을 딸 새도 없이 허둥지둥 배로 달아나서 급히 바다를 향해 다시 노를 저어 나아갔습니다. 그리하여 또다시 며칠 동안 파도 사이로 떠다니다가 이번에는 높은 산이 있는 섬에 닿았습니다. 다 함께 뭍에 올라 산으로 올라가 보니 나무가 울창하게 자라고 있었습니다.

모두 배가 너무 고파서 다시 과일을 따 먹고 있는데, 어느 틈엔가 나무 사이에서 무서운 모습을 한 흑인들이 불쑥 나타나 그들을 향해 덤벼들었습니다. 키는 모두 50완척이나 되고, 입에는 마치 상아와 같은 어금니가 나 있었습니다. 그들은 사이프 왕과 부하들을 덥석 붙잡아 자기들 왕에게 데리고 갔습니다.

그들의 왕은 바위 위에 멍석을 깔고 앉아 있었고, 주위 잔디밭에 흑인들이 여러 명 대령하고 있었습니다. 사이프 왕과 백인 노예들을 잡아온 흑인들은 그들을 왕 앞에 꿇어앉히고 말했습니다.

"이 새들을 숲 속에서 잡아왔습니다."

괴물의 왕은 몹시 배가 고팠던지 이 말이 끝나기가 무섭게 백인 노예 두 명을 움켜잡고 목젖을 따서 먹어 치워버렸습니다.

―여기서 날이 훤히 밝아왔으므로 샤라자드는 이야기를 그쳤다.

## 766번째 밤

샤라자드는 이야기를 계속했다.

오, 인자하신 임금님, 이 광경을 본 사이프 왕은 무서워서 몸서리를 치고 눈물을 흘리면서 시를 읊었습니다.

　　나는 재앙에 익숙하고 친해졌노라.
　　오로지 물리치고 물리쳤건만
　　나를 떠나지 않는 재앙이여.
　　드높은 마음 가진 이들은
　　늘 재앙과 친구로 지내나니,
　　내 몸에 닥친 재앙은
　　하나의 씨앗에 그치지 않고

실로 헤아릴 수 없지만
내 그리하여 액운으로 그 많은 것 속죄하리.
또한 그를 알라께 감사하리.

깊은 한숨을 쉰 사이프 왕은 계속해서 또 다음의 시를 읊었습니다.

아, 세상은 슬픔의
화살로 나를 쏘아
수많은 화살이
내 가슴을 뒤덮었도다.
또 그다음 화살이 나를 쏘니
새로이 날아오는 화살은
묵은 화살을 쓰러뜨리는 화살이구나.

괴물의 왕은 사이프가 슬피 한탄하는 노래를 듣고 이렇게 말했습니다.
"이 새는 목소리가 아름답고 노래도 재미있다. 이놈들을 새장 안에 넣어 두어라."
왕의 명령에 따라 흑인들은 사이프 왕과 백인 노예를 따로따로 새장에 넣어서 괴물 왕 머리 위에 매달아, 포로들이 지저귀는 소리가 들리도록 해 두었습니다.
그리하여 사이프 왕과 백인 노예들은 흑인들에게서 물과 음식을 얻어먹으면서 울기도 하고 웃기도 하고, 때로는 서로 얘기를 나누고 때로는 아무 말 없이 새장 속에서 하루하루를 보냈습니다. 새장 밑에서는 흑인 왕이 그들의 목소리를 즐기고 있었습니다.
이 왕에게는 딸이 하나 있었는데, 다른 성에 시집가서 살고 있었습니다. 이 딸은 부왕이 요즘 아름다운 목소리를 가진 새를 키우고 있다는 소문을 듣고, 그 새를 몇 마리 나누어 달라고 부왕에게 사자를 보냈습니다. 왕은 공주의 사자[30]를 통해 사이프와 백인 노예 세 사람을 새장 네 개에 넣어서 보내 주었습니다. 공주는 그것을 보고 무척 기뻐하며 그 새장을 머리 위에 매달아 놓았습니다.

사이프가 자신에게 닥친 재난을 생각하고 지난날의 명예롭고 고귀한 신분을 떠올리며 혼자 울고 있으니, 백인 노예 세 사람도 따라서 구슬프게 울었습니다. 공주는 그 울음소리를 듣고 노래를 부르는 줄로만 알았습니다.

이 공주는 이집트나 그 밖의 나라에서 온 여행자를 붙잡아서 그자가 마음에 들기만 하면 후하게 대접해 주었습니다. 그런데 이것도 전능하신 알라의 뜻이겠지요. 어느 날, 공주는 사이프 알 무르크를 빤히 쳐다보다가, 그 균형 잡힌 우아하고 아름다운 모습에 그만 마음이 끌려, 네 사람을 새장에서 꺼내어 후하게 대접하라고 명령했습니다.

공주는 어느 날, 사이프 알 무르크를 별실로 데려가서 자신의 몸을 즐겁게 해달라고 요구했지만 젊은 왕은 들어주지 않았습니다.

"나는 이렇게 떠돌아다니는 비참한 처지에 있을지언정, 어떤 연인을 그리워하며 찾고 있습니다. 도저히 다른 여자와 정담을 나누고 싶은 마음이 들지 않습니다."

공주는 여러 가지로 달래고 어르며 끈질기게 졸랐지만, 사이프는 공주를 피하면서 상대하지 않았습니다. 그리고 어떠한 수단과 방법을 동원해도 소원을 이루지 못했을 뿐만 아니라 상대에게 가까이 가는 것조차 뜻대로 되지 않자, 공주는 마침내 화가 나서 사이프와 백인 노예들에게 땔나무와 물을 나르는 고된 일을 시켰습니다.

그렇게 4년의 세월을 보낸 사이프는 마침내 더는 견디지 못하고 사람을 시켜 공주에게 화해를 청했습니다. 그렇게 하면 자신들을 괴로운 노동에서 해방시켜 줄지도 모른다고 생각한 겁니다.

공주는 당장 사이프 알 무르크를 불러서 말했습니다.

"네가 나의 욕망만 채워준다면, 그 괴로운 신세에서 해방시켜 무사히 너희들 나라로 돌아가게 해 주마."

그리고 사이프 알 무르크 앞에 몸에 던지고 눈물을 흘리면서 열심히 유혹했습니다. 그러나 사이프는 무슨 말을 해도 넘어가지 않았습니다. 공주는 화를 내며 사이프 곁을 떠나가 버렸습니다.

그리하여 왕과 노예들은 또다시 이전의 생활을 계속해야만 했습니다. 그 섬의 주민들은 그들이 공주의 새라는 것을 알고 있어서 결코 해치는 일은 하지 않았습니다. 또한 공주는 그들이 섬에서 달아날 수 없다고 믿고 있었으므로 그 점은 조금도 걱정하지 않았습니다.

그래서 네 사람은 언제나 2, 3일씩 공주한테 돌아가지 않고 여기저기 돌아다니며 나무를 주워 모아 공주의 부엌으로 가져오곤 했습니다. 그러는 동안 다시 5년의 세월이 흘러갔습니다.*31

어느 날, 사이프 알 무르크와 백인 노예 세 명은 바닷가에 앉아 각자 자기에게 닥친 재난을 생각하고 있었습니다. 그러다가 문득 부모와 동생 사이드가 생각난 사이프는 지난날 귀한 신분으로 평안했던 때가 그리워지면서 가슴에 슬픔이 가득 차올라 울음을 터뜨리고 말았습니다. 노예들도 그를 따라 같이 울기 시작했습니다. 잠시 뒤 한 노예가 말했습니다.

"오, 임금님, 이렇게 언제까지나 울고 있은들 무슨 소용이 있겠습니까? 이렇게 된 것도 모두 더없이 높은 권력을 지니신 알라께서 정하신 일이고, 우리는 신이 우리의 이마에 낙인찍은 운명에서 벗어날 수 없습니다. 알라시여, 우리에게 재난을 주시듯 또한 우리에게 기쁨을 주소서!"

그러자 사이프도 말했습니다.

"오, 형제여, 어떻게 하면 그 흉측한 여자에게서 달아날 수 있을까? 물론 알라의 자비에 의지할 수밖에 없겠지만, 잘만 된다면 이 괴로운 노동에서 벗어날 수 있지 않겠느냐?"

"오, 임금님, 우리가 대체 어디로 달아날 수 있겠습니까? 섬에는 아담의 자손을 잡아먹는 식인귀가 우글거리고 있지 않습니까? 어디로 달아나든 놈들에게 들키는 날엔 그 자리에서 잡아먹혀 버리거나 그 저주받을 공주한테 끌려가고 맙니다. 그때는 또다시 공주의 분노를 살 뿐입니다."

"아니야, 나에게 생각이 있어. 잘만 되면 틀림없이 전능하신 알라의 도움으로 이 섬에서 벗어날 수 있을 거다."

"대체 어떻게 하시려고요?"

"이 근처에 있는 큰 나무를 잘라 그 껍질로 밧줄을 만들어 그것으로 나무를 엮어 뗏목을 만드는 거다. 그것을 물에 띄워 기슭에 매어놓고 과일을 가득 싣고, 노도 만들어 준비를 다 하면 매어놓은 뱃줄을 끊고 뗏목을 타고 떠나는 거야. 그렇게 하면 전능하신 알라의 도움으로 그 저주받을 공주에게서 벗어날 수 있을 테고, 또 순풍이 불어 힌드의 나라에 도착할지도 모르지 않느냐? 아무튼 만물을 지배하는 알라께선 전능한 분이시니 말이다."

"그것참 좋은 생각이십니다."

그래서 네 사람은 곧바로 일어나 뗏목을 만들 긴 나무를 자르고, 그 껍질로 밧줄을 꼬기 시작하여 꼬박 한 달 동안 그 일을 계속했습니다. 그동안에도 매일 저녁때가 되면 약간의 나무를 모아 공주의 부엌으로 날라갔고, 나머지 시간은 이 뗏목을 만드는 데 몰두했습니다.

―여기서 날이 훤히 밝아왔으므로 샤라자드는 이야기를 그쳤다.

## 767번째 밤

샤라자드는 이야기를 계속했다.
오, 인자하신 임금님, 드디어 뗏목이 완성되자 네 사람은 그것을 바다에 띄워 놓고 섬에서 운반해 온 과일을 실은 다음, 그날 저녁 무렵 기슭에 매어 놓은 밧줄을 도끼로 끊고 뗏목에 탔습니다. 이 계획을 알고 있는 사람은 아무도 없었습니다.

그리하여 네 사람은 어디로 가는지도 모르는 뗏목에 몸을 의지한 채 넉 달 동안 물 위에 떠서 정처 없이 흘러갔습니다. 그러나 결국 이 계획은 실패로 끝나 네 사람은 매우 심한 굶주림과 갈증에 시달리는 몸이 되었습니다. 그때 뜻밖에도 무서운 악어[*32]가 나타나 백인 노예 하나를 한입에 삼켜 버렸습니다.

온몸의 털이 곤두서는 듯한 그 광경을 목격한 사이프는 하염없이 눈물을 흘렸습니다. 그래도 살아남은 노예 두 명과 힘을 합쳐 공포에 떨면서 악어가 나타난 장소에서 죽을힘을 다해 달아났습니다. 그리하여 다시 정처 없이 흘러가던 어느 날, 마침내 아득히 먼 앞쪽에 하늘 높이 솟아 있는 산이 나타났습니다.

그들이 몹시 기뻐하고 있는 사이에 섬이 점점 뚜렷하게 다가오자, 그들은 배에서 내려 땅에 오를 수 있는 기쁨을 서로 얘기하면서 온 힘을 다해 섬 쪽으로 노를 저어 갔습니다.

그런데 산이 솟아 있는 섬의 경치를 바라보는 순간, 난데없이 바다의 수면이 끓어오르면서 커다란 파도가 일어나더니, 두 번째 악어가 고개를 쳐들고 발톱을 내밀어 순식간에 남아 있던 백인 노예 두 사람*33을 집어삼키고 말았습니다.

홀로 남게 된 사이프 알 무르크는 가까스로 섬에 도착하여 산꼭대기로 올라갔습니다. 그곳에서 사방을 둘러보니 무성한 숲이 있었으므로, 그 숲으로 들어가서 과일을 따 먹기 시작했습니다.

그때 문득 나뭇가지 사이로 나귀보다 큰 원숭이가 스무 마리가량 보이자, 사이프 알 무르크는 공포에 질려 온몸이 오그라드는 듯했습니다. 원숭이들은 나무에서 내려와 사이프를 에워싸고*34 뒤따라오라 손짓하며 앞장서서 걷기 시작했습니다.

사이프 알 무르크가 그들의 뒤를 따라가니 이윽고 금은의 벽돌로 단단하게 쌓은 높은 성 앞에 이르렀습니다. 원숭이들을 따라 그 안으로 들어가니 그곳에는 뭐라고 말하기 어려울 만큼 진귀한 보석과 귀금속 따위가 잔뜩 있었습니다.

게다가 인간은 한 사람도 없을 줄 알았던 그곳에, 단 한 사람이긴 하지만 키가 무척 크고 아직 뺨에 수염조차 나지 않은 젊은이가 있는 것을 보고 사이프는 매우 기뻤습니다. 그 젊은이는 사이프를 보자 깜짝 놀라 물었습니다.

"당신은 누구시며 어느 나라에서 오셨습니까? 그리고 여기에는 어떻게 오셨습니까?"

"특별한 볼일이 있어서 온 것도 아니고 이 성에 올 생각도 없었으나, 소원을 성취하기 전에는 여기저기 돌아다닐 수밖에 없는 사람이오."

"당신의 소원이란 어떤 겁니까?"

"나는 이집트 사람으로 아심 빈 사프완 왕의 아들 사이프 알 무르크라고 합니다."

그가 자신의 신상에 일어난 일들을 남김없이 이야기했습니다. 그러자 젊은이는 공손하게 일어나서 말했습니다.

"오, 현세의 임금님이시여, 저는 전에 이집트에 있었을 때 임금님이 중국으로 가셨다는 말은 들었습니다. 하지만 그 나라는 도대체 어디에 있을까요? 중국이라는 나라는 어디에 누워 있는 걸까요? *35 세상엔 참 희한한 일도 다 있군요!"

"당신의 말대로, 나는 중국을 떠나 힌드의 나라를 향해 나아가던 중, 심한 폭풍을 만나 집채만 한 파도에 시달리다가 모든 배가 침몰하고 말았소."
 사이프 알 무르크는 젊은이에게 이 성에 오기까지 겪은 여러 과정을 간추려서 얘기해 주었습니다.
 "임금님은 낯선 나라에서 참으로 모진 고생을 하셨군요. 알라 무드릴라! 임금님을 이리로 인도해 주신 알라께 영광을! 이제부터는 부디 이 성에 머물면서 저와 함께 즐겁게 사십시다. 그러다가 제가 죽으면 끝없이 넓은 이 섬의 왕이 되어 주십시오. 아까 보신 원숭이들은 무슨 일이든 할 수 있어서 임금님이 원하시는 것은 무엇이든 손에 넣을 수 있을 겁니다."
 사이프 알 무르크는 대답했습니다.
 "오, 형제여, 나는 소원을 이룰 때까지는 어디에도 머물러 있을 수 없소. 온 세상을 헤매더라도 그 여자를 찾고야 말겠소. 나는 아마 알라의 인도로 소원을 이루거나, 아니면 알라께서 인도하시는 곳에서 일생을 마치게 되겠지요."
 이때 젊은이가 원숭이 한 마리에게 손짓하자 원숭이는 그대로 방을 나갔다가, 잠시 뒤 비단 허리띠*[36]를 두른 원숭이 몇 마리를 데리고 돌아왔습니다.
 그 원숭이들은 갖가지 진귀한 요리를 담은 금은 접시를 날라와 늘어놓았는데, 그 가짓수가 백 가지에 이르렀습니다.
 원숭이들은 마치 왕에게 시중을 드는 시종처럼 그곳에 서 있었습니다. 그러다가 이윽고 젊은이가 손짓하자 원숭이들은 자리에 앉았습니다.
 그리하여 두 사람은 배불리 음식을 먹었습니다. 식사가 끝나고 원숭이들이 식탁을 치우고 장미수가 든 물병과 황금 수반을 가져오자, 두 사람은 그 물에 손을 씻었습니다.
 그러자 이번에는 맛있는 사탕과자와 각각 다른 술이 든 술병을 마흔 개나 가져와서, 사이프와 젊은이는 그것을 마시면서 즐겁고 유쾌한 한때를 보냈습니다.
 이렇게 두 사람이 먹고 마시며 즐기는 동안 원숭이들은 그 앞에서 춤을 추며 갖은 재주를 부렸고, 그것을 바라보는 사이프는 너무 재미있고 흥겨워서 그때까지의 고생을 말끔히 잊어버릴 정도였습니다.

 —여기서 날이 밝아왔으므로 샤라자드는 이야기를 그쳤다.

## 768번째 밤

샤라자드는 이야기를 계속했다.

오, 인자하신 임금님, 밤이 되자 보석을 아로새긴 황금 촛대에 촛불이 켜지고 사탕과자와 과일을 담은 접시가 나왔습니다. 그것을 먹고 난 뒤 이윽고 잠잘 시간이 되자 두 사람은 잠자리에 들었습니다.

이튿날 젊은이는 해가 뜨기 전에 일어나서 사이프 알 무르크를 깨웠습니다.

"어서 일어나서 저 창문으로 아래를 내려다보십시오."

사이프가 창문으로 고개를 내밀어 보니 넓은 들판 가득히 원숭이들이 모여 있는데, 그 수는 전능하신 알라 말고는 아무도 헤아릴 수 없을 정도였습니다.

"오, 많기도 하다! 마치 온 나라가 원숭이로 가득 찬 것 같군. 무슨 일로 이런 시간에 원숭이들이 저렇게 모여 있나요?"

"저건 원숭이들의 관습입니다. 언제나 안식일이면 온 섬의 원숭이들이 이곳에 모여들지요.*37 그중에는 2, 3일씩 걸리는 먼 곳에서 오는 것도 있습니다. 그리고 내가 눈을 뜰 때까지 저렇게 기다리고 있다가, 내가 이 창문에서 고개를 내밀면 모두 땅에 엎드린 뒤 각자 돌아가는 겁니다."

이윽고 젊은이가 창문으로 얼굴을 내밀자 원숭이들은 일제히 땅에 엎드린 뒤 그대로 어디론가 가버렸습니다.

사이프 알 무르크는 이렇게 젊은이와 함께 지내다가 한 달이 지나자 젊은이와 작별하고 성을 출발했습니다. 젊은이는 백 마리가량의 원숭이를 시켜 사이프를 호위하게 했습니다.

이레 동안 여행을 계속하여 섬 끝까지 왔을 때, 원숭이들은 사이프 알 무르크 왕에게 인사하고 성으로 돌아갔습니다.

그리하여 혼자 남은 사이프 알 무르크는 산을 넘고 들판을 지나 사막과 황야를 가로지르며 넉 달 동안 터벅터벅 여행을 계속했습니다.

그러던 어느 날 배가 몹시 고파서 풀과 나무열매를 따 먹으며 허기를 채우던 사이프 알 무르크는, 앞으로 닥쳐올 위험을 생각하니 성을 떠난 것이 후회스러워 다시 되돌아가고 싶은 생각마저 들었습니다.

그때 아득히 멀리 뭔가 검은 것이 눈에 들어왔습니다.

"저건 도시인가, 아니면 숲인가? 어쨌든 저것을 확인할 때까지 돌아가는 걸 미루기로 하자."

사이프 알 무르크가 그쪽을 향해 걸어가서 가까이 다가가 보니 그것은 하늘 높이 솟아 있는 궁전이었습니다.

이 궁전은 노아(이분에게 평안함이 있기를!)의 아들 야페테(명복을 빕니다!)가 세운 것인데, 더없이 높은 알라께서 코란에서 '그리고 인기척 없는 우물과 높이 솟은 궁전*38'이라고 말씀하신 바로 그 궁전이었습니다.

사이프 알 무르크는 그 궁전 문 앞에 걸터앉아 속으로 생각했습니다.

'이 궁전 안엔 무엇이 있고 어떤 왕이 살고 있는지 알고 싶구나. 누군가 이곳의 주민이 인간인지 마신인지 가르쳐주는 사람은 없을까?'

잠깐 그곳에 앉아 궁전을 쳐다보고 있었지만, 드나드는 자가 하나도 없었습니다. 하는 수 없이 사이프 알 무르크는 일어나서 전능하신 알라께 모든 것을 맡기고 안으로 들어갔습니다.

그리고 문 일곱 개를 지나도록 여전히 아무도 만나지 못했습니다. 그러자 오른쪽에 문 세 개가 있는 것이 보였습니다. 첫 번째 문은 정면에 있는데 그곳에는 휘장이 드리워져 있었습니다.

그 문에 다가가서 휘장을 걷어 올리고 안으로 들어가 보니, 비단 양탄자가 깔린 커다란 홀이 있는데, 한층 높은 곳에 있는 황금 옥좌 위에 마치 보름달처럼 아름다운 여자가 하나 앉아 있었습니다.

여자는 왕녀와 같은 옷을 입고 마치 첫날밤의 신부처럼 아름답게 화장하고 있었습니다. 그 옥좌 옆 식탁에는 먹음직스러운 산해진미가 가득 담긴 금은 접시 40개가 즐비하게 놓여 있었습니다. 사이프 알 무르크가 여자에게 다가가서 인사를 하니까 여자도 답례하면서 물었습니다.

"오, 당신은 인간인가요, 아니면 마신인가요?"

"인간 중에서도 가장 어엿한 인간입니다.*39 나는 왕가에서 태어난 국왕이니까요."

"무슨 일로 오셨나요? 어쨌든 이 음식부터 드시고 나서 당신의 신상 이야기와 이곳에 오시게 된 까닭을 자세히 이야기해 주세요."

마침 배가 고팠던 사이프 알 무르크는 식탁 앞에 앉아 상보를 걷고 차려져 있는 음식을 배가 부를 때까지 먹었습니다. 그런 다음 오른손을 씻고 여자에게 다가서 그 옆에 앉았습니다.

"당신은 누구신가요? 이름은 무엇이고 어디서 오셨나요? 그리고 어떻게 이곳에 오셨는지요?"

"내 신상 이야기를 하자면 매우 길어지니까, 먼저 당신부터 당신이 누구신지, 왜 이렇게 궁전에서 혼자 살고 있는지 그 까닭을 들려주십시오."

"저는 다울라트 하툰*[40]이라고 하며 힌드 왕의 딸입니다. 아버지는 사란디브의 수도에 살고 계시는데, 그 궁전에는 힌드의 나라는 말할 것도 없고 그에 딸린 영토 어디를 찾아봐도 없을 훌륭한 정원이 있습니다. 그 정원 안에는 커다란 연못이 하나 있었지요. 어느 날, 나는 여자노예와 함께 그 정원으로 가서 둘 다 옷을 벗고 알몸으로 연못에서 미역을 감으며 즐겁게 놀고 있었어요.

그런데 나도 모르는 사이에 구름 같이 생긴 것이 내려와서 여자노예는 남겨둔 채 나만 채서 그대로 하늘 높이 올라갔습니다. 그 구름 같은 게 놀랍게도 이렇게 말하지 않겠어요? '겁낼 것 없다, 다울라트 하툰, 안심하여라.' 그런 뒤 괴물은 얼마 동안 나를 안고 하늘을 날아서 궁전에 내려놓더니, 갑자기 말쑥한 차림을 한 아름다운 젊은이로 모습을 바꾸고 내게 물었습니다. '너는 나를 알고 있느냐?' 그래서 '몰라요' 대답했더니, '나는 마신의 왕, 푸른 대왕의 아들이다. 내 아버지는 알 쿨줌*[41]의 성에 살며 약 60만가량의 마신을 부하로 두고 있는데, 그들은 모두 공중을 날거나 물속을 잠수할 수 있다. 오늘 마침 나는 그곳을 지나가다가 너의 사랑스러운 모습을 보고 한눈에 반하고 말았다. 그래서 여자노예는 두고 너만 채서 내가 사는 이 높은 성에 온 것이다.

이곳은 인간이고 마신이고 아무도 올 수 없는 곳이다. 그리고 여기서 힌드까지는 120년이나 걸린다. 이제 두 번 다시 부모가 있는 나라로는 갈 수 없으니 모든 것을 체념하고 여기서 나와 함께 편안하게 살자. 나는 네가 원하는 것은 무엇이든 가져다줄 수 있다' 하더니 저를 끌어안고 입을 맞췄습니다."

—여기서 날이 훤히 밝아왔으므로 샤라자드는 이야기를 그쳤다.

# 769번째 밤

샤라자드는 이야기를 계속했다.

오, 인자하신 임금님, 여자는 이야기를 계속했습니다.

"그런 다음 마왕은 어디론가 가더니 한 시간가량 지나서 식탁과 양탄자, 가구 같은 것을 갖고 돌아왔습니다. 그리고 매주 세 번째 날*42에 이곳에 와서 사흘 동안 저와 함께 있다가, 금요일 정오 기도시간에 떠나면 다음 세 번째 날까지 돌아오지 않는답니다. 마왕은 여기 있는 동안 먹고 마시면서 나에게 입을 맞추기도 하고 꼭 껴안기도 하지만, 그 이상의 짓은 하지 않아요. 그래서 저는 지금도 전능하신 알라가 만들어주신 그대로 순결한 처녀입니다.

저의 아버지 이름은 타지 알 무르크라고 하는데, 아버지는 제가 이곳에 끌려 온 사실도 모르고 계십니다. 이것이 제 신상 이야기입니다. 그럼, 이번엔 당신의 이야기를 들려주세요."

"내 이야기는 시간이 오래 걸립니다. 이야기하는 동안 마왕이 돌아오면 큰일입니다."

"마왕은 당신이 이곳에 오시기 한 시간쯤 전에 이곳을 떠났습니다. 이제 세 번째 날까지는 돌아올 염려가 없으니 안심하시고 이곳에 앉아 당신의 신상 이야기를 처음부터 끝까지 자세히 들려주세요."

"알았습니다."

그는 지금까지 겪은 일을 자세히 얘기하기 시작했습니다. 그런데 바디아 알 자마르란 이름을 듣더니, 여자는 폭포처럼 눈물을 흘리며 소리쳤습니다.

"오, 바디아 알 자마르! 설마 당신 입에서 그 이름을 들을 줄은 몰랐어요. 이런 기구한 운명이 또 있을까요? 오, 바디아 알 자마르! 너는 왜 나를 기억해 주지 않는 거야? '다울라트 하툰 언니, 언니는 도대체 어디 있는 거예요?' 하고, 왜 말해 주지 않는 거야?"

그러더니 여자는 바디아 알 자마르가 자기를 잊고 있는 것을 원망하며 슬프게 탄식했습니다.

"오, 다울라트 하툰 공주! 당신은 인간이 아니십니까? 그런데 동생은 마녀신인데, 그 여자가 당신의 동생이라니, 어떻게 그런 일이 있을 수 있나요?"

"그 아이는 저와 한 젖을 먹고 자란 사이랍니다. 거기에는 이런 사연이 있어요. 저의 어머니는 정원을 산책하시다가 갑자기 진통이 일어나서 저를 낳으셨습니다. 바로 그 무렵에 바디아의 어머니도 시녀들과 함께 하늘을 날고 있었는데 역시 진통이 시작되었지요. 하는 수 없이 어느 화단 한구석에 내려서 바디아 알 자마르를 낳았습니다. 그러고는 자신의 시녀 하나를 저의 어머니에게 보내 먹을 것과 기저귀를 부탁했어요. 제 어머니는 바디아 어머니에게 필요한 것을 흔쾌히 주었을 뿐만 아니라 집으로 오라고 초대하셨죠. 그쪽 어머니는 바디아 알 자마르를 안고 어머니를 찾아왔어요. 저의 어머니는 그 아이에게도 젖을 물려주었지요. 두 모녀는 두 달가량 저희와 함께 정원에서 살았어요.

그러다가 마침내 우리가 헤어지게 되었을 때, 바디아의 어머니는 제 어머니에게 무언가*43를 주시면서 '저에게 볼일이 있으실 때는 곧 이 정원에 나타나겠습니다' 하고는 자기 나라로 돌아갔어요. 그 뒤부터 바디아 모녀는 해마다 저희를 찾아와서 잠시 머물다가 돌아가곤 했답니다.

그러니 사이프 알 무르크 님, 만일 내가 어머니와 함께 있었다면, 그리고 내가 우리나라에서 여전히 바디아와 함께 있었다면, 어떻게든 당신의 소원을 이루어 드릴 수 있었을 것을.

그렇지만 나는 지금 이런 곳에 있을 뿐만 아니라, 바디아는 이 일을 전혀 모르고 있어요. 내가 현재 이러한 신세라는 것을 안다면 바디아는 틀림없이 저를 구해 줄 거예요. 바디아는 그만한 힘을 갖고 있으니까요. 하지만 모든 것이 알라(알라에게 영광 있으라!)의 손에 달렸으니 저는 어쩔 수가 없답니다."

"자, 일어나십시오. 우리 둘이 여기서 달아납시다. 그리고 전능하신 알라께 모든 것을 맡기고 어디로든 갑시다."

"아니에요, 그건 안 돼요. 우리가 1년 동안 달아나도 그 마신은 겨우 한 시간이면 쫓아와서 우리를 죽이고 말 거예요."

"그럼, 내가 도중에 숨어 있다가 그놈이 지나가면 이 칼로 단숨에 죽여 버리지요."

"그 마신을 죽이려면 그의 영혼을 죽이는 방법밖에 없어요."

"그 마신의 영혼이 어디 있는데요?"

"제가 몇 번이고 그것을 마신에게 물어보았지만 좀처럼 가르쳐주지 않았어요. 그래도 귀찮게 자꾸만 물었더니, 어느 날 마신은 마침내 버럭 화를 내며 '너는 어째서 자꾸 내 영혼에 대해 묻느냐. 내 영혼을 어쩌려고 그러느냐?' 하기에, 저는 대답했죠. '오, 검은 까마귀*[44]님, 저는 알라 말고는 당신밖에 의지할 분이 없어요. 제 목숨은 당신 목숨에 달렸으니 당신이 살아 계셔야 저도 행복할 수 있지요. 그러니까 당신의 영혼을 내 눈동자 속에 간직하고 소중히 지키지 않으면 당신이 안 계실 때 저는 어떻게 안심하고 살 수 있겠어요? 당신의 영혼이 있는 곳을 가르쳐주시면 눈을 뜨고 있는 동안 언제나 당신의 영혼을 마음에 꼭 품고 그것을 제 오른쪽 눈처럼 소중하게 지키려고 그래요.' 그랬더니 마신은 저에게 이런 이야기를 해 주었어요.

'내가 태어났을 때 점성술사들이 내 영혼은 인간의 왕 아들에게 뺏기리라고 예언했다. 그래서 나는 내 영혼을 참새 모이주머니 속에 넣어서 그 참새를 상자 속에 넣고, 그것을 더 큰 상자 속에 넣고 또 그것을 더 큰 상자 속에 넣어 상자 일곱 개와 궤 일곱 개 속에 차례차례 넣었다. 그런 다음 설화석고 관에 넣어 저 바닷가에서 가까운 여울 속에 가라앉혀 두었다. 그곳은 인간이 사는 세상에서 매우 멀리 떨어져 있으므로 누구도 오지 못한다. 자, 이것으로서 네가 알고 싶은 것은 모두 알았으니, 이것은 너와 나만의 비밀로 간직해 두어야지 절대로 누구에게도 이야기해선 안 된다.'"

─여기서 날이 훤히 밝아왔으므로 샤라자드는 이야기를 그쳤다.

## 770번째 밤

샤라자드는 이야기를 계속했다.

오, 인자하신 임금님, 다울라트 하툰 공주는 이야기를 계속했습니다.

"그래서 저는 말했어요. '이곳은 당신밖에 오지 못하는 곳인데 어떻게 다른 사람에게 말할 수 있겠어요. 당신은 정말 가장 확실한 곳에 영혼을 간직해 두었으니 아무도 그것에 접근하지 못할 거예요. 점성술사가 예언한 것을

알라께서 정하시지 않는 한, 인간이 당신의 영혼을 손에 넣는 일은 없겠죠.'

그랬더니 마신은 '만일 다윗의 아들 솔로몬의 반지를 끼고 있는 남자가 나타나서 그 손으로 물을 가리키며 '이 반지에 새겨진 모든 이름에 걸고, 이러이러한 영혼은 나오라!' 말하면 설화석고 관이 물 위에 떠오른다. 그것을 때려 부수고 차례차례 상자를 열어 안에 참새가 들어 있는 작은 상자를 꺼낼 수 있다. 그 속에서 참새를 꺼내 목을 졸라 죽이면 내 목숨은 사라지고 마는 거다'라고 말했어요."

"그 마신이 이야기한 인간의 왕 아들이란, 나를 두고 하는 말입니다. 그리고 이 손가락에 끼고 있는 것이 다윗의 아들 솔로몬의 반지입니다. 이제부터 바닷가에 가서 마신이 한 말이 정말인지 알아보기로 합시다."

사이프 알 무르크는 공주와 둘이서 바닷가로 나가 공주는 바닷가에서 기다리게 하고, 혼자 바닷속으로 들어가 허리춤까지 물에 잠겼을 때, 반지를 낀 손으로 수면을 가리키며 말했습니다.

"이 반지에 새겨진 모든 이름과 주문에 걸고, 술라이만 빈 다우드[1](편안하게 잠드시기를!)의 힘으로, 푸른 대왕의 아들인 검은 까마귀 마신의 영혼아, 나오너라."

그러자 갑자기 파도가 일어나며 설화석고 관이 물 위로 떠올랐습니다. 사이프 알 무르크는 그것을 끌어내어 바위에 부딪쳐서 부순 다음, 몇 겹으로 되어 있는 상자와 궤를 차례차례 부수고 마지막으로 작은 상자에 손을 넣어 참새를 꺼냈습니다.

그런 다음, 두 사람이 성으로 돌아가서 막 자리에 앉는데 홀연히 무서운 검은 구름이 나타나고 정체를 알 수 없는 커다란 것이 날아오더니 이렇게 애원했습니다.

"오, 왕자님, 제발 살려주십시오. 부디 저를 죽이지 마십시오. 제 생명을 살려주시면 왕자님의 소원은 무엇이든 들어 드리겠습니다."

그 목소리를 듣자 공주가 말했습니다.

"마신이 돌아왔어요. 빨리 참새를 죽이세요. 아니면 저놈이 이곳에 들어와서 당신 손에서 참새를 빼앗고 나를 죽인 다음, 당신도 죽여 버리고 말 거예요."

사이프 알 무르크는 얼른 참새의 목을 졸라 죽여 버렸습니다. 그와 동시에 궁전 입구에 쓰러진 마신은 검은 잿더미가 되어 버렸습니다. 그것을 본 왕녀는 말했습니다.

"오, 이제 우리는 그 지긋지긋한 마신의 손에서 벗어났어요. 하지만 이제부터 어떻게 해야 할까요?"

"전능하신 알라의 도움을 기도하는 수밖에 없습니다. 지금까지 알라께선 우리를 고난에 빠뜨리셨으니, 이제부터는 틀림없이 우리를 도와 이 곤란에서 구해 주시겠지요."

사이프 알 무르크는 일어나서 궁전의 문짝을 열 장가량 떼어냈습니다. 그 문짝들은 모두 백단과 침향나무로 짜서 금은 못을 박은 것이었는데 그것을 명주와 생사(生絲),*45 리넨 등으로 엮어서 뗏목을 만들었습니다.

두 사람은 그 뗏목을 간신히 해안까지 들고 가서 바다에 띄워 놓고, 궁전으로 되돌아가서 금은 그릇과 보석들, 그 밖의 값진 귀금속을 모두 끌어모아 뗏목에 싣고 노 두 개를 만들어 뗏목에 붙들어 맸습니다. 그리고 두 사람은 더없이 높은 알라께 운명을 맡기고 큰 바다로 노를 저어 나아갔습니다.

그리하여 두 사람은 꼬박 넉 달을 물 위에 떠서 정처 없이 떠다니는 동안, 이윽고 먹을 것도 물도 떨어져서 갈증에 시달리게 되자, 부디 이 위기에서 구원해 달라고 알라께 빌었습니다.

그렇게 떠다니는 동안에 두 사람이 잠을 잘 때면, 사이프 알 무르크는 언제나 공주를 자신의 등 뒤에 눕게 하고 그 사이에 시퍼런 칼을 두고 잤습니다.*46

그러던 어느 날 밤, 사이프 알 무르크는 잠들어 버리고 공주만 깨어 있었을 때, 뗏목이 저절로 뭍을 향해 흘러가서 마침내 어느 항구에 들어가게 되었습니다.

그 항구에는 수많은 배가 떠 있어서 공주는 그런 배들을 쳐다보면서 사람들이 말하는 소리를 들을 수 있었습니다. 그것은 뱃사람들과 얘기하는 선장의 목소리였습니다. 그곳이 어느 도시의 항구이며 사람이 사는 나라에 왔다는 사실을 안 왕녀는 매우 기뻐서 사이프 알 무르크를 흔들어 깨웠습니다.

"어서 일어나서 저 선장에게 이 도시의 이름을 여쭤보세요!"

사이프는 일어나서 선장에게 물었습니다.

"선장님, 이 항구는 어디에 있으며 이 도시의 이름은 무엇입니까? 그리고 이곳의 임금님은 누구십니까?"

그러자 선장이 소리쳤습니다.

"야, 이 사기꾼, 바보천치야! 이 도시와 항구의 이름도 모르면서 어떻게 여기를 왔나?"

"저는 장사꾼으로 항해를 하던 외국인인데 배가 난파해서 선원들은 모두 바다에 빠져 죽고 말았습니다. 저는 다행히 목숨만은 건져서 뗏목을 타고 이곳에 이른 겁니다. 그런 까닭으로 이 항구와 도시의 이름을 물은 것이지 달리 다른 의도가 있는 건 아닙니다."

"아, 그래? 이 도시의 이름은 아마리야, 항구는 카민 알 바라인*47이라고 한다."

이 말을 듣더니 왕녀는 뛸 듯이 기뻐하며 소리쳤습니다.

"아, 그게 정말이에요?"

그것을 보고 사이프 알 무르크가 물었습니다.

"왜 그러십니까?"

"오, 사이프 알 무르크 님, 기뻐하세요. 우리는 이제 곧 구원받게 될 거예요. 이 도시의 왕은 저의 작은아버지시거든요."

—여기서 날이 훤히 밝아왔으므로 샤라자드는 이야기를 그쳤다.

## 771번째 밤

샤라자드는 이야기를 계속했다.

오, 인자하신 임금님, 다울라트 하툰 공주가 다시 말을 이었습니다.

"기뻐하세요. 우린 이제 곧 구원받게 될 거예요. 이 도시의 왕은 저의 작은아버지로 알리 알 무르크라고 해요. 하지만 확인하기 위해서 저 선장에게 '이 도시의 국왕 알리 알 무르크 님은 안녕하십니까?' 물어보세요."

사이프 알 무르크가 시키는 대로 물었더니, 선장은 몹시 화를 내며 거친 목소리로 말했습니다.

"당신은 아까 당신이 외국인이고 여긴 처음 왔다 하지 않았소? 대체 누가 당신한테 이곳 임금님의 이름을 가르쳐주었소?"

그 목소리를 들은 공주는 그 선장이 부왕의 부하인 무인 알 딘*48이라는 것을 알고 매우 기뻤습니다. 사실 이 선장은 공주의 행방을 찾아다니고 있었는데, 아무리 해도 찾지 못하고 여기저기 돌아다니던 끝에 공주의 작은아버지 도성까지 온 겁니다. 공주는 사이프 알 무르크에게 말했습니다.

"'오, 무인 알 딘 선장, 여기 와서 너의 여주인과 얘기하도록 하라' 하고 선장에게 말하세요."

사이프 알 무르크가 그대로 선장에게 말하니 선장은 얼굴이 시뻘게지도록 화를 내면서 소리쳤습니다.

"이 들개 같은 도둑놈! 첩자! 네놈은 대체 누구냐? 어떻게 내 이름을 알고 있느냐?"

그러고는 부하 선원에게 말했습니다.

"여봐라, 느릅나무 지팡이를 이리 갖고 오너라. 이 괘씸한 아라비아인의 골통을 까부수고 말 테다."

무인 알 딘은 지팡이를 들고 고함을 치면서 사이프 알 무르크 쪽으로 다가왔습니다. 그러나 뗏목에 옮겨 타고 보니 무언가 넋을 홀리는 듯한 신기하고 아름다운 모습이 눈앞에 어른거렸습니다.

그것은 달처럼 아름다운 여자의 모습인데, 자세히 보니 다울라트 하툰 공주가 분명했습니다. 그래서 무인 알 딘은 사이프 알 무르크에게 물었습니다.

"네 곁에 있는 분은 누구냐?"

"다울라트 하툰 공주라네."

선장은 그 이름을 듣고, 또 그 처녀가 자신이 그토록 찾고 있는 공주임을 알고는 그대로 정신을 잃고 쓰러졌습니다.

이윽고 정신이 깨어난 선장은 뗏목이고 뭐고 다 내팽개치고 급히 궁전으로 말을 달려 국왕을 뵙자고 청했습니다. 시종은 왕에게 가서 이 사실을 알렸습니다.

"지금 무인 알 딘 선장이 뭔가 기쁜 소식을 가져왔다면서 알현을 청하고 있습니다."

왕이 허락하자 선장은 왕 앞에 나아가 무릎을 꿇고*49 이렇게 말했습니다.

"오, 임금님, 제가 참으로 기쁜 소식을 가지고 왔사오니 부디 많은 상을

모하메드 빈 사바이크 왕과 상인 하산

내려주시기 바랍니다. 사실 임금님 형님의 따님이신 다울라트 하툰 공주님이 지금 무사히 이곳에 이르러 항구의 뗏목 위에 계십니다. 마치 보름달처럼 아름다운 젊은이와 함께 오셨습니다."

이 말을 들은 왕은 매우 기뻐하면서 선장에게 굉장히 비싼 예복을 내려주었습니다. 그리고 곧 방문을 내걸어 온 도시 안을 장식해서 공주가 무사히 돌아온 것을 축하하도록 한 뒤, 공주와 사이프 알 무르크 두 사람을 맞이하여 인사를 나누고 무사히 도착한 기쁨을 함께 나누었습니다.

그런 다음 왕은 즉시 형님인 타지 알 무르크 왕에게 심부름꾼을 보내 공주가 지금 자기에게 와 있다는 사실을 알렸습니다.

그 소식을 전해들은 형은 곧 준비를 하고 군사를 소집하여 동생의 수도를 향해 출발했습니다.

그리하여 딸과 반갑게 재회한 타지 알 무르크의 기쁨은 말로는 다 표현할 수 없었습니다. 그는 일주일쯤 동생의 궁전에서 머문 뒤 공주와 사이프 알 무르크를 데리고 수도 사란디브로 돌아갔습니다.

그리하여 공주는 어머니도 만나게 되었고, 모든 사람들은 공주의 무사한 귀국을 진심으로 기뻐하면서 축하잔치를 벌였습니다. 그것은 일찍이 한 번도 없었던 흥겨운 잔치였습니다.

타지 알 무르크 왕은 사이프 알 무르크를 정중하고 반갑게 맞이하면서 말했습니다.

"오, 사이프 알 무르크여, 당신이 내 딸을 위해 애써주신 데 대해 뭐라고 감사를 드려야 할지 모르겠소. 신이 아닌 한 이 큰 은혜는 도저히 갚을 길이 없소. 나는 나 자신의 왕위와 영토 그리고 보물창고와 하인들도 모두 당신에게 선물로 드리고 싶소. 아무쪼록 나를 대신해서 옥좌에 앉아 힌드의 나라를 다스려주기 바라오."

사이프 알 무르크는 일어나서 바닥에 엎드려 왕에게 감사의 뜻을 표했습니다.

"오, 임금님, 저는 임금님께서 주시는 선물을 전부 감사히 받겠습니다. 그리고 그것을 다시 임금님께 헌상물로 고스란히 올리고자 합니다. 저는 더없이 높은 알라께서 제 소원을 들어주실 때까지는, 왕위도 원치 않고 다른 어떠한 소망도 없는 몸입니다."

"오, 사이프 알 무르크, 내 보물창고는 그대의 것이니 무엇이든 사양하지 말고 가지시오. 알라께서 나를 대신하여 그대에게 온갖 행복을 내려주시기를!"

"오, 알라시여, 이 임금님의 위엄을 더욱 높여주소서! 저는 소원을 이루기 전까지 금은이나 영토를 받아도 조금도 기쁘지가 않습니다. 다만 이제부터 성 안으로 가서 시장과 거리를 구경하며 바람이나 쐴까 합니다."

그래서 왕은 혈통 좋은 암말에 안장과 말 장식을 갖추어서 사이프 알 무르크에게 주었습니다. 사이프 알 무르크는 그 말을 타고 거리와 시장을 구경하러 나섰습니다.

사이프 알 무르크는 좌우를 둘러보며 말을 타고 가다가 문득 눈에 띄는 한 젊은이를 보았는데, 그 젊은이는 웃옷을 손에 들고 흔들면서 금화 열다섯 닢에 사라고 외치고 있었습니다.

잠깐 그 젊은이를 바라보던 사이프 알 무르크는 왠지 그가 동생 사이드와 비슷하다는 생각이 들었습니다.

사실 그 젊은이는 사이드가 틀림없었는데, 그는 오랜 객지생활의 고생으로 모습이 딴판으로 달라지고 얼굴빛도 창백해서 잘 알아볼 수 없었던 겁니다.

그래서 사이프 알 무르크는 시중드는 자를 돌아보며 말했습니다.

"저 젊은이를 내가 묵고 있는 궁전으로 데리고 가서 내가 돌아갈 때까지 있게 해라. 좀 물어볼 것이 있으니까."

그런데 그 명령을 잘못 알아듣고 젊은이를 옥에 가두라고 하는 줄 안 시종은, 그를 주인집에서 도망친 백인 노예로 생각하고는 젊은이를 잡아 감옥에 집어넣고 쇠사슬로 묶어둔 채 까맣게 잊고 말았습니다.

얼마 뒤 궁전으로 돌아온 사이프 알 무르크도 역시 동생 사이드를 닮은 젊은이에 대해 깜박 잊고 있었지만, 아무도 그에 대해서 말해 주는 자가 없었습니다. 그래서 사이드는 그냥 감옥생활을 계속하면서 다른 죄수들과 함께 채석장에 끌려나가 노역에 종사하고 있었습니다.

그리하여 한 달 동안 답답한 감옥살이를 하고 있던 사이드는 자신의 신세를 돌이켜 생각해 보니 이상하기 짝이 없었습니다.

"대체 나는 무엇 때문에 옥에 갇히게 된 걸까?"

한편 사이프 알 무르크는 다른 일에 바빠서 사이드를 닮은 젊은이를 잊고 있다가, 어느 날 문득 그 일이 생각이 나서 백인 노예에게 물었습니다.
"오, 내가 언젠가 너희에게 맡긴 그 백인 노예는 어디 있느냐?"
"그때 그 젊은이를 옥에 가두어 두라고 분부하지 않으셨습니까?"
"아니, 나는 그런 말은 하지 않았다. 다만 외출했다 돌아올 때까지 궁전에 데려다 두라고 말했을 뿐이다."
사이프 알 무르크는 시종과 태수를 보내 당장 그 젊은이를 데려오게 했습니다. 쇠사슬이 풀린 사이드가 사이프 알 무르크 앞에 끌려 나오자 사이프는 물었습니다.
"오, 젊은이, 너는 어느 나라 사람이냐?"
"저는 이집트 출신으로, 파리스 대신의 아들 사이드라는 자입니다."
이 말을 들은 사이프는 펄쩍 뛰며 앉았던 자리에서 뛰어내려가 젊은이를 가슴에 끌어안고 매우 기뻐서 소리 내어 울었습니다.
"오, 내 동생 사이드! 이렇게 살아 있는 너의 모습을 보게 되다니 꿈만 같구나! 나는 아심 왕의 아들 사이프 알 무르크다."
두 사람이 서로 얼싸안고 눈물을 흘리자, 그 자리에 있던 사람들은 그저 놀랄 뿐이었습니다.
사이프 알 무르크는 하인에게 명령하여 사이드를 목욕탕에 안내하게 했습니다. 이윽고 목욕을 마친 뒤 값진 옷을 입혀 사이프 알 무르크 앞에 데리고 오자 사이프 알 무르크는 사이드를 자기 옆에 앉혔습니다.
이 형제의 재회를 전해 듣고 타지 알 무르크 왕도 매우 기뻐하며 곧 형제에게로 왔습니다. 세 사람은 함께 앉아 지나간 일들을 이야기했고, 사이드는 자신이 겪은 일을 이렇게 얘기했습니다.
"오, 형님, 배가 침몰했을 때 몇 사람의 백인 노예와 함께 널빤지를 붙들고 목숨만 겨우 건진 저는 그 뒤 꼬박 한 달 동안 물 위를 정처 없이 떠다닌 끝에 전능하신 알라의 뜻으로 어느 섬에 이르렀습니다. 우리는 섬에 상륙하여 배가 고파서 숲으로 들어가 나무열매를 따 먹었습니다. 그때 마신으로 보이는 자들이 나타나 우리를 덮쳤습니다.[50] 그리고 그 마신들은 우리 어깨에 펄쩍 뛰어 올라와서는 '자, 어서 가자, 네놈들은 이제부터 우리의 나귀다.' 이러는 것이었습니다.

그래서 나는 내 어깨에 올라탄 놈에게 따졌습니다.
'너희는 대체 무엇이냐? 왜 내 어깨 위에 올라앉느냐?'
그러자 악마는 한쪽 발로 내 목을 조였는데 너무 고통스러워서 금방이라도 숨이 끊어질 것만 같았습니다. 게다가 한쪽 발로는 등뼈가 부러지도록 내 등을 차는 것이었습니다. 배가 몹시 고팠던 나는 저항할 힘도 없어 땅바닥에 엎어져 버렸습니다. 악마는 내가 굶주렸다는 것을 눈치채고 내 손을 잡아 일으켜서 배가 많이 열려 있는 배나무 밑으로 데려가 말했습니다.
'실컷 먹어라!'
그래서 나는 배를 배가 부르도록 잔뜩 먹은 뒤 마지못해 일어나 걷기 시작했습니다. 그런데 얼마 걷기도 전에 악마는 다시 내 어깨 위에 뛰어올라 나를 부려 먹었습니다. 걷게도 하고 전속력으로 달리게도 하고 때로는 종종걸음을 치게 하면서도 상대는 줄곧 낄낄거리며 나를 비웃었습니다.
'내 평생 너 같은 나귀는 처음 봤다.'
그렇게 몇 년이 흘렀습니다.
그러던 어느 날, 우연히 매우 많은 포도나무를 발견했습니다. 거기에는 잘 익은 열매가 가득 달려 있어서 그 포도송이를 잔뜩 모아 우묵한 구멍에 넣고 열심히 발로 밟았더니 마침내 구멍은 웬만한 연못처럼 되었습니다. 얼마쯤 있다가 그 연못에 가 보았더니 따뜻한 햇볕에 포도즙이 발효하여 전부 술이 되어 있었습니다. 우리는 곧 그것을 마시고 취해서 불그레한 얼굴로 노래를 부르고 춤도 추며 흥겹게 떠들면서 놀았습니다.[51] 그것을 보고 우리 주인인 마신들이 물었습니다.
'너희는 왜 그렇게 얼굴이 붉어져서 노래를 부르고 춤을 추는 것이냐?'
'묻지 마십시오. 그런 걸 알아서 뭐하시게요?'
그러나 그들은 물러서지 않았습니다.
'궁금해서 그러니 꼭 알려다오.'
하는 수 없이 우리는 포도를 으깨어 그 즙으로 술을 만들었다고 알려주었습니다.
'어디 우리에게도 맛 좀 보여다오.'
마신들의 말에 우리는 대답했습니다.
'이제 포도가 없어요.'

그랬더니 마신들은 우리를 계곡으로 데리고 갔습니다. 그곳은 끝없이 펼쳐진 넓은 포도밭이었는데, 포도 한 송이의 무게가 20파운드[*52]나 되었습니다. 그것은 모두 손을 뻗으면 당장 딸 수 있는 곳에 있었습니다.

'이 포도를 따라!'

우리는 악마들의 명령에 따라 포도를 잔뜩 따서 임금님의 정원에 있는 연못보다 더 큰 구덩이에 던져 넣었더니, 그 구덩이는 순식간에 포도로 가득 찼습니다. 그것을 발로 밟아 두었더니 전처럼 한 달 뒤에는 즙이 발효하여 독한 술이 되어 있었습니다. 우리는 악마들한테 말했습니다.

'술이 다 되었는데 이것을 어디에 담아서 드시겠습니까?'

'우리는 전에도 너희와 비슷한 나귀들을 키우고 있었는데, 그놈들을 모두 잡아먹고 머리만 남아 있다. 그 해골로 술을 떠서 마시기로 하겠다.'

그래서 그 동굴에 들어가 봤더니 정말 인간의 두개골과 뼈가 수북이 쌓여 있었습니다. 거기서 해골을 가져다가 그걸로 악마들에게 술을 먹였더니 그들은 함빡 취해서 모두 곯아떨어졌는데, 그 악마의 수는 거의 2백 명이나 되었습니다.

그 광경을 보고 우리는 서로 의논했습니다.

'이놈들은 우리의 어깨에 타는 것만으로 만족할 자들이 아니다. 언젠가는 우리도 잡혀먹힐 것이 틀림없어. 위대한 신 알라 외에 주권 없고 권력 없다! 그럴 바엔 차라리 이놈들에게 술을 잔뜩 먹여서 세상모르게 취해 떨어졌을 때 모조리 죽여 버리자. 그러면 자유의 몸이 될 수 있을 게 아닌가?'

그래서 우리는 악마들을 흔들어 깨워서 해골에 술을 찰랑찰랑 퍼서 마시고 또 마시게 했습니다. 그랬더니 놈들은 마침내 비명을 질렀습니다.

'아이고, 죽겠다. 아, 괴로워!'

'무슨 말씀을 하십니까? 술은 열 사발을 계속해서 마시지 않으면 그날 안으로 죽어 버립니다.'

그러자 악마들은 죽는 게 두려워 소리쳤습니다.

'그럼, 꼭 열 사발만 마셔야지.'

우리는 놈들에게 열 사발씩 술을 먹였습니다. 그랬더니 모두 술에 잔뜩 취해 우리 어깨에 탈 힘도 없이 팔다리가 늘어져 버렸습니다.

그것을 보고 우리는 악마들을 끌어내어 한 사람씩 쌓은 다음 마른 포도나무 가지를 그 위에 쌓아 올려 불을 붙였습니다.
그리고 멀리 떨어진 곳에 서서 어떻게 되나 바라보고 있었습니다."

―여기서 날이 밝아왔으므로 샤라자드는 이야기를 그쳤다.

## 772번째 밤

샤라자드는 이야기를 계속했다.
오, 인자하신 임금님, 사이드는 이야기를 계속했습니다.
"이윽고 불이 거의 다 탔을 때 가까이 다가가 보니 식인귀들은 모두 수북한 재가 되어 있었습니다. 우리는 악마들의 손에서 우리를 구원해 주신 전능하신 알라를 찬양했습니다.
그런 다음 우리는 각각 흩어져서 온 섬 안을 돌아다니며 해변으로 가는 길을 찾기 시작했습니다. 나와 백인 노예 두 명은 자꾸자꾸 걸어가다가 이윽고 과일이 잔뜩 열려 있는 숲에 이르렀습니다. 그곳에서 정신없이 과일을 먹고 있는데 난데없이 키 큰 남자가 하나 나타났습니다.
그 사람은 눈은 횃불처럼 이글이글 타오르고 수염은 터부룩하며 귀가 커다랗게 늘어져 있었습니다. 그자는 수많은 양들에게 풀을 먹이고 있었는데,[*53] 우리를 발견하자 무척 반가운 듯이 말을 걸어왔습니다.
'어서 오십시오, 정말 잘 오셨습니다. 이리 가까이 오십시오. 여러분을 위해 양을 한 마리 잡아서 대접해 드리고 싶습니다.'
'당신의 집은 어디 있습니까?'
'저 산 모퉁이에 있습니다. 여기서 저 산 쪽으로 걸어가면 동굴이 있으니까 거기로 들어가십시오. 동굴 속에는 다른 손님들도 있습니다. 요리가 다 될 때까지 그 손님들과 함께 기다리고 계십시오.'
우리는 그 동굴로 갔습니다.
그곳에는 정말 우리와 같은 인간들이 많이 있었는데, 그들은 모두 장님뿐이었습니다.[*54]
우리가 들어가자 그들은, '몸이 좋지 않아'라느니, '죽을 것 같다'느니 중얼거리고 있었으므로 우리가 물었습니다.

'왜 그런 말을 하는 겁니까? 무슨 까닭으로 병이 들어 다 죽게 된 겁니까?'

그러자 그 사람들은 말했습니다.

'당신들은 누구요?'

'여기 온 손님인데요.'

'당신들도 그 저주받을 짐승의 손에 걸려든 모양이군! 위대한 신 알라 외에 주권 없고 권력 없다! 이곳 주인은 인간을 잡아먹는 식인귀라오. 우리를 장님으로 만들어 놓고 잡아먹을 작정이란 말이오.'

'당신들을 어떻게 장님으로 만들었나요?'

'머지않아 당신들의 눈이 멀어질 방법으로!'

'그러니까, 어떤 방법으로?'

'그놈은 당신들에게 시어빠진 우유[55]를 사발에 담아 갖고 와서 '먼 길을 걸어와 몹시 고단하실 테니 이 우유를 마십시오' 할 거요. 당신들이 그걸 마시면 우리와 똑같이 장님이 되고 마는 거요.'

그 말을 듣고 나는 생각했습니다.

'무슨 수를 쓰지 않으면 우리도 당하겠는걸.'

그래서 땅바닥에 구멍을 파고 그 위에 앉아 있으니 이윽고 식인귀가 우유를 담은 그릇을 손에 들고 나타나 우리에게 하나씩 주었습니다.

'사막을 지나오느라 목이 매우 마를 겁니다. 고기를 굽는 동안 이 우유를 마십시오.'

나는 그 사발을 받아서 입에 가져가는 척하다가 몰래 미리 파놓은 구덩이에 쏟아버린 다음 눈을 비비고 눈물을 흘리며 슬피 울었습니다.

'악! 눈이 보이지 않아, 장님이 되고 말았어!'

그러자 식인귀는 낄낄 웃으면서 말했습니다.

'걱정할 것 없어. 너도 다른 손님과 똑같이 된 것뿐이니까.'

그런데 우유를 마신 백인 노예 두 명은 그만 장님이 되고 말았습니다. 식인귀는 일어나서 동굴 입구를 막고 먼저 내 갈비뼈를 만져보았는데 바싹 여위어서 살이 적었으므로, 이번에는 백인 노예를 만져보고 살집이 좋은 것을 확인하자 빙그레 웃었습니다.

그런 다음 식인귀는 양 세 마리를 죽이고 가죽을 벗겨서 쇠꼬챙이에 꽂더니 불에 굽기 시작했습니다. 이윽고 요리가 다 되자 그것을 백인 노예 앞에 놓고 함께 먹었습니다.

식사가 끝나자, 술이 가득 든 가죽 자루를 꺼내와 술을 마시고는 그대로 쓰러져 코를 골기 시작했습니다. 그 모습을 보고 나는 생각했습니다.

'이놈이 잠들어 있는 사이에 어떻게 죽여 버릴 수는 없을까?'

그러다가 문득 부젓가락 생각이 나서 그것을 두 개 가져다 불 속에 넣고 새빨갛게 달아오르기를 기다렸습니다.

잠시 뒤 부젓가락이 새빨갛게 달았을 때, 나는 일어나서 허리띠를 고쳐 매고 그것을 두 손으로 잡고서 식인귀 곁으로 다가갔습니다. 그리고 있는 힘을 다해 식인귀의 두 눈에 부젓가락을 찔러대자 식인귀는 벌떡 일어나 나를 붙잡으려고 했습니다. 그러나 그때는 이미 눈이 보이지 않아 뜻대로 되지 않았습니다.

나는 식인귀가 쫓아와서 달아나려 했지만, 동굴 입구가 돌로 막혀 있어서 밖으로 나갈 수가 없었으므로 어찌할 바를 몰라 장님들에게 물었습니다.

'어떻게 하면 이 식인귀를 죽일 수 있겠소?'

그러자 장님 하나가 말했습니다.

'달려가서 그 벽감 속으로 뛰어들어보게. 거기에 분명히 날이 잘 드는 구리 언월도가 있을 것이니, 그것을 나한테 가지고 오면 식인귀를 처치하는 방법을 가르쳐주겠네.'

나는 벽감에 기어 올라가서 칼을 찾아내어 장님에게 가져가자 그가 가르쳐주었습니다.

'그 칼로 식인귀의 배를 푹 찌르게. 그러면 곧 죽고 마네.'

한편 식인귀는 나를 쫓아다니다가 지쳐서 기진맥진하여 다른 장님을 죽이려고 손으로 더듬거리고 있었습니다. 그때 내가 뒤로 다가가서 칼로 허리께를 비스듬하게 내리쳤더니 몸뚱이가 두 쪽이 나고 말았습니다. 식인귀는 그래도 비명을 지르며 외쳤습니다.

'이봐, 나를 죽이고 싶거든 한 번 더 쳐다오!'

그 소리를 듣고 내가 칼을 쳐들어 막 내리치려 하자, 나에게 칼 있는 장소를 가르쳐준 그 장님이 소리쳤습니다.

'두 번 쳐선 안 돼! 그러면 되살아나서 우리를 죽여 버릴 거야.'"

—여기서 날이 훤히 밝아왔으므로 샤라자드는 이야기를 그쳤다.

## 773번째 밤

샤라자드는 이야기를 계속했다.

오, 인자하신 임금님, 사이드의 이야기는 계속되었습니다.

"내가 장님의 말을 듣고 가만히 서 있었더니 잠시 뒤 식인귀는 숨이 끊어졌습니다.

그러고 나자 그 장님이 말했습니다.

'동굴 입구를 열고 모두 밖으로 나가세. 그러면 알라의 도움으로 틀림없이 안전한 곳으로 달아날 수 있을 테니까.'

하지만 나는 말했습니다.

'아니, 이제는 여기 있어도 별로 위험할 일이 없으니까 이곳에 그대로 머물면서 양도 잡아먹고 술도 마시면서 푹 쉬는 게 어떻겠소? 이 섬에서 달아나는 건 그리 쉬운 일이 아닐 테니까 말이오.'

우리는 두 달가량 그 섬에 머물면서 양과 과일을 먹고 포도주를 마시면서 살았습니다. 그러던 어느 날 우연히 바닷가에 앉아 있는데, 아득히 먼 바다 저편에 배가 한 척 지나가는 모습이 보였습니다.

우리는 손을 흔들면서 선원들을 불렀습니다. 그러나 선원 편에서는 이 섬에 사람을 잡아먹는 식인귀[56]가 살고 있다는 것을 알고 있었으므로, 무서워서 가까이 오려 하지 않고 급히 배를 돌려서 달아나려고 했습니다. 그래서 우리가 바닷가로 달려가 터번을 흔들면서 큰 소리로 외쳐대자 눈이 밝은 한 선원이 그것을 보고 동료들에게 말했습니다.

'여보게, 저기 있는 건 아무래도 우리와 똑같은 인간 같아. 아무래도 식인귀는 아닌 모양이야.'

배는 조금씩 우리가 있는 해변으로 다가왔습니다.

선원들은 작은 배를 타고 해안으로 노를 저어 와서 우리가 인간이 틀림없다는 것을 알자 인사를 했습니다. 우리도 답례하고 식인귀를 죽여 버렸다고 말했더니 모두 무척 고마워했습니다.

우리는 동굴에 있는 양을 모조리 배에 옮겨 싣고 식량으로 먹기 위해 과일도 배에 가득 실었는데, 그것은 몇 달이나 먹을 수 있는 양이었습니다.

이윽고 우리를 태운 배는 순풍에 돛을 올려 나아갔습니다. 사흘째 저녁이 되자 바람의 방향이 바뀌고 하늘이 시꺼멓게 흐려지더니 강한 바람이 일어나서 얼마 뒤 배는 그만 암초를 들이받아 두 조각이 나고 말았습니다.[*57]

그러나 나는 위대하신 알라의 은혜로 널빤지를 붙잡고 간신히 목숨만은 건질 수 있었습니다. 그로부터 이틀가량 파도에 시달리다가 바람이 가라앉아 다리로 물을 저어 나아가는 사이에 더없이 높은 알라께서 마침내 나를 무사히 해변으로 인도해 주셨습니다.

그리하여 이곳에 온 나는 아는 사람 하나 없는 외국인인지라 어찌해야 할지 갈피를 잡지 못한 채, 심한 굶주림에 시달리며 한숨만 짓고 있었습니다.

그래서 형님! 저는 알라께서 어떻게 해 주실 때까지 이 옷을 팔아서 목숨을 이어 가리라 결심하고, 이것을 흔들며 살 사람이 없느냐고 큰 소리로 외쳤습니다. 그랬더니 사겠다는 사람이 나타났는데, 그때 갑자기 형님의 부하들이 나타나 저를 꽁꽁 묶어서 감옥에 넣어 버린 겁니다. 그 때문에 형님이 다시 저를 떠올리고 이곳으로 데려오라 하시기 전까지 저는 죄수 같은 생활을 하고 있었던 거지요. 이것이 지금까지 제가 겪은 일들입니다. 우리를 이렇게 다시 만나게 해 주신 알라께 영광을!"

사이드의 이야기를 들은 타지 알 무르크 왕과 사이프 알 무르크는 그가 겪어온 일들이 너무나도 기이하고 묘해 그저 놀랄 뿐이었습니다.

타지 왕은 사이프 알 무르크 왕과 사이드 대신을 위해서 훌륭한 집을 지어 주었고, 다울라트 하툰 공주는 이따금 사이프 알 무르크를 찾아와서 지난날의 은혜에 대해 감사의 말을 했습니다.

어느 날, 사이프 알 무르크는 공주를 찾아가서 말했습니다.

"공주님, 당신은 야페테의 궁전에서 당신이 가족과 함께 있다면 무슨 수를 써서라도 내 소원을 풀어주겠다던 약속을 잊어 버리셨습니까?"

사이드도 옆에서 끼어들었습니다.

"공주님, 부디 사이프 알 무르크 님의 소원을 이루게 해 주십시오."

그러자 공주는 사이프 알 무르크를 돌아보면서 말했습니다.
"기운을 내시고 너무 걱정하지 마세요."
공주는 일어나서 왕비에게 가서 말했습니다.
"어머니, 어서 저와 함께 가주세요. 그리고 몸을 깨끗하게 하시고 향을 살라[58] 바디아 알 자마르와 그 어머니를 불러주세요."
"오냐, 그러마."
왕비는 일어나 그 정원으로 가서 늘 품에 지니고 있는 향을 피우기 시작했습니다. 이윽고 바디아 공주와 그 어머니가 나타나서, 모녀에게 다울라트 공주가 무사히 돌아왔다는 사실을 알려주자 마신의 왕비는 매우 기뻐했습니다.
바디아 공주와 다울라트 공주도 다시 만난 것을 서로 기뻐했습니다.
그들은 커다란 천막을 치고 맛있는 요리를 마련하여 잔치를 준비했습니다. 그동안 두 공주는 좀 떨어진 다른 천막으로 가서 즐겁게 먹고 마시면서 얘기를 나누었습니다. 그러다가 이윽고 바디아 공주가 물었습니다.
"당신은 외국에 가서 어떤 일을 겪었어요?"
"오, 이별은 정말 슬프지만 이렇게 다시 만나니 얼마나 기쁜 일이야? 내가 무슨 일을 겪었는지는 제발 묻지 말아줘. 정말 얼마나 쓰라렸던지!"
"대체 무슨 일이 있었는데요?"
"난 마신의 왕 아들에게 납치되어 노아의 아들 야페테가 세운 성에 갇혀 있었어. 그곳에 사이프 알 무르크 님이 오셔서 마신을 죽이고 날 아버님께 데려다주신 거야."
그리고 사이프 알 무르크가 이 성에 오기까지 겪은 온갖 고난과 슬픔에 대해 자세히 이야기해 주었습니다.
그러자 바디아 공주는 몹시 놀라워하며 말했습니다.
"어머 언니, 정말 신기한 이야기네. 그 사이프 알 무르크 님이야말로 진정 남자 중의 남자인가 봐. 하지만 사이프 님은 무슨 사정으로 부모 곁을 떠나 여행하면서 그런 위험을 겪고 그러실까요?"
"난 사이프 님이 여행을 떠나게 된 까닭을 너에게 모두 얘기하고 싶지만 부끄러워서 말할 수가 없어."
다울라트 하툰 공주가 이렇게 말하자, 바디아 공주가 대꾸했습니다.

"뭐가 그렇게 부끄러워요? 언니와 난 한 젖을 먹고 자란 사이가 아니에요? 우리는 보통 사이가 아니니까 무슨 일이든 고백해 줄줄 알았는데. 이야기하고 싶은 게 있으면 사양 말고 말해 줘요. 절대로 숨기지 말고요. 그리고 뒷일은 조금도 걱정할 필요 없어요."

"알라께 맹세코 말하지만, 사이프 님이 겪은 온갖 재앙은 모두 너 때문이란다!"

"오, 언니, 그게 무슨 말이에요?"

"사실, 네 아버님께서 다윗의 아들 솔로몬(이 두 분에게 평안함이 있기를!)에게 선물하신 갑옷에 새겨져 있던 네 초상화를 그분이 보신 거야! 솔로몬은 그것을 잘 보지도 않고 다른 진귀한 선물과 함께 이집트의 왕 아심 빈 사프완 님에게 주었고, 아심 왕도 그것을 잘 살펴보지 않고 사이프 알 무르크 님에게 주신거야. 그것도 모르고 사이프 님이 그 갑옷을 꺼내 입으려다가 네 초상화를 보고 그만 연모하게 된 거야. 그 때문에 사이프 님은 자신의 백성과 왕국도 버리고 오직 너 하나만을 찾기 위해서 길을 떠나서, 지금까지 그 많은 고통과 수난을 겪어온 거란다."

—여기서 날이 밝아왔으므로 샤라자드는 이야기를 그쳤다.

## 774번째 밤

샤라자드는 이야기를 계속했다.

오, 인자하신 임금님, 다울라트 하툰 공주의 이야기를 들은 바디아 알 자마르 공주는 얼굴을 장밋빛으로 물들이며 언니 앞이라 부끄러운 듯이 말했습니다.

"설마 그럴 리가 있겠어요. 인간이 마신을 연모하다니 어떻게 그런 일이 있을 수 있어요?"

다울라트 공주는 사이프가 매우 훌륭하고 용감한 청년이라 칭찬하고, 그 남자다움에 대한 여러 가지 추억을 이야기하고 나서 마지막으로 이렇게 말했습니다.

"전능하신 알라와 나를 위해서, 단 한 마디라도 좋으니 사이프 님과 얘기를 좀 해보렴."

"언니, 난 그렇게 할 수 없어요. 그런 건 도저히 승낙할 수 없어."

그러나 바디아 공주는 이렇게 거절하며 언니의 말에는 전혀 귀를 기울이지 않는 듯했습니다. 또 사이프 알 무르크의 사랑과 그 뛰어난 용모, 늠름하고 용감한 행동도 전혀 마음에 두는 기색이 없었습니다.

그래서 다울라트 하툰 공주는 더욱 간절하게 부탁했습니다.

"오, 바디아 알 자마르, 너와 내가 함께 먹고 자란 젖을 두고, 솔로몬의 도장반지에 새겨진 글을 두고, 한 번만 내 부탁을 들어줘. 난 야페테의 성에서 너와 만나게 해 주겠다고 그분과 약속했단다. 제발 내 얼굴을 봐서라도 단 한 번이라도 좋으니 만나 줘, 응, 바디아!"

다울라트 공주가 눈물을 흘리며 애원하면서 바디아 알 자마르 공주의 손발에 입맞추자, 마침내 상대도 승낙하고 말았습니다.

"그렇다면 언니를 위해서 만나볼게요. 하지만 꼭 한 번뿐이에요."

다울라트 공주는 무척 기뻐하며 바디아의 손발에 다시 입을 맞췄습니다.

이어서 다울라트 공주는 정원의 대천막으로 가서 노예여자들에게 양탄자를 깔고 그 위에 긴 황금 의자와 술상을 차리게 했습니다.

그리고 사이프 알 무르크와 사이드를 찾아가서 사이프의 소원이 이루어지게 되었다는 기쁜 소식을 전했습니다.

"이제부터 두 분은 정원의 천막으로 와주세요. 하지만 제가 바디아 공주를 데려올 때까지 누구에게도 들키지 않도록 숨어 계셔야 해요."

사이프 알 무르크와 사이드가 일어나서 천막으로 가보니 긴 황금 의자에 베개가 마련되어 있고, 음식과 술까지 준비되어 있었습니다.

두 사람은 잠깐 그곳에 앉아 있었습니다. 사이프는 그동안에도 사랑하는 연인을 생각하니 가슴을 태우는 듯한 뜨거운 연정이 끓어올랐습니다.

사이프 알 무르크가 일어나 천막 밖으로 걸어나가자 사이드도 뒤따라 나섰습니다.

"오, 아우여, 따라오지 마라. 내가 돌아올 때까지 여기서 기다려다오."

그래서 사이드가 천막 안에 혼자 앉아 있는 동안, 사이프 알 무르크는 정원을 서성거리며 욕정의 술에 취하고 사랑의 불길에 마음을 태우면서 다음과 같은 노래를 읊었습니다.

    오, 아름다운 바디아 알 자마르여,
    나에게는 그대 말고는 아무도 없으니,
    그대를 연모하여 사랑의 노예가 되어버린
    이 몸을 어여삐 여겨주시라.
    그대야말로
    나의 바람, 나의 기쁨, 나의 소망,
    그대밖에 이 마음을 가련히 여길 자 없노라.
    긴긴 밤을 그대 생각하며
    잠 못 이루는 내 통곡을 그대 아는가,
    슬픔으로 눈 못 감는 내 두 눈에
    잠 깃들게 하소서,
    그러면 꿈에라도 그대의 모습 볼 수 있을 테니.
    이렇듯 사랑의 시름에 잠긴 자를
    그 무참한 마음에서 건져주소서.
    알라께선 그대의 아름다움과 행복을 더욱 늘려주시고
    원수진 자들을 그 볼모로 삼으시리라.
    그러면 마지막 심판의 날에
    사랑하는 무리 모여들어
    당신의 발아래 꿇어 엎드리리.

사이프 알 무르크는 눈물을 흘리며 다시 시를 읊었습니다.

    세상에 드문 그 미녀
    영원한 나의 원수이런가,
    내 마음을 움켜잡고
    가슴속 깊이 숨었구나.
    내가 말하는 건, 오직 하나
    그 여인의 아름다움뿐,

오직 묵묵하게 침묵할 때
그 여인은 내 가슴속에 사노라.

사이프는 더욱 심하게 흐느껴 울다가, 또 이런 시를 노래하기 시작했습니다.

내 가슴에 불꽃 되어
더욱 뜨겁게 타오르는
정념의 불길이여,
그대야말로 나의 소망
내가 사모하고 동경하는 것,
누구도 아닌 바로 당신에게 무릎을 꿇고
오로지 바라노니,
뜨거운 온정,
사랑 때문에 몸은 여위고
아픈 가슴으로 쇠약해진 나를
바라건대 가엾이 여기시라,
다정하게 친근하게
아낌없이 동정 베푸시라,
언제까지나, 아, 언제까지나
나 그대를 떠나지 않으리.

사이프 알 무르크는 계속 눈물을 흘리면서 시를 읊었습니다.

가엾구나, 임을 사랑하고부터
마음 편한 날 없어라,
무정한 잠은 마치
무정한 임의 마음처럼
나를 저버렸도다.
그런데도 임의 사신, 임이
"노하셨다"고 전해 왔네.

오, 신이시여, 금지해 주소서
불길한 소식이 전해짐을.

사이드가 기다리다 못해 찾으러 나가 보니, 사이프 알 무르크는 어수선한 마음을 달래려 정원을 방황하면서 여전히 이런 시를 읊고 있었습니다.

'전능'한 신 알라께 걸고
또 파티르*59의 장을 읽는
모하메드에게 걸고 말하리,
아련하게 엿본 그 용모의
꿈결 같은 눈길에 홀리지 말라고
임의 다정함, 그리고 또
비할 데 없는 아름다움
밤이면 밤, 나의 이야깃거리로다.

사이드는 사이프 알 무르크 왕과 함께 정원을 거닐면서 과일을 따 먹었습니다.*60

한편 두 공주는 천막 안으로 들어가 황금 의자에 걸터앉았습니다. 사방은 시녀들의 손으로 아름답게 꾸며져 있었고, 의자 바로 옆에는 뜰을 향해 창문이 하나 나 있었습니다.

두 공주는 그곳에서 환관들이 내온 온갖 요리를 먹기 시작했습니다. 다울라트 공주는 요리를 손으로 집어 바디아 공주의 입에 한입씩 넣어주면서*61 두 사람은 배가 부르도록 먹었습니다.

그런 다음 두 사람은 환관에게 갖가지 과자를 가져오게 하여 그것도 배불리 먹은 다음, 손을 깨끗하게 씻었습니다.

식사가 끝나자, 다울라트 공주는 술상을 준비시켜 잔에 찰랑찰랑 따라서 바디아 공주에게 권하고 자기도 마시면서 서로 술잔을 주고받았습니다.

그때 바디아 공주가 무심코 창문을 통해 정원의 과일나무 쪽으로 시선을 돌렸다가 사이프 알 무르크가 사이드를 데리고 정원을 산책하고 있는 모습을 보았습니다. 그뿐만 아니라 눈물을 흘리면서 시를 읊는 목소리도 들었습니다.
 사이프 알 무르크의 모습을 보자마자 바디아 공주는 그 빼어나게 아름다운 얼굴에 그만 가슴이 철렁 내려앉아 천 번이나 한숨을 내쉬었습니다.
 ―여기서 날이 훤히 밝아왔으므로 샤라자드는 이야기를 그쳤다.

## 775번째 밤

 샤라자드는 이야기를 계속했다.
 오, 인자하신 임금님, 그래서 바디아 공주는 다울라트 공주에게 물어보았습니다(이때는 술기운이 적당히 돌아 있었습니다).
 "오, 언니, 사랑 때문에 마음을 걷잡지 못하고 한숨을 쉬며 뜰을 방황하고 있는 저 젊은이는 대체 누구예요?"
 "저이를 이리 데려올까? 그러면 얼굴을 잘 볼 수 있지 않겠니?"
 "그래요, 데려다줘요."
 다울라트 공주는 창문에 서서 사이프 알 무르크 왕자를 불렀습니다.
 "오, 임금님, 이리 오셔서 당신의 아름다운 모습을 보여주세요, 네?"
 그러자 사이프 알 무르크는 급히 천막 안으로 들어왔습니다. 그리고 바디아 공주를 한 번 보더니 그만 까무러쳐서 그 자리에 쓰러지고 말았습니다.
 다울라트 공주가 얼굴에 장미수를 조금 뿌려주자 겨우 정신을 차린 사이프 알 무르크 왕은 일어나서 바디아 알 자마르 공주 앞에 무릎을 꿇었습니다. 바디아 공주는 사이프의 늠름한 모습을 경이에 찬 눈길로 바라볼 뿐이었습니다.
 "바디아, 이분이 전능하신 알라께서 정하신 온갖 고난을 다 겪으신 사이프 알 무르크 님이야. 그러니 부디 자비를 베풀어 드리렴."
 이 말을 듣자 바디아 공주는 웃으며 말했습니다.
 "이 젊은 분이 그런 일을 했다고 한들 누가 곧이들을 줄 알아요? 인간에게는 참다운 사랑이란 없는 걸요, 뭐."
 그러자 사이프 알 무르크는 큰 소리로 외쳤습니다.

"오, 공주님, 제발 저를 의심하지 말아주십시오. 인간은 누구나 똑같게 만들어진 건 아닙니다."
그리고 눈물을 흘리면서 다음과 같은 노래를 읊었습니다.

오, 그대, 바디아 알 자마르!
자비를 베푸시라,
사랑의 마력으로
애처롭게도 눈이 먼 나에게.
새하얀 눈과 붉게 타오르는
아네모네 빛깔이 섞여
그대 뺨은 비단과 같이 곱도다.
바라건대, 학대하지 마시라.
오래 헤어져서 방황하여
허리도 발도 몹시 상해버린
병들고 시든 이 몸을.
마지막으로 갖는 소망,
그 위에 또한 그대와 함께
부부의 인연 맺는 꿈 이루어진다면
더 바랄 게 없으리.

사이프 알 무르크는 더욱 심하게 눈물을 흘리면서, 사랑의 괴로움에 어찌할 바를 모르고 연인에게 다시 노래를 바쳤습니다.

사랑하는 자의 어지러운
사랑의 마음으로 진정 말하리,
그대 평안하라고,
고귀한 마음 가졌으니
고귀한 자비를 내려주십사고.
그대 평안하라,
밤마다 꿈속 그대 모습

바라건대 사라지는 일 없기를,
밤마다 떠오르는
아름다운 그대여 가지 말기를.
그대를 질투하는 나이기에
누구도 그대 이름 부르지 못하게 하리,
사랑하는 자는 모든 일에
그대 앞에 무릎 꿇어 마땅하리라.
그러니, 사랑으로 병들고
여위어 슬퍼하는 이 몸에게
끊지 마시라, 연인의 정을.
꽃다운 별을 보고부터
밤이면 밤마다 놀라면서
괴로움에 잠겨 지내노라,
이젠 참을 힘도 없고
궁리도 다시는 안 떠올라
만일에 원수가 묻는다면
대답할 방법을 모르노라.
그러나 다급할 때 있다면
신의 구원 그대에게 있으라,
불운을 견디는 연인이
하다못해 보내는 평안이로다.

   그런 다음 사이프는 강한 욕정에 사로잡혀 황홀한 마음으로, 다음의 시구를 또 읊었습니다.

가엾도다 주여, 만일 내가
그대 아닌 다른 사람에게
마음을 바친다면
내 오직 하나의 소망인
그대 마음 어찌 얻을 수 있으리.

그렇듯 온갖 아리따움을
고루 갖춘 아가씨
그대 말고 또 누가 있으랴.
이 눈앞에, 마지막
심판 날의 첫 새벽을,
가엾다, 그 누가 보여주리.
애처롭다, 그대 그리며
마음도 몸도 잃어버린
이 몸, 이제 이렇게도
한 조각의 평안도 없이
멀리 스쳐 가는 '사랑'이어라.

 사이프 알 무르크가 노래를 마치고 나서 흐느껴 울기 시작하자 바디아 알 자마르 공주가 말했습니다.
 "오, 임금님, 저는 걱정이 됩니다. 제가 당신에게 온몸을 맡긴다 해도 만일 참된 애정이 전혀 없다면 어떻게 할까 하는 생각이 들어서요. 대부분 남자분들은 진심이 부족해서 잔인하게 배신을 하기도 한답니다. 왕자님은 다윗의 아들 솔로몬(이분에게 평안을!)이 빌키스 왕비를 총애하고 있었으면서도 더 아리따운 여자를 보자 그만 마음이 변하고만 사실을 알고 계시겠죠."
 "오, 나의 눈동자, 내 영혼인 공주여, 신은 결코 모든 사람을 똑같이 만드시지는 않았습니다. 나는 반드시 약속을 지킬 것이고, 당신의 발밑에서 죽겠습니다. 당신은 틀림없이 내가 약속을 굳게 지키는 남자라는 사실을 똑똑히 알게 되실 겁니다. 내가 하는 말은 하늘에 맹세코 거짓이 아닙니다."
 사이프 알 무르크의 대답을 듣고 바디아 알 자마르 공주가 대답했습니다.
 "그럼, 제발 앉으시고 기운을 차리세요. 그리고 당신의 신앙을 두고 진심으로 맹세해 주세요. 우리는 절대로 서로 상대를 속이지 않는다고 함께 맹세해요. 맹세를 깨뜨린 자는 반드시 전능하신 알라의 벌을 받을 거예요."
 이 말을 듣고 사이프는 자리에 앉아 공주의 손에 자기 손을 포개고, 인간이든 마신이든 다른 사람에게 마음을 주는 짓은 절대로 하지 않겠다고 서로 굳게 맹세했습니다.

그런 다음 두 사람은 서로 포옹한 채 한 시간 남짓이나 기쁨의 눈물로 얼굴을 적셨습니다. 이윽고 사이프 알 무르크는 사무치는 정열을 이기지 못해 이런 시를 읊었습니다.

    몸과 영혼을 다 바라는
    임을 연모하여, 그 사랑 때문에
    나는 울었노라.

    떨어져 지내온 지 오래인 이 슬픔,
    보물을 잡으려고 내뻗는 팔
    너무나 짧구나.

    보고도 못 잡는 안타까움.
    숨길 수 없는 슬픔에
    헐뜯고 비웃는 사람도 알아버리는구나.

    한때 그렇듯 너그럽던
    마음도 좁고 좁아져서
    참는 힘도 사그라졌도다.

    우리를 함께 살게 하여
    그칠 새 없는 슬픔과 괴로움을
    없애어 구원해 주심인가?

  그리하여 두 사람은 서로 사랑을 서약한 뒤 사이프 알 무르크는 일어나서 정원으로 나갔고, 바디아 공주도 여자노예들에게 술과 음식을 받쳐 들도록 하고 정원에 내려섰습니다.
  공주가 자리에 앉자 노예들은 그 앞에 요리와 술을 차려 놓았습니다. 잠시 뒤 사이프 알 무르크가 그곳에 나타났으므로 두 사람은 다시 굳게 포옹하고 자리에 앉았습니다.

―여기서 날이 훤히 밝아왔으므로 샤라자드는 이야기를 그쳤다.

## 776번째 밤

샤라자드는 이야기를 계속했다.
 오, 인자하신 임금님, 두 사람은 굳게 포옹하고 서로 입을 맞추면서 자리에 앉았습니다. 그리고 잠시 먹고 마시고 하다가 바디아 공주가 입을 열었습니다.
 "오, 임금님, 당신은 이제부터 나의 할머니가 살고 계시는 이람의 정원으로 가셔서 결혼승낙을 받아 오세요. 제 노예 마르자나가 안내해 드릴 거예요. 그 정원 안을 걸어가시면 빨간 벨벳에 초록색 비단으로 가장자리를 두른 커다란 천막이 있어요. 그 천막 안으로 들어가시면 진주와 보석으로 장식한 긴 순금 의자 위에 한 할머니가 앉아 계실 거예요.
 그 할머니에게 공손히 인사하시고 나서 의자 아래를 보시면 보석으로 장식하고 황금을 짜 넣은 헝겊신*[62]이 한 짝 있을 거예요. 그 신에 입을 맞춘 다음 머리 위에 얹으세요.*[63] 그다음엔 신을 오른쪽 겨드랑이에 끼고 할머니 앞에 서서 잠자코 머리를 숙이고 계세요. 그러면 할머니가 너는 누구냐, 무슨 일로 여기 왔느냐? 누가 데리고 왔느냐? 어인 까닭으로 신발을 집어들었느냐? 물으셔도, 당신은 한마디도 대답하지 말고 마르자나가 들어올 때까지 서 계셔야만 해요.
 잠시 뒤 마르자나가 들어와서 할머니에게 이야기하고 우리의 결혼승낙을 받도록 할 테니까요. 그러면 전능하신 알라의 도움으로 틀림없이 할머니는 당신이 마음에 들어서 당신의 소원을 들어주실 거예요."
 그런 다음 바디아 공주는 마르자나를 불러 말했습니다.
 "네가 만일 나를 사랑한다면 이제부터 내가 하는 말을 잘 듣고 그대로 해주기 바란다. 소홀히 하면 안 돼! 만일 이번 일을 무사히 잘 마쳐준다면, 신께 맹세코 너를 자유의 몸으로 만들어줄 뿐만 아니라, 온갖 선물을 주고 어엿한 귀부인으로 만들어줄게. 그러면 너는 나에게 있어서 가장 친한 사람이 되는 거야. 그리고 너 말고는 절대로 내 비밀을 입 밖에 내지 않도록 하

마. 그러니 너에 대한 내 애정에 보답하는 셈 치고 이번 일을 잘 해내주기 바란다."

"오, 공주님, 제 눈동자의 빛이여, 부디 그 일이 무슨 일인지 말씀해 주세요. 꼭 성공하고 돌아오겠습니다."

"그럼, 여기 계시는 이분을 네 어깨에 태우고 나의 할머니 천막이 있는 이람의 정원으로 모시고 가다오. 조심해서 잘 모셔가야 한다. 도착하면 이분을 할머니 앞에 모시고 가서 이분이 신을 들고 인사를 할 때 할머니가 '너는 어디서 왔느냐, 어느 길을 지나 누구의 안내로 이곳에 왔느냐? 어째서 신을 들고 있느냐? 너는 대체 나에게 무슨 볼일이 있느냐?' 물으시는 소리가 들리거든 얼른 할머니 앞에 나가서 절을 하고 이렇게 말씀드려라.

'오, 마님, 이분을 이곳에 모시고 온 사람은 접니다. 이분은 이집트[*64] 왕의 아드님으로, 노아의 아들 야페테의 성에 가서 푸른 대왕의 아들을 죽이고 다울라트 하툰 공주님을 구해 내어, 무사히 부왕에게 모셔다 드린 분입니다. 이분의 입을 통해 하툰 공주가 무사히 귀국하셨다는 기쁜 소식을 전하려고 모시고 왔으니, 부디 잘 부탁합니다.'

그런 다음 다시 말을 이어서 이렇게 말하거라.

'오, 마님, 정말 잘생긴 젊은이가 아닙니까?'

그러면 할머니도 '그래, 잘생겼구나' 대답하실 거야. 그러면 이렇게 대답해라.

'오, 마님, 이분은 명예와 용기를 갖춘 훌륭한 분으로서 이집트의 왕일뿐만 아니라 온갖 뛰어난 성품을 한몸에 지니고 계신답니다.'

그리고 만일 할머니가 이 남자가 대체 무슨 볼일로 왔느냐고 물으시거든 이렇게 말씀드려라.

'공주님이 할머니께 문안드리고 이렇게 말씀 여쭈라 하셨습니다. ─저는 언제까지 이렇게 시집도 가지 못하고 집에만 있어야 하나요? 요즘은 도무지 답답해서 견딜 수 없어요. 마치 밀을 잔뜩 쌓아둔 곡식창고처럼 말이에요.[*65] 할머니가 손녀딸인 저를 시집보내지도 않고 내버려 두는 것은 대체 무슨 까닭이신지요? 어째서 다른 처녀들처럼 할머니와 어머니가 살아 계실 때 결혼시켜 주시지 않으시는 거예요?'

그래서 만일에 할머니가 이렇게 말씀하시면 내가 말한 대로 대답해.

'바디아를 어떤 방법으로 결혼시키면 좋을까? 바디아에게 혹시 좋은 사람이라도 있다면 곧 고백하란다고 일러라. 그러면 바디아를 위해서 할 수 있는 데까지 해 줄 테니.'

'오, 마님, 바디아 님은 이렇게 여쭈라고 말했어요. —할머니는 오래전에 저를 솔로몬에게 시집보내려고 갑옷에 제 초상화를 그려넣어서 선물로 보내셨지만, 솔로몬은 저와 인연이 없어선지 그 갑옷을 이집트 왕에게 주었습니다. 이집트 왕은 또 그것을 자신의 아들에게 주었는데, 이 왕자는 제 초상화를 보자마자 사랑에 빠지고 말았습니다. 사랑에 미친 왕자는 부모의 나라를 버리고 핏줄도 끊고 방랑의 길을 떠나 온갖 고난을 겪었는데, 그 모든 것은 바로 저 때문이었습니다—그런데 이 젊은 분의 아름다운 모습을 본 바디아 공주님도 당장 사랑의 포로가 되고 말았습니다. 그러니 바디아 공주님을 시집보내실 생각이 있으시다면, 이분과 짝을 지어주십시오. 부디 반대하시지는 마시기를! 이분은 매우 젊고 아름다운 데다 이집트의 왕입니다. 이분보다 훌륭한 신랑감은 어디에도 없을 겁니다. 만일 마님께서 이 결혼을 승낙하지 않으신다면, 아마도 바디아 님은 다른 사람이나 마신과는 절대로 결혼하지 않고 스스로 목숨을 끊으실 겁니다.'"

그런 다음 바디아 공주는 이렇게 덧붙였습니다.

"마르자나, 이 정도면 할머니께 잘 말씀 드려서 결혼승낙을 얻는 방법을 너도 잘 알겠지? 네가 잘만 해 준다면 할머니는 틀림없이 내 소원을 들어주실 거야."

"오, 공주님, 제 눈동자와 머리를 걸고서 반드시 공주님이 만족하시도록 해 보겠습니다."

그리고 곧 사이프 알 무르크를 어깨에 태우고 말했습니다.

"왕자님, 눈을 감고 계세요."

사이프 알 무르크가 눈을 감자 마르자나는 하늘 높이 날아올라 갔습니다.

"왕자님, 이제 눈을 뜨세요."

잠시 뒤 마르자나 말을 듣고 사이프 알 무르크가 눈을 떠 보았더니, 어느새 아름다운 정원에 내려와 있었습니다. 바로 그곳이 이람의 정원이었던 겁니다.

마르자나는 천막을 가리키며 말했습니다.

"오, 사이프 알 무르크 님, 저 안으로 들어가세요."

사이프 알 무르크가 전능하신 알라의 이름을 부르면서 천막 안으로 들어가 보니, 한 노파가 긴 의자에 앉아 있고 그 옆에서 시녀가 시중을 들고 있었습니다.

사이프 알 무르크는 공손한 태도로 다가가서 신발을 들어 입을 맞춘 뒤 바디아 공주가 말한 대로 했습니다.

"너는 누구냐? 어느 나라 사람이며 어디서 왔느냐? 그리고 누가 너를 이곳에 데려왔느냐? 네가 원하는 것은 무엇이냐? 어째서 내 신발을 들고 입을 맞추는 거지?"

그때 마르자나가 들어와서 공손히 인사한 뒤 바디아 공주에게서 들은 대로 아뢰었습니다.

노파는 몹시 화가 나서 소리를 질렀습니다.

"마녀가 어떻게 인간과 결혼할 수 있다는 말이냐?"

―여기서 날이 훤히 밝아왔으므로 샤라자드는 이야기를 그쳤다.

## 777번째 밤

샤라자드는 이야기를 계속했다.

오, 인자하신 임금님, 노파가 불같이 화를 내자, 사이프 알 무르크가 대답했습니다.

"저는 반드시 할머님의 뜻에 따라 할머님께 봉사하면서 할머님을 위해 이 목숨을 바치겠습니다. 한번 맹세한 것은 반드시 지킬 것이고, 제가 존경하는 분은 이 넓은 세상에서 할머님 한 분뿐입니다. 머지않아 할머님도 제가 한 말이 결코 거짓이 아니며, 제가 할머님을 얼마나 소중히 여기고 사내답게 행동하는지 알게 되실 겁니다. 인샬라!"

이 말을 들은 노파는 한동안 꼼짝 않고 머리를 숙인 채 곰곰이 생각하다가, 이윽고 고개를 들고 말했습니다.

"오, 아름다운 젊은이여, 과연 너는 맹세를 굳게 지킬 수 있을까?"

"염려 마십시오. 높은 하늘을 만드시고 바다 위에 대지를 펼쳐 놓으신 알라께 맹세코 꼭 약속을 지키겠습니다."

"그렇다면 내가 네 소원을 들어줄 테니 잠깐 뜰에 나가서 쉬고 있게. 뜰에는 이 세상에서 가장 맛있는 과일이 열려 있을 테니, 그거라도 먹고 있어. 그동안 나는 아들 샤야르를 불러오게 할 테니, 아들이 오거든 잘 의논해 보아라. 아들은 나에게 말대답하거나 내 명령을 어기는 일이 없으니 아마도 알라의 뜻에 따라 모든 일이 다 잘되리라. 그런 다음 손녀 바디아 알 자마르와 너를 짝지어주마. 그러니 이제는 아무 걱정하지 말도록 해라. 공주는 반드시 네 아내로 만들어주리라."

이 말을 들은 사이프 알 무르크는 진심으로 감사하면서 노파의 손발에 입을 맞추고 뜰로 나갔습니다.

노파는 마르자나를 돌아보며 말했습니다.

"아들 샤야르를 찾아서 이리 데리고 오너라."

얼마 뒤 마르자나는 샤야르를 찾아 노파에게 데리고 왔습니다.

한편 사이프 알 무르크가 뜰을 거닐고 있을 때, 공교롭게도 마신 '푸른 대왕'의 부하 다섯이 그의 모습을 발견하고 수군거렸습니다.

"저 젊은 놈은 어디서 나타난 거지? 누가 이곳으로 데려왔을까? 어쩌면 우리 주인님이신 '푸른 대왕'의 후계자를 죽인 놈이 바로 저놈인지도 모른다. 한번 저놈한테 가서 움직임을 살펴보자."

그래서 마신 다섯 명은 뜰 한구석에 앉아 있는 사이프에게 다가가서 그 옆에 앉으며 말을 걸었습니다.

"오, 아름다운 젊은이, 당신은 마왕의 아들을 죽이고 다울라트 하툰 공주를 구하셨다고 하던데, 참 좋은 일을 하셨군요. 그 마신의 아들은 다울라트 공주님을 납치해 간 몹시 나쁜 놈이었으니까요. 만일 신이 당신을 보내시지 않았다면, 아마 공주는 달아나지 못했을 겁니다. 그런데 당신은 어떻게 그놈을 죽일 수 있었습니까?"

사이프 알 무르크는 그들이 정원지기인 줄 알고, 이렇게 말했습니다.

"이 반지의 힘으로 죽여 버렸지요."

그러면서 자기의 손에 끼고 있는 도장반지를 보여주었습니다.

그것을 보고 그가 마왕의 후계자를 죽인 자가 틀림없다는 것을 안 마신들은 일제히 사이프에게 달려들어 두 명씩 팔과 다리를 움켜잡고, 마신 하나는 소리를 지르지 못하도록 입을 틀어막았습니다. 샤야르 왕의 부하가 비명을 듣고 구하러 달려오면 큰일이었기 때문입니다. 그리하여 마신들은 사이프를 안고 하늘을 날아 마왕에게 가서 그 앞에 사이프를 꿇어앉혔습니다.

"오, 임금님, 왕자님을 죽인 놈을 잡아 왔습니다."

"뭣이? 그놈은 어디 있느냐?"

"여기 바로 이놈입니다."

"네, 이놈! 너는 무슨 권리로, 정당한 이유도 없이 내 아들을 죽였느냐? 그 아이는 내 마음의 정수요, 눈동자의 빛이었다. 도대체 너에게 무슨 잘못을 했기에 내 아들을 죽였느냐?"

푸른 대왕이 묻자 사이프 알 무르크는 대답했습니다.

"그래, 내가 죽인 것이 맞다. 네 아들은 왕가의 딸들을 그 가족의 품에서 납치하여 '무너진 우물'과 노아의 아들 야페테의 성으로 끌고 가서 몹쓸 짓을 하고 제멋대로 온갖 악행을 저질렀으므로, 이 반지의 공덕으로 처벌했을 뿐이다. 그래서 알라께서는 그놈의 영혼을 지옥불 속에 던져 넣으신 것이다."

푸른 대왕은 자기 아들을 죽인 것이 이자가 틀림없다는 것을 알고 곧 대신들을 불러모았습니다.

"이놈은 내 자식을 죽인 놈이다. 이놈을 어떻게 처치하는 게 좋겠느냐? 세상에서 가장 고통스러운 방법으로 죽여 버릴까, 아니면 더없이 가혹한 고문으로 괴롭혀 줄까? 사양 말고 너희 의견을 말해 보아라."

재상이 먼저 말했습니다.

"이놈의 손발을 매일 하나씩 자르십시오."

그러자 다른 대신이 말했습니다.

"이놈을 매일 죽도록 때리는 건 어떨까요?"

또 세 번째 대신은 이렇게 아뢰었습니다.

"허리를 베어 두 동강을 내어 버리십시오."

네 번째 대신은 더 심한 벌을 원했습니다.

"손가락을 모두 잘라버리고, 불태워 죽이는 것이……."

다섯 번째 대신은 이렇게 말했습니다.

"나무기둥에 못 박아 죽이는 게 제일 좋겠습니다."

이렇게 저마다 자기 의견을 말했습니다. 그런데 이 마왕에게는 세상의 모든 변화와 인생의 번성함과 쇠퇴함을 자세히 살펴온, 세상일에 밝은 노대신이 한 사람 있었습니다. 이 노인이 말했습니다.

"오, 현세의 임금님이시여, 사실은 말씀드리고 싶은 게 있습니다만, 이것을 들으시고 안 들으시고는 임금님의 자유입니다."

이 노대신은 일찍이 왕의 추밀고문으로서 영토 관리에 실권을 휘두르고 있었으므로, 왕은 평소에 그의 말에 귀 기울이고 그 충고에 따라 처신하며, 무슨 일에서도 결코 상대의 말을 거스른 적이 없었습니다.

노대신은 몸을 일으켜 주군 앞에 무릎을 꿇고 말했습니다.

"오, 현세의 임금님이시여, 이번 사건에 대해 제가 말씀드리는 것을 들어주시겠는지요?"

"어서 그대의 의견을 말해라. 그대의 말을 따를 테니."

"오, 인자하신 임금님, 만일에 임금님이 제가 하는 말을 듣지 않고 이 젊은이를 죽이신다면, 이번 일은 결코 무사히 끝나지 않을 겁니다. 이 젊은이는 임금님의 포로이고 임금님의 힘과 보호 아래 있는 자이니, 언제 어느 때라도 원하실 때 어떻게든지 처리하실 수 있습니다. 그러니 현세의 임금님이시여, 부디 고정하시고 잠시 참고 견디시기 바랍니다. 이 젊은이는 이미 이람의 정원에 들어가서 샤야르 왕의 딸 바디아 공주와 결혼하여 장차 그 가족이 되기로 예정된 자입니다. 그런 사람을 임금님의 부하들이 이곳에 데려왔고, 이 젊은이는 자신의 신분이나 임금님의 아드님을 죽인 사실을 전혀 숨기지 않고 말했습니다.

만일 임금님이 이 젊은이를 죽이신다면 아마도 샤야르 왕은 자기 딸을 위해서 피의 복수를 원할 것이며, 따라서 대군을 보낼 게 틀림없습니다. 그 경우에 임금님이 이길 수 있는 희망은 실낱조차 없을 줄 압니다."

그래서 왕은 이 노대신의 말에 따라 왕자를 옥에 가두어 버렸습니다.

한편 바디아 공주의 할머니는 아들 샤야르를 보자 마르자나에게 사이프를 찾아오게 했습니다. 그러나 그녀가 정원을 아무리 찾아봐도 사이프가 보이지 않아 주인에게 되돌아와서 말했습니다.

"사이프 알 무르크 님은 뜰에 안 계십니다."

그러자 노파는 즉시 정원지기를 불러 사이프에 대해서 물었습니다.

"그분이 나무 아래 앉아 있을 때 마왕의 부하들이 나타나서 잠시 이야기를 나누는 듯하더니, 곧 마신들에게 붙잡혀 재갈이 물려서 끌려가 버렸습니다. 제 두 눈으로 똑똑히 보았습니다."

노파는 아무래도 심상찮은 일이 벌어졌음을 알아차리고, 몸을 일으켜 자기 아들 샤야르 왕을 꾸짖었습니다.

"너는 왕으로서 이런 훤한 대낮에 마왕인 '푸른 대왕'의 부하들이 버젓이 내 뜰에서 손님을 납치해 가도록 그냥 두었단 말이냐!"

노파는 계속해서 아들에게 불같이 화를 내며 말을 퍼부어댔습니다.

"네가 재위하는 동안에 이런 무례한 일을 당해도 좋다는 것이냐?"

"오, 어머님, 그자는 마신 왕의 아들을 죽였습니다. 살해된 자가 마신이고, 지금 알라의 뜻으로 그 인간이 '푸른 대왕'의 손에 잡혔다고 한다면, 상대 역시 마왕이고 저 역시 마왕이니, 어찌 인간 하나 때문에 제가 마신의 왕과 전쟁을 벌일 수 있겠습니까?"

하지만 노파는 더욱더 살기등등하게 말했습니다.

"너는 이제부터 곧 '푸른 대왕'에게 가서 손님을 인도하라고 담판을 지어라. 아직 그 젊은이가 살아 있고, 마신의 왕이 너에게 순순히 내준다면 잠자코 이곳에 데려오너라. 그렇지만 만일에 살해되었을 때, 그 마왕은 말할 것도 없고 자식과 후궁에 있는 것들까지 모조리 포로로 잡아 나에게 끌고 와야 한다. 나는 내 손으로 그놈들의 숨통을 끊고 그 나라를 멸망시켜 버릴 생각이다. 네가 그놈한테 가서 내가 시키는 대로 한다면 나도 너를 키운 보람이 있다 할 것이다."

—여기서 날이 훤히 밝아왔으므로 샤라자드는 이야기를 그쳤다.

## 778번째 밤

샤라자드는 이야기를 계속했다.

오, 인자하신 임금님, 바디아 알 자마르의 할머니는 아들 샤야르 왕을 향해 말했습니다.

"자, 푸른 대왕에게 가서 사이프 알 무르크의 소식을 알아오너라. 만일 아직 살아 있다면 이곳으로 데리고 와야 한다. 그러나 만일 그 왕이 이미 죽여 버렸다면, 왕은 물론이고 그 자녀와 처첩, 일족까지 전부 사로잡아서 끌고 와야 한다. 내가 이 손으로 직접 그놈들의 숨통을 끊어놓고, 그놈들의 영토를 짓밟아주리라. 만약 네가 그쪽으로 가지 않고, 내가 하는 말도 듣지 않는다면 아들로서의 의무를 소홀히 하는 것이 되고, 너를 몸소 돌보며 키워준 보람도 사라지는 것이다."

이 말을 듣고 샤야르 왕은 당장 병마를 소집한 뒤 길을 떠났습니다. 이 모든 일은 오랜 옛날부터 정해져 있는 운명이었습니다. 그리하여 샤야르의 군대는 '푸른 대왕'의 나라로 쳐들어가서 상대의 군대를 공격해 무찌르고 마신의 왕을 비롯하여 그 아들들을 한 사람도 남김없이 잡아들이고, 중신들과 주요 부하들까지 모조리 사로잡아 샤야르 왕 앞에 끌고 갔습니다. 샤야르는 포로가 된 적의 마왕을 추궁했습니다.

"오, 푸른 대장,*66 우리 집의 손님이었던 사이프 알 무르크라는 인간은 어디에 있느냐?"

"샤야르여, 당신이 마왕이면 나도 마왕이다. 내 아들을 죽인 인간 때문에 당신이 이런 짓을 하다니 어찌 이럴 수가 있는가? 살해된 자식은 내 심장이며 내 영혼의 위안이었다. 그런데 어찌하여 당신은 이렇게도 많은 마족의 피를 흘리게 한단 말인가?"

"닥쳐라! 신의 눈으로 볼 때 마신 1천 명보다 한 사람의 인간이 소중하다는 것을 모르느냐? *67 그 인간이 아직 살아 있다면 나에게 데리고 오라. 그러면 너와 네 아이들, 그리고 다른 자들까지 목숨은 살려주리라. 하지만 이미 그 인간을 죽이고 말았다면 너희를 하나도 남김없이 모조리 죽여 버릴 테니 그리 알아라!"

말리크 알 아즈라크 왕은 거듭 말했습니다.

"이보시오, 마왕님, 그 인간이 당신에게는 내 자식보다 소중하단 말이오?"

"그렇다. 악당이었던 네 아들은 왕녀들을 납치하여 노아의 아들 야페테의 무너진 우물이나 성에 감금하는 못된 짓을 하지 않았느냐!"

그러자 푸른 대왕은 말했습니다.

"그 인간은 아직 살아 있소. 하지만 그놈을 인도하기 전에 먼저 우리와 화목을 맺어주기 바라오."

그래서 샤야르 왕은 마왕 아즈라크와 화목을 맺어주었고, 아즈라크 왕은 사이프 알 무르크를 인도해 주면서 자기의 아들을 죽인 데 대해선 앞으로 결코 문제 삼지 않겠다는 서약서를 작성했습니다. 그리하여 샤야르 왕은 그들에게 예복을 내리고, 아즈라크 왕과 그 군대를 사흘 동안 후하게 대접해 주었습니다.

그것이 끝나자 샤야르 왕은 사이프를 데리고 늙은 어머니에게 돌아갔습니다. 노파는 그를 보고 매우 기뻐했고, 샤야르 왕도 사이프 알 무르크가 무척 아름답고 훌륭한 젊은이인 사실을 알고 깜짝 놀라며 감탄했습니다.

이윽고 사이프 알 무르크는 자신의 신상 이야기를 시작했습니다. 그중에서도 특히 바디아 공주를 사랑하게 된 동기에 대해 자세히 얘기했습니다.

그의 얘기가 끝나자 샤야르 왕이 말했습니다.

"어머니, 이 두 사람을 결혼시키실 생각이시라면, 저도 반대하지 않겠습니다. 이제부터 이 젊은이를 사란디브의 수도로 데리고 가서, 바디아와 결혼시키고 성대한 식을 올리도록 하십시오. 이 왕자는 훌륭한 젊은이인 데다 그 아이 때문에 온갖 고난을 겪어 왔으니까요."

그래서 노부인과 시녀들은 사이프 알 무르크와 함께 사란디브로 가서 힌드 왕의 정원으로 들어가 다울라트 공주와 바디아 공주를 만났습니다.

그리하여 연인들은 또다시 만날 수 있었던 겁니다. 노부인은 두 공주에게 사이프 알 무르크와 마신 아즈크라 사이에 있었던 일들을 이야기하고 왕자가 하마터면 목숨을 잃을 뻔했다는 말을 했습니다. 그 얘기는 여기서 다시 되풀이할 필요는 없겠지요.

다울라트 공주의 아버님 타지 알 무르크 왕은 영내의 태수들을 모아 사이프 알 무르크와 바디아 알 자마르의 결혼계약서를 만들게 한 다음, 신하들에게 값진 예복을 내리고 성대한 잔치를 베풀었습니다. 그때 사이프 알 무르크는 일어나 왕 앞에 엎드리며 말했습니다.

"오, 현세의 임금님이시여, 실은 임금님께 소청 드릴 일이 있습니다만 들어주지 않으시면 어쩔까 걱정이 됩니다."

"알라께 맹세코 말하지만, 설령 그대가 내 영혼을 요구한다 해도 나는 절대 거절하지 않겠소. 내가 그대에게 입은 크나큰 은혜에 비하면 아무것도 아니오."

"그러시다면 다울라트 공주와 제 아우 사이드를 짝지어주면 어떨까 합니다. 그렇게 해 주시면 저희 두 사람은 임금님의 시종이 되어 섬기겠습니다."

"좋소, 그렇게 합시다."

왕은 곧 태수들을 불러모아 사이드와 다울라트 공주의 결혼계약서를 작성하게 했습니다. 그리고 태수들에게는 금은 화폐를 내리고 성 안을 아름답게 장식하도록 했습니다. 성대한 잔치를 벌인 뒤 밤이 되자 사이프 알 무르크는 바디아 공주에게, 사이드는 다울라트 공주에게 저마다 찾아갔습니다.

그리하여 사이프 알 무르크는 바디아 공주와 함께 화목하게 살았습니다. 그러다가 만 40일이 지나자 신부가 남편에게 물었습니다.

"오, 여보, 당신은 저와 결혼하신 일을 조금도 후회하지 않으세요?"

"후회라니, 무슨 소리를 하는 거요! 나는 소원을 이루어 매우 만족하고 있소. 다만 이집트로 가서 부모님의 안부를 알아보고 싶을 따름이오."

그래서 바디아 공주는 노예들에게 명령하여 사이프 알 무르크와 사이드를 카이로로 데려다주게 했습니다. 사이프와 사이드는 저마다 일주일가량 부모님과 함께 지낸 다음 다시 사란디브의 수도로 돌아갔습니다. 그 뒤에도 부모님의 얼굴이 보고 싶으면, 두 사람은 언제나 멀리 이집트까지 갔다가 다시 돌아오곤 했습니다.

이렇게 해서 사이프 알 무르크와 바디아 알 자마르, 그리고 사이드와 다울라트 하툰, 네 사람은 그 뒤 그지없이 즐겁게 살면서 환락의 파괴자, 즐거운 교제의 방해자인 죽음이 손을 뻗어올 때까지 훌륭한 이슬람교도로서 생애를 보냈습니다. 멸망하는 일 없이 만물을 창조하시고 만물의 죽음을 정하시며, 시작 없는 처음이시고 끝이 없는 종말이신 불멸의 신 알라께 영광을!

이것으로 사이프 알 무르크와 바디아 알 자마르의 이야기는 끝났습니다만 진실은 언제나 신만이 아십니다.

하지만 이 이야기 못지않게 재미있는 것은 '바소라의 하산' 이야기랍니다.

〈주〉

*1 의자는 아랍어로 쿠르시(Kursi)라고 하는데, 이 말에는 많은 의미가 들어 있다. 여기서는 라위(Rawi), 즉 강석사(講釋師)가 찻집을 돌아다니지 않을 때 사용하는 것으로, 종려잎으로 얇은 대나무바구니 비슷하게 정사각형으로 짠 의자를 가리키는 것이리라.

*2 폰 함머 푸르그슈탈은, 이 금액은 《아라비안나이트》의 사본 일부를 사들이기 위해 이 집트에서 지급한 금액과 똑같다고 했다.

〔폰 함머(Joseph Freiherr von Hammer-Purgstall)는 오스트리아의 그라츠 출신의 동양학자. 1835년에 작위를 받고, 이른바 이슬람광신자, 오스만리 제국, 아랍 문학 등에 관한 연구를 했으며, 그가 갖고 있는 《아라비안나이트》는 폰 함머 사본이라 불리고 있다.〕

*3 야화는 아랍어로 사마르(Samar)라 하며, 무사마라의 어원이다. 〔야화에 대해서는 이 책 '주바이르 빈 우마이르와 부주르 공주의 사랑' 이야기 주석 10 참조.〕

*4 여기까지는 이 이야기를 독자에게 전하는 것에 대한 과장되고 세세한 경위를 쓴 것으로, 이 이야기가 매우 중요하다는 것을 나타냄. 레인은 매우 무분별한 방법이지만, 이 글머리를 제24장의 주로 옮겨 놓았다. 즉 《아라비안나이트》를 《아라비안 노트》〔주석〕로 만든 셈이다.

*5 아심(Asim)은 (명예를) 지키는 자, 또는 명예를 보호받은 자라는 뜻. 빈 사프완(Bin Safwan)은 밝은 자의 아들, 또는 차가운 자의 아들.

*6 파리스(Faris)는 말을 타는 자, 기사. 빈 살리(Bin Salih)는 올바른 자, 신심 깊은 자의 아들.

*7 주군님(O Master)은 아랍어로 야 하완드(Ya Khawand)이며, 여성형은 하완다(Khawandah)이다. 페르시아어의 Khawand 또는 Khawandagar='윗사람, 주군, 나리'에서 나왔다.

*8 사바(Sabá)는 성서의 시바(Sheba)로, 대부분의 히브리어 전설의 여왕도 여기서 나왔다. 〔세바, 시바, 셰바, 사바 등 여러 가지로 표기되는데, 이 여왕의 전설에 대해서는 이 책 '오마르 빈 알 누만 왕과 두 아들 샤르르칸과 자우 알 마칸 이야기' 주석 37 참조하기 바란다.〕

*9 이런 삽입구는 지은이 또는 이야기꾼의 간투구(間投句)일 것이다.

*10 인어, 괴물, 짐승 등.

*11 이것은 동양적인 예절에 따른 것이다. 손님에게는 볼일을 묻기 전에 먼저 음식부터 대접해야 한다.

*12 뱀(serpent)은 아랍어로 수반(Su'uban, Thu'uban)이며, 일반적으로는 바실리스크(basilisk)로 번역된다. 〔바실리스크는 옛날 아프리카의 사막에서 살며, 뱀의 왕으로 불렸는데, 그 숨결에 한번 쏘인 자는 그 자리에서 죽었다고 한다. 지금은 중앙아프리

카산(產)의, 머리에 관을 쓰고 있는 도마뱀을 가리킨다. 성서에는 코카트리스(cockatrice)라는 이름으로 등장한다.〕

*13 양파즙(onion-sauce)은 아랍어로 타클리야(Takliyah)라 하며, 레인의 스승인 장로는 '양파를 정화한 버터로 익힌 뒤, 다른 음식에 뿌리는 것'이라고 설명했다. 어쨌든 양파에 대해 말했다는 사실은, 이 이야기의 발생지가 강렬한 악취가 나는 알뿌리를 싫어하는 아라비아가 아니라 이집트임을 증명하고 있다.

*14 폰 함머는 숙적 자자르 파샤의 죽음을 알린 알레포인 상인의 어깨에 자신의 겉옷을 걸쳐준 대재상 유수프의 예를 인용하고 있다. 〔자자르 파샤에 대해서는 이 책 '샤리아르 왕과 그 아우 이야기' 주석 17 참조.〕

*15 이름 뒤에 오는 하툰(Khatun, 이를테면 후르마트 하툰)은, 인도에서는 파탄인 이슬람교도가 채용한 남성칭호 한(Khan)에 해당한다(이를테면 필 한). 〔파탄(Pathan)은 인도 국내와 서북국경에 사는 아프가니스탄인을 가리킨다.〕

*16 이것은 성벽에 붙이거나 그 바깥쪽에 설치한 노점으로, 종려나무 잎 같은 소박한 재료로 만들어진 것이다.

*17 트레뷔티앙(Trébutien) 역(제2권) 속에서 폰 함머는 다음과 같이 말했다. "이러한 경축행사는 오늘날에도 도난마(Donanma)라는 이름으로 콘스탄티노플에서는 관례가 되어 있으며, 왕비가 회임했을 때뿐만 아니라 산욕 자리에 누웠을 때도 열린다. 1803년에 왕비가 회임했다는 근거 없는 소문이 나돌아, 그것 때문에 모든 대신은 '도난마'를 준비하느라 쓸데없는 돈을 지출했다."
〔트레뷔티앙은 폰 함머의 원고 본을 대본으로 한 독일어 번역을 다시 프랑스어로 번역한 사람.〕

*18 사이프 알 무르크(Sayf al-Muluk)는 왕자의 칼이라는 뜻. 칼은 이집트어로 시프(Sif), 아랍어로 사이프(Sayf), 그리스어로 세이로스($\xi\iota\rho o\varsigma$)라고 한다. 사이드(Sai'd)는 아래팔을 가리킨다.

*19 신학자(a doctor of Sciences)는 아랍어의 파키(Fakih) 즉 신학자로, 피흐(Fikh) = '신학'에서 나왔다. 법률과 신학에, 즉 (1) 《코란》과 그 해석, (2) 초기 이슬람 역사와 관련된 전설, (3) 문법, 문장론, 논리학, 수사학, 철학 등과 같은 보조적인 학문에 통달한 사람을 말한다. 《엘 마수디의 역사 백과전서 El-Mas'udi's Historical Encyclopaedia》에 나와 있다. 이 책은 나의 친구 알로이스 슈프렝거(Aloys Springer) 교수에 의해 1841년 런던에서 발행되었다. 그러나 동양번역기금에 의해 인쇄된 이 훌륭한 책은 결국 간행이 중단된 채 방치되고 말았다. 이에 비해 파리의 아시아협회는 바르비에 드 메나르(Barbier de Meynard)와 파베 드 쿠르튀(Pavet de Courteille) 두 사람의 번역과 원전을 옥테이보판, 전 8권으로 간행했다. 참으로 국가적으로 면목없는 일이 아닐 수 없다.

이븐 바투타의 《여행기》도 마찬가지여서, 1820년 동양번역기금은 불과 그 초역을 간행했을 뿐이고, 프랑스에는 드프레메리(Defrémery)와 상귀네티(Sanguinetti)가 함께 번역한 훌륭한 완역본이 있다(옥테이보판, 전 4권, 1858~59년 간행).

*20 코끼리 경기장은 아랍어로 마이단 알 필(Maydan al-Fil)이며, 아마 코끼리의 연못(Birkah al-Fil)을 가리키는 듯하다. 레인은 알 마크리지(Al-Makrizi)의 말을 인용하여, 그가 그 저서 속에서 7세기(이슬람력)가 끝날 무렵 작은 인공호를 만들었는데, 717년에 경주마의 마구간이 된 것으로 가르치고 있다고 말했다. 〔알 마크리지는 카이로의 아랍 역사가. 1469~1550?년.〕

*21 폰 함머는 독자들에게 독일의 저서를 참조하라고 말하면서, 국왕에게 허리띠를 감아주는 것은 고대 이집트 제왕의 독특한 관습이며, 그것은 상형문자〔고대 이집트의 묘비에 새겨진〕속에서도 볼 수 있다고 했다.

　　〔드농(Baron de Denon)은 이집트 여행가로서 널리 알려져 있으며, 묘비의 상형문자 판독과 모사(模寫)에 크나큰 공헌을 했다. 1747~1825년.〕

*22 도장(signet)은 아랍어로 모르(Mohr)라고 하는데, 이것은 760번째 밤의 솔로몬의 선물 속에는 들어 있지 않았다. 브레슬라우판은 '……과 활'이라고 덧붙이고 있지만, 이것도 역시 불필요한 말이다.

*23 이것은 그 직물을 착용하는 불행한 남자는 십자가(즉, 처녀)를 늘 등에 업고 있어야 할 것이라는 사고방식이다.

*24 아마, 아랍인에게 친숙한 광둥을 가리키는 것이리라.

*25 투석기(mangonels)는 아랍어 만자니크(Manjanik, 단수)의 복수형 알 만자니카트(Al-Manjanikat)이다. 그리스어의 망가논($M\acute{\alpha}v\gamma\alpha v ov$)에서 나왔으며, 라틴어로는 망가눔(Manganum)이라고 한다(참고로, 영어의 망가넬은 라틴어의 축소형 manganella에 유래한다). 위의 그리스어는 원래 방어용 무기에 사용되었으며, 이어서 당시의 포, 즉 성이나 요새를 공격하는 투석장치(ballista)와 쇠뇌(catapult) 등을 가리키게 되었다. 같은 종류의 아랍어형 만제닌(Manjanin)은 주로 노리아(Noria), 즉 페르시아의 수차(水車)에 사용된다.

*26 파그푸르(Faghfur)는 중국의 황제에 대한 일반적인 이슬람 칭호이다. 《아랍어 사전》에서는 제1 시라부르에 잠마(Zamma)를 붙여서 푸그(Fugh)가 되었다. 〔잠마란 ᅩ의 부호로서 이를테면, 영어의 put의 u의 발음을 나타낸다.〕 알 마수디(제14장)에서는 바그푸르(Baghfur), 알 이드리시에서는 바그부그(Baghbugh) 또는 바그분(Baghbun)으로 되어 있다. 그리고 알 아스마이는 바그(Bagh)='신 또는 우상'(펠레비어와 페르시아어)을 사용하고 있다. 따라서 어떤 사람들에 의하면, 여기서 바그다드(Baghdad)(?)와 바기스탄(Baghistan)='탑'(?)이 나왔다고 한다.

　　〔펠레비어는 3세기부터 9세기 무렵에 사용된 페르시아어를 말한다.〕슈프렝거는

(알 마수디의 번역서), 바그푸르는 Tien-tse[천자(天子)의 중국어]의 축어역(逐語譯)이라고 평하고, 비스들루(Visdelou)의 한 문장을 인용하고 있다. [클로드 비스들루는 한자로는 유응(劉應)이라고 하며, 1656년 브르타뉴에서 태어나 1737년 인도에서 사망했다. 선교사로서 오랫동안 중국 각지에서 살았고, 중국학자로 뛰어났으며 《달단사(韃靼史)》와 그 밖의 저서가 있다.]

"pour mieux faire comprendre de quel ciel ils veulent parler, ils poussent la généalogie (of the Emperor) plus loin. Ils lui donnent le ciel pour père, la terre pour mère, le soleil pour frère aîné et la lune pour sœur aînée." [대강의 뜻은 그들이 말하고자 하는 천제(天帝)를 더욱 잘 이해하기 위해 그들은 (황제의) 계보를 아주 멀리까지 더듬어 간다. 아버지(또는 조상)를 위해서는 하늘을, 어머니에게는 대지를, 형에게는 태양을, 누이에게는 달의 이름을 부여한다.]

\*27 이것은 잘못된 것이 아니다. 나는 북위 4도의 아프리카, 즉 적도 부근에서 맹렬한 우박을 만난 적이 있다.

\*28 《뱃사람 신드바드》(제6권)[이 책 '선원 신드바드와 짐꾼 신드바드' 이야기]에 나오는 '바다의 노인'에 대한 아랍인들의 관념도 이렇게 설명이 된다. 이 남자는 원숭이라도, 아직 알지 못하는 괴물이 아니라 세력이 있는 계층에 속하지만, 모두 패배나 멸망을 가져올지도 모르는 사악한 악마였던 것이다.

\*29 이러한 플리니우스적인 괴물은 페르시아 문학에 흔히 나온다. 한 예로서 리처드슨의 《논설》을 들 수 있다.

\*30 사자(cossid)는 아랍어로 카시드(Kasid)라고 하며, 영인어(英印語)에서는 코시드라고 한다. 우편이나 우편배달은 페르시아어의 부리다(buridah, 자르다)에서 나와 바리드(Barid)라 불리고 있는데, 이것은 역마용으로 사용된 노새의 꼬리가 절단되어 있었기 때문이다. 바리드라는 말은 또한 역노새와 그 마부, 나아가서 2파라상에서 6파라상의 갑의 역참(Sikkah)에서 을의 역참까지의 거리에도 사용된다. 집배원 또는 파발꾼은 알 파라니크(Al-Faranik)라고 불렸는데, 그것은 페르시아어의 파르와나(Parwanah), 즉 하인에서 나온 것이다.

디완 알 바리드(Diwan al-Barid, 우체국)에서는 아랍어로 알 아스키다르(Al-Askidar)라 부르는 마드라지(Madraj), 즉 명부(名簿)에 모든 편지의 주소 성명을 쓰는 것을 삼가는데, 이 아스키다르 또한 페르시아어의 '아즈 키 다리(Az kih dari)'= '누구한테서 받았는가?'를 어원으로 하고 있다. [또 마드라지는 원래의 아랍어로, 길이나 일람표, 명부 등의 뜻이다. 동사로는 '넣다'가 된다.]

\*31 브레슬라우판에서는 십 년이 된다.

\*32 악어는 아랍어의 팀사(Timsah)이며, 콥트어(고대 이집트의)의 엠수(Emsuh) 또는 므수(Msuh)에서 유래했다. 원래 악어는 바닷물에서는 서식할 수 없다. 이 사실은 수에

즌하 연안의 다양한 '악어호'가 옛날에는 나일 강의 물을 끌어들인 것임을 증명한다. 또 본문 속의 그것은 틀림없이 일종의 운하였을 것이다.

*33 브레슬라우판(제4권)에는 두 사람으로 되어 있지만, 맥나튼판에는 '한 사람'으로 되어 있다. 악어에게는 한 사람이 더 어울린다. 악어가 한 번에 두 사람을 삼키는 건 믿기 어려운 일이기 때문이다.

*34 사이프 알 무르크가 무서워한 것도 무리가 아니다. 이 커다란 성성이(Cynocephalus)는 매우 위험한 동물이다. 나는 고인이 된 드 뤼비느 대령과 함께 황금해안을 여행하다가 날이 완전히 새기 전, 어두컴컴할 무렵에 갑자기 한 무리의 성성이와 맞닥뜨렸다. 우리는 말에서 내려 그 다리를 묶어두고, 칼과 권총을 들고 옆에 웅크리고 있었다. 다행히 그 사악한 야수들은 식사하던 중이었기 때문에 무서운 얼굴로 우리를 보았지만 공격해 오지는 않았다. 서아프리카 해안에서 4년 동안 근무하면서, 나는 이러한 강력한 짐승들이 종종 남자를 죽이고 여자를 범한다는 얘기를 지겹도록 들었다. 그러나 정말로 여자를 처첩으로 거느리는지 어떤지, 거기까지는 확인할 수 없었다.

*35 영어로 하면 '오 호수까지는 멀다(It is a far cry to Loch Awe).' 힌두어의 속담에서는 '딜리(델리)는 무척 멀다'고 한다. 〔모두 먼 거리에 놀랐을 때 사용하는 문구로, 반드시 오 호수가 아니어도 상관없다.〕

*36 아랍어로 푸타(Futah)이며, 냅킨, 허리띠라는 뜻.

*37 트레뷔티앙(제2권)이 말한 것처럼, 이러한 원숭이는 어떤 고대 종족, 아마도 메카에 기우제를 지내러 가서 모조리 죽는 것을 면했던 아드족의 잔당이었을 것이다. 〔아드족에 대해서는 이 책 '어부와 마신 이야기' 주석 37 참조.〕 또는 아마 다윗이 살아 있었을 때 안식일(토요일)에 물고기를 잡았다가 그 때문에 원숭이로 변한 아일라(Aylah)의 유대인이었을 것이다. 《코란》 제2장 61절 참조.
〔파머 역 《코란》 제1권에 의하면, 아일라 또는 에라스, 즉 아카바 Akabah—홍해 동북부의 후미—의 주민이 안식일에 물고기를 잡았다가 원숭이로 변했다는 전설이 있다고 하며, 경전학자 중에는 그것은 단순히 비유적인 표현에 지나지 않는다고 여기는 자도 있다고 했다.〕

*38 《코란》 제22장 44절. 페인 씨는 이렇게 주석하고 있다.
"이 말도 안 되는 문구는 아마도 어떤 필사생에 의한 것 같다. 그는 코란에 대한 지식을 자랑해 보이려 했을 뿐, 이 인용구가 들어 있는 시문의 의의는 제대로 이해하지 못하고 있었다. 원문은 다음과 같다. '악행을 저지르는 동안, 우리는 얼마나 많은 도시를 멸망시켰던가! 그 도시들은 주춧돌부터 파괴되어 우물과 우뚝 솟은 궁전도 사라졌다!'"
레인 씨 역시 이 문구는 오해에 의한 것이거나, 고의로 이야기 지은이에 의해 왜곡된 것이라고 했다.

성전을 고의적으로 본뜻과 달리 해석하는 것은 이슬람교도들 사이에서도 매우 흔한 일로, 그들의 수사학 일부분을 이루고 있다. 그러나 여기서는 그렇지 않다. 폰 함머(트레뷔티앙 역 제2권)에 의하면, "동양의 지리학자들은 비르 알 무탈랄(Bir al-Mu'utallal, 무너진 우물)과 카스르 알 마시드(Kasr al-Mashid, 높게 쌓인 성)는 하즈라마우트 지방에 있다고 했고, 이런 이름이 있는 유적 또는 폐허가 무엇인지를 알기 위해서는 니부르 같은 연구가의 재현을 기다려야 할 것"이라고 한다. 트레뷔티앙의 본문에서는 puits arides et palais de plâtre(파괴된 우물과 석고 궁전이라는 뜻)라고 되어 있다.

레인은, 마시드는 대체로 '석고를 발랐다'는 뜻이라고 주석하고 있지만, 여기서는 Mushayyad, 즉 '우뚝 솟은'이라는 의미이다.

알 마수디도 역시 이 두 장소에 대해 언급하고 있으며, 알 카즈위니에도 나온다(858번째 밤 참조). 이 두 작가는 직접 《코란》을 인용하여 그것에 대해 언급한 것이다.

*39 이러한 소박한 '자기선전'은 동양에서는 일상적인 것으로, 신하의 비굴한 말투—'당신의 노예' 등—와 좋은 대조를 이룬다.

*40 다울라트(Daulat, 다울라(Dawlah)가 아니다)는 영인어의 도울라트(Dawlat)이며, 원래는 '영고성쇠(榮枯盛衰)'를 의미한다. 여기서 운명, 제국, 왕국 등에도 사용된다. 하툰(Khatun)은 '귀부인'이라는 뜻으로, 앞에서도 주석한 것처럼 터키식 방법에 따라 이름 뒤에 붙인다.

*41 알 쿨줌(Al-Kulzum)은 수에즈의 옛 이름. 수에즈는 그리스어의 클리스마(Clysma, 폐색(閉塞))에서 나왔으며, 수에즈만을 '쿨줌의 바다'라고 불렀다. 사이드 파샤(Sa'id Pasha)가 그 위에 키오스크풍의 궁전을 세운 곳에 커다란 석가산 형태로 남아 있는 폐허(즉, 오래된 도시)는 현재의 도시 북쪽에 있다. 스승인 세이스 교수는 이 석가산을 조사하고, 그 속에서 발견된 로마인의 유물에서, 그것이 고대 이집트인이 건설한 담수운하의 오래된 유출구—도시 부근에 있었다—를 지키는 보루라고 단정했다.

〔사이드 파샤는 1854년에 이집트 통치자가 되어 수에즈 운하 건설안을 지지하고 드레셉스에게 그 개발특허를 주었다. 또 블라크 박물관의 창건자. 세이스(Archibald Henry Sayce)는 영국의 언어학자, 동양학자, 좁은 의미로는 아시리아 학자로서, 유익한 연구성과를 많이 발표했다. 1845~1933년.〕

*42 화요일.

*43 '무언가'라는 것은 아랍어로 하자(Hajah)이며, 정확하게는 필요한 물품이다. 브레슬라우판에 의하면 그것은 일종의 향료로, 그것을 피우면 마신의 아내를 불러낼 수 있었다.

*44 하팀(Hatim)은 아마 '검은 까마귀'라는 의미로 사용된 것이리라. 브레슬라우판(제4권)에는 하팀(Khatim)='도장반지'로 되어 있는데, 이것은 이 판의 수많은 오식(誤

植)의 하나에 지나지 않는다.

*45 생사 또는 평사(平絲), 푼사(floss-silk)는 아랍어의 아브리삼(Abrisam) 또는 이브리삼(Ibrisam)으로, 페르시아어의 Abrisham 또는 Ibrisham에서 나왔으며, 생사 또는 푼사, 즉 꼬지 않은 명주실을 말한다.

*46 이 기사도적인 방법은 명백하게 동양에서 빌려서 쓴 것으로, 기사도 이야기에 많이 등장한다. 이를테면 Sir Tristram[아서 왕 이야기 속 원탁기사의 한 사람]이 이손데(Ysonde, Isentt)와의 사이에 칼을 두고 함께 누워 있는 모습이 마크 왕에게 발견되었을 때, 트리스트람은 이렇게 소리쳤다.

> Gif they weren in sinne
>    Nought so they no lay.

(만일 두 사람이 죄를 범하고 있는 거라면, 그런 식으로 눕지 않는다는 뜻)
또 이런 이야기도 들었다.

> Sir Amys and the lady bright
>    To bed gan they go;
> And when they weren in bed laid,
> Sir Amys his sword out-brayed
> And held it between them two.

(아미 경과 아름다운 부인이 침대에 들어갔다.
두 사람이 침대에 누웠을 때,
아미 경은 칼집에서 칼을 빼어 두 사람 사이에 그것을 쥐고 있었다)

이 글은 아미와 아밀룬(Amyloun)의 고대 프랑스 이야기에 나온다. 그리고 이것은 《7현인》 속 '까마귀 이야기'에도 도입되어, 루드빅이라는 남자가 친구인 알렉산더로 변장하여 이집트 왕의 딸과 결혼한 뒤, 매일 밤 신부와의 사이에 칼을 두고 잔다. 《알라딘, 또는 신기한 램프》도 참조하기 바란다.

어떤 영국인은 이렇게 말했다. "칼 따위는 함께 자는 남녀에게는 그다지 방해가 되지 않는다"고. 즉, 칼은 단순히 젊은 왕의 체면을 상징하고 있었던 것에 지나지 않는다.

[버턴은 아미와 아밀룬(Amys and Amyloun)이라고 했지만, 이 12, 3세기 무렵 프랑스의 유명한 옛날이야기는 보통 아미와 아밀(Amis et Amiles)이라고 쓰여 있다. 여러 가지 언어로 옮겨졌기 때문에 철자도 제각각 다른 것이리라. 영국의 페이터가 쓴 명저 《르네상스》에는 이 이야기가 상당히 상세하게 평설되어 있다.

*47 카민 알 바라인(Kamin al-Bahrayn)의 카민은 브레슬라우판에는 바인(Bayn)으로 되어 있으며 '중간'이라는 뜻. 알 바라인은 '매복장소' 또는 '두 바다의 숨어 있는 곳'이라는 뜻. 도시 이름 아마리야('Amariyah)는 레인의 책에서는 에마리치('Emareeych)

라고 되어 있는데, 이것은 가공의 도시다. 단 '인구가 조밀한'이라는 의미가 있는 에마레(Emareh, 이마라('Imarah))에서 나왔다.

트레뷔티앙은 (제2권) 브레슬라우판의 항구 이름 아마르(Amar)를 따서 "le lieu de refuge des deux mers"[두 바다의 피난처]라고 번역하고 있다.

* 48 무인 알 딘(Muin al-Din)은 무이누딘(Muinuddeen)이라고 발음한다. '신앙을 돕는 자'라는 뜻.
* 49 페르시아어에는 '복종의 대지에 입을 맞추다'라고 하는, 더욱 완전한 비유적인 형식을 볼 수 있다.
* 50 바다의 노인에 대해서는 《뱃사람 신드바드》 제6권을 보기 바란다. [이 책 '선원 신드바드와 짐꾼 신드바드' 이야기의 '뱃사람 신드바드의 다섯 번째 항해'와 그 주석 56 참조.]
* 51 레인은 [버턴의 홍겹게 in the merriment of drunkenness에 대하여] '술에 잔뜩 위해서 생긴 홍겨운 기분 때문(by reason of the exhilaration produced by intoxication)'이라고 번역했는데, 본문의 아랍어에서는 해운(諧韻)을 전혀 볼 수 없다. 이 문장은 또, 악의없는 에티오피아인과 중앙아프리카 종족들의 음주벽도 시사하고 있다. 중앙아프리카의 추장쯤 되면, 정오가 지나면 거의 어김없이 술에 취해 있다. 영국에서도 음주에 대해서는 상당히 말들이 많지만, 이러한 애주가 흑인에 비하면 영국인은 명함도 못 내민다. 운얌웨지(Unyamwezi)에서 나는 술꾼의 붙박이식 침대와 나무껍질로 만든 침상이 모두 20도 정도의 각도로 기울어져 있는 것을 발견했다. 그것은 그곳에 사는 사람들이 마시는 폼베(오시리스 신의 맥주)가 든 큰 술통을 여는 데 편리하기 때문이다. 또 남성 전체에 대해서는 comminxit lectum potus[술에 취해 이부자리를 오줌으로 더럽힌다는 뜻]라고 말할 수 있을 것이다.
* 52 이것은 과장이 아니다. 나는 헤브론(Hebron)에 머물던 중 무거워서가 아니라 상처가 나지 않도록 두 남자가 장대로 커다란 포도송이를 운반해 가는, 성서적(聖書的)인 광경을 목격한 적이 있다. [헤브론은 팔레스타인의 한 도시로, 예루살렘 남쪽 약 20마일 되는 곳에 있다.]
* 53 맥나튼판과 부르판에는 "그리고, 자신과 매우 닮은 다른 사람들을 많이 거느리고 있었다"고 덧붙여져 있는데, 브레슬라우판에는 이 문구가 생략되어 있다. 뒤의 문장에서 알 수 있듯이, 식인귀는 한 사람밖에 없었다.
* 54 아마 눈구멍에서 눈알을 파내는 더할 수 없이 잔인한 페르시아인의 행위를 말하는 것인 듯하다. 환관왕 아가 모하메드 샤(Agha Mohammed Shah)가 수많은 아스테라바드인(Asterabadian)을 맹인으로 만든 것에 대해서는 키르만[케르만이라고도 한다]과 몰리에르 점거에 대한 존 말콤 경(Sir John Malcolm)의 기술을 참고하기 바란다. 바치나레(bacinare, 즉, 새빨간 부젓가락으로 태우는 것)라는 중세 이탈리아의 관행도 페

르시아에서 나왔음을 덧붙이고자 한다.

〔페르시아 왕 아가 모하메드 샤는 재위 1795~98년, 그 자신이 환관이었는데 몹시 잔학했다. 말콤은 영국의 인도행정관으로, 페르시아 대사를 세 번 역임하고 봄베이〔뭄바이〕 지사에도 임명되었다. 귀국한 뒤 하원의원이 되었다. 《페르시아 소묘》《페르시아 역사》《중앙 인도의 추억》 그 밖의 저서가 다수 있다. 1769~1833년.〕

* 55 시어빠진 우유는 아랍어로 라반(Laban)이라 하며, 할리브(Halib)에 대응하는 말이다. 774번째 밤에서는 보통 우유, 즉 달콤한 우유에도 라반이라는 말이 사용되어 있는데, 그 밖에도 이런 예를 들 수 있다.

우유를 마시는 모든 인종(galaktophagi)은 자신의 배 속에서보다 밖에서 발효시키는 것을 좋아하므로, 달콤한 〔생〕우유보다 인위적으로 새콤하게 만든 것을 선호한다. 소말리인들은 남녀노소 할 것 없이, 한 방울이라도 생우유를 마시는 일이 없다. 그들은 우리가 우유를 커피용으로 따뜻하게 데우는 것에 대해서도 강력하게 반대했다.

* 56 트레뷔티앙에서 이 식인귀는 '굴 엘리페니운(Goul Eli-Fenioun)'이라 불리고 있고, 폰 함머는 "이 사건은 모두 폴리페무스 동굴에서의 율리시스의 모험을 명백하게 모방한 것으로, 그 일은 이름의 유사성을 드는 것만으로 충분히 증명할 수 있다…… 또 이에 의해 아랍인이 호메로스의 시를 잘 알고 있었던 것이 뒷받침된다"고 했다. 〔폴리페무스는 율리시스, 즉 오디세이아를 구멍에 가둔 식인종의 수장으로, '엘리페니운'과 같다.〕

아랍인은 그리스인과 함께 친하게 살았으므로, 호메로스의 《일리아드》와 《오디세이》를 무시할 수 없었다. 아니, 그뿐만 아니라 전해지는 바로는, 현재는 없어졌지만 아랍어 번역도 있었다고 한다. 그렇지만, 나는 '율리시스와 폴리페무스의 이야기는 동방에서 온 것일지도 모른다'는 레인의 추측은 인정할 수 없다. 아마도 이 신화는 이집트에서 나온 것이리라. 왜냐하면 일리아드의 글머리는 펜타우르(Pentaur) 서사시의 글머리와 똑같기 때문이다.

* 57 브레슬라우판에서는 배는 난파하지 않고 사이드를 무사히 육지로 실어주었다.

* 58 《샤나마 Shah-namah》에서도 마찬가지로 시무르그 새(Simurgh-bird)가 자신을 감싸주고 보호해 주는 사람 자르에게 자신의 깃털을 하나 준다. 그러자 이 새가 필요할 때마다 깃털을 불 속에 던진다. 〔이 책 '바그다드의 짐꾼과 세 여자' 이야기 주석 108 참조.〕

* 59 《코란》 제35장. 창조주(파티르(Fatir)) 또는 천사. 최초의 시와 관련하여 이 이름이 있다. 〔즉, 최초의 1행에 '천지의 창조자 신을 찬양하라!'고 되어 있으므로.〕

* 60 브레슬라우판에서는 사이프 알 무르크는 사캬, 즉 수차의 부드러운 소리에 끌려서, 나무 그늘에서 잠이 들어버린다. 그러자 바디아 알 자마르 공주는 그가 자는 모습을 보고 당장 사랑에 빠져 눈물을 흘리는데, 그 눈물 한 방울이 사이프의 이마 위에 떨

어진다……고 되어 있다. 시의 낭송이 길게 이어지는 이 정경은 매우 절묘하게 표현되어 있다.

*61 한입(mouthful)은 아랍어로 루크마(Lukmah)이며, 빵, 음식, 과일 또는 과자류 등의 한입(bouchée)을 말한다. 특히 한 손으로 뭉친 쌀밥에 사용되는데, 그것을 다정하게 친구의 입안에 넣어주는 것이다. 〔옛날 아라비아와 이집트에서는 식사 때 젓가락이나 숟가락 같은 것은 절대 사용하지 않았다.〕

*62 헝겊신(a pair of sandals of cloth)은 아랍어로 사르무자(Sarmujah)이며, 함머 경은 사전류가 이 말을 무시하고 있다고 말했다. 드지는 Sarmuj, Sarmuz, Sarmuzah의 형태에 대해 언급하며, "espèce de guêtre, de sandale ou de mule, qu'on chausse par-dessus la botte"라고 설명하고 있다. 〔위의 프랑스어 문장은 '게토르, 샌들 또는 장화 위에 신는 오버슈즈의 일종'이라는 뜻.〕

*63 마음으로부터 복종한다는 표시로.

*64 이집트는 아랍어로 미스르(Misr)라 하며, 이븐 할둔(Ibn Khaldun)에 의하면 그 주민들이 정착하여 문명화한 나라를 가리킨다. 여기서 남수르(Namsur)='우리는 정착한다'와 암사르(Amsar)='식민된 지방' 같은 말이 나왔다.

알 미스라인(Al-Misrayn)은 정복자 아라비아와 피정복자 페르시아의 국경에 오마르 교주가 창건한 두 개의 병영 바스라와 쿠파의 관칭(冠稱)이다. 이러한 병영에는 무함마드 밑에서 싸운 강병들이 주둔하고 있었다. 그러나 이윽고 동양의 노획물에 의해 훌륭한 도시로 변모하여 사치와 학문이 나란히 발전했다.

슈프렝거(《알 마수디》)는 교회법상에서 예루살렘, 알렉산드리아, 안티오케(Antioch) 같은 초기 그리스도교회와 그 도시들을 비교하고 있다. 어쨌든 이슬람교도들은 자유에 대한 열망에 불타올랐고, 전제군주 알 하자지의 치하에 있었던 쿠파는 10만 명에 이르는 불온분자들을 잃어버리고, 결국 독립의 염원도 헛되이 사라지고 말았다. 초기 그리스도교도에 대해서는 일단 그런 일은 있을 수 없는 일이고, 그들은 소수의 지조 있는 순교자를 제외하고는, 역사상에는 pauvres diables et poules mouillées〔말할 수 없이 가난한 데다 기개가 없다는 뜻〕로서 나타나, 늘 세상은 곧 끝날 것이라는 더할 수 없이 무지하고 해로운 공상에 의해 정신을 압박받고 있었다.

*65 즉, 팔리기를 기다리면서, 동시에 미혼자로서의 끔찍한 처지에 청춘을 헛되이 낭비한다는 의미이다.

*66 푸른 대장(Azrak)은 푸른색 또는 감색이라는 뜻. 여기서 항의하는 것은 부당하지만, 이 기회에 독자에게 바르 알 아즈라크(Bahr al-Azrak, 푸른 강)를 '푸른 나일'이라고 번역해서는 안 된다고 말해 두고 싶다. 아랍인들은 일찍이 누구도 바르 알 아즈라크를 그런 이름으로 생각하지도 않았고, 그것과 '흰 나일'을 대조시키는 일도 없었다. 이 푸른 나일의 명칭은 아비시니아 사람 브루스(Bruce)가 사실인 것처럼 거짓으로 꾸

민 것. 그는 자신이 퍼뜨리고 있는 그것이 거짓임을 잘 알고 있었다. 그런데도 터무니없는 허영심과 자존심―여러 가지 고결한 특성, 특히 용기와 자만과 기묘하게 대조를 이루고 있다―때문에 위와 같이 거짓으로 꾸몄고, 그 밖에도 수많은 여행담〔허풍〕을 제멋대로 지어내기도 했다.

〔브루스는 '아비시니아 사람'이라는 별명으로 불렸던 제임스 브루스를 가리킨다. 그는 런던에서 술장사를 하다가, 1768년에 유명한 아비시니아 여행을 감행했다. 그 기행문은 《나일의 수원지를 찾기 위한 여행 Travels to Discover the Sources of the Nile》 전 5권으로 1790년에 간행되어 세상으로부터 엄청난 갈채를 받았다. 그러나 아비시니아인의 터무니없이 기이한 습관과 기괴한 이야기―이것이 버턴의 새빨간 거짓말이지만―로 가득했기 때문에, 이를테면 존슨 박사 같은 지식인들은 당시에 일찌감치 거짓으로 꾸며낸 이야기라면서 비난했다. 1730~94년.〕

*67 이것은 정통파 이슬람의 교의로, 그리스도교에 의해 순진하게도 경멸당한 인간성의 존엄함을 옹호하는 것이다. 동양에서의 이슬람교적인 존엄성과 그리스도교적인 비굴성의 대비는 거의 장님 여행가에게도 뚜렷하게 드러난다.

〈역주〉
(1) 술라이만 빈 다우드는 아랍어로 '다윗의 아들 솔로몬'과 같다.

## 바소라의 하산*¹

그 옛날 바소라에 두 아들과 어마어마한 재산을 가진 상인이 살고 있었는데, 이윽고 때가 와서 만물을 다스리시는 알라의 부름을 받아 세상을 떠났습니다.

두 아들은 장례를 치르고 아버지의 유해를 매장한 뒤 정원과 재산을 공평하게 분배했습니다. 그리하여 저마다 자기 몫을 자본으로 가게를 차렸습니다.*²

형은 하산이라고 하며 타고난 미모와 단아한 자태에 흠 잡을 데 없는 우아함을 몸에 지니고 있었지만, 얼마 되지 않아 방탕아들과 음란한 여자들과 어울려 정원에서 희롱하면서 몇 달을 술과 노름, 여자에 몰두하느라, 죽은 아버지처럼 장사에 정성을 기울이지 않았습니다.

갑자기 어마어마한 재산이 굴러들어와 마음이 들떴던 겁니다. 이윽고 하산은 현금을 모두 써 버리자 이번에는 토지와 집을 팔아서 건달들과 놀아났습니다. 그러다 마침내 무일푼이 되자 친구들은 한 사람도 남김없이 모두 떨어져 나갔습니다.

하산은 과부가 된 어머니와 함께 굶주린 배를 끌어안고 사흘을 지낸 뒤, 나흘째 되는 날에 정처 없이 길을 걸어다니다가 아버지의 친구를 만났습니다. 아버지 친구가 묻는 대로 사정을 죄다 이야기하니 그 친구가 말했습니다.

"하산, 나에게 금세공을 하는 아우가 있는데, 만일 네가 뜻이 있다면 그곳에 데려가서 장사를 가르쳐 달라고 부탁해 주마."

하산은 그 말을 듣고 아버지 친구와 함께 금세공사를 찾아갔습니다.

"이 젊은이는 내 친구의 아들인데 네 기술을 좀 가르쳐줘라."

그리하여 하산은 금세공사의 집에서 살며 장사에 열중했고, 알라께서도 돈벌이의 문을 열어주시어, 얼마 뒤 자신의 가게를 낼 수 있게 되었습니다.

어느 날 하산이 시장에 있는 가게에 앉아 있으니, 흰 수염을 길게 늘어뜨리고 머리에 흰 터번*3을 감은 상인 차림의 한 페르시아인이 나타나서 고개를 살짝 숙여 인사했습니다.

그리고 가게의 세공물을 구경하면서 손에 들고 살펴보기도 했는데, 물건이 마음에 들었던지 그가 고개를 끄덕이며 물었습니다.

"오, 당신은 정말 훌륭한 금세공사로군. 이름은 무엇이오?"

"하산."

하산이 무뚝뚝하게*4 이렇게 대답하자 그 페르시아인은 여전히 물건을 들여다보고 있었습니다.

하산은 무관심한 얼굴로 낡은 옛날 책을 들고 열심히 읽고 있었는데, 길을 가던 사람들은 걸음을 멈추고 하산의 아름답고 우아한 외모와 나무랄 데 없는 남자다운 태도에 곧잘 한눈을 팔곤 했습니다.

이윽고 오후 기도시간이 되어 가게 앞에 사람들의 발걸음이 뜸해지자 페르시아인은 하산에게 다가와서 말을 걸었습니다.

"오, 젊은 양반, 당신은 참으로 미남이군. 그런데 그건 무슨 책인가? 당신에겐 아버지가 없다고 하던데, 나는 아들이 없다네. 그리고 나는 이 세상에 둘도 없는 특별한 기술을 갖고 있다네."

―여기서 날이 밝아왔으므로 샤라자드는 이야기를 그쳤다.


## 779번째 밤

샤라자드는 이야기를 계속했다.

오, 인자하신 임금님, 페르시아인은 말을 이었습니다.

"어중이떠중이들이 그 기술을 가르쳐 달라고 나한테 오지만, 나는 아직 어느 누구에게도 가르쳐주지 않았지. 하지만 자네에게만은 가르쳐주고 싶은 생각이 드는군. 아마도 자네에게 마음이 끌려 애정이 생긴 듯하네.

그래서 난 자네를 내 아들로 삼아 자네를 가난에서 구해 주고 싶네. 그러면 자네는 이런 장사를 걷어 치워도 될 것이고, 따라서 쇠망치와 모루, 숯과 불을 가지고 고생하는 일도 없게 될 테니까 말이야."

하산이 물었습니다.

"오, 나리, 언제 가르쳐주시겠습니까?"

"내일, 인샬라! 내일 일찍 오겠네. 그리고 자네가 보는 앞에서 이 구리로 순금을 만들어 보이지."

이 말을 듣자 하산은 매우 기뻐하며 해가 저물 때까지 페르시아인과 이야기를 나누었습니다.

저녁때가 되자 하산은 페르시아인과 작별하고 어머니에게 돌아가서 인사를 한 다음 함께 저녁을 먹었습니다. 하지만 하산은 낮에 만난 페르시아인의 말에 자꾸 정신이 팔려 어머니가 무슨 말을 해도 귀에 들어오지 않았습니다. 어머니가 이상하게 여기고 그 까닭을 묻자, 아들은 페르시아인과의 사이에 있었던 일을 얘기해 주었습니다. 그러자 어머니는 불안한 마음이 들어 아들을 끌어안으며 말했습니다.

"하산아, 남의 이야기는 항상 조심해서 들어야 한다. 특히 페르시아인이 하는 말은 여간해서 귀를 기울여선 안 된다. 그 사람들은 사기꾼들이라 연금술*5을 가르쳐주는 척하면서 사람을 속이고 돈을 우려내어 헛되게 써 버린단다."

"어머니, 우리는 가난뱅이라서 더는 뺏길 것도 없지 않습니까? 더구나 그 페르시아인은 참으로 정직하고 존경할 만한 노인으로, 얼굴에 그 인품이 잘 나타나 있더군요. 알라께서 그분의 마음을 저에게 보내주셔서 그 사람의 아들이 되게 해 주신 거예요."

어머니는 안타깝다는 듯이 입을 다물고 말았습니다. 그러나 하산은 페르시아인의 말에 가슴이 설레어 그날 밤을 거의 뜬눈으로 지새웠습니다. 매우 기뻐서 잠을 이룰 수 없었던 겁니다.

다음 날 아침 하산이 일찍 일어나 열쇠를 갖고 시장으로 가서 가게 문을 열자 페르시아인이 나타났습니다. 하산이 일어나서 그 손에 입을 맞추려고 하자 페르시아인은 그를 밀어내며 말했습니다.

"하산, 어서 도가니를 준비하고 풀무질을 하게."

하산이 시키는 대로 준비를 하고 숯불을 피우자 페르시아인이 물었습니다.

"아들이여, 구리는 없나?"

"깨진 구리 접시가 있습니다."

그는 그것을 가져오게 하여 가위로 잘게 잘라서 도가니 속에 넣더니 세게 풀무질을 하라고 시켰습니다.

이윽고 구리가 녹아서 부글부글 끓자 페르시아인은 터번 속에 손을 넣어 차곡차곡 접은 종이를 꺼내더니, 그것을 펴서 눈썹에 칠하는 콜 가루[*6]처럼 생긴 노란 가루를 반 냥가량 도가니 속에 넣었습니다.

그리고 나서 다시 풀무질을 세게 하라고 하여 하산이 그렇게 했더니 도가니 속 구리가 어느새 금덩어리로 변해 있는 게 아니겠습니까?

하산은 크게 놀라면서도 매우 기뻐서 머리가 어질어질해졌습니다. 그는 도가니에서 그 덩어리를 꺼내 만져 보기도 하고 줄로 쓸어 보기도 했지만, 정말 불순물이 전혀 없는 순금이었습니다. 하산은 기쁨이 벅차올라 어찌할 바를 모르다가 페르시아인의 손에 입을 맞추려고 허리를 구부렸습니다. 그러나 페르시아인은 그를 가로막으면서 물었습니다.

"자넨 아내가 있나?"

"아니, 아직 없습니다."

"이 금괴를 시장에 내다 팔고 그 값을 갖고 급히 돌아오게. 아무 말도 해서는 안 되네."

하산은 즉시 시장에 가서 거간꾼에게 금괴를 건넸습니다.

거간꾼이 그것을 시금석에 걸어보더니 진짜 순금인지라 금화 1만 닢에 경매가 시작되었고, 점점 값이 뛰어올라 마침내 1만 5천 닢[*7]에 낙찰되었습니다.

하산은 금값을 쥐고 집으로 돌아가서 그 모든 일을 어머니에게 이야기했습니다.

"오, 어머니, 저는 참으로 신기한 기술을 배웠습니다."

그러나 어머니는 그저 웃으면서 이렇게 말할 뿐이었습니다.

"오, 위대하신 알라 외에 주권 없고 권력 없다."

―여기서 날이 훤히 밝아왔으므로 샤라자드는 이야기를 그쳤다.

### 780번째 밤

샤라자드는 이야기를 계속했다.
오, 인자하신 임금님, 순진하기 짝이 없는 하산은 집에서 금속제 우유 그릇을 갖고 가게로 돌아가서 아직도 그곳에 앉아 있는 페르시아인 앞에 내놓았습니다.
"오, 하산, 이건 뭔가?"
"이것을 불 속에 넣어서 또 금덩어리를 만듭시다."
페르시아인은 껄껄 웃으면서 말했습니다.
"오, 하산, 하루 사이에 순금 덩어리를 두 개씩이나 시장에 내놓으려고 하다니 자네 악마에게라도 홀린 게 아닌가? 그런 짓을 하다간 세상 사람들이 우리를 의심해서 죽이려고 할걸. 그런데 하산, 이 기술을 나에게서 배우더라도 1년에 한 번 밖에 사용해선 안 돼. 그것만으로도 1년 비용은 충분히 쓸 수 있을 테니까."
"옳은 말씀입니다, 나리."
그리고 가게 앞에 앉아 도가니를 준비하고 불에 숯을 집어넣었습니다.
"자네 뭘 하려고 그러나?"
"그 기술을 배우려고 그럽니다."
그러자 페르시아인은 웃으면서 소리쳤습니다.
"오, 위대하신 알라 외에 주권 없고 권력 없다."
그리고 이렇게 말했습니다.
"하산, 자네는 소견머리가 어지간히 없군. 이래서야 이 귀한 기술을 어찌 배울 수 있겠나? 하필이면 오가는 사람들이 많은 거리나 시장에서 그런 기술을 배우려는 사람이 어디 있어? 여기서 그런 짓을 하면 금방 우리가 연금술을 하고 있다는 소문이 나서 틀림없이 관원들 귀에 들어가고 말 걸.[*8] 그렇게 되면 우리의 목숨은 순식간에 날아가 버리고 만다. 지금 당장 이 비밀을 알고 싶거든 나와 함께 우리 집에 가자."
그래서 하산은 가게 문을 닫고 페르시아인과 함께 나섰습니다. 그러나 도중에 어머니의 말이 생각나서 여러 가지로 망설이며 고개를 갸우뚱거리고 있으니, 페르시아인이 뒤돌아보고 웃으면서 말했습니다.

"아니, 자네 별안간 돌았느냐? 대체 왜 그러는 거냐? 나는 좋은 일을 해주려고 하는데 나쁜 일이라도 당할까 봐 겁을 집어먹다니."
 그리고 곧 이렇게 덧붙였습니다.
 "우리 집으로 가는 게 정 걱정이 된다면 너희 집에 가서 가르쳐주마."
 "그렇게 해 주시면 정말 고맙겠습니다."
 "그럼, 안내하게나."
 그리하여 하산은 페르시아인을 자기 집으로 데려가서 문 앞에 세워 두고, 혼자 안으로 들어가 어머니에게 페르시아인이 왔음을 알렸습니다.
 어머니가 두 사람을 위해서 집 안을 치우고 깔끔하게 장식하자, 하산은 어머니에게 이웃집에 가 계시라고 부탁했습니다.
 어머니가 나가자 하산은 페르시아인을 불러들였습니다. 노인은 고개를 살짝 숙여 인사하고 집 안으로 들어왔습니다.
 하산은 접시를 들고 시장에 가 먹을 것을 사 와서 페르시아인 앞에 늘어놓았습니다.
 "자, 드십시오. 이것을 드시면 우리 사이는 빵과 소금의 의리로 맺어지는 것이니, 그 의리를 배신하는 자는 천벌을 받게 됩니다."
 그러자 페르시아인도 미소를 지으며 대답했습니다.
 "그렇군! 오, 하산, 그러나 빵과 소금의 공덕과 가치를 과연 누가 진정으로 알고 있을까?"[9]
 그런 다음 하산과 함께 음식을 먹었습니다. 식사가 끝나자 페르시아인이 말했습니다.
 "오, 하산, 과자를 좀 다오."
 하산은 상대가 과자를 원하자 기뻐하며 시장에 가서 열 접시나 되는 양의 과자를 사 와 둘이서 먹었습니다. 이윽고 페르시아인이 말했습니다.
 "알라께서 너에게 듬뿍 보상을 내려주시기를! 오, 너와 같은 젊은이야말로 친구로서 교제하고 비밀도 가르쳐주고 도움이 되는 것을 가르쳐주는 보람이 있단 말이야."[10]
 잠시 뒤 페르시아인이 다시 말했습니다.
 "그럼 하산, 이제 가서 도구를 가져오너라."
 하산은 마치 이른 봄 풀밭에 풀어놓은 망아지처럼 집을 뛰어나가더니 가게로 달려가서 도구를 가져다가 페르시아인 앞에 늘어놓았습니다.
 그러자 페르시아인은 작은 종이봉지를 하나 꺼냈습니다.
 "하산아, 빵과 소금의 의리에 두고 맹세코 말한다만, 네가 내 친아들같이 귀엽지 않다면 이 기술의 비밀을 가르쳐주지는 않으리라. 나는 지금 이 종이봉지 속에 있는 것 말고는 연금약(鍊金藥)*11을 갖고 있지 않아. 하지만 이 다음에 재료를 조합해서 네 눈앞에서 이 약을 만들어 보여주마. 그런데 말이다. 오, 하산, 구리 10파운드에 이 종이봉지 속에 들어 있는 것을 반 드라쿰만 섞는 거란다, 알겠느냐? 그러면 10파운드의 구리가 10파운드의 순금이 된다."
 그리고 이내 다시 덧붙였습니다.
 "오, 하산, 이 종이봉지 속에는 이집트의 중량으로 3온스*12밖에 들어 있지 않다만, 떨어지면 또 많이 만들어다 주마."
 하산이 그 종이봉지를 받아 펴보니 안에는 지난번보다 훨씬 곱고 노란 가루가 들어 있었습니다.
 "오, 나리, 이 가루의 이름은 무엇이고 어디에 있으며 어떻게 만드는 겁니까?"
 하산이 묻자 페르시아인은 웃으면서 젊은 하산의 마음을 꽉 붙들고 놓아주지 않을 생각으로 이렇게 말했습니다.
 "무슨 소리를 하느냐? 너는 참 넉살도 좋구나. 그따위 잔소리는 그만하고 일이나 시작하자."
 하산은 일어나 집 안에서 놋쇠 접시를 가져와 잘게 썰어서 도가니 속에 넣었습니다. 그리고 종이봉지 속 가루를 조금 뿌리자 놋쇠는 금방 순금 덩어리로 바뀌었습니다.
 하산은 그것을 보고는 뛸 듯이 기뻐서 마음이 들뜨는 통에, 금 말고 다른 것은 아무것도 생각할 수 없게 되고 말았습니다.
 하산이 도가니에서 금덩어리 꺼내는 일에만 몰두하고 있는 틈을 타서, 페르시아인은 급하게 그레이트 섬에서 나는 마약봉지를 터번 속에서 꺼냈습니다. 그 마약의 냄새를 맡으면 코끼리라도 며칠 동안 정신없이 잠이 든다는 약이었습니다. 페르시아인은 그것을 조금 잘라 과자 속에 넣고 말했습니다.
 "하산, 너는 내 아들이 되었으니 나는 이제 내 영혼보다, 내 재산보다 네가 더 소중하다. 그런데 나에게는 천하에 둘도 없는 절세미인이자 나무랄 데 없는 성품을 지닌 딸이 하나 있다. 내가 본 바로 아무래도 너와 그 아이는 잘 어울리는 부부가 될 수 있을 듯하구나. 그러니 알라의 뜻에만 맞는다면, 너에게 내 딸을 짝지어주고 싶구나."

"저는 이제 나리의 노예입니다. 나리께서 저에게 잘해 주신다면 전능하신 알라께서 더욱 기뻐하실 겁니다."

"오, 아들아, 언젠가 쥐구멍에도 볕들 날이 있을 테다."

그러면서 페르시아인이 하산에게 과자를 권하자 하산은 그것을 받은 뒤 페르시아인의 손에 입을 맞추고, 바로 다음에 무슨 일이 일어날지도 모르는 채(미래의 일은 미래의 신밖에 모르시니까요) 과자를 입에 넣었습니다.

하산은 그 과자를 먹자마자 바로 정신을 잃고 그 자리에 쓰러져 버렸습니다. 페르시아인은 하산의 가련한 꼴을 매우 흐뭇한 듯이 바라보며 말했습니다.

"마침내 내 덫에 걸리고야 말았구나. 이 저주받을 썩은 고깃덩이 같은 놈! 이 짐승 같은 아라비아 놈! 내가 오랫동안 너를 찾아 헤맨 끝에 드디어 이제서야 찾아냈어! 요놈의 하산!"

—여기서 날이 훤히 밝아왔으므로 샤라자드는 이야기를 그쳤다.


## 781번째 밤

샤라자드는 이야기를 계속했다.

오, 인자하신 임금님, 페르시아인은 옷자락을 걷어 올린 다음, 하산의 두 손 두 발을 한꺼번에 묶어서 궤짝에 넣고 밖에서 자물통을 채웠습니다.

그런 다음 또 하나의 궤짝을 비우더니, 그 안에는 하산이 갖고 있던 값나가는 물건 전부와 하산이 조금 전에 간직해 두었던 첫 번째 금괴의 값 1만 5천 닢, 그리고 두 번째 금괴를 집어 넣었습니다. 그리고 시장으로 달려가 인부를 데리고 와서 궤짝 두 개를 지게 하여 도성에서 그리 멀지 않은 장소로 얼른 달아났습니다.

거기서 그는 궤짝을 바닷가에 내려놓았는데, 바로 옆에는 배 한 척이 닻을 내리고 있었습니다. 이 배는 페르시아인이 미리 빌려서 준비해 둔 것으로 선장은 벌써 그가 오기를 기다리고 있었습니다.

승무원들은 페르시아인의 모습을 보고 배에서 나와 궤짝 두 개를 배 안에 실었습니다. 페르시아인은 선장을 향해 외쳤습니다.

"자, 출범이다. 모든 일이 원하는 대로 이루어졌으니까."

선장은 선원들에게 고함을 쳤습니다.

"닻을 올려라! 출범이다!"

배는 닻을 감아올리고 순풍을 받으며 먼바다로 미끄러져 나갔습니다.

한편 하산의 어머니는 저녁 무렵까지 하산이 데리러 오기를 기다렸으나 아들은 도무지 소식이 없었습니다. 기다리다 못한 어머니가 집에 돌아가 보니, 문은 모두 활짝 열려 있고 집 안에는 사람 그림자조차 없었습니다. 게다가 궤짝 두 개와 돈푼깨나 나가는 물건까지 사라지고 없었습니다.

그 광경을 본 어머니는 아들이 사라진 일과 미리부터 걱정하고 있었던 재난이 아들에게 닥친 것을 알고, 자기 얼굴을 때리고 옷을 쥐어뜯으며 슬프게 탄식했습니다.

"아, 내 아들, 아, 슬퍼라, 내 소중한 생명의 열매여!"

그리고 이런 시를 읊었습니다.

참고 견딜힘 다하니 걱정만 커지고,
네가 가고 없으니 비탄만 느네.
오, 네가 사라진 그때
참고 견딜힘도 함께 사라졌노라!
희망의 끈 잃고서 내 어이 견디랴.
사랑하는 자식 잃고
내 어이 편안하게 잠을 이루랴?
비천한 몸으로 이 세상을
어떻게 능히 즐기랴!
네가 없으니 내 집은 쓸쓸하네.
너는 흐려 놓았도다, 그 샘물을.

겨레 가운데 영광이었던 너,
또한 나의 은혜, 내 기둥
온갖 역경의 비바람 속에서
나의 의지였던 너.
내 벗을 이 눈에서 빼앗긴 그날부터
나에게는 어두운 멸망뿐,
네가 돌아올 그날까지.

어머니는 새벽녘까지 구슬프게 울기만 했습니다. 아침이 되자 이웃 사람이 찾아와서 아들에 대해 물었습니다. 어머니는 페르시아인과의 일을 얘기해 주고, 두 번 다시 아들 얼굴을 볼 수 없게 되었다고 말했습니다.
그러고 나서 울면서 집 주위를 돌던 어머니는, 문득 벽에 글 몇 줄이 써져 있는 게 눈에 띄어서, 글을 아는 사람을 불러와 읽어 달라고 부탁했습니다. 그 내용은 다음과 같았습니다.

레이라의 망령, 밤에 나타났다,
내 꾸벅꾸벅 졸고 있는데.
새벽은 이미 가까운데
벗들은 사막에서 잠들어 있다.
그러나 내 잠이 깨어
밤의 망령을 좇으려 하니
이미 그림자도 없고 다만
보이는 건 아득히 먼 곳의 사원.[*13]

하산의 어머니는 이 시를 듣고는 비명을 지르며 소리쳤습니다.
"그렇구나, 오, 내 아들! 집은 호젓하고 사원은 멀기만 하다!"
이웃 사람들은 어머니가 슬픔을 참고 견디도록, 또 하루빨리 아들과 만날 수 있도록 기도하고 돌아갔습니다.
그들이 가버린 뒤 어머니는 밤이나 낮이나 하염없이 눈물로 지새웠습니다. 그러다가 마침내 어느 날 집 한가운데 무덤을 만들고 거기에 하산의 이름과 사라진 날짜를 써넣었습니다. 그때부터 낮이나 밤이나 그곳을 잠시도 떠나지 않고 무덤을 지켰습니다.

한편 하산과 페르시아인의 이야기로 돌아가서, 이 페르시아인은 사실 배화교도로서 이슬람교를 몹시 증오하여 자기 손에 들어온 자는 사정없이 모두 죽이고 있었습니다.

그는 음탕하고 비열한 악당이며 연금술의 광신자이자 점성술사이기도 했으며, 또한 숨겨진 보물을 찾아다니는 자였습니다. 그래서 시인도 그 사내를 이렇게 노래했습니다.

　　그놈은 개로다,
　　그 아비도 개, 그 할아비도 개.
　　개의 족속으로 태어났으니
　　착한 성질이 있을 턱이 없고
　　모기 한 마리에게도
　　쉴 곳을 주지 않네.
　　참으로 뭇 잡놈이 흘린
　　씨앗에서 생겨난 자로다.

이 저주받을 페르시아인의 이름은 배화교도의 바람이라고 하며, 해마다 이슬람교도를 한 사람씩 잡아서 자신을 위해 그 목을 잔인하게 베어버리곤 했습니다.

바람은 앞에서 말한 것처럼 금세공사 하산을 교묘하게 속여서 배에 태우고 새벽녘부터 어두워질 때까지 쉬지 않고 달렸습니다.

밤이 되자 바람은 배를 바닷가에 대었다가, 이튿날 해가 뜨자 다시 항구를 떠났습니다. 그리고 흑인 부하와 백인 노예들에게 하산이 들어 있는 궤짝을 가져오게 하여 뚜껑을 열고 젊은이를 끌어냈습니다. 그런 다음 식초를 맡게 하고 콧구멍에 가루를 불어넣으니 하산은 재채기하면서 마약을 토해냈습니다.

하산이 눈을 떠 좌우를 둘러보니 자기가 돛단배에 태워져서 바다 한복판에 끌려 나와 있고, 그 페르시아인이 옆에 앉아 있었습니다.

하산은 이 저주받을 배화교도가 자기를 속였다는 사실과 자신이 어머니가 예언했던 대로 그 위험에 빠지고 말았음을 깨달았습니다.

"오, 위대한 신 알라 외에 주권 없고 권력 없다! 진정 우리는 알라의 것이므로 다시 알라에게 돌아갈 테다. 오, 알라시여, 당신이 정하신 운명에 은총을 내리소서! 오, 삼계(三界)의 주님이시여! 이 재난을 견딜힘을 주소서!"

하산은 이렇게 외친 뒤 페르시아인을 돌아보며 조용히 말했습니다.

"오, 아저씨, 이게 대관절 어찌 된 일입니까? 빵과 소금의 의리와 당신이 저에게 맹세한 말은 어떻게 되었습니까?"

바람은 하산을 노려보면서 대답했습니다.

"이 개 같은 놈아! 나 같은 사람이 빵과 소금의 의리 따위를 알게 뭐냐. 나는 너 같은 젊은이를 이제까지 벌써 999명이나 죽였다. 너를 죽여서 1천 명을 채울 작정이다."

바람이 큰 소리로 고함을 치자, 하산은 운명의 화살이 이미 자기를 꿰뚫었음을 알고 입을 다물었습니다.

―여기서 날이 훤히 밝아왔으므로 샤라자드는 이야기를 그쳤다.

## 782번째 밤

샤라자드는 이야기를 계속했다.

오, 인자하신 임금님, 저주받을 페르시아인은 묶었던 끈을 풀어주고 물을 조금 먹여주었습니다. 그 모습을 바라보면서 마기교도는 웃으며 말했습니다.

"불과 빛, 그림자와 열의 공덕에 걸고 말한다면, 나는 설마 네가 내 그물에 걸릴 줄은 몰랐다. 그러나 불은 나에게 힘을 주셔서 너를 사로잡을 수 있게 해 주셨지. 나는 이렇게 소원을 성취하여 나라로 돌아가 너를 불의 여신 앞에 희생*[14]으로 바칠 참이다."

이 말을 듣고 하산이 소리쳤습니다.

"오! 너는 빵과 소금의 의리를 잘도 배신했구나!"

그러자 배화교도는 손을 들어 하산을 호되게 후려쳤습니다. 하산은 그 자리에 쓰러지면서 앞니를 심하게 갑판에 부딪쳐 눈물을 흘리며 정신을 잃고 말았습니다.

배화교도는 노예들에게 불을 피우라고 명령했습니다.

"불은 피워서 뭘 하려고 그러느냐?"

하산이 물으니 배화교도가 대답했습니다.

"이것은 빛나는 빛과 번쩍이는 빛의 여신이자 불의 여신이다! 내가 숭배하는 것은 바로 이 불이다! 너도 나처럼 이 여신을 받들 생각이라면, 내 돈 절반을 나누어주고 내 딸과 혼인시켜 주마."

그러나 하산은 불같이 화를 내며 소리쳤습니다.

"이 못된 영감! 너는 밤과 낮의 창조주이신 전능하신 알라 대신 불을 섬기는 이단인 배화교도로구나. 배화교는 여러 종문 중에서도 지옥으로 가는 가르침에 불과하다!"

이 말에 배화교도도 분개하여 고함을 쳤습니다.

"이 아랍 놈아! 네놈은 내 말을 듣지 않고 내 종문에 귀의하지 않겠다는 말이렸다!"

하산이 배화교도의 말을 들어줄 눈치가 보이지 않자 저주받을 배화교도는 일어나서 불 앞에 무릎을 꿇더니, 노예들에게 하산을 엎어 놓게 하고 가죽끈*15을 엮은 채찍으로 옆구리가 찢어지도록 때렸습니다.

하산은 비명을 지르며 구원을 청했지만 누구 하나 도와주러 오는 자는 없었고, 보호해 주기를 빌어도 누구 하나 보호해 줄 자가 없었습니다.

하산은 전능하신 알라의 이름을 부르며 선택된 예언자의 이름으로 구원을 청하다가 이윽고 더는 견딜힘도 다하고 말았습니다.

그는 폭포처럼 눈물을 흘리면서 다음과 같은 시를 읊었습니다.

오, 나의 신이여,
정하신 운명을 나는 참고 견디리라,
언젠가는 당신의 은총
내 머리 위에 내려오리니.

저들은 나를 학대하고 나를 배신하며
사악한 짓을 명하도다.
바라건대 더없이 높으신 은총으로
지나간 옛일 용서하소서.

　잠시 뒤 배화교도 바람은 흑인 노예를 시켜 하산을 일으켜 앉힌 뒤, 마실 것과 먹을 것을 가져오게 했습니다. 그러나 하산은 먹을 것이 앞에 있어도 손도 대지 않았습니다.
　바람은 항해하는 내내 밤낮으로 하산을 들볶았지만, 하산은 오로지 참고 견디며 영광에 빛나는 전능하신 알라 앞에 엎드려 기도를 드렸습니다. 그 때문에 배화교도의 마음은 더욱더 냉혹해져 갔습니다.
　그렇게 석 달이나 항해를 계속하는 동안 하산은 쉴 새 없이 고문을 받았습니다. 그러던 어느 날 전능하신 신이 이상한 바람을 보내서서, 바다는 갑자기 어두워지고 무섭고 세찬 바람이 불어닥쳐 집채만 한 파도가 배를 덮쳤습니다.
　이 광경을 보고 선장과 승무원들은 저마다 말했습니다.
　"이것은 틀림없이 저 젊은이 때문이다. 배화교도 페르시아인이 저 젊은이를 석 달 동안 줄곧 고문하고 학대했기 때문이야. 그러니 전능하신 알라께서 내버려 두실 까닭이 없지."
　그들은 이렇게 말하면서 배화교도에게 반란을 일으키고 그의 부하들을 모조리 죽여 버렸습니다.
　그것을 본 바람은 자신의 목숨도 위험하다는 사실을 알고 두려움에 몸을 떨었습니다. 그래서 그는 묶었던 끈을 풀어주고 하산이 그때까지 입고 있던 넝마 옷을 벗기고 다른 옷으로 갈아입혔습니다. 그리고 여러 말로 변명을 하고는 장차 연금술을 가르쳐서 고향에 보내주겠다고 약속했습니다.
　"오, 아들아, 내가 한 일에 대해 네가 보복하지는 않겠지?"
　"하지만 어떻게 또다시 당신을 믿을 수 있겠소?"
　"오, 아들아, 죄가 없으면 용서도 없는 거다. 사실 너의 인내력을 시험하려고 그런 일을 했을 뿐이다. 너도 알다시피 모든 것은 알라의 뜻에 달려 있지 않느냐?"

일이 이렇게 되자 선장과 선원들은 하산이 고문에서 해방된 일을 기뻐해주었고, 하산 역시 그들에게 축복을 기도하고 전능하신 신을 찬양하며 감사 기도를 올렸습니다.

그러자 신기하게도 바람은 이내 잠잠해지고 하늘은 활짝 개어서 배는 순풍에 돛을 달고 순조로운 항해를 계속했습니다.

이윽고 하산은 바람에게 물었습니다.

"오, 스승님, 대관절 어디로 가시는 겁니까?"

"'구름 산'으로 가는 중이다. 그곳에는 우리가 연금술에 쓰는 연금약이 있단다."

배화교도는 이젠 자기를 겁낼 일이 조금도 없다면서 불과 빛을 두고 맹세했습니다. 하산은 페르시아인의 말을 듣고 기뻐하면서 마음을 놓으며 가슴을 쓸어내렸습니다. 그리고 배화교도와 함께 밥을 먹고 잠도 자게 되었고, 페르시아인도 하산에게 자기 옷을 입혀주곤 했습니다.

그로부터 배는 다시 석 달 동안 항해를 계속한 뒤 흰색, 노란색, 푸른색, 검은색, 색색의 조약돌이 깔린 긴 해안에 닻을 내렸습니다. 바람은 춤이라도 출 듯이 기뻐하며 소리쳤습니다.

"오, 하산, 어서 배에서 내리자. 우리의 목적지에 도착했다."

하산은 일어나서 바람이 선장에게 짐을 부탁하는 게 끝나기를 기다려 함께 배에서 내려 뭍으로 올라왔습니다.

두 사람은 섬 안으로 깊숙이 들어가, 배가 그림자도 보이지 않을 만큼 먼 곳까지 나아갔습니다. 그러자 바람은 그 자리에 털썩 앉으며 품속에서 황금 문자가 새겨진 작은 구리 북[16]과 비단을 땋은 끈을 꺼내 그것으로 북을 둥둥 울렸습니다.

그러자 황야 저편에 모래먼지가 구름처럼 뭉게뭉게 솟아올랐습니다. 배화교도가 하는 짓을 이상한 눈으로 지켜보던 하산은 몹시 두려워져서 함께 뭍에 오른 일이 후회되어 얼굴빛까지 확 변했습니다.

바람은 그런 하산을 쳐다보면서 말했습니다.

"아들아, 왜 그러느냐? 불과 빛의 진실에 맹세코 나를 무서워할 것은 없다. 네 손을 빌리지 않으면 내 소원은 달성할 수 없다. 그렇지 않으면 너를 뭍으로 데리고 올라오지도 않았을 거다. 그러니 기뻐해라. 저 모래먼지 구름은 우리가 타고 갈 구름인데, 우리를 도와 이 황야를 지나가게 하고 도중에 곤란을 없애 줄 것이다."

—여기서 날이 훤히 밝아왔으므로 샤라자드는 이야기를 그쳤다.

## 783번째 밤

샤라자드는 이야기를 계속했다.
오, 인자하신 임금님, 그 모래먼지는 순식간에 암낙타 세 마리로 변하여 한 마리에는 바람이, 다른 한 마리에는 하산이 타고 나머지 한 마리에는 양식을 싣고 출발했습니다.
그리하여 다시 일주일을 나아가 널찍한 평원에 도착했습니다. 그곳에서 중앙으로 내려가자 황금 기둥 네 개가 받치고 있는 둥근 지붕이 나타났습니다.
두 사람은 낙타에서 내려 그 아래로 가서 식사하고 휴식을 취했습니다. 잠시 뒤 하산이 문득 옆쪽을 바라보니 먼 곳에 무엇인가 높은 물체가 보여서 페르시아인에게 물었습니다.
"저건 뭡니까?"
"궁전이다."
"저곳으로 가십시다. 그러면 안에 들어가서 쉴 수도 있고 심심풀이로 안을 구경할 수도 있지 않겠습니까?"
그러나 바람은 공연히 화를 내며 말했습니다.
"저 궁전에 대해선 아무 말도 하지 마라. 저곳에는 나의 원수가 살고 있다. 그놈들과 나 사이에는 한바탕 소동이 있었는데, 지금은 그런 이야기를 할 틈이 없다."
페르시아인이 다시 구리 북을 울리자 낙타들이 나타나 두 사람은 그것을 타고 다시 일주일 동안 나아갔습니다. 여드레째가 되자 바람이 말했습니다.
"여보게, 하산, 무엇이 보이나?"
"하늘 저 멀리 구름과 안개가 보입니다."

"저것은 구름도 안개도 아니다. 높고 큰 산이 구름을 뚫고 치솟아 있는 것이다. 저 산은 너무 높아서 그 위쪽에는 구름이 없다. 저 산이 나의 목적지이고, 저곳에 내가 찾는 물건이 있다. 내가 너를 이곳에 데려온 것도 네 힘을 빌리지 않으면 내 소원을 이룰 수 없기 때문이다."

이미 목숨은 없는 것이나 마찬가지로 여기고 단념하고 있던 하산은 이렇게 말했습니다.

"당신이 숭배하고 있는 것의 이름에 걸고, 또 당신이 믿고 있는 신앙에 걸고, 제발 저를 이곳에 데려온 목적이 무엇인지 말씀해 주십시오."

"연금술은 구름이 흘러가고 갈라지는 토지에서 돋아나는 풀의 힘을 빌리지 않으면 그 목적을 달성할 수 없다. 저 꼭대기에는 우리가 원하는 풀이 있는데 그것을 채취하러 너를 그곳에 보내려는 것이다. 그것만 내 손에 들어오면 네가 원하는 연금술의 비밀을 가르쳐주마."

"좋습니다, 스승님."

하산은 공포에 떨며 대답했지만, 마음속으로는 이미 목숨은 없는 것과 다름없다 체념하고, 부모와 친지들과 고향으로부터 멀리 떠나온 일과 어머니의 충고를 듣지 않은 일을 후회하며 이런 시를 읊었습니다.

오직 '알라'만을 생각하라,
더없이 신속한 '주'의 행위는
머지않아 구원의 손길 뻗어서
그대에게 위안을 안겨주리라.
쓰라린 재앙이 괴롭더라도
꿈에도 희망을 잃지 말라,
재앙 중에도 수많은
은혜 나타남을 알라!

두 사람은 다시 여행을 계속하여 마침내 그 산기슭 아래에 닿았습니다. 그러자 산꼭대기에 궁전이 보여서 하산이 물었습니다.

"저 궁전은 무엇입니까?"

"저것은 마신과 식인귀, 악마들이 사는 집이다."

두 사람은 그곳에 이르자 낙타에서 내렸습니다. 바람은 하산의 머리에 입을 맞추고 말했습니다.
"내가 너에게 한 짓을 원망해선 안 된다. 내가 여기서 망을 봐줄 테니 너는 저 궁전에 올라가거라. 그리고 거기서 가져오는 물품에 대해서는 부탁이니 나를 속이거나 거짓말을 하지는 말아다오. 둘이서 공평하게 나눌 테니."
"알았습니다."
하산의 대답을 듣고 바람은 자루에서 맷돌과 밀을 잔뜩 꺼내더니, 그것을 갈아서 가루를 내어 둥그런 과자 세 개를 빚었습니다. 그런 다음 불을 피우고 빵과자를 구웠습니다.
그것이 끝나자 바람이 다시 구리 북을 꺼내 가죽끈으로 두드리니 낙타 세 마리가 나타났습니다.
바람은 그중 한 마리를 골라서 가죽을 벗긴 뒤 말했습니다.
"오, 아들아, 이제부터 내가 하는 말을 잘 들어라."
"예, 알았습니다."
"네가 이 낙타 가죽 위에 누우면 내가 이 가죽을 꿰맨 뒤 땅 위에 놓아둘 것이다. 그러면 매*17가 나타나서 너를 저 산꼭대기로 날라다주리라. 너는 이 작은 칼을 몸에 지니고 있다가 매가 너를 저 산꼭대기에 내려놓으면 가죽을 찢고 밖으로 나가거라. 매는 틀림없이 네 모습에 놀라서 도망가 버릴 테니, 그때 산꼭대기에서 나를 내려다보고 소리쳐라. 그다음에 네가 할 일은 그때 가르쳐주마."
바람은 하산을 낙타 가죽 안에 꿰매 넣고 빵과자 세 개와 물이 든 가죽 주머니를 함께 넣은 다음, 자신은 조금 떨어진 곳에 몸을 숨겼습니다.
그러자 잠시 뒤 커다란 매 한 마리가 날아와서 하산이 들어 있는 낙타 가죽을 채서 하늘로 날아올라 순식간에 산꼭대기에 가서 내려놓았습니다.
하산은 땅 위에 닿은 것을 알고 곧 가죽을 찢고 뛰어나와 바람을 불렀습니다. 하산의 목소리를 들은 바람은 뛸 듯이 기뻐하며 외쳤습니다.
"네 뒤를 보아라. 무엇이 있니?"
하산이 뒤를 돌아보니 부패된 뼈와 나뭇조각이 여기저기 잔뜩 있어서 바람에게 말해 주었습니다.
"바로 그것이 우리가 찾고 있는 것이다. 그 나뭇조각 여섯 개를 다발로 만들어서 나에게 던져라. 그것이 연금술에 필요한 목재이다."
 하산은 나뭇조각 여섯 개를 다발로 묶어서 던져 주었습니다.
 그것을 받은 바람이 소리쳤습니다.
 "이 덜떨어진 놈아! 나는 이것으로 너에 대한 원한을 풀었다! 너는 그 산에서 실컷 살아도 좋고 그것이 싫거든 땅 위에 몸을 던져 뒈져도 상관없다. 어떻게 하든 네 멋대로 하려무나."
 바람은 갖은 욕설을 퍼붓고는 하산을 그곳에 내버려 둔 채 어디론가 모습을 감추고 말았습니다.
 "오, 위대하신 알라 외에 주권 없고 권력 없다! 저 개 같은 놈이 끝내 나를 배신했구나."
 뒤에 남은 하산은 이렇게 외치고는 그 자리에 털썩 주저앉아 자신의 신세를 한탄하면서 다음과 같은 시를 읊었습니다.

　지혜 있고 귀 있고 눈 있는 사람에게
　알라께서 뜻을 펴실 때는
　우선 그 사람의 귀를 막고 눈을 멀게 하고
　지혜마저 앗아 가신다.
　마치 사람이 상처에 고약을 바를 때
　둘레의 터럭을 뽑아버리듯이.
　이윽고 뜻을 채우시면
　알라는 다시 그 지혜를 돌려주시니,
　훈계를 더더욱 뼈저리게 받아들이게끔.
　아무 말 말라,
　"어찌하여 이런 일이 생겼느냐"고.
　신이 정하신 숙명은
　모든 것을 명하므로.[*18]

　―여기서 날이 훤히 밝아왔으므로 샤라자드는 이야기를 그쳤다.

# 784번째 밤

샤라자드는 이야기를 계속했다.

오, 인자하신 임금님, 하산은 일어나서 좌우를 둘러보고 이제는 죽는 수밖에 없다고 생각하며 봉우리를 타고 걷기 시작했습니다. 그리하여 산 반대쪽으로 가보니, 눈 아래로는 시퍼런 바다가 펼쳐져 있고 산더미 같은 파도가 밀려와서 바위에 부딪쳐 부서지고 있었습니다.

하산은 그 자리에 앉아 코란 속 시를 되풀이하여 외며 신이 자기를 이대로 죽게 하시든가, 아니면 이 고난에서 구원해 주어 고통을 벗어나게 해달라고 빌었습니다. 이어서 자신을 위한 장송(葬送) 기도*19를 올린 뒤 성난 파도가 아우성치는 바다를 향해 몸을 던졌습니다.

그러나 전능하신 알라의 은총에 의해 하산은 파도를 타고 상처 하나 없이 물 위에 닿았을 뿐만 아니라, 바다를 지키는 천사가 하산의 몸을 보호하여 큰 파도가 무사히 하산을 뭍으로 실어주었습니다. 이것은 오로지 전능하신 알라의 주선에 의한 것이었습니다.

하산은 몹시 기뻐하면서 전능하신 알라를 찬양하며 감사기도를 드렸습니다. 그러나 몹시 배가 고파서 먹을 게 없나 찾아 돌아다니다가 얼마 뒤 배화교도 바람과 함께 낙타를 멈췄던 자리에 이르렀습니다.

그곳에서 좀더 나아가니 하늘 높이 치솟은 웅장한 궁전이 보였는데, 그것은 배화교도가 '저곳에는 나의 원수가 살고 있다'고 한 바로 그 궁전이었습니다.

"아무래도 저 궁전으로 가 봐야겠다. 어쩌면 살 수 있을지도 모른다."

하산이 그렇게 중얼거리면서 그 궁전에 다가가 보니 문이 활짝 열려 있었습니다. 문간방을 들여다보니 긴 의자 위에 달처럼 아름다운 처녀 둘이서 장기판을 앞에 놓고 놀고 있는 참이었습니다. 그중 하나가 얼굴을 들어 하산의 모습을 보더니 무척 기쁜 듯이 큰 소리로 외쳤습니다.

"오, 틀림없이 이분은 사람이에요. 배화교도 바람이 올해 이곳에 데려온 사람이 틀림없어요."

이 말을 들은 하산은 그 자리에 몸을 던지고 눈물을 흘리면서 호소했습니다.

"그렇습니다. 오, 귀부인님, 제가 그 불행한 인간입니다."

그러자 두 처녀 가운데 어린 처녀가 손위 처녀를 돌아보며 말했습니다.

"언니, 증인이 되어 주세요. 이분은 알라께서 정해주신 제 오빠예요. 이분이 죽으면 저도 죽습니다. 저는 이분과 삶과 죽음도 같이하고 기쁨과 슬픔도 같이하겠어요."

그리고 일어나서 하산을 꼭 껴안고 입을 맞춘 뒤, 하산의 손을 잡고 언니와 함께 궁전 안으로 데리고 들어가서 하산의 누더기 옷을 벗기고 왕의 예복을 꺼내 와서 입혔습니다.

그런 다음 온갖 종류의 진수성찬[20]을 준비하여 하산 앞에 차려놓고 셋이서 한자리에 앉아 먹었습니다.

식사가 끝나자, 자매는 하산에게 말했습니다.

"그 고약한 마법사에 대한 이야기와 당신이 그자의 함정에 빠졌다가 자유를 찾을 때까지의 이야기를 모두 들려주세요. 그러면 저희와 그자 사이에 있었던 일을 다 얘기해 드리겠어요. 그러면 앞으로 그자를 다시 만나더라도 단단히 경계하실 수 있을 테니까요."

이 자매의 말을 듣고 여러모로 친절한 대접을 받으며 기력과 정신을 회복한 하산은 배화교도와의 사이에 있었던 일을 처음부터 끝까지 자세히 얘기했습니다.

그러자 자매가 물었습니다.

"당신은 그자에게 이 궁전에 대해 뭔가 들은 얘기가 있나요?"

"들었습니다. 그놈은 '저 궁전에 대해선 묻지 마라. 저곳은 식인귀와 악마들이 사는 곳이다' 하더군요."

이 말을 들은 처녀들은 몹시 화를 내며 말했습니다.

"그 잡놈이 저희를 식인귀니 악마니 그랬다고요?"

"그렇습니다."

그러자 격분한 동생이 큰 소리로 외쳤습니다.

"좋아요, 나는 맹세코 그놈이 비참한 죽음을 당하게 해 주어 언제나 순한 바람만 부는 게 아니란 걸 알려주겠어요."

"그렇지만 어떤 방법으로 그놈을 잡아서 죽이지요? 그놈은 보통내기가 아닌 교활한 마법사인걸요."

"그놈은 알 무샤이야드[21]라는 정원에 살고 있어요. 하루라도 빨리 그놈을 없애지 않고는 분이 풀리지 않을 성싶어요."
이때 언니가 끼어들며 말했습니다.
"그 망나니에 대해 방금 하산 님이 하신 이야기는 모두 사실이야. 이번엔 우리 이야기를 해 드려서 잘 기억해 두시도록 하는 게 좋겠어."
그러자 동생이 이야기하기 시작했습니다.
"사실, 오라버니, 저희는 마족의 군대와 병사와 노예를 가진 세력이 아주 강한 마왕 중의 마왕의 딸이랍니다. 전능하신 알라께선 같은 배에 일곱 명의 딸을 점지해 주셨는데, 어리석게도 저희 아버지는 말할 수 없이 질투가 강하고 자부심에 사로잡혀 저희를 누구와도 결혼시키려고 하지 않는 답니다. 아버지는 대신이나 태수들을 불러 놓고 이렇게 물었습니다.
'너희는 인간이나 마신이 쉽사리 접근하지 못할 뿐만 아니라 나무가 울창하고 과일이 잔뜩 열리며 시냇물이 풍성하게 흐르는 고장을 모르느냐?'
'오, 현세의 임금님, 그런 곳에서 무엇을 하시려고 그러십니까?'
'내 일곱 명의 딸을 거기 보내서 살게 하려고 그런다.'
'공주들의 집으로는, 반란을 일으킨 마신이 지은 '구름 산'의 성이 좋겠습니다. 솔로몬(편안히 잠드시기를!)의 성약을 어긴 그자가 죽고 나서는 그 성에는 인간도 마신도 아무도 살지 않습니다. 거기는 이승에서 멀리 떨어져 있어서 아무도 갈 수 없기 때문입니다.
그러면서도 그 성은 무성한 숲과 많은 과일나무, 풍부한 시냇물로 둘러싸여 있으며, 그곳에 흐르는 물은 꿀보다 달콤하고 눈보다 차가워서 문둥병이나 상피병*22으로 고생하는 자도 이 물만 마시면 금방 낫는다고 합니다.'
이 말을 들으시고 아버지는 호위병을 비롯한 필요한 것을 모두 준비하여 저희를 이곳에 보내셨지요. 아버지가 저희한테 오고 싶으실 땐 큰북을 울리면 군대가 아버지 앞에 나타나는데, 그때 필요한 만큼만 골라내고 나머지는 돌려보냅니다.
또 저희 쪽에서도 아버지를 찾아가고 싶으면 요술사를 불러 우리를 아버지 앞에 데려가게 합니다. 그렇게 해서 아버지도 저희를 만나 만족하시고, 저희도 그때마다 원하는 바를 부탁하죠. 볼일이 끝나면 저희를 다시 이곳에 데려다 준답니다. 다른 다섯 명의 언니들은 지금 사막으로 사냥을 나갔는데, 그곳에는 헤아릴 수 없이 많은 들짐승이 있어요. 오늘은 저희 두 사람이 식사준비를 하느라 집에 남는 차례였지요.
 사실을 말하면, 저희 놀이 동무가 되어 줄 인간을 보내달라고 신께 기도를 드린 참이라 당신을 보내주신 신을 찬미해야겠어요. 그러니 제발 힘을 내시고 눈물을 닦으세요. 이젠 아무것도 걱정하실 필요가 없으니까요."
 이 말을 듣고 하산은 매우 기뻐하며 외쳤습니다.
 "알라 무드릴라,(1) 우리를 구원의 길로 인도해 주시고 염려해 주시는 알라를 찬양하라!"
 이윽고 하산의 누이*23가 일어나서 하산의 손을 잡고 어떤 방으로 데려가서 인간으로서는 좀처럼 구할 수 없는 리넨과 가구를 갖춰주었습니다.
 그러는 동안 사냥에서 돌아온 다른 다섯 명의 언니들도 두 사람에게서 하산에 대한 이야기를 듣고 매우 기뻐하며, 하산의 방으로 들어가 인사를 하고 무사함을 축하해 주었습니다.
 그날부터 하산은 이 일곱 자매와 함께 사냥도 하고 재미있게 놀기도 하면서 온갖 즐거움과 기쁨을 맛보며 하루하루를 즐겁게 보내고 있었습니다.
 자매들이 모두 하산을 친절하게 대접해 주고 번갈아가며 재미있는 이야기를 해 주며 하산을 위로했으므로, 하산은 슬픔을 거의 잊고 건강과 체력도 되찾아 살도 쪘습니다.
 그 모든 것은 자매들의 친절한 대접과 아름다운 정원과 꽃밭이 있는 훌륭한 궁전에서 달처럼 아름다운 일곱 처녀와 즐겁게 놀면서 세월을 보낸 덕분이었습니다.
 사실 하산은 자기를 따르고, 자기 쪽에서도 그 이상으로 마음에 드는 그 처녀들과 함께 자고 일어나며 더없이 즐거운 세월을 보냈습니다.
 그 처녀들은 언제나 하산에게 붉은 입술의 단 이슬을 빨아먹게 해 주었습니다.*24 그녀들은 하나같이 가슴이 봉긋하게 솟아올라 있고, 구슬처럼 찬란한 얼굴, 흠잡을 데 없이 요염한 자태를 지녔습니다. 그 미녀들의 입술은 천국에 있는 낙원의 단 이슬을 떠올리게 할 만큼 달콤했습니다.
 그런데 가장 막내 공주가 언니들에게, 배화교도 바람이 자기들을 식인귀와 악마라고 했다는 것을 얘기하자,*25 자매들은 무슨 일이 있어도 그 남자를 죽여 버리겠다고 맹세했습니다.
 이듬해 저주받을 배화교도 바람은 또다시 젊은 이슬람교도를 한 명 데리고 나타났습니다. 마치 달처럼 아름다운 젊은이였지만, 손발이 묶여서 심하게 고문을 당한 기색이 역력했습니다. 두 사람은 궁전 벽 가까이에 오자 함께 낙타에서 내렸습니다.
　그때 마침 시냇가 나무 그늘에 앉아 있던 하산은 바람의 모습을 보고는 가슴이 두근거리고 얼굴빛이 달라지면서 손발을 부들부들 떨기 시작했습니다.

　—여기서 날이 훤히 밝아왔으므로 샤라자드는 이야기를 그쳤다.

## 785번째 밤

　샤라자드는 이야기를 계속했다.
　오, 인자하신 임금님, 금세공사인 하산은 처녀들에게 달려가서 말했습니다.
　"오, 공주님들, 저 저주받을 놈을 죽여야 하니 부디 도와주십시오. 그놈이 다시 나타나서, 지금 그곳에 있습니다. 그뿐만 아니라 명문가 출신인 듯한 젊은 이슬람교도를 유괴해 와서 갖은 고문을 가하고 있습니다. 저는 저놈을 죽여 원한을 풀고 싶습니다. 그리고 저 젊은 이슬람교도를 살려내어 고향의 친척과 벗들에게 돌아가게 해 주면, 나는 복수*26도 하고 내세를 위한 덕도 쌓게 되겠지요. 이것은 당신들에게도 공덕이 되어, 그 대가를 전능하신 알라께서 내려주실 겁니다."
　"알았어요. 하산, 우리는 알라와 당신의 말에 따르겠어요."
　처녀들은 얼굴을 가린 다음 두건을 쓰고 허리에 칼을 찼습니다. 그리고 하산에게도 갑옷을 입혀주고 훌륭한 무기와 말을 내주었습니다.
　단단히 무장하고 그들이 밖으로 나가보니, 마침 낙타를 죽여서 가죽을 벗겨 낸 배화교도가 젊은 이슬람교도를 위협하면서 명령하는 참이었습니다.
　"자, 이 가죽에 들어가서 꼼짝 말고 있어야 한다."
　바람이 눈치채지 못하도록 그의 뒤로 다가간 하산은, 그가 깜짝 놀라서 펄쩍 뛰어오를 만큼 큰 소리로 고함을 쳤습니다.
　"네 이놈, 이 저주받을 놈아! 손을 들어라! 알라의 적, 이슬람교도의 원수! 이 배신자! 불을 숭배하는 이단자! 사악한 길을 걸으며 불과 빛을 숭배하고 그림자와 열을 두고 맹세하는 괘씸한 놈아!"

이 말을 듣고 배화교도는 뒤돌아보고 상대가 하산인 줄 알자, 또다시 말로 구워삶을 속셈으로 이렇게 말했습니다.

"아니, 이게 누구야? 대관절 어떻게 살아 돌아왔느냐? 아들아, 누가 땅 위에 내려주었어?"

"네 목숨을 내 손으로 뺏으라고 명령하신 분이 나를 구해 주셨다. 너는 여행 중에 오랫동안 나를 괴롭힐 대로 괴롭힌 만큼, 이번에는 내가 너를 괴롭혀주마. 이 망나니 같은 이단자! 이 우상숭배자*27야. 너는 수수께끼 같은 미로에 발을 들여놓아 바른길을 벗어난 것이다. 이렇게 된 바엔 어머니도 형제도 소용없어. 친구들도 엄숙한 서약도 너에게 아무런 도움이 되지 않는다. 빵과 소금의 의리를 배신한 자에게는 신께서 복수해 주실 거라고 네 입으로 말하지 않았느냐? 그런데도 너는 빵과 소금의 의리를 깼으므로 전능하신 알라께서 너를 내 손안에 던져주신 거다. 그리고 이제는 나한테서 달아날 길이 없을 줄 알아라."

"오, 하산, 알라께 맹세코 나는 너를 나의 넋보다도 내 눈동자의 빛보다도 더 사랑한단다."

그러나 펄쩍 뛰어 바람에게 다가간 하산이 단칼에 상대의 목을 찌르니 칼은 목을 꿰뚫고 뒤로 빠져나왔습니다. 그리하여 신은 바람의 넋을 지옥불 속에 던져 넣으셨습니다.

하산이 바람의 자루를 풀어 구리 북을 꺼내 가죽 채찍으로 때리자 낙타 두 마리가 번개처럼 나타났습니다. 하산은 젊은이를 묶었던 끈을 풀어주어 낙타 한 마리에 태우고, 다른 한 마리에는 식량과 물을 실어주면서 말했습니다.

"자, 어디든 원하는 곳으로 가시오."

하산 덕분에 죽을 고비를 넘기고 겨우 살아난 젊은이는 어디론가 떠나갔습니다.

처녀들은 하산이 그 저주받을 바람을 죽인 것을 보고 매우 기뻐하며 하산을 에워쌌습니다. 그리고 그 용기와 담대함에 감탄하면서,*28 그 공에 감사해하고 무사함을 축하했습니다.

"오, 하산 님, 정말 큰 공을 세우셨어요. 피의 복수를 원하시는 전지전능하신 알라의 마음을 기쁘게 하고 만족을 주셨으니까요!"

궁전에 돌아간 그들은 그 뒤에도 함께 맛있는 음식을 먹고 술을 마시면서 즐거운 나날을 보냈습니다.

그러는 동안 하산은 어느새 어머니에 대한 생각은 까맣게 잊어버렸습니다.

그러던 어느 날, 사막의 아득한 저편에서 먼지가 일어나 하늘을 가득 뒤덮으면서 점점 이쪽으로 다가오는 게 보였습니다. 그것을 보고 공주들은 하산에게 말했습니다.

"어서 일어나세요, 하산 님. 그리고 당신 방에 가서 숨어 계세요. 그렇잖으면 정원에 내려가서 나무나 넝쿨 사이에 몸을 숨기시든가요. 하지만 걱정하진 마세요. 당신에게는 아무런 위험도 없을 테니까요."

하산은 자기 방으로 물러가서 문을 잠갔습니다.

이윽고 먼지가 사라지자, 그 속에서 처녀들의 아버지인 마왕이 파견한 군병들이 물결치는 파도처럼 늠름한 모습을 드러냈습니다. 군대가 궁전에 도착하자, 공주들은 그들을 정중하게 맞이하여 사흘 동안 극진히 대접하면서 나라의 사정과 소식을 물었습니다.

"저희는 임금님의 명을 받아 공주님들을 방문했습니다."

"어떤 명령인가요?"

"어떤 임금님의 결혼잔치가 있으니, 공주님들도 참석하셔서 즐겁게 지내시라는 분부십니다."

"그곳에서는 얼마나 머물게 될까요?"

"왕복날짜와 그곳에 묵으시는 날짜를 합해서 두 달쯤 걸리겠지요."

공주들은 일어나 궁전 안으로 들어가서 하산에게 사정을 이야기했습니다.

"이곳은 진정 당신의 집이에요. 우리 집은 곧 당신 집이니까요. 그러니 상심하시거나 슬퍼하시면 안 돼요. 이곳에는 아무도 올 수 없으니 우리가 돌아올 때까지 건강히 계세요, 네? 우리 방 열쇠는 모두 두고 가겠어요. 하지만 남매의 인연에 걸고 부탁이니 이런저런 방문만은 절대로 열지 마세요. 당신에겐 아무 필요도 없는 곳이니까요."

이렇게 당부한 공주들은 작별을 고하고 하산만 홀로 남겨둔 채 군대와 함께 떠났습니다. 그들이 가버리고 얼마 되지도 않았는데, 하산은 가슴이 답답해서 견딜 수 없었습니다. 홀로 있는 쓸쓸함에 마음이 우울하고 처녀들과 헤어진 일이 견딜 수 없이 슬펐던 겁니다.

그 넓고 호화롭던 궁전도 비좁게만 느껴지며 처량하고 쓸쓸한 데다, 처녀들과 유쾌하게 나누었던 즐거운 이야기들만 생각나서 혼자 외롭게 이런 시를 읊어 보았습니다.

넓은 들판도 내 눈에는
좁아 보이고 아름다운
풍경도 내 가슴엔
쓰라린 경치로다.

친구들 가버리고 없으니
기쁨도 자취도 없고
눈에는 폭포처럼
괴로운 눈물만이 넘치누나.

쓰라린 이별 이후
밤에도 단잠 들기 어려우니
극심한 고뇌와 동경에
내 마음 병들어 고단하다.

오, 얼른 알고 싶도다,
언제 서로 다시 만나
사랑의 기쁨과 즐거움 다정한 이야기
나눌 밤 올지 안 올지를.

―여기서 날이 훤히 밝아왔으므로 샤라자드는 이야기를 그쳤다.

## 786번째 밤

샤라자드는 이야기를 계속했다.

오, 인자하신 임금님, 하산은 들판으로 사냥을 나가서 들짐승을 잡아와 요리하여 혼자 쓸쓸하게 먹었습니다. 그러나 혼자 있는 외로움에 우울하고 불안한 감정은 점점 커질 뿐이었습니다.

그래서 하산은 궁전 여기저기를 돌아다니면서 모든 곳을 구경했습니다. 왕녀들의 방을 열어 보니 그곳에는 황홀할 만큼 신기한 것과 귀중한 물건들이 가득 들어 있었지만, 공주들이 없으니 하나도 즐겁지 않았습니다.

그러다가 문득 공주들이 무슨 일이 있어도 가까이 가거나 열어서는 안 된다고 굳게 다짐한 그 문이 생각났습니다.

"그 방에 누구에게도 보이고 싶지 않은 뭔가가 있는 게 분명해. 그렇지 않으면 문을 열어선 안 된다고 그렇게 다짐할 리가 없겠지. 하지만 열어 보았다가는 당장 죽게 되더라도 열어 보지 않고는 못 견디겠는걸."

하산은 이렇게 혼잣말을 하며 열쇠를 꺼내 그 문을 열었습니다. 그러나 그곳에는 아무것도 없고 다만 안쪽에 야만산(産) 줄마노로 만든 통 모양의 천장이 있는 나선형 계단이 보일 뿐이었습니다.

그 계단을 올라가니 궁전의 평지붕이 나왔습니다. 거기서 아래를 내려다보니, 숲과 과일과 짐승 그리고 유일하고 전능하신 알라를 찬양하는 새들이 가득한 정원과 꽃밭이 보였습니다.

"공주들이 못 보게 한 게 저건가?"

하산은 혼자 중얼거리면서 그 즐거운 경치와 파도가 넘실대는 아득한 바다를 바라보았습니다.

이렇게 여기저기 둘러보는 동안 둥근 기둥 네 개가 받치고 있는 둥근 지붕이 눈에 들어왔습니다. 그 둥근 기둥의 두 개는 황금 벽돌, 하나는 은과 히아신스석과 에메랄드 벽돌을 번갈아 쌓아 올린 기둥이었습니다.

둥근 지붕 중앙에는 에메랄드와 루비 같은 온갖 보석을 모자이크처럼 아로새긴 방이 있고, 그 한가운데 물이 찰랑대는 수반*29이 있었습니다. 그 수반 위에는 황금 막대와 에메랄드 막대로 짠 격자가 있고, 거기에는 온갖 보석과 비둘기 알만 한 희한한 진주가 박혀 있었습니다.

또 격자에는 루비 같은 열매를 단 포도 넝쿨이 얽혀 있고, 연못 옆에는 황금을 줄무늬로 수놓은 침향나무 옥좌가 있었습니다. 거기에는 커다란 진주와 갖가지 색깔의 보석이 교묘하게 배치되어 아름답게 아로새겨져 있고, 그 주위에서 별의별 새들이 맑고 아름다운 목소리로 알라를 찬양하고 있었습니다.
 한마디로 말해서 지금까지의 어떠한 황제나 대왕도 소유하지 못한 호화로운 누각이었습니다. 그런데도 그곳에는 인간의 모습이 하나도 보이지 않아서 하산은 이상한 생각이 들었습니다.
 '대관절 저건 어떤 임금님의 걸까? 소문에 듣던 '둥근 기둥의 이람'[(2)]이란 이것을 말하는 걸까? 정말 인간이 이런 걸 소유할 수 있다니, 너무나 놀라운걸.'
 하산은 그 호사스러운 광경에 놀라워하면서 둥근 지붕 아래 걸터앉아 사방을 둘러보았다. 그리고 그 아름다운 배열과 진귀한 진주며 보석의 눈부신 내부 세공, 또 정원과 과수원, 전능하신 알라를 찬양하는 새들을 바라보면서 감탄하고 또 감탄했습니다. 도저히 이 세상의 것이라고 할 수 없는 너무나 신기한 그 광경에 취하여, 황홀한 마음으로 더없이 높으신 신께서 이와 같은 것을 만들도록 허락하신 인간의 모습을 생각하며 헤아릴 수 없는 깊은 감동에 잠기기도 했습니다. 참으로 신의 행위는 기이하고도 위대한 겁니다.[*30]
 그러다가 문득 눈을 들어보니, 새 열 마리[*31]가 사막 한복판에서 이 둥근 지붕을 향해 날아오는 모습이 보였습니다.
 그 새들은 수반의 물을 마시러 온 듯해서 하산은 새들이 자기를 보고 도망치지 않도록 살짝 몸을 숨겼습니다.
 새들은 먼저 크고 훌륭한 나무 한 그루 위에 내려와 그 주위를 날아다녔습니다. 그 새들 가운데 가장 귀엽고 아름답게 생긴 새 한 마리를 나머지 아홉 마리가 에워싸고 시중을 드는 것처럼 보였습니다.
 그 아름다운 한 마리가 다른 새를 부리로 쪼며 여왕처럼 뽐내자, 아홉 마리의 새는 파드득거리며 날아가 버렸습니다. 하산이 멀리서 눈길을 모아 그 광경을 바라보고 있으니, 새들은 누각에 들어가서 긴 의자 위에 내려앉았습니다. 그리고 저마다 발톱으로 목 근처를 잡아 찢자 안에서 몸뚱이가 드러났습니다. 그런데 이게 무슨 조화일까요! 처음에 그것은 깃옷으로밖에 보이지 않는데, 그 깃옷 밑에서 달도 부끄러워할 만큼 아름다운 처녀 열 명이 나타나는 게 아니겠습니까!
 그들은 깃옷을 벗고 발가숭이로 수반 속에 뛰어들어 목욕을 하면서 깔깔거리고 희롱하기 시작했습니다. 우두머리로 보이는 처녀가 다른 처녀들을 물 위로 밀어 올렸다가 물속에 잠기게 해도, 다른 처녀들은 그저 달아나기만 할 뿐 자기들 쪽에서 적극적인 행동은 하지 않았습니다.

그 처녀의 여왕 같은 모습을 바라보던 하산은 분별심을 잃고 몸도 마음도 완전히 사로잡히고 말았습니다. 공주들이 문을 열어서는 안 된다고 한 까닭이 바로 이것 때문이라는 사실도 알았습니다. 왜냐하면 하산은 즐거운 듯이 장난치며 서로 물을 끼얹는 그 처녀들의 비할 데 없이 아름다운 모습과 천상의 선녀처럼 흠 잡을 데 없는 우아한 자태를 보자마자, 한눈에 반해 뜨거운 연정에 불타기 시작했기 때문입니다.

그리하여 하산은 처녀들에게 발견되지 않도록 몸을 숨긴 채 눈길을 모아 야릇한 충동으로 가슴을 태우면서 한참 동안 바라보고 있었습니다. 함께 놀 수 없는 안타까움에 깊은 한숨을 내쉬면서 처녀의 사랑스럽고 아름다운 모습에 욕정을 느끼며 눈물을 흘렸습니다.

하산의 몸과 마음은 처녀의 매력에 이끌리고, 가슴은 사랑의 그물에 걸려 버리고 말았습니다. 가슴속에서 처녀를 향한 연정의 불꽃이 치솟아, 끌 수 없는 음욕의 불길과 그것을 숨길 수 없는 정욕이 사뭇 불타오르기 시작했습니다.

하산이 처녀들의 아름다운 얼굴과 우아한 자태, 귀엽고 나긋나긋한 몸매에 넋을 잃고 감탄하는 동안 처녀들은 연못에서 나왔습니다. 그때 하산의 눈길이 머문 것은 실오라기 하나 걸치지 않고 서 있는, 처녀들의 우두머리였습니다. 두 허벅지가 받치고 있는 멋진 둥근 지붕이 그의 눈동자에 선명하게 비쳤습니다. 그것은 마치 은이나 수정으로 만든 그릇과 같아서 하산은 침을 삼키며 시인의 이런 시를 떠올렸습니다.[32]

> 그 속옷 살그머니 들치니
> 나타났네, 베누스의 언덕.
> 탱탱한 그 모양
> 마치 내 성격과 흡사하네.
> 더는 참을 길 없어
> 연장을 반쯤 밀어 넣으니
> 여자는 뜨겁게 한숨짓네.

"어이하여 한숨짓느냐?"
내가 물으니 여자는 대답하네,
"이제부턴 내내 한숨만 쉬겠지요."

물에서 나온 처녀들은 모두 깃옷을 입고 장신구를 몸에 둘렀습니다. 여왕 격인 처녀는 초록색 옷*33을 입었는데, 이 세상 어떤 미인보다 사랑스러웠으며 눈부신 얼굴은 찬란한 보름달보다 아름다웠습니다.

약간 앞으로 다소곳하게 기울어진 그 처녀의 걸음걸이는 비할 데 없이 우아하여, 아무리 업신여기고 얕잡아 보고 싶어 하는 자도 감탄하지 않을 수 없을 정도였습니다. 그것은 바로 시인이 부른 이런 노래와도 같았습니다.*34

그는 꼭 들어맞는 처녀,
숙련된 재봉사의
정교한 솜씨로 꾸며져,
태양도 그 장밋빛 뺨에서
밝고 강렬한 빛을 훔쳐,
남에게 빌린 그 빛으로 비추는가 싶네.
그 처녀, 우리 앞에
나타난 모습을 보니
두른 것은 초록빛 옷,
흡사 무르익은 석류인가
잎 사이에서 아른대는 듯해라.
입은 옷 이름을 물으니
처녀는 두 가지 뜻을 담아
가녀린 목소리로 대답하더라.
"우리는 이렇듯 꾸며야만
사막 같은 사람의 마음에
저도 모르게 스며들어 가기에
'마음을 꿰뚫는 옷'이라 부른답니다."

—여기서 날이 훤히 밝아왔으므로 샤라자드는 이야기를 그쳤다.

## 787번째 밤

샤라자드는 이야기를 계속했다.

오, 인자하신 임금님, 옷을 입은 처녀들이 자리에 앉아서 이야기를 나누며 웃고 떠드는 동안, 하산은 사랑의 바다에 빠져 욕정의 불길을 태우고 우울한 생각의 골짜기를 헤매기도 하면서 처녀들을 뚫어져라 바라보고 있었습니다.

"그 누이가 이 문을 열지 못하게 한 까닭은 아마도 이 처녀들 때문에 그랬나 보다. 내가 처녀 가운데 하나와 사랑에 빠질까 봐 걱정해서 그런 거야. 오, 하산아, 너는 무슨 수로 저 처녀에게 사랑을 고백하려느냐? 드넓은 하늘을 나는 새를 어떻게 땅 위에 내려오게 할 수 있느냐? 의심할 것 없이 너는 깊이를 모르는 바다에 몸을 던지고 말았다. 빠져나갈 수 없는 그물에 걸리고 말았다. 너는 혼자 쓸쓸히 죽어갈 테고, 누구 하나 너의 죽음을 아는 사람도 없으리라."

하산은 이렇게 중얼거리면서 여왕 격인 처녀의 아름다운 모습을 넋을 잃고 바라보고 있었습니다.

그 처녀는 이 세상에서 알라가 만드신 것 중에서 가장 사랑스러웠고, 그 아름다움은 모든 인간의 미모가 무색할 정도였습니다.

솔로몬의 봉인 같은 매혹적인 입술과 실연의 사나이에게는 괴로움의 씨앗이 될 밤보다 검은 머리카락을 가졌고, 이마는 라마단의 초승달*35처럼 밝게 빛나고, 두 눈은 영양의 눈을 떠올리게 할 만큼 맑고 깨끗했습니다. 반짝이는 코는 지팡이처럼 매끈하고 오뚝하게 솟아 있고, 뺨은 핏빛보다 붉은 누만의 아네모네를 연상시켰습니다.

입술은 새빨간 산호를 닮았고 치아는 순금 목걸이에 끼운 진주 같았습니다. 또 목덜미는 반나무의 가지 같은 모습 위에 은덩이를 얹어놓은 것처럼 보였고, 주름이 많이 잡힌 배 언저리는 작은 물결이 남실거리는 듯하여, 그것을 바라보면 사랑에 미친 자가 자기도 모르게 알라와 알라의 업적을 찬양하지 않을 수 없을 정도였습니다.

그 배꼽*36은 향기로운 사향이 열 냥쭘이나 들어갈 만큼 우묵하고, 토실토실하게 살찐 풍만한 허벅지는 둥근 대리석 기둥이나 타조 솜털을 넣은 베개와 같았으며, 그 사이에서 둥근 언덕이라 할까 귀를 뒤로 눕힌 토끼 같은 것이 살며시 보이는데, 그 앞뒤 평지붕과 기둥으로 전체의 짜임새를 더욱 완전한 것으로 만들어 주고 있었습니다.

참으로 가자나무 가지마저 능가하는 그 요염한 자태, 인도 등나무보다 뛰어난 모습으로 사랑에 미친 시인*37이 절묘하게도 노래하고 있는 그대로였습니다.

입술의 그 이슬은
꿀보다 달콤한 맛 좋은 물,
순결한 처녀임에.
그 눈초리는 인도의
언월도보다도 날카로운데,
수줍음에 싸인 그 움직임은
반나무 가지를 휘어놓은 듯
부드럽고 느릿해
정숙하면서도 정겹구나.
빵긋이 웃음 띠면 흰 치아가
진주인 양 반짝거리네.
내가 그 뺨의 고운 빛깔을
꽃피는 장미에 비기었더니
처녀는 비웃듯 외치노라.
"오, 부끄럽지도 않나요, 내 뺨을
장미에 비유하는 그 사람은,
또한 나의 젖을 석류라고
자랑스레 말하는 그 사람은.
석류나무 가지가 어찌하여
이러한 모양의 열매를 달랴.
내 아름다움과 눈에 걸고

마음에 걸고, 그리고 또한
나의 은총 '주'께 걸고
내 참혹한 지옥에 걸고
사람들은 말하리, '저 사람은
활짝 피어난 장미 동산'이라고.
가엾다, 어떠한 장미도
내 아리따운 뺨만 하랴,
그 가지에도 못 미치리,
내 잘 다듬어진 모습에는.
만일 어느 곳 꽃밭에
나와 똑 닮은 것 하나
있다면 그래도 좋아,
그러면 물으리, 그대 나에게만 와서
소원하는 것이 어떠냐고?"

  처녀들은 그 뒤에도 한참 동안 웃고 떠들며 놀았습니다. 하산은 식사도 잊고 넋이 빠진 듯 그들만 바라보고 있었습니다. 그러는 동안 오후 기도시간이 가까워지자 여왕 격인 아름다운 처녀가 친구들에게 말했습니다.
  "애들아, 이제 시간도 늦었고 집도 먼데 이렇게 실컷 놀았으니 슬슬 집으로 돌아가는 게 어때?"
  그러자 처녀들은 모두 일어나서 깃옷을 입고 다시 새가 되어 여왕 격인 처녀를 중앙에 감싸듯이 하여 훨훨 날아가 버렸습니다.
  낙심한 하산은 일어나서 아래층으로 내려가려 했지만, 걷기는커녕 일어날 수조차 없었습니다.
  그리고 눈물은 양쪽 볼을 타고 흘러내리고, 욕정은 꺼지지 않아, 하산은 이런 시를 읊었습니다.

    그대 가버린 뒤 내가 만일
    달콤한 잠을 즐긴다면
    신이여, 은총을 끊으소서.

진정 헤어지면 단잠도 없고
　쉴 겨를도 없는 것을!
　그대는 꿈속에서 보는 사람,
　자다가 꾼 꿈이
　현실로 나타나주었으면.
　실로 덧없는 일이지만
　나는 잠을 그리워하리,
　잠들면 하다못해 꿈에서나마
　그리운 임의 모습
　잠시 볼 수 있을 테니.

　하산은 가까스로 계단 밑까지 내려와 자기 방으로 들어가서 문을 걸어 잠그고 음식마저 끊고 고독의 바다에 가라앉듯 자리에 누웠습니다. 이렇게 눈물을 흘리고 탄식하면서 하룻밤을 지새운 뒤, 다시 날이 밝자 이런 시를 읊었습니다.

　해거름이 되면 뭇 새들은
　날개를 파득거리며 날아가노라.
　사랑에 애태우다 죽은 사람은
　죄 없는 사람이라 할 수 있으리.
　할 수 있는 데까지 마음을 굳혀
　내 사랑의 사연 숨겨 두건만,
　생각이 넘치면 어쩔 수 없이
　사람들에게 숨길 수 없네.
　밤에 보는 꿈과 환영들은
　새벽처럼 선명하건만
　정념의 밤은 그저 어두워
　아침의 햇빛은 없는 것을.
　나는 한탄하련만, 처녀들은
　미움도 편히 잠들어서

놀리는 듯한 낌새로
사랑의 입김 불어 보내노라.
그러므로 나도 주리라,
눈물과 재물과 넋을
지혜도 마음도 아낌없이.
주는 게 많으면
얻는 것 또한 많다던가.
그러나 울적하고 한탄스러워
그 아름다운 처녀들의
재앙이 깃든 무정한 마음,
'미녀에겐 인정은 금물'이라면서
시치미를 떼고 막아버리고
연모하는 자의 붉은 피를
마땅히 흘려야 하는 것처럼
비웃으며 거들떠보지도 않느냐.
사랑의 병은 사람의 넋을
아낌없이 앗아가는 것이려니.
게다가 사랑에
목숨을 거는 일이로구나.
사랑으로 하여 나는 그리워하고
뜨거운 심정으로 외치리라,
"사랑하는 자는 한탄할 뿐
무정한 사랑에 우노라"고.

  이튿날 아침 해가 떠오르자 하산은 방에서 나와 전날 갔던 장소로 갔습니다. 그리고 둥근 지붕을 바라보고 앉아 해질 무렵까지 새들이 오기를 꼼짝 않고 기다렸지만, 어제의 새들은 끝내 모습을 나타내지 않았습니다. 낙담한 나머지 하산은 그대로 땅바닥에 쓰러져서 한참을 울다가 겨우 일어나서 계단을 내려가 방으로 돌아갔습니다.
  이윽고 밤의 장막이 드리워지자 하산은 마치 이 세상이 아주 사라진 것처럼 기나긴 밤을 슬피 울며 지새웠습니다. 날이 밝자 화창한 태양이 언덕과 골짜기에 빛을 뿌려주었으나, 하산은 먹고 잠자는 일도 잊고 그저 우울하게 시간을 보내며 이런 시를 읊었습니다.

> 솟아오르는 아침 해도, 가느다란 나뭇가지도
> 부끄러워할 아름다운 그대지만
> 아직도 모르는 게 있더라,
> 언제나 알게 될까,
> 불길 없는 가슴의 불이 꺼지는 날을.
> 뺨과 뺨 비벼대고
> 가슴과 가슴 겹쳐 포개어
> 두 사람을 굳게 껴안게 하라!
> 누가 말하느냐, 사랑은 달다고.
> 가엾다, 이 무슨 망발(妄發)인가
> 사랑에는 알로에보다 쓴 날이 있는 것을.

―여기서 날이 훤히 밝아왔으므로 샤라자드는 이야기를 그쳤다.

## 788번째 밤

샤라자드는 이야기를 계속했다.

오, 인자하신 임금님, 이렇게 하산은 누구 하나 위로해 주는 사람 없이 멍하니 나날을 보내고 있었습니다.

그러다가 어느 날 사막에 먼지가 구름처럼 피어오르는 모습을 보고 하산은 이 궁전의 주인인 공주들이 돌아온 사실을 알았습니다. 하산은 급히 계단을 내려가서 몸을 숨겼습니다. 잠시 뒤 군병들이 궁전에 이르러 말에서 내렸고, 뒤를 이어 일곱 명의 공주도 말에서 내려 궁전 안으로 들어가서 모두 무장을 풀기 시작했습니다. 그런데 막내 공주만은 무기만 놓고 급히 하산의 방으로 달려갔습니다.

하지만 하산이 방에 없어서 여기저기 찾아다닌 끝에 어느 침실에 숨어 있는 것을 찾아냈습니다. 오랜만에 보는 하산은 몰라보리만큼 말라서 몸은 시들고 얼굴은 창백하고 뼈는 앙상했으며, 음식도 먹지 않고 그 처녀를 그리워하며 울고만 있었으므로 눈이 움푹 꺼져 있었습니다. 그 몰골을 본 막내 공주는 깜짝 놀라서 처음에는 말도 못하고 그저 서 있기만 하다가, 이윽고 정신을 차리고 물었습니다.
"도대체 무슨 일이에요? 숨기지 말고 이야기해 주세요. 오빠, 제가 그 괴로움을 씻어 드릴 테니까요. 오빠를 구할 수만 있다면 제 목숨도 아깝지 않아요."
공주가 안타까워하며 말하자, 하산은 눈물을 쏟으면서 대답 대신 다음과 같은 시를 읊었습니다.

  사랑하는 임과 떨어져 있으면
  오직 슬픔과 괴로움이 있을 뿐.
  안으로 병들고
  밖으로 정염의 불길 타오르니
  처음에는 달콤한 사랑의 맛,
  마지막엔 괴로운 자포자기뿐.

막내 공주는 이 시를 듣자 하산의 멋진 웅변과 막힘없는 언어, 게다가 기다리기라도 한 듯이 그 자리에서 시로 대답하는 것에 깜짝 놀랐습니다.
"오, 오빠, 언제부터 그렇게 되셨어요? 대체 무슨 일이 있었나요? 그런 시를 노래하고 그렇게 눈물을 흘리시다니, 부디 신께서 오빠를 지켜주시기를! 오빠, 우리 사이의 진실한 애정에 걸고 묻겠는데, 오빠의 비밀을 가르쳐주세요. 네? 오빠 얼굴을 보고 있으니 제 가슴이 저리고 걱정이 돼서 견딜 수가 없어요."
하산은 한숨을 쉬며 비가 내리듯 눈물을 주룩주룩 흘리다가 이윽고 말했습니다.
"오, 나의 누이여, 내가 만일 사실대로 얘기한다면, 그대는 내가 소원을 이루도록 도와주기는커녕 오히려 내가 몸부림치며 비참하게 죽도록 내버려 두지나 않을까 걱정이야."
 "아니에요, 아니에요, 신께 맹세코 그런 일은 없을 거예요. 오빠, 저는 제 목숨을 버리는 한이 있더라도 절대로 오빠를 그냥 내버려 두지 않을 거예요."
 그래서 하산은 지금까지의 일, 즉 비탄의 근원은 금단의 문을 열고 엿본 한 처녀에 대한 연정 때문이라는 것과 그로 말미암아 열흘이나 먹고 자는 것을 모두 그만두었음을 얘기해 주었습니다. 이야기를 마친 하산은 다시금 흐느껴 울면서 이런 시를 읊었습니다.

내 마음을 돌려주시라,
이 가슴에 있던 그대로.
내 눈을 다시 잠들게 하고
속히 나에게서 떠나가시라.
수많은 밤이 지나가면
참사랑의 맹세는 변하는 건가?
맹세를 깨는 자, 영원히 가거라.

 막내 공주는 하산의 얼굴이 눈물로 얼룩지는 모습을 보고 그 이야기에 감동하여 자기도 덩달아 울기 시작했습니다. 그리고 하산을 가엾게 여기며 말했습니다.
 "오빠, 기운을 차리고 눈물을 닦으세요. 오빠에게 만족을 드릴 수만 있다면 이 몸을 위험 속에 밀어 넣어도 상관없고, 또 신의 뜻에 맞는 일이라면 그분을 손에 넣어 소원을 푸실 수 있도록 좋은 방법을 가르쳐 드리겠어요. 그것을 위해서라면 제 목숨은 물론 그 밖의 소중한 모든 것을 잃어도 저는 후회하지 않겠어요. 다만 오빠, 이 일은 언니들에게 비밀로 해 두시고 누구에게도 고백해선 안 돼요. 안 그러면 오빠의 목숨도 제 목숨도 사라지고 만답니다. 언니들이 저 금단의 문을 열었느냐고 묻거든 '아니요, 열어보지 않았습니다. 나는 그저 당신들이 없어서 무척 외로웠어요. 너무 그리웠어요.' 이렇게 답하세요."
 "알았습니다. 그게 좋겠어요."

하산은 막내 공주의 머리에 입을 맞췄습니다. 그는 금단의 문을 열었다고 막내 공주에게 비난을 듣지 않을까 두려워서 숨이 멎을 것만 같다가, 이 말을 듣자 마음이 풀리고 가슴이 후련해졌습니다. 그리고 안심이 되어 가슴을 쓸어내리며 생기도 되찾았습니다. 이윽고 하산이 먹을 것을 달라고 하자 막내 공주는 하산 앞에 음식을 차려놓고 언니들에게 돌아갔습니다. 언니들에게 간 막내는 눈물을 흘리면서 하산이 걱정된다며, 그가 병이 나서 벌써 열흘이나 식사를 하지 못했다고 말했습니다.

언니들이 병의 원인을 묻자 막내는 대답했습니다.

"우리가 오빠만 혼자 남겨 두었기 때문이에요. 우리가 이 궁전을 비운 열흘이 오빠에겐 1천 년보다 더 지루했던 거지요. 하지만 오빠를 탓하진 마세요. 그분은 외국인이라 외로운 분인데, 우리는 말벗도 하고 마음을 위로하고 격려해 줄 친구 하나 남겨두지 않고 혼자 내버려 두었으니까요. 그리고 오빠는 아직 젊어서 연로하신 어머니를 생각하며, 어머니가 밤이나 낮이나 자기가 없어진 일을 얼마나 슬퍼하고 계실까 걱정했던 거예요. 이제까지는 언제나 우리가 함께 놀아주어서 어머니 생각을 잊고 있었던 거죠, 뭐."

이 말을 듣고 언니들도 슬퍼서 눈물을 흘리며 말했습니다.

"알라 앞에서도 그분에겐 아무런 죄가 없어요!"

그리고 밖으로 나가 호위해 온 군사들의 노고를 위로한 다음 곧 하산의 방으로 갔습니다.

언니들은 그처럼 아름다웠던 하산이 볼품없이 누렇게 말라 쇠약해진 모습을 보자, 모두 그만 가여운 생각이 들어 그를 둘러싸고 앉아 위로도 하고 격려도 해 주었습니다. 그리고 여행 도중에 본 이상하고 진귀한 일들, 또 어떤 신랑 신부에 대한 이야기를 들려주었습니다.

그리하여 공주들은 만 한 달 동안 꿀보다 달콤한 말을 속삭이며 하산을 위로하고 어루만져 주었습니다. 하지만 그래도 하산의 병이 날이 갈수록 깊어지기만 하자 모두 눈물을 흘리며 슬퍼했습니다. 특히 막내 공주의 슬픔은 언니들보다 더욱 컸습니다.

바로 그 무렵, 공주들은 의논한 끝에 사냥하러 가기로 하고, 막내 공주에게도 함께 가자고 권했습니다. 그러나 막내는 이렇게 말했습니다.

"오, 언니들, 오빠가 저 모양이라 저는 아무래도 같이 갈 수 없어요. 저는 오빠가 건강해져서 근심거리가 사라질 때까지 곁에서 간호해 주고 싶어요."
언니들은 막냇동생의 고운 마음씨를 칭찬하며 말했습니다.
"저 외국인에게 잘 해 드려라. 언젠가 알라께서 보답해 주실 테니까!"
언니들은 막냇동생과 하산을 궁전에 남겨 놓고, 스무날 동안의 양식을 준비해 출발했습니다.

―여기서 날이 훤히 밝아왔으므로 샤라자드는 이야기를 그쳤다.

## 789번째 밤

샤라자드는 이야기를 계속했다.
오, 인자하신 임금님, 막내 공주는 언니들이 멀리 사라지자 하산에게 가서 말했습니다.
"오, 오빠, 그 아름다운 처녀를 보신 장소로 안내해 주세요."
하산은 매우 기뻐하며 자신의 소망이 이루어질지도 모른다는 희망으로 기운이 나서 말했습니다.
"비스밀라! 그럽시다."
그래서 하산은 공주에게 그 장소로 안내하려 했으나 힘이 없어서 걸을 수 없었습니다. 막내 공주는 하산을 들어 올려 두 유방 사이에 꼭 껴안았습니다. 그리고 계단의 문을 열고 궁전의 지붕으로 올라갔습니다. 하산은 그 아름다운 처녀들을 보았던 누각과 처녀들이 목욕했던 수반을 가리켰습니다.
"오빠, 그 처녀들의 모습은 어땠고, 어떻게 이곳에 왔는지 얘기해 주세요."
하산은 처녀들의 모습, 특히 자기가 사랑에 빠진 처녀의 겉모습을 자세히 이야기해 주었습니다. 그러자 이야기를 듣던 막내 공주는 그 처녀의 정체를 알고, 순식간에 얼굴이 새파랗게 질리고 태도가 이상해졌습니다.
"오, 누이여, 도대체 왜 그러오? 얼굴빛이 별안간 창백해지고 괴로워하는 듯한데?"
"오빠, 사실 그 젊은 여자는 틀림없이 가장 세력이 강한 대마왕의 공주님일 거예요. 그 대마왕은 인간은 물론 마신과 요괴, 귀신, 족장과 호위병을 지배하며 수많은 나라와 도시와 섬을 소유하고 있어요. 게다가 어마어마한 재산과 보물도 가진 분이지요. 우리 아버지도 그분의 신하인 부왕(副王)의 한 사람이죠. 대마왕은 군사가 많을 뿐만 아니라 영토도 넓고 돈도 잔뜩 있어서 그의 명령은 아무도 거역할 수 없어요. 오빠가 보신 그 공주에게는 크고 깊은 강으로 둘러싸이고, 동서와 남북으로 걸어서 꼬박 1년이나 걸리는 광활한 땅을 떼어 주었답니다. 그곳에는 인간이고 마신이고 도저히 접근할 수 없대요.

또 이 대마왕 밑에는 여자 검객과 창을 쓰는 병사로 구성된 2만 5천 명의 여군이 있는데, 저마다 갑옷을 입고 말에 오르면 가장 용감한 병사 1천 명도 당해낼 수 있답니다. 또 이 대왕에게는 그 용기가 방금 말한 여인들*38 못지않은, 아니 오히려 그보다 뛰어난 일곱 명의 공주가 있어요.

오빠가 보신 것은 아마도 제일 맏이로 앞에서도 말한 넓은 나라의 여왕인데, 이 공주*39는 자매 중에서도 가장 머리가 좋고 용기와 승마술, 책략과 마법 등등 모든 점에서 어깨를 겨눌 수 있는 자가 그 넓은 국토에 하나도 없답니다.

그 공주를 따라온 처녀들은 아마도 궁전의 시녀나 궁녀, 아니면 여관들일 거예요. 하늘을 날아온 깃옷은 요술사가 만든 겁니다.(3) 오빠가 그 여왕을 손에 넣으셔서 어디에도 비할 데 없는 보석 같은 분과 결혼하여 그 아름다운 미모와 사랑스러움을 즐기시려면 제 말을 잊지 않도록 마음에 깊이 새겨 두세요. 그 처녀들은 언제나 그달의 처음 무렵에 이곳에 오니까, 오빠는 여기서 망을 보고 있다가 처녀들이 오는 모습이 눈에 띄거든 누각 근처에, 저쪽에서는 보이지 않는 곳에 숨어 계세요. 절대로 들키지 않도록 조심하셔야 해요. 그렇지 않으면 우리는 모두 죽은 목숨이니까요. 그리고 처녀들이 깃옷을 벗을 때 어느 것이 오빠가 연모하는 공주의 옷인지 잘 봐두었다가 그것을 빼앗아 버리세요. 그것 하나만 가지셔야 해요. 공주를 제 나라로 데려다주는 것은 그 깃옷이니까 오빠가 그것만 손에 넣으면 공주를 손에 넣은 거나 다름없어요.

'오, 내 옷을 가진 분이여, 당신을 곁에서 모시면서 하자는 대로 하겠으니 옷을 제발 돌려주세요.'

만일 공주가 이렇게 애원하더라도 절대로 그 말에 속아 넘어가지 않도록 조심하세요. 깃옷을 돌려주면 공주는 오빠를 죽이고 말 거예요. 그러니 잘 명심해 두셔야 해요. 공주의 깃옷이 사라진 것을 알면 아마도 모두 공주를 남겨 놓고 날아가 버릴 거예요.

그때 오빠는 그중 누구에게도 들키지 않도록 더욱더 조심하시면서, 같이 왔던 처녀들이 날아가 버린 뒤 공주가 마침내 체념하면, 그때 공주에게 다가 가서 머리카락을 붙잡고*40 오빠 쪽으로 끌어당기세요.

그렇게만 하면 공주는 이미 오빠 마음대로예요.

그런 다음, 오빠가 훔친 깃옷은 절대로 공주에게 발견되지 않도록 꼭꼭 숨겨두셔야 해요. 그 옷을 오빠가 가지고 있는 한 공주는 오빠의 포로요, 노예랍니다. 그 깃옷이 없으면 공주는 자기 나라로 날아가지 못하니까요.

그리고 마지막으로 공주를 오빠 방에 데려가면 그길로 오빠의 소원은 이루어지는 거예요."

그 말을 들은 하산은 마음이 가라앉고 괴로움이 수그러들어 고통도 사라졌으므로 일어나서 처녀의 머리에 입을 맞추고 함께 지붕에서 내려갔습니다.

이튿날 아침, 날이 밝자 하산은 일어나 계단의 문을 열고 지붕으로 올라가 앉았습니다. 점심때까지 그곳에 앉아 있으니 누이가 먹을 것과 갈아입을 옷을 가져다주었습니다. 그런 다음 하산은 다시 하룻밤을 보냈는데, 그렇게 하루하루를 보내는 사이에 어느덧 그달의 끝 무렵이 되었습니다.

하산은 초승달이 뜨는 것을 보자 가슴을 두근거리면서 이제나저제나 새들이 오기를 기다렸습니다.

이윽고 새들이 번개 같은 속도로 날아왔습니다. 하산은 새에게 들키지 않도록, 그쪽에서는 보이지 않는 장소에 몸을 숨겼습니다. 곧 한 마리가 날아오더니 이어서 다른 새들도 내려앉아 옷을 벗고 연못 안으로 들어갔습니다.

그것은 모두 하산이 숨어 있는 바로 옆에서 일어났습니다. 가슴을 애태우던 하산은 연모하던 공주의 모습이 눈에 띄자마자 들키지 않게 조심하면서 조금씩 공주의 깃옷이 있는 곳으로 다가갔습니다. 다행히 알라께서 보호해 주신 덕택에 처녀들은 하산이 가까이 다가가는 것을 아무도 눈치채지 못한 채 모두 깔깔거리면서 장난을 치고 있었습니다.

그동안 하산은 순조롭게 점찍어둔 깃옷을 손에 넣을 수 있었습니다. 물장난이 끝나자 그녀들은 모두 연못에서 나와 깃옷을 입기 시작했습니다. 그런데 하산이 연모하는 공주는 벗어 놓은 깃옷이 보이지 않자, 큰 소리로 비명을 지르고는 자신의 얼굴을 때리고 속옷을 찢으며 한바탕 소동을 부렸습니다.

다른 처녀들이 공주를 에워싸고 왜 그러느냐고 묻자, 공주는 깃옷이 사라졌다고 대답했습니다. 그 말을 듣고 다른 처녀들도 울부짖으면서 자신의 뺨을 때리기 시작했습니다.

하지만 어째서 없어졌는지 그 까닭을 도무지 알 수 없어, 그저 당황하기만 할 뿐 어찌할 바를 몰랐습니다.

그러는 사이, 밤이 되어 어둠이 처녀들을 에워싸기 시작하자, 다른 처녀들은 공주와 함께 있는 게 무서워져서 공주에게 작별인사를 하고, 누각의 수반 옆에 공주를 홀로 남겨 둔 채 날아가 버렸습니다.

—여기서 날이 훤히 밝아왔으므로 샤라자드는 이야기를 그쳤다.


## 790번째 밤

샤라자드는 이야기를 계속했다.

오, 인자하신 임금님, 다른 처녀들이 가버린 뒤, 하산이 귀를 기울이고 있으니 공주가 혼잣말하는 소리가 들렸습니다.

"오, 내 옷을 뺏고 나를 발가숭이로 만드신 분이여, 부디 소원이니 옷을 돌려주시어 이 알몸을 가리게 해 주세요. 돌려주시면 신의 힘으로 당신에게는 지금 내가 당한 이런 재난이 절대 내리지 않게 해 드리겠어요."

하산은 공주가 꿀보다도 달콤한 목소리로 이렇게 말하는 것을 듣자, 오히려 사랑이 더욱 불타올라 뜨거운 애욕에 미쳐버릴 것만 같아서 흥분되는 마음을 억제할 수 없었습니다.

그래서 숨어 있던 장소에서 뛰어나가 공주에게 달려가서 머리채를 붙잡고 끌어당겨 궁전 안 자기 방으로 옮겼습니다. 그리고 알몸에 비단 가운을 덮어준 다음 자신의 손을 물어뜯으며 울부짖고 몸부림치는 공주를 남겨두고 밖으로 나가 문을 잠갔습니다. 그리고 누이에게 달려가서 연인을 사로잡아 자기 침실에 가두었다고 알렸습니다.
"공주는 지금 내 방에서 자기 손을 물어뜯으며 울기만 하고 있습니다."
이 말을 들은 누이가 일어나 그 방에 가보니 공주는 탄식하며 울고 있었습니다. 누이가 공주 앞에 꿇어앉아 인사를 하자, 공주가 말했습니다.
"오, 왕의 딸이여, 당신 같은 분마저 세상의 왕녀에게 이런 몹쓸 짓을 하시나요? 당신도 알다시피 나의 아버지는 세력 있는 대왕이시고, 아버지를 섬기는 마신의 군주들은 모두 아버지를 두려워하며 아버지의 세력에 복종하고 있습니다. 아버지 곁에는 수많은 마법사와 현자, 학자, 요괴, 귀신들이 있어서 아무도 맞서려는 자가 없고, 부하와 가신의 수는 알라 말고는 아무도 모를 정돕니다.
그런데도 어째서 당신은 인간 따위를 재워주며 나와 당신들의 비밀을 누설하는 그런 짓을 하나요? 그런 일이 없다면, 어떻게 낯선 인간 남자가 우리 가까이 올 수 있단 말인가요?"
하산의 누이가 대답했습니다.
"오, 왕녀님, 그분은 인품이 나무랄 데 없는 분입니다. 그리고 공주님에게 무슨 나쁜 짓을 하려는 게 아닙니다. 그분은 다만 공주님을 진정으로 사랑하고 있을 뿐입니다. 여자는 오로지 남자를 위해서 만들어진 것에 불과하답니다. 만일 그분이 당신을 사랑하지 않았더라면 당신 때문에 병이 들거나 당신을 연모한 나머지 저렇게 죽을 지경이 되지도 않았을 거예요."
그리고 공주가 시녀들과 함께 연못에서 목욕하는 광경을 하산이 우연히 보고 한눈에 반해버렸다는 것과 그중에서 하산의 마음에 든 분은 공주뿐이었다는 것 등을 처음부터 끝까지 얘기해 주었습니다.
공주는 그 이야기를 듣고 이제는 그곳을 벗어날 길이 없음을 깨달았습니다. 이윽고 누이는 그곳에서 나와 화려한 옷을 가져다가 공주에게 입혀주었습니다. 그리고 진수성찬을 차려 함께 먹으며 공주를 위로하면서 마음을 달래주며 공손하고 상냥하게 이렇게 말했습니다.
"당신을 보고 한눈에 반해 죽도록 사랑하게 된 남자를 불쌍하게 여겨주세요, 네?"
하산의 막내 누이는 여러 가지 속담과 재미있는 실제 이야기를 들며 끊임없이 위로하고 어루만져 주었습니다. 그래도 공주는 날이 밝도록 울음을 그치지 않았습니다.
 그러나 아침이 되자 공주도 이제는 그물에 걸린 고기나 마찬가지로 더는 달아날 방법이 없다는 사실을 깨닫고 마음을 가라앉히고 눈물을 닦았습니다. 그리고 하산의 막내 누이에게 말했습니다.
 "오, 공주님, 이렇게 고향과 형제들과 떨어져서 이곳에 있게 된 것도 다 전생의 인연이겠지요. 이렇게 된 이상 신께서 정해 주신 운명을 참고 견디는 것 말고 내가 할 수 있는 일이 뭐가 있겠어요?"
 그러자 막내는 공주를 궁전에서 가장 좋은 방으로 옮겨 밤이나 낮이나 옆에서 시중을 들며 위로도 하고 격려도 해 주었습니다.
 그러는 동안 공주 역시 자신의 운명을 받아들이고 차츰 마음을 열어 웃는 얼굴을 보이게 되었고, 고향 사람들과 부모와 헤어진 슬픔과 괴로움은 흔적도 없이 사라지고 말았습니다.
 막내는 이러한 공주의 변화를 눈치채고 하산에게 갔습니다.
 "어서 공주님의 방에 가서 손발*41에 입을 맞춰 드리세요."
 하산은 당장 공주의 방에 가서 그 손발과 머리에 입을 맞춘 뒤, 말을 걸었습니다.
 "오, 아름다운 공주여, 마음의 생명, 보는 사람의 눈을 즐겁게 하는 공주여, 부디 안심하십시오. 저는 다만 심판의 날까지 당신의 노예가 되기 위해 당신을 훔쳤을 뿐입니다. 여기 있는 누이도 당신의 종이 될 겁니다. 오, 사랑스러운 공주여, 저는 오직 신의 법칙과 사도의 관습에 따라 당신을 아내로 맞이하는 것 말고는 아무것도 원치 않습니다. 원하신다면 저는 당신의 나라로 간 뒤, 다시 바그다드의 도성으로 함께 가서 그곳에서 살아도 상관없습니다. 그리고 당신을 위해 시녀와 흑인 노예도 사들입시다. 제 어머니는 매우 좋은 분이라서 기꺼이 보살펴주실 겁니다. 게다가 우리나라만큼 멋진 곳은 없습니다. 우리나라에 있는 건 모두 다른 고장의 것보다 훨씬 뛰어난 것들뿐입니다. 백성들도 모두 명랑하고 밝은 얼굴들을 하고 있답니다."
 이렇게 하산이 공주에게 말을 걸며 열심히 기분을 달래주었지만 공주는 아직 한마디도 대답하지 않고 있는데, 누군가가 궁전 문을 두드리는 소리가 들려왔습니다. 하산이 나가보니 사냥에서 돌아온 여섯 명의 공주들이었습니다. 하산은 그들을 반갑게 맞이했습니다.

공주들은 전처럼 기운을 되찾은 하산을 보고 그 무사함과 건강을 축하했고, 하산도 정중히 그 인사에 답했습니다.
　공주들은 저마다 자기 방으로 가서 더러워진 사냥복을 벗고 훌륭한 리넨 옷으로 갈아입고 나와 부하들에게 잡아온 짐승들을 가져오게 했습니다. 공주들은 영양, 들소, 산토끼, 사자와 표범, 그 밖의 짐승을 많이 잡아 왔습니다.
　부하들은 그중 몇 마리는 그 자리에서 잡아 죽이기 위해서 끌어내고 나머지는 남겨 두었습니다. 하산은 옷자락을 걷고 소매도 걷어붙인 뒤 격식에 따라*42 짐승을 잡기 시작했습니다. 공주들은 그 광경을 구경하면서 하산이 원래대로 다시 건강해진 모습을 보고 매우 기뻐하며 손뼉을 치고 즐거워했습니다.
　짐승을 다 잡자 모두 자리에 앉아 아침을 준비했습니다. 그때 하산이 먼저 제일 큰언니에게 다가가서 그 머리에 입을 맞춘 뒤, 차례차례 동생들의 머리에 입을 맞추자, 공주들은 이상히 여기며 하산에게 말했습니다.
　"오라버니, 당신은 너무 지나치게 겸손해요. 당신의 애정이 너무 섬세하여 모두 깜짝 놀라고 있답니다. 당신에게서 그런 대접을 받는 건 벌을 받을 짓이에요. 당신은 인간이며, 마신인 저희보다 훨씬 훌륭한 분이니까,*43 오히려 우리 쪽에서 그렇게 해 드려야 하는 걸요."
　이 말을 들은 하산이 갑자기 눈물을 흘리며 흐느껴 울자 모두 물었습니다.
　"오, 왜 그러세요? 오늘같이 즐거운 날에 눈물을 보이시다니! 틀림없이 어머님과 고국이 그리워서 그러시는 거지요? 그러시다면 여행준비를 해서 오라버니의 집과 친구들이 있는 곳까지 모셔다 드리겠어요."
　"아니오, 나는 무슨 일이 있어도 여러분과 헤어지고 싶지 않습니다."
　"그러면 왜 그렇게 슬퍼하세요? 저희 가운데 누군가가 당신을 괴롭혔나요?"
　하산은 '나를 슬프게 하는 건 다만 그 공주에 대한 사랑입니다'라고 말하고 싶었지만, 너무나 부끄러워서 입에 올릴 수 없었으므로 그 일에 대해선 아무 말도 하지 않으리라 결심했습니다. 그러자 하산의 누이가 된 막내가 앞에 나서며 말했습니다.
　"하산 님은 하늘의 새를 잡으셨답니다. 그리고 언니들의 손을 빌려서 그 새를 길들이시려는 거예요."

이 말을 듣고 공주들은 일제히 하산을 바라보며 재촉했습니다.
"우리는 모두 당신을 도와 드리려고 마음먹고 있어요. 무엇이든지 원하시면 들어 드릴 테니 어서 이야기해요. 하나도 숨기지 말고."
그래서 하산은 하는 수 없이 막내를 돌아보며 말했습니다.
"당신이 좀 이야기해 주시오. 여러분 앞에선 부끄러워서 도저히 내 입으로는 말할 수 없으니."

―여기서 날이 훤히 밝아왔으므로 샤라자드는 이야기를 그쳤다.


## 791번째 밤

오, 인자하신 임금님, 그러자 막내가 언니들을 향해 입을 열었습니다.
"언니들, 지난번에 우리 모두 이곳을 떠날 때, 우리는 이 가엾은 오빠를 혼자 외롭게 남겨 두고 갔어요. 그때 오빠는 이 궁전이 갑자기 조용해지자 마음이 답답해지고 또 누가 들어오지 않을까 불안해지더랍니다. 아시다시피 인간의 마음은 나약한 데가 있으니까요.
그래서 오빠는 외로움과 불안에 사로잡혀 지붕으로 올라가는 계단 문을 열고 평지붕에 나가서 골짜기를 내려다보기도 하고 누가 오지 않을까 걱정하면서 문을 감시하기도 하셨지요.
그러던 어느 날 난데없이 새 열 마리가 이 궁전을 향해 날아오는 게 눈에 들어왔대요. 새들이 누각 속 수반 옆에 내리기에 오빠가 지켜보고 있으니, 그중에 뛰어나게 예쁜 새 한 마리가 다른 새들을 쪼아대며 놀리는데도 다른 새들은 잠자코 있더랍니다.
그러다가 새 열 마리는 목 언저리의 깃털을 발톱으로 찢고 그 속에서 몸을 드러냈는데, 모두 보름달처럼 아름다운 처녀들이었어요. 처녀들은 속옷을 벗고 물속에 뛰어들어 물장난을 치면서 놀기 시작했는데, 그동안에도 여왕인 듯한 처녀가 다른 처녀들을 물속에 밀어 넣어도 아무도 저항하지 않았어요. 그 여왕 격인 처녀는 얼굴도 가장 예쁘고 몸매도 뛰어나게 아름다운데다 옷도 다른 처녀들보다 비할 데 없이 품위가 있었지요.

그렇게 오후 기도시간이 가까워질 무렵까지 놀다가 이윽고 연못에서 나온 처녀들은 깃옷을 입고 모두 함께 날아가 버렸지요.

오빠는 그 모든 광경을 지켜보면서 여왕 격인 처녀를 향해 뜨거운 연정을 불태우기 시작했어요. 그래서 처녀들이 날아가 버리자 마음이 혼란에 빠져, 그 처녀의 깃옷을 빼앗아 두지 않은 사실을 후회했어요.

그때부터 오빠는 병이 나서 처녀들이 다시 찾아오기를 기다리며 먹고 자는 일도 모두 그만두고 지붕 위에서 나날을 보내셨지요. 그러다가 초승달이 떠오를 때쯤 새들이 다시 나타나 깃옷을 벗은 처녀가 되어 수반 속에 뛰어들었어요.

그래서 오빠는 그 처녀가 깃옷이 없으면 날지 못한다는 사실을 알고, 처녀들에게 들키지 않도록 조심스럽게 몸을 숨기고 있다가 그 깃옷을 훔치고 말았어요. 그리고 다른 처녀들이 날아가기를 기다렸다가, 그 처녀를 붙잡아 궁전 안으로 데리고 내려왔답니다."

여기까지 이야기하자 언니들이 물었습니다.

"그분은 지금 어디 계시니?"

막내는 그 처녀가 있는 방을 가르쳐주었습니다.

"오, 동생아, 그분에 대해서 좀더 자세히 이야기해 다오."

"그분은 보름달보다 아름답고 얼굴은 태양보다 눈부시게 빛나요. 그 입술의 이슬은 꿀보다도 달고 몸매는 나뭇가지처럼 곧고 날씬하답니다. 눈동자는 밤의 어둠보다 새카맣고 이마는 흰 꽃송이 같아요. 가슴은 보석처럼 눈부신데 유방은 두 개의 석류, 두 뺨은 두 개의 능금 같아요. 허리는 부드럽게 물결 치고 배꼽은 사향 알맹이를 채운 작은 상아 상자 같으며, 두 다리는 설화석고로 빚은 둥근 기둥 같답니다.

저절로 까맣게 물든 눈과 날씬한 허리, 터질 듯이 부풀어 오른 엉덩이, 그리고 온갖 괴로움을 씻어주는 힘을 가진 다정한 목소리로 참으로 보는 사람을 황홀하게 만드는 분이에요. 정말 그분은 밝게 빛나는 보름달처럼 아름다운 몸매와 사랑스러운 미소를 갖고 계신 분이랍니다."

이 찬사를 들은 자매들은 하산을 돌아보며 재촉했습니다.

"어서 그분을 보여주세요."

사랑의 포로가 된 하산은 자매들을 공주가 갇혀 있는 방으로 안내하여 문을 열고 먼저 자기부터 안으로 들어갔습니다.

공주에게 다가간 자매들은 그 아름다움에 감탄하면서 그 앞에 무릎을 꿇은 뒤, 공주의 아름다운 자태와 저절로 드러나는 타고난 기품에 깜짝 놀라 말했습니다.

"오, 가장 높으신 주군의 공주님이시여, 이번에 큰 변을 당하셨더군요. 하지만 만약 공주님이 인간 여자들 사이에 나도는 이 하산 님에 대한 소문을 들으셨다면, 아마 공주님도 이분의 아름다움에 마음이 끌리셨을 거예요. 정말이지 이분은 공주님을 너무나 열렬히 사랑하고 계십니다. 그것도 단순히 음란한 마음에서가 아니라, 정식으로 공주님을 아내로 맞이하고 싶어 하십니다. 그리고 들은 바로는 그 깃옷은 벌써 태워버렸답니다. 그렇지 않으면 당연히 저희가 되찾아서 돌려 드렸을 거예요."

그리하여 자매 중 하나가 공주와 의논한 끝에 공주의 대리인이 되어 결혼 계약을 맺고, 마침내 하산과 공주 사이에 경사스러운 결혼식이 치러졌습니다. 하산이 자신의 한 손을 공주의 손 위에 포개고 서로 손바닥을 맞추고 나자 공주는 이의 없이 하산의 아내가 되었습니다.

그 뒤 공주에게 어울리는 성대한 잔치가 열렸고, 그것이 끝나자 하산은 신부의 침실에 들어갔습니다.

하산은 먼저 신부의 베일을 벗기고 숲의 문을 연 뒤, 아기를 낳는 용광로를 꿰뚫고 그 봉인을 찢었습니다. 그리하여 백년가약이 맺어지고 나자 신부에 대한 하산의 사랑은 더욱 깊어졌고, 애욕도 더욱 고조되었습니다.

그리하여 마침내 소원을 이룬 하산은 하늘에라도 오른 듯이 기뻐하며 이런 시를 읊었습니다.

> 그대 모습, 나를 유혹하네,
> 비할 데 없이 드문
> 빛의 무늬가 빚어내는 아름다움
> 낙원인가 하여라.
> 내 눈에 그대 빛나는 모습 그리면
> 반은 루비, 구슬은 서 푼,
> 사향은 오 푼, 용연향은 육 푼,

6분의 1은 진주,
다만 천하에 둘도 없는 진주라네.
이브도 그대보다 뛰어난 딸 낳은 적 없고
제4천(第四天)*44에도 그대와 같은
미녀는 살지 않으리.
그대로 인한 괴로움도 사랑의 길,
그대가 날 용서하든 않든
마음대로 하시라.
아, 그러나 세상을 비추는 그대
마지막까지 내 희망인 그대,
아름다운 그대 잃으면 어찌
견디리, 내 마음.

―여기서 날이 훤히 밝아왔으므로 샤라자드는 이야기를 그쳤다.


## 792번째 밤

샤라자드는 이야기를 계속했다.
 오, 인자하신 임금님, 한편 자매들은 모두 문 앞에 서 있다가 이 노래를 듣자 공주에게 말했습니다.
 "오, 공주님, 이분의 시를 들으신 적 있나요? 이분은 당신을 사모하여 쉴 새 없이 시를 지으셨는데, 그것이 벌써 1천 편이나 된다는 것을 아신다면 우리를 탓하실 수 없을 거예요."
 이 말을 들은 공주는 매우 기뻐하며 행복을 느꼈습니다. 하산은 공주와 함께 온갖 즐거움을 맛보면서 더없이 행복하게 40일*45을 지냈습니다.
 자매들도 하산을 위해 매일 잔치를 열고 선물과 진귀한 것들을 주어 하산으로 하여금 즐거운 비명을 지르게 했습니다. 공주 또한 그들과 함께 살기로 마음을 정하자 고향의 벗들과 가족에 대해서는 모두 잊어버렸습니다.
 그런데 40일이 지난 어느 날 밤, 하산은 자기 때문에 비탄에 잠겨 있는 어머니의 꿈을 꾸었습니다. 하산이 행복하게 사는 동안, 어머니는 온몸이 말라 비틀어지고 얼굴은 누레져서 얼굴 모습까지 아주 달라지고 말았습니다. 어머니는 행복하게 사는 하산을 보고 말했습니다.
'오, 내 아들 하산, 너는 그토록 깨가 쏟아지게 잘살고 있으면서 이 어미에 대한 생각은 아주 잊어버렸으니, 대체 이게 어찌 된 일이냐? 네가 없어지고 나서 얼마나 변했는지 내 꼴 좀 보렴. 나는 너를 잊지 못하고 있다. 내 혀는 죽을 때까지 네 이름을 부르고 있을 거다. 나는 너를 잊지 않기 위해 집 안에 무덤을 세웠다. 오, 내 아들아, 너를 내 곁에 두고 볼 수 있는 날까지 내가 살 수 있을까? 다시 한 번 옛날처럼 너와 함께 지낼 수 있을까?'
하산은 어머니의 말을 듣고 슬피 울면서 잠에서 깼습니다. 눈물이 폭포처럼 두 뺨을 타고 흘러내렸습니다.
그 뒤부터 하산은 늘 시름에 잠겨 하염없이 눈물을 흘리면서 잠도 이루지 못하고 마음의 안정도 잃은 채 한시도 가만히 있을 수 없게 되었습니다.
어느 날 아침 자매들은 자리에서 일어나자 여느 때처럼 찾아와 아침인사를 하고 즐겁게 얘기를 나누었습니다. 그러나 하산이 심드렁한 얼굴로 자매들이 하는 얘기를 귀담아듣지 않는 눈치를 보이자 그녀들은 하산의 아내에게 까닭을 물어보았습니다.
"나도 도무지 알 수가 없어요."
"왜 그런지 이유를 한번 물어보세요."
그래서 아내가 하산 곁으로 가서 물었습니다.
"여보, 왜 그러세요?"
하산은 근심에 찬 얼굴로 꿈 이야기를 한 뒤 다음과 같은 시를 읊었습니다.

   우리 서로 만나고 싶어
   괴로워하며 마음 애태우건만
   만날 길 없어라.
   그리하여 괴로움은 더욱 깊어지고
   가벼운 사랑마저 더욱더 무겁네.

하산의 말을 아내가 자매들에게 전하니, 자매들은 하산을 가엾게 여기며 말했습니다.
 "알라의 이름을 걸고, 아무쪼록 하고 싶은 대로 하세요. 우리는 결코 당신이 어머니를 찾아가는 일을 막지 않겠어요. 오히려 온 힘을 다해 도와 드리고 싶어요. 하지만 우리를 저버리지는 마시고 1년에 한 번이라도 좋으니 찾아와 주세요."
 그러자 하산이 대답했습니다.
 "잘 알았습니다. 내 눈과 머리에 맹세코 반드시 그렇게 하겠습니다."
 자매들은 곧 여행준비를 시작하여 신부를 위한 의상과 장신구, 그 밖에 말로도 표현할 수 없을 만큼 값진 물건들을 이것저것 마련했고, 그러고도 하산에게도 어마어마한 선물을 주었습니다.
 그런 다음 마법의 구리 북을 울리니 사방에서 낙타가 나타나, 그중에서 준비한 물건을 모두 실을 수 있을 만큼의 낙타를 골랐습니다. 그 물건 가운데에는 금궤 스물다섯 개와 은궤 쉰 개도 있었습니다.
 자매들은 하산과 신부를 따로따로 낙타에 태우고 사흘 동안 함께 나아갔는데, 그것은 보통 사람이라면 석 달이나 걸리는 여정이었습니다. 거기서 자매들은 하산과 그 아내와 작별하고 돌아갔습니다.
 그때 막내는 하산에게 몸을 던지고 정신을 잃도록 슬프게 울다가 얼마 뒤 정신을 차리고 다음과 같은 시를 읊었습니다.

　　이 무거운 눈에서
　　잠을 빼앗지 않고는
　　밝은 아침 찾아온 적 없네.
　　즐겁던 단란함은 깨지고
　　우리의 힘도 사위어서
　　모습은 애처롭게 여위었네.

 노래가 끝나자 막내는 하산과 작별인사를 하면서, 고향에 돌아가 어머니를 만나 마음이 안정되면 반년에 한 번쯤 찾아오는 것을 잊지 않겠다는 굳은 약속을 받아낸 다음 이렇게 말했습니다.
 "무슨 슬픈 일이나 곤란한 일이 생기면 마법의 구리 북을 울리세요. 그러면 낙타가 나타날 테니 그것을 타고 곧장 저한테 오세요."
 하산은 그리 하겠다 맹세하고 그만 궁전으로 돌아가라며 타일렀습니다. 자매들은 하산과의 헤어짐을 서운해하면서 궁전으로 돌아갔습니다.
 특히 막내는 그 뒤부터 하산과의 이별이 견딜 수 없이 슬퍼 마음이 진정되지 않아서 밤이나 낮이나 눈물로 지새우고 있었습니다.
 한편 하산과 아내는 밤을 낮 삼아 사막을 가로지르고 골짜기를 건너고 바위산을 넘어서 이글이글 내리쬐는 태양 아래, 그리고 새벽녘의 어스름 속을 쉬지 않고 나아갔습니다.
 그리하여 두 사람은 신의 뜻에 따라 바소라에 무사히 도착했습니다. 마침내 하산의 집 문 앞에 낙타를 꿇어앉히고 고삐를 놓은 뒤 문을 열기 위해 다가섰습니다.
 그러자 이별의 괴로움으로 사그라질 듯이 바싹 여위어서 흐느껴 울며 이런 시를 읊조리고 있는 어머니의 목소리가 들려왔습니다.

　　사람들이 잠든 깊은 밤에
　　잠시의 휴식도 없이
　　밤을 새우며 눈 뜨고 있는 자는
　　어찌 잠을 맛볼 수 있으랴,
　　재산도 명예도 가족도 있는데
　　집을 나가 혼자 떠돌아다니는
　　내 아들 신세를 생각하니.
　　괴로움을 감내하려 하건만
　　애끊는 마음 쓰라려
　　몸 뒤척이고
　　바라는 마음 사나워서
　　몸만 찢어질 뿐.
　　안타까이 한탄하고
　　사무치게 애태우며
　　보고 싶은 마음 한이 없어라.
　　내 사랑을 여기에 고하리,

이 눈물이 증명하듯이
　　내 진정 기진맥진해서
　　애처롭게 고뇌하는 모습.

　이 노래를 들은 하산은 눈물을 흘리면서 세차게 문을 두드렸습니다. 그러자 어머니가 물었습니다.
　"밖에 누구시오?"
　"문을 열어주십시오."
　하산이 그저 이렇게 대답하니 어머니가 문을 열어주었습니다. 그리고 첫눈에 그가 아들 하산이라는 것을 안 어머니는 그 자리에서 까무러치고 말았습니다.
　하산의 간호로 잠시 뒤 어머니가 깨어나자 하산은 어머니를 꼭 끌어안았고, 어머니도 아들을 꼭 껴안고 입을 맞췄습니다. 하산의 아내는 가만히 모자의 상봉을 바라보고 서 있었습니다.
　이윽고 하산이 짐을 집 안으로 날라 들이기 시작하자, 어머니는 아들과의 생각지도 못한 재회에 마음이 활짝 개어 이런 시를 읊었습니다.

　　운명의 여신, 이제야말로
　　나에게 은혜를 내리셨구나.
　　긴 세월의 액운을
　　가엾게 여기심인가,
　　고맙게도, 황송하게도
　　그토록 보고 싶던 사랑하는 자식을
　　나에게 다시 점지하시어
　　근심을 남김없이 거둬 가셨도다.
　　그러니 용서하리,
　　지난 세월에
　　나를 저버리고 조금도
　　돌보아주지 않은 허물을.
　　내 검은 머리를 은색으로

바꿔 놓으신 여신의 죄까지도,

―여기서 날이 훤히 밝아왔으므로 샤라자드는 이야기를 그쳤다.

## 793번째 밤

샤라자드는 이야기를 계속했다.
오, 인자하신 임금님, 이윽고 하산은 어머니와 함께 앉아 이야기를 시작했습니다. 어머니가 물었습니다.
"오, 아들아, 그 페르시아인과 함께 떠난 뒤 대관절 무슨 일이 있었느냐?"
하산이 대답했습니다.
"오, 어머니, 그놈은 페르시아인이 아니라 전능하신 알라 대신 불을 숭배하는 배화교도였습니다."
그는 페르시아인과 '구름 산'을 여행한 일, 낙타 가죽에 들어갔던 일, 매가 나타나서 자기를 채어서 산꼭대기에 내려놓은 일, 꼭대기에서 본 시체와 배화교도가 하산을 속이고 볼일이 끝나자 그 산꼭대기에 내버려 두어 죽이려 했던 일 등을 자세히 얘기했습니다.
그리고 다시 말을 이어, 하산이 죽으려고 그 산꼭대기에서 바다로 몸을 던졌더니 신의 가호로 일곱 명의 공주가 사는 궁전에 가게 된 일, 그중에서 막내 공주가 자신의 누이동생이 된 일, 전능하신 신께서 그 배화교도를 하산이 있는 곳에 데려다주어 죽여 버린 일 등을 이야기했습니다.
그 뒤 대마왕의 공주를 열렬히 사랑하게 되어 그 공주를 손에 넣은 일, 어머니를 꿈에서 만난 일부터 마침내 신이 두 사람을 다시 만나게 해 주기까지의 일들을 자세히 얘기해 드렸습니다.
어머니는 하산의 이야기를 듣고 세상에 참으로 신기한 일도 다 있구나 하면서, 아무튼 아들을 무사히 돌아오게 해 주신 알라를 찬양했습니다. 이윽고 어머니는 일어나 짐을 살피더니 아들에게 물었습니다.
"이것은 뭣이냐?"

하산이 그 내용물을 얘기해 주니 어머니는 뛸 듯이 기뻐하며 좋아했습니다. 그런 다음 공주와 이야기하려고 다가가서 그 얼굴을 본 순간, 눈부시게 아름답고 황홀한 미모에 깜짝 놀라고 말았습니다.

빛나는 구슬처럼 세상에 보기 드물게 아름답고 우아한 모습에 감탄을 금치 못한 어머니는, 공주 옆에 붙어 앉아 이런저런 말로 격려하고 위로하면서도 줄곧 이렇게 수없이 되뇌었습니다.

"오, 아들아, 용케도 무사히 돌아왔구나."

이튿날 아침 어머니는 시장에 가서 훌륭한 가구와 이 도성에서 가장 호사스러운 옷을 열 벌가량 사 와서 새 며느리에게 입히고 장신구도 달아주었습니다. 그리고 하산에게는 이렇게 말했습니다.

"오, 아들아, 이렇게 많은 재산을 갖고서는 이곳에서 살 수 없다. 너도 알다시피 가난뱅이였던 우리가 이렇게 부자가 되었으니, 남들은 연금술로 돈벌이한 게 아닌가 의심하지 않겠니? 평화의 도시 바그다드*46로 가서 교주님 슬하인 '성역(聖域)'에서 살도록 하자꾸나. 네가 알라를 두려워하고 공경하며 무슨 장사라도 한다면, 이만한 재산도 있겠다, 알라께서 축복의 문을 열어주실 거다."

하산은 어머니의 의견이 옳다 여기고 곧 집을 팔아 낙타를 세내어서, 어머니와 새 아내와 함께 짐을 실었습니다.

그 길로 티그리스 강으로 나가서 바그다드로 가는 배를 빌려 전 재산을 싣고 어머니와 아내를 데리고 배에 올랐습니다.

배가 순풍을 타고 열흘 동안 강을 거슬러 올라간 끝에, 이윽고 바그다드의 도성이 보이는 곳에 이르자, 모두 여간 기뻐하지 않았습니다.

이윽고 배가 도성에 닿자 뭍에 오른 하산은 즉시 어떤 대상객주의 창고를 빌려 짐을 운반했습니다.

그날 밤은 객주에서 자고 이튿날 옷을 갈아입고 시장에 나가 거간꾼을 찾으니 도성 사람들이 가르쳐주었습니다.

거간꾼이 볼일이 뭐냐고 물었습니다.

"좋은 집을 한 채 사고 싶소만."

거간꾼은 즉시 하산의 마음에 들 만한 집을 구경시켜 주었습니다. 그리하여 어느 대신이 살던 집 한 채를 금화 1만 닢에 사서 그 값을 치렀습니다.

객주로 돌아간 하산은 짐과 돈을 모두 그 집으로 옮긴 뒤, 시장에 가서 일용품과 양탄자, 그 밖에 새집에 필요한 살림살이와 하인과 환관, 흑인 소년 등을 골고루 사들였습니다.

그리하여 아내, 어머니와 함께 이 세상의 온갖 즐거움과 기쁨을 누리면서 평화롭게 3년의 세월을 보내는 동안, 아들도 둘이나 태어나서 하나는 나시르, 하나는 만수르라고 이름 지었습니다.

3년이 다 지나갈 무렵, 문득 남매의 의를 맺은 처녀들이 생각난 하산은, 그들이 베풀어준 친절과 소원을 이루는 데 도와준 여러 일들을 돌이켜 생각했습니다. 그러자 하산은 그 자매들이 미칠 듯이 그리워져서 그길로 성 안 시장에 나가 잡화와 값진 옷감, 설탕에 절인 과일 등 자매들이 듣지도 보지도 못한 것들, 진귀한 물건들을 사가지고 왔습니다.

어머니가 그런 진귀한 물건들을 사온 까닭을 물으니, 하산이 대답했습니다.

"남매의 의를 맺은 공주들을 찾아가 볼까 합니다. 그 자매들에게는 여러 가지로 신세를 많이 졌고, 제가 지금 가진 재산도 모두 그 사람들의 친절과 은혜 덕분입니다. 그래서 꼭 그 자매들을 찾아보고 싶습니다. 갔다가 곧 돌아오겠습니다."

"오, 아들아, 나를 너무 오래 혼자 두지 말아다오."

"어머니, 아울러 아내에 대해 말씀드려둘 것이 있습니다. 사실 뜰 한구석에 파묻어 둔 궤짝 속에 아내의 깃옷이 들어 있는데, 무슨 일로 우연히 아내가 그것을 발견하여 꺼내게 되면 큰일이니 부디 조심해 주십시오.

그 깃털 옷이 있으면 아내와 아이들은 자신의 고향으로 날아가 버리고, 저는 두 번 다시 아내와 아이들의 소식을 듣지 못하게 되어 슬픈 나머지 죽어버릴지도 모릅니다. 그러니 아무쪼록 거듭거듭 조심해 주세요. 그리고 이 일은 절대로 아내에게 말씀하시지 마세요.

아내는 마왕의 딸인데 그 왕은 마신의 왕 중에서도 대마왕으로, 군대와 재물도 누구보다 많이 가진 분입니다. 아내는 그 대마왕의 왕녀로 부왕에게 무엇보다 소중한 존재였다는 걸 알아 두셔야 합니다.

그리고 아내는 남달리 용기 있는 여자니 어머님은 아내의 뒤를 잘 돌봐주셔서 제멋대로 외출하거나 창문 밖으로 또는 담 너머로 밖을 내다보는 일이 없도록 해 주십시오. 뜻밖에 아내를 꾀어내는 바람이나 불지 않을까 여간 걱정이 아닙니다.*47 아내에게 뭔가 이 세상의 재난이 닥치는 날에는 저도 죽고 말 겁니다."

"오, 아들아, 네 말을 듣지 않으면 신께서 용서하실 리가 없지. 내가 네 당부를 소홀히 할 만큼 정신이 없는 줄 아느냐? 아들아, 안심하고 다녀오너라. 제발, 알라여, 하산이 무사히 돌아와서 내가 며느리에게 한 일을 며느리 입을 통해 들을 수 있게 해 주소서! 하지만 아들아, 그쪽에 예정보다 오래 머물러 있지는 말아다오."

─여기서 날이 훤히 밝아왔으므로 샤라자드는 이야기를 그쳤다.

### 794번째 밤

샤라자드는 이야기를 계속했다.

오, 인자하신 임금님, 그런데 이게 무슨 운명의 조화인지 하산이 어머니에게 한 말을 아내가 낱낱이 엿듣고 말았습니다. 물론 두 사람은 그런 줄은 꿈에도 몰랐습니다.

하산은 도성 밖으로 나가서 그 구리 북을 울렸습니다. 그러자 낙타가 나타나 그중 스무 마리에 알 이라크의 진귀한 보물들을 실었습니다.

짐을 다 실은 하산은 다시 어머니에게 돌아가서 자기가 자리를 비운 사이 생길 여러 일을 신신당부하고 어머니와 아내, 아이들과 작별했습니다. 아이들은 각각 한 살, 두 살이었습니다.

그리하여 하산은 낙타에 올라 밤낮을 쉬지 않고, 언덕을 넘고 골짜기를 건너고 평원과 황무지를 지나 열흘 동안 나아간 끝에 열하루째 되는 날 목적하는 공주들의 궁전에 도착했습니다.

하산이 갖고 간 선물을 들고 자매들을 찾아가니 그를 본 공주들은 무척이나 기뻐하면서 하산의 무사함을 축복했고, 막내 공주는 얼른 궁전 안팎을 아름답게 장식했습니다.

선물을 받은 공주들은 하산을 예전 방에 묵게 하고 어머니와 아내의 안부를 물었습니다. 하산이 두 아들이 태어난 일을 이야기하자 막내 공주는 하산이 행복하게 사는 사실을 알고 매우 기뻐하면서 이런 시를 읊었습니다.

> 산들바람 불어올 때마다
> 소식을 물어본다.
> 내 가슴 지나가는 그림자는
> 누구도 아닌 오직 그대 하나뿐.

그리하여 하산은 잔치와 놀이, 사냥으로 시간을 보내면서 석 달 동안 매우 지극한 환대를 받았습니다.

한편 하산의 아내는 남편이 집을 떠난 뒤 이틀 동안은 아무 일 없이 어머니와 함께 지내다가 사흘째가 되자 어머니에게 말했습니다.

"오, 알라께 영광을! 어머니, 저는 하산 님과 3년을 함께 살면서 아직 한 번도 바깥 목욕탕에 가본 일이 없어요."

하산의 아내가 울기 시작하자 어머니는 가여운 생각이 들었습니다.

"오, 내 딸아, 이 도성에서 우리는 타향 사람이고 게다가 네 남편은 멀리 여행을 떠나고 없다. 그 애가 집에 있다면야 네 뒷바라지라도 해 주련만, 나는 아는 사람이 아무도 없어. 그러니 물을 끓여서 집에 있는 목욕탕에서 머리를 감겨주마."

"오, 어머니, 만약 노예계집에게 그런 말씀을 하시면 노예계집은 자기를 국왕의 시장에 데리고 나가 팔아 달라고 하며 어머니와 함께 살려고 하지 않을 거예요.*48 남자란 질투가 심해서 여자가 외출이라도 하면 무슨 바람이라도 피울 줄 알고 시끄럽게 잔소리를 하지요.

하지만 어머니, 여자는 그런 것이 아니에요. 어머니도 잘 아시다시피, 무슨 일을 하려고 마음만 먹으면 목욕을 가는 일이든 무슨 일이든 반드시 마음먹은 대로 하고 맙니다. 어떠한 것도 여자를 감시하고 정조를 지키게 하거나, 그 소망을 방해할 힘은 없어요. 분별심과 신앙심 말고는 여자를 구속할 수 있는 것은 아무것도 없답니다."*49

이렇게 말하면서 며느리는 자신의 운명을 저주하며 낯선 타향에 와 있는 외로움을 탄식했습니다.

그것을 들으니 어머니도 가엾은 생각이 드는 데다 며느리의 말이 하나도 틀리지 않아, 그 희망을 들어주는 수밖에 없다고 생각했습니다. 그리하여 어머니는 앞일은 알라(찬양하라!)께 모두 맡기기로 하고 목욕에 필요한 것을 준비하여 며느리와 함께 목욕탕으로 갔습니다.

두 아이를 안고 목욕탕에 들어간 두 사람은 옷을 벗었습니다. 그러자 거기 있던 모든 여자가 일제히 하산의 아내를 쳐다보면서, 그토록 아름다운 몸매를 만드신 알라를 찬양했습니다. 그뿐만 아니라 지나가던 여자들까지 그 자태를 구경하려고 속속 모여들었으므로, 소문은 순식간에 바그다드의 온 성 안에 퍼져서 목욕탕 주변은 지나다니지 못할 정도로 수많은 사람이 모였습니다.

우연히도 이날 충실한 자들의 임금님 하룬 알 라시드를 섬기며 비파를 타는 여자노예 토파*50가 공교롭게도 그 자리에 섞여 있었습니다. 그녀는 목욕탕이 매우 붐비고 여자들이 떼거리로 몰려와 오가지도 못할 지경인 것을 보고 사람들에게 무슨 일이 생겼느냐고 물어보았습니다. 그러자 여자들이 한 젊고 아름다운 여자에 대한 소문을 얘기해 주었습니다.

그래서 토파가 가까이 가서 보니 과연 여자가 어찌나 아리땁고 사랑스럽던지 참으로 놀랄 만했으므로, 이처럼 아름다운 몸매를 빚으신 알라(그 주권이 더욱더 번영하기를!)를 찬양하지 않을 수 없었습니다.

공주의 모습을 보고 황홀해진 여자노예는 탕에 들어가는 것도 잊고, 자신의 몸을 씻으려고도 하지 않은 채 그저 공주만 넋을 잃고 쳐다보고 있었습니다. 그러는 동안 공주는 목욕을 마치고 욕실에서 나와서 옷을 입었는데, 옷을 입은 그 모습은 더한층 아름다워 보였습니다.

이렇게 공주가 긴 의자에 앉아 있는 동안 사람들은 멍하니 그녀를 쳐다보고 있었습니다. 잠시 뒤 공주는 사람들이 모여 있는 것을 알고 베일을 쓰고 밖으로 나갔습니다.

토파는 그 뒤를 쫓아가서 공주의 집을 알아 두고, 곧 교주의 궁전으로 돌아가 즉시 왕비 즈바이다에게 가서 그 앞에 엎드렸습니다.

"토파, 목욕탕에서 왜 이렇게 오래 있었느냐?"

"오, 주인님, 저는 참으로 신비할 정도로 아름다운 사람을 목욕탕에서 보고 왔습니다. 남자건 여자건 그처럼 어여쁜 사람은 지금까지 한 번도 본 적이 없습니다. 저는 그 아름다움에 취해 어찌나 넋을 잃고 있었던지 머리를

감는 것도 잊었는걸요."

"대체 그 여자가 누구기에?"

"목욕탕에서 달덩이 같은 두 아들을 데리고 온 여자를 보았는데, 그렇게 예쁜 여자는 전에도 없었고 앞으로도 없을 것이며, 삼천세계를 다 찾아봐도, 아잠인 중에도 터키인 중에도 아라비아인 중에도 그렇게 아름다운 여자는 없을 거예요.

오, 주인님, 만약에 왕비님이 충실한 자들의 임금님께 그 여자 이야기를 하신다면 임금님은 틀림없이 그 여자의 남편을 죽이고 여자를 뺏으려 하실 거예요. 그 여자처럼 아름다운 여자는 이 세상에 아무도 없을 테니까요.

제가 그 여자의 남편에 대해 물어보았더니, 바소라에서 이곳에 온 하산이라는 상인이라고 사람들이 가르쳐주었어요. 그래서 여자의 뒤를 밟아 그 집까지 가 보았더니, 입구가 둘이 있어서 하나는 강 쪽으로 나 있고 하나는 물으로 나 있는데, 전에는 어느 대신이 살던 저택이랍니다. 오, 주인님, 정말 저는 충실한 자들의 임금님이 그 여자 이야기를 들으시면 법을 어기고 여자의 남편을 죽인 다음, 여자와 달콤한 사랑에 빠지게 되시지 않을까 걱정입니다."

—여기서 날이 훤히 밝아왔으므로 샤라자드는 이야기를 그쳤다.

### 795번째 밤

샤라자드는 이야기를 계속했다.

오, 인자하신 임금님, 이 말을 듣자 즈바이다 왕비는 큰 소리로 노예를 꾸짖었습니다.

"토파, 네 입에 알라의 재앙이 내리기를! 충실한 자들의 임금님이 이 세상의 욕망과 영혼의 존귀함을 바꾸시고 신의 법을 어기실 만큼, 그 여자가 그토록 빼어난 아름다움과 사랑스러움을 갖추고 있단 말이냐! 나는 아무래도 그 여자를 내 눈으로 직접 보지 않고는 직성이 풀리지 않겠다. 그래서 네가 그토록 수다를 떨 만큼 미인이 아니면, 네 목을 베어버릴 테다. 교주님의 후궁에는 1년의 날수와 똑같은 360명의 노예가 있는데, 네가 말하는 그런 미녀는 한 사람도 없지 않으냐?"

"알라께 맹세코 참말입니다. 오, 주인님, 바그다드 안에 그만한 여자는 한 사람도 없습니다. 아니, 아라비아인 중에도 다이람인 중에도 없습니다. 알라(그 주권과 권력이 영원하기를!)께서도 이제까지 그처럼 아름다운 여자를 만드신 건 처음일 거예요."

왕비는 곧 환관 마스룰을 불렀습니다. 환관이 와서 주인 앞에 엎드리자 왕비가 말했습니다.

"오, 마스룰, 한쪽은 강에, 한쪽은 뭍으로 두 개의 문이 나 있고, 전에 대신이 살던 저택으로 가서 나이 젊은 여자와 두 아이 그리고 그 노모를 이리 데려오너라. 지금 당장 급히 다녀오너라."

"예."

마스룰이 하산의 집으로 달려가서 문을 두드리니 하산의 어머니가 나와서 물었습니다.

"뉘시오?"

"충실한 자들의 임금님을 모시는 환관 마스룰이라는 사람이오."

노모가 문을 열어주자 안으로 들어간 마스룰은 노모에게 인사하고 볼일을 말했습니다.

"알 카심의 따님[51]이시자, 예언자(알라의 축복과 은총이 있기를!)의 작은아버지 알 아바스의 여섯째 아드님[52]이신 충실한 자들의 임금님 하룬 알 라시드님의 왕비님이신 즈바이다 님께서 당신과 당신 며느리와 손자들을 부르셨소. 여자들이 왕비님께 당신 며느리가 예쁘다는 것을 말씀드렸기 때문이오."

"오, 마스룰 님, 저희는 다른 나라 사람입니다. 그리고 그 애의 남편은 지금 멀리 여행을 떠나고 없으며, 자기가 집을 비우는 동안에는 며느리가 밖에 나가지 않도록, 또 그 애를 외출시키거나 전능하신 알라께서 창조하신 인간에게 보이지 않도록 하라고 신신당부를 하고 떠났다오. 만일에 며느리에게 무슨 갑작스러운 사고라도 생기는 날에는 아들은 틀림없이 죽고 말 거요. 오, 마스룰 님, 소원이니 저희가 할 수 없는 분부는 제발 거두어주십시오."

"아니요, 노모께서 그렇게 걱정하는 일 때문에 이렇게 부르러 온 게 아니라, 즈바이다 왕비님이 이집 며느리를 한번 보고 싶어하실 뿐이오. 그러니 볼일이 끝나면 곧 돌려보낼 것이니 순순히 명령에 따르도록 하시오. 그렇지 않으면 후회할 일이 생길 거요. 지금 내가 당신들을 이렇게 데리고 가듯이 틀림없이 무사히 다시 데려다줄 것이오. 인샬라!"

마스룰의 말을 듣고 하산의 어머니는 더는 거역할 수가 없어서 안으로 들어가 며느리에게 준비를 시켜 며느리와 손자들을 데리고 나왔습니다.

그리고 마스룰을 따라 교주의 궁전에 이르니 마스룰은 그들을 안내하여 왕비 앞 양탄자에 앉혔습니다. 그들이 양탄자에 엎드려 왕비를 위해 축복을 기원하자, 왕비는 베일을 쓰고 있는 하산의 아내에게 말했습니다.

"얼굴을 볼 수 있도록 베일을 벗어요."

하산의 아내가 베일을 벗자 하늘에 걸려 있는 보름달도 부러워할 만큼 아름다운 얼굴이 나타났습니다.

왕비가 먼저 유심히 그 얼굴을 바라보고, 그런 다음 온몸을 구석구석 훑어보는 동안, 그 화사한 얼굴로 궁전이 온통 환해지는 듯했습니다.

왕비를 비롯하여 그 자리에 있던 사람들은 여자의 아름다운 모습에 깜짝 놀라서 넋이 빠져 달아난 듯 말하는 것도 잊어버리고 있었습니다. 이윽고 왕비는 벌떡 일어나더니 여자를 가슴에 끌어안고 긴 의자로 데려가서 자기 옆에 앉혔습니다.

그리고 여자를 위해 궁전을 장식하도록 명령하고 가장 호화로운 옷 한 벌과 아름다운 목걸이를 가져오게 하여 여자에게 걸어주었습니다.

"오, 참으로 아름답구나, 그대는 나를 깜짝 놀라게 하고 정말 감탄하게 했다. 그래, 무슨 특기는 없느냐?"

"왕비님, 저는 깃털로 만든 옷을 갖고 있습니다. 만일 왕비님 앞에서 그것을 입을 수만 있다면, 이 세상에서 가장 아름다운 모습을 보여 드릴 수 있습니다. 또한 그것을 보시면 아마도 깜짝 놀라실 테고, 구경한 자들은 모두 후세에까지 그 아름다움을 전하게 될 겁니다."

"그 옷은 어디에 있느냐?"

"시어머님이 갖고 계시니 물어보십시오."

그래서 왕비는 노모에게 물어보았습니다.

"오, 할머니, 이 며느리의 깃옷을 가져오세요. 이 여인의 아름다운 모습만 보고 즐기다가 끝나면 이내 돌려줄 테니."
 "오, 왕비님, 며느리는 거짓말을 한 겁니다. 왕비님은 깃털로 만든 옷을 입은 여자를 보신 적이 있습니까? 그런 옷을 가진 것은 새뿐입니다."
 그러자 하산의 아내는 왕비에게 말했습니다.
 "왕비님이 살아 계시는 것이 진실인 것처럼, 어머니는 틀림없이 제 깃옷을 갖고 계십니다. 그것은 저희 집 뜰 한구석에 묻어 둔 궤짝 속에 들어 있답니다."
 왕비는 목에서 왕의 전 재산과 바꿀 만한 보석 목걸이를 풀어 노모에게 내밀었습니다.
 "오, 할머니, 소원이니 이 목걸이를 받고 그 깃옷을 가져다주구려. 잠깐 보고 즐기다가 끝나면 틀림없이 다시 돌려 드리겠소."
 그러나 어머니는 그런 옷은 본 적도 없고 며느리가 어째서 그런 말을 하는지 모르겠다고 우겼습니다. 그러자 왕비는 그만 노모에게 호통을 치고 열쇠를 뺏은 다음 마스룰을 불러 명령했습니다.
 "이 열쇠를 갖고 이 노모의 집에 가서 뜰 한쪽 구석에 파묻어 둔 궤짝을 파내어 깃옷을 꺼내 가지고 오시오."

 —여기서 날이 훤히 밝아왔으므로 샤라자드는 이야기를 그쳤다.


## 796번째 밤

 샤라자드는 이야기를 계속했다.
 오, 인자하신 임금님, 마스룰은 왕비의 명령을 듣고 대답했습니다.
 "분부대로 하겠습니다."
 그리고 열쇠를 받아들고 나갔습니다.
 그것을 본 노모는 며느리의 말을 듣고 함께 목욕탕에 간 일을 후회하면서 마스룰의 뒤를 따라갔습니다. 노모는 그제야 며느리가 목욕하러 가고 싶다고 한 것도 사실은 계략이었다는 사실을 깨달았습니다.
 노모는 마스룰과 함께 집에 돌아가서 뜰로 들어갔습니다. 마스룰은 뜰에서 궤짝을 파내어 깃털 옷을 꺼내 가지고 보자기에 싸서 왕비에게 가져갔습니다. 왕비는 그것을 앞뒤로 살펴보며 그 훌륭함에 놀라면서 곧 여자에게 건네주었습니다.

"이것이 너의 깃옷이냐?"

"그렇습니다, 왕비님."

여자는 무척 반가운 듯이 그것을 받아들었습니다. 그리고 나서 공을 들여 자세히 살펴보더니 깃털이 하나도 빠지지 않고 그대로였으므로 매우 기뻐했습니다.

이윽고 왕비 옆에서 일어나 아래로 내려간 여자는 두 아들을 가슴에 안은 채 깃옷을 입었습니다. 그러자 이게 웬일입니까! 여자는 갑자기 새 한 마리로 변하고 말았습니다.

그것을 보고 왕비를 비롯한 모든 사람은 깜짝 놀라 눈이 휘둥그레졌습니다. 여자가 몸을 흔들면서 우아한 걸음으로 걷기도 하고 춤을 추기도 하며 희롱하면서 날개를 파득거리는 동안, 사람들의 눈길은 하나같이 여자의 몸짓으로 쏠려 오직 경탄하면서 쳐다볼 뿐이었습니다.

여자가 낭랑한 목소리로 말했습니다.

"오, 여러분, 어때요, 보실 만한가요?"

그러자 사람들은 대답했습니다.

"오, 아름다운 공주님! 정말 신기하고 희한하군요!"

"여러분, 이제부터 보여 드릴 것은 더욱더 희한한 일이랍니다."

여자는 이번엔 날개를 활짝 펴서 아이들을 안은 채 궁전 안 둥근 지붕까지 날아 올라가더니 큰 홀의 지붕 위에 내려앉았습니다. 사람들은 눈을 동그랗게 뜨고 여자를 쳐다보면서 중얼거렸습니다.

"정말 신기하고 이국적인 곡예야, 이런 모습은 난생처음 봤어."

이때 여자는 그냥 고향으로 날아가려다가, 문득 하산이 생각나서 시를 읊었습니다.[*53]

"여러분 들어 보세요."

　아, 이 집을 떠나

　발걸음도 마음도 가볍게

악인들을 찾아 외국으로
가버린 그대여, 들어 보시라!
그대와 함께 살며
내가 즐거웠을 거라고 생각하시나요?
아니면 같이 보낸 긴 세월은
우울하고 멋없다 보시나요?
나는 연정에 사로잡혀
그대의 함정에 빠졌노라.
무정하다, 그대는 나를 위해
사랑의 감옥 만들어 놓고
날 남겨둔 채 사라져 갔네.
나는 무서움을 간직했지만
그것을 핑계 삼아 그대는
내가 전능하신 알라께 빌어
나의 권리를 돌려 달라
애원하지 않을 줄 알고
어머니에게만 다짐했네.
있는 힘 다하여 조심해서
굳게 비밀을 지키시라고.
그래서 난 갇힌 몸 되어
원수 같은 대접을 받아왔네.
그러나 나는 다행히도
속삭이는 그들 비밀의 말
똑똑히 엿듣고 기억하여
행운이든 또한 축복이든
언젠가는 찾아오리라 믿고
인내하며 기다리고 있었다네.
내가 목욕탕에 들어가니
내 모습에 사람들이
넋을 잃는 모양 보고

아, 이것이다 생각했네.
알 라시드의 신부도
더없이 어여쁜 나를 보고
그 눈부심에 놀라면서
차리고 꾸민 요염함을
요리조리 뜯어보았네.
그때 내가 말하기를
"오, 우리 교주의 왕비여,
내 일찍이 깃옷을
항상 입고 다녔다오.
그것은 아름답고 진귀하여
보는 사람마다 즐거워했으니
만일 지금도 입는다면
세상에서 신기한 것 구경하시리.
슬픔도 사라지고 시름도 잊는
참으로 기묘한 옷이라오."
그러자 교주의 신부는
소리도 높게 물으셨네.
"그대의 그 옷은 어디 있느냐?"
내가 대답하기를 "남편 집
밤과 같이 어둔 곳에."
급히 뛰어간 마스룰
깃옷을 찾아서 들고 왔네.
깃옷은 눈앞에서 참으로
찬란한 빛 비추었네.
떨리는 손으로 깃을 펼쳐 보니
가슴 털도 쇠고리도
지난날과 변함없으니,
좋아라고 몸에 두르고
내 두 아이 끌어안았네.

"아, 내 남편의 어머니여,
그이가 집에 돌아오거든
알리시라, 나 보고 싶으면
꼭 집을 떠나
아득히 하늘로 날아가라고."
이 한마디 남겨 놓고
힘껏 날갯짓하여
훨훨 고향 찾아 날아가노라.

공주가 시를 다 읊고 나자 즈바이다 왕비가 말했습니다.
"오, 아름다운 공주여, 그대의 아름다운 모습을 좀더 보고 싶으니 이제 그만 아래로 내려오지 않겠느냐? 그대에게 그와 같은 유창한 말솜씨를 내려주신 신께 영광을!"
그러나 여자는 대답했습니다.
"조금 전으로 다시 돌아가는 일은 이제 싫습니다!"
그리고 불행한 처지에 놓인 하산의 어머니에게는 이렇게 말했습니다.
"오, 어머니, 막상 헤어지려 하니 마음이 쓰라리군요. 만일 그이가 돌아와서 저와 헤어져서 밤마다 혼자 사는 생활을 견딜 수 없어 다시 저와 만나고 싶다 하거든, 사랑과 그리움의 산들바람이 그이의 마음을 서글프게 뒤흔들거든, 와크*54 제도에 있는 저를 찾아오라고 전해 주세요."
그런 다음 공주는 아이들을 데리고 자기 고향을 향해 날아가 버리고 말았습니다.
뒤에 남은 노모는 슬피 울며 자신의 얼굴을 때리고, 옷을 쥐어뜯고, 신음하다가 마침내 그 자리에서 까무러치고 말았습니다.
잠시 뒤 정신을 차린 노모는 즈바이다 왕비를 원망했습니다.
"오, 왕비님, 어쩌자고 그런 일을 하셨습니까?"
"오, 할머니, 나는 설마 일이 이렇게 될 줄은 꿈에도 몰랐소. 그대가 사정을 말하고 그 여자의 신분을 알려줬더라면 그대의 말을 어기지는 않았을 텐데. 나는 그 여자가 하늘을 나는 마족 출신인 줄은 전혀 몰랐다오.
그럴 줄 알았으면 그 옷을 입는 것도 아이들을 데려가는 것도 용서하지 않앉을 텐데. 하지만 할머니, 이제 와서 이러쿵저러쿵 말한들 무슨 소용 있겠소. 부디 내 죄를 용서해 주오."
"왕비님에겐 아무런 잘못도 없습니다."
노모는 이렇게 말하는 수밖에 없었습니다.
이윽고 어머니는 교주의 궁전을 나와 집으로 돌아가서 다시금 자신의 얼굴을 때리며 슬퍼하다가 끝내 정신을 잃고 말았습니다.
그리고 다시 정신을 차린 어머니는 며느리와 손자 생각, 아들이 남겨 놓고 간 말 등을 생각하며 혼자 괴로워 몸부림치다가 다음과 같은 시를 읊었습니다.

그대들이 가버린 날부터
홀로 남아 집을 보는 적막함
견디기 어려워 한탄하다가
다시금 애절한 이별
붉은 괴로움에 몸부림치며
쉴 새 없이 떨어지는 눈물에
내 눈가 마를 새 없어
홀로 미친 듯 외쳤노라.
"그렇다, 이는 쓰라린 이별
어느 날에나 돌아오려나?
그대들이 가버린 뒤
간직했던 힘도 사라졌노라."
그러나 만일 그대들이
신앙의 맹세 지켜
내 곁으로 다시 돌아온다면
지난날의 행복 또다시
이 눈으로 볼 수 있으련만.

그 뒤 어머니는 집 안에 세 개의 무덤을 파고 밤이나 낮이나 그 옆에서 울며 지냈습니다. 아들 하산이 없는 외로움을 견디지 못해 슬픈 생각, 애절한 그리움, 불안한 마음에 사로잡히면 어머니는 이런 시를 읊었습니다.

이 늙은 어미의 눈 속 깊숙이 사는
네 모습이 슬퍼라,
서러움에 흐느껴 울 때도,
마음이 편안할 때도,
언제나 떠나지 않는 모습이여.
가지에 달린 열매 속에
쉴 새 없이 생명의 꿀물이 흐르듯,
그리운 너의 환상
보이지 않는 날엔 가슴이 막혀
나를 탓하는 사람들조차
내 괴로움에 동정하누나.
아, 내 가슴 깊은 곳에서
떠날 줄을 모르는 귀여운 내 자식,
미쳐만 가는 마음보다 더한
사랑의 애절함이여,
자비로운 알라시여,
뜨거운 정 보여주시라!
그 아들 생각하면 더욱 괴로워
죽음의 잔도
다 마시도다.

─여기서 날이 훤히 밝아왔으므로 샤라자드는 이야기를 그쳤다.


## 797번째 밤

샤라자드는 이야기를 계속했다.
  오, 인자하신 임금님, 한편 하산은 공주들이 간절히 청하는 대로 석 달 동안 머무르고 있었습니다.
  이윽고 오랜 시간이 흐르자 공주들은 하산에게 황금 다섯 바리와 백금 다섯 바리, 양식 한 바리를 주었습니다. 그리고 집으로 돌아가는 하산을 떠나보내려고 따라나섰습니다. 하산이 그들에게 이제 그만 돌아가라고 아무리 사양해도 듣지 않았습니다.

마침내 헤어질 시간이 오자 공주들은 하산을 포옹하며 이별을 아쉬워했습니다. 그중에서도 특히 막내 공주는 하산의 목을 끌어안고 정신을 잃을 정도로 울었습니다. 그리고 이런 노래를 불렀습니다.

> 이별에 타는 가슴의 불이
> 만나서 꺼지는 건 어느 날이런가,
> 그대를 보고 싶은 소원 이루어
> 지나간 옛날을 되찾는 날은?
> 나는 당황했네, 허둥지둥했네,
> 이별의 날이라 들었을 때는
> 그대여, 헤어지며 "잘 있어라" 하시면
> 갑절의 쓰라림에 눈물 나와요.

이어 둘째 공주가 앞으로 나와서 하산을 끌어안고 시를 읊었습니다.

> 진정 그대와 헤어짐은
> 이 세상과 하직하는 것,
> 그대 모습 보지 못하면
> 서풍마저 불지 않는 심정,
> 그대 없는 공허함은
> 가슴을 불길로 태우는 것,
> 그대가 계시면 마치
> 내 '환락의 동산'*55 속을
> 맴돌며 즐기는 것과 같아라.

이어서 셋째 공주가 하산을 끌어안았습니다.

우리 꿈엔들 작별을 말하지 말자,
"그대 딴 곳에 가시더라도"
미움도 섭섭함도 없고
싫증도 서로 낸 일이 없는데
그대야말로 내 마음이기에
둘 없는 내 마음이기에
어찌 나 자신과 헤어지리,
스스로 마음을 향해
어찌 "잘 있어라" 말하리.

이것이 끝나자 넷째 공주가 나와서 하산을 끌어안고 이런 시를 읊었습니다.

그대 매정하게도
헤어지자 말씀하신 그때
나는 울었노라,
쓰라린 이별 너무 슬퍼서.
보라, 내 귀에 걸린
진주알 같은 귀걸이,
진정 잘 고른 이 진주는
내 슬픈 눈물이어라!

이번엔 다섯째 공주가 앞으로 나와서 하산을 가슴에 안고 이런 시를 노래했습니다.

그대여, 가지 마오,
이별을 못 견디는 나이기에
가는 이 앞에 서서
잘 가라 말할 힘마저 없네.
그대와 헤어져 혼자 남아
어찌 견디랴, 가냘픈 이 몸

황폐하고 쓸쓸한 내 집에
뿌릴 눈물도 말랐노라.

다음엔 여섯째 공주가 하산을 포옹하고 다음과 같은 시를 노래했습니다.

낙타와 더불어 그대 떠나실 때
내 정신없이 울었노라,
마음은 사랑에 괴로웠노라.
내 비록 약한 몸이지만
정사를 맡길 왕 있다면
바다를 항해해 나가는
배라는 배 모조리 잡을 것을.

마지막으로 일곱째 공주가 앞으로 나와 하산을 안고 노래했습니다.

이제 헤어져야 할 시간
우리 굳게 참읍시다.
설령 이국에 가더라도
또 오시는 날을 기다립시다,
이별은 누구에게나 쓰라린 것.

그리고 곧 다시 다음과 같은 노래를 불렀습니다.

임 떠나심을 이 눈으로 보려니
이내 가슴은 진정 찢어지네.
임과 이별하기 전까지만 하여도
잘 가오 한마디 끝내 못했네.
알라께서는 알아주시리라,
―말하면 다정한 불 켜져서
임의 마음 타오르기에.

하산도 공주들과의 이별이 괴로워서 정신을 잃을 정도로 슬피 울다가 이런 노래를 불렀습니다.

    진정 이별하는 날
    목걸이의 진주알 같은
    눈물이 뚝뚝 떨어지네.
    딸랑딸랑 방울 소리
    낙타 모는 노랫소리,
    그래도 나는 마음 어두워
    가면 갈수록
    인내도 끈기도
    힘도 모두 사라졌네.
    벗들과 작별하여
    귀여운 임 쉬고 있는
    궁전 떠나왔지만
    슬프고 쓰라린 가슴속,
    어디로 가야 하는지
    어디에 즐거움이 있는지
    마음은 어둡고 기분은 흐려
    다시 만날 날 기다릴 뿐.
    사랑하는 이여, 들어보시라,
    내가 일러준 그 말을
    꿈엔들 잊지 마시라,
    그대와 헤어진 지금은
    이승의 큰 기쁨도 멀어져서
    살 희망마저 사라졌네.

그러고 나서 공주들과 작별한 하산은 밤낮을 쉬지 않고 여행을 계속하여, 드디어 평화의 도시이자 아바스 왕조 역대 교주의 성지인 바그다드에 도착했습니다.

물론 자기가 없는 사이 집에 어떤 일이 일어났는지 알지 못했습니다.

그리하여 집으로 들어가 어머니에게 인사를 하는데, 어머니는 몹시 슬퍼하며 탄식하던 끝에 대꼬챙이처럼 말라서 아들의 말에 한마디도 대꾸하지 못했습니다.

하산은 우선 낙타부터 돌려보낸 다음, 차근차근 아내와 아이들에 대해 물어보았습니다. 그러나 어머니는 눈물만 흘리다가 끝내 까무러치고 말았습니다.

다시 한 번 집 안을 여기저기 둘러본 하산은 아내와 아이가 그림자도 보이지 않자 깜짝 놀라 뜰 한구석으로 가보니 궤짝 그 자리에 부서져 있고 깃옷은 온데간데없었습니다. 그제야 하산은 아내가 깃옷을 손에 넣어 아이들을 데리고 날아가 버린 사실을 알았습니다.

하산은 다시 어머니에게 돌아가, 겨우 정신이 깨어난 어머니를 보자 아내와 아이들에 대해 물었습니다.

어머니는 울면서 대답했습니다.

"오, 아들아, 부디 알라께서 네가 잃어버린 것을 충분히 보상해 주시기를! 이것이 세 사람의 무덤이란다."*56

이 말을 들은 하산은 외마디 비명을 지르며 그 자리에 까무러쳐서 아침부터 낮까지 깨어나지 못했습니다.

이 때문에 어머니의 고통은 더욱 커지고, 아들의 숨결이 다시는 되돌아오지 않을까 걱정했습니다. 그러나 이윽고 깨어난 하산은 자기 얼굴을 때리고 옷을 찢으면서 울부짖었습니다. 그리고 미친 사람처럼 집 안을 뛰어다니면서 이런 시를 읊었습니다.

> 사람들은 내 앞에
> 지나가 버린 세월을
> 가슴 아프게 슬퍼하며,
> 산 것도 죽은 것도
> 없기에 한탄한다.
> 오, 그러나 잘 들어라,
> 내 가슴에 깃든
> 이만한 슬픔을

뭇 사람들 속에서도
눈으로도 보지 못했노라,
귀로도 듣지 못했노라.

이 시를 읊은 다음 하산은 칼을 뽑아들고 어머니에게 다가갔습니다.
"사실대로 말씀해 주시지 않으면 어머니의 목을 베고 저도 죽고 말겠습니다."
"아들아, 그러지 말고 칼을 거두고 거기 앉아라, 내가 모두 얘기해 줄 테니."
하산이 언월도를 칼집에 꽂고 앞에 앉으니, 어머니는 아들이 집을 비운 동안 일어났던 일을 모두 얘기한 다음 마지막으로 이렇게 덧붙였습니다.
"아들아, 네 아내가 목욕을 가고 싶다고 우는 모습을 보니, 내버려 두었다가는 네가 돌아와서 그 얘기를 듣고 나를 원망할지 몰라서 목욕탕에 데려간 거란다.
그리고 즈바이다 왕비가 나에게 화를 내며 강제로 열쇠를 빼앗아 가지만 않았더라도, 설사 죽는 한이 있어도 깃옷만은 꺼내지 못하게 했겠지만, 너도 알다시피 '우는 아이와 마음에는 도저히 이길 수가 없다'는 옛말도 있지 않느냐.
며느리는 깃옷을 가져 오더니 상한 데가 없나 이리저리 살펴보고는 말짱한 것을 보자 뛸 듯이 기뻐하더구나. 왕비는 네 아내의 아름다움을 칭찬하면서 자기가 입고 있던 옷을 전부 벗어 며느리한테 입혀주었지. 그러자 며느리는 아이들을 허리에 단단히 묶고 깃옷을 입은 뒤 몸을 한 번 부르르 흔드니 이내 새 한 마리가 되어 궁전 안을 걸어 다녔는데, 그것을 지켜보던 사람들은 한결같이 그 아름다운 모습에 넋을 잃고 말았단다. 그러자 며느리는 궁전 지붕으로 날아 올라가서 그곳에 앉더니 나를 보고 이렇게 말했단다.
'만일 그이가 돌아와서 저와 헤어져서 밤마다 혼자 사는 생활을 견딜 수 없어 다시 저와 만나고 싶다 하거든, 사랑과 그리움의 산들바람이 그이의 마음을 서글프게 뒤흔들거든, 와크 섬에 있는 저를 찾아오라 전해 주세요.' 하더구나. 네가 없는 동안 일어났던 일은 이것이 전부란다."

―이어서 날이 훤히 밝아왔으므로 샤라자드는 이야기를 그쳤다.

## 798번째 밤

샤라자드는 이야기를 계속했다.

오, 인자하신 임금님, 어머니의 이야기가 끝나자 하산은 외마디 소리를 지르며 다시 까무러쳐서 그날 저녁때까지 일어나지 못했습니다. 그러다가 간신히 깨어난 하산은 자기 얼굴을 마구 때리면서 상처 입은 뱀처럼 바닥에서 뒹굴며 몸부림치기 시작했습니다.

어머니는 밤중까지 하산의 머리맡에 앉아서 눈물만 흘렸습니다. 이윽고 다시 정신을 차린 하산은 끝없이 눈물을 흘리면서 이런 시를 읊었습니다.

> 어서 걸음을 멈추고 뒤돌아 바라보라.
> 그대 가버린 뒤 그 가엾은 몰골을.
> 거칠고 무정한 그대의 행동으로
> 쇠약해진 그에게 연민을 보내라.
> 만일 그대가 그를 한 번 본다면
> 신께 맹세코 처음 보는 사람처럼
> 병이 위중함을 의심치 않으리.
> 진정 그대를 사랑하기에 그는 죽고
> 그로 말미암아 북망산에 가서 섞이리라,
> 죽으면 그대로 인해 슬퍼할 일 없으니.
> 하지만 그에게 이별의 괴로움 없다고
> 행여 꿈에도 생각하지 말지니,
> 그것은 진정 사랑하는 자가 늘 지는 무거운 짐이라
> 오히려 그는, 그대의 손에 죽는 것을 가볍게 생각하리.

노래를 마친 하산은 일어나서 집 안을 헤매고 다니며 울다가, 또 탄식하다가 신음하면서 닷새 동안 먹고 자는 것을 잊고 슬퍼했습니다.

어머니는 아들을 따라다니며 애처롭게 사정하여 간신히 아침을 들게 하고 울음을 그치라고 애원했으나, 하산은 듣지 않고 계속 눈물만 흘리며 탄식했습니다. 어머니는 어떻게든지 아들의 마음을 달래주려고 갖은 애를 다 썼지만, 아들은 듣지 않고 이런 시를 읊었습니다.

　　사랑 때문에 내 마음 무거운 짐 졌노라,
　　제아무리 억센 사람의 등도
　　찍어 누르고 부숴 놓을 무거운 짐.
　　내 몰골을 보기만 해도 마음은 미쳐
　　우울한 심정 자꾸만 더해가니
　　밤낮도 가리지 못하게 되었노라.
　　어제까지도 죽음의 신을 두려워했건만
　　이제, 죽음은 둘도 없는 구원의 길이니
　　오로지 죽음만 생각해 마지않노라.

　하산은 날이 샐 때까지 그렇게 탄식하다가 날이 밝을 무렵에 간신히 잠이 들었는데, 아내가 자신의 행동을 후회하고 슬퍼하는 꿈을 꾸었습니다.
　하산은 외마디 소리를 지르며 잠에서 깨어나 눈물을 흘리며, 이런 시를 읊었습니다.

　　아, 애달프다, 그대 그림자
　　떠나지 않고 내 가슴속
　　드높은 자리 차지했네.
　　다시 만날 희망 없다면
　　나는 이내 죽으리라.
　　오로지 사랑하는 그대를
　　환상으로도 보지 못하면
　　내 어찌 잠들랴.

　날이 훤히 밝자 하산의 슬픔은 오히려 더욱 깊어졌습니다.

이렇게 하산은 밤에도 잠자지 않고 식사도 거의 하지 않은 채 슬피 울며 꼬박 한 달을 보냈습니다. 그러다가 문득 그 일곱 공주한테 가서 의논하면, 혹시 아내를 다시 찾을 수 있도록 도와줄지도 모른다는 생각이 들었습니다.

그리하여 하산은 낙타를 불러내어 그중 쉰 마리에 알 이라크의 진귀한 물건들을 실었습니다. 그런 다음 뒷일은 어머니에게 부탁하고 집에는 약간의 물건만 남겨 둔 채 재산을 대부분 안전한 곳으로 옮겼습니다.

그러고는 낙타를 타고 공주들의 도움을 얻기 위해 혼자 여행길에 올랐습니다. 뒤도 돌아보지 않고 밤낮을 쉬지 않고 나아가서 이윽고 '구름 산'의 궁전에 도착하자, 곧바로 공주들을 만나 선물을 내밀었습니다.

공주들은 하산을 반가이 맞이하며 무사한 도착을 축하했습니다.

"오빠, 헤어진 지 아직 두 달도 안 되었는데, 이렇게 빨리 오시다니 무슨 일이세요?"

그러자 하산은 울면서 다음과 같은 시를 읊었습니다.

내 마음 연인을 잃고 나서
뜬세상의 기쁨도 시들해졌네.
하지만 이 우울병, 의사가 아니면
누가 고치나 아는 자 하나 없으니,
가엾다, 내 달콤한 잠 앗아간 연인아.
연인의 고향—
(사랑스러운 그대 살고 있건만 애달픈 마음엔 슬픔의 씨앗)
아름다운 그 땅에서 불어오고 불어가는
산들바람에 말 좀 물어보자.
"애달프다, 산들바람아, 아마도 너는
그리운 그 여인 사는 나라 찾아가서
그 여인의 향긋한 몸내 맡아 보았겠지.
그렇다면 어서 내 영혼을 되살려다오."

시를 읊고 나자 하산은 크게 외마디 소리를 지르고는 까무러쳐 쓰러지고 말았습니다.

공주들이 하산을 둘러앉아 슬피 울고 있으니, 이윽고 하산은 깨어나서 또 이런 시를 읊었습니다.

　　어쩌면 운명의 신이
　　고삐를 잡아당겨
　　내 연인을 데려오리,
　　흐르는 '세월'의 짓궂은
　　질투심 꺾기 위해
　　운명의 신은 다시 나에게 영광 주어
　　온갖 소망 들어주고
　　일찍이 재앙 있는 곳에
　　축복을 가져다주리.

　그러고 나서 다시 정신을 잃은 하산은 정신이 되돌아오자 또 다음과 같은 시를 읊었습니다.

　　내 소원, 내 병, 내 불안
　　신의 이름으로 내 묻노니
　　대체 그대는 이것을 보고
　　마음 아프지 않느뇨.
　　그러면 나는 사랑하면서
　　마음 아파하리.
　　허물도 없고 죄도 없는 이 몸을
　　이처럼 무정히도 그대는 버리느뇨.
　　바라건대 가엾이 여겨 나를 만나
　　우리의 쓰라린 이별 베어버려라.

　하산은 다시 울다가 또 정신을 잃은 뒤 깨어나서 이런 시를 읊었습니다.

　　잠은 사라지고

나는 언제나 깨어 있다.
쉴 새 없이 눈물 흘러
사랑 탓에 구슬 같은 눈물 흘러,
멀어질수록 근심은 더욱더 깊어진다.
연인아, 오, 나의 연인아,
그리움은 더해가고
내 가슴속 깊이 불길 타올라
그 불길 애절하게도 내 몸을 태운다.
그 여인에 대한 추억에
눈물 한 방울도
흘리지 말아야 할 것을,
천둥 번개 몰아서
눈물에도 번개 번쩍인다.

그러고 나서도 통곡하다가, 네 번째로 정신을 잃은 하산은 이윽고 깨어나자 이번엔 다음과 같은 시를 읊조렸습니다.

아, 연모의 불길 탓에
우리가 이렇게 괴로워하듯
그대도 괴로워하는가.
알려다오, 우리처럼
그리워서 그대도 괴로워하는가.
신이여, 어서 사랑을 멸하시라.
그 맛이 얼마나 쓰디쓴지
알고 싶어라, 사랑이라는 것이
대체 무엇을 숨겼기에
아양 떨며 이처럼 홀리는가를.

찬란하게 내 눈에 어리누나,
그대의 일족이 관계되는

갖가지 추억
아직도 내 가슴에 남았구나.
산비둘기 우는 소리 들으면
들을수록 감회도 새로워라.

아, 애달파라, 너 산비둘기
구구구 우는 소리 들으면
밤새워 아내 찾는 소리
그리움은 더욱더 깊어지고
나 또한 슬퍼서 아내를 불러본다.
사라져서 다시 보기 어려운
사람이기에 그치지 않는 눈물,
온종일 그대를 사모하고
밤이 새도록 그대를 생각한다.

 이 노래를 들은 하산의 누이는 양탄자 위에 쓰러져 정신을 잃은 하산의 가련한 모습을 보더니, 비명을 지르면서 자신의 얼굴을 때렸습니다.
 동생의 비명에 놀라 달려온 언니들도 하산의 불행을 알고, 정신을 잃은 듯 슬픈 사랑에 괴로워하며 미친 듯이 날뛰는 모습을 보자, 어찌 된 일인지 자세한 사정을 물었습니다.
 하산은 울면서 자신이 집에 없는 동안 아내가 아이를 데리고 날아가 버린 일을 자세히 이야기했습니다. 그 이야기를 들은 공주들은 하산을 위해서 슬피 울며 하산의 아내가 떠날 때 뭐라 하더냐고 물었습니다.
 "오, 자매들이여, 아내는 내 어머니에게 '만일 그이가 돌아와서 저와 헤어져서 밤마다 혼자 사는 생활을 견딜 수 없어 다시 저와 만나고 싶다고 하거든, 사랑과 그리움의 산들바람이 그이의 마음을 서글프게 뒤흔들거든, 와크 섬에 있는 저를 찾아오라고 전해 주세요' 하는 말을 남기고 떠나가 버렸답니다."
 공주들은 이 말을 듣고 서로 눈짓을 하며 막냇동생을 쳐다보았고, 하산은 하산대로 그들의 얼굴을 번갈아 쳐다보았습니다.

공주들은 고개를 숙이고 생각에 잠겨 있다가, 이윽고 얼굴을 들고 입을 열었습니다.

"오, 위대하신 알라 외에 주권 없고 권력 없다!"

그리고 이렇게 덧붙였습니다.

"두 손을 하늘로 뻗어보세요. 그것이 하늘에 닿기만 하면 당신은 부인과 아이를 다시 손에 넣을 수 있을 거예요."

—여기서 날이 훤히 밝아왔으므로 샤라자드는 이야기를 그쳤다.

## 799번째 밤

샤라자드는 이야기를 계속했다.

오, 인자하신 임금님, 하산은 공주들의 말을 듣자 옷깃이 젖도록 눈물을 흘리면서 이런 시를 읊조렸습니다.

연분홍빛 뺨과 새까만 눈동자에
방황하는 이내 마음,
깊은 상처 되어 가슴이 에이네.
잠들 수 없는 밤이면
차마 견디는 힘도 말라간다.

어여쁜 손발 가진
처녀들은 마음이 완고한
내 뼈를 녹이네.
숨이 다 넘어가도록.

모래언덕의 사슴처럼
사뿐히 가는 천국의 아가씨들
그 고운 얼굴에는

하늘의 성자들마저
불현듯 사랑에 빠지네.
이렇듯 이 처녀들은
새벽에 산들산들 불어오는
꽃밭의 바람인 양
걸어갔다가 다시 걸어오기에
누구를 보나 내 마음 애가 타서
괴로움에 몸부림치네.

그리하여 그 처녀 중에
한결 아름다운 사람 있어
진정 그 미녀 때문에
내 가슴엔 아직도 불씨 남아,
처녀를 그리워하는 애절함이여,
뜨거운 정 타오르네,
지옥 속 겁화(劫火)와도 같이─

허리는 버들인가, 부드럽고
걸음걸이는 우아하여 그윽하구나,
살결은 아침처럼 희고
머리는 밤과 같이 검은데
내 가슴은 천 갈래로 흩어졌노라.
아, 그러나 또한 숱한 남자들
그 뺨의 장미꽃으로 하여
까맣고 흰 그 눈동자로 하여
그 얼마나 사랑에 매혹되어
불같은 생각을 태우기도 했던가.

이렇게 하산이 눈물을 흘리며 울자 공주들도 같이 눈물을 흘렸습니다. 그런데 공주들은 연민의 정을 느끼면서도 왠지 모를 질투심을 느꼈습니다. 그들은 하산을 이리저리 달래기도 하고 참고 견디라 격려도 하면서, 하산이 사랑하는 가족과 다시 만날 수 있게 해달라고 수없이 빌어주었습니다.
 그때 막내 공주가 말했습니다.
 "오빠, 이제 그만 기운 내세요. 그리고 눈물을 닦고 참고 견디세요. 그러면 꼭 소원이 이루어질 거예요. 참고 기다리는 사람에게는 반드시 소원이 이루어진답니다. 인내는 구원의 열쇠인 걸요. 시인도 이렇게 말하고 있잖아요?

> 운명의 고삐를 늦추어
> 가고 싶은 곳에 가게 하라.
> 그대는 가슴의 근심을 털고
> 밤에는 편안히 잠들도록 하라.
> 눈을 감고, 또 깨는 그 사이에
> 알라는 능히 그 힘으로 하여
> 화를 복으로 바꾸어 주시리니.*57

 그러니 힘을 잃지 마시고 용기를 내셔야 해요. 열 살 아이*58가 아홉 살에 죽는 법은 없으니까요. 그렇게 울고 슬퍼하시면 몸에 독이 되어 병에 걸린답니다. 마음이 안정될 때까지 여기서 우리와 함께 계세요. 그러다 보면 틀림없이 부인과 아이들을 찾을 수 있는 무슨 좋은 방법이 생각나겠죠. 인샬라! —더없이 높은 알라의 뜻에 맞는다면—"
 그러자 하산은 또 눈물을 흘리면서 이런 노래를 불렀습니다.

> 몸의 병은 나을지도 모르나
> 마음의 병은 낫기 어려워,
> 사랑의 병 고치는 데는
> 사랑하는 사람끼리 짝짓는 게 최고.

 이윽고 하산이 누이 옆에 앉으니, 누이는 이런저런 세상 이야기로 하산의 마음을 위로하고, 아내가 집을 나간 원인과 그때의 상황에 대해 자세히 물었습니다. 하산이 자초지종을 모두 얘기하자, 누이가 말했습니다.
 "어머나, 오빠, 그때 오빠에게 그 깃옷을 태워버리라고 말씀드릴 작정이었는데, 악마가 끼어들어서 그만 깜빡 잊어버렸어요."
 누이는 그 뒤 열흘 동안 하산을 위로하며 말동무가 되어 주었지만, 하산은 여전히 울적하여 잠을 이루지 못하고 음식을 먹어도 맛을 알지 못했습니다.
 하산은 사는 기쁨을 잊은 자신의 신세를 생각할 때마다 심한 불안에 사로잡혀, 이런 시를 읊조렸습니다.

> 눈에 넣어도 아프지 않을 그대는
> 내 마음을 꽉 움켜잡고
> 이리저리 마음대로 하지만
> 알라께서는 길이길이
> 이 세상을 법칙으로 다스리신다.
> 내 그리운 여자는
> 아라비아 여자의 매력을 독차지하고
> 이 가슴을 속속들이 집어삼킨
> 참으로 욕심쟁이 영양이어라.
> 오오, 쓰라린 사랑을 위한
> 내 수완도 인내도
> 어차피 미치지는 못하지만,
> 한탄이 헛일인 줄 알면서도
> 나는 울지 않고는 못 견디네.
> 사랑하는 그 여자는 일곱에 일곱,
> 다섯에 다섯에다 넷을 보탠 밤*[59]의―
> 달님이 아니던가.

 막내 공주는 이렇게 미치도록 아내를 그리워하며 애욕에 몸부림치는 하산을 보고, 자신도 슬픔에 빠져 눈이 붓도록 울면서 언니들에게 갔습니다. 그리고 언니들 앞에 몸을 던지고 그 발에 입을 맞춘 뒤, 하산을 와크 섬에 데려가서 아내와 아이들을 만나게 해 주는 방법을 생각해 달라고 부탁했습니다. 동생이 눈물을 흘리며 오빠의 소원을 풀어달라고 애원하니, 언니들도 함께 눈시울을 적시며 말했습니다.
"막내야, 너무 걱정하지 마라. 어떻게 해서든 하산이 가족을 만날 수 있도록 꼭 힘을 써 줄 테니까. 인샬라!"
그리하여 하산은 눈물이 마를 새도 없이 꼬박 1년 동안 그들과 함께 지냈습니다.
그런데 이 일곱 명의 자매에게는 아버지와 한배에서 난 동생으로, 아브드 알 카즈스, 즉 '가장 성스러운 자의 노예'라고 부르는 작은아버지가 있었습니다. 이 작은아버지는 자매들 가운데 큰언니를 매우 사랑하여, 1년에 한 번은 반드시 공주를 찾아와서 뭐든지 소원을 들어주곤 했습니다.
자매들은 전에 그 작은아버지에게 배화교도를 상대로 한 하산의 모험담과 하산이 그 배화교도를 죽인 이야기를 한 적이 있는데, 그때 작은아버지는 매우 기뻐하면서 어떤 향료를 넣은 주머니를 큰 공주에게 주면서 이렇게 말했습니다.
"애야, 만일 너에게 무슨 걱정거리나 곤란한 일이 생기면 내 이름을 부르면서 이 향료를 불 속에 던져라. 그러면 금방 너에게 가서 네 소원을 들어주마."
그 얘기가 있었던 날은 모하람*60의 초하루였다는 것이 생각난 자매는 동생에게 말했습니다.
"그때부터 벌써 1년이 지났는데 작은아버님은 아직 안 오시네. 미안하지만 불과 향료 상자를 가져와요."
동생은 얼른 일어나서 그 물건들을 가지고 와 언니 앞에 놓았습니다.
큰 공주는 작은 상자를 열어 향료를 조금 집어서 작은아버지의 이름을 부르며 불 속에 던졌습니다. 그 향료가 타자마자 골짜기 저편에 먼지가 일어나 하늘로 솟아오르더니 코끼리를 탄 노인의 모습이 나타났습니다.
코끼리는 노인을 태우고 나팔 같은 소리로 울며 나는 듯이 달려왔습니다. 노인은 공주들의 모습이 보이는 곳까지 오자 손과 발을 흔들어 신호를 보내기 시작했습니다. 그리고 곧 성에 도착하여 코끼리 등에서 내려 안으로 들어왔습니다.
공주들은 노인을 맞이하여 포옹하고 그 손에 입을 맞춘 뒤, 노인이 자리에

앉자 서로 지난 일들을 얘기하며 그동안의 안부를 물었습니다.
"나는 조금 전까지 너희 작은어머니와 앉아 있다가 별안간 향료냄새가 풍겨 오기에 코끼리를 타고 부랴부랴 달려왔다. 그래, 대관절 무슨 일이냐?"
그러자 큰언니가 말했습니다.
"작은아버님, 모두 작은아버님을 뵙고 싶어 해요. 벌써 1년이 지났는데 작은아버님은 1년 이상 얼굴을 보여주시지 않은 적이 이제껏 없었잖아요?"
"그동안 몹시 바빴다. 그래도 내일쯤은 꼭 올 생각이었지."
공주들은 작은아버지에게 감사를 드리고 축복을 기원한 다음, 이런저런 이야기를 나누기 시작했습니다.

—여기서 날이 훤히 밝아왔으므로 샤라자드는 이야기를 그쳤다.

## 800번째 밤

샤라자드는 이야기를 계속했다.
오, 인자하신 임금님, 그때 큰 공주가 작은아버지에게 말했습니다.
"작은아버님, 전에 저희가 바소라의 하산 이야기를 한 적이 있지요? 처음에 하산은 배화교도 바람에게 끌려서 이곳에 왔는데, 그 뒤 온갖 고난을 겪은 끝에 그 마법사를 죽이고 대마왕의 공주님을 아내로 맞아 고향으로 돌아갔답니다."
"그랬지. 그런데 그 뒤에는 어떻게 되었느냐?"
"그 공주님은 하산 님과의 사이에 두 아들까지 낳았는데도 하산을 배신하고 남편이 집을 비운 사이에 아이들을 데리고 자기 고향으로 달아나 버렸어요. 그때 공주님은 하산의 어머니에게 '만일 그이가 돌아와서 저와 헤어져서 밤마다 혼자 사는 생활을 견딜 수 없어 다시 저와 만나고 싶다 하거든, 사랑과 그리움의 산들바람이 그이의 마음을 서글프게 뒤흔들거든, 와크 섬에 있는 저를 찾아오라고 전해 주세요'라고 했답니다."
아브드 알 카즈스는 이 말을 듣자 머리를 흔들고 둘째손가락을 깨물었습니다. 그런 다음 고개를 깊이 숙이고 손끝으로 바닥에 뭔가 쓰면서,[61] 또 머리를 흔들고 좌우를 바라보더니 세 번째로 머리를 흔들었습니다.

그동안 하산은 숨어서 아브드 알 카즈스를 줄곧 지켜보고 있었습니다.

이윽고 공주들은 작은아버지에게 말했습니다.

"뭐라고 대답 좀 해 주세요. 저희는 가슴이 찢어지는 것만 같아요."

노인은 조카들을 향해 머리를 흔들면서 말했습니다.

"애들아, 그 사람이 아무리 애를 태워도 헛일이다. 그는 빼도 박도 못하는 위험한 궁지에 빠져 버렸어. 와크 섬에 가는 건 어림도 없는 일이야."

이 말을 들은 공주들은 하산을 불러냈습니다. 하산은 이내 모습을 드러내더니 아브드 알 카즈스 노인에게 다가가서 그 손에 입을 맞추고 인사를 했습니다. 노인은 하산을 보자 반가워하며 자기 옆에 앉혔습니다.

"작은아버님, 지금 하신 말씀을 하산 님에게도 들려주세요."

조카들의 말에 작은아버지는 하산을 향해 이렇게 말했습니다.

"젊은 양반, 그런 슬픈 고통은 이제 깨끗이 잊어버리시오. 설령 당신이 하늘을 나는 마신이나 유성을 타본다 한들, 와크 섬엔 절대로 갈 수 없을 테니까. 이곳과 그 섬 사이에는 일곱 골짜기와 일곱 바다, 일곱의 큰 강이 있는데 당신이 어떻게 거기에 간단 말이오? 또 누가 그곳까지 데려다주겠소? 부디 신께서 당신을 지켜주시기를! 오, 젊은 양반, 부인과 아이들은 이미 죽었다고 단념하고 곧 고향으로 돌아가서, 이제 그런 일은 두 번 다시 생각하지 마시오. 내 진정으로 하는 말이니 그렇게 하시오."

그 말을 들은 하산이 까무러치도록 슬피 울자 공주들도 그의 곁에 둘러앉아 함께 슬피 울었습니다. 그중에서도 막내딸은 자기 옷을 잡아 뜯고 심하게 얼굴을 때리더니 기어코 정신을 잃고 말았습니다.

카즈스 노인은 너무나 심한 비탄에 잠겨 있는 조카들을 보고 가엾다 생각했던지 이렇게 외쳤습니다.

"이제 그만 울음을 그쳐라!"

그러고는 하산에게 말했습니다.

"오, 젊은 양반, 만일에 신의 뜻이라면 당신의 소원을 풀게 할 수도 있는 일이니 용기를 내시오."

그리고 이렇게 덧붙였습니다.

"어쨌든 젊은 양반, 용기를 내서 한 번 나를 따라와 보구려."

하산은 즉시 일어나 공주들과 작별하고 소원이 성취된 것을 기뻐하면서 노인의 뒤를 따라갔습니다.

노인은 코끼리를 불러 올라타고 하산을 뒤에 태우더니, 사흘 낮 사흘 밤 동안 눈이 빙빙 돌 만큼 빨리 날아가서 크고 푸른 산기슭에 닿았습니다.

그 산의 돌은 모두 하늘빛인데, 그 중앙에 중국쇠로 만든 문이 달린 동굴이 있었습니다. 노인은 거기까지 오자 하산의 손을 잡아 코끼리에서 내려주고 자기도 내린 다음 코끼리를 놓아 보냈습니다. 그런 다음 문 앞에 가서 문을 두드리니 문이 열리면서 머리카락이 하나도 없는 맨머리의 마신 노예가 오른손에는 칼을, 왼손에는 강철방패를 들고 나왔습니다.

노예는 카즈스를 보자마자 칼과 방패를 내던지고 노인에게 다가가 손에 입을 맞췄습니다. 노인이 하산의 손을 잡고 안으로 데리고 들어가자 노예는 뒤에서 문을 닫았습니다.

그 크고 넓은 동굴 안에는 아치형의 길고 긴 복도가 뻗어 있었는데, 그 복도를 따라나가니 널찍한 장소가 나타났습니다.

그곳에서 다시 산모퉁이를 향해서 나아가니 단단한 놋쇠로 만든 두 개의 큰 문 앞에 이르렀습니다. 노인이 그 문 하나를 열고 말했습니다.

"이 문 앞에서 기다리시오. 나는 안에 들어가서 볼일을 보고 얼른 나올 테니. 그때까지 안에 들어가서는 안 되오."

그렇게 말한 다음 노인은 안으로 들어가 문을 닫고서 한 시간이 넘도록 나오지 않았습니다.

이윽고 노인은 코가 짧고 몸이 여윈 검둥이 말을 끌고 돌아왔는데, 그 말에는 어엿한 안장과 등자가 놓여 있고, 벨벳 덮개가 덮여 있었습니다.

"자, 이걸 타시오."

하산이 말에 오르니 노인은 두 번째 놋쇠 문을 열었습니다.

그러자 그 문 저쪽에는 넓은 사막이 펼쳐져 있어서, 두 사람은 문을 지나 사막으로 들어섰습니다.

"오, 젊은이, 이 편지를 갖고 이 말이 가는 데까지 가시오. 말이 이것과 비슷한 문 앞에서 멈추면 내려서 고삐를 말안장에 얹어 그대로 놓아 보내시오. 말이 동굴 안에 들어가더라도 따라가지 말고 당신은 그 문 앞에서 닷새 동안 꼼짝 않고 기다려야 하오. 엿새째가 되면 온통 검은 옷을 입고 배꼽까지 흰 수염이 늘어진 흑인 노인이 나올 테니, 곧 그 손에 입을 맞추고 옷자락을 잡아 머리 위에 받들며 그 앞에서 우시오.
 그러면 그 노인은 당신을 가엾게 생각하고 '무슨 볼일이 있나?' 물을 테니, 그때는 이 편지를 주시오. 노인이 그것을 받아 잠자코 안으로 들어가면 또 닷새 동안 그곳에서 기다리시오. 엿새째는 꼭 소식이 있을 것이오.
 만약 노인이 몸소 나오면 당신의 소망은 이루어지는 것이고, 노인의 시동이 나오면 당신을 죽일 셈인 거요.
 이것으로 내가 해야 할 말은 다 했소. 당신에게 평안함이 있기를! 오, 젊은 양반, 자기 몸을 위험 속에 던지는 자는 목숨을 잃는다는 것을 명심하시오. 그러나 위험을 무릅쓰지 않고선 아무것도 얻지 못하는 법이지."

 —여기서 날이 훤히 밝아왔으므로 샤라자드는 이야기를 그쳤다.


## 801번째 밤

 샤라자드는 이야기를 계속했다.
 오, 인자하신 임금님, 카즈스 노인은 말을 이었습니다.
 "'호랑이 굴에 들어가지 않으면 호랑이 새끼를 잡을 수 없다'는 말도 있으니까. 어쨌든 목숨이 아깝거든 죽을 곳에는 뛰어들지 않는 게 좋지. 그러나 두렵지 않다면 단호하게 생각하는 바를 펼쳐 보시오. 사정은 자세히 이야기했으니 되돌아가고 싶거든 여기 있는 코끼리를 타고 내 조카딸들에게 돌아가시오. 그 애들이 당신을 고향에 보내줄 거요. 그러면 알라께서 그 대마왕의 딸보다 더 아름다운 처녀를 보내주시겠지."
 "이 소원을 풀지 못하면 저는 살아갈 수 없습니다. 알라께 맹세코 사랑하는 아내를 되찾지 못할 바에는 차라리 죽는 게 낫습니다!"
 그리고 하산은 눈물을 흘리면서 이런 시를 읊었습니다.

  사랑하는 사람 잃고서
  애절한 마음 견디는 나,

힘을 다하여 깊은
절망의 늪에서 탄식만 하노라
그대를 사랑하고 그리워하기에
봄 들판의 티끌에다
수없이 입맞췄지만
슬픔은 더욱 깊어만 가고
마음은 더욱 괴로울 뿐.
오, 신이여, 지켜주소서, 그 사람을—
괴로움을 이렇듯 가까이하고
기쁨은 멀리 밀어냈으니
영원히 내 가슴에 사는
그 사람을 지켜주소서.
사람들은 "참으라" 말하지만
이별의 그날 참는 힘은
말끔히 사라져서
가슴 아픈 이별의 그때
그 여자의 말 한마디
나를 놀라게 했노라.
"간다고 내 어찌 잊으리까.
추억만은 버리지 마소서."
애달프다, 내 무슨 까닭에
딴 사람에게 마음 옮기리.
사랑하는 사람 잃고서
대체 누구를 내 바랄소냐.
내 소망, 고뇌, 즐거움도
그대에게만, 오직 그대에게만 있는 것을.
아, 그러나 이미 가버린
그대로 말미암아 초라한 모습으로
홀로 고향에 돌아온 나는
그 얼마나 괴로워했던고.

원수는 내 돌아옴을 보고
그 얼마나 기뻐했던고.
그러나 알지 못했더라,
내 일찍이 두려워하던 일이
기어코 일어나고 말 줄이야!
사랑의 불길이여, 더욱더
그대 가슴속에 뜨거운 빛 비추어라.
만일 그대 돌아온다면
얼마나 클까, 그때의 기쁨.
얼마나 할까, 영혼의 그 환희.
만일 그대를 잃어버린다면
눈물의 강둑 막지 못하리.
눈물에 눈물이 겹쳐
비처럼 흘러내리리.

 카즈스 노인은 이 시를 듣고서 하산이 마음을 돌이킬 생각이 전혀 없고 무슨 말을 해도 들을 것 같지 않아, 이제는 설령 목숨을 잃게 된다 하더라도 스스로 죽을 곳에 뛰어드는 수밖에 없다고 생각했습니다.
 "젊은 양반, 잘 들으시오. 와크 섬은 일곱 개의 섬으로 되어 있는데, 그곳에는 미혼의 처녀들로 구성된 강력한 군대가 있는가 하면, 그 안쪽의 작은 섬에는 악마와 마물과 마법사 그리고 온갖 도깨비들이 살고 있소. 그곳에 한 번 발을 들여놓은 자는 결코 다시 살아 나오지 못하오. 적어도 오늘까지 살아서 돌아온 자는 하나도 없소. 그러니 당신은 곧바로 고향으로 돌아가시오.
 게다가 당신이 찾고 있는 상대는 그 섬 전체를 지배하는 대마왕의 딸이기 때문에 도저히 가까이 갈 기회조차 없을 거요. 내 말을 들으시오, 젊은 양반. 신께서는 틀림없이 그 공주 대신 더 좋은 여자를 점지해 주실 거요."
 "할아버지, 저는 아내가 그리워서 이 몸이 설사 가루가 되는 한이 있더라도 연모의 정이 사라지는 일은 결코 없을 겁니다. 그래서 와크 섬에 가서 아내와 아이들을 만나는 길밖에 없습니다. 그리고 인샬라! —알라의 뜻에 맞는다면—반드시 아내와 아이들을 데리고 함께 고향으로 돌아가겠습니다."

"그렇다면 아무래도 가야겠다는 말이군."
"예, 무슨 일이 있어도! 노인께서는 제발 신의 도움을 기도해 주십시오. 그러면 알라의 은혜로 아내와 아이들을 만날 수 있을지도 모릅니다."
하산은 애절한 그리움에 눈물을 흘리면서 이런 시를 읊었습니다.

> 빛나는 그대, 그대야말로 나의 소원,
> 듣기에 영롱하고 보기에 유쾌하다.
> 확고하게 그대가 잡은
> 내 가슴은 당신의 집.
> 그러기에 그대 가버린 뒤로
> 내 가슴은 아프고 쑤시누나.
> 그러나 행여 꿈에도 생각 말라,
> 내 사랑을 포기해 버렸다고.
> 외곬으로 그리운 정 태우다가
> 비참하게도 쓰러졌을 뿐이니.
> 그대 가버린 뒤, 그대 사라져 버린 뒤
> 기쁨 또한 사라져 버렸도다.
> 맑고 밝은 저 달빛도,
> 파랗게 질려 어두워졌도다.
> 그대 가고 난 뒤 외로이
> 한탄하며 별을 바라보고
> 걷잡을 수 없는 눈물만 흘리노라.
> 아, 밤마다 달을 우러러,
> 잠 못 이루며 괴로워하는 자에게
> 무정하다 그대여.
> 산들바람아, 만일 네가
> 임 계신 곳에 불어가거든
> 말 전해다오, 스러져가는 목숨은
> 덧없이 참고 견뎌야 하는 수많은 고뇌에
> 이렇듯 시름에 잠겼다고,

연인은 이 내 모습을
영원히 알지 못할 테니.

하산은 그 뒤에도 하염없이 울다가 끝내 정신을 잃고 말았습니다. 이윽고 그가 깨어나자 카즈스 노인은 말했습니다.
"오, 젊은 양반, 당신에게는 어머니가 계시지 않소? 당신이 목숨을 잃어 어머니를 슬프게 하는 것은 좋지 않은 일이오."
하산은 다시 슬피 울며 말했습니다.
"오, 할아버지, 저는 무슨 일이 있어도 아내와 자식들과 함께 돌아가겠습니다. 그게 불가능하다면 죽어도 상관없습니다."
하산은 다시 탄식하면서 이런 시를 읊었습니다.

내 '사랑'의 권리에 걸고서!
아무리 떨어져 있더라도
이곳에 있는 그대의 노예는
마음 변하는 일 없으리.
꿈엔들 충성을 잃지 않으리.
이렇듯 괴로워하는
내 꼴을 사람들에게 말한다면
아마도 그들은 외치리라,
"미친놈이여, 얼빠진 놈이여."
애욕에 정신없이 취해서
잠겨 있으리, 황홀경 속에서!
이런 경지에 노니는 자 누구인고,
있다면 들려다오.

이 시를 듣고서 노인은 하산이 죽는 한이 있어도 마음을 돌이키지 않으리라는 사실을 알고 편지를 내주며 하산을 위해 기도 드린 다음, 하산이 할 일을 거듭 다짐하면서 말했습니다.
"이 편지에 무임의 딸 빌키스의 아들 아부 알 루와이시*⁶²에게 당신을 잘 부탁해 두었소.

 그분은 내 스승이신데 인간은 물론이고 마신도 이분 앞에서는 무릎을 꿇고 우러러보는 그런 분이오. 그럼 어서 가시오. 신께서 당신을 축복해 주시기를!"

 하산은 즉시 말에 올라 고삐를 늦추고 출발했습니다. 말은 번개보다 빨리 달려 열흘이 지나자, 아득한 앞쪽에 하늘과 땅을 동서로 나누는 밤의 장막 같은 것이 어렴풋하게 보이기 시작했습니다.

 가까이 갈수록 하산을 태운 씨말이 울음소리를 내자, 빗방울처럼 수많은 말이 옆으로 다가오는 게 아니겠습니까? 그 수를 헤아리는 건 도저히 불가능한 일이었고, 또 그것을 막을 도리도 없었습니다. 말들은 쉴 새 없이 씨말에게 몸을 비벼댔습니다.

 하산은 그 광경을 보고는 간이 콩알만 해진 채 말 떼와 함께 고삐도 잡지 않고 달려갔습니다. 얼마 뒤 마침내 카즈스 노인이 말한 동굴 앞에 닿았습니다.

 말이 동굴 앞에서 멈추자, 하산은 말에서 내려 고삐를 안장에 얹었습니다. 말은 저 혼자 동굴 안으로 들어갔고, 하산은 노인이 당부한 대로 동굴 밖에 서 있었습니다.

 하지만 이제부터 어떤 일이 일어날지 몰라 마음은 불안하기 그지없었습니다.

—여기서 날이 훤히 밝아왔으므로 샤라자드는 이야기를 그쳤다.

## 802번째 밤

샤라자드는 이야기를 계속했다.

 오, 인자하신 임금님, 하산은 닷새 낮과 닷새 밤 동안 한숨도 자지 않고 슬피 울면서 그 자리에 서 있었습니다. 그는 어수선한 마음으로 집과 가족과 벗들을 떠나온 자신의 신세를 생각하며 슬퍼했습니다.

 그리고 어머니와 자신의 앞날, 아내와 자식들과의 이별, 지금까지 겪은 수많은 고난을 떠올리면서 이런 시를 읊었습니다.

내 가슴의 병을 고칠 수 있는 건
오직 그대 한 사람뿐,
눈꺼풀의 언덕 기슭에서
멈추지 않고 넘쳐흐르는
눈물의 강.
이별이여, 슬픔이여, 방랑이여,
말로 다 못할 아픔이여,
아득하게 떠나온 고향이여,
꺾이고 상처 입은 마음이여,
사랑하는 사람과 떨어져
사랑 때문에 미친
애처로운 슬픈 사랑의 노예.
나는 슬피 한탄하며 시들었도다.
이 슬픔, 이 한탄
빚어낸 것은 오직 '사랑하는 마음',
이 슬픔을 모르고 지내는
마음 고귀한 사람 있으랴.

하산이 노래를 끝낸 순간, 검은 옷을 입은 흑인 아부 알 루와이시 노인이 동굴에서 나왔습니다.
카즈스 노인에게 들은 말이 있어서 첫눈에 그를 알아본 하산은 노인의 발밑에 몸을 던지고 자신의 뺨을 그 발에 비빈 뒤, 옷자락을 머리 위에 받들면서 울기 시작했습니다.
"무슨 볼일이 있나?"
하산이 편지를 내주니, 노인은 그것을 받아들고 한마디 말도 없이 다시 동굴 안으로 들어가 버렸습니다.
하산은 다시 닷새 동안 동굴 앞에 앉아 있었습니다.
그동안 하산의 마음속에는 온갖 걱정과 공포와 불안이 솟아나 아득히 먼 이곳까지 찾아온 일을 슬피 한탄하면서 이런 시를 읊었습니다.

하늘을 인도하시는
신을 찬양하라!
사랑하는 자는 무척
슬피도 한탄하건만
사랑의 맛 모르는 무리는
그 쓰라림을 모르고,
나도 눈물 멈추려 애썼지만
막을 방법 없어
피의 강은 넘쳐흘러
멎을 줄을 모르네.
친하면서도 마음 모진 벗
얼마나 많은고,
괴로움은 더욱더 짙어가
그지없어라!
만일 그대, 나와의 맹세
지켜준다면
한숨도 눈물도 한때의 수법에
지나지 않는 것을.
그러나 나를 멀리하여
버림받고
그대가 힐끗 쳐다보니
나의 파멸을.
나는 몰락해 엎드려 몸부림치니
들꽃도 눈물 흘리고
새도 나를 애도하여
울어 마지않도다.

이렇게 하산이 닷새 동안 울고 난 뒤, 엿새째 새벽이 되자 루와이시 노인이 흰옷을 입고 나타나 손짓했습니다. 하산은 무척 기뻐하면서 이제야 소원이 이루어지는구나 생각하며 동굴 안으로 들어갔습니다.

노인이 하산의 손을 잡고 동굴 안을 반나절이나 나아가니 아치형 문에 강철 문짝이 달린 곳에 다다랐습니다.

노인이 그 문을 열고 들어가서, 줄마노로 만든 둥근 천장과 황금으로 덩굴무늬를 새긴 입구를 지나 다시 나아가니 대리석이 깔린 넓은 홀이 나왔습니다.

그 한복판은 꽃밭으로 되어 있는데, 갖가지 나무와 꽃과 과일나무가 심어져 있고 나뭇가지에는 새가 지저귀면서 전능하신 알라를 찬양하고 있었습니다.

그곳에는 또 단 네 개가 서로 마주보게 마련되어 그 하나하나에 분수가 있고, 네 구석에는 황금 사자가 서서 입으로 수반을 향해 물을 토해내고 있었습니다.

그 단마다 놓여 있는 의자에는 노인이 한 사람씩 앉아 있었습니다. 노인들 주위에는 매우 많은 책,[*63] 숯불과 향료가 들어 있는 황금 향로가 놓여 있고 제자들이 노인과 마주 앉아 책을 읽고 있었습니다.

두 사람이 들어가자 노인들은 일어나서 맞이하며 인사했고, 루와이시 노인이 제자들을 물리라고 손짓하자 노인들은 즉시 지시대로 했습니다.

이어서 노인 네 명이 루와이시 노인 옆에 앉으며 하산에 대해 물으니, 루와이시 노인은 하산에게 말했습니다.

"자, 이 장로들에게 자네의 모험담과 신상 이야기를 처음부터 끝까지 자세하게 들려 드리게."

하산은 눈물을 흘리면서 바람과의 사이에 일어났던 일을 이야기했습니다. 그러자 장로 네 명은 한결같은 목소리로 소리쳤습니다.

"그 배화교도가 낙타 가죽에 싸서 매를 이용하여 '구름 산' 꼭대기에 올려놓은 사람이 바로 이 사람이었군."

그러자 하산이 대답했습니다.

"예, 그렇습니다."

그들은 루와이시 노인을 돌아보고 물었습니다.

"오, 진실한 장로님이시여, 정말 바람이 이 사람을 산꼭대기에 올려보냈다면 어떻게 내려올 수 있었을까요? 또 그 산 위에서 어떤 진기한 것을 보았을까요?"

"오, 하산, 그때 그대가 어떻게 해서 내려왔는지, 또 어떤 진기한 것을 보았는지 이야기해 보게나."

하산이 산에서 뛰어내린 일, 그 뒤 바람을 만나 죽여 버린 일, 젊은이를 살려서 고향에 돌려보낸 일, 대마왕의 공주를 사로잡아서 결혼한 일, 그 아내가 자기를 배신하여 두 아이를 데리고 날아가 버린 일 등을 처음부터 끝까지 전부 이야기했습니다.

장로들은 매우 놀라서 루와이시 노인에게 말했습니다.

"오, 장로 중의 장로님, 참으로 가여운 젊은이로군요. 장로님은 이 젊은이가 아내와 자식들을 되찾도록 도와주시겠지요."

—여기서 날이 훤히 밝아왔으므로 샤라자드는 이야기를 그쳤다.

## 803번째 밤

오, 인자하신 임금님, 루와이시 노인은 이렇게 말했습니다.

"오, 형제들이여, 그건 매우 위험한 일이네. 그러나 이 젊은이만큼 자신의 목숨을 가볍게 여기는 자는 처음 봤어. 자네들도 알다시피 와크 섬은 정말 가까이 가기 어려운 곳이 아닌가. 목숨을 걸지 않고선 갈 수 없을 뿐만 아니라, 주민들과 감시인들도 힘이 세단 말이야. 게다가 나는 그 섬의 흙을 밟지 않고 그 섬의 법을 어기지 않겠다며 굳게 맹세를 했네. 그러니 어떻게 하면 이 사람이 대마왕의 딸한테 갈 수 있을까? 아니면 누가 공주를 이 사람에게 데려다줄 수 있을까? 이 사람을 데리고 가거나 도와줄 사람이 대체 누가 있을까?"

그러자 한 장로가 말했습니다.

"오, 장로 중의 장로님, 이 사람은 참으로 욕정에 몸을 태우고 있는 자로서, 위험을 무릅쓰고 당신에게 아브드 알 카즈스 노인의 편지를 가져왔으니 당신이야말로 이 사람을 도와줘야 마땅하지요."

이 말을 들은 하산은 루와이시 노인의 발에 입을 맞추고 눈에 눈물을 글썽거리며 노인의 옷자락을 자기 머리 위에 받들었습니다.

"제 일생을 건 소원입니다. 아내와 아이들을 만날 수 있게 해 주십시오. 가족들을 만날 수만 있다면 제 목숨과 영혼을 잃어도 상관없습니다."

장로 네 명도 동정의 눈물을 흘리면서 부탁했습니다.

"이 불행한 자를 가엾게 여기시고 카즈스 노인을 보아서라도 관대함을 보여주시지요. 이번 기회에 이 사람을 도와주시면 틀림없이 알라의 보답이 있을 겁니다."

"이 고집 센 젊은이는 자기가 지금 무슨 짓을 하려는지 모르고 있어! 그러나 인샬라! 우리가 할 수 있는 데까지는 도와주기로 하세. 할 수 있는 데까지는."

이 말을 듣고 하산은 매우 기뻐하면서 다섯 노인의 손에 차례차례 입을 맞추고 도와줄 것을 부탁했습니다.

루와이시 노인은 붓과 종이를 가져오게 하여 편지 한 통을 쓰더니 향과 부싯돌,*64 그 밖에 필요한 물건을 넣은 가죽 향주머니*65와 함께 하산에게 주면서 말했습니다.

"이 주머니를 소중히 간직하고 있다가 무슨 곤란한 일이 생기면 이 속의 향을 조금 사르면서 내 이름을 부르게. 그러면 금방 내가 나타나서 도와줄 테니까."

그리고 한 장로에게 하늘을 나는 마신을 하나 불러오게 해서 마신이 나타나자 그 '불의 용(龍)'을 향해 물었습니다.

"이름이 무엇이냐?"

"장로님의 노예, 다나시 빈 파크타시라고 합니다."

"좀더 가까이 오너라."

다나시가 앞으로 다가서자 노인은 그의 귀에 입을 대고 무엇인가 속삭였습니다. 그러자 마신은 고개를 끄덕이며 대답했습니다.

"알았습니다. 장로 중의 장로님."

이어서 루와이시 노인은 하산에게 말했습니다.

"자, 떠나게. 이 하늘을 나는 마신 다나시의 어깨에 타고 가게. 다만 마신이 하늘 높이 올라갔을 때, '스바나 루라'(4)라고 하는 천상의 신을 찬송하는 천사들의 목소리가 들려와도 절대로 함께 따라 해서는 안 되네. 그랬다가는 자네도 마신도 죽고 말 테니까."

"예, 한마디도 하지 않겠습니다. 무슨 일이 있어도."

"하산, 오늘 하루 마신은 자네를 태우고 계속 날아가서 내일 아침이면 장뇌(樟腦)처럼 새하얀 땅에 자네를 내려줄 것이네. 그곳에서 자네 혼자 열흘 동안 걸어가면 도성 문에 이를 테니, 그 안으로 들어가서 도성의 왕을 찾게. 왕 앞에 나가거든 격식대로 인사를 하고 왕의 손에 입을 맞추게. 그러고 나서 이 편지를 주고 왕이 하는 도움말을 똑똑히 들어 두게."

"잘 알았습니다."

하산은 대답하고 일어나서 마신의 어깨에 탔습니다. 장로들이 일어나서 하산을 위해 기도를 드린 뒤 '불의 용' 다나시에게 하산을 잘 데려다주라고 당부했습니다.

어깨 위에 하산을 태운 마신은 천상의 신을 찬송하는 천사들의 목소리가 들려올 정도로 높이, 하늘 끝까지 날아올라가 하룻낮 하룻밤을 계속 날아서 이튿날 새벽 무렵, 장뇌처럼 새하얀 땅에 하산을 내려놓고 그대로 날아가 버렸습니다.

하산은 주위를 둘러보았으나 사람은 전혀 볼 수 없었습니다. 그리하여 열흘 동안 밤낮을 가리지 않고 걸어가니 목적한 성문에 다다라 안으로 들어가서 왕에 대해 물어보았습니다. 도성 사람들은 왕궁이 있는 곳을 가르쳐주고, 왕의 이름은 하순이며 '장뇌 나라'의 군주로 지구를 메울 만큼 많은 병력을 거느리고 있다고 말했습니다.

그래서 하산이 왕을 알현하겠다고 청하니 허락이 내려져 왕 앞에 안내되었습니다. 보아하니 그 이름에 걸맞은 훌륭한 임금님이라, 하산은 손을 짚고 바닥에 엎드렸습니다. 그러자 왕이 물었습니다.

"무슨 볼일이 있어 왔느냐?"

하산은 루와이시 노인이 써준 편지에 입을 맞춘 뒤 그것을 왕 앞에 내놓았습니다. 왕은 그 편지를 읽고 잠시 고개를 끄덕이더니 한 가신에게 분부했습니다.

"이 젊은이를 손님방으로 안내하여 머물게 해라."

가신은 명령대로 하산을 왕의 손님방으로 데리고 갔습니다. 하산은 그곳에서 풍성한 음식을 대접받고 사흘 동안 묵었는데, 그동안 상대한 사람은 하산의 접대를 맡은 환관 한 사람뿐으로, 그는 여러 이야기로 하산을 위로해주며 이곳을 찾아온 사연과 신상 이야기를 물었습니다. 그래서 하산은 과거의 신상과 지금의 무서운 처지에 대해 얘기해 주었습니다.

나흘째가 되어 지난번 환관의 안내로 왕 앞에 나아가자, 왕이 하산에게 물었습니다.

"오, 하산, 장로 중의 장로 말에 의하면 너는 와크 섬에 건너갈 목적으로 나를 찾아왔다고 하던데. 오, 젊은이! 오늘이라도 너를 그곳에 보내주고 싶다. 그러나 도중에 굶주린 산과 들이 있어서 많은 위험과 무서운 마물들이 도사리고 있으니, 잘 참고 이겨내야 하느니라. 그러면 모든 일이 다 잘 될 것이다.

나는 알라의 이름으로 반드시 너의 소망을 이룰 방법을 찾아보도록 하마. 이곳에는 무기와 말과 장비를 충분히 갖춘 세력 있는 자들이 와크 섬에 건너가려 하고 있지만, 아무리 해도 그 뜻을 이루지 못하고 있느니라. 그러나 무임의 딸 빌키스[66]의 아들 아부 알 루와이시 노인의 얼굴을 봐서라도, 너의 소망을 이루어주지 않고 헛되이 돌려보내는 건 안 될 말이지. 얼마 뒤 와크 섬에서 배가 올 테니 맨 먼저 닿는 배에 너를 태워 선원들에게 너를 부탁할 생각이다. 선원들은 너를 돌봐주고 그 섬에 데려다줄 테다. 그들 가운데 누가 너에게 묻거든 '장뇌 나라'의 군주 하순 왕의 일가라고 대답해라.

배가 와크 섬의 기슭에 닿아 선장이 내리라고 하거든 걱정하지 말고 배에서 내려 뭍에 올라라. 뭍에 오르면 해변에는 곳곳에 긴 나무 의자가 많이 있을 테니 그중 하나를 골라서 그 밑에 들어가 꼼짝 않고 기다리거라. 해가 지고 밤이 되어 사방이 어두워지면 여군 한 떼가 나타나 배에서 부린 짐 둘레로 모여들 것이다. 그리고 그중 한 사람이 네가 숨어 있는 긴 의자에 앉거든 재빨리 손을 내밀어 그 여자를 붙잡고 구원을 청해라. 알았느냐? 만일 그 상대가 너를 도와주겠다고 약속하면 너는 소원대로 네 아내와 아이를 되찾을 수 있을 테고, 만약에 상대가 보호하기를 거절한다면 거기까지라 생각하고 모든 것을 포기해라. 그때는 살아갈 희망도 버리고 깨끗하게 죽음을 각오해야 할 것이다. 정말로 살아날 수 없을 테니까 말이다.

알았느냐, 너는 지금 목숨을 걸고 찾아가는 것이다. 내가 너에게 해 줄 수 있는 것은 고작 이 정도다."

―여기서 날이 훤히 밝아왔으므로 샤라자드는 이야기를 그쳤다.

## 804번째 밤

오, 인자하신 임금님, 하산은 '장뇌 나라' 하순 왕의 말을 듣고 까무러칠 만큼 슬피 울다가, 이윽고 정신이 들자 이런 시를 읊었습니다.

> 내 목숨은 이미 정해진 것,
> 날짜가 다 차면 나는 죽으리.
> 그러나 수사자와 싸우더라도
> 그때 운수가 이로우면 이기리라.

노래를 마치자 하산은 왕 앞에 무릎을 꿇었습니다.
"오, 대왕님, 그 배가 올 때까지 앞으로 얼마나 더 기다려야 합니까?"
"한 달 안에 오겠지만 짐을 팔기 위해서 두 달 동안 이곳에 머물렀다가 고향에 돌아가니, 꼬박 석 달이 지나야 출발하는 것으로 알고 있으면 된다."
왕은 하산에게 손님방으로 돌아가 있으라 말하고, 먹을 것과 마실 것은 뭐든지 필요한 대로, 또 옷은 왕후에게 어울리는 것을 하산에게 내어주라고 부하에게 지시했습니다.
이렇게 한 달쯤 지나자 배가 들어 와서 상인들은 하산을 데리고 그 배를 구경하러 나갔습니다. 항구에는 자갈처럼 많은 사람을 태운 배 한 척이 있었는데, 그 사람의 수는 인간을 창조하신 신밖에 알 수 없었습니다. 그 배는 항구 한복판에 닻을 내리고 작은 배로 짐을 부두에 나르고 있었습니다. 하산은 목적한 배의 선원들이 짐 내리는 일을 끝내고 흥정을 마치기를 기다렸습니다.
드디어 출범 날이 사흘 앞으로 다가오자, 하순 왕은 하산을 불러 필요한 물품은 말할 것도 없고 선물까지 마련해 주었습니다. 그리고 선장을 불러서 이렇게 말했습니다.
"이 젊은이를 아무도 모르게 배에 태우고 가서 와크 섬에 내려줘라. 그러나 데리고 돌아올 필요는 없다."
"알았습니다. 기꺼이 분부대로 하겠습니다."
왕은 이어서 하산에게는 이렇게 말했습니다.
"함께 배를 탄 자들에게 네 목적을 말하지 않도록 해라. 네 비밀이 새나가지 않도록 조심해야 한다. 그렇지 않으면 네 목숨은 없다."

"명심하겠습니다."

하산은 왕의 장수와 무운을 빌고 작별인사를 했습니다.

왕도 답례 인사를 하며 하산의 무사함과 소망이 이루어지기를 빈 다음 선장에게 다시 한 번 당부하니, 선장은 하산을 상자에 넣어 작은 배에 싣고 본선으로 운반했습니다. 선원들은 짐 싣는 데 몹시 바빠 그 상자에 어떤 물건이 들어 있는지 생각할 겨를도 없었으며 수상히 여기는 자도 없었습니다.

하산을 태운 배는 이윽고 항구를 떠나 열흘 동안 항해를 계속한 끝에, 열하루째 되는 날 육지가 보이기 시작했습니다.

섬에 닿자, 선장은 하산을 몰래 배에서 내려줬습니다. 하산이 바닷가에 올라가 보니, 과연 왕이 말한 대로 긴 나무 의자가 헤아릴 수 없이 많이 놓여 있었습니다. 하산은 거침없이 앞으로 나가서 그중에 외따로 떨어져 있는 의자 밑으로 기어들어갔습니다.

이윽고 해질 무렵이 되자 마치 메뚜기처럼 그 땅을 뒤덮어 버릴 듯이 많은 여전사가 나타났는데, 모두 맨발인 데다 몸에 꼭 맞는 갑옷을 입고 손에는 칼을 뽑아들고 있었습니다. 그들은 배에서 내려진 짐을 보자 서둘러 일을 하기 시작했습니다.

이윽고 잠시 앉아서 쉬기 위해 여인들은 자리에 앉았는데, 그중 하나가 하산이 숨어 있는 긴 의자에 앉았습니다. 하산은 그 옷자락을 붙잡고 머리 위로 받쳐 든 뒤, 그 앞에 몸을 던지고 눈물을 흘리며 여자의 손발에 입을 맞추면서 애원하기 시작했습니다.

"오, 제발 자비를 베풀어주십시오. 소원입니다."

"에구머니나! 이게 무슨 일이야? 어서 일어나세요. 누가 보면 살해당하고 만다고요."

하산은 의자 밑에서 기어나와 울면서 여자의 손에 입을 맞췄습니다.

"오, 부인! 제발 저를 도와주십시오. 부모, 아내와 자식들과 생이별한 저에게 연민을 베풀어주십시오. 아내와 아이들을 만나기 위해 목숨도 영혼도 내던진 자를 가엾게 여겨주십시오. 그 보답으로 당신은 꼭 천국에 가게 되실 겁니다. 저를 믿지 못하시더라도 모든 것을 숨겨 주시는 알라께 걸고 부탁합니다. 제발 저를 숨겨주십시오."

여자에게 정신없이 애원하고 있는 하산을 상인들이 곁눈으로 쳐다보고 있었지만, 여자는 하산의 겸손한 태도를 보고 딱하게 여기며 웬만큼 중요한 일이 아니고는 목숨을 버리면서까지 이런 곳에 올 리가 없다고 생각했습니다.
"오, 젊은 양반, 기운을 내고 눈물을 닦으세요. 그리고 내일 밤까지 여기 숨어 계세요. 신께서 뜻대로 주선해 주실 테니까."
여자는 이 말만 남기고 가버렸습니다.
하산은 다시 나무 의자 밑에 들어가 숨었습니다. 수많은 여병사가 그 뒤 알로에와 천연 용연향을 섞어서 만든 초에 불을 켜 놓고 아침까지 그곳에서 웃고 떠들며 놀았습니다.
날이 밝자 작은 배들이 또 짐을 나르기 시작했고, 상인들은 그 상품을 사고팔고 운반하며 저녁때까지 매우 바삐 일했습니다. 그동안 하산은 신이 정해 놓으신 은밀한 운명도 모른 채, 눈물을 글썽이며 처량한 심정으로 긴 의자 밑에 숨어 있었습니다.
그럭저럭하는 사이에 하산이 어제저녁 구원을 청한 여자가 나타나, 갑옷과 투구, 창과 칼, 황금색 띠 등을 주면서, 그것을 몸에 두르고 다른 여자들에게 들키면 안 되므로, 자신이 일어선 뒤 의자에 앉아 있으라고 말했습니다. 하산은 일어나서 갑옷과 투구를 걸치고 허리에 띠를 단단히 감은 뒤, 어깨에서 옆구리로 비스듬하게 칼을 차고, 한 손에는 창을 들고 의자에 앉았습니다. 그동안에도 끊임없이 전능하신 알라의 이름을 외며 그 보호를 비는 것을 잊지 않았습니다.

―여기서 날이 훤히 밝아왔으므로 샤라자드는 이야기를 그쳤다.


## 805번째 밤

샤라자드는 이야기를 계속했다.
오, 인자하신 임금님, 잠시 뒤 횃불이 보이고 여전사들이 다가오자 하산도 일어나서 시치미를 떼고 그 속에 끼어들었습니다.
그리하여 날이 밝기 전에 부대가 출발하여 이윽고 야영지에 도착하자 그들은 저마다 천막으로 들어갔습니다. 하산도 그중 한 사람의 뒤를 따라 한 천막으로 들어갔는데, 뜻밖에도 그곳은 자기가 구원을 청한 바로 그 여자의 천막이었습니다.

그런데 여자는 천막에 들어가더니 무기를 내던지고 갑옷과 베일을 벗어버렸습니다. 하산은 무기를 내려놓고 그 여자를 보았더니, 머리는 하얗고, 눈은 새파랗고 코가 큰 노파였습니다. 그리고 얼굴은 곰보에 눈썹은 빠지고 없고, 이는 빠져서 듬성듬성, 뺨은 푹 꺼지고, 코에서는 콧물, 입에서는 침이 흐르는,*67 재앙 중에서도 재앙, 살아 있는 모든 것 가운데 가장 추악한 얼굴을 하고 있었습니다. 시인은 이런 못생긴 여자를 이렇게 노래하고 있습니다.

    그 얼굴 구석구석에 스민
    아홉 가지 재난의 형상
    하나하나가 지옥상이라
    참으로 못생기고
    추악하기 짝이 없으니
    암퇘지의 낯짝처럼
    그야말로 시궁창 웅덩이에
    고인 물이로다.

정말이지, 이 노파는 얼룩뱀이나 화상을 입은 암늑대 같았습니다. 노파는 하산을 바라보다가 깜짝 놀라 소리쳤습니다.

"대체 당신은 어떻게 이 섬에 왔지? 어떤 배를 타고 찾아온 거지? 또 어떻게 무사히 이곳에 올 수 있었을까?"

그러고는 하산의 신상에 대해 물었습니다.

하산은 노파의 발밑에 무릎을 꿇고 얼굴을 그 발에 비비면서 울다가, 마침내 정신을 잃고 말았습니다. 그러나 곧 깨어나서 이런 시를 읊었습니다.

    쓰라린 이별, 몸 멀리 떨어져
    언제 다시 만날 수 있을지?
    언제 다시 간절한 소원을 이룰 수 있을지?

이런저런 이야기 실컷
나눌 수 있는 날은 언제?
내가 눈물 흘리듯이
내일 강물 넘친다면
어디를 가나 수위계(水位計),
성지도 홍수, 이집트도 시리아도 물바다,
이라크마저 물에 잠기네.
이 모든 것은 오로지 임 때문,
무정한 처사 그만두고,
다시 한 번 만난다고 약속해 주시구려.

　노래를 마친 하산은 노파의 옷자락을 잡아 머리 위에 받쳐 들고 울면서 감싸주고 보호해 주기를 애원하기 시작했습니다. 할머니는 하산의 열정과 그 고뇌하는 모습에 연민을 느끼고 끝까지 보호해 주겠다고 약속했습니다.
　"그러니 조금도 걱정할 것 없어."
　이윽고 자세한 사정을 묻는 노파에게 하산은 이곳에 오기까지 겪은 아픔과 괴로운 경험을 자세히 얘기해 주었습니다. 얘기를 들은 노파는 매우 놀라면서 말했습니다.
　"아마도 이렇게 무사히 찾아올 수 있었던 사람은 자네가 처음일 걸. 신의 특별한 가호가 없었더라면 너는 벌써 죽은 목숨이었을 거야. 하지만 여기까지 왔으니 이젠 걱정할 것 없어. 더없이 높은 신의 뜻에만 맞는다면 소원은 거의 이루어진 것이나 마찬가지니까."
　하산은 이 말을 듣고 춤이라도 출 듯이 기뻐했습니다.
　이어서 노파는 여인군의 대장들을 소집했습니다. 마침 그날이 그믐날이었기 때문입니다. 이윽고 대장들이 모이자, 노파가 말했습니다.
　"나가서 전군에게 알려라, 내일 새벽에 모두 모이라고 말이야. 한 사람도 늦지 않도록, 늦으면 목숨이 없다고 일러라."
　"알았습니다."
　그들은 그렇게 대답하고 밖으로 나가, 노파가 명령한 대로 이튿날 아침의 열병(閱兵)에 대해 전군에 포고를 내렸습니다. 그것이 끝나자 그들은 돌아와서 이 사실을 노파에게 보고했습니다.
 그것을 본 하산은, 그 노파가 여인군의 총사령관으로서 그들을 지휘하고 있고, 또 움 알 다와히, 다시 말해서 '재앙의 어머니'*68라고 불리며, 이름은 샤와히, 즉 '마법사'라는 것을 알았습니다. 노파는 쉴 새 없이 각종 명령을 내리고 있어서 하산도 그날은 군장을 풀 수 없었습니다.
 이튿날 아침이 되자 전군은 야영지를 떠났으나, 노파는 출발하지 않고 있다가 병사들의 모습이 보이지 않게 되자 하산에게 말했습니다.
 "오, 이리 가까이 오너라, 아들아."*69
 하산은 옆에 가까이 가서 노파의 눈앞에 섰습니다.
 "너는 왜 이렇게 위험을 무릅쓰고 이 나라에 오는 그런 대담한 짓을 저질렀지? 이렇게 자신을 멸망으로 몰아넣는 생각을 하게 된 까닭이 무엇인지 사실을 그대로 말해 보아라. 걱정할 건 없어, 너에게 약속한 대로 너를 가엾게 여기고 도와주기로 했으니까. 사실을 말해 주기만 하면 설령 많은 영혼과 육체를 희생시키는 한이 있더라도 네 소원을 풀도록 힘을 빌려주마. 어쨌든 내 품에 뛰어든 이상 나는 물론이고, 이 와크 섬에 사는 누구도 너에게 손가락 하나 까딱하지 못하게 할 테니까."
 그래서 하산은 새 열 마리 중에서 한 마리를 잡아 그 새와 결혼해서 살다가 두 아이가 태어났다는 것과 아내가 깃옷을 숨겨둔 곳을 알고 두 아이를 데리고 날아가 버린 일들을 하나도 숨기지 않고 노파에게 말했습니다.
 "오, 너를 무사히 이곳에 데리고 와서 나와 만나게 해 주신 알라께 영광을! 누군가 다른 사람을 만났더라면 너는 소원을 풀기는커녕 목숨을 잃었을 거야. 그러나 너의 정성과 애정 그리고 아내와 아이들을 찾고자 하는 애절한 집념이 너를 무사히 목적지까지 인도한 것이다. 네가 아내를 미칠 듯이 사랑하지 않았더라면, 하필이면 이런 위험한 곳까지 찾아올 리도 없었겠지. 너를 무사히 이곳까지 오게 해 주신 알라를 찬양하자!
 우리도 함께 찾아줄 테니 전능하신 알라의 뜻이라면 곧 소원을 이룰 수 있을 거다. 그러나 아들아, 네 아내는 이곳이 아니라 와크 섬의 일곱 번째 섬*70에 있단다. 그곳까지는 밤낮을 가리지 않고 가도 일곱 달이 걸리는데, 거기에 가려면 먼저 '새의 섬'이라는 곳으로 건너가야 한다. 그 섬에 가면 새가 우짖는 소리와 날개를 파득거리는 소리가 하도 시끄러워서 사람의 말

소리는 들리지도 않지."

―여기서 날이 훤히 밝아왔으므로 샤라자드는 이야기를 그쳤다.

## 806번째 밤

샤라자드는 이야기를 계속했습니다.
오, 인자하신 임금님, 노파는 다시금 말을 이었습니다.
"그 나라를 열하루 동안 밤낮을 쉬지 않고 가면 이번에는 '맹수의 섬'이라는 곳이 나온다. 이 나라에서도 사자가 울부짖는 소리, 늑대가 짖는 소리, 하이에나가 웃고 그 밖의 맹수들이 우는 소리 때문에 다른 소리는 아무것도 들리지 않지. 이 나라를 20일 정도 걸려 지나가면 다음에는 '마신의 섬'이라는 나라에 이르는데, 그곳엔 마신들의 고함, 마신의 입에서 뿜어져 나오는 불길과 연기, 무시무시한 아우성, 인간이 가는 길을 가로막는 건방지고 거만한 행동, 그 온갖 소리 때문에 귀도 먹고 눈도 멀어서 아무것도 듣지도 보지도 못하게 된다. 게다가 그곳에서는 절대로 뒤를 돌아보면 안 돼. 말을 타고 간다면 말안장에 엎드려 얼굴을 묻고 사흘 동안 머리를 들지 않고 달리는 수밖에 없어.

그곳을 지나면 곧 큰 산과 물이 흐르는 강이 나오는데, 그것은 와크 섬과 연결되어 있다.(15) 와크 섬은 섬 일곱 개로 이루어져 있고, 그 넓이는 단단히 준비하고 말을 탄 여행객이라도 모든 섬을 가는 데 꼬박 1년이나 걸릴 정도로 넓단다.

게다가 꼭 명심해야 할 것은 그곳의 군사는 모두 여자들뿐이고, 그곳의 지배자도 와크 섬 출신의 여자라는 거야. 지금 말한 강가에는 와크 산이라는 산이 있는데 그 이름의 유래는 이렇단다.

그곳엔 인간의 머리처럼 생긴 열매가 열리는 나무가 한 그루 있는데,[*71] 태양이 떠오르면 그 열매들이 일제히 '와크! 와크! 조물주 알 할라크 왕께 영광을!' 하고 외치므로 태양이 떠오른 것을 알고, 마찬가지로 해가 질 때는 '와크! 와크! 알 할라크 왕께 영광을!' 하고 열매들이 외쳐서 해가 졌음을 안다고 하여 그 이름을 붙인 거야. 그리고 어떤 남자도 우리와 함께 살 수 없고, 이곳에 오는 것도 이 섬의 흙을 밟는 것도 허락되지 않지. 여기서 여왕의 왕궁까지는 한 달 정도 걸리는데, 백성들은 모두 여왕의 가신이며, 마신도 마족도 악마도, 나아가서 조물주 말고는 그 수를 모르는 요술사들도 모두 여왕님이 다스리고 계신다.

그러니까 그런 곳에 가는 것이 무섭다면 안내인을 시켜 해안까지 데려다 줄 테니, 거기서 배를 타고 고향으로 돌아가는 게 좋을 거야. 하지만 이곳에 만족하고 여기서 머무르고 싶다 해도 안 된다고 하지는 않겠어. 신의 이름을 걸고 네가 소원을 풀 때까지 내가 잘 보살펴주마."

"오, 할머니, 저는 다시 아내를 만나든가 죽든가 할 때까지 절대 당신 곁을 떠나지 않겠습니다."

"그건 어렵지 않아, 신의 뜻에만 맞는다면 곧 소원을 풀게 해 줄 테니 기운을 내게. 그리고 여왕님께 잘 말씀 드려서 네 소원을 푸는 것을 도와주시도록 힘써 보마."

하산은 노파에게 축복을 기원하고 머리와 손에 입을 맞추며 그 친절한 배려와 굳은 결심에 대해 감사의 말을 했습니다. 그런 다음 노파와 함께 천막에서 나간 하산은, 자신의 앞날과 예측할 수 없는 낯선 고장에 온 공포를 생각하며 탄식하면서 이런 시를 읊었습니다.

아, 서풍은 연인의
나라에서 불어와,
초췌한 내 모습 보는구나.
만나는 밤은 빛나는 아침 같고
헤어지는 날은 캄캄하기가 칠흑 같더라.
벗들과 헤어지는 것도 쓰라리지만
연인과 헤어지는 것은 오직 화만 날 뿐이라.
그 여자의 무정함을 탓할 때도
행여 남에게 말하랴, 오직 그 사람뿐
세상에 벗 없는 쓸쓸함이여,
아, 당신을 잃고 무엇으로 위안받으랴,

내 사랑도 참되어 비할 데 없고
비교하자니 그럴 사람조차 없는 아리따운 그대여.
내 가슴은 둘 없는 마음으로 가득 찼도다.
그대만을 사랑한다고 거짓을 꾸미는 자
무서운 세상 손가락질 받아 마땅하리라.

이윽고 노파가 구리 북으로 신호를 울리니 여인군이 진군을 시작했습니다. 하산은 불안의 바다에 빠진 채, 위의 시를 읊으면서 노파와 함께 나아갔습니다.
 노파는 하산을 위로해 주며 참고 견디라고 격려해 주었지만, 하산은 슬픈 마음에서 헤어나지 못하고 노파의 격려도 귀에 잘 들어오지 않았습니다.
 그렇게 대열을 지어 먼 거리를 이동하는 동안 이윽고 '새의 섬'의 경계까지 왔습니다. 그곳에 발을 들여놓으니 그 소란스러움은 마치 온 세상이 뒤집힌 것만 같았습니다. 하산은 골치가 아프고 정신은 아찔해지고 눈은 풀리고, 귀는 귀머거리가 되어 걱정만 더 늘어났습니다.
 "'새의 섬'이 이 정도면 '맹수의 섬'은 얼마나 더 심할까?"
 하산은 이렇게 중얼거리면서 이미 목숨은 없는 것이나 마찬가지라 여기고 체념했습니다. 샤와히 노파는 하산의 그런 꼴을 보고 웃으면서 말했습니다.
 "첫 번째 섬에서 그렇게 기가 꺾여서야 다른 섬에는 어떻게 가려느냐?"
 하산은 무릎을 꿇고 시련을 견딜힘을 내려주어 목적을 달성할 수 있게 해달라고 알라께 기원했습니다.
 다시 나아간 그들은 이윽고 '새의 섬'을 지나고 '맹수의 섬'을 건너 '마신의 섬'에 이르렀습니다. 하산은 무서워서 벌벌 떨며 함께 따라온 것을 후회하기 시작했습니다.
 그러나 알라의 도움을 빌며 곧장 나아가니 '마신의 섬'을 지나 높은 산 밑에 이르렀습니다. 그들은 짐을 내려 강가에 천막을 치고 먹고 마시면서 쉰 다음 편안한 잠자리에 들었습니다.
 이튿날 노파는 하산을 위해 진주와 보석과 황금을 아로새긴 설화석고 소파를 강가에 놓아주었습니다. 하산은 얼굴을 천으로 가리고 눈만 내놓은 채 거기에 앉았습니다.

노파는 여전사들에게 자기 천막 앞에 모여 옷을 벗고 강물에 들어가 몸을 씻으라고 명령했습니다. 하산의 눈앞에 부하들을 모두 알몸으로 늘어서게 하여 그중에 혹시 하산의 아내가 있는지 살피게 하기 위한 것이었습니다.
　여전사들은 한 사람도 빠짐없이 노파 앞에 모여 옷을 훌훌 벗어 던지고 물속으로 들어갔습니다.
　하산은 소파에 앉아 여자들이 흰 몸뚱이를 씻으며 장난치고 농담을 주고받는 모습을 바라보고 있었으나, 여자들 쪽에서는 하산을 왕의 딸 가운데 하나인 줄만 알고 아무도 의심하지 않았습니다.
　하산은 벌거숭이가 된 여자들의 허벅지 사이에 있는 것을 바라보다가 어느새 자신의 물건이 일어선 것을 깨달았습니다. 여자들의 허벅다리 사이에는 둥글고 보드라운 것, 봉긋하게 부풀어서 탄력이 있어 보이는 것, 살도 찌고 토실토실해 보이는 것, 음순(陰脣)이 커서 나무랄 데 없는 것, 헐렁하게 늘어진 것과 그 밖에 가지각색의 옥문들이 다 있었습니다.
　또 그 여자들의 얼굴은 하나같이 달덩이처럼 어여쁘고 머리카락은 밤의 어둠처럼 검었습니다. 그도 그럴 것이 이 아름다운 여자들은 모두 왕들의 딸이었기 때문입니다. 몸을 씻고 난 여자들이 강물에서 나올 때는 몸에 실오라기 하나 걸치지 않았으므로 마치 보름달처럼 보였습니다.
　노파는 하산에게 그중에 그의 아내가 있는지 처녀들을 한 무리씩 차례차례 살피게 하면서 물어보았으나 그때마다 하산은 이렇게 대답했습니다.
　"오, 할머니, 이 중에는 없습니다."

―여기서 날이 훤히 밝아왔으므로 샤라자드는 이야기를 그쳤다.

## 807번째 밤

　샤라자드는 이야기를 계속했다.
　오, 인자하신 임금님, 마지막으로 그곳에 여자노예 열 명과 시녀 서른 명을 거느린 한 공주가 다가왔습니다. 하나같이 가슴이 봉긋하게 솟은 여자들로, 모두 옷을 벗고 물에 들어갔을 때 그 공주는 시녀 위에 말을 타듯 올라타기도 하고 시녀를 물속에 밀어 넣기도 했습니다.

그런 장난을 거의 한 시간이나 계속한 뒤 그들은 물에서 나와 앉았습니다. 시녀들이 금실로 가장자리를 두른 비단 수건*72을 가져와서 공주의 몸을 닦아주었습니다. 이어서 공주는 옷을 입고 보석과 마신이 만든 장신구를 몸에 장식하더니 시녀들과 함께 여군 사이를 사뿐사뿐 걸어나가는 것이었습니다.

하산은 처음 그 공주를 보았을 때 하마터면 심장이 가슴에서 튀어나올 뻔했습니다.

"저 여자는 내가 남매의 의를 맺은 공주들의 궁전에 있었을 때, 옥상 연못에서 본 새를 똑 닮았다. 그 새도 저 여자처럼 시녀들에게 뽐내었는데."

"오, 하산, 저이가 네 아내인가?"

노파의 질문에 하산이 대답했습니다.

"아닙니다, 전혀 아니에요, 할머니. 당신의 목숨을 걸고 말하지만, 결코 제 아내가 아닙니다. 나는 이제까지 저 여자를 한 번도 본 적이 없어요. 내가 이 섬에서 본 여자 가운데에는 내 아내를 닮은 여자는 하나도 없습니다. 균형 잡힌 몸매, 아름답고 사랑스러운 자태, 어느 것 하나를 봐도, 제 아내를 당할 여자는 아무도 없었습니다."

"그럼 부인의 외모에 대해 좀더 자세히 이야기해 봐, 혹시 내가 아는 사람일지도 모르니. 나는 여인군의 사령관으로서 그들을 통솔하기 때문에 와크 섬의 여자들은 다 알고 있으니까. 그러니 어떤 여자인지 자세히 알려주면 금방 알아볼 수 있을 테고, 잘 연구해서 어떻게든 찾을 수 있을지도 모르지 않겠나?"

"제 아내는 누구보다 얼굴이 아름답고 몸매가 한층 뛰어납니다. 뺨은 매끄럽고 유방은 둥글며 눈은 촉촉하게 젖은 듯합니다. 다리와 허벅지는 탄력이 있고 이는 눈같이 희며, 오묘한 목소리는 달콤하여 가릉빈가(迦陵頻伽)를 연상시키지요. 행동거지는 마치 버들가지처럼 부드럽고 천성이 정숙하고 품위가 있으며, 입술은 산호처럼 붉고 눈은 천연의 콜 가루로 물들인 듯 또렷하며, 아래쪽 입술*73은 얌전하게 누워 있습니다. 오른쪽 뺨엔 검은 점 하나, 배꼽 아래 버들가지 허리에도 표시가 있습니다. 얼굴은 보름달같이 환하고 허리는 날씬한 버들가지, 그러나 엉덩이는 묵직하고 입안의 이슬은 낙원의 샘물 카우사르나 살사빌*74도 이럴까 싶을 정도로, 그것을 한 입 핥아 먹

으면 병든 사람도 씻은 듯이 낫습니다."(6)

"네 아내를 더욱더 열렬하게 생각하면서 좀더 자세히 설명해다오!"

"아내의 얼굴은 세상에 비할 데 없이 아름답고 우아합니다. 오이씨처럼 희고 갸름한 뺨은 찬란히 빛나는 구슬 같고, 목은 기다란 사슴, 목덜미는 시원하고, 촉촉한 눈동자는 콜 가루를 칠한 듯하며, 옆얼굴은 마치 누만 왕의 아네모네 그 자체, 입은 홍옥수로 만든 도장 같고, 반짝이는 이는 사람의 영혼을 유혹하듯이 아름답게 나란히 나 있습니다.

제 아내는 마치 큰 기쁨의 거푸집에서 찍어낸 듯한 여자로, 사타구니 사이엔 교주님의 옥좌가 자리 잡고 있는데, 세상에서 성전(聖殿)이라고 부르는 것 가운데서도 이만한 성전은 또 없을 겁니다. 그 성전을 찬미하여 시인은 이렇게 노래하고 있습니다."

> 남자라면 모를 리 없으리,
> 마음 어지럽히고 미치게 하는,
> 그 이름은 바로 이런 글자,
> 4에 5를 곱하고 10 곱하기 6.*75

하산은 눈물을 흘리며 다시 마우왈 노래*76를 흥얼거렸습니다.

> 가엾다, 마음이여, 만일 그대가
> 여인에게 속는 일이 있더라도
> 이별의 독배를 마시지는 말라.
> 가슴에 넘치는 생각일랑
> 애써 잊으려 하지 말라.
> 참고 견디어라. 그러면 능히
> 모든 적을 이길 수 있으니,
> 참고 견디며 기다리는 자를
> 신은 기만하지 않으시니까.

또 이런 시도 읊었습니다.

일생을 아무 탈 없이
　　편안히 지낼 생각이면
　　기쁨과 즐거움을 자랑하지 말라.
　　실의에 괴로워하지도 말라.
　　그렇다고 매우 기뻐하지도 말라!
　　인내하고 겸손하되
　　신세타령하지 말라.
　　역경 앞에서는 흥얼거려라,
　　"내가 열어준 일이 없더냐?"*77

　노파는 잠시 고개를 깊이 숙이고 있더니 이윽고 고개를 들고 입을 열었습니다.
　"올바른 심판을 내리시는 신을 찬양합시다! 나는 너 때문에 정말 처지가 난처해지고 말았다. 오, 하산, 이렇게 될 줄 알았으면 차라리 너를 모르는 척할걸. 네가 아내라고 말한 그분은 네 설명으로 짐작건대, 와크 섬을 다스리는 대왕님의 맏따님이리라. 하산, 두 눈 똑바로 뜨고 지금 너 자신이 놓여 있는 처지를 똑똑히 봐. 잠들어 있으면 잠에서 깨고. 그분이 분명히 네 아내라 하더라도 이젠 손에 넣을 수 없어. 접근할 수 있을지는 모르나 네 것으로 만들 수는 없단 말이야. 너와 그분 사이에는 땅과 하늘만큼의 거리가 있는걸.
　그러니 하산, 얼른 여기서 되돌아가서 네 몸을 파멸에 빠뜨리지 않도록 하고, 또 나까지 끌고 들어가지 않도록 해 줘야겠다. 그분을 손에 넣을 운이 아니라 여기고 단념해. 우리 두 사람의 목숨이 없어지기 전에 어서 고향에 돌아가는 게 좋겠다."
　그러면서 노파는 자신과 하산의 신상을 걱정하기 시작했습니다.
　이 말을 들은 하산은 몸부림을 치며 울다가 끝내 까무러치고 말았습니다. 노파가 그의 얼굴에 장미수를 계속 끼얹어주자 간신히 깨어난 하산은 다시금 서럽게 울면서 눈물로 옷을 흠뻑 적셨습니다. 걱정과 원통한 생각이 치밀어 올라와 살아갈 희망을 완전히 잃어버린 하산은 노파에게 말했습니다.
　"오, 할머니, 여기까지 왔는데 어떻게 이대로 돌아가란 말입니까? 설마 여인군의 총사령관이신 당신에게 버림받고 소원성취도 물거품이 될 줄은 꿈에도 몰랐습니다."

"나는 네 아내가 보통 여자인 줄만 알았다. 대왕님의 공주님인 줄 알았더라면 아무리 너를 귀엽게 생각했더라도 이곳에 데려오거나 여병사들을 보여 주지는 않았을 거다.

하지만 하산, 아까 여자들이 발가벗은 모습을 모두 보았으니 그중에서 어느 여자가 마음에 들었는지 내게 말해다오. 부인 대신 그 여자를 줄 테니까. 부인과 아이는 죽은 셈 치고 그 대신 그 여자를 데리고 대왕님에게 들키기 전에 무사히 고향으로 돌아가거라. 알라께서 너를 지켜주시기를! 나에게는 너를 구할 방법이 없다. 그러니 내가 하는 말을 잘 듣고 그 공주님 대신 여기 있는 다른 여자를 하나 골라서 고향으로 데리고 가. 네 고뇌의 술잔을 내가 들지 않도록 해다오. 너는 이제 아무도 구해 낼 수 없는 위험한 궁지에 빠져 있으니까!"

하산은 고개를 푹 숙인 채 하염없이 탄식하고 슬퍼하면서 이런 시를 읊었습니다.

"나를 탓하지 말라. 사람들이여."
나를 비난하는 사람들에게
나는 대답하여 말했노라.
"쓰라린 사랑 탓에
눈물만 넘쳐흐를 뿐."
눈에서 넘쳐 뺨을 적시는
눈물은 무정한 그 여자 탓.
이 몸은 여위어 거꾸러져도,
사랑하도록 내버려 두라
사랑에 마음이 흐트러짐을
차라리 찬양하는 이 몸이기에.
아, 그대로 하여, 그대로 하여,
뜨거운 상념은 깊어 가는데
그리운 그대여, 어인 까닭에
나에게 정 주기가 그토록 인색한가?

우리 진실을 맹세해 놓고
내 의리마저 배반하고
그대가 사라져간 바로 그날
쓰디쓴 굴욕의 술잔
어쩔 수 없이 마셨노라.
그러나 애달프다, 나의 마음
무정한 여인 애타게 그리며
진주 같은 눈물의 관으로
눈동자를 장식하나니."

―여기서 날이 훤히 밝아왔으므로 샤라자드는 이야기를 그쳤다.

## 808번째 밤

샤라자드는 이야기를 계속했다.

오, 인자하신 임금님, 하산이 또다시 까무러치자, 노파는 놀라서 하산의 얼굴에 장미수를 끼얹었습니다. 하산이 가까스로 정신을 차리자 노파가 말했습니다.

"오, 젊은이, 나는 이제 더는 손쓸 길이 없구나. 너를 도성 안에 데리고 들어가면 네 목숨은 물론 내 목숨도 달아날 테고, 이 일이 여왕님의 귀에 들어가는 날에는 인간이 발을 들여 놓지 못하는 이 섬에 너를 들여 놓았다 하여 나를 벌주시리라. 또 남자를 가까이하거나 접촉한 적이 없는 처녀들을 강물에 넣고 너에게 보인 사실이 알려지면 죽게 될 것은 뻔하니 말이야."

하산은 자신이 결코 음탕한 눈으로 처녀들을 본 건 아니라고 맹세했습니다.

"내가 하는 말을 잘 듣고 고향으로 돌아가 다오. 세상 여자를 남김없이 손에 넣을 수 있는 돈과 재물과 귀한 선물을 주고, 내 부하 중에서 가장 아름다운 처녀도 골라주마. 그러니 내 말에 귀를 기울이고 여기서 곧장 돌아가거라. 이것도 다 너를 생각해서 하는 말이야."

그러나 하산은 눈물을 흘리며 두 뺨을 노파의 발에 비벼대면서 애원했습니다.
 "오, 할머니, 제 눈동자의 서늘함이여, 여기까지 와서 그토록 간절히 바라던 것도 보지 못하고 어떻게 멀쩡하게 되돌아갈 수 있겠습니까? 당장 만날 줄 알았던 사랑하는 사람들이 아주 가까운 곳에 있는데. 아니 어쩌면 만날 기회가 있을지도 모르는데 어떻게 돌아가라는 말씀을 하십니까?"
 그러면서 이런 시를 읊었습니다.

> 아, 미의 왕자(王者)들이여,
> 대황제의 통치력에 비길만한
> 임의 눈동자에 붙잡혀 버린
> 사랑의 노예를 가엾이 여기시라.
> 임의 뺨엔 아름다운 장미도 부끄러워하네.
> 임이 천막 치는 곳
> 바람은 산들산들 불어
> 광야 가득히 달콤한 향기를 뿌리도다.
> 비난하는 사람아, 탓하지 말라,
> 터무니없는 말을 하지도 말라,
> 지혜도 허무한 그 말엔 싫증나서,
> 그 재앙을 모르고 이렇듯 나를 책망하니,
> 이 사랑의 불길 부추겨 놓고
> 공연히 내 욕정에 불 지르느뇨.
> 임의 눈동자에 사로잡혀
> 상사의 열병을 치른 끝에
> '사랑'의 힘에 넘어진 이 몸
> 시를 읊는 순간에도 눈물이 고이도다,
> 진정 임은 내 시와 글의 제목이기에.
> 그 장미꽃 같은 뺨 불타올라
> 내 속된 몸을 달아서 녹이니
> 내 마음 애욕의 불 앞에 서도다.
> 임과의 대화 말고 다른 걸 가르쳐 달라,

내 가슴 편안하게 하려면
　　어떤 말이 있는가, 깨우쳐 달라.
　　살아 있는 한 언제까지나
　　우아한 여인을 사랑했노라,
　　그러나 아, 소원 이루려면
　　알라의 뜻만 기다릴 뿐.

　이 시를 듣고 난 노파는 하산이 너무나 가엾게 생각되었습니다. 신께서 노파의 가슴에 하산에 대한 동정의 씨앗을 뿌리신 겁니다.
　노파는 하산에게 다가갔습니다.
　"눈물을 닦고 기운을 내요. 그리고 응어리진 가슴속도 풀어요. 일이 이렇게 된 바엔 네가 소원을 풀든가, 내가 죽든가 양단간에 목숨을 걸고 해 보는 수밖에."
　이 말을 들은 하산은 비로소 기뻐하며 기분이 좋아져서 활짝 웃었습니다. 두 사람은 해질녘까지 계속 이런저런 이야기를 나누었습니다.
　이윽고 해가 지자 여자들은 모두 뿔뿔이 흩어져서, 어떤 자는 도성 안 집으로 가고 어떤 자는 천막으로 자러 들어갔습니다. 노파는 하산을 도성 안으로 데리고 들어가서 사람 눈에 띄지 않는 은밀한 장소에 숙소를 잡아주었습니다.
　만일 누가 눈치채고 여왕에게 남몰래 넌지시 일러바치면 하산은 물론 자기도 칼에 맞아 죽는다는 사실을 알고 있었기 때문입니다.
　노파는 또 손수 하산의 시중을 들어주면서 하산의 장인인 대마왕의 어마어마한 세력을 하산에게 이해시키려고 애썼습니다.
　그러자 하산은 울면서 말했습니다.
　"오, 할머니, 아내와 아이들을 못 만나면 저는 차라리 스스로 목숨을 끊어 이 세상을 하직하렵니다. 이 모험에 목숨을 걸었으니 소원을 풀지 못하면 죽는 수밖에 없습니다."
　노파는 하산과 그 아내를 다시 만나게 할 수 있는 방법을 곰곰이 궁리하기 시작했습니다. 파멸의 늪에 몸을 던진 채 아무리 어르고 위협해도 도무지 듣지 않는 이 불행한 사내를 어떻게 하면 좋을지 골똘히 생각했습니다.

하산은 진정 목숨 따위는 염두에 두지 않으며, '사랑하는 자는 사랑을 모르는 자의 말에는 귀를 기울이지 않는다'는 격언 그대로였습니다.

그런데 두 사람이 머물고 있는 이 섬의 여왕은 누르 알 후다[78]라고 하는 대마왕의 큰딸인데, 여섯 명의 동생들과 함께 대마왕의 슬하에서 살고 있었습니다. 대마왕은 이 맏딸을 와크 섬의 여왕 자리에 앉혔습니다.

그래서 노파는 하산을 아내와 아이들과 만나게 해 주기 위해 궁전에 들어가서 여왕 누르 알 후다를 알현하고 그 앞에 엎드렸습니다. 이 노파는 대마왕의 공주들을 모두 자기 손으로 키웠으며, 대마왕과 공주들의 존경과 신임을 받고 있어서 여왕의 특별한 은총을 받을 자격이 있었던 겁니다.

여왕은 노파가 들어가자 몸소 나와서 맞이하며 포옹한 다음 자기 옆에 앉히고, 여행에 대해 물었습니다.

"오, 현세의 여왕님, 정말 멋진 여행이었습니다. 여왕님께 선물을 하나 갖고 왔으니 곧 보여 드리지요."

노파는 이렇게 대답하고 다시 덧붙였습니다.

"그런데 여왕님, 저에게 소원이 하나 있는데, 그 소원을 이루자면 아무래도 여왕님께서 꼭 힘을 빌려주셔야만 하겠습니다. 여왕님께 솔직히 말씀드릴 생각입니다만, 그 전에 제가 말씀드리는 일에 반대하시지 않는다고 미리 약속해 주지 않으시면 말씀드리기가 매우 거북합니다."

"무슨 일인지 설명해 주면 할멈의 일이니까 들어주고말고. 나도 이 나라도 군대도 모두 할멈의 명령 한마디에 움직이고 있으니까."

노파는 폭풍 앞 갈대처럼 두려움에 떨면서 속으로 빌었습니다.

'오, 수호신이여, 부디 여왕님의 짓궂은 장난으로부터 저를 보호해 주시옵소서!'

그리고 여왕 앞에 무릎을 꿇고 하산에 대한 이야기를 꺼내기 시작했습니다.

"여왕님, 어느 날 제가 바닷가 의자에 걸터앉아 있으니 그 밑에 한 남자가 숨어 있다가 저에게 도움을 청했습니다. 저는 그 사람을 보호하여 복장과 무기를 갖춰주고 아무도 눈치채지 못하게 여인군 속에 넣어서 이 도성에 데려 왔습니다.

저는 여왕님의 위세와 용맹함을 들려주고 또 여왕님이 매우 성미가 괄괄한 분이라고 위협도 했습니다. 그러나 그 사람은 늘 눈물을 흘리고 시를 읊

으면서,
 '무슨 일이 있어도 아내와 아이들을 찾아야만 합니다. 그렇지 않으면 차라리 죽는 게 낫습니다. 아내와 아이 없이는 고향에 돌아갈 수 없습니다' 하며 고집을 부리고 있습니다. 사실 그 젊은이는 정말로 목숨을 걸고 이 와크 섬을 찾아왔습니다. 저도 태어나서 지금까지 그토록 열정적이고 무모한 사람은 한 번도 본 적이 없습니다."

—여기서 날이 훤히 밝아왔으므로 샤라자드는 이야기를 그쳤다.

## 809번째 밤

 샤라자드는 이야기를 계속했다.
 오, 인자하신 임금님, 여왕은 꼼짝 않고 노파의 이야기를 귀 기울여 듣다가 그 사정을 알게 되자 매우 화를 내며 잠시 고개를 숙이고 있었습니다.
 여왕은 이윽고 얼굴을 들더니 샤와히 노파를 쏘아보며 말했습니다.
 "이 요망한 할멈 같으니! 넌 어째서 여왕의 위엄과 권위를 두려워하지도 않고 내가 화를 낼 줄 뻔히 알면서도, 인간 남자를 이 와크 섬에 데려와서 나한테 끌고 오는 발칙한 짓을 저지른 것이냐? 대왕의 머리를 걸고 말하지만, 네가 나를 키워주고 시중을 들어준 일만 없었다면, 당장에 그 인간과 너에게 가장 처참한 죽음을 맛보게 해 줄 것을! 그러면 그것이 본보기가 되어 누구도 다시는 이따위 괘씸한 짓을 못하게 될 텐데. 어쨌든 내가 볼 것이니, 당장 그 남자라는 걸 이리 데리고 오라. 데려오지 않으면 네 목을 베어버릴 테다, 이 저주받을 할멈!"
 노파는 와들와들 떨면서 여왕 앞을 물러났지만, 너무나 혼쭐이 나서 처음에는 어디로 가야 할지 갈피를 잡지 못했습니다.
 "하산 때문에 여왕님에게 이런 욕을 먹는 것도 모두 신의 뜻이다."
 노파는 이렇게 중얼거리면서 하산에게 갔습니다.
 "어서 가서 여왕님께 말씀드려라. 이제 마지막이 다가왔으니까."
 하산은 얼른 일어나서 노파와 함께 나섰습니다. 길을 가면서 줄곧 마음속으로는 알라의 이름을 외며 기도했습니다.
'오, 신이시여, 부디 자비를 베푸시어 저를 이 고난에서 구해 주소서!'
노파는 하산과 함께 걸어가는 동안 여왕에게 어떻게 말해야 하는지 가르쳐주었습니다. 이윽고 두 사람이 여왕 앞에 나아가니, 여왕은 더욱 위엄 있게 보이도록 눈만 내놓고 얼굴을 가리고 있었습니다. 하산은 먼저 여왕 앞에 엎드려 이마에 손을 대고 인사한 뒤 그 자리에서 이런 시를 읊었습니다.

오, 신이여, 우리 대군의 영화를
인간세계의 기쁨 속에 이어주소서,
오, 신께서 내려주신 은총 보살펴주소서,
대군의 자비와 권력이
온 세상 구석구석에 미치고
튼튼한 무운 영원하기를 기원하나이다!

이 시가 끝나자 누르 알 후다 여왕은 노파에게, 자기도 대답을 들을 수 있도록 자기 앞에서 하산을 심문하라고 분부했습니다.
그래서 노파는 하산에게 말했습니다.
"여왕님은 당신의 인사에 답하시고 '네 이름, 또 네 나라 이름, 또 네가 이곳에 찾으러 온 아내와 아이의 이름'을 물으셨다."
하산은 이때 이미 각오를 단단히 하고 있었으므로 나머지는 오직 운명에 맡기고 조금도 두려워하는 빛 없이 대답했습니다.
"오, 현세의 여왕님이시여, 둘도 없이 존귀한 보옥 같은 분이시여, 저의 이름은 '비탄에 잠긴 하산'이라고 하며 고향은 바소라입니다. 아내의 이름은 모릅니다만*79 아이의 이름을 말하자면 맏아들은 나시르, 둘째 아들은 만수르라고 합니다."
여왕은 하산의 대답을 듣자 이번에는 직접 하산에게 물었습니다.
"그렇다면 네 아내는 어디서 아이를 데리고 가버렸느냐?"
"오, 여왕님, 바그다드 도성의 교주님 궁전에서입니다."
"날아가면서 너에게는 아무런 말도 하지 않았느냐?"
"아닙니다. 제 어머니에게 이런 말을 남기고 갔습니다. '만일 그이가 돌아와서 저와 헤어져서 밤마다 혼자 사는 생활을 견딜 수 없어 다시 저와 만나고 싶다고 하거든, 사랑과 그리움의 산들바람이 그이의 마음을 서글프게 뒤흔들거든, 와크 섬에 있는 저를 찾아오라고 전해 주세요.'"

여왕은 고개를 끄덕거렸습니다.

"네 아내가 널 만나고 싶지 않았다면 네 어머니에게 그런 말을 하지는 않았으리라. 너와 다시 맺어지기를 원하지 않는다면 자신이 있는 곳을 알려 줄 까닭이 없지."

"오, 여왕님, 귀천과 상하의 구별 없이 백성을 보호해 주시는 분, 저는 모든 것을 죄다 말씀드리고 하나도 숨기지 않았습니다. 실제로 재앙과 고뇌로부터 달아나 신과 여왕님의 어전을 찾아온 자이옵니다. 부디 저를 차갑고 혹독하게 내치지 마시고 연민을 내려주십시오. 저를 도와주셔서 제가 아내와 자식들을 되찾을 수 있게 해 주시면 틀림없이 내세에 보답을 받으실 겁니다. 부디 저의 안타까운 소원을 들으시고 아이들과 아내를 만날 수 있도록 주선해 주시어 제 눈의 눈물을 씻어주십시오."

하산은 눈물을 뚝뚝 떨어뜨리며 자신의 운명을 한탄하고 나서 이런 시를 읊었습니다.

> 염주비둘기 구구 울면,
> 나는 사랑스러운 그대를 찬미하리.
> 도리에 어긋나지 않는 나의 소망
> 설령 덧없이 사라져 가도.
> 그대의 자취 멀어져 가고
> 기쁨은 벌써 지나가 버리니
> 마음은 갈가리 찢어지누나.

여왕은 고개를 흔들고는 오랫동안 머리를 숙인 채 생각에 잠겨 있었습니다. 그러나 곧 얼굴을 들고 하산에게 이렇게 말했습니다(실은 마음속으로 화를 내고 있었습니다).

"진심으로 그대에게 동정심이 생기는구나. 그래서 내 섬의 도성은 물론이고 섬 안의 곳곳에 있는 여자들을 모두 너에게 보여주기로 하겠다. 그렇게 해서 네가 아내를 찾아낸다면 너에게 그 여자를 줄 것이고, 끝내 발견되지 않을 때는 너를 죽여 이 노파의 집 문 앞에 달아맬 테다."
"잘 알았습니다. 오, 현세의 여왕님, 기꺼이 여왕님의 분부를 따르겠습니다. 위대하신 알라 외에 주권 없고 권력 없다!"
그리고 하산은 다음과 같은 시를 읊었습니다.

정념의 불꽃을 그대 휘젓고
내 아픈 눈 그대 깨워서
아, 즐거이 잠잤노라.
그대는 주저할 것 없노라고
나에게 맹세시킨 다음
사슬에 묶어 놓으면서
부정한 마음 나타냈노라.
사랑의 두 글자를 아직 모르는
어렸을 적부터 임을 그리다
무참히도 꺾인 나이기에
행여 죽이지는 말지어다.
사람들이 단잠 자고 있을 때
별을 쳐다보고 있는 벗을
죽이고 신이 두렵지 않은가.
일가친척이여, 신께 맹세코
내 무덤에 새겨주시라.
"이는 무자비한 사랑의 명에 따라
노예가 된 어리석은 자!"
어느 날엔가, 사랑에 몸을 태우는
젊은이가 내 무덤 보고
내 이름을 부르리, 가련해하며.

누르 알 후다 여왕은 도성의 여자를 하나도 빠짐없이 궁전에 불러 하산 앞으로 지나가도록 명령했습니다. 그리고 샤와히 노파에게도 직접 나가서 여자들을 모아오게 했습니다. 여자들이 모여들자 여왕은 백 명씩 차례로 하산에게 보여주어, 이윽고 마지막 한 사람까지 끝났습니다. 그러나 하산은 그 속에서 아내를 찾아낼 수 없었습니다.

"여자들 가운데 네 아내가 있더냐?"

"오, 여왕님의 생명을 걸고 말씀드립니다만, 그 속에는 없었습니다."

여왕은 매우 화를 내며 노파에게 말했습니다.

"어서 궁전에 있는 여자들을 모조리 데리고 와서 이 사람에게 보여줘라."

그래서 노파는 궁전에서 일하고 있는 여자를 남김없이 데려다가 보여주었습니다만, 그 속에서도 발견되지 않았습니다.

"오, 여왕님, 여왕님의 생명을 걸고 말씀입니다만, 이 속에도 없습니다."

여왕은 벌컥 화를 내며 시종을 돌아보고 큰 소리로 외쳤습니다.

"이자를 잡아 엎어 놓고 목을 베어라. 앞으로 위험을 무릅쓰고 내 섬의 땅을 밟아, 이 나라의 사정을 염탐하는 자가 아무도 없도록 본보기로 삼아야겠다."

신하들은 하산을 잡아 엎어 놓고 손발을 누른 다음, 하산의 옷자락으로 눈을 가리고 시퍼런 칼을 뽑아든 채 머리맡에 서서 여왕의 명령을 기다렸습니다. 이때 샤와히가 얼른 앞으로 나서더니, 여왕 앞에 엎드려 여왕의 옷자락을 머리 위로 받쳐 들며 말했습니다.

"오, 여왕님, 여왕님을 키워 드린 저를 봐서라도 부디 성급한 처단은 미뤄 주십시오. 여왕님도 아시다시피 이 가련한 젊은이는 외국인인 데다가 위험에 몸을 내맡기고 지금까지 그 누구도 경험하지 못한 고난을 스스로 겪어왔지만, 신께서는 이자를 죽이지 않았습니다. 그것을 보면 알라(주권과 권력이 영원하기를!)께서는 이미 이 사람이 오래 살도록 정해 놓은 게 분명합니다.

이 사람은 또 여왕님이 일에 있어 그릇됨 없이 아주 정당하다는 소문을 듣고 이 도성으로 와서 보호지*80에 발을 들여놓았습니다. 그러므로 만일 이자를 죽이시면 여왕님은 외국인을 싫어해서 죽이신다는 소문이 전 세계에 퍼지고 맙니다.

이자의 아내가 이 나라에 없다면 죽이시든 살리시든 여왕님의 뜻대로 하실 수 있으며, 원하신다면 언제라도 이곳에 다시 데려오겠습니다. 그리고 사실을 말씀드리면, 저는 여왕님을 키워 드린 공을 생각해서라도 용서를 빌 수 있다고 믿고 이 사람을 보호해 왔습니다. 저는 여왕님이 정의롭고 너그러우며 자비롭다는 것을 잘 알고 있으므로, 이 사람에게 틀림없이 여왕님이 소원을 이루어주실 거라고 약속까지 했습니다.

그렇지 않다면 저는 애당초 이 사람을 여왕님의 나라에 데려오지도 않았을 겁니다. 그리고 저는 마음속으로 여왕님도 이 사람의 모습을 보시고, 그 실로 꿴 진주처럼 맑고 아름다운 목소리로 시를 읊고 이야기를 하는 것을 들으신다면 매우 기뻐하실 거라 여겼습니다.

그뿐만 아니라, 이 사람은 이미 우리나라에 들어와서 우리와 함께 식사한 만큼 우리의 동료라고도 할 수 있습니다."

—여기서 날이 훤히 밝아왔으므로 샤라자드는 이야기를 그쳤다.

## 810번째 밤

샤라자드는 이야기를 계속했다.

오, 인자하신 임금님, 샤와히 노파는 다시 말을 이었습니다.

"여왕님께서도 아시다시피 이별은 쓰라리고 슬픈 것, 거기에는 사람을 죽이는 힘마저 있습니다. 특히 자식과 헤어질 때는 더욱더 그렇지요. 그런데 이 사람은 지금까지 여자의 얼굴을 남김없이 조사했으니, 이제 여왕님 한 분만 남았습니다. 이 사람에게 여왕님의 옥안을 한 번 보여주실 수는 없으신지요?"

그래서 여왕은 하산을 불러오게 했습니다. 이윽고 하산이 눈앞에 서자 여왕은 얼굴의 베일을 벗었습니다. 하산은 누르 알 후다 여왕의 얼굴을 보더니 외마디 소리를 지르며 그 자리에서 까무러치고 말았습니다. 노파의 간호로 간신히 깨어난 하산은 이런 시를 읊었습니다.

이라크에서, "와크! 와크!" 하고
새가 지저귀는 저편에서

불어와 살랑대는 약한 바람이여!
내 소식 벗들에게 전하고
나 대신 말해다오.
내 쓰디쓴 사랑의 잔 맛보았다고.
애달프다, 그리운 연인이여,
따뜻한 정을 베푸시라.
이 이별의 쓰라림 때문에
가련타, 내 마음 녹아 사라지려 하네.

노래를 마친 하산은 일어나서 여왕의 얼굴을 뚫어져라 바라보다가, 애절한 연정에, 궁전조차 머리 위에 무너져 내리는 것처럼 생각될 정도로 외마디 비명을 높게 지르더니 또다시 기절하고 말았습니다. 노파의 정성어린 간호로 간신히 정신을 차린 하산에게 노파가 까닭을 물으니 이렇게 대답했습니다.
 "사실은 이 여왕님은 내 아내이거나, 아니면 아내와 똑 닮은 분입니다."

 ─여기서 날이 훤히 밝아왔으므로 샤라자드는 이야기를 그쳤다.

## 811번째 밤

샤라자드는 이야기를 계속했다.
오, 인자하신 임금님, 하산의 말을 들은 누르 알 후다 여왕이 노파에게 말했습니다.
 "아니, 유모! 이 지긋지긋한 할멈! 이 외국인은 아마 악마에게 사로잡혔거나 미치광인가 봐. 눈을 크게 뜨고 내 얼굴을 들여다보면서 나를 제 아내라고 하지 않느냐?"
 "오, 여왕님, 정말로 무리가 아닌 일입니다. 부디 나무라지 마십시오. 속담에도 '상사병에는 약이 없고, 사랑하는 사나이는 미치광이 같다'고 하지 않습니까?"

하산은 다시 흐느껴 울면서 이런 시를 읊었습니다.

> 아내와 자식이 지나간 흔적 찾아
> 애절한 사랑 그리워 눈물 흘리고
> 즐겁고 단란한 모습 떠올리면서
> 나는 우노라, 사모하노라.
> 우리를 갈라놓은 신이시여,
> 무사히 다시 만나게 해 주소서.

시가 끝나자 하산은 여왕에게 말했습니다.
"오, 여왕님, 분명히 제 아내가 아니란 말이지요? 아내와 거울처럼 똑 닮았어요!"
이 말을 듣고 누르 알 여왕은 배를 잡고 웃었습니다.
"오, 젊은이, 내 얼굴을 똑똑히 보아라. 그리고 정신을 바짝 차려서 내가 묻는 말에 대답해라."
"오, 귀한 자도 천한 자도 모두 구해 주시는 존귀하신 여왕님, 여왕님이 제 아내와 하도 닮아서 저는 한동안 멍하니 정신을 잃고 말았습니다. 그럼, 부디 무엇이든 물어보십시오."
"내 어디가 네 아내와 닮았느냐?"
"예, 여왕님, 그 아름답고 얌전한 얼굴과 품위 있고 요염한 자태, 모두가 똑 닮았습니다. 몸매는 늘씬하게 균형이 잡혀 있고, 고운 목소리는 마치 가릉빈가와 흡사하며, 은은한 장밋빛 뺨, 봉곳한 가슴, 정말 모든 것이 아내와 똑같습니다. 말씨도 그렇고, 어여쁜 얼굴도 그렇고, 반짝이는 이마까지 바로 제 아내 그대로입니다."*81
여왕은 이 찬사를 듣더니 자신의 아름다움에 취해 얼굴이 붉어지고, 눈동자는 요염하게 빛났습니다. 여왕은 이윽고 샤와히 노파를 돌아보며 말했습니다.
"유모, 이 사람을 그대가 머물고 있는 집에 데려가서, 이 사람이 말한 일을 내가 조사할 때까지 단단히 감시해라. 조사해 봐서 진정 사내답고, 우정에도 애정에도 성실한 사람이라면, 내가 도와서 그 소원을 풀게 해 주겠다.

이 사람은 이미 긴 여행을 하면서 온갖 고난을 겪었을 뿐 아니라, 우리나라에 들어와서 우리와 같은 것을 먹고 있으니 말이다. 그러니 이 사람을 집에 데려가서 하녀에게 돌보라고 맡겨 놓고 급히 다시 돌아오너라. 전능하신 알라의 뜻에 맞는다면*82 모든 일이 순조롭게 잘 해결되리라."

샤와히는 얼른 하산과 함께 자기 집으로 가서 시녀와 하녀를 시켜 옷을 갈아입히고 필요한 것을 가져다주게 했습니다. 그리고 급히 여왕에게 돌아오니, 여왕은 그에게 무장한 기사 1천 명을 이끌고 곧 출발준비를 하라고 명령했습니다. 즉각 갑옷을 두른 1천 명의 기사가 모이자, 여왕은 노파에게 자기 아버지인 대왕의 도성으로 가서 막냇동생 마나르 알 사나*83 공주의 집을 찾아가 이렇게 전하라고 분부했습니다.

"공주님의 두 아드님에게 큰 이모님이 지으신 옷을 입혀서 보내라고 하십니다."

그리고 하산에게는 비밀로 하고 아이들을 데려오면서 사나 공주에게는 "언니께서 공주님을 기다리고 계십니다." 전하게 한 뒤, 다시 이렇게 덧붙였습니다.

"두 아이를 데리고 서둘러 돌아오너라. 동생은 뒤에 천천히 오도록 하고. 그리고 모든 서약에 걸고 맹세하지만, 만일 그 애가 정말로 그 젊은이의 아내이고 아이들이 정말 그의 자식이라면 동생과 함께 고향에 돌려보내 주마."

—여기서 날이 훤히 밝아왔으므로 샤라자드는 이야기를 그쳤다.


## 812번째 밤

샤라자드는 이야기를 계속했다.

오, 인자하신 임금님, 노파는 여왕이 마음속으로 품고 있는 다른 생각은 전혀 눈치채지 못하고 그 말을 그대로 믿었습니다. 이 심술궂은 이세벨[7]은 만일 동생이 하산의 아내가 아니면 하산을 죽여 버리고, 아이들이 하산을 닮았다면 하산의 말을 믿으리라고 마음먹고 있었던 겁니다.

여왕은 잠시 뒤 다시 말했습니다.

"유모, 내 추측이 틀림없다면 그 사람의 아내는 마나르 알 사나가 분명해. 하지만 진실을 아는 건 알라뿐이겠지. 어쨌든 그 사람이 말하는 그런 뛰어난 미모와 타고난 성품을 갖춘 건 우리 자매, 특히 막냇동생밖에 없거든."

노파는 여왕의 손에 입을 맞춘 뒤 하산에게 가서 이 사실을 알려주었습니다. 하산은 뛸 듯이 기뻐하며 노파에게 다가가 그 머리에 입을 맞췄습니다. 그러자 노파가 말했습니다.

"오, 하산, 머리에 하지 말고 제발 입에다 해다오. 그 입맞춤은 네가 구원받은 것을 축하하는 과자*84를 대신하는 거란다. 그렇게 아까워하지 말고 내 입에 제대로 맞춰다오. 너를 아내와 만나게 해 줄 수 있는 사람은 나밖에 없지 않으냐. 알라의 뜻에 맞기만 한다면 네 소원은 내가 꼭 풀어줄 테니 안심하고 마음을 좀더 편하게 먹으면서 느긋하게 기대하고 있어라."

노파가 하산과 작별하고 나가버리자 그는 이런 시를 읊었습니다.

    사랑의 증거를 밝히는 데는
    두 사람으로 충분하지만,
    내 사랑에는 증인이
    네 사람이나 있다네.
    울렁거리는 가슴
    떨리는 손발,
    여위고 쇠약해진 이 몸,
    말을 할 수 없는 이 혀.

그리고 계속해서 이런 시도 읊었습니다.

    흔적도 없이 사라진 것,
    세상에 둘 있으니,
    뜨거운 눈물과 부은 눈.
    그러나 눈은 젊은 날의
    생명도 이별의 괴로움도
    전혀 보상하지 못한다.

한편 노파는 부지런히 전쟁도구를 갖추고, 무장한 기사 1천 명을 이끌고 출발했습니다. 꼬박 사흘 동안의 여행을 마치고 마나르 알 사나 공주가 사는 섬의 도성에 도착했습니다. 노파는 곧 공주를 찾아가 인사를 하고 언니의 말을 전했습니다. 그러자 사나 공주가 말했습니다.

"언니에게 신세를 지고 있으면서도 좀처럼 가 뵙지 못해 죄송하군요. 그럼 곧 찾아가 뵙기로 하지요."

사나 공주는 성 밖에 천막을 치고 언니에게 보낼 진귀한 선물을 준비했습니다. 그때 사나 공주의 부왕이 궁전 창문을 통해 성 밖에 친 천막을 보고 신하들에게 물었습니다.

"저건 무엇이냐?"

"마나르 알 사나 공주께서 누르 알 후다 여왕님을 방문하시려고 치신 천막입니다."

이 말을 들은 부왕은 즉시 사나 공주에게 호위 군사를 붙여주고 보물창고에서 온갖 진귀한 보석과 황금, 식품을 꺼내주라고 명령했습니다.

부왕에게는 일곱 명의 딸이 있었는데, 막내 공주 말고는 모두 한배에서 난 딸들이었습니다. 제일 맏딸이 누르 알 후다, 다음이 나짐 알 사바, 셋째는 샴스 알 주바, 넷째는 샤자라트 알 주르, 다섯째는 쿠트 알 쿠르브, 여섯째는 샤라프 알 바나트라 하고, 가장 막내인 하산의 아내 마나르 알 사나만 배다른 동생이었습니다.[*85]

이윽고 노파는 다시 공주 앞에 나타나서 엎드렸습니다.

"오, 할멈, 무슨 다른 볼일이 또 있어요?"

"공주님의 언니이신 누르 알 후다 여왕님의 분부십니다만, 두 아드님에게 여왕님이 보내주신 옷을 입혀서 저더러 모셔 오라십니다. 그래서 저희는 아드님을 모시고 한 걸음 먼저 출발하여, 여왕님께 공주님이 곧 도착하신다는 기쁜 소식을 전해 드릴까 합니다."

이 말을 들은 공주는 갑자기 얼굴빛이 달라져서 잠시 고개를 숙이고 있더니, 곧 얼굴을 들고 노파에게 말했습니다.

"오, 할멈, 할멈이 내 아들 이야기를 꺼냈을 때 내 마음은 걱정으로 떨리기 시작했어. 저 아이들이 태어난 뒤 마신이고 인간이고, 또 남자고 여자고 간에 이제까지 그 애들의 얼굴을 본 자는 아무도 없었거든. 나는 그 아이들 때문에 밤에 서쪽에서 불어오는 바람마저 조심하고 있단다."
 "공주님, 그건 대체 무슨 까닭입니까? 공주님은 언니께서 아드님의 얼굴을 보시는 일을 무엇 때문에 두려워하시는 겁니까?"

 ─여기서 날이 훤히 밝아왔으므로 샤라자드는 이야기를 그쳤다.

## 813번째 밤

 샤라자드는 이야기를 계속했다.
 오, 인자하신 임금님, 샤와히 노파는 다시 말을 이었습니다.
 "오, 공주님, 그건 너무 지나친 말씀입니다. 혹시 공주님은 언니께서 뭔가 나쁜 일이라도 꾸미고 계신 줄 아십니까? 알라시여! 부디 공주님의 분별심과 사려심을 지켜주소서! 이번 일에 있어서는 부디 여왕님의 명령을 거스르지 않는 게 좋을 줄 압니다. 틀림없이 여왕님의 역정을 사게 될 테니까요. 하지만 공주님, 왕자님들이 아직 어리시니 그렇게 걱정하시는 것도 무리는 아니지요. 진정한 애정에는 불안이 따르게 마련이니까요.
 하지만 공주님께서는 제가 왕자님들을 얼마나 깊이 생각하고 사랑하고 있는지 잘 아실 줄 믿습니다. 공주님을 키워 드린 제가 왕자님들을 맡아서 이 뺨을 베개로 삼고 가슴을 열어 안아 드리겠습니다. 아이를 돌보는 일에 대해선 세세하게 분부하실 필요도 없습니다. 그러니 조금도 걱정하지 마시고 안심하시면서 여왕님께 보내심이 좋지 않을까 합니다. 그리고 저희는 공주님보다 고작해야 하루나 이틀 먼저 출발할 따름입니다."
 노파의 끈질긴 설득에 공주는 마침내 여왕의 노여움이 두려워 승낙하고 말았습니다. 자신의 앞날에 어떤 운명이 기다리고 있는지 꿈에도 모른 채, 아이들을 노파와 함께 먼저 보내기로 한 것입니다.
 사나 공주는 아이들을 불러 목욕을 시킨 뒤 옷을 입혀 노파에게 맡겼습니다. 노파는 두 아이를 데리고 여왕의 명령대로 사나 공주와는 다른 길로 새처럼 빠르게 돌아가는 길을 서둘렀습니다. 아이들의 여행길을 걱정하면서 한눈팔지 않고 여행을 계속하여, 마침내 누르 알 후다 여왕의 도성이 보이는 곳에 이르렀습니다. 그리고 강을 건너 성 안으로 들어가서 곧장 여왕에게 아이들을 데리고 갔습니다.

여왕은 아이들을 보자 매우 반가워하며 자신의 가슴에 두 아이를 끌어안았습니다. 그리고 하나는 오른쪽 무릎에, 하나는 왼쪽 무릎에 앉힌 뒤 노파를 돌아보며 말했습니다.

"곧 하산을 데려와요. 나는 그 남자를 보호하고 그 목숨을 살려주었어. 그 사람은 아무도 경험하지 못한 온갖 무서운 고난 끝에 나에게 와서 구원을 청하여 이 궁전에 머물고 있지만, 이제부터라도 죽음의 잔을 마시게 하지 말라는 법도 없고 숨통을 끊어 놓지 말라는 법도 없지."

─여기서 날이 훤히 밝아왔으므로 샤라자드는 이야기를 그쳤다.

## 814번째 밤

샤라자드는 이야기를 계속했다.
오, 인자하신 임금님, 그러자 노파가 말했습니다.
"오, 여왕님, 제가 하산을 이곳에 데려오면 아이들을 내주시겠습니까? 또 아이들이 그 사람의 자식이 아니라 해도 그 사람을 용서하시고 고향에 돌려보내시겠습니까?"

이 물음에 여왕은 화를 내며 소리쳤습니다.
"닥쳐라, 이 거짓말쟁이 할멈! 도대체 너는 언제까지 그 외국인을 위해 나를 속일 셈이냐? 그놈은 뻔뻔하게도 나에게 와서 내 베일을 벗기고 얼굴을 들여다보지 않았느냐? 생각해 봐라, 그놈은 이 나라에 숨어들어와서 무엄하게도 내 얼굴을 보았어. 이대로 무사히 자기 나라로 돌아가는 날에는 반드시 나에 대해 제 패거리에게 떠벌릴 것이다. 그렇게 되면 우리에 대한 소문이 전 세계의 온갖 왕들 사이에 퍼져서, 상인들은 '어떤 자가 와크 섬에 들어가서 마신과 맹수와 새의 섬을 여행하고 마법사의 나라까지 들어갔다가 무사히 돌아왔다'는 소문을 내고 다닐 거다.

그런 일은 용납할 수 없어. 하늘과 땅과 생명 있는 모든 자를 창조하신 알라를 두고 맹세한다. 만일 이 아이들이 그자의 자식이 아닐 때는, 내 손으로 그자의 목을 베고 숨통을 끊어놓을 것이다!"

여왕이 심하게 노파를 욕하자 노파는 너무나 무서워 그 자리에 픽 쓰러지고 말았습니다. 여왕은 시종과 백인 노예 스무 명에게 노파를 일으켜 세우라고 명령했습니다.

"할멈과 함께 가서 급히 그 젊은이를 이리 데리고 오너라."

그들은 새파랗게 질려서 와들와들 떨고 있는 노파를 끌고 그 집으로 갔습니다.

노파가 들어가니 하산은 일어나서 노파의 손에 입을 맞추고 공손히 인사했습니다. 그러나 노파는 답례할 생각도 하지 않고 말했습니다.

"어서 나하고 가서 여왕님을 뵙자. 전에 내가 곧 고향으로 돌아가면 어떠한 인간도 손에 넣을 수 없는 많은 보물을 주겠다고 말하지 않았느냐? 그런데도 내 말을 듣지 않고 제멋대로 굴더니 기어코 너뿐만 아니라 나까지 구렁텅이에 밀어 넣고 마는구나. 자, 이젠 네 멋대로 선택한 운명을 따르는 수밖에 없다. 어차피 너한테는 머지않아 죽음이 찾아올 테니까 빨리 가서 그 못된 갈보*86와 얘기해 보려무나. 어휴, 정말이지 냉혹하고 모진 여자라니까!"

하산은 풀이 죽어서 마음도 무거운 듯이 눈에 눈물을 가득 글썽이며 일어나서 이렇게 소리쳤습니다.

"오, 수호신이여, 제발 저를 지켜주소서! 오, 알라여, 저에게 정하신 수많은 고난에 연민을 내려주소서! 오, 자비로운 자 중에서도 가장 자비로우신 신이여, 저를 보호해 주소서!"

그리고 이젠 죽은 목숨이나 다름없다고 포기한 하산은 백인 노예 스무 명과 시종 그리고 노파의 뒤를 따라 여왕 앞에 나갔습니다.

그런데 누르 알 후다 여왕의 무릎 위에서 자신의 아들 나시르와 만수르가 여왕과 장난을 치면서 즐겁게 놀고 있는 게 아니겠습니까?

하산은 한눈에 그 아이들이 나시르와 만수르라는 사실을 알고 매우 기뻐 외마디 소리를 지르며 까무러치고 말았습니다.

―여기서 날이 훤히 밝아왔으므로 샤라자드는 이야기를 그쳤다.

## 815번째 밤

샤라자드는 이야기를 계속했다.

오, 인자하신 임금님, 그때 두 아이도 하산을 알아보고[87] 핏줄의 정에 이끌렸는지, 여왕의 무릎에서 내려와 하산에게 달려가 매달렸습니다. 그러자 알라(주권과 권력이 영원히 지속하기를!)께서는 두 아이에게 이렇게 소리치게 했습니다.

"아버지!"

이 광경을 보고 있던 노파를 비롯한 모든 사람은 아이들의 애처로운 모습에 연민을 느끼고 눈시울을 적시면서 저마다 말했습니다.

"오, 아이들을 아버지와 만나게 해 주신 알라께 영광을!"

그때 하산도 겨우 깨어나서 아이들을 와락 가슴에 끌어안고 목 놓아 울다가 또다시 정신을 잃고 말았습니다. 하산은 곧 다시 깨어나 이런 시를 읊었습니다.

　그대 때문에 이별의 쓰라림
　내 어이 견디리,
　설사 만나보고 죽는다 하더라도.
　"내일은 우리 만나리."
　그대의 환영 나에게 말하건만
　원수 있는 몸에 내일은 없네.
　그대 때문에 맹세하여 말하리
　헤어진 날부터 내 이제껏
　입술의 단맛 즐기지 못했으며
　그대 사랑하기에 알라, 나를 멸망시킨다면
　그대 사랑하기에 나 기꺼이 죽으리,
　위대한 순교자들 속에 섞여서.
　영양은 내 가슴을
　멋대로 뛰노는 초원이듯이
　이따금 찾아와서 놀았건만

그 부드러운 육체가 나를 떠나갔도다.
내 눈을 피하는 잠과 같이
행여 규칙의 조항 내밀며
사랑하면서 흘린 피 인정하지 아니하면
빨갛게 불타는 어린아이의
두 뺨으로 증명하리.

그리하여 누르 알 후다 여왕은 이 아이들이 하산의 자식이며, 동생 마나르 알 사나 공주가 하산이 찾는 아내가 틀림없음을 알고 불같이 분노했습니다.

—여기서 날이 훤히 밝아왔으므로 샤라자드는 이야기를 그쳤다.

## 816번째 밤

샤라자드는 이야기를 계속했다.
오, 인자하신 임금님, 불같이 노한 여왕은 하산에게 마구 욕을 퍼붓다가 끝내 하산의 가슴팍을 호되게 걷어찼습니다. 그 때문에 하산은 벌렁 뒤로 나자빠져서 기절하고 말았습니다.
여왕은 거친 목소리로 호통을 쳤습니다.
"목숨이 아깝거든 일어나서 어서 썩 꺼져라! 너를 해치지 않겠다고 맹세만 하지 않았더라도, 네 말이 아무리 사실이라 해도 당장 너를 내 손으로 죽이고 말았을 거야."
여왕은 이번에는 노파를 돌아보며 소리쳤습니다.
"만일 내가 약속을 헌신짝처럼 버릴 수만 있다면, 너와 이자를 함께 죽여 버리고 말았을 텐데!"
노파는 공포에 질려 그 자리에 엎어져 일어나지도 못했습니다.
여왕은 다시 하산을 향해 말했습니다.
"냉큼 일어나서 너희 나라로 돌아가라! 두 번 다시 내 앞에 얼씬대거나 누가 너를 내 앞에 데려오기만 하면, 너를 데려온 자와 함께 목을 베어 버릴 테니 그런 줄 알아라!"
 이렇게 경고한 뒤 신하들에게 명령했습니다.
 "빨리 이자를 끌어내라!"
 신하들이 하산을 문밖으로 끌어내자, 하산은 한참 뒤에야 정신을 차리고 다음과 같은 시를 읊었습니다.

   그대는 멀리 있지만 내 가슴에는 매우 가까워,
   여기 없어도 마음속에 언제나 그 모습 나타나네.
   맹세코 다른 사람에게 눈 돌린 적 없고
   '세월'의 학대를 오로지 잘도 참아왔다.
   그대를 그리워하며 몇몇 밤을 보냈던고,
   내 가슴은 지옥[88]의 불길에 타버렸다.
   나도 지난날에는
   단 한시의 이별조차
   참지 못하는 젊은이였건만,
   애달프다, 벌써 그 몇 해의 이별이더냐.
   생각하면 부럽다, 그대를 희롱하는
   바람마저도 아, 정말 그렇다!
   날씬한 허리, 아름다운 그대
   시새움에 미칠 것만 같아라.

 노래를 마친 하산은 또다시 까무러쳤다가 이윽고 깨어나고 보니, 궁전 밖에 쓰러져 있었습니다.
 하산은 자신이 어떻게 하여 누르 알 후다 여왕의 손에서 무사히 벗어날 수 있었는지 이상하기만 했습니다. 일이 이렇게 되어 샤와히 노파에게는 매우 슬픈 일이었으나, 여왕의 노여움이 너무나 무서워 말리고 싶어도 어떻게 해 볼 도리가 없었습니다.
 하산은 가까스로 걸음을 떼기 시작했지만, 어디로 가야 할지 갈피를 잡을 수 없었습니다. 넓은 세상이 몹시 비좁게 여겨지고, 누구 하나 의논 상대가 되어 숨겨줄 자도 없었습니다.

하산은 이런 상태로는 도저히 자기 나라로 돌아갈 자신이 없었습니다. 마신의 골짜기와 맹수의 나라, 새의 섬 등을 빠져나갈 엄두가 도저히 나지 않았습니다. 이제는 별수 없이 죽는 수밖에 없다 생각하고 절망에 못 이겨 몸부림치며 울었습니다. 그러다 문득 여왕이 아내에게 무슨 짓을 할지 모른다고 생각하니 이 나라에 온 일이 새삼 후회되었습니다. 하산은 근처에 아무도 없는 것을 다행으로 여기며 다음과 같은 시를 노래하기 시작했습니다.

실연의 슬픔으로
내 눈에 눈물 흐르네.
위안은 점점 적어지고
재앙은 점점 늘어가니,
헤어져 사는 한탄의 술잔
찌꺼기까지 다 마셔버렸네.
그 누구인가, 사나이답게
실연을 참고 견딘 자는.
진정 그대는 이토록 무정하게
다른 사람 아닌 우리 사이에
불명예의 양탄자를 깔았네.
애달프다, 그대 어느 날에
거둘 건가, 이 양탄자를.
그대 편히 잠든 사이에도
지켜보았네, 나는 눈을 뜨고.
내 이미 그대 사랑하는 걸
잊었으리라 생각하지만
내 어찌, 그것을 잊으리,
잊는 것은 오직 망각뿐.
울적하구나, 참으로 내 가슴은
그대를 사랑하여 상처 입은 걸,
이 병 고칠 수 있는 건
오직 한 사람, 그대가 있을 뿐.

그대가 날카롭게 업신여겨
몰락해 버린 나를 보지 못하느냐?
이렇듯 귀천을 안 가리고,
뭇 사람 앞에 이마 가리고,
사람의 마음 열심히 숨겼건만,
어느 사이에 얼굴빛에 나타나고
누르고 있던 불같은 욕정 타올라
내 가슴을 지지기만 하였네.
가엾은 이 내 몰골을
바라건대 불쌍하다 여겨주오,
진실한 우리의 맹세
무엇보다 깊이 숨겨야 하니!
알고 싶어라, 세월의 흐름은
어느 날엔가 우리 두 사람을
만나게 해서 굳게 맺어줄까나.
그대야말로 내 마음의 소원
둘도 없는 내 영혼의 행복,
이별 때문에 상처만 깊어진
이 몸을 참고 기다리라,
그대 또한 임시 거처에서
나에게 소식 전해 주어
내 영혼 위로하라!

  그런 다음 성 밖으로 나간 하산은 강물이 흐르고 있는 강둑을 따라 정처 없이 걸어갔습니다.
  한편 노파가 아이들을 데리고 출발한 지 이틀 뒤 하산의 아내 마나르 알 사나도 막 출발하려 하는데, 부왕의 시종이 찾아와서 땅에 엎드렸습니다.
  ─여기서 날이 훤히 밝아왔으므로 샤라자드는 이야기를 그쳤다.

## 817번째 밤

샤라자드는 이야기를 계속했다.
오, 인자하신 임금님, 대왕이 보낸 시종이 마나르 알 사나 공주에게 말했습니다.
"공주님, 아버님께서 지금 곧 듭시라는 분부십니다."
공주가 시종과 함께 부왕에게로 가니, 왕은 딸을 옆에 앉히고 이렇게 말했습니다.
"오, 공주여, 사실 오늘 밤에(8) 꿈을 꾸었는데, 몸을 조심해야 될 듯하다. 그래서 네가 이번 여행에서 재난을 당할까 매우 걱정이 되는구나."
"아버님, 왜 그런 말씀을 하세요? 무슨 꿈을 꾸셨는데요?"
"꿈속에서 나는 아무도 모르는 비밀의 보물창고에 들어갔다. 그곳에는 많은 금과 보석과 히아신스석, 온갖 돈과 보물이 가득 들어 있었는데 그중에서 일곱 개의 보석만 마음에 들어서 손에 집었지. 다른 어느 보석보다 훌륭하고 희한한 빛이 나서 내 마음에 꼭 들더구나. 그래서 그것을 가지고 보물창고를 나와 손바닥에 굴리고 있으니, 멀리서 날아온 낯선 새 한 마리가(그건 이 나라엔 살고 있지 않은 새였다) 하늘에서 쏜살같이 내려오더니 그중 가장 예쁜 것 하나를 채서 하늘로 날아가 버리는구나.*89 나는 소중한 보석을 잃은 것을 몹시 슬퍼하고 한탄하다가 꿈을 깼다. 그래서 곧 해몽사들을 불러모았더니*90 모두 입을 모아 하는 말이 '임금님께는 공주님이 일곱 분 계시는데, 그중에서 막내 공주님을 잃게 되시겠습니다' 이러지 않겠느냐? 그러니 공주야, 너는 내 딸 중에서 가장 젊고 내가 가장 귀여워하는 자식이다. 너는 지금 언니를 찾아가려고 하는데, 그 언니 때문에 네가 어떤 불행을 당할지 모른단 말이야. 그러니 언니한테 가는 일을 미루고 네 궁전에 그냥 머물러 있는 게 좋겠다."
그 말을 들은 공주는 갑자기 아이들이 걱정되어 잠시 고개를 숙이고 생각하다가, 이윽고 부왕에게 말했습니다.
"아버님, 언니 누르 알 후다 여왕은 저를 위해 잔치를 준비해 놓고 기다리고 있습니다. 지난 4년 동안 저는 언니를 한 번도 만나지 못했어요. 이번에 초대를 받고도 찾아가지 않으면 언니는 반드시 노여워할 거예요. 그곳에 가서 길어도 한 달만 있다가 꼭 아버님께 돌아오겠어요.
 그리고 이 와크 섬까지 찾아올 수 있는 인간이 어디 있겠어요? '하얀 나라'나 '검은 골짜기', '장뇌 나라', '수정의 성'에 발을 들여 놓고 또 '마신의 골짜기'를 건너올 수 있는 인간이 있을 리가 없잖아요. 파멸의 바다에 빠져 죽고 말 테니까요. 그러니까 이번의 제 여행은 조금도 걱정하실 것이 없어요."
 공주가 열심히 졸랐으므로, 부왕도 마침내 공주의 여행을 허락했습니다.

 ―여기서 날이 훤히 밝아왔으므로 샤라자드는 이야기를 그쳤다.


## 818번째 밤

 샤라자드는 이야기를 계속했다.
 오, 인자하신 임금님, 마지못해 마나르 알 사나 공주의 여행을 허락한 대왕은 기사 1천 명에게 공주를 강가까지 호위해 가서, 공주가 언니의 궁전에서 돌아올 때까지 거기서 기다리고 있다가, 돌아오면 자기에게 무사히 모셔 오라고 명령했습니다.
 그뿐만 아니라 부왕은 마나르 알 사나 공주에게 언니의 나라에서 이틀만 지내고 급히 돌아오라고 일렀습니다.
 "그렇게 하겠습니다."
 공주는 부왕에게 작별인사를 하고 출발했지만, 아버지의 말이 몹시 꺼림칙하고 아이들이 걱정되어 견딜 수 없었습니다. 그러나 신이 정하신 운명을 거역할 수 있는 자는 아무도 없는 법입니다.
 사나 공주는 사흘 동안 여행을 계속하여 겨우 강기슭에 이르자 강둑 근처에 천막을 치게 했습니다. 그리고 몇 명의 가신과 시동, 시녀들을 데리고 성 안으로 들어가 누르 알 후다 여왕 앞으로 나아갔습니다. 공주의 얼굴을 본 두 아이는 울음을 터뜨리며 "아버지가!" 소리치면서 어머니에게 달려갔습니다.
 그 모습을 보고 공주도 눈물을 흘리며 두 아이를 꼭 끌어안았습니다.
 "응, 뭐라고? 아버지를 보았다고? 만일 이 세상 어딘가에 너희 아버지가 살아 계신다면 당장 너희를 데려다주고 싶구나."
 그리고 자신과 남편과 아이들의 앞날을 생각하고 안타까운 눈물을 흘리면서 이런 시를 읊었습니다.

> 벗들이여, 무정하게도
> 우리는 멀리 갈라져서
> 이 슬픔에 젖어 있지만,
> 당신을 연모하는 내 마음
> 설령 어디에 계시더라도
> 한시라도 그대를 떠나지 않으리.
> 내 눈은 그대를 사모하여 달려가네,
> 정든 그대의 집 난롯가로.
> 내 가슴 아프게 한탄하며
> 그대와 지내던 날을 꿈꾸네.
> 아, 그날에는, 그때에는,
> 서로 사랑하고 서로 믿으며
> 마음껏 두려움 하나 없이
> 그 몇 밤을 즐겁게 보냈던고.

 여왕은 동생이 아이들을 꼭 끌어안고 "가정을 파괴하고, 나 자신은 물론 이 아이들까지 불행에 빠뜨린 건 바로 나야!" 하며 중얼거리는 소리를 듣고는, 동생에게는 인사도 하지 않고 고래고래 소리쳤습니다.
 "이 화냥년 같으니! 너는 대관절 이 아이들을 어디서 얻어 왔느냐? 아버님 몰래 사내와 잠자리를 같이했지? 아니면 도의에 어긋나게 남몰래 정이라도 통한 거냐? *91 네가 그런 짓을 했다면 본보기를 보이기 위해서도 무거운 벌을 받아야 해. 또 네가 우리 몰래 정식으로 결혼이라도 했다면, 어째서 남편을 버리고 아이들만 데리고 돌아왔느냐?"

 ─여기서 날이 훤히 밝아왔으므로 샤라자드는 이야기를 그쳤다.

## 819번째 밤

샤라자드는 이야기를 계속했다.
오, 인자하신 임금님, 여왕은 다시 말을 이었습니다.
"너는 아이들을 숨겨 놓으면 우리가 아무것도 모를 줄 알았지? 그런데 그 어떤 비밀도 다 아시는 전능하신 신이, 네가 한 짓을 모조리 우리에게 알려 주셨단다."
여왕은 병사를 시켜 사나 공주의 두 팔을 묶고 차꼬를 채웠습니다. 그리고 동생의 살갗이 비참하게 찢어질 때까지 채찍으로 때리고 머리채로 몸뚱이를 달아맨 다음 옥에 가두고, 부왕에게는 다음과 같이 편지를 썼습니다.

"얼마 전 이 나라에 하산이라는 인간이 왔는데, 동생 마나르 알 사나는 이 남자와 정식으로 결혼해서 두 아이까지 낳은 사실을 스스로 고백했습니다. 동생은 아버님과 저희에게 이 사실을 꼭꼭 숨기고 있다가, 하산이라는 자가 와서 동생과 결혼하여 오랫동안 함께 살았다는 것을 저에게 자백하는 바람에 들통이 난 겁니다. 하산이 이야기한 바로는 동생은 하산이 집을 비운 사이에 시어머니에게 말하기를, 만일 하산이 자기를 만나고 싶거든 와크 섬에 찾아오라는 말을 남기고 아이들을 데리고 하산의 집을 뛰쳐나갔다고 합니다.
그래서 저는 하산을 잡아 두고, 샤와히 노파를 보내 동생과 아이들을 데려오게 했습니다. 동생이 저한테 올 준비를 하는 동안 두 아이를 먼저 데려오게 하고 하산도 불러왔더니, 하산은 첫눈에 그 두 아이가 자신의 아들임을 알았고, 아이들도 하산이 아버지라는 것을 인정했습니다.
이것으로 저는 그 아이들이 하산의 자식들이며, 그 어머니인 동생은 하산의 아내가 틀림없다는 사실을 확인했습니다. 결국 하산의 말은 거짓이 아니었으므로 하산에게는 아무런 처벌도 하지 않았습니다. 죄를 지은 사람은 동생입니다.
그래서 저는 이 섬의 백성들에게, 이 일로 인해 우리의 체면이 손상되어서는 큰일이라고 염려한 끝에, 이 음탕한 동생이 저한테 왔을 때 먼저 채찍으로 때리고, 머리채로 몸뚱이를 달아매는 형벌을 가한 다음 옥에 가두었습니다. 이번 사건의 전말은 이러하오며, 맨 마지막 처리는 아버님의 결단이 있어야 하므로 어떻게 처리해야 좋을지 아버님의 지시를 기다리겠습니다.
 이 사건으로 말미암아 저희와 아버님의 명예가 얼마나 손상되었는지 잘 아실 겁니다. 이 일이 만일 섬 주민들에게 알려진다면, 저희는 웃음거리가 될 수밖에 없습니다. 부디 이른 시일 안에 답서를 내려주시기 바랍니다."

 여왕은 이 편지를 파발꾼에게 주어 보냈습니다. 그것을 읽은 대왕은 사나의 좋지 않은 행실에 매우 분노하여 누르 알 후다 여왕에게 이렇게 지시했습니다.
 "이 사건에 대해서는 너에게 모든 조치를 맡긴다. 네 편지에 씌어 있는 것이 사실이라면 나와 의논할 것 없이 당장 사나를 처단해라."
 답서를 읽은 누르 알 후다 여왕은 곧 사나 공주를 옥에서 끌어내라고 명령했습니다. 얼마 뒤 무거운 쇠 차꼬를 차고 두 손은 머리채로 묶이고 말총으로 짠 옷을 입은 공주가 얼굴과 손발이 피투성이가 된 처참한 모습으로 여왕 앞에 끌려 나왔습니다. 공주는 이러한 비참한 자신의 몰골에 심한 굴욕감을 느꼈습니다. 또한 이전의 높은 신분을 생각하며 서럽게 울면서 이런 시를 읊었습니다.

　　애달프다, 주여,
　　원수들은 나를 깔보고
　　나를 죽이려 하건만
　　이 일에서 벗어날 길을 모르노라,
　　원수의 손을 피하고자
　　내 오직 주에게만 의지하리.
　　공포에 사로잡혀 떨며
　　연민을 비는 자를 위해
　　주는 은신처가 되어 주시리라.

 사나 공주는 계속 통곡하다가 정신을 잃고 쓰러지고 말았습니다. 이윽고 다시 정신을 차린 공주는 또 다음과 같은 시를 노래하기 시작했습니다.

내 마음 온갖 슬픔과
괴로움에 익숙하노라.
괴로움은 다만 피하기보다
너그럽게 맞이함이
사람들의 뜻에 맞도다.
그러나 지금 나에게 닥친 재난은
다만 한 가지 것이 아니니,
무섭구나! 수많은 재앙과
슬픔이 나에게 깃들도다.

이어서 이런 시도 읊었습니다.

마음 고귀한 사람도
시간의 흐름에 쫓겨
이따금 재앙을 만나리라.
알라의 뜻에 의지함이
거기서 벗어나는 길일러라.
그러나 그물눈이 가늘고
또 질기다면 어이 하리,
도망칠 희망은 없더라도
언젠가는 풀리는 일 있으리라.

―여기서 날이 훤히 밝아왔으므로 샤라자드는 이야기를 그쳤다.


## 820번째 밤

샤라자드는 이야기를 계속했다.
 오, 인자하신 임금님, 누르 알 후다 여왕은 환관들에게 나무 사다리를 가져오게 하여, 그 위에 사나 공주를 눕혀 놓고 두 팔을 좌우로 벌려 단단히 묶은 다음, 머리채를 사다리의 가로목에 얽어맸습니다. 그때 여왕의 마음에 연민의 정이라고는 눈곱만큼도 남아 있지 않았습니다.
 이처럼 애처로운 모습이 된 사나 공주는 격렬하게 울부짖었지만, 아무도 구해 주는 자가 없었습니다.
 "아, 언니, 어째서 이렇게 잔인한 짓을 하시나요? 저와 제 아이들이 불쌍하지도 않아요?"
 그러나 이 말은 언니의 마음을 더욱더 얼어붙게 할 뿐이었습니다.
 "이 못된 것 같으니라고! 신은 너 같은 것을 위해서 비는 자를 미워하신다. 어떻게 너에게 인정을 베풀 수 있단 말이냐, 이 반역자!"
 "저는 언니와 신께 호소합니다. 언니는 저를 나무라시지만, 저는 조금도 부끄럽지 않아요. 결코 음란한 짓을 한 게 아니라 정식으로 하산과 결혼했으니까요. 제 말이 사실인지 아닌지는 신께서 잘 알고 계십니다. 저는 지금 언니의 너무나도 인정 없고 모진 처사에 분노를 느끼고 있습니다. 아무것도 모르면서 어떻게 저를 화냥년이라고 부를 수 있나요? 신께서는 반드시 저를 당신의 손에서 구해 주실 거예요. 진실로 제가 음란한 죄를 범했다면, 반드시 신의 벌을 받겠지요."
 여왕은 잠시 뭔가 생각하는 듯하더니 이윽고 다시 이렇게 말했습니다.
 "오, 무슨 염치로 그런 주둥아리를 놀리느냐, 이 화냥년아!"
 그리고 욕을 퍼부으며 호되게 후려치자 마침내 공주는 정신을 잃고 말았습니다.*92 부하들이 얼굴에 물을 끼얹어서 잠시 뒤 깨어나기는 했지만, 너무나 심한 매질과 타격과 모욕을 당한 충격에 공주의 아리따운 모습은 자취도 없이 사라져 버렸습니다. 잠시 뒤 공주는 다시 이런 시를 읊었습니다.

> 만일 내가 죄지은 자라면,
> 길 아닌 길에 들어서
> 길을 잃고 헤매고
> 길 아닌 짓을 저지른 자라면,
> 지난 과거를 회개하고
> 주님께 가서 용서 구하리.

누르 알 후다 여왕은 이 시를 듣더니 더욱 화를 내며 소리쳤습니다.
"이 갈보! 내 앞에서 뻔뻔스럽게도 그런 시를 조잘대느냐! 그런 시로 네가 저지른 무거운 죄의 변명이 될 줄 아느냐? 네 남편한테 돌아갈 수 있거든 어디 한 번 가보아라. 네가 얼마나 낯가죽이 두꺼운 음탕한 계집인지 나는 다 알고 있단 말이다."

그런 다음 여왕은 종려나무 회초리를 가져오게 하여 그 회초리를 들고 팔꿈치까지 소매를 걷어 올린 뒤, 동생을 머리꼭대기에서 발끝까지 가리지 않고 사정없이 때리고 또 때렸습니다. 이어서 또 가죽끈을 꼬아서 만든 채찍을 가져오게 했는데, 그 채찍은 때리면 코끼리조차 뒤도 돌아보지 않고 달아나는 물건이었습니다. 여왕은 채찍을 휘어잡고 공주에게 달려들어 등이고 배고 할 것 없이 공주가 정신을 잃고 까무러칠 때까지 후려쳤습니다.

이 광경을 보다 못해 샤와히 노파가 울면서 여왕을 저주하고는 그 자리에서 달아나려 했습니다. 그러자 누르 알 후다는 환관들에게 명령했습니다.
"저년도 잡아라!"

환관들은 노파의 뒤를 쫓아가 붙잡아서 여왕 앞에 끌고 왔습니다. 여왕이 노파를 땅바닥에 쓰러뜨리고 마구 채찍을 휘두르니, 노파는 이내 까무러치고 말았습니다.
"이 늙은 년을 밖으로 끌어내라!"

시녀들은 여왕의 명령대로 노파를 밖으로 끌어냈습니다.

한편 이때 사막을 향해 강기슭을 따라 터벅터벅 걸어가고 있던 하산은 완전히 절망의 구렁텅이에 빠져 비탄에 젖어서, 밤낮도 구별하지 못하는 지경에 이르렀습니다.

계속해서 걸어가던 그는 문득 한 나무에 어떤 종이쪽지가 매달려 있는 모습을 발견하여 벗겨보니, 거기에는 다음과 같은 시가 적혀 있었습니다.

  그대, 어머니 배 속에 있던 날
  나는 그대에게 좋은 운명을 내렸노라.
  또한 어머니의 마음을 그대에게 돌림으로써
  어머니는 더없이 그대를 사랑하며,
  깊은 애정을 바쳐 품었노라.

어떠한 고뇌와 재앙이
　　그대 위에 덮쳐도
　　우리는 그대를 지키리라,
　　그대의 간절한 소원 순조롭게 이루는 그날까지.
　　그러니 어서 일어나서
　　내 명을 따를지어다.

　그것을 읽은 하산은 머지않아 지금의 고난에서 구원을 받아, 사랑하는 가족을 다시 만날 수 있다는 믿음이 솟아나는 것을 느꼈습니다. 그리하여 더 걸어가던 하산은, 어느새 황량한 들판 속에서 길을 잃고, 사방에 의지할 만한 것 하나 없이 공포와 외로움에 떨면서 다음과 같은 시를 읊었습니다.

　　애달프다, 아침의 산들바람아
　　내 사랑하는 임
　　계시는 쪽으로 불어가거든
　　날라다오, 소식 대신
　　내 가슴속 사랑의 불길을.
　　전해다오, 있는 그대로의
　　나의 한탄, 나의 슬픔을.
　　그 누구의 사랑보다 뛰어난
　　뜨겁고 강렬한 내 연모를.
　　사랑하는 여인의 심금을 울려
　　그리움의 숨결 불어 보내면
　　사위어가는 이 몸
　　순식간에 다시 살아나리.

　──여기서 날이 훤히 밝아오는 것을 알고 샤라자드는 이야기를 그쳤다.

## 821번째 밤

샤라자드는 이야기를 계속했다.
오, 인자하신 임금님, 길을 잃은 하산은 황량하고 무서운 황야 속에 발을 들여놓았다가 깜짝 놀라 걸음을 멈춘 뒤, 의지할 사람 하나 없는 고독한 신세를 하염없이 한탄하면서 걸어갔습니다.
이윽고 다시 강변을 따라 잠깐 걸어가던 하산은 마법사의 어린 두 아들을 만났습니다.
소년들 앞에는 주문이 새겨진 구리 지팡이와 삼각형 가죽을 꿰매어 만든 두건*93이 하나 놓여 있고, 그 두건에는 이름과 글자가 새겨진 강철판이 달려 있었습니다.
그 지팡이와 두건을 땅바닥에 던져둔 채 말다툼을 하던 두 소년은 곧 서로 치고받고 싸우기 시작했습니다.
"이 지팡이는 내 거야."
"아니야, 내 거야."
저마다 이렇게 주장하면서 피까지 흘리며 어느 쪽도 양보하려 하지 않았습니다.
그래서 하산이 두 애를 뜯어말리며 물었습니다.
"너희는 어째서 이렇게 심하게 싸우느냐?"
"아저씨, 제발 옳고 그름을 갈라주세요. 아마 높고 훌륭하신 알라께서 우리를 심판해 주시려고 아저씨를 여기 보내셨나 봐요."
"그럼, 어째서 그러는지 까닭을 말해 보아라. 그러면 내가 판결을 내려주마."
"저희는 형제인데, 아버지는 유명한 마법사였어요. 저기 저 산 저편의 동굴 속에 살고 있었는데, 아버지가 이 두건과 지팡이를 남기고 그만 돌아가셨어요. 그런데 저 동생 놈이 '이 지팡이는 내 거야' 하면서 가지려 하는 거예요. 나도 '아니야, 이건 내 지팡이야'고 우겼지요 뭐. 그래서 싸웠는데 대체 누가 옳은지 결정을 내려주세요."
"이 지팡이와 두건 가운데 대관절 어느 것이 더 가치가 있느냐? 내가 보기엔 이까짓 지팡이야 구리돈*94 여섯 닢밖에 안 될 것이고, 이 두건은 구리

돈 세 닢밖에 안 될 듯한데 말이야."

"아저씨는 이 지팡이와 두건이 정말 어떤 물건인지 몰라서 그런 말씀을 하시는 거예요?"

"그럼, 어떤 가치가 있단 말이냐?"

"이 지팡이와 두건은 정말 신비로운 비밀의 힘을 가진 거예요. 지팡이는 이 와크 섬의 영토 전부와 그 식봉(食封)과 속령의 수입을 합친 것만 한 가치가 있고, 두건도 그것에 못지않은 가치가 있거든요."

"얘들아, 그 비밀의 힘이란 게 도대체 뭔가 이야기해 보렴."

그래서 두 아이는 다음과 같이 얘기했습니다.

"아저씨, 이건 굉장히 신기한 물건이에요. 아버지가 135년이나 걸려서 겨우 만든 물건인데, 정말 너무 이상한 마력이 숨어 있어요. 아버지는 그 힘을 빌려 어떤 주문도 풀어버렸어요. 하지만 이것을 완성한 뒤 수명이 다 되어 하는 수 없는 일이지만, 아버지는 덜컥 돌아가시고 말았어요.

또 이 두건의 마력은 이것을 머리에 쓰고 있으면 누구의 눈에도 보이지 않게 돼요. 이 지팡이를 갖고 있으면 일곱 종족의 마신을 지배할 만한 힘이 생긴대요. 이 지팡이로 땅을 두드리면서 부르면 마신의 왕들이 나타나서 모든 마신이 무엇이든 시키는 일을 다해 주는 거래요."

이 말을 듣고 하산은 잠시 고개를 숙이고 생각하다가 속으로 이렇게 중얼거렸습니다.

'나에게 이 지팡이와 두건만 있으면 어떤 적이라도 이길 수 있다. 인샬라! 게다가 이 두 아이보다 내가 훨씬 더 이 물건들이 필요한 인간이지. 어떻게든 이 아이들을 속여서 물건을 빼앗아 가지고 저 잔인한 여왕의 손에서 나는 물론 아내와 아이들도 구해내어, 이 지긋지긋한 나라에서 달아나자. 여기선 도저히 인간의 힘만으론 달아날 수 없을 듯하니 말이다. 반드시 알라께서는 나를 도와, 이 지팡이와 두건이 이 아이들한테서 내 손에 들어오게 해주실 거다.'

이윽고 하산은 얼굴을 들고 말했습니다.

"너희가 정말 내 판결을 받고 싶다면, 내가 너희 둘의 힘을 시험해 보고 더 나은 사람에게 지팡이를 주고 못한 사람에게는 두건을 주기로 하마."

"좋아요, 아저씨."

"내가 하라는 대로 할래?"
"예, 꼭 할게요."
"그럼, 내가 여기서 돌을 하나 던질 테니 그것을 빨리 집어오는 쪽이 지팡이를 갖고 늦게 오는 쪽은 두건을 가져라."
"좋아요."
하산이 돌멩이 하나를 주워 힘껏 던지니 돌은 아득히 먼 곳으로 날아가 보이지 않게 되었습니다.
두 소년은 돌을 쫓아 열심히 뛰어갔습니다. 하산은 아이들이 멀리 간 틈을 타서 지팡이를 짚고 두건을 썼습니다. 그리고 세상에서도 진귀한 그 마력에 대해서 아이들이 한 말이 정말 맞는지 시험해 보리라 생각했습니다.
곧 동생이 형보다 먼저 돌을 주워서 급히 돌아왔습니다. 그러나 하산의 모습이 보이지 않자 형에게 물었습니다.
"그 아저씨, 어디 갔지?"
"내가 알 게 뭐야, 하늘로 솟았는지 땅속으로 꺼졌는지 내가 어떻게 알아."
두 아이는 사방을 두리번거리며 찾았지만, 하산의 모습은 보이지 않았습니다. 그런데 사실, 하산은 아이들 바로 옆에 서 있었습니다.
"아, 지팡이도 두건도 다 잃어버렸다. 이젠 내 손에도 네 손에도 돌아오지 않게 되었어. 아버지가 이런 일이 있을지도 모른다고 말했는데, 그걸 깜빡 잊었지 뭐야."
이윽고 아이들은 지팡이도 두건도 단념했는지 서로 욕을 하다가 이윽고 어디론가 가버렸습니다.
하산은 두건을 쓰고 지팡이를 짚고 발길을 돌려 도성 안으로 들어갔습니다. 그러나 아무도 하산의 모습을 보지 못했습니다.
이렇게 아이들이 한 말이 정말이라는 것을 확인한 하산은 매우 기뻐하며 샤와히 노파의 집을 찾아갔습니다. 그러나 노파의 눈에도 그가 전혀 보이지 않았습니다.
하산은 노파의 머리 위에 있는 선반*95에 다가가서 유리와 도기 그릇이 놓여 있는 선반을 흔들었습니다. 그러자 위에 있던 물건들이 전부 바닥에 떨어지고 말았습니다. 노파는 깜짝 놀라 큰 소리를 지르며 자기 얼굴을 때리면서 일어나더니 떨어진 물건들을 제자리에 올려놓으면서*96 푸념을 늘어놓았습니다.
 "오, 아마도 누르 알 후다 여왕이 나를 괴롭히려고 악마를 보낸 모양이구나. 그래서 악마가 이런 장난을 치며 나를 협박하는 거야. 오, 전능하신 알라여! 부디 저를 지켜주소서. 오, 신이여, 여왕은 대왕님이 귀여워하시는 이복동생도 그렇게 지독하게 때리고 고문하고 있는데, 나 같은 늙은이한테야 얼마나 더 심한 짓을 하겠습니까?"

——여기서 날이 훤히 밝아왔으므로 샤라자드는 이야기를 그쳤다.

## 822번째 밤

샤라자드는 이야기를 계속했다.
오, 인자하신 임금님, 샤와히 노파는 다시 말을 이었습니다.
 "오, 악마여, 인간과 마신을 만드신 가장 자비롭고 가장 높은 곳에 계시는 천상의 신께 걸고, 또 다윗의 아들 솔로몬(부디 두 분께서 편안히 잠들어 계시기를!)의 반지에 새겨진 말에 걸고 애원하니, 제발 내 말에 대답 좀 해다오."
그때 하산이 대답했습니다.
 "나는 악마가 아니라 하산이오."
그러면서 두건을 벗고 노파 앞에 모습을 나타냈습니다. 노파는 깜짝 놀라 말했습니다.
 "아니, 어째서 이런 곳으로 되돌아왔지? 빨리 도망가. 만일 여왕님이 너를 보기라도 하면 무슨 끔찍한 짓을 저지를지 모른다. 자기 동생도 그토록 심하게 고문할 정도이니까."
노파는 사나 공주가 고문을 당한 일을 얘기해 주었습니다.
 "여왕은 나중에 너를 놓아준 일을 몹시 후회하면서, 너를 잡아 오는 자에게는 금화 백 닢을 줄 뿐 아니라, 지금 내가 있는 자리에 앉혀 준다면서 부하 기사더러 너를 뒤쫓게 했다. 그리고 네가 잡혀오면 아내와 아이들과 함께 죽여 버리겠다고 맹세했단다."

노파가 눈물을 흘리면서 여왕이 자신에게 한 인정 없고 모진 처사에 대해 얘기하자, 하산도 같이 눈물을 흘리면서 말했습니다.
　"할머니, 어떻게 하면 그 차갑고 혹독한 여왕의 손에서 아내와 아이들을 구출하여 이 나라에서 무사히 달아날 수 있을까요? 무슨 수단으로 아내와 아이들과 함께 고향으로 무사히 돌아갈 수 있을까요?"
　"무슨 허튼소리냐? 너 혼자라도 빨리 달아나도록 해라."
　"무슨 일이 있어도, 그 여왕과 싸워서라도 아내와 아이들을 구출할 수밖에 없어요."
　"네 힘으로 어떻게 모두를 구할 수 있다는 말이냐? 그보다 어서 너부터 피하도록 해라. 전능하신 알라의 도움이 있을 때까지."
　그때 하산이 손에 든 지팡이와 두건을 보여주자 노파는 매우 기뻐하며 소리쳤습니다.
　"아무리 썩어 문드러졌어도 메마른 뼈를 다시 살리시는 알라께 영광을! 참으로 하산 너도 네 아내도 죽은 것이나 다름없는 신세였는데, 이제 이것으로 구원받을 수 있게 되었구나, 너도, 네 아내도 또 아이들도! 나는 이 지팡이와 이것을 만든 사람에 대해 잘 알고 있어! 이것을 만든 사람은 나에게 요술을 가르쳐주신 스승이지. 그분은 매우 위대한 마법사로 135년이나 걸려서 이 지팡이와 두건을 완성하자마자 덧없이 죽고 말았는데, 언젠가 두 아들에게 이런 말을 하는 것을 들은 적이 있지.
　'아들들아, 이 두 가지 물건은 너희 것이 되지 않을 거다. 먼 나라에서 어느 외국인이 찾아와서 이것을 억지로 빼앗아 갈 테니까. 너희는 그 외국인에게 속는 줄도 모르고 뺏길 것이다.'
　그러자 아이들이 물었지.
　'아버지, 그 외국인이 어떤 꾀를 쓸 건데요? 그걸 가르쳐주세요.' 하니까 '그건 나도 모른다' 대답하더구먼, 그런데 네가 그걸 어떻게 손에 넣었지?"
　하산이 아이들한테서 그 두 가지 물건을 빼앗은 일을 자세히 얘기해 주니 노파는 매우 기뻐했습니다.
　"오, 이 두 가지 물건이 손에 들어왔으니 이젠 반드시 네 아내와 아이들을 구해낼 수 있을 거다. 내가 이제부터 하는 말을 잘 들어 둬. 나는 여왕한테서 그런 모욕을 받은 이상, 이제 그 여자 옆에 더 머물러 있을 수 없게 되었어. 그래서 여기를 떠나 마법사의 동굴로 가서 죽을 때까지 그곳에서 살 참이야. 그러나 너는 그 두건을 쓰고 지팡이를 짚고서 아내와 아이들이 있는 데로 가. 그리고 묶은 것을 풀어준 다음 지팡이로 땅을 두드리면서, '이 지팡이에 이름이 새겨진 노예들아, 나오너라!' 말하면 지팡이에 새겨진 노예들이 나타날 테니, 그 마족에게 뭐든지 시키면 돼."

그리하여 하산은 노파와 작별한 뒤 두건을 쓰고 지팡이를 짚고 아내가 갇혀 있는 곳으로 갔습니다.

아내는 머리채로 사다리에 묶인 채, 어떻게 하면 이 신세를 모면할 수 있을지 몰라서 눈에 눈물을 가득 담고, 거의 숨이 끊어질 지경이 되어 몸부림치고 있었습니다.

아이들은 그 사다리 밑에서 아무런 생각 없이 놀고 있었는데, 어머니는 어린 것들을 바라보며 자신에게 덮친 수많은 고문과 가혹한 학대, 심한 형벌을 생각하면서 그저 자신들의 불행한 운명을 한탄할 뿐이었습니다. 잠시 뒤 아내가 이런 시[97]를 읊는 소리가 하산의 귀에 들어왔습니다.

> 나에게 남은 것은 끊어질 듯
> 이어지는 이 생명,
> 흐려져서 보이지 않는 눈.
> 연모해 마지않는 여자는
> 불이 되어 가슴은 타오르지만
> 어쩔 수 없이 입 다물 뿐.
> 애처로운 그 모습 보고
> 승리를 마음껏 드러내는 원수들도
> 가련한 모습 바라보며
> 가엾다 여기고 동정하네.
> 가련하구나, 원수들마저
> 측은해하는 이 내 신세여.

하산은 자기 아내가 누명을 쓰고 괴로워하며 굴욕감 속에서 몸부림치고 있는 모습을 보고는 정신을 잃을 정도로 눈물을 흘리며 울었습니다. 이윽고 정신을 차리고 보니 아이들은 여전히 아무 생각 없이 놀고 있는데, 아내는 몸과 마음이 지칠 대로 지쳐서 까무러쳐 있었습니다.

그래서 하산이 두건을 벗고 가까이 가자 아이들이 하산을 알아보고 소리쳤습니다.

"아버지!"

하산은 얼른 다시 두건을 썼습니다. 사나 공주는 아이들이 외치는 소리에 정신이 돌아와 사방을 둘러보았으나, 아이들은 울면서 그저 "아버지!" 소리치고 있을 뿐이었습니다.

공주는 슬픔 때문에 가슴이 찢어질 것만 같고 애간장이 끊어지는 듯한 심정으로 아이들에게 말했습니다.

"너희는 어쩌자고 이런 때 아버지를 찾는단 말이냐?"

공주는 가슴을 도려내는 듯이 아프고 답답하여 억지로 목소리를 짜내어 소리쳤습니다.

"너희 아버지는 대체 어디 계시는 걸까?"

문득 공주의 마음에 떠오른 것은 하산과 함께 지낸 즐거웠던 지난날의 추억과 그를 배신하고 떠나온 뒤 자신이 겪었던 여러 가지 일들이었습니다. 이런저런 생각을 하던 공주는 하염없이 눈물을 흘리다가 마침내 통통하던 두 뺨은 여위어 푹 꺼지고, 얼굴은 짜디짠 눈물의 홍수에 잠기고 말았습니다.

끝없이 흐르는 눈물이 얼굴을 타고 흘러 대지를 적실 정도였지만, 손이 묶여 있어서 얼굴의 눈물을 닦을 수도 없었습니다. 파리가 떼지어 날아와서 공주의 얼굴에 앉아 실컷 배를 채우고 날아갔습니다. 그러나 공주는 우는 일밖에 달리 할 수 있는 게 없었고, 시를 읊조리는 것 밖에는 위안도 없었습니다. 이윽고 공주는 다시 이런 시를 읊었습니다.

우리의 사랑을 두 조각 낸
이별의 그날을 되새겨 보네.
그때 나는 배신하고 떠나면서
폭포수 같은 눈물을 흘렸지.
낙타 몰이꾼 낙타 몰듯

내 발걸음 더디어서
마음은 몸을 따르지 않았네.
그러나 되돌아갈 길 모르고
슬픔의 자취 끊을 힘도 없이
그리움에 몸도 영혼도
마비된 듯 비틀거렸네.
돌아오니 불운하게도
내 몸에 재앙 덮쳐
나를 속이고, 내 억울함
바라보며 속으로 웃는
참으로 비열한 여자 있구나.
사랑하는 사람, 이젠 없고
오, 내 마음이여, 현세의
달콤한 기쁨 맹세코 끊고
오래 살기를 바라지도 않았네.
그대 없으면 헛일임을 알았기에.
아, 벗이여, 내 말 좀 들어 보소.
신은 나에게 말을 금하고
그대는 듣기조차 용서하지 않지만
엘 아스마이의 그것처럼
세상에도 신기한
온갖 슬픈 사랑 이야기.*98

──여기서 날이 훤히 밝아왔으므로 샤라자드는 이야기를 그쳤다.


## 823번째 밤

샤라자드는 이야기를 계속했다.
　오, 인자하신 임금님, 하산이 아내에게 가보니 아이들은 놀고 있고 아내는 앞에서 말한 시를 읊고 있었습니다.*99 시를 읊고 난 사나 공주는 사방을 둘러보며 아이들이 왜 "아버지!" 하고 외쳤는지 그 이유를 알려고 했지만, 주위에는 아무도 없어서 그저 이상하게만 생각했습니다.

아내가 읊는 시를 들은 하산은 가슴이 찢어질 것처럼 슬퍼서 눈물이 빗물처럼 뺨을 타고 쉴 새 없이 흘러내렸습니다. 이윽고 하산이 아이들 옆에 다가가 아내에게는 보이지 않게 두건을 벗으니, 아버지 얼굴을 본 아이들이 또다시 외쳤습니다.

"아버지!"

아이들이 아버지를 부르는 소리를 듣자 어머니는 다시 울면서 중얼거렸습니다.

"오, 전능하신 알라께서 정하신 운명은 피하지 못한다! 하지만 이상한 일도 다 있구나. 왜 별안간 아이들이 아버지를 생각하고 이곳에 있지도 않은 아버지를 부르다니 대체 어찌 된 일일까?"

그리고 울면서 다음과 같은 시를 읊었습니다.

　달빛 어린 땅은 삭막하고
　내 눈에선 눈물 넘쳐난다.
　임 떠나신 이 슬픔
　어찌 참고 견디리오.
　이제는 그 힘 다했음을 맹세하노라!
　그러나 임의 모습은 없지만
　내 가슴속에는 살아 있네.
　오, 임이시여, 그 옛날처럼
　내 곁에 돌아오시라.
　속히 돌아오셔서
　얼굴 뵙는 즐거움을 주시라.
　고민 거친 내 눈물일랑
　가엾다 여기시더라도
　애달프다, 무슨 지장 있으랴.
　이별의 그날엔

놀라움과 슬픔 때문에
내 눈동자 흐려져도
가슴의 불길은 타올랐다네.
떠나가는 그대 붙잡고
한사코 말렸지만
운명에 거절당하여
내 소망은 끊어졌더라.
연인이여, 돌아오시라,
신께 비나니 돌아오시라,
임 안 계신 쓸쓸함에
내 눈물 다시 새로워지네!

하산은 더는 참지 못하고 머리의 두건을 벗어 버렸습니다. 그러자 공주는 하산의 모습을 보고 그것이 바로 자기 남편임을 깨닫자, 궁전 사람들이 모두 깜짝 놀라 펄쩍 뛸 만큼 큰 소리로 부르짖었습니다.

"오, 당신이 어떻게 여기에? 하늘에서 내려오셨나요, 땅에서 솟아나셨나요?"

공주의 두 눈에서 금세 눈물이 넘쳐흐르자, 그것을 본 하산도 눈물이 걷잡을 수 없이 흘러내렸습니다.

"오, 여보, 지금은 눈물을 흘리거나 서로 원망하고 있을 때가 아니에요. 운명에는 정해진 길이 있어요. 우리가 볼 수는 없지만 시간이라는 건 처음부터 알라께서 정하신 대로, 시시각각 운명의 붓이 종이 위를 달리는 대로 따라가는 거예요. 당신이 어디서 이곳에 오셨든지, 어서 피하셔서 몸을 숨기세요. 누가 당신을 보고 제 언니에게 이르면, 언니는 반드시 우리 두 사람을 죽이고 말 거예요."

"오, 나의 사랑스러운 공주, 모든 여왕 중의 여왕이여, 나는 온갖 모험을 겪으면서 갖은 고생 끝에 여기까지 왔소. 설령 이 몸이 죽는 한이 있더라도 그 사악한 당신 언니의 콧대를 꺾고, 당신과 아이들을 이 고난에서 구해내어 내 나라로 데리고 돌아가겠소."

공주는 미소를 지으며 조용히 고개를 저었습니다.

"오, 나의 생명이신 당신이여, 그건 도저히 불가능한 일입니다. 전능하신 알라 말고 나를 이 곤경에서 구해 주실 수 있는 분은 아무도 없어요! 제발 당신이라도 빨리 이곳에서 달아나서 당신 몸이나 구하세요. 그리고 고국으로 돌아가셔서 다시는 파멸의 심연에 몸을 밀어 넣지 않도록 하세요. 언니는 아무도 대항할 수 없는 막강한 군대를 갖고 있어요. 그러니 설령 이곳에서 저를 구해낸다 하더라도, 무슨 수로 이 무서운 섬에서 온갖 위험을 뚫고 고국까지 달아날 수 있겠어요? 아마도 당신은 여기까지 오시는 도중에 누구도 벗어날 수 없는, 모반자의 마신조차 벗어날 수 없는 온갖 기이한 일과 위험을 겪고 괴물을 보셨을 거예요. 그러니 어서 이곳에서 달아나서 저의 괴로움이 더 무거워지지 않도록 해 주세요. 이런 신세가 돼버린 저를 구해 주실 생각은 아예 하지도 마세요. 그 누가 그토록 많은 골짜기와 사막과 위험한 장소를 지나 저를 당신의 고향에 데려다줄 수 있겠어요?"

"오, 내 눈동자의 빛이여, 그대의 목숨을 걸고 맹세하지만, 나는 그대와 함께 갈 수 없다면 이곳에서 달아날 생각이 없소."

"어떻게 당신이 그런 일을 하실 수 있단 말이에요! 대체 당신은 어떤 힘을 갖고 계신가요? 당신은 자신이 무슨 말을 하고 있는지 잘 모르고 계시는 것 같군요. 설령 마신과 마녀신, 마법사와 야만족의 우두머리들을 부릴 힘이 있다 하더라도 이 영토에선 달아날 수 없답니다. 나 같은 것은 상관하지 마시고 제발 당신 몸이나 구하세요. 알라의 자비로 궂은 일 뒤엔 반드시 좋은 일이 찾아오겠지요."

"내 아름다운 공주여, 나에게는 이 지팡이와 두건이 있소. 이것이 있기에 그대를 구하러 온 거요."

하산은 공주에게 두 소년을 만났던 일을 이야기해 주었습니다.

바로 그때 두 사람이 얘기하는 소리를 듣고 여왕이 나타났습니다. 하산은 급히 두건을 쓰고 모습을 감췄습니다.

안으로 들어온 여왕이 공주에게 말했습니다.

"이 못된 년! 방금 너하고 이야기하던 남자는 대관절 누구냐?"

"제가 이 아이들 말고 누구와 이야기했겠어요?"

마나르 알 사나가 대답하자 여왕은 채찍을 들고 동생을 때리려고 달려들었습니다. 하산이 옆에 서서 가만히 지켜보고 있으니, 여왕은 공주가 까무러칠 때까지 때리고는, 공주가 정신을 잃자 다른 장소로 옮기라고 노예에게 명령했습니다.

　노예들이 공주를 꽁꽁 묶고 있던 것들을 풀고 다른 방으로 떠메고 가자 하산도 그 뒤를 따라갔습니다. 정신을 잃은 공주를 바닥에 던져놓은 노예들이 잠시 공주의 기색을 살피고 있으니, 다시 정신을 차린 공주는 다음과 같은 시를 읊었습니다.*100

헤어진 슬픔으로
눈물이 넘쳐 그저 울었네.
나는 맹세하리, 은혜를 입어
다시 만나는 날 있다면
다시는 헤어지지 않겠다고.
시기하는 자에게도 말하리,
원통하거든 죽으려무나.
알라께 맹세코 마침내
내 소원 이루었다고.
울음이 터질 것 같은 기쁨에
그저 벅찬 이 느낌.
아, 내 눈동자여, 어찌하여
너는 우는 것이 습관이 되었느냐,
슬플 때는 울만도 하다마는
기쁠 때도 눈물을 흘리는구나.

　공주가 이 시를 다 읊었을 무렵 노예들이 방에서 나갔으므로, 하산은 얼른 두건을 벗고 모습을 드러냈습니다. 그러자 공주가 말했습니다.
　"오, 여보, 제가 이렇게 심한 재앙을 당하는 것은 모두 제가 당신을 배반하고 당신 말씀을 안 듣고 승낙도 없이 멋대로 집을 나왔기 때문이에요. 그렇지만 제발 부탁이니 저를 나무라지는 말아 주세요. 진정으로 제가 나빴어요. 하지만 제가 범한 잘못에 대해서는 전능하신 알라께 용서를 구하겠어요. 만일 알라께서 우리 두 사람을 다시 맺어주신다면, 이제 다시는 당신을 배반하지 않겠어요. 절대로!"

──여기서 날이 훤히 밝아왔으므로 샤라자드는 이야기를 그쳤다.


## 824번째 밤

샤라자드는 이야기를 계속했다.
 오, 인자하신 임금님, 하산의 아내가 용서를 빌자 하산은(진심으로 아내를 애타게 사랑하고 있었으므로) 이렇게 대답했습니다.
 "당신에게는 아무 잘못도 없어요. 잘못은 오히려 나에게 있소. 나 한 사람의 책임이오. 나는 당신의 신분과 가치와 인품에 대해 아무것도 모르는 자들에게 당신을 맡겨놓고 혼자 가버렸으니까. 그런데 내 사랑하는 아내, 내 생명의 진수, 내 눈동자의 빛이여, 알라께서 나에게 그대를 구해낼 힘을 주셨소. 그러니, 이제부터 나와 함께 당신 아버님의 궁전으로 가서 알라께서 당신을 위해 정하신 운명을 성취하거나, 아니면 곧 나의 고국으로 함께 돌아가거나, 어느 쪽을 택하겠소? 아무튼 당신은 이미 구원받은 거나 다름없소."
 "오, 하늘에 계신 분 말고 누가 저를 구해낼 수 있다는 말인가요? 부디 당신은 고국으로 돌아가시고 그런 생각일랑 버려주세요. 당신은 아직도 여기가 얼마나 위험한 곳인지 모르고 있어요. 제 말을 안 들으시면 곧 화를 당하게 되실 거예요."
 그리고 이런 시를 읊었습니다.

　　나를 연모하시는 당신이
　　이렇듯 저를 미워하시고
　　이렇듯 노하시나요.
　　우리 두 사람에게 설령
　　무슨 일이 일어나도
　　우리의 사랑은 빛바래지 않고
　　길이길이 이어지고

영원히 잊히지 않기를!
우리의 사랑 찢어지고
당신이 떠난 그날까지
우리 주변에 넘실거리며
엿보는 그림자 끝이 없었네.
착하지 않은 자가 심술궂게
무엇인가를 속삭이건만,
당신은 끝까지 당신의 진정을 믿고
당신 마음에 의지하였네.
생트집 잡는 시샘꾼이
험담의 칼을 뽑더라도
두 사람이 가슴에 간직한 것은
굳게 지키며 견디고 싶네.
죽을 때까지 당신 그리며
나는 보내리, 외곬으로
당신 소식 몹시 기다리면서.

 이렇게 노래한 공주가 다시 흐느껴 울자 아이들도 덩달아 함께 울음을 터뜨리고 말았습니다.
 노예들이 그 소리를 듣고 방에 들어왔습니다. 그러나 하산의 모습은 보이지 않고 공주와 아이들만 슬피 울고 있으니, 노예들은 그들을 가엾게 여기고 동정의 눈물을 흘리며 누르 알 후다 여왕을 저주했습니다.
 하산은 밤이 되어 감시하는 자들이 각자 침실로 자러 갈 때까지 꾹 참고 기다렸습니다. 이윽고 그 시간이 되자 하산은 일어나서 허리띠를 고쳐 매고, 아내 곁으로 가서 아내를 묶고 있는 모든 걸 풀어준 뒤 머리와 이마에 입을 맞추고 와락 가슴에 끌어안았습니다.
 "얼마나 오랫동안 고향을 그리워하며 다시 만날 날을 기다렸던가! 이렇게 다시 만나다니 꿈인가 생시인가?"
 그런 다음 하산은 큰애를, 사나 공주는 작은애를 안고 몰래 궁전을 빠져나갔습니다.

다행히 알라께서 비호의 옷자락으로 두 사람을 감싸주신 덕분에 그들은 궁전 후궁의 입구를 지키고 있는 바깥문까지 무사히 다다랐습니다. 그러나 문이 바깥에서 잠겨 있는 것을 알고 하산은 자기도 모르게 소리쳤습니다.

"오, 위대하신 알라 외에 주권 없고 권력 없다! 우리는 알라의 것이니 알라께 돌아가리라!"

두 사람은 탈출의 희망을 잃었고, 하산은 자신의 손을 때리면서 또 외쳤습니다.

"오, 슬픔을 쫓아주시는 알라시여! 온몸의 지혜를 짜내 최후의 최후까지 궁리했건만 이렇게 될 줄은 정말 몰랐습니다. 날이 밝으면 우리는 잡히고 맙니다. 저희는 이제 어떻게 해야 합니까?"

그리고 이런 시를 읊었습니다.

　　행복했던 날에는 저절로
　　운명도 좋게 되려니 생각하고
　　언젠가 찾아올 재앙
　　꿈에도 모른 채 두려움도 없이
　　그대는 편안하게 보냈노라.
　　밤은 부드럽고 조용하지만
　　그 맑디맑은 밤에 홀려서
　　가련하다, 무참하게 속았노라.
　　밤의 평안 속에야말로
　　불행한 일들이 수없이
　　싹트고 있음을 깨달을지어다.

하산이 울자 아내도 자신이 당한 굴욕을 생각하고, '세월'과 '운명'의 인정머리 없는 처사를 슬피 한탄하며 눈물을 흘렸습니다.

　　운명은 원수처럼 가로막아
　　날마다 밤마다 새로운
　　고뇌를 나에게 주었네.

나는 좋은 일을 생각하건만
　　운명은 반대의 것을 가져와
　　무사히 지나는 좋은 날에도
　　불길한 내일을 기다리게 한다.

그리고 다시 계속했습니다.

　　타고난 운명이 나를 괴롭혀도
　　그 변화 겁내지 않는
　　내 참된 값어치는 모르노라.
　　운명은 밤마다 악의에 찬
　　음모를 나에게 과시하지만
　　나 또한 밤마다 참고 견디는
　　힘을 그 눈에 보여주노라,
　　자랑스럽게.

하산이 노래하고 나자 아내가 말했습니다.

"이렇게 된 바엔 깨끗하게 목숨을 끊어 이 지옥의 고통에서 벗어나는 수밖에 없어요. 그렇지 않으면 아침에 무서운 고문을 당해야 할 테니까요."

그때 문밖에서 난데없는 목소리가 들려왔습니다.

"오, 마나르 알 사나 공주여, 내가 하는 말에 따르겠다면 그대와 그대의 남편을 위해 이 문을 열어주리다!"

두 사람은 너무 무서워서 아무 말도 하지 못하고 그 자리에서 달아나려 했습니다. 그런데 이내 목소리가 다시 들려왔습니다.

"두 사람이 모두 대답을 하지 않으니 대체 어찌 된 일이오?"

두 사람은 비로소 그 목소리의 주인이 '재앙 노파' 샤와히라는 것을 알고 이렇게 대답했습니다.

"무엇이든 당신이 시키는 대로 할 테니 먼저 이 문부터 열어주십시오. 지금은 한가롭게 이야기할 틈이 없습니다."

"싫소, 당신들이 나도 함께 데리고 달아나, 저 음란한 여자 밑에 나를 버리고 가지 않겠다고 맹세할 때까지 절대로 이 문을 열어주지 않겠소. 우리는 살아도 같이 살고 죽어도 같이 죽어야 할 몸, 당신들이 무사히 달아날 수 있으면 나도 달아날 수 있고, 당신들이 죽으면 나도 죽어야 할 몸이오. 저 몹쓸 여자는 정말로 동성애자[101]인데, 나에게 모욕을 주었을 뿐만 아니라, 지금도 당신들 때문에 심하게 괴롭히고 있단 말이야. 사나 공주님, 공주님은 내 가치를 잘 알고 있지요?"

두 사람은 샤와히 노파가 틀림없다는 것을 알자, 노파의 말을 믿고 노파가 하라는 대로 하겠다고 맹세했습니다. 그리하여 노파는 만족한 듯이 문을 열어 주었습니다.

그들이 밖으로 나와 보니, 노파는 그리스제 빨간 토기 항아리를 타고 앉아 있었는데, 항아리 목에는 종려나무 섬유로 만든 밧줄이 걸려 있었습니다.[102] 그 항아리는 노파를 태우고 데굴데굴 굴러서, 나지드산 망아지보다 빠른 속도로 달릴 수 있었습니다. 노파는 두 사람에게 다가와서 말했습니다.

"아무 걱정하지 말고 나를 따라와요. 나는 마흔 가지 마법을 알고 있는데, 그중에서 제일 시시한 마법 하나만 써도 밤이 새기 전에 이 도시를 사나운 바다로 바꾸고, 여자들을 모조리 물고기로 만들어 파도 속에 처넣을 수 있으니까. 하지만 그 여자의 아버지인 대왕님이 두려워서, 또 그 자매들을 생각하면 도저히 그런 장난은 할 수 없다오. 왜냐하면 상대는 엄청나게 많은 호위병과 마족 일당, 가신들을 거느리고 나는 새도 떨어뜨리는 세력을 가졌으니까요. 그러나 곧 나의 마법 솜씨를 발휘하여 여러 가지 신기한 마술을 보여주겠소. 하지만 지금은 알라의 축복과 도움에 의지하여 얼른 갑시다."

노파의 말을 들은 하산과 공주는 틀림없이 무사히 달아날 수 있다고 믿고 매우 기뻐했습니다.

──여기서 날이 훤히 밝아왔으므로 샤라자드는 이야기를 그쳤다.

## 825번째 밤

샤라자드는 이야기를 계속했다.

오, 인자하신 임금님, 이윽고 성 밖으로 나가게 되자 하산은 겨우 안심하고 힘과 용기를 내어 갖고 있던 지팡이로 땅을 두드려 마신 하인들을 불렀습니다.

"여기에 이름이 새겨진 하인들이여, 어서 나와서 내 앞에 너희 모습을 보여다오!"

그러자 갑자기 땅이 갈라지면서 마신 열 명*[103]이 모습을 드러냈습니다. 그들의 발은 땅속에 있고 머리는 구름 위로 솟아 있었습니다.

마신들은 하산 앞에 세 번 엎드린 뒤, 모두 입을 맞추어 말했습니다.

"아드스무스! (9) 무슨 분부이십니까, 주인님! 원하신다면 바닷물도 말리고 산도 움직이겠습니다!"

하산은 마신들이 자기의 부름에 즉각 응해 주자 기뻤습니다. 그래서 더욱 용기를 내어 결심을 굳게 다지며 마신들에게 물었습니다.

"너희는 누구며, 이름은 무엇이냐? 어떠한 종족의 어떤 파벌 또는 일족에 속하느냐?"

그들은 다시 한 번 일제히 땅에 엎드린 뒤 모두가 한결같은 목소리로 대답했습니다.

"저희 마왕 일곱 명은 각자가 모든 종류의 마신 7종족을 다스리고 있습니다. 그중에는 악마와 마신을 비롯하여 하늘을 나는 것, 땅속에 사는 것, 산과 사막과 황야에 사는 것, 또 바다를 거처로 하는 것 등이 있습니다. 그럼 무엇이든 명령을 내려주십시오. 저희는 주인님의 하인이고 노예입니다. 그 지팡이를 가지신 분은, 저희 목숨을 지배하는 권력을 가지셨으니 무슨 일이든 명령에 따르겠습니다."

이 말을 듣고 하산은 물론 그 아내와 노파도 모두 기뻐했습니다.

"너희 동료와 군대와 호위병들을 나에게 보여다오."

"오, 주인님, 저희 일족을 보여 드리는 건 문제가 아닙니다만, 다만 주인님과 함께 계신 분들을 놀라게 하지나 않을까 그것이 걱정됩니다. 그들은 이름도 수없이 많고 모습과 형체도, 얼굴 생김새도 모두 달라서, 어떤 것은 머리만 있고 몸뚱이는 없으며, 어떤 것은 몸뚱이만 있고 머리가 없습니다. 그런가 하면 야수나 사자를 닮은 것도 있습니다. 그러나 꼭 원하신다면 어쩔 수 없지요. 먼저 야수를 닮은 것부터 보여 드리겠습니다. 그런데 주인님, 지금 저희에게 내리시려는 명령은 어떤 겁니까?"
"나와 함께 내 가족과 이 충실한 노파를 바그다드까지 데려다주었으면 한다."
이 말을 듣더니, 마왕 일곱 명은 고개를 숙인 채 대답하지 않았습니다.
"어째서 대답하지 않느냐?"
"오, 주인님, 저희는 다윗왕의 아들 솔로몬(이 두 분께 평안함이 있기를!)에게 인간은 절대로 등에 태우지 않겠다고 맹세했으므로, 등이나 어깨에 인간을 태우는 일은 엄격하게 금지되어 있습니다. 그 뒤로 등이나 어깨에 인간을 태운 적은 한 번도 없었습니다. 그러나 당장 마신의 말에 안장을 얹겠습니다. 그 말들에 주인님과 일행을 태워서 고향까지 모셔다 드리겠습니다."
하산이 물었습니다.
"여기서 바그다드까지 거리가 얼마나 되느냐?"
"쉬지 않고 달려서 7년은 걸리는 거리입니다."
하산은 깜짝 놀라서 물었습니다.
"그런데 어떻게 해서 나는 1년 정도만 걸려서 이곳에 올 수 있었을까?"
"그것은 알라께서 특별히 은혜를 베푸셨기 때문입니다. 그렇지 않으면 주인님은 결코 이 나라에 오실 수도 없고, 또 이곳을 엿보는 일조차 불가능했을 겁니다. 암, 그렇고말고요! 주인님을 코끼리와 마법의 말에 태워서, 아무리 뛰어난 기수라도 3년은 걸리는 거리를 단 열흘에 건너게 한 그 아브드 알 카즈스 노인도 그렇고, 또 그 노인이 주인님을 맡기신 다나시도 3년의 여행길을 하룻낮 하룻밤 만에 날아가고 말았는데, 그것은 모두 전능하신 알라의 축복 덕택이었지요. 왜냐하면 아부 알 루와이시 노인이 아사후 빈 바르히야[104]의 자손이어서 알라의 가장 위대한 이름[105]을 잘 알고 있었기 때문입니다. 그리고 바그다드에서 그 일곱 공주의 궁전까지 1년 거리니까, 합쳐서 7년이 걸리는 겁니다."
이 말을 듣고 하산은 더욱 놀라서 소리쳤습니다.
"강한 것을 꺾고 약한 것을 도우며 먼 것을 가깝게 하고 사납고 악한 폭군을 겸손하게 하시고, 우리의 모든 장애를 제거해 주시고, 우리를 이 나라로 날라 주셨으며, 마신들을 내 앞에 무릎 꿇게 하시고, 또 아내와 자식들을 만나게 해 주신 알라께 영광을! 나는 지금 꿈을 꾸고 있는 것인가 아니면 헛 것을 보고 있나? 맑은 정신인가, 아니면 술에라도 취해 있는 걸까?"

그리고 하산은 마왕들을 돌아보면서 말했습니다.

"그 말을 타고 가면 며칠 만에 바그다드에 갈 수 있겠느냐?"

"1년이 좀 안 걸려서 모셔다 드리겠습니다. 그러나 가는 도중에 수없는 위험과 난관, 무서움을 견디고 메마른 골짜기와 소름 끼치는 황야, 무서운 토지를 수없이 지나가야 합니다. 그러므로 주인님, 저희는 주인님이 이 섬들의 주민에게서 무사히 탈출하실 수 있을지 어떨지는 장담할 수 없습니다."

──여기서 날이 훤히 밝아왔으므로 샤라자드는 이야기를 그쳤다.

## 826번째 밤

샤라자드는 이야기를 계속했다.

오, 인자하신 임금님, 마신이 다시 말을 이었습니다.

"오, 주인님, 이 섬들의 주민과 대마왕의 군대 그리고 그 부하 마법사 등으로부터 여러분을 무사히 탈출시켜 드린다고 장담하기는 어렵습니다. 어쩌면 상대방에게 패배하여 여러분을 뺏기는 건 물론이고, 우리까지 패배의 쓴 잔을 마시게 될 수도 있습니다.

그리고 나중에 그 일을 전해들은 사람들은 모두 이렇게 말하겠지요. '너희가 잘못했어! 그 대마왕에게 대항하여 그 영토에서 인간을, 더구나 주인님 한 분도 아니고 왕의 공주까지 함께 탈출시키려 하다니 어떻게 그런 터무니없는 짓을 할 수 있을까!'"

그리고 마신은 또 이렇게 덧붙였습니다.

"하지만 알라께서는 주인님을 이곳까지 무사히 보내주셨으니, 고향에 돌아가셔서 고향 분들과도 만나게 해 주시겠지요. 아무쪼록 낙담하지 마시고 알라를 믿으십시오. 저희는 물론 주인님께 충성을 다하여 고향까지 모셔다 드리겠습니다."

하산은 그들에게 감사를 표했습니다.

"알라께서는 반드시 너희에게 좋은 보답을 주시리라. 자, 그러면 어서 서둘러 말을 준비해다오."

"알았습니다."

그들이 대답하고 발로 땅을 한 번 '쿵' 하고 구르자 땅이 짝 갈라졌습니다. 그러고는 그 사이로 들어가더니 이내 사라져 버렸습니다. 마신들은 잠시 뒤 땅속에서 세 필의 말을 끌고 나왔는데, 안장도 놓여 있고 고삐도 달려 있었습니다. 그리고 안장 앞쪽에는 물과 식량까지 넣은 안장자루가 한 쌍씩 달려 있었습니다.

하산이 그 말 한 필에 올라타서 아이 하나를 앞에 태우니, 아내도 한 아이를 안고 다른 말에 올랐습니다. 노파도 타고 있는 항아리에서 내려 남은 말에 올라타고, 이윽고 함께 출발하여 밤새 쉬지 않고 말을 달렸습니다.

날이 새자 길은 구불구불한 산길로 접어들었습니다. 그동안 그들은 알라의 이름을 외는 것을 절대 잊지 않았습니다.

이렇게 그날 온종일 고원을 나아가니 아득한 앞쪽에 연기 기둥 같은 것이 하늘로 올라가는 게 보였습니다. 하산은 코란의 한 구절을 외면서 인정 없고 모진 악마의 손에서 지켜주실 것을 알라께 빌었습니다.

그 검은 괴물은 가까이 갈수록 점점 똑똑히 보이기 시작했는데, 바로 옆에 가서 보니 놀랍게도 그것은 마신이었습니다.

머리는 커다란 둥근 지붕과 같고, 어금니는 닻처럼 크고, 턱은 긴 창 같고, 콧구멍은 물독만 하고, 귀는 가죽 방패, 입은 동굴, 이는 돌기둥, 손은 갈퀴, 다리는 돛대 같았습니다. 그리고 머리는 구름을 뚫고 있고 발은 땅속에 박혀 있었습니다.

하산이 그 마신의 모습을 바라보고 있으니, 마신은 절을 꾸벅하고는 대지에 엎드려 이렇게 말했습니다.

"오, 하산 님, 저를 겁내실 건 없습니다. 저는 와크 섬의 첫 번째 섬에 사는 주민들의 우두머리로, 지금은 이슬람교로 개종하여 유일신을 섬기고 있습니다. 당신이 이곳을 향해 오신다는 소식을 듣고 당신의 신분을 알고 난 뒤부터, 마법 나라에서 나가 아무도 살지 않는, 인간과 마신들에게서 멀리 떨어진 학교로 옮기고 싶었습니다. 저는 그곳에서 혼자 알라를 예배하며 살다가 삶을 마칠까 합니다. 그래서 저는 이제부터 당신과 같이 길을 가서 와크 섬을 떠나실 때까지 안내해 드릴까 합니다만, 저는 밤이 아니면 모습을 드러내지 않습니다. 부디 잘 생각해 보시고 제 소원을 들어주십시오. 저는 당신들과 같은 이슬람교도입니다."

이 말을 들은 하산은 매우 기뻐하면서 이쯤 되면 걱정 없이 달아날 수 있겠다 생각하고, 상대에게 말했습니다.

"알라께서 너에게 보답을 내려주시리라! 부모의 축복을 믿고 우리와 함께 가자!"

그리하여 마신이 앞장서서 안내하자, 그들은 안심하고 그 뒤를 따라 나아갔습니다.

그제야 모두 안심하여 가슴을 쓸어내렸고, 걱정이 사라지자 마음이 활짝 개는 기분이었습니다. 하산은 아내에게 자기가 지금까지 겪은 온갖 어려운 고비를 얘기해 주었고, 아내도 자신의 잘못을 사죄한 뒤, 그때까지의 슬픔과 고통에 대해 모두 얘기했습니다. 그리하여 그들은 그날 밤 밤새도록 여행을 계속했습니다.

──여기서 날이 훤히 밝아왔으므로 샤라자드는 이야기를 그쳤다.

## 827번째 밤

샤라자드는 이야기를 계속했다.

오, 인자하신 임금님, 그들을 태운 세 마리의 말은 눈이 어지러울 만큼 번개 같은 속도로 밤새도록 달렸습니다. 이윽고 날이 밝자 그들은 안장자루에서 식량을 꺼내먹고 물을 마셨습니다.

그리고 다시 마신의 안내로 쉬지 않고 나아갔습니다. 그러다가 마신은 잘 다져진 길에서 벗어나, 해안을 따라 아직 사람이 밟은 적이 없는 길로 나아갔습니다. 그들은 잠시도 쉬지 않고 길을 서둘러 꼬박 한 달 동안 골짜기와 황야를 수없이 건너갔습니다.

그러다가 31일째가 되던 날, 난데없이 먼지가 자욱하게 일더니 사방을 뒤덮고 햇빛마저 가려버려 아무것도 보이지 않게 되었습니다.

그것을 본 하산의 얼굴에 두려움의 빛이 나타나더니 금세 창백해졌습니다. 이때 무서운 고함과 함성이 터져 하산의 놀라움은 더욱더 커졌습니다. 그때 노파가 말했습니다.
"저것은 와크 섬의 군대라오. 드디어 우리를 잡으러 온 모양이군. 우리는 곧 저놈들에게 사로잡히고 말 거야."
"그럼, 어떡해야 할까요?"
"지팡이로 땅을 두드려요."
하산이 지팡이로 땅을 두드리니 마왕 일곱 명이 나타나 하산에게 절을 하고 엎드렸습니다.
"두려워하실 것도 슬퍼하실 것도 없습니다."
그 말을 들은 하산은 매우 기뻐했습니다.
"오, 마족의 왕들이여, 고맙다! 지금이야말로 너희 힘을 보여줄 때다!"
"지금 쳐들어온 군대는 저희에게 맡기시고, 어서 부인과 아이들과 노인을 데리고 산 위로 올라가십시오. 주인님은 옳고 저들은 악한 만큼 알라께선 반드시 저희를 도와주실 겁니다."
하산은 아내와 아이들 그리고 노파를 데리고 산꼭대기로 올라갔습니다.

——여기서 날이 훤히 밝아왔으므로 샤라자드는 이야기를 그쳤다.


### 828번째 밤

샤라자드는 이야기를 계속했다.
오, 인자하신 임금님, 하산과 일행이 산꼭대기로 올라간 뒤, 좌우에 군대를 거느린 누르 알 후다 여왕이 나타났습니다. 대장들은 수많은 군사 사이를 이리저리 뛰어다니면서 전투대형을 가다듬고 있었습니다. 이윽고 적과 아군이 서로 다가가서 양군이 무시무시한 기세로 충돌했습니다. 용감한 자는 사자가 성낸 듯 맹렬한 기세로 돌진했고, 겁쟁이는 허둥지둥 달아나기 바빴습니다.
마신들이 입에서 마구 불을 뿜어내니 그 연기가 하늘까지 치솟았고, 그 연기 속에서 양군은 이리저리 숨바꼭질하는 형국이었습니다.
 양군의 전사들이 맹렬하게 싸우니, 목은 몸뚱이에서 떨어져 날아가고 피는 냇물이 되어 흘렀습니다. 더는 휘두를 칼도 없고 흘릴 피도 없을 만큼 싸운 끝에 치솟던 전화(戰火)도 사그라지는 어스름이 닥치자, 양군은 갈라져 저마다 진지로 돌아가 타오르는 화톳불 옆에서 야영을 했습니다.
 마왕 일곱 명은 하산 일행이 있는 산 위로 올라가서 그 앞에 엎드렸습니다. 하산은 그들을 맞이하여 노고를 위로한 다음 마신들에게 승리를 내려주십사고 알라께 빌었습니다.
 그리고 여왕의 군대와 어떻게 싸웠는지 물으니 마신들이 대답했습니다.
 "우리 군대를 상대로 계속 싸운다면 여왕의 군대는 앞으로 사흘도 버티지 못할 겁니다. 오늘만 해도 우리 편이 훨씬 강해서 약 2만 명의 병사들을 산 채로 잡고 수없이 많은 병사를 베어 죽였습니다. 그러니 조금도 걱정하지 마시고 편안히 쉬십시오."
 마왕 일곱 명은 하산 앞에서 물러나와 아군 병사들을 살피기 위해 산에서 내려갔습니다. 화톳불은 아침이 될 때까지 밤새도록 타올랐고, 눈부신 아침 해가 떠오르자 전사들은 다시 빠르게 잘 달리는 말을 타고 싸움터로 나갔습니다. 양군은 날이 얇은 칼과 긴 창을 들고 치열하게 뒤엉켜 찌르고 또 찌르며 끝까지 공격의 끈을 늦추지 않았습니다. 날이 어두워지고 나서도 싸움은 계속되어 성난 파도가 서로 부딪치는 바다처럼 서로 으르렁거리며 맹렬하게 불타올라 어느 쪽도 전선에서 물러갈 낌새를 보이지 않았습니다.
 그러다가 이윽고 와크군의 전세가 기울어져서, 힘은 빠지고 용기는 사라져 싸움에 질 낌새가 보이자, 남은 자들은 한꺼번에 와르르 무너져 달아나기 시작했습니다. 그때 대부분 병사들은 살해되고 여왕을 비롯한 와크군의 고관과 태수들은 모조리 산 채로 잡혔습니다.
 이윽고 날이 새자 마왕 일곱 명이 하산 앞에 나와 진주와 보석을 아로새긴 설화석고 옥좌를 마련해 주었고, 하산은 그 위에 자리 잡고 앉았습니다.
 또 그 옥좌 옆에는 마나르 알 사나 공주와 샤와히 자트 알 다와히 노파를 위해 반짝이는 황금을 새겨 넣은 상아 의자 두 개도 준비되었습니다.
 잠시 뒤 세 사람 앞에 포로들이 끌려 나왔는데, 그 속에 두 팔이 뒤로 묶이고 차꼬가 채워진 누르 알 후다 여왕의 모습도 보였습니다.

여왕을 보자 샤와히 노파가 맹렬하게 욕을 퍼부어댔습니다.
"오, 이 갈보! 이 폭군아! 이제야 너에게 앙갚음을 할 수 있게 되었구나. 암캐 두 마리를 굶기고, 암말 두 마리에게 물을 끓여 목구멍이 바짝바짝 타게 해 놓은 다음, 네 몸뚱어리를 암말 꽁지에 달아매어 강을 향해 몰아주마. 또 암캐에게 그 뒤를 쫓게 하여 네 살가죽이 벗겨지고 살점이 찢어지게 해 주겠다. 마지막에는 네 살점을 갈기갈기 찢어서 먹이로 던져주마!
이 화냥년 같으니! 너는 네 동생이 알라와 그 사도가 정한 법에 따라 정식으로 결혼한 사실을 알면서도, 피를 나눈 동생에게 그렇게도 무참한 형벌을 가했다! 이슬람교에는 승려가 없고 혼인은 사도들(평안하게 잠드소서!)이 정하신 관례의 하나이며,*106 여자란 어차피 남자를 위해 만들어진 존재가 아니더냐!"
하산이 포로들을 모두 목을 베어 죽이라고 명령하자, 노파도 큰 소리로 외쳤습니다.
"한 사람도 남기지 말고 모조리 죽여라!"*107
마나르 알 사나 공주는 손발에 차꼬가 채워져 꽁꽁 묶여 있는 언니의 가련한 몰골을 보자 눈물을 흘리며 언니에게 말했습니다.
"오, 언니, 언니를 패배시키고 바로 자신의 나라에서 포로가 되게 한 사람은 도대체 누구일까요?"
그러자 누르 알 후다 여왕이 대답했습니다.
"오, 참으로 놀라운 일이다. 하산이라는 분이 우리를 무찌르고 알라의 뜻에 따라 우리는 물론이고 모든 영토의 지배권을 빼앗아 갔으니! 또 우리와 마왕들이 모조리 지고 말았으니."
사나 공주가 말했습니다.
"이 두건과 지팡이가 없었더라면, 알라께서 도와주셨더라도 언니를 이기고 사로잡을 수는 없었을 거예요."
그제야 누르 알 후다 여왕은 하산이 그러한 물건을 이용하여 자신을 정복한 사실을 알고 동생 앞에 몸을 던져 엎드렸습니다. 그 모습을 보고 연민을 느낀 동생은 남편에게 말했습니다.
"제 언니를 어떻게 하실 작정이세요? 보시다피 당신 앞에 무릎을 꿇고 있어요. 그리고 언니가 당신에게는 그리 심한 처사를 하지 않았으니 당신의 처벌은 받지 않아도 되지 않을까요?"
"그러나 당신을 고문하고 몹시 괴롭힌 것만으로도 충분히 벌을 받아야 마땅하지 않소?"
"저를 그렇게 괴롭힌 언니에게도 그럴만한 이유가 있었어요. 당신은 저를 아버지에게서 빼앗아 아버지의 가슴에 못을 박으셨으니까요. 그런데다 언니마저 잃는다면 제 아버지는 대체 어떻게 되실까요?"
"그렇다면, 그쪽은 당신에게 맡길 테니 당신 좋을 대로 하구려."
그리하여 사나 공주가 언니를 비롯하여 모든 포로의 차꼬를 풀어주라고 명령하자, 마왕들은 명령대로 시행했습니다. 사나 공주는 누르 알 후다 여왕에게 다가가서 언니를 가슴에 끌어안았고, 두 사람은 오랫동안 함께 눈물을 흘렸습니다. 이윽고 여왕이 말했습니다.
"오, 동생이여, 내가 너에게 한 짓을 부디 섭섭하게 생각하지 말아다오."
"언니, 이 모든 것은 제가 타고난 정해진 운명이었답니다."
이윽고 두 사람은 긴 의자에 나란히 앉아 다정하게 이야기를 주고받았습니다. 이어서 마나르 알 사나 공주가 여왕과 샤와히 노파 사이도 잘 주선해주어서 두 사람이 함께 가슴을 열고 화해하니, 모든 사람이 안도의 한숨을 내쉬었습니다.
하산은 이번 일에 끝까지 힘을 빌려주고 적들을 물리쳐준 지팡이의 노예들에게 깊이 감사한 뒤 물러가게 했습니다.
마나르 알 사나 공주는 언니에게 자기와 하산 사이에 일어났던 일과 하산이 자기 때문에 겪은 온갖 고난을 남김없이 이야기하고 마지막으로 이렇게 말했습니다.
"언니, 남편은 그 수많은 일을 견뎌내며 이만한 힘과 함께 전능하신 알라에게서 받은 훌륭한 신통력을 가지고 이 나라를 찾아와서 언니의 군대를 무찌르고 언니를 사로잡았어요. 그뿐만 아니라, 대마왕이신 아버님조차 이겼으니, 당연히 우리는 남편에게 어울리는 대접을 해야 한다고 생각해요."
그 말을 듣고 누르 알 후다 여왕이 말했습니다.
"알라께 맹세코, 하산 님이 여러 가지 신비를 몸소 경험하셨다는 얘기는 모두 사실이었구나. 모두 그분에게 경의를 표해야 마땅하다. 하지만 생각해 보면, 그것도 다 너 때문에 달성하신 일이 아닐까?"

──여기서 날이 훤히 밝아왔으므로 샤라자드는 이야기를 그쳤다.

## 829번째 밤

샤라자드는 이야기를 계속했다.
오, 인자하신 임금님, 언니의 말을 듣고 동생 사나 공주가 말했습니다.
"정말 그래요."
그리하여 그들은 날이 새도록 이야기를 나누며 밤을 밝히고, 동녘 하늘에 태양이 떠오르기 시작할 무렵이 되자 출발준비를 하고 서로 작별인사를 나누었습니다.
무엇보다도 사나 공주는 샤와히 노파와 누르 알 후다 여왕을 완전히 화해시킨 일을 기뻐하며 두 사람을 축복했습니다.
그때 하산이 지팡이로 땅을 두드리자 또다시 노예들이 나타나 하산 앞에 엎드렸습니다.
"오, 주인님의 영혼에 안식을 주신 알라께 영광을! 어서 무엇이든 분부만 내리십시오, 곧 시행하겠습니다."
"고맙다. 신께서 너희에게 충분한 보답을 내려주시리라! 그러면 우리를 위해 말 두 필을 준비해다오."
마왕들은 즉시 하산 부부를 위해 안장을 얹은 말 두 필을 대령했습니다. 먼저 그 한 마리에 하산이 올라타고 큰아들을 자기 앞에 앉히자, 사나 공주도 작은아들을 안고 나머지 한 마리에 올라탔습니다.
누르 알 후다 여왕과 샤와히 노파도 각각 말에 올라 작별을 아쉬워하며 하산 부부와 반대 방향을 향해 출발했습니다.
그리하여 하산 부부는 아들들과 함께 거의 한 달 동안 쉬지 않고 여행을 계속하여, 어느 날 한 도성에 이르렀습니다.
그 도성은 수많은 나무와 냇물에 둘러싸여 있어, 그들은 말에서 내려 나무 밑에서 잠시 쉬어가기로 했습니다.
네 사람이 나무 아래 앉아 쉬고 있는데 수많은 사람이 말을 타고 가까이 오는 모습이 보였습니다. 하산은 무슨 일인가 하고 일어나 그들을 맞이했습니다. 그런데 알고 보니 그들은 '장뇌 나라'와 '수정의 성'의 주인인 하순 왕과 그 부하들이었습니다. 하산은 일어나 왕 앞으로 가서, 그 손에 입을 맞추며 인사했습니다.

하순 왕도 말에서 내려 하산과 함께 나무 밑에 깐 양탄자에 앉은 뒤, 이마에 손을 얹어 답례하고 하산이 무사히 돌아온 것을 기뻐해 주었습니다.

"오, 하산, 그 뒤로 그대가 겪은 일을 남김없이 이야기해 주게."

하산이 하순 왕에게 그동안 있었던 일을 남김없이 들려주니, 왕은 매우 놀라면서 말했습니다.

"이제까지 누구도 와크 섬에 들어간 자가 없었고, 그대 말고는 그곳에서 무사히 돌아온 자도 없었다. 그대 이야기는 참으로 신기하고 이상하도다. 그러나 알라 무드릴라! 무엇보다도 그대가 무사히 돌아올 수 있었던 것을 알라께 감사드려야겠지."

다시 말에 오른 하순 왕은 하산과 그의 아내, 그리고 아이들에게도 말에 오르게 하여 그들을 성 안으로 안내했습니다. 그리고 그들을 손님방에 묵게 하면서 날마다 즐거운 잔치를 벌이며 환대해 주었습니다.

하산 가족은 사흘 동안 그곳에 머무른 뒤 왕에게 작별을 청했습니다. 왕은 쾌히 승낙하고 하산 가족이 말에 먼저 올라 출발하자, 왕도 말을 타고 열흘 동안 전송한 다음 작별하고 말머리를 돌렸습니다.

하산 가족은 다시 여행을 계속하여 거의 한 달이 다 되어 바닥에 놋쇠가 깔린 커다란 동굴에 도착했습니다. 거기서 하산은 아내에게 물었습니다.

"저 동굴에 대해 알고 있소?"

"아니요, 몰라요."

"저 속에는 내게 매우 큰 은혜를 베푼 아부 알 루와이시라는 노인이 살고 있소. 내가 하순 왕을 만나게 된 것도 다 그분 덕택이라오."

그리고 하산은 계속해서 자신과 아부 알 루와이시 노인 사이에 있었던 일을 자세히 얘기해 주었습니다.

바로 그때 마침 루와이시 노인이 동굴 입구에 모습을 나타냈으므로, 하산은 말에서 내려 노인의 손에 입을 맞췄습니다.

노인도 하산에게 답례하고 그가 무사히 돌아온 것을 축하한 뒤, 그들을 동굴 안으로 안내했습니다. 그들이 각각 자리에 앉자 하산은 노인에게 와크 섬에서 겪은 일들을 이야기했습니다.
 장로는 몹시 놀라면서 하산에게 물었습니다.
 "오, 하산, 그래서 자네는 어떻게 해서 부인과 아이들을 무사히 데리고 나올 수 있었는가?"
 하산이 두건과 지팡이 이야기를 하자 노인은 더욱 놀라며 이렇게 말했습니다.
 "그 두건과 지팡이가 없었으면 부인과 아이들을 구해 낼 수 없었겠군."
 "예, 그렇습니다."
 이렇게 두 사람이 얘기를 나누고 있는데, 누군가가 입구의 문을 두드리는 소리가 났습니다. 노인이 나가 보니 코끼리를 탄 아브드 알 카즈스 노인이 그곳에 서 있었습니다.
 노인이 곧 손님을 동굴 안으로 청해 들이자, 카즈스는 하산의 모습을 보고 그를 와락 끌어안으며 무사히 돌아온 것을 기뻐해 주었습니다.
 이윽고 루와이시 노인이 하산에게 말했습니다.
 "하산, 아브드 알 카즈스 노인에게도 자네가 겪은 일을 모두 얘기해 드리게."
 그리하여 하산은 카즈스 노인에게도 자기가 그동안 겪었던 많은 일과 지팡이와 두건을 얻은 사정까지 자세히 얘기해 주었습니다.

 ─여기서 날이 훤히 밝아왔으므로 샤라자드는 이야기를 그쳤다.


 830번째 밤

 샤라자드는 이야기를 계속했다.
 오, 인자하신 임금님, 하산의 이야기를 듣고 난 아브드 알 카즈스 노인이 말했습니다.
 "그대는 무사히 아내와 아이들을 구해 냈으니 이제 그 두 가지 물건은 필요 없겠구나. 우리 두 사람은 그대가 와크 섬에 찾아갈 수 있도록 애를 많이 써주었고, 특히 나는 그 조카딸들을 보아서 여러 가지로 친절을 베풀어주었지. 그래서 부탁인데, 그 지팡이는 나에게 그리고 두건은 아부 알 루와이시 노인에게 양보해 줄 수 없겠나?"
 하산은 그 말을 듣고 고개를 떨어뜨렸습니다. "이건 드릴 수 없습니다" 하고 딱 잘라 대답하기가 난처했기 때문입니다. 그렇지만 마음속으로 생각했습니다.
 '정말 이 두 노인은 나에게 매우 큰 친절을 베풀어주었고, 와크 섬으로 갈 수 있는 발판도 만들어주었다. 이 두 분의 도움이 없었으면 나는 도저히 와크 섬에 갈 수 없었고, 이 지팡이와 두건도 구하지 못했을 것이다. 따라서 당연히 아내와 아이들도 구하지 못했을 테다."
 그래서 하산은 얼굴을 들고 대답했습니다.
 "좋습니다. 이 두 가지 물건을 두 분께 드리지요. 하지만 노인장, 만일 아내의 아버님이신 대마왕이 군대를 이끌고 우리나라에 쳐들어오면 큰일입니다. 지팡이와 두건이 없으면 저로선 꼼짝 못할 테니까요."
 "그런 걱정은 할 필요 없어. 이곳에서 우리가 끊임없이 그대를 도와 감시의 눈을 게을리하지 않고 지켜봐줄 테니까. 그래서 그대의 장인이든 누구든 그대를 공격해 오는 자는 우리가 모조리 쫓아버리겠네. 그러니까 그대는 아무 걱정하지 말고 마음 편히 지내도록 하게. 절대로 나쁜 일은 일어나지 않도록 할 테니까."
 그 말을 들은 하산은 얼굴을 붉히며 루와이시 노인에게 두건을 건네준 뒤, 아브드 알 카즈스에게는 이렇게 말했습니다.
 "우리나라까지 함께 가 주십시오, 그러면 이 지팡이를 드리겠습니다."
 두 노인은 매우 기뻐하며 말로 표현할 수 없이 훌륭한 금은보화를 하산에게 선물했습니다.
 하산 가족은 동굴에서 사흘을 보내고, 나흘째에는 아브드 알 카즈스 노인과 함께 떠나기 위해 출발준비를 시작했습니다.
 드디어 하산과 아내가 각각 말에 오르자, 카즈스 장로는 동굴 앞에서 휘파람을 불었습니다. 그러자 사막 쪽에서 홀연히 커다란 코끼리 한 마리가 나는 듯이 달려와 카즈스 노인을 등에 태웠습니다.
 이윽고 그들은 루와이시 노인과 작별하고 이 나라를 가로질러 나아갔습니다. 도중에 지리에 밝은 카즈스 노인이 가깝고 편한 길을 골라서 잘 안내해 주었습니다.
 한 걸음씩 나아갈 때마다 점점 일곱 공주의 성에 가까워지는 동시에 어머니가 계신 고향에도 가까워진다고 생각하니, 하산은 새삼스럽게 깊은 감동을 느꼈습니다. 그리고 온갖 곤란과 위험을 무릅 쓰고 가족을 구해 무사히 고국에 돌아가게 해 주신 알라의 은총에 감사하는 마음으로 다음과 같은 시를 읊었습니다.

> 신은 우리를 다시
> 만나게 해 주시었도다,
> 우리는 다시 결합하여
> 더욱더 굳게 끌어안고
> 하늘의 영광을 찬미하노라.
> 이 몸에 닥친 수많은 기적,
> 온갖 시름과 쓰라림을
> 잘도 참고 견딘 일들,
> 헤어진 뒤에 겪은 일을
> 내 남김없이 이야기하리.
> 이 아픈 눈도 그대를 만나
> 순식간에 고쳤도다.
> 마음으로 그대 모습 보려고
> 그토록 바라던 나였으므로.
> 그대 위해 가슴에 간직해 둔
> 이야기들 지금은 숨겨 두고,
> 재회를 즐긴 이튿날 아침
> 찬찬히 이야기하리.
> 그대가 저지른 일들을
> 나는 탓하리라, 그러나
> 원망의 말을 다한 끝에
> 남아 있는 건 오직 사랑뿐.

하산이 이 시를 읊고 나서 문득 눈길을 돌려 먼 곳을 바라보니 초록빛 둥근 지붕과 분수*108 그리고 에메랄드 궁전, 구름 산 등이 아득히 저편에 뚜렷하게 떠올랐습니다. 그것을 보고 아브드 알 카즈스 노인이 말했습니다.

"오, 하산, 반가운 방문이 될 테니 기뻐하게나. 오늘 밤 그대들은 내 조카들 궁전에 손님이 될 거네!"

하산과 아내는 무척 기뻐하면서 마침 길가에 있는 둥근 지붕의 정자에서 말을 내려, 먼저 잠시 휴식한 뒤*109 식사를 하고 물을 마셨습니다. 그런 다음 모두 다시 말을 타고 길을 서둘러 마침내 궁전 앞에 다다랐습니다.

궁전 앞에 이르니 아브드 알 카즈스 노인의 조카딸들이 일행을 맞이하며 하산과 작은아버지에게 인사했습니다.

"오, 조카들아, 보아라, 나는 너희 오빠인 하산을 도와서 부인과 아이들을 찾게 해 주었단다."

공주들은 하산을 껴안으며 건강하게 무사히 돌아온 것과 아내와 아이들을 다시 만나게 된 일을 축하했습니다. 그날은 그들에게 정말 경사스러운 잔칫날이었습니다.

이윽고 하산의 누이인 가장 나이 어린 공주가 앞에 나와서 눈물을 흘리며 하산을 가슴에 꼭 끌어안았습니다. 하산도 오랫동안 힘겨웠던 객지생활을 떠올리며 눈물을 흘렸습니다.

이윽고 공주는 하산과 쓰라린 이별을 한 뒤에, 얼마나 쓸쓸하고 얼마나 마음을 태웠는지 하산에게 하소연하며 다음과 같은 시를 읊었습니다.

> 그대 떠나간 뒤에
> 임의 모습 볼 길 없어
> 마음속으로만 지켜보았네.
> 잠자리에 누워 눈 감으면
> 떠오르는 임의 모습,
> 마치 눈꺼풀 안에
> 사는 듯하여라.

시를 읊고 난 공주는 하산의 무사함을 진심으로 기뻐했습니다. 하산은 이렇게 말했습니다.
"오, 누이여! 이번 일에서 나는 누구보다 그대에게 감사하는 마음이오. 부디 전능하신 알라께서 그대에게 가호와 자비를 내려주시기를!"
이어서 하산은 여행하며 있었던 모든 일, 즉 아내의 언니에게 어떤 일을 당했고, 어떻게 아내와 아이들을 구해 냈으며, 또 자기가 겪은 온갖 이상한 일들과 무서운 위험, 누르 알 후다 여왕이 하마터면 자신의 아내와 아이들을 죽일 뻔했지만, 더없이 높은 알라의 은총으로 구원받은 일까지 하나도 빠뜨리지 않고 자세히 얘기해 주었습니다.
그뿐만 아니라 두건과 지팡이를 둘러싼 모험담과 카즈스와 루와이시, 두 노인에게 두 가지 물건을 양보해 달라는 청을 받았을 때, 처음에는 내주고 싶지 않았으나 막내 공주를 생각하여 주기로 마음먹은 일까지 죄다 털어놓았습니다. 막내 공주는 깊이 감사하며, 하산의 장수를 빌고 축복했습니다. 하산은 이렇게 소리쳤습니다.
"처음부터 끝까지 그대가 나에게 베풀어준 친절은 내 평생 잊지 않을 것이오!"

—여기서 날이 훤히 밝아왔으므로 샤라자드는 이야기를 그쳤다.

## 831번째 밤

샤라자드는 이야기를 계속했다.
오, 인자하신 임금님, 막내 공주는 하산의 아내 마나르 알 사나 공주 쪽으로 돌아서서 그녀를 끌어안은 다음, 어린아이를 받아 안았습니다.
"오, 대왕님의 공주님이시여, 당신은 남편을 버리고 아이까지 데려가 하산 님의 가슴을 그토록 애태우시고도 하산 님이 가엾다는 생각이 안 드시던가요? 그렇게 매정한 짓을 하시다니, 설마 남편 따위는 죽어 없어져도 상관없다고 생각하신 건 아니겠죠?"
이 말에 사나 공주는 웃으면서 대답했습니다.
"그것도 모두 알라께서 정하신 일입니다. 남을 속이는 자는 알라께 속게 되지요."*110

　이윽고 음식이 차려지자, 그들은 함께 먹고 마시며 즐겁게 지냈습니다.
　그리하여 하산 일행은 열흘 동안 그곳에 머물면서 날마다 잔치를 열며 흥겹게 지냈습니다. 이윽고 열흘째가 되자, 하산은 다시 여행준비를 시작했습니다.
　누이동생은 하산을 위해 말로 다 표현할 수 없을 만큼 진귀하고 값비싼 선물을 마련했습니다. 그리고 하산의 목을 끌어안고 작별을 아쉬워했고, 하산도 공주의 뜨거운 정을 생각하고 이런 시를 읊었습니다.

　　사랑하는 자의 위로는
　　헛되이 멀기만 하고
　　이별은 세상에 둘도 없는
　　슬픔의 극치로다.
　　그대 매정하게 떠나가면
　　한탄은 더욱 깊어지고
　　슬픈 사랑의 희생자는
　　사랑에 죽는 순교자.
　　사랑하는 자에게 어두운 밤은
　　그 얼마나 쓰라린 시름이런가.
　　샛별은 반짝이지만
　　참사랑은 찢기니
　　눈물이 뺨을 타고 흘러내리매
　　나는 애절하게 부르노라,
　　"오오, 눈물이여,
　　아직도 흘릴 게 남았느냐?"

　시를 읊고 난 하산은 지팡이를 공주의 작은아버지 아브드 알 카즈스에게 선물했습니다. 노인은 매우 기뻐하고 감사하면서 지팡이를 꼭 쥐고 코끼리 등에 올라타고 자기 집으로 돌아갔습니다.
　이어서 하산도 아내와 아이들과 함께 말에 올라 공주들의 궁전을 뒤로했습니다. 공주들은 도중까지 하산을 전송한 뒤 작별을 아쉬워하며 궁전으로 돌아갔습니다.

그 뒤 두 달 열흘 동안 하산과 아내는 황야와 골짜기를 지나 여행을 계속한 끝에, 마침내 평화의 도시 바그다드에 도착했습니다. 그리하여 도성의 교외 쪽으로 난 뒷문으로 들어가서 자기 집에 이르러, 마침내 문을 두드렸습니다.

하산의 어머니는 아들이 없는 동안, 밤에는 잠도 제대로 자지 못하고 슬픈 눈물로 나날을 보내고 있었습니다. 그러다가 끝내 병이 들어 아무것도 목구멍에 넘어가지 않고 잠도 거의 자지 못하며 밤낮으로 눈물만 흘리고 있었습니다. 그리고 매일같이 아들의 이름을 부르고 있었지만, 사실 하산이 무사히 자기에게 돌아오리라고는 꿈에도 생각지 못하고 있었습니다. 그래서 하산이 자기 집 문 앞에 섰을 때도, 어머니는 울면서 이런 시를 읊던 중이었습니다.

  슬픔 때문에 쇠약해져
  병들고 지쳐버린 이 몸과 마음,
  오, 신이여, 바라노니
  이 늙은이를 건져주소서.
  한 번만 만나게 해 주시면
  이보다 더한 은총은 없으리라,
  진정 우리의 기쁨
  가슴이 미어질 듯하기에.
  만나는 소원 풀어주실
  신께 희망 버리지 않고,
  우리 다시 보는 행복을
  생각했기에 괴로움도
  간신히 참고 견디노라.

시를 노래하고 난 어머니는 문간에서 아들이 이렇게 외치는 소리를 들었습니다.
"어머니! 어머니! 우리는 다행히도 다시 만날 수 있게 되었습니다!"

그것이 아들의 목소리라는 것을 안 어머니는 반신반의하면서 일어나 문쪽으로 갔습니다. 문을 열자, 틀림없는 아들 하산이 아내와 아이들을 데리고 서 있는 게 아니겠습니까? 어머니는 매우 반가운 나머지 외마디 소리를 지르고는 그 자리에 쓰러져 정신을 잃고 말았습니다.

그러나 하산의 정성어린 간호로 간신히 정신이 든 어머니는 하산을 힘껏 끌어안고 기쁨의 눈물을 흘렸습니다.

이윽고 눈물을 닦은 어머니는 노예와 하인들을 불러 하산의 짐을 모두 집 안으로 나르게 했습니다. 하인들이 짐을 나르고 하산의 아내와 아이들도 집 안으로 들어갔습니다. 그때 어머니는 며느리에게 다가가 그 머리와 발에 입을 맞추며 말했습니다.

"오, 대왕님의 공주여, 만일 내가 잘못 저지른 실수가 있다면 이렇게 전능하신 알라께 용서를 비마."

그리고 다시 하산을 돌아보며 말했습니다.

"오, 아들아! 너는 어째서 그토록 오랫동안 집을 비운 거냐?"

하산은 어머니에게 자기가 겪은 온갖 모험담을 모두 얘기해 주었고, 어머니는 아들에게 덮친 갖가지 사건들을 듣고는, 그 재앙이 마치 지금 당장 눈앞에 닥치기라도 한 듯이 비명을 지르며 다시 까무러치고 말았습니다.

하산의 간호로 어머니는 곧 다시 정신을 차렸습니다.

"오, 내 아들, 네가 그 두건과 지팡이를 내준 것은 정말 가벼운 행동이었어. 그것만 있으면 이 세상의 주인도 될 수 있었을 텐데. 하지만 너와 며느리와 아이들이 무사히 돌아왔으니 무엇보다 다행한 일이다."

그리하여 그날 밤은 온 가족이 다 모여 즐겁게 보내고, 이튿날 아침이 되자 하산은 좋은 옷으로 갈아입고 시장으로 나갔습니다. 그리고 흑인 노예와 여자노예, 호화로운 직물과 양탄자, 값비싼 가구 등, 세상의 왕후들도 여간해서 소유할 수 없는 훌륭한 물건들을 골고루 사서 돌아왔습니다.

그뿐만 아니라 훌륭한 집과 정원, 토지도 사서 아내와 아이들, 어머니와 함께 마음껏 먹고 마시면서 이 세상의 모든 즐거움을 맛보았습니다.

그리하여 온갖 즐거움을 파괴하고, 모든 교제를 끊는 죽음이 찾아올 때까지 행복한 생애를 보냈습니다. 눈에 보이는 것과 보이지 않는 것[111]을 다스리고, 영원한 세월을 살며 멸망하는 일이 없는 알라께 영광을!

또 다음과 같은 신기한 이야기도 전해지고 있습니다.

〈주〉

*1 이 유명한 이야기는 '아라비안 오디세이아' 또는 '선원 신드바드'의 자매편이라고 할 수 있는 산문시다. 다만 바소라인 하산의 여행지가 마신의 나라와 일본이라는 점이 다르다. 또 이 이야기는 페르시아의 《선녀 하산 바누와 바람 이 구르 왕 이야기 The Romance of the Fairy Hasan Banu and King Bahram-i-Gur》와 '기본적인 윤곽'이 여러 가지로 비슷한 데가 있다. 〔바람 이 구르는 사산 왕조의 왕으로, 12세기 무렵의 유명한 페르시아의 시인 니자미도 《7개의 초상 Haft Paykar》이라는 이야기에서, 이 왕의 생애에 대해 취재한 적이 있다. 버턴이 가리키고 있는 위의 이야기가 니자미의 작품인지 어떤지는 알 수 없다.〕

그 밖에도 다음에 열거한 것을 참조하기 바란다. 《카타 사리트 사가라》와 '아수라 마야(Asura Maya)의 두 아들'. 〔《카타 사리트 사가라》에 대해서는 이 책 '샤리아르 왕과 그 아우 이야기' 주석 14 참조. 아수라 마야는 마계 또는 마력이라는 뜻.〕

타타르어의 '시디 쿠르(Sidhi Kur, 흡혈귀 또는 마력을 가진 시체 이야기)'. 이것은 1846년 '민화의 아버지'라 일컬어진 W.J. 톰스(Thoms)의 역서 《제국민의 이야기 시와 전설 Lays and Legends of Various Nations》 속에 수록. 〔톰스는 영국의 고고학자이자 서지학자. '포클로어(folklore, 전통 문화)'라는 말은 그가 처음으로 썼다고 한다. 1803~85년.〕

*2 맥나튼판에서는(제4권) 상인에게 두 아들이 있는데, 하나는 놋쇠세공사(레인에 의하면 〈놋쇠제품 상인〉 제3권)가 되고, 또 하나는 금세공사가 되었다. 브레슬라우판에서는 (제5권) 이 이야기의 주인공인 하산이 한 아들이며, 제목은 '하산 알 바스리와 와쿠와 쿠제도 이야기'로 되어 있다.

*3 흰 터번은 아랍어로 샤슈 아브야즈(Shash Abyaz)이다. '진실한 신자'를 나타내는 이 특수한 표시는 페르시아인에 의해 배화교도, 즉 마기교도(Magian) 또는 조로아스터교도(Guebre)인 것을 숨기기 위해 사용되었다. 나중의 게바라는 말은 바이런 경이 프랑스어에서 빌려 쓴 것으로, 무어의 Gheber보다 훨씬 뛰어나다. 〔무어는 영국 시인으로 바이런전을 쓴 토머스 무어를 말함.〕

*4 페르시아인은 늘 남에게 의심을 받으므로.

*5 연금술(alchemy)은 아랍어로 키미야(Kimiya)라고 하며, 원래는 금속을 바꾸는 물질, 즉 '현자의 돌(philosopher's stone)'을 가리킨다. 〔이 말은 화금석(化金石) 등으로도 번역되며, 비금속을 금으로 바꾸는 힘을 가진 것으로 추측되어, 옛날부터 연금술사들이 기를 쓰고 달려들어 찾던 것이다.〕 참고로, 현자의 돌이라고 해서 진짜 돌은 아니다.

또 키미야는 그리스어의 키메이아($Xυμεια$), 키모스($Xυμοs$)='액체, 물약'에서 유래하며, 알 이크시르(Al-Iksir), 즉 그리스어의 크세론($ξηρσν$), 크세리온($ξηριον$)='건조약'에 대응하는 것이다.

오늘날 키미야가 얼마나 연구되고 있는지는 졸저 《신드의 역사》(제7장)와 나의 체험―이것은 키미야가 거칠고 나쁜 화폐의 주조에 이용되는 방법에만 한정된 것―에 나와 있다.

따라서 현대어에서는, 연금술사를 가리키는 키미야위(Kimiyawi)는 화폐위조범과 위폐사용자 등을 의미한다. 그러나 독자는 금속을 바꾸는 연구가 무익한 행위라고 생각해서는 안 된다. 내가 추정한 바로는, 런던에만 거의 백 명이 넘는 연구자가 있다.

*6 콜(Kohl)에도 많은 종류가 있으며, 의료와 마술에도 사용된다. 힌두스탄어에서는 수르마(Surma), 카잘(Kajjal)이라고 한다.
*7 즉, 375파운드.
*8 사실, 이러한 소문 때문에 많은 사람이 목숨을 잃었다. 종교재판에서의 '새로운 그리스도교도'의 경우에도, 이 혐의는 치명적인 이단으로 지목되었다.
*9 이 문장에는 이중의 의미가 들어 있다. 표면적으로는 '빵과 소금의 의리를 정당하게 인정하는 자는 적다'는 의미이며, 다른 의미는 (게다가 페르시아인의 엷은 웃음은 이것으로 해석할 수 있다), '도대체 그런 의리 따위가 무슨 소용이 있느냐?'일 것이다.
*10 이것은 말할 것도 없이 비웃는 것이다. 그러나 하산은 사랑의 마력으로 자각하여, 정기를 떨치고 일어서기까지는 고의로 '아둔한 사람'으로 그려져 있다.
*11 연금약(elixir), 즉 엘릭시르는 아랍어로 알 이크시르(Al-Iksir)이며, 자세한 것은 앞의 주석 5를 보기 바란다. 그리스어 $ξηρσν$에서 나왔다. 이 말은 한 번 아라비아로 잠시 여행을 하고 돌아와서 'elixir'의 형태로 유럽에 다시 출현했다.
*12 온스는 우키야(Ukiyah)의 복수 아와크(Awak). 〔12아와크는 1라토르, 즉 1파운드이다.〕 또한 유명한 '오크(oke), 또는 'ocque'는 1파운드에서 2파운드를 가리키는 도량형 단위. 모로코에서는 우키야(Wukiyah)='스페인 온스'로 발음된다(《통속 아랍어 기초》 호세 데 로르춘디(Fr. José de Lorchundi) 저, 1872년, 마드리드, 리바데네이라 발행).
*13 이 시는 341번째 밤에 나왔다. 변화를 주기 위해 레인의 번역을 인용한다. 본문 중에 이 시는 페르시아인이 쓴 것으로 되어 있고, 하산이 영원히 돌아오지 않을 것임을 암시하고 있다.
*14 희생은 아랍어로 쿠르반(Kurban), 히브리어 קרבן, 즉 봉납물(Corban)을 말하며, 제사장의 집 또는 종족신 야훼(Yahweh), 즉 여호와의 제단에 바쳐지는 예물을 가리킨다(레위기 제2장 2~3절 등).

마론교도들(Maronites) 사이에서는 쿠르반은 성찬식의 빵을 말하며, 터키인들 사이에서는 이드 알 쿠르반(Id al-Kurban, 희생제)은 대(大) 바이람(Bayram), 즉 순례기이다.
* 15 꼬아서 만든 가죽끈은 이집트인의 악어가죽 쿠르바지(Kurbaj, 부르크하르트가 쓴 《누비아》) 또는 코끼리 가죽으로 만든 끈(터너, 제2권)이다. 여기서 프랑스어의 크라바쉬(cravache)〔채찍〕가 나왔다(바로 넥타이(cravat)가 크로아티아인(Croat)에서 나온 것처럼).
* 16 작은 북은 아랍어로 타블(Tabl, 흔히 바즈(baz))이며, 폭은 약 반 피트 정도, 왼손에 들고 막대 또는 가죽끈으로 때린다. 레인은 탁발승이 사용하는, 거죽을 양가죽으로 싸고 주석으로 도금한 구리 북을 그림으로 설명했다(《근대 이집트인》 제2권 제5장). 그리고 자흐마(Zakhmah) 또는 즈흐마(Zukhmah, 끈 또는 등자 가죽)를 채(撥, plectrum)라고 번역했는데, 이것은 오해를 부르기 쉽다. 브레슬라우판에서는 끈을 완전히 무시했다.
* 17 브레슬라우판에는 로크(Rocs, 알 아르하흐(Al-Arkhakh))로 되어 있다. 라함은(Rakham)은 독수리와 비슷한 매.
* 18 이 시는 이미 26번째 밤에 나온 것으로, 나는 변화를 주기 위해 페인의 번역을 인용했다.
* 19 이런 식으로 하여 이슬람교도는 단순한 할례는 물론 결혼도 할 수 있고, 정전(正典)에 근거하여 자기 자신을 매장할 수도 있다. 이 기도 형식은 레인이 제15장에서 해설했다.
* 20 진수성찬은 아랍어로 알 알완(Al-Alwan)이며, 라운(laun, 원래는 '색(色)')의 복수형. 후자는 이집트인의 아랍어에서는 '한 접시의 요리'를 의미한다. 부르크하르트가 편찬한 《아라비아 속담집》 279번에 나와 있다. 나는 이 위대한 여행가의 《아라비아 속담집》이 두 가지 이유에서 다시 한 번 새롭게 간행될 필요가 있다는 것을 거듭 주장한다. 첫 번째는 그가 속담에 없어서는 안 되는 간결함과 압운을 넣어 번역할 수 있을 만큼 영어를 능숙하게 구사할 수 없었다는 점이다. 두 번째는 그가 살아 있었던 시대에는 영국적인 범속성이 너무나 널리 퍼져 있어 충실한 번역을 할 수 없었다는 점이다. 그 결과, 이 책은 동양연구가들의 간절한 바람에 도저히 부응할 수 없는 것이 되었다. 그러나 나는 지인 쿼리치(Quaritch) 씨를 위해 미리 준비를 해 주었다.
* 21 알 무샤이야드(Al-Mushayyad)는 '높은' '높게 쌓인'이라는 뜻.
* 22 천형병(天形病, leprosy) 또는 상피병(象皮病, elephantiasis)은 아랍어로 바라스(Baras) 또는 주잠(Juzam)이라 하며, 흔한 나병 두 종류이다. 시리아 계곡지대의 미신에 의하면, 월경 중의 성교는 주잠, 다 알 카비르(Daa al-Kabir, 대악(大惡) 또는 대병(大病)) 또는 다 알 필(Daa al-Fil, 코끼리의 악), 즉 상피병을 일으키는 것으로 알려졌고, 월경(Sabil)의 시작부터 성교까지 사이의 날수는 어린이들이 이 병에 걸리는

나이를 나타내는 것으로 여겨지고 있다. 이를테면 월경 첫날에 성교를 하면, 이 업병(業病)이 열 살에 나타나고, 나흘째에 성교하면 마흔 살이 되어 나타난다는 식이다.

바다위인이 진심으로 두려워하는 질병은 나병과 천연두뿐이다. 월경 중의 성교는 모든 동양의 종파에 의해 금지되어 있으며, 그것을 어기면 엄벌을 받는다. 알 마수디는 이렇게 하여 태어난 한 인간이 알리(교주)의 숙적이 된 것을 상세히 얘기한 적이 있다. 또 고대 유대인은 나사렛 사람 요슈아(요수아기 참조)의 마력도, 그의 이러한 우연한 출생에 의한 것이라고 했다. 즉 항간에서는 마법사를 이런 종류의 불결한 출생자로 생각하고 있었기 때문이다.

\*23 하산을 오빠로서 선택했으므로.
\*24 En tout bien et en tout honneur(대략 '모든 일이 잘 되기를'이라는 뜻)로 해석하기 바란다.
\*25 페르시아인은 전혀 그런 말을 하지 않았지만, 여성의 마음은 과장하기 쉬운 법이다. 게다가 하산도 페르시아인에게 편견을 품게 하려고 공주들에게 거짓말을 한 것이다.
\*26 복수는 아랍인들에게는 신성한 의무이다. 그들의 문명 상태에서는 복수가 없었으면 사회를 결속시킬 수 없었을 것이다. 따라서 악한 사람을 죽이는 것은 알라에 대한 공물로 여기고 있는 것이다.
\*27 아랍어로 진디크(Zindik)라 하며 두 신을 믿는 자.
\*28 우리는 그 행위가 왜 용감하고 군센지 이해하기 어렵지만, 바람은 간악한 마법사이고, 그를 살해하는 것은 모든 선량한 이슬람교도의 의무였음을 잊어서는 안 된다. 2백 년 전 영국에서의 마녀 처벌과 비교하기 바란다.
\*29 수반은 아랍어로 부하이라(Buhayrah, 브레슬라우판에서는 바라(Bahrah))이다. 동양 가옥의 안뜰(Hosh)에 있는 연못 또는 저수지를 말한다. 그러나 여기서는 궁전 평지붕의 빗물을 받는 수조이다(807번째 밤 참조).
\*30 이 경치의 묘사는 《아라비안나이트》 속에서도 가장 현란하고 화려한 묘사 가운데 하나이다.
\*31 여기에도 또 '백조 처녀'(이 책 '이무기의 여왕' 이야기에 이미 등장함)가 등장했다. 이것은 '모든 아리아(이란)족에 공통된 조상 전래의 유물로, 원시적인 신화의 하나이다'. 페르시아에서는 악령 사피드(Sapid)에게 납치되었을 때, 바람 이 구르(Bahram-i-Gur)가 페리(Peri)(페르시아 신화의 아름다운 여인)의 비둘기 옷을 빼앗는다. 산살리(Santhali)인의 민화에서는 산양을 치는 목동 토리카(Torica)가 태양의 딸 한 명이 벗어놓은 옷을 훔치는데, 여기서 러시아 민화의 12깃털의 새가 나왔다.

같은 전설군에 속하는 것으로서, 페로스 섬(Faroe Islands)(스코틀랜드 북쪽 바다에 있음)의 해표 이야기(소프(Thorpe)의 《북방신화 Northern Mythology》)와, 셰틀랜드 군도의 현명한 여자 또는 인어(히버트(Hibbert)) 등이 있다. 대장장이 웨일랜드

(Wayland)는 인어의 옷을 빼앗아서 아내를 사로잡고, 헤이건 경(Sir Hagan)도 다뉴브 강물의 요정(인어를 말함)의 옷을 훔쳐 아내로 삼았다. (나중의 민화의) 역자 렛솜(Lettsom)은 이 백조의 옷을 발키리(Valkyries), 즉 전사자를 선택하는 여자들의 그것과 혼동하고 있다.
 (소프는 벤저민 소프를 말하며, 1852년에 위의 책을 발표했다. 1782~1870년. 히버트는 미상. 대장장이 웨일랜드는 튜턴 신화에 의한 동화로, 버크셔 애쉬버리 부근의 '백마의 골짜기'에 작업장을 두고 여러 가지 신비를 일으켰다. 헤이건의 그것은 독일 민화인 듯. 발키리는 북구 신화에서 오딘 신을 섬기는 시녀 12명으로, 신의 집 발하라에 바치기 위해, 오딘의 명령으로 전사해야 할 사람들을 골랐다.)
 현실의 인생에서는 여자의 옷을 훔치는 일은 흔하고 낡은 수법으로, 알몸을 보인 여자들은 종종 어쩔 수 없이 육체를 제공해 왔다.
 나는 인도에 그와 같은 경우가 두 가지 있는 것을 알았는데, 그곳에서는 절도행위는 신의 본보기에 따라 정당화되어 있다. 즉, 야만적이고 기괴한 힌두인의 아폴로 신에 해당하는 푸른 신 크리슈나(Krishna)는, 아르준 강에서 목욕하고 있던 아름다운 고팔리스(Gopalis, 여자 양치기들)의 옷을 빼앗고, 그것을 모두 쿤두나 나무 꼭대기에 널어놓고 간다. 그러고는 처녀들의 알몸을 하나하나 조사하고 그 가운데 한 사람을 아내로 삼기까지 무슨 일이 있어도 옷을 돌려주지 않았다.
 어떤 비평가는 내가 백조 처녀 설화의 기원을 백조와 고귀한 처녀의 육체적 유사점에서 찾는 것에 대해 불만을 표시했다(이 책 '이무기의 여왕' 이야기 주석 32). 그때 개인적 의견을 좀더 설명해 두어야 했는데, 한마디로 말하면, 우리는 이른바 모든 초자연주의에 대해 물적인 근거를 찾아야 한다. 그리고 신인동형동성설(神人同形同性說, Anthropomorphism)은 천사와 악마의 존재를 밝혀주는 것과 마찬가지로 백조 처녀 설화도 충분히 밝혀준다는 것이 내가 늘 가지고 있던 생각이다. 이 문제에 대해서는 더욱 논의해야 하지만 여기서 상세히 논하는 것은 적절하지 않다.

*32 이 시는 124번째 밤에 나왔다. 여기서는 페인 씨의 번역을 실었다. 매우 어울리지 않는다는 느낌이 든다.
*33 이것은 영인(英印)의 '녹색 가운'이 아니다. 이른바 녹색 가운이란 '하늘을 향해 누웠기' 때문에 풀잎이 묻은 하얀 무도복을 말하는 것이다.
*34 이 시도 22번째 밤에 나왔다. 여기서는 트렌스의 번역을 인용했다.
*35 초승달의 출현과 함께 단식이 끝나고 소축제(小祝祭)가 시작된다.
*36 큰 배꼽에 대해서는 이 책 9번째 밤('바그다드의 짐꾼과 세 여자' 이야기 주석 10)을 보기 바란다. 동양인이 매우 고맙게 여기는 점이다.
*37 사랑에 미친 시인은 아랍어로 샤이르 알 왈라한(Sha'ir Al-Walahan)이다. 나의 박식한 친구 알로이스 슈프렝거 교수는 일찍이 이 알 왈라한이라는 말에 대해, 할레

(Halle)〔독일〕의 유명한 아랍어 교수 토르베크(Thorbeck) 박사에게 물었더니, 그 교수는 이 말은 (앞에서도 마찬가지) '미친 사랑' '사랑에 미친'의 형용사임이 틀림없으며, 시인의 이름, 즉 '라카브'는 아니라는 얘기였다.

사랑스러운 젊은이가 사랑에 빠져버린 뒤의, 격렬하게 작열하는 듯한 시가(詩歌)에 주목할 것. 시가는 연애와 전쟁의 자연스러운 언어이므로 《아라비안나이트》에 수많은 시가 인용되는 이유도 옳다고 인정할 수 있을 것이다.

*38 즉, 2만 5천 명의 아마존〔여전사〕이며, 브레슬라우판(제2권)에는 그 모두가 왕의 바나트(Banat)='딸' 또는 '피보호자'로 되어 있다. 또한, 현재 5천 명 정도를 헤아리는 다호메의 아마존(졸저 《다호메를 좇아서》 참조)은 모두 왕의 측실로, 가신들로부터는 '우리의 어머니'로 불리고 있다. 〔이 책 '오마르 빈 알 누만 왕과 두 아들 샤르르칸과 자우 알 마칸 이야기' 주석 36 참조. 참고로 아마존은 '유방이 없다'는 뜻인데, 활을 쏘기 위해 유방을 잘라냈기 때문이라고 한다.〕

*39 이야기의 이 대목에서는, 그녀가 맏딸이고 우두머리로 되어 있지만, 뒤에서는 대마왕의 가장 막냇동생으로 등장한다. 그러나 이 수수께끼는 두 사람의 자매가 빼다 박은 듯이 닮은 것에 의해 교묘하게 밝혀져 있다(811번째 밤을 참조할 것).

*40 이것은 낡은 '약탈결혼'의 흔적으로, 그 유래를 완전히 무시하는 문명인들 사이에서도 흔적이 많이 남아 있다.

*41 동양인의 발에는 유럽인을 괴롭히는 그 피지선의 발달을 볼 수 없다.

*42 즉 이슬람교의 법에 따라 동물을 잡아 죽이는 것.

*43 778번째 밤에는 '알라의 눈에는 인간 한 사람이 마신 천 명보다 낫다'고 하는 전통적인 이슬람교 원리를 볼 수 있다. 왜냐하면, 다시 한 번 말하지만, 알 이슬람은 계통적으로 사람의 성품을 드높이지만, 그리스도교는 일부러 애써서 인성을 끌어내리고 멸시하려 하기 때문이다. 이러한 비열한 교리가 동양에서 어떤 결과를 낳는지는 너무나도 명백하다. 이른바 '성지'의 그리스도교도들은 신앙을 부끄러워하는 존재로, 페르시아인은 일상적으로 나사렛 사람을 타르사(Tarsa)='비겁자'라 부르고 있다.

*44 훌드(Khuld)는 제7천(天) 가운데 제4천인 '영원한 나라'를 가리키며, 노란 산호로 되어 있다.

*45 '40일'은 기도, 단식, 종교상의 의식 등을 올릴 때 이슬람교도들에게 준종교적인 기간이다. 여기서는 우리의 '밀월'에 해당한다. 이 책 381번째 밤〔'운스 알 우유드와 대신의 딸 알 와르드 필 아크맘' 이야기 주석 33〕 참조.

*46 바그다드(Baghdad)는 평화의 집이라 불리는데 그 이유는 여러 가지가 있지만, 특히 평화의 디질라(Dijlah, 티그리스) 강이 흐르는 언저리이기 때문이다. 바그다드(Baghdád, Bághdád) (우리 옛날의 Bughdaud, Bagdat)도 Baghzaz, Baghzan, Baghzam, Maghdad 등으로 다양하게 적혔다. 그것은 바로 마카(Makkah)와 바카(Baakkah)(《코

란》제3장 90절)와 같다.〔위의 지명은 현재는 일반적으로 메카(Mecca) 또는 Meccah라고 쓴다.〕

경건한 이슬람교도는 바그(Bagh, 우상)와 다드(Dad, 선물)를 불길한 조합으로 생각했고, 그리스인은 그것을 에이레노폴리스(Eirenopolis)〔평화의 도시라는 뜻〕로 바꿨다 (우즐리(Ouseley)의《동양 이야기집 *Oriental Collections*》제1권 참조).

〔윌리엄 우즐리 경은 영국의 외교관이자 동양학자였던 고어 우즐리 경의 형제로, 윌리엄 또한 우수한 동양학자였다. 위의 책 말고도 유명한 피드파이 우화의 페르시아어역《안바리 수헬리 *Anvari Suheli*》를 편찬했다. 1767∼1842년.〕

\*47 이것은 세상 사람들의 입버릇이기는 하지만, '골짜기의 속담'이라고 할 것까지는 없다 (레인 역《신역 천일야화》제3권). 오히려 셰익스피어의 다음과 같은 글이 연상된다.
"So loving to my mother,
That he might not beteem the winds of heaven
Visit her face too roughly."
〔이것은《햄릿》제1막 제2장 140∼142행으로 해석하면 '아버지는 그 얼마나 어머니를 생각했던가. 바깥바람이라도 쐬면 안 된다고, 그렇게까지 어머니를―'〕

\*48 바꿔 말하면, 그녀는 학대를 하소연하고 정당하게 시장에서 매매되기를 요구했을 것이라는 뜻.

\*49 힌두교도는 '여자가 알고 있는 유일한 유대(紐帶)는 자신의 마음'이라고 한다.

\*50 토파(Tohfah)는 진품, 선물(특히 페르시아어로)이라는 뜻이다.

\*51 즈바이다(Zubaydah) 왕비는 자파르 빈 만수르(Ja'afar bin Mansur)의 딸이었다. 그런데 뒤에서도 볼 수 있듯이《아라비안나이트》에서는 몇 번이나 그녀의 아버지를 알 카심이라 부르고 있다.

\*52 이것 또한 다섯째 아들의 잘못이다. 일반적으로 흔히 "그는 알 아바스의 다섯째 아들―즉 하룬 알 라시드―인가?" 라고 말한다.

\*53 이 시는 악시(惡詩)에 지나지 않는다. 그때 대부분의 시가 그렇듯이.

\*54 와크(Wak)는 나중에는 와크 와크(Wak Wak)라 불렸고, 브레슬라우판에는 Wak al -Wak로 되어 있다.

아라비아의 지리학자들은 명백하게 두 가지의 와크 와크를 거론하고 있다. 이븐 알 파키(Ibn al-Fakih)와 알 마수디(불어 번역 제3권)는 그 하나의 소재를 잔지바르와 소팔라(Sofala) 저편의 동아프리카로 보고 있다.

"Le territoire des Zendjes(Zanzibar-Negroids) commence au canal(Al-Khalij) dérivé du haut Nil(the Juln River?) et se prolonge jusqu'au pays de Sofalah et des Wak-Wak."
〔잔지인(잔지바르 니그로이드)의 영토는 높은 니르(줄른 강?)에서 발하는 한 운하 (알 하리지)에서 시작되어 소팔라와 와크 와크 지방까지 뻗어 있다.〕

그것은 단순히 과르다푸이(Guardafui, 자르드 하푼(Jard Hafun)) 반도일 뿐이다(현재의 소말리란드 북단에 있는 반도). 이슬람교도인 소말(Somal)인에게 몰려 쫓겨나기 전까지는 갈라(Gallas)인이나 이교도, 그리스도교도들이 그것을 점유하고 있었다. 그리고 갈라인은 언제나 이슬람교도가 알라의 이름을 외치는 것처럼 '와크'(신)를 부르짖었다.

이 증명에 의해 마르코 폴로가 '여자들이 수호하는 섬' 소코트라(Socotra)를 점유하고 있었다고 한 아마존을 비롯하여, 그 밖에 많은 수수께끼가 밝혀진 셈이다(유르, 제2권).

여자의 머리를 닮은 열매(여기서 머리카락으로 나무에 매달려 있는 와크 와크 섬의 소녀(Puellae Wakwakienses)라 불린다)로, 익으면 와크 와크라 불리며 알라 알 할라크(Allah al-Khallak, 조물주이신 알라)라고 소리쳤다고 하는 이 열매는, 호리병박나무(Calabash-tree, *Adausonia digitata*)를 말한다. 이것은 매우 기괴한 모습의 커다란 식물로, 인간의 머리보다 더 큰 열매가 가느다란 꽃실로 매달려 있다. 이와 마찬가지로 코코아(cocoa)라는 말은 한쪽 끝이 사람을 닮았다 하여 포르투갈어의 귀신(고블린)에서 나온 것이다. 또 하나의 와크 와크는 세이셸(Seychelles), 마다가스카르, 말라카, 순다 또는 자바(이것은 랑글레(Langlés)에 의한다), 중국, 일본 등으로 가정되었다.

박식한 드 푸예(De Goeje) 교수(《일본에 대한 아라비아 문헌 *Arabische Berichten over Japan*》, 암스테르담 뮐러, 1880년)에 의하면, 광둥에서는 일본의 이름은 워 퀴크(Wo-Kwok)라 불렀으며, 이것은 아마 코쿠탄(Koku-tan), 즉 흑단(*Diospyros ebenum*)이 본디 뜻과 달리 전해진 것이라고 한다. 이 나무는 이븐 호르다바(Ibn Khordabah) 등이 수에즈에서 4천5백 파라상 떨어진 중국 동쪽의 한 섬에서 황금과 함께 발견했다. 여기서 우리가 꼭 자세히 기록할 것은 당나라 때 중국왕조(Celestial Empire)로 가는 중요한 시발점은 바스라였다는 사실이다. 봄베이(뭄바이)의 J.W. 왓슨(Watson) 대령은 극락조(Bird of Paradise)가 '와크, 와크!' 하고 운다는 뉴기니아, 또는 인접한 섬들로 추정하고 있다.

또 W.F. 커비(Kirby) 씨는 《신 아라비안나이트 *New Arabian Nights*》라는 저서의 머리말에서, "하산 이야기에서는 바그다드에서 7년의 여행길인 와크 와크 섬이 (호라산의) 마진(Majin) 이야기에서는 150년의 거리로 멀어져 있다. 의심할 여지없이(?) 그것은 뉴기니아 부근의 산호 섬을 가리킨다. 그 신비로운 과일 대신 극락조가, 일몰과 일출 무렵에 무리지어 나무 위에 앉아서 그것과 같은 울음소리를 낸다"고 했다.

그러므로 와크 와크는 오빌(Ophir)(구약에서 솔로몬이 금은보석을 얻은 곳으로, 위치는 아라비아 남부라고도 하고 아프리카 동해안이라고도 하지만 확실하지 않다)과 마찬가지로, 전 세계를 두루 돌아다녔으며, 그 이름은 터키어 책 《타리흐 알 힌드 알 가르비 *Tarikh al-Hind al-Gharbi*》(서인도 제도의 역사)에 의해 페루에서도 발견되고 있다(《동양의 이야기집》제2권).
 〔동양학자로서의 랑글레의 학식은 그다지 깊지 않아서 일반적으로 그 학문적 식견이 의심받고 있다. 드 푸예는 네덜란드의 아라비아 학자, 타바리의 유명한 《세계사》도 교정했다. 이븐 호르다바는 820년 또는 830년 무렵에 태어난, 아라비아에서 손꼽히는 지리학자.〕
*55 '환락의 동산'은 자나트 알 나임(Jannat al-Naim)으로, 제5천(天), 하얀 다이아몬드로 만들어져 있다.
*56 이것은 우리의 옛날 기사도 이야기에 나오는 '상갓집'이다. 프란시스코 데 모라에스(Francisco de Moraes, 1572년 사망)가 쓴 《영국의 팔메린 *Palmerin of England*》제6장 참조. 이 작품은 안소니 먼데이(Anthony Munday)에 의해 번역되어(발행일자는 없음, 1590년?), 훗날 로버트 사우디(Robert Southey)에 의해 틀린 곳이 고쳐졌다(고쳐 도리어 나빠짐). 런던, 롱맨스, 1807년 발행.
 〔위의 제목은 《영문학 사전》J.W. 카슨 편찬, 에브리맨스 총서의 먼데이 항에 의하면 'Palladino of England'로 되어 있다. 팔라디노는 여주인공의 이름. 먼데이는 시인 겸 극작가로, 역서도 여러 권 있다. 1553~1633년. 사우디는 영국의 저명한 계관시인. 시 말고도 전기가 있다. 1774~1843년.〕
*57 이 시는 앞에 나왔으므로, 여기서는 페인 씨의 번역을 인용한다.
*58 십 년의 수명이 정해진 아이라는 뜻.
*59 같은 '열네 살'이라도 이러한 시적인 표현은 카몽이스(《우스 루지아다스 *Os Lusiadas*》)를 연상시킨다.〔포르투갈의 대시인 카몽이스의 걸작은 버턴이 완역했다. 우스 루지아다스는 루시타니아인, 즉 포르투갈인을 말한다. 참고로 본문의 시를 인용해둔다. She were moon of five/nights and five plus four.〕
*60 모하람(Moharram)은 이슬람력의 첫 번째 달.
*61 생각에 잠겼을 때 아랍인이 종종 그렇게 하는 것과 같다. 레인이 요한복음 8장 6절에서 '예수께서 몸을 굽히사 손가락으로 땅에 쓰셨다'를 인용한 것은 적절하다.
*62 아부 알 루와이시(Abu-al-Ruwaysh)는 아부르 루와이시라고 발음한다. '작은 날개의 아버지'라는 뜻. 뒤에는 '저주받은 마신의 딸의 아들'이라 불린다. 그러나 레인이 말한 것처럼 '덕망이 있는 인물로 생각된다.'
*63 아랍인은 간직해 둔 많은 책이라는 것이 무엇인지 잘 알고 있었다. 또 학자는 사전류를 낙타에 싣고 다니지 않으면 여행도 할 수 없었다.
*64 불쏘시개(fire-sticks)는 아랍어로 지나드(Zinad)이며, 레인은 '불을 피우기 위한 도구'라고 번역했고, 페인은 알 하리리의 역자를 모방하여 '부싯돌과 부시(flint and steel)'라 번역했다.

* 65 가죽 향주머니는 아랍어로 아딤(Adim)이며, 오늘날에는 불가르(Bulghar)라고 한다. 우리의 모로코가죽을 말한다.
* 66 빌키스는 솔로몬을 방문한 시바 여왕의 아라비아 이름인 것을 기억할 것이다. 〔이 책 '오마르 빈 알 누만 왕과 두 아들 샤르르칸과 자우 알 마칸 이야기' 주석 37 참조.〕 아비시니아에서는 케브라 자 네게스트(Kebra za negest 또는 Za makada)라 불리고 있고, (페르디난트 베르네(Ferdinand Werne)의 《아프리카 만유기(漫遊記) African Wanderings》 1852년, 롱맨스에 의하면) 이것은 이티오피아(Ityopia), 또는 하바시 (Habash)(Ethiopia 또는 Abyssinia)의 동의어라고 한다.
* 67 지은이는 늙은 동양 여자의 가장 추악한 부분, 즉 살담배를 넣는 쌈지처럼 텅 빈듯한 길쭉한 유방에 대해 언급하는 것을 잊고 있다. 청춘시절의 가슴은 아름답게 활모양을 그리며 둥글게 부풀어서, 손가락으로 건드리면 돌처럼 단단하고 젖꼭지는 발딱 서서 밖으로 향하고 있다.

그런데 젊은 어머니에게서 첫 아이가 태어나면, 모습이 완전히 변해버린다. 자연히 육체의 힘이 혹사당하고, 이어서 오랜 수유가 어머니의 몸과 마음의 활동력을 떨어뜨린다. 너무나 급격하게 피부가 늘어지고 각 기관이 확대되는데, 이것은 감퇴한 수축력으로는 어찌할 수 없는 일이며, 또한 보잘것없는 음식도 끊임없이 생명력을 써서 없애는 원인이 된다. 따라서 동양여성들에게는 나이와 추함은 동의어라고 할 수 있다. 아름다운 노파를 찾아볼 수 있는 것은 최고도의 문명에서뿐이다.
* 68 '재앙의 어머니'라는 이름은 오마르 왕과 그 아들의 기사담에도 나왔다. 〔본문에서는 움 알 다와히(Umm al-Dawahi)로 되어 있는데, 원서에는 자트 알 다와히(Zat al -Dawahi), 즉 '재앙의 귀부인'으로 되어 있다. 이 별명은 적에 대한 재앙을 의미한다.〕
* 69 이러한 호칭〔즉, 아들아 하고 부르는 것〕에 의해, 노파는 하산의 순결에 대해 어떠한 야심도 없다는 것을 상대에게 확신시킨 것이다. 이슬람 국가에서는 아무리 젊은 여자라도 모르는 여성에게는 '야 움미!(Ya Ummi)'='오, 나의 어머니!'라고 부르는 것이 관습이다. 이 말은 상대에게 치근대지 않겠다고 맹세하는 것과 같다.
* 70 명백하게 와크 섬 주민은 바로 영국 또는 미국 사람이 길을 헤아리는 것처럼 섬들을 헤아렸다. 그 때문에 그들은 '상상력이 부족하다'고 비난받았지만, 이는 엄밀히 말해 고전적인 관습이다. 이를테면 봄베이〔뭄바이〕의 Reg(io) 1 ; Ins(ula) 1, Via Prima, Secunda, etc. 등을 참고하기 바란다. 〔위에서 차례로, '제1구(區)', '제1도(島)', '제1가(街)', '제2가(街)' 등.〕
* 71 이것은 이븐 알 와르디가 눈으로 직접 보고 설명한, 이른바 '와크 와크 섬의 처녀들 (Puellae Wakwakienses)'이다. "여기에도 아름다운 얼굴의 여자 같은 과일이 열리고, 그 머리털로 매달려 있는 한 그루의 나무가 있다. 그 열매는 큰 가죽 자루와 비슷한

껍질 속에서 나타나(표주박?), 공기와 햇빛이 닿으면 '와크! 와크!' '신이여! 신이여!' 소리치다가 머리카락이 끊어져서 죽어 버린다. 섬 주민은 이 외침을 해석하여 불길하다고 생각한다."

《인도의 신비》(제15장)에는, 불에 들어가도 타지 않는 사만달(Samandal)이라는 섬도 와크 나라에 있다고 되어 있다. 이것은 명백하게 이집트인의 '피 베니(Pi-Benni)'이며, 그리스인은 나중에 불사조(Phoenix)로 바꿨다. 또 위의 책은 때로는 수컷이 되고 때로는 암컷이 되는 토끼 같은 동물에 대해서도 언급하고 있다. 콰르다피 곶의 뒤쪽에 있는 소말인(人)도, 개(犬)하이에나(Cynhyaena)에 대해 같은 얘기를 전하고 있다.

*72 수건 또는 냅킨은 아랍어로 마나시프(Manashif)라고 하며, 여기서는 몸을 닦는 수건을 말한다. 민샤파(Minshafah)의 복수형. 조나단 스위프트 부감독은 사투리로 무나사프(Munnassaf)라 불렀다. 레인 《신역 천일야화》 서문에 나와 있다.

*73 아래쪽 입술〔음순〕은 아랍어로 샤파이프(Shafaif)라고 하며, 입술인 샤파(Shafah)에 대응한다.

*74 카우사르(Kausar)와 살사빌(Salsabil)은 모두 낙원의 샘물이다. 〔이 책 '누르 알 딘 알리와 그 아들 바드르 알 딘 하산 이야기' 주석 58 참조.〕 이 묘사는 사자(산문압운)를 위해 순서가 뒤죽박죽된 예를 보여주고 있다. 즉 아랍인은 먼저 머리카락, 이마, 눈썹, 속눈썹 등에서 시작하여 코에 따르면, 해운(諧韻)을 위해 저 아래의 발가락으로 쭉 내려간다. 만일 발이 무시될 때는, 이 여성미의 일람표도 다시 배열해야 한다.

*75 아랍문자 문자퀴즈의 좋은 본보기. 이것은 히브리 문자와 시리아 문자만 포함하고, 6개의 아랍문자를 포함하지 않는 아브자드 알파벳에 의한 것. 〔아브자드는 알파벳의 오래된 배열법으로, 각 문자가 1에서 1천까지의 수를 나타내게 되어 있다.〕 그래서 4×5=20은 카프(K)를 나타내고, 6×10=60은 신(S)을 의미한다. 따라서 이 두 가지에서 쿠스(Kus)가 나오는데, 이 말은 그리스어의 χυσος 또는 χυσσος에 해당하며, 페르시아어에서도 아랍어에서도 여성기를 가리키는 가장 저속한 언어로서 오로지 남을 욕할 때 사용된다.

내가 젊었을 때는 대학에서 이런 노래가 유행한 적이 있었다.

To five and five and fifty-five
The first of letters add
To make a thing to please a King
And drive a wise man mad.

〔5와 5와 55에
최초의 문자를 더하면
임금님마저 희열을 느끼는 것,

현인조차 미치게 된다는 뜻.]
답은 VVLVA(두 번째 v를 u로 바꾸면, 발바, 즉 오니, 여자의 음부가 됨)이다.
인류학 연구가들에게 하산의 이 대답은 매우 흥미로운 것이다. 아내와 자식들을 되찾기 위해 모든 고난과 공포 속에서 자신의 목숨마저 내던진 상황에서, 그는 갑자기 아내의 음부를 제목으로 하여 노래하기 시작했다. 운문도 산문도 조사문체(措辭文體) 상에서 상당한 묘미를 보여주고 있으므로, 이것은 대체로 강석사가 멋대로 끼워 넣은 서툰 익살로 생각할 수는 없다.

* 76 마우왈(Mawwal) 노래는 제재가 옛것을 본뜬 것이나 격이 낮고 속된 것이나를 떠나서, 짧은 시를 가리키는 마와리야(Mawariyah)라는 말의 비속어(이집트와 시리아의)이다. 이 시는 보통 5행으로 구성되며, 어미에서 두 번째 철자를 제외하고 전부 각운을 밟고 있다. 운율법은 일종의 바시트(Basit)이기는 하지만, 시를 지을 때 자유가 상당히 인정되고 있다. 레인에 의하면 보통 다음과 같은 미터가 된다.

— — ⌣ — / — ⌣ — / — — ⌣ — / — —

이것은 명백하게 약약강격(弱弱强格, anapaest)이며, 라이올(Lyall) 씨《고대 아라비아 시》의 번역)는 같은 종류의 운율법 타윌(Tawil)과 비교하고 있다.
[마우왈 노래와 타윌 등에 대해서는 너무 전문적인 운율론이어서 여기서 소개할 필요는 없을 것이다. 라이올은 앨프레드 코민 라이올 경으로, 근래의 중동 문학 연구가이다. 1835~1911년.]

* 77 글 첫머리의 장으로 명명된 《코란》의 장을 되풀이하는 것으로, 다음의 문구로 시작되어 있다. "하느님은 그대의 마음을 펼치사 그대의 무거운 짐을 덜어주었으며…… 실로 고난이 있되 구원을 받을 것이다!"(《코란》 제94장)

* 78 레인은 '구원의 빛'인 누르 알 후다(Nur al-Huda)를 '햇빛'이라고 번역했는데, 그것은 누르 알 하다(Nur al-Hada)가 되어야 할 것이다.

* 79 아내의 이름을 모르는 것은 현실 속 인생에서도 드문 일이 아니다. 이슬람교도 여성은 미신상의 이유에서 종종 남편이나 가족에게 자신의 이름을 숨기거나 바꾸기도 한다.

* 80 보호지(guarded site)는 아랍어로 히마(Hima)이며, 아라비아 시에 종종 나온다. 어떤 강력한 추장, 이를테면 '쿨라이브 왕(King Kulayb)' 같은 자에 의해 개 짖는 소리가 들리는 범위까지, 힘으로 보호되는 채지(采地), 목초지, 관개지 등이다. 이 식봉은 무함마드에 의해 알라와 사도(즉 무함마드 자신)의 몫을 제외하고 금지되었다.

* 81 이 젊은이는 틀림없이 '블라니의 돌에 입맞춤한(Kissed the Blarney stone)' 경험이 있었을 것이다. [아일랜드 코크 부근의 성에 있는 블라니라는 돌에 입을 맞추면 말솜씨가 좋아진다는 전설이 있다.]

* 82 즉 인샬라를 말하며, D.V와 같다. [D.V는 Deo volente=God willing으로, 몇 번이나

나왔듯이 '신의 뜻에 맞는다면'이라는 뜻이다.〕
*83 마나르 알 사나(Manar al-Sana)는 '빛의 장소(등대)'라는 뜻이다. 여기서 우리는 처음으로, 하산의 아내가 가장 막냇동생임을 알았다. 이 여자는 매우 독선적인 맏언니와 매우 닮았던 것이다.
*84 즉 귀향한 여행자에게 나오는 축하 과자. 이 노파는 (다른 사람들과 마찬가지) 젊은 남자의 입술 유혹에 진 것이다. 그나마 다행인 것은, 노파는 거기까지만 요구하고 그이상은 아무것도 원하지 않는다.
*85 첫째, 넷째, 다섯째와 막내의 이름은 앞에 나왔다. 그 밖의 이름은 위에서부터 차례로 '샛별' '태양' '처녀의 명예'이다. 이러한 이름은 단순히 가공적일 뿐이며 지금도 이집트와 시리아에서 사용되고 있다.
*86 갈보(harlot)는 아랍어로 파지라(Fajirah)라고 하며, 그 밖에 아히라(Ahirah)도 쓰이고 있다. 매춘부라는 뜻이기는 하지만 특별한 의미는 없고, 단순한 욕으로서 음란한 대화에서 자주 사용된다.
*87 이것은 서구인들에게는 있을 수 없는 일로 생각될 것이다. 그러나 동양인은 알 무하바트 알 가리자(Al-Muhabbat al-ghariziyah), 즉 자연의 혈연적 애정에 대해 독자적인 관념이 있다.
*88 사이르(Sáir)는 지옥의 하나. 여기에 7개의 천국의 명칭을 소개하려고 한다. 이것은 명백하게 프톨레마이오스의 천동설에 의한 것이며, 아라비아식 분류방식에 따라 7개의 지옥에 들어맞는 것이다.
(1) 다르 알 잘랄(Dar al-Jalal, 영광의 동산), 진주로 만들어져 있다. (2) 다르 알 살람(Dar al-Salam, 평화의 동산), 홍옥과 히아신스석. (3) 자나트 알 마와(Jannat al-Maawa, 대저택의 꽃동산. 하크로츠는 '거울의 동산'이라고 했지만 그렇지 않다), 노란 구리로 만들어져 있다. (4) 자나트 알 훌드(Jannat al-Khuld, 영원한 꽃동산), 노란 산호. (5) 자나트 알 나임(Jannat al-Náim, 환락의 동산), 하얀 다이아몬드. (6) 자나트 알 피르다우스(Jannat al-Firdaus, 낙원의 동산), 순금. (7) 자나트 알 아든(Jannat al-'Adn, 에덴의 동산. 알 카라르(Al-Karar, 즉 영원한 거처)), 붉은 진주 또는 순수한 사향.
또한 일곱 개의 지옥은 '아부 알 후슨과 노예처녀 타와즈드' 이야기〔459번째 밤〕에 열거되어 있는데, 그것은 각각 다음과 같이 예정된 것이다. 자한남(Jahannam)은 이슬람교도에게, 라자(Laza)는 그리스도교도에게, 후타마(Hutamah)는 유대교도에게, 사이르(Sáir)는 사비교도에게, 사카르(Sakar)는 배화교도에게, 자힘(Jahim)은 이단자 또는 우상숭배자에게, 하위야(Hawiyah)는 위선자에게. 〔또한 같은 밤에 하팀이라고 한 것은 후타마와 같다.〕
*89 브레슬라우판에는 이렇게 되어 있지만, 맥나튼판에는 "내가 그것을 집어온 곳으로 다

시 날아갔다"고 되어 있어서, 의미의 해석이 서투르다.
* 90 꿈은 기사 이야기에서는, 이를테면 《골의 아마디스 Amadis of Gaul》 제2장(런던, 롱맨스 사, 1803년)의 페리온 왕의 꿈처럼 중요한 역할을 한다. [위의 이야기는 스페인의 갈루시 로드리게스 데 몬타르보의 작품으로 알려졌으며, 16세기 초에 나왔다. 그 뒤 유럽 곳곳에 주인공의 이름 아마디스를 딴 아류 아마디스 이야기가 엄청나게 간행되었다. 그중에서도 이탈리아의 바르나드 타소의 것이 유명하다.]
* 91 이슬람교도들에게는 사생아를 낳는 것은 중대한 죄과이고, 따라서 사생아가 매우 적다. 미혼의 젊은 여자는 주의 깊게 감시당할 뿐만 아니라, 잘못하면 결혼을 못한다는 것을 알고 있으므로 스스로 조심한다. 그래서 유혹 같은 것은 거의 없다. 결혼한 여성도 마찬가지로 엄격하게 감시당하며 남녀가 몰래 정을 통할 기회가 전혀 없어서, 도의에 어긋난 간통이라는 것은 책 속에서는 몰라도 실제로는 드물다.

그러나 이상하게도 알 이슬람에서는 공창(公娼)제도가 완전히 폐지된 적이 없었다. 알 마수디에 의하면, 사도 무함마드가 살아 있었을 때도 아라비아에 공창(바가야(Baghaya))이 존재했고, 오늘날 알렉산드리아의 타르투샤 지구와 카이로의 호슈 바르다크 지구처럼 일정한 지구에서 살았다고 한다. 카를로 란드베르크(Carlo Landberg) 씨(《시리아 속담》)는 공창에 대해 "Elles parlent une langue toute à elle" [그녀들은 같은 언어를 쓴다]고 했는데, 《시리아 지방의 속담 Proverbes et Dictions de la province de Syrie》의 저자처럼 자부심이 강하고 독선적인 자라면, 당연히 호슈 바르다크 지구가 카이로의 집시의 본거지인 것은 모르지 않았을 것이다.
* 92 이러한 실신과 혼절은 기사 이야기에도 흔히 등장한다. 이를테면 앞에서 언급한 《골의 아마디스》에서는 몸을 편안하게 하려고 옷의 끈을 풀고, 얼굴에 찬물을 끼얹고, 관자놀이와 맥박을 엷은 식초(장미수 대용)로 적시는데, 바로 그것은 《아라비안나이트》에서 볼 수 있는 것과 같다.
* 93 두건은 아랍어로 타키야(Takiyah)라고 한다. 《어떤 왕의 32가지 이야기》(Sinthasane Dwatrinsati)에는, 항상 금화가 가득 들어 있는 주머니, 바닥이 없는 지갑, 초저녁에는 보석 장식을, 밤이 깊어지면 아름다운 처녀를, 깊은 밤에는 은둔술을, 새벽에는 무서운 강적이나 죽음을 내려주는 지팡이, 그 주인의 모습을 보이지 않게 해 주는 화환, 매일 다이아몬드를 만들어내는 불멸의 연꽃 등이 등장한다.
* 94 구리돈은 아랍어로 주다드(Judad)이며, 자디드(Jadid)의 복수. 글자 그대로는 '새로운 화폐'라는 뜻으로, 10주다드는 1누스프(Nusf), 즉 1/2디르함에 해당한다.
* 95 선반은 아랍어로 라프(Raff)라고 하며, 원래의 선반은 바닥 위 약 7피트에서 7피트 3인치 정도의 높이로 방 주위에 둘러쳐져 있다. 내가 머물렀던 당시의 다마스쿠스에서는 이 라프를 따라 옛날 중국에서 대상들이 가져온 훌륭한 자기를 한 줄로 진열하고, 한편 탁자 위에는 영국과 프랑스에서 만든, 하나에 1프랑 정도 하는 흰색과 금색 '도

기'를 두는 것이 유행하고 있었다.
*96 레인은 유리와 사기그릇이 라프 아래쪽에 벽을 따라 설치된 긴 의자 위에 떨어졌으므로 깨지지 않은 것으로 생각했다(제3권).
*97 이 시는 689번째 밤에 나왔으므로, 레인의 번역을 인용한다.
*98 이것도 이미 나왔다. 페인 씨의 번역시를 빌려 썼다.
*99 이 형식은 다시 한 번 말해 두지만, 특히 '바소라의 하산'의 특색이 되어 있다.
*100 이 시도 24번째 밤에 나와 있으므로, 레인의 번역을 인용했다.
*101 동성애자(tribade)는 아랍어로 무사히카(Musahikah)이며, 더욱 일반적인 용어는 '비빈다'는 의미의 사크(Sahk)에서 나온 사히카(Sahikah)이다. 어느 말이나 여성 수음자와 자위자에 사용된다. [tribade라는 영어도 또 '비빈다'는 의미의 그리스어 트리보스에서 나왔으며, 희대의 동성애자 사포가 살았던 레스보스 섬에서 따온 레즈비언(lesbian)과 같은 뜻. 클리토리스의 서로 닿아 비비는 것을 기본으로 하는 동성애가 동서에서 같은 뜻의 말을 가지는 것은 이상할 것이 없다.]
*102 즉 고삐용으로. 또한 이 항아리는 아우어바흐(Auerbach)의 《켈라 Keller》에 나오는 통과 같은 것이다. 마녀들이 날마다 사용했다. 587번째 밤을 참조할 것. [아우어바흐는 독일의 시인이자 작가. 1812~82년.]
*103 여기는 열 명으로 되어 있지만, 뒤에는 일곱 명으로 줄었다. [레인도, 자신의 원전에서도 마찬가지로 열 명이 일곱 명으로 되었다고 주석한 바 있다.]
*104 아사후 빈 바르히야(Asaf bin Barkhiya)는 솔로몬의 대신. 이 책 '어부와 마신 이야기' 참조.
*105 알라의 가장 위대한 이름이란 아랍어로 이슴 알 아잠(Ism al-A'azam)이며, '입에 올려서는 안 될 만큼 신성한 이름'이라는 뜻. 이 미신은 명백하게 유대인의 종족신 야(Yah) 또는 야바(Yahvah)[여호와를 가리킴]에 대한 탈무드적인 환상에서 나왔다.
*106 다음과 같은 전설이 있다. 무함마드가 아카프 알 와다에게 "아내가 있는가?" 물었을 때, 상대가 없다고 대답하자 이렇게 말했다.
"그렇다면 너는 악마의 형제로구나! 그리스도교의 승려가 되고 싶다면 그들에게 가라. 그러나 우리의 동료가 되고 싶으면 결혼을 하는 것이 우리의 관습임을 잊어서는 안 된다!"
*107 노파들은 동서양을 불문하고 여자 중에서도 가장 복수심이 강하다. 바다위족 남자는 이따금 부끄러워하면서도 피의 대가[2백 파운드 정도]를 받을 때가 있다. 그러나 노파에게 그것을 주려고 하면 그녀는 그것을 땅에 내동댕이치고, 칼을 손에 쥐고 자신은 알라께 맹세코, 아들의 피를 '먹고 싶지는 않다'고 분개하여 소리칠 것이다. 《순례》 제2권에서는 사르(Sar), 즉 복수와 그 피의 보상에 대한 상세한 설명을 볼 수 있는데, 그 보상은 2백 파운드, 또는 가축으로 환산한 금액이라고 한다. 물론 글자 그

대로 적의 목을 베는 복수자도 있다.〕
*108 둥근 지붕과 분수 등은 앞에는 언급되어 있지 않다. 흔히 있는 실수다.
*109 동양인들은 여행할 때 먹고 마시기 전에 휴식부터 취한다.
*110 하산이 여자의 깃옷을 빼앗아 그녀를 아내로 삼은 일을 암시하고 있다.
*111 '보이지 않는 것'이란 아랍어로 알 말라쿠트(Al-Malakut)이며, 영혼의 세계를 가리키는 수피파의 용어. 동양의 그리스도교도들 사이에서는 어렴풋하게 여성형으로 사용되며, 천국, 또 복음서의 전도를 가리키기도 한다.

〈역주〉
(1) '알라 무드릴라'는 '신께 영광 있으라!'는 뜻.
(2) 제 275번째 밤 이하에 '원기둥이 많은 도시 이람'에 대한 전설이 소개되어 있다.
(3) 하산이 사랑한 여자는, 나중에 드러나지만 일곱 자매 중에서 가장 막내이다.
(4) '스바나 루라'는 신을 찬송하는 소리라는 뜻.
(5) 지리적인 설명이 합리적이지 않아서 이해하기 어렵지만, 요컨대 여인군은 상거래를 위해 와크 섬 밖의 섬으로 멀리 나와 있었던 것이고, 산과 강이 있는 이 섬이 와크 섬의 첫 번째 섬이고, 노파들의 고향이다.
(6) 원문이 이른바 사자(운문)이므로 약간 부자연스럽지만, 본문처럼 번역해 보았다.
(7) 이세벨은 이스라엘 왕 아합의 사악한 아내로, 일반적으로 성품이나 행동이 몹시 악독한 여자를 가리킨다. 열왕기상 제21장 등을 참조할 것.
(8) 어젯밤이라는 뜻.
(9) 뭐든지 명령하시라는 뜻.

## 바그다드의 어부 할리파

 옛날 아주 먼 옛날, 바그다드에 할리파라고 하는 어부가 살고 있었는데, 찢어지게 가난해서 여태까지 결혼도 하지 못하고 있었습니다.[1]
 어느 날 아침, 할리파는 다른 어부들이 오기 전에 먼저 고기를 잡으려고 그물을 들고 강으로 나갔습니다.
 강가에 이르자 허리띠를 고쳐 매고 바지를 걷어 올린 뒤, 물에 들어가서 먼저 첫 그물을 던지고 이어서 두 번째 그물도 던졌습니다. 그러나 그물에는 아무것도 걸려들지 않았습니다. 그래도 실망하지 않고 계속해서 열 번이나 던졌지만 역시 아무것도 잡히지 않았습니다.
 그래서 낙담한 할리파는 어떻게 해야 좋을지 몰라 혼잣말을 중얼거렸습니다.
 "오, 위대하신 알라시여, 용서해 주십시오! 영원한 생명을 누리시는 알라 외에 신은 없으니, 저는 알라께 참회합니다. 위대하신 알라 외에는 주권도 없고 권력도 없습니다! 알라께서 원하시면 모든 것이 태어나고 원하지 않는 것은 태어나지 않습니다! 나날의 양식도 알라(명예와 영광이 있기를!)의 은혜입니다. 알라께서 종에게 내려주실 때는 누구도 종을 거부하지 않고, 알라께서 종을 거부하실 때는 누구도 종에게 주지 않습니다."
 그리고 구슬픈 심정으로 다음과 같은 시를 읊었습니다.

 네가 가혹한 운명에
 슬퍼하고 한탄할 때는
 괴로움을 참고
 그 가슴 활짝 펼치고
 마음을 쉬면서 기다려라.
 온 세상을 다스리는 신께서는
 그 자비심으로

끈기 있게 기다리는 자에게
즐거운 안식을 주시니.

그리고 잠깐 고개를 숙이고 생각하다가, 또 다음과 같은 시를 읊었습니다.

운명을 참고 견디어라,
알아야 한다, 신의 뜻을
오직 신만이 이룩하심을.
밤은 곧잘 슬픔에 빠지게 한다,
종기를 끝내 곪게 하여
때를 보아 짜버리듯이.
세상은 덧없는 것,
어린 생명 위로
시간은 흘러가고
슬픔은 가버린 뒤
돌아오지 않는다.

그러고 나서 어부는 속으로 중얼거렸습니다.
'다시 한 번 그물을 던져 보자. 알라를 생각하며 던지면 설마 알라께서 실망이야 시키실까나.'
그래서 일어나 그물을 손에 들고 힘껏 멀리 던져 넣었습니다. 그리고 끈을 양손으로 잡고 한참을 기다린 뒤 그것을 당겨 보니까, 이번에는 묵직하게 손에 반응이 왔습니다.

—여기서 날이 훤히 밝아왔으므로 샤라자드는 이야기를 그쳤다.

## 832번째 밤

샤라자드는 이야기를 계속했다.

오, 인자하신 임금님, 할리파가 그물을 조심스럽게 살살 당겨서 가까스로 기슭에 끌어내 보니, 걸려나온 것은 놀랍게도 애꾸에다 다리를 저는 원숭이 한 마리였습니다.
"오, 알라 외에 주권 없고 권력 없다! 우리는 알라의 것이니 알라가 계신 곳으로 돌아가리라! 그렇긴 하지만 가슴이 찢어지는 듯한 이 비참한 불행, 이 밥맛없는 불운은 대체 무슨 조화 속이냐! 하지만 이것도 모두 전능하신 알라께서 정하신 운명이겠지!"
할리파는 원숭이를 끌어내 강가의 나무 밑동에 새끼로 묶어 놓고, 한 번 혼을 내주려고 채찍을 집어 들고 높이 치켜들었습니다. 바로 그 순간, 알라의 은총으로 원숭이가 입을 열었습니다.
"오, 할리파, 잠깐만 기다려! 나를 때려선 안 돼. 나를 이 나무에 묶어두고 강에 내려가서 알라를 외며 다시 한 번 그물을 던져 보게나. 알라께서 반드시 자네에게 하루의 양식을 마련해 주실 테니."
할리파는 그 말을 듣고 강에 내려가서 그물을 다시 던졌습니다. 잠깐 있다가 당겨 보니 전보다 훨씬 더 무거웠으므로, 이제야말로 뭔가 횡재하나 보다 하며 열심히 끌어올렸습니다.
그랬더니 이것은 또 웬 조화 속인지, 원숭이가 또 한 마리 걸려 있지 않겠습니까? 게다가 이번 원숭이는 앞니가 많이 벌어져 있는 데다[2] 눈에는 콜 가루를 바르고 손은 헤나 염료로 물을 들이고 있었습니다. 게다가 허리에는 누더기 천을 두르고 히죽히죽 웃기까지 했습니다.
"오, 물고기를 원숭이로 바꾸신 신을 찬양할지어다!"[3]
할리파는 나무에 묶어 놓은 원숭이한테 가서 말했습니다.
"오, 이 원수야! 속없이 원숭이 말을 들은 내가 잘못이지! 또 원숭이가 걸린 건 다 너 때문이야. 이런 건 한 푼어치도 되지 않는단 말이다. 첫새벽부터 너 같은 애꾸에다[4] 절름발이를 만났으니 재수가 있을 리가 있나."
그러고는 지팡이를 들어 허공에 서너 번 휘두른 다음 막 내리치려는데, 원숭이가 살려달라면서 매달렸습니다.
"제발 부탁이니 저 친구 원숭이를 봐서라도 목숨만은 살려주게. 자네가 갖고 싶은 게 있으면 뭐든지 저 친구에게 말해 보게. 아마 틀림없이 자네 소원을 들어줄 걸세."

할리파는 지팡이를 내던지고 두 번째 원숭이 앞으로 다가갔습니다. 그러자 원숭이가 말했습니다.

"오, 할리파, 당신이 내 말을 듣지 않으면 이제부터 내가 하는 말도 아무런 도움이 되지 않아. 내가 하라는 대로 하면 당신을 부자로 만들어주겠어."

"네 말대로 하라니, 뭘 어떻게 하라는 건가?"

"나를 이대로 나무에 묶어 놓고 강으로 내려가서 다시 한 번 그물을 던지는 거야. 그다음 일은 그때 가서 가르쳐주지."

할리파는 다시 그물을 집어 들고 강으로 내려가서 힘껏 던졌습니다. 잠깐 있다가 당겨보니 묵직하게 반응이 와서 힘껏 끌어올리고 보니, 이번에도 원숭이가 걸려 있지 않겠습니까? 이번 원숭이는 털 빛깔이 붉고 허리에는 푸른 치마를 둘렀는데, 역시 손발을 헤나로 물들이고 두 눈은 콜 가루로 까맣게 화장하고 있었습니다.

"오, 위대하신 알라께 영광을! 결함 없는 지배자를 찬양하라! 오늘은 처음부터 끝까지 굉장히 축복받은 날이군! 첫 번째 원숭이의 낯짝에서부터 경사스런 조짐이 나타나 있단 말이야. 책도 겉에 쓰인 이름을 보면 알맹이를 알 수 있는 법이지. 오늘은 정말 원숭이의 날이라고 해야겠군. 강에는 물고기 한 마리 남아 있지 않고, 마치 원숭이를 잡으러 온 것 같군!"

할리파는 세 번째 원숭이를 향해 물었습니다.

"너는 대체 누구냐?"

"할리파, 자네는 나를 모르겠나? 나는 유대인 환전장수 아부 알 사다트*5의 원숭이라네."

"그래, 너는 그 돈장수를 위해서 어떤 일을 하고 있나?"

"매일 아침 내가 '안녕히 주무셨습니까?' 말하면 사다트가 금화 열 닢을 벌고, 매일 밤 내가 '안녕히 주무십시오' 하면 또 금화 열 닢을 벌지."

이 말을 듣고 할리파는 첫 번째 원숭이를 돌아보며 말했습니다.

"이봐, 방금 그 말 들었어? 어떤 사람인지 정말 멋진 원숭이를 다 키우고 있군! 그런데 너는 '안녕' 하고 나한테 가져온 것이라곤 애꾸에다 절름발이니, 재수 없는 그 낯짝으로 나를 더욱더 땡전 한 푼 없는 비렁뱅이로 만들어 배만 더 곯게 한단 말이야!"

그렇게 말하면서 채찍을 집어 들어 막 후려치려고 하는데 아부 알 사다트의 원숭이가 말했습니다.
 "잠깐, 할리파! 그런 짓일랑 그만두고 내 옆으로 오소. 당신에게 좋은 수를 가르쳐줄 테니."
 그래서 할리파는 다시 채찍을 내려놓고 세 번째 원숭이한테 가서 큰 소리로 말했습니다.
 "야, 이 원숭이 임금, 도대체 뭘 가르쳐주려고 그러나?"
 "나와 저 두 마리의 원숭이를 여기 남겨 두고, 그물을 갖고 강물에 들어가 그물에 걸리는 것을 모두 나한테 가져와. 그러면 당신이 좋아할 만한 것을 가르쳐주지."

 —여기서 날이 훤히 밝아왔으므로 샤라자드는 이야기를 그쳤다.


## 833번째 밤

샤라자드는 이야기를 계속했다.
오, 인자하신 임금님, 원숭이의 말에 할리파가 대답했습니다.
 "어디 그럼, 그렇게 해보자."
 할리파는 그물을 어깨에 걸치고 이런 노래를 불렀습니다.

　내 가슴이 울적하고 괴로울 때는
　조물주님께 빌어나 볼까,
　신은 내 가슴의 무거운 짐을
　아주 쉬운 방법으로
　편하고 가볍게 덜어주실 거야.
　은총을 내리시는 알라는
　눈 한 번 깜짝하는 사이에
　그 모자람을 채워주시고
　어둡고 침울한 감옥에
　갇혀 있는 사람을 놓아주신다.

그러니 너도 잘 명심해서
무슨 일이든 괴롭거든
알라님 앞에 여쭈어라.
아무리 재주 있는 사람이라도
은총은 싫어하지 않는 법이니.

또 이런 시도 읊었습니다.

너는 사람을 저주하여
파멸에 몰아넣는 원흉이로다.
슬픔의 뿌리 또한 같으니
근본을 캐면 너에게 있도다.
분에 넘치는 걸 이 몸에게
욕심내게 하지 말라.
공연히 욕심낸 탓으로
잃은 사람 많으니라!

 이 시를 노래하고 나서 할리파는 강으로 내려가 그물을 던졌습니다. 잠깐 기다렸다가 그물을 끌어올려 보니 작고 예쁜 물고기가 한 마리 걸려 있었습니다. 커다란 머리에 꼬리는 마치 국자 같은 모양이고, 눈은 금화처럼 빤짝였습니다.
 그런 물고기는 난생처음 보는지라 할리파는 기뻐서 어쩔 줄 모르며 그것을 움켜쥐고, 마치 온 세상을 차지한 듯이 의기양양하게 아부 알 사다트의 원숭이한테 달려갔습니다. 그러자 원숭이가 말했습니다.
 "오, 할리파, 당신은 이 물고기와 저 원숭이들을 어떻게 할 생각인가?"
 "좋아, 가르쳐주지. 난 이렇게 할 생각이야. 우선 저 지긋지긋한 내 원숭이들을 쫓아버리고 그 대신 너를 내 원숭이로 삼아 매일 무엇이든 네가 좋아하는 것을 먹여주겠다."
 "그래? 당신이 나를 골라줬으니 내 쪽에서도 당신에게 좋은 것을 가르쳐드리지. 이것이 만일 전능하신 알라님의 뜻에 맞는다면, 당신은 한 재산 톡

톡히 챙길 수 있을 거야.

 그럼 이제부터 내가 하는 말을 잘 들어 두게. 우선 밧줄을 한 가닥 더 갖고 와서 나를 강가의 나무에 묶어 놓은 뒤, 물길[*6] 한복판에 들어가서 티그리스 강[*7]에 다시 한 번 그물을 던지게. 잠깐 있다가 그물을 끌어올리면 당신이 이제껏 한 번도 본 적이 없는 물고기가 한 마리 걸려 있을 테니까, 그걸 가지고 나한테 오게. 그러면 다음 일을 가르쳐주지."

 할리파가 곧 일어나 티그리스 강에 그물을 던지니 새끼 양만 한 커다란 메기[*8] 한 마리가 잡혔는데, 첫 번째 것보다 훨씬 큰 그 메기는 할리파가 지금까지 한 번도 본 적이 없는 것이었습니다. 할리파가 그것을 원숭이한테 들고 가니 원숭이가 말했습니다.

 "먼저 푸른 풀을 조금 베어와서 반을 바구니 밑에 깔고, 그 위에 이 물고기를 놓고 나머지 풀을 그 위에 덮게. 그러고 나서 우리를 이곳에 묶어둔 채 그 바구니를 둘러메고 바그다드로 돌아가게. 가는 도중에 누가 말을 걸거나 무엇을 묻더라도 절대로 대답하지 말고 걷기만 해야 하네.

 그래서 환전상이 있는 시장거리로 가면, 그 안쪽 구석에 유대인 환전상 우두머리[*9] 아부 알 사다트 영감의 가게가 있다네. 주인이 백인 노예와 흑인 노예, 그리고 점원들에게 둘러싸여 금화와 은화가 든 돈 궤짝 두 개를 앞에 놓고 등을 쿠션에 기대고 방석 위에 턱 앉아 있을 걸세. 그 노인에게 가서 그 앞에 바구니를 내려놓고 이렇게 말하게.

 '오, 아부 알 사다트 님, 사실 오늘 제가 고기잡이를 나가서 당신의 이름을 외면서 그물을 던졌더니 전능하신 알라께서 저에게 이 물고기를 주셨습니다.'

 그러면 사다트는 틀림없이 '나 말고 누구에게 이 물고기를 보여주지는 않았나?' 물을 테니, 그때 이렇게 대답하게. '천만에요! 누구에게도 보여주지 않았습니다.'

 그러면 그 늙은이는 물고기를 받고 당신에게 금화 한 닢을 내 줄 것인데, 당신이 그것을 받지 않으면 다음엔 금화 두 닢을 내밀 걸세. 그래도 당신은 그것을 받아선 안 되네. 무엇을 주더라도 모두 받지 말란 말이야. 이 물고기 무게만큼 되는 금화를 준다 해도 절대로 받아선 안 돼. 그러면 주인은 이렇게 말할 거야.

'그럼 대관절 무엇이 갖고 싶은지 말해 보게.'
그러면, 이렇게 대답하는 걸세.
'두 가지를 약속해 주시지 않으면 무슨 일이 있어도 이 물고기를 팔지 않겠습니다!'
그러면 그 두 가지가 무엇이냐고 묻겠지. 그때 당신은 이렇게 말하는 거야.
'그럼, 일어나서 이렇게 말해 주십시오―시장에 있는 모든 사람이여, 내 증인이 돼주시오. 나는 어부 할리파의 원숭이와 내 원숭이를 바꾸고, 또 내 운과 이 사람의 운을 교환하겠소― 이것이 내 물고기 값이며 돈 같은 건 필요 없습니다.'
그래서 사다트가 그대로 하면 나는 당신의 것이 되어서, 아침저녁 당신에게 인사할 때마다 당신은 금화 열 닢씩 벌게 되는 거지.
그런데 이 애꾸와 절름발이 원숭이가 매일 아침 유대인에게 인사를 하면, 그자는 매일 세금을 징수*[10]당하게 되는데, 그만큼 돈을 내다 보면 나중에 가서는 한 푼도 없는 알거지가 되고 말 걸세. 그러니까 내 말대로 해야 하네. 그러면 당신은 부자가 되어 모든 일이 뜻대로 잘 될 테니까."
"원숭이의 임금님, 그렇다면 네가 권하는 대로 해 보지. 그런데 저 마음에 안 드는 원숭이들 말인데, 신도 축복해 주실 리가 없겠지만, 저놈들을 대체 어떻게 하면 좋을까?"
"물속에 놓아 줘,*[11] 나도 함께."
"그러지 뭐."
할리파가 원숭이 세 마리의 밧줄을 풀어주니 모두 강 속으로 돌아갔습니다.
할리파는 메기를 깨끗이 씻어서 바구니 밑에 풀을 깔고 그 위에 놓은 다음 다시 풀로 덮어 어깨에 둘러메면서 다음과 같은 마우왈[(1)]을 불렀습니다.

무엇이든 하늘에 맡기면
모든 게 편안하니,
뜬세상을 살아가는 동안
조심조심 행동하여
후회를 남기지 말라.
의심받는 일이 없도록

의심받는 사람을 피하고
욕먹지 않기 위해서
남을 욕하지 말라.

─여기서 날이 훤히 밝아왔으므로 샤라자드는 이야기를 그쳤다.

## 834번째 밤

샤라자드는 이야기를 계속했다.
오, 인자하신 임금님, 할리파가 급히 바그다드의 성 안으로 돌아가 거리를 걸어가자 사람들이 큰 소리로 말을 걸어왔습니다.
"오, 할리파, 어깨에 둘러멘 게 뭔가?"
그러나 그는 거들떠도 보지 않고 환전상이 있는 시장으로 곧장 가서, 원숭이가 가르쳐준 대로 양쪽에 늘어선 가게 사이를 지나갔습니다.
그러자 가장 안쪽 구석에 마치 호라산의 왕이나 되는 듯이 하인들에게 둘러싸여 앉아 있는 유대인이 보였습니다.
한눈에 그를 알아본 할리파는 유대인에게 다가가서 그 앞에 섰습니다. 그러자 아부 알 사다트 쪽에서도 눈을 들어 할리파를 쳐다보았습니다.
"오, 할리파, 어서 오게! 무슨 일인가? 무엇을 원하나? 누가 자네에 대해 험담을 하거나 모욕을 준 자라도 있으면 나한테 얘기하게. 당장 경비대장에게 같이 가 줄 테니까. 그리고 그놈을 혼내줌세."
"아닙니다. 그런 게 아닙니다, 유대인 나리, 저를 못살게 구는 자는 아무도 없습니다. 사실 오늘 아침 일찍 티그리스 강에 가서 나리의 운을 걸고 그물을 던졌더니, 이런 물고기가 걸렸습니다."
할리프는 비구니를 열어 유대인 앞에 물고기를 내놓았습니다. 그것을 본 유대인은 깜짝 놀라면서 말했습니다.
"오, 모세 5경(五經)과 십계(十戒)*12를 두고 말하지만, 간밤에 동정녀 마리아가 나한테 와서 '오, 아부 알 사다트여, 그대에게 멋진 선물을 보냈노라!'고 말하는 꿈을 꾸었는데, 그 선물이 바로 이 물고긴가 보다."

유대인은 할리파를 돌아보며 말했습니다.
"자네의 신앙에 걸고 묻겠는데, 나 말고 이 물고기를 본 사람이 있나?"
"천만에요! 아무도 없습니다, 유대인 나리. 친구*13 아부 바크르에게 맹세코 나리 말고는 이 물고기를 본 사람은 아무도 없습니다."
유대인은 점원 하나를 불렀습니다.
"이 물고기를 집으로 갖고 가서 내 아내 사다*14에게 가져다주고, 튀기거나 구워 놓으라고 전해라. 난 일이 끝나는 대로 곧 돌아갈 테니까."
할리파도 옆에서 거들었습니다.
"어서 가서 마님께 그렇게 전하고, 튀김을 조금 하고 나머지는 구우시라고 하란 말이다."
"나리, 잘 알았습니다."
점원은 물고기를 들고 주인의 집으로 갔습니다. 그러자 유대인은 할리파에게 금화 한 닢을 내밀면서 말했습니다.
"자, 이것을 받아 넣게, 할리파. 그리고 가족을 위해서 쓰게나."
유대인의 손바닥에 있는 금화를 보자, 할리파는 그것을 받아 들고 마치 난생처음 금화를 보는 듯이 기뻐하며 중얼거렸습니다.
"주님을 찬양하라!"
그리고 그곳을 떠났습니다. 그러나 몇 걸음도 안 가서 원숭이가 한 말이 생각나 급히 돌아간 할리파는 금화를 유대인에게 던져주면서 말했습니다.
"이 돈을 도로 받고 그 물고기를 물러주쇼. 당신은 나를 세상의 웃음거리로 만들려는 겁니까?"
유대인은 할리파가 농담을 하는 줄 알고 금화 두 닢을 더 주었습니다. 그러나 할리파는 물러서지 않았습니다.
"그 물고기를 물러 달라니까요, 이런 쓸데없는 짓은 그만두고. 어떻게 그런 값에 살 수 있을 거로 생각하시는 겁니까?"
유대인은 다시 금화 두 닢을 더 주었습니다.
"자, 물고기 값으로 금화 다섯 닢이나 줬으니 그 이상은 욕심부리지 말게."
할리파는 금화 다섯 닢을 손에 쥐고는 기뻐하며 그 자리를 떠났습니다. 그리고 가는 길 내내 금화를 들여다보며 좋아서 어쩔 줄 몰라 했습니다.

"오, 알라께 영광을! 오늘은 바그다드의 교주님도 나만큼 벌지 못했을 거다."

그러는 사이에 시장거리 끝까지 가버린 할리파는, 그제서야 원숭이가 한 말이 또 생각나서 다시 유대인에게 돌아가 받은 금화를 내던졌습니다.

"무슨 곤란한 일이라도 생겼나? 은화로 바꿔 달란 말인가?"

"금화나 은화가 갖고 싶은 게 아니라, 아까 그 물고기를 돌려주면 싶어서 그러오."

"여보게, 할리파, 자네가 갖고 온 물고기는 금화 한 닢의 가치도 안 되는데 나는 다섯 닢씩이나 주지 않았나. 그래도 부족하단 말인가? 자네 어디 아픈 게 아닌가? 그럼, 얼마를 받아야겠는지 말해 봐!"

유대인이 몹시 화를 내며 말하자 할리파는 이렇게 대답했습니다.

"돈으로는 그 물고기를 안 팔라우. 나리께서 나에게 두 마디*15 말만 해 주시면 그냥 드리지요."

그러자 유대인은 이 '두 마디 말'을 이슬람으로 개종할 때 외우는 '두 마디 말'로 잘못 생각하고, 불같이 화가 나서 눈을 부릅뜨고 콧김을 거칠게 내뿜으며 이까지 갈았습니다.

"야, 이 멍청한 이슬람교도 놈아! 물고기 한 마리 때문에 내 신앙을 팔란 말이냐? 조상 대대로 이어 내려온 이 신앙을 내던지고 나를 타락시켜 내 가문과 신심을 헛일로 돌리란 말이냐!"

그러고는 옆에 있던 하인들에게 명령했습니다.

"이 천치 같은 소리를 하는 놈의 모가지를 악! 소리가 나도록 때려줘라!"

그래서 하인들이 주먹을 쥐고 달려들어 할리파를 흠씬 두들겨 패버리니, 할리파는 결국 가게 아래 바닥에 굴러떨어지고 말았습니다. 그 꼴을 보고 유대인이 말했습니다.

"됐다, 그만하고 그놈을 잡아 일으켜라."

그러자 할리파는 마치 아무 일도 없었다는 듯이 스스로 벌떡 일어났습니다.

"자, 말해 봐라, 그 물고기의 값이 얼만지. 달라는 대로 주겠다. 오늘은 너도 심한 봉변을 당했으니 말이다."

"영감님, 나를 때렸다고 걱정하지는 마세요. 이래봬도 나는 나귀 열 마리 몫을 맞아도 끄떡도 하지 않으니까요."

유대인은 할리파의 말을 듣고 웃으면서 말했습니다.

"그럼, 이제 얼마나 원하는지 말해 보게. 내 신앙의 권리에 걸고서라도 틀림없이 원하는 대로 줄 테니까."

"그 물고기 값으로는 제가 말하는 '두 마디 말'이면 충분합니다."

"너는 기어코 나를 이슬람교도로 개종시키겠단 말이냐?"

"천만에요! 영감님이 개종한다 해도 이슬람교도들이 특별히 덕 볼 것도 없고 유대인들이 손해 볼 것도 없지요. 그것과 똑같은 이치로 영감님이 이교를 믿는다고 해서 이슬람교도가 손해 볼 것도 없고, 또한 유대인이 덕 볼 것도 없습니다. 제가 바라는 건 그런 것이 아니라 영감님이 일어나서 이렇게 말씀해 주시는 겁니다. '시장에 있는 여러분, 나는 어부 할리파의 원숭이와 내 원숭이를 바꾸고 내 운과 이 사람의 운을 바꿨으니, 여러분이 증인이 돼 주시오!'라고 말이죠."

유대인이 말했습니다.

"그거야 어렵지 않지."

—여기서 날이 훤히 밝아왔으므로 샤라자드는 이야기를 그쳤다.

## 835번째 밤

샤라자드는 이야기를 계속했다.

오, 인자하신 임금님, 유대인은 곧 일어나서 할리파가 요구한 말을 그대로 되풀이했습니다.

"그 밖에 더 원하는 건 없나?"

"없습니다."

"그럼 이제 안심하고 돌아가게."

할리파는 곧 그물과 바구니를 둘러메고 곧장 티그리스 강으로 돌아갔습니다.

할리파는 티그리스 강 강변에 이르자 곧장 강으로 내려가서 그물을 던졌습니다. 잠시 뒤 묵직한 반응이 있어서 열심히 끌어올려 보니, 온갖 물고기들이 그물 안에 가득 들어 있었습니다.

그때 한 여자가 쟁반을 들고 와서 금화 한 닢을 할리파에게 주고 물고기를 사갔는데, 조금 있으니 어떤 환관이 나타나 또 금화 한 닢으로 물고기를 사갔습니다. 그리하여 할리파는 그날 금화를 열 닢이나 벌었습니다.

그 뒤부터 할리파는 매일 금화 열 닢씩 벌어서, 열흘 동안 마침내 금화 백 닢을 모아 '상인의 거리'*16에서 먹고 자고 할 수 있게 되었습니다.

그러던 어느 날 밤, 할리파는 하시시를 마시고 황홀한 기분에 취해 누워 있다가 문득 이런 생각이 떠올랐습니다.

'이봐, 할리파, 너는 가난한 고기잡이라고 모두 생각하고 있었는데, 지금은 금화를 백 닢이나 가지고 있다. 충실한 자들의 임금님이신 하룬 알 라시드 님도 아마 누구한테서 듣고 알고 계실 테지.

그리고 어쩌면 돈 쓸 일이 생겨서 너를 불러, "돈이 좀 필요한데, 듣자하니 네가 금화를 백 닢이나 갖고 있다고? 그것을 나에게 빌려줄 수 없겠느냐?" 말씀하실지도 몰라. 그러면 너는 "충실한 자들의 임금님이시여, 저는 가난뱅이입니다. 임금님께 제가 금화 백 닢이나 갖고 있다고 고해바친 놈은 순 엉터리 거짓말쟁이입니다. 참말로 저는 아무것도 가진 것이 없습니다."

이렇게 말해야 해. 그러면 교주님은 너를 경비대장에게 넘겨주고 "이놈을 발가벗겨라. 그리고 깊숙이 숨겨 놓은 금화 백 닢을 바칠 때까지 마구 때리고 족쳐라" 분부하시겠지. 그러니 그 괴로운 봉변을 지금부터 대비해 두는 가장 좋은 방법은, 이제부터 네 몸뚱이를 네 손으로 채찍질해서 매 맞는 연습을 해 두는 거야.'

그러자 하시시도 역시 이렇게 말하는 것이었습니다.*17

"자, 일어나서 옷을 벗어라."

그래서 할리파는 일어나서 옷을 벗고 자기 옆에 놓아둔 채찍을 들고 적당한 곳에 가죽 베개를 놓은 다음, 자신의 몸과 베개를 번갈아 채찍으로 때리면서 울부짖기 시작했습니다.

"아, 아! 왜 이러십니까? 알라께 맹세코 나리, 그것은 거짓말입니다. 모두 거짓말을 여쭙고 있는 겁니다. 저는 가난한 어부일 뿐, 이 세상에 가진 게 아무것도 없습니다."

그리하여 가죽 베개와 할리파 자신의 몸을 때리는 채찍 소리가 고요한 밤을 뚫고, 근처에 사는 사람들, 특히 상인들의 귀에 들어갔습니다.

"대관절 누가 저 불쌍한 사람을 괴롭히고 있나? 저렇게 비명을 지르고 때리는 소리가 들려오는 걸 보면, 저건 아마도 강도가 들어와서 욕을 보이고 있는 것이 분명해."

사람들은 모두 밖으로 나와 할리파의 방으로 몰려갔으나 방문이 굳게 잠겨 있었습니다.

"강도가 옆방 뒷문으로 해서 들어간 게 아닐까? 그렇다면 지붕 위로 올라가야겠다."

그래서 사람들은 지붕에 올라가 들창*18을 통해 방 안으로 내려갔습니다. 들어가서 보니, 할리파가 알몸이 되어 자기 몸을 스스로 채찍질하고 있는 게 아니겠습니까?

"여보게, 할리파, 대체 무슨 일이오?"

그러자 그가 대답했습니다.

"실은 여러분, 내가 돈을 조금 벌었는데 그것이 진실한 신자들의 임금님이신 하룬 알 라시드 님에게 알려지면, 나를 불러 그 돈을 내놓으라고 말씀하실 게 틀림없단 말이오. 그래서 지금부터 그것을 예상하고 내 몸뚱이를 고문에 익숙해지도록 내가 채찍질을 하는 거라오."

상인들은 그 말을 듣고 웃음을 터뜨렸습니다.

"에이 여보게, 그런 실없는 짓은 그만두구려. 안 그러면 알라께 당신은 물론이고, 당신이 번 돈도 축복하지 마시라고 빌 거요! 나 원 참! 당신 때문에 한밤중에 일어나 잠도 자지 못하고, 이게 뭐요, 도대체!"

그래서 할리파는 채찍질을 그치고 이튿날 아침까지 푹 잤습니다. 이튿날 아침에 일어난 그는 곧 고기잡이를 나가려 했으나, 문득 금화 백 닢이 생각났습니다.

"그 큰돈을 객줏집에 두고 가면 도둑이 들어와서 훔쳐가겠지. 그렇다고 해서 복대*19 속에 넣어 두면 누군가가 알고 호젓한 장소에서 나를 기다리고 있다가 때려죽이고 돈을 뺏어 갈 것이고. 그래, 좋은 생각이 있다, 이거면 안전할 거야."

할리파는 당장 일어나서 윗옷의 깃을 뜯고, 금화 백 닢을 넣은 돈주머니를 그 속에 집어넣었습니다. 그러고 나서 그물과 바구니와 지팡이를 들고 티그리스 강으로 나갔습니다.

―여기서 날이 훤히 밝아왔으므로 샤라자드는 이야기를 그쳤다.

## 836번째 밤

샤라자드는 이야기를 계속했다.
오, 인자하신 임금님, 할리파는 강에 들어가서 첫 그물을 던졌습니다. 그러나 아무것도 걸리지 않아서 장소를 바꿔 다시 한 번 던졌으나 이번에도 빈 그물이었습니다.
그리하여 차례차례 장소를 바꾸며 반나절 동안 옮겨 다녔지만, 물고기가 한 마리도 잡히지 않았습니다. 그는 혼자서 중얼거렸습니다.
"걸리든 안 걸리든 어디 한 번만 더 던져 보자!"
그리고 화가 난 김에 있는 힘을 다해 그물을 던졌습니다. 그런데 너무 힘을 주는 바람에 그물을 던진 순간 금화 백 냥을 넣어둔 주머니가 옷깃 속에서 튀어나와 강물 속에 떨어지더니, 눈 깜짝할 사이에 빠른 물살 속으로 사라지고 보이지 않았습니다.
할리파는 그물을 내던지고 옷을 벗어 강가에 팽개쳐 둔 채 돈주머니를 찾아 물속에 뛰어들었습니다. 그러나 백 번 가까이 자맥질해서 찾아보았지만, 끝내 지갑은 보이지 않고 기운만 빠지고 말았습니다.
할리파는 맥이 풀려서 강가에 나와 보니 엎친 데 덮친 격으로, 지팡이와 바구니와 그물만 있고 벗어 놓은 옷은 흔적도 없이 사라지고 없었습니다.
할리파는 자기도 모르게 혼잣말을 했습니다.
"이런 망할 놈의 도둑 같으니! '순례도 낙타하고 붙어먹지 않으면 진짜가 아니다'[20]더니, 바로 이런 놈 때문에 생긴 말이구나."
할리파는 투덜대며 몸에 그물을 두르고 한 손에는 지팡이, 다른 손에는 바구니를 들고는 발정 난 낙타처럼 씩씩거리면서 뛰어갔습니다. 이쪽에서 비틀비틀 저쪽에서 휘청휘청, 머리는 흐트러지고 진흙투성이가 된 그 모습은 마치 솔로몬의 옥[21]에서 방금 해방된 배신자 마신 같았습니다.
어부 할리파에 대해서는 이쯤 해두고, 얘기는 바뀌어, 하룬 알 라시드 교주에게는 이븐 알 키르나스[22]라는 친구가 있었습니다.

이 사람은 보석상인으로 상인들과 거간꾼들 사이에서는 교주의 어용상인(御用商人)으로 잘 알려졌었습니다. 그래서 바그다드에서는 먼저 이 사람에게 보여주지 않고는 진귀한 보물이나 귀중품, 백인 노예, 여자노예 등을 거래할 수 없었습니다.

어느 날 이 보석상인이 가게에 앉아 있는데, 거간꾼 우두머리가 노예계집 하나를 데리고 왔습니다.

그 노예계집은 매우 아름다운 얼굴에 어디 한 군데도 나무랄 데가 없을 만큼 아리땁고 애교 있는 자태와 몸매를 가진 미인이었습니다. 그뿐만 아니라, 온갖 예능과 학문에도 능통하여 시도 잘 짓고 어떠한 악기도 교묘하게 다룰 줄 아는 참으로 보기 드물게 재주가 뛰어난 여자였습니다.

그래서 키르나스는 이 여자를 금화 5천 닢에 사서 다시 금화 1천 닢을 들여 호화로운 옷을 해 입힌 뒤, 진실한 신자들의 임금님께 데리고 갔습니다.

그날 밤 교주는 이 여자와 운우의 정을 맺고, 모든 지식과 재주를 시험해 보았습니다. 그리하여 이 여자가 모든 학문과 예술을 터득하여 당대에 어깨를 겨룰 자가 없는 뛰어난 재주꾼임을 알았습니다.

여자의 이름은 쿠트 알 쿠르브[23]라고 하며, 그 모습은 시인이 이렇게 노래한 것과 같았습니다.

> 그 아가씨 지나갈 때마다
> 바라보건만 덧없어라.
> 마주치는 눈초리도 없으니
> 내 가슴이 아파 견딜 수 없노라.
> 나긋나긋한 그 몸매
> 영양을 닮았기에
> '우아한 영양'이라고
> 우리는 불렀네, 기꺼이……

또 다른 시인의 시에 비하면 이것은 아무것도 아닙니다.

> 나에게 다오, 밀빛 살갗의 아가씨를

시리아의 창처럼 꼿꼿하고
나긋나긋하게 선 미녀를,
얌전한 발걸음 맑고 깨끗하고,
버들가지 허리 가무잡잡한 미녀를.
근심 어린 그 눈동자,
뺨의 비단결 솜털이 사랑스럽구나.
하지만 사랑을 앓는 자의 가슴속에
자랑스러운 여왕처럼 군림하는 미녀를.

이튿날 아침 교주는 보석상 이븐 알 키르나스를 불러, 그 여자에 대한 대가로 금화 1만 닢을 주었습니다.
교주는 이 노예계집에게 홀딱 반해서 큰아버지의 딸인 즈바이다 빈트 알 카심[24] 왕비를 멀리하고, 다른 애첩들은 아예 까맣게 잊고 말았습니다. 그리고 금요일 기도에 갔다가 급히 돌아오는 일 말고는 거의 한 달 동안이나 쿠브르 옆을 떠나지 않았습니다.
그것을 국내의 영주들이 걱정하여 바르마크 집안 자파르 대신에게 불만을 하소연했습니다. 자파르는 충실한 자들의 임금님 일인 만큼 한동안 꾹 참고 기다렸습니다.
그러다가 다음 금요일, 이슬람 사원에 가서 교주를 만난 자파르는, 세상의 희한한 연애담을 여러 가지 얘기하며 교주의 속에 품은 참뜻을 탐색하고자 했습니다.
그러자 교주가 말했습니다.
"오, 자파르, 알라께 맹세코 말하네만, 이번 일은 내가 좋아서 그러는 것이 아니다. 그러나 여인의 아름다움에 빠져 버려서 어떻게 하면 좋을지 나도 모르겠구나!"
"오, 충실한 자들의 임금님, 쿠트 알 쿠르브는 이제 마음대로 하실 수 있는 종 가운데 하나이니, 이미 손에 넣은 것을 가지고 마음을 뺏겨서는 안 된다는 것쯤은 잘 알고 계실 줄 압니다. 그리고 또 한 가지 말씀드릴 것은, 임금님이나 왕자님들의 가장 큰 자랑은 사냥이나 경기에서 솜씨를 보여주는 것인데, 임금님께서 사냥에라도 참가하신다면 거기에 마음이 뺏겨 그 여자를 잊어버리실 수도 있지 않겠습니까?"
그리하여 자파르는 금요일 기도가 끝나기를 기다렸다가 교주와 함께 사원에서 나와 곧장 암노새를 타고 사냥을 나갔습니다.

―여기서 날이 훤히 밝아왔으므로 샤라자드는 이야기를 그쳤다.

## 837번째 밤

샤라자드는 이야기를 계속했다.
오, 인자하신 임금님, 사냥을 나간 교주와 대신은 종자를 앞세우고 이런저런 이야기를 나누면서 드넓은 성 밖으로 나갔습니다. 날씨가 몹시 무더웠습니다.
"오, 자파르, 나는 목이 말라서 견딜 수가 없구나."
교주가 자파르에게 이렇게 말하고 사방을 둘러보니, 저만치 떨어진 맞은편 언덕 위에 사람 그림자가 눈에 들어왔습니다.
"오, 그대에겐 저것이 보이는고?"
"예, 충실한 자들의 임금님, 저 높은 언덕 위에 아련하게 사람 모습이 보이는군요. 아마도 유원지나 오이밭의 감시인이겠지요. 아무튼 저 근처에 물이 있을 테니 제가 한달음에 달려가서 물을 길어 오겠습니다."
"아니다, 내 노새가 그대보다 발이 빨라. 다른 자들과 여기서 기다리고 있어라. 그동안 내가 직접 가서 마시고 올 테니."
교주는 암노새에 채찍을 한 번 후려치더니 바람처럼 흐르는 물결처럼 순식간에 언덕으로 달려 올라갔습니다.
그 사람의 그림자는 다름 아닌 그물로 몸을 가린 어부 할리파였습니다. 이때 할리파는 화톳불처럼 빨갛게 핏발선 눈을 두리번거리면서 머리는 진흙투성인 데다 그물을 알몸에 두르고 있어서, 보기에도 무서운 마신이나 무시무시한 사자 같은 꼬락서니를 하고 있었습니다.
교주가 인사하자 할리파도 답례했지만, 아직도 화가 풀리지 않아서 그가 내뿜는 숨결은 마치 불길과도 같았습니다.

"혹시 물 가진 것 없나?"

"허, 당신은 장님이오, 아니면 미치광이요? 티그리스 강에 가서 실컷 마시구려. 이 언덕 바로 너머에 있으니까."

교주는 언덕을 넘어 강으로 내려가서 물을 마시고 노새에게도 먹였습니다.

그리고 다시 할리퐈한테 돌아와서 물었습니다.

"그대는 왜 이런 곳에 서 있나? 그리고 그대는 무슨 일을 하나?"

"거참, 아까보다도 더 우스꽝스럽고 바보 같은 질문을 하는군. 내 어깨에 있는 물건이 당신 눈엔 안 보이나?"

"그럼, 그대는 어부인가?"

"그렇다니까."

"그대 저고리며 아랫도리는 어디다 뒀나? 허리띠도 그 밖에 몸에 걸친 옷이 아무것도 없는 것 같은데?"

이때 교주가 말한 물건은 바로 할리퐈가 도둑맞은 것과 똑같았으므로, 안 그래도 화가 나 있던 할리퐈는 자기 옷을 훔친 놈이 바로 이자가 틀림없다 생각하고 번개같이 달려들어 노새의 재갈을 단단히 붙들었습니다.

"사람 놀리지 말고 내 옷이나 내놓아라."

"그게 무슨 소린가? 난 그대의 옷 같은 건 본 적도 없어. 그런 건 난 모르네."

그러나 교주의 뺨이 불룩하고 입이 작은 것*25을 보고 어부는 말했습니다.

"당신은 가수나 피리 부는 사람이지? 자, 더는 애먹이지 말고 빨리 내 옷이나 돌려줘. 아니면 이 지팡이로 오줌을 쌀 때까지 두들겨 패주고 당신의 옷을 형편없이 만들어 놓을 거야."

교주는 어부가 손에 쥔 지팡이를 보고 어부 쪽이 유리하다는 사실을 알았습니다.

"아, 이런 미치광이 거지한테 한 대라도 맞으면 큰일이다!"

그래서 입고 있던 벨벳 옷을 벗어 어부에게 주었습니다.

"그럼, 이거라도 입게."

어부는 옷을 요리조리 뒤집어 보고는 말했습니다.

"내 옷은 이런 얄궂은 빛깔의 아바 직물로 만든 옷에 비하면 열 곱절이나 값이 나가는 거야."

"아무튼 내가 자네 옷을 가져올 때까지 입고 있게나."

어부가 하는 수 없이 그 옷을 입어보니 너무 길어서, 바구니 줄에 걸어 둔 칼을 꺼내 옷자락을 3분의 1가량 잘라 버렸습니다. 그러자 이번에는 무릎까지 밖에 내려오지 않았습니다.

어부는 교주를 돌아보며 말했습니다.

"알라께서 당신을 보호해 주시기를! 그런데 피리 부는 양반, 당신은 피리를 불어주고 주인한테서 얼마나 받나?"

"한 달에 금화 열 닢이야."

"거 안됐군, 난 말이야, 매일 금화 열 닢씩 벌거든! 어때 나하고 한 번 함께 일해 볼 생각은 없나? 내가 물고기 잡는 방법을 가르쳐줄 테니, 우리가 번 돈은 너랑 나랑 반타작하자꾸나. 그러면 너도 매일 금화 다섯 닢씩 벌게 될 것이고, 내 하인이 되어준다면 네 주인이 나타나도 이 지팡이로 지켜줄 테니까."

"오호, 그것참 고맙네."

"그럼 그 암노새에서 내려 적당한 장소에 매어 두고 가세, 내가 고기 잡는 기술을 가르쳐주지."

알 라시드 교주는 노새(2)를 나무에 매어놓은 뒤 옷자락을 바짝 추켜올려 허리띠 사이에 집어넣었습니다.

"어이, 피리 부는 양반, 그물은 이렇게 잡는 거야. 이쪽 팔을 이런 식으로 위로 해서, 이렇게, 이렇게 티그리스 강에 던져 넣으면 돼."

그래서 교주는 용기를 내어 어부가 가르쳐주는 대로 그물을 던진 뒤, 자기 쪽으로 끌어당겼습니다. 그러나 무거워서 도무지 끌려오지가 않았습니다. 할리파도 거들어서 함께 끈을 잡아당겼지만, 두 사람 힘으로도 꿈쩍하지 않았습니다. 그러자 어부가 말했습니다.

"야, 이 재수 없는 놈아, 아까는 내 옷 대신 네 겉옷을 받았지만, 그물이라도 찢어졌으면, 이번에는 네 노새를 빼앗고, 게다가 오줌을 지리고 똥을 쌀 때까지 때리고 말 테다!"

"아무튼 둘이서 함께 끌어올려 보자꾸나."

어부와 교주는 다시 한 번 힘을 합쳐서 가까스로 그물을 끌어올렸습니다. 그런데 이게 웬일입니까? 그물 속에 온갖 빛깔의 물고기가 가득 들어 있지 않겠습니까?
—여기서 날이 훤히 밝아왔으므로 샤라자드는 이야기를 그쳤다.

## 838번째 밤

샤라자드는 이야기를 계속했다.
오, 인자하신 임금님, 어부가 교주에게 말했습니다.
"어이, 피리부는 양반, 정말로 자넨 솜씨가 형편없는 추남이니 고기잡이라도 열심히 해봐, 훌륭하게 출세할 테니까. 그건 그렇고 자네는 빨리 노새를 타고 시장으로 달려가서 광주리를 두 개*26 갖고 오게. 나는 자네가 돌아올 때까지 여기 남아서 물고기를 지키고 있을 테니까. 그리고 둘이서 노새에 물고기를 싣고 돌아가세. 나는 저울이고 저울추고 필요한 건 다 갖고 있으니까, 이 물고기를 싣고 돌아가서, 저울에 달아 값을 받기만 하면 된단 말이야. 이만한 물고기라면 금화 스무 닢은 확실히 받을 수 있을걸. 자, 꾸물대지 말고 어서 가서 광주리를 가져와."
"알았네."
교주는 옆에 매어놓은 노새를 타고 어부와 물고기를 남겨 둔 채 기분이 좋아서 싱글벙글하면서 자파르 대신에게 돌아갔습니다.
"오, 충실한 자들의 임금님, 물을 마시러 가셨다가 아마도 아름다운 꽃밭이라도 발견하시고 그 안에 들어가 혼자 즐기셨나 보지요."
교주가 다시 웃기 시작하자, 바르마크 집안의 신하들은 일어나서 교주 앞에 꿇어 엎드리며 말했습니다.
"오, 충실한 자들의 임금님, 알라께서는 저희에게 임금님을 섬기고 임금님의 옥체를 지키는 기쁨을 내려주셨습니다. 임금님이 물을 마시러 가셨다가 이렇게 늦게 돌아오신 건 무슨 까닭인지요? 대관절 무슨 일이 있었습니까?"
"참으로 신기한 이야기야. 정말 유쾌하고 재미있는 모험을 하고 왔다!"
교주는 신하들에게 어부를 만난 일과 그 어부가 "네가 내 옷을 훔쳤지?" 하고 우겨서, 자기의 겉옷을 벗어주었더니 너무 길어 옷자락을 잘라 버렸다는 등의 이야기를 들려주었습니다. 그러자 자파르가 말했습니다.
 "오, 충실한 자들의 임금님, 저는 임금님의 그 겉옷을 하사받고자 일찍부터 마음먹고 있었습니다. 그러니 이제부터 그 어부를 찾아가서 그 옷을 사와야겠습니다."
 "그만두게, 그자가 옷자락을 3분의 1이나 잘라버렸으니 이젠 쓸모가 없어. 그런데 자파르, 강에서 물고기를 잡았더니 몹시 피곤하구나. 엄청나게 많은 물고기를 잡았는데, 그것을 어부 할리파와 함께 강변에 남겨 두고 왔다. 그자는 물고기를 지키면서 내가 광주리와 식칼을 가지고 돌아오기를 기다릴 거야. 더군다나 우리는 시장에 가서 물고기를 팔아 번 돈을 반씩 나누기로 했단 말이다."
 "그러시다면 제가 임금님의 물고기를 살 사람들을 찾아오지요."
 "오, 자파르, 내 신성한 조상의 이름을 걸고 말하네만, 나에게 고기를 잡는 기술을 가르쳐준 할리파한테서 물고기를 한 마리씩 가져온 자에게는 금화 한 닢씩을 주리라!"
 그래서 포고 관원들이 수행원들에게 어부한테 가서 교주를 위해 물고기를 사오라고 알리고 다니자, 시종들은 모두 일어나 앞다투어 강으로 달려갔습니다.
 한편 할리파는 교주가 광주리를 갖고 오기만을 이제나저제나 기다리고 있었습니다. 그런데 난데없이 백인 노예 한 떼가 나타나서 서로 앞다투어 주먹질까지 하면서 달려와서는, 매처럼 덮쳐 물고기를 움켜잡은 뒤 금실로 수놓은 손수건에 싸는 것이었습니다. 그 꼴을 보고 할리파는 외쳤습니다.
 "이건 분명히 천국의 물고기가 틀림없어!"
 그러면서 두 손에 한 마리씩 움켜쥐고 강물 속으로 뛰어들어가 목만 내놓고 기도를 올리기 시작했습니다.
 "오, 알라시여, 이 물고기의 공덕을 걸고 부탁합니다. 제발 지금 당장 당신의 하인, 우리의 친구인 피리 부는 사내가 구원하러 이곳에 오게 해 주소서!"
 그때 별안간 교주의 환관장인 흑인 노예가 달려왔습니다.
 이 사내는 타고 있던 말이 도중에 오줌을 싸는 바람에 일행에 뒤처져서 뒤늦게 와보니 물고기가 한 마리도 남아 있지 않았습니다.

그래서 여기저기 둘러보다가 강물 속에서 할리파가 두 손에 물고기를 움켜쥐고 서 있는 것을 발견한 겁니다.

"어이, 어부, 이쪽으로 나오게!"

"저쪽으로 가! 꺼져! 이 바보 같은 놈아!"

"값은 치를 테니 그 물고기를 나에게 다오."

"너는 바보로구나. 난 물고기를 팔지 않는단 말이야."

환관장이 창을 할리파의 코끝에 들이대니, 어부는 비명을 지르며 소리쳤습니다.

"오, 이 나쁜 놈아, 나를 찌르면 가만 있지 않을 거야. 하기는 창보다는 돈이 훨씬 낫지."

할리파는 손에 쥐고 있던 물고기를 환관장에게 던져주었습니다. 환관장은 그것을 주워 수건에 싼 뒤 호주머니에 손을 찔러 넣었으나 엽전 한 닢도 없었습니다.

"어이, 고기잡이, 너도 어지간히 재수가 없는 놈이로구나. 나는 지금 땡전 한 푼도 없다. 그러니 내일 교주의 궁전으로 와서 환관장 산달 님을 찾거라. 그러면 부하 환관들이 나한테 안내해 줄 것이다. 그때 물고기 값을 줄 테니 그걸 받고 돌아가도록 해라."

"오, 오늘은 정말 경사스런 날이구나, 어쩐지 아침부터 재수가 좋더니!"*27

할리파가 중얼거리며 그물을 어깨에 거칠게 둘러메고 바그다드로 돌아가서 성 안을 걸어가자, 어부가 교주의 겉옷을 입고 있는 모습을 보고 사람들은 모두 입을 짝 벌렸습니다.

할리파가 객줏집 문 앞에 이르렀을 때, 그 문 옆에는 교주의 재봉사가 있었는데, 가게 주인은 할리파가 금화 1천 닢이나 나가는 교주의 옷을 입고 있는 모습을 보고 물었습니다.

"오, 할리파, 어디서 그런 옷을 손에 넣었나?"

"그따위 소리 하는 게 아니야. 이건 내가 고기 잡는 법을 가르쳐주고 제자로 삼은 녀석한테서 얻은 거라네. 그놈이 내 옷을 훔쳐갔기 때문에 손모가지를 잘라버릴까*28 했지만, 그것만은 봐주고 그 대신 이 옷을 뺏어버렸지."

이 말을 듣고 재봉사는 어부가 고기를 잡고 있을 때, 우연히 교주가 그곳을 지나가다가 이자를 만나게 되어 놀려주려고 자기의 겉옷을 준 것이라 짐작했습니다.

— 여기서 날이 훤히 밝아왔으므로 샤라자드는 이야기를 그쳤다.

## 839번째 밤

샤라자드는 이야기를 계속했다.
오, 인자하신 임금님, 교주는 어부 할리파를 만나 재미 삼아 자신의 겉옷을 주었고, 상대는 그것을 입고 집으로 돌아갔습니다.
하룬 알 라시드 교주는 애첩 쿠르브를 잠시 잊기 위해 사냥을 나갔는데, 왕비 즈바이다도 그 측실에 대한 이야기를 들어서 알고 있었습니다. 즈바이다는 쿠르브에 대한 교주의 총애가 이만저만 아님을 알고 불같은 질투심에 사로잡혀 음식도 목구멍에 넘어가지 않을 뿐만 아니라 잠자는 것도 잊고 오로지 교주가 여행을 떠나기만을 기다리고 있었습니다. 그 기회에 측실에게 올가미를 씌울 작정이었던 겁니다.
그래서 왕비는 교주가 사냥을 나갔다는 소식을 듣자 시녀들에게 궁전 내부를 아름답게 꾸미게 하고 음식과 과자를 마련하게 한 다음, 과자에 마약을 넣어 그것을 보기 좋은 중국 쟁반에 수북이 담게 했습니다. 그리고 나서 환관 한 사람을 시켜 쿠르브를 찾아가 술자리에 참석하도록 전하라고 분부했습니다.
"충실한 자들의 임금님의 왕비이신 즈바이다 빈트 알 카심 님[3]께서 오늘 몸이 좋지 않아서 약을 드셨습니다만 별로 차도가 없습니다. 그래서 당신의 아름다운 노래를 듣고 괴로움을 잊고 싶어 하십니다."
환관의 말을 듣고 쿠트 알 쿠르브가 말했습니다.
"알라와 왕비님의 분부라면 어찌 거역할 수 있겠어요?"
쿠르브는 거기에 어떤 음모가 숨어 있는 줄도 모르고 즉시 일어나 필요한 악기를 챙겨서 환관을 따라 왕비를 찾아갔습니다. 그리하여 쿠르브는 왕비의 방으로 들어가자 왕비 앞에 몇 번이고 엎드린 뒤 일어나서 공손히 인사드렸습니다.
 "더없이 높으신 자리에 계시며, 훌륭한 아바스 가문의 따님이시고, 예언자 집안의 후손이신 즈바이다 님에게 부디 평안함이 있기를! 알라시여, 왕비님이 언제까지나 평안함과 높은 위세를 누릴 수 있게 해 주시기를!"
 그런 다음 쿠르브가 다른 여인들이랑 환관들과 함께 서 있으니, 즈바이다 왕비는 천천히 눈을 들어 그녀의 얌전한 모습을 지긋이 바라보았습니다. 동그란 뺨은 장미처럼 곱고 얼굴은 달덩이처럼 눈부시며, 이마는 하얀 꽃, 커다란 눈은 밤과 같이 새까만데, 눈동자는 근심이 어린 듯 젖어 있었습니다.
 또 이마에서는 태양이 떠오르고 앞머리에는 밤의 어둠이 깃들어 있으며, 숨결에선 사향내가 흐르고 아름다운 얼굴엔 꽃이 활짝 피고 게다가 이마에서부터 달빛이 비치고, 나긋한 팔다리는 바람에 한들거리는 작은 가지 같았습니다.
 그것은 흡사 어두운 밤에 눈부시게 밝은 얼굴을 내민 보름달처럼, 눈동자는 요염하게 반짝이고, 눈썹은 활시위를 당긴 활과 같으며, 입술은 산호를 새긴 듯했습니다. 그 아름다움은 보는 사람을 절로 탄식하게 하고, 그 눈초리에 닿은 사람은 누구라도 심장이 꿰뚫려 버릴 정도였습니다.
 이토록 한 점 흠잡을 데 없이 아름다운 여자를 만드신 신께 영광을!
 한마디로 말하면, 이 여자는 그러한 미인을 노래한 어떤 시인의 말과 똑 닮았습니다.

　　이 처녀 성내면 모든 사람
　　칼 맞고 쓰러진 자들처럼 엎드리고
　　이 처녀 기뻐하면
　　죽은 넋도 깨어나도다.
　　그 눈에는 마법 힘이 깃들어 있어
　　마음대로 사람을 죽이고
　　마음대로 사람을 살려 놓도다.
　　세상 사람들 모두
　　처녀의 눈으로 조종되는
　　노예가 된 듯하여라.

이윽고 왕비는 입을 열었습니다.
"오, 이렇게 와 주어서 정말 고맙구나, 쿠트 알 쿠르브! 그곳에 앉아서 너의 뛰어난 솜씨로 우리를 즐겁게 해다오."
"분부대로 하겠습니다."
쿠르브는 손을 내밀어 탬버린을 집어 들었는데, 어떤 시인은 그 탬버린을 칭송하여 이런 송시를 읊었습니다.

　　오, 그대는 북 치는 여인
　　내 마음을 빼앗아 갔네.
　　그 손가락이 한 번 치면
　　애욕도 맞아 울리었네.
　　그 마음 간절히 붙잡으려고
　　그리는 가슴, 상처만 입었건만
　　쌀쌀하게 돌아서네.
　　그럼 어서어서 노래하시라,
　　그 곡조 밝게 어둡게
　　타시라, 마음 내키는 대로
　　듣는 자 모두 취하리,
　　아름다운 그대 베일을 벗고
　　그 뺨을 내놓으시라,
　　일어나 덩실덩실 춤추시라,
　　모든 사람 기뻐하며 반하리.

쿠르브는 날렵한 손놀림으로 탬버린을 울리면서 가락에 맞춰 노래를 불렀습니다.
그 노랫소리에 하늘을 나는 새도 날개를 쉬고, 온 궁전이 즐거워하며 춤추는 듯했습니다. 노래를 마친 쿠르브는 탬버린을 내려놓고, 이번에는 피리를 집어 들었습니다.
그 피리는 다음과 같은 시인의 노래와 똑같았습니다.

눈 속 그대 눈동자는
손가락 놀리는 데 따라
하늘하늘 간드러지게
흘러나오는 가락에 춤추도다.

또 다른 시인은 이렇게 노래했습니다.

이윽고 그대 노래하니
기쁨으로 가득한 성스러운 시간.

이렇게 사람들을 매혹한 쿠르브는 피리를 놓고, 이번에는 비파를 집어 들었습니다. 그 모습을 시인은 다음과 같이 노래했습니다.

아름다운 아가씨 손이 쥐여주면
꽃다발은 얼마나 즐거울까.
가슴에 안긴 비파도 그와 같아서
그 가락 그윽하고도 황홀하여
숱한 넋을 취하게 한다.
끝없는 사슬로 매어진
손끝은 절묘하게 뛰면서
마음을 녹이는 비파를 켠다.

이윽고 쿠르브가 비파의 나사를 조여 음을 고르게 한 뒤 무릎에 올려놓고 어머니가 아기를 대하듯 비파 위에 몸을 구부리니, 그 모습은 다음 시와 같았습니다.

페르시아 비파줄에 맞춰
그대 묘한 노래로 이야기하니
지혜 없는 사람도 깨닫는구나.
그대는 가르치네, 무릇 사랑이란

사람을 능히 죽일 수 있는 것
깊게 도 닦은 신도라도
사랑에는 약한 남자가 된다고.
실로 처녀는 신의 힘으로
화려하게 색칠한 나무로 만든
악기를 통해 입으로 하듯
지켜야 할 훈계를 일러주었네.
그렇다, 처녀는 비파를 갖고
사랑의 넘침을 막아주고,
명의의 손에서 흘러나오는
피도 눌러주도다.

 그리하여 쿠르브는 먼저 열네 가지 선율로 서곡을 연주한 뒤 비파에 맞춰 곡 전체를 노래했습니다. 그 자리에 취해 있던 사람들은 그 노래를 듣고 거의 넋을 잃고 황홀한 기분에 젖어 들었습니다. 이어서 쿠르브는 또 다음과 같은 시를 읊었습니다.

그대를 경배하는 최고의 행복,
영원히 변치 않는 기쁨이어라.
하늘의 은혜는 다함이 없이
언제까지나 끊이지 않으리.

—여기서 날이 훤히 밝아왔으므로 샤라자드는 이야기를 그쳤다.


## 840번째 밤

샤라자드는 이야기를 계속했다.
 오, 인자하신 임금님, 쿠르브가 범상치 않은 재주를 보이자 왕비는 자기도 모르게 마음을 빼앗겨 그 여자가 마음에 쏙 들어서 속으로 이렇게 중얼거렸습니다.
 '진실로, 사촌오빠 알 라시드가 이 여자를 귀여워하는 것도 무리가 아니다!'
 이윽고 쿠르브가 즈바이다 왕비 앞에 무릎을 꿇고 앉자 하인들이 그 앞에 음식을 차려냈는데, 그 속에는 마약이 든 과자 쟁반도 섞여 있었습니다. 쿠르브는 그 과자를 집어먹더니, 금세 고개를 푹 뒤로 젖히며 정신을 잃고 쓰러져 버렸습니다.
 그것을 본 왕비는 시녀들에게 명령했습니다.
 "내가 다시 불러낼 때까지 이 여자를 다른 방에다 눕혀두어라."
 그리고 환관에게는 이렇게 시켰습니다.
 "궤짝을 하나 만들어서 이리 가져오너라."
 그런 다음 가짜무덤을 만들게 하고 쿠르브가 목이 막혀 죽었다는 소문을 퍼뜨리게 했습니다. 그런 다음 그 자리에 있었던 사람들에게는 만일 '쿠르브가 살아 있다'고 말하는 자는 목을 베어 버리겠다며 엄포를 놓았습니다.
 그때 마침 교주가 아무런 예고도 없이 사냥에서 돌아와 맨 먼저 쿠르브의 안부를 물었습니다.
 그러자 즈바이다 왕비에게서 교주가 쿠르브에 대해 묻거든 죽었다고 대답하라는 명령을 받은 환관이 앞으로 나가 교주 앞에 엎드리면서 말했습니다.
 "오, 임금님이시여, 부디 임금님께서는 오래도록 장수하시기를! 실은 쿠트 알 쿠르브 님은 밥을 먹다가 음식이 목에 걸려 죽고 말았습니다."
 이 말을 들은 교주는 큰 소리로 외쳤습니다.
 "오, 이 덜떨어진 노예 놈! 기가 차게도 그녀가 죽었다는 말을 전해 주는구나!"
 그런 뒤 어전에 들어간 교주는 모든 사람한테서 차례차례 쿠르브가 죽었다는 이야기를 듣고 물었습니다.
 "무덤은 어디 있느냐?"
 신하들이 가짜 무덤에 안내해 주자, 교주는 무덤을 끌어안고 눈물을 흘리면서 이런 시를 읊었습니다.[*29]

　　오, 무덤이여, 알라께 맹세코

청순한 그 여자의
아름다움이 진정 멸망했단 말인고,
내 눈에서 진정 사라졌단 말인고,
그토록 눈부셨던 얼굴이
벌써 창백하게 변했단 말인고,
오, 무덤이여, 무덤이여, 너는
하늘도 아니고 꽃밭도 아닌데
애달프다, 어떻게 하면
하늘거리는 나뭇가지와 달을
맺어 놓을꼬, 네 품 안에.

　교주는 여자의 죽음을 몹시 슬퍼하고 한탄하면서 오랫동안 무덤 앞에 앉아 있다가, 얼마 뒤 깊은 실망과 시름에 잠겨 그곳을 떠났습니다.
　즈바이다 왕비는 자기의 계략이 들어맞은 것을 보고 즉시 환관을 불렀습니다.
　"그 궤짝을 가져오너라."
　궤짝이 오자 왕비는 정신을 잃은 쿠르브를 날라 오게 하여 그 속에 넣고 자물통을 채운 다음 환관들에게 이렇게 시켰습니다.
　"무슨 수를 쓰든지 궤짝을 자물통이 채워진 채 팔아버리고 그 값으로 시주하고 오너라."[*30]
　한편, 어부 할리파는 이튿날 아침 햇살이 비치기 시작하자 이렇게 혼잣말을 했습니다.
　"오늘은 나한테서 물고기를 사간 그 환관을 찾아가 보자. 교주의 궁전으로 오라고 했으니까."
　그래서 객줏집을 나서서 궁전에 가보니, 흑인 노예와 환관들이 서 있기도 하고 앉아 있기도 한 모습이 보였습니다.
　그 사람들을 둘러보니 물고기를 산 어제 그 환관장이 백인 노예들에게 둘러싸여 앉아 있었습니다. 이윽고 젊은 백인 노예가 환관장에게 말을 걸어서, 환관장이 누구인가 하고 뒤돌아보니 어제 그 어부가 서 있는 게 보였습니다.
　그래서 할리파는 환관장이 이쪽을 보고, 자기를 알아본 사실을 눈치채고는 상대에게 말을 걸었습니다.
"이보시오, 귀여운 튤립 씨,*31 나는 약속을 잊지 않았어요. 약속을 지키는 사람이란 이런 것이라오."
환관장 산달*32이 웃으면서 대답했습니다.
"그렇고말고, 자네 말이 옳아."
그러고는 지갑에 손을 넣어 돈을 꺼내려 하는데 공교롭게도 마침 그때 사방이 소란스러워졌습니다. 환관장이 그쪽을 돌아보니 자파르 대신이 교주의 어전에서 막 물러나오는 참이었습니다.
환관장은 대신에게 다가가서 함께 걸으며 오랫동안 무엇인가 이야기를 했습니다. 한참 동안 환관장을 기다리던 어부는 다리도 아픈 데다, 그가 자기를 깜빡 잊어버린 듯해 환관장이 걸어가는 쪽으로 앞질러 달려가 손짓하며 멀리서 불러댔습니다.
"여보, 여보, 빨리 물고기 값을 치러주구려, 돌아가게."
환관장은 그 목소리를 들었지만 대신 앞이라 대답을 삼가고, 대신과 이야기를 계속하며 어부 따위는 통 모르는 척했습니다.
그러자 어부가 참다못해 소리를 질렀습니다.
"여보게, 셈이 흐린 양반! 알라여, 부디 남의 물건을 가져가고 돈도 주지 않는 욕심쟁이는 한 사람도 남김없이 벌하시기를! 이보시오, 왕겨의 배*33 같은 양반, 이렇게 당신의 힘에 매달릴 테니 어서 물고기 값을 주시고 얼른 돌아가게 해 주시구려!"
그래도 환관장이 여전히 대신 앞이라 조심스러워 대답하지 않자, 대신도 어부가 연달아 손짓하며 환관장을 부르는 것을 알아챘습니다. 어부가 무슨 말을 하고 있는지 대신은 몰랐지만, 환관장의 거동이 탐탁지 않아 환관장 산달에게 말했습니다.
"여보게, 환관장, 저 거지는 그대한테 무슨 볼일이 있어서 저러나?"
산달이 대답했습니다.
"대신 나리, 나리는 저자를 아십니까?"
"아니, 나는 모른다. 방금 처음 본 녀석을 내가 어떻게 알겠느냐?"
"사실, 저자는 티그리스 강에서 저희가 물고기를 산 어부입니다. 그때 저는 다른 사람보다 늦게 갔기 때문에 고기가 한 마리도 남아 있지 않았습니다. 백인 노예들은 모두 물고기를 갖고 돌아가는데 저만 빈손으로 교주님에게 돌아가는 게 싫어서 여기저기를 둘러보았습니다. 마침 그때 저 어부가 신의 이름을 외며 양손에 물고기 네 마리(4)를 쥐고 강물 속에 우두커니 서 있기에 '그 물고기를 나에게 팔게' 하니 물고기를 던져주더군요. 그래서 돈을 주려고 주머니를 뒤졌지만 공교롭게도 가진 돈이 한 푼도 없었습니다. 그래서 '내일 궁전으로 나를 찾아오너라. 네 가난에 보탬이 될 돈을 치러 줄 테니' 하고 말했더니 오늘 이렇게 찾아온 것입니다.

 돈을 꺼내려고 막 주머니에 손을 넣는 순간, 마침 대신께서 나오셔서 저는 일어나 대신님을 맞이하다가 그만 그자가 온 것을 깜빡 잊고 만 겁니다. 저 사람이 저기 와서 서 있는 것은 이런 까닭에서입니다."

 —여기서 날이 훤히 밝아왔으므로 샤라자드는 이야기를 그쳤다.


## 841번째 밤

 샤라자드는 이야기를 계속했다.
 오, 인자하신 임금님, 대신은 환관장의 말을 듣자 미소를 지으며 말했습니다.
 "환관장, 저 어부는 돈이 필요해서 왔는데 어째서 그대는 저자의 소망을 들어주지 않느냐? 저 사내를 모를 리가 없을 텐데?"
 "아니올시다. 결코 그런 게 아닙니다."
 "저 사람은 충실한 자들의 임금님의 스승이자 동료이다. 교주님은 오늘 아침 눈을 뜨자마자 기분이 좋지 않고 마음도 울적하신 상태인데, 지금 교주님의 기분을 풀어 드릴 자는 저 어부 말고는 아무도 없을 걸세. 나는 교주님에게 저 어부를 상대로 마음을 푸시도록 권하고자 저 사람을 어전에 데려갈까 하니 돌려보내지 말도록 하게. 저 어부를 어전에 데려가면, 알라께서 쿠르브를 잃으신 교주님의 탄식을 거둬 가시고 위안을 주실지도 모른다. 그러면 교주님도 아마 조금은 기분이 풀리실 게고, 저 어부에게는 살림에 보탬이 될 만한 것도 하사하실 테지. 그러면 이것이 다 너의 공로가 될 수도 있지 않겠느냐?"

"부디 대신님 좋으실 대로 하십시오. 전능하신 알라께서 영원히 대신님을 충실한 자들의 임금님 가문에 기둥이 되게 하시고, 왕가의 그림자를 더욱 길게 늘여주시고*[34] 자자손손 번영케 해 주소서!"

자파르 대신이 일어나 교주의 어전으로 가자, 산달은 백인 노예를 시켜서 어부를 붙잡아 놓게 했습니다. 그러나 할리파는 고래고래 소리를 질렀습니다.

"이보시오, 튤립 나리, 정말이지 당신의 그 넉넉한 인심에는 놀라 나자빠지겠군! 나는 혹 떼러 왔다가 혹 붙인 꼴이 되고 말았어. 빚 받으러 온 사람을 마치 세금을 안 낸 사람 잡듯이 잡아 못 가게 하니*[35] 말이야."

한편 자파르가 교주에게 가보니, 교주는 고개를 푹 숙이고 근심에 잠겨 가슴을 어루만지면서 다음과 같은 시를 읊고 있었습니다.

> 나를 나무라는 자는
> 여자로 말미암은 상심을
> 빨리 털어버리라 권하지만
> 이렇듯 기울어진 이 마음
> 오, 그 어찌 가라앉힐 수 있으랴.
> 그 아름다운 여자를
> 잃어버린 슬픔을
> 내 어찌 견딜 수 있으랴.
> 단단히 끈덕지게 붙잡은
> 이 사랑으로 하여 신음할 때
> 나는 잊지 않으리, 그대와
> 주고받은 술잔을.
> 세상모르게 취해서
> 내 영혼을 미치게 한
> 그 여자의 눈동자가
> 술보다 더욱 두근거림을.

그때 대신이 교주 앞에 나아가서 말했습니다.

"기분은 좀 어떠십니까? 충실한 자들의 임금님, 신앙의 명예를 수호하시는 임금님, 사도의 우두머리 작은아버지를 조상으로 두신 임금님, 부디 알라께서 우리 임금님을 비롯하여 그 가문의 모든 분을 수호하시고 구원해 주시기를!"

교주는 얼굴을 들고 대답했습니다.

"그대에게도 평안과 알라의 자비와 축복이 충만하기를!"

"진실한 신자들의 임금님 허락하시면 제가 주저 없이 말씀드리고 싶은 일이 있습니다."

"대신, 그대가 무슨 말을 주저한 적이 있었던가? 무엇이든 마음먹은 대로 말해 봐라."

"실은 제가 집에 돌아가려고 어전을 물러났을 때, 문 앞에 임금님의 스승이자 동료인 할리파가 서 있는 것을 보았습니다. 그 사람은 임금님 일로 갖은 푸념을 늘어놓으면서 '오, 알라께 영광을! 나는 그자에게 고기 잡는 법을 가르쳐주었는데, 그자는 광주리를 가지러 간 채 돌아오지 않더란 말이야. 그런 건 질이 좋지 못한 친구나 제자가 하는 짓이야' 하며 떠들고 있더군요. 그러니 임금님께서 그 사람을 상대해 주신다면 모르지만, 그럴 마음이 없으시면 누군가 다른 사람을 상대하도록 한마디 해 주시는 게 좋으실까 합니다."

이 말을 들은 교주는 그만 미소가 번지면서 가슴속 시름도 한결 가시는 듯했습니다.

"그 어부가 여기 왔다는 건 정말이렷다?"

"물론입니다, 충실한 자들의 임금님. 그자는 분명히 문 앞에 서 있습니다."

"그럼 자파르, 크게 선심을 써서 그자에게 빚을 갚아주기로 하자! 알라께서 내 손을 거쳐 그자에게 재앙을 주시든 아니면 행운을 주시든 어차피 그자는 그걸 받아야만 한다."

그리고 교주는 종이를 한 장 꺼내 잘게 자른 뒤 대신에게 말했습니다.

"자파르, 네 손으로 이 종이에 금화 한 닢에서부터 1천 닢까지 스무 종류의 금액을 쓰고 또 온갖 벼슬의 이름과 가장 가벼운 벌에서부터 사형까지 스무 종류의 형벌 이름을 써넣어라."*36

"예."

대신이 다 쓰고 나자 교주가 다시 말했습니다.

"오, 자파르, 나는 조상과 자손의 이름으로, 또 함자*37와 아킬*38에게 맹세하지만, 그 어부를 이곳에 불러들여서 너와 나밖에는 내용을 모르는 그 종이쪽지 하나를 뽑게 할 참이다. 그리하여 그자가 뽑은 종이쪽지에 무엇이 쓰여 있든 그것을 그에게 주겠다. 설사 그것이 교주의 자리라 할지라도 나는 두말없이 물려주고 절대 후회하지 않으리라. 반대로 교수형, 절단형(切斷刑), 또는 사형이라고 씌어 있을 때도 그 또한 그대로 집행할 작정이다. 자, 어서 그 사나이를 나에게 데려와다오."

'알라 외에 주권 없고 권력 없다! 오, 위대하신 신이시여, 그 불쌍한 사내의 신세에 파멸이 올지도 모릅니다. 그 씨를 뿌린 사람은 바로 나지만, 교주님이 이렇게도 단호하게 엄명하시는 이상 그 사람을 데려와서 무슨 일이 생기든 알라의 뜻에 맡기는 수밖에 도리가 없습니다.'

대신은 속으로 중얼거리면서 밖으로 나가 어부의 손을 잡고 교주에게 데려가려 했습니다. 어부는 영문을 모른 채 속으로 중얼거렸습니다.

'어쩌자고 나는 그놈의 밉쌀 맞은 노예 튤립 녀석을 찾아왔을까! 그놈 덕택에, 이번엔 밀기울 창자 같은 놈을 상대하게 되고 말았잖아!'

할리파가 하는 수 없이 대신의 뒤를 따라가니, 백인 노예들이 앞뒤를 호위하며 가는 것이었습니다.

"나를 붙잡아 꼼짝 못하게 해 놓고 도망칠까 봐 앞뒤로 감시하다니, 이렇게까지 안 해도 되잖아!"

이윽고 방 일곱 개를 지나자 대신이 말했습니다.

"여보게 어부, 내 말을 잘 들어라. 너는 이제부터 충성스런 백성의 임금님, 진실한 신자들의 보호자이신 교주님의 어전에 가는 것이다!"

그렇게 말하고는 커다란 휘장을 걷었습니다. 보니까 그 안에 교주가 태수들에게 둘러싸여 긴 의자에 앉아 있는 모습이 눈에 들어왔습니다. 어부는 성큼성큼 앞으로 걸어갔습니다.

"여어, 피리 부는 양반, 이상한 곳에서 만났구나! 나더러 물고기를 지키게 하고 가버린 채 끝내 돌아오지 않다니, 그래서는 도저히 어부가 될 수 없네! 그렇게 멍청하게 기다리는 사이에 온갖 빛깔의 말을 탄 백인 노예들이 나타나서 물고기를 모두 갖고 가버렸단 말이다. 나 혼자로선 어쩔 수가 없었어. 그건 다 자네 탓이란 말이야. 자네가 빨리 광주리를 갖고 오기만 했어도, 우리는 금화 백 냥에도 물고기를 팔 수 있었을 텐데 말이야. 그런데 나는 지금 물고기 값을 받으러 왔다가 이렇게 붙잡히고 말았는데, 자네도 역시 여기 붙잡혀 있는 신세인가?"

교주는 미소를 지으며 휘장 한 귀퉁이를 들치더니 얼굴을 내밀고 어부에게 말했습니다.

"자, 여기 와서 이 종이쪽지 하나를 집어라."

"어제 자네는 어부였는데, 오늘은 점쟁이가 됐나? 직업을 너무 자주 바꾸면 자꾸 더 가난해져."

이때 옆에서 대신이 끼어들며 말했습니다.

"어서 종이쪽지를 하나 집어라. 여기서는 진실한 신자들의 임금님이 분부하시는 대로 해야 한다."

"부디 이 건방진 피리 부는 사내가 다시는 나와 함께 물고기를 잡는 일이 없도록 해 주옵소서!"

그러면서 할리파는 종이쪽지를 하나 집어 교주에게 주었습니다.

"피리 부는 양반, 거기에 뭐라고 쓰여 있나? 숨기지 말고 말해 주게."

—여기서 날이 훤히 밝아왔으므로 샤라자드는 이야기를 그쳤다.


## 842번째 밤

샤라자드는 이야기를 계속했다.

오, 인자하신 임금님, 하룬 알 라시드 교주는 어부가 준 종이쪽지를 자파르에게 넘겨주었습니다.

"여기 쓰여 있는 것을 읽어보라."

대신이 그것을 조용히 보고 나서 말했습니다.

"오, 위대하신 알라 외에 주권 없고 권력 없다!"

"무슨 좋은 일이라도 있나, 자파르? 뭐라고 적혀 있는가?"
"오, 충실한 자들의 임금님, 이 쪽지에는 '어부에게 곤장 백 대를 먹여라' 라고 적혀 있습니다."
그래서 교주의 명령으로 매 백 대를 맞은 어부는 간신히 일어나면서 욕설을 퍼부었습니다.
"이 밀기울 창자 같은 녀석아! 이런 짓을 하는 놈은 지옥에나 떨어져라! 사람을 옥에 가두고 매질을 하는 일이 그렇게 재미있느냐?"
그러자 대신이 말했습니다.
"오, 임금님, 이 가련한 악마가 물가까지 왔다가 목도 못 축이고 돌아가는 것은 좀 불쌍하지 않습니까? 임금님의 자비심을 두고 호소하오니, 이 어부에게 다시 한 번 쪽지를 뽑도록 허락해 주십시오. 그러면 이자의 가난을 조금은 건질만한 게 나올지도 모르니까요."
"자파르, 이자가 뽑을 또 다른 쪽지에 사형이라고 적혀 있다면 나는 서슴지 않고 이자를 죽일 텐데, 그리 되었을 때 책임은 너에게 있으렷다."
"죽는다면, 그것은 이 사내에게 편안한 휴식이 될 뿐이지요."
이때 어부가 끼어들면서 대신에게 소리쳤습니다.
"오, 알라여, 제발 이자에게는 복을 내려주지 마시기를! 보아하니 당신은 어떻게든 나를 죽이고 싶은 모양인데, 대관절 내가 이 바그다드에서 당신을 괴롭힌 일이라도 있단 말인가?"
"전능하신 알라께 은총을 빌면서 다시 한 번 쪽지를 뽑아 보게."
어부는 손을 뻗어 종이쪽지 하나를 집어 대신에게 주었습니다.
대신이 읽어보고는 잠시 말이 없자 교주가 물었습니다.
"왜 아무 말이 없는가, 야야의 아들이여?"
"오, 충실한 자들의 임금님, 이 종이쪽지에는 '어부에게 아무것도 주지 말라'고 적혀 있습니다."
"그럼 이 사람의 생활을 우리가 그다지 걱정할 필요는 없나 보다. 이대로 돌려보내는 게 좋으리라."
"신앙심 두터운 조상들의 은혜를 봐서 부디 이 사람에게 세 번째 쪽지를 뽑도록 허락해 주시기 바랍니다. 이번에는 이 사람이 생활 밑천을 얻게 될지도 모르지 않습니까?"

"그럼, 꼭 한 번만 더 뽑게 해 보라. 더 이상은 절대로 허락하지 않겠다."
어부는 다시 손을 내밀어 세 번째 쪽지를 뽑았습니다. 대신이 그것을 받아 들고 읽어보니 '어부에게 금화 한 닢을 주라'라고 적혀 있었습니다. 대신은 어부를 돌아보며 말했습니다.
"나는 너에게 행운을 찾아주려고 애썼지만, 알라께서는 이 금화 한 닢밖에 주시지 않는구나."
그러자 어부가 말했습니다.
"정말 볼기 백 대를 맞고 금화 한 닢을 받다니, 이런 복은 그리 흔한 게 아니야. 부디 알라여, 이 양반의 몸을 지켜주지 마십시오!"
그 말에 교주는 웃음을 터뜨렸고 대신은 어부의 손을 잡고 밖으로 데리고 나갔습니다.
어부 할리파가 궁전 입구에 나오니 환관장 산달이 그를 보고 말했습니다.
"오, 어부, 이쪽으로 와서 충실한 자들의 임금님이 너를 놀리신 품삯으로 주신 상금의 일부를 내놓고 가거라."
"오, 튤립 씨, 정말 어처구니가 없구나, 당신도 한 몫 달란 말이지? 이 구두쇠야. 볼기 백 대에 겨우 금화 한 닢이란다. 이런 일은 너도 별로 달가워하지 않을걸."
그러면서 금화 한 닢을 환관장에게 던져주고는 눈물로 뺨을 적시며 나가 버렸습니다.
그 꼬락서니를 보고 환관장은 어부가 거짓말을 하는 게 아님을 알고, 젊은 사람을 시켜 어부를 도로 불러오게 하더니 붉은 돈주머니에 손을 넣어 금화 백 닢을 몽땅 꺼내 어부에게 주었습니다.
"자, 이 금화를 모두 너에게 줄 테니 물고기 값으로 받아 가거라."
어부는 다시 기분이 좋아져서, 그 금화 백 닢과 교주가 준 금화 한 닢을 갖고 볼기 맞은 일은 까맣게 잊은 채 돌아갔습니다.
할리파는 집으로 돌아가다가 여자노예 쿠트 알 쿠르브가 실려 나온 시장을 지나갔습니다. 그때 사람들이 커다란 울타리처럼 둘러 서 있는 모습이 보였습니다.
"도대체 무슨 일일까?"
할리파가 상인과 그 밖의 사람들을 비집고 들어가자 구경꾼들이 말했습니다.

"이 망나니*39에게 길을 열어줘라."
어부가 앞에 나가 보니 궤짝 하나가 놓여 있고, 환관 한 사람이 그 위에 걸터앉아 있었습니다. 그리고 그 옆에 서 있는 한 노인이 이렇게 외치고 있었습니다.
"자! 장사하는 양반들, 돈푼이나 가진 나리들, 충실한 자들의 임금님의 왕비이신 즈바이다 님의 궁전에서 나온 이 궤짝, 안에 무엇이 들어 있는지 아무도 모르는 이 나무 궤짝에 누가 먼저 값을 부르시겠소? 자, 먼저 얼마를 부르시렵니까? 여러분에게 알라의 축복이 내리기를!"
그러자 한 상인이 말했습니다.
"이건 정말 모험이군. 어디 내가 한 번 불러볼까? 여러분 나를 너무 나무라지 마시오. 나라면 이 궤짝을 금화 스무 닢에 사겠소."
그러자 또 한 사람이 말했습니다.
"나는 금화 쉰 닢에 사지!"
이렇게 서로 경쟁하다 보니 마침내 값이 금화 백 닢까지 올라갔습니다. 경매인이 마지막으로 다짐을 두었습니다.
"그럼 여러분, 더 내실 분은 없습니까?"
바로 그때 어부 할리파가 불쑥 나서며 외쳤습니다.
"금화 백 닢에 한 닢 더 얹어주지."
상인들은 그 말을 듣고 할리파가 농담하는 줄 알고 웃으면서 말했습니다.
"오, 환관 나리, 그것을 금화 백한 닢에 팔아 주시구려."
그러자 다른 환관도 말했습니다.
"이 사람 말고는 다른 누구에게도 팔지 않겠소. 자, 이제 갖고 가시오. 안에 들어 있는 것은 하늘이 주시는 선물이오. 그런데 돈은 먼저 내놓아야만 하오."
어부가 금화를 꺼내 환관에게 주자 흥정이 끝났고, 환관은 궤짝을 어부에게 넘겨주고 그 값은 그 자리에서 구제금으로 나누어주었습니다. 환관이 궁전으로 돌아가 즈바이다 왕비에게 보고하니, 왕비는 매우 기뻐했습니다.
어부 할리파는 궤짝을 어깨에 짊어지려 했으나 너무 무거워서 머리에 이고 간신히 자기가 묵고 있는 객줏집까지 운반했습니다. 그곳에서 궤짝을 일단 내려놓고 몹시 힘이 들어서 잠시 쉬다가 그때까지의 일을 두서없이 생각하기 시작했습니다.
 "대관절 이 궤짝 속에는 무엇이 들어 있을까? 그걸 알아야 할 텐데!"
 할리파는 그렇게 혼자 중얼거리며 숙소의 문을 열고 궤짝을 자기 방까지 질질 끌고 가서 뚜껑을 열려고 했으나, 아무리 해도 열리지가 않았습니다.
 "이런 궤짝을 사다니, 나도 어지간히 어리석은 짓을 했구나. 뭐가 들었나 보려면 궤짝을 부수는 수밖에 없잖아."
 그는 다시 그것을 열려고 온갖 애를 썼지만 역시 열 재주가 없었습니다.
 "에라, 모르겠다. 내일까지 이대로 내버려 두자."
 할리파는 누워서 잠을 청했으나 궤짝이 방에 가득 차서 발을 뻗을 자리도 없었습니다. 그래서 하는 수 없이 궤짝 위에 올라가 벌렁 누워 버렸습니다. 그런데 조금 뒤에 밑에서 뭔가가 움직인 듯한 기척을 느끼고 소스라치게 놀라 눈을 떴습니다.

 ─여기서 날이 훤히 밝아왔으므로 샤라자드는 이야기를 그쳤다.


## 843번째 밤

 샤라자드는 이야기를 계속했다.
 오, 인자하신 임금님, 할리파는 궤짝에서 뭔가가 움직이는 기척을 느끼고 깜짝 놀라 일어났습니다.
 "오, 이 궤짝 속에는 마신이 들어 있는 게 틀림없어. 아무리 애를 써도 열 수 없게 한 알라를 찬양하자. 만약 열었더라면 이 어둠 속에서 마신들이 덤벼들어 나를 죽이고 말았을 거야. 하마터면 큰일 날 뻔했다."
 그런 다음 다시 누워서 사르르 잠이 들려 하는데, 다시금 궤짝이 전보다 더 심하게 움직여서 어부는 놀라 벌떡 일어났습니다.
 "또 움직였다. 이번엔 심하게 움직였어."
 할리파는 급히 등잔을 찾았지만 찾을 수 없었습니다. 그렇다고 새 등잔을 살 수도 없어서 밖으로 뛰어나가며 큰 소리로 외쳤습니다.
 "오, 객줏집 여러분!"

사람들은 대부분 자고 있다가 이 고함을 듣고 일어나 나와서 물었습니다.

"할리파 님, 대체 무슨 일이오?"

"등잔 좀 가져다주시오. 마신이 나타났어요."

모두 웃으면서 등잔을 가져다주었습니다.

등잔을 손에 들고 방으로 돌아간 어부는, 돌로 궤짝의 자물쇠를 부수고 뚜껑을 열었습니다. 그랬더니 그 속에 천국의 여신과 같은 처녀가 잠자고 있는 게 아니겠습니까? 처녀는 마약을 먹고 내리 잠들어 있다가 약을 토해 내며 깨어나, 자기가 궤짝 속에 누워 있는 것을 알고 몸을 움직이기 시작했던 겁니다.

"오, 아가씨, 당신은 어디서 왔나?"

"재스민과 수선화*40를 불러다오."

"안됐지만, 여긴 헤나*41꽃밖에 없는걸."

그제야 가까스로 정신이 돌아온 여자는, 말끄러미 할리파의 얼굴을 쳐다보면서 물었습니다.

"아저씨는 누구세요?"

그러더니 이내 이렇게 덧붙여 말했습니다.

"이곳은 어디예요?

"아가씨는 지금 내 객줏집에 있는 거야."

"그럼, 여기가 하룬 알 라시드 교주님의 궁전이 아니란 말이에요?"

"대관절 알 라시드라니, 그게 무슨 소리야?*42 이 미치광이야! 너는 내 노예야. 나는 오늘 너를 금화 백한 냥을 주고 사서 집으로 데려왔단 말이야. 너는 이 궤짝 속에서 잠들어 있었어."

여자가 다시 물었습니다.

"당신은 이름이 뭔가요?"

"나는 할리파라고 한다. 나는 지독히도 운수가 나쁜 놈인 줄 알았는데, 야, 정말 굉장한 운이 날 찾아왔는걸."

그러자 여자는 웃으면서 말했습니다.

"저, 부탁이 있는데 들어주시겠어요? 사실 뭔가 먹고 싶어요."

"아무것도 없다. 마실 것도 없는걸! 나도 이틀 동안 아무것도 먹지 못했어. 지금 여기엔 먹을 게 하나도 없단 말이야."

"돈도 없나요?"

"알라는 이 궤짝을 내려주시는 대신 나를 알거지로 만드셨어. 있는 돈을 모두 털어서 내 손엔 동전 한 푼 남아 있지 않은걸."

여자는 다시 웃기 시작하더니 다시 말했습니다.

"그럼 밖에 나가서 이웃 분들에게 뭐 먹을 걸 좀 얻어 오세요. 저는 배가 고파 죽겠어요."

그래서 어부는 밖으로 나가 큰 소리로 외쳤습니다.

"오, 객줏집 여러분!"

객줏집 사람들은 모두 자고 있다가 또다시 이 소리에 놀라 잠이 깼습니다.

"할리파 님, 대체 또 무슨 일이오?"

"배가 고픈데, 뭐 먹을 것 좀 없소?"

그러자, 한 사람이 빵을 가져다주었습니다. 이어서 또 한 사람이 고기를, 다음 사람이 치즈 한 조각을, 또 다른 사람이 오이를, 이런 식으로 하여 마침내 두 팔에 가득 차도록 먹을 음식이 모였습니다.

어부는 방으로 돌아가 그 많은 음식을 여자 앞에 벌여 놓았습니다.

"어서 먹게나."

여자는 여전히 웃으면서 말했습니다.

"물도 없이 이걸 어떻게 먹어요? 한 입만 먹어도 목이 막혀 죽을지 모르는데."

"그럼, 물병*43에 물을 길어다주지."

어부는 물병을 들고 다시 밖으로 나가서 통로 한가운데 서서 외쳤습니다.

"객줏집 여러분!"

"할리파 님, 도대체 오늘 밤에는 무슨 재난이 이렇게도 덮친단 말이오!"*44

"당신들이 준 음식을 먹었는데, 이번에는 목이 말라 못 견디겠소. 뭐 마실 것을 좀 주시구려."

사람들은 저마다 물그릇이며 항아리를 가지고 나와서 어부의 물병을 가득 채워주었습니다. 어부는 그것을 들고 들어가서 여자에게 말했습니다.

"자, 아가씨, 이만하면 이제 아무것도 부족한 게 없겠지?"

"없고말고요, 지금 현재로서는 아무것도 부족하지 않아요."

잠시 뒤, 어부는 여자에게 물었습니다.
"이제 아가씨의 신상 이야기를 들려주지 않겠나?"
"어머, 당신은 내가 누군지 몰랐단 말이에요? 그럼, 내가 누구인지 말하지요. 나는 쿠트 알 쿠르브라고 하는 교주님의 노예인데, 즈바이다 왕비님이 저를 질투하시고 저에게 마약을 먹여서 궤짝 속에 가두신 거예요. 하지만 알라를 찬양합시다! 결국 그것은 나쁜 일이 아니었어요. 나에게 이런 일이 일어난 것은 당신에게는 큰 행운이거든요. 당신은 반드시 교주님에게서 많은 돈을 받아 부자가 되실 거예요."
"알 라시드라는 사람은 내가 갇혔던 그 궁전에 있던 사람 아니냐?"
"맞아요."
"나는 그 심술궂은 피리쟁이 같은 구두쇠는 생전 처음 봤다. 내 볼기를 백대나 치고서 겨우 금화 한 닢밖에 주지 않더구나. 나는 그놈에게 물고기 잡는 방법을 가르쳐주고, 게다가 한패로 끼워주었는데도 내게 그토록 심하게 했단 말이야."
"어머나, 그렇게 무엄한 소릴 해선 안 돼요. 좀더 예의를 지키도록 조심하셔야 해요. 다음에 당신이 그분을 만날 때는 반드시 당신이 원하는 대로 뭐든 받게 될 테니까요. 하룻밤 주무시고 눈을 뜨시면 이번에는 매우 기뻐서 그분에 대한 당신의 생각이 홱 달라지고 말 걸요."
그 말을 들으니 할리파는 그때까지 자기가 비몽사몽 속에 있었던 것 같은 기분이 들었습니다. 그리하여 이 남자는 알라의 뜻으로 감사하게도 자신의 사려분별심을 되찾은 겁니다.*45
"딴은 네 말이 옳긴 해. 내 머리와 눈에 맹세코 꼭 그렇게 하지. 그럼 이제 조용히 잠이나 잘까."
그리하여 여자는 옆으로 누워 잠들고 어부는 저만치 떨어져서 잤습니다.
이튿날 아침 여자는 붓과 종이를 가져오게 하여 교주의 친구인 보석상 키르나스에게 편지를 써서 자기에게 일어난 일을 알리고, 끝부분에는 어부 할리파에게 팔려 와 있다고 덧붙였습니다.
"이것을 갖고 급히 보석시장으로 가 보석상 이븐 알 키르나스의 가게를 물어서, 아무 말 말고 그 주인에게 건네주세요."
그래서 할리파는 편지를 갖고 시장으로 가서 키르나스의 가게를 물었습니다. 사람들이 가르쳐주는 대로 그 가게에 들어가 주인에게 인사하자 주인은 어부의 인사에 거만하게 답례하더니 물었습니다.
"무슨 일인가?"
어부가 편지를 내주니 주인은 구걸하러 온 줄로만 알고 편지를 잘 보려고 하지도 않고 점원에게 말했습니다.
"이자에게 은돈 한 닢을 줘라."
그러자 할리파가 말했습니다.
"동냥 얻으러 온 게 아니오. 그 편지나 빨리 읽어 보구려."
그래서 키르나스는 편지를 펴서 읽다가 그것이 매우 중요한 편지임을 알자, 즉시 그것에 입을 맞추고는 자신의 머리 위로 받들었습니다.

─여기서 날이 훤히 밝아왔으므로 샤라자드는 이야기를 그쳤다.


## 844번째 밤

샤라자드는 이야기를 계속했다.
오, 인자하신 임금님, 보석상인은 일어나서 할리파에게 물었습니다.
"오, 형제, 자네 집은 어딘가?"
"우리 집에 무슨 볼일이 있소? 우리 집에 가서 그 여자노예라도 훔쳐갈 참이오?"
그러자 이븐 알 키르나스가 말했습니다.
"그런 게 아니오. 당신과 그 아가씨가 먹을 음식을 가져가려고 그런다네."
"난 어디 어디의 여관에서 살고 있는데요."
"야, 정말 잘했소. 불행한 분이여, 부디 알라께서 자네에게 튼튼한 몸을 내려주시 마시기를!"*46
그런 다음 상인은 노예 두 명을 부르더니 이렇게 일렀습니다.
"이 사람을 환전상 모신의 가게로 데리고 가서 주인더러 '이 사람에게 금화 1천 닢을 내주라'고 해라. 그리고 급히 다시 나한테 데리고 돌아오너라."
두 노예는 어부를 데리고 환전꾼에게 가서 돈을 받은 뒤, 다시 상인이 있는 곳으로 돌아왔습니다.

상인은 밤색 돈점박이 암노새를 타고 백인 노예와 시동들을 거느리고 있었으며, 옆에는 그가 타고 있는 노새와 똑같은 또 한 마리의 암나귀에 안장과 재갈이 채워져 있었습니다. 보석상인은 할리파에게 말했습니다.

"비스밀라, 이 노새에 타게나."

"싫소, 나는 사양하리다. 노새에서 떨어지면 얼마나 아프다고."

"아니, 꼭 타야만 해."

그런데도 보석상이 자꾸만 권하므로 어부는 할 수 없이 노새 꽁무니 쪽을 보고 올라앉아 꼬리를 잡고 고함을 쳤습니다. 그러자 노새는 어부를 추스르더니 기어이 땅에 떨어뜨렸습니다. 사람들이 와자하게 웃어대는 소란 속에서 어부는 가까스로 일어나며 말했습니다.

"내가 그랬잖아, 이렇게 커다란 암노새는 탈 수 없다고."

그것을 보고 이븐 알 키르나스는 하는 수 없이 어부를 시장에 남겨 둔 채 급히 교주에게 가서 애첩에 대한 소식을 전했습니다. 그리고 어전을 물러나와 그길로 어부의 집으로 가서 여자를 자기 집으로 데리고 왔습니다.

어부는 여자가 어떻게 됐을까 하고 객줏집으로 돌아가 보니, 이웃 사람들이 모여서 수군거리고 있었습니다.

"할리파란 녀석 큰일 났군! 어디서 그런 여자를 데려왔을까?"

"그 녀석은 틀림없이 갈보 집 심부름꾼일 거야. 아마 술에 취해 길바닥에 쓰러져 있는 여자를 끌고 왔겠지. 그러고는 죄가 무서워서 달아나고 만 거야."

그때 어부가 나타나자 사람들이 물었습니다.

"오, 할리파 님, 대체 이게 어찌 된 일이오? 당신은 자신의 신상에 무슨 일이 생겼는지도 모르오?"

"모르는데, 전혀!"

"조금 전에 백인 노예들이 나타나 당신이 훔쳐 온 여자노예를 데려갔단 말이야. 당신을 찾았는데 못 찾고 말았지."

"왜 내 노예를 데려갔을까?"

"도중에 그 녀석들과 만났다면 저 친구는 틀림없이 칼에 맞아 죽었을걸."

할리파는 사람들이 수군거리는 소리에는 아랑곳하지 않고 그대로 집에서 나가 키르나스의 가게로 달려갔습니다. 마침 보석상인이 노새를 타고 막 나가는 참이었습니다.

"야, 나를 감쪽같이 속이고 백인 노예들을 보내서 내 노예계집을 훔쳐가다니, 너무하지 않나?"

할리파가 따지고 들자 보석상인이 말했습니다.

"이 답답한 사람아, 잔소리 말고 잠자코 따라오게."

그러고는 어부를 어떤 훌륭한 저택으로 데리고 갔습니다.

안에 들어가 보니, 그 여자는 황금 의자에 앉아 있고 달덩이 같은 시녀 열 사람이 그 주위를 에워싸고 있었습니다. 그 여자의 모습을 보고 보석상인이 그 앞에 엎드리자 여자가 말했습니다.

"자기 전 재산을 털어서 나를 사들인 내 새 주인에 대해선 어떻게 처리하셨나요?"

"그 사람에게는 금화 1천 닢을 주었습니다."

그리고 보석상인은 할리파가 편지를 갖고 온 뒤의 경위를 이야기해 주었더니, 쿠르브는 웃음을 터뜨리며 말했습니다.

"그 사람을 탓하진 마세요. 그는 그저 예의를 모를 뿐이니까요. 여기 금화 1천 닢이 있는데, 이것은 내가 저 사람에게 주는 선물이에요. 전능하신 알라의 뜻에 맞는다면 교주님이 이 사람을 부자로 만들어주실지도 몰라요."

이렇게 이야기하고 있는데 충실한 자들의 임금님이 보낸 환관이 쿠르브를 찾아왔습니다. 교주는 여자가 보석상인의 집에 있다는 말을 듣고 한시도 기다릴 수 없으니 즉시 궁전으로 데려오라고 분부한 겁니다.

쿠르브는 할리파를 데리고 궁전에 가서 교주 앞에 엎드렸습니다. 교주는 일어나서 답례하며 맞이하더니, 너를 산 자가 누구냐고 물었습니다.

"그 사람은 할리파라는 어부입니다. 지금 궁전 문 앞에 와 있습니다. 그런데 교주님과 고기잡이할 때 한패가 된 일에 대한 계산을 마쳐야겠다고 하는군요."

"그래, 그 사람이 지금 문 앞에 와 있단 말인가?"

"그러하옵니다."

교주는 곧 어부를 부르게 했습니다. 어부는 어전에 나오자 교주 앞에 무릎을 꿇고 그 위세가 영원토록 이어질 것을 기원했습니다.

교주는 그 새삼스럽게 깍듯한 인사에 놀라 껄껄 웃으면서 물었습니다.
"오, 어부, 너는 간밤에 내 동료로서 신의는 잘 지켰겠지?"*47
할리파도 그 말뜻을 잘 알고 용기를 내어 대답했습니다.
"당신의 사촌형*48 다음에 지위를 내리신 알라께 맹세코 말하지만, 저는 다만 만나서 얘기만 했을 뿐 아무것도 모르고 아무 짓도 하지 않았습니다."
그리고 할리파는 교주와 헤어지고 난 뒤에 자신이 겪은 일*49을 남김없이 이야기했습니다.
교주는 매우 기분이 좋아서 유쾌하게 웃다가 이윽고 할리파에게 말했습니다.
"남의 것을 남에게 돌려준 기특한 자로다, 뭐든지 원하는 것을 말해 보라."
할리파가 대답하지 않고 잠자코 있으니 교주는 금화 5천 닢과 대왕이 입는 화려한 예복을 주고, 수단 출신 흑인 노예들을 노비로 주었습니다. 그리하여 할리파는 금세 왕후 못지않은 고귀한 신분이 되었습니다.
한편 교주는 애첩을 되찾게 된 일을 매우 기뻐하는 동시에, 그 모든 일이 사촌누이인 왕비 즈바이다의 음모였음을 알았습니다.

―여기서 날이 훤히 밝아왔으므로 샤라자드는 이야기를 그쳤다.


## 845번째 밤

샤라자드는 이야기를 계속했다.
오, 인자하신 임금님, 교주는 즈바이다 왕비에 대해 매우 화가 나서 오랫동안 멀리하며 찾아가지 않을 뿐만 아니라, 결코 용서할 눈치도 보이지 않았습니다.
왕비는 교주의 노여움을 산 것을 몹시 슬퍼하여 평소에는 장밋빛으로 빛났던 얼굴이 점점 창백해져 갔습니다.
그러다가 마침내 더는 견디지 못하고 용서를 비는 편지를 썼는데, 그 끝에 다음과 같은 시를 덧붙였습니다.

> 원하니, 다시 한 번
> 그 옛날 우리의 사랑
> 다시 살아나 돌아오기를.
> 슬픔의 불길을 끄고
> 재앙을 물리치기 위해.
> 아, 임이여, 무정한 임이시여,
> 오로지 뜨거운 연모를
> 누르며 괴로워하는 자에게
> 연민을, 동정을 베푸시라,
> 이 한탄, 이 슬픔의
> 근원은 모두 임에게 있는 것을.
> 소리 높여 맹세하신
> 진실을 지켜주신다면
> 오, 그것은 내 생명,
> 그 진실을 깨고
> 부정한 거짓맹세를
> 곧이듣고 사랑하신다면
> 오, 그것은 내 죽음.
> 설령 내가 슬픈 죄 저질렀어도
> 변치 않는 정으로 용서하시라.
> 마음 너그럽게 용서하는 벗만큼
> 신께 축복받을 사람 없나니.

즈바이다 왕비의 편지가 전해지자, 교주는 왕비가 자신의 죄를 뉘우치고 용서를 빌고 있음을 알고 중얼거렸습니다.

"진정, 알라는 모든 죄를 용서하신다. 진정 알라는 자애롭고 자비로운 신이시니라!"[*50]

그리고 만족의 뜻을 나타내고 지나간 일은 모두 용서한다는 의미의 답장을 보내자, 왕비는 눈물을 흘리며 기뻐했습니다.

한편 어부 할리파에게는, 교주가 매달 금화 50닢의 녹봉을 정하고 지위와 명예와 존경을 약속하는 은총을 내렸습니다. 그래서 할리파는 충실한 자들의 임금님 앞에 엎드린 뒤 의기양양하게 어전을 물러나왔습니다.

문간에 이르니 전에 할리파에게 금화 백 닢을 준 환관 산달이 그를 보고 말을 걸었습니다.

"어? 어부 양반, 여기는 웬일인가?"

할리파가 자초지종을 얘기해 주니, 산달은 그 행운의 원인이 자기에게 있다는 사실을 알고 매우 기뻐하며 이렇게 말했습니다.

"오, 당신 손에 들어간 그 어마어마한 재산 일부를 나에게도 한몫 떼어주게나."

그러자 할리파는 주머니에 손을 넣어 금화 1천 닢이 든 지갑을 꺼내 환관장에게 주었습니다.

"아니요, 그 돈은 당신이 넣어 두게. 당신에게 알라의 축복이 있기를!"

환관은 불과 얼마 전까지 그처럼 가난했던 어부가 그토록 남자다워지고 배짱이 커진 데 대해 몹시 놀랐습니다.*51

할리파는 환관장과 헤어지자 암노새를 타고 노예들에게 고삐를 잡히고는 자기 숙소로 돌아갔습니다.

사람들은 할리파가 눈부시게 성공하여 세상에 이름을 떨치자 눈이 휘둥그레지며 놀랐습니다. 그래서 그가 노새에서 내리자마자 말을 걸어, 빈털터리 가난뱅이가 별안간 이렇게 훌륭한 신분이 된 까닭을 물었습니다. 할리파는 사람들에게 지금까지 자신이 겪은 일들을 자세히 이야기해 주었습니다.

그 뒤 할리파는 좋은 집을 사서, 많은 돈을 들여 흠잡을 데 없이 손질해 그곳으로 이사한 다음, 밤낮으로 이런 시를 읊었습니다.

'환락의 정원'*52과 같은
이 집을 보라, 사람들이여
보기만 해도 병이 낫고
원한도 사라지리라.
이 집은 또한 위인과 현인들을 위해
밤이나 낮이나 여기
행운이 깃들도다.

할리파는 또 새집에 살게 되고부터 얼마 안 되어 성 안 한 유력자의 딸인 아름다운 처녀에게 장가를 들어 부부의 인연을 맺었습니다. 그렇게 위안과 만족, 기쁨과 즐거움의 생활을 보내는 동안, 집안의 운수는 더욱더 번영해 갔습니다. 그래서 할리프는 자신의 행복한 처지를 생각할 때마다, 막대한 부와 영원한 천복을 내려주신 알라(그분을 칭송하라!)께 감사하며, 다음과 같은 시인의 노래로 주를 찬양해 마지않았습니다.

오, 주를 찬송하고,
끊임없이, 은혜를 보이시고
고귀한 자에게도 비천한 자에게도
가림이 없이, 넓게 고루고루
자비를 베푸시고 안아 주시는 주를!
충심으로 찬미하리,
비나니 내 찬송을
모두 받아주소서,
고마우신 뜻으로
항상 온갖 일에서
은총과 선물을 얻어
엎드려 비는 몸,
주의 자비, 주의 배려,
끝없는 주의 희사,
갖가지 주의 은총을
기뻐 어쩔 줄 모르며
내 항상 돌이켜 생각하여
꿈에도 잊지 않는 것을.
크나큰 주님의 자비와
온정의 강물을 길어
모든 사람 목을 축이고
궁해지면 찾는 주여,
주님이야말로 사람들의 피난처

오, 주여, 살아 있는 자들에게
주는 아직도 자비의 표적을
쉬지 않고 쌓아주시고,
그 빈부귀천에 상관없이
모든 사람의 온갖 죄를
너그럽게 용서하시었도다,
그러니 세상 모든 사람을
자비로써 가르쳐 오신 분
더없이 귀한 족속의 후예에게
깨끗한 진리를 설법한
예언자의 영혼을 위해,
또한 그 무덤을 참배하는
순례자의 끊임없는 행렬!
예언자에게 도움이 되어 준
사람들 또는 인연 있는 사람들
그 모든 사람을 위해
우러러보는 알라의 신에게
축복과 평안이여, 있으라!
갈수록 더욱 영원해라!
그래야만 그 예언자의
위대한 믿음의 벗들은
너, 나의 구별 없이
영원히 살기도 하리라.
무성한 나무 그늘 속에서
새들이 노래하며 계승하듯.

 그 뒤에도 할리파는 자주 하룬 알 라시드 교주를 방문했습니다. 그러면 교주도 그를 반겨 맞이하고 언제나 갖은 선물과 은혜를 베풀었습니다.
 그리하여 할리파는 명예와 행복과 큰 기쁨을 즐기고 모든 부를 누리며 지위는 더욱더 올라가, 세상에 비할 데 없는 즐거운 생활을 보냈습니다. 한마디로 말하면 즐거움을 멸하고 교제를 끊는 자가 찾아올 때까지 깨끗하고 즐겁고 행복하게 남은 생애를 보냈다고 합니다.

영원히 살고 영원히 명예를 누리시는 전능하신 신을 찬양합시다! 알라는 살아 있는 신, 멸망하는 일이 없는 영원한 신이십니다!

\* 위의 번역은 맥나튼판에 의한 것으로, 나는 페인 씨의 예에 따라, 다음에 별개로 브레슬라우판에서 '어부 할리프 이야기'의 전문을 번역했다. 이것은 글을 쓰는 사람으로서, 두 가지 판을 섞어서 합치는 방식은 좋아하지 않기 때문이다.

(리처드 F. 버턴)

〈주〉

\*1 이러한 예는 동양의 최하층계급에서도 매우 드문 일이기 때문에, 여기서는 일부러 강조되어 있다.
\*2 앞니가 벌어져 있는 것은 이집트인들에게는 아름답게 보이지만 아랍인들에게는 그렇지 않다.
\*3 참으로 페라[농민]적인 빈정거림.
\*4 《아라비안나이트》 속에 자주 등장하는 유명한 미신을 일러주는 것이다. 이를테면 까마귀, 절름발이, 애꾸눈 등을 아침에 맨 먼저 보면 그날 하루의 운수가 결정된다는 미신. 동양문학에서는 이미 《히토파데사 *Hitopadesa*》 무렵부터 이 미신이 언급되어 있다. 일찍 일어나는 습관을 지닌 인종에 있어서는 이 미신 속에 어떤 본능적인 것이 숨어 있다. 인간의 오감이 가장 예민한 시간에 보는 불쾌한 정경은 두 가지의 영향을 미친다.
〔위의 책은 서기 10세기 이후에 《판차탄트라》를 바탕으로 하여 다시 고쳐 쓴 산스크리트 설화집으로 '유익한 교훈'이라는 뜻이다. 세계 우화문학의 실질적인 선구라고 할 수 있다.〕
\*5 아부 알 사다트(Abu al-Sáadat)는 아부사다트라고 발음하며 '번영의 아버지'라는 뜻.
\*6 물길은 아랍어로 알 라시프(Al-Rasif)라고 하며, 보통 강둑이나 제방을 말한다. 여기서는 티그리스 강의 흐름을 배분한 큰 물길을 가리키고 있다.
\*7 티그리스(Tigris) 강은 아랍어로 다질라(Dajlah)이며, 명백하게 성서의 Hid-dekel〔히브리어〕의 어원이다. 또한 히드(Hid)는 '맹렬한 것' '빠른 것'을 의미한다.
\*8 메기는 아랍어로 바야즈(Bayaz)이며, 일종의 Silurus〔민물고기〕. P. 포르스칼의 *Silurus Bajad*. 손니니는 바야토(Bayatto), 사크사트(Saksatt), 에베데(Hebede) 등으로 부르고 있다. 몸은 미끌미끌하고 부드러우며 맛이 없다. 종종 사람만 한 크기로 자라기도 한다. 스피크 대위와 나는 탕가니카 호에서 커다란 메기를 발견한 적이 있다.

〔버턴이 스피크와 함께 그 호수로 간 탐험기행은 《중앙아프리카의 호수지방》이라는 이름난 저서에 상세히 기술되어 있다.〕
* 9 우두머리(마스터)는 아랍어 속어로는 무알림(Múallim)이라고 하며, 정확하게는 M'allim이다. 선생, 특히 어떤 직업에서의 스승, 지도자를 가리킨다. 이집트와 시리아에서는 바로 이슬람교도에 대한 하지(hajj)처럼, 유대교도 또는 그리스도교도에 대한 정중한 호칭으로 사용된다.
* 10 '징수'는 강제적인 청구를 말하며, 보통은 부역 같은 정부 쪽의 강제징수를 가리킨다. 아랍어로는 가라마(Gharamah)라고 하고, 유럽계 이집트어는 Avania(이탈리아) 또는 Avanie(프랑스)이다.
* 11 '놓아주다'는 이집트 속어로 사이브 후(Sayyib-hu)이며 시리아에서도 사용된다. 이 말에서 사이바(Saibah), 즉 매춘을 위해 자신을 파는 여자〔매춘부〕가 나왔다.
* 12 두 가지 별개의 종교적 신화를 이렇게 어이없이 혼동하는 것은 아는 것이 없기 때문은 아닐 테다. 교육을 받은 이슬람교도는 이러한 문제에 대해서는 적어도 그리스도교도에 못지않을 만큼 잘 알고 있다. 그러나 라위, 즉 강석사(講釋師)는 '저속한 청중'을 상대로 얘기하고 있으므로, 실제로 이것은 단순한 '농담'에 지나지 않는다.
* 13 45번째 밤〔이 책 '오마르 빈 알 누만 왕과 두 아들 샤르르칸과 자우 알 마칸 이야기'주석 108 참조.〕
* 14 사다(Sa'adah)는 유대인의 아내.
* 15 여기에는 이중의 의미가 들어 있다. 어부는 단순히 말 한 마디나 두 마디를 말한 것이지만, 유대인은 흔히 '두 가지 문구'라는 이름으로 알려진 이슬람 교리의 시험문구라는 뜻으로 이해한 것이다. 즉 "나는 알라 외에 신은 없고, 무함마드는 알라의 사도라는 것을 증명한다"는 두 문구이다. 이 정해진 문구를 말하면, 유대인도 이슬람교도가 되는 것이었다. 저술가 가운데에는 유대인이 이슬람교에게 태형(笞刑)을 가하라고 명령하는 모습을 보고, 깜짝 놀라는 사람들도 있다. 그러나 유대인은 부자이고 어부는 가난뱅이였다. 유대교도 박해가 가장 극심했던 당시에도, 그들의 지갑은 그들의 법률적 무능함의 전부는 아니라 하더라도, 형벌 대부분을 가볍게 하는 데 충분할 만큼 두둑했다. 이슬람교도의 속담에는 "유대인은 너희(이슬람교도이든 그리스도교도이든)와 대등한 인간이 아니다. 너희보다 위거나 아래 어느 한 쪽이다"라고 되어 있다.
* 16 상인의 거리(passage of the Merchants)는 아랍어로 마마르 알 투자르(Mamarr al-Tujjar), 즉 '상인이 지나가는 장소'이다. 레인은 '상인이 지나가는 장소에 있는 한 방'이라고 번역하고 있다. 〔레인 역《신역 천일야화》제3권 참조.〕
　이 이야기 맨 끄트머리(845번째 밤)에서는 대상숙소에 사는 것이 밝혀지고, 브레슬라우판에서는 〔뒤에 추가된 이야기 참조〕 부서진 대상숙소의 창고(지하의 헛간)에서 살고 있다.

*17 원문은 지나치게 간결한 느낌이 있다. 이것은 '마약을 한 탓으로 다음과 같은 암시를 받았다'는 의미다. 레인은 '그의 머리가 하시시의 힘에 좌우되어'라고 번역하고 있다.

*18 들창은 아랍어로 맘라크(Mamrak)이며, 빛과 공기를 넣기 위해 천장 또는 지붕에 뚫은 간단한 구멍, 또는 격자나 회반죽을 칠한 약간 더 복잡한 것이다. 종종 팔각형으로 만들어 위에 작고 둥근 지붕을 낸 것도 있다. 레인은 저속한 카이로 사투리를 따라 '멤라크(Memrak)'라 부르며, 카(방 중에서 바닥을 가장 높게 올린 손님방)의 스케치에서 그 기초가 되는 부분을 그리고 있다.

*19 복대는 아랍어로 카마르(Kamar)라고 하며, 이것을 하는 것은 특히 순례자의 관습이다. 힌두스탄 지방에서는 이 띠(보통은 허리띠)는 캄마르 띠(Kammar-band)라 불리며, 우리의 오랜 커머번드(Cummerbund)(영인어로 복대, 허리띠)에 해당한다. 동양인은 매우 조심성이 깊어서 햇빛이나 비바람에 대해 반드시 명치, 즉 신경절의 중심부를 보호한다. 또 오늘날, 인도에 주둔하는 영국병은 행군 중에 플란넬 복대를 한다.

*20 "죄인 중에 가장 비열한 자여!"는 도둑을 가리킨다. "많은 사람이 세속의 활동과 쾌락에 뛰어듦으로써 이제 순례의식이 끝났음을 알려주었다. 모든 신자는 이제 완전히 의무에서 벗어났고, 그들 죄의 장부는 백지로 돌아갔다. 거의 모든 사람은 때를 놓치지 않고 남쪽을 향해 새롭게 출발했고, 새로운 장부를 쓰기 시작했다(졸저 《순례》 제3권)." (제34장 '에다로'의 글머리에서 이 문구를 볼 수 있다.)

*21 솔로몬이 모반을 꾀한 마신들을 가둔 구리 표주박을 말하며, 《아라비안나이트》에서 종종 언급되어 있다.

*22 이븐 알 키르나스(Ibn al-Kirnas)는 '사냥의 아들'이라는 의미. 또는 아마도 페르시아어의 쿠르나스(기둥서방, 오쟁이 진 남자)가 본디 뜻과 달리 전해져 그릇되게 굳은 것으로, 선택받은 소수의 '도락자(道樂者)'만 알 수 있도록 반 놀림조로 사용된 것이리라.

*23 쿠트 알 쿠르브(Kut al-Kulub)라는 이름에 대해서는 '사랑에 미친 가님 이야기'를 보기 바란다. 여기서도 교주의 측실은 즈바이다 왕비에 의해 수면제를 먹는다.

*24 (즈바이다 빈트 알 카심(Zubaydah bint al-Kasim)은 '알 카심의 딸 즈바이다'라는 뜻.) 즈바이다 왕비는 앞에서도 말했지만 아바스 왕조 2세 알 만수르 교주의 아들 자파르의 딸이었다. 그런데 이야기 지은이는 알 수 없는 이유로, 처음부터 끝까지 한결같이 왕비를 알 카심의 딸이라 부르고 있다. 839번째 밤에서도 마찬가지다.

*25 알 슈티는 하룬 알 라시드 교주를 '피부가 매우 희고 키가 큰 호남자로, 사람을 끌어당기는 풍채를 하고 있었다'고 평가했다. (알 슈티의 책은 《교주의 역사》.)

*26 한 쌍의 광주리(pair of frails)는 아랍어로 비 파르다인(Bi-fardayn). 이것은 '한 개짜리 두 개'라는 뜻이지만, 앞뒤 문맥으로 보아 한 조의 광주리를 뜻하는 것이 분명하

다. 영어의 frail이나 프랑스어의 fraile은 바구니(지금은 특히 커피콩을 담는 바구니)를 의미하는 아랍어 파르살라(Farsalah)에서 나왔고, 후자는 명백하게 저(低)라틴어의 Parcella에서 유래한다.

*27 비꼬는 말. 이집트 사람들이 자주 쓰는 과장된 표현.
*28 도둑에 대한 형벌.
*29 이 시는 8번째 밤에 나왔다. 나는 페인 씨의 번역을 인용했다.
*30 우리가 설탕에 모래를 섞어서 교회에 가는 것과 같은 것으로, 신을 속이는 본능적인 기만책.
*31 튤립, 즉 울금향은 아랍어로 슈카이르(Shukayr)이며, 붉다(점토 등)는 뜻의 샤카르(Shakar)에서 나왔다. 원전의 슈카이르는 아네모네 또는 튤립을 가리키는 슈카르(Shukar)의 축소형이다. 레인은 노스승으로부터 배워서 '오, 슈케이르여'라고 했지만 〔제3권〕, 페인 씨는 '오, 장미의 뺨이여'를 채택했다.
*32 산달(Sandal)에 대해서는 40번째 밤〔이 책 '사랑에 미친 가님 이야기' 주석 18〕을 참조하기 바란다. 산달리(Sandali)는 원래 고환과 음경이 제거된 환관을 뜻하지만, 여기에서 산달은 백단향에서 나왔으며, 고유명사이다.
*33 '왕겨의 배'는 아랍어로 키르시 알 누할(Kirsh al-Nukhal), 즉 밀기울의 창자라는 뜻. 당당하고 이름 높은 페르시아인〔자파르〕에게는 그다지 어울리지 않는 별명이다. 그러나 할리파는 웬만큼 뻔뻔스럽고 게다가 교활한 농사꾼이다. 지난 시대 아일랜드인과 마찬가지로, 서툰 말솜씨에다 입에서 나오는 대로 별명을 붙인 것이다.
*34 그것과 마찬가지로, 페르시아인은 "당신의 그림자가 결코 더 짧아지지 않기를!" 하고 말하는데, 이것은 앞에서도 말했듯이 주인이 하인 위에 드리우는 그림자를 말한다. 그늘, 차가운 물, 상쾌하고 약한 바람은 건조한 아라비아에서 인생의 기쁨이 된다.
*35 농부가 자기 몫의 금전을 이집트 정부에 요구하면, 당장 세금체납 혐의로 투옥되며, 정부는 여러 가지 골치 아픈 일을 면할 수 있다. 영국 통치 아래 사태는 개선되었다고 하지만, 나는 '그 사실이 의심스럽다.'
*36 이 엉뚱한 장난은 물론 역사적 사실이 아니다. 이야기 지은이는 하룬 알 라시드 교주의 권세와 감히 범하기 어려운 위엄과 권위를 강조하기 위해 이런 별난 장난을 만들어낸 것이며, 일반 백성들은 그저 왕자다운 기분전환의 일종으로 볼 테고, 서구인은 다만 정말 그런 일이 있었을까 하고 의심하는 정도이리라.
*37 함자(Hamzah)는 예언자의 작은아버지. 그 죽음에 대해서는 《순례》 제2권에 자세히 나와 있다.
*38 아킬(Akil)은 예언자의 사촌형제. 아바스 왕조의 시조로 알려진 알 아바스의 형제 아부 탈리브의 아들이다.
*39 망나니(Skipper Rapscallion)는 아랍어로 나후자 줄라이트(Nakhuzah Zulayt)이며, 전

자는 페르시아어의 나호다(Nakhoda), 즉 선장(船長)에서 유래하며, '신(神, Khuda)을 갖지 않은 인간'이라는 우스꽝스러운 뜻으로도 사용된다. 뒤의 줄라이트는 저급한 인간, 건달을 의미한다.
* 40  재스민(Jessamine)과 수선화(Narcissus)는 아랍어로 야사민(Yasamin)과 나르시스(Narjis)이며 모두 노예처녀 또는 환관의 이름이다.
* 41  헤나꽃(Henna-flowers)은 아랍어로 타마르 하나(Tamar-hanna)라고 하며, 가장 가난한 계층이 사용하는 제일 값싼 염료이다. 방금 베어낸 풀 같은 향기가 나는데, 월계화(tea-rose) 염료와 마찬가지로 [매력적인 향 때문에] 사랑받고 있다.
* 42  이 상투적인 문구('이곳과 무슨 관계가 있느냐?'라는 뜻)는 아무리 봐도 빈말은 아닌 것 같다.
* 43  물병(pitcher)은 아랍어로 자라(Jarrah, 가라라고 발음)이며, 영어의 jar이다. 레인 저 《근대 이집트인》 제5장 참조. 레인은 쓸데없는 주석을 가하여, 폰 하머 남작에게 당연한 비난을 받았다. 자라는 도자기이고, 디스트(Dist)[물받이, 수반]는 구리로 만든 큰 그릇이다. 더 작은 것은 할키나(Khalkinah)라고 한다. [에브리맨스 총서의 《현대 이집트인의 풍속과 습관》은 에드워드 스탠리 부르가 편찬한 것으로, 그는 위의 제5장의 각종 용기에 대한 레인의 기술에 대해 다음과 같이 각주를 첨부했다. 참고로 인용해 둔다.
'하머 푸르그슈타르 남작의 비평에 의하면, 두 가지의 별개의 용기를 여기서 들어야 한다. 특히 그 용기 두 가지 명칭은 유럽 각국의 언어에 채택되어 있기 때문이다. 그 용기는 가라 또는 자라, 즉 물병 또는 수반이고, 또 하나는 데미간(demigan) 또는 데미잔(demijan)이라 부르는 큰 병이다. 후자는 프랑스어의 'la dame-jeanne'에 해당한다.']
* 44  시끄러워서 못살겠다는 뜻.
* 45  우리에게는 엉터리 같고 부자연스럽게 생각되는 이 돌발적인 변화는, 동양에서는 많은 이야기와 저명인의 전기, 특히 학자의 전기에서 그것을 볼 수 있다. 이를테면, 어떤 청년이 학문에 나아짐이 없었다. 그러다가 우연히 거미 한 마리가 미끄러운 벽에 기어오르려다가 몇 번이나 실패를 거듭한 뒤 마지막에 성공하는 모습을 바라보게 된다. 바로 그 순간 그의 마음눈이 열리고 학문이 쑥쑥 성장하여 마침내 대학자가 된다는 식이다.
* 46  이것은 레인이나 페인이 생각한 것처럼 빈정거림이 아니다. "당신은 이번에야말로 진짜 행운을 만났다!"고 하는 반어법이다.
* 47  즉, 쿠트 알 쿠르브의 일로.
* 48  글자 그대로는 '당신 아버지 쪽 큰아버지의 아들에게' 즉 무함마드에게.
* 49  원전에는 할리파는 환관과 금화 백 닢과 커다란 궤짝에서 이야기를 시작하여 자초지

종을 반복하고 있다. 그러나 '두 번째 이야기는 의미가 없다.'
* 50 《코란》 제39장 54절. 나는 로드웰 씨의 번역을 인용했는데, 그는 일반적인 계사(繫辭)를 생략하고 아랍적 어법을 즐겨 사용했다.
* 51 동양인은 서구인보다, 자신의 뼛속에 스며든 가난한 티를 훨씬 쉽게 벗어버릴 수 있다.
* 52 '환락의 정원'은 아랍어로 자나트 알 나임(Jannat al-Na'im)으로, 이슬람교도의 천국의 7단계 가운데 하나이다. 이러한 양식의 명각(銘刻)은 상형문자가 사용되었던 당시부터 전해지고 있다. 이를테면 람세스 왕들의 행복한 도시를 그린 파피루스〔파피루스에 적힌 고문서〕는 다음의 시로 끝나고 있다.

> 나날의 양식은 부족함이 없고
> 그 속에 기쁨 영원히 사는 곳.
> ……………………
> 길이길이 번영하라, 큰 기쁨이 사는 곳.

〈역주〉
(1) 마우왈은 4행에서 6행의 단순하고 소박한 속요를 말한다.
(2) 원문 그대로.
(3) 빈트 알 카심은 '알 카심의 딸'이라는 뜻.
(4) 숫자에 모순이 있지만, 원문 그대로 둔다.

## 바그다드의 어부 할리프 (브레슬라우판)

아주 먼 옛날, 바그다드에 할리프라고 하는, 말은 많은데 운은 전혀 없는 한 어부가 살고 있었습니다.

어느 날 그는 자신의 작은 방[*1]에 틀어박혀 이런저런 공상을 하면서 혼잣말을 했습니다.

"위대한 신 알라 외에 주권 없고 권력 없다! 도대체 나는 주님 앞에 어떤 죄를 저질렀단 말인가! 바그다드가 아무리 넓다고 하지만 나만 한 어부도 찾아보기 힘든데, 동료들 사이에서 나처럼 운 없고 재수 없는 자가 또 있을까?"

이 남자는 입구의 문도 없는 오두막 같은 대상숙소, 즉 여관[*2]에서 지내고 있었는데, 그는 고기를 잡으러 나갈 때도 바구니와 생선칼은 가져가지 않고 그물만 어깨에 메고 가는 습관이 있었습니다. 이웃 사람들은 그런 모습을 힐끔힐끔 보면서 물었습니다.

"어이, 할리프, 잡은 물고기를 어디다 넣어오려고 바구니를 가지고 가지 않나?"

그러면 그는 어김없이 이렇게 대답했습니다.

"갈 때도 빈손, 올 때도 빈손, 어차피 한 마리도 잡히지 않을 텐데 뭐."

어느 날 밤, 할리프는 아직 날도 새지 않아 깜깜할 때, 자리에서 일어나, 그물을 어깨에 둘러메고 하늘을 우러러보며 말했습니다.

"나의 신 알라시여, 아무람의 아들 모세를 위해 바다를 제압하신 신이시여, 부디 오늘은 저에게 하루의 양식을 내려주소서! 당신은 빵을 주는 자 가운데 가장 뛰어난 분이 아니십니까?"

그런 다음 티그리스 강으로 가서 그물을 펼쳐 강물 속에 던져 넣고 가라앉기를 기다렸다가 뭍으로 끌어올렸습니다. 그런데 이게 웬일! 개의 사체가 하나 걸려 있을 뿐이었습니다.

할리프는 사체를 내던지면서 투덜거렸습니다.
"쳇! 아침부터 재수 없게! 묵직해서 좋아했더니 개의 사체라, 멋진 첫 수확이군 그래!"
그리고 그물이 찢어진 곳을 수선하고 다시 그물을 던졌습니다.
"그 썩은 살 냄새를 맡고 물고기들이 몰려올 테니 틀림없이 큰 물고기를 잡을 수 있을 거야."
그리고 한참 동안 기다렸다가 그물을 거둬들이고 보니, 안에는 낙타의 무릎뼈가 걸려 있었는데 그것이 그물코에 걸려서 여기저기 찢어져 있었습니다. 할리프는 너덜너덜해진 그물을 보자 눈물을 흘리며 이렇게 외쳤습니다.
"위대한 신 알라 외에 주권 없고, 권력 없다! 숯불에 올려서 구워 먹으려 했는데 메기도 없고 동자가사리*3도 하나 걸리지 않다니, 도대체 내가 무슨 잘못을 했기에? 도대체 나는 왜 이렇게 지지리 복도 없는 거냐고? 미안한 말이지만, 이 바그다드를 다 뒤져봐라, 나만 한 어부가 있나!"
할리프는 다시 비스밀라를 외친 다음, 세 번째로 그물을 던져 이윽고 뭍으로 끌어올렸습니다. 그러자 이번에는 앞발에 상아 지팡이를 짚고, 애꾸눈에 옴이 잔뜩 올라 있으며, 다리까지 절뚝대는, 두 번 다시 볼 수 없는 흉측한 원숭이 한 마리가 걸려 있지 않겠습니까!
할리프는 원숭이를 보고 말했습니다.
"이건 징조가 괜찮은데! 이봐, 원숭이, 넌 도대체 누구냐?"
"나를 모르십니까?"
"내가 널 어떻게 알아!"
"나는 당신의 원숭이랍니다!"
"그래서, 네가 뭘 해 줄 수 있는데?"
"매일 아침 주인님께 아침인사를 하지요. 그러면 신은 주인님께 나날의 양식의 문을 열어주지 않으시지요."
"이 재수 없는 애꾸눈 같으니!*4 너 같은 놈에게는 알라의 축복이 없기를 빌어주마! 어떻게든 네놈의 남아 있는 한쪽 눈도 도려내고 멀쩡한 한쪽 다리마저 잘라내야 성이 풀리겠다. 그러면 넌 앞 못 보는 오뚝이가 되어 아무 짝에도 쓸모없게 되겠지. 그런데 손에 들고 있는 그 지팡이는 도대체 어디에 쓰는 거냐?"

"오, 할리프 님, 당신의 그물에 물고기가 들어가지 못하도록 이것으로 위협하는 겁니다."

"그래? 좋아, 그렇다면 오늘 당장 네놈을 요절 내주마. 안됐지만 뼈와 살을 발라서 송장으로 만들어주마!"

어부 할리프는 그렇게 말하고 나서 허리에 감고 있던 새끼줄을 풀어 원숭이를 옆에 있는 나무에 묶어 버렸습니다.

"잘 들어라, 요놈아! 나는 다시 한 번 그물을 던질 작정인데, 뭔가 걸려들면 다행이지만 만약 비어 있다면, 나는 정말로, 너를 호되게 혼내준 뒤에, 숨통을 끊어 극락에서 다시 태어나게 해줄 테다. 요 못된 원숭이 놈아!"

할리프가 다시 그물을 던져서 끌어올려 보니, 또 원숭이가 한 마리 들어 있었습니다.

"또 원숭이야! 난 옛날부터 티그리스 강에서 물고기만 잡았는데, 오늘은 온통 원숭이 천지군!"

그런데 두 번째 원숭이를 자세히 들여다보니, 모습이 예쁘게 생긴데다 얼굴이 동글동글하고, 귀에는 금괴고리, 허리에는 파란 치마를 두르고 있어서, 마치 불을 켠 양초 같은 모습이었습니다. 할리프는 두 번째 원숭이에게 물었습니다.

"너도 원숭이냐, 도대체 넌 웬 놈이냐?"

원숭이가 대답했습니다.

"할리프 님, 저는 교주님의 어용상인인 유대인 환전상 아부 알 사다트의 원숭입니다. 매일 제가 주인님에게 아침인사를 하면, 주인님은 금화 열 닢을 벌지요."

그러자 어부가 소리쳤습니다.

"그렇다면 넌 훌륭한 원숭이구나. 저기 있는 저 재수 없는 원숭이와는 차원이 달라!"

그렇게 말하면서 할리프는 곤봉을 집어들고 나무에 매어둔 원숭이의 배를 때렸습니다. 그 바람에 갈비뼈가 부러진 원숭이는 펄쩍펄쩍 뛰면서 법석을 부렸습니다.

그 꼴을 본 두 번째의 예쁜 원숭이가 말했습니다.

"할리프 님, 저 원숭이를 괴롭혀서 죽인다 해도 무슨 도움이 되겠습니까?"

"그럼 어떻게 하면 좋을까? 저놈을 놓아주면 저 무서운 얼굴로 물고기를 쫓아버릴 테고, 저놈이 매일 아침저녁으로 인사를 하면 나에게는 나날의 양식 문이 열리지 않게 된단 말이야. 그건 안 돼, 난 저 짐승을 죽여서 액땜하고, 너를 대신 얻어야겠다. 그러면 매일 아침인사를 받을 때마다 금화 열 닢을 벌게 되니까."

그러나 두 번째 원숭이가 대답했습니다.

"그보다 더 좋은 방법을 알려 드리지요. 만일 제가 하는 말을 들어주신다면, 당신은 이제 편안해질 것이고, 저도 저 원숭이 대신 당신의 것이 될 겁니다."

"어떻게 하면 되는데?"

"다시 한 번 그물을 던지세요. 그러면 누구도 본 적이 없는 훌륭한 물고기가 한 마리 잡힐 겁니다. 그 물고기를 어떻게 할지는 나중에 가르쳐 드리지요."

"하지만 너도 조심해. 내가 그물을 던져서 만일 이번에도 원숭이라도 들어 있어봐, 너희 세 마리 모두 칼로 베어서 여섯 조각으로 만들어버릴 테니까."

그러자 두 번째 원숭이가 말했습니다.

"할리프 님, 좋습니다. 그렇게 하십시오."

그리하여 할리프는 다시 그물을 던져서 끌어당겼습니다. 그러자 놀랍게도, 머리가 둥글고 마치 젖 짜는 통처럼 생긴 아름다운 돌잉어*5 새끼 한 마리가 걸려 있지 않겠습니까? 그것을 본 할리프는 뛸 듯이 기뻐하며 미친 듯이 소리쳤습니다.

"야, 굉장하다! 이 예쁜 물고기는 뭐라고 하지? 저 원숭이가 강물 속에 있었으면 이것도 잡지 못할 뻔했잖아."

두 번째 원숭이가 말했습니다.

"할리프 님, 제 충고를 들어주시면 당신은 행복해질 수 있습니다."

"듣다마다. 이제부터 네가 하는 말이라면 뭐든지 듣겠어!"

"그렇다면 풀을 조금 가져와서 바구니*6 속에 깔고, 그 위에 물고기를 얹은 다음, 다시 그 위를 풀로 덮으세요. 그런 다음 채소가게에서 바질*7도 조금 사 와서 물고기 입에 물리세요. 그리고 손수건이라도 위에 덮어서 바그다드 시장 거리를 지나가는 겁니다. 누가 팔라고 하는 자가 있어도 팔지 말고, 앞만 보고 계속 나아가면 보석상과 환전상 거리가 나옵니다. 그러면 오른쪽 가게를 다섯 채 헤아리고 나서 여섯 번째 가게가 교주님의 어용 환전상인 유대인 아부 알 사다트의 가게입니다. 당신이 주인에게 가면 무슨 볼일이 있어 왔느냐고 물을 겁니다. 그러면 이렇게 대답하세요. '저는 어부인데, 나리의 이름을 외며 그물을 던졌더니, 이런 훌륭한 돌잉어가 걸려들어서 드리려고 가지고 왔습니다.' 그런데 만일 돈을 주더라고 많든 적든 받아서는 안 됩니다. 받으면 그때부터 다음 계획이 헛일로 돌아가니까요. 돈은 받지 말고 이렇게 말하세요. '그저 나리께서 말 한마디만 해 주시면 됩니다. 뭔가 하면, 내 원숭이를 당신의 원숭이와 교환하고, 내 운과 당신 운을 바꾸겠다고 말입니다.' 만일 유대인이 그렇게 말하면 그 물고기를 주세요. 그러면 저는 당신의 원숭이가 되고, 이 절름발이에다 피부병에 걸린 애꾸눈 원숭이는 유대인의 것이 되는 겁니다."

"그것참 묘한 방법이군."

할리프는 즉시 바그다드를 향해 출발해서 원숭이가 시키는 대로 하여 곧 유대인의 가게에 도착했습니다. 안에 들어가니 환전상은 환관과 시동들을 거느리고 지시를 하거나 돈을 주고받으면서 가게에 앉아 있었습니다.

할리프는 바구니를 내려놓고 환전상에게 말했습니다.

"저, 유대인 나리, 저는 어부인데, 오늘 티그리스 강에 가서 나리의 이름을 외며 '이건 아부 알 사다트 님의 운을 시험해 보는 거다'하면서 그물을 던졌습니다. 그랬더니 이 돌잉어가 걸려들어서 나리께 드리려고 가져왔습니다."

그런 다음 풀을 치우고 물고기를 꺼내 유대인에게 보여주었더니, 그는 그 훌륭한 모습에 깜짝 놀라서 말했습니다.

"더없이 높은 조물주의 뛰어난 행위를 찬양하라!"

주인은 어부에게 금화 한 닢을 내밀었지만 할리프가 거절하자, 이번에는 금화 두 닢을 주려고 했습니다. 그러나 이번에도 거절하자, 점점 늘어서 나중에는 열 닢까지 올라갔습니다. 그래도 여전히 할리프가 받지 않으니 아부 알 사다트는 이렇게 말했습니다.

"자네는 정말 욕심이 많군. 자, 말해 보게, 도대체 얼마나 주면 되겠나?"
그러자 할리프가 대답했습니다.
"나리께서 말 한마디만 해 주시면 됩니다."
유대인은 이 말을 듣고 낯빛이 변해 소리쳤습니다.
"너는 내 신앙을 버리게 할 참이냐? 그렇다면 썩 꺼져라!"
"아닙니다. 그런 게 아닙니다. 유대인 나리께서 이슬람교도가 되든 나사렛교도가 되든, 그런 것은 아무래도 상관없습니다."
유대인이 물었습니다.
"그렇다면 도대체 뭐라고 말하란 말인가?"
"'내 원숭이를 네 원숭이와 바꾸고, 내 운을 네 운과 바꾸겠다'고만 말씀해 주시면 됩니다."
유대인은 상대를 이상한 놈이라고 여기고, 조롱 반 농담 반으로 이렇게 말했습니다.
"나는 내 원숭이를 네 원숭이와 바꾸고, 내 운을 네 운과 바꾼다. 이보시오, 상인 여러분! 증인이 되어주시오! 불쌍한 녀석이군, 이제 자네는 나에게서 아무것도 우려낼 수 없을걸!"
할리프는 발길을 돌리며 스스로 자신을 탓하며 말했습니다.
"위대한 신 알라 외에 주권 없고 권력 없다! 모처럼의 돈을 놓치고 말았어!"
그는 돈을 받지 않은 자신을 저주하면서 티그리스 강으로 돌아갔습니다. 그런데 그 원숭이 두 마리는 어디로 갔는지 그림자조차 보이지 않는 것이었습니다. 할리프는 눈물을 흘리며 자신의 얼굴을 때리고 얼굴에 진흙을 바르면서 한탄했습니다.
"두 번째 원숭이에게 감쪽같이 속지 않았으면 애꾸눈 원숭이라도 건졌을 텐데."
할리프는 오랫동안 한탄하고 슬퍼하다가 불볕더위와 배고픔을 견디지 못하고 다시 그물을 잡고는 중얼거렸습니다.
"자, 다시 한 번 알라의 은총을 빌면서 그물을 던져 보자. 혹시라도 메기나 돌잉어가 걸려들면 구워 먹게."
그래서 그물을 던지고 가라앉을 때까지 기다린 뒤 뭍으로 끌어당기자, 이게 웬일입니까, 그물 안에 물고기가 가득 걸려 있지 않겠습니까? 할리프는 뛸 듯이 기뻐하면서 정신없이 물고기를 그물에서 떼어내 땅에 던졌습니다.

이윽고 그곳에 한 여자가 성 안에 물고기가 한 마리도 없다고 큰 소리로 말하면서 가까이 다가왔습니다. 그리고 할리프를 보자 물었습니다.

"어부님, 이 물고기 팔 거요?"

"나는 이것을 옷과 바꾸려던 참인데요. 모두 팔 겁니다. 내 수염까지.*8 원하는 만큼 가져가세요."

그리하여 여자가 금화 한 닢을 건네자, 할리프는 여자의 광주리에 가득 물고기를 담아주었습니다. 여자가 가버리자, 또 난데없이 다른 하녀 하나가 찾아와서 금화 한 닢어치의 물고기를 사갔습니다. 그다음에도, 또 그다음에도 끊이지 않고 손님이 찾아오는 동안, 어느새 오후의 기도시간이 되어 물고기를 판 돈은 금화 열 닢이나 되었습니다.

지칠 대로 지친 몸에 주린 배를 안고, 할리프는 그물을 걷어 어깨에 둘러메고 시장으로 갔습니다. 그리고 모직 겉옷과 챙 있는 모자, 그리고 벌꿀색 터번을 사서 금화 한 닢을 내고, 은화 두 닢의 잔돈을 받았습니다. 다음에는 그 잔돈으로 튀긴 치즈와 기름이 잔뜩 오른 양의 꼬리, 그리고 벌꿀을 사서, 그것을 기름 집의 큰 접시에 담아 배가 터질 지경이 되어 가슴 근처가 차가워질*9 때까지 먹어치웠습니다.

그런 다음 겉옷을 입고 벌꿀색 터번을 쓰고, 입에 아홉 개나 되는 금화를 물고, 난생처음 얻은 행운에 의기양양하게 헛간인 자신의 숙소로 돌아갔습니다. 방에 들어가서 이내 자리에 누웠으나 돈 때문에 걱정이 되어 잠이 오지 않았습니다. 할리프는 밤이 깊어질 때까지 돈을 만지작거리면서 마음속으로 생각했습니다.

'어쩌면 교주님이 내가 돈을 가지고 있다는 소문을 듣고 자파르에게 이렇게 말할지도 몰라. "어부 할리프를 찾아가서 돈을 좀 빌려 와라." 빌려주는 것도 쉬운 일이 아니고, 그렇다고 빌려주지 않으면 무사하지 못할 텐데. 하지만 현금을 주는 것보다는 벌을 받는 편이 훨씬 낫겠지.*10 그렇다고 해도 내 몸이 채찍 같은 것을 과연 견딜 수 있을지 어떨지 한번 일어나서 시험해 보자.'

그래서 할리프는 옷을 벗고, 선원용 채찍으로 자기 몸을 계속 때렸습니다.

나중에는 온몸이 피투성이가 되어서 한 번 때릴 때마다 큰 소리로 비명을 질렀습니다.

"오, 이슬람교도들이여, 나는 빈털터립니다! 오, 이슬람교도들이여, 나는 빈털터립니다! 오, 이슬람교도들이여, 나에게 어디서 금화가 손에 들어오겠습니까? 어디서 돈이 들어오겠느냐고요!"

같은 여관에 살고 있던 이웃 사람들은 "부잣집에 가서 달라고 하시오" 하고 소리 지르는 어부의 목소리를 듣고, 강도가 들어와서 돈을 빼앗으려고 하여 어부가 구원을 청하고 있는 거로 생각했습니다.

그래서 사람들은 자다 말고 저마다 무기가 될 만한 것을 들고 달려가 보니, 방문에는 자물쇠가 채워져 있고 안에서 맹렬하게 구원을 청하는 목소리가 들려왔습니다. 사람들은 이건 분명히 강도가 지붕으로 침입한 것이라 생각했습니다. 사람들은 문에 몸을 부딪쳐서 문을 부수고 안으로 뛰어들었습니다. 그러자 할리프는 실오라기 하나 걸치지 않은 알몸으로, 머리에 아무것도 쓰지 않은 채, 온몸에 피를 철철 흘리며 보기에도 처참한 모습을 하고 있었습니다.

사람들이 물었습니다.

"도대체 이게 어떻게 된 일이오? 당신은 오늘 밤, 미친 게 아니오? 아니면 마물에게 홀린 것이오?"

할리프가 대답했습니다.

"아니요, 그게 아니라 실은 내가 금화를 손에 넣었는데, 교주님이 나에게 그 돈을 빌려달라고 하면 어쩌나 하는 생각이 들어서 말이오. 그런데 돈을 내놓는 건 도저히 불가능한 일이고, 그렇다고 거절하면 고문을 당할 것은 불을 보듯 뻔한 일이라, 내 몸이 채찍을 견딜 수 있을지 어떨지 시험해 보고 있는 것뿐이라오."

사람들은 그 말을 듣고 말했습니다.

"부디 알라께서 당신의 몸을 지켜주지 마시기를 빌겠소! 정말 안됐소이다. 자, 가서 잠이나 잡시다! 그런데 당신은 교주님이 찾아와서 돈을 빌려 갈 거라고 했는데, 도대체 금화를 얼마나 가지고 있기에 그렇습니까?"

"알라께 맹세코 아홉 닢밖에 없어요."

그러자 모두 어처구니가 없어서 말했습니다.

"와아, 정말 부자시구려!"

이윽고 사람들은 어부의 멍청하기 짝이 없는 행동에 고개를 설레설레 흔들면서 돌아가 버렸습니다. 할리프는 혼자가 되자, 돈을 손에 쥐고 넝마 조각에 싸면서 혼자 중얼거렸습니다.

"이 돈을 모두 어디에 감춰두면 좋을까? 땅속에 묻으면 도둑맞을 테고, 남에게 맡기면 맡지 않았다고 잡아뗄 것이며, 머리에 이고 다니면*11 날치기 당할 것이고, 그렇다고 옷에 꿰매 넣으면 베어 갈 것이고……."

그때 문득 겉옷 가슴 쪽에 달린 작은 주머니가 생각났습니다.

"옳거니, 좋은 생각이 났어! 목 바로 밑, 입과 가까운 곳! 누가 손을 내밀어 채 가려고 하면 입으로 돈을 물어서 목 안에 숨길 수 있어."

그리하여 할리프는 돈을 싼 넝마 조각을 가슴 쪽 호주머니에 넣고 자리에 누웠습니다. 그러나 그래도 여전히 불안과 걱정이 가시지 않아 할리프는 뜬 눈으로 밤을 새웠습니다.

이튿날 아침, 할리프는 숙소에서 나가 고기를 잡을 양으로 티그리스 강으로 가서 물이 무릎까지 차도록 들어갔습니다. 그리고 그물을 던지고 힘을 다해 흔들었습니다. 그러자 갑자기 돈주머니가 물속에 풍덩 빠지고 말았습니다. 할리프는 옷과 터번을 벗어 던지고 물속에 뛰어들었습니다.

"위대한 신 알라 외에 주권 없고 권력 없다!"

할리프가 물속에 들어가서 강바닥을 샅샅이 훑고 다니는 동안 어느새 해도 반쯤 기울었지만, 그래도 돈주머니는 여전히 보이지 않았습니다. 마침 그때 한 남자가 멀리서, 물속에 들어갔다 나왔다 하는 어부의 모습을 보았습니다. 남자는 물가에 옷과 터번이 던져져 있고 근처에 아무도 없는 것을 확인하자, 어부가 물에 들어간 틈을 타 그 옷을 가지고 한걸음에 달아났습니다.

이윽고 뭍으로 올라온 할리프는 그동안 벗어 놓은 옷도 터번도 사라지고 없다는 사실을 깨닫고, 이를 갈면서 분통을 터뜨렸습니다. 그래서 언덕으로 올라가서 누가 지나가면 물어보리라고 생각했으나, 공교롭게도 그날따라 아무도 지나가는 사람이 없었습니다.

얘기는 바뀌어, 하룬 알 라시드 교주는 마침 그날 사냥을 나가 있었습니다. 그런데 햇볕이 한창 뜨거운 한낮에 귀로에 오른 탓에 너무 무더운 데다 목이 말라서 견딜 수 없었습니다. 그래서 물이 없나 하고 먼 곳을 바라보면서 찾으니, 언덕 위에 웬 남자가 벌거벗고 서 있는 모습이 눈에 들어왔습니다. 교주는 옆에 있던 자파르에게 물었습니다.

"나에게는 보이는데, 그대에게도 저것이 보이는가?"

"예, 충실한 자들의 임금님, 작은 산 위에 어떤 사람이 서 있군요."

"누구일까?"

"아마도 오이밭을 지키는 사람인가 봅니다."

"어쩌면 수행자[12]일지도 모르지. 내가 가보고 오겠네. 기도해달라고 해야지. 그대들은 여기서 기다리고 있게."

교주는 할리프에게 다가가서 인사를 하고 물었습니다.

"여보게, 그대는 누구인가?"

어부가 대답했습니다.

"나를 모른단 말이오? 어부 할리프요."

"뭐라고? 모직 겉옷과 벌꿀색 터번을 쓴 어부라는 말인가?"[13]

할리프는 상대가 도둑맞은 옷에 대해 말하자 속으로 생각했습니다.

'내 옷을 훔쳐간 것이 바로 이놈이로구나. 이놈이 나를 놀리고 있는 게 틀림없어.'

그래서 할리프는 언덕을 달려 내려가더니 이렇게 말했습니다.

"당신이 그런 못된 짓을 하니까 내가 제대로 낮잠도 못 잤잖아. 난 이 두 눈으로 당신이 내 옷을 가져가는 것을 똑똑히 봤어. 나를 놀리고 있다는 것도 다 알아."

이 말을 듣고 교주는 자기도 모르게 웃음이 나와서 말했습니다.

"무슨 옷을 잃어버렸나, 할리프? 그대가 말하는 그런 것은 나는 전혀 모르는데."

어부가 소리쳤습니다.

"위대하신 알라께 걸고, 나에게 그 옷을 돌려주지 않으면 이 곤봉으로 네 갈비뼈를 부러뜨리고 말테다!"(할리프는 줄곧 곤봉을 몸에 지니고 있었습니다.)

"알라께 맹세코, 나는 그대가 말하는 그런 물건은 한 번도 본 적이 없어!"

"나는 너와 함께 가서 네 집을 조사한 다음, 경비대장에게 고발할 거야.

그러면 두 번 다시 나를 속이지 않겠지. 누가 뭐래도 내 옷과 터번을 훔쳐갈 만한 사람은 너 말고는 없어. 자, 어서 돌려주면 다행이고 돌려주지 않으면, 타고 있는 노새의 등에서 끌어내려 움직이지 못하도록 네 머리를 이 곤봉으로 마구 때려주겠어!"

그렇게 말한 할리프가 노새의 재갈을 힘껏 당기자 노새는 뒷다리로 곤추섰습니다.

"이 미치광이 때문에 엉뚱한 봉변을 당하게 생겼구나!"

교주는 이렇게 중얼거리고 나서 자신이 입고 있던 금화 1천 닢의 가치가 있는 옷을 벗은 뒤 할리프에게 말했습니다.

"그대의 옷 대신 이 관복을 입게."

할리프는 그것을 받아서 당장 입어 보았으나 너무 커서 입을 수가 없었습니다. 그래서 무릎까지 오도록 짧게 잘라내고, 잘라낸 천 조각을 터번 삼아 머리에 감았습니다. 그런 다음 교주를 향해 말했습니다.

"너는 도대체 누구지? 무슨 일을 하는 사람인가? 아니, 물어볼 것도 없어, 넌 나팔수가 틀림없으니까."

알 라시드 교주가 물었습니다.

"내가 나팔수라는 건 어떻게 알았나?"

"코가 크고 입이 작잖아."

"잘 알아맞혔네! 정말이야, 나는 나팔을 부는 일을 한다네."

"자네가 내가 하는 말을 잘 들으면 고기를 잡는 방법을 가르쳐주지. 나팔을 부는 것보다 훨씬 낫고, 누구의 눈치를 볼 필요도 없으며, 밥을 먹을 수 있거든."*14

"배울 수 있을지 어떨지 한 번 시험해 볼 테니 가르쳐주게."

"그럼 나팔수 양반, 나하고 같이 가."

어부를 따라 강으로 내려간 교주는 할리프한테서 그물을 받아들고 그것을 던지는 방법을 배웠습니다. 그리하여 그물을 치고 다시 끌어올리려 했으나 무거워서 도저히 끌어당길 수가 없었습니다. 어부가 옆에서 말했습니다.

"이봐, 나팔수! 암초에 걸리기라도 하면 큰일 나. 너무 세게 끌어당기면 안 돼, 그러면 그물이 찢어지니까. 찢어지기만 해 봐, 네 노새로 손해를 물게 할 테니까!"

교주는 어부의 말을 듣고 웃으면서 조금씩 그물을 끌어당겨 드디어 기슭까지 끌어올렸습니다. 끌어올리고 안을 보니, 그물 안에 수많은 물고기가 우글거리고 있었습니다. 할리프는 그것을 보고 매우 흥분하여 소리를 질렀습니다.
 "야, 이것 굉장한데! 나팔수 양반, 자네는 고기잡이 운이 상당히 좋은가 봐! 이제부터 자네를 절대로 놔주지 않겠어! 그런데 말이야, 자네가 생선시장에 가주었으면 하는데. 생선장수 후마이드네 가게를 찾아가서 이렇게 말하면 돼. '내 스승인 할리프 님이 당신에게 안부를 전하더군요. 그리고 어제보다 더 많은 물고기를 가지고 올 테니, 커다란 광주리 두 개에 칼 한 자루를 보내달라고 합니다.' 자, 그러면 한달음에 달려가서 곧장 돌아와야 해!"
 교주는 (실은 웃고 있었지만) 몹시 진지하게 대답했습니다.
 "잘 알았습니다, 스승님!"
 교주는 이내 노새에 뛰어올라 자파르가 있는 곳으로 달려갔습니다.
 "교주님, 도대체 어떻게 되신 일입니까? 말씀 좀 해 보십시오."
 자파르가 묻자, 교주는 어부 할리프와의 사이에 있었던 일을 처음부터 끝까지 얘기해 주고 마지막으로 이렇게 덧붙였습니다.
 "그자는 지금 내가 광주리를 가지고 돌아오기를 기다리고 있네. 나는 이제부터 비늘을 긁는 방법과 내장 꺼내는 방법을 그자한테서 배울 생각이네."
 "그럼, 저도 함께 가서 비늘의 뒤처리와 가게 청소를 하겠습니다."
 그렇게 얘기를 주고받다가 교주가 갑자기 큰 소리로 말했습니다.
 "여보게, 자파르! 그대에게 부탁이 있는데, 젊은 백인 노예들에게 저기 있는 어부에게 가서 물고기를 한 마리씩 가지고 오면 금화 한 닢씩 주겠다고 하게. 내 손으로 잡은 물고기를 먹어보고 싶어 견딜 수가 없는걸."
 자파르는 젊은 백인 노예들에게 교주의 말을 전하고, 어부가 있는 장소도 가르쳐주었습니다. 노예들은 곧 할리프에게 몰려가서 물고기를 저마다 빼앗았습니다. 할리프는 백인 노예들의 아름다운 모습을 보자 검은 눈동자의 선녀들이 틀림없다 생각하고, 물고기 두 마리를 움켜잡더니 강물 속으로 뛰어들었습니다. 그리고 이렇게 기도했습니다.
 "오, 알라시여, 이 물고기의 신비한 힘에 걸고 제발 저를 용서해 주십시오!"

바로 그때 뜻밖에 환관장이 찾아와서 물고기를 찾았습니다. 그러나 물고기는 이미 동나서 어디에도 보이지 않았습니다. 이윽고 할리프가 손에 물고기 두 마리를 쥐고 물속에 숨었다가 떠올랐다가 하는 모습을 본 환관장이 할리프를 소리쳐 불렀습니다.
"어이, 할리프, 손에 들고 있는 게 뭔가?"
"물고기 두 마리요."
"그걸 나에게 주면 금화 백 닢을 주겠네."
할리프는 금화 백 닢이라는 말에 물속에서 나와 소리쳤습니다.
"그럼, 그 금화 백 닢을 이리 줘."
"알 라시드 교주님의 궁전으로 찾아오게. 그러면 주겠네, 할리프."
환관장은 물고기를 받아들고 곧장 교주의 궁전으로 갔습니다.
한편, 할리프도 바그다드로 돌아갔습니다. 그리고 무릎까지 드러나게*15 교주의 옷을 입고, 그 잘라낸 조각을 머리에 친친 감고, 허리에는 새끼줄을 두른 차림으로 바그다드 도성의 큰길 한복판을 당당하게 걸어갔습니다.
오가는 사람들은 할리프의 꼬락서니를 보고 깜짝 놀라 웃으면서 저마다 말했습니다.
"자넨 도대체 그 관복을 어디서 구했나?"
그러나 할리프는 아랑곳하지 않는 얼굴로 이렇게 물으면서 계속 걸어갔습니다.
"알 라샤드*16의 집이 어디오?"
"알 라샤드가 아니라 알 라시드의 집이겠지."
"같은 거잖아."
할리프는 다시 걸음을 옮겨 가까스로 교주의 궁전에 다다랐습니다.
그런데 도중에 그 교주의 옷을 지은 재단사가 가게 앞에 서 있다 할리프가 입은 옷을 보고는 말을 걸었습니다.
"당신은 궁전에 출입한 지 몇 년이나 되었소?"
"어릴 때부터 줄곧."
"그런데 옷을 그렇게 망쳐 놓다니, 그 옷은 대체 어디서 손에 넣었소?"
"내 제자인 나팔수한테서 얻었소이다."
할리프가 궁전 문에 다가가니 조금 전 환관장이 물고기 두 마리를 옆에 놓고 앉아 있는데, 그의 새까만 피부색을 보고 할리프는 이렇게 말했습니다.
 "튤립 영감, 금화 백 냥 주시우."
 "물론 주고말고, 할리프."
 상대가 그렇게 대답하는 순간, 자파르 대신이 교주 앞에서 물러나오다가 어부가 환관장에게 이렇게 말하는 소리를 들었습니다.
 "이건 친절에 대한 보답이라는 거지, 안 그러우, 튤립 영감?"
 자파르는 얼른 다시 알 라시드에게 가서 아뢰었습니다.
 "오, 충실한 자들의 임금님, 임금님의 스승인 어부가 와서 환관장에게 금화 백 냥의 빚을 독촉하고 있습니다."
 "자파르, 그자를 얼른 이리로 데려오게."
 "알았습니다."
 자파르는 어부에게 가서 말했습니다.
 "여보게 할리프, 그대의 제자인 나팔수가 저쪽으로 좀 오라고 하는군그래."
 대신이 앞장서자, 어부도 그 뒤를 따라가서 이윽고 알현실에 들어갔습니다. 알현실에는 교주가 머리 위에 가리개를 친 옥좌에 앉아 있었습니다. 할리프가 안으로 들어가자, 알 라시드는 세 개의 두루마리에 뭔가 적어서 상대방 앞에 늘어놓았습니다. 그것을 보고 어부가 물었습니다.
 "그게 무엇인가. 자네는 나팔수를 그만두고 점쟁이가 되었나?"
 그러자 교주가 말했습니다.
 "하나만 집어보게."
 그런데 첫 번째 두루마리에는 '금화 한 냥', 두 번째 두루마리에는 '금화 백 냥', 세 번째에는 '채찍질 백 번'이라고 적혀 있었습니다. 할리프는 손을 뻗어 하나를 뽑았는데, 운명의 장난이라고 할까요, '채찍질 백 번'이라고 적힌 두루마리를 뽑고 말았습니다. 원래 왕자(王者)는 한번 정한 것은 절대 물리지 않는 법입니다. 그래서 신하들이 할리프를 바닥 위에 길게 눕혀놓고 백 번을 때리자, 할리프는 눈물을 흘리면서 살려달라고 아우성쳤습니다. 그러나 아무도 그를 구해 주지 않았습니다.
 "어이, 나팔수 양반, 이건 장난이 너무 지나치지 않아? 난 자네한테 물고기 잡는 법을 가르쳐주었는데, 자네는 이렇게 점쟁이가 되어서 나에게 재수 없는 제비를 뽑게 했어. 쳇! 꼴도 보기 싫은 놈이군.*17 너에겐 오만 정이 다 떨어졌어!"

교주는 그 말을 듣자 웃음을 터뜨리며 말했습니다.

"여보게, 할리프, 뭐 나쁘게만 하지는 않을 테니 걱정하지 말게! 이자에게 금화 백 닢을 주어라."

신하들이 금화 백 닢을 가져다주자, 할리프는 어전에서 나와 집으로 가는 길을 서둘렀습니다. 이윽고 큰 시장에 접어들었을 때, 수많은 사람이 한 거간꾼을 울타리처럼 에워싸고 있는 모습이 보였습니다. 거간꾼은 이렇게 소리치고 있었습니다.

"자, 한 닢 모자라는 금화 백 닢이오! 자물쇠가 채워진 커다란 궤짝 사실 분 누구 없소?"

할리프는 군중을 헤치고 앞으로 나가서 거간꾼에게 말했습니다.

"금화 백 닢에 내가 사지!"

할리프는 거간꾼과 흥정을 마치고 궤짝 값을 내자 그에게는 동전 한 닢 남지 않았습니다. 옆에서는 짐꾼들이 누가 궤짝을 운반할 것인지를 두고 입씨름을 하다가, 이윽고 모두가 한결같은 목소리로 말했습니다.

"이 궤짝은 주라이크*18가 운반하게!"

다른 구경꾼들도 말했습니다.

"파란 눈이 가장 적임자야."

그리하여 주라이크가 익숙한 솜씨로 궤짝을 어깨에 둘러메고 할리프를 따라 걷기 시작했습니다.

걸어가면서 어부는 속으로 생각했습니다.

'짐꾼에게 줄 돈이 한 푼도 남지 않았는데, 도대체 이 녀석을 어떻게 쫓아버리지? 좋아, 거리를 이리저리 정신없이 끌고 다녀야겠다. 그러면 저 녀석이 지쳐서 견디지 못하고 짐을 내던지고 가버리겠지. 그러면 내가 지고 가면 되지.'

그런 속셈으로 할리프가 한낮부터 해질 무렵까지 짐꾼을 데리고 온 도시를 여기저기 끌고 다니자, 짐꾼은 끝내 불만을 터뜨리며 물었습니다.

"이보시오, 댁이 대체 어딥니까?"

"어제는 알았는데, 오늘은 생각이 나지 않는구먼."

할리프의 대답에 짐꾼이 말했습니다.
"그럼 궤짝을 드릴 테니 품삯을 주시오."
"천천히 걸어가세. 그러다보면 우리 집이 어딘지 생각나겠지."
할리프는 곧 이렇게 덧붙였습니다.
"이봐, 주라이크, 난 말이야, 지금은 돈을 한 푼도 가진 게 없어. 모두 집에 있는데 어디에 두었는지도 잊어버렸어."
두 사람이 얘기하고 있는데, 마침 어부를 아는 사람이 지나가다가 말을 걸어왔습니다.
"할리프, 자네가 이 동네엔 웬일인가?"
그러자 짐꾼이 옆에서 끼어들었습니다.
"잘 됐군요. 나리, 이 양반의 집이 어딥니까?"
"라와신 구(區)에 있는 다 쓰러져가는 여관이야."
이 말을 듣고 주라이크가 할리프에게 말했습니다.
"자, 갑시다. 당신 같은 사람은 이 세상에 태어나지 말았어야 했어."
어부는 뒤에 짐꾼을 거느리고 터벅터벅 걸어서 이윽고 집에 도착했습니다. 그러자 짐꾼이 말했습니다.
"이봐, 알라께서 자네에게는 나날의 양식 따위는 딱 끊어주셨으면 좋겠어. 여기는 벌써 스무 번이나 지나간 곳이잖아? 처음부터 말했으면 이런 생고생은 하지 않았을 거 아니야? 하지만 좋아, 품삯이나 줘, 돌아가게."
"금화가 없으니 은화로 줌세. 지금 가져올 테니 여기서 기다리게."
할리프는 그렇게 말하고 방에 들어가서 마흔 개가 넘는 대갈못이 박힌 망치를 가지고(이것으로 낙타를 때린다면, 단번에 숨통이 끊어져 버릴 만한 것이었습니다) 나와 짐꾼에게 달려들어 망치로 내려치려고 했습니다. 주라이크는 죽는다고 비명을 지르며 달아났습니다.
"살려줘! 돈은 한 푼도 필요 없어!"
그리하여 단번에 짐꾼을 쫓아버린 할리프는 궤짝을 집 안으로 지고 들어갔습니다. 그러자 이웃 사람들이 찾아와서 할리프를 에워싸고 물었습니다.
"어이, 할리프, 그 옷과 궤짝은 어디서 났나?"
"내 조수인 알 라시드한테서 얻었지."
"이 악당이 이젠 정신이 돌아버렸군! 알 라시드 님은 틀림없이 이자가 하는 소리를 들으시고 집 문 앞에 목을 매다실 거야. 게다가 이 어릿광대 때문에 이 집에 사는 사람들 모두 목이 달아날지도 몰라. 이놈은 대단한 광대야."

그리고 사람들은 힘을 합쳐 궤짝을 방 안으로 운반해 주었는데, 그 궤짝만으로 방 안이 꽉 차고 말았습니다.

할리프의 얘기는 이 정도로 해두고, 이 궤짝의 유래에 대해 말씀드리면, 사실 이렇게 된 겁니다. 교주는 쿠트 알 쿠르브라는 터키인 노예처녀를 데리고 있었는데 이 여자를 매우 사랑했습니다. 그런데 즈바이다 왕비가 교주의 입을 통해 이 사실을 알게 되자, 이 여자를 매우 질투하여 남몰래 여자를 없애버리려는 음모를 꾸몄습니다.

그래서 충실한 자들의 임금님이 사냥에 나가 없는 사이에, 왕비는 쿠트 알 쿠르브를 연회에 초대하여 술자리를 벌였습니다. 쿠르브는 그 자리에서 미리 마약을 섞어둔 술을 마시고 깊은 잠에 빠져들고 말았습니다. 그러자 즈바이다 왕비는 자신의 환관장을 불러, 여자를 궤짝에 넣어서 자물쇠를 채운 뒤 그 궤짝을 지고 가서 강물 속에 던져 넣으라고 명령했습니다.

환관장은 수노새를 타고 궤짝을 앞에 싣고는 강을 향해 출발했습니다. 그런데 궤짝을 운반하는 게 여간 힘들지 않아서, 큰 시장에 접어들었을 때 우연히 거간꾼과 상인 우두머리를 만나 이렇게 말했습니다.

"여보게, 이 궤짝을 한번 팔아보지 않겠나?"

그러자 상대가 대답했습니다.

"좋습니다. 그런 일이야 식은 죽 먹기지요."

"단, 자물쇠를 채운 채로 팔아야 하네."

"알았습니다. 그렇게 하지요."

환관이 궤짝을 내리자 거간꾼들이 큰 소리로 경매를 시작했습니다.

"이 궤짝을 금화 백 닢에 살 사람 누가 없는가?"

바로 그때 마침 그곳을 지나가던 어부 할리프가 그것을 사들인 겁니다. 그 뒤에는 아까 말한 짐꾼과 품삯 문제로 옥신각신하게 된 거지요.

그리하여 어부 할리프는 잠을 자려고 궤짝 위에 누웠습니다. 그런데 얼마 안 있어 쿠트 알 쿠르브가 마약에서 깨어나 자기가 궤짝 속에 갇혀 있는 사실을 알고 큰 소리로 비명을 질렀습니다.

"아, 어떡하면 좋아!"
이 소리를 들은 할리프도 궤짝에서 뛰어내리며 비명을 질렀습니다.
"어이, 이슬람교도들이여. 도와줘! 궤짝 속에 마신이 들어 있어!"
이웃 사람들이 잠에서 깨어나 물었습니다.
"여보게, 미치광이, 무슨 일이야?"
"궤짝 속에 마물이 가득 들어 있어."
"조용히 잠이나 자. 남의 단잠을 방해하지 말고, 이 말썽꾸러기야! 안에 들어가서 잠이나 자라고, 미치광이 짓은 그만하고."
"도무지 잠을 잘 수가 있어야지."
아무리 소리를 질러도 모두 욕만 퍼붓자, 할리프는 하는 수 없이 방에 들어가 다시 몸을 뉘었습니다.
그때 갑자기 쿠트 알 쿠르브의 목소리가 다시 들려왔습니다.
"여기가 어디예요?"
그 목소리를 들은 할리프는 또다시 방에서 뛰쳐나가 소리를 질러댔습니다.
"어이, 나 좀 도와줘!"
"도대체 왜 그래? 이거 원 시끄러워서 잠을 잘 수가 있어야지!"
"여러분, 궤짝 속에 마물이 굼실굼실 움직이기도 하고 말도 해!"
"거짓말 마! 도대체 무슨 소리를 하는 거야?"
"그놈들이 여기가 어디냐고 묻는데?"
"너 같은 놈은 지옥에나 떨어져라, 이웃을 이렇게 괴롭히고 잠도 못 자게 하잖아? 어서 가서 잠이나 자! 너 같은 건 차라리 이 세상에 없는 게 우리를 도와주는 거야!"
할리프는 오들오들 떨면서 다시 방으로 들어갔습니다. 왜냐하면 궤짝 위에 눕는 것 말고는 몸을 눕힐 만한 장소가 없었기 때문입니다. 할리프가 방 안에 서서 귀를 기울이고 있으니, 또다시 쿠트 알 쿠르브의 목소리가 들려왔습니다.
"배가 고파요."
할리프는 깜짝 놀라 밖으로 뛰어나가 소리를 질렀습니다.
"어이, 여러분! 이 여관에 있는 사람들! 도와주시오!"
"이번에는 또 무슨 일이야?"

"궤짝 속 마물들이 배가 고프다는데?"

"아무래도 이 할리프란 놈이 배가 고픈 모양이군. 우리가 뭔가 먹을 것을 좀 줍시다. 저녁에 먹고 남은 거라도 챙겨주자고. 안 그러면 오늘 밤 잠자기는 틀린 것 같으니."

그러고는 먹다 남은 빵과 고기, 무 같은 것을 가지고 와서 바구니에 가득 담아 주었습니다.

"이제 이걸 먹고 배가 부르면 얌전하게 잠이나 자시오. 더는 소동 부리지 말고. 안 그러면 당신의 갈비뼈를 분지르고, 내일까지 기다릴 것도 없이 오늘 밤 당장 때려죽이고 말 테니까."

할리프는 먹을 것이 든 바구니를 받아 방으로 들어갔습니다. 마침 그날 밤은 밝은 달이 떠서 달빛이 눈부시게 궤짝을 비추고 있고, 온 방 안이 환하게 빛나고 있었습니다. 할리프는 궤짝 위에 털썩 앉아 얻어온 음식을 두 손으로 우적우적 먹기 시작했습니다. 잠시 뒤 또 쿠트 알 쿠르브가 입을 열었습니다.

"여보세요, 이슬람교도님, 제발 자비를 베푸시어 이 궤짝을 열어주세요!"

그래서 할리프는 일어나 옆에 있던 돌을 움켜잡고 자물쇠를 부수고 뚜껑을 열었습니다. 그러자 뜻밖에도 그 안에는 젊은 귀부인이 누워 있는 게 아니겠습니까? 이마는 꽃처럼 희고, 얼굴은 달처럼 빛나며, 뺨은 촉촉한 장밋빛, 말씨는 설탕을 머금은 것보다 더 달콤한, 마치 화창한 대낮의 빛나는 햇살처럼 아름다운 미녀가 몸에 금화 1천 냥은 될 듯한 호화로운 옷과 장신구를 달고 있었습니다.

여자의 모습을 보고 할리프는 매우 기뻐서 미친 듯이 소리를 질렀습니다.

"아니, 아니! 이런 미인이!"

여자가 물었습니다.

"도대체 당신은 누구예요?"

"오, 아가씨, 나는 어부 할리프라는 사람이오."

"누가 나를 이리로 데리고 왔어요?"

"내가 당신을 샀소. 그러니까 당신은 내 노예지."

"아무래도 그 옷은 교주님의 옷인 것 같군요."

할리프는 자신의 신상에 일어난 일을 모두 얘기하고 궤짝을 사들이게 된 경위까지 얘기해 주었습니다. 쿠트 알 쿠르브는 그 얘기를 듣고 즈바이다 왕비에게 감쪽같이 한 방 먹은 사실을 깨닫고, 이런저런 얘기를 하면서 밤을 밝힌 뒤 아침이 되자 할리프에게 말했습니다.

"할리프 님, 어디 가서 먹과 종이와 붓을 좀 빌려 오세요."

할리프는 이웃에 가서 필요한 것을 빌려 와서 여자에게 주었습니다.

여자는 당장 편지 한 통을 쓴 뒤 접어서 할리프에게 주며 말했습니다.

"할리프 님, 이 편지를 가지고 보석시장으로 가서 보석상 아부 알 하산의 가게를 찾아가 주인에게 전해 주세요."

"아가씨, 그 이름은 너무 어려워서 도저히 외울 수가 없어."

"그럼, 이븐 알 우카브*19의 가게가 어디냐고 여쭤보세요."

"우카브라니, 그게 무슨 말이오?"

"새를 말하는 거예요. 눈에 가리개를 하고 손에 앉혀서 데리고 다니는 새 말이에요."

"아, 그거? 알았어."

할리프는 여자를 남겨두고, 잊어버리지 않도록 그 이름을 되풀이하여 외면서 급히 걸어갔습니다. 그런데 보석시장에 다다랐을 때는 이름을 완전히 잊어버리고 말았습니다. 그래서 할리프는 상인 한 사람에게 인사를 하고 물었습니다.

"이 근처에 새의 이름을 가진 사람이 없소?"

상인이 대답했습니다.

"있지. 이븐 알 우카브 말이군."

할리프는 소리쳤습니다.

"그 사람이 맞아. 바로 내가 찾고 있는 사람이오."

그리하여 겨우 보석상을 찾아간 할리프는 쿠트 알 쿠르브가 준 편지를 내밀었습니다. 그는 그것을 읽더니 편지에 입을 맞추고 머리 위로 받쳐 들었습니다. 보석상인 아부 알 하산은 측실 쿠트 알 쿠르브의 관리인으로서, 토지와 집 등, 측실의 재산을 모두 이 사람이 관리하고 있었던 겁니다.

쿠트 알 쿠르브의 편지는 다음과 같았습니다.

"측실 쿠트 알 쿠르브가 아부 알 하산 님에게.

이 편지를 받는 대로 가구와 집기를 비롯하여 흑인 노예와 노예여자 등, 내 생활에 필요한 것을 모조리 갖춘 집을 한 채 마련해 주세요. 그리고 편지를 가져간 사람을 목욕탕에 데려가서 좋은 옷을 입히고 이러이러하게 주선해 주세요."

상인은 '잘 알았습니다' 하고 혼자 중얼거리고는 당장 가게 문을 닫고 자물쇠를 채운 뒤, 어부와 함께 목욕탕으로 갔습니다. 그리고 관습에 따라 목욕탕 때밀이 한 사람에게 할리프의 시중을 맡기고, 자신은 쿠트 알 쿠르브에게서 받은 지시를 실행하러 갔습니다.

한편, 할리프는 나면서부터 좀 모자란 탓에, 목욕탕을 감옥으로 착각하고 때밀이에게 이렇게 말했습니다.

"나를 감옥에 처넣다니, 도대체 내가 무슨 죄를 저질렀다고 이러는 거야?"

모두 웃으면서 할리프를 욕조 옆에 앉히자, 때밀이가 두 다리를 붙잡았습니다. 그의 땀을 씻고 때를 밀어주려고 한 겁니다. 그런데 할리프는 상대가 씨름이라도 하려고 그러는 줄 알고 속으로 생각했습니다.

'이곳은 씨름판*20인가? 그런 줄 몰랐는데.'

이렇게 생각한 할리프는 벌떡 일어나 때밀이의 두 다리를 붙잡더니 번쩍 들어 바닥에 내던져 상대의 갈비뼈를 분질러 놓았습니다.

때밀이가 큰 소리로 도움을 청하자, 다른 때밀이들이 한꺼번에 달려와서 할리프에게 덤벼들어 다수의 힘으로 할리프를 제압해 버렸습니다. 그리고 동료를 할리프의 손에서 떼어내어 구한 뒤 정신을 차릴 때까지 간호해 주었습니다. 그러나 그들은 곧 어부가 바보라는 사실을 알고, 아부 알 하산이 돌아올 때까지 보살피면서 좋은 옷을 입혀주었습니다. 그러는 사이 보석상이 안장을 얹은 훌륭한 암노새 한 마리를 끌고 와서 할리프의 손을 잡고 목욕탕에서 데리고 나갔습니다.

"자, 이걸 타게."

"어떻게 타지? 이놈에게 차여서 갈비뼈가 나가고 배를 차이면 큰일인데."

옥신각신 소동을 피운 끝에 겨우 노새 등에 걸터앉은 할리프는 보석상과 함께 서둘러 길을 나아가, 이윽고 아부 알 하산이 쿠트 알 쿠르브를 위해 마련해 놓은 집에 도착했습니다.

집 안에 들어간 할리프는 쿠르브가 이미 도착하여 노예와 환관을 거느리고 앉아 있는 모습을 보았습니다. 현관에는 몽둥이를 한 손에 든 문지기가 앉아 있었는데, 할리프를 보더니 벌떡 일어나 그 손에 입을 맞추고 앞장서서 거실로 안내했습니다. 할리프는 여기까지 오자 모든 게 깜짝 놀랄 만한 것뿐이었고, 호화롭고 세련된 물건과 늘어선 노비들을 보고도 그저 눈이 어지러울 뿐이었습니다. 그들은 모두 할리프의 손에 입을 맞추고 말했습니다.

"시원하게 목욕하셨으니 얼마나 상쾌하십니까!"*21

거실에 들어가서 쿠트 알 쿠르브에게 다가가자, 여자가 일어나더니 할리프를 맞이하여 손을 잡고 폭신한 깔개가 깔린 긴 의자 위에 앉혔습니다. 그런 다음 장미와 갯버들을 달여서 설탕을 넣은 셔벗을 한 병 가지고 오자, 할리프는 그것을 한 방울도 남기지 않고 벌컥벌컥 마셨습니다. 그뿐만 아니라 할리프가 그릇 안쪽을 손가락으로 훑어서*22 핥으려 하자 여자가 말렸습니다.

"안 돼요, 더러워요."

그러자 할리프가 말했습니다.

"쳇! 정말 맛있는 꿀물인데."

그러자 여자가 웃음을 터뜨렸습니다. 이어서 식사가 나오자 할리프는 배가 부르도록 먹은 뒤 황금 물병과 수반에 오른손을 씻으니, 그는 세상에 둘도 없는 기쁨과 명예를 입은 겁니다.

그런데 얘기가 바뀌어, 충실한 자들의 임금님 알 라시드 교주는 사냥에서 돌아오자 쿠트 알 쿠르브가 보이지 않아서 즈바이다 왕비에게 소식을 물었습니다.

"오, 충실한 자들의 임금님, 임금님은 장수를 누리시기를 기원합니다. 사실 쿠트 알 쿠르브는 갑자기 세상을 떠나버렸습니다."

그보다 앞서 왕비는 궁전 중앙에 무덤을 파고 그 위에 가짜 비석을 세워두었는데, 그것은 교주가 쿠트 알 쿠르브를 총애하고 있다는 사실을 알고 있었기 때문입니다. 왕비는 다시 이렇게 말했습니다.

"충실한 자들의 임금님, 저는 궁전 한복판에 묘비를 세우고 그곳에 쿠트 알 쿠르브의 시체를 묻어주었습니다."

그런 뒤 왕비는 다만 겉으로만 검은*23 상복을 입고 오랫동안 거짓으로 슬퍼하는 척하고 있었던 겁니다.

한편, 쿠트 알 쿠르브는 교주가 사냥에서 돌아온 사실을 알고 할리프에게 이렇게 말했습니다.

"이제부터 목욕탕에 다녀오세요."

할리프가 목욕탕에 갔다가 돌아오니, 여자는 할리프에게 금화 1천 닢의 가치가 있는 옷을 입혀주고 귀인에 대한 예의범절을 가르쳤습니다.

"이제부터 교주님께 가서 이렇게 말하세요. '오, 충실한 자들의 임금님, 오늘 밤 저희 집에 손님으로 찾아주시는 영광을 내려 주옵소서' 하고 말이에요."

할리프는 암노새를 타고 시동과 흑인 노예를 앞세워 교주의 궁전으로 갔습니다. 세상의 현자들이 '옷이 날개'[24]라고 했듯이, 할리프의 풍채는 참으로 당당하고 훤칠하여 지나가는 사람들이 누구인가 하고 뒤돌아볼 정도였습니다.

이윽고 지난번에 금화 백 닢을 주어[1] 행운의 실마리를 제공한 그 환관장이 어부를 알아보고 즉시 교주 앞에 나아가 아뢰었습니다.

"오, 충실한 자들의 임금님, 어부 할리프가 왕이 되어 나타났습니다. 금화 1천 닢은 됨직한 훌륭한 옷을 입고 있습니다."

교주는 당장 안으로 들여보내라고 명령했습니다. 할리프는 임금님 앞에 나아가서 먼저 이렇게 말했습니다.

"임금님이 길이 평안하시기를 기원합니다. 오, 충실한 자들의 임금님, 삼계의 주님의 대리인이시고 신앙심 깊은 자를 수호하시는 임금님이시여! 부디 전능하신 알라께서 임금님의 수명을 더욱 늘려주시고, 주권을 높이시며, 위세를 더해 주시기를!"

교주는 상대를 지켜보며 어떻게 이 남자에게 이런 뜻밖의 행운이 찾아왔는지 이상하게 여겼습니다. 그래서 왕은 이렇게 물었습니다.

"오, 할리프, 그대는 지금 입고 있는 그 옷을 어디서 손에 넣었는가?"

"오, 충실한 자들의 임금님, 저희 집에 있던 겁니다."

"그럼, 그대에게도 집이 있단 말인가?"

"예, 그렇습니다. 그런데 충실한 자들의 임금님, 오늘은 임금님을 저희 집으로 초대하기 위해 찾아왔습니다."

알 라시드 교주가 물었습니다.

"나 혼자 말인가, 아니면 신하들도 같이?"

"누구를 데리고 오셔도 상관없습니다만."
그러자 자파르가 할리프에게 말했습니다.
"그럼 오늘 밤 우리가 방문하겠네."
이 말을 듣자, 할리프는 다시 한 번 바닥에 엎드린 뒤 어전에서 물러나와, 노새를 타고 하인과 백인 노예들을 거느리고 떠났습니다. 뒷모습을 배웅한 교주는 아무래도 이상한 생각이 들어 자파르에게 말했습니다.
"노새를 타고, 좋은 옷을 입고, 백인 노예를 거느리고 가는 할리프의 모습을 보았나? 바로 어제까지는 어릿광대나 바보로밖에 보이지 않았는데 말이야."
두 사람은 궁금해서 견딜 수가 없었습니다.
이윽고 교주 일행은 말을 타고 나가서 할리프의 집 근처에 도착했습니다. 그들을 맞이한 할리프는 종자의 손에서 꾸러미를 받아 그 안에서 줄무늬 비단*25을 한 장 꺼내더니, 교주가 탄 암노새의 발굽 밑에 깔았습니다. 그리고 벨벳 같은 비단*26을 한 장, 세 번째로는 올이 촘촘한 공단을 한 장, 이렇게 차례차례 꺼내서는 마찬가지로 땅바닥에 펼쳐서, 결국 스무 장이 넘는 호화로운 천을 깔았습니다. 교주 일행이 그 위를 지나 저택에 도착하자, 어부는 앞으로 나아가 이렇게 아뢰었습니다.
"비스밀라!*27 오, 충실한 자들의 임금님이시여!"
알 라시드 교주는 자파르를 돌아보며 말했습니다.
"이 저택은 도대체 누구의 소유인가?"
"보석상인의 우두머리로, 이븐 알 우카브라는 자가 주인입니다."
교주가 말에서 내려 가신들과 함께 집 안에 들어가자 천장이 높은 웅장한 홀이 나타났는데, 한 단 높은 곳에는 침상이 놓여 있고, 바닥에는 융단이 깔렸으며, 벽에는 긴 의자가 설치되어 있었습니다. 교주는 자신을 위해 설치된 긴 의자 옆으로 다가갔습니다. 그 네 개의 다리는 모두 상아로 만든 것으로, 번쩍이는 황금으로 도금했고, 또 의자 위에는 일곱 장의 융단이 깔려 있었습니다. 교주는 그 모든 것이 마음에 들었습니다.
그때 할리프가 환관과 백인 노예인 시동들을 거느리고 들어왔습니다. 그들은 설탕과 레몬을 섞은 장미수와 갯버들 음료, 순수한 사향으로 향기를 가한 모든 종류의 셔벗수를 내왔습니다.

어부 할리프는 앞으로 나아가 먼저 자신이 한 모금 마신 뒤, 교주에게도 권했습니다. 시중꾼들도 앞으로 나와 다른 손님들에게 셔벗수를 따르고 다녔습니다. 이어서 할리프는 색색의 맛 좋은 요리와 안주, 거위와 닭, 그 밖에 새고기를 차린 상을 내오며 이렇게 소리쳤습니다.

"알라의 이름으로!"

사람들이 음식을 배불리 먹자 할리프는 상을 치우라고 명령하고 교주 앞에 세 번 엎드린 뒤, 이제부터 술자리를 열어 곡을 연주하고 싶은데*28 어떠시냐고 교주의 허락을 청했습니다.

교주는 그것을 허락한 뒤 자파르를 돌아보며 말했습니다.

"분명히 저택도, 여기 있는 모든 것도 할리프의 것이 틀림없는 듯하군. 저 자가 뭐든지 하나하나 지시하고 있는 걸 보니까. 그런데 이러한 부와 행운이 어디서 굴러들어왔는지 궁금해 죽겠군그래. 하기는 '있으라!' 하는 한마디로 모든 것을 뜻대로 이루시는 신에게 있어서는 아무것도 아닌 일이지만. 내가 가장 이상하게 생각하는 것은 저자의 훌륭한 이해력이야. 어떻게 해서 저렇게 이해력이 좋아졌는지, 저 품위 있고 당당한 인품이 어떻게 해서 갖춰졌는지 알 수가 없어. 하기는 알라께서 사람에게 행운을 내려주실 때는 재물을 주기 전에 먼저 두뇌를 주시기는 하지만 말일세."

두 사람이 이렇게 얘기를 나누고 있으려니, 할리프가 앞장서서 달덩이 같은 술시중꾼들을 데리고 왔습니다. 모두 황금띠를 두른 젊은이들로, 면직물을 펼치고 그 위에 주둥이가 좁은 도자기병을 비롯하여 키 큰 유리병과 수정 술잔, 그리고 색색의 물병과 받침대가 달린 술잔*29을 늘어놓았습니다. 입구가 좁은 병에는 맑게 묵은 술이 가득 담겨 있는데, 깔끔한 사향의 방향을 방불케 하는 그 향기는, 마치 어떤 시인이 이렇게 노래한 것과 똑같았습니다.

    부어라, 내 술잔에,
    내 벗에게도 따르려무나.
    아주 오랜 옛날에 빚은
    더없이 맑은 묵은 술을.
    귀한 사람의 딸은
    이제 막 길을 떠나려 하는구나,*30

화려하게 차려입고, 술잔으로부터.
세상에 둘도 없는 보옥과
바다의 자랑이라고 할
크고 작은 진주로
버들가지 허리를 장식한
더없이 아름다운 모습.
그렇기에 수많은
글에서 맛있는 술을
'꽃 같은 신부'라 불렀구나.*31

또 그릇들 주위에는 세상에 둘도 없는 과자와 꽃이 장식되어 있었습니다. 알 라시드는 이 성대하고 극진한 대접을 받고 할리프에게 호감을 느껴, 기쁘게 웃으면서 벼슬을 내렸습니다. 그러자 할리프는 교주의 위엄과 권위, 위세가 영원토록 이어지기를 기원한 뒤 이렇게 말했습니다.
"황공하옵니다만, 충실한 자들의 임금님, 비파를 타는 가희를 이 자리에 데리고 와도 괜찮을는지요? 세상에 보기 드물게 훌륭한 처녀입니다만."
"괜찮고말고!"
교주의 대답에 할리프는 그 앞에 엎드린 뒤, 한 밀실로 물러가더니 쿠트 알 쿠르브를 불렀습니다. 그러자 여자는 몸을 분장하고 베일을 쓴 다음 아름다운 옷을 입고, 발걸음도 경쾌하게 나아가 충실한 자들의 임금님 앞에서 절을 했습니다.
그런 다음 자리에 앉아 비파의 음색을 고른 뒤, 비파줄에 손을 얹고 현란하게 곡을 연주하기 시작했습니다. 그 자리에 늘어앉은 사람들이 오로지 황홀감에 빠져 영혼마저 빼앗긴 듯한 기색으로 바라보는 가운데, 여자는 이런 즉흥시를 그 자리에서 불렀습니다.

아, 알고 싶어라, 언제
우리 사랑이 맺어질는지?
아, 언제 다시 만나
즐거운 행복을 누릴 수 있을지?

세상의 거친 파도에도 무사히
살아남아, 언제
초왕(楚王)의 꿈을 이룰 수 있을지?
합환을 있게 하고
쓰라린 이별을 지난날과
바꾸시는 알라께 맹세하노니,
또다시 밤마다 밀회에
한 번의 삶을 내리시는
신께 맹세하노니, 연인을
내 곁으로 보내시라,
내 가슴 가까이 있게 하시라.
아니면, 울적하게 주저앉아,
내 인생 허무하게도
덧없는 꿈으로 사라지리니.

 교주는 이 노래를 듣자 슬픔을 견디지 못하고, 자신의 옷을 찢다가 까무러쳐 쓰러지고 말았습니다. 옆에 있던 사람들은 서둘러 자신들의 옷을 벗어 교주의 몸 위에 덮었습니다. 한편, 쿠트 알 쿠르브는 할리프를 손짓으로 불러서 말했습니다.
 "곧 그 궤짝을 그대로 이곳으로 가지고 와줘요."
 그것은 여자가 이러한 경우를 예상하고, 미리 교주의 옷을 한 벌 준비해 두었던 겁니다.
 할리프가 궤짝을 가져오자, 여자는 옷을 꺼내서 충실한 자들의 임금님 몸을 그 옷으로 가렸습니다. 곧 정신이 돌아온 교주는 조금 전의 가희가 쿠트 알 쿠르브라는 사실을 알고 이렇게 말했습니다.
 "오늘이 부활의 날인가? 무덤에 묻힌 자를 알라께서 다시 살려주신 건가? 아니면 내가 지금 꿈을 꾸고 있는 건가? 신비롭게 뒤얽힌 꿈인가?"
 이 말을 듣고 쿠트 알 쿠르브가 말했습니다.
 "꿈이 아니랍니다. 임금님은 지금 깨어 계시잖아요. 저는 결코 죽음의 잔을 마신 것이 아니라, 살아 있어요."

그리고 쿠트 알 쿠르브는 그때까지 있었던 일을 모두 얘기했습니다.

애첩을 잃어버린 뒤부터 무엇을 해도 울적하여 도무지 즐겁지가 않고 단잠조차 고통이 되어버려, 어떤 때는 의심하고 어떤 때는 눈물을 흘리고, 또 어떤 때는 정염의 불꽃에 몸이 타오르는 심정이었던 교주는, 여자의 얘기가 끝나자 일어나서 그녀의 입술에 입을 맞추고 가슴에 꼭 껴안은 채 손을 잡고 궁전으로 돌아가려 했습니다. 그러자 할리프가 몸을 일으켜 이렇게 말했습니다.

"알라께 맹세코, 오, 충실한 자들의 임금님! 전에도 한 번 저는 임금님에게서 부당한 대우를 받은 적이 있는데, 이번이 두 번째입니다."

"오, 그렇군, 할리프, 과연 그대의 말이 옳다!"

교주는 자파르 대신에게 할리프가 원하는 것은 뭐든지 주라고 명령했습니다. 그리하여 대신은 할리프가 희망하는 것을 내린 뒤, 어떤 마을의 관리를 맡겨 1년에 금화 2만 닢의 봉록까지 정해 주었습니다. 또한 쿠트 알 쿠르브는 그 저택과 그 안에 있는 모든 살림살이와 장식물, 남녀노소의 노비와 노예처녀, 환관들까지 쾌히 할리프에게 선물했습니다.

그리하여 막대한 부를 얻어 단숨에 큰 부자가 된 할리프는 아내도 얻어 가문이 번창하는 동시에, 어른의 풍채와 품격이 저절로 몸에 배어 모든 천복을 누렸습니다. 교주는 또 그를 마장(馬場) 관리인으로 발탁하니, 할리프는 그 뒤 알라의 부르심을 받아 그 자비에 몸을 맡길 때까지, 이 세상의 모든 즐거움과 기쁨을 누리며 남은 생애를 보냈습니다.

그리고 또 이런 이야기도 있습니다.

〈주〉

*1 작은 방은 아랍어로 하실라(Hasilah)라고 하는데, 아마도 어떤 대상숙소의 '창고(godown)' 한구석일 것이다.

*2 여관은 아랍어로 푼두크(Funduk)이며, 그리스어 $\pi\alpha\nu\delta o\chi\epsilon\iota o\nu$에서 나왔다. 또 여기서 이탈리아어의 폰다코(fondaco, 숙소)도 파생했다.

*3 〔영어의 sprat. 여기서는 메기의 일종을 가리키고 있으므로 일단 동자가사리라고 부르는 붉은 메기의 번역어를 적용했다. 일반적인 영한사전에는 청어류의 잔물고기로 되어 있다.〕 아랍어의 카르무트(Karmut)와 자크주크(Zakzuk)이다. 전자는 매우 흔하고 종류가 많은 메기(Siluri)의 일종으로, 샬(Shal)과 비슷하다(S. Carmoth niloticus). 몸은

매끄럽고 비늘이 없으며 입술은 두툼하고 살은 부드럽다. 늪 바닥에 살기 때문에 고대 이집트인은 먹는 것을 금하고 있었다. 후자인 자크주크는 살의 새끼이다(*Synodontis schal*). 복수형인 자카지크(Zakazik)는 고대 부바스티스(Bubastis)〔하(下)이집트의 옛 도시〕의 뒤를 이은 성대한 도시의 이름이 되었다. 상세한 것은 졸저 《미디안 재방(再訪)》에서 설명했다.

*4 야 아와르(Ya A'awar)는 글자 그대로 하면 '오, 애꾸눈이여!'라는 뜻. 다시 말하면 애꾸눈은 양근(陽根)을 말한다. 이를테면 항간에 '야 이븐 알 아우르(Ya ibn al-aur)'(항간의 발음 그대로)라는 욕이 있는데, 이것은 '오, 남근의 아들이여!'라는 뜻.

알 마수디(불역 vii. 106)에 "Udkhul usbu'ak fi aynih"라는 문구가 있지만, 이것을 "Il faut lui faire violence"(그에게 폭행을 가해야 한다는 뜻)라고 번역해서는 안 된다. 직역하면 '그의 눈(아인)에 네 손가락을 집어넣고'가 되지만, 사실 '그의 항문에 페니스를 집어넣고'(아인은 아누스와 같은 뜻)라는 의미이다. 영어에서도 '돼지의 눈(pig's eye)'과 '장님의 눈(blind eye)'은 아누스를 뜻한다.

*5 돌잉어(barbel)는 아랍어로 바니(Banni), 흔히 베니(Benni)라고 한다. 레인의 아랍어 사전에서는 부니로 되어 있다. 누치〔Steed barbel, 잉어과 민물고기〕와 비슷하고, 광택이 있는 은비늘이 있으며, 살은 맛이 좋다.

*6 이야기 지은이는 할리프가 바구니와 생선칼을 가지고 오지 않았다는 사실을 잊고 있다.

*7 바질(basil)이라고 번역했으나 아랍어의 라이한(Rayhan)으로, 여기서는 어떤 향기로운 풀로 이해해도 괜찮다.

*8 이 사람 저 사람 가리지 않고 내뱉는, 카이로의 최하층민의 농담이다.

*9 음식을 잔뜩 먹었을 때의 건강한 사람의 차가운 피부를 말한다.

*10 이것은 절대적으로 농민적인 사고방식이다. 농부는 지주에게 소작료를 내러 갈 때, 금화를 입속 잇몸에 끼워 가지고 가서, 그 금화를 토해낼 때까지 채찍을 맞는다. 그리고 아내에게 돌아가서는, 자기가 소작료를 금방 내지 않고 얼마나 채찍을 맞으면서 버텼는지 의기양양하게 얘기한다. 그러면 아내는 "그래야 남자라고 할 수 있지" 하고 말한다. 유럽인은 이러한 농부(Fellah)의 일에 대해서는 아무것도 아는 바가 없다.

*11 터번은 이집트의 하층민에게는 평소에 지갑 대용품이 된다. 오늘날에도 널리 발생하고 있는 터번 날치기에 대해서는 이 책 '꼽추 시체가 들려주는 이야기' 주석 9를 보기 바란다.

*12 광신적인 귀의자를 의미하는 아랍어의 살리(Salih)로, 여기서는 알몸의 탁발승.

*13 여기서 할리프는 보카치오의 칼란드리노(Calandrino)〔《데카메론》 속 인물, 불행을 당해도 여전히 명랑 쾌활한 태도를 잃지 않았던 쾌남〕처럼 바그다드의 명사였다. 인품은 이미 사라진 고대 아일랜드인과 비슷하다. 아일랜드적인 엉뚱한 사람을 모델로 한

것처럼 우스꽝스러운 말을 하고 엉뚱한 짓을 하는데, 다만 그때의 찰나적인 충동에 따라 행동하며, 모든 일이 끝나서 이미 때를 놓칠 때까지 전혀 반성할 줄 모른다.

* 14 즉, 정당하게 일을 하여 돈을 벌어서 빵을 먹을 수 있다는 뜻. 나팔수(Bawwak)는 잠마르(Zammar, 맥나튼판의 피리쟁이)와 마찬가지로 체면이 서지 않는 직업으로, 가희(Almah)나 음란한 여자와 관계를 맺거나 종종 뚜쟁이 노릇도 한다.
* 15 할리프는 예의에 어긋난 옷차림을 한 것이다. 인간의 '치부'는 배꼽에서 무릎까지다.
* 16 라샤드(Rashad)는 큰다닥냉이 또는 돌을 가리키는 것이리라. 라시드는 '하늘로 향한'이라는 뜻.
* 17 Fie upon thee! ='꼴도 보기 싫은 놈이군!'은 아랍어로 우프 알라이카(Uff 'alayka)라고 하며, 우프는 '똥'이라는 뜻. 영국의 독자들에게는 할리프에게 가해진 매질이 약간 가혹하다는 느낌을 받을 것이다. 그러나 농부의 등은 그러한 매에는 익숙해져 있으므로, 약간의 돈을 위해서라면 그 열 배의 징벌을 마다하지 않을 것이다.
* 18 주라이크(Zurayk)는 아즈라크(Azrak)의 축소형으로, '파란 눈의'라는 뜻.
* 19 이븐 알 우카브(Ibn al-'Ukab)는 '독수리의 아들'이라는 뜻. 그러나 본문이 보여주고 있듯이 여기서는 매의 뜻으로 사용되고 있다.
* 20 이집트의 농부는 하우사(Hausa)족[북나이지리아, 수단 지방의 한 종족]과 마찬가지로, 권투 등은 전혀 알지 못한다. 그러나 난폭한, 원시적인 방식으로 씨름하는 것을 좋아한다. 이 방면의 선수도 있다.
* 21 일상적인 상투어.
* 22 오늘날에도 농부가 설탕을 넣은 커피를 마신 뒤에 하는 것처럼.
* 23 '하얗다'고 해야 할 대목. 흰색은 아바스 왕조 통치 아래에서 상(喪)을 나타내는 색깔이었으므로.
* 24 [본문에는 'Dress up a stick and 'twill look chique.' 즉, '작대기에도 좋은 옷을 입히면 멋있게 보인다'로 되어 있다.] 영국풍으로 말하면 '아름다운 날개는 아름다운 새를 만든다'이고, 동양적인 표현으로는 '갈대에 옷을 입히면 신부가 된다'이다.
* 25 줄무늬 비단(tabby silk)은 아랍어로 사우브 아타비(Saub 'Atabi)이다. [아타비란 바그다드 지구에서 생산했기 때문에 그렇게 부르는 것이다.]
* 26 벨벳 같은 비단(velvet-Kimcob)은 원전에서는 킴하(Kimkha)로 되어 있다. 독일은 쿰흐(Kumkh)를 들어, 셔닐 실(chenille), 벨벳 견직물(tissu de soie veloutée)이라고 한다. 어쨌든 비단을 뜻하는 캄하브(Kamkhab) 또는 킴하브에서 나왔다. 이것은 또 유명한 인도의 'Kimcob'이기도 하다.
* 27 여기서는 알라의 이름으로 들어오시라는 뜻.
* 28 아랍인은 흔히 '술은 즐거움을, 음악은 흥겨운 기분을 낳으며, 그 결과는 환락'이라고 말한다.

*29 '받침대가 달린 술잔(hanap)'은 아랍어로 하나바트(Hanabat)라고 하며, 독일은 그 어원을 고대 독일어의 Hnapf, Hnap, 지금의 나프프(Napf)〔일반적인 항아리나 깊은 접시, 주발의 뜻으로 사용된다〕에서 찾고 있으며, 여기서 또 라틴어의 Hanapus와 Hanaperium이 나왔다. 이탈리아어에서는 Anappo, Nappo, 프로방스어에서는 Enap, 프랑스어와 영어에서는 hanap='훌륭한 식기, 바구니, 주머니'로 되어 있다. 이 말은 사전에도 나와 있다.
*30 즉, 신부의 행렬을 이루어.〔참고로 귀인의 딸을 묶은 술에 비유한 것.〕
*31 신부는 아랍어로 알 아루스(Al-'Arus)라고 하는데, 아랍인이 술에 부여한 수많은 비유적인 별명의 하나이다.

〈역주〉
(1) 이 이야기에서는 환관장은 어부에게 금화 백 닢을 주지 않았다. 이런 모순은 《아라비안 나이트》 전체를 통해 자주 볼 수 있는데, 그것은 이야기 자체가 읽기 위해서가 아니라 암송하여 얘기해 주기 위한 것이었으므로, 이야기꾼들이 앞의 세세한 내용에 대해서는 가끔 혼동했기 때문이다.

## 마스룰과 자인 알 마와시프[*1]

아주 먼 옛날에 마스룰이라는 한 상인이 있었습니다. 그는 당대 최고의 미남인 데다가 어마어마한 재산도 있어서, 무엇 하나 부족함이 없는 신분이었습니다. 또 늘 과수원이나 꽃밭에서 환락에 빠지거나 어여쁜 여자들을 상대로 연애 즐기는 일을 매우 좋아하는 풍류인이었습니다.

그런데 어느 날 밤, 마스룰은 잠을 자다가 이런 꿈을 꾸었습니다. 이 세상에 둘도 없을 만큼 아름다운 정원을 헤매고 있는데, 새 네 마리가 눈에 띄었습니다. 그중에 반질반질하게 닦아 놓은 은처럼 하얗게 빛나는 비둘기가 한 마리 섞여 있었는데, 마스룰은 그 새가 마음에 들어 가슴속에 갑자기 연정이 싹트기 시작했습니다.

그때 어디선가 커다란 새 한 마리가 휙 내려오더니 아차 하는 순간에 그 비둘기를 채 갖고 날아가 버리자, 마스룰의 마음은 견딜 수 없이 슬펐습니다.

꿈에서 깨어난 뒤에도 한동안 꿈속 비둘기 생각에 마음이 괴롭고 우울하기만 했습니다. 그래서 이튿날 아침이 되자 그는 혼자 이렇게 중얼거렸습니다.

"오늘은 누구를 찾아가서 꿈풀이를 부탁해야겠다."

─여기서 날이 훤히 밝아왔으므로 샤라자드는 이야기를 그쳤다.

## 846번째 밤

샤라자드는 이야기를 계속했다.

오, 인자하신 임금님, 마스룰은 집을 나와 여기저기 돌아다니는 사이 어느새 집에서 꽤 멀리 떨어진 곳까지 오고 말았으나, 자기의 꿈을 풀이해 주는 자는 아무도 없었습니다.

그래서 집으로 돌아가려고 되돌아오다가 무심코 눈을 돌려 보니, 어느 상인의 호화로운 저택이 보였습니다. 가까이 가서 보니 안에서 다음과 같은 시를 읊는 구슬픈 목소리가 들려 왔습니다.

아침 바람은 임 계신 곳에서 불어와
향긋한 향기를 뿌리며
임 그리워 병든 자를 고쳐주네.
나는 포로처럼 언덕에 서서
말 물으니, 황폐한 옛터라
대답하는 것은 슬픈 눈물뿐.
나는 물었네,
"알라께 맹세코 아침 바람아
말해 다오, 언제 다시
이 땅에 '시간'과 '행운'이
은혜를 베풀어주겠느냐?
연약한 모습으로
슬픔의 눈은 시름에 잠겨
여윈 몸을 한 새끼 사슴을
만날 날 언제인고?"

 이 시를 듣고 마스룰이 문에서 안을 들여다보니, 그곳에는 이 세상에 둘도 없을 듯한 멋진 정원이 있고, 가장 안쪽에 드리워진 진주와 보석을 수놓은 새빨간 휘장 뒤에 여자 네 명이 앉아 있었습니다. 그 가운데 키가 크지도 작지도 않고 얼굴은 휘영청 밝은 보름달 같은 여자가 있었습니다.
 눈은 자연의 콜가루를 까맣게 칠한 듯하고, 눈썹은 서로 이어져 있으며, 입은 솔로몬의 도장처럼 사랑스럽고, 입술은 산호, 이는 진주의 영롱한 빛을 연상시켰습니다. 그녀의 아리따운 몸매와 나무랄 데 없는 우아함은 보는 자로 하여금 넋을 잃게 하기에 충분했습니다.
 그 여자를 엿본 마스룰은 술에 취한 사람처럼 비틀비틀 안으로 들어가서 여자에게 다가갔습니다. 여자가 얼굴을 들어 마스룰을 쳐다보자, 마스룰은 허둥지둥 이마에 손을 대고 인사를 했고, 여자도 매우 정중하게 답례했습니다. 그렇게 여자를 뚫어져라 바라보는 사이에 마스룰을 감싸고 있던 체면도 분별심도 어디론가 사라져버리고 말았습니다.

마스룰은 꽃밭으로 눈을 돌려보았습니다. 그곳에는 재스민, 카네이션, 제비꽃, 장미, 오렌지꽃, 그 밖에 갖가지 향긋한 꽃과 향료작물들이 자라고 있고, 나무마다 모두 가지가 축 늘어지게 열매가 열려 있었습니다. 뜰의 네 귀퉁이에는 지붕이 있는 네 개의 단이 서로 마주보게 설치되어 있는데, 거기서 물이 흘러 떨어지고 있었습니다.

무심코 그 첫 번째 단을 바라보니 그 둘레에 붉은 글씨로 다음과 같은 시가 적혀 있었습니다.

  애달프다, 사람이 사는 집이여,
  그대 안에 영원히 슬픔이
  사는 일 없기를!
  세월도 네 주인을
  배신하는 일 없기를!
  온갖 길손이 날 저물어
  하룻밤 자고 가는 이 집에
  온갖 좋은 일이여, 일어나라!

이어서 두 번째 단을 바라보니, 그 위에는 순금으로 다음의 시가 새겨져 있었습니다.

  아, 집이여, 나뭇가지에 새가 지저귀는 한
  풍성한 세월의 옷을 입어라.
  벽 속에 향긋한 향기 스며서
  사랑하는 자, 연인과 만나기 좋으니
  하늘의 복 받아 더없이 즐기리.
  떠도는 별과 별이 정답게 만나
  하늘의 언덕 위로 올라가는 한

거기에 깃들어 사는 사람
이 세상 모든 기쁨과 사랑으로 살라!

그리고 세 번째 단 위에는 군청색으로 다음과 같은 시가 적혀 있었습니다.

오, 사람이 사는 집이여,
영화로운 꿈 끝이 없고
끊어지는 일 없이, 어두운 밤과
빛나는 낮이 있는 한,
너의 정수를, 자, 보여다오!
네 뜰에 발을 들여놓는
모든 사람에게, 그곳에 사는
모든 사람에게, 오래도록
천복을 누리기를 기원할지어다.

마지막으로 네 번째 단을 보니, 거기에는 노란 글씨로 다음의 시 두 줄이 적혀 있었습니다.

이 꽃밭도 이 연못도,
참으로 아름다운 휴식의 자리.

그뿐만 아니라 이 정원에는 염주비둘기, 산비둘기, 나이팅게일, 나무비둘기 등등 온갖 새들이 갖은 목소리로 지저귀고 있었습니다. 그 속에서 아까의 그 젊은 여자가 말할 수 없이 아름다운 자태로 간드러지게 거닐며 보는 자의 마음을 송두리째 빼앗고 있었습니다.
　이윽고 여자는 마스룰에게 말을 걸었습니다.
　"당신은 어떻게 주인의 승낙도 없이 여기 들어오셨나요? 어째서 낯선 여자 옆에 함부로 가까이 오시나요?"
　"오, 부인, 사실 저는 지나가는 길에 이 뜰을 보고 짙푸른 초목과 향긋한 꽃 냄새, 지저귀는 새소리에 마음을 빼앗겨 잠시 구경이나 할까 들어왔습니다."

"그렇다면 천천히 보시다 가세요."

마스룰은 상대방의 아름다운 목소리와 뭐라 표현할 수 없는 눈초리, 날씬한 몸매에 눈이 휘둥그레져서, 아름다운 정원과 새들의 맑은 노랫소리와 함께 몸과 마음이 다 녹는 것만 같았습니다.

그래서 마음이 어지러워진 마스룰은 다음과 같은 시를 읊었습니다.

꽃밭의 달님인가,
나는 보았네, 임의 모습을
재스민에서, 장미꽃 피는 속에서.
천인화 맞은편에 제비꽃 피고
누만 왕의 꽃에 가자나무 꽃도 핀다.
임의 향기로 산들바람 향긋하게
싱그러운 숨결로 가지를 흔든다.
아, 꽃밭은 미의 극치,
매혹하는 온갖 힘 간직하고,
영묘하게 새는 우짖는다, 사랑의 노래.
어스름 나무 그늘에 달님이
아름답게 빛난다.
염주비둘기, 앵무새, 나이팅게일의
노랫소리 들으면 내 넋은 꿈을 꾸는 듯
임을 그리고, 동경하여
내 지혜는 어두워진다.
마치 술에 취해 세상모르듯.

이 시를 듣고서 마스룰의 얼굴을 흘깃 쳐다보는 자인 알 마와시프의 요염한 눈초리에 수천 번이나 한숨을 내쉬던 마스룰은, 분별심을 깡그리 잃어버리고 상대에게 완전히 뇌쇄되고 말았습니다. 여자가 이렇게 화답했습니다.

바라지 말라, 우리의 사랑을

그대 먹이로 삼아보려고
바라지 말라, 그 소원으로
끝없는 욕망을 채울 생각,
그 동경을 끊으시라.
그대는 끈질기게 애써 보지만
미녀의 사랑 얻지 못하리.
내가 던지는 추파는
연모하는 자에게는 재앙의 근원이어라.
그대의 달콤한 말솜씨에
흐물흐물 기댈 나 아니노라,
이제는 아무것도 할 말이 없노라!

이렇게 노래하고 나더니 여자가 말했습니다.
"이제 그만 돌아가 주세요! 우리는 결코 당신이나 또 누구의 것이 될 수 있는 여자들이 아니니까요."*2
"부인, 저는 별로 역정을 내실 만한 말은 하지 않았는데요."
"당신은 뜰을 보시고 즐기신다고 말씀하셨는데, 이젠 실컷 구경하셨을 테니 어서 돌아가 주세요."
"부인, 죄송하지만 물을 한 그릇 주시지 않겠습니까? 목이 몹시 마르군요."
"당신은 그리스도교도인데, 어째서 유대인의 물을 마시려고 하시나요?"
"오, 부인. 우리는 모두 신에 의해 똑같이 창조된 인간이므로 당신들의 물을 우리가 먹어서 안 된다는 법도 없고, 우리 물을 당신네가 마셔서 안 된다는 법도 없습니다."
그러자 여자는 옆에 있는 노예여자에게 말했습니다.
"이분에게 물을 갖다 드려라."
노예가 물을 갖고 오자 여자는 식사를 준비하라고 분부했습니다.
그러자 가슴이 봉곳한 처녀 네 명이 음식이 담긴 쟁반 네 개에, 마치 사랑에 괴로워하는 자의 눈물처럼 맑고 독한 묵은 술이 가득 담긴 길쭉한 술병 네 개를 내왔습니다.

그 식탁 가장자리에는 이런 시가 새겨져 있었습니다.

> 손님을 대접하려고
> 향연의 자리 한가운데
> 식탁은 이미 마련되었도다.
> 그것은 황금으로 장식하고
> 온갖 것을 모아 놓은
> '구원(久遠)의 낙원'을 닮았건만
> 무릇, 사람이 탐내는 것은
> 갖가지 고기와 술이로다.

가슴이 봉긋한 처녀들이 마스룰 앞에 요리와 술을 차려 놓자, 여자가 말했습니다.
"당신은 물을 마시고 싶다 하셨지요. 그럼 이 식사와 술을 드세요."
마스룰은 매우 기뻐서 자신의 귀를 의심할 정도였습니다. 여자는 식탁에 마주 앉더니 노예를 시켜 술잔을 마스룰에게 권하게 했습니다.
그 노예처녀들의 이름은 후부브, 후투브, 세 번째는 수쿠브[*3]인데, 마스룰에게 술잔을 권한 것은 후부브였습니다.
마스룰이 술잔을 들어 보니, 잔 옆에 다음의 시가 적혀 있었습니다.

> 이 잔을 비우는 사람은
> 그대를 사랑하는 미녀와
> 함께 술잔을 나누리.
> 그러면 술도 한결
> 즐겁고 또한 맛있으리.
> 그러나 그대의 몸에 스며드는
> 전갈 같은 독을 조심하여
> 미녀의 마음을
> 어지럽히지 않게 혀를 삼가라.

몇 차례 술잔이 돌아가는 동안, 마스룰이 문득 술잔 속을 들여다보니 거기에도 시가 씌어 있었습니다.

> 전갈의 독이 서서히
> 그대에게 다가올 때는,
> 그 미녀의 비밀을
> 덮어주시라, 조심해서
> 사랑을 다투는 무리의
> 비웃음을 피하게 하려면.

그것을 읽은 마스룰이 여자를 보고 웃자, 여자가 물었습니다.
"어째서 웃으세요?"
"뭐라고 말할 수 없을 만큼 기뻐서요."
이윽고 약한 바람이 불어와 여자의 머리를 가린 두건이 떨어지자, 진주와 보석과 히아신스석을 아로새긴 반짝이는 금색 머리끈이 나타났습니다.
가슴에도 갖가지 보석을 꿰어 만든 목걸이가 걸려 있는데, 그 중앙에 순금 참새 한 마리가 매달려 있었습니다. 참새 다리는 빨간 산호, 부리는 은, 몸뚱이에는 혼합향 가루와 용연향, 향기 높은 사향 등이 가득 채워져 있었습니다. 또 그 등에는 다음과 같은 글이 새겨져 있었습니다.

> 혼합향은 내 술에 향기를
> 주는 가루, 내 양식.
> 가슴은 내 잠자리,
> 유방은 베개이니라.
> 그러나 내 목덜미는
> 한탄하노라, 사랑의 무거움을.
> 원망하노라, 내 괴로움을.
> 내 고뇌를, 내 쓸쓸함을.

그런 다음 마스룰이 여자 가슴의 속옷을 흘깃 보니, 놀랍게도 거기에도 금

문자로 다음의 시가 쒸어 있었습니다.

　　미녀의 가슴에서 풍기는
　　불가사의한 사향의 향기,
　　서풍은 그 향기 빌려서
　　맑게 씻어 놓네, 아침 공기를.

　이 시를 읽고 매우 놀란 마스룰은 뭐라 표현할 수 없는 여자의 아름다움에 넋을 잃고 그저 멍하니 바라보고 있을 뿐이었습니다.
　이윽고 자인 알 마와시프가 말했습니다.
　"이제 그만 돌아가 주세요. 이웃 사람들의 귀에 들어가 행실이 좋지 않은 여자라고 소문이 나면 안 되니까요."
　"오, 부인, 소원이니 그 아름다운 모습을 조금만 더 바라보게 해 주십시오."
　마스룰의 대답에 여자는 화를 내며 자리에서 일어나 뜰로 내려갔습니다. 그때, 여자의 속옷 소매에 이런 시가 새겨져 있는 게 띄었습니다.

　　베 짜는 자가 황금의 글자를 썼기에
　　비단 소매 끝 손목에서
　　찬란한 빛이 비처럼 쏟아지네.
　　그 손바닥 은빛으로 빛나고
　　가는 손가락은 흰 상아를 닮았네.
　　손끝도 동그스름한 것이
　　더없이 귀한 진주를 닮아서
　　그대의 아름다운 얼굴로
　　어둔 밤도 환히 밝아지네.

　정원으로 천천히 발길을 옮기는 여자의 다리를 보니, 그 덧신에도 이런 유쾌한 시가 쒸어 있었습니다.

이렇듯 젊고 싱싱한
　　발을 나르는 덧신은
　　나긋한 임의 상체를
　　요염하게 기울여 놓네.
　　발을 옮기면 옷자락이
　　살랑살랑 바람을 일으켜,
　　어슴푸레 어두워진
　　밤하늘을 밝히는
　　그대는, 빛나는 보름달인가.

다른 노예처녀들은 여주인의 뒤를 따라가고 후부브 혼자만 휘장 옆 마스룰 옆에 남았습니다. 문득 돌아보니 휘장에도 이런 가사가 수놓아 있었습니다.

　　휘장 안에 여인 앉았도다,
　　매우 아름답고 품위 있게.
　　이렇듯 안에 숨은 영혼의
　　선물을 가지고 여인을
　　꾸며주신 신의 손길
　　찬양할지니, 그 손길.
　　꽃밭은 처녀를 지키고
　　새는 처녀와 더불어 노닐도다.
　　술 한 잔, 다시 두 잔
　　마시고 여자는 기뻐하노라.
　　진정 경사로운 술잔에
　　그대는 마음 가벼워져서
　　더욱 눈부시게 빛나도다.
　　꽃다운 능금도 육계(肉桂)도
　　그 불빛을 시샘하고,
　　찬란한 그대의 광채에서
　　진주도 빛을 빌려 가는구나.

그대를 낳은 정액(精液)은
진정 데이지의 이슬인가.*4
그대와 입맞추며 가슴에 안겨
밤을 보내는 자 행복하리라.

 마스룰은 후부브를 상대로 이런저런 세상 이야기를 하다가, 곧 이렇게 물었습니다.
 "후부브, 저 부인에게는 남편이 있느냐? 아니면 아직 미혼이시냐?"
 "남편이 계셔요. 하지만 지금은 물건을 팔러 먼 나라에 여행 중이시죠."
 마스룰은 갑자기 욕정이 불타오르는 것을 느꼈습니다.
 "이 처녀와 그 여자를 만드신 신께 영광을! 후부브, 이 세상에 저 부인처럼 아름다운 분은 아마 없을 것이다! 고상하고 나무랄 데 없는 몸매를 가진 분이야. 진정 나는 부인에게 송두리째 매료되어 버렸단다. 후부브, 어떻게 마님과 즐겁게 지낼 수 있도록 네가 도와줄 수 없을까? 그리 해 주면 돈이든 무엇이든 네가 원하는 대로 주지."
 그러자 후부브가 대답했습니다.
 "어머나, 나사렛인 나리. 마님이 그런 말씀을 들으시면 나리가 죽게 되거나 마님 스스로 목숨을 끊으실 거예요. 마님은 유대교 광신자의 따님이어서 보통 여자와는 다르답니다. 게다가 돈에는 전혀 구애를 받지 않으실 뿐만 아니라, 사생활에 대해서는 누구에게도 말하지 않고 세상과 담을 쌓은 채 언제나 호젓하게 집에만 계시는 분인걸요."
 "글쎄, 후부브, 그런 말은 말고, 만일 마님이 내 말을 듣게 해 주기만 하면, 나는 네 노예가 되고 하인이 되어서라도 평생 너를 받들면서 무엇이든 원하는 건 다 주겠다."
 "마스룰 님, 정말로 마님은 돈도 남자도 거들떠보시지 않아요. 사람 눈에 띄지 않도록 밖에 나가시지도 않고 집에만 계시는 걸요. 나리만 해도 외국분이시라 참고 계시지, 그렇지 않았으면 이 저택 안에 발도 들여 놓지 못하게 하셨을 거예요. 설사 나리가 마님의 친오빠라 할지라도."
 "후부브, 어쨌든 그러지 말고 제발 우리 사이를 주선 좀 해다오. 그렇게 해 주면 금화 백 닢과 더 값나가는 옷을 한 벌 해 주마. 나는 부인에게 정말

반해 버렸단 말이야."
 "정 그러시다면 지금 마님께 가서 얘기해 보고 대답을 가지고 돌아와 뭐라 말씀하시는지 알려 드리지요. 사실을 말하면 마님은 자기를 찬미해서 노래를 짓는 분을 좋아하시니까, 아름다운 얼굴과 몸매를 시로 읊어주시는 분이면 마음에 들어 하실 거예요. 아무튼 마님을 유혹하시려면 말솜씨 좋게 온갖 재주를 다 부려야만 할 거예요."
 이렇게 말한 후부브는 일어나 부인에게 가서 이런저런 얘기를 하다가, 이윽고 이렇게 말했습니다.
 "마님, 저기 있는 저 젊은 나사렛교도를 좀 보세요. 말씨가 무척 고상하고 얼굴도 참 잘생겼죠?"
 자인 알 마와시프는 이 말을 듣고 후부브를 돌아보며 말했습니다.
 "그분의 생김새가 마음에 들거들랑 너나 좋아하려무나. 나한테 그런 말을 하다니 부끄럽지도 않니? 어서 가서 그 사람에게 빨리 돌아가라고 일러라. 그렇지 않으면 그냥 두지 않을 테다."
 그러나 마스룰에게 돌아간 후부브는 부인이 한 말은 한마디도 전하지 않았습니다. 그러자 부인은 후부브에게 창피한 소문이라도 나면 난처하니 문에 나가서 누가 보지 않나 보고 오라 일렀습니다.
 후부브는 나갔다가 곧 돌아오더니 이렇게 말했습니다.
 "마님, 밖에 사람들이 많아서, 오늘 밤엔 이분을 내보낼 수 없겠어요."
 "나는 간밤에 꾼 꿈이 마음에 걸려 견딜 수가 없어. 왠지 슬프고 두려워."
 그러자 마스룰이 끼어들었습니다.
 "무슨 꿈을 꾸셨습니까? 부디 알라께서 부인의 마음을 어지럽게 하지 않으시기를!"
 "사실은 어젯밤 한밤중에 별안간 독수리 한 마리가 높은 구름 위에서 쏜살같이 내려오더니 저를 휘장 안에서 채 가려고 했답니다. 깜짝 놀라 잠이 깬 저는 너무 무서워서 술이라도 마시고 취하면 무서움을 잊을 수 있을까 해서 시녀들에게 먹을 것과 마실 것을 가져오게 했을 정도였어요."
 이 말을 듣고 마스룰이 빙긋이 웃으면서 자기가 꾼 꿈을 처음부터 끝까지, 즉 비둘기를 잡은 이야기를 들려주었습니다. 그랬더니 자인 알 마와시프는 몹시 놀라는 눈치였습니다.

마스룰은 부인을 상대로 오랫동안 이런저런 세상 이야기를 한 끝에 이렇게 말했습니다.
"저는 이제야 제가 꾼 꿈이 맞아떨어졌다는 것을 깨달았습니다. 왜냐하면 부인은 비둘기고, 저는 독수리니까요. 틀림없습니다. 저는 부인을 처음 본 순간부터 몸과 마음을 모두 빼앗겨 간절하게 가슴을 태우고 있으니까요!"
이 말을 들은 자인 알 마와시프는 몹시 화를 내며 말했습니다.
"저는 알라께 빌어서라도 이 재앙을 면하겠어요. 제발 이웃 사람들이 보기 전에 빨리 돌아가 주세요. 만일 들키기라도 하는 날에는 그야말로 어떤 비난을 받을지 모르니까요. 잘 명심하세요. 손이 닿지 않는 곳에 있는 꽃을 탐하시면 안 됩니다. 아무리 애를 쓰셔도 헛일이에요. 저는 상인의 집에서 태어나 지금은 상인의 아내이고, 당신은 한낱 약장수. 지금까지 약장수와 상인의 딸이 맺어졌다는 이야기를 들으신 적이 있나요?"
"아닙니다, 부인. 어떤 인간이라도*5 사랑은 할 수 있습니다. 제 소원을 그토록 매정하게 물리치시다니 너무하십니다. 부인이 원하시는 것이라면 돈이고 옷이고 뭐든지 드리겠습니다."
마스룰은 여자를 오랫동안 설득하면서 서로 말다툼을 펼쳤지만, 여자는 더욱 심하게 화만 낼 뿐이었습니다.
그러는 사이에 사방이 어둑어둑해지자 마스룰이 말했습니다.
"부인, 이 금화를 드릴 테니 술을 조금 가져다주시겠습니까? 목이 마르고 마음이 납덩이처럼 무겁고 답답해서 견딜 수가 없군요."
부인은 후부브를 돌아보며 말했습니다.
"이분에게 술을 갖다 드려라. 그러나 아무것도 받아선 안 된다. 우리는 이분의 돈 같은 건 필요하지 않으니까."
후부브가 나간 뒤 마스룰은 입을 다물고 한마디도 하지 않았습니다. 그러자 갑자기 여자가 이런 시를 읊었습니다.

> 그러한 마음은 깨끗이 버리고
> 그대여, 어서어서 돌아가시라.
> 불륜의 죄에 덫이 놓인
> 천한 길을 밟지 마시라!

진정 사랑이란 그물과 같아
그대의 마음에 얽히고 나면
아침에 눈 뜨면 근심에 젖고
피곤함에 시달려 창백해지리.
만일 염탐꾼이 엿보는 날엔
뜬소문만 나리라.
내 일족도 그대로 말미암아
세상의 비웃음을 살 뿐.
그러나 그대가 귀여운 여자
사랑한다 해도 놀라지 않으리,
영양을 노리는 사자들을
언제나 보는 세상이기에.

이에 화답하여 마스룰도 시를 읊었습니다.

애달프다, 나뭇가지의 환희여
가자나무의 빛나는 가지여!
그대의 온갖 매력에
홀려서 마음이 흐트러진
나를 가련히 여기시라.
그대는 죽음의 잔을
찌꺼기까지 나에게 먹이고
재앙과 저주가 깃든
애욕의 옷을 둘렀도다.
그리움에 몸이 달뜨고
사랑에 애타서
새빨간 숯불과도 같이
타오르는 이 마음을
내 어찌 가라앉히랴?

이 시를 들은 자인 알 마와시프가 소리쳤습니다.

"당장 돌아가세요! '함부로 눈을 굴리는 자는 마음을 괴롭게 한다'더니, 당신과 이야기하다 보면 마음에 내키지 않는 말만 하게 되니 더는 참을 수가 없네요. 당신은 무슨 일이 있어도 가질 수 없는 것을 바라고 계신 거예요. 설령 당신이 금화를 제 앞에 산더미처럼 쌓는다 해도, 저는 절대로 당신의 그릇된 소망은 들어 드리지 않을 거예요. 전능하신 알라의 은혜를 두고 맹세하지만, 저는 즐거운 생활 말고는 세상일에 대해 아무것도 모른답니다!"

"오, 자인 알 마와시프 님, 이 세상의 보물 가운데 갖고 싶은 게 있으면 무엇이든 저에게 말씀해 주십시오."

"제가 당신에게 무엇을 바랄 수 있을까요? 그런 짓을 한다면 당신은 밖에 나가서 내 소문을 자랑스럽게 떠들고 다니시겠죠. 상인 우두머리의 딸로서 명문 출신인 저를 노래로 지어 부르고 웃음거리로 만드시겠죠. 저는 돈도 옷도 필요 없습니다. 그런 불장난을 하여 세상에 알려지게 되면 저뿐만 아니라 우리 가문의 수치가 될 뿐이에요."

이 말에 마스룰은 당황하여 한마디도 대답하지 못했습니다. 여자가 다시 말을 이었습니다.

"큰 도둑은 한 번 도둑질할 때는 자기의 목숨을 걸만한 가치가 있는 것만 노린답니다. 남편 아닌 남자와 부정한 짓을 하려는 여자는 모두 도적과 같아요. 무슨 일이 있어도 꼭 당신과 맺어져야 한다면, 돈이건 옷이건 장신구건 내 마음에 흡족하도록 받아야 하겠어요."*6

마스룰이 대답했습니다.

"부인이 세계의 동쪽 끝에서 서쪽 끝까지 모든 나라에 있는 것을 다 원하신다 해도, 부인을 향한 저의 사랑에 비하면 아무것도 아닙니다."

"그렇다면 옷을 세 벌 받고 싶어요. 모두 이집트 금화 1천 닢의 가치가 있는 비단으로, 진주와 보옥과 히아신스석에, 가장 아름다운 보석으로 가장자리를 예쁘게 장식한 옷 말이에요. 또 제 비밀을 지켜서 누구에게도 발설하지 않을 것과 저 아닌 딴 여자와는 관계를 맺지 않겠다고 맹세하셔야만 해요. 그 대신 저도 결코 당신을 배신하지 않겠다고 진심으로 맹세하겠어요."

마스룰이 여자가 말한 대로 맹세를 하자 여자 역시 맹세를 함으로써 두 사람 사이에 약속이 성립되었습니다. 그러자 자인 알 마와시프는 시녀 후부브에게 작은 소리로 말했습니다.

"내일 마스룰 님과 함께 그분의 댁을 찾아가 사향과 용연향, 혼합향, 장미수를 조금 달라고 해서 어떤 것을 갖고 계시는지 알아보아라. 만일 신분이 있는 분이면 이제부터 잘 대접해 드리고, 그렇지 않으면 퇴짜를 놓고 말 테다."

그러고 나서 마스룰에게는 이렇게 말했습니다.

"마스룰 님, 사향과 용연향, 침향, 그리고 혼합향을 조금씩 얻고 싶어요. 내일 후부브 편에 보내주세요."

"좋습니다! 제 가게의 물건은 무엇이든 부인 마음대로 가져가십시오."

그리하여 두 사람이 술잔을 주고받으며 즐거운 술자리를 벌이는 동안, 마스룰은 뭔가에 홀린 듯한 욕정에 몸부림치며 괴로워했습니다. 자인 알 마와시프는 그 기색을 눈치채고 노예여자 수쿠브에게 말했습니다.

"마스룰 님이 졸리신 모양이니 잠이 깨시게 노래를 불러 드려라. 아마도 눈이 번쩍 뜨이실 테니까."

"예."

수쿠브는 다음과 같은 시를 노래했습니다.

    그대가 사랑하신다면
      황금과 옷을 가져오셔서,
      사랑하는 이를 찬미하시라,
      그러면 그대의 소망 이룰 테니.
    눈가를 검게 칠하고
    저 미소 짓는 새끼 사슴도
    나긋나긋한 육계(肉桂)의 가지도
    내 기쁨이어라.
    처녀가 던지는 눈초리에
    그대는 기적을 보시리라.
    그러니 목숨 다하기 전에
      그대의 생명을 부어주시라!
    사랑의 슬픔이 이러한 것을

그대는 아시는 모르시는가.
하지만 그대 만일 황금에
눈 어둡다면 당장 떠나가시라!

이 시의 의미를 깨달은 마스룰은 이렇게 말했습니다.
"잘 알았습니다. 무릇 슬픔이 있다면 그 뒤에 반드시 구원이 오는 법이고, 괴로움을 주신 다음에 신은 반드시 위안을 주시는 법입니다."
그러자 이번엔 자인 알 마와시프가 다음과 같은 시를 읊었습니다.

오, 마스룰, 만일 그대가 자기를 잃어버렸다면
사랑의 혼미에서 어서 깨어나시라.
오늘은 내 사랑 그대 가슴 찢을까 두렵고
내일은 사람들의 소문거리 되어
동에서 서에 걸쳐 좋지 않은 이름이
비웃음의 대상 될까 두려워하노라.
오, 그대여, 나에 대한 사랑은
어서 그만두시라, 아니면 그대는
사람들의 비난을 받게 되시리.
어찌하여 나에게 마음을 보내느뇨,
진정, 이러한 사랑은 두려워
핏줄 다른 이국인을 집안에선 꺼리니
그대는 세상의 악평을 받고
벗의 거취를 난처하게 하리라.
나 또한 유대교 광신자의 후예이니,
세상 사람들이 경악하리라,
아, 오히려 내 목숨 끊어서
영원한 휴식 얻고 싶구나.

여자의 즉흥시에 답해서 마스룰도 이런 답가를 읊었습니다.

아무리 해도 연모해 마지않는 내 마음
슬픔에 눈물지게 버려두시고,
비난도 거두어주시라.
그대의 비난은 사랑을 부채질할 뿐이니.
그대, 폭군을 가장하여
이 몸을 천대하여 그르쳤노라,
하나, 내 어디든 가지 않을 것이니,
아침에도 밤에도 동으로도 서로도 가지 않으리.
사랑의 법칙은 내 죽기를 금하고
더욱이 사랑의 희생자는
구원받을 길 없다고 세상은 말하므로.
아, 그렇다면 좋다, 이 몸도
사랑을 결판낼 자리 찾지 못하면
호소하여 내 몸의 옳음이나 밝히리라.

이렇듯 두 사람이 서로 비난하는 동안 날이 밝아지자, 여자가 말했습니다.
"마스룰 님, 사람들의 눈에 띄어서 뜻하지 않는 재난이 닥치면 큰일이니 지금 어서 돌아가 주세요."
그리하여 마스룰은 노예처녀 후부브를 데리고 자기 집으로 돌아갔습니다. 마스룰은 후부브와 여러 이야기를 하던 끝에 이렇게 말했습니다.
"네가 갖고 싶은 것은 무엇이든 줄 테니, 제발 마님이 내 말을 듣도록 잘 주선해 다오."
"알았어요. 너무 걱정하지 마세요."
마스룰은 일어나 금화 백 닢을 후부브에게 주었습니다.
"후부브, 내 집엔 금화 백 닢의 가치가 있는 옷이 있다."
"오, 마스룰 님, 마님의 마음이 변하기 전에 약속하신 선물과 그 밖의 것을 가져갑시다. 재치 있게 비위를 맞추지 않으면 마님을 손에 넣지 못해요. 그리고 마님은 시를 무척 좋아하세요."
"그래, 알았다."
마스룰은 사향, 용연향, 침향, 장미수를 꺼내 후부브와 함께 자인 알 마와시프에게 돌아갔습니다.
 마와시프가 다시없이 명랑한 목소리로 마스룰의 인사에 응답하자, 마스룰은 새삼 마와시프의 아름다움에 넋을 빼앗겨 이런 시를 읊었습니다.

    오, 그대여, 어두운 밤에도
    눈부시게 빛나는 태양이여!
    내 넋을 그 검고
    동그란 눈동자로 빼앗은 그대여!
    아름다운 목덜미
    아리따운 자태의 그대여!
    그대의 분홍빛 뺨으로 하여
    장미도 부끄러워할지니!
    바라건대 나를 비웃고
    내 눈 멀게 하여 앞길 어둡게 하지 마시라.
    정열은 매우 깊은 곳에서
    꺼지지 않고, 동경의 불길은 타올라
    몸속 깊숙이 숨었노라.
    그대를 향한 연정
    내 가슴에 깃들었건만
    그대는 행여 사랑의 표적 하나
    보이지 않으니, 그렇다면
    이 복 없는 자에게 이따금 이나마
    자비로운 마음을 보여주시라
    아, 신선한 새벽이여!

 이 시를 들은 자인 알 마와시프는 마스룰에게 흘깃 추파를 던졌는데, 그 농염한 눈초리에 그만 1천 번이나 이를 악물고 한숨을 내쉬던 마스룰은, 사려와 분별마저 잃어버리고 넋도 어디론가 달아나버리고 말았습니다. 여자는 이윽고 이런 답가를 읊었습니다.

생각지 마시라, 꿈에도 마시라,
마음 뺏는 여자에게서
환락을 끌어낼 생각은.
그러니 욕심도 소망도
깨끗이 쫓아버리고
끊으시라, 그대의 소원을.
숱한 미녀 중에서
단 한 사람, 그대가 사모하는
그 여자 정조 굳어서
쌀쌀하게 저항하는 까닭에
까닭 없이 시험해 보려는
죄 많은 모든 일은
헛되고 보람 없는 것이니.
내 눈빛, 내 눈초리에
정 많은 남자 마음 흐트러져도
진정 내 알 바 아니니
그대가 하는 하소연도
나 전혀 개의치 아니하리.

 이것을 듣고 마스룰은 자신의 마음을 억누르고 가슴의 동요를 숨기면서 꾹 참았습니다. 그리고 속으로 생각했습니다.
 '불행한 일에 대해서는 오로지 꾹 참는 수밖에 도리가 없다.'
 그리하여 두 사람은 저녁 어스름이 다가올 무렵까지 이야기를 나누며 시를 서로 주고받았습니다. 해가 저물자, 자인 알 마와시프는 시녀에게 식사를 준비하라고 분부했습니다.
 이윽고 두 사람 앞에 차려진 식탁에는 메추라기와 비둘기, 양고기 등 온갖 산해진미가 담긴 쟁반이 올라 있었습니다. 두 사람이 그것을 배불리 먹은 뒤 식탁을 치울 것을 명령하니, 시녀들은 그것을 다시 가져가고 손 씻는 그릇을 가져왔습니다. 손을 씻고 자인 알 마와시프는 촛대를 내오라고 분부하여, 받침 접시를 놓고 속에 장뇌가 들어 있는 초의 불을 켰습니다.

이윽고 여자가 말했습니다.
"오늘 밤엔 왠지 가슴이 답답하고 열이 나는 듯해요."
"알라께서 부인의 가슴을 가볍게 해 주시고, 부인에게 깃든 독을 쫓아내 주시기를!"
"마스룰 님, 저는 늘 소일 삼아 장기를 두는데 당신도 이 놀이를 하실 줄 아세요?"
"예, 알 뿐 아니라 꽤 잘 둔답니다."
자인 알 마와시프는 시녀 후부브에게 장기판을 가져오라고 시켰습니다. 이윽고 앞에 놓인 장기판을 보니 상아에 번쩍이는 황금으로 줄이 쳐져 있고, 장기알은 진주와 루비로 만들어져 있었습니다.

―여기서 날이 훤히 밝아왔으므로 샤라자드는 이야기를 그쳤다.


## 847번째 밤

샤라자드는 이야기를 계속했다.
오, 인자하신 임금님, 시녀들이 장기판을 날라와 여주인 앞에 놓자, 그 훌륭함에 마스룰은 그만 깜짝 놀라고 말았습니다.
"빨간 말을 하시겠어요, 아니면 하얀 말?"
"오, 아름다운 공주님, 아침의 대기를 향기롭게 물들이는 여인이여, 당신이 빨간 말을 가지십시오. 아름다운 빨간 말이야말로 당신 같은 분에게 어울리니까요. 나는 하얀 말을 갖지요."
"그럼, 그렇게 하세요."
자인 알 마와시프는 빨간 말을 잡고 흰 말과 마주하여 진을 친 뒤, 손을 뻗어 첫 말을 중원으로 내보냈습니다.
마스룰은 빵 반죽처럼 새하얀 여자의 손끝을 바라보며 그 아름답고 매끈한 모양에 감탄했습니다.
그때 여자가 얼굴을 들고 말했습니다.
"마스룰 님, 그렇게 정신 팔지 마시고 어서 장기나 두세요."

"오, 달도 부끄러워할 아리따운 임이시여, 애타게 연모하는 사나이가 당신을 보고 어떻게 정신을 팔지 않을 수 있겠습니까?"

그때 여자가 이렇게 소리치며 상대를 이기고 말았습니다.

"장이야!"

너무나 어이없는 승부여서, 여자는 상대가 욕정에 사로잡혀 제정신이 아니라는 사실을 알았습니다.

"오, 마스룰 님, 뭔가 내기를 걸고 해야겠어요."

"좋습니다."

"그럼 서로 속임수를 쓰지 않겠다고*7 약속해요."

마스룰이 그러겠다 약속하자 여자가 말했습니다.

"마스룰 님, 내가 당신을 이기면 당신에게 금화 열 닢을 받겠어요. 그리고 당신이 이기신다면 돈이 아닌 다른 것을 드리지요."

마스룰은 이길 자신이 있어서 이렇게 말했습니다.

"부인, 그 약속은 꼭 지키셔야 합니다. 이번 승부에는 상당히 자신이 있으신 모양이군요."

"그럼, 그렇게 정한 거예요."

두 사람은 말을 늘어놓고 대결을 시작하여 '졸'을 내보내고, '왕'으로 잡아먹고, '성(城)'으로 대항하고, '기사'로 '성'을 쳐들어가기도 하면서 양쪽 다 죽을힘을 다해 싸웠습니다.

머리에 파란 비단을 쓰고 있던 자인 알 마와시프는 그것을 벗어버리고 소매를 걷어 올린 뒤, 하얀 팔뚝이 드러난 손을 뻗어 빨간 말을 집었습니다.

"자, 조심하세요."

그러나 마스룰은 아름다운 그 팔뚝을 보자 그만 마음이 어지러워져서 아무것도 생각나지 않았습니다. 그리하여 멍하니 흰말에 손을 뻗는다는 게 엉뚱하게 빨간 말을 잡고 말았습니다.

"아이, 마스룰 님, 왜 그러세요? 빨간 말은 내 것이고, 하얀 말이 당신 것 아니에요?"

"당신을 바라보고 있으면, 누구라도 정신을 차리지 못할 겁니다."

정신이 없는 상대의 상태를 꿰뚫어 본 여자는 자기가 하얀 말을 잡고, 상대에게 빨간 말을 잡게 하여 승부를 가린 끝에, 마침내 마스룰을 이기고 말았습니다.
 몇 번이나 대결을 되풀이해도 번번이 마스룰이 져서 그때마다 금화 열 닢씩을 뺏겼습니다. 그러는 동안 여자는 마스룰이 사랑에 눈이 멀어 마음이 공중에 떠 있는 사실을 알고 이렇게 말했습니다.
 "마스룰 님, 저를 이기지 못하시면 소원을 이루지 못해요. 그렇게 약속했으니까요. 그리고 이제부터는 금화 백 닢을 걸지 않으면 하지 않겠어요."
 "좋습니다."
 마스룰의 대답에 자인 알 마와시프는 승부를 계속하여 그때마다 상대를 이겼고, 마스룰은 백 닢씩 빼앗겼습니다.
 그리하여 날이 밝을 때까지 계속 장기를 두는 동안 마스룰은 한 번도 여자를 이기지 못했습니다. 새벽녘이 되자 마스룰이 별안간 자리에서 일어났습니다.
 "마스룰 님, 왜 그러세요?"
 "집에 가서 돈을 가져와야겠습니다. 아직은 소원을 풀 수 있는 여지가 있으니까요."
 "그럼, 마음대로 하세요."
 마스룰은 집에 가서 있는 돈을 몽땅 가지고 나와, 이런 시를 읊으면서 여자의 집으로 돌아갔습니다.

　　꿈에 보았네, 하늘을 나는 새를,
　　사랑의 꽃밭, 웃음으로 빛나는
　　꽃들을 장식했네.
　　이윽고 내 소원 이루는 날에
　　꿈에 본 것이 헛되지 않았음을
　　내 알리라.

 마스룰이 있는 돈을 몽땅 갖고 돌아오자 두 사람의 승부가 다시 시작되었습니다. 그러나 마스룰은 여전히 지기만 하고 한 번도 이기지 못했습니다. 그렇게 사흘을 보내는 동안 여자는 마침내 남자의 돈을 모두 따버리고 말았습니다.

"마스룰 님, 이번엔 무엇을 거시겠어요?"
"약 파는 가게를 걸지요."
"그것은 값이 얼마나 나가나요?"
"금화 5백 닢입니다."

그리하여 두 사람은 다시 다섯 번 계속해서 장기를 두었고, 마스룰은 마침내 약 파는 가게마저 빼앗기고 말았습니다. 그래도 정신을 못 차린 마스룰은 노예와 토지와 집과 정원까지 걸었으나 그것조차도 모조리 여자에게 빼앗기고 말았습니다.

"또 무엇이 있어요?"
"저를 사랑의 함정에 빠뜨린 신께 맹세코 말합니다만, 저에겐 이제 돈 한 푼, 물건 하나 남아 있지 않습니다."
"마스룰 님, 처음부터 다 아시고 시작한 거니까 이렇게 되었다고 해서 후회하지는 않으시겠지요? 만약 후회하신다면 당신의 것을 전부 돌려 드리겠어요. 그 대신 이 자리에서 썩 돌아가세요. 두 번 다시 오시면 안 돼요."
"우리 운명을 정하신 알라께 맹세코, 설령 당신이 제 목숨을 원하신다 해도 당신을 위해서라면 사양하지 않겠습니다. 저는 당신만을 사랑하고 있으니까요!"
"마스룰 님! 곧 판관과 입회인을 데려오셔서 당신의 토지와 재산을 모두 증서로 만들어 저에게 넘겨주세요."
"알았습니다."

마스룰은 곧 나가서 판관과 입회인을 여자 앞에 데려왔습니다. 판관은 여자를 보자 그 미모에 놀라 넋을 잃고, 그 우아한 손가락에 혼을 빼앗기고 말았습니다.

"보십시오, 부인, 부인이 토지와 저택과 노예들을 사들여서 모든 것이 당신의 소유가 되는 게 아니면 양도증서를 만들 수 없습니다."

그러자 자인 알 마와시프가 말했습니다.

"우리 사이에는 이미 이야기가 다 되어 있답니다. 마스룰 님의 집도 토지도 노예들도, 소유권이 있는 것은 모두 자인 알 마와시프에게 넘겨주고, 이러이러한 가격으로 모든 것을 같은 사람의 소유로 넘긴다는 증서를 써주세요.

그래서 판관이 증서를 작성하고 입회인이 서명하자 여자는 그것을 받아 넣었습니다.

―여기서 날이 훤히 밝아왔으므로 샤라자드는 이야기를 그쳤다.

## 848번째 밤

샤라자드는 이야기를 계속했습니다.
오, 인자하신 임금님, 마와시프는 판관에게서 증서를 받자 마스룰에게 말했습니다.
"그럼 마스룰 님, 이제 돌아가세요."
그때 여자노예 후부브가 마스룰에게 말했습니다.
"무엇이든 시를 하나 들려주세요."
마스룰은 내기 장기에 대해, 이런 즉흥시를 읊었습니다.

시운이 불리하여 내 몸에
일어난 일을 원망하고,
장기에 지고, 가진 말 잃은
불운의 눈동자를 한탄하노라.
그 까닭은 다름 아닌
여인 중에 보기 드문
허리 나굿한 미녀를
애타게 그리워했기에.
진정 그대의 눈초리는
번개처럼 화살을 날리며
천하무적 용맹스러운 군사를
새로운 싸움터로 내보냈도다.
홍백의 군사, 서로 맞서서
불꽃 튀기며 싸운 기사들,

"자, 받아라!" 외치면서
마침내 육박전이 벌어졌도다.
처녀는 가녀린 손끝으로
재빨리도 말을 움직이니
싸움터는 갑자기 어두워져
캄캄한 밤이 되었구나.
이 어인 일인고, 눈이 멀었나
아니면 마음의 어둠인가,
내 백군을 구원하지 못하고
위기는 닥치는데 여전히
마음은 줄곧 두근거려
기쁨의 눈물 흘렸노라.
그리하여 내 '졸'도 '성'도
'여왕'과 함께 항복하니,
백군은 앞다투어 달아나고
조여드는 적의 창과 칼끝을
끝내 막아내지 못하였노라.
그대는 활을 겨누어
더없이 날카롭게 나를 쏘아
머리와 가슴을 꿰뚫었도다.
내가 진 까닭 여기 있으니,
여인은 다음의 승부 내자고
홍군과 백군 둘 중에서
마음대로 고르라
태연히 말하기에
달빛과도 같은 그 말에
내 먼저 백을 쥐었노라,
"그 사랑스러운 은빛 장병들은
나에게 더없이 어울리니
내가 가지리,

그대는 홍군을 가지시라"고.
그리하여 시작된 내기 승부,
운명 걸고 단판걸이로 싸웠으나
시운은 나에게 없고
또한 정에 약한 나였기에
그만 와르르 무너져버리니
기쁜 대답은 듣지도 못한 채
눈물만 속으로 감추었도다.
아, 가슴의 불길이여,
별들의 무리 속에 섞인
달과도 같은 미녀에게
사랑을 호소하는 괴로움이여.
아, 가슴의 불이여, 타지 말거라,
재물과 토지를 잃어버려도
맹세코 후회는 아니하건만
아, 그대 눈에 어리는
모멸의 빛을 내 어리하리!
나는 어이없어 멍하니 정신을 잃고
오직 쓸쓸함을 애달파하며
이토록 고뇌를 가져다준
무정한 세월의 장난만
원망하며 탓하고 있을 때
여인은 무심히도 말하는구나,
"어찌하여 정신을 팔고 있느냐"고.
내 대답하기를
"취해서 정신없는 나에게
이젠 술도 쓸모없느니라!"
그럼에도 다시금 그 여인은
가슴속 깊이 단단한
바위라도 가졌는지 예사롭게,

비단처럼 부드러운 정경으로
내 맑은 정신을 훔쳐갔도다.
내 다시 용기 불러일으켜
"오늘에야말로 내 것이 되리라!"
부르짖으며 다시 내기 걸었노라,
나는 여인의 무정함을 잘 알면서도
조금도 무서워하지 않고.
지지 않으리, 물러서지 않으리,
이겨서 소원 풀어 보려고
조바심에 쫓겨 도전했건만
마침내 알거지가 되었도다.
젊음은 사랑의 거친 바다에
지칠 대로 지쳐 빠지더라도
사랑의 타격은 피할 것인가?
벼랑에 핀 꽃을 동경하여
시름에 젖은 몸 한탄하다가
사랑의 노예는 몰락했노라.
하루아침에 눈 떠보니
가엾다, 나에게 돌아올
돈은 땡전 한 푼 남지 않았구나.

  이 시를 들은 자인 알 마와시프는, 마스룰의 청산유수 같은 말솜씨에 혀를 내두르며 감탄했습니다.
  "오, 마스룰 님, 그런 미친 짓은 그만두시고 정신 바짝 차리고 돌아가세요. 당신은 이제 집과 토지, 노예들까지도 장기로 모두 날려 버리셨지만, 아직 소원도 못 푸셨고, 또 푸실 수 있는 수단도 재력도 없잖아요?"
  "오, 부인, 그러나 갖고 싶은 게 있으면 무엇이든 말씀하십시오. 꼭 가져와서 부인의 발아래 반드시 대령할 테니까요."
  "마스룰 님, 당신에게는 이제 동전 한 푼 남아 있지 않답니다."
  "오, 내 모든 희망의 과녁이여! 설령 나에게 동전 한 푼 없다고 해도 누군가가 반드시 도와줄 겁니다."
"무엇을 주던 사람이 이제는 무엇을 구걸하는 사람이 되시려는 건가요?"
"나에게는 친구도 있고 친척도 있습니다. 내가 필요하다면 무엇이든지 줄 겁니다."
"마스룰 님, 그러시다면 저에게 사향 네 부대와 영묘향(靈猫香)*8 네 병, 용연향 4파운드, 금화 4천 닢과 금실로 가장자리에 수를 놓은 훌륭한 금란 4백 필을 가져오세요. 그만한 것을 가져다주신다면 제 마지막 보물을 드리겠어요."
"그런 것쯤 아무것도 아닙니다. 오, 달도 부끄러워할 아름다운 분이여!"
마스룰은 그렇게 말하고 여자가 원하는 물건들을 구하러 밖으로 나갔습니다.
자인 알 마와시프는 곧 시녀 후부브를 뒤따라 보내 마스룰이 주변 사람들 사이에서 얼마나 신용을 얻고 있는지 알아보게 했습니다.
마스룰이 길을 가다가 무심코 뒤를 돌아보니 후부브의 모습이 보였으므로 걸음을 멈추고 여자가 다가오기를 기다렸습니다.
"어디 가느냐, 후부브?"
후부브가 마님의 분부를 이야기하자, 마스룰이 말했습니다.
"오, 후부브, 솔직히 말해서 나는 마님에게 가져다 드릴 게 아무것도 없다."
"하지만 마님과 약속하시지 않았어요?"
"약속을 하고도 지키지 않는 것은 흔히 있는 일이지. 오입(誤入)에는 달콤한 말이 으레 따라다니는 법이거든."
"마스룰 님, 걱정하지 마시고 기운을 내세요. 알라께 맹세코 마님과 재미를 보시도록 꼭 주선해 드릴게요."
이렇게 말한 후부브는 부인에게 돌아가서 눈물을 흘리며 말했습니다.
"마님, 정말 그분은 누구에게나 존경을 받으시고 매우 평판이 좋으신 분입니다."
"전능하신 알라께서 정하신 운명은 인간의 힘으로는 어쩔 수 없는 것이란다. 그분은 아마도 나를 인정사정없는 냉혹하고 모진 여자라 생각하시겠지. 그분은 나에게 재산을 몽땅 빼앗기고도 나한테서 단 한 번도 다정한 말을 듣지 못하고 사랑의 기쁨도 맛보지 못했으니 말이다. 하지만 내가 그분 소원대로 해 준다면 세상에 어떤 소문이 날지 모르잖아."

"하지만 마님, 그분의 처지를 생각하면, 또 재산을 잃었다는 것을 생각하면 딱하기만 해요. 그리고 이쪽에는 마님과 노예 수쿠브뿐이잖아요. 저희 같은 시녀 주제가 어찌 마님이 하시는 일에 왈가왈부할 수 있겠어요?"

이 말을 듣고 부인이 잠시 고개를 숙이고 곰곰이 생각에 잠기자, 두 시녀는 번갈아 가며 말했습니다.

"마님, 그분을 모셔다가 친절히 대해 주시고 인정 없는 사람들한테 가서 물건을 구걸하는 그런 짓을 하지 않도록 하시는 게 어떨까요? 사람들에게 구걸하는 것은 얼마나 쓰라린 일인지 모른답니다."

두 시녀의 충고를 받아들인 자인 알 마와시프는, 종이와 붓을 가져오게 하여 다음과 같은 시를 써나갔습니다.

아, 기쁨은 가깝도다, 마스룰!
나의 참말 받아들여 기뻐하라,
밤이 오면 나와 다정한 일 이루시라,
천한 자에게 구걸하지 마시라,
젊은 분이여, 술은 내 슬기를 빼앗았지만
이제는 내 뜻있어 앗아낸 온갖 것들
그대의 재물을 돌려주리라, 오, 마스룰,
게다가 달콤한 보답도 곁들여서 돌려주리라.
진정 그대는 잘도 참았도다, 사랑하는 자의
더할 수 없이 잔인한 탐욕에 상처를 입었건만
그 영혼의 선함을 끝내 잃지 않았으니.
이제, 어서어서 오시어
이 몸과 단 꿀 즐기시라,
나는 그대에게 기쁨을 드리리,
방해가 있을 우려 있으니 서두르시라,
어서 오시라, 사랑하는 사람이여, 빨리 오시라,
곧바로 나에게 달려오시라,

내 남편 멀리 가 있는 사이
　　사랑의 열매를 따시라.

　마와시프는 편지를 둘둘 말아 시녀 후부브에게 주었습니다. 후부브가 그것을 가지고 즉시 마스룰에게 달려가니, 마스룰은 눈물을 흘리며 애타는 그리움과 욕정에 자신을 잊고, 이런 시를 읊던 중이었습니다.

　　사랑의 산들바람 내 영혼에 불어와
　　불같이 타오르는 욕정의 불꽃에
　　내 간은 타고 말았다.
　　연인이 떠나가 버릴 때
　　그리움은 더욱더 솟아올라
　　폭포수 쏟아지듯
　　눈물은 거침없이 쏟아지도다.
　　그리움과 함께 들끓는
　　내 의심과 두려움을
　　낱낱이 이야기한다면
　　귀 없는 바위도 돌도
　　슬퍼서 녹았으리라.
　　애달프다, 내 알고 싶구나,
　　기쁨을 보는 일 과연 있을지,
　　내 소원 마침내 이루어
　　벗들에게 알릴 날 언제일꼬,
　　우리를 갈라놓은 밤의
　　그 휘장이 끌어 올려져
　　내 가슴에 입은 상처
　　아물 날 있을지 없을지.

　─여기서 날이 훤히 밝아왔으므로 샤라자드는 이야기를 그쳤다.

## 849번째 밤

샤라자드는 이야기를 계속했다.

오, 인자하신 임금님, 마스룰이 욕정과 안타까운 그리움에 자신을 잊어버린 채 가락을 붙여 시를 읊고 있을 때, 후부브가 와서 문을 두드렸습니다.

그는 후부브가 내미는 편지를 읽고 말했습니다.

"오, 후부브, 마님은 뭘 하고 계시느냐?"

"나리, 이 편지를 잘 읽어 보시면 제가 새삼스럽게 대답할 것도 없겠지요. 나리께서 가장 잘 아실 텐데요, 뭐."

마스룰은 미친 듯이 기뻐하며 다음과 같은 시를 읊었습니다.

> 소식이 왔도다,
> 새로운 기쁨을 나타내는 그 내용,
> 나는 그것을 목숨 속에 간직하리라.
> 그 편지에 입맞추면 그리움은 더욱 커져
> 마치 편지 속에 정열의 진주
> 숨어서 찬란히 빛나고 있는 듯.

마스룰이 답장을 써서 후부브에게 건네자, 시녀는 그것을 받아들고 여주인에게 돌아갔습니다. 그리고 마스룰의 남자다운 모습을 치켜세우며 그에게서 받은 훌륭한 선물과 너그러운 태도를 칭찬하여 그의 호의에 보답했습니다. 후부브는 어떻게 해서든 마스룰을 도와서 부인과의 사이를 주선해 주고 싶었기 때문입니다.

자인 알 마와시프가 말했습니다.

"후부브야, 그분은 왜 아직도 안 오시는 걸까?"

"곧 오실 거예요, 마님."

후부브의 대답이 채 끝나기도 전에 마스룰이 문을 두드렸습니다. 시녀는 얼른 나가서 문을 열고 마스룰을 부인에게 안내했습니다. 부인은 이마에 손을 얹어 인사*9를 하면서 반가이 맞이한 뒤 자기 옆에 앉혔습니다.

"비단옷을 한 벌 가져와다오."

자인 알 마와시프가 분부하자, 후부브는 즉각 금실로 수놓은 옷을 가지고 왔습니다. 여자는 그 옷을 마스룰에게 입혀주고 자기도 호사스러운 옷으로 갈아입은 뒤, 말로 표현할 수 없이 맑은 빛으로 반짝거리는 진주 머리장식을 썼습니다. 그 둘레에는 진주와 히아신스석, 그 밖의 보석으로 장식한 비단끈을 두르고 그 아래로 명주끈을 두 가닥 늘어뜨렸는데, 그 끝이 고리로 되어 있어 번쩍번쩍 빛나는 황금 문자를 새긴 루비 장식이 달려 있었습니다.

또 칠흑같이 검은 머리를 늘어뜨리고 마지막으로 몸에 침향을 쐰 뒤 용연향과 사향을 뿌렸습니다.

그때 후부브가 자기도 모르게 이렇게 외쳤습니다.

"알라께서 흉악한 눈으로부터 부디 마님을 지켜주시기를!"

몸단장이 끝나자 자인 알 마와시프는 얌전하게 몸을 좌우로 흔들면서 걸어왔습니다. 그 모습을 보고 시를 잘 짓는 후부브는 아리따운 여주인을 찬양하여 이런 시를 읊었습니다.

> 그 여인의 걸음걸이에는
> 가자나무의 가지도 부끄러워하고,
> 그 여인을 한 번 바라보면
> 사랑하는 자도 모두 상처입네.
> 검은 머리 그늘에서
> 떠오르는 달님인 양,
> 그 얼굴이 아리따운 그대,
> 곱슬머리에서 돋아나는 해님인 양
> 그 이마가 눈부신 그대,
> 아, 그대의 사랑 한몸에 받아
> 함께 자며 밤을 지새우는 자,
> 또 그대의 전성기에
> 함께 맹세를 나누며
> 그대로 하여 죽는 사내는 행복하겠네!

자인 알 마와시프는 후부브에게 고맙다고 인사한 뒤, 마치 구름 사이에 나타난 보름달처럼 아름다운 모습으로 마스룰에게 다가갔습니다.
그러자 마스룰은 벌떡 일어나서 자기도 모르게 이렇게 외쳤습니다.
"내가 잘못 본 게 아니라면, 이 여인은 인간이 아니라 천국의 신부다!"
이윽고 여자가 식사준비를 분부하자 시녀들이 식탁을 날라 왔습니다. 그 식탁 가장자리에는 다음과 같은 시가 적혀 있었습니다.[10]

아, 그대여, 접시 네 개에
　숟가락을 담고, 색색의
　스튜와 튀김, 프리카세,
　맛있는 요리를 먹으며,
　마음과 눈을 함께 즐기시라.
　그뿐인가, 통통하게 살찐 메추라기에
　(내 무척 좋아하여 군침을 금할 수 없노라.)
　들새와 흰눈썹뜸부기 말고도
　하늘을 나는 온갖 새들
　빠짐없이 식탁 위에 있구나.
　빨갛게 익은 불고기며
　깊은 접시에 소복이 담은
　생나물의 볼품이여,
　달콤한 젖으로 지은 밥에
　아리따운 여인은 손을 찔러 넣고
　팔뚝의 팔찌 높이 걷어 올리니
　팔꿈치까지 잠길 듯하구나!
　테와리지[11]산 빵 두 개, 그 옆에
　곁들인 두 쪽의 생선요리,
　나는 그 얼마나 애태우면서
　그를 그리워했던가!

그들은 배불리 먹고 마시면서 즐겁고 유쾌하게 놀았습니다. 이윽고 시녀들은 식탁을 치우고 술상을 준비하기 시작했습니다.

술잔과 공기*12가 몇 바퀴 돌아 모두 기분이 흥겨워지자, 갑자기 마스룰이 술잔에 술을 가득 부어 들고 이렇게 외쳤습니다.
"내 마음을 사로잡은 연인을 위하여!"
그리고 다음과 같은 시를 읊었습니다.

세상을 밝히려고 나타난
여인의 아름다운 모습을
원 없이 바라볼 수 있는 내 눈은
분에 넘치게 행복해라.
한창때에 그 몸과
마음은 모두 큰 기쁨,
타고난 하늘의 선물로 하여
견줄 여인이 아예 없구나.
그대, 잘 차려입고 우아하게
걸어가면 셴 나조차
그 요염한 모양과 빛깔을 시샘하도다.
빛나는 이마는 어두운 밤의
달빛마저 부끄럽게 하니
왕관을 닮은 초승달도
그 밝음에는 미치지 못하리라.
땅을 밟아 나아가니, 그대 향기는
들과 산을 지나는 산들바람에
향기로운 숨결을 불어넣도다.

마스룰이 노래를 마치자, 여자가 말했습니다.
"마스룰 님, 자신의 신앙을 굳게 지키시는 분으로서 저희 음식을 한입이라도 드신 분에게는 이쪽에서 신세를 갚아야만 합니다. 그러므로 지금까지의 일은 모두 없었던 것으로 하고, 제가 당신에게서 빼앗은 토지와 저택 등을 모두 돌려 드리겠어요."
그러자 마스룰이 대답했습니다.

"부인은 맹세를 깨고 우리 사이의 최초 약속을 어겼지만, 지금 당신이 하신 말씀으로 용서해 드리겠습니다. 나는 이제부터 이슬람으로 개종할 생각이니까요."

자인 알 마와시프도 마스룰을 따르겠다*13고 맹세했습니다.

그때 후부브가 옆에서 소리쳤습니다.

"마님, 마님은 나이가 어리시지만 많은 것을 알고 계십니다. 그러니 제가 말씀드리는 대로 해서 안심시켜 주시지 않으시면, 오늘 밤부터 저는 이 댁 신세를 지지 않겠습니다."

"오, 후부브야, 네가 하자는 대로 할 테니 어서 가서 우리를 위해 따로 방을 마련해 다오."

후부브는 벌떡 일어나서 별실을 준비하고, 부인의 취향대로 화려하게 장식을 한 뒤 향을 피웠습니다. 그리고 나서 후부브가 새로 술과 안주를 장만해 오자, 다시 술잔이 돌아가기 시작하여 모두 흥겹게 놀았습니다.

─여기서 날이 훤히 밝아왔으므로 샤라자드는 이야기를 그쳤다.

## 850번째 밤

샤라자드는 이야기를 계속했다.

오, 인자하신 임금님, 술자리가 한창 무르익었을 때 자인 알 마와시프가 입을 열었습니다.

"마스룰 님, 드디어 사랑의 규방에 들 시간이 되었습니다. 당신은 이제부터 저와의 사랑을 즐기시게 될 테니, 향기 그윽한 시를 한 수 읊어주세요."

여자의 말에 응하여 마스룰은 이런 시를 읊었습니다.

오, 나는 포로가 되었네,
내 사랑하는 한 처녀
내 넋을 빼앗아 갔으므로,
아름답고 부드러운 볼에

마스룰과 자인 알 마와시프

분별을 도둑맞고 말았네.
헤어지는 날 다가왔을 때
끊어진 인연을 맺고자
내 마음 불길인 양 타올랐네.
참으로, 그대는 초승달의 눈썹
흑요석의 둥근 눈동자,
웃으면 갈라져 맑게 빛나는
하얀 이는 연이은 진주.
그 나이는 겨우 열하고 넷
앳된 처녀이기에
그리움은 더더욱 치밀어서
나는 눈물지었다네,
용혈수(龍血樹)가 흘리는 피처럼.
산봉우리 보름달보다
더 밝은 그대 얼굴을
처음 본 것은 그 꽃밭의
졸졸 흐르는 시냇가였네.
두려움으로 포로가 된 듯
걸음을 멈추고 나는 외쳤네.
"오, 꽃밭의 귀부인이여!"
그 처녀 이마에 손을 대고
실에 꿴 진주처럼
맑고 아름다운 목소리로
내 인사에 쾌히 응답했네.
그러나 내 말을 듣더니
숨어 있는 내 검은 뱃속을
재빨리 눈치채고
바위처럼 단단하고 무정하게
그 처녀는 쌀쌀맞게 대답하네.
"이 무슨 뻔뻔스럽고도

어리석은 말씀인가요."
"용서하시라, 탓하지 마시라,
만일 오늘 그대 허락하시면
이러한 것은 매우 쉬운 일,
아름다운 그대 같은 여인은
사랑을 받아 마땅한 여인이요,
이렇게 말하는 나 같은 사람은
사랑하기에 알맞은 남자로다."
내 말 듣고 그 처녀
내 꿍꿍이셈 진작 알아차리고
웃으면서 소리쳐 말하기를
"그러시다면 이 하늘과 땅의
창조주이신 신께 맹세코
말씀드리니 잘 들어 보시라,
나는 이 세상에 둘도 없는
냉혹하기 이를 데 없는 유대인,
그런데 당신은 그리스도교도
다름 아닌 나사렛 사람으로
그 신분이 매우 다르거늘
그 어찌 내 정을
이다지도 소원하나요.
감히 이 사랑을 접지 않으면
반드시 뒤에 후회하리라.
묻노라, 무릇 '사랑'이란
두 가지 가르침을
희롱해도 용서되는 것인가?
그대도 나도 매일 아침
사람들의 비웃음 받으리라.
아, 그대는 나를 부추겨서
신앙을 비웃게 할 참인가.

신성한 의식을 업신여기며
참으로 그대는 두 사람의 영혼을
죄 많은 것으로 만들려나.
그대, 나를 사랑한다면
사랑과 또한 내 정을 위해
세상 버리고 유대교를 택하여
감히 개종하여 신앙을 바꾸시라,
'복음서'에 맹세하여
우리의 비밀 지키고
세상 사람의 멸시 받지 않도록
아주 단단히 맹세하라!"
하므로, 내 이것을 승낙하여
재빨리 '모세'의 오서(五書)를
손에 들고, 두 사람이 한
서약을 지켜나가리라고
굳게굳게 맹세했네.
또한 율법과 교의
경서를 두고 맹세하고
갖가지 성스러운
서약으로 그대를 묶었네.
이윽고 나는 입을 열어 물었네.
"그대 이름은? 사랑하는 사람이여!"
"자인 알 마와시프라 부르지요."
"오, 자인 알 마와시프!"(하고 나는 외쳤도다.)
"들으시라, 부르는 소리,
그대를 연모하는 까닭에
나는 진정 그대의 노예가 되었노라."
그리하여 내 처녀 얼굴의
베일 한쪽을 들쳐서
아름다운 그 얼굴 엿보고

연모의 정 더욱 불살랐네,
현기증을 느끼도록.
아, 애달프다, 휘장 뒤에서
얌전하게 기다리고 있으니
구슬프게 가슴에 스며드는
견딜 수 없는 사모의 여러 생각을
시름에 겨워 스스로 달래었네.
사랑 때문에 모든 것을 잊고
분별을 잃은 나를 보고
그대는 그 베일을 올려
상냥하게 미소 지어 보였네.
그때 때맞춰 불어온
'결합'의 바람 산들산들 불어와
두 사람의 얼굴에 입을 맞췄네.
아름다운 그대의 목덜미와
두 팔에는 사향내 풍기니
마치 방울져 흐르듯이
훈훈하게 집 안에 가득 퍼졌네.
나, 그대의 웃음 띤 입술에서
맑은 포도주 핥으면
그대는 헐렁한 겉옷 속에
가자나무 가지처럼
하늘하늘 몸을 꿈틀거리며
일찍이 도리에 어긋났던
환락을, 처녀는 바르게도
스스로 법도에 맞추었네.*14
하룻밤을 안고 누워
아기자기한 정 나누며
애무와 깊은 입맞춤에
갖가지 자태로 희롱했네.

사랑하는 여인을 끌어안고
한몸이 되는 기쁨,
세상에 다시없는 행복이어라!
날이 밝으니, 여인은 일어나서
쓰라린 이별의 말 나누었네.
그동안에도 여인의 얼굴은
달보다도 더 밝아서,
마침내 작별 시간 오니
그 뺨에 눈물 흘리며
속삭이는 그대의 말 한마디,
"내 살아 있는 한
알라께 한 약속 지켜
참고 견디며 가슴에 새기리,
즐거운 밤을 위해
더없이 깊은 결합을 위해
굳게 맹세하고 굳게 지키리라."

자인 알 마와시프는 무척 기뻐하며 말했습니다.
"오, 마스룰 님, 당신은 참으로 놀라운 재주를 가지셨군요! 당신의 마음을 아프게 하는 자는 장수하지 않게 해 주시기를!"
그런 다음 여자는 별실로 들어가 마스룰을 불러들였습니다. 마스룰은 방에 들어가자 여자를 가슴에 끌어안고 입을 맞추고 어루만지면서, 그때까지 벼랑 위의 꽃으로만 알았던 것을 손에 넣어 도원경에서 애욕의 쾌락을 마음껏 즐겼습니다.
이윽고 여자가 말했습니다.
"오, 마스룰 님, 당신의 재산을 제가 차지한 것은 법에 어긋남이 없는 일이었지만, 이제 이렇게 서로 살을 섞은 몸이니 원래대로 당신 손에 돌려 드리는 게 마땅해요."
여자는 마스룰에게서 우려낸 물건들을 모두 돌려준 다음 이렇게 말했습니다.
"마스룰 님, 당신은 꽃밭을 갖고 계세요? 거기서 놀아보고 싶어요."

"있고말고요, 부인, 매우 훌륭한 꽃밭입니다."

마스룰은 자기 집으로 돌아가서 노예들에게 가장 좋은 방에 호사스러운 술잔치를 마련하게 하고 자인 알 마와시프를 부르러 보냈습니다.

이윽고 여자가 시녀들을 데려와서 모두 먹고 마시면서 흥겹게 술잔을 돌리며 놀았습니다. 얼마 뒤 연인은 손을 잡고 별실로 갔습니다. 그때 자인 알 마와시프가 말했습니다.

"마스룰 님, 방금 멋진 시가 생각났어요. 비파에 맞춰 불러 보겠어요."
"어서 들려주십시오."

여자는 비파를 들고 줄을 고른 뒤 가락도 아름답게, 다음과 같은 시를 불렀습니다.

> 줄을 튕기는 소리의 기쁨이여,
> 내 옆에 가까이 찾아와서
> 마시는 아침 술의 오묘한 맛이여,
> 사랑을 아는 사람은
> 저도 몰래 색향을 풍기면서
> 장막을 찢고 숨김없이 있는 그대로
> 밖으로 드러내노라,
> 달님의 동자가 손에 든 찬란한 해님처럼
> 맑고 눈부시게 빛나는
> 포도주를 한 모금 마실 때마다.
> 아, 그 한 모금은 밤마다
> 비탄의 서리를 녹여주노라,
> 이야말로 기쁨, 알라의 선물.

여자가 노래를 마치고 마스룰에게 말했습니다.
"마스룰 님, 이번에는 당신 차례예요."
그러자 마스룰은 다음과 같은 시를 노래했습니다.

> 잔을 채우며 도는

보름달의 동자들 감상하며
나는 꽃밭에서 울리는 비파 소리를 즐겼도다.
새벽녘에 비둘기 울 무렵
아침을 맞이하여 나뭇가지가
허리 굽혀 인사하는 곳
아, 이 꽃밭에 환락의
온갖 오솔길이 있음을 내 아노라.

마스룰이 노래를 마치자 여자가 말했습니다.
"저를 진정으로 사랑하신다면, 우리 두 사람의 사랑이 이뤄진 과정을 시로 읊어주세요."

―여기서 날이 훤히 밝아왔으므로 샤라자드는 이야기를 그쳤다.


## 851번째 밤

샤라자드는 이야기를 계속했다.
오, 인자하신 임금님, 자인 알 마와시프가 시를 지어 달라고 하자 마스룰이 대답했습니다.
"예, 기꺼이 들려 드리지요."
그리고 즉흥적으로 이런 시를 읊었습니다.

걸음을 멈추고 들으시라,
우리 사랑의 사연들을.
사슴 같은 그대를 사랑하여
백사슴인 나는
그 눈초리의 화살에 맞아
깊은 상처 입었노라.
외곬으로 애태우고 애태우다가

멍하니 넋을 잃을 정도로
사랑은 파멸에 이르렀지만,
굳고 단단한 보루에 둘러싸인
요염하고 젊은 여인 그리워
나는 정신없이 구슬렸노라.
무릇, 그 정원 속에서
내가 첫눈에 반한 여인은
균형이 잡힌 나긋한 몸매
더없이 아름다운 처녀였노라.
인사를 보내니 그 여인도
답례를 보냈도다, 이마에 손을 대고.
"그대 이름은?" 내가 물었더니
"내 이름은 내 몸을 표현했노라,
자인 알 마와시프라 불러주소서."
나는 처녀의 말을 듣고서
"오, 나에게 정을 주시라,
그대에게 기우는 연모의 마음
이렇듯 심한 적은 없었노라."
내 말을 듣더니 처녀는
"그대가 진정 나를 사랑하여
나와 뜨거운 정을 나누고 싶다면
나도 그대에게 청하리,
여태까지 누구도 생각 못한
수없이 많은 온갖 돈과 보물을.
비단과 엷은 명주, 그리고
다마스쿠스 직물도 고루 갖추어
사치를 다한 고귀한 의상,
25그램의 사향일랑은
하룻밤 정을 나누는데
그 값으로 치르시라.

홍옥수와 진주, 그 밖에도
세상에 귀하고도 보기 드문
보석들도 내 청하리."
뜻에 어긋나는 일이긴 하지만
어려움을 참으며
내 굽히지 않고 있었더니
드디어 어느 날 밤,
초승달 살며시 돋아오를 때
그대는 정을 허락했노라.
낯선 사람이 그대로 하여
나를 탓할 때는 내 대답하리,
비난하는 사람들아, 잘 들어라!
그 처녀가 내게 보여준
희한한 일들의 가지가지를.
그대 머리카락은
어두운 밤보다 더 검고
곱슬머리채도 적당히 길고,
그대 뺨에는 장미꽃 피어나서
접화처럼 타오르도다.
그대 눈썹은 영락없는 칼,
그 눈동자는 활 쏘는 궁수,
그 입술은 묵은 술을 머금고
샘물처럼 맑고 깨끗하여
이슬을 품은 정경이라.
그 가지런한 잇속은 마치
바다에서 캐어다가 실에 꿴
진주와도 같이 서늘하도다.
그 목은 암사슴의 목을 닮아
참으로 귀엽고 품위 있으며,
그 가슴은 판판한 대리석인가,

유방은 풀밭에 오뚝 솟은
두 개의 탑을 닮았더라.
그 배 한가운데 훈훈하게
향기 풍기는 배꼽이 있고
아, 그 아래에는, 바로 밑 숲 속에는
기회여, 오라고 내가 기다린
은밀한 옥문이 숨어 있노라.
그 위쪽은 매끄럽고
참으로 둥그렇고 봉긋하니
나에게는 이것이 바로 옥좌.
욕정 이윽고 꿈틀거리면
마음대로 드나드는 곳,
두 개의 기둥 사이에는
험한 골짜기를 장식하는 자리 있으니
가장 감격스러운 곳.
아무리 도덕군자라도
충동 되어 미칠 듯이 덤비리라.
넘치듯 풍요한 그 입
양쪽은 부풀고 안은 잘록해
혹은 단단한 쐐기로서
진정 단단하게 조였노라,
그 탄탄하게 다문 입술
낙타의 그것과 흡사하여
진분홍빛이 선명하도다.
그대가 한 번 맹렬하게
가까이 끌어당겨 용기를 내어
강하게 공격을 가할 때는
그 창끝을 잘도 받아서
억세고 열렬하고 늠름하게
용감히 대항해 오도다.

그것은 싸움의 용기로
온갖 용사를 시들게 하고
오히려 굴복시키도다.
어쩌다 주춤하는 일 있지만
이교의 무리와도 싸우려는
호방한 기상조차 간직하도다.
그대 마땅히 깨달을지니,
그는 두드러지게 정에 넘쳐
그 대접 모자람이 전혀 없도다.
자인 알 마와시프는
이러한 여인으로서
아름다운 얼굴과 예의를 아울러 갖춘
온전한 여인이라 할 수 있으리.
나는 하룻밤을 이 처녀의
귀여운 팔에 안겨서
법도에 따라 은혜 받은
행운을 차지했노라.
(내가 지난밤 중에서 가장 좋은)
그 밤을 함께 보내면서
그대와 같이 한 꿈의 잠자리
기쁨 가운데 으뜸가는 기쁨일러라.
이윽고 날이 새니, 그대는
초승달처럼 상쾌하게
자리에서 일어나 떠나가는데,
발걸음도 가벼이 나긋한 몸매
걸어가는 모습은 마치
하얀 나뭇가지의 창과 같도다.
작별하며 그대는 말하기를
"이러한 밤이 또 어느 날에
나에게 다시 돌아오려나."

나는 대답했노라, "아, 애달프다,
신이 규정을 정해 주실 때!"

이 송시를 들은 자인 알 마와시프는 더할 나위 없는 기쁨에 잠겼습니다. 그리고 이윽고 말했습니다.
"마스룰 님, 벌써 날이 밝아 오니 전 이제 돌아가야 해요. 남의 눈에 띄기라도 하면 나쁜 소문이 나니까요."
"알았습니다."
마스룰은 여자를 집까지 바래다주고 돌아와, 날이 밝도록 여자에 대한 생각에 잠겨 있었습니다.
날이 환하게 밝은 뒤, 마스룰은 호사스러운 베와 무명을 가지고 여자의 집을 찾아갔습니다. 그렇게 한동안 두 사람이 이 세상의 온갖 즐거움과 위안을 함께 누리던 중, 어느 날 자인 알 마와시프에게 별안간 남편이 돌아온다는 편지가 도착했습니다.
그것을 알고 여자는 마음속으로 생각했습니다.
'오, 알라여, 제발 남편을 지켜주지 마시기를! 그리고 빨리 돌아오지 않게 해 주시기를! 그 사람이 돌아오면 우리는 남몰래 만나지 못할 테니까요. 저는 그분을 포기할 수 없어요!'
그때 마스룰이 들어와서, 여느 때처럼 여자 옆에 앉아 이런저런 이야기를 시작했습니다.
"마스룰 님, 남편에게서 편지가 왔는데 급히 돌아온다는 소식이에요. 아! 어쩌면 좋아요. 마스룰 님과 헤어져선 살 수 없어요."
"나도 어떻게 해야 좋을지 모르겠군요. 오히려 나보다 당신이 분별심도 있고 바깥양반의 일상에 대해서도 잘 알지 않소? 그대는 빈틈없고 영리하여 웬만한 현자들도 못 당할 정도잖소."
마스룰의 대답에 자인 알 마와시프가 말했습니다.
"남편은 고집이 세고 냉혹한 사람인 데다 가정일에 의심과 시기심이 무척 강해요. 그러니 남편이 돌아와서 당신에 대해 알게 되거든, 그때 당신은 남편 가게로 가서 인사를 하신 다음, 옆에 앉아 이렇게 말씀하세요.
'처음 뵙겠습니다. 저는 약물상을 하고 있습니다.'

그리고 남편에게서 여러 가지 약과 향료를 사세요. 그런 뒤에도 자주 찾아가셔서 이런저런 세상 이야기를 나누곤 하세요. 그리고 그이가 하는 말에는 절대로 반대하지 마세요. 그러는 동안 제 계략이, 정말 우연처럼 잘 들어맞을는지도 모르니까요."

"알았습니다. 당신이 하라는 대로 해 보지요."

마스룰은 그렇게 대답하고 연모의 정으로 불처럼 타오르는 가슴을 안은 채 여자 곁을 떠났습니다.

한편, 드디어 남편이 집에 돌아오자 마와시프는 매우 반갑게 남편을 맞이했습니다.

"이제 돌아오세요?"

남편이 아내의 얼굴을 자세히 들여다보더니, 얼굴빛이 창백하고 노랗게 뜬 것을 보고(아내는 여자가 흔히 쓰는 속임수로 사프란을 사용하여 얼굴을 씻었던 겁니다) 물었습니다.

"어디 몸이라도 불편하오?"

아내는 남편이 집을 오래 비우는 동안 자기뿐만 아니라 시녀들까지 병이 들었다고 대답하면서, 이렇게 말했습니다.

"정말 당신의 여행이 너무 길어서 저희는 늘 당신만 걱정하고 있었어요."

그리고 헤어져 있는 괴로움을 호소하며 눈물까지 흘렸습니다.

"당신이 누군가와 함께 가셨더라면 이토록 걱정하지는 않았을 거예요. 여보, 이제부터는 여행하실 때 아무도 데려가지 않아서 소식이 뚝 끊어지는 일이 없도록 해 주세요. 그러면 저도 안심하고 있을 수 있잖겠어요."

—여기서 날이 훤히 밝아왔으므로 샤라자드는 이야기를 그쳤다.


## 852번째 밤

샤라자드는 이야기를 계속했다.

오, 인자하신 임금님, 남편은 아내의 말을 듣고 이렇게 말했습니다.

"그러고말고! 당신 말이 맞소. 당신의 생명에 걸고 앞으로는 반드시 당신 말대로 하리다."

그런 다음 주인은 여행길에 사온 짐을 풀고 시장(소코)*15에 있는 가게로 상품을 운반하여, 문을 열고 장사를 시작했습니다.

그런데 주인이 가게에 앉기가 무섭게 마스룰이 나타나서 인사를 했습니다. 그러더니 주인 옆에 앉아서 여러 가지 이야기를 늘어놓은 다음, 지갑에서 돈을 꺼내 자인 알 마와시프의 남편에게 주면서 말했습니다.

"약과 여러 가지 향료를 이 돈만큼만 주십시오. 제 가게에서 팔려고 합니다."

"알았습니다."

주인은 마스룰이 요구하는 물건을 내주었습니다. 이리하여 마스룰은 그 뒤에도 자주 이 유대인의 가게를 찾게 되었습니다.

어느 날, 자인 알 마와시프의 남편이 마스룰에게 말했습니다.

"사실 동업자가 한 사람 필요합니다만."

그러자 마스룰이 대답했습니다.

"사실은 저도 동업자를 찾던 중입니다. 제 아버지는 알 야만의 상인으로서 돌아가실 때 적지 않은 재산을 남겨주셨는데, 그 돈을 어떻게 써야 할지 여러 가지로 궁리하고 있던 참입니다."

"그럼, 어디 내 동업자가 되어주지 않겠소? 그러면 나도 당신과 짝을 이루어 고국에서도 외국에서도 진정한 동료가 될 수 있을 것이오. 그리고 물건을 사고파는 재주나 꾀도 가르쳐 드리다."

"기꺼이 승낙하겠습니다."

그날 상인은 마스룰을 자기 집으로 데려가 손님방으로 안내하고는 아내의 방으로 가서 말했습니다.

"동업자를 한 사람 구했소. 손님으로 데리고 왔으니 잘 대접해 주구려."

그 손님이 바로 마스룰임을 눈치챈 자인 알 마와시프는 마음속으로 회심의 미소를 지었습니다. 그리하여 자신의 계획이 들어맞은 것을 기뻐하며 근사한 연회*16를 준비했습니다.

이윽고, 손님과 얼굴을 마주할 때가 되자 남편이 아내에게 말했습니다.

"나와 함께 손님에게 가서 인사를 드립시다."

그러나 자인 알 마와시프는 짐짓 화난 척하면서 말했습니다.

"어머, 당신은 저를 낯선 사람 앞에 내보내서 구경거리로 삼으실 작정이세요? 그런 일은 싫어요. 당신이 나를 찢어 죽인다 해도 손님 앞에는 나가고 싶지 않아요!"

"왜 그렇게 손님 앞에 나가는 것을 싫어하는 거요? 그 사람은 나사렛 교도이고 우리는 유대인이 아니오? 그리고 그 사람과는 아주 절친해졌으니까 부끄러워할 것 없어."

"하지만 전 이제까지 한 번도 만난 적이 없는 남자나, 인품도 잘 모르는 낯선 사람 앞에 나가는 일은 싫은 걸요, 뭐."

남편은 아내가 하는 말도 무리가 아니라고 생각은 하면서도 귀찮게 졸라댔습니다. 그러자 아내는 마지못해 일어나는 척하며 베일을 쓴 뒤, 음식을 들고 마스룰 앞에 나아가 인사했습니다.

"어서 오세요."

마스룰이 수줍은 듯이 얼굴을 돌리자 그 모습을 본 유대인은 속으로 생각했습니다.

'이 사람은 신앙심이 무척 깊은가 보다.'

이윽고 두 사람이 배불리 식사를 마치자 식탁이 치워지고 이번에는 술잔치가 벌어졌습니다. 자인 알 마와시프는 마침 마스룰과 마주보고 앉게 되어 가만히 마스룰을 쳐다보고 있었고, 마스룰도 줄곧 마와시프를 응시하고 있었습니다.

그러는 동안 날이 저물어, 마스룰은 불같이 타오르는 욕정을 가슴 가득 안고 집으로 돌아갔습니다.

한편 유대인은 몸가짐이 훌륭하며 얼굴이 빼어나게 아름다운 마스룰의 인상이 마음에서 떠나지 않았습니다. 밤이 되어 아내가 평소와 다름없이 저녁을 차려오자 두 사람은 식탁에 마주 앉았습니다.

그런데 이 유대인은 앵무새를 한 마리 키우고 있었는데, 주인이 식탁에 앉으면 언제나 날아와서 주인과 함께 먹기도 하고 머리 위를 날아다니기도 했습니다. 그러나 주인이 없는 사이 이 새는 마스룰과 친해져서 마스룰이 앉아 식사하고 있으면 언제나 그 주위를 날아다니곤 했습니다.

그러다가 갑자기 마스룰이 보이지 않고 그 대신 주인이 앉아 있으니, 주인을 잊어버리고 만 새는 도무지 주인 가까이 얼씬거리지도 않는 것이었습니다. 주인은 어째서 새가 자기를 모르는 척하는 것인지 이상하게 생각했습니다.

한편, 자인 알 마와시프는 마음속으로 마스룰을 잊지 못해 밤에도 제대로 잠을 이루지 못했습니다. 그것은 남편이 돌아온 다음 날 밤에도 또 그 다음 날 밤에도 계속되어, 마침내 유대인은 아내의 그런 불안정한 듯한 태도를 눈치채게 되었습니다. 더군다나 아내가 안타깝게 한숨까지 짓는 것을 본 남편은 아무래도 이상한 생각이 들어 의심하기 시작했습니다.

나흘째 되던 날 밤, 남편이 밤중에 눈을 떠 보니 아내가 잠을 자면서 잠꼬대를 하는데, 그 잠꼬대 속에서 마스룰의 이름을 연거푸 부르는 소리를 듣게 되었습니다. 더욱이 자신의 가슴에 안겨서 불렀으므로, 남편은 완전히 아내를 의심하게 되었습니다.

그러나 유대인은 그런 의혹을 숨기고 아무것도 모르는 척 시치미를 떼고 날이 밝기를 기다려 가게로 나갔습니다. 얼마 뒤, 마스룰이 나타나서 인사를 하자 유대인도 답례했습니다.

"오, 형제여, 어서 오시오! 당신이 오기를 기다리고 있었소."

두 사람은 한 시간가량 이야기를 나누다가 이윽고 유대인이 이렇게 말했습니다.

"형제여, 이제부터 우리 집으로 가서 정식으로 형제의 인연을 맺는 서약을 합시다."

"좋습니다."

두 사람이 함께 유대인의 집으로 가자, 주인은 아내에게 가서 공동사업의 조건을 결정하기 위해 마스룰을 데려왔다 말하고 이렇게 덧붙였습니다.

"그러니 당신은 식사준비를 해 주시오. 그리고 당신도 꼭 나와서 우리 두 사람이 형제가 되는 맹세의 증인이 되어 주어야겠어."

그러자 아내가 대답했습니다.

"제발 저를 억지로 그런 낯선 사람 앞에 내보내지 마세요. 저는 그분을 상대하고 싶은 마음이 없어요."

유대인은 입을 다물고 더는 억지로 강요하지 않았습니다. 이윽고 유대인은 시녀들에게 지시하여 먹을 것과 마실 것을 나르게 했습니다.
그러고 나서 유대인은 앵무새를 불렀는데, 앵무새는 주인을 잊고 있었으므로 마스룰의 무릎에 가서 앉았습니다. 그때 유대인이 손님에게 물었습니다.
"참, 당신의 이름은 뭐라고 하오?"
"마스룰이라고 합니다."
유대인은 간밤에 자기 아내가 잠꼬대로 불러대던 이름이 바로 이 마스룰이었음을 알았습니다.
그러다가 유대인이 무심코 고개를 들어 보니, 아내가 손가락으로 마스룰에게 무슨 신호*17를 보내면서 추파를 던지고 있는 모습이 눈에 들어왔습니다. 그것을 본 유대인은 자신이 감쪽같이 속아서 자기가 보기에는 그럴듯하지만 보잘것없는 남편이 되었다는 사실을 깨달았습니다.
"오, 마스룰, 잠시만 기다려주시오. 우리가 형제의 맹세를 하는 자리에 입회할 친척들을 불러올 테니까."
"좋으실 대로 하십시오."
유대인은 두 사람을 방에 남겨 두고 밖으로 나가서 몰래 뒷길로 다시 돌아왔습니다.

—여기서 날이 훤히 밝아왔으므로 샤라자드는 이야기를 그쳤다.


## 853번째 밤

샤라자드는 이야기를 계속했다.
오, 인자하신 임금님, 유대인은 살그머니 뒷길로 되돌아 와서 손님방 창문 밑에 몸을 숨겼습니다. 거기서는 들키지 않고 두 사람의 모습을 엿볼 수 있었습니다.
자인 알 마와시프는 남편이 나가자 곧 시녀 수쿠브에게 물었습니다.
"나리는 어디 가셨니?"
"밖에 나가셨어요."

"그럼, 문을 닫고 쇠 빗장을 걸어라. 나리께서 돌아와서 문을 두드려도 나에게 알린 다음에 열어야 한다."

"예."

여자는 남편이 창 너머로 들여다보고 있는 줄도 모르고 일어나서 술잔에 술을 가득 부은 다음, 사향 가루와 장미수로 향을 가미하여 마스룰에게 다가갔습니다.

마스룰은 벌떡 일어나 여자를 맞이하며 말했습니다.

"그런 술보다 나는 당신 입안의 이슬이 훨씬 더 달콤합니다!"

그러자 여자가 대답했습니다.

"그럼, 그 이슬 여기 있어요."

여자는 술을 입안 가득히 물고 마스룰에게 입으로 먹여주었습니다. 마스룰도 입으로 여자에게 술을 먹여주었습니다. 그리고 나서 여자가 장미수를 집어 들고 마스룰의 머리에 뿌리자 방 안이 온통 향기로 가득 찼습니다.

이 광경을 낱낱이 보고 있던 남편은, 두 사람 사이의 불길 같은 뜨거운 애욕을 알고 깜짝 놀랐습니다. 그리고 눈앞에 본 광경에 심한 분노를 느꼈을 뿐만 아니라 강렬한 질투에 온몸이 타는 것처럼 괴로웠습니다.

유대인은 일단 집 밖으로 나갔다가 다시 문으로 돌아와 보니 문에 빗장이 걸려 있었습니다. 그래서 화가 난 김에 부서지라고 문을 마구 두들겼습니다. 그 소리를 듣고 수쿠브가 말했습니다.

"마님! 나리께서 돌아오셨어요."

"문을 열어 드려라. 돌아오지 않으면 좋았을 것을."

수쿠브가 문을 열어주자 유대인이 물었습니다.

"어째서 빗장을 질렀느냐?"

"나리께서 안 계실 때는 언제나 빗장을 내리고 있어요. 낮이나 밤이나 줄곧 잠가 두었답니다."

"그건 잘했다, 잘했어."

유대인은 웃으며 말했지만, 가슴속은 질투와 분노로 지글지글 끓고 있었습니다. 그는 마스룰이 있는 방으로 들어가서 말했습니다.

"오, 마스룰, 형제의 인연을 맺는 것은 다음 날로 미룹시다."

"좋으실 대로 하십시오."

마스룰은 그렇게 대답하고 집으로 돌아갔습니다.

뒤에 남은 유대인은 이리저리 아무리 궁리해 보아도 어찌해야 좋을지 생각이 나지 않아서, 멍하니 앉아 있다가 자기도 모르게 중얼거렸습니다.

"앵무새란 놈도 주인인 나를 잊어버리더니, 노예계집마저 그 놈팡이를 위해서 대문을 걸어 잠그는구나."

유대인은 분을 못 이겨, 다음과 같은 시를 읊었습니다.

마스룰은 세상을 즐기면서
기쁨의 나날 보내며
행복감에 차 있는데,
내 나날은 그에 비해
견딜 수 없는 슬픔으로 넘치는구나.
연모하는 여자는 가슴속
부정한 정 품고 있으니,
아, 운명에 배신당한
내 가슴은 불길이 되어
허무하게 사위어 가도다.
마스룰, 나는 진정
시운이 도와 은총을 입었구나.
하지만 아리따움에 넋을 잃은 동안
그 누가 알랴,
너의 그 행운도 사라져 가는 것을.
이 눈으로 미의 선물인
그 여자를 엿보고 있었으니
오, 얼마나 쓰라렸던가,
내 신세 너무도 가여워
내 괴로움, 마음을 무겁게 덮치는구나!
나는 보았노라, 내 혈족인 여자 하나,
낙원의 샘과 같은
입술 속 향긋한 묵은 술을

부정한 자에게
입으로 먹여주고 있는 모습을.
아, 그렇다, 앵무새여,
너는 내 마음을 속이고
정사의 온갖 수단을
내 연적에게 가르쳐주었구나.
내 보았노라, 이 눈으로 보았노라,
뜻밖의 기이한 광경을.
아, 보았노라, 그래서 내 눈동자
설령 잠에 취해도,
깊은 잠 나락에서
신속하게 깨어 일어나노라.
나는 알았노라, 더없이 사랑하는 아내가
거짓 맹세했음을.
또한 앵무새가
그처럼 깜짝 놀라
허둥지둥 나를 떠나더니
어디로 갈지 몰라 갈팡질팡하는 것을.
삼천세계를 다스리시고
뜻대로 사람을 움직이시며
누구도 그 명령에 거역하지 않는
'창조주' 알라의 진실에 맹세코
나는 단호히 보복하리라,
불륜의 사랑을 탐하여
사랑하는 여자의 마음 훔쳐간
그 부정한 자에게.

자인 알 마와시프는 이 시를 엿듣고, 온몸을 떨면서 시녀들에게 말했습니다.
"너희, 저 시를 들었니?"
"나리께서 저런 시를 노래하는 것은 난생처음 듣습니다. 하지만 마음대로 말씀하시게 내버려 두면 되잖아요."
 유대인은 자기가 의심한 일이 틀림없는 사실임을 확인하자, 재산을 남김없이 처분하기 시작하면서 속으로 이렇게 생각했습니다.
 '아내를 데리고 이 나라에서 멀리 떠나지 않고는 두 사람 사이를 갈라놓을 수 없어!'
 그리하여 자신의 소유물을 모두 돈으로 바꾼 유대인은 가짜 편지를 한 통 썼습니다.
 그 편지를 친척에게서 온 것이라 속이고 아내에게 읽어주었는데, 그것은 부부가 함께 자기들을 방문해 달라는 내용의 초대 편지였습니다.
 "그곳에 얼마쯤 머무르게 되나요?"
 "열이틀 동안이야."
 자인 알 마와시프는 고개를 끄덕이더니 또 물었습니다.
 "그럼 시녀들도 함께 가나요?"
 "후부브와 수쿠브는 데려가고 후투브는 여기 남겨 둡시다."
 그리하여 유대인은 아내와 시녀들을 위해 훌륭한 낙타용 가마를 마련하여 출발준비를 했습니다.
 그 사이에 아내는 정부에게도 뜻하지 않은 일이 생겼음을 알렸습니다.
 "오, 마스룰, 약속한 기일*18이 지나도 돌아오지 않거든 남편이 우리를 떼어 놓으려고 꾸민 계획에 걸린 줄 아세요. 그리고 우리 두 사람 사이에 맹세한 진실을 부디 잊지 말아주세요. 남편이 아마도 우리 사이를 눈치채고, 음모를 꾸며 복수하려는 것만 같아 걱정되어 견딜 수가 없어요."
 유대인이 출발준비로 바쁘게 돌아다니는 동안, 자인 알 마와시프는 슬프게 한탄하면서 밤낮으로 눈물에 젖어 있었습니다.
 아내의 그런 모습을 보고도 남편이 별로 개의치 않는 듯하니, 자인 알 마와시프도 이렇게 된 이상 어쩔 수 없다고 단념하고, 자신의 옷과 보석과 장신구 등을 꾸려서(1) 사정을 이야기하고 언니에게 맡겼습니다.
 언니와 작별한 뒤 비탄에 젖어 집에 돌아와 보니, 남편은 낙타를 끌어내어 부지런히 짐을 싣고 있었습니다. 아내가 탈 아름다운 낙타도 이미 준비되어 있었습니다.
 그것을 본 아내는 마침내 마스룰과 헤어져야 할 때가 왔음을 알고 미칠 듯이 괴로워했습니다.
  그때 마침 무슨 볼일로 남편이 밖에 나간 사이, 아내는 문간으로 가서 제일 첫 문짝에 다음과 같은 시를 적어 놓았습니다.

  ─여기서 날이 훤히 밝아왔으므로 샤라자드는 이야기를 그쳤다.


## 854번째 밤

샤라자드는 이야기를 계속했다.
오, 인자하신 임금님, 자인 알 마와시프가 문에 써 둔 시는 이러했습니다.

  아, 비둘기여,
  멀리 떨어진 그리운 사람에게
  이곳에서 어서 전해 다오,
  사랑하는 사람의 정중한 인사를,
  영원히 지나가 버린 날들의 즐거웠던 추억을
  한탄을 거듭하며 애태우고 있음을
  꿈에도 잊지 마시라고 너, 전해 다오.
  나는 슬피 한탄하고 애태우면서
  즐거웠던 사랑의 날들의
  규방을 생각하며 살아가리라,
  아침저녁으로 풀렸다 엉키며
  정답게 희롱하던 그때는
  진정 우리의 기쁨이
  영원히 계속될 것 같았건만,
  어느 날 허무하게도
  숲 속 까마귀[*19] 울어대더니
  그 저주할 울음소리에
  두 사람의 인연은 끊어지고 말았네.

어둡고 텅 빈 집 뒤에 두고
우리는 급히 길을 떠나네.
그 문에 모여드는 사람 아무도 없고
살던 사람도 떠나가 버렸네.

이어서 자인 알 마와시프는 두 번째 문으로 가서, 다음과 같은 시를 적었습니다.

아, 이 문을 지나가는 사람이여,
쓸쓸한 벗의 얼굴 떠올리며,
나를 대신하여 전해 다오.
"나, 지난날을
떠올리고 울었노라,
그러나 쓸데없는 일,
공연히 눈물 흘리는 것은.
몸에 닥친 재앙을 견디지 못한다면
흙먼지를 그대의 머리에 뿌려라!
동으로 서로 헤매며
네 운명을 달게 받아들여
오직 참고 견딜지어다!"

다음으로 세 번째 문으로 가서 흐느껴 울며, 이런 시를 적었습니다.

조용히 떠나가시라, 마스룰!
나 있는 곳 찾다가
문에 써둔 것을 읽으시고
진실 있으면 사랑의 맹세 잊지 마시라!
밤마다 그 쓰고도 달콤한 기쁨
맛본 적, 그 몇 번이던고.
오, 마스룰 나의 정 잊지 마시라!

기쁨의 재회 또 있으리니.
그대, 남의 눈길 피하여 찾아왔을 때
그 나날의 즐겁던 속삭임
생각하고 눈물 흘리시라.
우리를 위해 아득한 들판에도 가시라,
우리를 위해 황야에도 가고, 바다에도 잠기시라.
지난날은 진정 알라의 덕이어라,
환상의 꽃밭에서 꽃 따고,
아, 얼마나 즐거웠던고.
포옹의 밤들, 이제는 사라지고
이별의 근심은 어둡고 침침하게 빛을 가렸도다.
아, 우리의 그 기쁨 영원히 계속되길 바랐거늘
남은 것은 마음뿐, 장밋빛 생각뿐.
다시 만날 그날이 돌아와서
신께 한 맹세 다할 날 있을까.
알아주소서, 우리의 운명은
신의 손안에 들어 있음을.
해골의 주름[20]마다 적혀 있음을.

그러고 나서 자인 알 마와시프는 하염없이 울면서 이렇게 된 것을 한탄하면서, 자신의 방으로 돌아가서 이렇게 외쳤습니다.
"우리에게 이러한 운명을 주신 알라께 영광 있으라!"
사랑하는 사람과 헤어져 고향 떠날 일을 생각하니 슬픔은 더욱더 깊어질 뿐이었습니다. 이윽고 또다시 눈물을 흘리며 이런 시를 읊었습니다.

공허한 집이여, 너에게
신의 평화 있기를!
우리의 모든 환희는
끊어졌도다, 그대 안에서.
오, 내 집의 흰 비둘기여,

달님처럼 빛나는 고운 얼굴
임과 헤어진 나를
영원히 한탄하고 슬퍼하라!
아, 마스룰, 그대 또한
조용히 떠나서 애도하시라,
우리의 슬픈 이별을.
그대를 그리며 내 눈은
밝은 빛을 잃었노라.
우리가 헤어져 떠나던 그날
지옥의 쓰라림 가슴에 품고
흘린 눈물 보이고 싶었노라.
아, 그대여, 정원 그늘에서
우리 몰래 만났을 때
우리 영혼이 서로 반해서 나눈
사랑의 맹세 잊지 마시라.

 노래를 마친 자인 알 마와시프가 남편 앞에 모습을 나타내자, 남편은 특별히 마련한 가마에 아내를 태웠습니다. 마침내 낙타 등에 오른 아내는 이런 시를 읊었습니다.

텅 빈 집이여, 신은 그대에게
평안을 내려주시리라.
우리는 오래 그곳에 살며
불행의 그림자를 보았노라.
내 그곳에 평안히 살며
이 생명 다하기를 바랐거늘,
밤의 즐거움이 다했을 때
내 죽기를 원했건만,
지금은 타국의 나그넷길
고향 그리워 눈물짓고,

내 몸의 앞날 헤아리니
애절히 가슴만 아프도다.
아, 저 집을 다시 찾아
옛날의 단란함을 즐길
그날이 언제인고, 알고 싶구나.

이때 남편이 말했습니다.
"오, 자인 알 마와시프, 집을 떠난다고 해서 그렇게 한탄할 건 없잖아. 곧 다시 돌아올 텐데, 뭐. 인샬라!"
남편은 아내를 계속 달래며 슬픔을 위로해 주려고 했습니다.
이윽고 그들이 집을 떠나 교외로 나가니, 갑자기 널찍한 한길이 나왔습니다. 자인 알 마와시프는 사방의 풍경을 둘러보며, 드디어 이것으로 연인과 생이별하고 마는구나 생각하니 다시금 가슴이 아파졌습니다.
한편, 마스룰은 집 안에 틀어박혀 자신의 일과 마와시프의 신세를 이리저리 생각했습니다. 그러다가 더는 참을 수가 없어서 벌떡 일어나 허둥지둥 여자의 집으로 달려갔습니다.
그러나 그 집 바깥문에는 자물통이 채워져 있고 시가 적혀 있었습니다. 그 시를 읽은 마스룰은 정신을 잃고 쓰러졌는데, 이윽고 깨어나서 문을 열고 안으로 들어가 두 번째 문에 써어 있는 시를 읽고, 이어서 세 번째 문에 적힌 시도 읽었습니다.
그럴수록 마스룰의 가슴에는 자인 알 마와시프에 대한 그리움만이 더욱 맹렬하게 타오를 뿐이었습니다.
마스룰은 밖으로 뛰쳐나가 곧장 여자의 뒤를 쫓아가서, 마침내 낙타를 탄 그들[*21]을 따라잡을 수 있었습니다. 자세히 보니, 자인 알 마와시프는 일행의 맨 뒤에 있고 남편 유대인은 맨 앞에 서서 상품을 감시하며 낙타를 몰고 있었습니다.
마스룰은 자인 알 마와시프의 가마에 매달리며 이별의 아픔을 한탄하면서 눈물에 얼룩진 얼굴로 다음과 같은 시를 읊었습니다.

　　가엾다, 어떠한 죄 있어서

이별의 화살은 어김없이
우리를 쏘아 찢어 놓았는지
내 진정 알고 싶어라.
가엾다, 그리운 그대여,
어느 날, 너무나 애절하여
그대 집 문을 두드렸더니
집은 텅 비고 황폐하여
황야와도 같이 삭막했노라.
나는 한탄 견디다 못해
괴로움에 아파하고 신음하면서
벽을 향해 물었노라.
내 마음 이토록 사로잡고서
무정하게 떠나가 버린
내 임은 어느 방향으로 가고 있느냐고.
벽이 대답하여 말하기를
"사람들 모두 집을 떠나서
들판과 언덕에 슬픔만 남았노라."
벽에 써둔 글씨 자국은,
이 세상이 있는 한, 신앙을
간직한 사람의 필적이어라.

이것을 듣고 자인 알 마와시프는 노랫소리의 주인이 마스룰이라는 사실을 알았습니다.

―여기서 날이 훤히 밝아왔으므로 샤라자드는 이야기를 그쳤다.

## 855번째 밤

샤라자드는 이야기를 계속했다.

오, 인자하신 임금님, 자인 알 마와시프도 시녀들도 새로운 눈물에 젖어서 말했습니다.
　"오, 마스룰 님, 우리 두 사람이 이렇게 함께 있는 모습을 남편이 보기 전에 제발 돌아가 주세요."
　이 말을 들은 마스룰은 그 자리에 정신을 잃고 쓰러졌다가 이윽고 깨어나서, 마와시프와 이별의 말을 나눈 뒤 이런 시를 읊었습니다.

　　대상의 우두머리 큰 소리로
　　일어나라고 소리 지르네.
　　아침 햇빛도 비치지 않고
　　산들바람도 그 목소리를
　　전할 방법이 아직 없는데.
　　사람들 모두 짐을 싣고
　　떠날 준비를 하여
　　길을 재촉하네, 우두머리가
　　무언가 중얼대고 있는 사이에,
　　사람들 사방의 길 더듬으며
　　골짜기를 급히 통과해 가네.
　　내 마음을 재빠르게
　　눈치채버린 사람들은,
　　내가 뒤를 못 밟도록
　　감쪽같이 자국을 감추려고
　　날이 새기 전에 떠나갔네.
　　아, 아름다운 연인이여!
　　나는 떨어지지 않으련다,
　　헤어지면 흐르는 내 눈물
　　이슬처럼 땅을 적실 테니.
　　가슴은 막혔네, 이별로 하여
　　몸도 마음도 사위어가서
　　깊은 한탄 속에 잠겨 드네.

마스룰은 심하게 울면서 가마에 매달렸으나, 여자는 남편의 노여움이 무서워 날이 밝기 전에 돌아가라고 마스룰에게 애원했습니다. 마스룰은 다시 가마 옆으로 가서 작별의 말을 나눈 뒤 다시 정신을 잃고 쓰러지고 말았습니다.
　그리하여 얼마 뒤 가까스로 깨어나 보니, 마와시프 일행은 이미 어디로 갔는지 그림자도 보이지 않았습니다.
　마스룰은 일행이 사라진 방향에서 불어오는 산들바람의 향기를 맡으며 다음과 같은 즉흥시를 지어 불렀습니다.

>	재회를 기약하는 산들바람은
>	이제 연인의 뺨을 어루만져주지 않고
>	몸을 태우듯 매우 심하게
>	재난을 한탄케 하는구나.
>	새벽녘에도 서쪽 바람은
>	불어오지만, 눈을 떠보니
>	지평선 저쪽은 쓸쓸하게도
>	그림자 전혀 없이 아련하구나.
>	나는 사랑에 병들어서 자리에 누워
>	불타는 아픔에 괴로워하며
>	신음하고 뒹굴고 통곡하면서
>	흘리는 눈물은 피눈물이라,
>	낙타를 몰며 채찍 휘둘러
>	고함치는 나그네들 속에 끼어
>	사랑하는 여자는 끌려가고
>	내 마음은 그 뒤를 쫓아가기에.
>	떠나가는 사람의 언저리에서
>	'서풍'은 불어오지 않건만,
>	사랑하는 여자의 몸내음*22이
>	그리워 헤매는 연인은
>	사향처럼 숨을 쉬는
>	'남쪽 바람'의 달콤한 향기

은혜인 양 반가이 들여 마시네.

마스룰은 연모의 정에 가슴을 쥐어뜯으면서 여자의 집으로 되돌아왔지만, 빈 집에는 사람 그림자 하나 없이 호젓한 적막에 잠겨 있었습니다.
그 광경을 보고 다시 옷소매가 흠뻑 젖도록 울다가, 그는 마침내 슬픔이 복받쳐 정신을 잃고 쓰러지고 말았습니다. 이윽고 다시 깨어난 마스룰은 다음과 같은 시를 읊었습니다.

> 아, 애달프다, 봄날의 들살이여,
> 몰락해서 멸시받고
> 쇠약해져 눈물짓는
> 나를 가엾이 여겨다오.
> 산들바람에 감도는
> 향기로운 분말*23 보내다오.
> 이 가슴에 쌓인 슬픔
> 그 향기는 고쳐주리라,
> 바라는 것은 오직 그것뿐.

이렇게 슬픔에 잠긴 마스룰은 눈에 눈물을 가득 담고 집으로 돌아가 열흘 동안 집안에 그냥 틀어박혀 있었습니다.
한편 유대인은 아내 마와시프와 함께 여행을 계속하여 엿새째 되는 날 겨우 어느 도시에 이르러 객주에 들었습니다.
그때는 이미 마와시프도 남편에게 속아서 끌려 나왔다는 사실을 확실히 알았으므로, 마스룰에게 편지를 써서 시녀 후부브에게 주었습니다.
"이 편지를 마스룰 님에게 보내다오. 그러면 그분도 우리가 남편의 속임수에 넘어갔다는 사실을 아실 테니까."
후부브는 마와시프가 시키는 대로 편지를 마스룰에게 보냈고, 그것을 받아본 마스룰은 몹시 슬퍼하며 땅이 젖도록 울었습니다. 그러고 나서 답장을 써서 사랑하는 여자에게 보냈는데, 거기에는 다음과 같은 시가 곁들여 있었습니다.

위안의 문으로 가는 길은 어디요,
영원히 불타는 내 가슴속 불
어떻게 가라앉힐 수 있으랴.
지난날들은 그 얼마나 즐거웠던고.
바라건대, 그 옛날의
행복했던 날들이여, 돌아오라!

이 연애편지가 여자에게 도착하자, 자인 알 마와시프는 그것을 읽은 뒤 시녀 후부브에게 건네주면서 말했습니다.

"아무도 보지 못하도록 잘 간직해 두어라."

그러나 남편은 아내와 마스룰이 연애편지를 주고받고 있다는 사실을 눈치채고, 아내와 두 시녀와 함께 그곳에서 스무날 걸리는 다른 도시로 옮겨버렸습니다.

한편 마스룰은 밤에도 잠을 이루지 못하고 마음이 답답하고 무겁기만 하여 얼빠진 듯 멍하니 나날을 보내고 있었습니다.

어느 날 밤 피곤해서 누웠다가 깜빡 잠이 들었는데, 마스룰이 어느 정원 안에 있으니 자인 알 마와시프가 옆으로 다가와서 자신을 꼭 끌어안는 것이었습니다.

깨어보니 여자의 모습이 보이지 않아, 마스룰은 그리움에 미칠 듯이 몸부림치고 흐느껴 울면서 이런 시를 읊었습니다.

그 여인에게 평안 있으라.
꿈에 그 여인 나타나
욕정을 부채질하며
연정에 불붙여 놓았도다.
꿈에서 깨어난 뒤에도
정열은 미칠 듯이 타올라,
건강하게 나를 찾아온
환상이 매우 아름다워서.
애달프다, 대체 꿈이란 것이

내 사랑하는 처녀에 대하여
진실을 밝혀줄 수 있을까,
목마름에서 생기는 불길을 끄고
미친 사랑의 병 고칠 수 있을까?
그 여인은 마음먹은 대로
하루는 나를 가슴에 품고
하루는 귀여운 광대처럼
내 근심을 상냥하게 달래도다.
다마스쿠스 장미의 진분홍빛
그대 입술에서 떨어지는
이슬을 항상 마셨더니,
그것은 향긋한 묵은 술의 맛
사향인 양 향기로운 냄새 풍기도다.
꿈속에서 번갈아 가며
두 사람이 나눈 이상한 일들,
이상하다고 느끼면서도
내가 바라던 온갖 것을
흡족하게 즐겼도다.
그리하여 그 꿈 깬 뒤에도
그대의 환상을 더듬었으나
다시 찾아낼 방법이 없어
괴로워서 한탄할 뿐이로다.
어느 날 아침, 그대 본 뒤로
그대를 그리는 나는 미친 사람이 되어
밤마다 술을 마시고
정신없이 취해봐도
마음은 움직이지 않는 슬픔이여!
아, 북풍의 숨결이여,
임에게 내 소식 전해 다오,
나의 연모, 최상의 인사를

사랑하는 여인에게 전해 다오.
"그대가 사랑의 맹세를 세운
그 사람은 세월의 덧없음과 더불어
죽음의 잔 마시고
이미 죽은 사람이 되었노라"고.

이윽고 마스룰은 흐느껴 울며 집을 나서서 여자의 집으로 갔는데, 인적 없는 적적한 빈집 안에 서 있으니, 눈앞에 여자의 모습이 보이는 듯했습니다. 그리하여 마음의 불길은 더욱더 타오르고 슬픔은 갑절로 늘어나서, 그는 그대로 까무러치고 말았습니다.

―여기서 날이 훤히 밝아왔으므로 샤라자드는 이야기를 그쳤다.

## 856번째 밤

샤라자드는 이야기를 계속했다.
오, 인자하신 임금님, 다시 정신을 차린 마스룰은 또 다음과 같은 시를 읊었습니다.

내 마음과 더불어 길 떠나간
환상의 그대에게서
가자나무의 묘한 향과
향기로운 향내 맡노라.
애달픈 사랑의 꿈은 아련하니,
지금 사랑에 병든 나는
지난날의 그 아름다운
그대 집에 돌아와서
벗의 그림자도 없는
허전한 정경을 바라보며

그리움을 조금은 더노라.
그러나 역시 이별의 괴로움은
쓰라리도록 견디기 어려워,
연인과 그 벗들과 함께
나눈 옛 맹세를 돌이켜보노라.

 이 시를 읊고 났을 때 집 근처에서 까마귀 우는 소리가 들리자, 마스룰은 갑자기 눈물을 흘리면서 소리쳤습니다.
 "오, 알라께 영광을! 까마귀는 황폐한 집이 아니면 울지 않는다는데, 아!"
 그리고 비통하게 신음하면서, 또 이런 시를 읊었습니다.

어떠한 재앙이 왔기에 내 연인의 창가에서
까마귀가 우는가?
내 몸은 끝없이 타오르는
불길에 그을렸도다.
오, 그 옛날 애욕의 쾌락 맛보며
즐겁게 놀았건만.
연인이 가버리니 내 마음도
함께 황야를
따라다니며 슬프게도 아픔을
참고 견디네.
애타게 그리는 내 숨결은
가련하다, 끊어질 듯하구나.
가슴속 불길은 꺼지지 않고 오히려
더욱 불타올라
그대에게 연애편지 썼지만 전해줄
사람조차 없으니,
아, 점점 약해지는 내 몸뚱이,
애잔하구나!

가버렸지만 매일 밤마다 그대 돌아오면
아, 얼마나 기쁠까!
그러니 동쪽 산들바람아, 임 있는 곳을
불어가는 바람아,
그들이 야영하는 곳에 잠시 들러
내 소식 전해 주려마!

그런데 자인 알 마와시프에게는 나심—서풍(西風)—이라는 이름의 언니가 하나 있었습니다. 이 여자가 우연히 집 안의 높은 곳에서 반미치광이처럼 날뛰는 마스룰을 발견하고, 가엾고 불쌍한 생각이 들어 한숨지으면서 이런 시를 읊었습니다.

슬프게 한탄하는 그 사람
이 근처를 왔다 갔다
방황하기 그 몇 번이던고,
지금은 없는 주인 생각하며
저 집마저
폭포처럼 눈물 흘리네.
대상과 함께 가버린
내 벗 있었던 그 옛날에는
이곳에도 즐거움 있었네.
아름다운 남자와 여자들
함께 살면서 찬란한 햇빛
담장 안에 꺼지지 않았네.
늘 그곳에 떠오르던 보름달,
지금은 어느 하늘에 있나,
세월의 화살 그 빛을 가리고
영혼을 매혹하는 힘도
이제는 모르게 되었구나.
그러니 그대, 지난날의 사랑

엿보며 더불어 살던
연인과의 지나가 버린 일은
생각을 끊어버림이 좋을 것을.
그리고 보라, 즐거운 일은
언젠가 다시 돌아오리니,
말하자면, 그대 없었던들
그 집에 살던 사람도
떠나야 할 까닭 없고,
또한 그대도 이곳에 찾아와서
불길한 까마귀 울음소리
듣지 않아도 되었을 것을.

 이 시를 들으니 마스룰은 가슴이 미어지는 듯해 또다시 흐느껴 울기 시작했습니다.
 나심은 마스룰과 동생 사이의 정사와 서로 이루지 못한 사랑에 괴로워하는 사실을 알고 있었으므로 마스룰에게 이렇게 말했습니다.
 "오, 마스룰 님, 당신에게 알라의 은총이 있기를! 제발 이 집에서 나가주세요. 만일 누가 이런 광경을 본다면 당신이 나를 만나기 위해 이곳에 오신 줄 알겠어요. 동생이 이 집에서 떠나게 된 것도 당신 탓이랍니다. 이번엔 나마저 쫓아내실 참이세요? 당신만 없었다면 이 집 사람들도 집을 버리고 떠나지 않았을 거예요. 지난 일은 어쩔 수 없지 않아요?"
 마스룰은 슬피 울며 대답했습니다.
 "오, 나심 님, 그럴 수만 있다면 저는 당장에라도 그 사람 곁으로 날아가고 싶습니다. 어떻게 괴로워하지 않을 수 있겠습니까?"
 "참고 있는 수밖에 도리가 없지요, 뭐."
 "제발 부탁이니, 저를 위해서 부인의 이름으로, 그 사람에게 편지를 써주시지 않겠습니까? 부디 저의 이 괴로운 가슴을 달래고 온몸에 타오르는 불길을 끄기 위해, 그 사람이 보내는 답장을 받아주시지 않겠습니까?"
 "그렇게 하지요."
 나심은 종이와 붓을 가져와서 가슴속 괴로움과 헤어진 슬픔을 토하는 마스룰의 말을 다음과 같이 써내려 갔습니다.

 이 편지는 뜻을 잃음에 괴로워하며 슬피 탄식하는 연인이 써 보내는 것이 노라.
 사랑하는 그대 빼앗기고 시름에 잠긴 이 몸은, 밤이나 낮이나 잠시도 편안할 날 없으니 쉴 새 없이 눈물만 흘리고 있다고. 그 눈물에 눈은 붉게 충혈되고, 슬픔에 불타오르는 가슴의 그 불길 끌 방법이 없노라. 마치 짝없는 새처럼 한탄은 끝이 없고 불안은 갈수록 커지니, 원하는 건 오직 죽어서 저세상에 가는 것뿐이노라. 아, 애달프다, 그대 잃은 슬픔, 아, 다시 만날 그날을 그리며 이토록 괴로워하노라! 이렇게 내 몸은 여위고 사위어가니, 눈물은 폭포를 이루고, 산도 들도 내 크나큰 괴로움을 담기에는 비좁은 듯하구나. 그대여, 들으시라, 내 읊조리는 시를.

 이 집에는 달콤한 꿈 아직 남아서
 살던 이를 그리워하는 정은 더해 가노라.
 아, 그대가 묵는 장소에 내 사랑의 사연 보냈더니,
 술 따르는 동자가 나에게 가져왔노라,
 그리운 그대 사랑의 술잔을.
 그러나 그대 고향을 떠나 멀리 갔기에
 상처 입은 내 눈엔 눈물이 마를 새 없고,
 내 마음은 다시금 뜨겁게 불타오르니
 아, 애달프다, 가마 끌고 가는 우두머리여,
 빨리 돌려주시라, 내 연인을.
 연인에게 전하시라, 그 붉은 입술 밖에
 내 가슴의 병 고칠 길 없다고.
 사람들은 무참히도 그대를 끌고 가서
 인연 맺은 두 사람 사이 갈라놓으니
 이별의 화살 날카롭게 내 가슴을 꿰뚫었노라.
 연인이여, 오로지 그대 그리워 애태우는 나는
 멀리 떨어져 있는 한 구원은 없노라고 전하시라.

맹세하노라, 이 깊은 사랑을 걸고
약속을 충실히 지키며
남에게는 눈도 안 돌리고, 오직 그대만을 잊지 않겠다고.
사랑을 앓는 연인이 어찌하여 잊을 소냐.
사향 향기 그윽하게 스민 편지에 부쳐서
그대 몸 성히 계시기를 빌어보노라.

마와시프의 언니 나심은 마스룰의 뛰어난 문장과 아름다운 말씨, 우아한 시 낭송에 그만 감탄하여 마스룰에게 동정을 느끼게 되었습니다.
나심은 그 편지에 다시 사향과 용연향을 사른 뒤, 그것을 어느 상인에게 맡기면서 부탁했습니다.
"이것을 꼭 자인 알 마와시프나 시녀 후부브에게 전해 주세요. 다른 사람에게 주어서는 절대로 안 돼요."
이윽고 이 편지를 받아 본 마와시프는 마스룰이 전한 말임을 깨닫고, 그 다정한 사연 속에서 남자의 연정을 생생하게 느꼈습니다.
그래서 편지에 입을 맞추고 그것을 눈에 대고는 걷잡을 수 없는 눈물로 뺨을 적시다가, 마침내 정신을 잃고 말았습니다.
얼마 뒤 깨어난 여자는 종이와 붓을 가져오게 하여 답장을 썼습니다. 거기에는 자신도 그리움과 욕정 때문에 괴로워하고 있다는 애타는 하소연이 적혀 있었습니다.

—여기서 날이 훤히 밝아왔으므로 샤라자드는 이야기를 그쳤다.


### 857번째 밤

샤라자드는 이야기를 계속했다.
오, 인자하신 임금님, 그 편지에는 다음과 같은 사연이 적혀 있었습니다.

그리운 당신, 나의 주인, 내 가슴속 깊은 곳에 깃든 마음의 왕께 이 답장을 씁니다.
 말할 것도 없이 저도 밤마다 잠 못 이루고, 근심은 나날이 쌓여가서 임이 안 계신 쓸쓸함을 견디기 어렵나이다.
 오, 그 눈부시게 번쩍이는 빛, 해보다도 달보다도 더하신 임이여, 그대와 함께 자고 함께 일어나던 일 생각하니 불길 같은 뜨거운 정 나를 불사르는 듯하니, 이제는 이 몸 죽도록 그대를 사모하는데 어찌 무사함을 바라리까.
 오, 세상의 빛이여, 생명의 꽃이여, 바야흐로 목숨이 끊어지려는 자의 잔을 달다 하고 마시나이까? 저는 다만 텅 빈 몸으로 목숨 간신히 붙어 살아가고 있사오니 대답해 드리는 이 노래를 들어주소서.

　　아, 마스룰, 나에게 주신 편지는
　　나를 동경 속에 몰아넣었네,
　　알라께 맹세코 말하지만
　　참는 힘도 위안도
　　모두 사라진 나이기에
　　그대의 편지 읽었을 때
　　그저 반갑고 그리워서
　　이 눈에서 눈물 뚝뚝 떨어져
　　황야의 풀을 적셨다네.
　　내 만일 작은 새라면
　　밤의 날개에 의지하여
　　그대 곁으로 날아가리라.
　　그대가 곁에 없으니
　　술이 달콤할 까닭 없네,
　　멀리 헤어지고 난 뒤
　　인간세상이 나에게는 모질기만 하여
　　이별의 시름을 참고 견딜
　　힘도 이제는 다 사라졌네.

 여자는 이 편지에 사향과 용연향 가루를 뿌리고 도장으로 봉하여 상인에게 주었습니다.
"이것을 저희 언니에게 꼭 전해 주세요."
 이 편지가 나심에게 전해지자, 나심은 곧 마스룰에게 그것을 보냈습니다. 마스룰은 편지를 받아들고는 입을 맞추고 눈에 대면서 까무러치도록 울었습니다.
 한편 유대인은 그 두 사람이 편지를 주고받는다는 사실을 눈치채고 아내와 시녀들을 끌고 이곳저곳을 계속 여행하고 다녔습니다.
 어느 날 아내가 남편에게 말했습니다.
"언제까지 여행을 계속하면서 우리를 고향에서 이렇게 멀리 떨어진 곳에 둘 작정이에요?"
"나는 너희를 데리고 1년 동안 여행할 작정이다. 그러면 마스룰의 편지도 더는 못 받아보게 되겠지. 네가 내 돈을 슬쩍해서 모두 마스룰에게 쏟아 붓고 있다는 사실을 나는 다 알고 있어. 그래서 내가 잃은 것을 너한테서 모두 되찾을 생각이다. 마스룰이 너에게 얼마나 도움이 되나, 내 손에서 너를 빼앗아 갈 수 있나 없나 두고 볼 테다."
 그러고는 아내와 시녀들이 입고 있는 비단옷을 모두 벗기고 대신 거친 털옷을 입힌 뒤, 대장간을 찾아가서 차꼬 세 벌을 주문했습니다.
 주문한 것이 다 되자 대장장이를 데리고 와서 말했습니다.
"이 세 명의 노예계집들에게 차꼬를 채워주게."
 맨 먼저 자인 알 마와시프가 나서자, 대장장이는 그 모습을 보고 깜짝 놀라 자신의 손가락을 깨물더니, 여자의 아름다운 모습에 사려도 분별도 사라지고, 그저 넋을 잃고 멍하니 바라볼 뿐이었습니다.
 이윽고 대장장이는 유대인에게 물었습니다.
"이 여자들이 대체 무슨 죄를 지었습니까?"
"내 노예들인데 물건을 훔쳐서 달아나려고 했다."
"그건 아마 나리의 부질없는 의심에서 나온 생각일 테니, 그렇게 하시면 안 될 걸요. 신께 맹세코 말합니다만, 이 부인은 판관 중의 판관[*24] 앞에 나가도 벌을 받지 않을 겁니다, 설령 하루에 천 번의 죄를 지었다 해도. 보아하니 이 부인은 남의 물건을 훔칠 얼굴이 아닙니다. 그런데 이런 무거운 쇠차꼬를 채우다니, 될 말입니까?"

대장장이는 자신을 보아서라도 부디 차꼬를 채우지 말아 달라고 거듭거듭 부탁했습니다.
　자인 알 마와시프는 대장장이가 이렇게 자신을 두둔해 주는 것을 보고 남편에게 말했습니다.
　"제발 부탁이니 저를 그런 낯선 남자 앞에 끌고 나가지 마세요."
　"그럼, 마스룰 앞에는 왜 나갔나?"
　아내는 아무 대답도 하지 못했습니다.
　이윽고 유대인은 대장장이의 충고를 듣고 아내의 발에 가벼운 차꼬를 채우기로 했습니다. 아내의 몸이 너무 연약해서 모질고 혹독한 취급을 견뎌낼 것 같지 않았기 때문입니다.
　하지만 시녀들은 무거운 차꼬를 찬 채 사흘 밤낮을 거친 털옷을 입고 지냈으므로 몹시 여위고 파리해졌습니다.
　대장장이는 대장장이대로 자인 알 마와시프에게 한눈에 반해 애를 태우며 집에 돌아가서도 그 모습을 잊지 못하고, 다음과 같은 즉흥시를 읊었습니다.

　　야, 이 대장장이야,
　　대체 무슨 권리 있어서
　　공주의 손발을 묶는 데
　　쇠사슬을 쓴단 말이냐!
　　그 꽃밭의 진귀한 얼굴
　　미녀 중의 미녀,
　　부드럽고 고귀한
　　공주에게 너는 상처를 입혔다.
　　아뿔싸, 그 차꼬를
　　쇠로 만든 게 첫 번째 실수,
　　순금이었더라면 좋았을걸.
　　판관장인들 한 번이라도
　　그 아름다운 모습 본다면
　　가장 높은 옥좌에
　　앉힐 게 분명하리라.

때마침 판관장이 대장간 앞을 지나가다가 이 시를 엿듣고 즉시 그를 불러냈습니다.

"여봐라, 대장장이, 네가 그렇게 반했다는 여자, 방금 네 마음을 노래로 잘 표현한 그 여자는 어디 사는 누구냐?"

대장장이는 펄쩍 뛰면서 판관의 손에 입맞춘 뒤 말했습니다.

"오, 판관님, 알라께서 판관님의 수명을 더욱 늘려주시고, 더 큰 은총을 내려주시기를!"

그리고 자인 알 마와시프는 세상에 보기 드문 미인이라며, 나무랄 데 없는 우아한 몸매, 구슬 같은 얼굴, 버들가지 같은 날씬한 허리 등 칭찬을 한바탕 늘어놓았습니다. 또한 그 여자가 지금 먹을 것도 못 얻어먹고 학대와 모욕을 당하고 있는 비참한 상황에 있음을 낱낱이 얘기했습니다.

"여봐라, 대장장이, 그렇다면 그 여자를 나에게 데리고 오라. 그러면 그 여자에게 올바른 판결을 내려주리라. 그 여자를 데려오지 못하면 너는 책임감이 없는 자로서 마지막 심판의 날 신의 벌을 받아야 하리라."

"그렇게 하겠습니다."

대장장이는 곧장 자인 알 마와시프가 살고 있는 곳으로 갔습니다. 마침 굳게 문이 닫힌 그 집 안에서는 가슴을 쥐어뜯는 듯한 구슬픈 노랫소리가 들려오고 있었습니다.

대장장이가 귀 기울여 들어보니, 자인 알 마와시프가 이런 시를 읊고 있었습니다.

　　사랑하는 사람과 내 인연 맺었네.
　　그 벗은 맑은 술로
　　내 술잔을 가득히 채워주었네,
　　우리는 다만 즐거움과 술자리를 즐기며
　　아침저녁 근심 없고 두려움도 없었네.
　　현악의 가락은 절묘하고
　　옥 술잔은 돌고 돌아
　　깊은 쾌락의 꿈.
　　마침내 세월은 지나 아름다운 인연 갈라지니,

연인은 가고, 축복은 재난으로 바뀌었네.
아, 이별의 까마귀 울음 그치고
사랑의 단꿈 이룰 새벽빛
언제 다시 맞이하려나.

대장장이는 이 노랫소리를 듣자 마치 하늘의 구름이 울듯이 눈물을 뚝뚝 흘리며 울었습니다. 그리고 나서 문을 두드리니 안에서 시녀가 물었습니다.
"누구세요?"
"대장장이올시다."
그는 판관이 한 말을 전하고, 판관 앞에 가서 하소연하면 반드시 상대를 처벌해 줄 거라고 시녀들에게 말했습니다.

—여기서 날이 훤히 밝아왔으므로 샤라자드는 이야기를 그쳤다.

## 858번째 밤

샤라자드는 이야기를 계속했다.
오, 인자하신 임금님, 대장장이의 말을 듣고 마와시프가 말했습니다.
"하지만 이 집은 이렇게 문에 자물통이 채워져 있고 저희는 차꼬를 차고 있으며, 열쇠는 유대인이 갖고 있답니다. 어떻게 판관님한테 갈 수 있겠어요?"
"자물통의 열쇠는 제가 만들어 드리지요. 그것으로 문과 차꼬를 열면 문제없습니다."
"하지만 저희를 누가 판관님 댁에 데려다주지요?"
"제가 안내해 드리죠."
"그렇더라도 이렇게 냄새나는 거친 털옷을 입고 어떻게 판관님 앞에 나갈 수 있겠어요?"
"판관님은 당신들의 사정을 다 아시니까 그런 건 상관하지 않으실 겁니다."

대장장이는 곧 돌아가서 열쇠를 만들어 왔습니다. 그는 이내 문을 열고 그들의 차꼬를 끌러준 뒤, 그들을 데리고 판관의 집으로 갔습니다. (2)

시녀 후부브는 부인의 몸에서 거친 털옷을 벗긴 다음, 목욕탕에 데리고 가서 몸을 깨끗이 씻기고 비단옷을 입혔습니다. 그러자 부인은 몰라볼 정도로 다시 아름다움을 되찾았습니다.

게다가 다행히도 그때 마와시프의 남편 유대인은 동료 상인의 결혼잔치에 초대를 받아 나가고 없었습니다. 그리하여 자인 알 마와시프가 가장 좋은 옷을 입고 판관을 찾아가자, 판관은 그 모습을 보고 즉시 일어나서 여자를 맞이했습니다.

여자는 얌전한 태도와 애교 넘치는 목소리로 인사하면서, 눈동자의 화살로 당장 상대방의 마음을 쏘아 맞히고 말했습니다.

"알라시여! 부디 판관님께 장수를 내리시고 사람과 사람을 재판할 힘을 주시기를!"

여자는 자기와 시녀들이 유대인에게 견디기 어려운 학대를 받으며 죽도록 고생하고 있을 때 대장장이가 매우 훌륭한 행동을 해 주었다는 것과 유대인에게 희생된 자는 누구도 살아난 적이 없다는 사실을 자세히 이야기했습니다.

그러자 판관이 물었습니다.

"오, 부인, 그대의 이름은 무엇이라 하는고?"

"자인 알 마와시프, 즉 '명망 높은 가문의 꽃'이라 하며, 이 시녀의 이름은 후부브입니다."

"그대 이름은 참으로 그대에게 어울리도다. 그 뜻과 딱 들어맞는구나."

자인 알 마와시프는 수줍은 미소를 지으면서 얼굴을 가린 베일을 벗었습니다.

"자인 알 마와시프여, 그대에게는 남편이 있는가?"

"없습니다."

"그대의 신앙은 무엇이냐?"

"이슬람교입니다. 가장 선량한 백성들이 믿는 종교입니다."

"그럼, 성스러운 율법을 좇아서 그대가 선량한 백성들의 신앙을 믿는 자임을 신의 위엄과 실례가 가득 들어 있는 성전(聖典)을 두고 맹세해라."

그리하여 자인 알 마와시프는 신앙을 고백하고 맹세했습니다.

"그런데 그대는 어째서 그 젊은 몸으로 유대인과 함께 살게 되었느냐?"
"판관님, 사실 제 아버지가 돌아가시면서 저에게 금화 1만 5천 닢을 남겨 주셨습니다. 아버지는 그 돈을 유대인에게 맡겨, 그것을 자본으로 장사해서 이익을 저와 함께 나누게 하셨지요. 그 원금*25은 법률상 절차를 밟아 저에게 넘어온 것인데, 아버지가 돌아가시자 유대인은 저를 아내로 맞고 싶다고 어머니에게 청했습니다. 어머니는 '어떻게 딸을 신앙도 버리게 하고 유대 여자로 만들 수 있겠어요? 그럴 순 없어요. 당신을 관가에 고발하겠어요!' 하고 말했습니다.

유대인은 어머니의 그 말에 그만 겁을 먹고 돈을 지닌 채 아단*26으로 달아나고 말았습니다. 저희가 그를 쫓아 아단으로 가서 가까스로 찾아냈더니, 그때 유대인은 저희에게 자기는 지금 그곳에서 그 돈으로 포목장수를 하며 계속 물건을 사들이는 중이라고 하더군요. 저희는 그 말을 믿었는데, 유대인은 끝까지 저희를 속이고 방 하나에 감금한 뒤 차꼬를 채우고 심한 고문까지 가했습니다. 그러나 낯선 외국이라 구원을 청하려 해도 전능하신 알라와 판관님 말고는 구원해 줄 사람이 없었습니다."

이 말을 들은 판관은 시녀 후부브를 돌아보며 말했습니다.
"이 여인은 정말로 네 주인이고, 너희는 이 고장에 처음 온 외국인이 맞느냐? 또한 이 여인이 아직도 미혼이라는 것도 사실인가?"
"예."
"그렇다면 어떻게, 나와 결혼하도록 주선해 줄 수 없겠느냐? 만에 하나 내가 그 짐승 같은 놈을 응징하고 모든 악행을 처벌하지 않는 일이 있다면, 나는 깨끗하게 내 노예들을 해방하고 단식과 순례를 실행할 것이며, 가진 것을 사람들에게 모두 보시하마."
"알았습니다."
판관은 다시금 말을 덧붙였습니다.
"너도 네 주인도 이제 안심하고 마음을 놓도록 해라. 내일이면 그 악당을 불러들여 제재를 가하고 호되게 응징하는 광경을 너희에게 구경시켜 주겠다."

후부브는 판관에게 축복이 있기를 기도하고 부인과 함께 그 저택을 나왔습니다. 뒤에 남은 판관은 견딜 수 없는 연모의 정에 애간장을 태우며, 애욕의 불길에 몸도 마음도 타들어가는 듯한 심정이었습니다.

두 사람은 그 길로 두 번째 판관의 집을 방문하여, 첫 번째 판관에게 한 이야기를 똑같이 되풀이했습니다.

그런 식으로 세 번째, 네 번째 판관도 찾아가서 같은 말을 되풀이하여, 마침내 판관 네 사람에게 구원을 청했습니다.

판관들은 한 사람도 예외 없이 모두 자인 알 마와시프에게 반하여 자기 아내가 되어 달라 청혼했고, 자인 알 마와시프는 그들 네 사람 모두의 청혼을 승낙했습니다. 그러나 판관들끼리는 서로에 대해 전혀 모르고 있었습니다.

한편 유대인은 이러한 일들이 벌어지고 있는 줄은 꿈에도 모르고 친구의 결혼잔치에 가서 그날 밤은 그곳에서 보냈습니다.

이튿날 아침 후부브는 일어나서 자인 알 마와시프에게 가장 호사스러운 옷을 마련하여 입히고, 함께 법정의 네 판관 앞에 나갔습니다.

자인 알 마와시프가 법정에 들어서서 베일을 쓴 채 그들에게 인사하자, 판관들도 이마에 손을 대고 답례하면서 바로 전날의 여자임을 알아보았습니다.

그래서 한 판관은 무언가 쓰고 있다가 그만 갈대 펜을 떨어뜨렸으며, 또 한 사람은 이야기를 하다 그만 혓바닥이 굳어서 말을 할 수 없게 되었습니다. 다른 한 사람은 계산을 하다가 셈을 틀리고 말았습니다.

그들은 한결같이 입을 모아 말했습니다.

"오, 정말 세상에 보기 드문 아름다운 여인이다! 그대는 안심하도록 해라. 우리가 반드시 그대 마음에 흡족하도록 그 나쁜 놈을 처벌해 줄 테니까."

자인 알 마와시프는 판관들의 축복을 기원한 뒤 작별인사를 남기고 그 자리를 떠났습니다.

—여기서 날이 훤히 밝아왔으므로 샤라자드는 이야기를 그쳤다.

## 859번째 밤

샤라자드는 이야기를 계속했다.

오, 인자하신 임금님, 마와시프의 남편이 아무것도 모른 채 친구의 결혼잔치에 참석하고 있는 동안, 아내는 공증인과 대서인, 세상에 널리 알려진 사람들, 경비대장을 차례로 찾아가 자기를 괴롭히는 이단(異端)의 악당에게서 구해 달라며 호소하고 다녔습니다.

그리고 하염없이 흐느껴 울면서 이런 즉흥시를 읊었습니다.

내 눈에서 쏟아지는 것은 폭포인가,
이 눈물비가 내 가슴에 타오르는
연정의 불길
꺼뜨릴 수 있으랴?
비단옷에 금란을 걸치던 이 몸에,
어느 날 아침 눈떠보니
수도사의 털옷이 웬 말이냐,
지난날 사향내 그윽하던 속옷에
이제는 유황의 악취 풍기는구나,
오, 사랑하는 마스룰,
그대가 이 모습을 보았다면
이 오욕 견딜 수 없었을 텐데.
유일신을 모르는
이단자, 후부브도 쇠사슬로 묶였으니
이제 나는 돌아가리라,
유대교의 신앙 버리고
이슬람의 신앙 받들며
동방으로 얼굴을 돌려
경건하게 꿇어 엎드리리라.
오, 마스룰, 우리의 사랑
우리의 맹세를 잊지 마시라,
우리의 맹세를 지켜 배반하지 마시라.
그대로 말미암아 나는 신앙마저 바꾸면서
사랑의 무거운 짐 숨기고 지키리.

그러니 어서어서 나에게 오시라,
그대 가슴에 두 사람의 그림자 있는 한
주저 말고 늠름하게 달려오시라.

자인 알 마와시프는 마스룰에게 편지를 써서 유대인의 잔인한 처사를 자세히 적고, 마지막으로 앞서 읊은 시를 덧붙였습니다.
그녀는 편지를 접어 시녀 후부브에게 주면서 말했습니다.
"마스룰 님에게 보낼 때까지 네가 간직하고 있어라."
때마침 유대인이 돌아와서, 뭔가 들뜬 듯한 두 사람의 모습을 보고 물었습니다.
"뭔가 좋은 일이라도 있는 모양인데, 무슨 일이지? 네 애인 마스룰한테서 편지라도 왔나?"
"알라를 찬양하라! 우리를 당신에게서 구해 줄 자는 알라밖에 없어요. 알라께서는 틀림없이 당신의 횡포로부터 우리를 구원해 주실 거예요. 만일 당신이 고향 집으로 우리를 데려다주지 않는다면, 우리는 내일 이곳의 총독과 판관에게 가서 당신을 고발할 작정이에요."
"너희 발에서 차꼬를 풀어줄 인간이라도 있단 말인가? 좋아, 이번에는 무게가 10파운드나 되는 차꼬를 채워서 온 성 안을 끌고 다녀야겠다."
유대인이 말하자 후부브가 대답했습니다.
"나쁜 짓을 하시면 모두 나리에게 돌아올 테니 두고 보세요. 그것이 더없이 높으신 알라님의 뜻이에요. 나리는 우리를 고향에서 쫓아냈으니까요. 재판을 받기 위해 우리도 나리도 이곳 총독 앞에 나가야 해요."
그들은 그렇게 서로 말로 치고받으면서 밤을 새웠습니다. 이튿날 아침 유대인은 급히 일어나서 새로운 차꼬를 주문하러 나갔습니다. 그 틈에 자인 알 마와시프도 일어나 시녀를 데리고 법정으로 갔습니다. 여자가 판관 네 명에게 인사하니 그들도 답례하고, 그중 하나가 주위 사람들을 향해 말했습니다.
"참으로 이 여인은 샛별*27처럼 아름답다. 누구든지 이 여인을 한 번 본 자는 그 아리따운 자태에 반해 그 앞에 무릎을 꿇을 것이다."
그런 다음 샤리프*28인 관리 네 명을 불러서 명령했습니다.
"범인을 혼내준 다음 이곳으로 끌고 오라."

한편, 유대인은 차꼬를 갖고 집에 돌아와 보니 집 안은 텅 비었고, 두 사람의 모습도 보이지 않아서 깜짝 놀랐습니다. 그래서 어찌할 바를 모르고 멍하니 정신을 잃고 서 있는데, 별안간 관리 네 명이 나타나서 그를 잡아 묶고는 죽도록 때리고 발길질을 한 뒤 다리를 붙잡고 판관 앞으로 끌고 나갔습니다.

판관은 유대인을 보자 큰 소리로 외쳤습니다.

"이 발칙한 놈! 오, 신의 적! 네놈은 온갖 발칙한 짓을 다 하면서 이 여자들을 고향에서 멀리 끌고 와 돈을 빼앗고 게다가 유대교로 개종시키려고 했지? 네 이놈, 감히 이슬람교도를 이단자로 만들려고 했겠다!"

그러자 유대인이 대답했습니다.

"오, 판관님, 이 여자는 제 마누라입니다."

판관들은 이 말에 일제히 소리쳤습니다.

"이 짐승 같은 놈을 땅바닥에 패대기치고 그 낯짝을 짓밟은 다음 실컷 패주어라. 이놈의 죄는 용서할 수 없다."

그러자 관리들은 유대인의 명주옷을 벗기고 마와시프가 입고 있던 털옷을 입혀 바닥에 쓰러뜨리고는, 수염을 잡아 뜯고 얼굴을 발로 마구 짓밟았습니다. 그리고 나서 유대인을 나귀 등에 꽁무니 쪽을 향해 태운 뒤 나귀 꼬리를 붙들게 하고 방울을 딸랑딸랑 울리면서 온 거리를 끌고 다녔습니다. 그런 다음 처참한 몰골이 된 유대인을 다시 판관 앞에 끌어냈습니다.

그러자 판관 네 명은 입을 모아 유대인의 팔다리를 베어서 끊고 십자가에 못 박아 죽이라고 명령했습니다. 유대인은 이 선고를 듣고 너무나도 무서워 온몸을 와들와들 떨며 겁에 질려 물었습니다.

"오, 판관님들, 대관절 제가 어떻게 하면 용서받을 수 있겠습니까?"

판관 네 명이 대답했습니다.

"이렇게 말하면 된다. '이 여자는 제 아내가 아닙니다. 돈도 모두 이 여자의 것입니다. 저는 이 여자를 속이고 고향에서 데리고 왔습니다.'"

유대인이 그대로 말하자, 판관들은 그 자백을 법규에 따라 기록하고 유대인에게서 재산을 모두 빼앗아 증서와 함께 자인 알 마와시프에게 주었습니다. 자인 알 마와시프가 그것을 받고 법정에서 물러가자, 사람들은 그 아리따운 자태에 모두 넋을 잃고 있었습니다. 판관 네 명은 저마다 마와시프가 자기에게 몸을 허락할 줄로 믿고 있었습니다.
 그러나 숙소에 돌아온 자인 알 마와시프는 얼른 필요한 물건을 모조리 챙겨 밤이 되기를 기다렸습니다. 밤이 되자 가볍고 값나가는 물건만 가지고 어둠을 틈타 도시를 빠져나가서 사흘 동안 밤낮을 가리지 않고 길을 재촉했습니다.
 그런 줄은 꿈에도 모르는 판관들은 유대인을 옥에 가두라고 명령했습니다.

 ─여기서 날이 훤히 밝아왔으므로 샤라자드는 이야기를 그쳤다.


## 860번째 밤

 샤라자드는 이야기를 계속했다.
 오, 인자하신 임금님, 이튿날 아침이 되자 판관들과 입회인들은 자인 알 마와시프가 찾아오기를 목을 빼고 기다렸지만, 누구의 집에도 모습을 나타내지 않았습니다.
 그러자 판관장이 말했습니다.
 "나는 오늘 볼일이 좀 있어서 성 밖에 나갔다 오겠다."
 판관장은 암노새에 올라 시동을 하나 거느리고 이 거리 저 거리를 돌아다니며 마와시프를 찾았습니다. 그러나 여자는 어디에도 보이지 않았습니다. 그렇게 찾아다니다가 판관장은 나머지 판관 세 명을 만났습니다. 그들도 저마다 자기만 마와시프와 결혼약속을 한 줄로 믿고 판관장과 마찬가지로 마와시프를 찾던 중이었습니다.
 판관장은 세 사람에게 무슨 일로 셋 다 노새를 타고 거리를 헤매고 다니냐고 물었습니다. 세 사람은 각각 마와시프와의 은밀한 약속을 고백했고, 판관장도 비로소 자기도 같은 약속을 하고 있었음을 털어놓았습니다.
 그리하여 그때부터 네 사람이 함께 성 안팎을 찾아다녔으나 마와시프는 그림자도 찾아볼 수 없었습니다. 그래서 모두 땅이 꺼져라 한숨을 내쉬며 집으로 돌아와 상사병으로 몸져눕고 말았습니다.
 그러다가 판관장은 문득 대장장이가 생각나서 그를 불러놓고 물었습니다.

"오, 대장장이, 자네가 데려온 여자 말인데 무슨 일이 있는지 아는 게 없느냐? 그 여자를 찾아내서 데려와다오. 만일 데려오지 않으면 매질을 할 테니 그런 줄 알아라."

이 말을 듣고 대장장이는 다음과 같은 시를 읊었습니다.*29

그는 내 영혼을 빼앗아 간 여자
온갖 아름다움을 한몸에 지닌 여자.
쳐다보면 영양 같고
숨결은 용연향의 향긋한 내음,
움직이면 물결 같은 잔잔한 호수
걸으면 나뭇가지 나긋나긋 흔들리듯,
진정 눈부시게 빛나는 태양.

그리고 판관장을 향해 말했습니다.
"나리, 저는 그 여자가 가버린 뒤로는 한 번도 만난 적이 없습니다. 정말 단 한 번도! 저도 그 여자의 아름다운 모습에 몸과 마음을 모두 빼앗겨 말하는 것도 생각하는 것도 오직 그 여자뿐입니다. 그래서 그 여자의 거처를 찾아갔지만 만나지 못했습니다. 그 여자의 소식을 알거나 가르쳐주는 사람도 없었습니다. 마치 바닷속에 잠기거나 하늘로 솟은 것 같습니다."
이 말을 들은 판관장은 그만 끙끙 앓는 소리를 내며 금방이라도 넋이 나갈 듯했습니다.
"오, 차라리 그 여자를 만나지 않았으면 좋았을 것을."
판관장은 깊은 한숨을 내쉬었습니다.
판관장의 허락을 받고 대장장이가 물러가자 판관장은 자리에 드러누워 사랑의 병을 앓으며 괴로워했습니다.
다른 판관과 입회인들도 마찬가지로 몸져누워 있었습니다. 의사들이 문턱이 닳도록 병자들의 집을 드나들었지만, 치료를 요구하는 증상은 전혀 보이지 않았습니다. 도시의 이름난 사람들이 문병을 와서 판관장에게 병 상태를 물었습니다. 그러자 판관장은 한숨을 내쉬고 이런 시를 읊으면서 자신의 속을 털어놓았습니다.

탓하지 말라. 그렇잖아도
상사병은 견디기 어려운 것.
세상 사람들을 재판해야 할
판관장인 이 몸을
여리고 약하다고 꾸짖지 말라.
나의 이 사랑을 죄라 말고
용서할 수 있다면 용서하라,
탓하지 말라, 탓하지 않아도
사람 그리워하는 이 몸은 이미
노예가 되었으니.
진정 나야말로 다름 아닌
운명의 신의 도움을 얻어
판관장에 선출된 사람,
코란과 갈대 펜으로
부를 모으고 또한
높은 지위에 올랐노라.
그러나 이제 나는
그 아리따운 여인 눈초리의
날카로운 화살에 꿰뚫려
피를 빨리고 쓰러지니
고칠 방법을 내 모르노라.
애초에 이 여인은
이슬람교도라며 날 찾아와서
그 몸의 재난을 호소했도다.
입술을 열면 청순하고
눈부시게 돋아난 동방의
진주처럼 가지런히 늘어섰도다.
베일 속을 들여다보니
검은 머리의 밤의 날개를
헤치며 찬란히 돋아나는

보름달 같은 얼굴, 자세히 보면
넘칠 듯한 애교와
입가에 감도는 미소
세상에 다시없는 정경일러라.
그뿐인가, 여인의
몸매를 감싼 비단옷은
말로 표현할 수 없이 아름다워,
알라께 맹세코
아랍, 아잠의 나라 안에는
사람도 많건만 이 여인만큼
아름답고 요염한
얼굴은 일찍이 본 적이 없으니,
아, 아, 아리따운 그대여,
나에게 맹세하지 않았던가.
"한 번 약속한 일이니
반드시 지키리라."
이 몸이 병든 것도 그 까닭이니
노여워하고 있는 사람들이여,
내가 참고 견딘 이 슬픔을
더는 캐묻지 말아주오.

  판관장은 눈물을 흘리며 소리 높이 흐느껴 울더니, 그대로 숨이 끊어져 버렸습니다.
  사람들은 즉시 그 시체를 씻어 수의를 입히고 장사 지낸 뒤, 묘비에 다음과 같은 시를 새겨 넣었습니다.

오, 이 사람은 군자의 몸으로
사랑에 눈이 멀어
허무하게도 때 아닌 때,
이 무덤에 묻혔노라.

세상 사람들 가운데
　　판관장이었던 이 사람은
　　사람들을 잘 중재하여
　　심판의 칼을 뽑지 않음을
　　스스로 자랑으로 삼았노라.
　　사랑 때문에 묻힌 것은
　　슬프디 슬픈 운명이지만,
　　마음 앗아간 노예 앞에
　　이토록 무릎 꿇은 주인을
　　세상에서 아직 보지 못했노라.

　그리하여 사람들은 판관장을 알라의 자비에 맡기고, 의사를 데리고 두 번째 판관을 문병했습니다. 그런데 판관은 어디를 다친 것도 아니고 몸이 아픈 것도 아니어서, 특별히 의사의 치료가 필요하지 않았습니다.
　그들이 왜 병들어 눕게 되었는지, 무엇을 근심하고 애태우고 있는지 캐물었더니, 이 판관 역시 사랑의 번뇌를 고백했습니다.
　사람들이 그런 어리석은 상사병을 탓하자, 판관은 다음과 같은 시로 대답했습니다.

　　여자 때문에 앓아 죽더라도
　　비난받을 죄 없노라,
　　그 아름다운 손이 던진
　　창에 꿰뚫린 몸은.
　　후부브라고 하는 여자
　　나를 찾아와서
　　해마다 늘어만 가는
　　세상의 괴로움을 호소했노라.
　　그때 한 여인이 같이 왔는데
　　그 얼굴 요염도 하여
　　칠흑 같은 어두운 밤하늘을

지나가는 보름달조차도
부끄러워할 만했도다.
그러나 여인은 그렇게도
아름다운 모습 보여주면서
한탄하고 원망하고 호소하며
눈물에 젖어 있었노라.
그 말에 귀 기울이면서
그 여인을 쳐다보다가
나는 넋을 빼앗기고 말았더니
여인도 그 입술에
웃음 머금고 교태 지으며
은근히 진심임을 맹세했노라.
그 뒤부터 내 마음은
가버린 여인의 뒤만 쫓아
그 모습 헛되이 찾으면서
비탄하는 몸이 되었노라.
―이것이 바로 나의 고백,
그러니 나를 가엾이 여겨
판관인 내 법복
여기 있는 시동에게 물려주시라.

 그리고 이 판관도 크게 한 번 한숨을 내쉬더니, 그대로 영혼이 육체를 떠나고 말았습니다. 그래서 사람들은 장례준비를 하여 그 명복을 신께 빌고 장사 지내주었습니다.
 그런 다음 그들은 다시 세 번째, 네 번째 판관을 문병했습니다. 그러나 역시 모두 앞선 판관장과 같은 운명을 맞아 쓰러지고 말았습니다. 그뿐만 아니라 입회인들까지 자인 알 마와시프를 연모하여 자리에 누워 있었습니다.
 이렇듯 자인 알 마와시프 얼굴을 한 번 본 자는 누구든지 죽음에 이르도록 연모했고, 다행히 살아남은 자도 언제까지나 이 여자에 대한 연정 때문에 괴로워 몸부림치는 몸이 되었던 겁니다.

―여기서 날이 훤히 밝아왔으므로 샤라자드는 이야기를 그쳤다.

## 861번째 밤

샤라자드는 이야기를 계속했다.
오, 인자하신 임금님, 얘기는 바뀌어, 자인 알 마와시프와 시녀들은 잠시도 한눈팔지 않고 길을 재촉하여, 그 도시에서 멀리 떨어진 곳에 이르렀습니다. 다행히 그곳에는 사원이 하나 있었습니다.
그 사원에는 다니스라는 원장과 승려 마흔 명이 살고 있었는데, 원장 다니스가 자인 알 마와시프의 아리따운 자태를 보고 밖으로 나와 말을 걸었습니다.
"우리 사원에서 한 열흘 쉬었다 가십시오."
그리고 두 사람에게 말에서 내리기를 권했습니다. 마와시프와 시녀는 말에서 내려 사원 안으로 들어갔습니다.
다니스 원장은 마와시프의 아름다운 얼굴과 고운 자태를 본 순간, 평소의 굳은 신앙을 잊어버리고 몸과 마음을 송두리째 빼앗기고 말았습니다.
원장은 사랑의 심부름꾼으로서 승려들을 마와시프에게 보냈습니다. 그런데 승려들 역시 마와시프를 한 번 보자마자 하나같이 사랑의 포로가 되어, 원장의 사랑은커녕 자신들이 먼저 환심을 사려고 애를 썼으므로, 마와시프는 승려들의 소망을 일일이 거절해야만 했습니다.
그리하여 다니스는 승려 마흔 명 모두를 마와시프에게 보냈지만, 승려 마흔 명은 한결같이 첫눈에 마와시프에게 완전히 사로잡혔습니다. 그러므로 다니스의 이름은 입 밖에도 내지 않고 온갖 달콤한 말로 마와시프를 유혹하려 했습니다.
하지만 마와시프는 여전히 쌀쌀맞게 대답하며 승려 마흔 명의 청을 모조리 물리쳐 버렸습니다. 온몸에 뜨겁게 끓어오르는 욕정을 참지 못한 다니스는 이렇게 중얼거렸습니다.
"그렇다, 속담에 가까운 곳은 자기 손톱으로 긁어야 한다고 하지 않던가. 내 볼일은 내 발로 가서 보는 수밖에 없다."
원장은 곧 일어나 음식을 준비했습니다. 그날은 마와시프가 쉬기 위해 사원에 발을 들여 놓은 지 아흐레가 되는 날이었습니다. 다니스는 준비한 음식을 마와시프의 방으로 가져가서 말했습니다.
"부디 저희가 정성껏 만든 음식을 한 번 맛보십시오."
그러자 마와시프가 대답했습니다.
"더없이 자비로우신 알라의 은혜로……."
마와시프는 시녀들과 함께 음식을 먹기 시작했습니다. 여자들이 다 먹고 나자 다니스가 말했습니다.
"오, 부인, 시를 한 수 읊고 싶습니다만."
"부디 들려주세요."
다니스는 다음과 같은 시를 읊기 시작했습니다.

그대는 그 뺨과 눈으로
내 마음을 사로잡았노라,
나는 시와 산문으로
소리 높여 그 사랑을 예찬하리.
사랑하는 자를, 사랑에 병든 자를
무정하게도 돌아보지 않는 자 그 누구인가,
애타게 사모하여 꿈인 양, 생시인 양
조그마한 구원이나마 얻으려고
덧없이 소망하는 자를
돌아보지 않고 쫓는 자, 그 누구인가?
그대 때문에 가슴 태우며
사원을 헌신짝처럼 버리고
어리석게도 사랑에 방황하는
내가 타락에 떨어지도록
내버려 두지 마시라.
드물게 보는 아름다운 그대,
내 피를 흘리게 한 것은
모두 그대의 힘이로다.
그러니 어서 내 몰골을

가엾게 여기고 들어주시라,
　　내 가슴에 넘치는 아우성을!

이 시를 들은 자인 알 마와시프는 다음과 같은 시로 대답했습니다.

　　나와 깊은 인연 맺고 싶어 하는 분이여,
　　바라지 마시라, 그러한 환희.
　　구하지 마시라, 나의 정을.
　　아, 불운한 분이여,
　　소망하지 마시라, 내 사랑을.
　　탐욕이 지나치면 세상 사람의
　　모질고 혹독한 멸시 입으리라.

　다니스는 자인 알 마와시프의 대답을 듣고 어두운 마음으로 자기 방에 돌아갔으나, 아무리 생각해도 어찌할 바를 몰라 그저 몸을 뒤척이며 괴로워하면서 밤을 밝혔습니다.
　한편 자인 알 마와시프는 밤의 장막이 온 누리를 덮자마자 시녀들에게 말했습니다.
　"자, 얼른 이곳에서 빠져나가자. 우리의 힘으로는 도저히 승려 마흔 명을 당해 내지 못할 테니까. 모두 하나같이 내 몸을 탐내고 있구나."
　"정말 그래요. 그럼, 어서 달아나기로 합시다."
　그들은 곧 말을 타고 사원 문을 나섰습니다.

　—여기서 날이 훤히 밝아왔으므로 샤라자드는 이야기를 그쳤다.


### 862번째 밤

　샤라자드는 이야기를 계속했다.
　오, 인자하신 임금님, 그리하여 자인 알 마와시프와 시녀들은 밤의 어둠을

틈타 사원을 빠져나와 부지런히 길을 재촉하다가 도중에 어떤 대상을 만나 그들과 함께 길을 가게 되었습니다.

이 대상은 마와시프가 살던 아단에서 오는 자들로, 우연히 그들이 자기에 대한 소문을 이야기하는 걸 들었습니다. 듣고 보니 판관 네 명과 입회인들은 모두 상사병으로 죽었고, 그 후임이 된 관리들이 여자의 남편을 감옥에서 석방했다는 것이었습니다.

그래서 여자는 시녀들을 돌아보며 물었습니다.

"너희, 저 사람들이 하는 이야기를 들었니?"

그러자 후부브가 대답했습니다.

"신앙으로 신 앞에서 여자를 멀리해야 할 수도승마저 마님에 대한 짝사랑으로 넋을 잃는 걸요, 뭐. 그러니 출가한 것도 아닌 판관들이야 말할 것도 없겠지요! 하지만 우리 신분이 드러나기 전에 한시라도 빨리 고향으로 돌아가야겠어요."

그들은 다시 열심히 길을 재촉했습니다.

한편 승려들은 아침이 되어 사방이 밝아지자 곧 자인 알 마와시프의 방으로 아침인사를 하러 갔습니다. 그런데 방이 텅 비어 있는 모습을 본 그들은 깜짝 놀라며 실망을 금치 못했습니다.

그래서 첫 번째 승려는 자신의 옷을 잡아 뜯으며 다음과 같은 즉흥시를 읊었습니다.

아, 벗들이여, 가까이 오라.
이별은 내 운명이고
그대들 떠나가 버렸으니
독한 사랑에 시달린
가슴에 정욕의 불길 타오르네,
이 나라를 찾아온
아름다운 여인 때문에.
지평선에 걸린 보름달도
미치지 못할 교태였으나.
무정하게도 여인은 가버렸도다,

사랑의 희생이 되어버린
나를 남겨 놓고 가버렸도다.
그 추파의 화살로 나를 쏘아
쓰러뜨리고 가버렸도다.

그러자 다음 승려가 이런 시를 읊었습니다.

집을 찾아 급히 가버린
생명의 도살자인 그대여,
박복한 나를 동정하라!
아름다움과 평화였던
그대, 가버리도다
그 아득한 길에 자취 남기고.
그러나 맑고 아름다운 그 목소리는
아직도 내 귀에 생생하구나.
아아, 멀리 가버렸도다,
궁전을 떠나서 그대는 가도
그 모습은 환상이 되어
밤마다 잠자리 찾아와
그 자태 보여줬으면.
가버린 그대 따라
내 마음도 함께 가버리니,
이토록 슬프게 흐르는
비 같은 눈물이여!

그다음 세 번째 승려는 이런 시를 노래했습니다.

그대는 내 마음속에 군림하시어
이 머리, 이 귀, 이 눈을 다스리시고
마음도 사로잡아 가져가시니

나는 온몸이 그대의 집이 되었노라.
　　그대 이름 부르면 꿀보다도 달콤하여
　　내 가슴속에 발랄하게
　　꿈틀거리는 정이 담긴 기운처럼
　　마음이 춤추는 것도 가련하구나.
　　사랑에 허약한 이 몸
　　이쑤시개*30처럼 말라 여위고
　　슬픔과 쓰라림의 눈물에
　　나는 빠져버렸으니
　　하다못해 꿈에라도
　　그대의 모습 보이시라,
　　그 아름다운 얼굴을 보면
　　두 뺨의 눈물도 마르리니.

그러자 네 번째 승려는 이런 시를 읊었습니다.

　　그대 탓에 내 혀는 아무 말이 없고
　　사랑은 이토록 나를 함부로 대하네.
　　아, 하늘 높은 곳에 계시는
　　보름달과 같은 그대여,
　　그대로 하여 더욱 타오르는
　　내 가슴의 불길이여.

이어서 다섯 번째 승려가 읊었습니다.

　　내 아름답고 예쁜 달을 사랑했으니
　　그 가는허리, 요염한 자태는
　　한탄의 시가 되었노라.
　　그대 입술에 맺힌 이슬은
　　맛있는 묵은 술과 같고

허리는 가늘지만 묵직하여
　　남자의 마음을 부채질하도다.
　　아침이면 아침마다 내 가슴은
　　그리움에 불타올라 괴로워하고,
　　밤이면 밤마다 미칠 듯한
　　그리움에 죽을 것만 같도다.
　　뺨을 적시는 건 피의 눈물
　　루비인가, 장밋빛
　　비가 되어 흘러내리도다.

계속해서 여섯 번째 승려가 읊었습니다.

　　그대를 사모하여 헤매는 나를
　　피해 간 무정한 그대여,
　　가자나무 가는 가지여,
　　높은 하늘의 별이여,
　　내 쓰디쓴 사랑을 한탄하노라.
　　오, 붉은 구슬 같은 뺨으로
　　내 가슴에 불 지른 여인이여!
　　이렇듯 그대를 사랑하여
　　넋을 잃은 자,
　　이렇듯 그대 위해
　　기도마저 저버린 자,
　　일찍이 있었느뇨.

그러자 일곱 번째 승려가 시를 읊었습니다.

　　그대에게 마음 사로잡혀서
　　눈물로 밤을 지새우는 나인지라
　　오로지 더해 가는 사랑의 마음

참는 힘도 잃었노라.
그 업신여김은 쓰라리지만
그대의 아름다운 얼굴
사랑의 화살에 꿰뚫려
다가가는 자, 모두 쓰러지도다.
아, 비난하는 자, 비난치 말라,
사랑을 모르는 그대라고
믿는 자 아마도 없으리니,
돌아보지 말라, 지나간 날을.

　이렇게 나머지 승려들도 한결같이 눈물을 흘리며 시를 읊었습니다.
　그중에서도 다니스 원장의 비탄이 가장 심하여, 그 여자에 대한 사랑이 물거품으로 돌아간 사실을 알고는 오로지 탄식하면서 이런 시를 읊었습니다.

내 그리워하는 그대 가버리니
내 마음 견디기 어려워라.
그날 내 최선의 보람
목표를 잃었노라.
아, 가마의 길잡이여,
그대의 훌륭한 낙타를
조용히 끌고 가라.
어느 날인가 한 지붕 아래
더불어 잠잘 날 있으리니.
이별의 날 그대 가버리니
내 눈에서 잠 또한 가버렸노라,
슬픔은 더욱 짙어만 가고
기쁨은 모두 사라졌노라.
이 사랑을 전해 주신
알라를 내 원망하리,
몸도 시들어 힘 잃었음을.

그리하여 여자를 단념한 그들은 모두 의논한 끝에 여자의 조각을 만들어 사원 안에 세우기로 했습니다. 그리고 한마음으로 힘을 합쳐 여자의 조각을 만들어 세우는 데 정성을 쏟는 동안, 마침내 쾌락을 멸망시키고 교제를 끊는 '죽음'이 찾아와, 모두 덧없이 저세상으로 길을 떠나고 말았습니다.

한편 자인 마와시프는 사랑하는 마스룰을 보고 싶은 오직 한 가지 생각으로 쉬지 않고 길을 재촉하여 마침내 자기 집에 이르렀습니다.

문을 열고 안으로 들어가서 당장 언니 나심을 부르니, 언니는 동생이 무사히 돌아온 것을 매우 기뻐하며 동생이 맡겼던 귀중품과 가재도구를 날라 왔습니다.

자인 알 마와시프는 그 가구로 방을 장식하고 문에는 장막을 친 뒤 침향과 용연향, 그 밖의 향을 살라 방 안에 향기가 감돌게 했습니다.

그런 다음 가장 호화로운 옷과 장신구로 몸을 치장하고 여행을 떠날 때 남겨두었던 시녀들에게 그 뒤 이야기를 들려주었습니다.

그리고 후부브에게 돈을 줘 먹을 음식을 사오게 했습니다. 이윽고 식사가 끝나자*31 자인 알 마와시프는 후부브에게, 마스룰을 찾아가서 그 뒤 어떻게 되었는지 알아보게 했습니다.

한편 마스룰은 여자가 돌아온 줄은 꿈에도 모르고 시름에 잠겨 슬픈 나날을 보내고 있었습니다.

—여기서 날이 훤히 밝아왔으므로 샤라자드는 이야기를 그쳤다.


## 863번째 밤

샤라자드는 이야기를 계속했다.

오, 인자하신 임금님, 이렇듯 마스룰은 시름에 잠겨 슬픈 나날을 보내면서, 한시도 마음을 쉬지 않고 참을 수 없이 타오르는 불같은 욕정에 괴로워하고 있었습니다. 사랑의 불길에 몸을 태우며, 미친 듯한 욕정이 끓어오르면 시를 읊어 어지러운 마음을 달래기도 하고, 여자의 집을 찾아가서 그 벽에 입을 맞추며 마음을 달래곤 했습니다.

마침 그날도, 마스룰은 사랑하는 여자와 눈물을 흘리며 헤어진 장소에 가서 다음과 같은 시를 읊고 있었습니다.

내 재앙 숨겼으나
드러나려 하므로,
잠에서 깨어난 내 눈은
지금 이를 보고자 하노라.
근심으로 가슴 아플 때
나는 외치노라,
"아, 뜬세상이여,
언제까지 나를 멸시하려는가."
보라, 내 마음은 괴로움과
두려움 사이를 방황하노라.

그러나 '사랑'의 왕자(王者)가
나에게 은혜 베푸실 때
내 눈의 벗인 단잠도
정답게 나를 찾아오리라.
애달프다, 나의 주여,
조금이나마 자비를 베푸시라,
동족의 우두머리는 나를 위해
두터운 정 보이시라,
전에는 부유했건만 사랑 때문에
지금은 가난하게 몰락했노라.

사람의 흠만 캐는 사람들
그대를 탓하고 비난해도
나는 아득히 바라보면서
부질없는 소리에 귀를 막고
사랑하는 여자와의 맹세를

굳게 지켜나갈 뿐이노라.
"그대가 사랑하는 건
달아난 여자!"
사람들 비웃으며 이렇게 말해도
나는 대답하리,
"한 번 운명이 찾아올 때는
그대들 모두 눈이 멀어지리라!"

그런 다음 마스룰은 집으로 돌아와 눈물을 흘리며 앉아 있다가 어느덧 깜박 잠이 들고 말았는데, 자인 알 마와시프가 집에 돌아오는 꿈을 꾸었습니다. 그는 눈물을 흘리면서 잠에서 깨어나, 곧 이런 시를 읊조리며 여자의 집 쪽으로 갔습니다.

내 가슴의 비밀
사랑 탓에 조종당하니
이 가슴의 불길
숯불보다 뜨겁게 타오르네.
그 여인을 이토록 사랑하여
헤어져 사는 쓰라림을
알알이 푸념하며
운명이 정한 인간사
덧없음을 한탄하노라.
아, 내 마음의 동경이여,
다시 만날 날 언제인가,
보름달처럼 아름답고 상냥한 그대를,
다시 품을 날 언제인가.

이 시를 읊고 났을 무렵에는, 어느새 자인 알 마와시프의 집이 있는 거리에 접어들고 있었습니다.
그때 마와시프의 집에서 풍기는 좋은 향내가 코끝을 스치고 지나갔습니다. 그 순간 마스룰은 몸과 영혼이 함께 떨리면서 금방이라도 가슴이 터질 듯한 음욕의 불길이 활활 타올라 미칠 듯한 욕정이 치밀어 오는 것을 느꼈습니다.

바로 그때 뜻밖에 심부름을 가던 후부브와 길모퉁이에서 딱 마주쳤습니다. 마스룰은 뛸 듯이 기뻤습니다. 후부브도 마스룰을 보고 다가와서 인사를 한 뒤 부인이 돌아왔다는 기쁜 소식을 전했습니다.

"지금 나리를 모시러 가던 중이었어요."

이 말에 마스룰은 뭐라 말할 수 없을 만큼 기뻐하며 후부브와 함께 저택으로 달려갔습니다.

자인 알 마와시프는 마스룰의 모습을 보자 얼른 의자에서 내려와 서로 입맞춤을 나누고 굳게 끌어안았습니다. 그리하여 오랫동안 헤어져 있었던 두 사람은 다시 만난 기쁨에 까무러쳐 쓰러질 때까지 입맞춤과 포옹을 계속했습니다.

그들은 한동안 정신을 잃고 쓰러져 있었습니다. 이윽고 다시 정신을 차린 자인 알 마와시프는 후부브를 시켜 설탕과 레몬을 따로따로 넣은 셔벗수를 한 병씩 가져오게 했습니다.

분부한 것이 나온 뒤, 두 사람은 날이 저물 때까지 먹고 마시다가 밤이 되자, 서로 그때까지 있었던 일들을 떠올리며 처음부터 끝까지 상세히 얘기했습니다.

이윽고 여자가 이슬람교에 귀의한 것을 알리자, 마스룰은 매우 기뻐하면서 자기도 이슬람교도가 되었습니다. 시녀들도 마찬가지로 이슬람교에 귀의하여 이제까지 이단의 교도였던 것을 전능하신 알라께 참회했습니다.

이튿날 자인 알 마와시프는 판관과 입회인을 데리고 와서, 자기는 과부가 되었고 재계(齋戒) 기간도 끝났으므로 마스룰과 재혼하고 싶다고 말했습니다.

그리하여 판관과 입회인들이 혼인계약서를 작성함으로써, 두 사람은 이제 떳떳하게 인생의 기쁨을 누리며 살 수 있게 되었습니다.

한편, 유대인은 아단의 신임 판관장에 의해 옥에서 석방되자 곧 고향을 향해 여행을 시작하여 이제 사흘이면 도착하는 지점에 이르렀습니다.

이 소식을 들은 자인 알 마와시프는 시녀를 불러 말했습니다.

"유대인 묘지에 가서 무덤을 파고 그 위에 예쁜 바질과 재스민을 심고 물을 뿌려 둬라. 유대인이 돌아와서 묻거든 '마님은 나리께 그런 일을 당한 것이 분해서 20일 전에 돌아가셨습니다'라고 말해. 그리고 무덤을 가르쳐 달라고 하거든 파놓은 무덤으로 데려가서, 그 앞에 앉아 눈물을 흘리며 슬피 한탄하는 척해라. 그런 다음 기회를 보아 유대인을 그 구덩이 속에 밀어 넣고 묻어 버리는 거야."*32

"예."

후부브가 대답했습니다.

그리하여 시녀들과 살림살이를 광에 치워놓은 자인 알 마와시프는 마스룰의 집으로 옮겨 갔습니다.

사흘이 지나자, 유대인이 돌아와서 자기 집 문을 두드렸습니다.

"누구세요?"

후부브가 물었습니다.

"나다, 너희 주인이다."

후부브가 문을 열어주자, 유대인은 시녀의 뺨을 타고 흐르는 눈물을 보고 물었습니다.

"왜 울고 있느냐? 마님은 어디 계시느냐?"

"마님은 나리를 원망하시다가 그만 돌아가셨어요."

이 말을 듣고 유대인은 몹시 낙심하여 울면서 물었습니다.

"후부브, 마님의 무덤은 어디 있느냐?"

후부브는 유대인 묘지로 주인을 안내하여 전에 자신이 파 둔 무덤을 보여주었습니다. 그러자 유대인은 눈물을 흘리면서 이런 시를 읊었습니다.

    그대 때문에 피눈물을
    쥐어짜도,
    내 눈동자 녹아 없어져
    사라질 때까지
    울고 또 울어도
    십분의 일도
    보답하지 못하는 것
    세상에 두 가지 있으니

그것은 청춘과
사랑해 마지않는
여인의 죽음.

그는 시를 다 읊고 흐느껴 울다가, 다시 이런 시를 읊었습니다.

아, 슬프도다, 이 고통
어이 견뎌야 하나.
그대 갔으니 나도
상처입어 죽을 뿐.
사랑하는 자와 헤어진다는 것
그 얼마나 쓰라린 일인고,
스스로의 불찰로
가슴은 찢어졌도다.
그러나 내 이 슬픔도 괴로움도
입 다물고 비밀을 지키리.
세상의 위안과 기쁨을
다 맛보며 살았건만
한 번 여인 사라져 버리니
나는 이렇듯 홀로 남아 이 꼴이로다.
아, 자인 알 마와시프여,
내 몸도 넋도
그대를 떠나지 않고
그대에게 희망을 걸면서도
맹세를 저버린 허물 때문에
그 죄를 책하여
내 크게 뉘우치노라.

유대인은 시를 다 읊고 큰 소리로 울부짖더니, 마침내 정신을 잃고 쓰러지고 말았습니다.

그러자 후부브는 재빨리 유대인을 무덤구덩이로 질질 끌고 가, 정신만 잃었을 뿐 아직 살아 있는 그를 구덩이에 밀어 넣은 뒤, 그 위에 흙을 덮어 파묻어 버렸습니다. 그리고 자인 알 마와시프에게 돌아가서 그 일의 경위를 이야기하니, 마와시프는 매우 기뻐하면서 다음과 같은 시를 읊었습니다.

세상은 영원히 나를 슬프게 하려고
맹세를 했지만
애달프다, 세상이여, 그건 안 될 말,
그 맹세를 버려라,
탓하는 자 이미 죽고
연인은 내 품 안에 있으니.
어서 일어나 미리 알려라,
사랑의 큰 기쁨을.
그대의 옷소매
높이 걷어 올려라!

그 뒤 자인 알 마와시프는 즐거움을 멸망시키고 교제를 끊어 사람에게 죽음을 안겨주는 자가 찾아올 때까지, 남은 생애를 더없이 행복하게 살았다고 합니다.
또 다음과 같은 이야기를 들은 적도 있습니다.

〈주〉
*1 자인 알 마와시프(Zayn al-Mawasif)는 '좋은 장식'이라는 뜻. 851번째 밤에서 이 이름을 비튼 익살을 볼 수 있다. 레인은 이 이야기 속에 '여러 가지 좋지 않은 방법으로 자기 남편을 속이는 유대인 여자와 그리스도교도 남자의 불륜'이 들어 있다는 이유로 생략했다. 나는 원전으로서 맥나튼판(제2콜카타판과 같다)과 브레슬라우판 등을 이용했는데, 대부분의 대목에서 전자는 단순한 줄거리에 지나지 않는다.
*2 즉 나는 매춘부가 아니라는 뜻.
*3 후부브(Hubub)는 '눈을 뜨는 것', 후투브(Khutub)는 '일', 수쿠브(Sukub)는 '흐르는 것'이라는 뜻. 모두 명백하게 유대계 노예처녀들의 이름이다.
*4 빗방울이 진주가 된다는 항간의 미신을 암시하고 있다.

*5 신분이 다른 사람들이라는 뜻.
*6 이 돌변한 태도는 유럽인들에게는 부자연스럽게 생각된다. 그러나 정원에서 모르는 남자에게 말을 거는 동양 여자는 이미 반은 넘어온 것이나 마찬가지다. 이 여자는 몸을 맡기기 전에 상대가 얼마나 관대한지를 탐색해 보려는 것이다.
*7 속임수(가드르(Ghadr))는 매우 흔한 일이다. 임시변통적인 유럽 문명을 전혀 모르는 동양인은 어수룩한 사람을 골탕 먹일 때 속임수를 허용할 수 있는 행위로 볼 뿐만 아니라, 칭찬할 행위라고까지 생각한다. 거기에는 '체면'이라는 관념이 전혀 작용하지 않는다. 영국에서도 이전 세대의 노부인이 트럼프 놀이를 할 때는 상당히 엄중하게 경계할 필요가 있었다—이것은 찰스 디킨스의 말을 신용할 경우의 얘기지만—.
*8 영묘향(靈猫香, civet)은 아랍어로 알 갈리야(Al-Ghaliyah)이며, 여기서 비교적 오래된 영어 algallia가 나왔다. 《린스호턴 여행기 The Voyage of Linschoten》(제1권, 1885년, 하클루이트 협회 편찬). 또한 이 책에는 나의 지기였던 박식한 아서 코크 버넬 경(Arthur Coke Burnell)이 주석을 더했다. 젊은 나이 갑작스러운 그의 죽음은 동양연구가들에게는 크나큰 손실이었다.
*9 유대인들 사이에서는 아랍어의 살람(Salám)은 샬룸(Shalum)이 된다. 또 유대인 여자는 그리스도교도에게 이러한 정식 인사는 절대 하지 않는다. 그러나 동양의 이야기 작가는 그런 사소한 사항은 개의치 않는다. 게다가 자인 알 마와시프는 나중에 밝혀지듯이 나면서부터 유대인은 아니었다.
*10 나는 13번째 밤에서 이 시를 번역했다. 또 330번째 밤에서는 트렌즈 씨의 번역을 인용했다. 여기서는 페인 씨의 번역을 빌려 쓴다.
*11 테와리지(Tewarij)에 대해 페인 씨는 다음과 같이 주석하고 있다. "마치 17세기 프랑스의 고네스(Gonesse)처럼 명백하게 좋은 빵의 산지로 유명했던 곳을 가리킨다." 브레슬라우판(제4권)에도 나오지만, 드지는 무엇인지 알 수 없었다. 그러나 어원인 아르지(arj)는 '좋은 향기'를 뜻한다.
*12 공기 또는 술잔(Tasse)은 아랍어로 타스(Tas)라고 하며, 페르시아어의 타사(Tasah)에서 유래한다. 콘스탄틴(알제리)의 아랍어 교수이자 《샴스 에딘과 누르 레딘 이야기》를 발표한 샤르보누(Charbonneau)는 이 말이 타자(Tazza, 술잔)와 비슷하다는 점을 지적하고, 그 밖에도 자기 마음대로 생각한 수많은 일치를 들고 있다. 이를테면 자우지(Zauj)는 $\zeta\upsilon\gamma o\varsigma$(멍에), 마트라(Matrah)는 matelas(쿠션), 이시티라(Ishtira)는 acheter(사다) 등. 나는 그 위에, 와사트(Wasat)는 waist(허리)와, 자바드(Zabad)는 civet(영묘향)와, 바스(Bas)는 부스(buss, Kiss)와, 우즈루브(Uzrub)는 drub(치다)와, 카트(Kat)는 cut(자르다)와 닮았음을 덧붙여 둔다.
*13 이것은 인기를 얻기 위한 것. 연인들이 이슬람교도가 되면 청중의 동정을 얻을 수 있다. 나중에 밝혀지지만 이 변덕스러운 젊은 부인은 유대인의 아내이기는 했지만, 유

대교도는 아니었던 것이다.

*14 즉, 남녀의 인연이 진정한(비록 순수하지는 않더라도) 사랑에 의해 정화되기 전까지 여자의 애정은 정당하지 않았다는 의미.

*15 소코(Soko)는 아랍어의 마그리브적〔서아프리카적〕인 형태이다. 원래는 수크(Suk)이며, '시장'이라는 뜻. 탄제르에서 틴브쿠츠까지 널리 알려져 있다.

*16 향연은 아랍어로 왈리마(Walimah)이며, 일반적으로 결혼잔치를 말한다. 박학한 나시프 알 야자지(Nasif al-Yazaji)에 의하면 향연의 명칭은 다음과 같다. 알 자팔라(Al-Jafala)는 일반적인 초대이며, 특별한 초대인 알 나카라(Al-Nakara)에 대응한다. 후르스(Khurs)는 생일축하, 아자르(A'zar)는 할례축하, 밀라크(Milak)는 청혼할 때, 와지마(Wazimah)는 장례식 밤샘 때, 나키아(Naki'ah)는 여행에서 무사히 돌아왔을 때 등이다.

*17 아랍어로 이샤라(Isharah)인데, 고전 아랍어에서는 손가락으로 부르는 신호, 아우마(Auma)는 손으로, 람즈(Ramz)는 입술로, 할라지(Khalaj)는 눈꺼풀로(윙크), 가므즈(Ghamz)는 눈으로 하는 신호, 또 아우마즈(Aumaz)는 특히 여자의 훔쳐봄, 일라크(Ilhaz)는 곁눈질이다.

*18 즉, 열이틀 동안의 방문.

*19 드라이덴이 번역한 《베르길리우스》에 다음과 같은 문구가 있다.

마른 가지에 앉은 까마귀, 쉰 목소리로
왼쪽에 재앙이 가까웠음을 예고하네.

또 게이(《우화집》 37)에서도 다음의 문구가 있다.

That raven on the left-hand oak,
Curse on his ill-betiding croak!

〔'왼쪽 떡갈나무에 앉은 저 까마귀, 녀석의 불길한 울음소리 끔찍하구나!'라는 뜻.〕

어떤 페르시아 이야기에서는, 까마귀 두 마리가 같이 있는 모습을 보면 좋은 조짐으로 친다.

〔게이는 유명한 《거지 오페라》를 쓴 존 게이(John Gay)로, 그의 《51가지 우화 Fifty-one Fables》 또한 대중의 인기를 끌었다. 현재는 이미 고전적인 평가를 받고 있고, 에브리맨스 총서의 《세계우화 걸작선》 속에도 수록되어 있다. 1685~1732년.〕

*20 일반 이슬람교도는 각자의 숙명은 두개골의 봉합선에 기록되어 있으며, 아무도 그것을 읽을 수 없다고 생각한다.

*21 경대상(輕隊商)이라는 것은 돌아오는 대상을 말하며, 아랍어의 루크브(Rukb)이다. 이 말은 또 낙타를 타고 여행하는 자를 뜻하기도 한다. 그러나 흔히 말 등에 올라탄 남자에게 라키브(Rakib, 낙타를 타는 자)가 사용된다. 정확하게 말하면 말을 타는 자

는 파리스(Faris)뿐이지만.
* 22 통속적이고 과장된 표현이다.
* 23 향기로운 분말(scented powder)은 아랍어로 아비르(Abir)라고 하며 얼굴, 몸, 옷 등에 뿌린다. 인도에서는 쌀의 꽃, 망고나무 껍질 가루, 데오다르(*Uvaria longifolia*)〔신목(神木)이라는 뜻〕, 백단, 침향 또는 강황(curcuma, *zerumbat* 또는 *zedoaria*)에 장미꽃, 장뇌, 영묘향, 대회향(大茴香) 등을 섞은 것이다. 이러한 분말은 종류가 엄청나게 많다.
* 24 즉 대법관 또는 판관장을 말한다. 맡은 일과 그 칭호에 대해서는 이 책 '샤리아르 왕과 그 아우 이야기' 주석 23, 바다위족들 사이에서 재판하는 카지 알 아랍(Kazi al-Arab)〔아랍인 판관〕에 대해서는 《순례》 제3권에 자세히 나와 있다. 〔《순례》에 사막민족 바다위족의 법률재판에 관한 상당히 자세한 기술이 나와 있는데, 다음과 같은 문장도 있다. "사막에는 만족할 만큼 넉넉하지 않다는 이유로, 코란에 제시된 법령은 공공연히 무시되고 있다. 그러나 카지 알 아랍의 불멸의 관행은 매우 준엄한 제도를 형성하고 있다." 요컨대 카지 알 아랍은 카지 알 샤라 즉 '코란의 판관'과는 구별되는 맡은 일 이름이다.〕
* 25 원금은 아랍어로 라스 알 말(Raas Al-Mal)이며, 자본을 말한다. 이자인 리바(Riba) 또는 리브(Ribh)에 대응한다. 이 법률용어는 모든 이슬람교 종족이 채용하고 있다.
* 26 아단(Adan)은 지금은 아덴(Aden)으로, 아브르페다(서기 1331년 사망)는 다음과 같이 말했다. 〔그의 대표적 저작 《제국지지(諸國地誌)》 속에서. 영어와 프랑스어 번역이 있다.〕

　　"아덴은 테하마의 지대 낮은 땅에 있으며…… 어떤 사람(발견자?)을 기념하여 아비야나(Abyana)라고도 한다. 해안에 있으며, (육지 여행자의) 역참, 인도 행상선의 출범지로, 대기는 건조하고 햇빛이 강하며 물은 다른 곳에서 보급해야 한다…… 사나(Sana)에서 86파라상 떨어져 있지만 여행가의 주장에 따라, 이븐 하우칼(Ibn Haukal)은 3역참으로 쳤다. 이 도시는 성벽 같은 산의 기슭에 자리하여, 수문(水門) 하나와 바브 알 사카인이라 부르는 육문(陸門)을 하나 갖추고 있다. 그러나 아단 라(Adan La'ah, 조용하고 겁이 많은 비교적 알려져 있지 않은 아단으로서, 더 유명한 아비야나에 대응한다)는 알 야만의 사비르 산속에 있는 도시인데, 여기서 이집트의 파티마 왕조의 옹호자들이 나왔다."

〔글 속의 이븐 하우칼은 아라비아의 지리학자로 여행가. 976년 사망.〕

　　아단은 어원적으로 보면 아랍어와 히브리어에서는 쾌락, 에덴(동산), 천국 등을 의미한다. 이 주석을 필자에게 보완해 준 바자 씨는 《오션 하이웨이즈 *Ocean Highways*》 지상(誌上)의 한 논문에서 두 개의 아덴을 논했다고 하는데, 유감이지만 현재 그 게재지는 발견되지 않고 있다.

*27 금성(Venus-star)은 아랍어로 자라위야(Zahrawiyah)인데, 여기에는 일종의 두 가지 뜻이 들어 있다. 예언자의 외동딸 파티마는 알 자라(Al-Zahra) '밝게 빛나는 여자'라는 명칭이 붙어 있는데, 그것은 또 유성 비너스(Zohrah)의 형용사이기도 하다. 파티마에 대해 무함마드는 이렇게 말했다.
 "너희 딸을 사랑하라. 나 또한 딸을 친애하니." "딸을 사랑하라, 그녀는 위안을 주는 사랑스러운 자이다."
 파티마는 이슬람교 사상에는 음울한 젊은 여성(28세로 사망)으로서 나타나 있지만, 그녀는 내세의 천국을 얻기 위해 현세를 지옥으로 생각했던 것이다. 그 명칭은 위에 쓴 자라와 바툴(Batul)이며, 모두 '처녀'를 의미한다.
 부르크하르트는 자라를 (어원적인 의미에서) '밝게 빛난다'고 번역했는데, 글자 그대로 하면 월경 경험이 없는 소녀, 즉 예언자의 딸이 살다가 죽은 것처럼 순결한 상태에 있는 소녀를 가리킨다.
 바툴은 '맑고 깨끗한 소녀'라는 뜻을 가지며, 동양의 그리스도교도들은 동정녀 마리아에게 이 칭호를 주었다. 어머니가 된 뒤에도 파티마는 여전히 그리고 영원히 처녀였다는 것이 알 이슬람의 정설이며, 그것은 마치 로마인 주노(Juno)[주피터 신의 아내]나, 지바 신을 숭배하는 힌두교도의 우마(Uma)[시바 신의 아내]와 같다. 파티마가 살아 있었을 때, 무함마드는 사위 알리에게 두 번째 아내를 맞이하는 것을 허락하지 않았다. 그리고 파라오의 아내 아시아, 동정녀 마리아, 자신의 아내 하디자(Khadijah)와 함께, 파티마를 여걸 네 명 가운데 한 사람으로 간주했다.
 무함마드의 아내 하디자는 남편이 사망한 뒤, 파다크의 토지와 하이바르 부근에 야자수밭이 딸린 대저택을 유산으로 받았다고 공표하여 커다란 물의를 일으켰다. 그러나 아부 바크르는 사도 무함마드의 언설을 인용하여 그 요구를 물리쳤다. "우리 예언자는 아무것도 주지 않는 자이다. 뒤에 남기는 것은 가난한 사람에 대한 희사이다." 그러나 시아파는 이 결정에 대해 매우 분개하고 있다.
 나는 졸저 《순례》(제2권)에 파티마 부인의 사망과 매장에 대한 속설을 싣고, 이슬람 역사가들이 그녀의 매장지가 애매한 것을 오히려 다행으로 여긴다는 점을 지적했다. 그것은 마치 남자들의 눈에 띄지 않도록 하는 것이 그녀의 재를 담은 용기에조차 명예라고 말하는 것과 같다.
 〔위의 책에는 파티마의 매장이 본인의 의지에 따라 극비리에 이루어진 것, 매장지도 여러 가지로 억측된 것 등이 설명되어 있다.〕

*28 무함마드의 후예인 샤리프(Sharif)와 사이드(Sayyid)에 대해서는, 이 책 302번째 밤 〔'게으름뱅이 이야기' 주석 5〕을 보면 된다.

*29 이 시의 다른 형태는 183번째 밤과 256번째 밤에 나왔다.

*30 이쑤시개는 아랍어로 힐랄(Khilal)이다. 아랍인이 우리보다 더 자주 사용하는 이 이

쑤시개는 종종, 앞에서도 언급했듯이 시인들에 의해 품위를 잃는 일 없이 쇠약의 상징으로 이용된다. 니자미(《라일라와 마지눈》)는 사랑하는 사람을 '이쑤시개처럼 여위었다'고 묘사했다. '멋쟁이'인 알 하리리(《바르카이드의 집회》)는 이쑤시개를 여성에 비유하여, '아름다운 자태에 매력이 넘치고, 식욕을 돋우며, 세상에서 가장 여윈 연인처럼 가냘프고 맵시 있고, 칼처럼 빛나면서도 푸른 가지처럼 우아하다'고 노래했다.

*31 능란하고 독특한 묘사이다. 이 제멋대로인 미인은 연인을 생각하기 전에 먹고 마시는 것부터 먼저 한 셈이다.

*32 (동양풍으로 말하면) 모범적인 남편이었던 듯한 유대인이지만, 불행하게도 이슬람교도 부인과 결혼하는 죄를 범했으므로 커피가게 청중의 동정은 조금도 얻지 못할 것이다. 그들의 동거생활은 단조롭고 재미나 멋없이 메말랐기 때문에, 사람을 꾀하여 죽여도 대역죄는 물론 아니고 경범죄조차 아니었던 것이다. 어쨌든 《아라비안나이트》는 이야기를 꾸밀 목적이기는 하지만, 결코 적극적으로 사람이 마땅히 지키고 행해야 할 도덕적 의리를 가르치려 들지는 않는다. 이것은 《아라비안나이트》의 수많은 매력 가운데 하나이다.

〈역주〉
(1) 이슬람법에서는 아내의 사유재산이 완전히 인정되고 있다.
(2) 전후가 약간 모순되지만, 이것도 역시 원문 그대로이다.

# 알리 누르 알 딘과 띠를 만드는 미리암 공주[*1]

아주 먼 옛날 카이로에 한 상인이 살고 있었습니다. 타지 알 딘이라고 하는 그는, 상인들 사이에서 가장 명망 있는 인물로서, 자유민의 우두머리로 추앙받고 있었습니다.

타지 알 딘은 워낙 여행을 좋아하여, 금은을 찾아 황야와 물도 없는 낮은 지대, 돌투성이 사막을 돌아다니거나, 육지에서 아주 멀리 떨어져 있는 외딴 섬으로 항해하는 일도 자주 있었습니다. 그래서 아주 젊은 시절부터 아이들의 검은 머리조차 순식간에 새하얗게 새어버릴 듯한 온갖 고생과 무서운 위기를 겪은 경험이 있었습니다.

또한 그 시대 첫째가는 말솜씨에 호상으로서도 어깨를 겨룰 자가 없을 정도여서, 말과 노새와 바크토리아산 낙타와 단봉낙타는 말할 것도 없고, 크고 작은 돈 자루를 비롯하여 흉노족의 모슬린, 발라크의 비단과 명주, 메리의 무명, 인도의 천, 바그다드의 나사, 무어인 나라의 두건 달린 겉옷 같은 상품과 피륙에 터키의 백인 노예, 아비시니아의 환관, 그리스의 처녀, 이집트의 젊은이들까지 소유하고 있었습니다. 게다가 짐짝을 싸는 천조차 금실로 가장자리를 장식한 비단을 사용했을 정도여서, 알 딘의 재산은 당대에 비교할 자가 없었습니다.

또 이 상인은 얼굴이 빼어나게 아름답고 기품이 몸에 배어 있는 데다 인정도 많아서, 진정 시인이 다음과 같이 찬양한 그대로였습니다.

> 내 그를 보았노라,
> 어떤 상인을
> 사모하는 무리가
> 미친 듯이 경쟁하고 있음을.
> 상인이 묻기를

"무슨 일인고, 이 소란은?"
내 대답하도다,
"상인이여, 그대의
아름다운 눈동자 때문이노라."

또 다른 시인도 상인을 찬양하여 그를 축복한 뒤 이렇게 노래했습니다.

어느 상인이 내게 왔을 때
그 눈초리에 반하여
내 놀라 허둥지둥했노라.
상인이 묻기를
"뭣을 놀라시오, 그대여?"
내 대답하도다,
"상인이여, 그 아름다운 눈동자 때문이라오."

이 상인에게는 알리 누르 알 딘이라는 아들이 있었습니다. 마치 열나흗날 밤에 돋아난 달로 착각할 만큼 단아한 얼굴에, 세상에서도 보기 드문 아름다운 자태를 갖춘 젊은이였습니다.

어느 날 이 누르 알 딘이 언제나처럼 아버지의 가게에 앉아서 장사하고 있으니, 그곳에 다른 상인의 아들들이 모여들어 그를 에워쌌습니다. 그 모습은 숱한 별에 에워싸인 달과 같았습니다.

흰 꽃 같은 이마, 부드러운 솜털이 난 장밋빛 뺨, 그리고 설화석고처럼 눈부신 살결, 그것은 다음의 시와 같았습니다.

"묻노니 나를 무엇이라 하느뇨?"
아름다운 젊은이가 말하네.
"그대야말로 미의 여왕."
나는 대답하네.
그 까닭을 간추린다면
"아, 매혹하는 모든 힘을

갖추었네, 그대 속에."

또 어떤 시인도 이렇게 노래했습니다.

얼굴의 검은 점을 비유하자면
좋은 대리석 판자에 얹은
용연향 한 알인가.
또 눈초리는
연적(戀敵)에 도전하는
번쩍이는 칼날인가.

알리를 찾아온 젊은 상인들이 말했습니다.
"알리, 오늘 함께 정원에 놀러 가지 않겠나?"
"아버님께 여쭈어 봐야지. 허락이 없으면 갈 수 없으니까 말이야."
마침 그때 아버지가 들어왔습니다.
"아버지, 친구들이 정원에 놀러 가자고 왔는데, 어떻게 할까요?"
"그래, 다녀오너라."
아버지는 얼마간의 돈까지 주었습니다.
젊은이들이 모두 노새를 타고 왔으므로, 알리도 암노새를 타고 함께 정원에 갔습니다. 그곳은 마음을 위로하고 눈을 즐겁게 해 주는 온갖 것을 갖춘 곳으로, 둘레에는 넓은 기초 위에 벽을 높이 둘러치고, 천장이 둥근 입구에는 홀 같은 주랑과 마치 천국의 문을 연상케 하는 푸른 하늘빛 문이 있었습니다. 정원을 지키는 문지기의 이름은 리즈완이었습니다. 그리고 문 위쪽에는 무수한 포도 넝쿨이 올려져 있고 포도송이가 매달려 있는데, 그 포도송이는 온갖 색깔이 있어서 산호처럼 빨간 것, 수단인[*2]의 코처럼 까만 것, 비둘기알처럼 흰 것도 있었습니다. 또 복숭아, 석류, 배, 살구도 있고 씨가 있는 것과 씨가 없는 과일들이 탐스럽게 열려 있었습니다.

─여기서 날이 훤히 밝아왔으므로 샤라자드는 이야기를 그쳤다.

## 864번째 밤

샤라자드는 이야기를 계속했다.

오, 인자하신 임금님, 상인의 아들들이 정원에 들어가 보니, 거기에는 원하는 대로 눈을 즐겁게 해 주는 온갖 것들과 여러 빛깔의 포도가 송이송이 달려 있었습니다.

이 정원의 광경을 시인은 다음과 같이 노래했습니다.

> 술 냄새 향기로운 둥근 열매
> 포도알 살갗을 비유하자면
> 촉촉이 젖은 까마귀 깃털.
> 잎 그늘에 보이는 그 광택은
> 헤나를 물들인 가인의
> 사랑스러운 손가락을 닮았더라.

또, 이렇게 노래한 시인도 있습니다.

> 묘하게 흔들리는
> 포도송이를 보니
> 가냘프고 나긋한
> 내 몸과 비슷하구나.
> 항아리에 섞은 꿀과 물
> 신맛 사라지면
> 이것이 바로
> 달콤한 꿀물이로다.

그들이 정원의 정자 안에 들어가니, 그곳에는 천국의 문지기 리즈완처럼 리즈완이라고 부르는 문지기가 앉아 있었습니다. 문에는 이런 시가 새겨져 있었습니다.

성스러운 물로 축여진
　　정원의 포도송이들,
　　달콤한 물기 넘쳐서
　　가지에 휘어져 흔들린다.
　　포도나무 가지들
　　서풍의 손길에 춤출 때
　　묘성(昴星)은 선물인 양
　　하늘에서 비 대신
　　진주알을 내려준다.

정자 안에는, 다음과 같은 시가 씌어 있었습니다.

　　벗이여, 이 꽃밭에 와서 놀려무나.
　　이 꽃밭은 슬픔의
　　녹을 벗겨주리니.
　　산들바람도 들어가겠다고
　　앞다투다 비틀거리고 넘어지니
　　꽃은 재미있는 듯 소매로 얼굴 가리고
　　소리 없이 웃노라.

　정원에는 온갖 과일을 비롯하여 염주비둘기, 나이팅게일, 두루미 등 빛깔도 종류도 여러 가지인 온갖 새들이 살고 있으며, 산비둘기와 양비둘기는 나뭇가지에 앉아 사랑의 노래를 부르고 있었습니다. 또 맑은 잔물결에 부드러운 꽃잎이 떠다니는 냇물도 있고 달콤한 향기를 내뿜는 꽃도 활짝 피어 있었습니다.
　이 아름다운 광경을 시인은 이렇게 노래했습니다.

　　서풍은 가지를 건드리며 산들거리네,
　　사뿐 걸어와서 아름다운 치맛자락에 발 감긴
　　아름다운 처녀처럼.

싱그럽게 흐르는 물은 빛나네,
무사가 뽑아든
칼날처럼.

또 다른 시인은 이렇게도 노래했습니다.

잎과 가지 무성한 숲을 누비며
시냇물이 졸졸 흐르는
정경은 그윽하고 아름다워라.
그것을 서풍이 시샘하는지
빨리 달려서 나뭇가지를
저쪽으로 돌려버리누나.

정원의 여러 나무에는 온갖 과일이 익었는데, 그중에는 마치 은구슬 같은 석류도 있었습니다. 그것을 시인은 이렇게 노래했습니다.

살빛 고운 석류열매는
그윽하게 바라보는 사나이 앞에
날씬하게 서 있는 아가씨
가슴의 유방을 닮았도다.
살갗을 벗기면
홀연히 나타나는 홍옥(紅玉)
빛깔도 선명한 알과 알
가슴마저 두근거린다.

다른 시인은 이렇게도 노래했습니다.

안을 엿보는 자의 눈에
이내 드러나는,
비단 옷자락에 장식된 새빨간 구슬.

내 석류를 대리석의
둥근 지붕에 비유하리,
혹은 사람 눈을 즐겁게 하는
처녀의 유방에 비유할까.
실로 바로 거기에는
만병을 고쳐주는
영약 있으니, 그것은 바로 석류일레라.
마음 깨끗한 예언자
하디스의 예가 있고,
또 알라도
성전에 남기신
고귀한 말씀 있으니.*3

 능금은 설탕처럼 달고 사향처럼 향기로운 것이 보는 사람의 마음을 빼앗습니다. 그것을 시인 하산은 이렇게 노래했습니다.

두 가지 색이 합쳐진 능금
사랑하는 자와 사랑받는 자가
서로 비벼대는 뺨을 생각게 한다.
같은 가지에 색다른 것
둘 있으니 신기하여라.
하나는 짙은 색
하나는 옅은 색
이 두 능금 사람의 눈을 피해
굳게 포옹하다가
사람 눈에 들키면
수줍어서 뺨 물들인다,
하나는 붉게, 하나는 노랗게.

 정원에는 또한 여러 종류의 살구와 편도, 장뇌나무, 지란종, 안타브종*4도 있었습니다. 그것을 보고 시인은 이렇게 노래했습니다.

　　애인이 생각나는 살구
　　사랑스러운 여인이 찾아오기를
　　마음도 조마조마 기다리네.
　　참으로 그것은 상사병의 모습,
　　오렌지색 얼굴에
　　둘로 찢어진 마음보이네.*5

또 이렇게도 노래했습니다.

　　오, 보라, 살구꽃을.
　　사람의 눈을 기쁘게 해 주려고
　　눈부신 정원을 뒤덮었도다.
　　가지마다 빛나는 고운 잎들
　　아름답게 정원을 장식할 때
　　꽃들은 별인 양
　　반짝이며 아름답기만 하여라.

정원에는 또한 자두와 앵두와 포도가 있어서, 어떠한 병이라도 고쳐주고 두통과 가슴 답답한 증세도 사라지게 해 주었습니다. 붉은색과 초록색이 섞인 무화과가 가지 사이에 여물어 있는 모습은 눈과 마음을 황홀케 했습니다. 그것을 시인은 이렇게 노래했습니다.

　　살결도 뽀얀 무화과
　　잎 무성한 가지 사이에
　　초록을 헤치고 나와 있는 모습은
　　해질녘부터 밤을 지새우며
　　궁전 지붕을 지키는
　　로움*6의 젊은이를 닮았구나.

또 다른 시인은 이렇게 재미있게 노래했습니다.

　　어서 오시오, 무화과님
　　멋진 접시에 얌전하게
　　가지런히 앉아서 나타났구려.
　　테 없는 자루 모양으로 뭉친
　　식탁보(수프라)*7를 닮았구려.

또, 이렇게도 노래했습니다.

　　향기 좋고 빛깔 고운 옷을 두른
　　무화과를 나에게 주시라,
　　그 안의 아름다움은
　　바깥 광택에 못지않으니,
　　익었을 때 먹어 보시라,
　　카밀러 향기 풍부하고
　　설탕처럼 달콤하리라.
　　큰 접시에 담긴 모양은
　　명주실에 얇은 비단으로 만든
　　옥과 같아라.

또 다른 시인은 이렇게 노래했습니다.

　　(나는 이 혀의 미각을
　　오로지 그 맛에 익혀 왔으니
　　다른 열매를 돌아보지 않는다)
　　"왜 그다지도 무화과를
　　사랑하느뇨?"
　　사람들이 물으면
　　나는 이렇게 대답하네.

"어떤 사람은 이 무화과를
어떤 사람은 저 딸기를
좋아한다, 사람마다 다 다르니."*8

다른 시인은 더욱 절묘하게 이렇게 노래했습니다.

잘 익어서 눈부신 가지에 걸렸을 때
무화과를 나는 사랑한다, 어느 열매보다도.
구름, 비를 쏟을 때 눈물 흘리며
알라의 힘을 깨닫는 신자처럼.

그 정원에는 시나이종,*9 알레포종, 희랍종 등의 온갖 배가 주렁주렁 열려 있거나 하나씩 따로 떨어져 있는데, 녹색도 있고 황금색도 있었습니다.

—여기서 날이 훤히 밝아왔으므로 샤라자드는 이야기를 그쳤다.

## 865번째 밤

샤라자드는 이야기를 계속했다.
오, 인자하신 임금님, 그 정원에는 온갖 종류의 배가 녹색과 황금색으로 열려 있어서 보는 사람들을 황홀하게 했습니다. 어떤 시인은 그것을 교묘하게도 이렇게 노래했습니다.

그 배는 임을 닮아 아침 빛
창백한 황금색, 불행한 여인의 얼굴,
그 얼굴은 경주하는 말처럼
베일을 뒤로 넘기고
후궁 속에서 엄격하게 세상을 등진
처녀와 같아라.

노란색, 붉은색 등의 온갖 색깔을 드러낸 술탄종*10 복숭아에 대해서는 다음과 같이 노래했습니다.

과수원에 여문 복숭아인가,
찬란하게 빛나는 용혈수인가,
그 찬란한 금 구슬은
핏빛으로 물들었구나.

그곳에는 또 야자열매와 똑 닮은 녹색 편도가 있어서, 세 개의 주머니 속에 자비로운 조물주의 손으로 만들어진 씨앗이 들어 있었습니다.
시인은 그것을 이렇게 노래했습니다.

세 가지 옷, 몸에 두르고
그지없이 깨끗한 그 모습,
모양도 가지가지, 빛깔도 가지가지
신의 희한한 조화로다.
뉘우칠 죄도 하나 없는데
사로잡힌 몸이 되어
낮이나 밤이나 꼼짝 못하고 갇혀 있도다.

다른 시인은 이렇게 노래했습니다.

정든 나뭇가지에서
사람 손이 따버린
그 편도, 그대 보았나,
한 꺼풀 벗겨서 엿보면
속에 깃든 마음 드러나니,
그것은 소라껍데기 속에 숨은
진주를 닮았더라.

세 번째 시인은 다음과 같이 노래했습니다.

아, 보기에도 탐스럽도다,
초록색의 편도는!
작지만 손바닥에 뿌듯하고
수염 없는 매끄러운 뺨에
솜털 같은 수염 있어서
깍지 속에 보이는 것은 핵,
홀몸이냐 아니면 자웅이냐
벽옥 빛에 둘러싸인
진주인 듯 희게 빛난다.

또 이렇게 노래한 시인도 있습니다.

꽃 한창인 초록의 편도 귀여워라,
이토록 아름다운 것
내 일찍이 본 일 없노라.
그 머리, 쌓이는 세월에 희끗희끗하건만
그 뺨은 젊고 깔끔한 솜털에 덮였도다.

또 여러 가지 색깔의 대추가 다닥다닥 혹은 하나씩 달려 있어서, 시인은 그 광경을 다음과 같이 노래하고 있습니다.

대추열매 익은 나무를 보라,
갈대 깔린 바닥 위 살구인가*11
못 알아볼 만큼 아름답게
가지를 장식한 그 모습을.
아침의 빛깔은 참으로 산뜻하여,
귀엽고 티 없이 순진한 황금의
방울*12을 닮았구나.

또 이렇게도 노래했습니다.

> 대추나무는 날마다
> 화려하게 꾸미고,
> 그 열매는 열매대로
> 여봐란 듯이 뽐낸다.
> 가지에 흔들리는 방울
> 매 발에 달린 황금 방울.

그리고 그 정원에는 냄새 짙은 하울란지*¹³인 듯한, 피처럼 빨간 오렌지도 열려 있었습니다. 황홀해진 시인은 이렇게 노래했습니다.

> 눈인가 싶은 흰 살결과는 달리,
> 손에 가득 붉은 열매
> 더욱 붉게 불길처럼 빛나지만
> 이상하다, 이 백설은 불에도 녹지 않고
> 살아 있는 이 붉은 구슬을 태우지 않음은
> 더더욱 이상해라.

또 다른 시인은 이렇게 노래했습니다.

> 오렌지나무 열매 익어
> 그 모습 깨끗하고 묘하니
> 보는 자를 홀리고 말리라.
> 축제날 떼 지어 와서
> 금란 옷을 걸치고
> 화려하게 차려입은
> 여자들의 뺨과도 같이.

> 불인 양 타는 오렌지*¹⁴의 언덕

약한 바람이 불어올 때
크고 작은 그 가지 흔들고
뺨과 뺨, 환하게 불비치어
고갯짓하며 닿고 서로 응하니
더욱더 눈부시게 빛나도다.

또 이렇게도 노래했습니다.

아름다운 새끼 사슴에게 물었노라.
"어떻게 생각하니, 이 정원과 오렌지를?"
새끼 사슴은 대답하네,
"이 정원은 내 얼굴을 닮았고,
오렌지를 모으는 자는 불을 모은답니다."

이 정원에는 또 시트론이 무성하여 순금빛 열매가 낮은 가지에 매달려 있는데, 그것은 꼭 커다란 금덩어리[*15]처럼 보였습니다. 그 아름다움에 반한 시인은 이렇게 노래했습니다.

휘어진 시트론 가지를 그대가 보면,
그 열매가 늘어져 땅에 뒹굴까 두려워하리라.
그러나 약한 바람이 산들거리며 나뭇가지를 지나갈 때,
그 가지들 순금 방울을 단 듯하더라.

또 가지가 휘도록 매달린 자몽은 영양 같은 처녀의 유방인 듯, 보는 사람의 눈을 즐겁게 했습니다. 시인은 그 광경을 이렇게 노래했습니다.

정원의 오솔길 걸어가면
참으로 아름다운 처녀의
상큼한 모습을 엿보는 듯
잎 그늘에서 자몽의 모습을 보노라.

약한 바람에 하느작거리는 그 모습,
감람석 막대기로
황금의 공을 때리는 듯하구나.

그리고 달콤한 향이 나는 라임 열매도 열려 있습니다. 그 모습은 새알을 닮았고, 잘 익은 열매는 노란색을 띠고 있습니다. 그것을 따는 사람들은 그 은은한 향기에 마음이 들뜨는 것을 느끼니, 시인은 그것을 다음과 같이 노래했습니다.

무르익은 레몬을 보지 말라,
빛을 받아 빨아들이고
바라보는 눈동자를 매혹하리니.
무르익은 레몬을 비유한다면
장사꾼의 손으로 보기 좋게
새파란 빛깔로 물들인
젊은 암탉의 알이어라.

이 밖에 이 정원에는 온갖 과일나무, 재스민, 헤나, 수련,*16 감송향,*17 또 여러 종류의 장미, 질경이,*18 천인화 등등 향기 좋은 풀과 나무, 꽃이 있었습니다.

그곳은 마치 천국과 같아서 이 세상에서는 아무리 보려야 볼 수 없는 정원이었습니다. 만약 병든 사람이 이 정원에 발을 들여 놓았다가 나올 때는 날뛰는 사자처럼 기운이 살아날 정도였고, 어떠한 말로도 이 정원을 그려낼 수는 없었습니다.

정말 이 정원의 신기한 경치와 세상에 보기 드문 광경은 천국 말고는 볼 수 없는 것이었습니다. 그러므로 문지기 이름이 리즈완이라고 해도 전혀 이상할 게 없었습니다. 두 리즈완이 사는 곳은 천상과 지상으로, 다르기는 하지만 말입니다.

상인의 아들들은 이런 정원 안을 여기저기 신나게 구경하고 다니다가 한 정자에 이르자 알리를 에워싸고 앉았습니다.

—여기서 날이 훤히 밝아왔으므로 샤라자드는 이야기를 그쳤다.

## 866번째 밤

샤라자드는 이야기를 계속했다.
오, 인자하신 임금님, 상인의 아들들은 정자에 들어가 알리 누르 알 딘을 둘러싸고 자리에 앉았습니다. 깔개는 알 타이프[*19]의 양가죽에 금란으로 가장자리를 장식한 것이었습니다. 알리가 타조의 깃털을 넣은 흰담비 털가죽 베개에 몸을 기댔습니다. 또 타조 깃으로 만든 부채도 받았는데, 거기에는 이런 시가 적혀 있었습니다.

> 향긋한 숨결 풍기는 부채,
> 그 옛날의 즐겁던 추억을 불러주고
> 언제나 향기 그윽한 부드럽고 맑은 바람을 일으켜
> 젊은 귀인의 얼굴을 씻어주도다.

이윽고 그들은 터번을 풀고 겉옷을 벗어 놓고는 즐겁게 이야기를 주고받았습니다. 그동안에도 그들의 눈은 알리의 단정하며 맑고 아름다운 용모에서 떠나지 않은 채, 그 아름다운 모습에 그저 눈길을 빼앗기고 있었습니다.
그렇게 한 시간쯤 지나자, 한 노예가 쟁반을 머리에 이고 들어왔습니다. 그 쟁반에는 온갖 산해진미가 담긴 오지그릇과 커다란 수정 접시가 얹혀 있었습니다(이곳에 오기 전에 한 젊은이가 자기 집 하인에게 시켜 두었던 겁니다).
그릇마다 뇌조(雷鳥), 살진 메추라기, 새끼 비둘기, 양고기, 닭고기, 특별히 맛있는 물고기 등 땅 위를 걷고, 하늘을 날고, 물속을 헤엄치는 온갖 종류의 맛있는 고기 요리가 갖춰져 있었습니다.
그들은 앞에 차려진 쟁반의 음식을 배불리 먹었습니다. 다 먹고 일어나서 맑은 물과 사향 향기가 나는 비누로 손을 씻고 명주와 유리구슬로 가장자리를 두른 천으로 손을 닦았습니다.

알리는 특별히 마련한 금실로 수놓은 천으로 손을 닦았습니다. 그때 커피[20]가 나와서, 각자 마음껏 마신 뒤 다시 이야기꽃을 피웠습니다.
얼마 뒤 젊은 정원지기가 한 바구니 가득하게 장미를 담아 와서 물었습니다.
"서방님들, 이 장미꽃은 어떻습니까?"
한 젊은이가 말했습니다.
"아름답구나. 특히 장미꽃이 좋아. 만지지 않고는 못 배긴다니까."
"좋습니다. 저희 규칙인데, 뭔가 재미있는 이야기를 들려주시면 이 장미꽃을 드리겠습니다. 원하시는 분은 무엇이든 이 자리에 어울릴 만한 노래를 불러주십시오."
상인의 아들들은 모두 열 명이었는데, 그중 하나가 말했습니다.
"좋다, 그럼 그 장미를 한 송이 다오. 이 자리에 어울리는 노래를 불러 볼 테니."
정원지기가 장미를 한 송이 건네주니, 젊은이는 그것을 받아들고 즉흥적으로 다음과 같은 시를 읊었습니다.

내 장미를 더없이 사랑하노니
아무리 보아도 질리지 않고, 그 색과 향기
참으로 꽃 중의 꽃이라,
향기 높은 꽃들은
모두 장미의 시녀로다.
장미 없는 곳에서는,
기뻐하며 뽐내는 꽃들도
장미 한번 나타나면
모두 입 다물고 고개 숙이노라.

정원지기가 다른 젊은이에게 또 한 송이를 주니, 그는 이렇게 노래했습니다.

오, 주여, 장미를 받으소서.
이 장미에서
넘치는 사향 향기를 추억하소서.

연인이 바라볼 때
소매*21로 얼굴 가리는
수줍은 처녀와 같으니.

정원지기가 세 번째 젊은이에게도 장미꽃 한 송이를 주자, 그 젊은이는 이렇게 노래했습니다.

보기만 해도 가슴 설레는
장미를 고르라,
아, 장미는 혼합향 그윽한
향기를 생각게 한다.
환희로 하여 가느다란 가지
잎 속에 꽃을 품는 모습은
원망의 말 한마디 없는
입술의 입맞춤을 닮았더라.

이어서, 네 번째 젊은이가 일어나 다음과 같이 노래했습니다.

그대 보았는가, 장미의 동산,
날씬한 말인 양 여러 가지 줄기
자랑스레 타고 앉아
수많은 기적 보여주도다.
봉오리는 마치 홍옥 같고,
허리에 두른 것은 감람석,
그 속에 간직한
황금의 보물 상자.

다음에는 다섯 번째 젊은이가 장미 한 송이를 손에 들고, 다음과 같이 노래했습니다.

초록빛 감람석이
　　새끼를 낳으면, 그건 바로
　　자라나는 금괴를 닮은
　　열매이리라.
　　그 잎에서 방울지는 물방울은
　　내 괴로운 눈망울에서
　　굴러 떨어지는 눈물 같아라.

다음에는 여섯 번째 젊은이가 노래했습니다.

　　오, 아름다운 장미꽃이여!
　　온갖 재질을 타고나
　　알라의 신비를 머금었네!
　　합환을 즐기는 연인이
　　금화를 붙이는*22 아가씨의
　　아름다운 뺨을 닮았구나.

다음은 일곱 번째 젊은이가 노래했습니다.

　　내 묻노라, 장미에.
　　"어찌하여 가시 내밀어
　　너에게 손대는 사람들을
　　아프게 찌르는고?"
　　장미가 대답하기를
　　"무리 지은 이 꽃들은 모두
　　내 병사들, 이 가시로써
　　그들을 지키노라."

다음 여덟 번째 젊은이는 이렇게 노래했습니다.

바라건대, 신이여 지켜주소서!
아침에 아름답고 현란한
색으로 피어나 향기 내뿜는,
금괴를 닮은 장미꽃.
아, 황금빛 태양을 닮은
아름다운 꽃 피우는
가는 가지를 칭송하노라.

아홉 번째 젊은이도 장미꽃 한 송이 받아들고 노래했습니다.

비단처럼 아름다운 장미 꽃봉오리는
사랑을 앓는 자에게도
온갖 기쁨을 회상케 한다.
날이면 날마다 은처럼
맑은 물 뿌리건만
어, 희한도 하다, 피어나는 것은
어느새 황금의 꽃.

정원지기가 마지막 열 번째 젊은이에게 장미꽃 한 송이를 주자, 젊은이는 이렇게 노래했습니다.

그대 보았는가, 장미들을
무리지어 피어 있는 꽃밭,
빨강과 노랑으로
능라를 아로새긴 것을?
나는 그 꽃과 가시를
황금의 방패 꿰뚫는
긴 창에 비유하리라.

이렇게 젊은이들이 각각 장미 한 송이씩 들고 기뻐하는 동안, 정원지기는 순금의 덩굴무늬가 새겨진 도자기 쟁반에 포도주를 받쳐 들고 와서 그들 앞에 차려 놓았습니다.
그리고 자기도 이렇게 노래 불렀습니다.

　　새벽은 한낮을 예고하도다.
　　이 술잔을 높이 드노라.
　　해묵은 술에는 성현들도
　　이기지 못하고 잔뜩 취하니
　　마침내 지혜도 헛되구나.
　　맑디맑고 투명한 술이라,
　　잔에 든 것이 술이냐,
　　술에 든 것이 잔이냐.

정원지기는 먼저 술잔에 술을 따라 마시고 난 뒤 차례차례 술잔을 돌리니, 마지막으로 알리의 차례가 되었습니다. 정원지기는 잔을 찰랑찰랑하게 채워 젊은이에게 내밀었지만, 상대는 이렇게 말했습니다.
"나는 술맛도 모르고 아직 한 번도 마신 적이 없어. 술을 마시는 건 죄악이라고 전능하신 알라께서도 코란에서 금하고 있으니까."
"오, 알리 님, 도련님은 다만 죄악이라는 이유만으로 술을 거부하시지만, 알라(신을 찬양할지어다!)께서는 자비롭고 관대하시니 아무리 무거운 죄도 용서해 주십니다. 알라의 끝없이 넓고 큰 자비는 모든 것을 굽어살피시지요. 알라여, 부디 이렇게 말한 시인에게 자비를 베풀어주시기를!

　　마음 가는 대로 할지어다,
　　신께서는 너그러우시니.
　　죄짓는다 두려워 말라,
　　다만 명심할지니,
　　알라 말고 다른 신을 섬기는 것과
　　세상 사람들을 해치는 것은
　　결코 용서받지 못할

무거운 죄임을.

그러자 상인 아들 가운데 하나가 알리에게 말했습니다.
"오, 알리, 그러지 말고 이 술잔을 비우게!"
그러자 또 하나가 절교하겠다 위협하고 다른 자들도 가까이 다가앉아 귀찮도록 권하니, 알리는 마침내 얼굴을 붉히며 정원지기의 손에서 술잔을 받아 단숨에 쭉 들이켰습니다. 그러나 금세 토해내며 소리쳤습니다.
"아, 쓰다!"
그러자 정원지기가 말했습니다.
"오, 알리 님, '좋은 약은 입에 쓰다'는 말도 모르시나요? 쓰지 않다면 여러 가지 효능도 없습니다. 그 효능이란 음식의 소화를 도와주고 근심과 슬픔을 잊게 하며, 배부른 것을 내려가게 하고 피를 깨끗이 하여 혈색을 좋게 하고 생기를 북돋아 줄 뿐 아니라, 나약한 마음에 용기를 불어넣고 남자의 기능을 더 나아지게 해 줍니다. 어떤 시인은 이렇게 노래했지요.

내 마시리, 맛있는 술을,
신은 모든 죄인을 용서하므로.
술을 마시면
모든 병이 나으니라.
술의 죄악 크지만
신께서 말씀하시기를
"인간세상을 유익하게 하는 것 또한
술 속에 있다"*23고.

정원지기는 일어나서 정자 속 벽장을 열고 결이 고운 고급 설탕 덩어리를 꺼냈습니다. 그리고 그것을 크게 깨어 알리 누르 알 딘의 술잔에 넣은 뒤 말했습니다.
"오, 알리 님, 포도주가 써서 마시기 어려우시면 이것을 잡수십시오. 이것은 달콤합니다."
알리가 그 술잔을 들고 쭉 들이켜자, 친구 하나가 다른 잔에 술을 가득 붓고 말했습니다.
 "오, 알리, 잘했네, 이 잔도 부탁함세."
 그러자 또 다른 친구도 술을 따라 들고 말했습니다.
 "나도 자네의 노예야."
 세 번째 친구는 이렇게 말했습니다.
 "제발 나를 위해서!"
 네 번째 친구는 이렇게 부탁했습니다.
 "알리, 부디 내 마음을 헤아려주게!"
 그리하여 알리는 친구들의 강요로 술잔에 찰랑찰랑 따른 술을 열 잔이나 마시고 말았습니다. 이제까지 술은 물론 포도즙도 먹은 적이 없었던 알리는 금세 취기가 머리로 올라와 비틀거리도록 취하고 말았습니다. 그는 자리에서 일어나며 말했습니다. 혀는 꼬부라지고 말은 더듬거렸습니다.
 "오, 여러분, 자네들은 미소년이고 말재주도 뛰어나네. 그리고 이 정원은 정말 좋구나. 그런데 이번엔 음악이 듣고 싶네. 음악 없이 술을 마시는 건 싱거운 일이야. 시인도 이렇게 말하지 않던가."

> 어서 술잔을 돌려라.
> 늙은이 젊은이 할 것 없이
> 돌아온 술잔, 어서 받아라.
> 눈부신 달[24]이 따라주는
> 맛있는 술, 어서 마셔라.
> 그러나 즐거운 음악 없이
> 무슨 술잔치인고,
> 저 무심한 말도 휘파람에
> 맞춰 물을 마시거늘.

 젊은 정원지기는 일어나 젊은이들의 노새 하나를 잡아타고 어디론지 가더니, 이윽고 카이로 아가씨를 데리고 돌아왔습니다.
 그 여자는 마치 살이 오른 부드러운 양꼬리 아니면 깨끗한 은덩어리라고나 할까, 아니면 자기 쟁반에 얹어 놓은 금화나 쓸쓸한 숲 속의 영양 같은 모습을 하고 있었습니다.
 옥같이 아름다운 얼굴은 눈부신 태양도 부끄러워할 얼굴, 바빌로니아 풍*25의 눈동자, 활을 구부린 듯한 이마, 장밋빛 뺨, 진주처럼 새하얀 이, 설탕처럼 달콤한 입술, 상아처럼 하얀 유방, 나긋하면서도 홀쭉한 몸매, 터질 듯이 속을 채운 베개를 연상시키는 엉덩이, 시리아의 돌기둥 같은 허벅다리, 그리고 사타구니 사이에는 살짝 부풀어 오른 향주머니 같은 것을 간직하고 있었습니다.
 시인은 이 처녀를 다음과 같이 노래하고 있습니다.

> 이교도들의 눈앞에
> 그대가 모습을 나타내면
> 그 얼굴 넋을 잃고 바라보다
> 신들마저 버리고 말리라.
> 만일 동쪽에 선 중이
> 처녀의 모습을 본다면
> 동쪽으로 향한 채
> 실은 서쪽으로 엎드리리.*26
> 아무리 짠 바닷물도
> 그 입술에 한 번 닿으면
> 달콤한 맛으로 변하리.

또 다른 시인은 이런 시로 찬미했습니다.

> 눈썹을 그리고 그대는 왔네,
> 보름달보다도 더 눈부시게.
> 새끼 사자의 뒤를 쫓아 달리는
> 암사슴과 같은 모습으로.
> 검고도 검은 머리카락이
> 그대를 감싸고 있는 그 모습은
> 들판의 장막인가, 지탱할

기둥도 없는 머리카락의 천막
그 뺨에 밝은 홍장미는
괴로움으로 불타는
사나이 가슴의 심장과
간장으로 고이 자라네.
만일 엿보는 자 있다면
절세미인이라 떠받들며
허리 숙여 외치리라,
"고금에 없는 보물을
찬양하라!"

또 세 번째 시인도 이렇게 노래했습니다.

그대의 반가운 방문을
영원히 막는 세 가지—
미움과 시샘과 있을 수 없는
은근한 두려움이 그것.
아름다운 이마에, 장식구슬들
맞부딪쳐 울리는 맑고 아름다운 소리,
용연향과 몰약(沒藥)의
그윽한 향기 아울러 갖춘
이 세 가지야말로
그 반가운 방문을 알리는 징조.
소매로 얼굴을 가려도
그대 살결에서 풍기는
그대의 향기 어찌 숨기랴.*27
이 아름다운 처녀는.

이 보름달 같은 처녀가 하늘색 옷을 입고 녹색 베일로 하얀 이마를 가리고 있는 모습은 어떠한 현인도, 아무리 분별 있는 사람이라도 영혼을 빼앗기기에 충분했습니다.

―여기서 날이 훤히 밝아왔으므로 샤라자드는 이야기를 그쳤다.

## 867번째 밤

샤라자드는 이야기를 계속했다.
오, 인자하신 임금님, 정원지기가 데려온 여자는 절세미인으로, 그 우아하게 균형 잡힌 모습은 다음의 시와 같았습니다.

그대는 왔네, 남색 옷 입고
하늘마저 부끄럽게 만드는
그 선명히 짙은 빛이여.
그렇게 꾸며 입고 느닷없이
내 앞에 모습을 나타낸 그대,
내 새삼 생각해 보니,
겨울밤에 솟아오른
여름의 달님.

또 이렇게 노래한 시인도 있습니다.

베일 깊이 드리우고
처녀 왔기에 나는 말했네.
"오, 눈부시게 새하얀
그 보름달 얼굴을
나에게 보여주시라."
"부끄러워서"하는 말을
누르고, 나는 거듭 말했네.
그만두시라, 이것저것

구차한 망설임의 발뺌을.
그 처녀 마지못해
베일을 들쳐 보이니,
비할 데 없이 아름다운 그 얼굴은
맑고 환한 눈동자에
수정의 광채 어리었네.
그러나 나는 심판의 날
처녀의 원망 살까 두려워
아름다운 뺨에 입맞췄을 뿐이라네.
우리는 그날 하늘에
군림하는 주님 앞에 무릎 꿇고
가장 먼저 구원을
빌어야 하는 몸이 되었네.
하여 기도하노니, "오, 주여
마지막 심판의 날 늦추어서
길이길이 이 처녀
볼 수 있게 해 주시기를."

젊은 정원지기는 여자를 향해 말했습니다.
"우리가 우러러보는 하늘의 어느 별보다도 아름다운 여인이여, 사실 당신을 이곳에 데려온 까닭은 오늘 처음 이 정원에 소풍 나오신 알리 누르 알 딘 님을 위로해 드렸으면 해서라오."
그러자 여자가 말했습니다.
"처음부터 그렇게 말하지 그러셨어요? 그랬으면 악기를 가져왔을 텐데."
"내가 뛰어가서 갖고 올까요?"
"좋도록 하세요."
"그렇다면 뭔가 표적이라도."
여자가 손수건을 주자 정원지기는 서둘러 밖으로 뛰어갔습니다. 잠시 뒤 그는 금실 끈이 달린 녹색 공단 주머니를 가지고 돌아왔습니다.
여자가 주머니를 받아 열고 흔들어대니, 안에서 서른 하고도 두 개의 나무

쪽이 나왔습니다. 여자가 그 나무쪽을 요리조리 대보며 암컷을 수컷에, 수컷을 암컷에 끼워 맞추자*²⁸ 순식간에 인도인이 세공한 반들반들한 비파가 완성되었습니다. 여자가 비파를 어머니가 젖먹이를 안듯 무릎에 놓고 손끝으로 줄을 고르니, 먼 고향을 그리워하는 듯한 구슬픈 소리가 튕겨 나왔습니다.

그것은 옛날에 마신 고향의 물, 태어나서 자란 그리운 흙, 또 그것을 세공한 소목장이와 그것을 윤이 나게 닦은 장인(匠人), 그것을 사고판 장사꾼, 그것을 실어 보낸 배를 떠올리게 했습니다. 높게 낮게 금 구슬의 소리맵시를 내며, 마치 여자의 여러 가지 물음에 말없이 이런 시를 읊어 대답하고 있는 듯했습니다.

> 그 옛날 나는 나무였노라,
> 갈까마귀 둥우리에
> 푸른 머리 드리우고
> 그 새들을 사랑했노라,
> 사람들, 나를 향해
> 탄식하기에 나도 덩달아
> 사람들의 한탄을 배워서
> 탄식했더니, 그 한탄 속에서
> 머지않아 모든 사람은
> 알았노라, 내 비밀의 사연을.
> 그리하여 무심한 나무꾼은
> 무참히도 나를 찍어 넘겨,
> 이제 그대가 바라보듯
> 가냘픈 비파가 되었으니,
> 고운 손 내 줄에 닿아
> 절절히 퉁기고 울리면
> 나는 말하노라, 눈물에 젖어서
> 사람들이 얼마나 무정하게
> 나를 학대했던가를.

그러므로 좋은 벗들은
　　내 한탄에 귀 기울일 때
　　마치 술에 취한 듯이
　　스스로 마음 어지러워하노라.
　　또 하늘에 계시는 신은
　　나로 하여 모든 사람의
　　마음을 어루만져 주고,
　　나는 더없는 영예를 입는다.
　　황홀해진 사람들은,
　　근심 어린 듯 눈을 내리까는
　　영양도, 천국의 아가씨도,
　　내 허리를 안고 기뻐하노라.
　　아, 애달프다, 알라의 신이여,
　　내 연인에게 그 기쁨을
　　부디 거절하지 마시라,
　　무정하게도 날 버리고 간 사람
　　부디 살려 두지 마시라.

　거기서 여자는 잠시 입을 다물었다가, 다시 비파를 무릎에 올린 뒤 어머니가 젖먹이에게 젖을 물리는 듯한 모습으로 그 위에 몸을 굽혔습니다. 그리고 여러 가지 전주곡을 켜고 나서 다시 처음의 곡조로 돌아가 다음과 같이 노래했습니다.

　　노력도 괴로움도 없이 연인을
　　찾기 때문에 그 여인은
　　시름겨운 그 슬픔을 떨쳤도다.
　　소쩍새는 나뭇가지에 앉아
　　그 여인과 서로 한탄하도다.
　　연인과 멀리 떨어진 자와도 같이.

자, 눈을 뜨고 일어나시라!
달도 환히 비치도다, 인연 맺은 밤에는.
그러한 인연은 마치
새로운 아침을 맞은 듯하니,
오늘은 그 누구도 비난하지 않으리,
비파의 줄은 노래하노라,
두 사람의 합환 길이길이 이어지라고.

장미와 도금양(桃金孃),
황금의 꽃과 향기
이 네 가지가 하나로 어울림을
그대는 보았는가,
참으로 오늘이야말로
술과 금 사랑하는
남자와 여자가 모여
이 네 가지 기쁨 함께 어울렸네.

이제 그대는 늦기 전에
이 세상의 쾌락을 맛보시라,
기쁨은 지나가는 것
진정 옛이야기로 남을 뿐이니.

여자의 노랫소리를 듣고 알리는 연정이 가득한 눈초리로 그윽하게 바라보면서, 강렬하게 끌리는 마음을 억제할 수 없었습니다. 처녀의 마음도 마찬가지였습니다. 상인의 아들들을 둘러보니 그중 누구보다 알리의 용모가 뛰어나서, 마치 뭇 별에 에워싸인 달처럼 눈부셔 보였기 때문입니다. 상냥한 말씨, 우아한 몸짓, 나무랄 데 없이 균형 잡힌 몸매는 아침의 산들바람보다 정답고 낙원의 샘물보다 깨끗했습니다.[*29]

나는 맹세하리, 임의

빛바랠 일 없는 장밋빛 뺨과
미소 넘치는 입매에 걸고서,
그대의 고혹적인
깃털 달린 그 화살촉에 걸고서,
부드럽고 가는 허리와
그 눈동자의 빛에 걸고서,
밝은 이마의 새하얀 빛과
그 머리의 까만 머리카락에 걸고서,
기쁘거나 슬프거나
나를 사로잡고
내 눈에서 잠을 쫓아주는
늠름한 초승달 눈썹에 걸고서,
자기도 모르게 무정하게
자기를 연모하는 자들을
아직도 찾으며 죽이려고
눈에 남실되는 앞머리에서
그대가 놓아준 전갈에 걸고서,
도금양 같은 구레나룻과
그 장미꽃 뺨에 걸고서,
루비로 둔갑한 입술과
진주처럼 반짝이는 이에 걸고서,
우아한 자태와
백설인 양 하얀 그 가슴에
빛나는 두 개의 석류에 걸고서,
움직이든 움직이지 않든
묵직하게 흔들리는 엉덩이에 걸고서,
무거운 것을 사뿐히 받쳐주며
그 위에 있는 부드러운 허리에 걸고서,
그 걸친 비단옷과
더없이 날카롭고 뛰어난 지혜에 걸고서,

온갖 아름다움을 갖춘
변함없는 천성에 걸고서,
아, 보라, 그대의 숨결에서
사향 향기 높아짐을.
참으로 약한 바람은 멀리서 가까이서
그대의 향기를 묻혀와 뿌리고,
하늘의 찬란한 태양도
그대와 영롱함을 겨루지 못하니
저 초승달 한쪽도
그대의 손톱을 자른 것이로다.

―여기서 날이 훤히 밝아왔으므로 샤라자드는 이야기를 그쳤다.

## 868번째 밤

샤라자드는 이야기를 계속했다.
 오, 인자하신 임금님, 알리는 술에 취하여 몸을 비틀거리면서도 여자의 시를 듣고 매우 기뻐하고 처녀를 칭찬하여 이렇게 노래했습니다.

마음을 움직이는 연주자여,
그렇잖아도 술에 취한
내 지혜를 뺏어 가느냐.
그대의 비파는 알렸노라.
"우리 신의 명령받고
거룩한 소리로 말했노라"고.

 알리 누르 알 딘이 즉흥시를 노래하는 동안 여자는 애정을 담아 상대를 가만히 응시했습니다. 그러는 동안 이 젊은이를 소망하는 욕정의 불길이 더욱 타올라, 비할 데 없이 균형 잡힌 그 우아한 자태에 황홀해져서 자신도 모르게 비파를 다시 무릎에 올려놓고 이런 노래를 불렀습니다.

    그대를 그윽이 바라보았더니
    그대, 내 죄를 허물 삼아
    이 몸에서 목숨도 영혼도
    갈가리 찢어서 가져가도.
    그토록 나를 거부해도
    알아주시라, 이 가슴속에서
    갸륵하게 참고 견디며
    알라께서 영감을 불러 놓아 주신 사람처럼.
    그대 모습을 손바닥에 그리며
    내 눈에서 소리쳐 말했노라,
    "울어라, 슬픈 나를."
    그대같이 얼굴 빼어나게 아름다운 사람
    나 일찍이 만난 일 없고,
    이 가슴속 어두운 생각을
    참고 견딜힘조차 없도다.
    그러니 내 마음의 임이여
    이 가슴에서 그대를 찢어내리,
    시샘으로 원망스럽게 보는
    예의 모르는 사람처럼.
    "아, 마음이여, 그 그리움을
    위로하라." 이렇게 말하더라도
    그대 말고 다른 사람에게는
    기울지 않는 마음인 줄 아시라.

  알리는 여자의 우아한 말투와 아름다운 목소리에 홀딱 반하여, 그리운 정에 사로잡혀 그만 가슴속에서 불같이 타오르는 욕정을 누르지 못하고 여자를 꼭 끌어안았습니다.
  여자도 몸을 기대며 상대의 포옹에 맡기면서 이마에 입을 맞췄습니다. 이

욱고 알리 누르 알 딘은 여자의 입에 입맞추고, 마치 비둘기가 희롱하듯, 비비대며 어루만졌습니다. 여자도 마찬가지로 뜨거운 정을 담아 상대가 하는 대로 응하자, 그동안 다른 젊은이들은 모두 마음이 혼란스러워서 자리를 뜨려 했습니다.

이에 알리가 겸연쩍어져서 여자를 놓아주니, 여자는 비파를 들어 온갖 전주곡을 켜고 난 다음 이렇게 노래하기 시작했습니다.

몸을 굽히고, 그대의 눈을
드러내면, 임은 달님,
그윽하게 쳐다보는 암사슴의 가슴에
절망을 빚는 횃불.
다시없는 매력을 숨긴
왕은 주인으로서
비유하리, 창의 모습은
지팡이 든 시종에게.
임이 그 부드러운 살결처럼
마음씨 고운 분이라면,
사랑하는 여자도 이토록
괴로워하지는 않으련만.
아, 쌀쌀한 마음
그러나 부드러운 살결,
어째서 마음과 배가
서로 바뀌지 않았던고.
아, 내 연인의
변명을 듣지 않으려는 자여,
그대, 영원한 즐거움 가져가고
나에게는 덧없는 기쁨*30 남기시라.

여자가 아름다운 노랫소리에 숨긴 안타까운 연정을 느낀 알리는, 자신도 모르게 감탄의 소리를 내며 기쁨에 못 이겨 여자 곁으로 다가갔습니다. 그리고 이런 시를 읊었습니다.

> 그 아가씨 베일을 가릴 때까지
> 한낮의 태양인 줄만 알았더니
> 그 아가씨 내 가슴에 불을 질러
> 이렇듯 활활 타오르게 하는구나.
> 그 아가씨 손끝을 올려
> 내 인사에 가볍게 응하든
> 속없는 추파를 베풀든
> 얼마나 지장 있으랴.
> 얼굴을 훔쳐본 기사는 모두
> 멍하니 혼을 빼앗기네.
> 그 자리에 영광을 주며
> 온갖 아름다움을 다투는 미모 때문에.
> "그대를 이토록 사랑에 들떠
> 괴로워하게 하는 것이 이 여인인가?
> 그렇다면 그대는 용서받으리."
> "그 여자는 내가 사랑하는 아가씨로다."
> 눈빛의 화살로 나를 쏘아서
> 풋내기인 나의 슬픔을
> 가엾다 않고 애끓는 시름 보이며
> 이 사랑에 보답하지 않는 아가씨로다.
> 찢어진 마음으로 아침에 일어나
> 아, 나는 동경하노라, 사랑의 희생,
> 날이면 날마다, 밤이면 밤마다 끊임없이
> 세상을 원망하여 울부짖으며 사노라.

알리의 낭랑한 목소리와 우아한 가사에 놀라며, 여자는 비파를 다시 들고 익숙하고 뛰어난 솜씨로 전주곡을 몇 곡 켜더니 이렇게 노래했습니다.

아, 내 가슴의 생명인
　　사랑스러운 그대여, 기쁨도
　　또 슬퍼도 나는 묻지 않고
　　영원히 그대를 사랑하리니.

　　그대의 환상 쌀쌀맞도다.
　　내 곁에 서 있을 때나,
　　멀리 떨어져서 보지 못하고
　　다만 그리움만 그려 볼 때나.

　　사랑이라 하지만, 그대 아니면
　　나에게는 영원한 사랑이 아니로다.
　　그를 모르고 내 눈을
　　흐리게 함은 누구인고.

　　아, 그대 뺨은 장미꽃
　　입술의 이슬은 달콤한 술,
　　그대여, 이 꽃밭에서
　　그를 아끼겠다 하시려나.

　이 노래를 들은 알리는 뛸 듯이 기뻐하며 그만 감격하여 다음과 같이 화답했습니다.

　　태양은 칠흑 같은 어둠에 가려서
　　황금의 빛을 내지 못하고
　　수평선 그 아래
　　진주처럼 잠겼도다,
　　날이 밝아올 무렵 아침의 눈에
　　그 머리가 보이지 않음은
　　밤의 정다운 어둠과 이별을 아쉬워함이로다.

폭포수처럼 쏟아지는
　　이 눈물을 떠서 보시라,
　　이것이 증거요, 분명하게
　　내 심정 밝혀 주리니.
　　줄줄이 떨어지는 이 눈물
　　나일의 홍수에 비유하랴,
　　그러면 열렬한 내 사랑은
　　말라크*31의 물이 불어서 넘치는
　　평지라 할 수 있으리.
　　"그대의 귀중한 재물을 가져오라."
　　만일 처녀가 이렇게 말한다면
　　"와서 가지라"고 대답하리라.
　　"그러면 그대의 잠도?"
　　"그렇다, 내 눈꺼풀에서 가져가라!"

　알리가 읊은 시를 듣고 여자는 그 상쾌한 말솜씨를 알자, 미칠 듯한 사랑의 노예가 되어 마음은 빼앗기고 눈은 멀고 말았습니다.
　마침내 참지 못하게 된 여자가 남자를 와락 가슴에 끌어당겨 비둘기처럼 입을 맞추자, 남자도 여자를 힘껏 끌어안고 오랜 입맞춤으로 화답했습니다. 그러나 무엇보다 먼저 시작한 쪽이 힘이 센 법,*32 입맞춤이 끝나자 여자는 비파를 들고 이렇게 노래했습니다.

　　한탄할까나, 변명할까나
　　기도할까나, 입 다물까나,
　　아, 슬프다, 내 사랑
　　비웃는 사람들아!

　　오, 내 사랑의 문지기여,
　　이렇듯 무정하게
　　함정에 빠뜨릴 줄은

꿈에도 생각지 못했구나.

나도 그 옛날, 연인의
사랑을 업신여기고, 그 뜨거운 연모를
탓했건만 지금은
그들을 비난한 자들에게 머리 조아리련다.

내 어제까지는 희롱 삼아
사랑하는 자들 비난했으나,
애절한 사랑의 황홀한 기쁨을
구하는 마음 용서하련다.

아, 내 이별의 슬픔
안타깝고 무거워서
아침 기도에 나는 신께 부르짖으련다,
"알라시여, 그대의 이름에 걸고!"

또 이런 노래도 불렀습니다.

임의 연인들 이렇게 말했노라.
"그 맑은 입술이 품은
해묵어 향기롭고 맛 좋은 술
나에게 한 잔도 주지 않을 때는
삼계(三界)의 알라께 기도하면서,
다 함께 소리 맞춰 외치리라,
"아, 알라여, 그대의 이름에 걸고!"

 이 시와 가락을 듣자, 알리는 여자의 뛰어난 노래 솜씨에 감탄하고 그 요염한 자태를 칭찬하면서 감사의 말을 했습니다.
 여자는 매우 기뻐하며 일어나더니 옷을 훌렁훌렁 벗어 거추장스러운 것을

알리 누르 알 딘과 띠를 만드는 미리암 공주

모두 떨쳐버리고, 남자의 무릎 위에 올라앉아 이마와 뺨의 검은 점에 입을 맞춘 뒤, 자기 손으로 벗어 버린 옷을 몽땅 젊은이에게 주었습니다.

―여기서 날이 훤히 밝아왔으므로 샤라자드는 이야기를 그쳤다.

## 869번째 밤

샤라자드는 이야기를 계속했다.
오, 인자하신 임금님, 여자는 벗은 옷을 알리에게 주면서 말했습니다.
"오, 사랑스러운 분, 이 옷을 다시 당신에게서 선물로 받고 싶어요."
알리는 그것을 일단 받았다가 다시 여자에게 건네주고는, 여자의 입과 뺨에 입을 맞췄습니다.
그것이 끝나자(오, 영원히 사는 신 알라, 공작과 올빼미*33의 창조주 말고 영원한 것은 아무것도 없으므로) 젊은이는 자리에서 일어났습니다. 주위는 이미 깜깜해져서 하늘에는 별이 반짝이고 있었습니다.
여자가 물었습니다.
"사랑하는 분이여, 어디로 가시나요?"
"아버지의 집으로 돌아갑니다."
알리 누르 알 딘이 대답하자, 상인의 아들들은 오늘 밤은 밤새도록 놀자고 권유했습니다. 그러나 알리는 사양하고 암노새에 올라 곧장 아버지의 집으로 돌아갔습니다.
어머니는 아들을 맞이하며 물었습니다.
"애야, 이렇게 밤늦도록 뭐 하고 있었니? 아버지도 나도 무척 걱정하고 있었단다. 무슨 일이 생기지나 않았나 하고 말이다."
어머니는 아들에게 입을 맞추려고 다가가다가 술 냄새가 확 끼쳤으므로 깜짝 놀라서 말했습니다.
"아니, 너 어쩐 일이냐? 그렇게 기도를 하고 몸을 삼가던 네가 술을 마시고, 만물을 창조하시고 다스리시는 알라를 거역하다니! 대체 이게 어찌 된 일이냐?"

그러나 알리는 침대 위에 벌렁 몸을 던지더니 아무 말도 하지 않고 그대로 잠들어버렸습니다.

이윽고 아버지가 들어와서 물었습니다.

"알리가 저런 모습으로 자고 있다니, 대체 무슨 일이오?"

"아마도 정원의 바람을 쐬고 머리가 아픈 모양이에요."

아버지 타지 알 딘은 걱정이 되어 아들에게 다가가서 어디가 괴로우냐고 물으려 하자 술 냄새가 확 코를 찔렀습니다.*34 아버지는 평소에 술 마시는 것을 몹시 싫어하던 터라 큰 소리로 아들을 꾸짖었습니다.

"애야, 어쩌려고 이런 죄악을 저질렀느냐! 술을 입에 대다니, 어쩌다가 이렇게 타락하고 말았어?"

아직 취기에서 깨어나지 못한 알리 누르 알 딘은 아버지의 잔소리를 듣자, 다짜고짜 한쪽 팔을 쳐들어 아버지를 때렸습니다.

그런데 이것도 운명의 장난인지, 그 주먹이 아버지의 오른쪽 눈에 정통으로 맞고 말았습니다. 그러자 당장 눈알이 튀어나와 뺨을 타고 굴러떨어졌습니다. 아버지는 정신을 잃고 그 자리에 한동안 쓰러져 있었습니다. 가족들이 달려와서 장미수를 끼얹자 간신히 깨어난 아버지는 아들을 때리려고 했습니다. 어머니가 말리자, 아버지는 아내와 이혼을 하는 한이 있더라도, 내일 날이 밝기만 하면 꼭 아들의 오른손을 잘라버리겠다고 소리를 질렀습니다.*35

남편의 말을 들은 아내는 너무 애가 타고 걱정되어 견딜 수가 없었습니다. 그래서 빌다시피 남편을 달래고 비위를 맞추는 사이, 다행히 아버지는 잠이 들었습니다.

달이 뜨기를 기다려 어머니가 아들에게 가보니, 아들은 그동안 말끔히 술기운에서 깨어나 있었습니다.

"얘, 알리야, 네가 어떻게 아버지께 그런 못된 짓을 할 수 있단 말이냐?"

"예? 제가 뭘 어쨌는데요?"

"네가 아버지의 오른쪽 눈을 세게 때려서 눈알이 빠져버렸단다. 아버지는 불같이 화가 나셔서 날이 밝는 대로 네 오른손을 잘라버리겠다고 벼르고 계셔."

이 말을 들은 알리는 자기가 한 일을 후회했지만, 그것은 이미 소 잃고 외양간 고치는 것처럼 아무 소용없는 일이었습니다.

"애 알리야, 이제 와서 후회한들 무슨 소용이 있겠니. 이렇게 되었으니 차라리 달아나거라. 몰래 집을 빠져나가 친구의 집에라도 숨어서 알라의 처분을 기다려라. 알라께서 알아서 잘 주선해 주실 테지."

어머니는 돈궤를 열어 금화 백 닢이 든 지갑을 꺼내 아들에게 주었습니다.

"이 돈으로 당장 필요한 물건을 사도록 해라. 떨어지면 또 줄 테니 사람을 보내라. 그때, 네 소식을 나에게만 몰래 알려주어야 한다. 알라께서 반드시 너를 도와 집에 돌아올 수 있게 해 주실 거다."

어머니는 아들과의 작별을 슬퍼하며 비탄의 눈물을 흘렸습니다.

아들은 어머니가 준 지갑을 가지고 나가려다가 문득 돈궤 옆에 어머니가 빠뜨린 1천 닢이 든 지갑이 눈에 띄어, 그것까지 집어서 두 개의 지갑을 허리끈에 붙들어 맸습니다.*36 그리고 아직 어둠이 채 가시지 않은 거리로 나가 브라크를 향해 걸어갔습니다.

브라크에 이르자 날이 환하게 밝아 우주에 있는 온갖 사물과 현상은 모두 잠에서 깨어 알라께서 만물의 창조자임을 증명하고 있었습니다. 사람들은 신이 주신 것을 손에 넣으려고 모두 일하기 시작했습니다.

알리는 강변을 따라 걸어가다가 배 한 척이 뱃전 옆에 위치한 출입문을 열고 네 개의 닻을 내리고 있는 모습을 보았습니다. 많은 사람이 그 배에 들락날락하고 있었습니다.

알리는 배 옆에 서 있는 선원들에게 어디로 가는 배냐고 물었습니다.

"로제타*37로 가오."

"나를 태워줄 수 없겠소?"

"좋소, 어서 타시오."

알리는 얼른 시장에 가서 필요한 식품과 침구 등 필수품을 사서 항구로 돌아가 배에 올라탔습니다.

배는 이미 출범준비가 다 되어 있었으므로 기다릴 것도 없이 바로 닻을 올려 항구를 떠나, 도중에 어디에도 들리지 않고 곧장 로제타에 도착했습니다.

이 항구에는 알렉산드리아로 가는 작은 배편이 있어서 알리는 그 배로 갈아탔습니다. 그리고 로제타 후미를 건너가서 알 자미라는 부두에 이르자 그곳에 상륙하여 '연꽃 문'이라는 성문을 지나 알렉산드리아로 들어갔습니다.

알리는 알라의 가호 덕분에 다행히도 성문지기들에게 조사를 받는 일도 없이 무사히 성 안으로 들어갈 수 있었습니다.

―여기서 날이 훤히 밝아왔으므로 샤라자드는 이야기를 그쳤다.

## 870번째 밤

샤라자드는 이야기를 계속했다.
오, 인자하신 임금님, 알리가 간 알렉산드리아는 신기한 환락의 도시로, 주민들은 모두 즐겁게 살고 있었고, 외국인도 반갑게 맞아주었습니다.
겨울은 추위와 함께 가버리고 장미꽃과 함께 봄이 찾아와 있었습니다. 여러 가지 꽃들이 미모를 다투며 활짝 피어 있고, 냇물은 졸졸 속삭이며 흘렀습니다.
또 거리와 건물도 모두 훌륭하고 주민들은 착하고 어진 사람들뿐이어서, 성문이 닫혀 있는 동안에는 모두 베개를 높이 베고 잘 수 있었습니다.[*38] 그곳은 참으로 다음의 시에 읊은 도시 그대로였습니다.

어느 날 벗에게 물었네,
말솜씨 교묘한 벗에게.
"이곳이 어떤 곳인지 들려주게나."
"그것은 입 벌리고 웃는 미인과 같도다."
"사람이 살며 삶을 영위하느뇨?"
내가 물으니, 벗이 대답하네.
"만일 그곳에 바람 분다면."

또 어떤 시인은 이렇게 노래했습니다.

알렉산드리아[*39]는 국경,
입안의 이슬조차 달콤하고 맑다.
찾아와 보니 더욱 즐거운 곳,

까마귀 따위는 보이지도 않네.

알리는 거리를 여기저기 돌아다니다가 이윽고 시장에 이르자, 먼저 환전 가게에 들른 다음, 과자가게, 과일가게, 약방 거리를 차례로 기웃거렸습니다. 그리고 가는 곳마다 이 도시의 번성하고 화려한 모습에 눈이 휘둥그레졌는데, 그것은 도시의 호화로운 모습이 역시 그 이름과 다르지 않았기 때문입니다.

알리가 약방에 들어가려고 하자 가게에서 한 노인이 나와 인사를 하면서 알리의 손을 잡고 집으로 안내했습니다.

사방을 둘러보니 매우 기분 좋은 골목으로, 깨끗이 비질을 하고 물까지 뿌렸으며 약한 바람이 산들거리고 가지가 늘어진 나무들이 짙은 그늘을 드리우고 있는 것이, 뭐라 말할 수 없이 상쾌한 곳이었습니다.

그곳에는 집이 세 채 나란히 서 있었는데, 가장 큰 저택은 주춧돌도 묵직해 보이고 둘러친 벽은 하늘도 찌를 듯이 높이 솟아 있었습니다.

그 앞 광장은 깨끗하게 비질을 해서 물 뿌린 자국도 시원해 보이고, 이따금 꽃향기가 약한 바람을 타고 와 천국의 낙원을 연상시켰습니다. 골목길 입구에서 안쪽까지는 대리석이 깔려 있어 서늘하고 시원한 공기가 감돌았습니다.

약방 노인은 알리를 집 안에 청해 들이더니 음식을 권하고 자기도 함께 앉아 먹었습니다. 식사가 끝나자 노인이 물었습니다.

"카이로에서 언제 이곳에 왔는가?"
"오늘 밤 조금 전에 도착했습니다."
"이름은 무엇인가?"
"알리 누르 알 딘이라고 합니다."
"그럼 알리, 이 도시에 머물러 있는 동안 우리 집에 와 있게나. 거처할 곳을 따로 마련해 줄 테니."

알리는 의아한 생각이 들어서 물었습니다.

"노인장의 신상을 좀더 자세히 말씀해 주십시오."

그러자 노인은 이야기했습니다.

"사실 꽤 오래전의 일이지만, 내가 물건을 가지고 카이로에 가서 다 팔고

난 다음 다른 물건을 샀는데, 금화 1천 닢이 모자라더란 말이야. 그런데 자네 아버님이 내 신분을 잘 알지도 못하면서 돈을 빌려주셨을 뿐만 아니라 차용증서도 받으려 하지 않으셨지. 게다가 내가 이곳에 돌아와서 하인을 시켜 빌려주신 돈과 선물을 보내 드릴 때까지 한 번도 재촉하지 않으셨다네.

그래서 나는 젊은이의 어렸을 적 일도 잘 알고 있네. 그러니 만일 이것이 더없이 높은 알라의 뜻에 맞는 일이라면, 자네 아버지께 입은 은혜를 조금이라도 갚으려는 것일세."

알리는 노인의 이야기를 듣고 매우 기뻐하면서 금화 1천 닢이 들어 있는 지갑을 꺼내 노인에게 내밀었습니다.

"이 돈을 맡아주십시오. 이것은 상품을 사들일 돈입니다."

그리하여 알리는 알렉산드리아에 묵게 되었습니다. 그는 매일같이 이곳저곳을 구경하면서 먹고 마시며 즐거운 나날을 보냈습니다. 그러는 동안 용돈으로 남겨 둔 돈을 다 써버리고 말았습니다.

그래서 약방 노인에게 가서 맡겨 둔 1천 닢의 금화 중 약간의 용돈을 찾으려고 했으나, 공교롭게도 노인이 가게에 없어서 가게 앞에 앉아 노인이 돌아오기를 기다리기로 했습니다.

알리가 가게 앞을 오가는 사람들을 물끄러미 쳐다보고 있으니, 마침 암노새를 탄 한 페르시아인이 처녀 하나를 데리고 시장에 들어오는 모습이 눈에 띄었습니다.

불순물이 전혀 들어 있지 않은 순금이나 강에 사는 발티어(魚),[40] 또는 사람이 없는 초원에 사는 암영양을 연상시키는 그 처녀의 아름다운 얼굴은, 태양마저 비웃는 듯하고, 눈동자는 사람의 넋을 빼앗을 듯이 빛나며, 가슴은 상아처럼 하얗고, 이는 진주, 허리는 버들가지, 배는 깊은 굴곡을 이루고 있으며 엉덩이는 살찐 양의 꼬리[41] 같았습니다. 참으로 영롱한 구슬 같은 처녀로, 한 점 나무랄 데 없는 그 아름다운 자태는 어떤 시인이 다음과 같이 노래한 것과 같았습니다.[42]

그는 자신의 뜻대로
창조한 것처럼
작지도 크지도 않은 키의

아름다운 처녀, 마치
'미'의 틀로 찍어낸 듯하구나.
장미도 그 뺨을 보고
수줍은 듯 붉게 물들이니,
그 신비한 매력을 비유한다면
아름다운 열매 맺은 나무,
달은 그 처녀의 얼굴,
사향은 그 처녀의 향기,
가느다란 가지는 그 처녀의 자태—
모든 사람 중에 빼어나네.
이 처녀 매우 청순한
진주를 녹여 부은 듯,
그 손발은 나면서부터
달빛 어리었네.

 암노새에서 내린 페르시아인은 처녀도 내려 준 뒤 큰 소리로 거간꾼을 불렀습니다. 곧 거간꾼이 나타나자 페르시아인이 말했습니다.
 "이 처녀를 시장에 데려가서 경매에 부쳐주시오."
 거간꾼은 처녀를 데리고 시장 한복판으로 들어갔습니다. 그리고 잠시 어딘가로 모습을 감추더니, 곧 상아를 아로새긴 흑단 발판을 갖고 돌아와서 처녀를 그 위에 세웠습니다.
 그런 다음 처녀의 베일을 젖히니, 놀랍게도 메디나산 둥근 방패나 한 무더기의 진주처럼 눈부신 얼굴이 나타나지 않겠습니까!
 그야말로 열나흗날 밤 달처럼, 한 점 티 없는 영롱한 구슬처럼 빛나고 있었습니다. 그것은 시인이 노래한 이런 시와 같았습니다.

보름달 어리석게도
처녀와 광채를 겨루었지만,
그 빛에 부끄러워져
노여움으로 부서졌노라,

우뚝 솟은 반나무도 처녀와 겨룬다면
장작 나르는 아내의 손은
썩어서 멸망하리.*43

또 다른 시인은 이렇게 노래하고 있습니다.

정교하게 짠 베일을 쓴
미인에게 물어보라,
어찌 그대는 승려와도 같은
숭배자를 괴롭히느냐고.
눈부신 베일은
그늘 속에 숨은 얼굴의 광채
어둠의 주인들을
불행에서 쫓아주네.
쏠리는 내 눈초리
그 뺨을 엿보았을 때
파수꾼은 별똥별 같은 화살로
나를 쏘아 못 가게 하네.

이윽고 거간꾼은 장사꾼들을 향해 소리쳤습니다.
"자, 여러분, 바다에서 자맥질하는 해녀의 커다란 진주, 새잡이의 가장 훌륭한 노획물인 이 보물 값을 얼마나 부르시겠습니까?"*44
한 상인이 나섰습니다.
"금화 백 닢에 사리다."
한 사람이 소리쳤습니다.
"아니, 2백 닢이다!"
그러자 또 다른 사람이 올려서 불렀습니다.
"아니야, 나는 금화 3백 닢 내겠소!"
상인들이 서로 값을 올려가서, 마침내 금화 950닢이나 되는 대금을 부르게 되었습니다. 그래서 경매의 외침도 잠잠해지고 이제 처녀의 승낙만 기다리게 되었습니다.

— 여기서 날이 훤히 밝아왔으므로 샤라자드는 이야기를 그쳤다.

## 871번째 밤

샤라자드는 이야기를 계속했다.
오, 인자하신 임금님, 여자의 몸값이 금화 950닢에 이르자, 거간꾼은 페르시아인에게 가서 말했습니다.
"노예처녀의 값이 금화 950닢까지 올라갔는데 그 값에 파시겠소?"
"그 여자가 동의했소? 나는 모든 것을 그 여자가 원하는 대로 해 주고 싶소. 사실은 여행하다가 병이 났을 때 그 여자가 부모 형제도 하지 못할 극진한 병간호를 해 주었다오. 그래서 본인 마음에 드는 남자가 아니면 팔지 않기로 약속했으니 흥정은 모두 여자의 마음에 달렸소. 본인과 의논해서 승낙하거든 누구든 좋은 사람에게 파시오. 본인이 싫다면 팔지 않아도 괜찮으니."
거간꾼은 여자에게 되돌아갔습니다.
"여보, 예쁜 아가씨. 주인님 말을 들으니 사고파는 것은 모두 아가씨의 뜻에 맡겼다더군. 당신의 몸을 금화 950닢까지 내겠다는 양반이 있는데, 그 값에 흥정을 끝내도 괜찮겠소?"
"정하기 전에 그분을 한 번 만나게 해 주세요."
거간꾼은 늙어서 쭈글쭈글한 한 상인을 데리고 왔습니다. 여자는 잠시 그 상인의 얼굴을 쳐다보더니 이윽고 거간꾼을 돌아보며 말했습니다.
"당신은 마귀에게라도 홀리셨나요? 아니면 정신을 어디다 잃어버리셨나요?"
"아름다운 아가씨, 그게 무슨 말이오?"
"저런 늙어빠진 사람한테 나 같은 처녀를 판다는 건 천벌을 받을 일이지요. 저런 사람의 아내가 된 여자의 신세는 이런 시와 같답니다.

마누라가 나에게 말했지,
─자존심에 심한 상처 입었기에
몹시 화를 내면서,
내가 해내지 못할 것을
일부러 요구한 것이지만─
"오, 세상의 뭇 남편들이
그 아내에게 베풀어주는 일을
지금 당장 나에게 해 주지 못한다면,
샛서방이 오더라도
나를 탓하지 마소.
당신의 아들은 몸이 약해서
물컹물컹 미덥지 않아,
초로 만들었나, 우뭇가사리인가,
어루만지고 비벼대지만 재빨리도
늘어져 시들어만 가네."[*45]

또 노인이 음경을 노래한 시에는 이런 것도 있어요.

내가 원하는 그 일을
설령 여자가 승낙한다 해도
아, 창피하도다, 내 물건은
곤히 잠들어 깰 줄을 모르는구나.
그런데 어쩐 일이냐, 아침에 혼자
잠자리에서 눈을 뜨니
그는 늠름하게 일어나
한바탕 싸움에 도전할 기미로다.[*46]

그리고 노인의 양근에 대해서는 이런 시도 있지요.

내 연장은 버릇없는 놈,

언제나 시무룩해서
그걸 가장 소중히 여기는
여자에게는 면목 없지만,
내가 잠들면 이 녀석은
발딱 일어나고
내가 눈뜨면 축 늘어져 잠든다.
그따위 물건 가엾이 여기는 자
하늘은 가엾이 여기시지 않는다."

여자의 짓궂은 놀림을 들은 노인은 화를 벌컥 내며 거간꾼에게 욕을 퍼부어 댔습니다.
"이 재수 없는 거간꾼아! 너는 이 못된 년을 시장에 데려와서 많은 사람이 보는 앞에서 나를 웃음거리로 만들 셈이냐?"
그래서 거간꾼은 여자를 한구석으로 데리고 가서 이렇게 말했습니다.
"이봐요, 아가씨, 그렇게 말을 함부로 하면 내 처지가 난처해. 지금 아가씨가 놀린 노인은 이 시장의 우두머리이고 감독*47이란 말이야. 게다가 상인들의 고문 노릇도 하는 분이야."
여자는 그저 웃으면서 즉흥적으로 다음과 같은 시를 읊었습니다.

이 세상을 다스리는 사람의
의무 가운데 하나는
경비대장을 문에 매달고
시장 우두머리를 매질하는 것.

그리고 이렇게 덧붙였습니다.
"여보세요, 정말 저는 저런 늙은이에겐 팔려가고 싶지 않아요. 제발 다른 사람에게 팔아주세요, 왜냐고요? 그 노인은 내가 상대해 주면 틀림없이 부끄러워서 또 다른 사람에게 팔아버릴 테니 말이에요. 그렇게 되면 저는 고작 하녀가 되고 말아요.*48 천한 일을 하는 하녀가 되는 건 저에게 어울리는 일이 아니잖아요? 그리고 당신도 잘 아시겠지만 제 몸을 사고파는 일은 제가 결정할 일이니까요."

"그래, 잘 알았다."

그는 다시 상인 우두머리 하나를 데리고 와서 물었습니다.

"이봐, 아가씨, 여기 계시는 샤리프 알 딘 님에게 너를 금화 950닢으로 팔아도 괜찮겠나?"

여자가 그 상인의 모습을 살펴보니 수염을 검게 물들인 노인이었습니다.

"이런 비실비실한 꼬부랑 영감에게 나를 팔겠다고요? 당신은 바보예요? 금방이라도 납작하게 무너질 듯한 담벼락이 아니면, 마치 지옥불에 타죽은 마물 같은 백발영감들에게만 끌고 다니다니 제가 무슨 솜 부스러기나 넝마 조각인 줄 아세요? 아마 시인도 아까 그 영감 같은 노인을 떠올리면서 이런 시를 지었을 거예요.

    빨간 산호 같은 입술 빨고 싶어서
    귀여운 처녀를 꼬드겨 봤지만
    처녀는 고개 살래살래 흔드네.
    "싫어요, 알라께 맹세코
    머리 하얀 노인에겐 마음 내키지 않아요.
    이 몸에 아직 숨이 남아 있는데
    어떻게 넝마 따위로 입을 틀어막을 수 있나요?"[49]

또 이렇게 노래한 시인도 있지요.

    흰 머리는 빛이노라,
    하얀 눈 같은 눈부심
    위엄으로 사람의 얼굴을 비추며
    위협하는 빛이노라.
    ―그것은 지혜로운 사람들의 말.
    내 소원, 소망을 말한다면
    부디 내 숨이 끊어질 때까지
    머리는 칠흑같이 새카맣게 남을 것.

긴 세월 서리 앉은 머리에
설령 고생이 쌓이는 것이라 해도,*50
제발 저세상에 도착할 때까지는
역시 흰머리가 아닌 게 좋겠더라.

또 이런 재미있는 시도 있어요.

어떤 손님 내 머리를 훔쳐보는구나, 무례하게
칼은 다정한 거동으로
이 머리를 자르려 했던가.
애달프다, 흰머리여, 마음 편히 가져라,
보기에 기꺼운 빛 거기 없더라도
내 눈에는 그대야말로
검은 중에도 검고
또 검은 것으로 보이노라!

그리고 두 번째 영감님은 방사(房事)라면 사족을 못 쓰는 늙은 원숭이로, 머리에 서리는 앉았지만, 결코 방심하거나 빈틈을 보여선 안 되지요. 무엇보다 머리를 물들인 것이 뱃속이 검다는 증거랍니다. 마치 이 시처럼.

여자가 나한테 말하기를
'어머, 망측해라, 흰머리 물들였네.'
내 그 말에 대답하기를
'그것도 누구 때문, 바로 그대 때문에
하다못해 흰머리라도 숨기기 위해.'
그 여자 깔깔 웃으며 말하네,
'어머, 저런! 저 기막힌 거짓말!
가짜 흰머리와 같지 뭐야.'

또 이렇게 훨씬 잘 지은 노래도 있지요.

흰머리 검게 물들인 양반아,
가짜는 얼른 보면 젊어 보이지만
언제까지 젊어지고 싶으실까,
그러나 내 운명은
그 옛날에 새까맣게 물들어 있었답니다.
잘 보세요, 거짓말이 아니에요,
앞으로도 다른 색으로는 물들지 않을 테니."

 이 노예계집의 말을 듣고 수염을 검게 물들인 노인은 불같이 화를 내며 거간꾼에게 욕설을 퍼부었습니다.
 "이 고약한 장사꾼 놈! 오늘 네가 이 시장에 나타난 것은, 이 갈보년에게 시시한 시나 발칙한 말을 지껄이게 해서 시장 안 사람들을 차례차례 구경거리로 삼을 마음보였구나."
 그리고 노인은 가게에서 뛰어나와 거간꾼의 얼굴을 후려갈겼습니다. 그러자 거간꾼도 화가 머리끝까지 나서 여자를 끌고 가며 소리쳤습니다.
 "내 알게 맹세코 말하지만, 이 나이를 먹도록 너처럼 부끄러움을 모르는 망나니 계집은 처음 봤다. 오늘은 네 덕분에 장사도 글렀고, 게다가 상인들에게 원망만 잔뜩 들었잖아?"
 그때 문득 길가에서 시하브 알 딘이라는 상인을 만났는데, 그자가 금화 열 닢을 더 쳐주겠으니 팔라고 했습니다. 그래서 거간꾼이 여자에게 승낙을 구하자 여자는 이렇게 말했습니다.
 "먼저 저하고 만나게 해 주세요. 그분에게 묻고 싶은 게 있어요. 그분 댁에 내가 갖고 싶은 물건이 있다면 그분에게 팔려가지요. 하지만 그게 없으면 사양하겠어요."
 거간꾼은 여자를 그 자리에 남겨 두고 시하브 알 딘에게 갔습니다.
 "저 아가씨가 당신에게 묻고 싶은 것이 있답니다. 처녀가 갖고 싶어 하는 물건을 가지셨다면 팔려 가겠다는군요. 그런데 당신도 들으셨겠지만, 저 처녀는 아까 다른 상인들에게 심한 모욕을 주었는데……"

 ─여기서 날이 훤히 밝아왔으므로 샤라자드는 이야기를 그쳤다.

## 872번째 밤

샤라자드는 이야기를 계속했다.

오, 인자하신 임금님, 거간꾼은 다시 말을 이었습니다.

"그러니 저 여자를 당신 앞에 데려오면 또 아까 같은 실례를 저질러서 제가 두 번 다시 얼굴을 들지 못하게 되지나 않을까 걱정입니다. 그래도 괜찮다면 데려오겠습니다만."

"음, 아무튼 데려오시오."

"그렇게 하지요."

거간꾼이 여자를 데려오자, 여자는 상대를 말끄러미 살펴보더니 이렇게 물었습니다.

"시하브 알 딘 님, 댁에는 수달피 가죽으로 동그랗게 만든 조그마한 이불이 있나요?"

"오, 예쁜 아가씨, 그런 건 스무 개나 있지. 그런데 그걸 어디에 쓸 건지 말해 주지 않겠나?"

"당신이 잠들 때까지 둘이서 그것을 덮으려고요. 그러다가 당신이 잠들면 그것으로 당신의 입과 코를 눌러 죽이고 마는 거지요."

여자는 이렇게 말하고 거간꾼을 돌아보았습니다.

"이 무능한 거간꾼 같으니! 당신이 하는 짓은 어쩌면 하나같이 그래요? 아까 그 두 사람의 백발영감에게는 두 가지 결점이 있었지만, 이 시하브 알 딘 님에게는 결점이 셋이나 있어요. 첫째, 난쟁이이고 둘째, 코가 너무 크며 셋째, 수염이 너무 길어요. 이런 사람을 시인은 이렇게 노래하고 있지요.

나는 듣도 보도 못했네,
세상에도 보기 드문 세 가지 병신
이렇게 고루 갖춘 사람은.
멍청히도 자랐네, 수염이 한 자
코는 줄잡아 다섯 치
키는 겨우 세 치라네.

또 다른 시인은 이렇게 노래했죠.

> 너부데데한 얼굴은 빈 들판 같고
> 마치 반지의 홈처럼
> 높이 솟아오른 탑.
> 그 위대한 콧구멍 속에
> 우주가 한번 들어가면
> 만물은 사라져 없어지네."

이 말을 들은 시하브 알 딘은 가게에서 달려나와 거간꾼의 목덜미를 거머잡고 소리쳤습니다.
"야, 이 돼먹지 않은 거간꾼 놈아! 이런 계집을 끌고 와서 말도 안 되는 시며 넋두리를 늘어놓게 하여 나를 놀려먹고 도대체 얼마나 번단 말이냐?"
그러자 거간꾼은 여자를 멀리 끌고 가서 말했습니다.
"알라께 맹세코 말하는데, 이 장삿길에 들어선 지 꽤 되었다만, 아직 너처럼 되바라진 여자는 처음 봤다. 오늘은 정말 너 때문에 목구멍에 풀칠할 길도 끊어지고, 네 덕을 본 거라고는 목이 졸리거나 멱살을 잡히고 욕을 얻어먹은 것밖에 없단 말이다!"
그리고 나서 거간꾼은 흑인 노예와 백인 노예를 많이 거느리고 있는 또 한 상인의 가게로 가서 여자를 그 앞에 세우고 물었습니다.
"그렇다면 이 알라 알 딘 님은 어떠냐?"
여자는 상대를 보고 꼽추라는 것을 알았습니다.
"이 사람은 꼽추잖아요?"
여자는 이렇게 말하고 이런 시를 읊었습니다.

> 어깨를 꾸부리고
> 등뼈를 내민 그 꼬락서니,
> 납작 엎드려서 악마가 준
> 행운이라도 찾는가.
> 아니면 한 번 채찍을 맞고 놀라

두 번째를 기다리는 꼬락서닌가.

또 똑같이 꼽추를 노래한 다른 시도 읊었습니다.

꼽추가 낙타 탔네
우스운 그 꼴 보소,
광대놀이인가
낙타가 달리니 더욱 볼만하네.

그리고 또 한 시인은 이렇게 시를 읊었습니다.

꼽추는 등의 혹뿐 아니라
자기도 모르게 앞을 보여주는
결점을 듬뿍 가지고 있다.
시들어 늘어진 시트론이
햇볕에 말라비틀어진 가지에
매달려 있는 그 꼴 좀 보게.

이것을 들은 거간꾼은 두말하지 않고 얼른 여자를 끌고 다시 다른 상인에게 데려갔습니다.
"이분은 어떠냐?"
여자는 흘끔흘끔 그 사나이를 쳐다보고는 말했습니다.
"이분의 눈은 정말 파랗네요.[51] 이런 사람에게 저를 팔려는 거예요?"
그리고 다음과 같은 시를 읊었습니다.

눈이 부석부석 거슴츠레한 것은
몸이 약한 증거라오,
자, 사람들이여, 잘 보시오,
저 눈 속의 티끌을!

그래서 거간꾼이 또 다른 상인한테 데려가니, 여자는 그자의 수염이 터무니없이 긴 것을 보고 거간꾼에게 말했습니다.

"도대체 잘하는 거라곤 눈 씻고도 찾아볼 수 없는 양반이군요! 저건 목젖에 꼬리가 나 있는 숫양 같잖아요! 오, 저런 사람에게 저를 팔 셈인가요? '수염 긴 사람은 지혜가 짧다'는 말도 모르시나요? 정말로 수염이 길면 길수록 머리는 모자란답니다. 그런 것쯤은 누구나 다 아는 거예요."

그리고 다음과 같은 시를 읊었습니다.

수염이 길면 길수록
세상 사람들 존경하고 우러러보지만
사실은 수염에 비례하여
지혜가 모자란다네.

또 한 사람은 이렇게 노래했습니다.[*52]

나에게 한 친구 있으니
알라는 그에게 쓸모도 없는
수염을 길게 자라게 했네,
겨울의 긴 밤을 닮아서
길고 까맣고 차갑기만 하네.

이것을 들은 거간꾼이 여자를 데리고 돌아가려 하자, 여자가 물었습니다.

"이번엔 어디로 데려갈 작정이에요?"

"네 주인 페르시아인한테. 오늘은 너 때문에 창피만 톡톡히 당했으니 나도 이젠 신물이 난다. 엉뚱한 짓만 하니 나도 네 주인도 오늘 장사는 다 틀렸어."

이윽고 여자는 시장을 두리번거렸는데, 운명이 정한 일이라고나 할까요, 그때 문득 여자의 눈에 알리 누르 알 딘의 모습이 들어왔습니다.

키는 늘씬하게 크고 얼굴은 광택이 있어 아름다우며 나이는 열 하고도 넷, 비할 데 없이 아름다운 미모에, 열나흗날 밤하늘에 돋아난 보름달을 연상시키는 단아한 자태였습니다. 이마는 새하얀 꽃과 같고, 입에 머금은 이슬은 설탕보다 달콤하여, 진정 어떤 시인이 노래한 것과 똑같았습니다.

> 비할 데 없이 아름다운 젊은이와
> 그 아름다움 겨루려고 보름달과
> 영양이 떼지어 찾아왔건만,
> 내 그들을 깨우쳐 말했노라,
> "조용히 물러가거라,
> 영양들아, 어차피
> 너희는 당해내지 못 하리니,
> 오, 보름달 너희도
> 부질없는 조바심은 그만 삼갈지어다!"

또 다른 시인도 이런 교묘한 시를 읊었습니다.

> 가는 허리의 사랑스러운 젊은이
> 그 머리카락과 이마를 보아
> 사람들은 밤에도 아침인 줄 알고
> 광채가 새로이 빛남을 본다.
> 뺨에 검은 점을 어찌 탓할까,
> 저 누만의 꽃에도
> 검은 얼룩무늬 있는 것을.

여자는 이 아름다운 젊은이를 한 번 보고는 금세 연모의 불길이 타올라 마음을 송두리째 뺏기고 말았습니다.

―여기서 날이 훤히 밝아왔으므로 샤라자드는 이야기를 그쳤다.

## 873번째 밤

오, 인자하신 임금님, 알리를 보고 한눈에 마음을 빼앗긴 노예처녀는 거간꾼을 보고 말했습니다.

"폭이 넓은 겉옷을 입고 상인들 사이에 앉아 있는, 저 젊은 분은 조금 더 값을 올려서 저를 사주시지 않을까요?"

"오, 예쁜 아가씨, 저기 있는 젊은이는 카이로에서 온 나그네란다. 저 사람의 아버지는 상인들의 우두머리로 카이로에서 첫째가는 거상이어서 상인이건 이름난 사람이건 당할 이가 없지. 저 젊은이는 최근에 이곳에 와서 지금은 아버지의 친구 집에 묵고 있어. 그런데 말이다, 저분은 너를 아직 비싸게도 싸게도 흥정을 하지 않고 있단 말이야."

노예처녀는 손가락에 끼고 있던 값진 반지를 빼면서 말했습니다.

"저를 저분에게 데려다주세요. 저분이 나를 사주신다면, 오늘 폐만 끼친 데 대한 사과로 이 반지를 드리겠어요."

거간꾼은 무척 기뻐하며 곧 알리에게 여자를 데리고 갔습니다.

여자가 옆에 가서 유심히 지켜보니 상대는 티 하나 없는 옥처럼 단아한 얼굴에, 마치 보름달처럼 훤칠한 자태를 하고 있었습니다. 마치 어느 시인이 이렇게 노래한 것처럼.

아름다운 물은 반짝이며
그 뺨으로 흘러가서
날카롭고 빛나는 눈동자에
비가 되어 내리노라.
이 분이 애욕의 즐거움을 마다하고
경멸의 쓴 술을 나누며
돌아보지 않는다면
사랑하는 자들 모두
그 숨결 끊어지리.
그 이마, 그 모습,
내 사랑의 마음처럼 완전하고,

옷 사이로 엿보이는
목 언저리는 초승달.
그 눈동자, 그 검은 점은
내 눈의 눈물과 흡사하고,
밤 가운데서도 한밤에 보는
칠흑 같은 어둠.
그 눈썹, 그 얼굴
내 몸을 닮아
가늘고도 가냘픈 초승달.
벗들에게 동자들은
술잔을 돌리건만
그 달콤한 맛이
내 영혼에는 쓰디쓰도다.
임과 나 인연 맺는 그날에는
미소 짓는 입술에서
목마른 이 목구멍에
맛있고 향긋한 맑은 술
그대 부어주리.
그날부터 내 피, 내 목숨 그대에게 바치리라,
그대야말로 내 주인,
진정한 내 주인이시니.

처녀는 알리를 그윽하게 바라보면서 말을 걸었습니다.
"오, 도련님, 알라께서 도련님을 지켜주시기를! 도련님은 제가 예쁘지 않아요?"
"예쁜 아가씨, 이 세상에 당신만큼 아름다운 여자가 또 있을까?"
"그럼, 다른 상인들이 저에게 비싼 값을 매기고 있는데 어째서 도련님은 아무 말도 없고, 금화 한 닢도 더 내려고 하지 않으시는 건가요? 아마도 제가 마음에 들지 않으신가 보죠, 네, 그렇죠?"
"아가씨, 여기가 내 고향이라면 내 모든 재산을 다 털어서라도 당신을 사겠소만."

"억지로 사 달라는 건 아니에요. 그렇지만 사주시지 않더라도 값이라도 매겨주시면 제 서운한 마음이 풀리지 않겠어요? 상인들도 틀림없이 '저 처녀가 예쁘지 않으면 카이로에서 온 젊은 상인이 저렇게 값을 매길 리가 없다. 카이로 사람은 노예처녀를 보는 눈이 우리보다 높거든' 하고 말하지 않겠어요?"

이 말을 듣자 알리는 부끄러워져서 그만 얼굴을 붉히며 거간꾼에게 물었습니다.

"이 아가씨의 값이 얼마까지 올라갔소?"

"금화 960닢까지 올라갔습죠. 그 밖에 수수료가 있지만, 그건 이 나라 임금님의 법에 따라 파는 사람이 부담하게 되어 있습니다."

"그럼 수수료를 합쳐서 금화 1천 닢에 사지."

이 말을 들은 처녀는 거간꾼 곁을 떠나 얼른 앞으로 나서면서 말했습니다.

"금화 1천 닢에 이 아름다운 젊은 분에게 몸을 팔겠어요."

하지만 알리 누르 알 딘은 아무 말도 하지 않았습니다. 그때 이 매매의 자리에 있던 상인 한 사람이 이렇게 말했습니다.

"나 같아도 저 젊은이에게 팔겠는걸."

그러자 다른 사람도 말했습니다.

"잘 어울리는군."

세 번째 남자는 이렇게 말했습니다.

"값을 부르고도 처녀에게 딱지 맞은 녀석들의 꼴 좀 보게!"

네 번째 남자 역시 제 나름대로 이렇게 한마디 했습니다.

"정말 저 두 사람은 천생연분이야."

그리하여 알리가 미처 생각할 사이도 없이, 거간꾼은 약삭빠르게 판관과 입회인을 데려와서 매매계약서를 쓰게 했습니다. 그리고 서류를 알리에게 주며 말했습니다.

"도련님, 어서 이 노예처녀를 받아주십시오. 이 여자를 산 당신에게 알라의 축복이 있기를! 당신 말고는 이 여자에게 어울리는 상대가 없고, 또 당신에게도 이 여자 말고 어울리는 상대가 없으니까요."

그런 다음 이런 시를 읊었습니다.

행운은—진정 사랑스러운 여자는
　　그대를 찾았노라,
　　얌전한 몸짓으로 긴 옷자락을 끌며
　　그대 옆에 다가섰으니,
　　아, 이 여자 말고 그대에게 어울리는 여자 없고
　　또 그대 아니면 이 여자에게 어울리는 사내 없도다.

　이 시를 들은 알리는 많은 상인 앞에서 그만 얼굴을 붉히고 말았습니다. 그래서 곧 일어나서 아버지의 친구인 약방 노인에게 맡겨둔 1천 냎의 금화로 계산한 다음, 여자를 데리고 노인이 마련해 준 집으로 돌아갔습니다.
　처녀가 집 안에 들어가 보니 걸레쪽같이 누덕누덕 기운 깔개와 털이 닳아 빠진 양탄자 말고는 아무것도 없으므로, 처녀는 알리를 돌아보며 원망하는 투로 말했습니다.
　"아, 도련님, 재산이 있는 자신의 저택으로 안내하지 않고 이런 하인방에 저를 데려오시다니, 제가 그토록 하찮고 가치가 없는 여자란 말씀인가요? 어째서 아버님 댁에 데려가주시지 않으세요?"
　"예쁜 아가씨, 여기가 지금 내가 사는 거처야. 이 집 임자는 이 도시에서 약방을 하는 노인인데, 그분이 나를 위해 여기다 잠자리를 마련해 주셨거든. 아까도 말했지만 나는 나그네이고, 카이로에서 온 사람이니까."
　"도련님, 그렇다면 고향에 돌아갈 때까지는 이대로 참겠지만, 제발 밖에 나가셔서 구운 고기와 술과 말린 과일을 좀 사오세요."
　"예쁜 아가씨, 사실 당신 몸값으로 낸 금화 1천 냎이 내 전 재산이었어. 그러니 지금 내 손안에는 한 푼도 없고 물건도 아무것도 없어. 몇 푼 있던 은화도 어제 다 써 버렸지."
　"그럼 은화 쉰 냎쯤 빌려줄 친구도 없으신가요? 그것만 빌려 오시면 제가 좋은 방법을 가르쳐 드리겠어요."
　"아까 말한 약방 말고는 아무도 친한 사람이 없는데."
　그리하여 알리는 즉시 약방으로 다시 갔습니다.
　"아저씨, 안녕하세요?"
　노인이 답례하고 물었습니다.

"오늘 금화 1천 닢으로 무엇을 샀는가?"
"노예처녀를 하나 샀습니다."
"아니, 노예처녀 하나에 금화 1천 닢을 줘? 자네 제정신인가? 도대체 어떤 노예처넌지 궁금하군."
"프랑크인의 혈통을 이어받은 처녀입니다."

―여기서 날이 훤히 밝아왔으므로 샤라자드는 이야기를 그쳤다.

## 874번째 밤

샤라자드는 이야기를 계속했다.
 오, 인자하신 임금님, 노예처녀의 출신을 들은 노인은 이렇게 말했습니다.
 "여보게, 지금 이 도시에서는 가장 값나가는 프랑크인 노예처녀라도 금화 백 닢이면 살 수 있다네. 자네는 그 처녀를 미끼로 삼은 사기꾼에게 속은 거야. 하지만 그 처녀가 꼭 마음에 든다면 오늘 밤 잠자리를 같이하면서 소원을 풀게나. 그리고 내일 아침엔 시장에 데리고 나가서 다시 팔게. 아마 금화 2백 닢은 손해 보겠지만, 배가 난파하거나 강도라도 만난 셈 치고 포기해야지, 뭐."
 "아저씨 충고대로 하겠습니다. 그런데 아시다시피 그 돈을 몽땅 처녀의 몸값으로 주고 나니 손안에 동전 한 닢 남지 않았습니다. 부디 살려주시는 셈 치고 내일까지 쓸 용돈으로 은화 쉰 닢만 빌려주시지 않겠어요? 내일 그 여자를 되팔아서 곧 갚아 드리겠습니다."
 "아, 그렇게 하게."
 노인은 쾌히 승낙하고 은화 쉰 닢을 빌려주면서 이렇게 덧붙였습니다.
 "여보게 뭐니뭐니해도 자네는 아직 젊고 여자는 예쁘고 하니까 홀딱 반해서 놓치기가 아까울 거야. 그렇다고 자네로선 지금 당장 벌어먹을 마땅한 일거리도 없을 테니 그 쉰 닢의 은화도 금세 없어지고 말 걸세. 나도 두 번 세 번 거듭해서 열 번쯤은 편의를 봐주겠지만, 그 이상이 되면 자네에게 인사를 받지 않을 거야.*53 그러다 보면 결국 자네 아버지에 대한 의리에도 금이 가게 될지 모른단 말일세."

알리는 노인에게서 빌린 쉰 닢의 은화를 쥐고 즉시 여자에게 돌아갔습니다. 그러자 여자가 말했습니다.

"오, 서방님, 곧 시장에 가셔서 은화 스무 닢으로는 오색의 비단실을 사시고, 나머지 서른 닢으로는 고기와 빵, 과일과 술과 꽃을 사오세요."

알리는 여자가 시키는 대로 시장에 가 여자가 주문한 물건을 사서 돌아왔습니다. 여자는 즉시 일어나서 소매를 걷어붙이고 음식을 준비하기 시작했고, 좋은 솜씨를 발휘하여 요리를 만들어 알리 앞에 늘어놓았습니다.

두 사람은 배불리 먹고 난 뒤 술상을 차려 함께 마셨습니다. 여자는 남자가 잔뜩 취해서 잠들어 버리도록 술을 권하고 세상 이야기를 하면서 비위를 맞추었습니다.

이윽고 남자가 곯아떨어져 깊이 잠들자, 여자는 자리에서 일어나 짐 속의 타이프*54 가죽으로 된 작은 자루에서 두 개의 뜨개바늘을 꺼내더니, 사온 실로 뜨개질을 하기 시작했습니다.

여자는 한눈 한 번 팔지 않고 열심히 떠서 드디어 아름다운 띠가 완성되자 잘 다려서 베개 밑에 넣었습니다.

이윽고 처녀는 옷을 몽땅 벗어 실오라기 하나 걸치지 않은 알몸으로 알리 옆에 누워서 자꾸만 몸을 비벼댔습니다. 젊은이는 깊이 잠들어 있다가 문득 잠이 깨어 옆을 보니 피부가 은같이 새하얀 처녀가 누워 있었습니다. 비단보다 부드럽고 살진 양보다 매끄러운 살결, 붉은 낙타*55보다 더 기분 좋은 감촉이었습니다. 키는 다섯 자가량, 통통한 젖가슴을 자랑스레 내밀고, 눈썹은 잔뜩 당긴 활시위를 연상시켰으며, 눈동자는 영양의 눈처럼 맑은 데다 뺨은 진홍빛 아네모네같이 눈부셨습니다.

가는 허리는 몇 겹으로 잘록한 주름이 있고 배꼽은 안식향 연고가 1온스나 들어갈 만큼 크며, 허벅지는 타조의 솜털을 넣은 베개처럼 토실토실하고, 사타구니 사이에는 말로나 붓으로는 이루 다 표현할 수 없는, 그 이름을 듣기만 해도 눈물이 샘솟는 것이 자리 잡고 있었습니다.

참으로 시인이 다음과 같은 시에서 노래한 것은, 바로 이런 여자를 두고 한 말이 아닌가 여겨질 정도였습니다.

그 머리카락에서 밤이 오고
그 이마에서 한낮이 밝아오도다.
그 옆얼굴에서 장미가 피고
그 입술에선 술이 샘솟는다.
인연을 맺으면 천국에 들고
이별하면 지옥에 떨어지며
그 치아에서 진주가 태어나고
마주보는 얼굴에서
보름달이 눈부시게 떠오르도다.

또 이런 시도 있습니다.

서 있으면 보름달, 걸어가면 수양버들.
용연향의 숨결 내쉬고
쳐다보는 눈동자는 영양인가.
내 마음 슬퍼서
상처 입고
그대 떠나갈 때
떠도는 향기 좇아감은 당연해라.
진정 그 얼굴은 하늘의
별보다 아름답고
가는 눈썹은 초승달의
방싯 웃는 교태로다.

또 어떤 시인은 이렇게 노래했습니다.

숱한 여자들 있어서
빛나도다, 보름달인 양.
반짝이도다, 초승달처럼.
하늘거리도다, 나뭇가지처럼.

뛰는구나, 들소인 양.
그중에 한결 두드러진
검은 눈의 아가씨,
그 아름다움을 연모하다
뱃사람도 뭍에 올라
기꺼이 무릎 꿇는구나.

알리는 여자 쪽으로 몸을 돌려 가슴에 꼭 끌어안고 먼저 윗입술을, 이어서 아랫입술을 깨문 다음, 여자의 입속에 혀를 깊숙이 집어넣었습니다.
그리고 위로 올라가서 소원을 풀었으니, 상대는 아직 실을 한 번도 꿴 적이 없는 진주였고, 누구도 탄 일이 없는 암말이었습니다.
알리 누르 알 딘이 처녀를 차지하여 교접의 기쁨을 맛보니, 두 사람은 영원히 끊을 수 없는 사랑의 인연으로 맺어졌습니다.[56]
알리는 처녀의 뺨에 마치 작은 돌이 물에 떨어지는 듯한 소리를 내며 입을 맞추고, 싸움터에서 창을 겨누듯이 자신의 물건을 깊게 얕게 출입시켰습니다. 지칠 줄 모르는 욕정에 불타올라 목을 끌어안고 입술을 빨고 머리카락을 풀고 가슴을 밀어붙이고 뺨을 깨물었지만 그래도 그저 아쉽기만 했습니다.
그리하여 카이로인의 교합, 야만(예멘)인의 몸부림과 허리놀림, 아비시니아인의 흐느낌, 인도인의 혼절, 누비아인의 다정함, 리프[57]의 다리 들기, 다미에타인의 신음, 사이드인[58]의 정열, 알렉산드리아인의 방사(房事)[59] 등 남몰래 비밀히 전해 오는 온갖 술법을 다 부렸습니다.
여자 역시 천하에 비할 데 없는 미모는 말할 것도 없고, 이러한 술법까지 모두 터득하고 있었으므로, 그야말로 시인이 다음과 같이 노래한 여자와 다름없었습니다.

죽을 때까지 잊지 못할 그 처녀,
가까이 다가간 자 말고는
얼씬도 하지 못하리.
보름달을 닮은 얼굴도
희한하지만, 그것을 창조하신

조물주를 찬양할지어다.
애욕을 찾아 헤매는
내 죄 가볍지 않지만
마지막 심판의 날에도
내 조금도 후회하지 않으리,
"사랑의 무거운 짐
진 자 아니면
사랑을 모르노라,
슬픔과 쾌락을 맛본 자 말고는
뜨거운 열정을 모르노라."
내 마음 시적인 정취를 빌려,
이렇게 젊은 생명의
시를 외치노라.

알리 누르 알 딘은 사랑의 환희와 위안 속에서 처녀를 품고 하룻밤을 보냈습니다.

―여기서 날이 훤히 밝아왔으므로 샤라자드는 이야기를 그쳤다.

## 875번째 밤

샤라자드는 이야기를 계속했다.
오, 인자하신 임금님, 즐거운 하룻밤을 보낸 두 사람은 낮과 밤의 쌀쌀맞고 인정 없는 처사에서 벗어나, 굳게 맺어진 포옹의 옷을 두르고, 끝없는 사랑의 밀어를 속삭였습니다. 두 사람은 아무 걱정 없이 오로지 사랑의 환희에 젖어 잠자리를 같이해 밤을 지새웠습니다. 그 두 사람의 모습은 시문에 능한 시인이 이렇게 노래한 것과 같았습니다.*60

그대, 사랑하는 여인을 찾아가라,

헐뜯는 소리 귀담아듣지 말고
시샘하는 무리들 사랑을 모르리니,
서로 사랑하는 두 젊은이 팔베개하여
말없이 정열을 태우는 정경,
자비로운 사람 이를 보고 고개 끄덕일 때
이보다 아름다운 것 다시없으니,
마음과 마음이 서로 스칠 때
세상의 어리석은 자들
그를 갈라놓으려고
차가운 강철을 둔하게 울리는구나.
진실로 사랑할 여인을 찾아내거든
그 참뜻 받아들여 내 것으로 삼고
그 여인만을 위해 살지어다.
사랑의 모든 과정을
약은 듯 왈가왈부하는 자들이여,
아, 그대들은 어찌하여
마음의 병을 고치려는고.

드디어 눈부신 아침이 찾아왔을 때 알리가 깊은 잠에서 깨어나니, 여자는 이미 준비해 두었던 물을 가져왔습니다.*61

두 사람은 함께 목욕했습니다. 그리고 신에 대한 의무인 기도를 바친 다음 여자가 날라 온 음식으로 아침식사를 했습니다.

이윽고 여자는 베개 밑에 손을 넣어 간밤에 짜놓은 띠를 꺼내 알리에게 주었습니다.

"이 띠*62는 어디서 났지?"

"서방님, 이건 어제 은화 스무 닢으로 사주신 비단실로 뜨개질한 거예요. 이 띠를 페르시아인 시장에 가져가서 거간꾼에게 팔아 달라고 부탁하세요. 단, 절대로 금화 스무 닢 아래로 파시면 안 돼요."

"오, 귀여운 아가씨, 은화 스무 닢짜리가 하룻밤 사이에 금화 스무 닢 가치의 물건이 되다니, 그런 터무니없는 일이 있을까?"

"서방님은 이 물건의 가치를 모르셔요. 이것을 시장에 가지고 가셔서 거간꾼이 흥정을 붙이는 것을 보시면 비로소 이 물건의 가치를 아실 거예요."

그리하여 알리는 띠를 갖고 시장에 가서 거간꾼에게 흥정을 붙여 달라고 부탁한 뒤, 자기는 가게 앞에 있는 돌 의자에 혼자 앉아 있었습니다.

거간꾼은 띠를 가지고 어디론가 사라지더니, 잠시 뒤 돌아와서 말했습니다.

"자, 띠 값을 받으시오, 꼭 금화 스무 닢에 팔렸으니."

알리는 매우 이상하게 생각하면서도 기쁨에 몸을 떨었습니다.

그리고 곧 실 가게에 가서 그 돈으로 몽땅 비단실을 사서 급히 집에 돌아와 여자에게 주었습니다.

"이것으로 띠를 만들어. 나도 배워서 만들고 싶으니까 내게도 만드는 법을 가르쳐주고. 이렇게 남는 장사는 처음 봤어. 정말, 상인 노릇 하는 것보다 천배나 수지맞는 일이야!"

여자는 웃으면서 말했습니다.

"서방님, 그 약방에 가셔서 은화 서른 닢만 빌려 오세요. 내일이면 띠를 판 돈으로 먼저 빌린 쉰 닢과 함께 돌려 드릴 테니까요."

알리가 약방에 가서 말했습니다.

"아저씨, 은화 서른 닢만 빌려주십시오. 내일이면 어김없이 은화 여든 닢으로 갚아 드릴 테니까."

노인이 은화 서른 닢을 마련해 주자, 그는 다시 시장에 가서 고기와 빵과 말린 과일과 꽃을 사서, 띠 짜는 처녀 미리암*[63]이라는 이름을 가진 그 노예 처녀에게 돌아갔습니다.

여자는 즉시 맛있는 음식을 만들어 주인인 알리 누르 알 딘 앞에 차려냈습니다. 식사가 끝나자, 이번에는 술상을 준비하여 함께 술잔을 기울였습니다.

그러는 동안 점점 술기운이 돌자, 여자는 알리의 재미있는 말솜씨와 다정한 마음에 취해 다음과 같은 시를 불렀습니다.

　　사향 향기 말할 수 없이
　　그윽하게 풍기는 술잔에
　　넘치도록 맛도 빛도 좋은 술을 따라주는
　　가는 허리의 임에게

내 물었노라.
"그것은 그대의 아름다운 뺨에서
짠 것인가?"
그대가 대답하기를,
"아니, 아니, 그대여, 장미에서 술을
짜는 사람도 있던가?"

여자는 젊은 주인에게 쉴 새 없이 술을 권하고 자기 잔에도 따르게 하여 거나해질 때까지 마셨습니다.
그리고 남자가 손을 뻗을 때마다 교태를 보이면서 짐짓 몸을 빼는 시늉을 하는 것이었습니다. 취기가 돌면서 여자의 아름다운 얼굴이 한결 아리따워지자, 남자는 다음과 같은 시를 노래했습니다.

허리 가는 아리따운 여인은
벗에게 술을 청하며
벗이 두려워하는 패거리가
마침 몰려온 참인데도
소리 높여 외쳤노라,
"저에게 술을 주시지 않으면
내 잠자리에서 임 쫓아내어
밤을 쓸쓸히 보내시게 하리라!"
벗은 이 말에 심하게 떨었도다.

두 사람이 계속 이어서 술상을 마주하는 동안, 마침내 남자는 술에 잔뜩 취해서 잠이 들고 말았습니다.
그러자 미리암은 어제와 마찬가지로 곧 띠를 뜨기 시작했습니다. 마침내 다 되자 종이에 싸서 간직해 둔 다음, 옷을 벗고 젊은이 옆에 누워 이튿날 아침까지 즐겁게 잠자리를 같이했습니다.

―여기서 날이 훤히 밝아왔으므로 샤라자드는 이야기를 그쳤다.

## 876번째 밤

샤라자드는 이야기를 계속했다.

오, 인자하신 임금님, 이튿날 아침이 되자 여자는 알리에게 띠를 내주며 말했습니다.

"이것을 시장에 가져가서 어제 판 것처럼 금화 스무 닢에 팔아 오세요."

알리는 시키는 대로 시장에 가서 띠를 금화 스무 닢에 팔았습니다. 그리고 약방 노인을 찾아가서, 그 호의에 감사하고 알라의 축복을 빈 다음 은화 여든 닢의 빚을 갚았습니다.

"자네, 그 처녀는 벌써 팔아 버렸는가?"

"아저씨는 제 몸에서 영혼을 빼내어 팔게 하시렵니까?"

그리고 젊은이는 그동안 처녀와의 사이에 있었던 일을 자세히 얘기해 주었습니다.

노인은 무척 기뻐하며 말했습니다.

"어허, 그 말을 들으니 정말 마음이 놓이는군. 부디 언제까지나 행복하기를 비네! 진실로 말하지만 나는 자네 아버지에게서 받은 은혜나 우리 두 사람의 인연을 봐서라도 자네의 행복을 빌지 않을 수가 없네."

알리는 노인과 작별하고 곧장 시장으로 가서 여느 때와 마찬가지로 고기와 과일, 술 등을 사 들고 미리암에게 돌아갔습니다.

두 사람은 그렇게 1년 동안 맛있는 음식을 먹고 마시면서 사랑의 속삭임을 주고받았고, 밤마다 여자가 띠를 짜면 남자는 그 이튿날 아침 그것을 금화 스무 닢에 팔아 필요한 물품을 사고, 남은 돈은 만약을 대비하여 모아 두었습니다.

1년이 지난 어느 날, 미리암은 주인 알리 누르 알 딘에게 말했습니다.

"서방님, 내일 이 띠를 파시면 그 돈으로 여섯 가지 색의 비단실을 사다 주세요. 그 실로 어떤 부자 상인의 아들도 두른 적 없는 목도리를 하나 짜 드릴 테니까요."

이튿날 남자는 시장에서 띠를 팔고, 그 돈으로 여자가 부탁한 비단 색실을 사왔습니다.

미리암은 매일 밤 띠를 하나 만든 다음에 그 목도리를 짰기 때문에 완성되기까지는 일주일이 걸렸습니다.
 드디어 목도리가 완성되자 미리암은 그것을 주인에게 주었습니다. 알리는 즉시 그것을 어깨에 두르고 시장에 갔는데, 상인들도 성 안 사람들도, 이름 난 사람들도 모두 그의 주위로 모여들어 잘생긴 사내의 얼굴과 세상에서 가장 아름다운 목도리에서 눈을 떼지 못했습니다.
 그 일이 있은 지 얼마 지난 어느 날 밤, 알리가 문득 잠에서 깨어보니 미리암이 서럽게 울면서 다음과 같은 시를 읊고 있었습니다.

> 사랑하는 임과 헤어져야 하는
> 슬픔의 날 가까웠네,
> 헤어질 날 다가왔네.
> 아, 이별하리, 이별하리,
> 한탄으로 가슴이 찢어져도
> 내 운명 참아내리,
> 일찍이 우리 희롱으로
> 온갖 즐거움을 다하며 황홀하게
> 지낸 밤들도 있었으니.
> 부러워하는 자가 악의 눈으로
> 우리 두 사람을 엿보면서
> 무정한 함정을 팠건만
> 그를 막을 도리 없음이여!
> 진정 사람들의 시기만큼
> 세상에 무서운 것도 없네,
> 뒤에서 쑥군대는 사람의 눈에
> 헐뜯는 빛 또렷하구나.

 그 모양을 보고 알리가 물었습니다.
 "오, 사랑하는 나의 미리암,*64 어째서 울고 있지?"
 "어쩐지 당신과 헤어질 때가 다가온 것만 같아서, 이별의 쓰라림을 생각하며 울고 있었어요."

"나는 너를 누구보다 사랑하고 이 세상에서 가장 소중하게 여기고 있는데, 누가 우리 두 사람 사이를 갈라놓는단 말이야?"

"저도 그 갑절이나 당신을 사랑하고 있어요. 하지만 행복과 불행은 마치 꼬아 놓은 새끼줄처럼 번갈아 찾아오는 법, 시인도 이렇게 노래하고 있잖아요?"*65

행복한 날에 스스로
모자람이 없는 행복이라고
그대 혹시 생각하지 않는가?
하늘이 정하신 것에 의해
닥쳐올 재앙이 두렵지 않은가?
하늘을 우러러 헤아릴 수 없이 많은
천체를 보고 생각하노라,
이지러지는 건 다만 해와 달뿐.
그렇다, 그 숱한 별들 모두
영원히 모습이 변치 않는다.
엎드려 땅 위를 굽어보면
더러는 나목, 더러는 상록수
온갖 나무가 있지만, 생각해 보라,
돌에 맞아 상처 입은 건
결실 풍성한 나무뿐이라.
파도치는 물결 속 깊은 곳에
묻혀 진주는 살고 있지만,
그대 보지 못했는가,
넓은 바다 위 썩은 살덩이가
물결에 밀려갔다 밀려오는 것을?

미리암은 또 이렇게 덧붙였습니다.

"오, 알리 님, 만일 헤어지고 싶지 않으시다면, 부디 얼굴이 검고 오른쪽 눈이 찌그러져 있으며 왼쪽 다리를 저는 늙은이를 조심하세요. 그 노인 때문에 우리 두 사람이 헤어져야 할 일이 생길지도 모르니까요. 저는 그 노인이 이곳에 온 것을 보았는데, 틀림없이 저를 찾으러 왔을 거예요."

"그놈을 발견하면 두들겨 패주고 숨통을 끊어줄 테다."

"아니, 아니에요, 서방님, 그 사람을 죽여선 안 돼요. 다만 얘기를 하거나 거래만 하지 않으면 돼요. 물건을 사고팔거나, 한 자리에 같이 앉거나, 같이 걷거나, 한마디라도 얘기를 해서는 안 돼요. 아니 정해진 대답*[66]조차 해서는 안 된답니다. 오, 알라여, 그 늙은이의 음모로부터 저희를 지켜주소서."

이튿날 아침 알리는 평소와 다름없이 띠를 가지고 시장으로 가서, 돌 의자에 앉아 상인의 아들들을 상대로 잡담을 나누고 있었습니다. 그러다가 졸음이 와서 의자 위에 드러누워 깊이 잠이 들고 말았습니다.

얼마 뒤 건너편에서 미리암이 말한 그 늙은 프랑크인이 부하 일곱 명과 함께 나타났습니다. 프랑크인은 알리가 미리암이 짜준 목도리를 머리에 쓰고 그 끝자락을 단단히 쥔 채 의자 위에 잠들어 있는 모습을 보더니, 그 옆에 앉아 한참 동안 목도리 안팎을 요리조리 살펴보는 것이었습니다.

자기 옆에 누가 있음을 느낀 알리가 눈을 떠보니 미리암이 어제 조심하라던 그 늙은 프랑크인이 앉아 있었으므로, 그만 상대방이 깜짝 놀라도록 크게 소리를 질렀습니다.

"아니 왜 그렇게 소리를 지르는가? 내가 당신 물건이라도 훔쳤단 말인가?"

"오, 이 보기 싫은 늙은이! 내 물건에 하나라도 손을 대 봐라, 당장 경비 대장한테 끌고 갈 테니까."

"여보, 이슬람교도 양반, 당신의 신앙과 당신이 믿고 있는 신을 두고 부탁하겠는데, 이 목도리를 어디서 구했는지 가르쳐주지 않겠소?"

"그건 우리 어머니가 짜주신 거요."

―여기서 날이 훤히 밝아왔으므로 샤라자드는 이야기를 그쳤다.


## 877번째 밤

샤라자드는 이야기를 계속했다.

오, 인자하신 임금님, 알리가 목도리는 어머니가 짰다고 말하자, 늙은 프랑크인이 말했습니다.

"알라를 걸고서 말하는 건데, 이것을 나에게 팔지 않겠소?"

"싫소, 이건 누구에게도 팔 수 없소. 다시는 만들어 달라고 할 수 없으니 말이오."

"그러지 말고 꼭 팔아 주시구려. 지금 금화 5백 닢을 드릴 테니. 당신은 좀더 좋은 것을 다시 만들어 달라고 하면 되지 않소."

"무슨 일이 있어도 팔지 않을 거요. 이 도시를 다 뒤져도 없는 물건인걸."

"6백 닢을 드려도 팔지 않으려오?"

그리하여 프랑크인은 백 닢씩 올려 마침내 9백 닢을 불렀습니다. 그러나 알리는 여전히 거절하며 이렇게 말하는 것이었습니다.

"나는 절대로 팔지 않을 거니까 딴 데 가서 알아보시오. 설령 금화 2천 닢을 준다 해도 팔지 않을 거요, 무슨 일이 있어도!"

그러나 프랑크인은 끈덕지게 달라붙어 마침내 금화 1천 닢까지 값을 올려 불렀습니다. 그러자 그 자리에 있던 다른 상인들이 보다 못해 훈수를 두고 나섰습니다.

"좋아, 우리가 그 값으로 팔아주리다.*67 자 돈을 이리 내시오."

그러자 알리 누르 알 딘이 소리쳤습니다.

"알라께 맹세코, 나는 절대로 팔지 않을 거요!"

그러자 상인들이 말했습니다.

"이보시오, 젊은이, 당신도 알다시피 이 목도리 값은 고작해야 금화 백 닢 남짓이오. 그런데 이 프랑크인이 금화 1천 닢에 사면 9백 닢의 이득이 있는 셈 아니오. 그 이상의 이득을 바라는 건 무리요. 그 값으로 이 목도리를 팔고, 또 하나 만들어 달라면 되지 않소? 자, 알라와 신앙의 적인 프랑크인에게 그 값에 팔고 금화 9백 닢의 이익이나 보시오."

알리는 상인들 앞에서 창피한 생각이 들어 그만 목도리를 팔기로 했습니다. 상대가 상인들이 보는 앞에서 금화 1천 닢을 내자, 알리는 그 돈을 가지고 미리암에게 돌아가, 자초지종을 얘기하고 기쁘게 해 주려고 마음먹었습니다.

그때 프랑크인 노인이 말했습니다.

"오, 상인 여러분, 제발 부탁이니 저 알리 님을 붙잡아 주십시오. 오늘 밤에는 여러분을 손님으로 모시고 싶으니까요. 저희 집에 가면 오래된 그리스 술을 비롯하여 살진 산양, 햇과일, 과자, 꽃, 뭐든지 있습니다. 그러니 오늘 밤에는 모두 한 사람도 빠짐없이 오셔서 저와 함께 즐겨주셨으면 합니다."

상인들은 이 말을 듣고서 모두가 한결같은 목소리로 알리에게 말했습니다.

"여보, 알리 님, 오늘 밤에는 우리와 함께 놀아봅시다. 함께 얘기도 나누고 말이오. 부디 한 걸음 양보하고 같이 갑시다그려. 이 프랑크인은 상당히 인심이 후한 듯하니, 같이 가서 대접을 받는 게 어떻겠소?"

상인들은 이혼까지 맹세하면서, 알리를 억지로 붙잡고 집으로 돌아가지 못하게 했습니다.

이윽고 그들은 자리에서 일어나 가게 문을 닫은 다음, 알리를 데리고 프랑크인을 따라갔습니다. 노인의 안내로 그들은 높은 좌석이 두 개 마련되어 있는 훌륭하고 널찍한 손님방에 들어갔습니다.

프랑크인은 모두에게 자리를 권한 뒤 새빨간 식탁보를 펼쳤는데, 그것은 눈이 어지러울 만큼 공을 들여 만든, 좀처럼 보기 어려운 것으로, 사랑을 파괴하는 자와 사랑에 파괴된 자, 사랑하는 자와 사랑받는 자, 요구하는 자와 요구받는 자의 그림이 금실로 수놓아 있었습니다.

프랑크인은 그 천 위에 신기한 과자와 과일, 꽃 등을 듬뿍 담은 자기 그릇과 값비싼 수정 그릇을 늘어놓고 오래된 그리스 술도 한 병 내놓았습니다.

그리고 살진 새끼 양을 잡아 그 싱싱한 고기를 구워 상인들을 대접하면서 향기로운 술을 그득그득 따라 주었습니다.

그동안에도 노인은 상인들에게 눈짓하며 알리에게 술을 먹여 취해 곯아떨어지게 하라고 줄곧 신호를 보냈습니다. 상인들로부터 쉴 새 없이 술잔을 받아 마신 알리는 마침내 술에 잔뜩 취해 정신을 놓치고 말았습니다.

그것을 지켜본 프랑크인이 말했습니다.

"오, 알리 님, 오늘 밤 여러분과 함께 이 자리에 참석해 주셔서 참으로 영광이오. 정말 감사하오."

그리고 나서 잠시 상인들과 부질없는 이야기를 나누다가 알리의 옆으로 다가가더니, 매우 친근한 투로 이렇게 말했습니다.

"여보시오, 알리 님, 여기 오신 여러분 앞에서 당신이 1년 전에 금화 1천 닢을 내고 산 그 노예처녀를 나에게 팔지 않으시겠소? 나는 이 자리에서 금화 5천 닢을 드리리다. 그러면 당신은 당장 금화 4천 닢이나 버는 셈이 되지 않소?"

알리는 거절했지만, 프랑크인은 술과 고기를 내오고 돈을 미끼삼아 끈질기게 졸라대서 마침내 미리암에게 금화 1만 닢의 값을 매겼습니다.

알리 누르 알 딘은 술에 잔뜩 취하여 상인들 앞에서 이렇게 말해 버렸습니다.

"그럼 금화 1만 닢에 팔 테니, 그 값을 이리 주시오."

이 말을 들은 프랑크인은 뛸 듯이 기뻐하며, 그 자리에 있던 상인들을 증인으로 세워 미리암을 사고파는 일을 끝내 버렸습니다.

그렇게 모두 먹고 마시면서 그날 밤을 즐겁게 지내고 아침이 되었습니다. 프랑크인은 시동들을 향해 큰 소리로 말했습니다.

"돈을 이리 가져오너라."

시동들이 돈을 운반해 오자, 노인은 알리 앞에 금화 1만 닢을 차곡차곡 쌓아 놓았습니다.

"자, 노예처녀의 몸값을 받아 주시구려. 당신은 간밤에 이 이슬람교도 상인들 앞에서 그 여자를 나에게 팔았으니까요."

알리는 깜짝 놀라 소리쳤습니다.

"이런 어처구니없는 일이! 그런 법이 어디 있소! 난 당신에게 아무것도 판 적이 없소. 노예처녀 같은 것은 있지도 않아. 정말 어이없는 거짓말을 하는군."

그러자 프랑크인이 말했습니다.

"아니, 당신은 틀림없이 나에게 파셨소. 이분들이 그 흥정의 증인이오."

그러자 상인들이 입을 모아 말했습니다.

"그래, 틀림없소. 알리 님, 당신은 우리가 보는 앞에서 그 노예처녀를 파셨소. 우리가 그 매매의 증인이오. 자, 그 돈을 받고 여자를 내주시오. 알라께서 그 아가씨 대신 더 예쁜 여자를 내려주실 테니까. 당신은 그 처녀를 금화 1천 닢에 사서 1년 반이나 고운 살결을 어루만지고 달콤한 말을 주고받으며 실컷 즐겨 놓고도 아직도 미련이 남았단 말이오? 어디 그뿐인가, 여자가 짠 띠를 매일 팔아서 금화 5, 6천 닢은 족히 벌었고, 이제 또 원금보다 9천 닢이나 이익을 보고 여자를 판 게 아니오? 이 거래를 거절하면 다시는 이런 호박이 덩굴째 굴러 들어오는 일은 없을 거요.
 아니면 이보다 더 벌고 싶다는 거요? 그 여자에게 반했다 하더라도 이제까지 실컷 즐기지 않았소? 이 돈을 받고 더 예쁜 여자나 사구려. 그게 싫다면, 그 반값도 안 되는 값에 그 여자보다 훨씬 귀여운 우리 딸년을 드리리다."
 알리는 상인들이 끈질기게 설득하고 구워삶자, 마침내 여자의 몸값으로 금화 1만 닢을 받고 말았습니다. 프랑크인은 즉시 판관과 입회인을 데리고 와서 미리암의 매매증서를 작성했습니다.
 한편 미리암은 아침부터 저녁까지, 저녁부터 한밤중까지 꼼짝 않고 앉아서 주인이 돌아오기를 기다렸으나 여간해서 돌아올 낌새가 보이지 않자, 더욱더 불안해져 마침내 소리 내어 울기 시작했습니다.
 약방 노인은 여자가 흐느끼는 울음소리를 듣고 아내를 보내서 무슨 일인지 살펴보고 오라고 말했습니다. 약방 마누라가 방에 들어가 보니, 미리암이 몸을 던지고 울고 있어서 이렇게 물었습니다.
 "아니, 무슨 일로 그렇게 울고 있수?"
 "오, 아주머니, 온종일 주인이 돌아오시기만 기다리고 있는데 아직 돌아오지 않고 있어요. 그래서 어쩌면 누군가의 꾐에 넘어가서 저를 팔지나 않았을까 걱정이 되어 견딜 수가 없어요. 틀림없이 누구한테 속아 넘어가서 벌써 저를 팔아넘겼는지도 몰라요."

—여기서 날이 훤히 밝아왔으므로 샤라자드는 이야기를 그쳤다.


## 878번째 밤

 샤라자드는 이야기를 계속했다.
 오, 인자하신 임금님, 미리암의 말을 듣고 약방 마누라가 말했습니다.
 "오, 미리암 님, 설령 이 방에 가득 황금을 쌓아준다 한들 그분이 당신을 팔겠어요? 그분이 당신을 얼마나 사랑하고 있는지 우린 잘 알고 있다오. 아마도 카이로에서 온 친구들이라도 만나서 객줏집에 가서 한턱 얻어 자시고 계실지도 모르지요. 여기선 손님을 대접하기가 너무 비좁아서 창피하거나, 상대방의 신분이 너무 낮아서 집에 불러 대접할 것까지는 없다고 생각하거나, 아니면 당신을 보여주고 싶지 않아서 다른 객줏집에 들러 하룻밤 지내고 계시는지도 모르잖아요. 내일이면 무사하신 모습으로 돌아오실 테니까 걱정할 것 없어요. 틀림없이 내가 방금 말한 그런 일로 집을 비우셨을 테니, 주인이 돌아오실 때까지 여기서 내가 함께 자 드리리다."

그리하여 약방 마누라는 미리암의 방에서 이런저런 쓸데없는 말을 지껄이며 밤을 밝혔습니다.

이튿날 아침, 미리암은 주인 알리가 프랑크인을 데리고 여러 상인에게 둘러싸여 골목에 들어서는 것을 발견했습니다. 그 광경을 본 미리암은 옆구리가 꿈틀꿈틀 움직이고 얼굴이 파랗게 질리더니, 마치 폭풍을 만난 바다의 조각배처럼 와들와들 떨기 시작했습니다. 약방 마누라가 그 모습을 보고 말했습니다.

"오, 미리암 님, 왜 그러시오? 갑자기 얼굴이 새파랗게 질려서? 얼굴이 이상하게 변해가고 있구먼."

"아주머니, 우리가 이별할 때가 온 것 같아요."

미리암은 슬픈 한숨을 내쉬며 다음과 같은 시를 읊었습니다.[*68]

> 헤어질 때가 왔구나
> 이별의 맛은 쓰라리네.
> 태양도 서쪽으로 물러가는 그때는
> 기어이 퇴색하여 창백해지리라,
> 그대와 헤어지는 슬픔 때문에.
> 그러니 해돋이의 눈부심은
> 만나는 기쁨 탓일러라.

미리암은 이미 이별을 피할 수 없다는 사실을 깨닫고는 차마 볼 수 없을 만큼 비통하게 울며 약방 마누라에게 이렇게 소리쳤습니다.

"아주머니, 알리 님은 남에게 속아서 저를 팔아버린 것이 아닐까요? 그렇게 단단히 다짐했는데도, 간밤에 저를 팔아버린 게 분명해요. 하지만, 이제

와서 울고불고한들 정해진 운명을 거역할 수는 없는 일, 이젠 간밤에 제가 한 말이 거짓이 아님을 아셨겠지요."
 두 사람이 이야기하고 있는 곳에 알리가 들어왔습니다. 미리암이 가만히 그 모습을 살펴보니, 알리는 질린 얼굴로 온몸을 와들와들 떨고 있었고, 얼굴에는 슬픔과 뉘우침의 그림자가 역력히 드러나 있었습니다.
 "오, 알리 님, 당신은 저를 팔아 버리셨죠?"
 그렇게 물으니, 알리는 소리 내어 흐느껴 울면서 신음을 쥐어짜며 이런 시를 읊었습니다.

    신은 사람에게 복을 내리시지 않을 때
    더없이 쓰라린 운명을 내리시는 법이라,
    그 사람 제아무리 영특하여
    귀가 밝고 눈도 맑고 날카로워도
    그 귀는 먹고 마음은 눈멀어서
    분별도 남김없이 찢기고 빼앗기니,
    벌거숭이산처럼 머리카락은 빠져 대머리가 되리라.
    마침내 더없이 성스러운 신의 명령으로
    모든 인격이 찢기고 뜯겨 끝장이 났을 때
    신은 또다시 그 사람에게
    총명한 재주와 기량을 내려주시리라.

 이윽고 알리 누르 알 딘은 변명하듯이 말했습니다.
 "오, 미리암, 알라께 맹세하지만, 운명의 갈대 펜은 알라께서 정하신 것은 뭐든지 다 기록하는 건가 봐. 그 사람들이 어떻게든지 너를 팔게 하려고 나를 속였어. 나는 결국 그 함정에 빠져 너를 팔고 말았어. 어떠한 변명도 소용없는 일이 되고 말았지만, 우리 두 사람을 갈라놓으신 알라께서 또 언젠가 다시 만날 날을 마련해 주실 거야."
 "혹시라도 이렇게 될까 봐 그토록 당부했건만."
 미리암은 알리를 꼭 끌어안고 이마에 입을 맞춘 뒤, 다음과 같은 시를 읊었습니다.*69

지금 내 맹세하리,
임의 사랑을 두고,
설령 사랑의 통한에
이 목숨 다하더라도
잊지 않으리, 임의 사랑을.
모래언덕의 나무에서
비둘기 구구구 탄식하듯
숨이 붙어 있는 한
낮과 밤을 이어서
하염없이 눈물 흘리며 울리라.
아, 애달프다, 아름다운 벗들이여,
그대들과 헤어지면
내가 살아갈 보람도 없으니
그 옛날 서로 만난 곳
그 어디던고.

 마침 그때 그 프랑크인이 들어와서 미리암에게 다가와 손을 잡고 입을 맞추려 했습니다. 미리암은 그 손을 뿌리치고 상대방의 뺨을 갈기면서 소리쳤습니다.
 "비켜라, 이 악당! 또 내 뒤를 쫓아와서 내 주인을 속이고 나를 팔게 하고 말았지? 하지만 인샬라!—신의 뜻에 맞는다면—언젠가 모든 것이 다시 제자리로 돌아갈 테다."
 프랑크인은 여자의 말을 듣고 코웃음을 쳤습니다. 그리고 여자의 거친 행동에 어리둥절해하며 변명하듯이 말했습니다.
 "미리암 님, 내가 무슨 나쁜 짓을 했다고 이러십니까? 당신의 주인이신 알리 님은 스스로 자신의 뜻에 따라 당신을 파셨습니다. 예언자의 주권에 걸고 하는 말씀입니다만, 이분이 미리암 님을 사랑하신다면 그런 불성실한 짓은 하지 않으셨을 겁니다. 아마 미리암 님을 실컷 즐겼으니, 이제 팔고 싶어진 거겠지요."
 그리고 노인은 어떤 시인의 시를 인용했습니다.

내 마음 괴롭히는 사람을
어서어서 가게 하라,
내 그 이름을 불러본들
대단한 뜻도 없는 것을
떠나는 사람에게 미련 남기고
구질구질하게 사모할 만큼
이 세상은 좁지 않도다.

그런데 사실, 이 미리암이라는 노예계집은 원래 프랑스의 어떤 크고 넓은 도시를 다스리는 왕의 딸이었습니다. 그 도시는 콘스탄티노플과 비슷하여, 수많은 제품과 진귀한 보물이 생산되며 나무가 우거지고 꽃이 활짝 핀 아름다운 곳이었습니다.

이러한 부왕의 도시를 떠난 미리암 공주에게는 매우 이상한 사연이 있는데, 듣는 분들의 재미를 위해 이제부터 순서에 따라 이야기하기로 하겠습니다.*70

―여기서 날이 훤히 밝아왔으므로 샤라자드는 이야기를 그쳤다.

## 879번째 밤

샤라자드는 이야기를 계속했다.

오, 인자하신 임금님, 띠를 짜는 미리암 공주가 왜 부모의 슬하를 떠났는 가에 대해서는 매우 신기한 내력이 있습니다.

미리암은 부모의 사랑을 한몸에 받으며 금이야 옥이야 소중히 길러졌는데, 문장과 글씨와 수학 같은 교육을 비롯하여 자수, 재봉, 길쌈, 띠를 짜는 수예, 비단실을 뽑는 물레질, 은실과 금실로 무늬를 넣는 뜨개질에 이르기까지 온갖 재주를 다 배웠습니다. 그렇게 남녀 양쪽의 기예란 기예는 모조리 터득하여 당대에 으뜸가는 보물이라고 칭송받게 되었습니다.

그뿐만 아니라 알라께서는 그 은총으로 아름다움과 애교, 기품과 우아함까지 내리셔서, 그 당시 이 공주를 능가하는 미녀는 아무도 없었습니다.

그래서 여러 나라의 왕들이 앞다투어 미리암의 부왕에게 공주를 왕비로 달라고 청했으나 모두 보기 좋게 거절당했습니다.

그것은 왕이 어떻게나 공주를 사랑하던지 한시도 곁에서 놓아 주려 하지 않기 때문입니다. 왕에게는 많은 왕자가 있었지만, 공주는 미리암 하나뿐이었으므로 누구보다도 귀여워했던 겁니다.

그런데 어느 해, 공주는 무서운 병에 걸려 목숨이 위태로운 지경에 이르렀습니다. 그래서 공주의 병이 나으면 어느 섬의 수도원에서 감사의 참배를 드리겠다고 신께 맹세했습니다.

그런데 그 수도원은 프랑크인들 사이에서 매우 평판이 높은 사원으로, 사람들은 평소에 이곳을 참배하며 기도를 드리고 영험을 내려주십사 빌고 있었습니다.

병이 완전히 낫자 미리암 공주는 당장 감사의 참배를 하기로 한 맹세를 지키기로 마음먹었습니다. 그래서 부왕은 공주를 작은 배에 태우고 이름난 사람들의 딸들을 시녀로 딸려서, 신분이 높은 기사들의 호위 속에 그 수도원으로 보냈습니다.

그들이 목적한 섬 가까이 이르렀을 때 별안간 신앙의 전사로서 알라를 위해 싸우는 이슬람교도들을 태운 배가 나타나, 공주의 배를 습격해서는 기사와 시녀를 비롯한 금은보화를 깡그리 약탈하여 카이라완*71이라는 도시에서 팔아넘기고 말았습니다.

그때 미리암 공주는 페르시아의 어느 상인에게 팔려갔는데, 그 사내는 날 때부터 성불구자*72로 그때까지 한 번도 여자의 정을 받아 본 적이 없었습니다. 그래서 상인은 그저 시중을 들게 하기 위한 노예로서 미리암을 샀던 겁니다.

그러다가 그는 병석에 눕게 되었는데, 차츰 병세가 악화하여 꼬박 두 달 동안이나 삶과 죽음의 갈림길에서 헤맸습니다.

그동안 미리암이 정성을 다해 병구완을 해 주었더니, 이에 감격한 페르시아인은 병이 나았을 때 미리암에게 은혜에 보답하리라 마음먹고 이렇게 말했습니다.

"원하는 것이 있으면 뭐든지 말해 보아라."

"나리, 제가 원하는 것은 제 마음에 들지 않는 사람에게는 저를 팔지 말아 달라는 겁니다."

"그래, 잘 알았다. 네 소원대로 해 주마. 미리암, 알라께 맹세코 말한다만, 무슨 일이 있어도 네 마음에 들지 않는 사람에게는 절대로 너를 팔지 않겠다. 너를 사고파는 권리는 모두 네가 갖도록 해 주마."

이 말을 들은 미리암은 무척 기뻐했습니다.

그보다 앞서 페르시아인에게서 이슬람교의 교의를 들은 미리암은 이슬람교로 개종하여 기도법 등을 자세히 익혔습니다. 페르시아인은 또 신앙상의 교의와 계율을 가르치면서, 코란을 암기시키고 소원성취를 기도하는 방법과 신학 및 예언자의 전설에 대해서도 얼마간 가르쳤습니다. 그 뒤 미리암을 데리고 알렉산드리아에 와서 알리에게 팔게 되었던 겁니다.

한편 미리암 공주의 아버지 프랑스 왕은 사랑하는 딸 일행이 재난을 당했다는 소식을 듣고 마지막 심판의 날이 느닷없이 닥친 것처럼 놀랐습니다.

그래서 즉시 몇 척의 배에 기사와 보병들을 가득 싣고 공주의 뒤를 쫓아 이슬람교도의 섬들*73을 샅샅이 찾아다니게 했습니다. 그러나 끝내 소식을 알아내지 못했습니다. 그래서 그들은 왕에게 돌아가서 이렇게 보고했습니다.

"오, 황송합니다. 아무리 찾아봐도 공주님의 소식은 알 길이 없었습니다. 어쩌다 이런 불행이!"

부왕은 슬피 한탄하며 왼쪽 눈이 찌그러진 애꾸눈*74에 절름발이를 보내, 공주의 행방을 찾게 했습니다. 이 남자는 그 나라의 재상을 역임한 완고하기 짝이 없는 전제자(專制者)로, 옹고집의 악마였을 뿐만 아니라*75 간사한 지혜와 기략에도 매우 뛰어났습니다. 그래서 왕은 이슬람교도의 모든 나라에 이 절름발이를 보내 공주의 소식을 탐색하고, 설령 배 한 척을 가득 채울 만큼의 금화를 들여서라도 다시 사서 데려오라고 명령한 것입니다.

그래서 이 저주받은 노인은 아랍인의 섬은 물론 이슬람교도가 있는 모든 도시를 샅샅이 뒤지고 다녔습니다. 그러나 미리암 공주의 모습은 아무데도 없었습니다. 그러다가 알렉산드리아에 이르러 다시 찾아다니다가, 우연히 뜨개질한 목도리를 단서로 삼아 마침내 공주가 카이로인 알리 누르 알 딘에게 있다는 사실을 알아낸 것입니다. 그것은 공주를 제외하고는 누구도 그토록 멋진 목도리를 짤 수 없었기 때문입니다.

그래서 노인은 알리 누르 알 딘에게서 공주를 빼앗을 계략으로써, 우선 상인들에게 뇌물을 주어 자기편으로 끌어들이고, 앞에서 말한 것처럼 감쪽같이 공주를 팔게 하여버린 것입니다.

노인은 공주를 손에 넣기는 했지만, 아무리 기다려도 공주가 한탄을 멈추지 않자 이렇게 말했습니다.

"미리암 공주님, 이젠 한탄을 그만 하십시오. 자, 저와 함께 아버님의 왕국으로 돌아갑시다. 그곳에는 공주로서의 생활과 권세와 따뜻한 가정이 있습니다. 그리고 많은 하인과 시녀들이 기다리고 있으니 이렇게 낯선 타국에서 천한 일을 하실 필요가 없습니다. 저도 오랫동안 공주님을 찾느라 온갖 고생을 다 겪으며 여행을 해 왔습니다. 또 임금님께서 설령 배 한 척을 다 채울 만큼의 돈을 쓰더라도 공주님을 모셔 오라고 하셨는데, 이번 일에 어마어마하게 많은 돈도 썼습니다. 생각해 보니 공주님을 찾기 위해 고국을 떠난 지 벌써 1년 반이나 되었군요."

늙은 재상은 무릎을 꿇고, 미리암 공주의 손과 발에 입을 맞추며 애원했지만, 공주는 그럴수록 더욱더 화를 낼 뿐이었습니다.

"이 흉측한 늙은이! 전능하신 알라께서 네 소망을 들어주시지 않으시기를! 그러면 얼마나 깨소금 맛일까!"

이윽고 대신이 데려온 시동들이 금을 수놓은 안장을 얹은 암노새를 끌고 와서 미리암 공주를 태우고, 머리 위에 금은 화살이 달린 비단 가리개를 쳤습니다. 그리하여 프랑크인 일행은 그 주위를 호위하며 나아가 얼마 뒤 바다의 문*[76]을 나서서, 공주와 함께 작은 배를 타고 항구에 머무르고 있는 큰 배로 저어 갔습니다.

그들이 배에 옮겨 타자, 애꾸눈 대신은 선원들에게 큰 소리로 명령했습니다.
"돛을 올려라!"

선원들은 즉시 돛대를 세우고 새로운 돛을 단 뒤 큰 노를 가지런히 하여 바다를 향해 저어 갔습니다.

공주는 알렉산드리아 쪽을 바라보면서 언제까지나 이별을 서러워했지만, 이윽고 떠나온 도시는 그림자조차 보이지 않게 되자 홀로 선실에 들어가서 울음을 터뜨리며 쓰러지고 말았습니다.

―여기서 날이 훤히 밝아왔으므로 샤라자드는 이야기를 그쳤다.

## 880번째 밤

오, 인자하신 임금님, 그리운 알렉산드리아가 보이지 않게 되자 미리암 공주는 흐느껴 울면서 다음과 같은 시를 읊었습니다.

> 내 벗이 사는 고장이여,
> 우리 다시 만날 날 있을까.
> 알라께서 하시는 일
> 내 무엇인지 알지 못하노라.
> 헤어지는 배 화살같이 멀어져
> 아픈 눈에 눈물 흐르노라,
> 내 소망, 내 소원이었던
> 그 벗은 내 고뇌를 온통
> 남김없이 고쳐주었건만,
> 지금은 이렇듯 헤어졌기에
> 아, 애달프다, 알라의 신이여,
> 벗을 위해 나를 대신하여
> 이룩할 일을 이룩하게 하소서.
> 언젠가는 신도 나를 위해
> 기꺼이 이러한 의무를
> 피하지 않으시리.

공주가 언제까지나 울음을 그치지 않자 귀족 기사들이 공주 옆에 와서 여러 가지로 위로했지만, 공주는 다만 그리움에 애가 타고 애욕의 불길에 몸이 타는 듯 안타깝기만 하여, 기사들의 말에는 귀를 기울이려고 하지 않았습니다.
그리고 눈물을 흘리면서 슬픈 목소리로 신음하기도 하고 한탄도 하면서 이런 시를 읊었습니다.

　　내 영혼 속에서
　　사랑의 언어는 속삭이리라,
　　"이 연인은 한결같이
　　사랑의 자비를 바라노라!"고.
　　그리하여 오장육부는
　　뜨거운 사랑의 불길에 활활 타고
　　쓰라린 이별은 견딜 수 없는
　　괴로움이 되어 가슴을 찢노라.
　　상처 입은 내 눈동자
　　눈물은 줄줄 흐르는데,
　　가슴속에 간직해 둔
　　이 불길 같은 내 사랑에
　　내 어이 감히 대항하리.

　항해가 끝날 때까지 이렇게 울며 지샌 미리암 공주는 기력도 떨어지고 마음의 평화도 잃어버리고 말았습니다.

　한편 알리는 미리암 일행을 태운 배가 수평선 너머로 사라지자, 온 세상이 텅 빈 듯해 잠시도 가만히 앉아 있을 수 없었습니다.
　그래서 미리암과 둘이서 즐겁게 지내던 집으로 돌아가 보았지만 어쩐지 침침하고 음울한 그림자가 휘덮고 있는 것만 같았습니다. 그러다가 미리암이 띠를 짜고 아름다운 몸을 가리는 옷을 만들던 바느질 도구가 눈에 띄어, 알리는 그것을 가슴에 꼭 끌어안고 눈물을 흘리며 다음과 같은 시를 읊었습니다.

　　나에게 말씀하시라, 일러주시라,
　　헤어지고 나서 오래 계속될 괴로움과
　　희망도 없는 슬픔의 안타까운 뒷날,

또다시 만날 날이 있을지,
아니면 두 번 다시 없을지 말씀하시라.
애달프다, 한번 헤어지면
다시는 못 만나는 것이 세상에 흔히 있는 일,
그러나 자비를 베푸시라,
가장 사랑하는 임의 그 눈동자
다시 한 번 보는 것을 허락하시라.
나는 의심하노라, 그처럼
은총 두터우신 알라께서
헤어진 두 사람의 인연
다시 맺어주실지,
사랑하는 사람이 정조를 지켜
맹세한 진실을 지켜줄 것인지.
애달프다, 헤어진 그날부터
나는 죽은 이의 먹이가 되어,
슬픈 운명에 떨고 있건만
벗들은 깨닫고 알아줄는지.
아, 안타까운 이 슬픔!
아무리 울어도 소용없으니,
나는 슬픔과 정열의
망아(忘我) 지경에 잠기노라.
두 사람이 굳게 맺어졌던
옛날은 즐거웠지,
웃음 있었던 때였기에.
그 운명의 신이 진정
내 소망을 정해 주는지
하늘에 맹세코 알고 싶구나.
아, 다시금 내 가슴속
괴로움은 더해가고, 이 눈에는
한 방울도 남지 않도록

눈물 넘쳐 멈출 길이 없어라.
　　아, 어이 하리, 어이 하리,
　　그리운 사람 잃어버리고
　　견딜힘마저 잃었도다!
　　나를 구해 줄 사람도 없이
　　슬픔만 더욱 쌓여가노라.
　　삼계의 주께 기도하노니
　　내 연인이 있는 곳에
　　부디 나를 보내주소서,
　　지나간 옛날의 그 기쁨을
　　다시 찾게 해 주소서.

　알리는 하염없이 눈물을 흘리다가 갑자기 더 격렬하게 흐느껴 울더니, 방 안 이곳저곳을 둘러보며 또 이런 시를 노래했습니다.

　　그 자취를 돌이키면 나 괴로워지니,
　　내 울면서 임 그리워하는 이 거처에서
　　또다시 기도하네, 이별을 정하신 신께
　　언제든 그 여자를 돌려주십사고.

　이윽고 노래를 마친 알리는 일어나서 집 문에 자물통을 채우고 바닷가를 향해 쏜살같이 달려갔습니다.
　그리고 미리암을 데리고 가버린 뱃길을 시름없는 눈으로 더듬으며 깊은 한숨을 내쉬고는 눈물을 철철 흘렸습니다. 그러고는 또 다음과 같은 시를 읊었습니다.

　　잘 가시오, 가시는 길 무사하소서!
　　아, 무엇과도 바꿀 수 없는
　　그대를 잃은 이 몸
　　무엇으로 보상하리오,

다만 먼 곳 바라보고
가까운 곳 헛되이 굽어볼 뿐!
그대에게 애태우는 내 모습은
터벅터벅 걸어가는 나그네의
물 찾는 모습을 닮았구나.
귀도 마음도 이 눈도
그대의 곁을 맴돌며
꿀보다 달콤한 추억을
그리워하며 들뜨는데,
그대 태우고 가는 배를 좇는
내 슬픔 어찌하리오!

알리는 노래를 마치자 눈물을 흘리며 소리 내어 울었습니다. 그러다가 이윽고 자신의 불행을 한탄하면서 소리쳤습니다.
"오, 미리암! 오, 미리암! 너는 잠깐 꿈결 속에 나타난 환영에 지나지 않았단 말이냐?"
이윽고 후회하는 마음이 더욱 북받쳐 올라 다음과 같은 시를 읊었습니다.*77

나는 그대의 사랑에 매혹되어
이제 견딜힘도 없구나,
이 가슴에 친숙한 여인은
그대 말고 아무도 없노라.
만일 내 눈이, 다른 여인의
아리따운 얼굴과 모습에
한눈파는 일이라도 있었다면,
오로지 그대를 다시
보는 것을 기쁨으로 삼지 않았으리.
내 사랑을 맹세했으니
그대에 대한 사랑 잊지 않으리,

아, 그러나 그대를 만나고자
그리워하고 사모하며 애태우는
이 가슴은 이토록 슬프구나.
아, 그대는 정열 넘치는
애욕의 술잔 나에게 권하지만,
나는 어느 날, 그대가 하였듯이
그대에게 잔 들게 하리.
그대에게 말하리, 어디에 가더라도
가는 곳에서 이 몸 받으시라고,
죽을 때는 그대 가까이에
내 몸 눕게 해 주어
내 무덤을 찾아 주시라고,
내 뼈는 지하에서 대답하리,
나를 부르는 그대를 보고
나는 한숨지으며 대답하리,
"하늘이 소망을 물으시면
그대 어찌하려오!"
"먼저 신의 뜻 받들고
다음에는 그대가 기뻐할 일을……."

알리가 슬피 한탄하면서, "오, 미리암이여, 오, 미리암이여!" 이렇게 외치고 있을 때, 한 노인이 배에서 내려 알리 곁으로 다가갔습니다. 가보니 젊은이가 눈물을 쏟으면서 이런 시를 읊고 있는 게 아니겠습니까?

오, 아름다운 미리암, 어서 돌아오라.
내 눈은 소나기인 양 비를 내리는
매우 두터운 구름이니,
사람들에게 물어보라, 내 사연을.
욕하는 자들 대답하리,
눈물의 비에, 내 눈동자

이처럼 빠져 죽게 한다고.

이 시를 들은 노인이 말을 걸어왔습니다.
"보아하니 젊은이는 어제 프랑크인과 함께 배를 타고 떠난 여자를 그리워하며 울고 있는 모양이군."
알리 누르 알 딘은 노인의 말을 듣자마자 정신을 잃고 오랫동안 그 자리에 쓰러져 있었습니다. 그러나 이윽고 깨어나더니 하염없이 눈물을 흘리며, 또 이런 시를 읊었습니다.

헤어지고도 다시 만날 일 있을까?
무사히 돌아와서, 언젠가
이야기 주고받을 기쁜 날 있을까.
내 가슴은 진정 사랑에 미어지건만
이 괴로움을 훔쳐보면서
비웃는 자 있어 더욱 괴롭구나.
미칠 듯이 마음 어지러운
나의 나날, 밤마다
베갯머리에 보이는
그대의 환상
진정 알라께 맹세코, 사랑의 위안은
나에게 한시도 없노라.
이 노여움, 이 초조함을
풀어 낼 길도 없도다.
공격받은 이 내 가슴,
가는 허리 매우 요염하던 그 여인,
눈동자의 화살로 꿰뚫었노라,
그 모습은 정원에 있는 가리나무 가지인가,
비할 데 없는 아름다움에
태양도 수줍어 얼굴을 가렸도다.
찬미해야 할 '주님'이건만

내 신을 두려워 않고 외쳤노라,
"내 사랑하는 아름다운 여인을 찬미하라!"

젊은이를 가만히 지켜보고 있던 노인은 알리의 빼어나게 아름다운 얼굴과 균형 잡힌 몸매, 유창한 말솜씨, 그리고 사람을 이끄는 매력에 끌려 왠지 동정심이 샘솟는 것을 느꼈습니다.

이 노인은 미리암 공주의 도시를 향해 떠나려고 하는 배의 선장인데, 그 배에는 구원의 신앙을 품고 있는 이슬람교도 상인이 백 명이나 타고 있었습니다. 그래서 노인은 알리에게 말했습니다.

"젊은이, 무슨 일이든 참는 것이 제일이오. 이제 머지않아 좋은 일이 있을 거요. 이것이 알라의 뜻에 맞는 일이라면, 내가 당신을 그 아가씨에게 데려다주리다."

—여기서 날이 훤히 밝아왔으므로 샤라자드는 이야기를 그쳤다.


## 881번째 밤

샤라자드는 이야기를 계속했다.
오, 인자하신 임금님, 노(老)선장은 알리 누르 알 딘에게 말했습니다.
"인샬라! 내가 당신을 그 여자가 있는 곳으로 데리고 가주지."
"언제 떠나십니까?"
"사흘만 있으면 배가 항구를 떠날 수 있을 거요."

이 말을 들은 알리는 뛸 듯이 기뻐하며 노선장의 자비와 친절에 깊이 감사했습니다. 알리는 애타게 그리는 연인과의 재회를 그리며 눈물을 흘리면서 다음과 같은 시를 읊었습니다.

신이시여, 말씀해 주소서,
사랑하는 임과 이 몸의
재회를 약속해 주실 것인지,

내 간절한 소원을 들어주실 것인지,
아니면 아니라고 말하소서.
임의 반가운 방문으로
어제와 달라진 행복의 시간을
우리에게 주실 것인지.
이렇듯 굶주린 이 눈동자
임의 모습 볼 수 있을는지.
사랑스러운 임과 '재회'가
파는 물건이라면
내 기꺼이 그녀를 사리라,
오, 모든 것을 내던지고
그 은혜를 입으리라.

알리는 곧장 시장으로 가서 항해에 필요한 물건과 식량을 산 뒤 약방을 찾아갔습니다. 노인이 알리를 보고 물었습니다.
"그 손에 든 건 무엇인가?"
"항해에 필요한 물품과 식량입니다."
"자네는 폼페이의 기둥[78]이라도 구경하러 갈 생각인가? 그곳까지는 바람이 순하고 좋은 날씨가 이어져도 두 달은 걸린다네."
알리는 노인에게서 돈을 찾아 다시 시장에 가서 항해준비를 충분히 하고, 흙으로 구운 큰 병[79]에 음료수도 가득 채웠습니다. 그리고 사흘 동안 배 안에서 지내고 있으니 상인들이 항해준비를 마치고 배에 올랐습니다.
배는 닻줄을 감아올린 뒤 먼 바다로 나갔습니다. 그러나 출범한 지 꼭 보름째 되는 날 해적[80]의 습격을 받아, 싣고 있던 물건은 모조리 약탈당하고 알리를 비롯하여 배에 타고 있던 사람들도 모두 사로잡히고 말았습니다.
해적들은 그들을 프랑스로 끌고 가 국왕 앞에 꿇어앉혔습니다. 국왕은 그들을 옥에 가두라고 명령했는데, 그 속에 알리도 끼어 있었습니다.
그들이 막 옥으로 끌려가고 있을 때, 미리암 공주와 애꾸눈 대신을 태운 큰 배가 항구에 들어왔습니다. 닻을 내리자 대신은 곧 뭍에 올라 그 길로 왕의 어전에 입궁하여 미리암 공주가 무사히 귀국했다는 좋은 소식을 알렸습니다.
 이 기쁜 소식에 백성들은 징을 두드리고 성 안을 아름답게 꾸몄습니다. 왕은 말에 올라 호위병과 영주들을 거느리고 공주를 마중하러 항구로 갔습니다.
 왕은 공주가 배에서 내리자 몸소 맞이하며 공주를 굳게 껴안고서 준마에 태워 궁전으로 데리고 돌아갔습니다.
 기다리고 있던 어머니는 두 팔을 벌리고 공주를 맞아서 와락 끌어안은 뒤, 자초지종을 물으면서 공주가 원래대로 처녀인지 아닌지, 혹시 남자를 아는 여자가*81가 된 것은 아닌지를 캐물었습니다.
 그래서 공주는 대답했습니다.
 "어머니, 이슬람교도의 나라에서 이 손에서 저 손으로 팔려 넘어간 여자가 어떻게 온전하게 처녀로 있을 수 있겠어요? 저를 사들인 상인은 저를 채찍으로 위협하여 강제로 정조를 빼앗고 말았어요. 그러고 나서 다른 상인의 손에 넘어가고 또 다른 상인에게 팔렸답니다."
 이 말에 왕비는 눈앞이 그믐날 밤처럼 캄캄해지고 말았습니다. 이 이야기를 왕비에게서 전해 들은 왕은 너무나 슬프고 분해서 대신과 기사들을 모아 놓고 자초지종을 이야기해 주니, 모두 이렇게 말했습니다.
 "오, 임금님, 공주님은 이슬람교도들에게 수모를 당했습니다. 이 부정을 씻어내기 위해서는 이슬람교도 백 명의 목을 베는 수밖에 없습니다."
 왕은 즉시 사자를 보내 옥에 가두어 둔 이슬람교도들을 불러내어 선장을 시작으로 차례차례 목을 베어 나갔습니다. 그리고 맨 마지막으로 알리만 남게 되었습니다.
 신하들이 알리의 옷자락을 찢어서 눈을 가린 다음 피의 명석에 앉혀 막 목을 베려고 하는데, 한 노파가 나타나 왕에게 다가가더니 이렇게 말했습니다.
 "임금님은 하느님께 미리암 공주님이 귀국하시면 사원마다 이슬람교도 포로를 다섯 명씩 보내 일을 시키겠다고 맹세하셨습니다. 공주님이 이처럼 무사히 돌아오셨으니 부디 그 서약을 지키십시오."
 "오, 노파, 구세주의 공덕과 진실한 신앙에 걸고 말하네만, 사실 저기 저 젊은이 말고는 이제 하나도 남아 있지 않다. 이자도 이제 막 죽이려던 참이었지. 앞으로 이슬람교도 포로가 손에 들어오면 나머지 네 명을 보내줄 테니까 그때까지 이자를 데려가서 일을 시키도록 해라. 조금만 더 일찍 왔으면 원하는 대로 몇 명이고 보내줄 수 있었을 텐데."
　노파는 왕의 은혜를 칭송한 뒤 장수와 번영을 기도한 다음, 알리에게 다가갔습니다. 그리고 그를 피의 멍석에서 일어나게 한 다음, 자세히 살펴보았습니다. 그는 빼어나게 아름다운 젊은이로 살결은 매끄럽고 희며 얼굴은 보름달 같았습니다.
　노파는 젊은이를 사원으로 데리고 가서 말했습니다.
　"젊은이, 입고 있는 옷을 벗어라. 그것은 왕을 섬길 때*82 입는 옷이니까."
　노파는 겉옷과 검은 모직 터번, 폭이 넓은 띠*83 등을 가져와서 젊은이에게 입혔습니다. 그리고 띠를 매어준 뒤 사원의 막일을 시켰습니다.
　그렇게 시키는 대로 사원에서 일한 지 여드레째가 되었을 때, 갑자기 노파가 알리를 찾아와 말했습니다.
　"이슬람교도여, 너의 비단옷으로 갈아입고 이 금화 열 닢을 가지고 곧 어디든 나가서 오늘 하루 놀도록 해라. 우물쭈물하지 말고 얼른 나가. 혹시라도 네 생명에 위험이 닥치면 안 되니까."
　"할머니, 도대체 무슨 일입니까?"
　"사실, 임금님의 따님인 띠 짜는 미리암 공주님이 오늘 이 사원에 참배하러 오신단다. 이슬람교도의 나라에서 무사히 빠져나온 감사기도도 드릴 겸, 전부터 구세주께 맹세한 수많은 서약을 지키려는 것이지. 하느님의 축복을 받으시고 희사도 하실 거다. 비할 데 없이 아름답고 상냥한 처녀들 4백 명이 시녀로 따라오는데, 그 처녀들은 모두 대신과 태수와 고관들의 딸들이지. 곧 이곳에 나타날 텐데, 그때 네 모습이 눈에 띄기라도 하면, 아마도 너를 갈기갈기 찢어놓고 말 거다."
　알리는 곧 옷을 갈아입고 금화 열 닢을 받아들고 사원에서 나갔습니다. 그리고 시장과 성 안 여기저기를 구경하면서 시름을 풀었습니다. 그러는 동안 알리는 성 안의 지리와 성문 위치 등을 모두 알게 되었습니다.

　—여기서 날이 훤히 밝아왔으므로 샤라자드는 이야기를 그쳤다.

# 882번째 밤

샤라자드는 이야기를 계속했다.

오, 인자하신 임금님, 알리가 성 안 지리를 익히고 다시 사원으로 돌아와 보니, 프랑스 왕의 딸 미리암 공주가 가슴이 봉곳한, 달처럼 어여쁜 처녀들을 4백 명이나 거느리고 사원에 참배하러 와 있었습니다.

공주를 따라온 처녀들 가운데에는 애꾸눈 대신의 딸을 비롯하여 영내의 태수와 고관들의 딸도 섞여 있었습니다. 그 많은 처녀들 사이에서 미리암 공주는 마치 뭇별에 둘러싸인 달님 같은 자태로 걸음을 옮기고 있었습니다. 그 모습을 보자 알리는 그만 자제심을 잃고 가슴속 깊은 곳에서 울려나오는 목소리로 크게 외쳤습니다.

"오, 미리암! 미리암!"

그 소리를 들은 처녀들이 번개같이 칼을 빼 들고 알리를 에워싸고는 그 자리에서 찔러 죽이려고 했습니다. 그 순간 미리암 공주가 홱 몸을 돌려 젊은이를 바라보더니 그가 다름 아닌 알리라는 사실을 알고 처녀들에게 말했습니다.

"그 젊은이는 상관하지 마라. 틀림없이 미치광이일 거다. 얼굴에도 미친 사람임이 역력히 드러나 있지 않으냐?"

알리는 그 말을 듣자마자 터번을 벗어버리고 눈알을 희번덕거리면서 입가에 거품을 무는가 하면, 손짓으로 뭔가 신호를 하고 다리를 구부리기도 했습니다. 그러자 미리암 공주가 다시 말했습니다.

"그것 보아라, 이 가엾은 젊은이는 내가 말한 대로 정신이 돌았어. 뭐라고 말하는지 내가 물어볼 테니까 젊은이를 이리 데려오고 너희는 물러가 있어라. 나는 아라비아 말을 아니까 사정을 살펴서 정신을 차리게 할 수 있는지 알아보마."

시녀들은 알리를 잡아서 공주 앞에 끌어다 놓고 멀리 물러났습니다. 그러자 공주는 빠른 말로 물었습니다.

"오, 당신은 나를 위해 목숨을 걸고 이곳에 와서 미친 사람 행세까지 하고 계시는 건가요?"

"오, 나의 공주여, 그대는 다음과 같은 시를 들은 적이 없소?"[84]

뭇사람들 나에게 이르노라,
"그대는 사랑하는 여인으로 말미암아
미쳐 날뛰고 있다"고.
내 주저하지 않고 대답했노라.
"미치지 않고서야 이 세상에
무슨 기쁨이 있겠느냐."
진정 나의 미친 행색을
내 연인과 견주어 보라,
만일 그 여인이 옳다고 인정한다면
나를 탓하지는 못하리다.

이 시를 들은 미리암이 대답했습니다.
"오, 알리 누르 알 딘 님, 알라께 맹세코, 그건 모두 당신 탓이에요. 제가 이런 일이 생기지 않도록 그토록 당부했잖아요. 그런데도 당신은 내 말을 듣지 않고 욕심에 눈이 멀고 만 거예요. 제가 충고한 것은 신령스러운 예감이나 관상술[85] 또는 꿈에 홀려서 한 말이 아니라, 이 눈으로 똑똑히 보고 한 말이었어요. 저는 그 애꾸눈 대신을 보고 틀림없이 나를 찾으려고 알렉산드리아에 온 것으로 생각했으니까요."
"오, 나의 미리암 공주, 원숭이도 나무에서 떨어진다고 하지 않소, 제발 내 실수를 용서해 주구려!"
알리는 가슴이 찢어지는 듯한 고통에서 이런 시를 읊었습니다.[86]

내 허물을 용서하시라,
남이 저지른 죄를
엄하게 논하지 않는 것이
현명한 사람이 하는 일이니,
내 가슴에 온갖 죄 숨었음은
그대 가슴에 온갖 자비 깃든 것과 같은 것.
하늘의 은총을 구하는 자는
먼저 땅 위의 뭇사람에게

인정을 베풀어 마땅하리라.

알리 누르 알 딘과 미리암 공주는 끝없는 사랑의 원망을 늘어놓고 나무라고 하면서, 이것저것 낱낱이 되풀이하며 지루한 연인끼리의 달콤한 속삭임을 시간 가는 줄 모르고 계속했습니다. 두 사람은 또 헤어지고 나서 서로에게 일어난 일을 자세히 얘기하고, 시를 읊고는 안타까운 괴로움과 뜨거운 욕정을 호소하면서 슬퍼했습니다. 그러는 사이에 두 사람의 뺨에는 눈물이 비처럼 계속 흐르고 있었습니다. 이윽고 말할 기력도 남아 있지 않고, 어느새 해도 떨어져 저녁 어스름이 짙어지고 있었습니다.

그날, 미리암 공주의 차림새는 순금으로 가장자리를 장식하고 진주와 보석으로 수를 놓은 초록색 옷이었는데, 평소의 아름다움과 우아함이 한층 더 빛을 발하고 있었습니다. 그 모습을 시인은 다음과 같은 시로 잘 표현하고 있습니다.

그 여자는
보름달처럼 눈부셨네.
초록빛 옷을 길게 늘어뜨리고
느슨한 속옷 엿보이는 목덜미에
파도치는 머리카락의 윤기여.
"그대 이름은?"
그녀가 답하기를, "나야말로
연모하여 다가서는 사람의 마음을
사랑의 불길로 태우는 여자.
그렇다, 나야말로 순수한
은이자 또 황금,
비좁고 침울한 감옥에서
노예를 해방하는
그 황금이라고 생각하시라."
"아, 이 몸은 뜨거운 불길에 의해
이미 타버렸도다."

알리 누르 알 딘과 띠를 만드는 미리암 공주

"바위 같은 내 가슴에
하찮은 그대의 넋두리
헛되이 무너져 사라졌도다."
내가 말했노라.
"설령 그대 가슴이
무정한 바위라 해도
신의 마음인가, 바위에서
콸콸 솟는 것은 맑은 물이로다."

드디어 밤의 장막이 내리자, 미리암 공주는 시녀들에게 가서 물었습니다.
"문단속은 했느냐?"
"예, 빗장을 걸었습니다."
미리암 공주는 시녀들을 거느리고 '광명의 어머니, 동정녀 마리아의 신전'이라고 부르는 예배당으로 갔습니다. 그 궁전이 그렇게 불리는 까닭은 나사렛 사람들이 그곳에 마리아의 영혼이 깃들어 있다고 믿었기 때문입니다.
처녀들은 하늘의 축복을 기원하며 예배당을 한 바퀴 돌았습니다. 이윽고 예배가 끝나자 공주는 시녀들에게 말했습니다.
"나는 오늘 밤, 이 동정녀 마리아의 신전에서 혼자 기원을 드리려 한다. 오랫동안 이슬람교도들의 나라에 있었더니, 간절하게 기원을 드리고 싶구나. 너희는 참배가 끝나면 어디든 저마다 원하는 곳으로 가서 쉬어라."
"고맙습니다. 그렇게 하겠습니다."
시녀들은 미리암 공주를 신전에 혼자 남겨두고 저마다 사원 여기저기로 흩어져서 잠자리에 들었습니다.
미리암 공주는 모두가 잠들기를 기다렸다가, 알리가 기다리고 있는 곳으로 숨어 들어갔습니다. 알리는 사원 한구석에 앉아서 애타는 정열에 몸을 태우며 공주가 오기를 기다리고 있었습니다.
알리가 일어나 공주의 손발에 입을 맞추자, 공주는 자리에 앉아 상대를 가까이 끌어당겼습니다. 그리고 몸에 걸친 옷과 장신구, 고운 리넨까지 모두 벗어 던지더니 알리 누르 알 딘을 가슴에 와락 끌어안았습니다. 두 사람은 지칠 줄 모르고 언제까지나 입맞춤과 어루만지기를 되풀이하면서 온갖 방법

을 바꾸어 가며 즐겼습니다.*87
"함께 하는 밤은 왜 이다지도 짧고, 혼자 자는 밤은 왜 그다지도 길기만 할까!"
그리고 다음과 같은 시를 읊었습니다.

오, 서로 만나 즐기는 이 밤이여,
지나간 '세월'의 맑은 보물이여,
장밋빛 밤의 하얀 별이여,
낮을 보내고 이내
아침을 맞이하는 짧은 밤이여,
변하기 쉬운 콜 가루 같구나.
아니면, 흐릿한 눈에
더없이 달콤한 깊은 잠을 닮았나.
작별의 밤은 그토록 길고,
그대의 발걸음 그리 더디니,
처음과 끝 구별 없이,
덧없는 그대의 발걸음은
쓰라린 이별에 슬퍼하는
사랑하는 사람이 죽는 날까지,
오오, 심판의 그날까지,
지친 기색을 보이지 않네.

그리하여 두 사람이 무릉도원처럼 아름다운 경지에 빠져 있을 때, 성녀*88를 섬기는 하인 하나가 옥상의 나무 종*89을 쳐서 예배시간을 알렸습니다.
그 광경을 시인은 이렇게 노래하고 있습니다.

종을 치는 사람을 보고
나는 물었네.
"누구의 짓인가,
잘생긴 젊은이에게 종을 쳐서

작별의 시간을 알리는 것은?"
나는 다시 내 영혼에게 물었네.
"작별의 신호를 울리는 종소리만큼
네 마음 아프게 하는 자,
이 세상에 또 있을까?"

―여기서 날이 훤히 밝아왔으므로 샤라자드는 이야기를 그쳤다.

## 883번째 밤

샤라자드는 이야기를 계속했다.
오, 인자하신 임금님, 예배시간을 알리는 종소리를 들은 미리암 공주는 몸을 일으켜 옷을 입고 장식품도 다시 달았습니다. 그러나 알리에게는 견딜 수 없을 만큼 슬픈 일이었으므로, 그때까지의 기쁨도 물거품처럼 사라져 버렸습니다. 그는 넘쳐흐르는 눈물을 닦지도 않고 다음과 같은 시를 읊었습니다.

장미 꽃봉오리를 닮은 뺨과
고개 숙인 눈에 입맞추고
다시 세게 깨무는 희롱을
내 좀처럼 그치지 못했노라.
그리하여 영광스런 잠자리의
즐거운 황홀경에 젖었건만*90
적의 염탐꾼은 땅에 엎드려
남몰래 만난 것을 훔쳐보고
질투의 불길 태우면서
못 잊어 탐내는 눈초리를
억지로 달래며, 여느 때처럼
예배의 종을 울렸도다.
알라의 기록에 적혀 있는

기도 시각을 부르짖는
이슬람의 무에진을 닮았구나.
그러면 여자는 급히 일어나
벗었던 옷을 두르고
빛 흩날리는 유성들이
머리 위에 비칠까 두려워하며
명랑하게 이렇게 소리치노라,
"아, 내 소원, 내 마음,
모든 소원의 끝인 그대여, 보시라.
아침은 우리를 찾아왔으니,
더없이 눈부시게, 더없이 희게."
내 맹세했노라, 단 하루라도
이 세상을 다스릴 수 있다면,
권세를 자랑하는 임금이라면,
모든 사원의 벽을 모조리
때려 부수고 승려들을
이 땅에서 남김없이
쫓아 버리겠노라고.

공주는 알리를 가슴에 끌어안고 그 뺨에 입을 맞추며 말했습니다.
"오, 알리 님, 당신이 이 도시에 오신 지 며칠이나 되었어요?"
"꼭 이레가 됐어."
"거리를 걸어 보셨어요? 길과 출입구와 바다로 나가는 성문들을 아세요?"
"알고말고."
"사원의 봉납상자가 있는 곳도 아세요?"
"알고 있지."
"그럼, 오늘 밤 아주 어두워지거든 그 상자 있는 데로 가서서 당신이 갖고 싶은 걸 가지고 나오세요. 그런 다음 바다로 통하는 지하 동굴 입구의 문을 열고 항구로 나가세요. 그곳에는 선원 열 명이 타고 있는 작은 배가 정박해 있을 거예요. 선장이 당신의 모습을 보면 손을 내밀 테니, 당신도 손을 내미세요. 그리고 배로 안내해 주거든 거기서 제가 갈 때까지 기다리고 계세요. 하지만 거듭 조심하시고 오늘 밤엔 잠을 자지 않도록 하셔야 해요. 그렇게 하지 않으면 나중에 아무리 후회해도 소용이 없답니다."

이렇게 이르고 난 공주는 알리와 작별한 뒤 시녀들을 깨워 그들을 거느리고 사원 입구로 가서 문을 두드렸습니다.

그러자 노파가 문을 열어주어 문밖으로 나가니 기사와 하인들이 마중 나와 있었습니다. 얼룩무늬가 있는 밤색 암노새가 끌려오자, 공주는 그것에 올라앉았습니다. 머리 위에는 비단 휘장을 늘어뜨린 가리개가 펼쳐졌고, 기사들이 노새의 고삐를 잡았습니다. 하인들은 손에 손에 횃불을 밝혀 들고 앞장서서 부왕의 궁전으로 돌아갔습니다.

한편 알리는 날이 완전히 밝을 때까지 공주와 정을 나눈 장소에서 꼼짝거리지 않고 몸을 숨기고 있었습니다. 그리고 사원의 큰 문이 열리고 회당 안에 많은 사람이 예배를 보러 들어왔으므로, 그들 속에 섞여 들어가서 사원지기 노파에게 인사했습니다. 노파가 이렇게 물었습니다.

"당신은 어젯밤 어디서 잤소?"

"할머니가 시키는 대로 시내에 나가서 잤지요."

"오, 젊은이, 잘했어. 만일 이 회당에서 잤더라면 공주님에게 처참한 죽음을 당했을 거야."

"간밤의 재난에서 구원해 주신 알라를 찬양하라!"

알리는 시치미를 떼고 말했습니다. 그런 다음 여느 때처럼 부지런히 일하면서 그날을 보냈습니다.

이윽고 날이 저물어 밤의 어둠이 짙어지자 알리는 봉납상자를 열고 가볍고 값나가는 보석류를 훔쳐냈습니다. 그리고 미리암 공주와의 약속시각이 올 때까지 기다렸다가, 알라의 가호를 빌면서 지하 동굴을 지나 바닷가에 이르렀습니다. 그곳에는 성문 가까운 기슭에 배 한 척이 떠 있었습니다. 갑판에는 당당한 모습의 선장이 긴 수염을 날리며 우뚝 서 있고, 그 앞에는 부하 열 명이 늘어서 있었습니다.

공주가 시킨 대로 알리가 손을 내밀었더니, 선장은 그 손을 잡고 갑판으로 안내한 뒤 부하들에게 명령했습니다.

"닻을 올려서 날이 새기 전에 먼 바다로 나가자!"

그러자 한 선원이 말했습니다.

"오, 선장님, 오늘 임금님께서 명령하신 걸 보면 이슬람교도 도둑에게 도둑맞지 않도록 주의하라시면서 미리암 공주님을 보낸다고 하셨습니다. 공주님께서 몸소 이 배를 타시고 가까운 바다를 경계하신다고 했는데, 어째서 지금 배를 내는 겁니까?"

그러자 선장은 버럭 소리를 질렀습니다.

"닥쳐라, 못난 놈! 내 명령을 거역하겠다는 것이냐?"

그러고는 칼을 뽑아서는, 칼끝이 목을 꿰뚫고 나가도록 선원의 목을 찔렀습니다.

이 광경을 본 다른 선원이 덤벼들며 소리쳤습니다.

"아니, 목을 찌르다니 도대체 이 사람에게 무슨 죄가 있소?"

선장은 그자마저 두 쪽으로 베어 버렸습니다. 그리하여 결국 선원 열 명은 차례차례 선장의 칼에 맞아 허무하게 시체가 되어 강가에 뒹굴었습니다.

이윽고 선장은 알리를 향해 몸서리가 쳐지도록 큰 소리로 명령했습니다.

"뭍에 올라가서 줄을 끌러라!"

알리는 허둥지둥 육지로 뛰어내려 줄을 풀고 번개보다 빠르게 다시 배에 올라탔습니다.

선장은 알리에게 쉴 새 없이 잡다한 일을 시키고 심지어 별자리 관측까지 시켰습니다. 알리는 그저 무서워서 선장이 시키는 대로 굽실거리면서 순종했습니다.

그동안에 선장은 자기 손으로 돛을 올렸으므로, 배는 두 사람을 태우고 파도가 출렁이는 거친 바다를 향해 쏜살같이 나아갔습니다.

—여기서 날이 훤히 밝아왔으므로 샤라자드는 이야기를 그쳤다.


## 884번째 밤

샤라자드는 이야기를 계속했다.

오, 인자하신 임금님, 배는 순풍에 돛을 달고 노선장과 알리를 태운 채 파도치는 바다로 나아갔습니다. 그동안 알리는 돛을 조종하는 작업을 계속하면서 깊은 시름에 잠겨, 자신의 앞날이 어떻게 전개될 것인지 걱정하면서 쓸쓸한 마음에 빠져 있었습니다.

알리는 선장을 볼 때마다 마음이 떨리기도 하고, 과연 선장이 자기를 어디로 데려가려는 것인지 궁금했습니다.

그렇게 불안과 의혹에 몹시 두려워 벌벌 떨고 있는 동안 날이 활짝 밝았습니다. 선장이 하는 모습을 가만히 엿보고 있는데, 별안간 선장이 자신의 긴 수염을 움켜잡고 와락 잡아당기지 않겠습니까?

수염이 턱에서 떨어져 나간 뒤 자세히 보니 그것은 가짜 수염이었고, 이제껏 선장이라고만 생각했던 사람이 뜻밖에도, 자신이 그토록 사랑하는 연인 미리암 공주였습니다.

공주는 선장이 방심하고 있는 사이에 그를 습격하여 목숨을 뺏고, 수염을 잘라 자기 얼굴에 붙였던 겁니다.

그 사실을 안 알리는 뛸 듯이 기뻐했고, 가슴에 가득하던 근심은 어디론지 사라져 버렸습니다. 알리는 공주의 용기와 담력에 새삼 놀라서 혀를 내두르며 이렇게 말했습니다.

"오, 내 사랑스러운 아가씨, 내 온갖 희망의 과녁인 공주여! 이렇게 기쁠 수가!"

알리는 기쁨과 끓어오르는 욕정의 불길에 휩싸여 맑고 또랑또랑한 목소리로 이렇게 노래했습니다.

> 운명의 신이 나로부터 떼어놓은
> 청춘의 그대에게 바치는 내 사랑을
> 꿈에도 모르는 뭇사람에게 전하라,
> "내 벗과 친척에게 물을지어다,
> 내 시를 영원히 달콤하게 읽을 줄 아는
> 내 연인의 소식을.
> 누구보다 나를 존중하므로."

그들의 이름을 부르면

홀연히 모든 병 나아
고뇌는 사라지고, 쓰라림 또한 가라앉으리.
내 사랑의 동경은 드높아져서
보고 싶고, 보여주고 싶고,
말하고 싶은 마음 더욱 커지노라.

내 늘 엿보면, 그 사람들에게
나무랄 게 아무것도 없노라,
그 사람들이 아니면
눈곱만큼도 위안이 없노라.
당신의 사랑, 한탄의 화살로 나를 쏘아
내 가슴에 불길 타오르니
영원히 꺼지지 않으리라,
뜨거운 빛에 내 간장 타들어가니.

뭇사람을 위해서 내 몇 번인가 병들고
어두운 밤에도 항상 잠 못 이뤄 하였더니,
대체 무엇이 이 의탁할 곳 없는 가슴을
괴롭혀서 사람들을 괴롭게 하고
내 피 흘리는 것을 기뻐하는가,
그러나 옳지 않은 것도
옳게 여겨지는 이치 있으니, 어쩐 일인고.

이렇듯 그대를 탐낸
젊은이를 해치기 위해
감히 그대를 뺏은 자 누구인지 알고 싶어라.
내 생명, 또 그대의 족속을 만드신
신께 내 맹세코 말하리,
원수가 엿보고 그대를 탄식하는 내 푸념을
일러바친다면 매우 교묘하게

알리 누르 알 딘과 띠를 만드는 미리암 공주  4087

거짓을 말하는 것이니라.

아, 신이여, 내 병을 영원히 고쳐주소서,
또 이 가슴에서 괴로움을 덜어주소서.
어느 날엔가 사랑에 빠졌음을 내 뉘우치리라.
또 그대가 사는 나라를 두고
어느 나라를 내 찬양할고,
뜻하는 대로 내 가슴을 저며내고
그리하여 그대 뜻대로 즐기시라.

내 마음, 그대에게 변함없는 진정을 바치리,
설령 엄한 수단으로 나를 괴롭혀도
그대에게 향하는 마음 변하지 않으니
이 선악을 오직 그대에게 묻기 전에
그대의 노예인 나를
마음 내키는 대로 하시라,
그대 발아래 엎드려 목숨 아끼지 않으리.

알리가 노래를 마치자, 미리암 공주는 그 뛰어난 찬사에 감탄하고 감사했습니다.
"이런 일에는 누구라도 사나이답게 행동해야 해요. 천한 자나 비겁한 사람이 하는 짓을 흉내내서는 안 되지요."
미리암 공주는 담력이 있을 뿐만 아니라 항해술도 뛰어나, 온갖 종류의 바람과 그 변화, 그리고 바닷길을 훤히 알고 있었습니다. 그래서 알리는 이렇게 말했습니다.
"오, 미리암 공주, 그대가 마음을 털어놓고 그렇게 말해 주지 않았으면, 나는 괴롭고 분한 나머지 죽어 버렸을 거야. 사랑의 불길과 이별의 고통은 정말 안타까운 것이거든."
이 말을 듣고 공주는 웃으며 곧 먹을 것과 마실 것을 날라왔습니다. 두 사람은 맛있는 음식을 먹고 마시면서 재미있고 즐겁게 지냈습니다.

그런 다음 공주는 부왕의 궁전과 보물창고에서 가지고 나온 루비를 비롯한 온갖 보석, 값진 금은 그릇과 가볍고도 가치 있는 갖은 귀중품을 꺼내 늘어놓았습니다. 알리는 춤이라도 출 듯이 기뻐했습니다.

그리하여 항해를 거듭하는 동안 더 바랄 수도 없이 좋은 북풍이 불어 유쾌하게 파도에 흔들리다가, 마침내 알렉산드리아에 이르렀습니다.

신구(新舊)의 육지를 나타내는 표지가 보이고 드디어 항구에 들어서자 알리는 곧 뭍에 올라 표석*91에 배를 매고, 공주가 가져온 보물 중에서 몇 개를 꺼냈습니다.

"미리암, 배에 남아서 내가 돌아올 때까지 기다려. 내가 그대를 감쪽같이 성 안으로 데려갈 준비를 해 올 테니까."

"서둘러 주세요. 무슨 일이든 꾸물거리면 안 돼요. 나중에 후회하게 되니까요."

"염려하지 마. 절대로 오래 걸리지 않을 거야."

알리는 공주를 혼자 배에 남겨두고 성 안으로 들어가서, 공주에게 알렉산드리아 여자의 복장을 갖춰주기 위해 아버지의 옛 친구인 약방을 찾아갔습니다. 그리하여 그 집 마누라에게 베일과 외투, 장화와 속바지 등을 빌리기로 했습니다. 신이 아닌 인간은 '기적의 아버지 세월'의 화살이 자기 몸에 날아올 줄은 꿈에도 몰랐습니다.

한편 미리암 공주의 아버지 프랑스 왕이 아침에 일어나 보니 딸의 모습이 보이지 않아서 시녀와 내시들에게 그 행방을 물어보았습니다.

"오, 임금님, 공주님은 어젯밤 사원에 참배하러 나가셨는데 그 뒤부터 아무런 소식이 없습니다."

그때 갑자기 궁전 아래쪽에서 왁자지껄한 소란이 일더니, 그 소리가 왕이 있는 곳까지 들려왔습니다.

"저게 무슨 소리냐?"

"오, 임금님, 바닷가에 사람이 열 명이나 칼에 맞아 죽어 있고, 임금님의 배가 보이지 않는답니다. 그뿐만 아니라 바다로 빠지는 비밀통로의 입구인 교회 뒷문이 활짝 열려 있답니다. 또 교회에서 일하던 그 이슬람교도 포로도 보이지 않습니다."

"내 배가 보이지 않는다면 그건 틀림없이……."

―여기서 날이 훤히 밝아왔으므로 샤라자드는 이야기를 그쳤다.

## 885번째 밤

샤라자드는 이야기를 계속했다.
오, 인자하신 임금님, 미리암 공주와 배의 행방을 모른다는 말을 들은 왕은 이렇게 말했습니다.
"내 배가 보이지 않는다면 틀림없이 공주가 타고 갔을 거다."
왕은 즉시 항구의 우두머리를 불러 거친 목소리로 명령을 내렸습니다.
"구세주의 거짓 없는 신앙의 덕을 두고 말하네만, 그대는 부하와 함께 이제부터 즉시 내 배를 뒤쫓아 가서 승무원과 공주를 이리로 끌고 오너라. 그렇게 하지 못하면 그대에게 온갖 고문을 가하고 죽여서, 내 명령에 거역한 자의 본보기로 삼을 테다."
가을의 찬 서리 같은 왕의 매서운 명령에 우두머리는 몸을 떨면서 물러나와 사원으로 노파를 찾아갔습니다.
"여기서 일하던 그 포로한테서 고향과 고국에 대한 이야기를 들은 적이 없는가?"
"그 젊은이는 입버릇처럼 자기가 알렉산드리아에서 왔다고 말하던데요."
우두머리는 즉시 항구로 되돌아가서 선원들에게 소리쳤습니다.
"배를 띄울 준비를 하고 돛을 달아라!"
선원들은 곧 출항할 준비를 한 뒤 바다로 나가서, 밤낮을 가리지 않고 항해하여 마침내 알렉산드리아가 보이는 곳에 이르렀습니다. 그때는 바로, 알리가 배 안에 미리암을 남기고 혼자 상륙했을 때였습니다.
얼마 뒤 왕의 배와 미리암 공주의 모습을 발견한 그들은, 본선은 멀리 정박시켜 놓고 작은 배를 갑판에서 내렸습니다. 그 작은 배에는 전사 백 명이 옮겨 탔는데 그중엔 그 저주할 애꾸눈 대신도 끼여 있었습니다(이 사람은 완고한 고집불통 폭군, 아무도 당해낼 자가 없는 악마, 약삭빠른 도둑 등, 흡사 아부 모하메드 알 바탈*[92]의 재현이라고 할 수 있는 인물이어서, 아무도 당할 자가 없었습니다).

그들은 공주가 타고 있는 배를 향해 노를 저어가서 일시에 그쪽 배로 옮겨 탔으나 거기에는 공주밖에 없었습니다.

그리하여 그들은 힘들이지 않고 공주와 배를 되찾아 본선에 돌아온 뒤 상륙하여 오랫동안 알리가 돌아오기를 기다렸습니다.*93 그러나 알리가 좀처럼 돌아오지 않자 하는 수 없이 그대로 본국을 향해 떠났습니다. 이렇게 칼을 뽑는 수고도 하지 않고 손쉽게 맡은 바 임무를 해낸 것입니다.

배는 순풍에 돛을 달고 미끄러지듯 달려서 이윽고 프랑스에 도착했습니다. 그들은 미리암 공주를 데리고 뭍에 올라 곧 왕에게 갔습니다.

왕은 옥좌에 늠름한 자세로 앉아 공주를 굽어보며 말했습니다.

"오, 이 배신자! 거기 꿇어앉아라. 너는 무엇 때문에 조상 대대의 신앙을 저버린 채 우리가 귀의한 구세주의 가호를 물리치고, 부랑인*94 이슬람교도의 신앙에 붙으려고 그러느냐? 그것들은 십자가와 성상(聖像)을 향해 칼을 뽑지 않았느냐?"

"제 잘못이 아닙니다, 아버님. 저는 마리아님께 예배하고 그 축복을 빌기 위해 밤에 교회에 갔습니다. 그런데 이슬람교도 도둑 일당이 습격하여 저에게 재갈을 물리고 손발을 묶어서 배에 싣더니 본국을 향해 노를 저어 간 거예요. 하지만 제가 도둑들을 살살 구슬려서 이슬람교도와 종교에 대해 이야기하자, 마침내 저를 묶었던 것들을 풀어주었어요. 그러고 있는데 아버님의 신하들이 쫓아와서 저를 살려준 것입니다. 구세주와 거짓 없는 신앙, 십자가와 거기에 걸린 순교자의 덕을 두고 맹세하지만, 이슬람교도의 손에서 벗어나 안도의 가슴을 쓸어내리고, 그 결박에서 구원받아 얼마나 기뻐했는지 모릅니다."

"오, 이 부정한 계집, 거짓말하지 마라! 참으로 깜찍한 계집이로다! 안 되겠다, 너에게 비참한 죽음을 안겨주어 좋은 본보기로 삼아야겠다. 너는 지난번 일에도 반성하지 않더니 또다시 거짓말을 지껄여 나를 속이려 드는구나."

왕은 곧 공주의 목을 베어 성문에 매달라고 명령했습니다. 그때, 지금까지 줄곧 공주를 짝사랑해오던 애꾸눈 대신이 앞으로 나아가 말했습니다.

"오, 임금님, 부디 공주님을 죽이지 마시고 저에게 아내로 내려주십시오. 그러면 제가 엄중히 감시하면서, 높은 담을 쌓아 어떤 도둑도 발코니에 숨어

들지 못하도록 단단하게 돌로 궁전을 지을 때까지 공주님에게 가까이 가지 않겠습니다. 그리고 드디어 그 궁전이 완성된 날에, 우리 두 사람의 피를 구세주께 속죄하기 위해, 그 궁전 앞에 이슬람교도 서른 명을 희생으로 바칠 생각입니다."

왕은 그 청을 수락하고, 목사와 수도승들에게 명하여 미리암 공주와 대신의 결혼을 거행토록 했습니다.

그들이 명령대로 하자 대신은 공주의 신분에 어울리는 매우 크고 좋은 집을 짓기 위해 장인(匠人)들을 불러 즉시 일을 시작했습니다.

한편 알리는 약방 마누라에게서 알렉산드리아 여자들이 입는 옷과 외투와 장화 등을 빌려서 돌아와 보니 '주위는 적막하고 멀리 사원이 보일 뿐'[*95]이었습니다.

— 여기서 날이 훤히 밝아왔으므로 샤라자드는 이야기를 그쳤다.

## 886번째 밤

샤라자드는 이야기를 계속했다.

오, 인자하신 임금님, 바닷가에 와보니 미리암 공주도 배도 그림자조차 보이지 않자, 알리는 몹시 낙담하여 하염없이 눈물을 흘리면서 다음과 같은 시를 읊었습니다.[*96]

> 밤이 되면 소아다의 환영, 찾아와서
> 먼동이 틀 무렵 잠에서 나를 깨우네,
> 내 벗들은 정신없이 황야에서 잠자는데.
> 그러나 우리 일어나서
> 밤의 환영 찾으니, 주위는 고요하고
> 멀리 사당이 보일 뿐 텅 빈 듯해
> 그 찾아온 곳 아득히 멀기만 하네.

알리 누르 알 딘이 바닷가를 헤매며 여기저기 기웃거리고 있으니, 바닷가에 많은 사람이 모여 이런 말을 하는 것이 들려왔습니다.

"보시오, 이슬람교도 여러분, 알렉산드리아는 모욕을 당했소. 저 프랑크 놈들이 이곳에 버젓이 들어와서 사람을 납치하고 유유히 본국으로 돌아갔는데도,*97 우리는 이슬람교도 신앙의 전사도 누구 하나 뒤를 쫓지 않았단 말이오!"

알리는 그들에게 물었습니다.

"도대체 무슨 일이 있었습니까?"

"오, 젊은이, 사실 지금 막 무사들을 잔뜩 태운 프랑스 배가 항구로 들어와서, 여기에 매여 있던 배와 그 속에 있던 여자를 납치해 본국으로 데려갔다오."

그 말에 알리는 그만 정신을 잃고 쓰러져 버렸습니다. 이윽고 정신이 들자 주위 사람들이 그 까닭을 물었으므로, 알리는 그때까지의 경위를 들려주었습니다.

그러자 사람들은 입을 모아 알리에게 욕을 하며 악담을 늘어놓았습니다.

"어째서 당신은 그 여자를 함께 성 안으로 데려가지 않았소? 그까짓 외투나 베일 같은 건 없어도 상관없잖소?"

이런 비난의 말을 들은 알리는 그만 어깨가 축 늘어져서 마음은 무겁고 슬프기만 했습니다. 그러자 그중 한 사람이 말했습니다.

"그냥 내버려 두게. 이런 꼴을 당하는 것도 다 자업자득이지 뭐."

알리는 또다시 정신을 잃고 쓰러져 버렸습니다.

그때 마침 약방 노인이 지나가다가 사람들이 둘러서 있는 것을 보고 무슨 일인가 하고 가까이 가 보니, 알리가 정신을 잃고 쓰러져 있는 게 아니겠습니까? 깜짝 놀란 노인이 알리의 머리맡에 웅크리고 앉아 정성껏 간호해 주었더니 이윽고 깨어났습니다.

"자네 이게 어찌 된 일인가?"

"아저씨, 저는 온갖 고생 끝에 가까스로 미리암을 찾아내어 부왕의 도읍에서 배를 타고 함께 이 도시로 왔습니다. 그래서 이 항구에 닿자마자 배를 기슭에 단단히 매어두고 미리암을 남겨 놓고 댁을 찾아갔지요. 미리암을 성 안으로 데려가는 데 필요한 물건을 아주머니에게 빌리려고요. 그런데 그 잠깐 사이에 프랑크인들이 습격해 와서 미리암을 배와 함께 납치해서 본국으로 달아나고 말았습니다."

약방 노인은 눈시울을 적시며 알리의 불행을 함께 슬퍼했습니다. "어째서 그 여자를 그냥 데려오지 않았나? 하지만 이제 와서 따져봤자 소용없는 일이지. 자, 일어나서 나와 함께 가세. 알라께서 그 여자와 바꿀 만한 예쁜 여인을 자네에게 내려주셔서 위로해 주실 테니까. 알라를 찬미하세나. 그 여자 때문에 자넨 별로 손해 본 일도 없으니까 말일세. 아니 손해는커녕 그 여자 덕분에 많은 돈을 벌었잖은가. 그리고 만나는 것도 헤어지는 것도 모두 더없이 높으신 알라의 뜻에 달렸다는 것을 명심하게."

"아저씨, 저는 그 여자 없이는 사는 의미가 없습니다. 그래서 저는 끝까지 그 여자의 행방을 찾으려고 합니다. 설령 그 여자 때문에 목숨을 잃게 되더라도 절대 후회하지 않겠습니다."

"그럼, 어떻게 하겠다는 말인가?"

"이제부터 프랑크인의 나라로 되돌아가서, 어떠한 위험을 무릅쓰고라도 미리암을 찾아낼 생각입니다. 목숨을 잃든가 살아서 돌아오든가 둘 중 하나겠지요."

"여보게, 옛 속담에도 '항아리는 항상 지진에 끄떡없지는 않다'고 하지 않던가. 지난번에는 자네가 아무런 상처도 입지 않았지만, 이번에는 꼭 죽고 말 거야. 그놈들이 자네 얼굴을 다 알고 있으니 말이야."

"아저씨, 부디 저를 보내주세요. 그 여자를 잃은 슬픔 때문에 서서히 죽어갈 바에는 차라리 단숨에 목숨을 빼앗기는 편이 훨씬 나으니까요."

다행히 항구에는 이제 막 떠나려는 배가 한 척 있었습니다. 승객들은 육지에서의 볼일을 모두 끝내고 선원들은 닻줄을 감고 있는 참이었습니다. 그래서 알리는 급히 그 배에 오를 수 있었습니다.

선원들은 닻을 감아올린 뒤 알라의 은혜를 기원하면서 바다를 향해 배를 저어 나갔습니다. 그리하여 날마다 순풍과 좋은 날씨 덕분에 순조로운 항해를 계속하다가 뜻밖에 프랑크인의 순항선을 만났습니다.

그 배는 미리암 공주를 이슬람교도들에게 뺏길까 봐 부근의 바다 위를 경계하면서 무슨 배든지 발견되는 대로 사로잡아 억지로 빼앗고 있었습니다. 특히 이슬람교도의 배를 사로잡을 때는 배에 타고 있는 자를 하나도 남김없이 프랑스 왕에게 끌고 갔습니다.

　왕은 미리암 공주 때문에 세운 맹세를 지키기 위해, 잡혀온 이슬람교도는 모조리 죽였습니다.

　그리하여 알리가 타고 있던 배를 발견하자 좋은 먹잇감으로 여기고 습격하여, 알리를 비롯한 승객 백 명을 사로잡아 왕 앞에 끌고 갔습니다.

　그리고 즉시 목을 베라는 왕의 명령에 신하들은 차례차례 목을 쳐 나가서 드디어 알리 하나만 남게 되었습니다. 왜냐하면 알리는 나이가 아직 젊고 얼굴이 빼어나게 아름다웠으므로, 목을 베는 자가 동정하여 맨 마지막으로 돌렸기 때문입니다.

　왕은 알리를 보더니 왠지 낯이 익어 이렇게 물었습니다.

　"너는 전에도 이곳에 온 적이 있는 알리라는 자가 아니냐?"

　"아닙니다. 저는 아직 임금님을 뵌 적이 없습니다. 이름도 알리가 아니라 이브라힘이라고 합니다."

　"거짓말하지 마라! 너는 내가 그 노파에게 맡겨 사원의 일을 보게 한 알리가 분명하다."

　"오, 임금님, 저는 이브라힘이라고 하는 자입니다."

　그는 끝까지 신분을 숨기려고 했습니다.

　"그럼, 어디 잠깐 기다리고 있어라."

　왕은 부하를 보내 그 노파를 데려오게 한 다음 알리를 돌아보며 말했습니다.

　"이제 그 노파가 나타나서 네놈을 보면 네가 알리인지 아닌지 금방 드러날 것이다."

　그때 미리암 공주를 아내로 맞이한 애꾸눈 대신이 들어와서 왕 앞에 엎드리며 말했습니다.

　"임금님, 일전에 말씀드린 궁전이 완성되었습니다. 아시다시피 준공일엔 그 문 앞에서 이슬람교도 서른 명의 목을 벨 것을 구세주께 맹세했습니다. 그 맹세를 지키고자 그 수만큼의 이슬람교도를 내려 주십사고 찾아왔습니다. 당분간 그만한 인원을 저에게 빌려주시면 머지않아 제 손에 포로가 들어왔을 때 그만한 수를 돌려 드리겠습니다."

　"구세주와 거짓 없는 신앙의 덕을 두고 말하네만, 지금 내 손에는 저기 있는 저 포로 하나밖에 없네."

왕은 알리를 가리키면서 말했습니다.

"이자를 데려가서 즉각 목을 베어라. 그러는 동안 이슬람교도 포로가 들어오는 대로 나머지 인원도 보내 주마."

그래서 애꾸눈 대신은 일어나서 알리의 손을 잡고 궁전 문 앞에서 목을 베리라 마음먹으면서 끌고 나갔습니다. 그때 환쟁이들이 나타나 이렇게 아뢰는 것이었습니다.

"나리, 사실 저희 그림이 끝나려면 이틀이 더 걸립니다. 그때까지 포로의 목을 베는 일을 조금 늦출 수 없을까요? 어쩌면 그때까지 나머지 스물아홉 명의 수효도 찰지 모르니 그때 한꺼번에 베어서 하루에 맹세를 실행하시는 것이 좋을 줄 압니다."

이 말을 들은 대신은 알리를 일단 감옥에 처넣어 두라고 명령했습니다.

—여기서 날이 훤히 밝아왔으므로 샤라자드는 이야기를 그쳤다.

## 887번째 밤

샤라자드는 이야기를 계속했다.

오, 인자하신 임금님, 대신의 명령을 받은 부하들은 알리를 마구간으로 데려가서 쇠사슬로 묶어 놓고, 음식도 물도 주지 않고 굶어 죽거나 목이 타거나 상관없이 신음하는 대로 내버려 두었습니다. 알리의 목숨은 그야말로 바람 앞의 등불이었습니다.

그런데 마침 그때 프랑스 왕은 같은 배에서 태어난 준마 두 필을 키우고 있었습니다. 그것은 참으로 희귀한 명마로서 코스로에의 국왕들은, 어떻게든 그중 한 마리만이라도 손에 넣으려고 눈독을 들이고 있었습니다.

한 필은 사비크라고 하는 은도 부러워할 흰말이고, 또 한 필은 라히크[*98]라고 하는 칠흑 같은 검정말이었습니다.

전부터 여러 나라의 왕들은 이렇게 말하고 있었습니다.

"누가 그중 한 필을 훔쳐주는 자가 있다면, 순금이고 진주고 보석이고 뭐든지 원하는 대로 주겠다."

그러나 그때까지 아무도 성공한 자가 없었습니다.
그런데 그중 한 마리가 황달에 걸려 눈동자에 하얀 막*[99]이 덮이고 말았습니다. 왕은 온 도성 안의 말 장수들을 불러서 치료를 하게 했지만 아무도 고치는 자가 없었습니다.
이윽고 애꾸눈 대신이 왕에게 가보니, 왕이 말 때문에 몹시 애를 태우고 있어서 그 근심을 덜어주리라 생각하고 이렇게 아뢰었습니다.
"임금님, 그 말을 저에게 잠시 맡겨 주신다면 반드시 고쳐 드리겠습니다."
왕은 그 청을 받아들여 사슬에 묶인 알리가 있는 마구간으로 그 말을 끌고 가게 했습니다.
하지만 형제와 떨어진 말이 매우 슬퍼하며 큰 소리로 울어대자 사람들은 깜짝 놀랐습니다. 대신은 말이 그렇게 슬피 우는 까닭이 형제와 헤어졌기 때문이라는 사실을 알고 그 일을 곧 왕에게 아뢰었습니다.
"짐승이라도 한 배에서 태어난 것이라 떼어 놓기가 애처롭다면 함께 있도록 해 주어라."
그리하여 나머지 한 필도 대신의 마구간에 보내기로 하고 이렇게 덧붙였습니다.
"이 두 필의 우수한 말은 딸 미리암을 위해 주는 내 결혼 예물이라고 대신에게 전해라."
알리는 사슬과 차꼬로 팔다리가 꽁꽁 묶인 채 마구간에 처박혀 있다가, 때마침 말 두 마리가 들어와서 자세히 보니 한 마리의 눈에 하얀 막이 끼어 있었습니다.
알리는 말에 대해 약간의 지식을 갖고 있었으므로 그 병을 고치는 방법을 알고 있었습니다. 그래서 그는 이렇게 생각했습니다.
'마침 잘 됐다! 대신을 만나서 이 말의 병을 고쳐주겠다고 거짓말을 하고 말의 눈을 못 쓰게 만들어 버리자. 그러면 대신은 화가 나서 틀림없이 나를 죽일 테니 더는 이런 고생을 하지 않아도 될 거야.'
그는 대신이 말을 보러 마구간에 들어올 때를 기다렸다가 이렇게 말했습니다.
"나리, 제가 이 말을 치료하여 눈을 완전히 고쳐 드리면 저에게 어떤 상을 주시렵니까?"

그러자 대신이 대답했습니다.

"네가 살아 있는 동안 이 말의 병을 고쳐준다면, 네 목숨을 살려줄 뿐만 아니라 원하는 대로 상을 주겠다."

"그렇다면 나리, 이 손의 결박을 풀어주십시오."

대신이 즉시 부하를 시켜 그의 결박을 풀어주자, 알리는 일어나서 순유리*100를 가져다가 가루로 빻아 산화칼슘과 양파즙에 개어 그것을 말의 눈에 바르고 헝겊을 감았습니다.

그리고 속으로 중얼거렸습니다.

'이제 틀림없이 이 말은 눈이 멀 것이다. 그렇게 되면 나는 저세상으로 가서 이 고통에서 벗어나 편히 쉴 수 있게 되겠지.'

알리는 마음에서 모든 근심과 괴로움을 털어버리고 편안하게 하룻밤을 자고는 경건하게 알라 앞에 기도를 드렸습니다.

"오, 알라여, 당신은 바라거나 구하지 않아도 모든 것을 잘 알고 계십니다."

이튿날 아침, 대신이 마구간에 가서 말 눈의 헝겊을 떼고 자세히 들여다보니, 전능하신 알라의 뜻에 따라 전보다 훨씬 좋아져 있는 게 아니겠습니까? 그래서 대신은 알리에게 말했습니다.

"오, 이슬람교도여, 나는 이제까지 너처럼 훌륭한 지식을 갖춘 사람을 본 적이 없다. 구세주와 거짓 없는 신앙의 공덕을 두고 말하네만, 나는 네 솜씨에 진심으로 탄복했다. 이 나라의 말 장수란 말 장수들이 한 사람도 고치지 못한 것을 너는 이렇게 쉽사리 고쳐주었구나."

대신은 입에 침이 마르도록 칭찬하면서 알리에게 다가와 손수 차꼬를 풀어주었습니다. 그리고 훌륭한 옷을 입혀 마부 우두머리로 삼고, 또 녹봉과 품삯을 정해 주고서 마구간 2층에 방을 마련해 주었습니다.

알리는 그때부터 마음껏 먹고 마시며 부하들을 부리면서 살게 되었습니다. 그래서 말 시중을 게을리하거나 말먹이를 잊어버리고 안 주는 부하는 가차없이 두들겨 패거나 손과 발에 차꼬를 채워 벌을 주었고, 자신도 매일 마구간에 내려가 말의 상태를 살펴보면서 말을 쓰다듬어 주곤 했습니다. 그것은 대신이 두 마리의 종마를 너무나 귀중히 여기고 더없이 사랑하고 있다는 사실을 알고 있었기 때문입니다.

대신은 알리의 성실한 근무태도를 보고 매우 흡족히 여기며, 머지않아 어떤 일이 일어날지 꿈에도 모른 채 매우 좋아했습니다.

그런데 이 애꾸눈 대신이 미리암 공주를 위해 신축한 궁전에는 난간이 달린 창문이 있었는데, 그곳에서는 대신의 옛집과 알리의 방이 훤히 내려다보였습니다.

대신에게는 풀밭에 뛰노는 영양이랄까, 하늘거리는 나뭇가지 같은 매우 어여쁜 딸이 하나 있었습니다. 어느 날 이 딸이 난간이 있는 창가에 앉아 있다가, 알리가 슬픔과 서러움에 잠겨 자신을 위로하면서, 다음과 같은 즉흥시를 읊고 있는 것을 듣게 되었습니다.

나를 탓하는 무정한 자여,
그대 아침마다 눈을 뜨고
세상의 기쁨을 보려 하건만,
운명의 독 이빨이
한 번 그대를 물어뜯으면
근심 가득 찬 곤경에 빠져
이 같은 넋두리를 늘어놓으리라.

"아, 가련하고 또 가련하다!
사랑 때문에, 그대 때문에
뜨거운 불길처럼 타오르는 내 마음이여."

그러나 오늘, 운명의
보복을 무사히 모면하더라도,
그 간사한 꾀와 "아니!"라고 소리치는
거친 외침을 모면하더라도,
괴로움에 몸부림치며 미친 듯이
이렇게 호소하는 사람을
무정하게 탓하지 말라.

"아, 가련하고 또 가련하다!
사랑 때문에, 그대 때문에
뜨거운 불길처럼 타오르는 내 마음이여."

미움을 받고 몸서리치는
연인들을 비난하지 말라.
사랑의 괴로움과 번뇌에는
섣불리 힘을 빌리지 말라,
아니면 그대 스스로
같은 시름에 묶여서
사랑의 쓴잔 들게 되리라.

"아, 가련하고 또 가련하다!
사랑 때문에, 그대 때문에
뜨거운 불길처럼 타오르는 내 마음이여."

지나간 옛일을 말하자면
언제나 신을 섬기면서
마음도 편안하게 밤을 지내고
그대의 부름받아, 내 마음을
바치기 전에는 꿈에도 아예
잠 못 자는 쓴맛을 알지 못했으며
사랑에 마음을 주지 않았노라.

"아, 가련하고 또 가련하다!
사랑 때문에, 그대 때문에
뜨거운 불길처럼 타오르는 내 마음이여."

그대, 몹시 병들어서
오래도록 누운 일 말고는

사랑이란 것을 몰랐노라,
그대가 숨겼던 그 허물도.
연인의 자리 한가운데서
지혜도 분별도 잃어버린
그자들은 하는 수 없이
그대의 엄한 명령에 의해
쓴 술잔을 비웠도다.

"아, 가련하고 또 가련하다!
사랑 때문에, 그대 때문에
뜨거운 불길처럼 타오르는 내 마음이여."

밤의 어둠 속에서 그대는
연인들을 깨워
그들의 눈에서 잠을
쫓아버리기 그 몇 번이던가.
마침내 눈물은 폭포가 되어
뺨에 넘쳐흐르며 그칠 줄을 몰랐노라.

"아, 가련하고 또 가련하다!
사랑 때문에, 그대 때문에
뜨거운 불길처럼 타오르는 내 마음이여."

그대가 기뻐하지만
수많은 사람은 괴로움에
빠져 허덕이면서
그 괴로움 탓에 잠마저
빼앗긴 일 그 몇 번이던가.
그토록 깊은
한탄의 옷 입고

그대의 꿈을 꾸는 것조차
피하지 않을 수 없었노라.

"아, 가련하고 또 가련하다!
사랑 때문에, 그대 때문에
뜨거운 불길처럼 타오르는 내 마음이여."

아, 나 또한 인내의
한계 넘기기 그 몇 번이던가.
황폐해져서 뼛속까지
텅 비어 버린 심정으로
눈물이 뺨을 타고
흘러내렸노라.
그 옛날 그토록 달콤했던
모든 양식, 그대가 이토록
입에 쓴 것으로 만들었노라.

"아, 가련하고 또 가련하다!
사랑 때문에, 그대 때문에
뜨거운 불길처럼 타오르는 내 마음이여."

나처럼 사랑에 병들어 앓고 있는
불행한 사람들은 대부분
밤의 장막이 내려올 때
잠 못 이루고 그것을 지켜보다
그리움에 못 이겨 헤엄쳐 나가서
어두컴컴한 바닷속에
한숨지으면서 가라앉는다.

"아, 가련하고 또 가련하다!

사랑 때문에, 그대 때문에
뜨거운 불길처럼 타오르는 내 마음이여."

무정한 사랑의 아픔과
교묘한 술책을 면한 사람
그는 누구인가, 또한
사랑도 모르고 인간세상의
기쁨 속에 산 자, 그 누구이던가.
그러한 자유를 자랑할 만한
사람이 과연 어디 있을까.

"아, 가련하고 또 가련하다!
사랑 때문에, 그대 때문에
뜨거운 불길처럼 타오르는 내 마음이여."

이렇듯 괴로워하며 연모하는 자를
주여, 바라건대 축복하시라,
더없이 뛰어나신 '수호신'이여,
부디 그를 지켜주소서,
그를 증명해 주셔서
무사히 그 생명 지켜주소서,
이 세상의 모든 재앙
그를 위해 막아주소서.

"아, 가련하고 또 가련하다!
사랑 때문에, 그대 때문에
뜨거운 불길처럼 타오르는 내 마음이여."

알리가 이 긴 노래를 마치자, 대신의 딸은 속으로 혼잣말을 했습니다.
'구세주와 거짓 없는 신앙의 공덕을 두고, 저 이슬람교도는 어쩌면 저렇게 마음씨가 착할까! 저 사람은 틀림없이 사랑하는 여자와 억지로 헤어졌을 거야. 정말 저 남자의 연인은 저 사람에게 어울리는 아름다운 여자였을까? 또 그 여자도 저 사람이 저렇게 한탄하듯이, 저 남자를 애타게 그리워하고 있을까? 그 여자가 이 남자처럼 어여쁜 사람이라면 남자가 저렇게 눈물지으며 가슴을 태우는 것도 무리가 아니지만, 그다지 예쁘지 않다면 저 사람은 헛되이 한탄하고 젊은 생명을 낭비하면서 인생의 기쁨을 외면하고 있는 것과 같잖아.'

—여기서 날이 훤히 밝아왔으므로 샤라자드는 이야기를 그쳤다.

## 888번째 밤

 샤라자드는 이야기를 계속했다.
 오, 인자하신 임금님, 한편 불행하게도 대신의 측실이 된 미리암 공주는 그 전날 새로 지은 궁전으로 옮겨왔는데, 대신의 딸은 미리암 공주가 슬퍼하는 기색을 보고 공주에게 가서 말동무가 되어주고, 그 젊은이와 금방 들은 시에 대해 이야기해 줘야겠다고 생각했습니다.
 그런데 처녀 쪽에서 찾아가기 전에 미리암 공주가 먼저 말벗이 필요하다며 사람을 보내왔습니다. 대신의 딸이 곧 공주를 찾아가니, 공주는 깊은 근심에 잠겨 눈물을 흘리면서 다음과 같은 시를 읊고 있는 참이었습니다.

 내 세상은 이미 사라지고
 남은 것은 사랑의 동경뿐,
 이별로 말미암은
 가슴 아픈 슬픔이기에
 마음만 사위어 가는구나.
 그러나 언젠가 다시 만나리,
 희망을 버리지 않으리, 어찌 버릴까,
 이제 두 사람 언젠가 맺어져서

하나가 되리라.

슬픔은 깊고 몸은 시들어도
그대 마음의 노예인
나를 탓하지 말지니
헤어져 사는 연인들
더없이 슬픈 것이므로.
화살로 겨누어 그 가슴을
꿈엔들 위협하지 말아다오.
달콤한 사랑의 술잔에
쓴맛이 넘침을 어찌하랴!

대신의 딸이 물었습니다.
"공주님은 어째서 그렇게 한탄하시면서 슬픈 생각에 잠겨 계신 거예요?"
이 말에 미리암 공주는 지난날의 즐거웠던 추억을 떠올리며, 다음과 같은 시를 읊었습니다.

내 벗과 헤어졌어도,
폭포처럼 눈물이 뺨을 적셔도,
이윽고 신은 내 아픔
위로해 주시리라, 고통
어루만져 주시는 분이시니.

대신의 딸은 다시 이렇게 말했습니다.
"오, 공주님, 그렇게 가슴 아파하지 마세요. 자, 저와 함께 난간으로 가세요. 저희 마구간에는 우아한 모습에 목소리가 아름다운 젊은이가 있답니다. 어쩐지 정든 임과 헤어져 실연한 사람 같아요."
"어떻게 정든 임과 헤어진 사람임을 알 수 있지?"
"그 젊은이가 노래한 시를 듣고 알았어요."
이 말을 들은 미리암 공주는 마음속으로 생각했습니다.

'이 말이 사실이라면 어쩌면 알리 님일지도 몰라. 틀림없이 그럴 거야.'
그렇게 생각하니 공주는 갑자기 안타까운 그리움이 치밀어 올라 도저히 그냥 있을 수 없었습니다. 그래서 대신의 딸을 재촉하여 난간으로 걸어가 마구간을 내려다보니, 아니나 다를까 그토록 그리워하던 연인 알리의 모습이 보이는 게 아니겠습니까?
가만히 살펴보니, 공주를 그리워하는 애정과 정열에 가슴을 애태우고 이별의 슬픔과 괴로움 탓에 여위기는 했어도 틀림없는 알리였습니다. 때마침 알리가 이런 즉흥시를 읊고 있는 것이 들려왔습니다.

내 마음은 노예,
내 눈물 멎을 새도 없고,
그 비는 구름 사이에서 내리쏟는 듯,
한탄하고 우러러보고
사랑만을 그리며,
흐느껴 울다 오직 좋은 벗만 간절히 그리워하노라.
아, 애달프다, 불같이 타오르는 나의 욕정이여,
욕망이여, 슬픔이여,
내 가슴을 좀먹는 병은 여덟 가지,
여기에 또 다섯에 다섯이 이어지니,
사람들이여, 어서 내 말에 귀 기울이시라,
추억과 어지러운 생각, 아픔의 신음과
사모하는 괴로움, 기쁨 없는 몰골이여,
힘들고 쓰라려도 낯선 나라를 떠도는 까닭은
그 여인을 기다리는 오뇌와 기쁨.
그러나 역시
참는 힘 쉬이 사라지니 근심은 늘기만 하고
그렇잖아도 고뇌하는 영혼을
갖가지 슬픔이 차지하는구나.
내 가슴의 불은 무엇이냐고
묻는 이여, 흐르는 눈물에

불을 지르고, 온몸을 태워 마지않는 것은,
무슨 까닭이냐고
묻는 사람이여, 그렇다면 말하리라,
내 몸은 눈물의 홍수에
깊이 가라앉고, 내 영혼은
라자에서 하위야*101로
바닥 모를 곳으로 떨어져 가노라고.

  미리암 공주는 알리 누르 알 딘의 모습을 보고, 또 그 물 흐르는 듯한 노랫소리를 듣고 틀림없는 자기 남편임을 알았습니다. 그러나 대신의 딸에게는 그 사실을 감추고 이렇게 말했습니다.
  "구세주와 진실한 신앙의 공덕에 걸고, 당신이 내 슬픔을 알고 있을 줄은 꿈에도 몰랐어요!"
  미리암 공주는 곧 난간에서 물러나 자기 방으로 돌아갔고, 대신의 딸도 자기 볼일을 보러 가버렸습니다.
  미리암 공주는 잠시 감정을 누르고 있다가 이윽고 다시 창문의 난간으로 가서 그리운 남편의 모습을 내려다보며, 그 단정하고 우아한 모습을 기쁜 마음으로 바라보았습니다.
  공주의 눈에 비친 젊은이는 열나흗날 밤하늘에 빛나는 둥근 달 같은 모습이었지만, 알리 쪽에서는 그런 사실을 알 리가 없었으니, 오로지 눈물짓고 한숨을 내쉬며 지난날들을 떠올리면서 다음과 같은 시를 읊기 시작했습니다.

사랑하는 여인과 다시 만나기를 바라건만
이루어질 날 없으니, 끝내
내가 얻은 것은 오로지
인간세상의 괴로움뿐.
내 눈물, 밀려왔다 물러가는 바닷물을 닮았지만
부질없는 사람 만날 때는
눈물을 감추고 보이지 않았노라.

저주의 주문을 외어
우리 사이를 찢어 놓은
그 악당에게 재앙 있으라.
그 혀를 이 손에 잡는다면
둘로 찢어 놓겠거늘.
그러나 원망하지 않으리,
그 사람들 술잔에 쓰디쓴 물을 따라
나에게 마시게 한
잔혹한 짓 했으나
지난날을 원망하지 않으리.
아, 나는 누구에게 마음의 고통 얘기할까,
그대 아닌 다른 누구를 찾을까,
그대 탓에 사로잡혀와
그대 재판의 뜰에 볼모로 선 나는?
아, 사납고 악한 그대 때문에 받은 고통
내 원수 갚을 자 그 누구인고?
내 감히 넋두리 늘어놓는다면
그대의 포악성 더욱 심해질까.
그대, 위세 당당한 내 영혼의
주인이 되어 내 그대를 우러러보았거늘,
그대는 이 몸을 이토록 슬프게 만들었노라.
아, 그대여, 아름답고 고운 새끼 사슴이여,
지난날 이 가슴에 서둘러 안았더니
헤어진 뒤로는 이별의 쓰라림을
질리도록 맛보았노라.
진정 그대는 은혜를 입어
사람들에게 알려진 모든 아름다움을
한몸에 지닌 사람이지만,
내 이미 그대를 위한
인내의 미덕을 깨끗이 잃었노라.

내, 그대를 가슴에 맞아
　　정답게 대접했건만
　　그대는 오직 불안만 가져왔노라.
　　그러나 나는 그러한 손님을
　　대접하기만 해도 흐뭇하노니!
　　내 눈물 파도치는 바다처럼
　　영원히 넘쳐흘러서 그치지 않더라도,
　　내가 가야 할 길 어딘지
　　알고 싶구나.
　　오로지 내가 두려워하는 것은
　　깊은 회한에 빠져
　　간절한 소원을 이룰 희망을
　　영원히 버려야 할까 하는 일이로다.

　미리암은 그리움을 품고 헤어진 알리 누르 알 딘의 슬픈 사랑의 노랫소리를 들으니, 자신의 오장육부에도 욕정의 불길이 활활 타오르는 것을 느꼈습니다.
　미리암은 눈에 눈물을 가득 담고 다음과 같은 시를 읊었습니다.

　　사랑하는 임 그리워 애태우다
　　막상 만나 보니 마음만 떨려
　　혀도 굳고 눈도 흐릿해지는구나.
　　원망을 말하리라 마음먹었더니
　　만나니 슬프게도 벙어리가 되었네.

　알리는 미리암 공주의 노랫소리를 듣고는 이내 깨닫고 몹시 흐느껴 울면서 말했습니다.
　"저것은 틀림없는 미리암 공주의 노랫소리다."

　―여기서 날이 훤히 밝아왔으므로 샤라자드는 이야기를 그쳤다.

알리 누르 알 딘과 띠를 만드는 미리암 공주　4109

## 889번째 밤

샤라자드는 이야기를 계속했다.
오, 인자하신 임금님, 알리는 미리암 공주의 노랫소리를 듣고 이렇게 혼잣말을 했습니다.
"저 노래, 저 목소리는 아무리 생각해도 미리암 공주가 틀림없다. 정말 저 노래의 임자가 공주인지 알아보고 싶구나."
그러자 지금까지 자기가 한 일이 더욱 후회되어 슬픔을 못 이겨, 이런 시를 읊었습니다.

    광장에서 연인을
    만날 때, 사람들은
    둘이 나란히 있는 우리를 보네.
    원망의 말은 슬픈 마음을
    치료해 달래준다고 하지만
    나는 여자에게 원망의 말은
    한마디도 하지 않았네.
    사람들이 나에게 묻기를
    "어찌 잠자코 있는고,
    사랑하는 사람을 만나서
    입을 다물고 대답하지 않음은
    상대의 체면을 무시하는 일임을 모르는고."
    나는 대답했네.
    "사랑하는 자를 의심하여
    사랑을 비웃다니
    그대는 어리석은 자로다.
    진정한 사랑을 하는 자는
    사랑하는 연인을 만나도
    말없이 기다리며 잠자코 있는 법이거늘."

알리가 이 시를 읊자, 미리암 공주는 붓과 종이를 가져오게 하여 다음과 같이 썼습니다.

"먼저 바스말라*102에 합당한 경의를 표하고, 알라의 평화와 자비와 축복이 당신과 함께하기를 기원합니다! 당신을 진정으로 사모하는 노예 미리암이 몇 글자 올리오니, 이것을 받아 보시는 대로 부디 제 말대로 해 주세요. 절대 제 말을 어기거나 잠을 주무시면 안 됩니다.

오늘 밤 10시가 지나면(그것이 가장 적당한 시간입니다) 말 두 마리에 안장을 놓고 국왕의 궁전 문 앞으로 오세요. 누가 어디로 가느냐고 묻거든 말을 운동시키러 간다고 대답하세요. 그러면 사람들은 성문에 자물통이 걸려 있는 줄 믿고 있을 테니까 결코 수상하게 생각하지 않을 거예요."

공주는 그 편지를 비단에 싸서 격자창 너머로 알리의 발밑에 던졌습니다. 알리는 그것을 주워 읽고는 미리암 공주가 쓴 것임을 알자, 편지에 입을 맞추었습니다. 그리고 두 사람 사이에 일어난 지난날의 아름다운 사랑의 추억들을 생각하며 눈물을 흘리면서 다음과 같은 시를 읊었습니다.

　　주신 소식, 이 한밤중에 닿았으니
　　당신을 갖고 싶어 내 마음 날아오를 듯
　　달콤하고 정다운 이야기 나누던 밤 떠올리네.
　　우리를 이별의 시련 속에 던지신
　　알라를 찬송해야겠네.

밤이 되자 알리는 곧 준마 두 마리를 준비해 놓고 시간이 되기를 기다렸습니다. 이윽고 약속한 10시가 되자, 말에 가장 좋은 안장을 놓고 마구간에서 끌어낸 다음 자물통을 채우고 성문으로 가서 공주가 오기를 기다렸습니다.

한편, 공주는 자기 방으로 돌아가 보니 애꾸눈 대신이 타조의 깃털을 넣은 베개에 팔꿈치를 짚고 앉아 있었습니다. 대신은 공주의 모습을 보자 부끄러움이 앞서서 손을 내밀지도 말을 걸지도 못했습니다. 공주는 마음속으로 기도했습니다.

'오, 알라여, 이 애꾸눈 대신이 저에게 추한 짓을 하지 않게 해 주소서.'
그리고 대신에게 다가가서 그 옆에 앉아 애정이 담뿍 담긴 거짓 아양을 부리면서 말했습니다.
"나리, 어째서 그렇게 쌀쌀맞게 대하세요? 뽐내고 계시는 거예요, 아니면 놀리고 계시는 거예요? 속담에도 '앉아 있는 사람이 선 사람에게 인사하라' 했잖아요. 그런데 당신은 옆에 오시지도 않고 말씀도 하지 않으시니 제가 먼저 말을 걸 수밖에요."
"이 넓은 세상에서 가장 아름답고 착하신 여왕님, 나는 그대의 노예이고 천한 하인이오. 아니, 나는 부끄러워서 그대의 눈부신 얼굴을 똑바로 바라볼 수가 없소. 오, 아름다운 진주여, 나는 그저 당신의 발아래 엎드려 있을 뿐이오."
"그런 말씀 마시고 무언가 맛있는 것이라도 내오게 하세요."
대신은 환관과 시녀들에게 식사준비를 시켰습니다.
이윽고 두 사람 앞에 비둘기와 메추라기, 양과 살진 거위, 기름으로 튀긴 비둘기 등, 땅 위를 걷고, 하늘을 나는 온갖 짐승의 고기, 그 밖에 갖은 요리를 담은 접시가 나왔습니다. 곧 손을 뻗어 먹기 시작한 공주는 화사한 손끝으로 요리를 집어서 대신의 입안에 넣어 주고 입을 맞추었습니다.
이렇게 배불리 먹고 손을 씻자 시녀들은 식탁을 치우고 술상을 준비했습니다. 공주는 술잔에 남실남실 술을 따라서 마신 다음, 대신에게도 술을 따라주며 자꾸만 권했습니다. 대신은 벌써 하늘에 오른 것만 같은 기분으로 덮어 놓고 좋아하기만 했습니다. 이윽고 상대의 취기가 충분히 돈 것을 확인한 다음, 공주는 미리 준비해 둔 크리트 섬에서 나오는 마약인 환약을 품 안에서 꺼냈습니다. 그것은 아무리 큰 코끼리라도 은화 한 닢의 분량만 먹이면 언제까지나 잠들게 할 수 있는 강력한 효과가 있는 약이었습니다.
공주는 상대가 눈치채지 않도록 이 환약을 술잔 속에 넣고, 거기에 술을 따라 대신에게 내밀었습니다.
대신은 잔뜩 술기운이 올라 있었으므로 그 잔을 받아 손에 입을 맞추고는 단숨에 들이켰습니다. 그리하여 그 술이 위장에 들어가자마자 대신은 털썩 쓰러지고 말았습니다.
그 모습을 본 공주는 얼른 일어나서 두 개의 커다란 안장자루 속에 보석과 히아신스석, 그 밖에 값진 물건을 가득 담고, 몸에는 갑옷을 입고 무장했습니다.
 그리고 알리를 기쁘게 해 주기 위해 호사스러운 옷과 무기를 들고 안장자루를 둘러멘 뒤 새 궁전을 나서서 연인에게 달려갔습니다.

 ─여기서 날이 훤히 밝아왔으므로 샤라자드는 이야기를 그쳤다.

## 890번째 밤

 샤라자드는 이야기를 계속했다.
 오, 인자하신 임금님, 미리암 공주는 새 궁전을 나서자 곧장 연인을 향해 달려갔습니다. 이 공주는 매우 강인하고 용감한 여자였습니다.
 한편 사랑에 미친 알리는 말고삐를 손에 잡고 성문 옆에 앉아 있었는데, 어느새 알라(주권과 권력이 영원히 속하기를!)께서 젊은이에게 졸음을 내리셨으므로 알리는 그만 깜박 잠이 들고 말았습니다. 잠들지 않는 알라께 영광이 있기를!
 마침 그 무렵 여러 나라의 왕들은 그 종마 두 마리 가운데 한 마리라도 훔쳐내 오게 하려고, 막대한 상금을 걸고 사람들을 부추기고 있었습니다.
 그 시절, 이 섬에서 자라나 말 도둑질에 있어서는 뛰어난 솜씨를 자랑하는 한 흑인 노예가 있었는데, 프랑크인 국왕들은 이 말 도둑에게 그 말을 한 마리라도 훔쳐오면 많은 상금을 주고, 두 마리를 훔쳐 오면 성 하나와 훌륭한 예복을 주겠다고 약속했습니다.
 그래서 그 말 도둑은 변장을 하고 오랫동안 프랑스의 도시란 도시를 모두 헤매고 다녔지만, 그 왕의 손안에 있는 한 아무리 해도 훔쳐낼 방법이 없었습니다.
 그런데 마침 그 즈음에 그 두 마리의 말을 애꾸눈 대신이 하사받아 자기의 마구간으로 끌고 갔다는 소문이 돌았습니다. 말 도둑은 그 소문을 듣고 뛸 듯이 기뻐하며, 이제야 때가 왔다는 듯이 이렇게 중얼거렸습니다.
 "구세주와 거짓 없는 신앙의 공덕에 걸고, 이번에야말로 두 마리를 다 훔쳐낼 수 있겠다."

그리하여 마침 미리암 공주와 알리가 다시 만난 날 밤에, 대신의 마구간에 숨어들려고 왔다가 뜻밖에도 말고삐를 쥐고 길가에서 정신없이 자는 알리를 보게 되었습니다. 말 도둑은 당장 다가가서 고삐를 빼앗은 뒤 한 마리는 앞세우고 다른 한 마리에 막 올라타려 하는데, 이때 두 개의 안장자루를 어깨에 멘 미리암 공주가 나타났습니다.

공주는 말 도둑을 알리라고만 생각하고 먼저 안장자루 한 개를 건네주니, 말 도둑은 그것을 받아 앞의 말에 싣고 다시 또 하나를 받아 뒤의 말에 실었습니다. 그동안 말 도둑은 도둑인 걸 들킬까 봐 한마디도 입을 열지 않았으므로 공주는 조금도 눈치채지 못했습니다.

두 사람은 말에 올라 입을 다문 채 성문을 나섰습니다.*103 그러다가 마침내 공주가 참다못해 입을 열었습니다.

"오, 알리 님, 어째서 그렇게 잠자코 계시기만 하세요?"

그러자 흑인 노예인 말 도둑은 공주를 뒤돌아보며 거칠게 소리를 질렀습니다.

"이봐, 아가씨, 무슨 소리를 하는 거야?"

미리암 공주는 이런 거친 말을 듣자, 그가 알리가 아니라는 사실을 깨닫고 눈초리를 추켜세우며 상대방을 자세히 뜯어보았습니다. 그랬더니 입은 크고 코는 사자코인 데다가, 콧구멍이 물병처럼 부풀어 오른 흑인 노예가 아니겠습니까? 그 모습을 보고 별안간 눈앞이 캄캄해진 공주가 물었습니다.

"너야말로 누구냐? 이 함의 자손인 늙은 놈아, 네 이름은 뭐라고 하느냐?"

"오, 이 고얀 년 좀 보게, 나는 세상 사람들이 잠잘 때 말을 훔치는 마수드라는 도둑님이시다."

공주는 그 말에 한마디 대꾸도 없이 곧바로 칼을 뽑아 상대의 목덜미에 깊이 찔러 넣었습니다. 그러자 칼끝이 말 도둑의 목젖을 뚫고 나가, 말 도둑은 피투성이가 되어 벌렁 땅 위에 쓰러졌고, 알라께서는 즉각 그 영혼을 지옥으로 몰아넣어 버렸습니다.

공주가 말 도둑이 탔던 말의 고삐를 잡고 알리를 찾으러 되돌아 가보니, 그는 약속장소에서 코를 골며 정신없이 자고 있지 않겠습니까! 공주가 말에서 내려 철썩 뺨을 후려갈기자*104 알리는 깜짝 놀라서 벌떡 일어났습니다.
"오, 사랑스러운 미리암 공주, 무사했군!"
"자, 빨리 타세요. 소리를 내면 안 돼요!"
알리가 말에 오르자, 두 사람은 말없이 성문을 빠져나갔습니다.
한참 뒤 공주가 말했습니다.
"잠을 자선 안 된다고 그토록 당부했는데, 어쩌다가 잠들어 버리신 거예요? 그래서야 어디 당신을 믿을 수 있겠어요?"
"오, 미리암, 나는 그대의 약속을 가볍게 여겨서 잠든 게 아니야. 그만 안심하고 잠이 든 것이지. 그런데 도대체 어떻게 된 일이지?"
공주는 조금 전에 말 도둑과 싸운 일을 알리에게 자세히 얘기해 주었습니다.
"아, 무사해서 정말 다행이다!"
두 사람은 이제 모든 것을 알라게 맡기고 말머리를 나란히 하여 얘기를 주고받으면서 길을 재촉했습니다.
이윽고 그 흑인이 마치 마신 같은 꼬락서니로 진흙투성이가 되어 쓰러져 있는 장소에 이르자, 미리암은 알리에게 말했습니다.
"말에서 내려 저자의 옷을 벗기고 무기를 뺏으세요."
"오, 미리암, 알라게 맹세코, 나는 말에서 내려 저자 옆에 갈 용기가 도저히 나지 않아."
알리는 흑인의 커다란 몸집에 놀라는 한편, 공주의 용기와 담력에 감탄하면서 그 멋진 솜씨를 칭찬했습니다.
두 사람은 다시 밤새워 길을 재촉하여, 이튿날 아침 땅 위에 태양이 눈부시게 빛나기 시작할 무렵, 강을 낀 넓은 들판에 이르렀습니다. 그곳은 사방이 푸른 풀로 뒤덮이고 온갖 과일나무들이 우거져 있는 곳이었습니다. 산양이 즐겁게 뛰놀고 작은 새는 가지에서 지저귀고 있으며, 언덕 비탈에는 온갖 꽃이 활짝 피어 그 사이사이를 수많은 시냇물이 좔좔 흐르고 있었습니다. 그것은 마치 이런 시에서 노래한 것과 같은 광경이었습니다.

장밋빛 골짜기 붉게 타오르고
여름의 태양이 뜨겁게 내리쬐는 곳,
옥돌 알갱이까지 모여서

두 겹으로 나란히 늘어서 있네.
잡목 숲에서 발을 쉬니
나뭇가지가 머리를 덮는다.
젖먹이를 안아 젖 물리는 유모처럼.
목마름을 달래주는 맑은 샘물
한 모금 마시니 맛있구나, 묵은 술보다도.
사방에 우거진 잎은
햇볕을 가려주는 커튼,
산들바람 홀연히 불어와
들판을 어루만져 대기를 깨우네.
옥돌은 고운 옷 차려입은
처녀인가 진주인가,
아름답고 부드러워서
끝내 만져보고 마네.

또, 다음의 시도 그곳의 정경을 잘 나타내고 있었습니다.

작은 호수 위 새가 지저귀면
연인들은 먼동 트는
동녘 하늘을 동경한다.
나무 그늘 서늘한 둘레에서는
열매가 익어가고, 맑은 샘물
속삭이는 정경도
마치 천국인 듯 그윽하구나.

이윽고 미리암 공주와 알리 누르 알 딘은 이 골짜기에서 내려 쉬기로 했습니다.

—여기서 날이 훤히 밝아왔으므로 샤라자드는 이야기를 그쳤다.

## 891번째 밤

샤라자드는 이야기를 계속했다.

오, 인자하신 임금님, 두 사람은 골짜기에서 걸음을 멈추고 말을 풀밭에 놓아 준 뒤 냇물을 마시고 과일을 따 먹었습니다. 그리고 지나간 날들을 떠올리면서 헤어져 있던 동안의 쓰라림을 서로 이야기하고 있는데, 갑자기 아득한 지평선에 한 무더기의 먼지가 피어오르더니 순식간에 시야를 가리고 말았습니다. 이윽고 군마의 울음소리와 무기들이 부딪치는 소리가 들려왔습니다.

여기에는 다음과 같은 까닭이 있었습니다.

대신이 공주를 맞이하여 공주를 찾아간 이튿날 아침, 부왕은 딸을 시집보낸 아버지의 관습에 따라 환관과 시녀들에게 금은을 뿌렸고, 그들은 앞다투어 그것을 주웠습니다. 그런 다음 신랑 신부에게 아침인사를 하기 위해 선물로 줄 비단을 시종에게 들려서 함께 궁전을 나섰습니다.

그런데 새로 지은 궁전에 도착해 보니 대신은 혼자 양탄자 위에 정신을 잃고 쓰러져 있었습니다. 미리암 공주를 찾아 궁전 구석구석을 뒤져보았으나 아무데도 보이지 않아 왕은 몹시 놀라고 당황했습니다.

왕은 이윽고 뜨거운 물과 순수한 식초와 유향(乳香)을 가져오게 하여, 그것을 잘 섞어서 대신의 콧구멍에 흘려 넣고 몸을 흔들었습니다.

그러자 대신은 마치 치즈 조각 같은 마약을 배 속에서 여러 번 토해냈는데 그제서야 완전히 깨어나서, 왕은 사건의 경위와 공주의 행방을 물었습니다.

"오, 대왕님, 저는 공주가 손수 술을 따라준 일 말고는 아무것도 기억이 나지 않습니다. 공주가 어디 갔는지도 모릅니다."

왕은 이 대답을 듣자 눈앞이 캄캄해지는 것을 느꼈습니다. 불같이 노한 왕이 다짜고짜 언월도를 뽑아 대신의 머리를 향해 내려치자, 칼날은 상대의 어금니 사이를 깨끗하게 꿰뚫고 말았습니다.

왕은 곧 마부들을 불러 종마 두 필을 끌어내 오라고 명령했습니다. 그러자 마부들이 말했습니다.

"오, 임금님, 그 말들은 간밤에 저희 마부 우두머리와 함께 사라져 버렸습니다. 아침에 일어나 보니 문이란 문은 죄다 활짝 열려 있었습니다."

"내 신앙과 내 신앙의 초석을 이루고 있는 모든 것에 걸고 말하지만, 그 말을 훔쳐낸 건 다름 아닌 내 딸일 것이다. 그리고 전에 사원에서 일하다가 내 딸을 뺏어간 이슬람교도 포로와 함께 달아났겠지! 나는 그놈의 정체를 분명히 꿰뚫어 알아채고도, 이 애꾸눈 대신이 쓸데없이 나서는 바람에 그만 살려주었지. 그러나 그 대가는 이미 받았다."

왕은 그렇게 소리친 뒤 곧 세 명의 왕자를 불렀습니다. 이 왕자들은 모두 용감하고 씩씩한 전사들로, 혼자서 기사 천 명과 싸워도 거뜬히 이겨낼 실력을 갖추고 있었습니다.

곧 세 왕자는 부왕의 명령으로 늠름하게 말 위에 올라, 왕을 비롯하여 당대의 용사들로 이름 높은 기사와 가신들과 함께 미리암 공주의 뒤를 추격했습니다.

그리하여 이 군대를 보게 된 미리암 공주는 즉시 말에 올라 칼을 어깨에 메고 창을 잡은 다음, 알리를 향해 물었습니다.

"당신은 어떻게 하시겠어요? 저와 함께 칼을 들고 싸울 용기가 있으신가요?"

"오, 천만에! 내가 싸움터에 나가면, 도무지 겁이 나서 호박에 침주기나 다름없을걸."

그러면서 다음과 같은 즉흥시를 읊었습니다.

오, 미리암이여, 바라건대
나를 탓하지 말라,
죽음의 싸움 속에
나를 몰아넣지 말라.
내 어찌 무서운 칼싸움을
바랄 수 있으랴,
까마귀 우는 소리에도
부들부들 떠는 나인데.
쥐를 보아도
깜짝 놀라 꽁무니를 빼는 나는
세상에 다시없는 겁쟁이로다.

이불 속 세찬 싸움 말고는
전투를 내 좋아하지 않으니,
그러나 한 번 이불 속에 들면
내 용기는 참으로 뛰어나노라.
이것이 나의 이치, 그것 말고는
말할 게 없으니,
내가 보기에
이것만이 올바르다 믿노라.

　이 즉흥시를 들은 미리암 공주는 그만 웃음을 터뜨리며 말했습니다.
　"사랑스러운 알리 서방님, 그럼 천천히 구경하고 계세요. 설령 적이 바닷가의 진주만큼 많다 해도 제가 반드시 무찔러 보이겠어요. 하지만 말을 타고 제 뒤를 따르셔야 해요. 만일 제가 져서 도망치면 말에서 떨어지지 않도록 꼭 잡고 계셔야 해요. 적은 절대로 뒤쫓아 오지 못할 테니까요."
　그러고는 창끝을 적에게 돌리더니 말고삐를 늦추었습니다. 그러자 준마는 공주를 태우고 거센 바람처럼, 가느다란 관에서 쏟아져 나오는 물처럼 재빠르게 달려나갔습니다.
　미리암 공주는 당대에 어깨를 겨눌 자가 없는 용감하고 사나운 전사로서, 일찍부터 가장 뛰어난 무술의 본보기로 칭송받고 있었습니다. 어릴 때부터 부왕에게 마술을 비롯하여 어둠 속에서 적의 진영을 공격하는 전법 등을 배웠던 것입니다. 부왕은 공주가 혼자의 몸으로 공격해 오는 것을 보자, 가장 큰 왕자를 돌아보며 말했습니다.
　"오, 키라우트의 수령이라는 별명을 가진 바르타우트여, 나를 향해 오고 있는 사람은 틀림없는 네 누이 미리암이렷다! 나에게 싸움을 걸어 한바탕 겨루자는 것이니, 네가 나가서 상대해 주어라. 만일 네가 이기면 죽이지는 말고 나사렛 사람의 가르침을 잘 일러주어라. 미리암이 원래의 신앙으로 돌아오면 포로로서 나에게 데려오고, 그렇지 않으면 더없이 비참한 죽음을 안겨 세상의 본보기가 되게 해라. 공주와 같이 있는, 저 저주받을 이슬람교도 역시 마찬가지다."
　"분부대로 하겠습니다."

바르타우트는 즉시 말을 달려 누이 미리암을 맞이하면서 이렇게 소리쳤습니다.
"오, 미리암 누이, 누이는 이제까지 그렇게 분란을 일으키고서도 포기하지 않고, 조상 대대의 신앙을 버리고 부랑자의 신앙인 이슬람교에 귀의한단 말이오? 구세주와 거짓 없는 신앙의 공덕을 두고 말하지만, 누이가 순순히 조상의 신앙으로 돌아오지 않으면 가차없이 누이의 목을 베어 온 천하에 수치가 되게 할 테니 그리 아시오!"

하지만 미리암 공주는 코웃음을 치며 대답했습니다.

"닥쳐라! 그런 것을 나에게 강요하는 일은 지나간 세월을 되돌리고 죽은 것을 되살리겠다는 바와 같다. 오히려 내 쪽에서 너에게 따끔한 맛을 보여 줄 테니 후회하지 마라. 나는 알라께 맹세코, 널리 세상에 구원을 펼치신 압둘라의 아들 무함마드의 신앙을 버리지 않을 것이다. 그것은 이슬람교는 참된 신앙이기 때문이다. 설령 죽음의 잔을 마시는 한이 있더라도 나는 이 올바른 길을 버리지 않겠다!"

―여기서 날이 훤히 밝아왔으므로 샤라자드는 이야기를 그쳤다.

## 892번째 밤

샤라자드는 이야기를 계속했다.

오, 인자하신 임금님, 미리암 공주의 말을 들은 바르타우트의 눈에 험악한 빛이 떠오르더니, 잠시 뒤 두 사람 사이에 격렬한 전투가 벌어져 넓은 평원도 비좁은 듯 서로 쫓고 쫓기며 싸웠습니다.

모두 숨을 죽이고 경탄하며 지켜보는 가운데 두 사람은 서로 온갖 비술을 다해 싸웠습니다. 바르타우트가 수를 바꾸어 공격해 들어가면 미리암은 교묘하게 피하며 상대의 날카로운 공격을 꺾고는 했는데, 그 눈부신 솜씨가 참으로 볼만했습니다.

그렇게 거센 싸움이 오래 계속되자 모래먼지가 일어나서 두 사람의 모습은 사람들 눈에서 완전히 가려지고 말았습니다. 그러는 동안 바르타우트는 점차 피로감을 느끼게 되어 점점 힘이 빠지기 시작했습니다. 그것을 눈치챈 미리암은 기회를 놓치지 않고 더욱 맹렬하게 공격하여 마침내 상대의 목에 일격을 가하니, 칼끝이 바르타우트의 목을 꿰뚫고 번뜩이는 순간 알라는 그 영혼을 무서운 지옥으로 날려 보냈습니다.

미리암은 피비린내나는 싸움터를 달리면서 큰 소리로 외쳤습니다.

"누가 더 상대할 자는 없느냐? 나를 당할 자는 말을 타고 덤벼라. 그러나 겁쟁이는 싫다. 신앙의 적이라고 스스로 여기는 전사라면 내 상대로서 부족함이 없다. 오욕의 잔을 마시게 하여 본때를 보여주마. 오, 우상숭배자들이여, 반역자여, 오늘이야말로 진실한 신앙을 가진 자가 이교도를 응징하는 날이다!"

왕은 큰아들 바르타우트가 살해되는 것을 보자 분노를 이기지 못하여 자신의 얼굴을 때리고 옷을 찢으면서 큰 소리로 둘째 아들을 불렀습니다.

"오, 바구미의 똥이라는 별명을 지닌 바르투스여, 빨리 가서 네 누이 미리암과 싸워 형 바르타우트의 원수를 갚고 미리암을 사로잡아 오너라!"

"예."

바르투스는 즉시 말에 올라 미리암을 향해 달려나갔습니다.

두 사람 사이에는 전보다 더욱 치열한 격투가 시작되었는데, 얼마 뒤 바르투스는 도저히 누이의 적이 되지 못함을 깨닫고 몇 번이나 도망치려 했습니다.

그러나 미리암의 날카로운 칼끝 앞에서는 미처 도망칠 틈도 없이 점점 몰리다가 마침내 목에 공격을 받아, 목 언저리에 칼이 번뜩이는 순간 형의 뒤를 쫓아 허무한 최후를 마치고 말았습니다.

미리암은 또다시 피비린내나는 싸움터를 누비면서 큰 소리로 외쳤습니다.

"기사들은 무엇을 하고 있느냐? 용사는 없느냐? 거짓 신앙을 믿는 자들아, 애꾸눈 대신은 어떻게 되었느냐?"

이 말을 들은 부왕은 애끓는 심정으로 눈이 빨개지도록 울면서 소리쳤습니다.

"이게 어찌 된 일이냐, 바르투스까지 죽음을 당하다니!"

왕은 거친 목소리로 막내 왕자를 불러 말했습니다.

"오, 파시안, 방귀 뀌는 자라는 별명을 지닌 나의 파스얀이여, 이번에는 네가 가서 형들을 위해서 복수전을 펼쳐라. 지든 이기든, 무슨 일이 있어도 덤벼보는 거다. 만일 네가 이기면 미리암을 세상에서 가장 참혹한 꼴로 죽이도록 해라!"

파스얀이 곧 말을 몰아 미리암에게 달려드니, 공주도 온갖 비술을 다해 상대를 맞이했습니다.

"오, 이 저주받을 놈아! 이슬람의 적, 너도 두 형처럼 이교도들이 사는 지옥으로 보내주마!"

그리고 칼을 휘둘러 금세 상대의 목을 쳐서 떨어뜨렸으므로, 알라는 그 영혼도 두 형한테 보냈습니다.

이름난 용사인 세 왕자가 잇달아 전사하는 모습을 본 기사와 신하들은 간담이 서늘해져 몸서리를 쳤습니다. 그들은 미리암 공주에게 무서움을 느끼고, 자기들이 덤벼들어 봤자 도저히 당해내지 못할 거라 생각하며 고개를 숙인 채 떨고만 있었습니다. 그러다가 속으로는 미리암 공주에게 증오를 태우면서도, 목숨이 아까워 등을 돌려 걸음아 나 살려라 하고 뺑소니를 쳤습니다. 왕은 세 아들이 살해되고 부하들까지 달아나는 꼬락서니를 보더니 불같이 화가 나서 발을 구르며, 대체 어떻게 해야 좋을지 갈피를 잡지 못하고 있었습니다. 그래서 자기 마음을 향해 말했습니다.

"우리는 완전히 미리암 공주에게 조롱당했다. 내가 혼자서 위험을 무릅쓰고 저것에게 덤벼든다 한들 왕자들처럼 칼에 맞아 죽기 십상이고, 그렇게 되면 천하에 수치요 웃음거리가 되고 말 것이다. 그보다는 차라리 체면을 지켜서 이대로 돌아가는 편이 나으렷다."

왕은 군마의 고삐를 늦추고, 왕궁으로 돌아갔습니다. 그러나 왕궁에 돌아와서, 용감한 세 왕자가 살해되고 부하들은 모두 달아나 자신의 명예가 짓밟힌 사실을 생각하니 슬프기도 하고 분노가 불끈불끈 치밀어 올랐습니다. 그래서 왕은 태수와 고관들을 불러모아 미리암 공주 때문에 세 왕자가 허무하게 죽었다고 이야기한 다음, 이 애끓는 한을 어떻게 풀면 좋겠냐고 도움말을 구했습니다.

신하들은 알라가 이 세상에 보낸 대표자, 신앙심 깊은 자들의 왕인 하룬 알 라시드에게 편지를 보내어 호소해 보라고 귀띔했습니다.

그래서 왕은 교주에게 편지를 보내기로 하고, 먼저 인사말을 한 뒤 다음과 같이 썼습니다.

"저에게 미리암이라는 딸이 하나 있는데, 카이로의 상인 타지 알 딘의 아들 알리 누르 알 딘이라는 이름의 이슬람교도 포로에게 납치되어, 밤의 어둠을 틈타 궁전을 빠져나가 알리의 고국으로 도망쳐 버렸습니다.

그러니 아무쪼록 신앙심 깊은 자의 대군께서 호의를 베푸시어 이슬람교 나라의 여러 도시에 편지를 보내셔서 딸 미리암을 체포할 것을 명령해 주시고, 붙잡았을 때는 믿을 만한 사자에게 맡겨 저에게 보내주시면 크나큰 은혜로 알겠습니다."

— 여기서 날이 훤히 밝아왔으므로 샤라자드는 이야기를 그쳤다.

## 893번째 밤

샤라자드는 이야기를 계속했다.
오, 인자하신 임금님, 왕은 교주에게 보내는 편지에, 또 다음과 같은 말을 덧붙였습니다.

"또한 이 일에 대해서 교주님이 도와주신다면, 사례로서 대로마의 수도 절반을 넘기고, 이슬람교 사원을 건립하시도록 도와 드리겠으며, 또 그 시의 공물도 바칠 것을 약속합니다."

왕은 태수와 고관들의 권고로 이렇게 편지를 써서 애꾸눈 대신의 후임으로 임명한 새 대신을 불러, 왕국의 옥쇄로 봉인하고 중신들에게도 서명하게 했습니다. 그런 다음 새 대신에게 평화의 도시 바그다드*[105]로 가서 교주에게 직접 편지를 전하라고 명령했습니다.

"네가 만일 미리암을 데리고 돌아오면, 태수 두 사람 몫의 영지에 황금으로 두 겹이나 가장자리를 두른 예복을 내리리라."

대신은 편지를 갖고 출발하여 언덕을 넘고 골짜기를 지나 여행을 계속한 끝에 무사히 바그다드의 도성에 도착했습니다. 그래서 이틀 동안 여행의 피로를 푼 다음, 궁전에 들어가서 신앙심 깊은 자들의 대군에게 알현을 청했습니다.

알현을 허락받은 대신은 교주 앞에 나아가 그 발아래 엎드린 뒤, 진귀하고 호사스러운 선물과 함께 프랑스 왕의 편지를 교주에게 올렸습니다.

편지를 읽은 교주는 볼일을 알자, 즉시 자기 대신을 시켜 모든 이슬람교도 나라에 통첩을 보내게 했습니다. 거기에는 왕녀 미리암과 알리의 이름과 인상을 자세히 밝히고, 두 사람은 달아난 자들이므로 발견하는 즉시 체포해서 신앙심 깊은 자들의 임금에게 보내라고 씌어 있었습니다.

대신은 곧 편지 몇 통을 작성하여 서명한 뒤 파발꾼을 시켜 여러 나라의 총독들에게 보냈습니다.

총독들은 교주의 명령을 받들어 온 영토 안에 두 사람에 대한 수배령을 내렸습니다.

한편 알리와 미리암은 신의 가호로 프랑스 왕과 그 군사를 물리친 다음, 다시 여행을 계속하여 마침내 시리아에 도착한 뒤 다마스쿠스로 들어갔습니다.

그런데 그 하루 전에 교주의 파발꾼이 이미 다마스쿠스에 도착해 있어서, 그들이 도성에 닿자마자 포리가 가까이 다가오며 두 사람의 이름을 불렀습니다.

두 사람은 속이지 않고 그들이 묻는 대로 순순히 이름을 대고 자신들이 겪은 일에 대해 자세히 이야기했습니다. 포리는 수배 중인 자들이 틀림없다는 것을 알고 즉시 포승줄로 묶어 총독 앞으로 끌고 갔습니다.

총독은 곧 부하를 시켜 두 사람을 바그다드로 호송했습니다. 그들은 바그다드에 도착하자마자 교주에게 알현을 청하여 허락을 받고, 그 앞에 나아가 엎드리며 말했습니다.

"오, 충실한 자들의 임금님이시여, 이 여자는 프랑스 왕의 딸 미리암 공주이고, 이자는 카이로의 상인 타지 알 딘의 아들 알리 누르 알 딘으로, 미리암을 납치하여 프랑스에서 다마스쿠스로 달아난 자입니다. 저희가 이들이 성 안에 들어오는 것을 발견하고 심문했더니 사실대로 자백했으므로 즉시 체포하여 끌고 왔습니다."

교주가 미리암을 자세히 살펴보니 얼굴이 지극히 단아하고 우아하여 당대에 비할 자가 없을 만큼 뛰어난 데다, 목소리도 아름답고 말솜씨도 훌륭했습니다. 행동 역시 믿음직스럽게 굳고 착실하며 마음씨가 매우 고운 여자였습니다.

미리암은 교주 앞에 공손하게 무릎을 꿇고, 그 지위와 권세가 영원히 번영하고 모든 적이 멸망해 사라지기를 기원했습니다.

"그대가 프랑스 왕의 딸, 띠 짜는 미리암이냐?"

"네. 충실한 자들의 임금님이자 유일한 알라를 믿는 자의 대표자이시며 신앙의 수호자이신 교주님이시여!"

이어서 교주가 알리 쪽으로 눈을 돌리니, 마치 열나흗날 밤의 둥근 달처럼 우아한 젊은이였으므로 이렇게 물었습니다.

"그대가 카이로의 상인 타지 알 딘의 아들 알리 누르 알 딘이냐?"

"그렇습니다. 정의로운 인간을 지켜주시는, 신앙심 깊은 자들의 임금님!"

"그대는 어찌하여 이 처녀를 납치해서 부왕의 나라에서 도망쳤느냐?"

이에 대답으로 알리 누르 알 딘은 지금까지 있었던 일을 처음부터 끝까지 자세히 얘기했습니다. 그러자 교주는 매우 놀라 소리쳤습니다.

"덧없는 세상의 고통이란 이렇게도 기구하고 다양하구나!"

―여기서 날이 훤히 밝아왔으므로 샤라자드는 이야기를 그쳤다.

## 894번째 밤

샤라자드는 이야기를 계속했다.

오, 인자하신 임금님, 교주는 다시 미리암 공주에게 말했습니다.

"미리암, 사실 그대의 아버지인 프랑스 왕으로부터 나에게 그대에 대해 부탁하는 편지가 와 있다. 그대는 무슨 할 말이 없느냐?"

"알라께서 이 세상에 보내신 대표자, 예언자의 계율을 지키시고 인간에 대한 명령을 집행하시는 임금님이시여! 부디 알라께서 임금님께 영원한 번영을 내려주시고 악마의 손에서 지켜주시기를! 임금님은 이 세상에서의 알라의 대행자이시고, 저는 진리와 정의를 고취하는 신조를 내건 임금님의 신앙에 귀의한 자입니다. 저는 구세주를 거짓말쟁이라고 부르는 이단자의 종교를 버리고, 알라의 자비로우신 사도의 계시를 믿는 참다운 신자가 되었습니다. 알라를 우러러보고 알라를 유일신이라 믿으며, 알라 앞에 꿇어 엎드려 그 영광을 찬송하는 자임을 교주님 앞에 고백합니다.

 알라 외에 신은 없고, 무함마드는 알라의 사도라는 것을 증언합니다. 알라는 이 사도의 몸을 빌려 모든 계율과 진실한 신앙을 보내시고, 설령 신에게 동료를 인정하는 이단의 무리가 까닭 없이 싫어하더라도 다른 모든 종문을 정복하셨습니다.*106

 그러므로 오, 충실한 자들의 임금님이시여, 이단자인 왕이 부탁한다고 해서 신앙을 거부하고 전지전능하신 신에 다른 신을 나란히 세워(1) 십자가를 예배하고, 우상 앞에 무릎을 꿇고, 다만 한 인간에 지나지 않는 예수의 신성을 믿는 이단자의 나라로 진정 저희를 보내려 하시는 겁니까? 알라의 대행자시이신 당신이 그러한 일을 하신다면, 저는 심판의 날 알라 앞에서 임금님의 옷자락을 붙잡고 임금님의 사촌형제이신 알라의 사도께 하소연하겠습니다. 최후의 심판일에는 제아무리 높이 쌓아올린 재물도 이득이 없고 어린아이도 소용없으며, 오직 진심으로 신 앞에 엎드리는 자만이 구원을 받습니다."*107

 그러자 교주가 대답했습니다.

 "오, 미리암이여, 그럴 리가 있겠느냐? 나는 결코 그런 짓은 하지 않을 것이다! 어찌 유일신과 그 사도를 믿는 이슬람교도를, 알라와 그 사도가 금하는 땅으로 보낼까 보냐!"

 "알라 외에 신은 없고 무함마드는 알라의 사도임을 증언합니다!"

 "미리암, 알라가 그대를 축복하시고 바른길로 인도하시기를 기원하마. 그대는 이슬람교도이며 유일신인 알라를 믿고 있는 이상, 나는 그대를 보호해야 할 의무가 있다. 설사 금은보화가 산더미로 쌓인 세계를 준다 해도 나는 그대를 배신하지 않을 테고, 그대를 버리지도 않겠다. 그러니 안심하고 눈물을 닦도록 해라. 그런데 그대는 이 카이로의 알리라는 젊은이를 남편으로 맞이하여 그 아내가 되고 싶은 것이냐?"

 "오, 진실한 신자들의 임금님이시여, 어떻게 제가 저분의 아내가 되지 않을 수 있겠습니까? 저분은 자기 돈으로 저를 사서 더할 수 없는 친절을 베풀어주셨습니다. 그뿐만 아니라, 저를 위해 몇 번이나 목숨을 걸고 모험을 하셨습니다."

그리하여 교주는 판관과 입회인을 불러서 지참금을 정하고 미리암과 알리를 결혼시킨 다음, 영내의 태수들을 참석시켜 성대한 잔치를 열었습니다. 교주는 그 자리에 참석한 프랑스 왕의 대신을 돌아보며 말했습니다.

"그대도 공주가 한 말을 들었겠지만, 미리암 공주가 유일신을 믿는 이슬람교도라는 사실을 안 이상 어떻게 이단자인 아버지에게 돌려보낼 수 있겠는가? 만약 보낸다면 동생들을 죽인 죄로 딸을 학대하고 처벌할 것이 분명하다. 그렇게 되면 부활의 날에도, 나는 이 여자 때문에 벌을 받지 않을 수 없다. 게다가 전능하신 알라께서도 '알라는 결코 진실한 신자를 외면하고 이단자를 편드는 일이 없다'*108고 말씀하시지 않았느냐. 그러니 그대는 그대의 왕에게 돌아가서 이번 일에 대해서는 모든 걸 단념하시고 고집을 부리지 않으시는 편이 좋겠다 말씀드려라."

그러나 이 어리석고 아둔한 대신은 교주를 향해 뻔뻔스럽게도 이렇게 말했습니다.

"오, 충실한 자들의 임금님이시여, 구세주와 진실한 신앙의 공덕에 걸고 아뢰옵니다. 설사 미리암이 마흔 번이나 이슬람교도가 된다 해도 저는 데리고 돌아가지 않을 수 없습니다! 만일 임금님이 미리암을 돌려보내 주지 않으신다면, 저는 당장 저희 왕에게 돌아가서 이쪽으로 대군을 보내 바다와 육지 두 면으로 공격을 가하도록 하겠습니다. 대군의 선봉이 이 도성에 이르렀는데도 후군(後軍)은 아직 유프라테스 강*109에 있을 만큼의 대군을 이끌고 임금님의 영토를 짓밟고 말겠습니다."

교주는 프랑스 왕의 저주받을 대신에게서 이 말을 듣자, 갑자기 얼굴에 험악한 기색을 띠더니 불같이 노하여 말했습니다.

"이 멍청한 나사렛 놈 같으니! 네놈에게 프랑크인의 왕과 함께 나에게 쳐들어올 만한 힘이 있단 말이냐!"

그리고 호위병들에게 명령했습니다.

"이 저주받을 놈을 끌고 가서 목을 쳐라!"

그런 다음 이런 시를 읊었습니다.

이것은 덕망 높은 어른의 뜻을 거역한 자가
스스로 받은 응보로다.

교주가 대신의 목을 베고, 시체를 불태우라고 명령하자 미리암이 소리쳤습니다.
"오, 충실한 자들의 임금님! 저런 저주받은 자의 피로 임금님의 칼을 더럽히지는 마십시오."
그렇게 말하는 순간, 공주는 번개같이 자신의 칼을 뽑아 대신을 향해 내리쳤습니다. 대신의 머리는 몸을 떠나 날아가서 그대로 오욕의 집에 떨어져 버렸습니다. 다시 말해, 대신의 집은 영원한 죄업이 머무는 지옥이었던 겁니다.
교주는 공주의 훌륭한 솜씨와 씩씩하고 굳센 기상과 진취적인 정신에 깜짝 놀랐습니다. 신하들이 대신의 시체를 궁전 밖으로 내가서 불태우자, 신앙심 깊은 자들의 임금님은 알리에게 호화로운 예복을 내리고 두 사람을 위해서 궁전 안에 방을 마련해 주었습니다. 그뿐만 아니라 녹봉을 정하고 옷과 가구와 값비싼 그릇 등, 필요한 것은 뭐든지 주었습니다.
그리하여 두 사람은 얼마 동안 바그다드에서 온갖 즐거움을 누리며 즐거운 생활을 보냈지만, 그러는 동안 알리 누르 알 딘은 고국에 계신 부모님이 점점 그리워졌습니다. 그래서 교주에게 그 사정을 아뢰고 고국에 돌아가는 일을 허락해 달라고 청했습니다. 교주는 두말하지 않고 허락하고 미리암을 불러 여행길에 조심하라고 일렀습니다. 또 값진 선물과 진귀한 보물을 주고, 알라께서 수호하시는 카이로의 태수와 법률학자와 귀족들에게 편지를 써서, 알리 누르 알 딘 부부와 그 부모를 천거하며 잘 돌봐주고 매우 정중하게 대접하라고 분부했습니다.
이 소식이 카이로에 전해지자, 상인 타지 알 딘 부부는 아들 알리가 돌아온다는 사실을 알고 매우 기뻐하며 도성의 태수와 귀족들과 함께 마중을 나갔습니다.
그날은 참으로 경사스러운 날로서, 사랑하는 자와 사랑받는 자가 맺어지고 부르는 자와 부름을 받는 자가 기쁘게 다시 만나는 경축일이었습니다. 태수들은 모두 각자 날을 정하여 차례로 잔치를 베풀며, 앞다투어 두 사람을 후하게 대접했습니다.

알리 누르 알 딘을 만난 부모는 아들의 손을 잡고 기뻐하는 순간, 그때까지의 괴로움과 걱정은 모두 잊어버리고 말았습니다. 또 부모는 아들과 마찬가지로 미리암 공주도 기쁘게 맞이하여 더할 나위 없이 매우 극진하게 대접했습니다.

그 뒤 거의 매일같이 두 사람에게 태수와 돈 많은 상인들로부터 선물이 들어와서, 그들은 잔치의 환락을 능가하는 복된 생활에 취하여 행복하게 살았습니다. 그리하여 온갖 위안과 즐거움을 누리며 재미있고 즐겁게 먹고 마시면서 사는 동안, 환락을 빼앗고 교제를 가로막으며 크고 화려한 집과 건물을 파괴하는 죽음이 찾아와, 두 사람은 이승을 떠나 죽은 이의 대열에 들어갔습니다.

영원히 멸망하는 일 없이, 눈에 보이는 것과 보이지 않는 것의 열쇠를 한 손에 쥐고 계시는 알라께 영광을!

그리고 카이로의 태수 슈자 알 딘*110으로부터 다음과 같은 희한한 이야기도 들었습니다.

〈주〉

*1 나는 브레슬라우판 제10권에서 이 제목을 빌려 왔다. 페인 씨는 《알리 누레딘과 프랑크 왕의 딸 *Ali Nouredin and the Frank King's Daughter*》이라는 제목을 채택하고 있다. 레인은 《알리 슈르와 줌루드》와 《알라딘 아부 알 샤마트》와 비슷하다는 이유로 이 이야기 역시 생략했다. 그러나 레인은 자신도 모르는 사이에 야화 가운데 가장 흥미진진한 이야기 하나를 생략한 셈이다.

바헤르(Bacher) 박사(독일 동양협회)는 이를테면 그림의 《독일 민화집 *Deutsche Sagen*》에도 나왔지만, 샤를마뉴 대제의 딸 엠마와 그 황제의 비서 아인하르트의 이야기에서 그 원형을 발견했다. 이야기가 진행됨에 따라 두 쪽의 유사점을 지적할 생각이다. 이 이야기에서 프랑스 왕과 하룬 알 라시드 교주가 편지를 주고받는 것은, 이 교주와 니케포루스(Nicephorus) 즉 '로마인의 개' 사이에 교환된 편지에 끼워 맞춘 기술일 것이다.

〔니케포루스는 동로마제국의 황제로, 여기서는 제1세를 가리킨다. 서기 811년 사망. 상세한 것은 비장판 제7권의 '터미널 에세이' 제3장에 나와 있다.〕

*2 흑인을 가리킨다.

*3 온갖 석류에는 낙원의 한 알이 들어 있다고 하는 《미쉬카트 알 마사비》〔전설집〕 속의 의심스러운 전설. 〔이 책 '바그다드의 짐꾼과 세 여자' 이야기 주석 84 참조.〕 또한

《코란》에서는 제6장 99절에 그것이 언급되어 있다.
* 4 산지(産地) 즉, 생산되어 나오는 곳의 이름을 따온 것.
* 5 편도의 핵을 갈라 씨를 채취하는 데서.
* 6 로움(Roum)에 대해서는 이 책 4번째 밤('어부와 마신 이야기' 주석 15]을 보기 바란다. 모로코에서 로우미(Roumi)라고 하면 단순히 유럽인을 의미한다. 이 시는 그리스 노예여자의 아름다움을 간접적으로 표현한 것이다.
* 7 식탁보는 수프라(Sufrah-cloth)라고 하지만, 수프라만으로는 둥근 나무 탁자와 그 위에 놓이는 커다란 금속 쟁반을 의미한다.
* 8 이 책 216번째 밤('카마르 알 자만의 이야기' 주석 87) 참조. fig와 sycamore에 대응하는 외설적인 암시. 〔여기서는 전자를 무화과=여자의 음부로 하고, 후자를 우담화=항문으로 했다. 참고로 우담화는 무화과의 다른 이름이기도 하다.〕
* 9 시나이종(Sinaitic)은 원전에서는 '토르(Tor)의'로 되어 있다. 이 책 95번째 밤('오마르 빈 알 누만 왕과 두 아들 샤르르칸과 자우 알 마칸 이야기' 주석 206) 참조. 배는 호메로스도 언급하고 있으며, 남유럽에서는 야생하고 있다. 빅토르 헨(Victor Hehn) 박사(《식물의 이동 The Wanderings of Plants》)는 그리스어의 아비오스($απιος$)와 라틴어의 피루(Pyrus)〔둘 다 배를 뜻한다〕를 비교하여, 후자는 배를 생산하지 않는 켈트족이나 게르만족으로 옮겨갔다고 일러주고 있다.

우리나라의 배도 대부분 동양, 이를테면 앙골라에서 들어온 것이다. 둥근 모양의 배인 원예종 베르가못(bergamot)는 〔터키어의〕 베그 아르무드(Beg Armud)이며, 배의 왕이라는 뜻이다. 〔헨 박사는 러시아 도르파트 출신의 학자로, 주로 이탈리아와 괴테 연구로 알려 있다. 1813~90년.〕
* 10 술탄종(Sultani)은 '왕(王)의' 라는 뜻. 이 말이 바그다드와 가까운 도시 술타니야(Sultaniyah)에서 유래하는지는 확실하지 않다. 이 책 21번째 밤('누르 알 딘 알리와 그 아들 바드르 알 딘 하산 이야기' 주석 15) 참조. 거기에는 밀감이나 시트론에 붙여져 있다.
* 11 페인 씨는 외젠 프로망탱(Eugène Fromentin)의 《사하라의 여름 Un Été dans le Sahara》(파리, 1857년)을 인용하고 있다. 살구를 말리는 풍경은 다마스쿠스의 모든 옥상에서 볼 수 있다. 그러나 그곳에서는 각각의 열매가 열리는 계절이 이제 겨우 되었는가 생각하는 순간에 어느새 허무하게 끝나버린다. 〔프로망탱은 프랑스의 문인이자 화가. 1842~46년에 알제리, 이집트 방면으로 여행했다. 회화에서도 오리엔탈리스트로서 명성을 날렸고, 위의 기행문으로 상드와 고체로부터 격찬을 받았다. 소설 《도미니크》는 그의 걸작, 1820~76년.〕
* 12 방울(cascavel)은 아랍어로 잘라잘(Jalajal)이며, 원래는 매의 발에 다는 작은 방울이다. 이 영어는 포르투갈어의 cascabeis에서 유래한다.

\*13 모든 판(版)이 훌란잔(Khulanjan)으로 되어 있다. 그러나 아마 할란지(Khalanj) 또는 하울란지(Khaulanj, 형용사는 Khalanji)를 가리키는 것으로, 강렬한 냄새를 가진 나무인데, 이것을 염주처럼 손에 지니면 향료 대용도 된다. 스페인계 아랍어에서는 에리카 나무를 가리킨다. 《무히트 *Muhit*》에 의하면(무히트는 아랍어로 널리 작품을 집대성한 책을 의미한다), 이것은 인도나 중국 각지에서 자라는 연노란색과 붉은색을 띤 나무로, 그 잎은 타마리스크(Tarfa)의 그것과 비슷하고, 꽃은 빨강, 노랑 또는 하얀색이다. 겨자씨 같은 열매를 맺으며 그 나무로 나무 접시를 만든다고 한다.

그래서 시인은 다음과 같이 노래했다.

Yut 'amu 'l-shahdu fi 'l-jifani, wa yuska/Labanu 'l-Bukhti fi Kusa'i 'l-Khalanji.
(벌꿀은 그릇에 담기고, 낙타 젖은 할란지 그릇에 담겨 나왔도다.)

\*14 앞에서 말한 것처럼 오렌지는 인도의 산물이며, 헤스페리데스(Hesperides)의 황금사과(그리스 신화)는 오렌지가 아니라 아마 금괴였을 것이다.

\*15 '커다란 금덩어리'란 아랍어로 이크얀(Ikyan)이며, 땅속에서 자라는 것으로 상상이 되는 살아 있는 황금을 말한다.

\*16 수련은 브레슬라우판에서는 풀(Full) 또는 필(Fill)이며, 아라비아 재스민 또는 코르크 떡갈나무(페론(φελλου))이다. 부르판과 맥나튼판에는 필필(filfil)로 되어 있고, 후추 또는 종려 섬유를 뜻한다.

\*17 감송향(spikenard)은 아랍어로 숨불 알 안바리(Sumbul al-'anbari)이며, 숨불이라는 말은 특허매약(特許賣藥)을 통해 영국에 들어갔다. 또한 아랍어와 페르시아어의 숨불은 히아신스, 감송향, 처녀자리 등을 의미한다.

\*18 질경이(plantain)는 아랍어로 리산 알 하마르, 즉 새끼 양의 혀라는 뜻이다.

\*19 타이프(Taif)는 메카 동쪽의 산악지대에 있는(성지는 아니다) 유명한 도시로, 옛날에는 좋은 향이 나는 산양가죽의 산지로 유명했다.

\*20 커피는 여기서는 명백하게 시대착오이며, 아마 필사생에 의해 삽입된 것인 듯하다. 이 책 426번째 밤('카이로 사람과 바그다드의 유령의 집' 이야기 주석 4) 참조. 그러나 이 '카와'(커피)는 원래의 '오래된 독한 술'이라는 의미를 가진 것인지도 모른다 (100번째 밤 시). [이 책 '오마르 빈 알 누만 왕과 두 아들 샤르르칸과 자우 알 마칸 이야기' 주석 220 참조.) 많은 양의 술을 먹는 점이나 취한 모습에서 보아, 커피를 마시는 습관은 아직 시작되지 않았음을 알 수 있다.

\*21 소매는 아랍어로 아크맘(Akmam)이라고 하며, 단수는 쿰므(Kumm)이다. 꽃잎이라는 뜻으로도 사용된다. 이슬람교도 여성은 몸의 다른 부분은 드러내더라도 얼굴만은 절대로 보여주지 않는다. 이것은 본능적으로 얼굴을 보여주면 정체가 드러난다는 것을 잘 알고 있기 때문이다. 동양을 여행하다 보면, 여자들이 등은 완전히 드러낸 채 머리와 얼굴만 빈틈없이 가리고 달아나는 우스꽝스러운 모습을 보게 될 것이다.

*22 이집트, 시리아 등에서는 손님이 가희와 무희의 이마와 뺨, 입술에 작은 금화나 금속 조각을 붙이는 관습이 있다. 그러면 땀이나 화장 때문에 새로운 동작에 의해 떨어질 때까지 한동안 그대로 붙어 있는 것이다.

*23 "술과 화살뽑기에 대해 모두가 너희에게 질문할 것이다. 대답하라. 이 두 가지는 큰 죄악이지만, 또한 인간에게 이익이 되는 점도 있다. 그러나 죄가 이익이 되는 점보다 크다." 《코란》 제2장 216절을 보기 바란다. 〔파머는 원문 전체를 매우 잘 번역한 《코란》의 이 대목에 각주를 붙여서 다음과 같이 말했다. 술은 하므르(Hamr)라고 하며, 알코올 성분이 함유되어 사람을 취하게 하는 모든 음료를 가리킨다. 한편 화살뽑기인 엘 마이사르(el-maisar)는 화살로 제비뽑기하는 도박으로, 상품은 어린 낙타이다. 도박에서 진 사람은 그것을 죽여 가난한 사람들에게도 나눠주기 때문에, 무함마드는 유익한 점도 있다고 말한 것이다. 그러나 싸움과 터무니없는 행위가 더불어 생기므로 이익보다 폐해가 더 크다고 생각했다.

 무함마드의 음주에 대한 결론은 오랜 시간을 두고 서서히 이루어진 듯하다. 다양한 시기에 의미와 성질이 다른 여러 가지 금령을 내고 있는데, 이것에 대해서는 알 바이자위(Al-Bayzawi)가 앞에서 말한 장에 대한 주석에서 논술한 것이 있다. 〔알 바위자위의 훌륭한 저서 《코란 주석》 가운데.〕 그에 의하면, 최초의 계시는 제16장 69절에서, 다음은 제2장 216절, 최종결정은 제5장 92절에서, 음주와 도박을 악마의 행위로 규정했다.

 〔참고로 제16장 69절에서는 가축의 젖을 마시는 것을 권하거나, 야자와 포도에서 채취한 도취적인 액즙을 마시는 것을 인정하고 있다. 제5장 92절은 술과 도박과 우상과 화살점은 증오해야 할 악마의 행위일 뿐이라 하여 강하게 금하고 있다.〕 그러나 이슬람교도들은 평계도 많다. 무함마드 시대에는 알려지지 않았던 샴페인과 코냑은 마실 수 있고, 또 약이라는 구실로 주류를 즐길 수도 있다.

*24 즉 미모의 술 시중꾼을 가리킨다. 이 시는 전에 나왔기 때문에 페인 씨의 번역을 인용했다.

*25 '바빌로니아풍'이라는 것은 매혹적이라는 뜻. 바빌로니아가 요술과 마법의 중심지라는 전설은 알 이슬람에도 남아 있었다. 또한 이러한 모순된 비유는 사자, 즉 산문운(散文韻)에 의해 생긴 것이다.

*26 오늘날에도 예루살렘 방향을 향하는 메소포타미아의 그리스도교도는, 유럽인과 마찬가지로 동쪽이 아니라 서쪽으로 얼굴을 향한다. 여기서는 수도승이 멍하니 정신을 잃어 어찌할 바를 모르는 모습을 그린 것이다.

*27 이 시는 페인 씨로부터 빌려 쓴 것으로, 그는 다음과 같이 주석하고 있다. "동양의 상류사회 여성의 육체는 향유나 향수 등에 담가서 늘 부드럽게 하기 때문에, 그 화장품의 꽃다운 향기가 피부에 스며들어 있는 것은 당연한 일이다."

*28 우리는 이와 마찬가지로 '암나사(female screw)'를 이러쿵저러쿵 말한다. [수나사에 대응하는 것.] 이것은 나무쪽의 개미홈을 가리키는 것이다. 이러한 루트의 의인화에 대해서는 앞에서도 언급한 적이 있다. 내가 독자들에게 의인화에 주목하기를 바라는 것은, 참으로 독특하고 훌륭한 동양적 풍취를 띠고 있기 때문이다.

*29 이 2행 연구(連句)는 이미 다루었다. [이 책 '바그다드의 짐꾼과 세 여자' 이야기 주석 17 참조.]

*30 즉 너는, 그의 영혼은 빼앗아 가도 되지만 육체는 나에게 남겨두어라. 다시 말하면, 너는 내세에서 그 사람을 가지고, 현세에서는 내 것이 되게 해달라는 뜻.

*31 말라크(Malak)는 바닥이 평평한 토지라는 뜻. 또 나일 강변도 가리킨다.

*32 이 감정은 이미 몇 번이나 되풀이되어 있다.

*33 여기서 올빼미가 등장한 것은 붐(Bum, 올빼미)과 카이윰(Kayyum, 영원한)의 각운이 맞기 때문이다.

*34 이러한 사건에 대해서는 졸저 《순례》에서 언급했다. 이것은 참으로 실감 나는 정경이다. 사랑이 넘치는 어머니는 아들의 입장을 변명하고, 실제적인 아버지는 그 변명에 귀를 기울이지 않는다. 그러나 유럽인 아버지라면 아마 "술 속에 악마가 있다!"고 소리칠 것이다.

*35 옛날에 아버지를 때린 손을 이렇게 자르는 일은 일반적이고 또한 본능적인 관례였던 것 같다. 누르 알 딘의 실종에 의해 이혼 맹세도 실제 무효가 된 셈이다.

*36 로더릭 랜덤과 그 일행이 '여행 중에 쓸 잔돈을 따로 챙기는 것 말고도 바지 안감과 허리띠 사이에 돈을 꿰매 넣은' 그 돈주머니에 대해서는 졸저 《순례》 제1권에 나와 있다. [랜덤은 영국의 작가 스몰릿의 대표작, 《로더릭 랜덤의 모험담 The Adventures of Roderick Random》(1748)의 주인공.]

*37 로제타(Rosetta)는 아랍어로 라시드(Rashid)에 해당하며, 콥트어의 트라시트(Trashit)에서 본디 뜻과 달리 전해져 그릇되게 굳은 것이다. 이른바 로제타석(Rosetta stone)으로 유명한 곳. [이 비석은 1799년 나폴레옹이 이집트에 원정했을 때, 나일 강변의 로제타 부근에서 발견되었다. 그 비문을 해독한 것은 프랑스의 샹폴리옹으로, 고대 이집트의 상형문자 해독의 단서를 만들었다.]

*38 알렉산드리아를 칭송하는 찬사는 다른 데서도 나왔다. 편찬자 또는 필사생은 틀림없이 이집트인이었을 것이다.

*39 알렉산드리아(Alexandria)는 아랍어로 이스칸다리야(Iskandariyah)라고 하며, 이스칸다르, 즉 알렉산드로스 대왕의 도시라는 뜻. 당시에 가난하고 쓸쓸한 마을이었던 그 장소를 선택했다는 것은, 이 마케도니아의 정복자가 천재적인 영감의 소유자였음을 증명하는 많은 증거 가운데 하나다.

*40 발티어(Balti魚)는 아랍어로 발티야(Baltiyah)이며, 손니의 볼티(Bolti), 또 그 크고

두툼한 입술에서 Labrus Niloticus(나일의 입술)라고 부르기도 한다. '낙원의 나뭇잎'을 늘 먹는다고 하며, 따라서 풍미가 좋고 맛있다. 나일 강이나 운하, 못 등에서 쟁이 또는 쓰레그물로 포획한다.

*41 양의 꼬리는 아랍어로 리야(Liyyah)라고 하며, 고상한 비교는 아니지만 매우 적절한 비유이다. '꼬리가 매우 굵고 통통하기 때문에 다리 하나 만큼 살집이 있는 5족의 양'의 꼬리와 우리 영국 양의 빈약한 꼬리를 혼동해서는 안 된다. 버넬 박사가 쓴 《린스호턴 여행기》(하클루이트 협회, 1885년) 제1권에 자세히 나와 있다. [아서 C. 버넬(Arthur Burnell)은 영국의 산스크리트어 학자, 인도 문관이기도 했다. 1840~82년. 린스호턴은 네덜란드의 항해가. 1563~1611년.]

*42 이 시의 다른 형태는 310번째 밤에 나왔다.

*43 [반나무를 라합, 즉 '겁화의 아버지'에 비유한 것으로] 《코란》 제111장 2절에는 "아부 라합의 두 손은 썩고…… 그 아내는 땔감 장수가 되기를!"이라고 되어 있다. 이것은 교묘한 비유이다. [손에 대한 저주는 온몸에 대한 저주이며, 아부 라합은 무함마드의 친척이면서도 그가 종교를 널리 펴지 못하도록 방해했다. 그래서 '겁화의 아버지'라는 별명까지 얻은 것이다.]

*44 이 같은 정경에 대해서는 이 책 '알리 샤르와 줌루드' 이야기를 참조하기 바란다. [310번째 밤.]

*45 이 시도 역시 이 책 '카마르 알 자만의 이야기'에 나왔다. 나는 페인 씨의 번역을 인용했다. [216번째 밤.]

*46 열대지방에서 새벽에 발기하는 페니스를 가리키는데, 이것은 특별히 여성에 대한 욕정을 나타내는 것은 아니다. 영인인(英印人) 중에는 이 징후를 *signum salutis*(인사의 표시)라고 부르는 사람도 있고, 또 오줌 때문에 팽창한 음경이라고 하는 사람도 있다.

*47 감독(inspector)은 아랍어로 모타시브(Mohtasib), 마그리브인의 모타브(Mohtab)이다. 이 관리는 도량형을 검사하고 사기꾼의 두 귀를 가게 문에 못 박는 등, 여러 가지 방법으로 사기꾼을 처벌하는 역할을 하고 있다.

*48 이슬람교 동양에서는 어디서나 노예는 고용인으로서의 자유인보다 신분이 높다고 생각한다. 나는 이 사실을 각종 노예폐지협회에 분명히 인식시키고 싶다. 그런 협회의 정직한 회원은 대개 지식보다 열정이, 분별보다 행동이 앞서고 있다.

*49 이 시는 3연구(連句)로 연장되어 이 책 '알리 샤르와 줌루드' 이야기에 나왔다. 나는 페인 씨의 번역을 인용했다. [310번째 밤.]

*50 "마지막 심판일에 대해 이슬람교도들은 다음과 같이 믿고 있다. 각자는 자신이 생애에 한 모든 행위가 기록된 장부를 받는다. 올바른 자는 그것을 오른손으로 받아 기뻐하면서 그것을 읽는다. 한편 악한 사람은 그것을 마지못해 왼손으로 받지 않을 수 없

다(《코란》제17, 18, 69, 84장). 그리고 이윽고 왼손은 등에, 오른손은 목에 묶인다." (세일 역 《코란》 서론)
* 51 이 책 310번째 밤〔'알리 샤르와 줌루드' 이야기 주석 9〕 참조. 모로코에서는 자르(Za'ar)는 피부가 희고, 머리는 붉으며 눈은 파란 남자에게 사용된다. (고트인 계통인가?) 이 말은 찬사가 아니다.
* 52 이 시는 이 책 '알리 샤르와 줌루드' 이야기에서 나왔다. 〔310번째 밤.〕 여기서는 레인의 번역을 인용했다.
* 53 이것은 '절교'의 이슬람적인 형식이다. 이와 마찬가지로, 초기 그리스도교도들은 서로 인사를 거부했다. 힌두교도들은 '후카(담뱃대)와 물'(즉, 물 담뱃대를 말함)을 거절하는 형식을 취하는데, 그렇게 되면 사실상 당사자는 추방자가 된다. 본문에서 노인은, 돈을 빌리고 갚지 않는 사람에 대한 일반적인 경멸감을 나타내고 있다. 그는 물론 빚 전문가에 관한 엘리아의 수필〔찰스 램 저(著)〕을 읽지 않은 것이다.
* 54 앞의 주〔이 이야기의 주석 19〕를 참조하기 바란다.
* 55 즉, 질이 가장 우수하고 좋은 품종인 낙타.
* 56 이것은 만족할 만한 교접의 결과에 대한 동양식 사고방식이며, 애정의 표시 자체로도 생각되고 있다. 그러나 서구인은 그 반대이다. 〔그것은 교접이 인연의 끝이라는 사고이다.〕
* 57 알 리프(Al-Rif)는 단순히 지대 낮은 땅을 의미하며, 따라서 나일델타에도 '리프'가 있다. 유럽에서 이 말은 오로지 지브롤터 반대쪽의 모로코 연안을 가리킨다(일반적으로 상상하고 있는 것처럼 북서 해안을 가리키는 것이 아니다). 그 연안에는 '리프의 해적'으로 유명한 베르베르 실하(Berber-Shilha)족이 거주하며, 오늘날에도 여행자를 본토에 들여놓지 않고 있다.
* 58 사이드는 상(上)이집트.
* 59 이러한 지역적인 성교의 특성은 인류학적이라기보다 재미로 열거된 것에 지나지 않는다.
* 60 22번째 밤 참조. 여기에는 트렌즈가 번역한 시를 인용했다.
* 61 교접한 뒤 기도하기 전에 해야 하는 온몸 목욕을 위해.
* 62 띠는 아랍어로 준나르(Zunnar)라고 하는데, 상세한 것은 이 책 86번째 밤〔'오마르 빈 알 누만 왕과 두 아들 샤르르칸과 자우 알 마칸 이야기' 주석 177〕 참조.
* 63 미리암(Miriam, 아랍명은 마리암(Maryam))은 이슬람 국가에서의 그리스도교도의 이름이다. 아부 마리암(Abu Maryam), 즉 '마리의 아버지'는 경멸해 부르는 말이다. 왜냐하면 아버지는 딸의 이름이 아니라 아들의 이름과 함께 불리기 때문이다(이를테면 아부 자이드처럼). 최근의 작품에서는 아부 마리암은 법정의 문지기나 하급관리의 이름이 되었다.

＊64 '사랑하는 나의 미리암(O my lady Miriam)' 같은 틀에 박힌 문구는, 일단 한몸이 되어 내 것으로 만든 뒤의 서구적인 친숙함과는 완전히 상반되지만, 아랍인 아니 모든 동양민족 사이에서는 훌륭한 교양의 특징이 되어 있다. 이것은 2백 년 전 유럽의 '장중한 의례'를 연상시키는데, 오늘날에는 그 자취는 흔적도 찾아볼 수 없다.
＊65 이 시는 약간 배열을 달리하여 첫 번째 밤에 나왔다. 그래서 여기서는 트렌즈의 번역을 인용했다.
＊66 즉, 인사에 답례하는 것—"그리고 당신에게도 평화와 알라의 자비와 축복이 있기를!"
＊67 어리석은 젊은이가 감상적인 이유로 둘도 없는 벌이를 놓치는 것을 보고, 구경꾼들이 나서서 거래를 강제로 시행하는 것은 매우 이슬람적인 방식이다. 상품 소유자는 그들의 승인으로 거래하지 않을 수 없게 된다.
＊68 이 시는 앞에 나왔다. 나는 페인 씨의 번역을 인용했다.
＊69 이 시는 26번째 밤에 나왔다. 여기서는 처음의 두 단어를 정정하여 트렌즈의 번역을 인용했다.
＊70 여기서는 화자인 샤라자드가 아니라 이야기 지은이가 등장하고 있다. 그러나 이야기 지은이는 '듣는 분'이라고는 말해도 '독자'라고는 하지 않았다.
＊71 카이라완(Kayrawan)은 그리스어로 키레네(Cyrene)〔키레나이카(Cyrenaica)라는 아프리카 북부의 한 지방에 있었던 고대 그리스의 식민도시〕의 아랍어형으로, 최근에 여행자들에게 개방되어 이제는 이 도시를 에워싸고 있던 신비성은 사라지고 없다. 하피즈(Hafiz)〔페르시아의 대시인,《디완》이라는 대표작이 있다. 1389년? 사망〕나 그 밖의 페르시아 시인의 작품에서는, 카이라완은 멀고도 외딴곳의 신비경으로 다뤄졌다. 그것은 바로 우리가 1820년대까지 '중앙아프리카의 사막'에 대해 이러쿵저러쿵 말한 것과 같다.
＊72 성불구자인 임포텐츠(impotent, 음위(陰痿), 신허, 성교불능, 발기불능 등의 번역할 때 쓰는 말이 있다)는 아랍어로 이닌(Innin)이라고 하며, 이 말은 혐오감에 의해서든 타고난 결함에 의해서든, 모든 형태의 성적 무능력자를 가리킨다. 동양인은 임포텐츠가 심장의 작용이 약한 데 원인이 있다는 사실을 잘 모른다. 그러나 로마인은 차가운 발을 임포텐츠의 징후로 치고 있었으므로, 그 진상을 알고 있었던 것이다. "차가운 발은 병든 성기의 징후이다. 따라서 옛사람은 발이 차가운 것은 처첩에게 장애가 된다고 했다 (Clinopedalis, ad venerem invalidus, ab ea antiqua opinione, frigiditatem pedum concubituris admodum officere)."

성 프랜시스와 맨발의 탁발승 출현은 그 때문이다.《라틴어 성애어휘 *Glossarium Eroticum Linguae Latinae*》(파리, 돈디 뒤플레, 1826년) 참조.

〔현대의 정신분석이나 성과학에서는 작은 페니스에 의한 열등감이나, 자위에 대한

지나친 불안감에 의해 일어나는 망상의 심리적 요인 때문에, 발기불능 또는 발기부전에 빠지는 일이 많다고 하며, 이러한 것을 심리적 임포텐츠라 부르고 있다.〕

*73 일반적으로 '국토' 대신 '섬'이 사용되는 것에 대해서는 앞에서도 설명했다. 마찬가지로 16세기 유럽 각국의 언어에서는, 반도(peninsula) 대신 섬(insula)이 사용되었다. 이를테면 조선반도(Insula de Cori).

*74 앞에서 주석했듯이, 애꾸눈 인간은 악행을 저지르는 것으로 유명하며, 세상 사람들은 보이지 않는 눈에서 재앙이 나오는 것을 믿었다.

*75 여기서도 반어법을 볼 수 있다. 〔102번째 밤.〕 이 모욕적인 표현은 이 남자가 반역자에 대해 전제적이며, 적에 대해 외고집에다 악마였음을 의미하며, 사실은 매우 칭찬하는 말인 셈이다.

*76 바다의 문은 아랍어로 바브 알 바르(Bab al-Bahr)이다. 〔이 책 '카마르 알 자만의 이야기' 주석 72 참조.〕

*77 이 시도 27번째 밤에 나왔다. 여기서는 트렌즈의 번역을 인용한다.

*78 폼페이의 기둥(Pompey's pillar)은 아랍어로는 아무드 알 사와리(Amud al-Sawari)라고 하며, 돛대 모양의 기둥이라는 뜻이다. 이것은 오늘날에도 디오클레티아누스 기둥의 지방 이름인데, 유럽인은 어리석게도 '폼페이의 기둥'이라고 명명했다. 〔쿡이 편집한 《이집트와 이집트 수단 안내기 Handbook for Egypt and the Egyptian Sudan》에 의해 좀더 자세하게 요점을 쓴다면, 화강암으로 만든 이 기념비는 기초가 되는 부분부터의 전체 길이는 90에서 100피트, 몸체에는 견고한 홈이 있고, 꼭대기는 야자나무 잎으로 장식되어 있었다. 이 기둥의 기원에 대해서는 여러 설이 분분한데, 오랫동안 로마의 폼페이우스 대제를 기념하여 건설된 것으로 알려졌었다. 그러나 오늘날에는 디오클레티아누스 황제 시대(284~305)에 폼페이라고 하는 이집트 장관에 의해 302년에 설립된 것으로 밝혀졌다. 일설에 의하면, 디오클레티아누스가 이집트에서 로마로 보내야 하는 세금 일부를 선뜻 내주어 알렉산드리아의 빈민을 구제하는 데 썼기 때문에, 주민들이 감사의 뜻으로 그것을 설립하고, 꼭대기에 그 황제의 상을 앉혔다고도 한다.〕

*79 큰 토기 항아리는 아랍어로 바티야(Batiyah)라고 하며, 술독(amphora), 큰 술병으로도 사용된다.

*80 해적(corsairs)은 아랍어로 알 쿠르산(Al-Kursan)이며, 명백하게 '달리는 자'라는 뜻의 이탈리아어 코르사로(Corsaro)에서 나왔다.

*81 남자를 육체적으로 안 여자(본문의 직역)란 아랍어로 사이브(Sayyib)라고 하며, 거의 사용되지 않는 말이다. 보통은 한번 잠자리를 같이하여 그 남자한테서 버림받은 여자로 사용된다.

*82 즉, 속계의 왕을 섬긴다는 뜻.

* 83 폭이 넓은 띠는 아랍어로 사이르(Sayr)이며, 지금도 동양의 어떤 그리스도교단에서 사용되고 있는 폭이 넓은 가죽띠를 말한다.
* 84 이 시는 앞에 두 번 나왔다. 여기서는 페인 씨의 번역을 인용한다.
* 85 관상술(physiognomy)은 아랍어로 피라사(Firasah)라고 하며, 글자 그대로는 말고기를 판단하는 기술. 그래서 키야파(Kiyafah)와 마찬가지로 관상술에 사용되었다. 옛날에 칼리라고 하는 사람이 처음으로 인간의 장래를 미래의 징후로 점쳤는데, 이 지식은 마시지(Mashij)족의 비법이 되었다.
* 86 이 시는 13번째 밤 '질투한 사나이와 질투받은 사나이' 이야기 속 첫 번째 시를 참조할 것. 여기서는 트렌즈의 번역을 인용했다.
* 87 동정녀 마리아의 유물을 모신 그리스도 교회를 이렇게 더럽히는 것은, 커피가게 단골 손님들의 큰 갈채를 받을 테고, 또 이집트 사람은 카이로 사람의 아들이 프랑크인 공주를 정복했다는 얘기를 들으면 콧대가 크게 높아질 것이다. 당사자가 말도 못할 비겁자였던 것은 전혀 문제가 되지 않는다. 그의 비겁함은 다만 그의 매력을 돋보이게 할 뿐이기 때문이다.
* 88 성녀는 아랍어로 나피사(Nafisah)이며, 동정녀 마리아를 가리킨다.
* 89 종은 아랍어로 나쿠스(Nakus)라고 하며, 초기 그리스도교도가 사용한 나무 종이다. 초기의 이슬람교도는 현명하게도 이것을 금지했다.
* 90 〔원문은 Until we were in glória로 되어 있으므로〕 성교가 끝났음을 가리키는 이탈리아의 현대어.
  〔물론 글자 그대로라면 '황홀, 또는 기뻐서 어찌할 바를 모르는 상태에 있다' 정도의 뜻.〕
* 91 그 당시의 배는 알렉산드리아 동쪽 항구에 정박했다. 그러나 오늘날에는 바다에 암초가 있는 데다 위험한 '동풍(Levanter)'을 만날 수 있으므로 완전히 폐기되었다. 이 동풍은 지브롤터의 속담에도 있듯이, '돌마저 달리게 하는' 정도의 바람이다. 〔또한 앞에서 말한 쿡의 안내서에 의하면, 동쪽 항구는 대항(大港)이라 불리며 서항에 대비되었으나, 현재는 대항 쪽은 수심이 매우 얕아서 약간의 작은 어선만 드나들 수 있다고 한다.〕
* 92 알 바탈(Al-Battal)은 '깡패'라는 의미. 그러나 이 남자는 당시의 잊힌 악당이 아니라, 현재 형태의 《아라비안나이트》보다 더 이전의 이야기에 나오는 주인공이다.
* 93 즉, 누르 알 딘을 붙잡기 위해서.
* 94 부랑인은 아랍어로 사우와훈(Sawwahun)이며, 알 이슬람을 신봉하는 방랑자, 순례자, 방랑하는 아랍인 등의 뜻이다. 대항하는 사람인 그리스도교도에 의해 그렇게 불렸다. 그래도 참신한 교의(이슬람교)는 일찍이 로마적인 이교와 고트인의 그리스도교를 배척하고 있었던 그리스도교도의 모든 지역과 모리타니에서 환영받았다. 이를테면 시리

아와 이른바 '성지(聖地)'가 그것인데, 그것은 그리스도교도들이 흔히 말한 것처럼 칼에 의해 알 이슬람이 강요되었기 때문이 아니라, 일종의 필요를 충족시키고 더욱 높은 신앙을 주며, 다신에 대한 유일신을 제시하고, 더욱 남자다운 정신과 더욱 분별있는 행동기준을 설교했기 때문이었다.

아랍어는 지금도 여전히 그리스도교의 교의에 특유한 수많은 언어를 보존하고 있는데, 그 대부분은 이슬람교도들이 뜻을 바꿔서 채용한 것이다.

*95 이 비유에 대해서는 그다음의 시를 읽어보기 바란다.
*96 이것은 앞(341번째 밤)에 나왔다. 나는 레인의 번역을 인용했다.
*97 고의로 대담하게 알렉산드리아를 선택한 것을 가리킨다. 알렉산드리아는 이슬람교도에 의해 최초로 점령된 도시의 하나로(이슬람력 21=서기 642년), 그리스도교 해적들은 로제타와 다미에타 같은 좀더 약한 지역을 즐겨 공략했다.
*98 사비크(Sabik)는 앞에 가는 것, 라히크(Lahik)는 뒤에 쫓아가는 것이라는 뜻으로, 모두 아라비아의 엡솜(Epsom)에서 빌려 쓴 말이다. (엡솜은 영국의 유명한 경마장 이름.)
*99 이 말의 질환은 우리에게는 "the web and pin"(막과 반점)이라는 이름으로 알려 있다. 말라바르, 잔지바르같이 온도가 높고 습도가 많은 지방의 아랍종 말이 잘 걸리는 눈병으로, 나중에는 눈이 멀게 된다.
*100 순유리(virgin glass)는 아랍어로 주자지 비크르(Zujaj bikr)이며 그 의미는 명백하게 덩어리진, 가공하지 않은 유리일 것이다. 그러나 자즈 아지(Zaj aj)는 정향의 손톱(정향나무의 성숙한 봉오리)이라는 뜻이므로, 어쩌면 각종 알파즈 아드위야(Alfaz Adwiyah, 약물의 명칭)의 하나를 가리키는 것일지도 모른다.

여기서는 그러나 유리 가루라고 하면 말 눈을 멀게 하는 데 충분히 도움이 될 것이다. 이 가루는 특히 동양에서는 개의 회충을 몰아내어 없애는 데 많이 사용되고 있다.
*101 라자(Laza)와 하위야(Hawiyah)는 지옥 가운데 두 가지. (이 책 459번째 밤 참조.)
*102 바스말라(Basmalah)는 비스밀라를 외칠 때라는 뜻.
*103 이야기 작가는 앞에서 주민들은 성문이 엄중하게 닫혀 있기 때문에 베개를 높이 베고 잤다고 말한 것을 잊고 있으며, 또 공주가 대신을 속이고 열쇠를 훔쳐낸 일도 빠뜨리고 말하지 않았다. 《아라비안나이트》의 세심하게 정정된 아랍어판에서는, 현재 불완전한 상태에 있는 원전에 이러한 자세한 부분을 보충하는 것이 바람직하리라.
*104 젊은 아마존(여장부)이 연인을 함부로 치고 때리는 것은 아마 이것이 마지막이 아니었을 것이다. 그녀는 나중에 연인이 무서워서 흑인의 시체에 다가가지 못하는 것을 보고, 일반적인 카이로인과 마찬가지로 그가 마음이 여리고 약하다는 사실을 깨달았을 것이다. 게다가 그는 자신의 비열함을 조금도 부끄러워하지 않았다. 그 점은 바로, 고결한 흑인계 수단인을 상대로 한 그 처참했던 사와킨 전투에서, '우리는 이집

트인'이라는 평계로 달아났던 비겁한 농민병과 닮았다. 〔이것은 1880년대에 영국군이 수단의 구세주로 불린 아마드의 군사와 싸워서 패배한 당시의 사건을 가리키는 것이리라.〕

그러나 대왕 무함마드 알리의 지배 아래 농민병은 비세르와 와하비 지방에서 아랍인 '연합'을 정복하고, 나지브 전투에서는 터키군을 패배시켰다. 무함마드 알리는 부하들을 잘 알고 있었던 것이다. 그는 아군 도망자는 반드시 총살했고, 사관은 모조리 터키인이나 알바니아인으로 채웠다. 사이드 파샤의 시대가 되어 처음으로 농민을 사관으로 채용했는데, 그로 말미암아 동양 제일을 자랑하던 이집트군도 그들의 지휘 아래 당장 최하급 군대로 전락해 버렸다. 〔무함마드 알리는 이집트의 마지막 왕조인 알리 왕조의 시조로, 위대한 통치자였다. 1769~1849년. 사이드 파샤는 이 왕조의 4대 군주. 1822~63년.〕

*105 바그다드(Baghdad)에 대해서는 앞에도 설명했지만, 또한 《마스나비 Masnavi》에서는 '유일무이한 바그다드(Baghdad of Nulliquity)'가 '세상의 편재성(遍在性, Ubiquity of the World)'과 대립하고 있다. 일반적인 어원은 바그(Bagh, 우상, 슬라브어의 Bog)와 다드(dad, 페르시아어에서 '선물' 또는 '그가 주었다'는 뜻)의 합성어.

〔이 《마스나비》는 Masnawi라고도 쓰며, 13세기 페르시아의 신비(神祕)시인 잘랄르 딘(Jalalu 'l Din)의 이름난 저서이다. 원래 마스나비라는 말은 연구(連句)를 이룬 시를 가리키는데, 이 책은 6부로 구성되어 있으며, 이슬람 수피파의 모든 교의와 전설 등을 해설한 상당히 난해한 것이다. 상세한 것은 루벤 레비(Rueben Levy)가 쓴 《페르시아 문학 Persian Literature》(옥스퍼드판, 1948년)에 나와 있다.〕

*106 《코란》 제9장 33절.
*107 《코란》 제26장 88과 89절.
*108 《코란》 제4장 140절.
*109 유프라테스(Euphrates)는 아랍어로 푸라트(Furat)이며, 단물을 의미하는 파루타(Faruta)에서 나왔다. 알 푸라타니(Al-Furatani), 즉 두 개의 단물(강)은 티그리스 강과 유프라테스 강을 말한다.
*110 슈자 알 딘(Shuja al-Din)은 '신앙의 용사'라는 뜻.

〈역주〉
(1) 그리스도교의 삼위일체를 비꼰 것. 이슬람교는 그 점에서 조금도 애매한 데가 없이 알라를 유일신으로서 숭배한다.

## 상이집트 남자와 프랑크인 아내

저희는 어느 날 밤 사이드 지방, 즉 상(上)이집트에 있는 어떤 남자의 집에 머물며 매우 극진한 대접을 받았습니다.

주인은 피부가 새까만 노인이었는데, 아이들은 붉은 기가 감도는 하얀 피부였습니다. 그래서 우리는 물어보았습니다.

"주인 양반, 당신은 그토록 살결이 검은데, 아이들은 어째서 살결이 저리도 흽니까?"

그러자 노인이 대답했습니다.

"저 아이들의 어머니가 프랑크인 여자니까요. 내가 아직 젊었던 시절, 알 말리크 알 나시르 살라 알 딘[*1]의 시대에 하틴[*2] 전투가 끝난 뒤, 그 여자를 포로로 손에 넣었습니다."

"어떻게 손에 넣었습니까?"

"거기에는 묘한 사연이 있지요."

"한 번 그 이야기를 들려주시지 않겠습니까?"

주인은 이야기를 시작했습니다.

―좋고말고요. 사실 내가 오래전에 이 고장에서 아마(亞麻)를 재배하여 실을 뽑아 정성을 들여 정밀하게 잘 만들었는데, 밑천으로 금화 5백 닢도 더 들었습니다. 그런데 막상 팔려고 하니 살 사람이 나서지 않아 곤란해하고 있으니까 사람들이 이렇게 말하더군요.

"아크레로 가져가서 팔구려. 거기 가면 틀림없이 좋은 값으로 팔릴 테니."

그 무렵 아크레는 프랑크인에게 점령되어 있었는데,[*3] 나는 아마를 갖고 가서 대금을 6개월 뒤에 받기로 하고 일부를 팔았습니다.

어느 날 평소와 다름없이 아마를 팔고 있으니 프랑크인 여자 하나가 사러 오더군요(프랑크인 여자는 보통 얼굴에 베일을 가리지 않고 시장에 물건을 사러 나오지요).

가만히 보니까 정말 예쁘게 생긴 여자라 나는 그만 넋을 잃고 말았어요. 그래서 값을 에누리해서 얼마간의 아마를 팔았고, 여자는 아마를 가지고 그대로 돌아갔습니다. 그러고 나서 며칠 뒤 그 여자가 또 나타나 아마를 찾기에 그때도 값을 깎아주었지요.

그 여자는 내가 자기에게 반했다는 걸 눈치챈 모양인지 그 뒤에도 가끔 오곤 했습니다. 그때마다 여자는 한 노파를 데리고 왔는데, 한 번은 내가 그 노파에게 이렇게 말했지요.

"나는 당신하고 같이 오는 부인이 매우 좋아졌는데, 어떻게 당신이 주선하여 그 여자와 사귀게 해 줄 수 없겠나?"

그랬더니 노파는 이렇게 대답하더군요.

"그렇다면 어떻게 해 보지요. 하지만 이 일은 당신과 그 여자와 나, 세 사람만 아는 비밀로 해야 합니다. 그리고 돈에 대해서 인색해선 안 돼요."

"그 여자를 손에 넣을 수만 있다면야 난 목숨도 아깝지 않네."

─여기서 날이 훤히 밝아왔으므로 샤라자드는 이야기를 그쳤다.

## 895번째 밤

샤라자드는 이야기를 계속했다.

오, 인자하신 임금님, 그래서(하고 상이집트의 남자는 이야기를 계속했습니다), 은화 쉰 닢을 받고 여자를 나한테 보내주기로 이야기가 되었습니다. 내가 노파에게 돈을 주자 그녀는 돈을 받고 이렇게 말했습니다.

"그럼, 집에 돌아가서 방을 준비해 놓으세요. 오늘 밤에라도 당장 보내드릴 테니까요."

나는 집에 돌아와서 여러 가지 맛있는 음식과 술과 양초, 과자 같은 것을 준비했습니다. 우리 집은 바다가 한눈에 내려다보이는 언덕 위에 있었는데, 때는 마침 여름이라 나는 옥상에 침상을 내놓고 기다리고 있었습니다. 얼마 지나지 않아 정말로 프랑크 여자가 나타나서 함께 먹고 마시는 동안 밤의 장막이 사방을 덮기 시작했습니다. 두 사람은 옥상에서 달빛을 받으며 바다에

드리운 별 그림자를 쳐다보고 있었습니다. 그때 나는 속으로 이런 생각이 들었습니다.

'너는 알라 앞에서 이런 짓을 하는 것이 부끄럽지도 않느냐? 타국에서 온 나그네이면서 이 하늘과 바다가 보이는 곳에서 하늘을 배신하고 나사렛인 여자와 정사를 나누려 하다니. 그런 짓을 했다간 틀림없이 지옥의 형벌을 받게 될 것이다. 오, 신이여, 굽어살펴 주십시오. 오늘 밤에는 당신의 보복이 두려워 이 그리스도교도 여자와 결코 함께 자지 않겠습니다!'

그리하여 나는 그냥 아침까지 푹 잠을 잤고, 여자는 새벽녘이 되자 화가 잔뜩 나서 돌아가 버렸습니다.

이튿날 아침 가게에 나가 앉아 있으니, 달처럼 아름답게 화장을 한 여자가 노파를 데리고 가게 앞을 지나갔는데, 노파 역시 매우 뾰로통한 눈치더군요. 나는 몹시 낙담해서 자신도 모르게 이렇게 중얼거렸습니다.

"너는 도대체 무슨 생각으로 저 여자를 그냥 보내 버렸느냐? 네가 무슨 사리 알 사카티냐, 맨발의 비슈르냐, 아니면 바그다드의 유나이드냐, 그것도 아니면 또 후자이르 빈 이야즈*4란 말이냐?"

나는 노파를 쫓아가서 말을 걸었지요.

"다시 한 번 그 여자를 데려다주지 않겠소?"

"구세주의 공덕을 두고 말씀입니다만, 이번엔 금화 백 닢을 주지 않으면 가지 않으실 거예요!"

"그럼 금화 백 닢을 내지."

그래서 그만한 돈을 주었더니, 그날 밤 여자가 다시 내 집을 찾아왔더군요. 그런데 막상 여자와 나란히 눕자 또다시 지난번과 같은 생각이 들어 도저히 여자의 살에 손을 댈 수 없는 겁니다.

그러다가 여자는 또 그냥 돌아갔고 나는 평소와 다름없이 가게에 나갔습니다. 이윽고 노파가 단단히 화가 나서 찾아왔습니다.

"한 번만 더 데려다주지 않겠소?"

내가 말하지 노파가 대답했습니다.

"구세주의 공덕에 걸고, 이번에는 금화 5백 닢을 주시지 않으면, 결코 그 여자와 놀 수 없을 거예요. 당신은 곧 상사병에 걸려 신세를 망치고 말 걸요."

이 말을 들은 나는 아마를 판 돈을 몽땅 써서라도 소원을 이루리라고 결심했습니다. 그런데 하필이면 그때, 이것저것 생각할 겨를도 없이 관원이 큰 소리로 이렇게 알리고 지나가는 소리가 들려오는 것이었습니다.

"어이, 이슬람교도들은 모두 들어라! 너희 나라와 우리나라 사이에 맺어졌던 강화조약의 기간이 끝났다! 이슬람교도는 모두 일주일 안에 볼일을 끝내고 귀국하라!"

그래서 여자와의 관계는 그길로 끝이 나고, 나는 외상값을 거둬들인 뒤, 남은 아마는 다른 물건과 서로 바꾸어 상당한 상품을 가지고 아크레를 떠났습니다. 그러나 나를 완전히 사로잡은 그 프랑크인 여자에 대한 생각은 좀처럼 뿌리치지 못하여, 마음속은 미련으로 가득했지요.

다마스쿠스에 돌아오자 나는 아크레에서 사온 상품을 엄청나게 비싼 값으로 팔았습니다. 왜냐하면 휴전기간이 끝나서 두 나라 사이의 오고 감이 모두 끊겼기 때문입니다.

그리하여 나는 알라의 덕택으로 뜻하지 않은 큰돈을 벌 수 있었습니다. 그래서 이번엔 직업을 바꾸어 여자노예를 사고파는 일을 시작했습니다. 그 프랑크인 여자를 잊지 못하는 미련과 쓰라림을 조금이라도 덜고 싶었기 때문입니다.

장사하는 3년 동안 알 말리크 알 나시르 왕과 프랑크인들 사이에 하틴 전투 비슷한 것이 여기저기서 일어났는데, 알라의 가호로 마침내 알 말리크 왕의 승리로 끝났습니다. 왕은 프랑크인 왕들을 사로잡아 연안[*5]의 모든 항구를 개방하게 했습니다.

어느 날, 알 말리크 알 나시르 왕의 사신이 나를 찾아와서 여자노예를 하나 사자고 하더군요. 내가 데리고 있던 예쁜 여자노예를 보여줬더니 사자는 곧 금화 백 닢을 주고 샀는데, 금화 아흔 닢만 받고 나머지 열 닢은 외상으로 해 주었습니다.

왜 그랬는가 하면 알 나시르 왕은 프랑크인과의 전쟁에 돈을 다 써버려서 왕실 금고에는 돈이 그것밖에 남아 있지 않았기 때문입니다.

그 사신이 즉시 왕에게 가서 그 일을 의논하자 왕은 한마디로 말했습니다.

"그렇다면 그자를 포로들을 수용하고 있는 왕가의 창고[*6]로 안내하여, 프랑크인 여자를 한 사람 골라 가지게 해라. 그것으로 금화 열 닢을 대신할 수 있을 테니."

—여기서 날이 훤히 밝아왔으므로 샤라자드는 이야기를 그쳤다.

## 896번째 밤

샤라자드는 이야기를 계속했다.
오, 인자하신 임금님, 상이집트 남자는 이야기를 계속했습니다.
—그리하여 나는 포로들의 숙소로 안내되어 그곳에 있는 여자들을 모조리 볼 수 있었는데, 뜻밖에도 그중에 아크레에서 반한 그 프랑크인 여자가 끼여 있지 않겠습니까! 그 여자는 프랑크인 기사(騎士)의 아내였던 것입니다.
"이 여자를 가지겠습니다."
나는 여자를 내 천막으로 데리고 돌아와서 물었습니다.
"나를 알아보겠소?"
"아니요, 모르겠습니다."
"우리는 이미 아는 사이요. 나는 아크레에서 아마를 팔던 상인인데, 그때 나하고 둘이 몇 번인가 만나지 않았소? 당신은 나에게서 돈을 받고, '오늘 밤에는 금화 5백 닢을 주지 않으면 두 번 다시 만나지 않겠다'고 하지 않았소. 그런데 이제는 단 열 닢으로 내 소유물이 되었단 말이오."
"정말 기이한 인연이군요. 당신이 믿고 계시는 신앙은 진실한 신앙이에요. 저도 '알라 외에 신은 없고 모하메드는 신의 사도이다' 하고 증언하겠어요."
여자는 진심으로 이슬람교도가 되었습니다. 그래서 나는 속으로 이렇게 혼잣말을 했지요.
'이 여자를 자유의 몸으로 만들어 준 다음, 판관에게서 결혼승낙을 얻기 전에는 절대로 같이 자지 않겠다.'
나는 곧 이븐 샤다드*7를 찾아가서 자초지종을 이야기하고 프랑크 여자를 정식 아내로 맞이하기로 했습니다. 그리고 그날 한 이불 속에 들어 운우지정(雲雨之情)을 나누었는데 여자는 바로 아이를 잉태했습니다. 그 뒤 군대가 철수하자 우리도 다마스쿠스로 돌아갔지요.

그리고 나서 며칠 뒤 프랑크 왕의 사신이 와서 두 나라 사이에 맺어진 약속에 따라 포로를 모두 인도하게 되었습니다.

알 나시르 왕은 남녀 포로들을 모두 본국으로 돌려보냈는데 오직 한 사람, 내 아내만이 남은 상태였습니다. 그러자 프랑크인들은 아무개 기사의 아내가 보이지 않는다고 행방을 찾았고, 엄중하게 수배하여 마침내 내가 데리고 있다는 사실을 알아냈습니다. 그들이 찾아와서 아내를 내놓으라고 하는지라, 나는 너무나 걱정되어 낯빛이 변해서 아내에게 돌아갔습니다. 그러자 아내가 물었습니다.

"여보, 왜 그러세요?"

"프랑크 왕으로부터 사신이 와서 포로를 모두 인도하라는 명령이 내려져 당신도 내놓으라는구려."

"그런 일이라면 걱정하실 것 없어요. 부디 저를 이곳 임금님께 데려다주세요. 좋은 말로 핑계를 대 보일 테니까요."

그래서 아내를 알 나시르 왕의 어전에 데리고 갔는데, 국왕 오른쪽에 프랑크 왕의 사신이 앉아 있었습니다. 내가 국왕에게 말했습니다.

"이 사람이 제가 데리고 있는 여자입니다."

그러자 왕과 사신이 아내를 향해 물었습니다.

"그대는 고국으로 돌아가고 싶은가, 아니면 이 이집트인과 함께 살고 싶은가? 알라는 그대를 다른 포로들과 함께 해방해 주셨다. 어느 쪽이든 그대 좋을 대로 선택해라."

아내는 국왕에게 말했습니다.

"저는 이미 이슬람교도가 되었고, 보시다시피 지금은 배 속에 아기도 갖고 있습니다. 프랑크인들에게는 이제 아무 볼일도 없습니다."

사신이 물었습니다.

"저기 있는 이슬람교도와 그대의 전 남편 중에서 어느 쪽을 더 사랑하느냐?"

아내는 국왕에게 대답한 것과 똑같이 답변했습니다. 그러자 사신은 함께 온 프랑크인들에게 물었습니다.

"저 여자가 하는 말을 들었소?"

"예, 들었습니다."

모두 대답하자, 사신은 나에게 말했습니다.

"이제, 그대의 아내를 데리고 돌아가게."

내가 아내를 데리고 왕 앞에서 물러나자, 사자가 허둥지둥 뒤쫓아 와서 말했습니다.

"이 여자의 어머니가, 딸이 포로가 되었는데 입을 옷이 없을 거라고 하면서 나에게 부탁한 물건이 있소. 이 큰 상자가 그것이니, 이것을 당신이 지고 가서 본인에게 주시오."

나는 그 상자를 지고 집에 돌아가 아내에게 건네주었습니다. 그 상자 안을 열어 보니 아내가 본국에 두고 온 옷이 조금도 모자라거나 버릴 것 없이 들어 있고, 게다가 내가 준 두 개의 주머니에는 금화 쉰 닢과 백 닢이 손도 대지 않은 채 내가 묶은 그대로 들어 있는 게 아니겠습니까? 나는 그것을 보고 전능하신 알라께 감사를 드렸습니다.

이 아들들도 모두 아내가 낳은 자식들인데, 아내는 아직 매우 건강하며, 여러분이 방금 드신 이 요리도 바로 제 아내의 솜씨지요.

저희는 이 노인의 이야기가 참으로 진기한 데다, 그의 운이 그토록 좋은데 그저 놀랄 수밖에 없었습니다. 이렇듯 알라께서는 어떠한 것도 다 보여주시는 전능하신 분이십니다.

또 이런 이야기도 전해져 내려오고 있습니다.

〈주〉

*1 살라 알 딘(Salah al-Din), 즉 살라딘(Saladin)을 가리킨다. [이집트와 시리아의 왕으로, 아이유브 왕조의 시조, 재위 1177~93년. 예루살렘을 빼앗아 가지고 카이로를 요새화하여, 카이로에는 수도(水道), 기자에는 수로(水路)를 건설했다.]

*2 하틴(Hattin)은 보통 티베리아스 북쪽의 하틴(Hattin, 고전적으로는 히틴(Hittin)) 곳이라고 불린다. 살라딘은 그곳에서 기묘한 작전을 펼쳐, 프랑크인의 무모함을 틈타 그들을 모조리 무찌르고 예루살렘이라는 라틴 왕국을 멸망시켰다. 이 전투 중(1187년 6월 23일)에 세 사람의 수도원장이 살해되고, 성십자가(聖十字架, True Cross, 또는 성헬레나(Helena)에 의해 입증된 십자가)의 마지막 조각이 이슬람교도의 손안에 들어왔다. 그리스도교도 측은 그것의 반환을 계속 요구했으나 살라딘은 성실한 신자였으므로

승낙하지 않았다. 그러나 살라딘의 후계자는 기질이 달랐으므로 프랑크인에게 그것을 팔려고 했으나, 그때는 그리스도교도 측에게 그것을 살만한 돈이 없었다. 이윽고 성십자가의 조각은 어디론가 사라져 없어지고 말았는데, 만약 카이로의 한 사원에 내력을 알 수 없는 쓸모없는 물건으로 남아 있다고 해도 필자는 놀라지 않을 것이다.

*3 아카(Akka, Acre)는 1187년 7월 29일 살라딘에 의해 점령되었다. 이집트인에 의하면, 그는 1184년, 즉 하틴 전투보다 3년 전에 아크레에 있었다고 한다.

*4 이슬람력 2, 3세기 유명한 수피파 교도와 고행자들. 알 사카티(Al-Sakati)는 '헌옷 입은 남자'라는 뜻. 그 밖의 이름도 모두 데르브로에 기재되어 있다.

*5 연안이란 아랍어로 알 사힐(Al-Sahil)이며, 시리아 연안을 말한다. 원래는 페니키아 또는 남부 팔레스타인의 해안지방이다. 그와 마찬가지로, 대륙 잔지바르 연안의 지대 낮은 땅은 복수형으로 사와힐(Sawahili), 즉 연안인이라고 한다.

*6 창고(treasury)는 아랍어로 알 히자나(Al-Khizanah)라고 하며, 맥나튼판도 브레슬라우판도 그렇게 되어 있다. 그러나 페인 씨는 '천막'이라 번역하고 "살라딘은 다마스쿠스 교외에서 야영한 것 같으며, 노예상인들은 명백하게 거래를 위해 이 야영지 근처에 천막을 쳤다"고 주석했다. 그러나 좀더 앞으로 가지 않으면 천막에 대한 기술은 전혀 찾아볼 수 없다.

*7 바하 알 딘 이븐 샤다드(Baha al-Din ibn shaddad)는 당시에 살라딘 밑에서 카지 알 아스칼(군대의 판관), 즉 육군법무총감을 역임했다.

# 빈털터리가 된 바그다드 남자와 노예계집

옛날 바그다드에 아버지에게서 막대한 유산을 상속받은 부자가 살고 있었습니다. 이 남자는 한 노예계집에게 반해서, 그 여자를 사들여 서로 뜨겁게 사랑하며 살았습니다.

그런데 그 여자 때문에 돈을 물 쓰듯이 해서 전 재산을 다 날리고, 마침내 빈털터리가 되고 말았습니다. 그래서 어떻게 먹고 살 길이 없을까 궁리했지만 뾰족한 수가 떠오르지 않았습니다.

그런데 이 젊은이는 주머니 사정이 좋았을 때는 노래깨나 한다는 사람들이 모이는 모임에 자주 나갔으므로, 그 방면에는 상당한 자신이 있었습니다. 그래서 젊은이는 한 친구에게 의논했는데 친구는 이렇게 대답했습니다.

"자네와 여자 둘이서 노래를 부르고 다니는 수밖에 도리가 없겠지. 그렇게 하면 입에 풀칠할 돈은 벌 수 있지 않겠나?"

그러나 그도 여자도 그런 짓은 하기 싫었으므로 여자가 말했습니다.

"당신을 도울 수 있는 좋은 방법이 생각났어요."

"뭔데?"

"저를 파시는 거예요. 그러면 둘 다 이 곤경에서 벗어날 수 있고, 저는 부유한 신분이 될 수 있어요. 큰 부자가 아니면 저 같은 노예는 살 수 없거든요. 저를 파시고 나면 나중에 제가 무슨 수단을 써서든지 당신에게 다시 돌아오겠어요."

그래서 젊은이는 노예계집을 시장에 데리고 갔습니다. 맨 먼저 여자에게 눈독을 들인 사람은 바소라의 하심 집안사람[1]으로, 교양도 있고 마음이 넓은 사람이었는데, 이 사람이 금화 1천5백 닢에 여자를 샀습니다. (노예여자의 주인이었던 젊은이는 이렇게 말했습니다.)

―그런데 나는 돈을 받은 순간부터 노예계집을 판 일을 후회하며 눈물을 흘렸습니다. 여자도 함께 울었습니다. 나는 매매를 취소해 달라고 애원했지

만, 여자를 산 사람은 도무지 들어주지 않았습니다.
 나는 하는 수 없이 돈을 자루에 넣었으나 이미 사랑하는 여자가 없는 집으로는 돌아갈 마음이 없어서, 스스로 한 일을 후회하며 하염없이 얼굴을 때리고 울기만 했습니다.
 이윽고 나는 이슬람 사원에 들어가서 눈물을 흘리며 앉아 있다가 울다 지쳐 돈이 든 자루를 베개 삼아 베고 잠이 들고 말았습니다.
 그런데 제가 잠들어 있는 사이, 어떤 남자가 머리 밑에 있는 돈 자루를 살짝 빼내어 급히 달아나는 것이었습니다. 나는 깜짝 놀라서 벌떡 일어나 그 사내를 쫓아가려 했지만, 어느 틈에 두 발이 묶여 있어서 그대로 엎어지고 말았습니다. 나는 스스로 제 몸을 때리면서 눈물을 흘리며 울었습니다.
 "너는 자신의 영혼을 팔았을 뿐만 아니라 재산까지 잃어버리고 말았구나!"

 —여기서 날이 훤히 밝아왔으므로 샤라자드는 이야기를 그쳤다.

## 897번째 밤

 샤라자드는 이야기를 계속했다.
 오, 인자하신 임금님, 젊은이는 이야기를 계속했습니다.
 —나는 너무 분한 나머지, 티그리스 강으로 달려가서 옷소매로 얼굴을 가리고 그만 강물에 몸을 던지고 말았습니다. 그러자 강가에 서서 이런 나를 보고 있던 사람들이 말했습니다.
 "저 친구는 아마도 불행한 일을 당했나 보다."
 그들은 나를 뒤따라 강물로 뛰어들어 나를 기슭으로 밀어 올린 다음, 도대체 무슨 사정이 있느냐고 물었습니다.
 그래서 내가 겪은 고난을 자세히 이야기해 주었더니 사람들은 모두 나를 동정해 주었습니다. 그때 사람들 사이에서 한 노인이 나와서 이렇게 말했습니다.
 "돈을 잃었다고 해서 목숨까지 버리고 지옥불의 백성[2]이 될 것까진 없지,

자, 일어나서 나와 함께 가세. 자네 집을 한번 보고 싶으니."

그리하여 나는 노인과 함께 집으로 돌아갔는데, 노인은 내가 진정할 때까지 위로의 말을 해 주었습니다.

이윽고 흥분도 가라앉아서 내가 노인에게 고맙다고 인사하자 노인은 그대로 돌아갔습니다.

그 뒤에 나는 또 한 차례 스스로 목숨을 끊으려 하다가 무서운 저세상의 지옥을 생각하니 그런 마음도 사라져서, 한 친구를 찾아가 자초지종을 이야기했습니다. 그 친구는 나를 무척 동정하여 눈물을 흘리며 금화 쉰 닢을 주면서 말했습니다.

"내 충고를 듣고, 이제부터 곧 바그다드를 떠나도록 하게. 이 돈을 여비 삼아 그 여자를 깨끗이 잊어버릴 때까지 여행이나 하게. 자네 조상들은 문필가였고, 자네는 글씨가 뛰어나며 훌륭한 교육도 받았으니까, 누구든 총독 같은 훌륭한 인물을 찾아가서 인정에 호소해 보게. 그러노라면 다시 그 여자노예와 함께 살게 될지 누가 아는가?"

나는 친구의 충고에 따라(사실 어느 정도 마음의 위안을 받자 갑자기 다시 기운이 솟아났지요) 와시트[3]에 가기로 했습니다. 그곳에는 저의 친척이 살고 있었기 때문입니다.

그래서 강가를 따라 걸어가다 보니 배가 한 척 매여 있고 사공들이 여러 가지 상품과 훌륭한 피륙을 싣고 있어서, 그 옆에 가서 나를 와시트까지 데려다줄 수 없느냐고 부탁했습니다.

그랬더니 사공들이 대답했습니다.

"그런 옷차림으로는 안 돼. 이 배는 하심 집안의 소유이니까."

그래도 나는 사례를 하겠다면서 거듭 부탁했습니다.

"어쨌든 그런 차림으로는 도저히 태워줄 수가 없어. 꼭 타고 싶다면 그 옷 대신 선원 작업복으로 바꿔 입고 우리 같은 선원으로 보여야 해."

나는 곧 선원의 작업복을 한두 벌 사 입고 항해에 필요한 식품과 날마다 쓰는 물건을 산 다음, 바소라로 가는 그 배에 선원들과 함께 탔습니다.

그런데 잠시 뒤, 다름 아닌 내 노예계집이 시녀 두 명을 데리고 그 배에 타는 게 아니겠습니까!

나는 그만 지나간 일이 다시 떠올라 마음속으로 생각했습니다.

'바소라에 도착할 때까지 저 여자의 얼굴도 보고 노래도 들을 수 있게 되었구나.'
　얼마 안 있어 말을 탄 하심 집안의 주인이 많은 하인을 데리고 배에 오르자, 배는 곧 강을 내려가기 시작했습니다. 주인은 음식을 꺼내 노예계집과 함께 먹고, 다른 사람들은 갑판 중간쯤에 앉아서 식사를 시작했습니다.
　주인은 음식을 먹고 나더니 여자에게 말했습니다.
　"너는 어째서 노래도 하지 않고 그렇게 슬피 울고만 있느냐? 연인과 헤어진 여자가 너 혼자만은 아닐진대!"
　이 말을 듣고, 나는 여자가 아직도 나를 생각하며 슬피 한탄하고 있다는 사실을 알았습니다.
　잠시 뒤 남자는 여자 앞의 뱃전에 장막을 친 뒤, 멀리 떨어져서 식사하고 있던 패들을 불러 장막 바깥쪽에 나란히 앉았습니다.
　내가 선원에게 저 사람들은 누구냐고 물어보았더니, 뜻밖에도 하심 집안 사람들이라는 것이었습니다.
　이윽고 남자가 술과 과일 등 필요한 것을 내놓자, 모두 자꾸만 여자에게 노래를 청하는지라, 여자는 하는 수 없이 비파를 달라 하여 소리를 고른 다음 이런 시를 읊었습니다.

　　밤중에 벗들이
　　내 연인을 데려갔노라,
　　아, 내 마음의 '기쁨'을
　　아득히 멀리 데려갔노라,
　　그들이 탄 낙타 그림자
　　아스라이 사라지고부터
　　불같은 노여움, 가자나무처럼
　　사랑하는 자의 가슴에 타올랐노라.

　여자는 갑자기 노래를 멈추더니 슬픔을 견디지 못해 비파를 내던지고 말았습니다. 그것을 본 사람들은 매우 당황한 표정이었고, 나는 정신을 잃고 쓰러졌습니다. 그러자 사람들은 내가 악마에게 홀린 줄 알고, 그중 한 사람이 내 귀에 대고 악마를 쫓는 주문을 외쳤습니다. 그런 가운데서도 모두 다시 여자를 달래며 노래를 불러달라고 부탁했습니다.
　여자는 다시 비파를 들어 다음과 같은 시를 노래했습니다.


　　짐을 싣고 가버리는 자들을
　　한숨지으며 지켜보았노라,
　　연인은 멀리 가버렸건만
　　지금도 아직 내 가슴에 있노라.
　　황폐한 옛터를 찾았으나
　　천막은 이미 걷혀버렸고
　　허무하게 땅만 비어 있노라.


노래를 마친 여자가 그대로 까무러치자, 사람들 사이에서 울음소리가 새어 나왔습니다. 동시에 나도 외마디 소리를 지르며 까무러치고 말았습니다. 선원들은 이 광경을 보고 매우 놀랐습니다. 하심 집안의 시동 하나가 선원들을 나무라며 물었습니다.
　"너희는 어째서 이런 미치광이를 배에 태웠나?"
　그들은 입을 모아 대답했습니다.
　"다음 포구에서 곧 상륙해 쫓아내겠습니다."
　나는 무척 불안한 마음으로 이렇게 생각했습니다.
　'이 배에서 쫓겨나지 않으려면 내가 여기 있다는 걸 여자에게 알리는 수밖에 없다. 그러면 아마 배에 남아 있도록 주선해 주겠지.'
　이윽고 배가 어떤 마을로 다가가자 선장이 말했습니다.
　"자, 모두 내리자."
　그리고 나 말고는 한 사람도 남김없이 배에서 내려 뭍에 올랐습니다. 이윽고 해질녘이 되자 나는 일어나 장막 안에 숨어 들어갔습니다. 그리고 비파를 집어 들고 줄의 음조를 하나씩 바꿔서, 전에 내가 여자에게 가르쳐준 적이 있는 나만의 음빛깔로 맞춰놓고는*4 내 자리로 돌아왔습니다.

　—여기서 날이 훤히 밝아왔으므로 샤라자드는 이야기를 그쳤다.

## 898번째 밤

샤라자드는 이야기를 계속했다.

오, 인자하신 임금님, 젊은이는 이야기를 계속했습니다.

─얼마 뒤 뱃꾼들이 돌아오고 달은 하늘 한가운데에 떠올라 강물을 눈부시게 비춰주었습니다. 그러자 하심 집안의 주인이 여자에게 말했습니다.

"부탁한다. 더는 마음을 불편하게 하지 말아다오!"

그래서 여자는 비파를 들어 줄에 손을 댔는데, 별안간 어찌나 심하게 흐느껴 우는지 사람들은 여자의 넋이 몸에서 빠져나가지나 않나 걱정할 정도였습니다.

"틀림없이 저의 주인이신 스승님이 이 배에 타고 계세요."

여자의 이 말에 남자가 말했습니다.

"그렇다면 함께 얘기해 보자꾸나. 혹시 그 스승이 네 슬픔을 풀어주어 네 노래를 들을 수 있게 해 줄지도 모르니까. 하지만 네 스승이 이 배에 타고 있다니 도저히 믿을 수 없는걸."

"저는 항상 스승과 함께 노래해 왔기 때문에, 혼자서는 비파를 탈 수도 없고 노래도 하지 못해요."

"그럼, 뱃사람들한테 물어보자."

"제발 그렇게 해 주세요."

하심 집안 주인은 선원들을 향해 물었습니다.

"너희, 이 배에 누굴 태웠느냐?"

"아닙니다, 아무도 태우지 않았습니다."

나는 추궁이 그렇게 끝나버리면 죽도 밥도 안 될 듯해 웃으면서 스스로 나섰습니다.

"제가 그 스승이고, 옛날 주인이었을 때 비파를 가르친 사람입니다."

그러자 여자가 소리쳤습니다.

"틀림없는 제 주인님의 목소리예요!"

이 말을 들은 시동들이 나를 하심 집안 주인 앞으로 데리고 가니, 주인은 한눈에 나를 알아보고 이렇게 말했습니다.

"이런 데서 만나다니 이게 도대체 어찌 된 일인가? 게다가 그 차림새는 또 뭐고, 어떻게 이 배를 타게 되었나?"

그래서 나는 울면서 자초지종을 자세히 이야기했더니, 장막 뒤에서는 여자의 울음소리가 새어 나왔습니다. 하심 집안 주인도 그 집안사람들도 모두 내 신상을 가엾게 여기고 함께 눈물을 흘리며 울었습니다. 이윽고 주인이 말했습니다.

"알라께 맹세코, 나는 아직 저 여자 근처에도 간 적이 없고 같이 잠을 잔 적도 없다. 게다가 나는 아직 저 여자의 노래도 제대로 듣지 못했어! 나는 알라의 은혜로 풍족한 생활을 하고 있는데, 내가 바그다드에 간 까닭도 노래를 듣거나, 충실한 자들의 임금님에게서 녹봉을 받기 위해서라네. 이번에도 볼일을 마치고 막 돌아가려 하다가, 문득 '어디 이 바그다드의 노래나 한 번 들어볼까'하는 생각이 들었네. 그래서 여자를 샀는데, 당신들 두 사람의 사정 같은 건 꿈에도 몰랐네. 그래서 알라를 증인으로 해서 말하지만, 바소라에 도착하면 여자를 자유의 몸으로 만들어 주고 당신과 결혼시켜서 당신들에게 필요한 것을 당신들이 만족할 만큼, 아니 그 이상의 것을 주기로 하지. 하지만 거기엔 조건이 하나 있어. 내가 노래를 듣고 싶다고 할 때는 휘장을 치고 그 안에서 노래를 불러 달라는 거야. 그렇게 해 준다면 우리 일족으로 받아들이고 술친구로 대해 주기로 하겠네."

이 말을 듣고 나는 기쁜 마음으로 승낙했습니다. 하심 집안의 주인은 휘장 안에 고개를 디밀고 여자에게 물었습니다.

"너도 이제 만족하느냐?"

여자는 주인에게 깊이 감사하며 축복을 빌었습니다. 주인은 하인 하나를 불러서 말했습니다.

"이 젊은이를 데려가서 좋은 옷으로 갈아입히고 몸에 향을 사른 뒤 다시 데리고 오너라."

하인이 시키는 대로 하여 다시 나를 주인 앞에 데려가자, 주인은 나에게 술을 권했습니다.

이윽고 여자는 말로 표현할 수 없이 고운 목소리로 이런 노래를 불렀습니다.

    연인이 작별을 고하러 왔을 때
    내 울음이 지나치다고

사람들 나를 타일렀네.
이별의 쓰라림을 한 번도
맛본 일 없는 무리,
내 몸속에 타오르는 불길을
알지 못하는 무리야,
실연의 쓰라림을 맛본
사람이 아니면 사랑을 알지 못한다네.

이것을 들은 사람들은 매우 좋아했고, 나 또한 여간 기쁘지 않았습니다. 그래서 이번에는 내가 여자의 손에서 비파를 받아들고 아름다운 가락으로 서곡을 켜면서, 이런 시를 읊었습니다.

만일 그대 부탁할 일이 있으면
정 두터운 사람에게 하라.
신분 높고 마음 너그러운
이에게 부탁하라.
고귀한 사람에게 부탁함은
부탁하는 자의 영예이지만,
천한 자에게 부탁함은
다툼의 씨앗을 뿌림과 같노라.
몰락하여 어쩔 수 없을 때는
착한 사람에게 은혜를 부탁하라.
그릇이 큰 사람에게 은혜를 부탁하면
아무런 비난도 받지 않지만,
호소도 하지 않고 기다리면
재앙만 겹칠 뿐이노라.

사람들은 내 노래를 듣고 몹시 흥겨워했습니다. 그리하여 나와 여자가 번갈아 노래하는 동안, 배는 이윽고 포구에 도착하여 닻을 내리고 뱃사람들이 모두 상륙한지라 나도 함께 배에서 내렸습니다.

그런데 술에 잔뜩 취해 있던 나는 오줌을 누려다가 웅크린 채로 그만 그 자리에서 잠이 들고 말았습니다. 그 사이에 선원들은 배로 돌아갔는데, 모두 취해 있어서 내가 없다는 사실을 아무도 모른 채 그대로 배는 포구를 떠나 바소라를 향해 항해를 계속했습니다.

이튿날 태양이 비칠 때 나는 눈을 뜨고 일어나 사방을 둘러보았습니다. 그러나 그곳에는 아무도 없었습니다. 게다가 여비는 모두 여자에게 주어서 내 손안에는 동전 한 푼도 없었습니다.

또 하심 집안 주인의 이름과 바소라의 어디에 집이 있는지 물어보는 것을 깜박 잊었기 때문에 여자를 만난 기쁨도 잠시일 뿐, 그만 어이없고 덧없는 꿈이 되고 말았습니다.

어떻게 하면 좋을지 몰라 우두커니 앉아 있는데, 다행히도 그곳에 큰 배가 들어와서, 나는 그것을 타고 바소라까지 갔습니다.

그런데 하심 집안이 어디 있는지 몰라서 한 잡화상에게 말을 걸어 종이와 붓을 빌렸습니다.

―여기서 날이 훤히 밝아왔으므로 샤라자드는 이야기를 그쳤다.

## 899번째 밤

샤라자드는 이야기를 계속했다.

오, 인자하신 임금님, 내가 잡화상 주인에게 종이와 붓을 빌려 글씨를 써서 보여줬더니, 주인은 내 글씨체에 매우 감탄하면서 더러운 내 행색을 보고 물었습니다.

"도대체 당신은 뭐하는 사람이오?"

그래서 나는 타향 사람이라 대답했습니다.

"그렇다면 우리 집에 있으면서 가게 장부를 적어주지 않겠나? 그러면 먹고 자고 입는 일도 돌봐주고, 이틀에 은화 한 닢꼴로 보수를 주지."

"좋습니다."

나는 그대로 잡화상 집에 들어가 회계를 맡아서 한 달 동안 장부를 정성껏 적었는데, 그달 말에 주인은 수입이 늘고 지출이 줄어든 사실을 알았습니다. 주인은 나에게 감사하다면서 품삯을 하루에 은화 한 닢으로 올려 주었습니다.

한 1년쯤 지났을 때, 주인이 자기 딸과 결혼하여 가족이 되어 주지 않겠느냐고 부탁하기에 나는 승낙하고 신부와 한 방에서 지내면서 열심히 장사했습니다.

그러나 내 마음은 언제나 시름에 잠겨, 늘 우울한 얼굴을 하고 있었습니다. 주인은 평소에 술을 즐겼으므로 자주 술자리에 나를 불러주었지만, 나는 여전히 마음이 무겁고 가슴이 답답해서 술을 마실 기분이 아니었습니다.

그렇게 2년을 살다가, 어느 날 가게에 앉아 있으니 술과 안줏거리를 든 사람들이 떼지어 지나가는 것이었습니다.

그래서 주인에게 무슨 일이냐고 물어보았습니다.

"오늘은 축제일인데, 성 안의 악사와 무희들이 부잣집 젊은이들과 함께 우불라*5 강으로 가서 나무 그늘에 모여 먹고 마시면서 논다네."

이 말을 듣자 나는 그 축제 소동을 구경하며 마음의 근심을 풀고 싶었습니다. 또 어쩌면 그 사람들 속에 사랑하는 여자가 있을지도 모른다 생각하여 나도 한번 가보고 싶다고 말했습니다.

"가고 싶거든 가보게나."

주인이 술과 안주까지 준비해 주어서, 나는 사람들 속에 섞여 우불라 강으로 나갔습니다.

그곳에 이르자 배 한 척이 강물을 타고 내려가는 것이 보였습니다. 그런데 바로 그 배에 그 하심 집안의 주인이 일족과 함께 타고 있는 게 아니겠습니까? 내가 큰 소리로 부르자, 상대도 나를 알아보고 나를 배에 태워 주었습니다.

"아직 살아 있었군. 도대체 이게 어떻게 된 일인가?"

하심 집안의 주인이 나를 껴안으면서 물었습니다. 내가 그때까지 있었던 일을 자세히 얘기했더니 그들은 말했습니다.

"우리는 당신이 술에 취해서 강물에 빠져 죽은 줄만 알았지."

나는 여자의 소식을 물었습니다.

"그 여자는 당신이 사라진 사실을 알고 옷을 찢고 비파를 불태우면서 어지간히 슬퍼하더군. 그래서 바소라에 도착하고 나서 우리는 '이젠 제발 울음

빈털터리가 된 바그다드 남자와 노예계집

을 그치고 슬퍼하는 것도 그만두시오' 말했다네. 그랬더니 여자가 이렇게 말하지 않겠나. '부디 저를 위해 집 옆에 무덤을 하나 만들어 주세요. 저는 검은 상복을 입고 그 무덤을 지키면서 다시는 노래 부르지 않겠어요.'*6 그래서 하는 수 없이 여자 말대로 해 주었더니, 오늘까지 그렇게 살고 있다네."

그들은 나를 하심 집안의 저택으로 데려갔습니다. 가서 보니 여자는 정말로 사람들이 말한 대로 무덤 옆에서 살고 있었습니다. 그런데 여자가 나를 보더니 어찌나 크게 소리를 지르는지, 나는 꼭 그대로 여자가 까무러쳐 죽어버리는 줄 알았습니다. 내가 언제까지나 여자를 끌어안고 있자, 하심 집안의 주인이 말했습니다.

"이 여자를 데려가게."

"예, 하지만 약속대로 나리의 손으로 이 여자를 자유의 몸으로 해 주시고 저와 혼인시켜 주십시오."

주인은 그대로 해 준 다음, 온갖 값진 물건을 비롯하여 많은 옷과 가재도구, 그리고 금화 5백 닢을 주면서 나에게 말했습니다.

"이제부터 매달 당신에게 이만한 돈을 대줄 생각인데, 거기에는 한 가지 조건이 있어. 무엇인고 하니, 당신이 내 술친구가 되어서, 내가 노래를 듣고 싶을 때는 언제든지 그대 아내의 노래를 들려주는 거야."

그리고 우리 두 사람을 위해서 집을 마련해 주고 살림에 필요한 모든 물건을 갖춰주었습니다.

그 집에 가보니 여러 가지 가재도구가 집 안 가득 놓여 있어서, 나는 즉시 아내를 그곳으로 옮겼습니다.

이쪽의 일이 마무리되자, 나는 잡화상을 찾아가 모든 사실을 털어놓고 딸과 이혼하고 싶지만 결코 상대가 잘못한 것은 아니라고 말하고, 부디 나쁘게 생각하지 말아 달라고 부탁했습니다. 그리고 지참금*7과 그 밖에 내가 내야 할 돈*8을 모두 지급했습니다.

이렇게 하여 나는 하심 집안사람들과 2년을 함께 생활했는데, 그러는 동안 재산도 늘어 바그다드에서 살았을 때와 같은 행복한 신분이 되었습니다.

우리는 오랫동안 갖은 고생을 겪었지만, 마침내 알라의 자비로 행운을 되찾을 수 있었던 겁니다. 참으로 알라의 자비는 크고 넓어 헤아릴 수 없고, 우리의 시름을 물리치고 행운을 내리시어, 온갖 어려움 끝에 소원을 성취하게 한 것이지요. 그래서 이 세상에서도, 또 우리가 돌아가려 하는 저세상에서도, 하늘의 알라께 영광이 있기를 기도해 마지않습니다.
　또 이런 이야기도 전해져 오고 있습니다.

〈주〉
*1 사도 무함마드의 증조부 하심(Hashim, 아바스 왕조의 직계 시조)의 후손. 옴미아드 또는 우마이야 왕조(Ommiades)는 하심의 형제 아브드 알 샴스(Abd al-Shams)에게서 나왔기 때문에, 혈통으로 따지면 무함마드보다 먼 셈이다. 하심 일족은 어질고 도량이 넓은 덕행으로 널리 알려 있으며, 이 특징은 자손대대로 이어져 내려간 듯하다. 하심이라는 이름은 메카 순례자들의 수프 속에 빵을 '가루로 만들어' 넣었던 것에서 유래한다. 그가 매장된 곳은 가자(Gaza)인데, 그 무덤은 곧 잊혔다.
*2 즉, 지옥에 떨어지도록 정해진 사람들이라는 뜻. 지옥은 자살한 이슬람교도의 특별한 거처.
*3 와시트(Wasit)는 바그다드와 바소라 중간에 있으며, 티그리스 강 언저리에 알 하자지의 손으로 창건된 이라크 아라비(Irak Arabi, 메소포타미아)의 한 도시. 다음의 유명한 시는 이 땅을 노래한 것이다.
　　참으로 고귀한 일족이 있으니,
　　남자들은 '예'라고 말하지 않고,
　　여자들은 '아니요'라고 말하지 않노라.
*4 페인 씨의 주석에 의하면, "아라비아의 위대한 음악가들은 대개 그 사람만의 독특한 비파 조율법을 가지고 있었다. 그것은 비파의 음역을 넓히거나 특별한 가락으로 만들어진 노래의 반주를 쉽게 하고, 또는 소리를 좋게 하기 위해서였다. 이사크 엘 마우시리, 또는 그 아버지 이브라힘 같은 대음악가는 일부러 망가진 비파를 조율하면서 어려운 노래를 불러, 자신의 솜씨를 시험하는 경우가 많았다고 한다. 본문에 언급된 방법을 보여주는 현대의 실례로는, 자신이 작곡한 어떤 곡을 연주할 때 바이올린의 G현을 높이거나 낮게 한 파가니니의 연습을 들 수 있다."
*5 맥나튼판에서는 우불라(Ubullah) 대신 아일라(Aylah)로 되어 있다. 전자인 우블라는 바소라에서 12마일 떨어진 우불라 시로 통하는 수없이 많은 운하 가운데 하나이다. 그 강변 일대에는 별장과 정자가 줄이어 서 있어(지금은 없지만), 도시 사람들에게 인기 높은 놀고 즐기는 장소였다. 또 과수원은 주위가 완전히 하나의 벽으로 에워싸여, 대정원의 정취를 띠고 있다. 조베르(Jaubert)에 의한 알 이드리시(Al-Idrisi)의 번역서 제1권에 나와 있다. 티그리스 강의 지류 아일라는 앞에서도 언급했듯이 바소라의 정원을 관개하고 있다.

〔조베르는 프랑스의 동양학자. 1774~1847년. 알 이드리시는 1099년 모로코에서 태어난 지리학자. 그의 책 《지리서 Muzhat al-Muhtak》가 유명하다. 여기서 말하는 역서는 이 책의 프랑스어 번역 책으로 1836~40년에 파리에서 간행된 Géographie d'Edrisi를 가리킨다. 이 역서 자체도 지금은 희귀본이 되어 있다.〕

*6 음악에는 악마가 깃들어 있다고 믿었던 무함마드가 음악을 금지했기 때문이다.

*7 아랍인〔남자〕의 지참금, 즉 마르(Mahr)는 두 번에 걸쳐 지급되는데, 처음에는 첫날밤에 내고, 나머지는 어쩌다가 남편에게 이혼당할 때 아내에게 주게 되어 있다. 만일 아내 쪽에서 이혼을 요구하면, 보통 반액 이하인 뒤의 금액은 아내에게 청구권이 없다. 나는 앞에서, 아내로 하여금 그 권리를 포기하지 않을 수 없도록 일을 꾸미는 페르시아인 남편의 비열한 행위에 대해 언급한 적이 있다. 이 책 216번째 밤〔'카마르 알 자만의 이야기' 주석 89〕 참조.

*8 법률상 재혼할 수 있는 것은 이혼한 지 4개월 뒤이므로, 그 4개월 동안 혼자 살아갈 수 있는 생활비를 말한다.

## 인도의 잘리아드 왕과 시마스 재상[*1]

 옛날 옛적 인도에 매우 위세가 당당한 대왕이 있었습니다. 이 대왕은 키가 크고 용모가 뛰어난 당당한 풍채와 품격의 소유자로, 성품도 훌륭하고 마음이 넓어서 가난한 자에겐 아낌없이 베풀고 가신과 백성들을 매우 사랑했습니다.
 이 대왕의 이름은 잘리아드라고 하는데, 그의 지배 아래 72명의 왕들이 있고, 모든 도시에는 350명의 판관이 배치되어 있었습니다. 또한 왕을 보필하는 대신은 70여 명을 헤아렸고 10명마다 우두머리를 두었으며, 이 많은 대신을 통솔하는 자는 시마스라고 하는 인물이었습니다.
 시마스는 기품이 있고 풍채도 좋으며 결단력이 있는 데다 웅변 또한 유창한, 스물두 살밖에 안 된 우수한 청년 정치가였습니다. 나이가 어린데도 불구하고 생각이 깊고, 특히 정사에 밝아 사무 처리가 빈틈이 없고 매우 빨랐으며, 백 가지 학문에 통달하여 대왕의 총애를 한몸에 받고 있었습니다.
 그것도 따지고 보면, 대왕 자신이 정의로운 왕으로 빈부귀천의 구별 없이 선정을 펼쳤기 때문입니다. 그는 모든 백성을 평등하게 사랑하고 가엾게 여겨 그 안전을 늘 걱정하며 백성이 필요한 것을 베풀고 그들을 잘 보호하며, 조세의 부담도 가능한 한 가볍게 해 주고 있었습니다.
 이렇게 대왕은 위아래 거리를 두지 않고 모든 백성을 사랑하며, 정성을 다하고 열성을 쏟아 모든 일을 다스렸는데, 특히 정치와 경제에 있어서는 더할 나위 없는 타고난 군자였습니다. 하지만 불행하게도 전능하신 신은 이 대왕에게 자식을 점지하시지 않았으므로, 오직 그것만이 왕을 비롯한 백성들의 걱정거리였습니다.
 어느 날 밤, 잘리아드[*2] 왕이 침상에 누워 왕국의 장래를 근심하고 있다가 어느새 잠이 들어, 한 그루의 나무에 물을 주는 꿈을 꾸었습니다.

―여기서 날이 훤히 밝아왔으므로 샤라자드는 이야기를 그쳤다.

## 900번째 밤

샤라자드는 이야기를 계속했다.
오, 인자하신 임금님, 잘리아드 왕이 꿈속에서 한 그루의 나무에 물을 주고 있는데, 별안간 그 나무에서 불이 뿜어져 나와 주위에 무성한 나무들을 깨끗이 태우고 말았습니다. 깜짝 놀라 잠에서 깨어난 왕은 몸을 떨면서 신하를 불러 분부했습니다.
"어서 시마스 재상을 불러오너라."
시마스에게 가서 신하가 말했습니다.
"임금님께서 부르십니다. 임금님께서 주무시다가 놀라신 일이 있으셨는지 잠에서 깨시자마자 빨리 재상님을 불러오라고 하셨습니다."
시마스가 급히 왕에게 달려가 보니, 왕은 침대에 일어나 앉아 있었습니다.
"오, 임금님, 부디 신께서 임금님의 마음에 평화를 내려주시기를! 그런데 오늘 밤은 무슨 일로 급하게 소신을 부르셨습니까?"
왕은 시마스에게 자리를 권하고 말했습니다.
"나는 지금 막 무서운 꿈을 꾸었다. 주위에 수많은 나무가 있는데, 나는 그중에서 한 나무에 물을 주고 있었다. 그러자 괴이하게도 그 나무에서 불이 뿜어져 나와 주위에 있는 그 많은 나무를 모두 불태우고 말았단 말이야. 그것을 보고 깜짝 놀라 잠에서 깨자마자 그대를 부른 것이다. 그대는 뛰어난 학자이고 꿈풀이에도 능하니, 이 꿈이 무엇을 나타내는 것인지 판단해 다오."
재상이 잠시 고개를 숙이고 있다가 얼굴을 들고 빙그레 웃자, 대왕이 물었습니다.
"시마스, 그대는 어떻게 생각하는지 숨기지 말고 말해 다오."
"오, 임금님, 전능하신 신은 임금님의 소원을 들어주시고 임금님의 눈을 시원하게 해 주실 겁니다. 왜냐하면 그 꿈은 참으로 경사스런 행운의 징조이기 때문입니다. 신은 우리 임금님께 왕자를 점지하시고, 그분이 왕국을 계승

한다는 암시를 주셨습니다. 그 밖의 것은 지금 판단을 내릴 시기가 아니므로 설명할 수 없습니다."

재상의 말을 듣자 왕의 얼굴에 웃음이 가득 번졌습니다. 왕은 평소의 시름을 어디론가 멀리 날려 버린 채, 안도로 가슴을 쓸어내리며 이렇게 말했습니다.

"내가 꾼 꿈이 그대의 말대로 기쁜 일이 생길 기미라면, 적당한 시기가 왔을 때 모든 설명을 듣기로 하자. 그때는 이 기쁨도 더욱 완전하고 흠 없는 것이 되겠지. 그동안 오로지 알라(찬양할지어다!)의 승인만을 기다리고 있겠다."

그 뒤 시마스 재상은 왕이 나머지 설명을 듣고 싶어할 때마다 적당한 핑계를 붙여 넘어가곤 했습니다.

그래서 왕은 나라 안의 점성술사와 해몽가들을 불러모아 그들에게 자신의 꿈 이야기를 해 준 다음, 정확한 꿈풀이를 해 보라고 분부했습니다.

그러자 한 사람이 앞으로 나와서 발언을 청하더니, 이렇게 말했습니다.

"오, 임금님, 시마스 재상은 꿈풀이를 하지 못하는 것이 아닙니다. 임금님의 마음을 어지럽힐까 두려워서 아무 말도 하지 않는 것입니다. 제가 말씀드려도 괜찮으시다면, 재상이 대왕님께 숨기고 있는 것을 솔직하게 아뢰겠습니다."

"오, 내 걱정은 하지 말고, 뭐든지 있는 그대로 말해 보아라."

"예, 임금님, 그럼 말씀드리겠습니다. 언젠가 임금님께 왕자님이 태어나서, 임금님이 돌아가시고 나면 이 왕자님이 왕위를 계승하시게 됩니다. 그러나 이 왕자는 임금님과 달리 백성에게 선정을 베풀지 않고 백성을 학대하여, 마치 고양이와 생쥐[*3] 이야기에 있는 것과 같은 일이 일어나게 될 것입니다. 다만 저로서는 전능하신 알라께 모든 것을 맡기는 수밖에 없습니다."[*4]

"그 고양이와 생쥐 이야기란 도대체 어떤 것이냐?"

"오, 신께서 우리 임금님께 장수를 내려주시기를! 이런 얘기가 전해 내려오고 있습니다."

## 고양이와 생쥐 이야기

어느 날 밤, 고양이 한 마리가 먹을 것을 찾아 헤매다가 어느 집 마당에 잘못 들었는데, 먹을 것을 아무것도 발견할 수 없었을 뿐만 아니라, 비가 오고 몹시 추운 밤이어서 그만 쓰러질 지경이 되고 말았습니다. 그래서 어떻게 굶주림과 추위에서 벗어날 방법이 없을까 여기저기 기웃거리다가, 한 그루의 나무 밑동에서 생쥐의 집을 발견했습니다. 그래서 가까이 다가가서 목젖을 울리며 냄새를 맡아 보니 안에 생쥐 한 마리가 들어 있는지라, 그것을 잡을 궁리를 하면서 그 둘레를 빙빙 돌고 있었습니다.

생쥐 쪽에서도 고양이의 기척을 느끼고, 그쪽으로 꽁무니를 돌리고 앞발로 흙을 파서 굴 입구를 막으려 했습니다.

그러자 고양이는 일부러 다 죽어가는 목소리로 이렇게 말했습니다.

"오, 형제여, 어째서 그런 짓을 하는가? 나는 너한테 신세를 지러 왔어. 나를 불쌍히 여기고 오늘 밤 네 집에서 하룻밤 재워주지 않을래? 나는 나이가 잔뜩 들어서 힘도 없고 몸이 무척 쇠약해져서 걷는 것조차 힘들단다. 오늘 밤 너희 마당에 들어오기는 했지만, 차라리 콱 죽어 버려서 이 고통에서 벗어나는 게 나을지도 모른다고 몇 번이나 생각했는지 몰라!

내 꼴 좀 봐, 추위와 비 때문에 지칠 대로 지쳐서 너의 집 앞에 서 있는 이 가엾은 꼴을. 제발 부탁이니, 나를 불쌍히 여기고 내 손을 잡고 안으로 들어가게 해서 네 집 처마 끝에서나마 쉬게 해다오. 나는 불쌍한 나그네란다. 속담에도 '나그네나 불쌍한 자에게 잠자리를 내주면 그 하룻밤의 잠자리가 마지막 심판의 날에 천국이 된다'고 하지 않았니? 부디 날 살려주는 셈 치고 좀 불편해도 오늘 밤만 옆에 있게 해 준다면, 너에게 영원한 보답이 내릴 거야. 내일 아침에는 반드시 나갈게."

―여기서 날이 훤히 밝아왔으므로 샤라자드는 이야기를 그쳤다.

## 901번째 밤

샤라자드는 이야기를 계속했다.

오, 인자하신 임금님, 고양이의 말을 듣고 생쥐가 말했습니다.

"당신은 저에게는 태어날 때부터 적입니다. 당신의 먹이가 내 살점이라는 사실을 알고 있는데, 어떻게 당신을 집 안에 들여 놓을 수 있겠습니까? 당신은 나를 속이려 하고 있습니다. 원래 당신은 그런 성격을 가졌으니까 믿을 수가 없지요. 속담에도 '오입쟁이에게 아름다운 여자를, 가난한 자에게 돈을, 또 불에는 장작을 맡길 것이 못된다'고 하지 않았습니까? 아무리 생각해도 나는 당신에게 나 자신을 맡길 수 없어요. '원수 사이의 적개심은 적의 힘이 약해지면 약해질수록 더욱 강해진다'고 하니까요."

그러자 고양이는 세상에 다시없는 애처로운 꼴로 다 죽어가는 목소리를 내며 말했습니다.

"네가 그렇게 말하는 것도 무리는 아니야. 내가 너에게 잘못한 것도 솔직히 인정하지. 하지만 그건 우리 사이에 태어나면서부터 있는 타고난 운명이니 용서해 다오.

'자신과 마찬가지로 남을 용서하면 조물주는 그 사람의 죄를 용서하신다'고 하지 않았니? 내가 너의 적이었던 것은 사실이야. 하지만 지금은 너의 우정에 호소하겠어. 이런 속담도 있는 걸. '적을 친구로 만들고 싶거든 친절을 베풀어라.'

형제여, 나는 이제 결코 너를 해치지 않겠다고 알라께 맹세하리라. 가장 뚜렷한 증거로 나는 이미 그런 짓을 할 기운도 없는걸. 그러니 알라를 믿고, 제발 나의 약속과 맹세를 받아들이고 나를 도와다오."

"나와 당신 사이에는 뿌리 깊은 원한이 있습니다. 당신은 언제나 나를 비참한 꼴로 만들지 않았어요? 그걸 어떻게 믿을 수 있단 말인가요? 우리의 원한이 단순한 원한이라면 이렇게 고집을 피우지 않겠지만, 우리 둘 사이의 원한은 마음과 마음에 태어날 때부터 있던 것인 만큼 당신이 하는 말을 그리 호락호락 믿을 수 없어요. '적을 믿는 것은 큰 뱀의 입에 손을 집어넣는 것과 같다'*5고 했으니 말이에요."

이 말을 들은 고양이는 화가 나서 말했습니다.

"나는 이제 숨이 막혀서 정신도 가물거릴 지경이다. 그러다가 네 집 문 앞에서 거꾸러질지도 몰라. 너는 이렇게 괴로워하고 있는 나를 도와줄 수 있지 않니? 제발 살려다오."

생쥐는 갑자기 전능하신 신이 두려워지면서 상대가 가여운 생각이 들어 마음속으로 중얼거렸습니다.

'적에게 전능하신 알라의 구원을 청하는 자에게는 연민의 마음을 가지고 친절을 베풀라고 했지. 좋아, 이렇게 된 이상 전능하신 신을 믿고 저 고양이를 궁지에서 구해 주어 하늘의 보답을 받도록 하자.'

마침내 생쥐는 밖으로 나가 고양이를 집 안으로 데리고 들어왔습니다. 고양이는 잠시 쉰 다음 조금씩 기운이 돌아오자, 자기는 나이 탓으로 몸이 쇠약해졌다면서 재미있는 세상 이야기를 할 상대도 없다고 말했습니다.

생쥐는 고양이를 의좋은 친구처럼 친절히 대해 주고 여러 가지로 위로하며 정성껏 시중을 들어주었습니다. 한편, 고양이는 슬슬 다가와서 생쥐를 놓치지 않으려 굴 입구를 가로막고 앉았습니다.

생쥐가 여느 때처럼 밖으로 나가려고 입구로 다가가자, 순간 고양이는 느닷없이 덤벼들어 날카로운 발톱으로 생쥐를 움켜잡고는 입에 물고 흔들기도 하고, 내던져 놓고 쫓기도 하면서 생쥐를 마구 희롱하며 괴롭히기 시작했습니다.[*6]

생쥐는 오로지 알라의 구원을 빌면서 큰 소리로 도움을 청하며 고양이를 비난했습니다.

"나와 한 약속은 어떻게 되었습니까? 나에게 한 맹세는 어디로 갔단 말입니까? 이것이 나에 대한 보답입니까? 나는 당신이 하는 말을 믿었기 때문에 집 안에 들였던 것인데, 역시 '적을 믿는 자는 살고 싶은 자가 아니다'라든가 '적을 믿는 자는 자기의 파멸을 가져온다'고 한 말이 진실이었군요. 하지만 나는 조물주를 믿고 있으므로, 반드시 구원의 손길이 찾아올 거라고 믿습니다."

이렇게 고양이가 덤벼들어서 쥐를 잡아먹으려 하고 있을 때, 마침 사냥꾼이 사냥을 잘하는 개를 몇 마리 데리고 지나갔습니다. 사냥개 한 마리가 생쥐 집 근처를 지나가다가 안에서 소란스런 소리가 나는 것을 듣고, 여우가 무엇을 잡아 찢고 있는 것이 아닌가 생각했습니다. 그래서 사냥개는 그 구멍을 들여다보았습니다.

그런데 여우가 아니고 고양이가 있기에 그냥 꽉 물어버렸습니다. 개에게 물린 고양이는 자기가 살기 위해 생쥐를 산 채로 놓아 주고 말았습니다. 사냥개는 고양이의 목을 으드득 깨물며 구멍에서 끌어내어 땅바닥에 내동댕이쳤습니다.

이렇게 '자비를 베푸는 자는 마지막에 자비를 얻고, 남을 괴롭히는 자는 이윽고 괴로움을 당한다'는 격언이 진실이라는 게 훌륭하게 증명된 것입니다.

이야기를 마친 해몽가는 이렇게 덧붙였습니다.
"오, 임금님, 이것이 생쥐와 고양이의 이야기입니다. 즉, 생쥐와 고양이 사이에 일어난 일은, 어떠한 자라도 자기를 믿는 자를 배신하면 안 된다는 것을 가르치고 있습니다. 어떤 자가 역적질을 도모하고 배반을 꾀한다면, 그 자는 고양이와 같은 운명을 맞게 될 것입니다. 남을 모함하는 자는 모함을 받고, 착한 일을 하는 자는 영원히 보답을 받는 법입니다.

하지만 임금님, 이것으로 마음을 어지럽히실 필요는 없고 슬퍼하실 것도 없습니다. 설령 왕자님이 포악한 압제 정치를 펼치시더라도, 나중에 가서는 결국 우리 임금님과 같은 선정을 베푸시게 될 테니까요. 저는 저 박식한 시마스 재상이 대왕님께 처음부터 아무것도 숨기지 말고 알려 드렸더라면 좋았을 거라고 생각합니다. 그것이 재상으로서는 타당한 일이기 때문입니다. 속담에도 '걱정이 많은 사람은 가장 지혜가 많고 남보다 앞장서 선행하는 사람'이라고 했습니다."

대왕은 해몽가의 말을 듣고 매우 감동하여 그를 비롯한 다른 동료들에게도 많은 하사품을 내려서 물러가게 하고, 자신은 방에 들어앉아 그 일에 대해 곰곰이 생각에 잠겼습니다.

이윽고 밤이 되자 왕은 한 측실을 찾아가서 합환을 즐겼는데, 그 여자는 왕의 총애를 한몸에 받으면서 누구보다 깊은 사랑을 받고 있었습니다. 그 측실은 넉 달도 되기 전에 배 속에서 태아가 움직이기 시작하자 매우 기뻐하며 이 사실을 왕에게 알렸습니다.

"오, 그 꿈이 맞았구나!"
왕은 측실을 가장 호화로운 방에 살게 하는 동시에, 가장 소중하게 대접하며 온갖 선물과 은혜를 베풀었습니다.

왕은 시종에게 시마스 재상을 불러오게 하여 재상이 왕 앞에 엎드리자, 이렇게 말했습니다.

"내 꿈이 현실이 되었다. 내 소망이 이루어진 거야. 아마도 배 속의 아이는 사내아이일 테고 왕위를 계승할 아이로 생각되는데, 시마스, 그대는 어떻게 생각하나?"
 재상이 아무 대답이 없자 왕은 시무룩한 표정을 지었습니다.
 "내가 이처럼 기뻐하고 있는데, 왜 그대는 기뻐하지도 않고 대답도 하지 않지? 대체 무슨 까닭이냐? 시마스, 이 일이 못마땅해서 그러느냐?"
 재상은 왕 앞에 엎드리며 입을 열었습니다.
 "오, 임금님, 알라께서 임금님의 수명을 길이길이 보전해 주시기를! 나무 그늘에서 쉰들 그 나무가 불을 뿜는다면 무슨 소용이 있겠습니까? 아무리 맛 좋은 포도주를 마신들 그것 때문에 숨이 막혀 죽는다면, 그 기쁨이 무슨 소용이 있겠습니까? 또 맑은 물로 목마름을 모면할 수 있다 한들, 그것에 빠져 죽는다면 무슨 소용이 있겠습니까? 오, 임금님, 저는 알라와 임금님의 종이옵니다.
 그런데 사려 깊은 사람이라면 끝까지 지켜보기 전에 입에 올려선 안 될 것이 세 가지 있습니다.*7 즉, 여행에서 무사히 돌아오기 전의 나그네, 전투에서 적을 쓰러뜨리기 전의 병사, 아이를 낳기 전의 임산부입니다."

 ―여기서 날이 훤히 밝아왔으므로 샤라자드는 이야기를 그쳤다.

## 902번째 밤

 샤라자드는 이야기를 계속했다.
 오, 인자하신 임금님, 시마스 재상은 다시 말을 이었습니다.
 "임금님, 무슨 일이든 일이 끝나기 전에 입에 올리는 것은 투명버터*8가 든 항아리를 머리 위에 달아매놓았던 탁발승과 같은 것입니다."
 "그 탁발승의 이야기는 어떤 것인고?"
 "예, 사실 이런 얘기가 전해지고 있습니다."

## 탁발승과 버터 항아리*9

 옛날에 한 탁발승이 어떤 도시의 귀족 집에 살고 있었습니다. 이 귀족은 매일 탁발승에게 세 개의 보리과자와 약간의 투명버터, 그리고 벌꿀을 조금씩 주었습니다. 그런데 이 버터는 그 지방에서 매우 진귀하게 여기는 값진 것이어서, 탁발승은 그것을 손도 대지 않고 항아리에 모아 가득 차게 되자, 누가 훔쳐가지 않도록 그 버터 항아리를 머리 위에 매달아 두었습니다.

어느 날 밤, 그는 지팡이를 들고 침대에 걸터앉아 그 버터 값이 비싸다는 점과 이러저러한 생각들을 하며 혼자 중얼거렸습니다.

"숫염소 한 마리를 살 돈을 만드는데, 이 버터를 전부 팔 필요야 없겠지. 아무튼 숫염소를 한 마리 사서 암염소를 가진 농부[10]와 공동으로 기르자. 그렇게 하면 첫해에는 수컷과 암컷 새끼가 태어날 테고, 이듬해에도 수컷과 암컷이 태어나겠지. 이렇게 차례차례 새끼를 쳐나가서 엄청난 수가 되면 내 몫을 찾는 거야. 그러면 그 염소를 팔아서 황소와 암소를 사자.

그러면 이 소들도 또 늘어나서 금방 많은 수가 되겠지. 그렇게 되면 넓은 토지를 사들이고 그곳에 과수원과 훌륭한 집을 짓는 거야. 그뿐 아니라, 나 들이웃을 비롯하여 여러 가지 옷도 지어 입어야지. 그리고는 남녀 노예도 사고 그때까지 누구도 하지 못한 성대한 결혼식을 올리자. 가축을 잡아서 요리도 잔뜩 만들고 설탕절임에다 과자도 만들어야겠지. 또 악사와 광대와 배우들을 불러서 꽃이며 향료며 그 밖에 온갖 향료를 준비해, 부자와 가난뱅이와 탁발승과 신학박사와 지주들을 초대해서 갖고 싶다는 건 무엇이든지 줘야지. 그리고 갖가지 산해진미에 술을 준비하여 포고인에게 큰 소리로 외치게 하는 거야.

'누구든 원하는 게 있으면 주인에게 말씀하시오. 뭐든지 드릴 테니까.'

마지막으로 나는 신부의 방에 들어가서 베일을 벗기고 그 아름다운 얼굴과 매끄럽고 하얀 살결을 마음껏 즐겨야지. 그리고 먹고 마신 뒤, 그날 밤을 즐겁게 보내고 '이것으로 나는 모든 소원을 이루었어' 하며 혼자 기쁨에 젖는 거야. 그러고는 신앙심도 순례도 다 집어치우는 거다. 그러는 동안 마누라는 아들을 낳겠지? 그러면 그 탄생을 축하하는 잔치를 크게 연단 말이야. 그리고 누구보다 훌륭하게 키워서 철학, 수학, 문학[11]을 가르치자.

그리하여 그 이름이 널리 알려져서 학자들의 모임에 나가서도 명예를 떨치는 훌륭한 인물로 만드는 거야. 또 선행을 쌓을 덕을 가르치고 내 말을 거역하는 일이 없도록 해야지. 음탕한 짓이나 사악한 짓을 못하도록 엄하게 버릇을 가르치고 신을 공경하는 마음과 정의감을 심어주자. 호화롭고 멋진 선물을 주기로 하자. 순종하고 부모에게 효도하면 상금도 갑절로 해 주겠지만, 부모의 말을 듣지 않을 때는 이 지팡이로 이렇게 때려 줘야지.”

그러면서 탁발승은 손에 든 지팡이로 아들을 때리는 시늉을 하며 그 지팡이를 번쩍 쳐들었습니다. 그런데 그만 지팡이가 머리 위에 매달아 놓은 버터 항아리에 부딪쳐 순식간에 항아리가 깨지고 말았습니다. 그리하여 머리고 수염이며 넝마옷이고 온통 버터를 뒤집어써서 버터투성이가 되었을 뿐만 아니라, 옷과 침대도 엉망진창이 되어 세상의 좋은 본보기가 되고 말았습니다.

이야기를 마친 재상은 이렇게 덧붙였습니다.
“그러기에 실제로 일이 일어나기 전에는 함부로 말해선 안 됩니다.”
그러자 왕이 대답했습니다.
“그대의 말이 옳다. 그대는 참으로 재상에 걸맞은 인물이로다! 하는 말마다 이치에 맞고 조언도 매우 타당하니, 궁정에서 그대의 신분은 그대가 바랄 수 있는 만큼 얻게 될 것이고,[*12] 언제까지나 내 은총을 입게 되리라.”
재상은 왕 앞에 엎드리며 영원한 번영을 기원했습니다.
“알라여, 바라건대 임금님의 번영과 위엄이 영원히 이어지기를! 저는 숨기는 바가 아무것도 없습니다. 임금님의 기쁨은 바로 저의 기쁨이고, 임금님의 역정은 저의 슬픔이옵니다. 임금님께서 기뻐하시지 않는 일을 어찌 제가 기뻐하겠습니까?
행여 임금님의 노여움을 사는 일이라도 있으면 저는 밤새도록 잠을 이루지 못합니다. 그 까닭은 더없이 높으신 알라께서는 임금님의 은총을 통해 저에게 모든 행복을 내려주시기 때문입니다. 그러므로 저는 전능하신 알라께, 천사들을 보내시어 임금님을 수호하고, 임금님께서 알라를 뵈올 적에는 훌륭한 보답을 내려주시도록 기도하고 있습니다.”
이 말을 듣고 왕이 기뻐하자, 시마스는 일어나서 왕 앞을 물러나왔습니다.
이윽고 왕의 애첩은 달이 차서 건강한 사내아이를 낳았습니다. 사자들은 즉시 대왕에게 기쁜 소식을 전하고 축복했습니다.
이 소식을 들은 왕은 뛸 듯이 기뻐하며 그들에게 과분할 정도로 치하의 말을 했습니다.

"알라 무드릴라! 오래전에 단념하고 있던 나에게 아들을 점지해 주신 알라를 칭송하라! 참으로 알라께서는 종들에게 자비로운 은혜를 베푸시노라."

그런 다음 영내의 모든 가신에게 편지를 써서 이 기쁜 소식을 전하고 즉각 수도로 오라고 분부했습니다.

부름을 받은 태수와 장군, 고관, 현자, 법학자, 과학자, 철학자 등이 국내의 모든 지방에서 꼬리에 꼬리를 물고 궁전을 찾아와, 신분에 따라 한 무리씩 왕 앞에 나아가 축하인사를 하자, 왕은 그들에게 답례로 갖가지 하사품을 내렸습니다.

이어서 왕은 시마스 재상의 직속 대신 7명에게, 자신의 지혜와 분별심에 따라 가장 중요하다고 생각하는 문제에 대해 의견을 말하게 했습니다.

그러자 맨 먼저 대신의 우두머리 시마스가 발언권을 얻어 다음과 같이 말했습니다.

"무(無)에서 유(有)를 창조하시고, 신으로부터 받은 주권과 지배권을 아주 정당하고 떳떳하게 행사하시며, 백성을 대하는 데 청렴하고 방정하신 왕을 백성들에게 내려주신 알라를 칭송할지어다! 특히 신의 뜻에 따라 황폐해진 우리 국토를 다시 살리시고, 우리에게 온갖 은혜를 베푸시어 신의 비호 속에 안락하고 태평하게 살 수 있도록 정의를 실현하시는 대왕님을 우리에게 보내주신 알라를 칭송할지어다! 우리 왕께서는 우리의 고통과 인내를 헤아리시고, 올바르고 공평한 정사를 펼치시며, 끝없는 은혜를 베푸시어 우리의 소원을 풀어주시니, 이렇게 백성을 사랑하시는 왕이 또 어디에 있겠습니까? 이렇게 우리의 왕께서 참으로 부지런히 나라를 다스리기에 힘쓰시며 적의 손으로부터 백성을 보호하시는 것은, 오로지 백성에 대한 알라의 은총 덕분입니다. 왜냐하면 적의 궁극적인 목적은 자신의 적을 굴복시켜 손안에 넣는 것이기 때문입니다. 또 많은 사람[*13]은 자신의 아들을 왕에게 보내 노예 대신 봉사하게 하는데, 그것은 왕의 뜻에 따라 적대하는 마음을 품은 자를 물리치고자 하는 의도에 의한 것입니다.

그런데 우리 왕국은 이러한 명군의 시대에는 외적에게 국토를 짓밟힌 적이 한 번도 없었으니, 이것은 글과 말로 다할 수 없는 최고의 천복에 의한 것인 줄 압니다. 오, 임금님이시여! 참으로 당신은 이 최고의 행복을 누릴 자격이 있는 대왕이시므로, 저희는 그 비호의 날개 밑에서 몸을 안전하게 보호할 수 있는 겁니다. 부디 알라께서 우리 임금님의 공정함에 보답하여 장수를 내려주시기를!*14 우리는 또 오랫동안 전능하신 알라께 오로지 기원을 바치고 있었으니, 우리의 소원을 들어주시는 동시에 우리 임금님의 눈동자를 시원하게 해 주실 덕망 높은 후계자를 점지해 주십사고 기도했던 것입니다. 그리하여 이제 알라(찬양할지어다!)께서는 우리의 염원을 들어주시고 우리의 탄원에 응답하셨습니다."

―여기서 날이 훤히 밝아왔으므로 샤라자드는 이야기를 그쳤다.

## 903번째 밤

샤라자드는 이야기를 계속했다.
오, 인자하신 임금님, 시마스는 또 이렇게 말을 이었습니다.
"전능하신 알라는 저희 소원을 들어주시고 저희 기도를 받아들이시어, 연못의 물고기들에게 내려주신 것과 같은 구원을 저희에게도 내려주신 것입니다."
"그것은 도대체 어떤 이야기인고?"
"오, 임금님, 그 이야기란 이렇습니다."
시마스는 다음과 같은 이야기를 시작했습니다.

## 물고기와 게

어떤 연못에 많은 물고기가 살고 있었습니다. 그런데 연못물이 점점 줄어들어 물고기가 살 수 있을까 말까 하는 지경에 이르자, 물고기들은 허덕이면서 죽음만 기다리게 되었습니다.
그래서 물고기들은 서로 이야기했습니다.
"우리는 어떻게 될까? 누구에게 의논하면 좋을까?"
그러자 그중에서 가장 나이가 많고 지혜도 뛰어난 물고기가 말했습니다.
"이렇게 된 이상, 그저 신의 구원을 청하는 수밖에 없다고 생각하지만, 그

전에 게한테 가서 의논하고 충고를 들어 보자꾸나. 자, 모두 함께 가서 물어보세. 뭐니뭐니해도 게는 우리 가운데 가장 지혜가 있으니까 단번에 꼭 알맞은 대답을 내놓을 거야."

모두 이 의견에 찬성하고 줄줄이 게한테 몰려갔습니다.

정작 게는 물고기들이 죽게 된 줄은 꿈에도 모르고 자기 구멍 속에 틀어박혀 있었습니다. 물고기들은 일제히 이마에 손을 대고 게에게 인사를 한 뒤 이렇게 말했습니다.

"오, 게님, 당신은 우리의 우두머리이시고 지배자이면서 우리의 일은 신경도 쓰지 않나 보군요?"

"당신들이 부디 평안하기를! 도대체 무엇 때문에 이러는 거요? 뭐가 어쨌다는 거요?"

물고기들은 물이 점점 줄어가 걱정이라는 것과 이대로 연못이 말라버리면 자기들의 목숨이 온전치 못하다는 것을 자세히 이야기하고 이렇게 덧붙였습니다.

"그러니까 당신은 우리의 우두머리이고 또 가장 뛰어난 학자이니 어떻게 하면 우리가 이 재난에서 살아남을 수 있는지, 그것을 가르쳐주십사고 찾아온 것입니다."

게는 잠시 고개를 숙이고 곰곰이 생각하더니, 이윽고 얼굴을 들고 입을 열었습니다.

"확실히 당신들은 생각이 모자라는구려. 당신들은 전능하신 알라의 자비와 만물을 가호하시는 성스러운 은혜를 처음부터 단념하고 있으니 말이오. 당신들은 알라께서 (그 위대하신 힘으로) 살아 있는 모든 것을 차별 없이 키우시고, 그러한 것들을 창조하기 전에 이미 나날의 끼니를 예정하시고 모든 생물에게 각각 수명과 양식을 내려주셨다는 걸 모른단 말이오? 내 충고는 전능하신 신의 구원을 바라는 수밖에 달리 방법이 없다는 거요. 다시 말해서 각자가 마음을 깨끗이 하고 알라를 신뢰하며, 고난에서 구해 주시도록 기도하는 거요. 더없이 높으신 알라께서는 믿는 자들의 소원을 외면하시는 일도 없거니와 호소하는 자의 소원을 물리치시지도 않는 법이오. 우리가 일상의 행동을 회개한다면 반드시 주위의 사정이 나아져 모든 일이 뜻대로 될 것이오.

그리고 겨울이 와서 대지가 물에 잠겨도, 단 한 사람의 올바른 자의 기도에 의해, 알라는 손수 창조하신 선한 것을 결코 죽게 내버려 두시지는 않소. 그러니까 내 말을 명심하고 알라께서 어떻게 하실지 기다리시오. 생명이 있는 것은 반드시 죽는 것이니, 죽음이 찾아오면 우리는 휴식의 나라로 갈 수 있고, 또 피해야만 할 일이 생긴다면 알라가 뜻하시는 대로 우리는 이곳을 떠나면 그뿐이오."*15

이 말을 듣고 물고기들은 입을 모아 말했습니다.

"참으로 당신의 말씀이 옳습니다! 알라께서 우리를 대신하여 당신을 축복해 주실 겁니다."

그들은 각자 집으로 돌아갔습니다. 그러고 나서 2, 3일 뒤 전능하신 알라께서 큰 비를 내리시어 연못에 전보다 더 많은 물을 가득 채워 주셨습니다.

시마스 재상이 말했습니다.

"오, 임금님, 이처럼 저희는 왕자님이 태어나지 않으리라고 단념하고 있었는데, 알라께서 상서로운 조짐을 지닌 왕자님을 점지해 주셨으니, 저희는 오로지 왕자님께 복이 많아 부왕의 마음을 위로해 주시는 훌륭한 세자가 되시고, 아울러 우리 임금님과 마찬가지로 저희에게 은총을 내려주시기를 기원합니다. 왜냐하면 전능하신 알라께서는 원하는 자를 절대 저버리지 않으시고, 또 어떠한 사람도 자신이 숭배하는 신의 자비에 절망해서는 안 되기 때문입니다."

그러자 두 번째 대신이 일어나 이마에 손을 대고 왕에게 인사한 뒤, 다음과 같이 말했습니다.

"참으로 왕이란 신하에게 물건을 하사하고 정의를 행하며 공평하여 사사로움이 없는 정사를 펼쳐서 자비를 내리시고, 총명하게 그 신하를 장악하며 올바른 법도와 신앙을 지키는 습관을 정해 서로 바른 행동을 하게 하고 신하를 보호해야 진정한 왕이라고 할 수 있을 것입니다. 가난한 자가 있다는 사실을 잊지 않고 상하귀천의 구별 없이 공평하게 구해 주고 도와주어서 각자에게 적합한 권리를 주며, 백성들이 모두 진심으로 복종하고 축복하지 않을 수 없는 왕이 아니면 대왕이라고 할 수 없습니다. 방금 말씀드린 바를 신하에게 베푸신다면 모든 사람으로부터 존경을 받으시고, 이승과 저승에서 다

같이 명성을 떨치시어 조물주의 은총을 입게 되실 겁니다.

저희 신하는 방금 아뢴 바와 같이, 임금님께서 왕이 지녀야 할 특질을 모두 갖추셨음을 잘 알고 있습니다. '세상에서 가장 뛰어난 것은 백성을 다스리는 왕이 정직하고 공정한 것, 뛰어난 의사는 노련하고 스승은 경험이 많고 자신의 지식에 따라 행동하는 것'이라고 하는데, 분에 넘치지만 우리 임금님이 바로 이에 해당합니다.

저희는 왕위를 이으실 왕자님의 탄생을 단념하고 있었으나, 뜻밖에도 오늘 이 경사를 맞이하게 되었습니다. 알라께서는(그 이름을 찬양할지어다!) 임금님께서 신의 기대를 배반하신 적이 없고 신앙심이 두터우시며, 선행을 쌓으시고 모든 것을 신에게 맡기셨던 것에 대한 보답으로 임금님의 소원을 들어주신 겁니다.

오, 우리 임금님의 소원이 순조롭게 이루어지기를! 참으로 이것은 저 까마귀와 뱀 사이에 일어났던 것과 같은 일이 임금님에게 생긴 것이라 하겠습니다."

"그것은 무슨 이야기인고?"

"예, 그것은 이러한 이야기입니다."

## 까마귀와 뱀

옛날에 까마귀 한 마리가 아내와 함께 나무 위에서 부족함이 없이 행복하게 살고 있었습니다. 이윽고 한여름이 되어 새끼를 깔 때가 왔습니다.

그런데 뱀 한 마리가 구멍에서 기어 나와 나무에 올라와서는 까마귀 둥지 바로 옆에 도사리고 앉아, 여름 내내 갈 생각을 하지 않았습니다.

그 때문에 까마귀는 둥지에서 쫓겨나 방해물을 제거하기는커녕, 잠을 잘 곳조차 없이 지내야 했습니다.

하지만 무더운 여름이 지나자 뱀은 다시 구멍으로 돌아갔고, 까마귀는 아내에게 이렇게 말했습니다.

"올해는 새끼들을 깔 수 없었지만, 저 뱀으로부터 우리의 몸을 지켜주신 전능하신 알라께 감사를 드립시다. 신은 결코 우리의 희망을 저버리지 않으셨소. 그러니 이렇게 서로 무사한 것을 감사드려야지. 우리에겐 신 말고는 신뢰할 만한 자가 아무도 없으니까. 또 만일 신의 뜻이 있다면, 우리가 내년까지 살아 있기만 하면 내년엔 꼭 새끼를 점지해 주시겠지."

이듬해가 되어서 드디어 새끼를 깔 시기가 오자, 그 뱀이 또 구멍에서 기어 나와 나뭇가지를 타고 까마귀 둥지 쪽으로 올라왔습니다.

그런데 가지에 똬리를 틀고 앉아 있으니, 어디선가 매 한 마리가 쏜살같이 내려와 뱀 머리를 날카로운 발톱으로 찢어 놓았습니다. 정신을 잃고 땅에 떨어진 뱀을 사방팔방에서 모여든 개미 떼가 깨끗하게 뜯어 먹고 말았습니다.*16

그리하여 까마귀와 아내는 둥지 안에서 평화로운 날들을 보내면서 많은 새끼를 깔 수 있었습니다. 그들은 무사히 난을 피한 것과 새끼가 태어난 것에 대해 알라께 감사했습니다.

얘기를 마친 대신은 이렇게 덧붙였습니다.

"이처럼 완전히 절망하여 포기하고 있던 저희에게 앞날이 창창한 왕자님을 점지해 주셨으니, 저희는 모두 알라께 깊이 감사드려야 할 것입니다. 아무쪼록 임금님의 영화가 길이길이 이어지기를!"

─여기서 날이 훤히 밝아왔으므로 샤라자드는 이야기를 그쳤다.

## 904번째 밤

샤라자드는 이야기를 계속했다.

오, 아주 정당하고 떳떳하신 임금님, 두 번째 대신이 말을 마치자 이번에는 세 번째 대신이 일어났습니다.

"오, 공명정대하신 임금님, 지상에 사는 백성들도 천상에 사는 백성들도 다 같이 존경해 마지않는 대왕님께 오늘의 번영과 미래의 행복이 보장되어 있음을 기뻐해 주십시오. 참으로 전능하신 알라께서는 자비심을 임금님의 덕성으로 내려주시고, 백성들의 가슴속에 이 덕성을 튼튼히 심어주셨습니다. 그러므로 저희는 물론이고 임금님도 진심으로 알라께 감사와 찬미를 바쳐야 할 줄 아옵니다. 그러면 알라께서는 임금님께도, 또 저희에게도 더욱더 그 은덕을 베푸실 겁니다.

왜냐하면 인간은 더없이 높은 알라의 뜻에 의하지 않고는 무엇 하나 만들어낼 수 없고, 알라께서는 모든 것을 주시며, 살아 있는 자에게 일어나는 모든 행복은 알라 속에 그 궁극의 목적과 결말이 내포되어 있기 때문입니다. 알라께서는 그 뜻하는 바에 따라 창조물에게 자신의 은총을 베푸시어, 어떤 자에게는 수많은 선물을 주는가 하면 어떤 자에게는 간신히 그날 먹을 양식을 주실 뿐입니다. 또 어떤 자를 사람의 우두머리가 되게 하고, 다른 자는 이 세상을 버리고 오로지 신을 숭배하는 은둔자로 만드시는 것입니다.

신의 말씀 가운데 이런 것이 있습니다.

'나는 재앙을 내리는 파괴자인 동시에 번영을 주는 구세주이기도 하다. 낫게 하는 동시에 병들게도 한다. 부자가 되게 하는 동시에 가난에 빠뜨리기도 한다. 없애는 동시에 다시 살리기도 한다. 이러한 모든 것이 내 손안에 있으니, 모든 것이 나에게서 비롯된다.'

그러므로 모든 사람은 신을 우러러보는 것입니다. 특히 임금님은 복이 많으시고 경건하신 분인데, 이러한 분에 대해서는 이렇게 말씀하셨습니다.

'가장 올바르고 행복한 자는 신이 이승과 저승의 위안을 한몸에 주신 자로서, 신이 내리신 일에 만족하고 신이 정하신 일에 감사하는 자이다.'

그 때문에 반역을 도모하고 알라께서 정하신 운명 말고 다른 것을 찾는 자는, 저 들에서 자란 나귀와 승냥이와 같다고 할 수 있습니다."

"그 이야기는 어떤 것인고?"

"예, 그것은 이러한 이야기입니다."

## 야생 나귀와 승냥이*17

어떤 승냥이 한 마리가 매일 굴에서 나와 그날의 먹잇감을 찾아 돌아다니고 있었습니다. 어느 날 먹을 것을 찾아 산속을 헤매다가 날이 저물어서 집을 향해 발길을 돌렸는데, 우연히 다른 승냥이를 만나게 되었습니다. 자신과 마찬가지로 상대도 먹이를 찾아다니고 있음을 알고, 둘은 서로 자신이 사냥했던 먹잇감을 자랑하기 시작했습니다.

"나는 전에 야생 나귀를 한 마리 만난 적이 있다네. 그때 나는 사흘을 굶었으므로 그 나귀를 주신 전능하신 알라께 감사한 뒤, 신이 나서 덤벼들어서는 놈의 옆구리를 물어뜯고 그 심장을 꺼내 먹고는 배가 잔뜩 불러서 돌아왔지. 이건 사흘 전 일인데, 그 뒤부터는 아무것도 먹지 않았는데도 배가 조금도 고프지 않아."

이 이야기를 들은 승냥이는 그 친구가 배부르게 먹은 것을 부러워하며 이렇게 중얼거렸습니다.

"나도 야생 나귀의 심장이라는 것을 먹어봐야겠다."

그리고 나서 며칠 동안 사냥도 나가지 않고 아무것도 먹지 않은 채 굴속에서 뒹굴고만 있었으므로 앙상하게 말라서 다 죽게 되었습니다.

때마침 사냥감을 찾아 돌아다니던 포수 두 명이 야생 나귀를 발견하고 온종일 그 뒤를 쫓고 있었습니다. 그러다가 마침내 포수 하나가 승냥이가 누워 있는 굴 앞에서 갈고리 달린 화살을 쏘아, 나귀의 심장을 꿰뚫어 쓰러뜨렸습니다.

포수들은 나귀에게 다가가서 틀림없이 죽었는지 확인한 다음 옆구리에 박힌 화살을 잡아 뽑았는데, 빠진 것은 자루뿐 화살촉의 갈고리는 나귀 배 속에 남았습니다.

두 포수는 이렇게 두면 다른 야수들이 떼지어 올 것으로 생각하고 나귀 시체를 그 자리에 그대로 두었으나, 해질 무렵이 되어도 아무것도 나타나지 않아 단념하고 집으로 돌아갔습니다.

승냥이는 자기 굴 앞에서 소란스러운 소리가 나는 것을 듣고 꼼짝 않고 누워 있다가 밤이 되자 주린 배를 끌어안고 신음하면서 굴에서 기어 나왔습니다. 승냥이는 굴 앞에 나귀가 쓰러져 있는 것을 보고 뛸 듯이 기뻐하며 소리쳤습니다.

"아무런 수고도 하지 않고 이렇게 내 소원을 들어주신 알라를 칭송하라! 나는 솔직히 말해서 나귀는커녕 어떤 먹이도 만날 수 없을 거라 단념하고 있었지. 이것은 분명히 전능하신 알라께서 이놈을 이 굴 앞에서 쓰러뜨려 나에게 주신 거다."

승냥이는 이렇게 말한 다음 나귀에게 달려들어 뱃가죽을 물어뜯고 코를 박아 내장을 뒤적거리다 드디어 심장을 찾아내자 한 입 덥석 물었습니다.

그런데 포수가 쏜 화살촉의 갈고리가 목구멍 깊이 걸려서 삼키지도 못하고 그렇다고 토해내지도 못하는 지경이 되고 말았습니다.

비로소 살아나지 못한다는 사실을 깨달은 승냥이는 이렇게 중얼거렸습니다.

"그래, 알라께서 정하신 것 이상을 원해서는 안 되는 거야. 내 분수에 만족하고 있었더라면 이런 비참한 꼴은 당하지 않았을 것을."

대신은 이렇게 말을 마쳤습니다.

"그러하오니 인간은 누구라도 신이 정하신 것에 만족하고 신의 은혜에 감사하며, 항상 신에 대한 신뢰를 버리지 말아야 하는 것입니다. 현실을 봐도 저희는 체념하고 있었는데도, 우리 임금님의 맑고 깨끗하신 마음과 선행에 대한 보답으로 알라께서 왕자님을 점지해 주시지 않았습니까? 그래서 저희는 전능하신 신께 왕자님의 장수와 영원한 행복을 기원하고, 임금님이 장수하신 뒤를 이어 성스러운 약속을 충실히 지키는 훌륭한 후계자가 되시기를 간절하게 기도드리는 바입니다."

─여기서 날이 훤히 밝아왔으므로 샤라자드는 이야기를 그쳤다.

## 905번째 밤

샤라자드는 이야기를 계속했다.

오, 인자하신 임금님, 다음에는 네 번째 대신이 일어나서 말했습니다.

"참으로 왕이란 생각이 깊고 지혜의 문을 부지런히 드나드는 사람으로서 학문과 정치와 경제에 통달하고, 품성이 청렴한 데다 신하에게는 사사로움이나 그릇됨이 없이 아주 정당해야 합니다. 또한 명예를 줄 자에게는 명예를 주고 공경할 만한 자는 공경하며, 사정에 따라서는 인자함으로 권력을 행사하고, 다스리는 자와 다스림을 받는 자를 보호하며, 모든 부담을 가볍게 해주고, 은상을 내리고, 피를 소중히 하며, 치욕을 밖으로 드러내지 않고, 신의를 중시해야 합니다. 이러한 왕이야말로 현세와 내세의 복을 받아 재앙을 모면하고, 왕국의 기초를 단단하고 튼튼하게 하여 적을 정복하며, 그 소망을 성취하는 것으로, 동시에 알라의 은총은 더욱 커지고, 총애는 더욱 깊어지며, 비호는 더욱 굳건해지는 것입니다.

그러나 만일 왕인 자가 그 반대라면, 군주는 물론이고 그 영토의 백성까지 불행과 재난을 피할 수 없습니다. 왜냐하면 그 박해가 미치는 곳은, 가까이는 자신의 가족을 비롯하여 멀리는 외국인까지 그 폐해를 입기 때문인데, 그 결과 순례하는 왕자를 학대한 막돼먹은 왕에게 일어났던 일이 찾아오게 될 것입니다.

"그것은 도대체 어떤 일인고?"

"예, 이러한 이야기가 전해 내려오고 있습니다."

## 막돼먹은 왕과 순례하는 왕자

옛날 모리타니*18에 한 왕이 있었는데, 도에 넘치는 지배권을 휘둘러 백성을 학대하는 가혹하기 짝이 없는 폭군으로, 백성들은 물론이고 그 영토를 방문하는 외국인의 복지도 보호도 전혀 염두에 두지 않았습니다. 그는 이 왕국에 한쪽 발이라도 들여 놓는 자에게는 누구나 할 것 없이 그가 가진 돈의 8할을 압수하라고 관원에게 엄명을 내렸습니다.

전능하신 알라께서는 이 왕에게 한 왕자를 점지하셨는데, 이 왕자는 다행히도 신의 은총을 입어 속세의 영화는 정의에 어긋날 뿐만 아니라 꿈처럼 덧없는 것임을 깨닫고, 어린 나이임에도 이 세상과 그 속의 온갖 것을 미련 없이 버렸습니다. 그리고 더없이 높으신 신을 섬기기 위해 궁전을 떠나 순례자가 되어서 들판과 산을 헤매고 도시와 도시를 떠돌고 있었습니다.

어느 날 왕자는 부왕의 수도로 갔습니다. 경비병들이 곧 왕자를 붙잡아 그 소지품과 온몸을 뒤졌습니다. 그러나 이렇다 할 만한 것은 아무것도 없고 다만 새 옷과 헌 옷 두 벌*19이 있을 뿐이었습니다. 그래서 병사들은 그 새 옷을 빼앗고는 오만하고 무례한 태도로 때리며 마구 모욕을 주었습니다. 그러자 왕자는 항의하며 말했습니다.

"너희는 신이 두렵지도 않느냐, 이 압제자들아! 나는 가난한 순례자이다. 도대체 그 옷이 너희에게 무슨 소용이 있느냐? 만일 그 옷을 돌려주지 않으면 왕을 알현하여 너희 횡포를 고발하고 말 테다."

"우리는 왕의 명령대로 했을 뿐이다. 어디 네 멋대로 해 보려무나."

왕자는 왕궁으로 가서 그 안으로 들어가려 했습니다. 그러나 위병이 통과시켜주지 않아서 왕자는 발길을 돌리며 속으로 생각했습니다.

'하는 수 없다. 왕이 나오시기를 기다려서 자초지종을 아뢰고 괘씸한 소행을 고발해야지.'

그리하여 왕자가 기다리고 있으니, 왕이 나오는 것을 소리 높여 알리는 한 위병의 목소리가 들려왔습니다. 왕자는 살그머니 문 앞에 가서 기다렸습니다. 이윽고 왕이 나타나자, 왕자는 그 앞에 엎드려 먼저 왕을 축복한 다음, 자신이 문지기들에게 얼마나 부당한 처사를 당했는지 얘기하고 어려움을 호소했습니다. 그리고 마지막으로 자신은 알라께 귀의하여 속세를 떠나 크고 넓은 대지를 순례하며 곳곳의 도시와 마을을 걸어 다니는 알라의 종 가운데 한 사람으로, 만나는 사람마다 신분에 어울리는 시주를 받고 있다고 말했습니다.

그리고 왕자는 이렇게 덧붙였습니다.

"저는 우리 임금님의 수도에서도 역시 사람들이 저와 같은 신분을 가진 자를 친절하고 관대하게 맞아줄 줄로만 알았습니다.*20 그런데 임금님의 부하들은 제 옷을 빼앗았을 뿐만 아니라 마구 때리기까지 했습니다. 이 일을 잘 조사하시어 제 옷을 돌려주시기 바랍니다. 그렇게만 해 주시면 저로서는 한 시도 이런 도시에 더 머물러 있고 싶지 않습니다."

이 말을 듣고 포악한 왕이 말했습니다.

"이 나라의 관습을 모르고 찾아온 그대가 나쁘다. 누가 그대에게 이곳에 오라고 했느냐?"

"아무튼 제 옷이나 돌려주십시오. 그런 다음 무엇이든 임금님 좋으실 대로 하십시오."

이 말을 들은 왕은 드디어 화가 나서 말했습니다.

"이 멍청한 놈! 옷을 빼앗겼으면 납작 엎드려서 빌어야 마땅하거늘! 그래도 다시 이러쿵저러쿵 잔소리를 늘어놓는다면, 네 영혼을 빼앗고 말리라!"

왕은 왕자를 옥에 가두라고 명령했습니다. 옥에 갇힌 왕자는 왕에게 말대답한 것을 후회하며 어째서 옷 따위는 잊어버리고 목숨이나 보전하지 않았는지 자신을 원망했습니다. 왕자는 밤이 깊어지자 일어나서 오랫동안 신께 기도를 드렸습니다.

"오, 알라시여, 당신은 올바른 심판자이십니다. 당신은 제 몸에 내린 재난도, 저 폭군이 저를 어떻게 대우했나 하는 것도 잘 알고 계실 겁니다. 그래서 당신의 종인 저는 대자대비하신 당신께 소원합니다. 부디 은혜를 베푸시어 저를 이 부정한 지배자의 손에서 구해 주시고, 저 포악한 왕에게 신의 복수를 내려주십시오.

당신은 압제자의 부정한 소행을 꿰뚫어 보시니, 저 왕이 저를 부당하게 대했다고 여기시거든 벌을 내려주십시오. 당신은 사사로움이나 그릇됨 없이 정당하게 일하시고 슬퍼하는 모든 자를 구원해 주시는 분이십니다. 오, 최후의 날까지 주권과 영광을 영원히 지니고 계시는 분이시여!"

옥지기는 이 가엾은 죄수의 기도를 듣고 온몸을 떨었습니다.

그때 별안간 왕궁에 불이 나서 궁전과 그 속에 있는 모든 것을 남김없이 태웠습니다. 그리고 감옥의 문*21까지 불에 타서 떨어지니, 살아남은 것은 오직 옥지기와 순례자인 왕자뿐이었습니다.

그 광경을 본 옥지기는, 이렇게 된 것은 모두 순례자의 기도에 의한 것임을 알고, 즉시 왕자의 결박을 풀어주고는 왕자와 함께 타버린 궁전을 뒤로하고 다른 도시로 위험을 피해 몸을 숨겼습니다.

그리하여 포악한 왕은 자신의 잔학한 횡포 때문에 자신의 도시와 함께 멸망하고, 이 세상은 물론 내세의 행복까지 모두 잃어버리고 만 것입니다.

"오, 인자하신 임금님, 저희는."

대신이 말을 이었습니다.

"늘 임금님을 위해서 기도하며, 전능하신 알라께서 우리 임금님을 저희에게 보내시어 저희가 그 뛰어난 정치와 정의를 믿고 그날그날을 편안하게 살도록 해 주신 데 대해 깊이 감사드리고 있습니다. 다만 우리 임금님께 후계자가 없는 것을 저희는 참으로 안타깝게 생각했습니다. 그 까닭은 우리 임금님 뒤에 이처럼 포악한 왕이 나타나 저희를 지옥의 길로 몰아가지나 않을까 하고 두려웠기 때문입니다. 그런데 자비롭고 전능하신 알라께서 이 축복받은 왕자님을 점지해 주셔서 저희를 기쁘게 해 주셨습니다. 저희는 이 왕자님을 우리 임금님의 뛰어난 후계자로 받들어 모시면서, 알라께서 영원한 영광과 행복을 내려주시기를 기도할 뿐입니다."

이어서 다섯 번째 대신이 일어나서 말했습니다.

"오, 더없이 높은 신께 축복 있어라!"

―여기서 날이 훤히 밝아왔으므로 샤라자드는 이야기를 그쳤다.

## 906번째 밤

샤라자드는 이야기를 계속했다.

오, 인자하신 임금님, 다섯 번째 대신이 말을 이었습니다.

"더없이 높은 신, 온갖 은혜를 내려주시고 고귀한 위덕을 펼치시는 전능하신 알라께 축복이 있기를! 신께 감사하고 그 신앙을 지키는 자에게 신은 은총을 내리신다는 것을 저희는 잘 알고 있습니다. 오, 자비로우신 임금님, 임금님께서 뛰어난 인덕을 갖추시고 전능하신 알라께서 기리시도록 백성들을 공평하게 사사로움 없이 다스리고 계신다는 것은, 멀리 외국에까지 널리 알려진 사실입니다. 그러므로 알라께서는 우리 임금님의 위엄을 드높이시고 치세를 더욱 빛내시기 위해, 저희를 실망시키고 낙담시키신 뒤에 저 귀하신 왕자님을 점지해 주신 것입니다.

이제 저희에게는 사라지지 않을 영원한 기쁨과 더없이 큰 복이 주어졌습니다. 사실 저희는 우리 임금님께 후계자가 없는 것을 얼마나 걱정했는지 모릅니다. 우리 임금님의 올바른 정사와 관대하신 성품을 생각할수록, 만일 알라의 뜻으로 우리 임금님께서 이 세상을 져버리신다면 뒤에 남은 신하들은 어떻게 해야 할 것인지, 크나큰 근심이 아닐 수 없었습니다. 만일 저희 사이에 의견 마찰이 일어나 마침내 분쟁마저 생기게 되면, 저 까마귀 떼가 당한 것과 같은 일이 일어나지 않을까 우려하고 있었던 것입니다."

"까마귀 떼가 어떤 일을 당했던고?"

왕이 이렇게 묻자, 대신이 대답했습니다.

"오, 자비로우신 임금님, 그것은 이러한 이야기입니다."

## 까마귀와 매

옛날 어느 사막에 넓은 오아시스가 있었습니다. 곳곳에 시냇물이 졸졸 흐르고 나무가 무성하게 자라 과일이 주렁주렁 열린 데다, 온갖 새들이 밤과 낮의 창조주인 전능하신 알라를 찬양하며 지저귀고 있었습니다. 그 속에 한 떼의 까마귀가 섞여서 아무 걱정 없이 나날을 즐겁고 행복하게 살고 있었습니다.

이 까마귀 떼는 온화하고 관대한 마음을 가진 까마귀 한 마리를 우두머리로 정한 뒤 서로 의좋고 평화롭게 살고 있었습니다. 이윽고 이 우두머리가 수명이 다하여 마침내 세상을 떠나자, 남은 까마귀들은 그 죽음을 매우 슬퍼했습니다. 뒤에 남은 까마귀 가운데에는 죽은 까마귀의 뒤를 이어 모든 까마귀를 잘 이끌어갈 만한 까마귀가 한 마리도 없었기 때문입니다.

그래서 모두 모여서 누가 자기들을 다스릴 만한 덕망과 신을 공경하는 마음을 가졌는지 의논했습니다. 그러다가 그들 가운데 어느 한 무리가 까마귀 한 마리를 가리키면서 말했습니다.

"이자가 우리의 왕이 될 자격이 있다."

그러자 다른 무리가 그 말에 반대하고 나섰습니다. 그리하여 마침내 서로 자신의 주장을 내세우며 상대편 주장을 반박하는 분쟁이 일어나고 논쟁은 점점 들끓게 되었습니다.

그러다가 그날 밤은 그대로 잠을 자고, 이튿날 아침 아무도 먹을 것을 찾으러 나가지도 않고 날이 밝자마자 다시 어느 장소에 모두 모이기로 했습니다.

"모두 한자리에 모여서 일제히 날아올라, 가장 높이 날아오른 자를 우리의 지배자인 왕으로 모시자."

이 제안에 모든 까마귀가 찬성하자 그들은 맹세한 다음, 모두 동시에 하늘로 날아올랐습니다.

그런데 날아오른 뒤에도 까마귀들은 저마다 조금도 양보하려 들지 않았습니다.

"내가 제일 높다."

"아니야, 내가 제일 높아."

그러자 제일 낮게 날고 있던 까마귀가 말했습니다.

"모두 위를 쳐다보고 가장 높게 날고 있는 것을 우리의 지배자로 삼으면 되지 않겠어요?"

그래서 모두 위를 쳐다보니 가장 높은 곳에 매가 한 마리 날고 있는 모습이 보였습니다. 그것을 보고 그중 한 마리가 말했습니다.

"우리는 누구든 가장 높게 나는 자를 임금님으로 모신다고 약속했다. 저것을 봐, 저 매는 우리 가운데 누구보다 높이 날고 있잖아. 그러니까 저 매를 우리 임금님으로 모시는 게 어때?"

그러자 다른 까마귀들도 외쳤습니다.

"그래, 저 매를 우리 임금님으로 맞이하자."

그래서 까마귀들은 매를 불러 말했습니다.

"오, 우리의 임금님, 우리는 저희를 보살펴줄 왕으로 당신을 선택했습니다."

매는 고개를 끄덕이며 말했습니다.

"인샬라—신의 뜻에 맞는다면—내가 누구보다도 너희를 행복하게 해 주마."

이 말을 듣고 기뻐한 까마귀들은 즉시 매를 자신들의 왕으로 삼고 섬겼습니다.

그런데 얼마 지나자 매는 날마다 까마귀를 서너 마리씩 데리고 멀리 떨어진 동굴로 날아가서, 눈알과 골을 파먹은 다음 시체를 강물 속에 던져버렸습니다.

매는 까마귀를 모조리 죽일 생각으로 매일같이 그 짓을 되풀이하고 있었습니다. 이윽고 동료들의 수가 매일 줄어간다는 사실을 깨달은 까마귀들은, 매 주위에 모여들어 이렇게 말했습니다.

"임금님, 우리가 당신을 왕으로 모시고 통치자로 맞이한 뒤부터 우리 사이에는 더없이 슬픈 일만 계속되고 있습니다. 무슨 까닭인지 매일 친구들이 없어지고 있습니다. 더구나 그 친구들은 임금님을 가까이서 모시고 있던 신분이 높은 자들뿐이라, 이렇게 되고 보니 우리도 어쩔 수 없이 몸의 안전을 도모하지 않을 수 없습니다.”
 이 말을 들은 임금 매는 불같이 화를 내며 소리쳤습니다.
 “너희는 참으로 고얀 놈들이구나. 선수를 쳐서 나에게 죄를 뒤집어씌울 작정이냐?”
 매는 냅다 고함을 치고는 느닷없이 까마귀들에게 덤벼들어, 눈앞에서 열 마리가량의 까마귀를 찢어 죽이고 모두 쫓아내 버렸습니다.
 까마귀들은 그제야 자기들의 어리석은 짓을 후회하며 말했습니다.
 “선왕이 죽고부터는, 특히 종족이 다른 매의 지배 아래에서는 좋은 일이라고는 하나도 없구나. 하지만 우리가 그놈 때문에 마지막 한 마리까지 살해된다 하더라도 그 허물은 우리 자신에게 있는 거야. ‘자신의 일족 지배를 따르지 않는 자는, 그 어리석음 때문에 적의 지배를 받게 된다’고 한 격언은 바로 우리를 두고 한 말이었어. 이렇게 된 이상 목숨만이라도 건져서 달아나는 수밖에 없다. 그렇지 않으면 모조리 죽을 뿐이다.”
 까마귀들은 그 자리에서 날아올라 사방으로 흩어지고 말았습니다.

 이야기를 마친 대신이 말을 이었습니다.
 “오, 임금님, 저희도 또한 이러한 불행을 당하여 당신과는 아주 다른 왕의 지배를 받게 될까 두려워하고 있었습니다. 그러나 다행히 하늘의 은혜를 입어 후계자를 얻었으니, 이제 저희는 함께 이 조국에서 더욱 번영을 누리며 평화롭게 살아갈 수 있게 되었습니다. 그러므로 저희는 여기서 전능하신 알라를 칭송하고, 그 관대하신 은혜에 감사를 바치고자 합니다. 오, 신이여, 바라건대 임금님과 우리 백성들에게 축복을 내려주시고 더할 데 없는 복을 주시어, 우리 왕의 생애를 행복하게 하시고 끝까지 그 행복이 변치 않도록 굽어살펴 주소서!”
 그러자 여섯 번째 대신이 일어나서 입을 열었습니다.
 “오, 임금님, 알라께서 임금님께 현세와 내세의 온갖 행복을 내려주시기를! 옛사람도 ‘기도하고, 단식하고, 부모에게 효도를 다하며, 공정하게 정사를 펼치는 자는 주님의 뜻에 맞는 자이니 주님이 기쁘게 여기시도다’하고 말했지만, 우리 임금님은 저희 위에 군림하시며 정의로 다스리시니 신의 축복을 받아 마땅하십니다. 그 때문에 저희는 전능하신 알라께서 당신께 변함

없는 보답과 드넓은 아량으로 후한 위로를 내려주시기를 기도하고 있습니다.
 저희는 임금님께서 돌아가신 뒤, 임금님과는 비교도 할 수 없는 자가 즉위하여 지금의 복지와 번영을 잃게 될까 봐 두려워하고 있었습니다.
 그 때문에 장차 저희 사이에 어떠한 내분이 생기고 어떠한 재난이 닥칠지 모른다고 생각하여 전능하신 알라께 기도를 게을리하지 않았더니, 다행히도 전능하신 알라께서 임금님께 왕위를 계승할 축복받은 왕자를 점지해 주셨습니다. 그러나 결국, 인간이 속세의 부귀를 원하거나 모든 것을 아무리 추구한다 할지라도, 최후의 결말이 어떻게 될지는 인간으로서는 어차피 알 수 없는 일입니다. 그러므로 인간은 결과를 알 수 없는 것을 신께 구해서는 안 됩니다. 그로 말미암아 얻는 것보다 잃는 것이 더 많으니 스스로 제 무덤을 파는 격이 될 수도 있으니까요. 마치 어느 땅꾼의 집안에 닥친 것과 같은 일이 생길지도 모르는 것입니다."

—여기서 날이 훤히 밝아왔으므로 샤라자드는 이야기를 그쳤다.

## 907번째 밤

샤라자드는 이야기를 계속했다.
오, 인자하신 임금님, 여섯 번째 대신의 말을 듣고 왕이 물었습니다.
"그건 어떤 이야긴고?"
"예, 임금님, 지금부터 말씀드리겠습니다."

## 뱀 사육사와 그 아내

옛날 어느 곳에 한 뱀 사육사[22]가 있었는데, 그는 뱀에게 재주를 가르치는 것을 생업으로 삼고 있었습니다.
 이 사람은 커다란 광주리에 뱀 세 마리를 넣어 두었는데 가족들은 아무도 그것을 몰랐습니다.

그는 매일 그 광주리를 둘러메고 거리를 돌아다니면서 뱀의 재주를 구경시켜 주고 돈을 벌어, 저녁이 되면 집으로 돌아와서 몰래 광주리에 뚜껑을 덮어 감춰두곤 했습니다.

오랫동안 그렇게 해 오던 어느 날 저녁, 평소처럼 집에 돌아오자 아내가 물었습니다.

"그 광주리 안에 뭐가 들어 있어요?"

남편은 퉁명스럽게 대답했습니다.

"그건 알아서 뭐 하려고? 먹을 건 충분히 있잖아? 신이 주신 것에 감사하고 살아, 쓸데없는 참견하지 말고."

마누라는 입을 다물었지만 속으로는 이렇게 생각했습니다.

'기어코 저 광주리 속에 뭐가 들어 있는지 봐야겠어.'

그래서 아내는 아이들을 부추겨서 광주리 속에 무엇이 들어 있는지 아버지가 가르쳐줄 때까지 귀찮게 물어보라고 시켰습니다.

아이들은 무슨 먹을 것이라도 들어 있는 줄 알고 안에 들어 있는 것을 보여 달라고 매일같이 아버지를 졸랐습니다. 그러나 아버지는 요리조리 핑계를 대면서 그런 것은 묻는 것이 아니라고 대답했습니다.

한동안은 그렇게 하며 버텼지만, 그래도 아내는 끈질기게 물어대면서 탐색의 끈을 늦추지 않았습니다. 그러다가 마침내 아이들과 짜고 아버지가 자신들의 부탁을 들어서 광주리를 열어주기 전에는 아무것도 먹지도 마시지도 않기로 했습니다.

어느 날 밤, 뱀 사육사가 먹을 것과 마실 것을 잔뜩 사서 집으로 돌아와, 식탁에 앉아 아이들을 불러 함께 먹자고 했습니다. 그런데 가족들은 그것을 거절하고 뿌루퉁한 얼굴빛을 보였습니다.

"왜들 그러니? 뭐든 갖고 싶은 게 있거든 말해 보아라. 뭐든지 다 사줄 테니까. 먹을 것이냐, 마실 것이냐, 아니면 옷이냐, 말해 봐라."

"아버지, 우리는 아무것도 갖고 싶지 않아요. 그냥 저 광주리 속에 들어 있는 것만 보여주면 돼요. 보여주지 않으면 우린 죽어버릴 테야."

"이 속에는 너희가 탐낼 만한 것이 하나도 들어 있지 않아. 그뿐만 아니라 여기에는 오히려 너희를 해치는 것이 들어 있단다."

아버지가 아무리 말해도 아이들은 점점 더 토라질 뿐이었습니다. 그것을 본 아버지는 아이들을 나무라며 계속 그렇게 말을 듣지 않으면 때려 주겠다고 위협했습니다.

그래도 아이들이 성난 기색으로 여전히 귀찮게 졸라대자, 마침내 아버지는 화가 나서 지팡이를 들어 때리려고 했습니다. 그 서슬에 아이들은 집 안쪽으로 달아났습니다.

그때 문제의 광주리는 그 자리에 내려 둔 채 아직 감춰두기 전이었습니다. 그래서 아내는 영감이 아이들에게 호통을 치고 있는 사이, 얼른 광주리의 뚜껑을 열었습니다.

바로 그 순간 뱀이 밖으로 기어나와 갑자기 독이빨로 아내를 물어버려 아내는 그 자리에서 숨이 끊어지고 말았습니다. 그런 다음 뱀들은 온 집 안을 기어 다니면서 가족들을 차례차례 모두 물어 죽이고 말았습니다. 단 한 사람, 뱀 사육사만은 재난에서 벗어나게 되어 자기 집을 버리고 어디론가 자취를 감추고 말았습니다.

"오, 인자하신 임금님."
여섯 번째 대신이 말을 계속했습니다.
"이 이야기를 잘 음미해 보면, 인간이란 전능하신 알라께서 허락하신 것 말고는 함부로 탐내지 말 것이며, 오로지 신의 뜻에 만족해야 한다는 것을 알 수 있습니다. 임금님의 넘치는 예지와 뛰어나신 사려심 덕분에, 알라께서는 마침내 이 왕자를 점지하시고 임금님의 눈과 마음을 위로하셨습니다. 그러므로 저희는 전능하신 알라께서 이 왕자님을 저희 신하들이 바라는 훌륭한 왕위계승자로 만들어주실 것을 기도하고 있습니다."
이어서 일곱 번째 대신이 일어났습니다.
"오, 임금님, 지금 현명하고 학식 높은 동료 대신들이 우리 임금님의 뛰어난 경륜을 칭송하고, 임금님께서 다른 모든 왕 위에 군림하심을 증명했습니다. 저도 물론 같은 생각입니다. 우리 임금님과 같은 분을 섬기는 것은 저희의 의무입니다. 우리 임금님께 은총을 내리시고 그 영토에 축복을 내려 주신 알라를 찬양하라! 우리 임금님과 우리를 구해 주신 알라께 감사드리리! 왜냐하면 우리 임금님보다 훌륭하신 임금님은 이 세상 어디에도 없기 때문입니다. 우리 임금님이 우리의 임금님이신 한, 압제와 부정을 두려워할 필요가 없고 어떠한 적도 침입해 올 여지가 없습니다. 백성들의 가장 큰 불행은 부정한 왕을 모시는 일이고, 또한 그래서 포악한 국왕 밑에서 사느니 사나운 사자들과 함께 사는 편이 낫다고 하는 것입니다.

오, 우리 임금님께 장수를 내리시고 오랫동안 포기하고 있었던 왕자님을 점지하시어 우리를 축복해 주신 전능하신 알라를 칭송할지어다! 이 세상에서 가장 뛰어난 은총은 군자로 태어나는 것이기는 하지만, '자식 없는 자의 생애는 이 세상에 아무것도 남기는 것이 없다'고도 합니다.

그러한데 우리 임금님은 그 맑고 곧은 정의로운 성품과 오로지 더없이 높으신 신께 바치는 두터운 신앙에 의해 이 복된 후계자를 얻으셨으니, 참으로 이 축복받은 왕자야말로 더없이 높은 주께서 우리 주군과 저희에게 내려주신 선물입니다. 이 모든 것은 오로지 주군의 탁월하신 경륜과 오랜 세월에 걸쳐 참고 견디면서 몸가짐을 신중히 하신 결과라고 생각합니다. 이 점에서는 '거미와 바람' 이야기를 닮았다고 할 수 있습니다."

잘리아드 왕이 물었습니다.

"거미와 바람 이야기라니?"

—여기서 날이 훤히 밝아왔으므로 샤라자드는 이야기를 그쳤다.

## 908번째 밤

샤라자드는 이야기를 계속했다.

오, 인자하신 임금님, 일곱 번째 대신이 말을 이었습니다.

"이제부터 그 이야기를 들려 드리겠습니다."

## 거미와 바람

옛날, 거미 한 마리가 사람의 눈에 띄지 않는 높은 문[*23] 근처에 거미줄을 치고, 원수인 파충류로부터 피해당하지 않도록 지켜주시는 전능하신 알라께 감사드리며 평화로운 나날을 보내고 있었습니다.

그 거미는 그와 같은 안락한 생활과 그날그날의 끼니가 이어지는 것을 은혜로 알고 늘 감사의 기도를 게을리하지 않았으므로, 알라는 이 거미의 감사하는 마음과 인내를 시험해 보리라 생각하셨습니다.

그래서 알라는 거미집을 향해 강한 동풍을 보내 거미를 집과 함께 바다로 날려 보냈습니다. 그러나 파도 덕분에 바닷가로 떠밀려 올라와 살아난 거미는 신께 깊이 감사하며 이렇게 말했습니다.

"바람이여, 너는 어째서 나를 이렇게 못살게 구느냐? 그 문 꼭대기, 사람의 눈에 띄지 않는 집에서 편안하게 살던 나를 이런 곳으로 데려오다니! 도대체 너에게 얼마나 이득이 있단 말이냐?"

"여봐라, 거미야, 너는 이 세상이 재난의 집이라는 사실을 몰랐느냐? 그 장소가 언제까지나 네 것이라고 생각하느냐? 인내력이 얼마나 되는지 알아보기 위해, 알라께서 창조물을 시험해 보신다는 것을 너는 모른다는 말이냐? 저 넓고 먼 바다에서 내 덕분에 구출되었으면서도 나를 탓하다니, 어찌 그럴 수가 있느냐?"

"오, 바람이여, 네 말이 맞다. 하지만 나는 너 때문에 이 낯선 곳에 날려 왔는데, 어떻게든지 이곳에서 도망치고 싶구나."

"글쎄, 그렇게 조바심할 일이 아니다. 머지않아 내가 너를 다시 그전에 살던 곳으로 데려다줄 테니까."

그래서 거미는 끈기 있게 기다렸는데, 정말로 지금까지 불어오던 동풍이 그치고 서풍이 불기 시작하더니 거미를 전에 살던 곳으로 다시 날려 보냈습니다. 거미는 전에 살던 장소로 돌아오자 곧 그곳에 자리를 잡았습니다.

일곱 번째 대신이 이렇게 덧붙였습니다.

"그래서 저희는 우리 임금님께서 알라께 받으신 이 땅과 왕위와 번영을 왕자님에게도 내려주실 것을 알라께 기도하고 있습니다."

그러자 잘리아드 왕이 말했습니다.

"오, 알라시여, 종이 바치는 이 온갖 찬미 이상의 찬미를, 또한 온갖 감사 이상의 감사를 받아주소서! 우주에 있는 온갖 사물과 현상의 창조주이신 알라 외에 신은 없다. 그 기적에 의해 우리는 알라의 위대한 영광을 알 수 있다. 알라는 그 마음에 드신 종에게 그 국토를 다스리는 주권과 통치를 위임하신다. 신은 자신의 뜻에 맞는 자를 선택하여 백성을 다스리는 대행자나 대리자로 삼으시고, 그자에게 백성을 그릇됨이 없이 아주 정당하게 다스리고, 종교상의 율령과 관행과 정당한 행위를 굳게 지키도록 명령하신다. 또 반드시 지조를 지키고 모든 일에서 신의 법도에 따르도록 명령하신다.

그리하여 신의 뜻에 복종하는 자는 누구나 소망을 이루고 신의 법률을 무리 없이 지켜갈 수 있다. 그 때문에 신은 그런 뛰어난 사람들을 이 세상의 재앙에서 구해 주시고 내세에서도 후하게 보답해 주시는 것이다. 신은 올바른 자에게 보답하시는 것을 절대 잊지 않으신다. 이와 반대로 신이 명령하신 것을 배반하고 내세의 행복보다 현세의 행복을 사랑하는 자를 중죄인으로 다스리신다. 현세에서 업적을 남기지 않은 자에게는, 내세에서도 살 곳을 마련해 주지 않으신다. 신은 부정한 자, 사악한 마음을 품는 자를 용서하지 않으시며, 종들의 어떠한 행위도 가벼이 보지 않으신다.

대신들은 내가 공평하여 사사로움이 없고 현명한 정치를 폈다고 해서 신께서 나와 함께 모두에게 은총을 내리셨다고 말했는데, 이 관대하신 신의 자비에 우리는 끝없이 감사를 드려야 하리라. 전능하신 알라의 이처럼 끝없는 소업(所業)에 대해 대신들은 감사의 말을 하고 신의 은총과 자비를 칭송했다. 한낱 신의 노예에 지나지 않는 나 또한 신에게 깊은 감사의 기도를 드리는 바이다. 내 마음은 신의 손안에 있고 내 혀는 신의 뜻대로 움직이며 신이 내려주시는 것은 어떠한 것이든 감수한다.

그대들은 내 왕자에 대해 각자의 희망을 말하고, 늙은 몸인 내가 신념을 잃고 실의에 빠지려는 바로 그 순간, 다시금 새로운 은총을 입었다고 말했는데, 참으로 맞는 말이다!

오, 우리를 절망에서 구하시고 밤낮이 바뀌는 것과 같은 지배자의 교체를 모면하게 해 주신 신께 축복이 있기를! 참으로 세자를 점지해 주신 이 일은 경들이나 나에게는 참으로 위대한 은총이었다. 그러므로 우리는 우리의 기도에 곧 화답하시어 왕자를 점지하시고 왕위계승자로서 높은 자리를 마련하시는 전능하신 알라를 찬양하는 것이다.

그리하여 왕자는 신의 대자대비한 품속에서 더욱 행운을 입어 신성한 정치를 충실하게 펼치는 자가 되어, 백성들을 올바르고 공평하게 통치하고 무서운 잘못이나 어리석은 행위로부터 보호하는 진정한 왕이 될 것이다!"

왕의 말이 끝나자 현인과 신학자들은 일어나서 알라를 향해 꿇어 엎드리고 왕에 대해서도 감사의 뜻을 나타냈습니다. 그리고 왕의 손에 입을 맞춘 다음 저마다 자기 집으로 돌아갔습니다.

한편 잘리아드 왕은 궁중으로 들어가 갓 태어난 아기를 보고 자식을 위해 기도한 다음, 위르드 한*24이라고 이름을 지었습니다.

왕은 왕자에게 모든 학문을 가르칠 생각이었으므로 왕자가 성장해서 열두 살*25이 되자, 도성 한복판에 방이 360개나 있는 궁전을 지어 왕자를 그곳으로 옮겼습니다.

그리고 신학자 중에서 특별히 현자 세 명을 뽑아 밤낮으로 왕자를 지도하게 하여 온갖 지식과 기술에 통달하도록 모든 것을 빠짐없이 가르쳤습니다. 왕자는 곧 하나를 가르치면 열을 아는 더없이 뛰어난 재능을 드러내기 시작했습니다.

왕은 이레마다 현자들이 왕자에게 가르친 것을 보고하도록 했으므로, 왕 역시 깊은 덕성과 학식을 갖춘 명군이 되었습니다.

한편 신학자들은 왕자의 빠른 학문 습득에 경이의 눈을 크게 뜨고 왕에게 입이 마르도록 칭찬했습니다.

"저희는 지금까지 왕자님만큼 이해가 빠르고 재능이 뛰어난 분은 본 적이 없습니다. 신께서 우리 임금님의 생애의 기쁨이 되도록 참으로 총명하고 영특하신 왕자를 점지해 주신 듯합니다."

그리하여 왕자가 열세 살이 되었을 때는, 모든 학문을 거의 남김없이 습득하여 당대의 현인과 신학자마저 능가할 정도가 되었습니다. 그래서 스승들은 왕자를 데리고 왕 앞에 나아가서 이렇게 말했습니다.

"오, 임금님이시여, 복 많은 이 왕자님을 위해 부디 알라께서 우리 임금님을 축복해 주시기를! 왕자님이 드디어 모든 학문에 통달하셨기에 오늘 이렇게 모시고 왔습니다. 당대의 학자 가운데 왕자님만큼 백 가지 학문에 통하신 분은 아무도 없습니다."

왕은 매우 기뻐하며 전능하신 알라(그 주권과 권력이 영원하기를!) 앞에 엎드려 감사의 기도를 바쳤습니다.

그리고 재상을 불러 말했습니다.

"오, 시마스, 왕자가 모든 학문을 깨쳐서 더는 가르칠 것이 없고, 학문에 관한 한 당대에 아무도 어깨를 겨룰 만한 자가 없다고 왕자의 스승들이 말하는구나. 오, 시마스, 그대는 어떻게 생각하는가!"

시마스는 알라(그 주권과 권력이 영원하기를!) 앞에 엎드린 뒤, 왕의 손에 입을 맞추었습니다.

"루비는 산속의 그 어떤 단단한 바위 속에 묻혀 있어도 등불처럼 빛나는 법입니다. 참으로 왕자님은 이 보석 같은 분이십니다. 왕자님은 아직 어리시지만, 현자가 되는 데는 전혀 방해되지 않았으니, 왕자님에게 은총을 내려주신 것을 알라께 감사합시다! 그러면 내일 뛰어난 지식을 갖춘 태수와 학자들을 불러모아 그들 앞에서 왕자님의 학식을 시험해 볼까 합니다. 인샬라!"

—여기서 날이 훤히 밝아왔으므로 샤라자드는 이야기를 그쳤다.

## 909번째 밤

샤라자드는 이야기를 계속했다.

오, 인자하신 임금님, 잘리아드 왕은 시마스 재상의 말대로 영내의 학식이 높은 신학자와 현인들을 소집했습니다. 그 이튿날 그들이 나타나자 왕은 곧 알현을 허락했습니다.

이윽고 시마스 재상이 나와서 왕자의 손에 입을 맞추자 왕자는 일어나 시마스 앞에 무릎을 꿇었습니다. 그러자 시마스가 말했습니다.

"새끼 사자는 어떠한 야수 앞에서도 몸을 굽히지 않으며, 또한 빛은 그림자에 대해서도 몸을 굽히지 않습니다."

왕자가 대답했습니다.

"새끼 사자도 표범*26을 만나면 일어나서 그 앞에 고개를 숙입니다. 그것은 표범이 새끼 사자보다 지혜가 있기 때문입니다. 환한 빛 또한 그 속에 있는 것을 알자면 그림자에 몸을 굽혀야 합니다."

"오, 왕자님, 참으로 옳으신 말씀입니다. 그럼 임금님과 신하들의 승낙을 얻어서, 이제부터 제가 묻는 말에 대답해 주시기 바랍니다."

"좋습니다. 저도 아버님의 승낙을 얻고 대답하겠습니다."

그리하여 시마스 재상은 질문을 하기 시작했습니다.
"영원하고 절대적인 것은 무엇입니까? 그리고 그 두 가지는 어떻게 시현 (示現)되며, 그 두 가지 가운데 어느 쪽이 오래도록 변하지 않는 것입니까?"
"알라야말로 영원하고 절대적인 존재입니다. 그 이유는 알라는 처음이 없는 알파요 끝이 없는 오메가이기 때문입니다. 다음에 그 두 가지의 시현은 현세와 내세가 아닌지요? 그렇다면 오래도록 변하지 않는 것은 내세가 아니어선 안 됩니다."
"왕자님의 말씀이 옳습니다. 저도 그 대답에 의견을 같이합니다. 그럼 묻겠습니다. 알라의 시현의 하나는 현세이고 다른 하나는 내세라는 것을 어떻게 아는지 그 이유를 말씀해 보십시오."
"현세는 무(無)에서 창조되며, 존재하는 것에서 생긴 것이 아니므로 그것을 알 수 있습니다. 따라서 우주에 있는 온갖 사물과 현상은 그들이 처음 시작된 본질로 돌아가게 됩니다. 그뿐만 아니라 현세는 금세 끝나버리는 하나의 물질이며, 그곳에서의 행위는 항상 보상을 해야 하는지라 사라져 없어지는 모든 것의 재현을 가정하는 것입니다.[27] 따라서 내세는 제2의 시현이 됩니다."
"그렇다면 내세가 그 두 가지 존재 가운데 영원성을 갖는 것임을 어떻게 알게 되었는지 묻고 싶은데요."
"내세는 현세의 행위에 대한 보상의 집이며, 끝없는 영원한 신에 의해 마련된 것이기 때문입니다."
"현세에서는 어떠한 사람들이 칭찬을 받을 만한 사람입니까?"
"현세의 행복보다 내세의 행복을 찾는 사람들입니다."
"그럼, 현세의 행복보다 내세의 행복을 찾는 사람이란 어떠한 사람입니까?"
"그것은 자기가 덧없이 멸망하는 집에 살고 있다는 것을 아는 자로서, 자신은 멸망하여 사라지기 위해 창조되었으며, 사라진 뒤에는 저세상에 가는 것임을 아는 자입니다. 또 실제로 이 세상에서 영원히 살며 멸망하지 않는 자가 있다 하더라도, 그 사람은 내세를 버리고 현세를 택하지는 않을 것입니다."
"내세의 생활은 현세의 생활이 없어도 영원히 계속될 수 있습니까?"

"현세의 삶을 갖지 못한 자는 내세의 삶도 갖지 못합니다. 저는 이 세상과 이 세상 사람들, 또 그들이 지향하는 목적을 일종의 직공들에게 비유하고자 합니다. 어떤 태수가 직공들을 위해 작은 집을 지어 그 속에서 살게 한 뒤, 각자가 일정한 일을 하도록 명령하고, 일정한 기간을 정하여 그중 한 사람에게 전체의 관리를 맡겼다고 합시다. 자신의 몫으로 주어진 일을 해내는 자는 우두머리가 그 답답한 장소에서 내보내주지만, 정한 기간 안에 일을 마치지 못하는 자는 벌을 받습니다.

이렇게 사람들이 작업하고 있는데 어쩌다가 집 틈에서 벌꿀이 스며 나오는 것을 발견하고,*28 직공들이 그것을 핥고 그 달콤함을 맛보게 되면, 명령 받은 일을 게을리하다가 나중에는 그것을 내던져 버리게 됩니다. 그렇게 되면 직공들은 자기들이 당할 형벌을 알면서도, 자신들이 사는 좁고 비참한 집을 참고 견디며, 이 하찮은, 그러나 쉽게 얻을 수 있는 달콤함에 만족하게 됩니다.

그러나 우두머리는 운명에 의해 정해진 시기가 오면 누구든 가차없이 좋든 나쁘든 그 집에서 끌어내고 맙니다.

그런 까닭으로 이 현세는 모든 사람의 눈을 현혹할 만한 집이며, 각자가 정한 수명을 갖고 있음을 알게 됩니다. 그리고 현세의 사소한 쾌락을 알고 그것을 악착같이 추구하는 자는, 이 티끌 같은 세상을 좋아하여 피안(彼岸)을 버리므로 구원받지 못하지만, 그 보잘것없는 쾌락은 거들떠보지도 않고 현세보다 내세를 좋아하는 자는 구원 받게 됩니다."

"현세와 내세에 대한 의견은 잘 들었고, 저희 또한 다른 의견이 없습니다. 그러나 현세와 내세는 인간 위에 엄연히 존재하는 것이고, 이 두 가지는 서로 보완해야 할 것임에도, 이 둘은 서로 반대되는 것입니다. 가령 살아 있는 모든 것이 그날의 생계를 위해서 일한다면, 그 행위는 미래의 자기 영혼을 위해서는 해로운 것입니다. 그러나 만일 내세를 위해 자기를 모두 바친다면 자기 육체에는 해를 끼치게 됩니다. 따라서 서로 반대되는 두 가지를 동시에 만족하게 하는 방법은 없다고 생각하시는지요?"

"아닙니다. 그 두 가지를 동시에 만족하게 할 수 있는 방법이 있습니다. 신성한 의지와 정당한 수단으로 현세의 생계를 세우는 것, 그것은 곧 내세의 행복한 생활의 양식이 됩니다. 그러므로 인간이 육체를 유지하기 위해 생애의 일부를 사용하여 현세의 생계를 추구하고, 다른 일부는 영혼을 배려하여 그 해독을 방지하기 위해 내세의 행복을 추구하는 데 사용하면 그렇게 될 수 있습니다. 저는 현세와 내세의 관계는, 이를테면 올바른 왕과 사악한 왕의 관계와 같다고 생각합니다."

그러자 시마스 재상이 물었습니다.

"그것은 어떤 이야기인지요?"

왕자는 다음과 같은 이야기를 시작했습니다.

## 두 사람의 왕

옛날에 정의로운 왕과 사악한 왕, 두 사람의 왕이 있었습니다. 사악한 왕의 영토는 나무가 우거지고 과일이 잔뜩 열리며 꽃이 활짝 피는 축복받은 땅이었습니다. 그러나 사악한 왕은 거기에 만족하지 않고 상인이 자기 영토에 발을 들여놓으면 반드시 금품을 빼앗아 갔습니다.

상인들은 그 고장이 풍요로운 곳이라 한가롭고 여유 있게 살 수 있을 뿐 아니라 보석산지로 유명했으므로, 무자비한 왕의 포악한 정치를 꾹 참고 견디고 있었습니다.

한편 보석을 좋아하는 정의로운 왕은 이 고장에 대한 소문을 듣고 한 상인에게 막대한 금화를 주어 그곳에서 보석을 사오라고 분부했습니다.

상인은 사악한 왕의 영토를 향해 출발했습니다. 그런데 상인이 막대한 금화를 가지고 보석을 사기 위해 자기 나라에 왔다는 소문을 들은 사악한 왕은 곧 그 상인을 불러들여서 이렇게 물었습니다.

"너는 누구이며, 어디서 누구의 명으로 무엇을 하러 왔느냐?"

"저는 이러이러한 나라에서 온 자인데, 저희 국왕의 명으로, 국왕이 맡기신 돈을 가지고 보석을 사러 이 나라에 왔습니다."

그러자 사악한 왕은 큰 소리로 말했습니다.

"이 괘씸한 놈 같으니! 너는 내가 영내의 백성들을 어떻게 다스리고 있으며, 매일같이 그 돈을 짜내고 있다는 것을 모른단 말이냐? 그런데도 너는 며칠 전부터 이 땅에 머물고 있었단 말이지?"

"이 돈은 한 푼도 제 것이 아닙니다. 다만 맡아가지고 있을 뿐, 그만한 가치의 보석을 이 돈을 맡기신 분에게 전해 드려야만 합니다."
"만약 그 돈을 몸값으로 내놓지 않는다면, 네가 이 고장에서 사는 것도 떠나는 것도 금지할 테니 그리 알아라!"

—여기서 날이 훤히 밝아왔으므로 샤라자드는 이야기를 그쳤다.

## 910번째 밤

샤라자드는 이야기를 계속했다.
오, 인자하신 임금님, 상인은 마음속으로 곰곰이 생각했습니다.
'나는 두 임금 사이에 끼여 버렸구나. 이 폭군의 압제는 온 영토에 미치고 있으니, 여기서 왕의 심기를 건드렸다간 돈은 물론이고 목숨도 보전하지 못할 것(그것은 의심할 것도 없었습니다)이니, 맡겨진 임무도 달성하지 못하게 된다. 그렇다고 돈을 전부 줘버리면, 왕을 대할 낯이 없을 뿐만 아니라 몸이 온전하지 못할 것이 뻔하다.
그러니 이 왕에게 조금이라도 바쳐서 목숨만은 살려 달라고 하여 파산을 모면하는 수밖에 없다. 그런 다음 수입이 많은 이곳에서 한밑천 벌어서 구할 수 있는 만큼 보석을 사자. 그러고 나서 이 폭군에게 뇌물을 주어 환심을 산 뒤, 요령껏 이익의 몫을 떼어서 돈을 맡기신 왕에게 보석을 갖고 돌아가는 게 좋겠다. 그 왕은 정의심과 관대한 마음을 가졌으니, 이 사악한 왕에게 얼마쯤 빼앗겼다고 해서 설마하니 나를 벌하시지는 않겠지.'
그리하여 상인은 이 폭군을 축복한 뒤 이렇게 말했습니다.
"오, 임금님, 말씀대로 제 몸값을 바치겠습니다. 그리고 이 나라에 와서 떠날 때까지의 몫도 이 돈 가운데 얼마간 떼어 드리겠습니다."
사악한 왕은 그것에 동의하고 1년 동안 자기 영토에 머무는 일을 허락했습니다. 그동안 상인은 나머지 돈으로 여러 가지 보석을 사 모은 뒤 자기 나라로 돌아갔습니다. 그리고 정의로운 왕에게 사악한 왕으로부터 목숨을 건지기 위해 그와 같은 수단을 쓴 경위를 아뢰고 사죄했습니다.
정의로운 왕은 상인을 용서한 것은 물론이고, 그 현명한 책략을 칭찬하면서 알현실의 옥좌 오른쪽에 자리를 마련해 주었고, 또 영내에 오래도록 변하지 않는 영지를 하사했으므로, 상인은 그 뒤 남은 생애를 행복하게 보냈다고 합니다.

이야기를 마친 왕자가 말을 이었습니다.
"이 정의로운 왕은 내세를 비유한 모습이고, 사악한 왕은 현세를 비유한 것이며, 폭군의 영토 안에 있는 보석은 선행과 경건한 행동을 나타내는 것입니다. 상인은 인간이고 상인이 지니고 있던 돈은 신이 주신 양식입니다. 이것을 보더라도 현세에서의 생계를 추구하는 자는 단 하루라도 내세의 선을 구해야만 한다는 것을 알 수 있습니다. 그렇게 함으로써 인간은 기름진 땅에서 얻은 것으로 현세를 만족하게 하고, 또 동시에 피안의 낙원을 추구하여 자신의 생활 일부를 선뜻 내줌으로써 내세를 만족시키게 됩니다."

"그렇다면 영혼과 육체는 똑같은 보상과 인과를 받는 것입니까? 아니면 육체는 육욕을 좇고 죄 많은 행위를 하는 것이니까 특별한 벌을 받게 됩니까?"

"육욕에 빠지려 하거나 죄를 범하려 하는 마음은 그것을 억압하고 그것을 뉘우침으로써 응보를 받습니다. 그러나 그러한 것들을 지배하는 힘은 신의 손에 있고 신의 뜻대로 움직입니다. 사물은 그 정반대되는 것에 의해 판별됩니다. 그래서 물질은 육체에 없어서는 안 되지만, 영혼이 없는 육체 또한 존재하지 않습니다. 영혼의 정화(淨化)는 현세에서의 마음을 항상 깨끗이 하여 내세에서도 소용되게끔 힘쓰는 데 있습니다.

영혼과 육체는 서로 달리며 빠르기를 겨루고 있는 두 마리의 말이나 두 사람의 형제, 또는 같이 사업하는 두 사람의 상인과 같습니다. 결국 선행은 언제나 눈에 띄기 쉬운 것이고 육체와 영혼이라는 것은 그 행위에서도, 또 인과응보(因果應報)에서도, 마찬가지로 분담하는 협력자가 됩니다. 그 점에서는 '장님과 앉은뱅이와 정원지기'의 관계와 비슷합니다."

"그건 무슨 이야긴지요?"
시마스가 묻자 왕자가 대답했습니다.
"오, 재상이여, 그 이야기는······."

## 장님과 앉은뱅이

옛날에 장님과 앉은뱅이가 함께 구걸하러 다니고 있었습니다.

어느 날 인정 많고 친절한 사람의 과수원에 찾아갔습니다. 그 주인은 장님과 앉은뱅이의 신세 이야기를 듣고 매우 동정하며 두 사람을 과수원으로 안내한 다음, 과일을 따 주면서 과수원을 망치거나 더럽히거나 하지 않도록 해 달라면서 가버렸습니다.

그런데 맛있게 익은 과일을 본 앉은뱅이가 장님에게 말했습니다.

"여보게, 맛있어 보이는 과일이 많이 열려 있네. 자네에게 따 주고 싶지만 나는 일어날 수 없으니 손이 닿지 않네그려. 하지만 자네는 멀쩡한 두 다리를 갖고 있으니 일어나서 조금 따와 보게."

"이 친구야, 괜한 소리 해 가지고! 난 과일 같은 건 생각도 하지 않았는데, 자네가 그 말을 하는 바람에 그만 먹고 싶어졌잖아. 하지만 나는 눈이 보이지 않으니 나 역시 딸 수 없는 건 마찬가지 아닌가. 무슨 좋은 수가 없을까?"

마침 그때 과수원의 감시인이 나타났습니다. 이 남자는 이해심이 많은 사람이었으므로 앉은뱅이가 말을 걸었습니다.

"여보세요, 과수원지기님, 저 과일을 조금 먹고 싶은데 보시다시피 저는 앉은뱅이고, 이 사람은 장님입니다. 어떻게 하면 좋을까요?"

"뭐! 너희는 아까 주인이 과수원을 망쳐선 안 된다고 다짐한 것을 벌써 잊어버렸냐? 그런 짓은 하지 않는 게 좋아."

"조금이라도 좋으니 저 과일을 꼭 먹고 싶네요. 그러니까 어떻게 하면 먹을 수 있을지 무슨 좋은 수를 가르쳐주시지 않겠습니까?"

두 사람이 좀처럼 단념할 기색을 보이지 않자 과수원지기가 말했습니다.

"하는 수 없군. 그러면 이렇게 하는 거야. 앉은뱅이인 네가 장님의 등에 업혀서 맛있어 보이는 열매가 달린 나무 있는 데로 가서 따면 되는 거지."

그래서 장님은 앉은뱅이를 업고 앉은뱅이가 안내하는 대로 나무 아래로 갔습니다. 그런데 멋대로 열매를 훑고 큰 가지를 꺾곤 해서 그만 나무를 망쳐 놓고 말았습니다.

이렇게 두 사람이 서로 손과 발이 되어 차례차례 과일을 따러 돌아다니는 바람에, 마침내 과수원의 나무란 나무는 모조리 벌거숭이가 되어 못쓰게 되고 말았습니다.

두 사람이 원래의 장소로 돌아오자 곧 과수원 주인이 나타났습니다. 그는 이 광경을 보고 매우 화가 나서 두 사람 앞에 다가와 소리를 질렀습니다.

"이게 무슨 짓들이야, 고약한 놈들 같으니! 과수원을 망쳐선 안 된다고 그렇게 부탁하지 않았느냐?"

"보시다시피 저희는 도저히 과일을 딸 수가 없습니다. 하나는 앉은뱅이라 설 수가 없고, 또 하나는 장님이라 눈앞에 있는 것도 볼 수 없으니까요. 그러니 저희에게 무슨 죄가 있습니까?"

"너희가 어떻게 해서 과수원을 망치고 다녔는지 내가 모르는 줄 아느냐? 나는 너희가 한 짓을 내 눈으로 본 거나 다름없이 훤히 알고 있다. 네가 앉은뱅이를 둘러업고 그 안내로 나무 있는 데로 갔다는 것을?"

주인은 두 사람을 혼내주고 과수원 밖으로 내쫓아냈습니다.

"그래서 이 이야기에서 장님은 영혼의 힘을 빌리지 않으면 볼 수 없는 육체를 말한 것이고, 앉은뱅이는 육체에 의지하지 않으면 움직일 수 없는 영혼에 비유한 것입니다. 그리고 그 과수원은 살아 있는 모든 자가 받는 응보나 징벌의 원인이 되는 업(業)을 나타내고, 과수원지기는 선을 권하고 악을 금지하는 이성(理性)을 가리킨 것입니다. 이처럼 육체와 영혼은 보상을 받을 때나 징벌을 받을 때나 반드시 함께 따라다니는 것입니다."

"왕자님이 생각하시기에 학식 있는 자 중에서 가장 칭찬받을 만한 자는 과연 누구일까요?"

"신에 관한 지식이 풍부하고, 그 지식에 의해 자기를 다스리는 사람입니다."

"그것은 어떤 사람입니까?"

"신의 노여움을 사지 않도록, 또 신의 마음에 들도록 노력하는 사람입니다."

"가장 뛰어난 사람은 어떤 사람입니까?"

"신을 가장 잘 아는 사람입니다."

"그럼, 어떠한 사람이 가장 경험이 풍부한 사람입니까?"

"어떤 상황에서도 자기의 지식에 따라 행동하는, 지조가 가장 굳은 사람입니다."

"마음이 순수한 사람은 어떤 사람입니까?"

"오로지 죽음에 대비하고 신을 찬양하며 욕심이 적은 사람입니다. 죽음의 무서운 모습을 언제나 마음에 새겨두고 있는 사람은 맑은 거울을 응시하는 것과 같으며, 그와 같은 사람은 진리를 알고 있어서 그 마음의 거울은 더욱 맑게 빛나는 겁니다."

"보물 가운데 가장 고귀한 것은?"

"천상의 보물입니다."

"천상의 보물 가운데 가장 훌륭한 것은?"

"알라를 찬양하는 말입니다."

"지상의 보물 가운데 가장 뛰어난 것은?"

"자비로운 행위입니다."

—여기서 날이 훤히 밝아왔으므로 샤라자드는 이야기를 그쳤다.

## 911번째 밤

샤라자드는 이야기를 계속했다.

오, 인자하신 임금님, 시마스 재상은 질문을 계속했습니다.

"그럼 세 가지의 다른 것, 즉 지식과 판단과 지혜는 어떤 것이며, 또 그러한 것을 결합한 것은 무엇입니까?"

"지식은 배워서 얻을 수 있는 것, 판단은 경험에 의한 것, 지혜는 생각함으로써 생겨나는 것인데, 이 세 가지가 결합하여 이성이 됩니다. 이러한 모든 성질을 갖춘 것이 완전한 인간이며, 여기에 신을 공경하는 마음과 신을 두려워하는 마음이 더해지면 가장 올바른 것이 됩니다."

"지혜와 지식과 올바른 판단과 뛰어나게 날카로운 재기와 빛나는 지능을 갖춘 사람이라도 욕망과 육욕 때문에 그 성질이 바뀌는 일이 있을까요?"

"있습니다. 인간이 그와 같은 두 가지 욕정에 사로잡히면 그 사람의 지혜와 이해력과 판단력은 흐려지고 마는데, 그것은 마치 이런 독수리*29 이야기와 같습니다. 그 독수리는 매우 교활하여 사냥꾼에게 잡히지 않도록 하늘 높이 날고 있었습니다. 그런데 어느 날, 사냥꾼이 나타나 그물을 치고 그것에 말뚝을 단단히 박고서 먹이를 매어 놓았습니다. 그 먹이를 본 독수리는 금세 욕망과 육욕의 포로가 되어, 그때까지 온갖 새들이 덫에 걸려 가련한 꼴이 되는 모습을 자주 보았던 것도 잊어버리고, 높은 하늘에서 내려와 먹이에 덤벼들었습니다. 그리하여 당연히 그물에 걸린 독수리는 옴짝달싹 못하게 되고 말았습니다.

이윽고 사냥꾼이 와서 독수리가 덫에 걸려 있는 것을 보고 이상하게 생각했습니다.

'나는 비둘기와 같은 작은 새를 잡으려고 이 그물을 쳐 놓았는데 이렇게 큰 독수리가 걸리다니, 도대체 이게 어찌 된 일일까?'

이것은 이성을 가진 인간은 어떤 것에 대해서도 욕망이나 육욕이 생겼을 때는, 먼저 그 결과를 생각해 보고 유혹에 넘어가지 않도록 이성으로 그 욕망과 육욕을 눌러야 한다는 것을 가르쳐주는 이야기입니다. 또한 이러한 욕정에 사로잡혔을 때는, 마술이 뛰어난 기사가 멋대로 날뛰는 말에 단단히 재갈*30을 물려서 자기가 마음먹은 방향을 향해 똑바로 인도하듯이, 이성으로 그 욕정을 다스려야 한다는 것을 넌지시 알려주고 있습니다.

지혜가 없고 아는 것이 없으며 사리에 어두운 인간은 한 번 욕망과 육욕의 포로가 되면 오직 그러한 욕정이 이끄는 대로 움직여서 몸을 망치고 맙니다. 무릇 이러한 인간처럼 가련한 것은 없습니다."

"어떠한 때에 지식이나 이성이 욕망이나 육욕의 나쁜 영향을 방지하는 데 도움이 될까요?"

"지식이나 이성을 가진 자가 내세의 좋은 것을 구하기 위해서 이것을 사용할 때, 그것이 매우 도움이 됩니다. 하지만 현세의 좋은 것을 구하기 위해서 그것을 사용해선 안 됩니다. 현세에서는 다만 생활의 밑천을 얻거나 재난을 방지하는 데 필요할 때에만 그것을 사용하고, 나머지는 내세를 위해 간직해 두어야 합니다."

"인간이 온몸을 맡기고 오로지 마음을 쏟아야 할 사항 중에서 가장 가치 있는 것은 무엇입니까?"

"그것은 신과 관계되는 선한 일입니다."

"만일 신과 관계되는 일만 하고 나날의 생활양식을 얻을 수 없을 때는 어떻게 하면 좋습니까?"

"하루는 24시간이니 그 3분의 1을 사용하여 생활을 꾸리고 3분의 1은 기도와 휴식에 쓰며 나머지 3분의 1은 지식을 얻는 데 써야 합니다.[31] 지식을 갖지 않은 인간은 가꾸지 않은, 또는 나무와 꽃들이 자라지 않는 불모의 땅과 같습니다. 땅을 갈아 농사를 짓지 않거나 나무를 심지 않으면, 그 토지에서는 아무런 수확도 얻을 수 없습니다. 그러나 농사를 짓거나 나무를 심으면 반드시 훌륭한 수확을 얻을 수 있습니다. 그와 마찬가지로 교양이 없는 인간에게는 지식을 심지 않으면 아무런 쓸모도 없게 됩니다. 지식을 심어야만 비로소 뛰어난 일을 할 수 있는 것입니다."

"사려분별이 따르지 않는 지식이란 어떤 겁니까?"

"그것은 여물을 먹거나 눈을 뜨는 시간은 알고 있어도, 이성을 갖지 못한 마소와 같은 것입니다."

"매우 간단한 대답이지만 일단 그 대답을 받아들이기로 하겠습니다. 그럼 왕으로부터 몸을 지키자면 어떻게 해야 합니까?"

"왕을 가까이하지 않으면 됩니다."

"하지만 왕은 우리를 지배하고 이 몸을 그 손아귀에 쥐고 있는데, 어떻게 가까이하지 않을 수 있습니까?"

"당신에 대한 왕의 지배는 당신이 왕에게 의무를 지고 있기 때문입니다. 따라서 그 의무를 완전히 수행하면 그 이상 아무것도 지배당할 것이 없습니다."

"그럼 왕에 대한 대신의 의무는 무엇입니까?"

"공사(公私)에 걸친 좋은 도움말, 성실한 봉사, 올바른 판단, 그리고 왕의 비밀을 지키는 동시에 왕에게 알릴 것은 무슨 일이든 숨기지 않고 모두 알리는 것, 어떤 일이라도 왕의 명령은 충실히 집행하는 것, 무슨 일이든 왕의 승낙을 얻고 왕의 노여움을 피하는 것입니다."

"대신은 왕에게 어떻게 행동해야 할까요?"

"당신이 왕의 대신으로서 왕과의 사이를 사이좋게 유지하고 싶다면 왕의 말에 귀를 기울이고, 왕이 당신의 지위를 어느 정도로 생각하고 있는가에 따라서 올바른 말을 해야 합니다. 왕이 이해하지 못할 만큼 높은 자리에 오르지 않도록 거듭거듭 조심하십시오. 신하의 분수를 잊는다는 것은 왕을 두려워하지 않는 것이 되기 때문입니다. 당신이 왕의 따뜻한 인정을 계기로, 왕이 신분에 어울린다고 생각하는 이상의 지위에 오를 때는, 어느 사냥꾼 같은 봉변을 당하게 됩니다. 그 사냥꾼은 평소에 덫으로 야수를 잡으면 가죽을 벗기고 고기는 내버렸습니다. 그러자 언제나 그곳에 사자 한 마리가 찾아와서 사냥꾼이 버린 고기를 먹곤 했는데, 그러는 사이에 이 사자는 자기에게 고기를 던져주는 사냥꾼을 따르게 되어, 사냥꾼이 더러운 손을 자기 등에 닦아도 싫어하지 않고 꼬리를 흔들곤 했습니다.*32 이처럼 사자가 잘 따르고 온순해진 걸 본 사냥꾼은 이렇게 중얼거렸습니다.

'이 사자란 놈은 정말 나에게 복종하고 있으니 나는 이놈의 주인이야. 그러니 다른 야수와 마찬가지로 놈의 등에 올라타서 가죽을 벗겨도 가만히 있겠지.'

사냥꾼은 그 부드럽고 순한 사자보다 자기가 힘이 더 세다고 뽐내면서 용기를 내어 사자 등에 올라탔습니다. 그러자 사자는 매우 화를 내며 앞발로 사냥꾼을 거세게 후려치더니, 그 배에 발톱을 걸어 땅바닥에 쓰러뜨리고는 갈기갈기 찢어서 뜯어 먹어버렸습니다.

이것을 보아도 알 수 있듯이, 대신은 왕을 대할 때는 자신의 신분에 맞게 행동하여 왕의 오해를 사지 않도록 조심해야 하며, 자신의 판단이 뛰어나다고 우쭐해서는 안 됩니다.'

―여기서 날이 훤히 밝아왔으므로 샤라자드는 이야기를 그쳤다.

## 912번째 밤

샤라자드는 이야기를 계속했다.
오, 인자하신 임금님, 시마스 재상이 다시 질문했습니다.
"대신은 어떻게 하면 왕의 영예를 누릴 수 있습니까?"
"자기에게 맡긴 일을 훌륭하게 수행하고 순결한 도움말을 하며, 건전한 판단을 내리고, 왕의 명령을 충실하게 이행해야 합니다."

"당신이 말씀하신 대신의 의무, 즉 왕의 노여움을 피하고 왕의 요청에 따라 명령받은 것을 충실히 수행하는 것은 물론 대신이 해야 할 일입니다만, 만일 왕께서 좋아하는 일이 전제이고, 압제와 이치에 맞지 않는 착취일 경우, 이런 막돼먹은 왕에게 시달리는 대신은 어떻게 해야 합니까? 왕의 무리한 요구와 욕망을 막으려고 노력해도 안 되고, 그렇다고 해서 왕의 욕정에 굴복할 수도 없고, 또 왕의 욕정에 굴복하여 마음에도 없는 도움말로 왕에게 아부한다면, 그것은 대신의 중대한 잘못이며 스스로 백성의 적이 되는 겁니다. 이것에 대한 의견은?"

"오, 재상이여, 대신의 책임이나 잘못에 대해 당신이 말한 것은 다만 왕의 그릇된 행위를 부추긴 경우에만 생기는 일입니다. 만일 왕에게서 그런 그릇된 행위에 대해 의논을 받았을 때, 대신은 왕에게 정의와 공정의 길을 제시하고 전제와 횡포를 휘두르지 않도록 바른말을 하며, 백성을 올바르게 다스리는 원리를 설명하고, 또한 인과응보의 이치를 깨우쳐 선행을 권할 것이며, 그 반대의 행동을 하면 천벌을 받는다는 올바른 말을 해서 왕의 부당한 행동을 막아야 합니다. 그리하여 왕이 대신의 간언에 귀 기울여 그것에 따른다면 목적은 달성될 테고, 그렇지 못하면 공손한 태도로 왕 앞에서 물러나는 수밖에 없습니다."

"왕이 백성에 대해서 할 일은 무엇이며, 또 백성의 왕에 대한 의무는 어떠한 것입니까?"

"백성은 순수한 의도에서 나온 왕의 명령을 모두 충실하게 지키고, 왕뿐만 아니라 알라와 그 사도의 뜻에 맞는다면 무엇이든지 따라야 합니다. 백성은 또한 왕에 대해서 재산을 지키고 부녀자를 보호하도록[33] 요청할 수 있습니다. 그것은 바로 왕의 명령에 복종하고 왕을 위해 목숨을 바쳐 정당한 의무를 다 해내고, 올바른 재판과 은덕 등 왕의 은혜에 감사하여 왕을 칭송하는 것이 백성의 의무인 것과 같습니다."

"백성은 방금 당신이 말씀한 것 말고 어떤 것을 왕에게 요청할 수 있습니까?"

"백성들의 왕에 대한 권리는, 신하에 대한 왕의 요구권보다 한층 구속력이 있는 것입니다. 왜냐하면 왕이 백성에 대해 그 의무를 게을리할 때는, 신하가 왕에 대해 그 의무를 게을리했을 때보다 훨씬 더 영향력이 크기 때문입니다. 왕이 자신의 명예나 위신을 잃어버리고 영토와 재산을 지키지 못하는 까닭은 백성에 대한 의무를 소홀히 하기 때문입니다. 그러므로 왕권을 물려받은 자는 다음의 세 가지를 충실히 지키도록 애써야 합니다. 즉 신앙을 가꾸고 신하를 훈도(薰陶)하며 정치를 펼치는 것입니다. 이 세 가지를 실행한다면 그 왕국은 길이 번영하겠지요."

"백성의 복지를 도모하려면 왕은 어떻게 해야 합니까?"

"백성에게 의무가 무엇인지 가르쳐서 법률과 관행*34을 준수하고, 뛰어난 신학자나 현인을 기용하여 백성을 교화하고, 서로 백성의 죄과를 소멸시키고 백성의 목숨을 존중하며 그 재산을 보호하고, 각자의 부담을 가볍게 하고 병력을 강화해야 합니다."

"대신은 왕에 대해 어떤 것을 요청할 수 있습니까?"

"왕에 대한 대신의 요구만큼 중요한 것은 없습니다. 거기에는 세 가지 이유가 있습니다. 첫째는 만일 대신이 판단을 잘못 내렸을 때 왕으로부터 받는 벌이 무겁고, 그 판단이 올바를 때 왕이나 백성이 받는 은혜가 크다는 것입니다. 둘째로 대신이 얼마나 왕에게 중용(中庸)되는지를 백성이 알고, 존경과 복종의 눈으로 대신을 바라보기 때문입니다. 셋째는 왕과 백성들이 바라보고 있음을 알고, 임금과 신하가 꺼리는 것은 멀리하고 좋아하는 것을 실현하도록 하기 때문입니다."

"왕과 대신과 백성의 특별한 기질에 대해 대답하신 것은 잘 들었습니다. 저도 거기에는 다른 의견이 없습니다. 그러면 이번에는 거짓말, 실없는 말, 헐뜯는 말, 군말을 삼가려면 어떻게 해야 합니까?"

"사람은 선하고 인정이 있는 일이 아니면 말하지 말고, 자기에게 관계없는 일은 말하지 말 것이며, 남을 비웃거나 헐뜯지 말고 남에게 들은 말을 옮기지 말며, 적이든 같은 편이든 국왕에게 죄가 있듯 꾸며 고해바치지 말아야 합니다. 전능하신 알라 외에는(나에게 득이 된다고 생각하는 사람이든, 득이 되지 않는다고 생각하는 사람이든) 누구도 신경 쓸 필요는 없습니다. 인간의 이해관계를 좌우할 수 있는 것은 오직 알라뿐이기 때문입니다.

또 자기의 실패를 남의 탓으로 돌리거나, 모르는 것에 대해 이러쿵저러쿵 말해서는 안 됩니다. 그와 같은 행동을 한다면 신 앞에서 그 죄의 무거운 짐을 져야 하고 사람들로부터 미움을 받습니다. 말이라는 것은 한 번 쏘아버리면 다시는 불러들일 수 없는 화살과 같습니다. 그러므로 비밀을 지킬 수 없는 사람에게는 결코 비밀을 말해서는 안 됩니다. 입을 다물어 줄 것으로 믿고 고백했다가 뜻하지 않은 손해를 보는 일이 있습니다. 또한 비밀은 적보다 오히려 친구에 대해 지키도록 충분히 주의해야 합니다. 비밀을 지키는 것은 상대의 신뢰에 충실하게 보답하는 일이기 때문입니다."

"가족이나 친구에 대해서는 어떻게 행동해야 합니까?"

"바른 행동을 하는 것이 안심입명(安心立命)의 길입니다. 가족에게는 가족에게 걸맞은 것을 주고, 친구에는 친구에 걸맞은 것을 주어야 합니다."

"친족에 대해서는 어떻게 하면 좋겠습니까?"

"우선 부모에게는 공손하게 대하고, 말도 다정하게 애정과 존경을 나타내야 합니다. 형제에 대해서는 좋은 의논상대가 되고 돈을 아끼지 말며, 일을 도와주고 함께 기뻐하고 함께 슬퍼하며 그 허물에는 눈 감아 주어야 합니다. 그와 같이하면 형제들은 최선의 도움말로 보답하고 때에 따라서는 목숨까지 바칩니다. 그래서 자기의 형제가 믿을 만하다는 것을 알았을 때는, 아낌없이 애정을 쏟고 무슨 일에나 힘을 빌려주는 것이 중요합니다."

—여기서 날이 훤히 밝아왔으므로 샤라자드는 이야기를 그쳤다.

## 913번째 밤

샤라자드는 이야기를 계속했다.

오, 인자하신 임금님, 시마스 재상은 계속해서 물었습니다.

"저는 형제 동포에도 두 가지가 있다고 생각합니다. 친밀한 친구가 있는가 하면 사교상의 친구도 있습니다. 진정한 친구에 대해서는 당신이 하신 말씀과 같지만, 사교상의 친구에 대해서는 어떻게 생각하는지 의견을 들려주십시오."

"사교상의 친구에 대해서 말한다면, 기분 좋은 대우, 유쾌한 대화, 즐거운 상대 등을 얻을 수 있어서 지루함을 달랠 수 있습니다. 그러므로 상대에게서 받은 것과 마찬가지로, 자신의 기쁨을 아낌없이 함께 나누고, 상대의 호의적인 표정과 너그러운 애정, 친절한 응대에도 똑같이 보답해야 합니다. 그렇게 하면 당신의 생활도 즐거워지고, 상대도 내가 하는 말을 들어주게 될 것입니다."

"이번에는 살아 있는 모든 것에게 신이 내리시는 양식에 대해 묻기로 하겠습니다. 신은 인간과 짐승에게 그 일생을 보낼 만한 양식을 나눠주시는 걸까요? 만약 그렇다면 헛된 투쟁까지는 아니더라도, 운명에 의해 내 손에 들어오게 되어 있는 것을 구하기 위해 그토록 고생해야만 하는 걸까요? 또 만약 그렇게 미리 정해져 있지 않다면, 아무리 있는 힘을 다해 노력해도 손에 들어오지 않을 것입니다. 그렇다면 노력하는 것을 그만두고 모든 것을 신의 은총에 맡긴 채 몸과 마음에 휴식을 주어야 할까요?"

"말씀하신 대로 살아 있는 모든 것에는 양식이 나눠져 있고 수명이 정해져 있습니다. 하지만 생활에는 여러 가지 수단과 방법이 있습니다. 그리고 구하는 자는 구하는 것을 그만둠으로써 욕구에서 해방되겠지요. 또한 동시에 인간은 부귀를 추구하지 않을 수 없습니다. 그러나 그 구하는 자에게도 두 가지 경우가 있습니다. 즉 부귀를 얻거나, 아니면 얻지 못하거나 둘 중 하나입니다. 부귀를 얻는 경우, 당사자의 기쁨은 다음의 두 가지 점에 있습니다. 첫째는 부귀를 획득한 행위 자체에, 둘째는 그 만족할 만한 결과에 있습니다. 부귀를 얻지 못했을 때는 당사자의 기쁨은 우선 유쾌하게 나날의 양식을 구하는 일에, 둘째는 남에게 폐가 되지 않도록 하는 일에, 셋째는 허물을 뒤집어쓸 일이 없다는 데 있습니다."

"부귀를 구하는 수단에 대한 의견은?"

"사람은 알라(주권과 권력이 영원히 알라께 속하기를!)께서 인정하신 것을 옳다 하고, 금하신 것을 그르다 할 것입니다."

여기서 두 사람이 서로 묻고 답하기를 끝내자, 시마스 재상을 비롯한 그 자리에 참석한 신학자들은 일어나 젊은 왕자 앞에 엎드려, 왕자를 칭찬해 마지않았습니다. 한편 부왕은 아들을 와락 가슴에 끌어안고 옥좌에 앉히며 말했습니다.

"내 생애에 내 눈동자를 시원하게 해 줄 아들을 점지해 주신 알라께 축복이 있기를!"

이윽고 왕자는 모든 학자 앞에서 시마스에게 말했습니다.

"마음의 문제에 통달한 현인이시여, 알라께서는 나에게 극히 적은 지혜밖에 주시지 않았지만, 그래도 당신의 질문에 정확한 답을 했는지 마음이 두렵습니다. 당신은 그 해답을 옳다고 받아 주셨습니다만, 아마도 내 부족함을 너그러이 봐 주셨겠지요.

그런데 이번에는 내가 어떤 일에 대해 묻고 싶은 것이 있습니다. 그 문제에 대해서 나는 힘이 미치지 않아 판단을 내릴 수가 없고, 어떻게 표현해야 할지도 모르겠습니다. 마치 검은 그릇에 담은 맑은 물이 검게 보이듯이, 나로서는 흐릿하고 뚜렷하지가 않습니다. 그래서 그 문제에 대해 저와 같은 사람에게도 조금의 의문이 없도록 설명해 주시기 바랍니다. 이대로 두면 과거가 분명하지 않았던 것과 마찬가지로 앞으로도 확실하지 않을 것입니다. 알라께서는 목숨을 액체*35 속에, 체력을 음식 속에, 병자의 치료를 뛰어난 의사의 기술 속에 두셨고, 그것과 마찬가지로 어리석음을 고치기 위해서는 현자들에게 배우게 하셨습니다. 그러니 부디 제가 드리는 말씀을 들어주십시오."

"오, 빛나는 지혜로 온갖 어려운 문제에 대답하신 왕자님, 당신은 뛰어난 예지의 소유자로 사물에 대한 정확한 판단력과 날카로운 분석력으로 제 질문에 훌륭하게 답변하신 것을 여기 참석한 신학자들도 모두 인정하는 바입니다. 왕자님도 스스로 아시겠지만, 저에게 질문하신다 해도, 올바른 판단을 내리고 실수 없이 그것을 설명하는 일은, 저보다 오히려 왕자님이 더 잘하시리라 생각합니다. 알라께서는 아직 어떤 자에게도 주신 적이 없는 예지를 왕자님에게 내리셨기 때문입니다. 그러나 왕자님이 제게 묻고자 하시는 것은 대체 어떤 것인지요?"

"조물주는(그 전능하신 힘을 찬양할지어다!) 무엇으로 이 세계를 창조하셨는지 말씀해 주십시오. 이 세상이 생기기 전에는 아무것도 없었겠지요. 하지만 이 세상에 있는 것은 어떤 것이든 무언가를 바탕으로 해서 만들어졌을 것입니다. 성스러운 조물주(신을 찬양할지어다!)께서는 무(無)에서 유(有)를 창조하시는 힘을 가지고 있지만, 신의 의지는 이처럼 아무런 결점이 없는 위대한 힘에도 무언가를 바탕으로 하지 않고서는 아무것도 만들지 않으신다고 정하셨습니다."

왕자의 물음에 재상은 이렇게 대답했습니다.

"흙으로 그릇을 만드는 자나, 뭔가 다른 것에서가 아니면 아무것도 만들어 낼 수 없는 장인에 대해서 말한다면, 그들 자신이 다만 만들어진 존재에 지나지 않습니다. 그러나 신령스럽고 기묘한 방법으로 이 세상을 창조하신 조물주에 대해, 사물을 존재하게 하는 그 힘을(신을 찬미할지어다!) 알고 싶으시다면, 눈을 크게 뜨고 창조된 온갖 것들을 잘 관찰하십시오.

그러면 신의 힘이 아무런 결점 없이 완전한 것이어서 무에서 유를 창조할 수 있다는 사실을 알게 될 것입니다.

그렇습니다. 신은 절대적인 무에서 사물을 창조하셨습니다. 왜냐하면 창조물의 실체인 원소는 단순히 없거나 존재하지 않는 상태이기 때문입니다.

이 점에 대해서는 조금도 의심이 남지 않도록 설명하겠습니다. 그 불가사의한 증거는 낮과 밤이 바뀌는 것을 보면 뚜렷합니다. 빛이 사라지고 밤이 오면 우리는 낮을 볼 수 없게 되고, 그것이 어디로 가버렸는지도 전혀 알 수 없습니다. 그리고 또한 밤이 그 어둠, 두려움과 함께 가버리고 낮이 찾아오면 우리는 또 밤이 어디로 갔는지 모릅니다. 이처럼 태양이 우리 위에 빛나고 있을 때도 그때까지 태양이 어디에 그 빛을 저장하고 있었는지 알지 못하며, 태양이 지고 나면 그것이 어디로 가라앉아 버렸는지 전혀 모릅니다. 조물주(그 이름을 찬양하고 그 힘을 칭송하라!)의 행위 중에서도 특히 이 실례는 어떤 지혜자도 당혹하지 않을 수 없는 것을 많이 포함하고 있습니다."

"오, 현자시여, 당신은 지금 부정할 수 없는 조물주의 힘을 저에게 설명해 주셨습니다. 그렇다면 신은 어떻게 해서 인간들을 만드셨는지 가르쳐주십시오."

"신은 영원한 세월의 과거부터 존재하고 있었던, 단 한 마디 말의 힘을 빌려 만물을 창조하셨습니다."

"그럼, 알라(그 이름을 찬양하고 그 힘을 칭송하라!)께서는 만물이 존재하기 전에 창조물을 있게 하려고 하셨을까요?"

"그렇습니다. 그러한 의지에서 단 한 마디의 말로 만물을 창조하신 것이고, 신의 말씀, 즉 그 한마디가 없었으면 창조물은 존재하지 않았을 겁니다."

―여기서 날이 훤히 밝아왔으므로 샤라자드는 이야기를 그쳤다.

## 914번째 밤

샤라자드는 이야기를 계속했다.

오, 인자하신 임금님, 왕자는 부왕의 재상에게 결의론(決疑論)상의 질문을 하여 만족한 대답을 얻었으나, 시마스 재상은 왕자를 향해 설명을 계속했습니다.

"오, 왕자님, 누가 대답하더라도 지금 제가 말씀드린 것밖에는 더는 말할 수 없을 겁니다. 성스러운 법칙에 관해 전해진 온갖 말을 사실과 다르게 해석하거나 진리의 뚜렷한 의의를 변질시킨다면 또 모르겠지만요. 그 사람들은 말이란 내재적(內在的)인 고정된 힘을 가진 것이라고 합니다만, 저는 그와 같은 이단자의 견해에는 뜻을 같이할 수 없습니다. 알라(영원히 주권과 권력이 속하기를!)께서 그 말씀으로 세계를 창조하셨다고 해도, 그 의미는 알라(그 이름을 찬양하라!)께서 본질에 있어서나 속성에 있어서나 하나이며, 알라의 말씀이 독립된 힘을 가지고 있다는 것은 아닙니다.

그렇기는커녕, 말씀이나 다른 완전한 속성이 알라(그 높으신 위엄과 권위를 칭송하고 절대권을 찬양하라!)의 속성인 것처럼, 힘은 단지 알라의 속성에 지나지 않습니다. 그러므로 그 말씀 없이는 알라를 생각할 수 없고, 알라 없이는 그 말씀을 생각할 수도 없습니다. 왜냐하면 신은 그 말씀으로 만물을 창조하시고 그 말씀 없이는 아무것도 창조되지 않았기 때문입니다. 참으로 알라께서 만물을 창조하신 것도 그 진실한 말씀에 의해서였으며, 진실에 의해서 우리는 만들어진 것입니다."

"조물주에 대한 당신의 말씀은 잘 알았습니다. 그러나 당신 말대로라면 신이 그 진실한 말씀으로 세계를 창조했다고 하는데, 진실은 허위와 반대되는 것입니다. 그렇다면 진실의 반대되는 허위는 어디서 생겨난 것입니까? 허위가 진실과 혼동되고 인간에게 의혹의 씨앗이 되어, 결국 이 두 가지를 구별할 필요가 생긴 것은 과연 무엇 때문일까요? 조물주(영원히 주권과 군사력이 속하기를!)는 허위를 좋아하실까요? 미워하실까요? 당신은, 알라는 진실을 사랑하시고 그 진실에 의해서 모든 것을 창조하셨으며 허위를 매우 미워하신다고 말씀하셨는데, 그렇다면 조물자가 미워하시는 그 허위라는 것이 어째서 알라가 사랑하시는 진실의 영역까지 침범하게 되었을까요?"

"더없이 높으신 알라는 인간을 창조하실 때 모든 것을 진실에 맞도록, 신의 이름을 공경하며 신의 말씀에 순종하도록 창조하셨습니다. 그러므로 처음에 인간은 후회하는 일이 없었지만, 이윽고 허위가 진실의 영역을 침범하게 되었습니다. 그것은 신이 인간에게 주신 능력에서 나온 것으로, 의지라든지 탐욕이라고 부르는 성향이 바로 그것입니다. 그리하여 허위가 진실을 침범하게 되자, 인간의 의지와 능력이나 탐욕 때문에 올바른 것과 그른 것을 혼동하게 되었던 것입니다. 그래서 알라께서는 인간의 허위를 배제하고 진실을 향해 나아가도록 뉘우치는 인간의 마음을 만드셨고, 허위의 암흑 속에 살지 않도록 형벌을 마련하신 것입니다."

"그럼 어째서 허위가 진실을 침범하고 양쪽이 혼동되어 인간이 벌을 받거나 뉘우침의 채찍 아래 서야만 되었는지 그 점을 가르쳐주십시오."

"알라께서 진실한 인간을 창조하였을 때는, 신 자신을 사랑하게끔 창조되어 뉘우칠 필요도 없거니와 징벌을 가할 필요도 없었습니다. 그러나 그 뒤에 알라는 인간 속에 영혼을 집어넣으셨습니다. 영혼이 들어간 인간은 완벽한 것이 된 셈이지만, 한편으론 그것에 내재(內在)하는 괴로움으로 자연히 기울어지게 되어 거기서 허위가 생긴 것입니다. 원래 인간의 본성은 진실이고, 그것도 진실을 사랑하는 성품으로 만들어졌음에도 진실과 허위를 혼동하게 된 것입니다. 이러한 상태가 되면 진리를 외면하고 타락에 빠지며, 진실에서 떨어지는 자는 누구나 허위에 빠지게 되는 것입니다."

"그러면 허위는 다만 불복종과 위배에 의해서만 진실을 범한 것입니까?"

"그렇습니다. 그것은 알라께서 인류를 사랑하고 있기 때문이며, 알라의 손으로 만들어지고, 알라를, 즉 진실을 요구하는 인간에 대해 깊은 애정을 보내고 있기 때문입니다. 그러나 인간은 종종 영혼이 괴로움으로 기울어지기 때문에 정도를 벗어나 그릇된 길로 나아가기 쉬운 것이며, 그래서 신을 외면하고 허위에 빠져 징벌을 받게 됩니다. 그러나 허위에 빠진 자기 자신을 뉘우치고 허위에서 탈출하여 진실을 사랑하는 마음으로 돌아서면, 내세의 보상을 받을 수 있게 됩니다.

"모든 사람은 원죄(原罪)를 아담에게 돌리고 있는데, 죄의 기원을 말씀해 주십시오. 진실한 본성으로 알라의 손에 의해 창조된 아담이, 자기 자신을 배반한 것은 대체 무슨 까닭입니까? 그리고 영혼이 들어간 뒤, 배반과 회오(悔悟)가 싹텄다 하더라도 그 결말은 좋은 보상일까요, 아니면 천벌일까요? 우리가 본 바로는, 어떤 사람들은 항상 많은 죄업을 지으며 신이 사랑하지 않는 것에 마음이 끌려서, 진실에 대한 사랑이라는, 창조의 근본목적을 배반하고 스스로 신의 노여움을 부르고 있습니다. 또 한편에서는 오직 창조주의 마음을 받들어 신께 봉사함으로써 자비와 내세의 보상을 받을 자격이 있는 사람도 있습니다. 도대체 같은 인간으로서 어떻게 이와 같은 차이가 생기는 겁니까?"

"인류에게 일어난 불복종의 근원은 악마에게 있습니다. 악마는 알라께서 창조하신 천사와 인간과 마신 중에서 가장 신분이 높은 존재로, 나면서부터 진실에 대한 사랑이 그 마음속에 숨어 있었습니다. 그것은 진실 말고는 아무것도 몰랐기 때문입니다.

그런데 악마는 자기가 하늘 아래 제일가는 자라고 생각할 때마다, 자만심과 허영심과 오만한 마음이 고개를 쳐들어 조물주의 명령에 충실한 그 마음을 잃어버리고 말았습니다. 그것을 본 알라는 살아 있는 모든 것 중에서 악마를 가장 열등한 것으로 떨어뜨리고, 애정을 끊고 오욕 속에 그 거처를 정하신 겁니다.

그런데 악마는 알라(그 이름을 찬양하라!)께서 불복종을 좋아하지 않는다는 것, 또 아담이 신께 진실과 사랑과 복종을 맹세한 것을 알고 아담을 질투하게 되어, 아담을 올바른 길에서 꾀어내어 자신과 마찬가지로 허위로 기울어지게 하려고 온갖 간사한 꾀를 부린 것입니다. 그리하여 아담은 감쪽같이 적에게 걸려들어, 신을 외면하고 괴로움에 빠져 징벌을 받게 되었는데, 이 모든 것은 다름 아닌 허위의 출현 때문이었습니다.

조물주(그 이름을 찬양하라!)는 인간의 약점과 그들이 갑자기 적에게 항복하여 진실을 버리는 모습을 보고, 자비로운 마음에서 인간에게 뉘우치는 마음을 내려주셨습니다. 이로써 인간은 배반을 꾀하는 진흙탕에서 일어나 뉘우치고 한탄하며, 무기를 잡아 악마와 그 일당을 무찌른 뒤 본디 모습인 진실로 돌아갈 수 있었을 것입니다.

악마는 알라에 의해 자신의 수명이 연장된 것을 깨닫자, 얼른 인간에게 싸움을 걸어 온갖 농간을 부리며 공격했습니다. 그것은 인간에게서 신의 은총을 빼앗고, 악마와 그 일당이 부른 신의 분노를 인간에게로 돌아가게 하려는 속셈에서였습니다. 그래서 알라는 인간에게 뉘우치는 능력을 주어서, 오로지 진실에 귀의하여 그것을 지키도록 명령했습니다. 그리고 불복종이나 방자함에 빠지는 일이 없도록 명하는 동시에, 인간은 이 세상에 끊임없이 싸움을 걸며 밤낮의 구별 없이 창끝을 겨누고 있는 적을 가지고 있다는 것을 나타내 보게 하셨습니다. 그리하여 인간의 성격은 원래 진실을 사랑하도록 만들어져 있으므로, 만일 진실을 끝까지 지킨다면 내세의 보상을 얻을 권리가 있는 것이고, 반대로 육욕에 지고 괴로움에 굴복한다면 징벌을 받게 됩니다."

―여기서 날이 훤히 밝아왔으므로 샤라자드는 이야기를 그쳤다.

## 915번째 밤

샤라자드는 이야기를 계속했다.

오, 인자하신 임금님, 왕자는 옛날부터 논의되어 온 여러 가지 문제에 대해 시마스 재상에게 질문을 했고, 옳은 답변을 들었습니다. 이윽고 왕자는 다시 다음과 같은 질문을 하였습니다.

"그렇다면 말씀해 주십시오. 조물주의 큰 자재력(自在力)은 당신이 말씀하신 대로 끝이 없는 것이고, 어떠한 것도 조물주를 굴복시키거나 그 의지를 배반할 수 없다고 한다면, 인간은 도대체 어떤 힘으로 조물주를 배신할 수 있습니까? 조물주는 인간이 위배하지 않게 하고, 영원히 진실을 지키도록 강요할 수 있다고는 생각하지 않으십니까?"

"전능하신 신은 올바르고 공평해서 그 사랑을 받을 만한 사람들을 사랑하고, 정의의 영감과 넘치는 자비심 아래 그릇됨 없이 아주 정당하게 만물을 창조하는 한편, 자신의 의지에 따라 행동하는 권한도 인간에게 주셨습니다. 또 인간에게 정의의 길을 제시하는 동시에 자신의 자유로운 생각에 따라 선을 행할 권리와 능력도 주셨습니다. 따라서 인간이 그 반대를 따른다면 파멸의 구렁텅이에 빠지고 신의 뜻을 거역하게 됩니다."

"조물주가 당신 말씀대로 인간에게 의지의 권한과 능력을 주시고 그것에 의해 인간이 자기가 생각한 대로 행동할 수 있다면, 어째서 그와 같은 능력을 갖춘 인간과 인간이 바라는 악독한 행위 사이에 끼어들어 올바른 방향으로 인간을 이끌려고 하지 않는 것입니까?"

"그것은 조물주의 관대한 자비심과 뛰어난 지혜에 의한 것입니다. 조물주는 일찍이 악마에게 분노를 나타내며 조금의 연민도 보여주지 않으셨지만, 그와 반대로 아담에 대해서는 일단 노여워하셨지만, 잘못을 뉘우치고 고치려는 모습을 보고 자비를 베풀어 용서하신 것입니다."

"물론 조물주는 유일한 진실입니다. 그것은 그 공로와 잘못에 따라 모든 사람에게 보상을 주고, 또 만물을 다스리는 힘을 가진 것은 알라 말고는 아무도 없기 때문입니다. 그러나 도대체 알라는 사랑하는 것과 사랑하지 않는 것, 양쪽을 창조하셨습니까, 아니면 사랑하는 것만 창조하셨습니까?"

"신은 모든 것을 창조하셨지만, 다만 사랑하는 것에만 은총을 내리십니다."

"그렇다 해도 어떤 자는 신을 기쁘게 하여 그 공으로 내세의 좋은 보답을 받는데, 어떤 자는 신의 노여움을 사서 엄격한 징벌을 받아야 하는 건 어찌 된 까닭입니까? 이 두 가지에 대해 제가 이해할 수 있도록 설명해 주십시오."

"그 두 가지는 선과 악입니다. 그것은 육체와 영혼의 내부에 존재하는 것입니다. 오, 현명하신 왕자님, 이 선과 악은 영혼과 육체가 더불어 힘을 합쳐서 행하는 것입니다. 선은 신의 뜻을 따르므로 선이라 부르고, 악은 신의 뜻을 거역하므로 악이라 부릅니다. 신은 선행을 권하고 악행을 금하시므로, 당신은 신을 알고 선행을 하며 신의 뜻에 맞도록 해야만 합니다."

"저는 이 두 가지 것, 즉 선과 악이, 흔히 인간의 육체에 깃드는 것으로 생각하고 있는 오감(五感), 즉 미각, 청각, 시각, 후각, 촉각을 낳는 감각중추에 의해서만 생겨나는 것임을 알고 있습니다. 그런데 내가 가르쳐 달라고 하는 이 오감은 선을 위해 창조된 것일까요, 아니면 악을 위해서 창조된 것일까요?"

"왕자님께서 지금 물으신 문제에 대해 설명할 테니 잘 들어주십시오. 이것은 뚜렷한 증명이므로 가슴속에 잊지 않도록 깊이 새겨 두시기 바랍니다. 조물주(찬양하라!)는 진실로써 인간을 만들고, 그 진실을 사랑하는 마음을 사람에게 심어주었습니다. 모든 현상 속에 그 흔적을 남기고 있는 더없이 높으신 신의 위대한 힘이 없으면 아무것도 창조되지 않는 법입니다. 알라(알라를 찬양할지어다!)는 오로지 정의와 공평과 자비를 조정함으로써 군림하시며, 알라를 사랑하도록 인간을 만드시고 그 속에 영혼을 불어넣으셨습니다. 괴로움으로 향하는 경향은 영혼에 고유한 것이지만, 그와 동시에 온갖 능력이 주어져 있어서 앞에서 말한 오감이 천국에 오르는 수단이기도 하고, 지옥에 떨어지는 수단도 되도록 하셨던 것입니다."

"어째서 그렇게 됩니까?"

"알라께서 그 오감을 인간에게 주실 때, 혀는 말을 위해서, 손은 행위를 위해서, 발은 걸어 다니기 위해서, 눈은 보기 위해서, 귀는 듣기 위해서, 모두 저마다의 기능으로 나누셨습니다. 그리고 그 하나하나가 특별한 힘을 가지고 그 기능을 충분히 발휘하도록 이끌고, 알라의 뜻에 따르도록 명령하셨습니다.

그런데 말에 있어서 신의 뜻에 맞는 것은, 진실을 이야기하고 그 반대의 것, 즉 허위를 입에 올리지 않는 것입니다. 시각에서 신의 뜻에 맞는 것은, 신이 사랑하는 것에 눈을 돌리고 신이 미워하시는 것에는 눈을 돌리지 않는, 이를테면 욕망에 눈을 닫는 것입니다. 청각에서 신의 뜻에 맞는 것은, 성스런 계율이나 코란에 있는 말에만 귀를 기울이고 신의 노여움을 살 만한 것엔 귀를 기울이지 않는 것입니다. 손에 있어서 신의 뜻에 맞는 것은, 신이 맡기신 것을 혼자 독차지하지 말고 신의 뜻에 맞도록 써서 없애는 것이며, 그 반대로 신이 맡기신 것을 아까워하거나 악행에 그것을 쓰지 않는 것입니다. 또 발에 있어서 신의 뜻에 맞는 것은, 이를테면 가르침을 구하는 것처럼 항상 선을 추구하고, 그 반대로 알라의 길 말고는 걷지 않는 것입니다.

인간이 추구하는 그 밖의 욕정에 대해서 말하면, 이것은 영혼의 명령으로 육체에서 생겨납니다. 육체의 욕망에는 두 종류가 있는데 하나는 생식의 욕망이고, 또 하나는 복부(腹部)의 욕망입니다. 육체의 욕망을 적당히 채우는 것은 신의 뜻에 맞는 일이고,*36 그 법칙을 어긴다면 신의 노여움을 사게 됩니다. 먹고 마시는 것에 대한 복부의 욕망은, 저마다 전능하신 신이 정하신 분량만 먹고 신을 찬양하며 신께 감사한다면 신의 뜻에 맞는 것이며, 반대로 신의 분노를 사는 일은 정당하게 자신의 것이 아닌 것을 취할 때입니다.
　이상의 계율 말고 다른 모든 것은 거짓이며, 왕자님도 아시다시피 모든 것을 창조하신 알라께서는 오로지 선만을 기뻐하시며, 인체의 각 기관에 신이 정하신 의무를 수행하도록 명하신 것입니다. 그것은 알라께서 전지전능하신 신이기 때문입니다."
　"아담이 금단의 열매를 먹고 낙원에서 추방되어 결국 복종에서 반역으로 달렸는데, 전능하신 알라(그 힘을 찬양하라!)께서 그것을 미리 아셨을까요?"
　"그렇습니다. 알고 계셨습니다. 오, 젊은 현자여, 전능하신 알라께서는 아담을 창조하기 전에 그것을 알고 계셨습니다. 그 뚜렷한 증거는, 신이 미리 아담에게 나무열매를 먹는 것을 금하고 그것을 먹으면 신에 대한 반역자가 된다고 예고하신 일입니다. 이것은 정의와 공정을 위해, 아담이 신에 대해 변명을 위한 궤변을 늘어놓지 못하게 막기 위해서였습니다.
　그 때문에 아담이 잘못을 저지르고 재난을 가져와 이름을 더럽히고 꾸짖음을 받았을 때, 그것이 자손에까지 미쳤던 것입니다. 그래서 알라께서는 예언자와 사도들을 성전을 들려 인간세계에 보내셨습니다. 인간들에게 신성한 계율을 가르치고, 그 속의 교훈을 설명하여 올바른 길을 밝히고, 우리가 해야 할 의무와 하지 말아야 할 사항을 간곡히 깨우쳐주신 것입니다.
　그런데 우리 인간은 자유의지가 주어져 있어, 이 정당한 한계 안에서 행동하는 자는 원하는 것을 얻어서 번영하고, 그 한계를 넘어서 성전의 가르침을 거역하고 신에게 반역하는 자는 현세에 있어서나 내세에 있어서나 멸망을 피할 수 없습니다. 이것이 곧 선악의 길입니다.
　왕자님도 아시겠지만, 만물을 다스리시는 알라께서는 전능하시며, 우리 인간을 위해 모든 욕정을 만들어내신 것도 오로지 알라의 뜻에 의한 것입니다. 또 그 욕정을 올바르게 사용하도록 명령하신 것도 결국 그것이 우리 인간에게 선이 된다고 생각하셨기 때문입니다. 그러나 죄악의 길에서 욕정을 사용하면 그것은 악이 됩니다.
　따라서 우리가 올바르다고 생각하는 것은 전능하신 알라로부터 생겨나는 것이고, 사악하다고 생각하는 것은 조물주가 아니라 그 창조물로부터 생겨

나는 것입니다. 그런 까닭에 더없이 찬양하는 마음으로 알라를 가장 높게 모셔야 합니다."

—여기서 날이 훤히 밝아왔으므로 샤라자드는 이야기를 그쳤다.

## 916번째 밤

샤라자드는 이야기를 계속했다.
 오, 인자하신 임금님, 잘리아드 왕의 젊은 왕자는 시마스 재상에게 이와 같은 어려운 질문을 했고, 거기에 대한 충분한 대답을 얻자 다시 이렇게 물었습니다.
 "신과 신이 창조하신 생물에 대한 설명은 잘 들었습니다. 그런데 제가 평소에 매우 이상히 여기고 이해하지 못하는 것이 하나 있습니다. 그것에 대해서 가르쳐주십시오. 아담의 자손인 우리 인간이 내세의 생활에 대해서는 전혀 무관심한 채 생각해 보려고도 하지 않고, 오로지 이 현세에만 집착하는 까닭은 무엇 때문입니까? 언젠가는 나이에 상관없이 이 세상을 떠나야 하는데도 말입니다."
 "확실히 그렇습니다. 이 세상이 매우 변하기 쉽고 덧없다는 것은, 행운도 불운도 결코 영원히 계속되는 것이 아니라는 증거입니다. 왜냐하면 이 세상에 태어난 사람은 누구나 끊임없이 변하는 세상에서 벗어나지 못하며, 설령 이 세상을 다스리는 권력을 가지고 그것에 만족하고 있다 해도, 그 지위는 흔들리고 이내 저세상으로 사라지지 않을 수 없기 때문입니다.
 그러므로 인간은 이 현세에 믿음을 둘 수 없고, 영원한 영화를 누리며 이익을 얻을 수도 없습니다. 이것을 깨닫는다면 세상에서 가장 비참한 사람은 현세에 현혹되어 내세에 대해 무관심한 사람들이란 걸 알 수 있습니다. 현재 아무리 근심 없고 편안한 생활을 꾸려 나가고 있어도, 그런 편안한 날은 저세상에 간 뒤에 닥칠 공포와 불행과 전율에 비하면 아무것도 아닙니다.
 죽음이 찾아와 덧없는 쾌락과 기쁨이 사라졌을 때 어떤 꼴이 되는지 알게 된다면, 속세나 세속의 일은 깨끗이 내던져 버릴 것이 틀림없습니다. 우리는 내세가 현세보다 훨씬 훌륭하고 혜택받은 것임을 굳게 믿고 있기 때문입니다."
"오, 현자여! 당신의 밝은 등불에 의해 제 마음을 덮고 있던 암흑이 걷혔습니다. 제가 올바른 길을 갈 수 있도록 저를 인도하고 발밑을 비춰줄 등불까지 켜 주셨습니다."
이때 자리를 함께한 학자 하나가 일어나서 입을 열었습니다.
"봄철이 되면 암토끼도 코끼리도 풀밭을 찾아야만 합니다. 정말 저는 이제껏 한 번도 들은 적이 없는 질문과 답변을 두 분을 통해 들었습니다. 그러나 잠깐 두 분이 서로 묻고 대답하는 것을 끊고, 두세 가지 묻고 싶은 것이 있습니다. 과연 이 세상의 보물 가운데 가장 훌륭한 것은 무엇입니까?"
그러자 왕자가 대답했습니다.
"그것은 육체의 건강과 올바른 생활과 훌륭한 자손을 갖는 것입니다."
"그럼 위대한 것은 무엇이고 위대하지 않은 것은 무엇입니까?"
"위대한 것은 위대하지 않은 것이 굴복하는 것이요, 위대하지 않은 것은 위대한 것에게 굴복하는 것입니다."
"살아 있는 모든 것에 공통되는 네 가지는 무엇입니까?"
"그것은 음식, 잠, 색정, 죽음의 공포입니다."
"아무도 피할 수 없는 인간의 세 가지 결점은 무엇입니까?"
"그것은 어리석음, 인색함, 거짓입니다."
"모든 거짓이 지저분하고 더럽기는 하지만, 그중에서 가장 뛰어난 것은 무엇입니까?"[37]
"거짓말을 해도 상대에게 해를 주지 않고 이익을 주는 것이 가장 좋은 거짓입니다."
"진실은 모두 좋은 것입니다만, 어떤 종류의 진실이 가장 지저분하고 더럽습니까?"
"사람이 자기가 가지고 있는 것을 뽐내고 자랑하는 것입니다."
"추악한 것 가운데 가장 추악한 것은 무엇입니까?"
"자기가 하지 않은 일을 자기가 한 것처럼 자랑하는 것입니다."
"가장 어리석은 인간이란 어떤 인간을 말합니까?"
"자기 배 속에 넣는 것 말고는 아무것도 생각하지 않는 인간입니다."

이때 시마스 재상이 말했습니다.

"오, 임금님, 과연 임금님은 저희 주군이십니다. 그러나 임금님이 돌아가신 뒤에는 이 왕국을 세자이신 왕자님에게 물려주시기를 부탁합니다. 저희는 언제까지나 임금님의 신하로서 섬길 생각이옵니다."

그래서 왕은 신학자를 비롯하여 모여 있는 사람들을 향해, 시마스 재상이 방금 한 말을 잊지 않도록 마음에 깊이 새겨 두고 그대로 실행하라고 분부했습니다. 또 왕자를 추정(推定)상속인으로서 현왕의 후계자로 정한 이상, 왕자의 명령을 어기지 말 것을 당부했습니다.

왕은 또한 문무백관은 물론이고, 영내의 남녀노소 할 것 없이 왕자가 왕위를 잇는 데 반대하지 않고 그 명령에 따르겠다고 맹세하게 했습니다.

이윽고 왕자가 열일곱 살이 되었을 때 왕은 중병에 걸려 금방이라도 숨을 거둘 듯한 상황에 있었습니다. 왕은 자신의 생명이 이미 다했음을 깨닫고 사람들을 불러 이렇게 말했습니다.

"이번 병은 죽을병이니, 왕자를 비롯하여 일가친척과 영내의 태수, 귀족들을 한 사람도 남김없이 모두 내 머리맡에 모이게 해라."

신하들은 어전에서 물러나자 왕성 가까이 있는 자에게는 그대로 전하고 먼 곳에 있는 자에게는 소집통지서를 보냈습니다. 그러자 사람들이 속속 모여들어 왕 앞에 나아가 말했습니다.

"오, 임금님, 용태는 좀 어떠십니까? 이토록 안타까운 낯빛이 웬 말입니까?"

"이번엔 살아나지 못하리라. 전능하신 알라께서 나를 겨냥하신 죽음의 화살이 이미 시위를 떠났어. 드디어 오늘이 현세의 마지막 날이자, 내세의 첫날이 될 거야."

왕은 그렇게 말한 다음 왕자를 불렀습니다.

"내 곁에 가까이 오너라."

왕자가 심하게 흐느끼며 왕에게 다가가자 그 눈물이 왕의 병상을 적셨습니다. 왕의 두 눈에도 눈물이 넘쳐나고 늘어선 사람들도 모두 흐느껴 울었습니다.

"오, 왕자여, 울지 마라. 나만이 이 피할 수 없는 운명을 당하는 것이 아니다. 알라께서 창조하신 생명은 모두 죽음에서 벗어날 수 없느니라. 그러니 너는 전능하신 알라를 두려워하며 훌륭하게 행동해야 한다.
 그렇게 하면 너는 선행으로 인도되어 모든 사람이 가는 저세상에 편안히 가게 될 것이다. 욕정에 빠지지 말고 어떤 상황에서도, 잠잘 때든 깨어 있을 때든 늘 신을 찬양하는 것을 잊어서는 안 된다. 그리고 진실을 향해 눈을 돌려라. 내가 너에게 남기는 마지막 말은 이것이다."

―여기서 날이 훤히 밝아왔으므로 이야기를 그쳤다.

## 917번째 밤

 샤라자드는 이야기를 계속했다.
 오, 인자하신 임금님, 잘리아드 왕이 왕자에게 잘못이 없도록 주의를 주고 왕위를 이을 후계자로 정하자 왕자가 말했습니다.
 "오, 아버님, 아시다시피 저는 아버님의 명령에 늘 복종하며, 교훈을 잊지 않고 언제나 아버님의 뜻을 따르도록 충실하게 법을 이행했습니다. 아버님은 저에게는 천하에 둘도 없는 아버님이셨기 때문입니다. 그러니 설령 아버님께서 돌아가신다 해도 제가 어찌 아버님의 뜻에 어긋나는 행동을 하겠습니까? 아버님은 저를 훌륭하게 보살펴 자라게 하시고 지금 제 곁을 떠나려 하시지만, 슬프게도 저는 아버님을 제 곁에 붙들어 둘 수가 없군요. 그러나 아버님의 훈계를 가슴에 새기고 잊지 않는다면, 저는 반드시 축복을 받아 빛나는 행운을 입을 것입니다."
 그러자 왕은 드디어 이 세상을 떠나는 마지막 단말마의 고통 속에서 입을 열었습니다.
 "오, 왕자여, 다음에 말하는 열 가지 훈계는 반드시 지켜야 한다. 그것을 지키면, 신은 반드시 현세에서든 내세에서든 너에게 은총을 내려주시리라. 그 훈계는 화가 날 때는 화를 누르고, 괴로울 때는 참고 견디며, 말할 때는 진실을 말하고, 맹세할 때는 그것을 굳게 지키며, 재판할 때는 공정하게, 권력을 가질 때는 자비롭게, 총독과 부총독은 관대하게 대하고, 적에게는 아낌없이 인정을 베풀고, 적에게 함부로 위해를 가하지 않는 것이다. 그리고 또 다른 열 가지의 훈계가 있는데 이것을 잘 지키면, 신은 네가 백성을 다스리는 데 힘을 빌려주시리라. 그것은 곧, 분배할 때는 공평하게, 벌을 줄 때는 권력으로 억눌러서는 안 된다. 일단 약속한 것은 반드시 지키고, 충고하는 자의 말에 귀를 기울여야 한다. 기분 나쁜 일이 있어도 애써 잊고, 다툼을 삼가며, 신하들이 성스러운 법도에 복종하고 선행을 하는 데 기쁨을 느끼도록 인도해라. 무지(無知)는 날카로운 칼로 끊고, 배신이나 허위에 마음을 기울여서는 안 된다. 마지막으로 백성들을 위해 그릇됨이 없는 올바르고 당당한 정치를 펼치면, 그들은 위아래의 구별 없이 모두 너를 사랑할 테니, 사악한 자나 악덕한 자들도 모두 너를 두려워하게 되리라.”

이어서 왕은 왕자를 후계자로 정했을 때 그 자리에 있었던 신학자와 태수들을 향해 말했습니다.

“그대들은 새로운 왕이 내린 명령을 지키고 어기지 않도록 주의하기 바란다. 아니면 국토는 멸망하고 세상은 수습할 수 없게 되어, 그대들의 육체와 재산도 무너지고 공연히 적들만 기뻐서 손뼉을 치게 되리라. 그대들은 나에게 한 맹세를 잘 지켜주었는데, 이제는 이 젊은 새 왕에게 맹세를 하고 나와의 사이에 맺은 충성의 서약을 새로운 왕과도 맺기 바란다.

새 왕의 명령을 잘 듣고 거기에 복종하는 것은 그대들의 의무인 동시에, 거기에 그대들의 행복도 있는 것이니라. 따라서 나에게 충성을 다한 것처럼, 새 왕도 충실하게 섬기기 바란다. 그러면 그대들의 지위와 신분도 점점 높아지리라. 새 왕은 그대들을 지배하는 왕권을 가지고, 그대들의 운명을 뜻대로 좌우할 수 있기 때문이다. 이로써 할 말은 다 했노라.”

이렇게 말한 왕은 단말마의 고통*38에 사로잡혀 혀가 말을 듣지 않게 되자, 왕자를 굳게 가슴에 끌어안고 입맞추며 신께 감사드렸습니다.

그리고 얼마 뒤 마침내 죽음이 찾아와서 왕의 넋은 육체를 떠나고 말았습니다.

모든 신하는 왕의 죽음을 깊이 애도하며 유해를 수의에 싸서 영예와 예를 다하여 성대하게 장사지냈습니다. 그런 다음 신하들은 새로운 왕을 모시고 궁전에 돌아와 왕관을 씌운 뒤 손가락에 도장반지를 끼워 주었습니다.

그리하여 젊은 왕은 백성 위에 군림하며 부왕의 온정과 정의와 어진 사랑을 좇아 정사를 펼치고 백성을 다스렸습니다. 그러나 잠시 지나자 왕은 현세의 번뇌와 색욕에 현혹되고 쾌락의 포로가 되어, 죽은 부왕과의 서약을 깨고 충실한 마음을 내던지고는 정사를 게을리하면서, 세속의 헛된 헛치레에 정신을 팔고 자신의 몸을 멸망시키는 그릇된 길에 발을 들여놓고 말았습니다. 그리하여 오로지 음욕의 불길에 몸을 불태우던 왕은 아름다운 여자에 대한 소문만 들으면 곧 불러서 하룻밤을 즐기곤 했습니다.

그렇게 해서 새 왕은 저 다윗의 아들 솔로몬 왕보다 더 많은 여자를 차례차례 불러들여 곁에 두었습니다. 이 여자들과 함께 한 달 동안 계속 후궁에 틀어박혀, 나라 안 일이나 정사는 전혀 돌보지 않고, 백성들이 호소하는 온갖 어려움에도 귀를 기울이지 않았습니다. 아무리 진정서를 써서 호소해도 들은 척도 하지 않았습니다.

신하들은 왕이 정사를 소홀히 하고 국가의 이익에 도무지 힘을 쓰지 않는지라, 머지않아 백성들 사이에 불만의 목소리가 일어나 마침내 수습할 수 없는 재앙이 일어나지 않을까 매우 걱정했습니다.

그래서 신하들은 몰래 모임을 하고 왕의 지나친 행동을 비난하며 그 대책을 마련하는 비밀 이야기를 나눴습니다.

"이제부터 시마스 재상을 찾아가서 우리가 지금 왕의 소행에 대해서 매우 걱정하고 있다는 것을 전합시다. 그러면 시마스 재상이 왕에게 간언할 것이오. 그러지 않으면 조만간 반드시 소동이 일어나서 왕은 물론 우리의 신변에도 위험이 닥쳐올 것이오. 왕이 저렇게 보통 사람의 천박함과 이 속세의 쾌락에 빠져 번뇌에 얽매여 있으니 말이오."

그리하여 그들은 시마스 재상을 찾아가서 이렇게 말했습니다.

"오, 현명하고도 사려 깊은 현자시여, 우리 임금님은 현세의 쾌락에 매혹되어 그 덫에 걸리고 말았습니다. 그래서 헛된 영화에 깊이 빠져 마음을 뺏기고 이 왕국의 파멸을 부르는 쾌락만 일삼고 계십니다. 이제 국사는 어지러워지고 많은 사람이 타락하여, 세상이 온통 탁류처럼 흘러가고 있으니 그야말로 멸망이 눈앞에 보이는 듯합니다. 며칠이 아니라 몇 달 동안 저희는 임금님의 옥안을 뵌 적이 없고, 또 저희에게도 대신들에게도, 명령을 내린 적도 없습니다. 볼일이 있어도 임금님의 귀에 전할 기회도 없고, 또 임금님께서도 정치의 길이나 백성에 대해서는 아예 안중에도 없고, 백성들의 민심은 완전히 무시하고 계십니다.*39

저희가 이렇게 갑자기 찾아온 까닭은 이 진상을 당신에게 알려 드리기 위해섭니다. 당신은 대신의 우두머리이고 우리 가운데 가장 재능이 뛰어난 분이며, 또한 우리 임금님의 그릇된 행위를 간할 수 있는 분이기 때문입니다. 당신이 사시는 이 영토에 폭동이 일어난다는 것은 용서할 수 없는 일인 만큼 부디 재상께서 우리 임금님에게 충언을 올려주시기 바랍니다. 아마도 우리 임금님은 당신의 간언을 받아들이셔서 알라의 길로 돌아오시리라 믿습니다."*40

이 말을 들은 시마스 재상은 곧 일어나서 어전으로 갔습니다. 그리고 먼저 시동을 붙잡고 말했습니다.

"임금님께 가서 내가 알현하고자 하니 허락을 구해 오너라. 볼일이 있어서 꼭 임금님을 만나 뵙고 자세히 아뢴 다음 그 대답을 받아야만 한다."

그러자 시동이 말했습니다.

"재상님, 사실 지난 한 달 동안 임금님은 누구도 알현을 허락하지 않으시고, 저희도 그동안 한 번도 뵌 적이 없습니다. 하지만 한 사람을 가르쳐 드리겠습니다. 그 사람은 언제나 임금님을 옆에서 모시면서, 주방에서 임금님이 잡수실 요리를 나르는 흑인 노예입니다. 그자를 붙잡고 부탁하시면 아마도 주선해 드릴 것입니다."

그래서 시마스 재상이 주방 입구에서 잠시 기다리고 있으니, 이윽고 흑인 노예가 나타났습니다.

"여봐라, 나는 왕의 어전에 가서 특별히 아뢸 말씀이 있다. 식사가 끝나시고 기분이 좋으실 때 나를 위해 알현 허락을 받아주지 않겠느냐? 그렇게 하면 내가 임금님에게 네 이야기를 잘 말씀 드려주마."

"알았습니다."

흑인은 그렇게 대답한 뒤 음식을 가지고 왕에게 갔습니다. 음식을 다 먹고 난 왕은 기분이 좋은 듯 느긋하게 쉬고 있었습니다. 그 모습을 보고 흑인 노예가 말했습니다.

"시마스 님이 문 앞에 와 계시는데 뭔가 특별히 말씀드릴 것이 있다면서 알현을 청하고 있습니다."

이 말을 들은 왕은 매우 놀라 무슨 일인지 걱정하면서 시마스 재상을 들여보내게 했습니다.

—여기서 날이 훤히 밝아왔으므로 샤라자드는 이야기를 그쳤다.

## 918번째 밤

샤라자드는 이야기를 계속했다.

오, 인자하신 임금님, 흑인 노예가 나가서 시마스 재상에게 안으로 들어가라고 전하자, 재상은 들어가서 먼저 알라 앞에 엎드린 뒤, 이어서 왕의 손에 입맞추며 왕을 축복했습니다.

"오, 시마스, 나를 만나고자 한다니 무슨 일로 그러는가?"

"오랫동안 우리 임금님의 옥안을 뵙지 못하여 전부터 꼭 한 번 뵙고 싶었습니다. 그런데 뜻하지 않게 이렇게 용안을 뵙게 되니 참으로 기쁘기 짝이 없습니다. 오, 참으로 위세 높은 왕이시여! 사실 오늘 제가 이렇게 찾아뵌 것은 임금님께 간곡히 드릴 말씀이 있어서입니다."

"무슨 말인지 해 보시오."

"오, 우리 임금님, 전능하신 알라께서 우리 임금님께 깊은 학식과 예지를 내리셨음을 마음에 꼭 새겨 두시기를 저는 바라고 있습니다. 우리 임금님 같은 젊은 나이에, 우리 임금님만큼 신의 은총을 받으신 왕은 이 세상 어디에도 없습니다. 알라는 우리 임금님 왕권의 번영을 위해 아낌없이 은혜를 내리신 것입니다. 우리 임금님이 알라께서 내리신 것을 외면하고 다른 일로 기울어지는 것을 알라께선 결코 좋게 여기지 않으실 겁니다.

그래서 우리 임금님은 자신의 힘만 믿고 알라의 명령을 어기는 일이 없이, 신의 명령을 마음으로 잘 이해하고 그것에 순응해야 할 것입니다. 그러나 제가 본 바로는, 임금님은 이미 오랫동안 선왕의 훈계를 잊으시고, 맹세도 어기며, 충고와 지혜로운 말을 돌아보지 않고, 올바른 재판과 정사도 내팽개치고 계십니다. 알라의 은총을 소중히 하기는커녕 감사하는 마음으로 알라께 보답하시려는 마음이 없으신 듯합니다."

"어째서? 도대체 무얼 두고 그렇게 말하는 건가?"

"그것은 우리 임금님이 정사를 돌보지 않으시고 알라로부터 맡으신 백성의 이익을 살펴주지 않으시고, 오직 현세의 헛된 쾌락에만 빠져 계신다는 것입니다. 국토와 신앙과 백성들의 행복은 왕이 반드시 감시해야만 한다고 하는데, 이것은 참으로 매우 뜻깊은 말입니다. 그러하오니 임금님, 분에 넘치오나, 저는 임금님께서 나랏일에 열성을 보여주십사는 것입니다. 그렇게 하면 머지않아 우리 임금님께 구원의 길이 열리고, 파멸의 늪으로 이끄는 하찮고 덧없는 쾌락은 멀리 사라지리라고 믿기 때문입니다. 만에 하나, 어부에게 일어난 재앙이 우리 임금님의 몸에 닥친다면 큰일이 아닐 수 없습니다."

"어부의 재앙이라니?"

"사실 저는 이런 이야기를 들은 적이 있습니다."

## 어리석은 어부

어느 어부가 강으로 고기잡이를 나갔습니다. 강에 와서 다리를 건너다가 커다란 물고기가 눈에 띄었는지라 그만 자기도 모르게 이렇게 중얼거렸습니다.

"이거, 가만히 있을 수 없군. 저 물고기를 잡을 때까지 끝까지 따라가 보자. 그러면 매일 고기잡이를 나가지 않아도 편히 살 수 있을 테니까."

어부는 옷을 벗어 던지고 그 물고기를 쫓아 강물 속으로 뛰어들었습니다. 강물에 밀려 떠내려가면서도 물고기를 쫓아가던 어부는 드디어 그 물고기를 잡았습니다.

그런데 뒤돌아보니 어느새 강가에서 멀리 떨어져 왔음을 깨달았습니다. 물살에 떠내려 온 탓인 줄은 알았지만, 그래도 어부는 물고기를 손에서 놓지 않았습니다. 목숨을 걸고 두 손으로 물고기를 움켜쥔 채, 떠내려가는 대로 몸을 맡기고 있었습니다. 그러다가 한 번 들어가면 도저히 빠져나올 수 없는 무서운 소용돌이 속에 끌려 들어가고 말았습니다.

어부는 그제야 비명을 지르며 소리쳤습니다.

"사람 살려! 물에 빠져 죽는다!"

그러자 강을 감시하던 사람들이 달려와서 물었습니다.

"아니, 어쩌다가 그런 위험한 곳에 뛰어들었나?"

"살아날 길이 있었지만 그것을 버리고 나 스스로 탐욕과 파멸에 몸을 던졌지요."

"이보시오, 옛날부터 그곳에 빠진 자는 아무도 살아난 적이 없다는 사실

을 알면서도 일부러 그런 파멸의 구렁에 뛰어들었단 말인가? 그 손에 쥐고 있는 물고기만 버리면 사는데 왜 놓지 않는가? 놓아 주기만 하면 거기서 빠져나올 수 있고 목숨도 건질 수 있을 텐데. 이렇게 된 이상 이제 당신을 파멸에서 건져줄 수 있는 사람은 아무도 없소.'
그리하여 어부는 한 가닥 희망도 사라지고 목숨까지 걸었던 손 안의 귀중한 물고기도 잃고 비참한 최후를 마쳤습니다.

이야기를 마친 시마스 재상이 말을 이었습니다.
"오, 임금님, 제가 이런 비유를 말씀드린 까닭은 오로지 임금님이 자신의 의무를 돌아보지 않는 천박한 행위를 멈추시고, 백성을 훌륭하게 통치하셔서 영내의 질서를 잘 유지하여 누구의 비난도 듣지 않았으면 해서입니다."
"그러면, 재상은 나더러 어떻게 하라는 것이오?"
"내일 신하들에게 알현을 허락하시고 여러 가지 국사에 대해 귀를 기울이신 다음, 그들을 향해 지금까지의 일을 똑똑히 설명하시고 앞으로는 훌륭한 통치와 백성의 번영에 힘쓰겠다고 약속하시는 것입니다."
"오, 시마스, 참으로 이치에 맞는 말이로다. 그럼, 내일 신의 뜻에 맞는다면, 그대가 권하는 대로 하마."
그래서 재상은 왕 앞에서 물러나와 신하들에게 그 말을 전했습니다.
이튿날 아침 왕은 그때까지 틀어박혀 있었던 후궁에서 나왔습니다. 그리고 신하들에게 알현을 허락하고 그때까지의 자기 행동을 해명하고 용서를 구한 다음, 앞으로는 신하들의 의사를 존중하고 형편에 따라 잘 처리할 것을 약속하자, 모두 안심하고 저마다 자기 집으로 돌아갔습니다.
그들이 모두 물러간 뒤 왕의 처첩 가운데 왕이 가장 귀여워하고 사랑하는 첩이 찾아왔습니다. 애첩은 왕이 무척 침울한 얼굴로 재상의 간언을 생각하며 마음을 어지럽히고 있는 것을 보고 이렇게 물었습니다.
"오, 우리 임금님, 무슨 근심이라도 있으십니까? 아니면 마음에 드시지 않는 일이라도 있으십니까?"
"아니다. 내 의무 때문에 즐거움이 방해받은 것뿐이다. 나는 정사를 게을리하거나 백성의 일을 외면할 수 없어. 지금까지처럼 그렇게 하고만 있다가는 머지않아, 아니 당장 내일이라도 이 왕국을 잃어버리고 말게다."

"오, 임금님, 저는 알 수 있어요. 임금님은 대신들에게 속고 계신 거예요. 그분들은 그저 임금님을 괴롭힐 생각만 하면서 함정에 빠뜨리려고 애를 쓰고 있어요. 그러면 임금님은 왕으로서의 기쁨도 맛보지 못하시고 느긋하게 즐길 수도 없으니까요. 그뿐만 아니라 자신들의 괴로움을 덜려고 임금님께 걱정을 넘겨서 수명을 줄이려는 겁니다. 그건 바로 남을 위해 내 몸을 죽인 사람, 아니면 소년과 도둑에 관한 이야기와 똑같아요."

"그건 도대체 어떤 이야기인고?"

왕의 물음에 애첩이 대답했습니다.

"이런 이야기가 전해져 내려오고 있답니다."

### 소년과 도둑

어느 날 도둑 일곱 명이 여느 때처럼 도둑질하러 가다가 한 소년을 만났습니다. 빈털터리에 고아인 소년은 도둑들에게 뭔가 먹을 것을 적선해 달라고 졸랐습니다. 그러자 도둑 하나가 말했습니다.

"어이, 꼬마야, 우리와 함께 가지 않겠니? 그러면 무엇이든 먹여 주고 옷도 주고 보살펴 주마."

그러자 소년이 대답했습니다.

"그렇다면 꼭 데려가주세요. 아저씨들은 꼭 우리 가족 같군요."

도둑들은 소년을 데리고 이윽고 어느 정원에 이르렀는데, 그곳에는 호두나무가 있고 잘 익은 열매가 가득 열려 있었습니다.

"꼬마야, 우리와 함께 이 정원으로 들어가서 저 나무에 올라가지 않겠니? 호두를 실컷 먹고 남는 것을 우리에게 던져주면 돼."

소년은 고개를 끄덕이고 그들과 함께 정원으로 들어갔습니다.

―여기서 날이 훤히 밝아왔으므로 샤라자드는 이야기를 그쳤다.

## 919번째 밤

샤라자드는 이야기를 계속했다.

오, 인자하신 임금님, 소년은 도둑 일곱 명과 함께 정원 안으로 들어갔습니다. 그러자 도둑 하나가 다른 도둑들을 돌아보며 말했습니다.

"우리 가운데 가장 몸이 가볍고 키가 작은 놈이 누구지? 그놈에게 이 나무에 오르라고 하자."

"몸이 가장 작은 놈은 이 꼬마밖에 없잖아."

그래서 그들은 소년을 호두나무 위로 올려보낸 뒤 이렇게 말했습니다.

"꼬마야, 누가 보고 이상하게 생각하면 곤란하니까 호두열매를 까먹어선 안 된다."

"그럼 어떻게 해요?"

"가지 사이에 앉아서 가지를 하나씩 힘껏 흔들어라. 그러면 호두가 떨어질 테니까 우리가 그것을 줍는 거야. 그렇게 호두를 다 떨어뜨린 뒤 네가 내려오면 네 몫을 챙겨주마."

소년은 시키는 대로 손에 닿는 나뭇가지를 하나하나 흔들기 시작했습니다. 그러자 호두열매가 땅바닥에 떨어졌고, 도둑들은 그것을 긁어모아 실컷 먹고 나서 나머지는 숨겨 두었습니다. 호두를 하나도 입에 넣지 못한 사람은 소년뿐이었습니다.

그럭저럭하는 사이에 정원 임자가 나타나서 이 광경을 보고 그들에게 물었습니다.

"당신들은 이 나무를 어쩌려고 그러는 것이오?"

"우리는 아무것도 훔치지 않았어요. 지나가다 보니까 저 꼬마가 나무 위에 올라가 있기에 붙잡아서 임자에게 데려가려던 참이었지요. 그랬는데 저 아이가 나뭇가지를 마구 흔들어서 호두가 이렇게 떨어진 겁니다. 우리에게는 아무 잘못도 없습니다."

그래서 주인은 소년에게 물었습니다.

"너는 거기서 뭐하고 있느냐?"

"이 사람들이 하는 말은 모두 거짓말이에요. 사실 우리 모두 함께 이 정원에 들어왔어요. 그러자 저 아저씨들이 나한테 이 나무에 올라가서 호두열매가 떨어지도록 가지를 흔들라고 해서 그대로 한 것뿐이에요."

"그렇다면 너는 스스로 나서서 재앙을 부른 셈이구나. 그런데 너는 호두를 얼마나 먹었느냐?"

"하나도 못 먹었어요."

"너는 정말 바보구나. 일부러 자기 몸을 망치면서 남에게 이익을 주다니 바보 중에도 정말 바보다."

그리고 도둑들에게는 이렇게 말했습니다.

"당신들은 탓하지 않을 테니 빨리 나가시오."

그러고는 소년만 매우 혼냈습니다.

이야기를 끝낸 왕의 애첩이 이렇게 덧붙였습니다.

"그러니 대신이나 신하들은 우리 임금님을 자기들의 희생으로 삼아, 마치 도둑이 소년에게 한 것처럼 임금님에게 하는 것입니다."

"과연 네 말이 맞다. 나는 이제 결코 그놈들을 만나주지 않고 내 즐거움도 버리지 않겠다."

그날 밤, 왕은 애첩과 함께 온갖 짓을 다 하며 아침이 되도록 음란하게 놀고 즐겼습니다.

그 이튿날 시마스 재상은 모여든 중신들과 함께 서로 기쁨의 말을 나누면서 궁전 정문에 이르렀습니다. 그런데 궁전 문은 닫혀 있고, 왕도 그들을 맞이할 기척도 없이 알현 허락도 내리지 않았습니다. 몹시 실망한 신하들이 시마스에게 말했습니다.

"오, 참으로 뛰어난 재상이여, 학식과 재능을 갖춘 현자여, 저 분별을 가리지 못하는 어린 임금님의 수법을 보셨습니까? 숱한 죄를 범한데다가 이제는 거짓말까지 하시는군요. 우리에게 그처럼 약속하신 일을 어긴 데는 당신에게도 책임이 있습니다. 하지만 당신이 다시 한 번 임금님을 찾아가서 어째서 납시지 않는지 그 까닭을 알아와 주시기 바랍니다. 이와 같은 짓을 하는 것은 틀림없이 뱃속까지 썩어버린 탓이라 여겨집니다. 정말 참으로 지각없는 행동입니다."

그리하여 시마스는 다시 왕을 찾아가 이렇게 말했습니다.

"오, 우리 임금님, 이렇게 기분이 좋으신 모습을 보니 기쁘기 그지없습니다. 그런데 이처럼 하찮은 쾌락에 빠져서 더할 수 없이 중대한 국사를 소홀히 하시는 것은 도대체 무슨 까닭에서입니까? 지금 임금님은 마치 젖 짜는 낙타를 키우고 있던 어떤 남자와도 같습니다.

어느 날 낙타를 먹이고 있는 남자가 젖을 짜러 갔다가 젖이 매우 맛있어서 낙타 고삐를 단단히 쥐는 것을 그만 잊고 말았습니다. 그 때문에 낙타는 들판으로 달아나 그 사나이는 낙타도 젖도 모두 잃어버리고 말았습니다.

즉, 맛있는 것에 정신이 팔려서 이중의 손해를 입은 것입니다. 그러므로 임금님, 자신의 행복과 백성의 복지가 어디에 있는지 잘 생각해 보십시오.

이를테면 사람은 아무리 먹는 것이 중요하다고 해도 그것을 위해 1년 내내 주방 입구에 앉아 있을 수는 없습니다. 그것과 마찬가지로 여자를 총애하신다 하더라도 온종일 여자 곁을 떠나지 않는 것은 좋지 않습니다. 먹는 것은 굶주림에서 벗어나는 정도로 충분하고, 물도 목마름만 달래면 됩니다. 그것과 마찬가지로 뜻있는 인간은 하루 24시간 중에 두 시간만 여자와 함께 지내는 것으로 만족하고, 나머지 시간은 자신의 소중한 일에 써야 합니다. 하루에 두 시간 이상을 여자와 함께 있는 것은 육체를 위해서나 정신을 위해서 좋지 않으며, 절대 좋은 결과를 가져다주지 않습니다. 여자들은 결코 우리에게 이로운 말은 하지 않고 그렇게 행동하지도 않습니다. 저는 여자 때문에 몸을 망친 사람들을 잘 알고 있습니다. 그중에서도 아내의 말을 듣다가 몸을 망친 사내 이야기가 가장 유명합니다."

"그것은 어떤 이야기인가?"

"오, 임금님, 이제부터 그 이야기를 들려 드리겠습니다."

## 남편과 아내

옛날 어느 곳에 아내 말이라면 무엇이든지 잘 듣는 사내가 있었습니다. 그 사내는 꽃밭을 하나 가지고 있었는데, 자기 손으로 꽃밭에 풀과 나무를 심고 매일 물을 주며 돌보고 있었습니다.

어느 날 그 아내가 남편에게 물었습니다.

"꽃밭에 무엇을 심었어요?"

"당신이 좋아하는 건 뭐든지 다 심었지. 그래서 열심히 손질하고 물을 주고 있는 거야."

"그럼, 나를 그곳에 데리고 가서 심은 걸 보여주세요. 당신을 위해 잘 자라도록 기도해 드릴 테니. 내 기도는 매우 신기한 힘이 있답니다."

"좋아, 하지만 내일 아침까지 기다려 줘. 꼭 데리고 갈 테니."

이튿날 아침 일찍 남편은 아내를 데리고 꽃밭으로 갔습니다. 그때 두 젊은이가 멀리서 부부의 모습을 보고 이렇게 수군거렸습니다.

"저기 오는 저 두 사람은 몰래 정을 통하는 사이가 틀림없어. 지금도 남몰래 만나기 위해 이 꽃밭에 들어온 걸 거야."

그래서 두 젊은이는 부부가 무슨 짓을 하나 보려고 뒤를 따라가서 뜰 한구석에 몸을 숨겼습니다.

부부는 꽃밭에 들어가서 잠시 돌아다니다가, 이윽고 남편이 마누라에게 말했습니다.

"약속한 대로 기도해 줘."

그러자 여자는 이렇게 대답했습니다.

"나는요, 여자가 남자에게 바라는 그 일을 해 줬으면 싶어요. 내 소망을 들어주기 전에는 기도하지 않겠어요."

남편은 깜짝 놀라서 소리쳤습니다.

"여보, 무슨 소릴 하는 거야? 집 안에서 하는 것만으로 부족하단 말인가? 여기서 그런 짓을 하다가 나쁜 놈들에게 들키면 어떡하게? 누구한테 들켜도 상관없어?"

"그게 무슨 상관이에요? 죄를 짓는 것도 아니고 불륜을 저지르는 것도 아닌데. 나무에 물주는 일은 나중에 해도 되잖아요. 언제라도 하고 싶을 때 할 수 있는 걸요, 뭐."

아내가 남편의 말을 듣지 않고 자꾸만 졸라대자, 마침내 남편은 아내를 안고 누웠습니다.

바로 그때, 조금 전의 두 젊은이가 뛰어나와서 부부에게 달려들어 붙잡고는[*41] 이렇게 말했습니다.

"너희는 간통하는 놈들이니 절대로 놓치지 않겠다. 우리에게 이 여자를 맛보게 해 주면 괜찮지만 그렇지 않으면 관가에 고발할 테니 그런 줄 알아라!"

"무슨 말도 안 되는 소리를! 이 여자는 내 아내고, 나는 이 꽃밭의 주인이란 말이다."

그러나 두 젊은이는 남편이 하는 말을 곧이듣지 않고 마누라에게 덤벼들었습니다. 그러자 마누라는 도움을 청하며 울부짖었습니다.

"여보, 내 몸이 더럽혀지지 않도록 어떻게 좀 해봐요!"

그래서 남편은 큰 소리로 도움을 청하면서 젊은이들에게 덤벼들었으나, 젊은이 하나가 느닷없이 칼을 뽑아 남편을 찔러 죽이고 말았습니다.

—여기서 날이 훤히 밝아왔으므로 샤라자드는 이야기를 그쳤다.

## 920번째 밤

샤라자드는 이야기를 계속했다.

오, 인자하신 임금님, 시마스 재상은 두 젊은이가 남편을 죽이고 마침내 그 마누라를 강간했다는 이야기를 하고 나서 이렇게 덧붙였습니다.

"오, 임금님, 이러한 이야기도 있으므로, 남자란 결코 여자의 말을 듣거나 믿거나 의논에 말려들어선 안 됩니다. 그것은 임금님께서도 잘 아시리라 믿습니다. 임금님, 예복을 벗고 무지의 옷을 걸치지 않도록 부디 조심하십시오. 어느 것이 옳고 유익한지를 아셨다면 사악한 여인의 말을 좇거나, 천한 쾌락에 몸을 맡겨서는 안 됩니다. 그 결과는 부패와 타락을 가져오고 파멸의 길을 걷게 할 뿐입니다."

"그것이 더없이 높은 신의 뜻에 맞는다면 내일은 반드시 접견실에 나가서 대신들을 만나리라."

그리하여 시마스는 입궁한 태수와 귀족들에게 돌아가서 왕의 말을 전했습니다. 그러나 이 얘기가 왕이 총애하는 여자 귀에 들어가자 애첩은 곧 왕에게 가서 말했습니다.

"왕의 신하는 왕의 노예가 아니면 안 됩니다. 그런데 제가 보기에는 임금님이 오히려 신하들의 노예가 되신 듯해요.*42 임금님께서 오히려 신하들을 무서워하고 계시지 않습니까? 그 사람들은 임금님의 마음을 시험하려는 거예요. 그래서 임금님의 마음이 약하다는 사실을 알면 반드시 임금님을 경멸하겠지만, 오히려 마음이 굳세고 흔들리지 않는 것을 깨달으면 그 사람들은 두려워할 것입니다. 사악한 대신은 바로 이런 짓을 하는 자랍니다. 그 사람들은 갖은 간사한 꾀를 꾸미고 있어요. 그 좋지 않은 뜻을 하나하나 임금님 앞에서 증명할 수도 있어요. 상대방이 요구하는 것을 순순히 받아들이시면, 임금님에게서 지배권을 빼앗아 제멋대로 굴다가 마침내 하나에서 열까지 간섭하여 임금님의 몸을 망치게 할 겁니다. 바로 어느 상인과 도둑 사이에 일어난 일처럼요."

"그것은 또 어떤 이야기냐?"

"저는 이런 이야기를 들은 적이 있습니다."

## 상인과 도둑

옛날 한 부유한 상인이 상품을 팔기 위해 어떤 도시로 갔습니다. 도시에 도착한 상인은 곧 숙소를 정했지만, 어느 시대에나 상인을 노리고 있는 도둑은 있는 법인지라, 도둑들은 상인에게 눈독을 들이고 그 상품을 훔쳐내려 숙소에 들어갈 음모를 꾸몄습니다. 그러나 좀처럼 뜻대로 되지 않자 도둑들의 두목이 말했습니다.

"그럼 내가 어떻게 해 보아야겠다."

그리고 얼마 뒤 도둑은 의사로 변장해, 약을 넣은 자루를 메고 거리에 나타났습니다.

"누군가, 훌륭한 의사가 필요한 사람 없소?"

도둑은 이렇게 외치면서 거리를 돌아다니다가, 이윽고 상인이 묵고 있는 객줏집에 가서 마침 점심을 들고 있던 상인에게 물었습니다.

"혹시 의사가 필요하지 않습니까?"

그러자 상인이 대답했습니다.

"의사가 필요한 건 아니지만, 여기 앉아서 내 말벗이나 되어 주게."

도둑은 그와 마주 앉아 식사를 시작했습니다. 이 상인은 상당한 대식가였는데 도둑은 그것을 눈치채자 속으로 생각했습니다.

'옳거니! 마침 잘 됐다.'

그리고 상인에게 말했습니다.

"당신한테 한 가지 주의 드릴 게 있습니다. 당신에게 이렇게 친절한 대접을 받았으니 저도 가만히 있을 수 없군요. 보아하니 당신은 매우 식성이 좋으신 분 같은데, 그것은 틀림없이 위장 어딘가에 나쁜 데가 있다는 증거입니다. 지금 고쳐 두지 않으면 생명에 문제가 될 겁니다."

"아니오. 내 몸은 매우 튼튼하고 소화도 잘 돼요. 내가 대식가인 건 틀림없지만 아무데도 이상이 없어서 늘 알라께 감사드리고 있소."

"당신은 그렇게 생각하고 계시겠지만, 나는 당신 몸에 병이 숨어 있음을 잘 알고 있습니다. 내 말을 들으시면 곧 고쳐 드리겠습니다만."

"그렇다면, 내 병을 고칠 수 있는 사람이 어디에 있을까요?"

"병을 고쳐주는 것은 알라입니다만, 저와 같은 의사라도 정성 들여 치료하면 훌륭하게 병자를 고칠 수 있습니다."

"그렇다면 당장 내 병을 고쳐주시오."

그리하여 가짜 의사는 강한 알로에를 넣은 가루약을 주면서 말했습니다.

"오늘 밤에 이것을 드십시오."

상인은 감사하며 약을 받았습니다. 그리고 밤이 되자 그 약을 조금 핥아보니 구토증이 날 것 같은 쓴맛이 났지만 별로 의심하지 않고 먹어버렸습니다.

그리하여 그날 밤은 매우 기분 좋게 잠을 잘 수 있었습니다.

다음 날 밤, 도둑은 전날보다 더 많은 알로에를 넣은 가루약을 상인에게 주었습니다. 그날 밤 상인은 설사를 일으켰지만, 꾹 참고 약을 먹었습니다. 도둑은 상인이 자신의 말을 믿고 있음을 알고, 이번에는 독약*43이 든 가루약을 주었습니다. 그런데 상인이 그것을 먹자, 곧바로 위 속에 있던 것이 모두 한꺼번에 내려가, 창자가 터져서 이튿날 아침에 싸늘한 시체로 발견되었습니다.

그리하여 도둑들은 상인의 방으로 들어가 상품과 돈을 깡그리 약탈하여 유유히 사라졌습니다.

왕의 애첩은 이 이야기를 마치고 나서 이렇게 덧붙였습니다.

"오, 임금님, 그러니까 임금님도 저 나쁜 자들이 하는 말은 한마디도 믿지 마세요. 그렇지 않으면 자신의 몸을 망치게 되고 말 거예요."

왕은 매우 감동하며 말했습니다.
"잘 얘기해 주었다. 나는 절대로 그놈들한테 가지 않겠다."
한편, 이튿날 아침 신하들이 함께 궁전에 들어가 왕이 납시기를 온종일 기다렸지만 끝내 모습을 보이지 않자, 단념하고 다시 시마스 재상을 찾아갔습니다.
"오, 현명하고 식견 높은 철인이시여, 저 뻔뻔스럽고 부끄러움 없는 젊은 왕이 우리 신하를 대하는 거만하고도 무례한 태도를 아십니까? 우리를 몇 번이나 깔보며 놀렸습니까? 이럴 바엔 차라리 왕국을 빼앗아 다른 자에게 맡기는 수밖에 없습니다. 그렇게 하지 않는다면 이 왕국을 통치할 주권자가 있습니까? 그러니 재상께서 한 번만 더 어전에 나가시어 이렇게 아뢰어 주시기 바랍니다.
'우리가 반란을 일으켜 옥좌를 뺏는 것은 지극히 쉬운 일입니다. 다만 크나큰 자비와 덕을 몸에 지니셨던 선왕에게 갚아야 할 은혜와 의리도 있고, 신하들이 서약한 맹세도 있는지라 차마 그렇게 못하고 있는 겁니다. 그러나 내일이면 우리가 무기를 잡고 모여서 성채의 문*44을 부술 각오입니다. 왕이 납시어서 우리의 희망대로 하신다면 위해를 가하는 일이 없겠지만, 만약 그렇지 않을 때는 궁전에 함부로 들어가 왕을 죽이고 왕국을 다른 사람의 손에 맡길 생각입니다.' 이렇게 말입니다."
신하들의 말을 듣고 시마스 재상은 왕을 알현해 다음과 같이 말했습니다.
"오, 임금님, 어찌하여 밤이나 낮이나 천박한 쾌락에 잠겨 계십니까? 오, 알라시여, 왕을 유혹하는 것이 무엇인지 가르쳐주소서! 임금님, 만약 자신의 의지로 이러한 행동을 하고 계신다면, 임금님께서는 지난날 저희가 알고 있었던 그 훌륭한 정신을 이미 잃고 계신 겁니다. 하지만 저는 그렇게는 생각하고 싶지 않습니다. 아마도 누군가 임금님을 유혹하고 있는 자가 틀림없이 있는 거라고 믿습니다. 그 사악한 인간이 일찍이 그토록 현명하시고 그토록 정사에 정성을 쏟으시던 임금님을 이처럼 어리석고 게으르고 냉혹한 성격으로 바꿔 놓았습니다. 그 사악한 인간의 정체를 알 수만 있다면 좋으련만! 이전에는 무슨 일이든 저를 믿고 의논하시던 임금님께서 요즘엔 제 도움말을 통 받아들이시지 않으십니다. 제가 세 번이나 충언의 말씀을 드렸는데도 전혀 들어주지 않으시니, 이 어인 까닭입니까? 저는 결코 잘못된 도움말을 한 기억이 없으며 언제나 바른말만 드리고 있습니다. 그런데도 제 충언을 외면하시고 아이들과 같은 행동을 하시니, 대체 어떤 자가 임금님을 그처럼 나쁜 길로 유혹하고 있는 겁니까?
 사실 지금 왕국의 백성들이 한마음 한뜻으로 뭉쳐 반란을 일으키려 하고 있습니다. 그리하여 임금님을 습격하여 살해한 뒤 이 왕국을 다른 사람의 손에 맡기려 하고 있습니다. 우리 임금님께서는 백성들과 싸우셔서 승리를 거두실만한 힘을 갖고 계십니까? 아니면 죽음을 당하고 나서 다시 살아나실 만한 힘이라도 갖고 계십니까? 그런 일을 하실 수만 있다면야 임금님의 신변은 지극히 안전하며 저의 충언을 받아들이지 않아도 상관없겠지요. 그러나 임금님의 목숨과 왕위가 염려되신다면, 부디 정신을 차리고 정사에 전념하셔서 백성들에게 뛰어난 능력을 보여주시고 백성들을 이해시켜 주십시오. 백성들은 지금 임금님의 손에서 주권을 빼앗아 다른 자에게 맡기려 하고 있습니다. 백성들이 반기를 들어 벌 떼처럼 떼지어 세차게 일어나려 꾀하고 있는 것도, 까닭인즉 임금님께 원인이 있으며 색욕에만 탐닉하고 계시기 때문입니다. 물속 깊이 가라앉아 있는 돌도 그것을 건져 내어 서로 부딪히면 반드시 불꽃을 피우는 법입니다. 임금님의 많은 신하는 왕위를 빼앗아 누군가 다른 자에게 맡기기 위해, 어떻게든 임금님을 몰아내려고 비밀회의를 거듭하고 있습니다. 그것은 마치 저 승냥이가 이리를 혼내준 것과 같은 이야기가 됩니다."

—여기서 날이 훤히 밝아왔으므로 샤라자드는 이야기를 그쳤다.

## 921번째 밤

샤라자드는 이야기를 계속했다.
 오, 인자하신 임금님, 시마스 재상의 말을 들은 왕이 물었습니다.
 "그 승냥이와 이리 이야기란 어떤 것이냐?"
 왕의 물음에 재상이 대답했습니다.
 "저는 이런 이야기를 들은 적이 있습니다."

## 승냥이와 이리

어느 날 한 떼의 승냥이[*45]들이 먹이를 찾으러 여기저기 쏘다니다가 낙타의 시체를 발견하고 이런 말을 주고받았습니다.

"오늘은 운이 좋군. 이것만 있으면 당분간 살아갈 수 있겠어. 하지만 우리 가운데 누군가가 다른 동료를 괴롭히거나 강한 자가 약한 자를 힘으로 찍어 누르는 일이 있어선 안 돼. 마음 약한 놈만 죽어나니 말이야. 그러니 누구한테 부탁해서 이것을 공평하게 나눠달라고 하자. 그러면 힘이 센 놈이 약한 놈에게 큰소리치는 일도 없을 테니까."

그들이 이마를 맞대고 이렇게 의논하고 있을 때 이리 한 마리가 나타났습니다. 그것을 본 승냥이 한 마리가 말했습니다.

"네 말이 맞아. 그러니 저 이리에게 부탁하자꾸나. 저 이리는 짐승 가운데서 가장 기운이 센 데다, 저놈의 아비는 옛날 우리의 왕이었으니까 틀림없이 공평하게 분배해 줄 거야."

그래서 승냥이들은 이리에게 말을 걸어 사정 이야기를 했습니다.

"그래서 당신을 우리의 재판관으로 뽑은 것입니다. 그렇게 하면 당신은 필요에 따라 각자에게 하루분의 양식을 노느매기해 줄 테고, 강한 자가 약한 자를 괴롭히거나 힘으로 찍어 누르는 일이 없을 테니까요."

이리는 그들의 제안을 받아들이고 각 승냥이에게 그날 하루치의 고기를 나눠주었습니다. 그러나 이튿날이 되자 은근히 이런 생각이 드는 것이었습니다.

'이 낙타를 승냥이들에게 모두 나눠줘 버리면 내 몫은 남지 않는다. 고작해야 몇 점 집어주는 정도겠지. 하지만 내가 이것을 혼자 먹어도 이리들은 아무 말 못할 거다. 투덜거리는 놈들은 우리 일족의 먹잇감으로 만들면 그만이니까. 내가 이것을 혼자 차지한들 방해할 놈은 아무도 없어, 이것은 틀림없이 알라께서 나에게 주신 거야. 구태여 저놈들에게 나눠줄 의무가 없지. 그러니 나 혼자 차지하고, 누구에게도 주지 말기로 하자.'

이튿날 아침 승냥이들이 여느 때와 다름없이 찾아와서 말했습니다.

"오, 아부 시르한[*46] 님, 오늘의 먹이[*47]를 주십시오."

그러자 이리가 대답했습니다.

"이제 아무것도 없다."

승냥이들은 낙담하여 돌아가면서 말했습니다.

"이것도 모두 알라의 뜻이겠지만, 저 비열한 배신자는 마치 알라도 무섭지 않은 듯이 뻔뻔하게 굴잖아? 그렇다고 저놈을 이길 만한 힘도 없고 좋은 꾀도 떠오르지 않으니 말이야."

"혹시 그놈도 배가 고파서 그랬는지 모르잖아. 그러니 오늘은 그놈이 실컷 먹도록 내버려 두고 내일 다시 한 번 찾아가 보자."

그래서 이튿날 아침 다시 이리를 찾아갔습니다.

"오, 힘센 이리님, 당신은 우리를 지배할 힘을 갖고 계시기에, 우리 가운데 강한 자가 혼자 차지하지 못하도록 공평하게 매일의 식량을 나누어 달라고 부탁했던 겁니다. 그리고 먹을 것이 없어지면 다른 먹잇감을 찾도록 보살펴 주셔야 하지 않겠습니까? 우리는 당신이 그렇게 해 주시면 언제까지나 당신의 지배를 받겠습니다. 그런데 우리는 벌써 이틀 동안이나 아무것도 먹지 않아서 굶주림에 시달리고 있습니다. 제발, 오늘의 몫을 나눠주십시오. 나머지는 마음대로 처분하셔도 좋습니다."

그러나 이리는 아무 대답도 하지 않았습니다. 승냥이들은 이리의 마음을 돌리려고 열심히 애썼지만, 이리는 흔들리지 않았습니다.

그때 승냥이 한 마리가 동료들을 돌아보며 말했습니다.

"이렇게 된 이상 사자를 찾아가서 보호를 청하고 저 낙타를 맡아 달라고 하는 수밖에 없다. 사자가 우리에게 분배해 주면 다행이고, 설령 분배해 주지 않더라도, 저 뻔뻔한 이리한테 빼앗기는 것보다는 낫지 않을까?"

그래서 모두 사자를 찾아가서 이리의 횡포를 호소했습니다.

"저희는 당신의 노예로서, 당신의 보호를 받기 위해 찾아왔습니다. 부디, 저 이리의 손에서 저희를 지켜주십시오. 그러면 저희는 언제까지나 당신의 부하가 되겠습니다."

사자는 이 이야기를 듣자, 오로지 전능하신 알라에게 집착하여[*48] 이리를 찾으러 승냥이들과 함께 출발했습니다. 이리는 사자의 모습을 보자 얼른 달아나려고 했지만, 사자가 잽싸게 쫓아가서 이리를 붙잡아 갈기갈기 찢어 놓은 뒤 승냥이들에게 낙타를 돌려주었다고 합니다.

"이 이야기는 모름지기 왕이 된 자는 백성을 업신여겨서는 안 된다는 훈계입니다. 그러므로 임금님께서도 제 충언을 받아들이시고 방금 말씀드린 이야기를 믿어주십시오."

그러자 왕이 말했습니다.

"재상의 말대로 하겠소. 인샬라! 내일은 반드시 신하들을 알현하리다."

시마스는 왕 앞을 물러나와 태수와 귀족들에게 돌아가서, 왕이 자기의 진언을 듣고 내일은 반드시 알현하겠다고 약속한 것을 전했습니다.

그런데 왕의 애첩은 이번에도 시마스가 왕에게 진언했다는 소문을 듣고, 왕이 틀림없이 신하를 알현할 거라 여겨, 급히 왕을 찾아가서 이렇게 아뢰었습니다.

"임금님께서 저 노예 나부랭이들이 명령하는 대로 순종하고 따르시다니, 정말 기가 막힌 노릇이군요! 임금님은 저 대신들이 노예에 지나지 않는다는 사실을 모르십니까? 임금님이 그자들을 너무 너그럽게 봐 주시니까 임금님 상투 끝에 앉아서, 자기들이 임금님께 주권을 주고 왕위에 앉혔으니, 임금님에게 은혜를 베푼 것은 자기들이라고 뽐내고 있는 거예요. 그자들에게 굴복해선 안 됩니다. 그들이 임금님에게 복종하는 것은 당연한 일이요, 그것이 곧 그자들의 의무가 아닙니까? 그런데도 어째서 임금님은 그자들을 두려워하십니까? 속담에도 '마음이 무쇠 같지 않으면 군주가 될 자격이 없다'고 했습니다. 임금님이 너무 순하시므로 그자들이 자신의 신분을 잊고 한패가 되어 임금님을 위협하려고 덤벼드는 거예요. 지금 그자들이 하는 말을 듣고 자신의 의지를 굽히시면, 그놈들은 더욱 기세가 무서울 만큼 높아져서 더 무리한 요구를 하게 될 거예요. 하지만 제 말을 들으시면 그자들에게 권력을 뺏기지 않으실 거예요. 그리고 그놈들이 하는 말에 귀를 기울이지만 않으시면, 그자들은 더는 무례하고 건방지게 행동하지 못할 겁니다. 그렇지 않으면 임금님은 '양치기와 도둑'과 같은 꼴을 당하시게 될 거예요."

"그것은 어떤 이야기냐?"

왕이 묻자, 애첩은 곧 대답했습니다.

"이런 기이한 이야기가 전해 내려오고 있답니다."

## 양치기와 도둑*49

옛날에 한 양치기가 들에서 양 떼에 풀을 먹이고 있었습니다. 어느 날 밤, 도둑이 양을 훔치려고 나타났으나, 양치기가 잠도 자지 않고 지키고 있는 바람에 밤새도록 기웃거리기만 하다가 끝내 한 마리도 훔쳐내지 못하고 말았습니다.

그래서 도둑은 단념하고 이번에는 다른 들판으로 가서 사자를 함정에 빠뜨려 산 채로 잡은 다음, 가죽을 벗겨 그 안에 짚을 채우고 그것을 양치기 눈에 띄도록 초원의 작은 언덕 위에 세워 놓았습니다.

그렇게 해 놓고서 양치기에게 가서 이렇게 말했습니다.

"저 사자가 자네 양을 잡아먹으려고, 저기 와 있네."

"사자가 어디 있는데?"

"저기 있지 않은가?"

양치기가 고개를 들어 바라보니 박제한 사자가 눈에 띄었으므로 진짜 사자로 알고 깜짝 놀랐습니다.

— 여기서 날이 훤히 밝아왔으므로 샤라자드는 이야기를 그쳤다.

## 922번째 밤

샤라자드는 이야기를 계속했다.

오, 인자하신 임금님, 양치기는 사자의 허울을 바라보더니, 진짜 사자인 줄만 알고 깜짝 놀라 무서워서 부들부들 떨며 도둑에게 말했습니다.

"형제, 마음대로 가져다주게, 군소리 않을 테니."

그래서 도둑은 양껏 양을 얻게 되었는데, 양치기가 몹시 무서워하는 꼴을 보자 더욱 욕심이 났습니다. 그래서 좀 시간을 두었다가 다시 양치기에게 가서 말했습니다.

"사자란 놈이 이걸 내라, 저걸 내라 하면서 여간 성가시게 굴질 않아."

그러고는 언덕을 자꾸 오르내리면서 양을 빼앗다 보니, 마침내 양 떼를 거의 다 차지하고 말았습니다.

"보세요, 임금님. 이런 이야기를 들려 드린 것은, 임금님의 덕 많고 부드러운 인품 덕분에 중신들을 현혹해 건방지게 하는 일이 있을까 염려되어섭니다. 정말이지, 그런 일을 당할 바에는 차라리 죽여 버리는 것이 나을 겁니다."

"그대의 의견을 받아들여 신하들의 간언에는 귀를 기울이지 않으리라. 또한 그자들 앞에 나가지도 않으리라."

그 이튿날, 대신을 비롯하여 중신과 중요 신하들이 모여, 저마다 무기를 손에 들고 왕궁으로 향했습니다. 왕에게 쳐들어가 목숨을 빼앗고, 다른 자를 옥좌에 앉힐 작정이었던 겁니다. 그들은 문 앞에 다다라 문지기에게 문을 열라고 명령했습니다. 그런데 문지기가 이를 거절하자, 그들은 문에 불을 지르고 들어가기 위해 불을 가지러 사람을 보냈습니다.

문지기는 그들의 이야기를 듣고 허둥지둥 왕에게 가서 문 앞에 폭도들이 몰려왔다고 아뢰었습니다.

"그들은 저에게 문을 열라고 명령했습니다만, 저는 거절했습니다. 그러자 문에 불을 지르기 위해 불을 가지러 갔는데, 이윽고 쳐들어와서 임금님을 살해할지도 모릅니다. 이 일을 어찌하면 좋겠습니까?"

왕은 속으로 '드디어 파멸이 닥쳤구나' 생각하고 곧 애첩을 불렀습니다. 애첩이 오자 왕은 말했습니다.

"과연 시마스의 말은 모두 사실이었다. 지금 어중이떠중이 모두 모여 나와 그대를 죽이려고 몰려왔다. 문지기가 문을 열어주지 않으니 문에 불을 지르려고 불을 가지러 갔다는데, 곧 궁전도 궁전 안에 있는 사람들도 죄다 불타버릴 것이다. 어찌하면 좋을지, 그대에게 좋은 생각이 없는가?"

그러자 애첩이 대답했습니다.

"염려하실 것도 없고 그리 놀라실 일도 아닙니다. 평민들이 임금님께 반기를 드는 시절이 돌아왔을 뿐입니다."

"그러니, 무슨 좋은 수가 없을까? 일이 이렇게 되었으니 어떻게 하는 게 좋겠느냐?"

"임금님은 머리를 천으로 동여매시고 병자 시늉을 하시면 됩니다. 그러고 나서 시마스 재상을 부르시면, 재상이 와보고 임금님께서 몸이 불편하시다는 사실을 알게 될 겁니다. 그러면 이렇게 말씀하세요. '오늘은 꼭 나가볼 생각이었으나 몸이 불편하여 나가지 못했다. 저들에게 가서 이 사정을 전하고, 내일은 틀림없이 나가서 해야 할 일을 처리하고 정무를 보살피겠노라고 전하라.' 그렇게 하시면, 그들은 안심하고 분노를 가라앉힐 것입니다. 그런 다음, 힘과 재주가 뛰어난 아버님의 노예 가운데 열 명을 불러내십시오. 무슨 일에나 가슴속을 털어놓을 수 있는 자들로서, 특히 임금님의 명령을 잘 받들고, 비밀을 굳게 지키며, 스스로 임금님의 뜻에 따르는 자가 아니면 안 됩니다. 내일은 그들을 임금님 머리맡에 세워놓고 신하들이 한꺼번에 들어오지 못하게 하라 이르시고, 한 사람씩 불러들여 들어오는 족족 잡아 죽이라고 명령하시는 겁니다. 노예들이 이의가 없으면 내일은 알현실*50에 옥좌를 마련하고 문을 죄다 열어 놓으십시오. 신하들은 문을 열어 놓은 것을 보면 마음을 턱 놓고 가벼운 마음으로 들어와 알현을 청할 것입니다. 그때 방금 말씀드린 대로 한 사람씩 알현을 허락하신 다음 뜻대로 처단하시면 됩니다. 하지만 무엇보다도 먼저 그들을 지휘하고 있는 시마스 재상부터 죽이셔야 합니다. 그자는 재상인 동시에 이번 일의 주모자이니까요. 그리하여, 맨 먼저 그자부터 죽이시고, 이어서 다른 자들을 차례차례 처단하시되, 복종을 맹세하고도 저버린 자는 절대로 용서하시면 안 됩니다. 또한 임금님께서 두려워하시는 거칠고 사나운 자들도 역시 모조리 죽이십시오. 그렇게 하시면, 더는 임금님께 맞설 만한 힘을 가진 자는 없어지는 셈이니, 마음을 괴롭히실 필요도 없습니다. 천하가 태평한 가운데 왕위를 보전하시고 마음대로 행동하실 수 있습니다. 이것 말고는 옥체를 온전하게 지킬 수 있는 교묘한 꾀는 없습니다."

이 말을 듣고 왕이 말했습니다.

"과연 좋은 생각이다. 그대의 계교는 참으로 교묘하구나. 내 반드시 그대의 말대로 하리라."

왕은 기다란 헝겊을 가져오게 하여 머리에 싸매고 앓는 시늉을 하고 누웠습니다. 그런 다음 재상을 불렀습니다.

"여보게, 시마스, 그대도 알다시피 나는 그대를 사랑하고 있고, 그대의 도움말을 잘 들으면서 형이나 아버지처럼 생각하고 있네. 또한 그대는 내가 무슨 일에서나 그대의 말대로 행동한다는 사실도 알고 있으리라. 나는 그대가 신하들 앞에 나가서 국정을 살피라는 진언을 받고, 당연한 말이라 여기고 어제 나가기로 하였네. 그런데 갑자기 병이 나서 보시다시피 자리에서 일어나지도 못하고 있네. 들리는 말로는 백성들은 내가 나오지 않아서 격분하여 나에게 심상치 않은 흉악한 계략을 꾸미고 있다고 하던데, 그것은 내가 이렇게 앓고 있다는 것을 알리지 않았기 때문이리라. 그러니, 이제 나가서 나의 증세를, 몸이 불편한 상태를 그들에게 알리고 나를 위해 해명해 다오. 나는 신하들의 말에 따라 그들이 원하는 대로 일을 처리할 테니까. 그대는 평소에 나에게도, 또한 돌아가신 부왕께도 충성스럽고 정직한 말을 해 주었으니 이번 일에도 나를 대신하여 잘 처리해 주리라 믿네. 그대는 본디 나와 신하들의 사이가 원만해지도록 여러모로 힘쓰는 데 익숙하지 않은가. 내일은, 인샬라! 내 반드시 나가리라. 아마도 맑고 깨끗하기 그지없는 진심과 마음속에 품고 있는 좋은 뜻의 축복을 받아 오늘 밤에라도 병이 나을 터이니.”

시마스는 이 말을 듣고 기뻐하면서 알라 앞에 엎드려 왕께 하늘의 축복이 있기를 빈 다음, 왕의 손에 입을 맞추었습니다. 그리고 신하들이 있는 곳으로 가서 왕에게서 들은 대로 전하고 그들의 계획을 그만두도록 타일렀습니다. 또다시 왕이 나오지 못한 까닭을 설명하고, 내일은 알현실에 나가서 모두가 소망하는 대로 하겠노라 약속하였다는 말을 전한 것입니다. 모여든 사람들은 그 말을 듣자, 저마다 집으로 돌아갔습니다.

―여기서 날이 훤히 밝아왔으므로 샤라자드는 이야기를 그쳤다.

## 923번째 밤

샤라자드는 이야기를 계속했다.

오, 인자하신 임금님, 시마스 재상은 어전에서 물러나오자 백성을 지휘하는 사람들에게 돌아가서 말했습니다.

“내일은 임금님께서 납시어서 그대들이 소망하는 대로 해 주실 것이오.”

그리하여 그들은 저마다 집으로 돌아갔습니다.

한편, 위르드 한 왕은 곧바로 선왕의 호위병 중에서 몸집이 거인 같고 용기가 있으며 씩씩한 노예 열 명을 가려내어 가까이 부른 다음 이렇게 말했습니다.

"그대들은 선왕의 은총을 입어 높은 지위에 오르고 갖가지 혜택과 영예를 받았으나, 나는 그보다도 더 높은 지위를 주려고 한다. 이제부터 그 까닭을 말할 테니 잘 듣도록 해라. 그대들은 내 옆에 있는 한 알라의 비호를 받을 테니까. 그러나 먼저 물어볼 것이 있다. 내가 원하는 대로 하고 내가 명령하는 바에 따르되 누구에게도 비밀이 새어나가지 않는다면, 그대들이 생각하지도 못할 보답과 은혜를 내리리라. 그러려면 무엇보다도 먼저 나에게 복종의 뜻을 보여주어야 한다."

노예 열 명은 모두 한결같은 목소리로 대답했습니다.

"오, 저희의 주군이시여, 임금님께서 어떠한 분부를 내리시더라도 저희는 거기에 복종하겠습니다. 임금님께서는 저희의 주인이시며 주군이시니 결코 그 명령을 거역할 까닭이 없습니다."

그러자 왕이 말했습니다.

"알라께서 그대들에게 은혜를 베풀어주시기를! 그런데 내가 그대들을 가려내어 영예를 높이고자 하는 까닭은 이러하다. 이미 그대들도 알고 있겠지만, 부왕께서는 영내의 백성들을 매우 관대하게 다스리시며 나를 위해 그들의 서약을 받았고, 그들은 나에게 성심을 다해 순종하여 명령을 거스르지 않겠다고 맹세했다. 그런데 뜻밖에도 어제와 같은 일이 일어나, 그놈들이 내 주위에 몰려와서 나를 살해하고자 했다. 그래서 나로서도 어떤 대책을 취하지 않을 수가 없구나. 즉, 어제 그놈들의 행위를 곰곰이 생각하고 다시는 그런 상서롭지 못한 일이 일어나지 않도록 엄중하게 처벌하는 길밖에는 없다는 것을 깨달았다. 그러니 그대들은 내가 가리키는 자들을 은밀히 없애주기 바란다. 이것은 오직 그놈들의 주모자를 죽여 난을 미리 막고, 이 왕국에서 재앙을 피하고자 함이다. 그 방법인즉 다음과 같다. 내일 나는 이 방 이 자리에 앉아서 한 사람씩 알현을 허락하여, 한쪽 입구로부터 들인 다음 다른 출구로 나가게 할 것이다. 그러니 그대들은 열 명 모두 내 앞에 서서 내가 보내는 신호에 주의를 기울였다가 누구누구 가릴 것도 없이 한 사람씩 들어오는 대로 저 방으로 끌고 가서 죽인 다음 시체를 감춰 버리는 것이다."

"분부대로 거행하겠습니다."

노예들이 대답하자, 왕은 선물을 주어서 그날 밤은 그대로 물러가게 했습니다.

이튿날, 왕은 그 노예들을 불러내어 옥좌를 꾸미라고 명령했습니다. 그리고 자신은 의관을 갖추고 판례집*51를 양손에 들고, 노예 열 명을 앞에 서 있게 한 다음 문을 열라고 분부했습니다.

그들이 문을 활짝 여니 포고관이 소리 높여 외쳤습니다.

"윤허를 받은 자는 어전으로 드시오!"

이 소리를 듣자, 대신과 태수와 시종들이 궁중으로 들어와 신분에 따라 늘어섰습니다. 이윽고, 왕이 한 사람씩 알현을 허락하자 가장 먼저 들어온 사람은 관례대로 재상인 시마스였습니다. 그러나 시마스는 왕 앞으로 나아간 순간, 느닷없이 노예 열 명에게 에워싸여 옆방으로 끌려가서 목숨을 빼앗기고 말았습니다. 이렇게 하여, 노예들은 나머지 대신들과 신학자와 이름난 사람들을 차례차례 살해하여, 마침내 마지막 한 사람까지 모조리 처치해 버렸습니다.*52

그러자 왕은 망나니들을 불러, 남아 있는 무리 가운데 용기와 기개가 있는 자들은 하나도 남기지 말고 참혹하게 모조리 죽이라고 명령했습니다.

그리하여 그들은 기개 있는 사람들을 남김없이 베어 버리고, 오직 가난뱅이와 쩨마리 같은 인간들만 살려주었습니다. 그러한 자들은 망나니에게 쫓겨, 거미처럼 흩어져 자기 집으로 달아났습니다.

그리하여 왕은 오로지 방탕한 쾌락 속에서 색욕의 번뇌에 넋을 빼앗겨 갖은 포악한 짓을 다하니, 마침내 그 옛날의 수많은 간악한 왕들조차 부끄러워할 지경이었습니다.

그런데 이 왕국은 금은을 비롯하여 히아신스석과 보석이 헤아릴 수 없을 만큼 많이 있는 보물창고였기 때문에, 이웃 나라의 왕들은 모두 이 왕국을 탐내어, 위르드 한 왕에게 무슨 재앙이라도 일어나기만을 바라고 있었습니다. 그 가운데 한 사람인 외인도(外印度)의 왕은 속으로 이렇게 생각하고 있었습니다.

'저 어리석은 애송이가 요즘 중신들과 국내의 호걸 등, 기개 있는 사람들을 모조리 죽여 없앴다고 하니 이때 한번 나서서 영토를 빼앗아야겠다. 나이는 젊겠다, 전법은 모르겠다, 슬기로운 꾀도 없는 데다 도움말을 해 주거나

도와줄 사람도 없을 테니, 놈의 손안에 있는 것을 빼앗기에는 지금이 썩 좋은 기회다. 오냐, 내일까지 기다릴 것도 없이, 오늘 당장 그놈의 소행을 욕하고 꾸짖는 편지를 보내어 싸움을 걸어봐야겠다. 그놈이 뭐라고 대답하는지 두고 보리라.'

그리하여 왕은 위르드 한 왕에게 다음과 같은 편지를 썼습니다.

"자비롭고 긍휼하신 신 알라의 이름으로, 들리는 바로는 귀하가 대신을 비롯하여 신학자와 용사들을 처단함으로써 스스로 재난에 빠져, 그로 말미암아 한 번 공격을 받는 날이면 귀국은 이를 물리칠 병력도 무력도 없다 하더라. 그뿐만 아니라, 귀공 또한 스스로 인륜을 어기면서 잔인하고 막돼먹은 횡포를 일삼는다 하니 더 말할 것도 없다.

이제 알라의 뜻으로 나는 귀하를 정복하고 지배할 권한을 받았으니, 귀하는 내 손안에 들었도다. 그러하매, 내 말을 듣고, 내 명령을 받들어 나를 위해 바다 한복판에 쉽사리 함락되지 않는 성채를 쌓아라. 만약에 이를 할 수 없다면 속히 귀하의 왕국을 떠나 아까운 목숨을 보전하라. 나는 마땅히 인도의 방방곡곡에서 각기 1만 2천을 헤아리는 병력으로 구성된 기마군 12단을 보내, 귀국에 침입하여 재물을 빼앗고 장병을 죽이며 여인들을 포로로 잡으리다.

또한, 나의 대신 바디아를 전군의 우두머리로 삼아, 귀하의 수도를 함락시킬 때까지 엄중하게 포위시킬 것이로다. 나는 이 편지를 가지고 가는 자에게 3일간의 체류를 허락했을 뿐이니, 곧 나의 요구에 응한다면 귀하를 살려줄 것이요, 그렇지 않으면 위에서 말한 군사를 보낼 뿐이로다."

왕이 두루마리 편지를 접어서 사자에게 내주니, 사자는 그것을 받아 위르드 한 왕의 수도에 도착하여 왕에게 전달했습니다.

그 편지를 읽은 왕은 갑자기 온몸에서 힘이 빠지고 가슴이 답답해짐을 느꼈습니다. 그러나 구원이나 도움말을 청할 상대도 없는 오늘날, 자기 한 몸의 파멸을 벗어날 길이 없다는 사실을 깨달았습니다.

이윽고 왕이 일어나서 애첩에게 가니, 애첩은 창백한 왕의 얼굴빛을 보고 이렇게 말했습니다.

"오, 임금님, 대체 어인 일이십니까?"

"아니다, 오늘부터 나는 왕이 아니고 다만 왕의 노예일 뿐이다."

왕은 이렇게 대답하고 편지를 펼쳐 그것을 읽어주었습니다. 그러자 애첩은 하늘이 무너진 듯이 구슬프게 울면서 자신의 옷을 찢었습니다.
왕이 물었습니다.
"참으로 처량한 지경에 이르렀으니 무슨 좋은 생각이 없느냐?"
그러자 애첩이 대답했습니다.
"여자는 싸움에서 어떠한 기략도 없으며, 또한 실력도 없고 판단력도 없습니다. 이처럼 위급할 때 기략과 실력을 갖추고 있는 것은 남자들뿐입니다."
왕은 이 말을 듣고, 대신과 중신들을 죽여 버린 일을 진심으로 뉘우치며 후회했습니다.

—여기서 날이 훤히 밝아왔으므로 샤라자드는 이야기를 그쳤다.

## 924번째 밤

샤라자드는 이야기를 계속했다.
오, 인자하신 임금님, 위르드 한 왕은 애첩의 말을 듣자, 대신과 중신들을 죽여 버린 일을 깊이 후회했습니다. 그리고 이와 같은 치욕을 당할 바에는 차라리 죽어 버리는 것이 낫겠다고 생각했습니다.
그래서 왕은 처첩들에게 이렇게 말했습니다.
"나는 그대들 탓에 자고새와 거북에게 닥친 것과 같은 봉변을 당하게 되었다."
"그것은 어떤 이야기인지요?"
"나는 이런 이야기를 들은 적이 있다."

## 자고새와 거북

옛날 어떤 섬에 온갖 종류의 거북이 살고 있었는데, 이 섬에는 수목이 울창하고 과실이 탐스럽게 열리고 개울물도 졸졸 흐르고 있었다. 어느 날 섬

위로 날아가던 자고새 한 마리가 맹렬한 더위와 피로에 지쳐 섬에서 잠시 날개를 쉬어야겠다고 생각했다.

얼마 뒤 서늘한 장소를 찾던 자고새는, 거북의 집을 발견하여 그 근처에 내려앉았다. 마침 먹이를 찾으러 밖으로 나갔던 거북이 집으로 돌아와 보니, 그새 자고새가 내려와 있었던 것이다. 거북이들은 자고새의 아름다운 맵시가 무척 마음에 들었다. 알라의 뜻으로 자고새는 거북들의 눈에 매우 아름답게 비쳤던 것이다. 그래서 거북들은 조물주를 찬양하며 이렇게 외쳤다.

"스바나 루라!"[1]

그리고 더없이 자고새를 사랑하여 진심으로 반가이 맞이했다.

"확실히 이 새는 새 중에서 가장 멋지다."

거북들은 저마다 한마디씩 말하고는 자고새를 어루만지며 친절하게 대접하기 시작했다. 자고새는 거북들이 애정 어린 눈길로 자기를 바라보는 것을 알자, 진심으로 그들을 따르게 되어 그들과 한집에서 살게 되었다. 아침에는 자기가 가고 싶은 데로 날아갔다가, 저녁에는 돌아와서 거북들 곁에서 밤을 지낸 것이다.

그렇게 오랫동안 함께 지내는 동안, 거북들은 자고새가 낮에는 모습을 보이지 않고 밤에만 만날 수 있는 것이 못내 서운해서(왜냐하면 자고새는 아침 일찍 어디론가 날아가 버려서 온종일 소식을 알지 못해 거북들의 연정은 더욱 사무칠 뿐이었다) 서로 의논했다.

"우리는 그 자고새를 진심으로 사랑하게 되었고, 그이는 우리의 친구가 되었어. 그래서 우리는 잠시도 떨어져 있을 수 없는데, 그이를 언제나 우리 곁에 붙잡아두려면 어떻게 하면 좋을까? 아침이 되면 날아가 버려서 온종일 안 보이다가 저녁이 되어서야 만날 수 있으니."

그러자 한 거북이 말했다.

"걱정할 것 없어. 내가 나서서 자고새가 잠시도 여기를 떠나지 않도록 해볼 테니까."

"그렇게만 해 준다면 우리는 모두 네 노예가 될 테야."

다른 거북들이 말했다.

그래서 자고새가 먹이 사냥에서 돌아와 그들 사이에 앉자, 그 꾀 많은 거북이 자고새에게 다가가 무사히 돌아온 걸 반기면서 행복을 빌어주었다.

"여보세요, 자고새 나리, 사실 알라의 뜻으로 이 무인도에서 함께 살면서, 우리는 서로 사랑하고 마음을 허락하는 친한 벗이 되었습니다. 그런데 서로 사랑하는 자들에게 가장 즐거운 시간은 자리를 함께할 때이고, 가장 슬프고 쓰라린 시간은, 아침 해가 떠오르면 당신이 곧 집을 떠나시어 해가 질 때까지 돌아오지 않는 동안이랍니다. 그래서 우리는 얼마나 쓸쓸한지 몰라요. 정말이지 너무 외롭고 자꾸만 당신이 그리워서 견딜 수가 없어요."

자고새가 대답했다.

"그야 나도 그대들을 좋아하고, 그대들이 도저히 상상할 수도 없을 만큼 나도 그리워하고 있다오. 하지만 나는 날개가 있는 새이기 때문에 어쩔 수가 없소. 늘 함께 있어줄 수 없단 말이오. 이것이 내 천성이니 어쩔 수 없어요. 날개가 있는 새는 밤에 잠을 잘 때 말고는 가만히 있을 수가 없는 법이라오. 날이 밝으면 하늘로 날아올라가서, 어디든 마음 내키는 곳으로 가서 아침먹이를 찾아야 하니까."

그러자 거북이 말했다.

"당신 말씀이 옳아요! 그래서 날개가 있는 분은 거의 하루도 쉴 틈이 없지요. 그러니까 즐거운 일이 괴로운 일의 4분의 1도 안 되지요. 살아 있는 모든 것의 최고의 목적은 안식과 삶의 환락에 있는 것인데도 말이에요. 다행히 알라의 은총으로 우리 사이에 애정이 싹터서 사이좋은 벗이 되었지만, 당신이 적의 손에 붙잡혀서 몸을 망치고 영원히 만날 수 없게 되면 어쩌나 걱정되어 견딜 수가 없어요."

"나도 그렇소! 하지만 대체 어떻게 하면 좋을지, 무슨 좋은 수라도 있소?"

"내 생각으로는 당신이 하늘을 날 때 쓰는 날개를 뽑아 버리는 게 좋을 것 같아요. 그리고 우리 곁에서 조용히 지내시면서, 우리가 먹는 것을 먹고 우리가 마시는 것을 마시며, 이 들판에 가만히 계시면 되지 않겠어요? 이곳에는 노랗게 익은 과일이 주렁주렁 달린 나무도 많이 있으니까요. 그러니 다 같이 과일이 풍성한 이곳에서 정답게 지내시는 게 어떨까요?"

자고새는 자신의 편안함을 생각하고 거북의 말에 솔깃해져서, 서슴지 않고 자신의 깃털을 한 개씩 잡아 뽑았다. 그리고 그들과 함께 어리석게도 덧없이 편안한 꿈에 취해 지냈던 것이다.

그러던 어느 날 그곳에 족제비 한 마리가 나타났다. 족제비가 자고새를 보니 날개가 뽑혀서 날지 못할 듯했다. 그것을 보고 매우 기뻐한 족제비는 이렇게 혼잣말을 했다.

"저 자고새란 놈, 살은 포동포동 찌고 깃털은 적단 말이야."

족제비는 자고새에게 다가가서 움켜잡았다. 자고새는 비명을 지르며 거북에게 구원을 청했다. 그러나 거북들은 자고새가 족제비에게 붙잡힌 모습을 보자, 꽁무니를 빼며 한군데 모여서 자고새의 신세를 슬퍼하며 눈물을 흘렸다. 그도 그럴 것이, 눈앞에서 자고새가 고통을 당하고 있었기 때문이다.

자고새가 거북에게 말했다.

"우는 것 말고는 무슨 수가 없나?"

그러자 거북들이 말했다.

"오, 오라버니, 우리는 족제비에 대해서는 도저히 손을 쓸 수가 없어요."

이 말을 들은 자고새는 이제 살아날 길이 없음을 깨닫고 몹시 슬퍼하며 말했다.

"너희 잘못이 아니다. 다 내 탓이야. 너희 말을 곧이듣고, 내 스스로 하늘을 나는 도구인 날개의 깃털을 다 뽑아버렸으니까. 너희 말대로 하였으니 몸을 망치는 것도 당연한 일이지. 그러니 너희에게는 아무런 잘못도 없어."

얘기를 마친 왕은 이렇게 덧붙였습니다.

"이와 마찬가지로, 나는 너희를 원망하지 않겠다. 나는 조상인 아담이 몸을 그르친 것도 계집 때문이고, 그로 말미암아 에덴동산에서 쫓겨났다는 사실도 잊고 있었던 나 자신을 탓할 뿐이다. 그대들은 모든 죄의 근원이건만 나는 그것을 모르고 사려분별을 잃어버리고, 그대들의 말에 넘어가 대신과 태수들을 모두 죽여 버렸어. 그들은 언제나 나의 충성스러운 조언자들이고, 명예로운 신하들이며, 어떠한 걱정이나 근심도 물리쳐주는 유능한 인재들이었다. 그러나 지금에 이르러서는 그들을 대신할 만한 인물이 하나도 없으니, 이 곤경에서 우리를 구해 줄 자는 아무도 없다. 나는 이미 구제할 길 없는 파멸의 구렁텅이에 빠져버린 것이다."

―여기서 날이 훤히 밝아왔으므로 샤라자드는 이야기를 그쳤다.

## 925번째 밤

샤라자드는 이야기를 계속했다.

오, 인자하신 임금님, 위르드 한 왕은 자신을 탓하며 말했습니다.

"모르고 한 짓이기는 하지만, 그대들 말을 듣고 대신들을 죽인 사람은 다름 아닌 바로 나다. 그 때문에, 현재는 그들을 대신할 인물이 하나도 없으니 알라의 자비로 확고한 사려분별이 있는 인물이라도 나타나서 나를 구해 주지 않는 한 나는 스스로 멸망할 수밖에 없다."

그리고 왕은 자신의 침소에 틀어박혀서 뜻밖의 재앙으로 죽은 대신들이며 현자들을 애도하면서 이렇게 말했습니다.

"단 한 시간이라도 좋으니, 몹시 위태롭고 급한 이때에 그 호걸들이 있어 주었더라면 얼마나 좋을까. 그러면 나는 그들에게 사죄하고, 이 곤경과 그 뒤에 닥쳐올 재난을 호소하련만!"

왕은 온종일 아무것도 먹지도 마시지도 않고 시름의 바다에 잠겨 있었습니다. 그리고 해가 지고 어두워지자 일어나서 입고 있던 왕의를 벗고 헌 옷으로 갈아입은 다음, 도성 안을 여기저기 헤매기 시작했습니다. 혹시라도 누구한테 위로의 말이라도 들을까 해서였습니다. 그렇게 도성을 방황하고 있는데 마침 담 한구석에 몸을 붙이고 있는 두 소년이 눈에 띄었습니다. 둘 다 같은 또래인데, 열두 살가량 되어 보였습니다. 왕은 두 아이의 이야기를 엿듣기 위해 이야기에 열중해 있는 소년들 옆으로 몰래 다가갔습니다. 그러자 한 소년이 다른 소년에게 말하는 소리가 들렸습니다.

"얘, 엊저녁에 우리 아버지한테서 들었는데 날이 가문 데다 이 도성에 상서롭지 못한 큰일이 생겼기 때문에, 농작물이 채 여물기도 전에 말라붙어서 끔찍한 재난을 당했대."

그러자 다른 소년이 말했습니다.

"너는 그 재난의 원인을 모르니?"

"응, 몰라! 알고 있으면 가르쳐주렴."

"그래, 내가 잘 알고 있으니까 가르쳐줄게. 이 이야기는 우리 아버지 친구에게서 들었는데, 지금 계신 임금님이 아무런 죄도 없는 대신과 중신들을 모두 죽여 버렸대. 임금님이 여자들한테 빠져서 제정신이 아니기 때문이래. 그 전부터 대신은 여색에 빠지지 말라고 누누이 임금님께 간했건만, 임금님께서는 도통 듣지를 않고 처첩들의 치마폭에 놀아나서 그분들을 모두 죽이라고 명령했단다. 그래서 임금님은 내 아버지인 시마스 재상마저 죽여 버렸어. 아버지는 지금 임금님과 지난번 임금님을 섬기면서 2대에 걸쳐 대신을 지냈고, 그 우두머리가 되었는데. 하지만 인제 두고 봐. 임금님은 반드시 그 인과응보로 알라의 천벌을 받아서 앙갚음을 당하고 말 테니까.”

“이미 다 죽어 버렸으니, 아무리 알라라 해도 어쩔 수가 없겠지!”

“사실 말이야, 외인도*53의 임금님은 우리 임금님을 업신여기고 욕설을 함부로 늘어놓은 편지를 보내왔어. 그 편지에는 이렇게 적혀 있었대. ‘나를 위해 바다 한복판에 쉽사리 함락되지 않는 성채를 쌓아라. 만약 응하지 않으면, 나의 대신 바디아를 전군의 우두머리로 삼아 저마다 1만 2천 병력으로 구성된 기마군 12단을 보내 귀국에 침입하여 재물을 빼앗고 장병을 죽이며 여인들을 포로로 잡으리다.’ 그리고 외인도 왕은 이 편지를 받고 사흘 안으로 회답을 보내라고 했단다. 그런데 말이야, 그 외인도 왕이라는 자는 난폭한 폭군으로서, 싸움에 있어서는 맞설 자가 없는 호걸인 데다, 국내에 어마어마한 병력을 갖고 있단다. 그러니까 우리 임금님이 무슨 계교를 써서 막아내지 않는 한, 멸망을 면할 수 없을 거야. 그렇게 되면 외인도 왕은 우리 임금님을 죽인 다음, 우리의 재산을 억지로 빼앗고 남자들은 모조리 죽여 버리고 여자들은 붙잡아 가버리겠지.”

두 소년의 이야기를 듣고 더욱 불안감에 사로잡힌 위르드 한 왕은 소년들에게 마음이 끌리는 것을 느꼈습니다.

“아마도 저 아이는 점쟁이인 모양이다. 내가 얘기하지도 않았는데 그 일을 알고 있다니. 그 편지는 내 손에 보관되어 있고 그 내용을 누구에게도 얘기하지 않았으니, 나 말고는 아무도 알 까닭이 없어. 저 소년은 어떻게 알고 있을까? 그래, 내가 저놈한테 가서 이야기해 보아야겠다. 저 아이를 통해 구원받을 수 있도록 알라께 기도해 보자.”

왕은 조용히 소년에게 다가가서 말을 걸었습니다.

“애, 귀여운 아이야, 지금 너는 임금님에 대해 여러 이야기를 하던데, 그게 무슨 소리냐? 대신과 중신들을 죽이고 세상에 둘도 없이 모질고 악한 짓을 했다고? 아니, 정말로 그 임금님은 자신뿐만 아니라 신하들에게까지 죄

를 범했지. 네 말이 맞아. 그런데 나에게도 좀 가르쳐주지 않겠니? 외인도 왕이 편지를 보내 임금님을 욕하고 함부로 협박했다는 사실을 어떻게 알았지?"

그러자 소년이 대답했습니다.

"아저씨, 나는요, 날마다 밤마다 쳐 보는 흙점으로 알았어요. 그리고 옛사람의 말에도 '어떠한 비밀도 알라의 눈을 속일 수는 없느니라. 진실로 아담의 아들은 안으로 마음의 덕성을 지니고, 그로 말미암아 아무리 어두운 비밀도 드러나기 때문이니라'고 했으니까요."

"그렇구나, 그런데 아직 나이도 어린데 어디서 그런 흙점을 배웠니?"

"우리 아버지가 가르쳐주셨어요."

"너의 아버지는 아직 살아 계시느냐, 아니면 돌아가셨느냐?"

"벌써 돌아가셨어요."

"그래, 임금님을 위하여 무슨 좋은 수가 없겠니? 임금님 자신과 이 왕국을 비참한 재앙에서 구하기 위해서 말이다."

"그건 지금 아저씨와 이야기해 봤자 소용없어요. 하지만 만약 임금님께서 나를 불러, 적군을 무찔러 그 함정에 빠지지 않으려면 어떻게 하는 것이 좋겠느냐 물어보신다면, 전능하신 알라의 힘으로 구원받을 수 있는 길을 가르쳐 드리겠어요."

"그렇지만, 너를 어전에 불러내다니, 대체 누가 그 말을 임금님께 전하겠니?"

"임금님께서는 경험이 많은 현자를 찾고 계시다니까, 내가 가서 어떻게 하면 이번 일을 무사히 바로잡아 재앙을 막을 수 있는지 가르쳐 드릴 작정이에요. 하지만 임금님은 국가의 중대사를 소홀하게 보아 넘기고 여자들의 치마폭에 빠져 있기 때문에, 내가 어정어정 나타나서 구원받는 길을 가르쳐 드린다 해도, 아마도 그 대신들을 죽인 것처럼 내 목숨도 빼앗으라고 명령할 게 틀림없어요. 그러면 모처럼 선심을 쓴 것이 도리어 해가 되어 자신을 망치게 될 걸요. 그렇게 되면, 세상 사람들은 나를 비웃을 테고, 나는 결국 '지식이 분별을 능가하는 자는 무지 때문에 망한다'고 한 무리에 끼게 될 거예요."

왕은 그 말을 듣자, 요놈이 굉장히 영리하구나 생각했습니다. 그리고 뛰어난 재능이 뚜렷이 엿보여서, 이 소년이라면 자기와 왕국을 구해 줄 것이라는 확신이 들었습니다.

그래서 왕은 이렇게 물었습니다.

"너는 어디서 왔니? 집은 어디냐?"

"이 담이 우리 집 담이에요."

왕은 그곳을 단단히 기억해 둔 다음, 소년과 작별하고 발걸음도 가볍게 궁전으로 향했습니다.

궁전으로 들어가자 왕은 옷을 갈아입고 처첩을 물리친 다음, 술과 안주를 준비하라고 분부했습니다. 그리고 술과 안주를 들면서 더없이 높으신 알라께 감사드리며 오로지 구원의 손길을 내려달라고 기도했습니다. 또한 대신들과 신학자들을 처단한 자신의 죄에 대해서도 알라께 용서를 빌고 진심으로 참회하며, 앞으로는 오로지 기도에 전념하고 오랫동안 단식하면서 죄를 씻기 위해 고행할 것을 맹세했습니다.

이튿날, 왕은 심복 환관 한 사람을 불러내어 간밤의 그 소년의 집을 가르쳐주고, 공손한 태도로 소년을 데려오라 분부했습니다. 환관은 소년의 집을 찾아가서 이렇게 말했습니다.

"임금님께서 부르십니다. 무엇인지 물어볼 말씀이 있으시다니 조금도 걱정하실 필요는 없습니다. 볼일이 끝나는 대로 댁으로 돌아가시면 됩니다."

그러자 소년이 물었습니다.

"이런 식으로 나를 부르시다니, 대체 임금님이 나에게 무슨 볼일이 있으실까요?"

"임금님의 볼일은 그저 묻고 답하는 일뿐입니다."

"그렇다면 임금님의 분부를 받들고 기꺼이 가겠습니다."

소년은 이렇게 대답하고 환관을 따라 궁전으로 향했습니다. 어전에 나아가자 소년은 알라 앞에 엎드린 뒤, 이마에 손을 대고 인사한 다음 왕의 축복을 빌었습니다. 왕도 마주 인사를 하고 소년에게 자리를 권했습니다.

─여기서 날이 훤히 밝아왔으므로 샤라자드는 이야기를 그쳤다.

## 926번째 밤

샤라자드는 이야기를 계속했다.

오, 인자하신 임금님, 소년이 왕의 어전에 나아가 이마에 손을 대고 인사하니, 위르드 한 왕도 마주 인사한 다음 자리에 앉으라고 분부했습니다.

소년이 자리에 앉자, 왕은 곧바로 물었습니다.

"간밤에 너와 이야기한 남자가 누군지 아느냐?"

"네."

"그자는 지금 어디 있느냐?"

"지금 바로 제 앞에 계십니다."

"그래, 맞았다."

이렇게 대답한 왕은 자기 옆의 의자에 앉으라고 권한 다음, 맛있는 요리와 마실 것을 내오라고 분부했습니다.

그리고 얼마 동안 이야기를 나누다가, 이윽고 왕은 몸을 바로 하고 말했습니다.

"여봐라, 간밤에 그대는 자신에게 인도 왕의 모략을 꺾을 만한 좋은 생각이 있다고 말했다. 그 좋은 생각이란 어떤 것이냐? 어떻게 하면 인도 왕의 위해를 피할 수 있을지 가르쳐주기 바란다. 그러면, 나는 그대를 국내의 조언자 가운데 우두머리로 삼고 재상에 임명하여, 모든 일에서 그대의 의견에 따를 것이며 그에 따른 막대한 보수를 내리리라."

"임금님, 그 보수는 임금님께서 가지시고 여인들에게 충고와 계교를 물으십시오. 저의 아버지 시마스와 다른 대신들을 죽이라고 지시한 것도 모두 그 여인들이었습니다."

왕은 이 말을 듣더니 부끄러움을 이기지 못해 한숨을 내쉬었습니다.

"여봐라, 젊은이여, 그대의 아버지는 정말로 시마스인가?"

"시마스는 틀림없이 제 아버지이며, 저는 분명히 시마스의 아들입니다."

젊은이의 대답에, 왕은 고개를 떨어뜨리고 눈물을 주르륵 흘리며 알라의 용서를 빌었습니다.

"젊은이여, 나는 진실로 아무것도 모르는 채 여인들의 간사하고 교활한 권고에 따랐을 뿐이다. '여자의 흉악한 계략은 진실로 크도다'[*54]라는 말도 있지 않으냐? 그러나 제발 부탁이니 나를 용서해 다오. 그대를 아버지의 자리에 앉히고, 아버지보다 한층 더 높은 지위를 줄 테니까. 그리고 하늘에서 떨어진 이번 재난을 물리쳐주면, 그대의 목에 황금 목걸이를 걸어주고, 세상에 둘도 없는 준마에 태운 다음, 포고관을 앞세워 이렇게 외치게 하리라. '여기 계신 귀공자는 현왕 다음가는 자리에 계신 대신이시다!' 또한, 여인들에 대해서는 전능하신 알라의 뜻에 따라 적절한 때가 되면 원수를 갚아 한을 풀게 해 주겠다. 아무튼 그 일은 나중의 일이요, 우선 내 마음이 놓이도록 그대가 신통한 계교와 대책을 갖고 있다면 어서 가르쳐주기 바란다."

그러자 소년이 말했습니다.

"그렇다면 제가 무슨 말씀을 드리든지 제 말씀에 반대하지 마실 것이며, 또 제가 두려워하고 있는 재앙도 제게는 절대로 내려지지 않으리라는 것을 맹세해 주십시오."

"내가 스스로 한 말을 저버리지 않고, 그대를 최고의 고문관으로 삼아 무슨 일이든 그대의 말대로 한다는 것은, 천지신명께 맹세코 거짓이 없다. 전능하신 주여, 저의 말을 들어주소서!"

이 말을 듣자, 소년은 마음이 개운해져서 아무런 거리낌 없이 뜻대로 웅변을 펼칠 수 있었습니다.

"오, 임금님, 제가 말씀드리고자 하는 것은, 인도 왕의 사자에게 회답을 주시는 유예 기간이 다할 때까지 잠자코 기다리시라는 겁니다. 저쪽에서 회답을 독촉하거든 하루를 연기하십시오. 그 말을 들으면, 사자는 주군으로부터 닷새 동안의 유예를 받았노라면서 그 자리를 벗어나고, 약속한 날에는 반드시 회답을 달라고 할 것입니다. 그러고 나서 약속한 날이 되면 상대의 예상과 다르게 다시 회답을 연기하시되, 이번에는 며칠 동안이라고 확실한 날짜를 정하지 마십시오. 그러면 사자는 화가 난 채 임금님 앞을 물러나, 거리 한복판에 서서 이렇게 고함을 칠 것입니다.

'모두 잘 들어라, 난 나는 새도 떨어뜨릴 만큼 강하고, 쇠도 녹일 만큼 뜻이 굳건하신 외인도 왕의 사절이다. 대왕께서는 이곳 임금 앞으로 편지 한 통을 보내시며 사흘의 기한을 정하시고, 그날까지 돌아오지 않으면 가만두지 않겠다고 하셨다. 나는 이 도성의 왕을 찾아가 그 편지를 바쳤더니, 왕은 그것을 읽고 사흘 동안 여유를 주면 회답을 주겠노라 하여, 이쪽에서 의례상

인정해 주었던 것이다. 그런데 사흘이 지나서 회답을 구했더니 하루만 더 기다려 달라고 했다. 나는 더 이상 기다릴 수 없다. 그러므로 외인도의 우리 주군께 돌아가서 자초지종을 보고할 작정이다. 그러니, 내말을 들은 사람들이여, 그대들이 이 일의 증인이 되는 것이다.'

이와 같은 말들은 모두 임금님 귀에 들어올 겁니다. 그러거든 사자를 불러 순순히 이렇게 말씀하십시오. '스스로 자신의 파멸을 부르는 자여, 시장거리에 나가 사람들을 향해 나를 비웃고 헐뜯다니 그게 무슨 짓인가? 법도대로 한다면 내 손으로 당장 목을 벨 것이로되, 옛사람들은 교묘하게도 자비는 군자의 특성이라고 하셨다. 알겠는가, 내 회답이 늦어진 까닭은 이쪽이 힘이 없기 때문이 아니라, 갖가지 일에 쫓기느라 몸이 바빠 회답을 쓸 시간이 없었기 때문이다.'

그리고 그 편지를 가져오게 하여 다시 한 번 읽으신 다음, 언제까지나 껄껄껄 웃으시며 말씀하십시오. '그대는 이것 말고 다른 편지는 갖고 오지 않았는가? 만약 있다면 쓰는 김에 그 답장도 같이 써 주리라.' 그러나 사자가 '다른 편지는 없습니다' 대답하거든 이렇게 말씀하십시오. '그대의 임금은 참으로 어리석은 사내로다. 이런 편지를 보내 내 노여움을 사다니! 이렇게 되고 보니, 내 쪽에서 군사를 보내 외인도의 영토를 휩쓸고 점령해 버리고 싶어지는구나.

그러나 이 편지에 쓴 것 같은 건방지고 무례한 태도도 이번만은 너그럽게 봐주마. 그대의 왕은 지각이 모자라고 앞일을 내다볼 줄 모르는 위인이니까. 처음이니 다시는 이처럼 철없는 짓을 되풀이하지 말라고 경고하는 게 내 품위에 걸맞은 행동이리라. 그러나 내 목숨을 걸고, 두 번 다시 이런 짓을 한다면 당장 자기 한 몸의 파멸만 가져올 뿐이다. 아무리 생각해 보아도, 이런 볼일로 그대를 파견한 인도 왕은 아는 것이 없고 사리에 어두운 속물임이 틀림없으렷다. 일이 어떻게 변하는지도 헤아리지 못하고, 일을 도모할 만한 사려와 분별 있는 대신이 한 사람도 없으니 말이다. 지각 있는 인물이라면 이렇게 가소로운 편지를 보내기 전에 먼저 그 대신과 의논했을 것이다. 어쨌든 이 편지에 어울리는, 아니, 그 이상의 회답을 써 주리라. 왜냐하면 학교 학생에게 답장을 쓰게 할 생각이니 말이다.' 그렇게 말씀하시고 나서, 저를 불러주십시오. 그리고 제가 나오거든 편지를 읽고 답장을 쓰라고 분부하시는 겁니다."

 왕은 이 소년의 의견을 듣자 마음이 활짝 개어, 당장 그 계획에 찬성한 뒤, 수많은 선물과 함께 죽은 아버지 시마스와 마찬가지로 대신의 지위를 주어 소년을 집으로 돌려보냈습니다.
 이윽고 약속한 사흘이 지나자 사신은 왕을 찾아가 회답을 요구했습니다. 그러나 왕은 또 회답을 연기하고, 옥좌가 있는 방 한구석으로 물러가 소년이 가르쳐준 것처럼 무뚝뚝하게 응대했습니다. 그러자 사신은 시장에 나가서 이렇게 소리쳤습니다.
 "오, 이곳 사람들이여, 나는 이 나라 왕에게 외인도 왕의 편지를 가지고 온 사람이오. 그런데, 이곳 왕은 회답을 자꾸 연기하는구려. 우리 주군이 명령한 기한은 벌써 지났으니 이곳 왕은 더는 변명할 여지가 없을 거요. 당신네가 이 사자의 좋은 증인이오."
 이 말이 왕의 귀에 들어가자 왕은 곧 그를 불러서 말했습니다.
 "오, 스스로 제 무덤을 파는 자여! 그대는 인도 왕이 나에게 보낸 편지를 맡아가지고 온 사신에 불과하지 않느냐? 왕과 왕 사이의 일은 모두 비밀에 속하는 것이다. 그런데도 내 백성들에게 왕 사이의 비밀을 드러내다니 당치도 않은 짓이로다. 원래 그대는 엄한 벌을 받아 마땅하지만, 그대의 왕께 회답은 주어 보내야 하니 이번만큼은 이 어리석기 짝이 없는 행동을 용서하마. 그런데 그 회답은 아마 서당에서 글공부하는 아이에게 쓰게 하는 것이 가장 어울리리라."
 왕은 즉각 대신의 아들을 부르러 보냈습니다. 소년은 왕 앞에 나오자 알라 앞에 꿇어 엎드려 왕의 장수를 빌었습니다. 위르드 한 왕은 인도 왕의 편지를 소년에게 내주면서 말했습니다.
 "이 편지를 읽고 급히 회답을 써라."
 소년은 편지를 펴 보고 빙그레 웃더니, 곧 큰 소리로 마구 웃어대면서 왕에게 말했습니다.
 "오, 임금님, 이 편지의 회답을 쓰게 하려고 저를 부르셨습니까?"
 "그렇다."
 "임금님, 저는 더 중요한 볼일로 부르시는 줄 알았습니다. 이까짓 편지의 회답이라면 굳이 제가 아니라 누구라도 상관없었을 걸 그러셨습니다. 그러나 오, 위세와 권력을 가지신 왕이시여! 임금님의 뜻에 따르겠습니다."
 "그럼 사자가 이렇게 기다리고 있으니 즉각 회답을 써다오. 약속 기한이 되었는데 내가 연기를 한 것이니."
 "예."
 소년은 종이와 먹을 꺼내 다음과 같이 적었습니다.

 ―여기서 날이 훤히 밝았으므로 샤라자드는 이야기를 그쳤다.


## 927번째 밤

 샤라자드는 이야기를 계속했다.
 오, 인자하신 임금님, 소년이 적은 편지내용은 다음과 같았습니다.

 "자비로우신 신 알라의 이름으로! 전능하신 신의 허락과 구원과 자비를 구하는 자에게는 평안함이 있으리라!
 그대 권력 있는 왕처럼 행세하는 자여, 그대는 입으로만 왕이지 결코 진실로 권력 있는 왕이 아니다.
 그대가 보낸 편지는 틀림없이 받아서 읽어 보았다. 그러나 그것이 어리석은 이방인의 헛소리에 지나지 않음도 읽었노라. 나는 그대의 어리석음과 사악한 마음을 확신했다.
 그대는 오르지 못할 높은 산봉우리의 꽃을 구하는 자와 같다. 하지만 알라의 창조물과 중생에 연민을 품은 나로서는 결코 그대를 그냥 내버려둘 수가 없다. 그대의 사자는 시장거리에 나가서 거기에 모인 사람들에게 그대의 편지 내용을 죄다 공개했으니 당연히 그 죄를 처벌하여 마땅하리라. 그러나 나는 그대를 존경하지는 않으나 본인을 불쌍히 여기고, 이번만은 자비를 내려 죄를 용서하고 목숨만은 살려서 보낸다.
 그대는 편지에 내가 대신을 비롯하여 신학자와 중신들을 죽인 것을 지적했는데, 그것은 틀림없는 사실이다. 하지만 나는 단순히 한 개인의 사사로운 이유에서 그들의 죄를 처단한 것이 아니다. 나는 오직 하나뿐인 학자를 죽인 것이 아니며, 내 곁에는 그들보다 총명하고 슬기로운 꾀와 재기가 뛰어난 학자들이 얼마든지 있다. 그뿐만 아니라 내 땅에 있는 세 살배기 어린아이들도 모두 지식을 갖추고 있으므로, 내 손에 처단된 자들을 대신하여 그 이상으로 뛰어난 자들을 수없이 많이 거느리고 있노라.

내 장병들 또한 모두 혼자서도 능히 1천 명을 싸워 이길 수 있는 용사들이다. 재력에 대해 말한다면 매일 1천 파운드의 은을 생산하는 큰 제조장이 있고, 금은보석에 이르러서는 백사장의 모래알처럼 수없이 많이 가지고 있다. 특히 우리 왕국의 백성들은 모두 선량한 성격으로 풍요로운 생활을 누리고 있노라. 이처럼 모든 점에서 뛰어난 나에게 버릇없게도 바다 한복판에 성채를 쌓으라고 명령하다니 어리석기 짝이 없고 참으로 이해하기 어렵구나. 대담하게도 그런 말을 하는 걸 보니 그대는 머리가 돌았던가 아니면 지혜가 얕아서 한 일이리라. 만약 그대에게 약간의 사려분별이 있다면, 바다의 파도 움직임, 바람의 방향을 좀더 자세히 조사했을 것이다. 그대가 바다 한복판에 담을 쌓고 파도와 폭풍을 막아 준다면, 나는 거기다 성을 쌓아 주리라.

또 그대는 그대의 말에 따르지 않을 때는 나를 굴복시키겠다고 했는데 그처럼 호기롭고 자신 있게 말한 것은 신께서 용서치 않는 일이다. 그대같이 어리석은 자가 내 영토를 정복하겠다니 개가 웃을 일이로다. 정당한 이유 없이 도전하는 불의의 무리에 대해 신은 반드시 나를 승리로 인도하시리라. 따라서 그대가 신과 나의 보복을 받는 것은 어디까지나 자업자득인 줄 알기 바란다.

그러나 나는 지금 당장 군대를 보내서 그대와 그대의 신하들을 정복하는 일은 신의 뜻이 아니라고 생각하기에, 그전에 먼저 충고하는 바이다. 만약 그대가 신을 두려워한다면 올해의 공물을 나에게 보내라. 이 명령을 받아들이지 않을 때는 즉시 용감한 백만*55 대군을 코끼리에 태워 대신들과 함께 그대의 영토를 공격하여, 그대가 편지의 회답 기한을 사흘로 정한 데 대한 보복으로서 그대의 성채를 3년 동안 포위하여 그대의 왕국을 삼켜버릴 것이다. 그리고 그대의 신하에게는 위해를 끼치지 않고, 오직 그대 한 사람만 죽이고 후궁의 여자들만 산 채로 잡을 것이다."

그러고 나서 소년은 빈 공간에 자신의 얼굴을 그리고 그 밑에 이렇게 썼습니다.
 "이 회답은 한낱 하잘것없는 어린 소년이 쓴 것이다."
 이윽고 소년이 편지를 봉하여 왕에게 내밀자, 왕은 그것을 사자에게 주었습니다. 사자는 답장을 받아 들고 왕의 손에 입을 맞춘 다음, 소년의 총명한 지략에 감탄하면서 물러갔습니다.
 사자가 정해진 기일이 끝난 지 사흘째 되는 날 주군의 궁정에 돌아가 보니, 왕은 이미 약속한 날짜가 지났는데도 사자가 돌아오지 않아 궁정에서 중신들과 회의를 하고 있었습니다. 사자가 급히 왕 앞으로 나아가 가지고 온 답장을 내놓으니, 왕은 그것을 받아들고 귀국이 늦어진 이유와 위르드 한 왕의 요즘 상황을 물었습니다. 사자는 묻는 대로 보고 들은 것을 자세히 보고했습니다. 그러자 왕은 깜짝 놀라 소리쳤습니다.
 "무슨 헛소리를 하는 게냐! 고작 그따위 왕을 두고?"
 "오, 대왕님, 저는 지금 대왕님 앞에 서 있습니다.*56 아무튼 그 답장을 읽어 보시면 지금 말씀드린 것이 결코 거짓이 아니라는 사실을 아시게 되실 겁니다."
 그래서 왕은 봉인을 뜯고 편지를 읽었는데, 그것을 쓴 소년의 초상화를 본 순간, 자신의 영토가 이미 적의 손에 떨어지기라도 한 것처럼 느껴지고 자신의 앞날마저 불안해졌습니다.
 그래서 대신과 중신들을 돌아보며 자세한 것을 알리고 답장을 읽어주니, 모두 깜짝 놀라 그저 입에 발린 마음에도 없는 호언장담으로 왕의 공포를 진정시키려고 애썼습니다. 그러나 속으로는 두려움에 가슴이 두근거려 금방이라도 터져버릴 것만 같았습니다.
 이윽고 바디아 재상이 천천히 입을 열었습니다.
 "사실 이 대신들이 말씀드린 것은 아무 소용없습니다. 제 의견으로서는 다시 한 번 다음과 같은 취지의 편지를 써서 해명하심이 좋으리라 생각합니다.
 '나는 귀하의 아버지와 마찬가지로 귀하를 공경하고 사랑하는 자이다. 내가 귀하에게 그 편지를 보낸 까닭은 귀하를 시험해 보려는 의도에서 한 일에 불과하다. 귀하의 지조가 얼마나 굳고 귀하의 용맹심이 어느 정도인지, 실제와 이론 양면에서 얼마나 뛰어나며, 또 많은 일에서 얼마나 성과를 올리고 있는지 알기 위해서였다. 그러므로 알라께서 귀하에게 축복을 내리시어, 귀하가 귀국의 수도방비를 굳히고 귀국의 권위를 높일 것을 알라께 비는 바이다. 그것은 귀하가 본분을 잘 지키고 신하들의 간절한 바람에 응하고 있기 때문이다.'

이렇게 써서 그 편지를 다른 사자편에 보내시는 겁니다."

이 말을 듣고 왕이 외쳤습니다.

"허, 이거참 이상한 일이로다! 그자는 영내의 현자라는 현자는 물론이고, 대신과 중신에서 대장들에 이르기까지 모조리 죽여 버렸는데도 여전히 이처럼 강대한 위세를 떨치며 싸움에 대한 준비를 게을리하지 않고 있다니! 아마 그 왕국은 수많은 백성을 거느리고 풍요로운 생활을 누리고 있어서 함부로 엿볼 수 없는 권세를 가지고 있는 것이리라. 그러나 이상한 것은 수업 중의 어린이가 왕을 대신하여 이런 답장을 쓴 일이다. 내가 너무 욕심을 부려 야망을 품었기 때문에 나뿐만이 아니라 가신들에게까지 재난을 가져오게 되었구나. 이 사태를 수습하려면 재상의 충언을 듣는 수밖에 없다."

그리하여 외인도의 왕은 곧 많은 노예와 환관을 비롯하여 값진 선물을 준비하고, 다음과 같은 편지를 썼습니다.

"자비로우신 알라의 이름으로! 삼가 나의 벗, 잘리아드 왕의 후계자, 영광에 빛나는 위르드 한 왕이여, 부디 신이 내려주신 은혜를 오래오래 누리며 장수하시기를! 내가 보낸 편지에 대한 회답은 분명히 받아보았소. 말씀하신 뜻은 잘 알았소이다. 귀하가 바라는 바를 나 역시도 지극히 기쁘게 생각하고 있소이다. 귀하의 권세와 무공이 더욱 높아지고 귀국의 초석이 더욱 견고해져서, 알라께서 귀하의 적은 물론이요, 귀하에게 불손한 음모를 꾀하는 자를 멸하시어 귀하를 승리로 이끌어 주시기를 빌어 마지않소. 사실 귀하의 아버지와 나는 한몸이나 다름없는 교제를 하며 동맹 서약을 교환한 사이였소. 그대의 아버지는 항상 나와 내 왕국의 복지를 염원하셨고, 나 또한 그분과 귀국의 평안을 줄곧 걱정하고 있었소. 그래서 그대의 아버지가 돌아가신 뒤, 귀하께서 왕위를 계승했다는 소식을 들었을 때 충심으로 축복해 마지않았던 것이오.

그런데 그 뒤 귀하가 현자와 대신, 중신들을 모조리 죽였다는 소문을 듣고 몹시 애통하게 여기면서, 이러한 떠도는 소문이 다른 나라 왕들의 귀에 들어가면 방비가 미흡한 것을 좋은 기회로 삼아 귀국을 침략하지나 않을까 밤낮으로 걱정하고 있었소. 왜냐하면 귀하가 국사를 돌보지 않고 적의 침입에 대비하는 일도 게을리한 채, 왕국의 안녕에는 전혀 무관심한 것이 아닌가 생각했기 때문이오. 전날 그와 같은 편지를 보낸 것도 귀하가 분발하여 일어나기 바라는 마음에서였는데, 답장을 받아보고 이제 안심했소이다. 알라께서 귀국에 더 큰 번영과 복지를 주시고 더욱더 위세를 내려주시기를 기도하겠소. 그럼, 귀하의 안녕을 빌며 이만 붓을 놓으리다."

왕은 호위병 백 명을 딸려서, 이 편지와 선물을 위르드 한 왕에게 보냈습니다.

―여기서 날이 훤히 새기 시작하여 샤라자드는 이야기를 그쳤다.

## 928번째 밤

샤라자드는 이야기를 계속했다.

오, 인자하신 임금님, 사자 일행은 길을 서둘러 무사히 위르드 한 왕의 왕궁에 이르러 왕께 인사를 하고 편지와 선물을 내놓았습니다.

편지를 읽은 위르드 한 왕은 사자에게 숙소를 정해 주고 정중히 대접한 다음, 사자가 가지고 온 선물을 흔쾌히 받아들였습니다. 인도 왕의 사자가 왔다는 소문이 곧 온 나라에 퍼져서 평판이 자자했고, 왕의 기쁨 또한 매우 특별했습니다.

이윽고 왕은 시마스의 아들인 그 소년과 사자의 일원으로 온 백 명의 군사 대장을 불러, 소년 재상을 정중히 대우하며 인도 왕의 편지를 주었습니다.

한편 위르드 한 왕은 백 명의 군사 대장을 향해 외인도 왕을 비난하자, 사자는 왕의 두 손에 입을 맞춘 다음 주군의 잘못을 사죄하고, 위르드 한 왕의 장수와 영원한 위세를 빌었습니다.

왕은 사자의 기원에 감사의 말을 하고 수많은 영예와 선물을 주었으며, 부하들에게도 상당한 하사품을 내렸습니다. 또 인도 왕에게도 여러 가지 선물을 가지고 돌아가도록 조치를 취한 뒤, 소년 대신에게 답장을 쓰게 했습니다.

소년 대신은 펜을 들고 아름다운 문구로 머리글*57을 쓴 다음 화해의 건에 대해 간단히 언급하고, 사자의 예의 바른 태도와 그 부하들의 훈련이 잘되어 있는 것을 칭찬한 다음, 적당한 말로 끝맺어 왕께 편지를 내밀었습니다. 그러자 왕이 말했습니다.

"오, 사랑스러운 소년이여, 무슨 말을 썼는지 네가 읽어다오."*58

소년이 왕을 비롯하여 백 명의 기사들 앞에서 그 답장을 읽어주자, 사람들은 그 문장의 형식과 내용이 훌륭하게 갖추어져 있음을 알고 감탄했습니다.

이어서 왕은 편지를 봉인하고, 그것을 백 명과 군사 대장에게 주고 지휘 아래 호위병을 딸려서 국경까지 전송했습니다. 사자 일행은 마음속으로 소년 재상의 학식과 재능에 놀라, 신속하게 볼일을 마치고 화해가 이루어진 것을 알라께 감사하면서 외인도의 주군에게 돌아갔습니다. 사자는 즉시 왕 앞에 나아가 위르드 한 왕의 답장과 선물을 내놓은 뒤, 듣고 본 일들을 이야기했습니다.

왕은 몹시 기뻐하면서 신께 감사드린 뒤 충실하게 맡은 임무를 해낸 사자의 노고를 위로하고 벼슬을 높여 주었습니다. 그 뒤 왕은 지극히 평온하고 안락하게 남은 생애를 보냈습니다.

한편 위르드 한 왕은 그릇된 길을 버리고 올바른 길로 돌아와, 알라 앞에서 진심으로 참회했습니다. 그리고 모든 욕정을 끊고 오로지 국사를 돌보며, 알라를 두려워하면서 백성을 다스리는 데 전념했습니다.

또 시마스 재상의 아들을 죽은 아버지의 지위에 앉혀, 국내에서 왕 다음가는 제일인자로서 국왕의 기밀을 담당하는 중요한 인물로 기용하는 한편, 수도를 비롯하여 영내의 모든 도시에 이레 동안 아름답게 거리를 장식하라고 명령했습니다. 백성들도 공포와 불안과 근심이 사라진 것을 진심으로 기뻐하면서 어려운 처지에서 나라를 구해 준 소년 재상과 왕을 위해 신께 감사의 기도를 드리고, 일에 그릇됨 없이 정당한 정치가 되살아난 것을 서로 기뻐했습니다.

이윽고 왕은 재상을 향해 물었습니다.

"나라의 기초를 굳혀 편안하게 하고 백성들의 생활을 풍요롭게 하며, 중신과 귀족들을 원래대로 다스리려면 어떻게 해야 하는지 그대 생각을 들려주지 않겠는가?"

"오, 옥좌에 계신 임금님이시여, 제 생각으로는 첫째, 임금님의 마음에서 부정하고 사악한 생각을 없애고 여자에 대한 음욕, 무절제, 탐닉을 억제하는 것이 가장 중요하다고 생각합니다. 만약 임금님께서 전처럼 방탕한 생활로 돌아가신다면, 두 번째 타락은 처음보다 훨씬 더 나빠서 손을 쓸 길이 없기 때문입니다."

"그러면 내 마음에서 먼저 제거해야 하는 부정하고 사악한 뿌리는 어떤 건가?"

왕이 묻자, 나이는 어리지만 빈틈없고 영리한 소년 재상은 망설이지 않고 대답했습니다.

"임금님께서 제거하셔야 할 사악의 뿌리는 여자에 대한 욕망과 여자들의 달콤한 말에 귀를 기울이는 것입니다. 색욕은 건전한 지각마저 흐리게 하며 아무리 굳고 단단한 성격도 타락시키고 맙니다. 만약 임금님께서 여자의 포로가 되어 여자가 하라는 대로 움직이며 애욕 속에 빠져 버리신다면, 제 의견은 임금님의 자유를 얽어매는 적으로 여겨지실 겁니다. 그러하오니 여자의 일로 번민하지 마시고 마음속에서 여인의 모습을 몰아내 버리심이 중요합니다. 알라께서도 사도 모세의 입을 빌려 여인에게 빠지는 것을 단단히 훈계하셨을 정도이며, 예지가 풍부한 어느 임금님은 자기 왕자에게 이처럼 말했다고 합니다.

'아들아, 내가 죽은 다음 왕위를 계승하거든 여자에게는 결코 마음을 허락해서는 안 된다. 여자에게 빠지면 이성도 사려분별도 모조리 썩어버리기 때문이니라.'

그 증거가 되는 예로, 다윗의 아들 솔로몬(이 두 분께 평화가 있기를!)이 있습니다. 솔로몬이 알라의 특별한 은총으로 지나간 시대의 어떠한 왕도 가지지 못한 탁월한 재능과 예지, 최고의 권력을 갖추고도 아버지의 노여움을 사게 된 것은 다름 아닌 여자 때문이었다고 합니다. 이처럼 여자 때문에 실패한 실례는 이루 헤아릴 수 없을 만큼 많습니다.

오, 임금님, 제가 솔로몬의 예만 든 것은 임금님께서도 아시다시피 솔로몬이 받은 것과 같은 강대한 주권을 쥔 자는 일찍이 아무도 없었고, 따라서 전 세계의 왕들이 모두 솔로몬의 율법에 복종했기 때문입니다.
 그러므로 여색은 모든 재앙의 근원이고, 여자들에게는 사려분별이 전혀 없습니다. 물론 남자에게는 여자가 필요하니 절대로 접촉하지 말라는 건 아닙니다. 부패하고 타락할 정도로 빠져서는 안 된다는 것입니다. 임금님께서 제 말에 귀 기울여 주신다면 앞으로 모든 일이 순조롭게 번영해 나가겠지만, 만일 깊이 참회하시는 지금의 마음을 잊으신다면 뒤늦게 후회하게 되실 겁니다."
 "걱정하지 마라, 나는 진심으로 지난날의 음욕을 깨끗이 버렸다."

 —여기서 날이 훤히 밝았으므로 샤라자드는 이야기를 그쳤다.


 ### 929번째 밤

 샤라자드는 이야기를 계속했다.
 오, 인자하신 임금님, 위르드 한 왕이 말을 이었습니다.
 "나는 맹세코, 여자들에게 정신이 팔려 욕정에 허우적거렸던 방탕한 생활은 단호하게 끊어버렸다. 그런데 그 여자들의 악행에 대해서는 어떤 벌을 내리면 좋을까? 그대의 아버지 시마스를 죽인 것도 내 본마음에서가 아니라, 저 여자들의 간악한 마음 때문이었어. 나는 어리석게도 여자들의 달콤한 말에 빠져서 판단력을 잃고 그대 아버지를 죽이는 데 의견을 같이하고 말았던 거다."
 왕은 괴로움에 몸부림치면서 외쳤습니다.
 "아! 슬프도다!"
 그리고 다시 비탄에 잠겨 말을 이었습니다.
 "아, 올바른 판단력을 가지고 올바른 정치의 길로 이끌어주었던 명재상을 잃었으니, 참으로 안타깝구나! 수많은 대신과 국가의 기둥 중에서도 기둥이었던 인물을, 재능이 뛰어나고 총명한 견문과 학식을 갖춘 훌륭한 인물을 잃다니!"

그러자 소년 재상이 입을 열었습니다.

"오, 임금님, 그 잘못은 여인들에게만 있는 것이 아닙니다. 여자들이란 기분 좋은 상품과도 같은 것, 구경꾼이 그것에 욕정을 일으키는 겁니다. 그것을 동경하여 사는 자에게 여자는 팔려가는 것이지요. 그러나 아무리 구경을 시켜줘도 마음이 움직이지 않고 사고 싶어 하지 않은 자에게는 팔리지 않습니다. 결국 그것을 산 자가 나쁜 겁니다. 그 상품이 해롭다는 것을 알면서도 그것을 사는 자가 더 나쁩니다. 그래서 저는 아버지를 본받아 임금님께 간언을 드립니다만, 임금님은 그때 아버지의 간언을 듣지 않으셨습니다."

"오, 재상, 그대의 말대로 나 스스로 잘못을 범한 것이다. 신이 정하신 전생의 숙명이라는 것 말고는 변명의 여지가 없구나."

"임금님, 전능하신 알라께서는 우리를 만드시고 능력을 주시어 자유로운 의지와 시비를 가리는 힘을 주셨습니다. 그러므로 무엇이 올바르고 무엇이 그릇된 것인지 판단하는 것은 우리 자신입니다. 알라께서는 언제나 올바른 행위만을 허락하시고 부정한 짓은 금하고 계십니다. 우리가 하는 일은 올바른 것이든 부정한 것이든 우리 자신에게서 나온 것입니다."

"옳은 말이다. 내 악업의 원인은 모두 내가 색욕의 바다에 빠졌기 때문이다. 내가 음욕에 빠져 있었을 때, 때로는 양심의 꾸짖음을 받고 그대 아버지의 충언으로 본마음을 찾은 적도 종종 있다. 그러나 이내 다시 음욕에 져서 분별하지 못하게 된 것이다. 두 번 다시 이와 같은 잘못을 범하지 않고 정욕을 누를 수 있는 좋은 방법이 없을까?"

"있습니다. 어떻게 하면 그 헛된 타락의 구렁텅이에 빠지지 않을 수 있는지 말씀드리지요. 첫째, 무지의 옷을 벗어 버리고 깨달음의 옷을 입으시고, 욕정을 따르지 말고 신의 교훈을 따르시며, 선왕의 뜻에 따라 새로운 정치를 펼치시고 최고의 신과 백성에 대한 의무를 다하시며, 왕으로서 해야 할 일을 수행하시고 결코 학살 같은 일은 하지 마십시오. 또 모든 일의 결말을 조심해서서 폭력, 압제, 무자비, 호색 등을 전부 삼가시고 정의, 공정, 겸양 등을 실천하셔서 신의 명령을 지키고 신께서 임금님께 맡기신 신의 아들, 즉 백성의 복지증진에 전념하셔서 백성이 임금님을 위해 감사의 기도를 드리게 되도록 정무에 힘을 기울이셔야 합니다. 언제나 끊임없이 이러한 것에 주의하신다면 이윽고 임금님께서는 위로는 신으로부터 자비를 받으시고 아래로는 백성으로부터 존경을 받으시게 될 것입니다."

그러자 위르드 한 왕이 말했습니다.

"그대는 나에게 살아갈 힘을 주고 영혼을 다시 살려주었다. 그대의 충언으로 내 가슴에는 희망의 불이 켜지고 어두웠던 두 눈이 열렸느니라. 나는 신의 가호 아래 그대의 말을 실행하고자 굳게 결심했노라. 방탕하고 죄 많던 생활을 버리고 내 영혼을 부당한 감금에서 구제로, 불안에서 안도로 구해내기로 하마. 그리하여 그대도 기꺼이 만족할 수 있도록 노력하리라. 나는 그대보다 나이는 많지만, 앞으로는 그대의 자식이 되련다. 그대는 비록 나이는 어리지만, 나의 아버지가 되어다오. 부모의 명령을 순순히 따르는 것은 자식의 의무이다. 나는 알라의 깊은 자비와 그대의 호의에 진심으로 감사하고 있다. 알라는 그대라는 인간을 통해 나를 구원하시고 나에게 어려움을 헤쳐나갈 수 있는 올바른 분별력을 주셨다. 내 중신과 백성들의 오늘의 안녕도 모두 그대의 탁월한 지식과 재능과 뛰어난 계략 덕택이다. 그대는 이제부터 이 왕국의 좋은 조언자로서, 비록 옥좌에는 앉지 않았지만 나와 대등한 자가 되었도다. 그대의 명령은 어떠한 경우, 어떠한 때라도 나에게 언제나 올바른 지침이니, 누구도 그대의 말을 어기지 못하게 하겠다. 비록 나이는 어리지만, 재능과 지식이 탁월한 그대를 나에게 보내시어, 나를 파멸의 그릇된 길에서 구원의 길로 인도해 주신 알라께 나는 진심으로 감사하고 있다."

"오, 인자하신 임금님, 임금님께 도움말이나 충언을 드린 것은 결코 저의 공로가 아니라 임금님의 은혜를 입고 있는 한 그루의 나무, 한 포기의 풀에 지나지 않는 제가 당연히 해야 할 의무입니다. 저희 백성은 한결같이 임금님의 은혜를 입고 있으며, 저뿐 아니라 모든 백성이 임금님으로부터 영예와 자비를 얻고 있습니다. 어찌 이 사실을 무시할 수 있겠습니까? 오, 임금님, 임금님은 쳐들어오는 적을 막아주시고 저희를 보호하시어 저희가 영원히 행복하고 평화롭게 살 수 있도록 힘을 다해 주시는 군주이시며 지배자이십니다. 설령 임금님을 섬기다가 몸과 마음이 다 닳아 없어진다 할지라도, 그것만으로 임금님의 은혜에 보답해야 하는 의무를 다했다고 할 수 없습니다. 저희 백성은 임금님을 왕으로서 저희에게 보내주신 알라께 기원해야만 할 것입니다. 오, 알라시여, 우리 임금님이 길이길이 장수하시고 만 가지 계획을 성취하게 해 주소서! 그리고 알라의 부름을 받으시는 날까지 백성들의 존경을 받으며, 더욱더 널리 관대하고 자비로운 마음이 백성들에게 미치도록 해 주소서! 그렇게 되면 임금님은 세상의 모든 현자를 거느리시고, 모든 악인을 평정하시며, 수많은 현자와 용사들을 영내에 모으시는 동시에, 어리석은 자와 비열한 자는 임금님의 시대에 모조리 뿌리 뽑을 수 있을 것입니다. 또한 저희는 임금님의 백성에게서 궁핍과 재앙을 물리치고, 중생들 사이에 사랑과 우정의 씨앗을 뿌려, 현세와 그 번영을, 내세의 복지를, 신의 은혜와 자애와 숨겨진 자비를 충분히 누리게 해 주시기를 알라께 기원합니다. 부디 그렇게 되게 하소서! 그것은 알라께서는 만물을 다스리시는 전지전능하신 신이시므로 알라께 불가능한 일은 없고, 모든 것은 알라께 돌아가기 때문입니다."

이 말을 듣고 왕은 매우 기뻐하며, 이 젊은 재상을 진정 사랑하는 마음으로 이렇게 말했습니다.

"오, 재상이여, 그대는 나에게 있어서 형제나 자식과도 바꿀 수 없는 인물이다. 나는 죽을 때까지 어떠한 일이 있어도 그대와 함께하리라. 이제부터 내가 소유한 것은 모두 그대의 재량에 맡길 것이고, 만일 왕위를 이을 왕자가 없을 때는 내가 죽은 뒤 그대가 내 후계자로서 이 옥좌에 앉아주기 바란다. 그대는 백성들 위에 서서 나라를 다스리기에 부족함이 없는 가장 뛰어난 인재다. 나는 영내의 중신과 태수들을 불러모아 그들 앞에서 그대를 정식으로 이 왕국을 물려받을 태자로 선포하겠다. 인샬라!"

─여기서 날이 훤히 밝아왔으므로 샤라자드는 이야기를 그쳤다.


## 930번째 밤

샤라자드는 이야기를 계속했다.

오, 인자하신 임금님, 위르드 한 왕은 시마스 재상의 아들에게 말했습니다.

"곧 그대를 내 후계자로서 정식으로 지명하겠다. 그리고 영내의 중신과 태수들을 불러 그 증인으로 세우리라."

그런 다음 왕은 서기를 불러 영내의 모든 제후에게 궁정에 들라는 통지서를 쓰게 했습니다. 또 수도에서는 위아래 구별 없이 모든 서민도 알 수 있도록 포고문을 내고, 태수를 비롯하여 총독, 시종, 중신, 명사는 물론 신학자와 학자들까지 한 사람도 남김없이 초대하라고 명령했습니다.

그런 다음 왕은 대대적인 어전회의를 열고 유례를 볼 수 없는 성대한 잔치도 열어, 귀하고 천한 것의 구별 없이 모든 백성을 초대했습니다.

초대를 받고 모여든 사람들은 더없이 즐거워하면서 꼬박 한 달 동안 먹고 마시면서 기쁨을 나누었습니다. 그리고 가난한 사람들에게 골고루 옷을 나눠주고 학식이 있는 사람들에게는 풍성한 선물을 내렸습니다.

이어서 왕은 시마스의 아들인 젊은 재상에게 신학자와 현자들을 여러 명 골라 그들을 직접 살펴보게 한 뒤 그중에서 대신으로 데리고 있을 여섯 사람을 다시 고르게 했습니다. 젊은 재상이 학식과 경험이 풍부하고 기억력과 판단력이 뛰어난 여섯 명을 골라 추천하니, 왕은 그 자리에서 대신의 예복을 내리고 말했습니다.

"그대들은 이번에 시마스의 아들이자 재상인 이 소년 밑에서 대신으로 종사하게 되었으니, 무슨 일에서든 이 재상의 말과 명령을 거역해서는 안 된다. 나이는 가장 어리지만, 학식과 재능에서는 가장 뛰어나기 때문이다."

왕은 이렇게 말하고 대신 취임의 관습으로써 황금으로 장식한 의자에 그들을 앉히고 녹봉과 품삯을 정했습니다.

그런 다음 대신들에게 명령하여 연회석에 와 있던 태수들과 무인들 가운데 국사에 종사할 만한 인물을 고르게 하여, 그들을 각기 열 명의 우두머리, 백 명의 우두머리, 1천 명의 우두머리로 임명하고 지위와 녹봉을 정해 주었습니다.

이윽고 왕이 늘어서 있는 신하들에게 축하 선물을 내리자 모두 매우 기뻐하며 고향으로 돌아갔습니다. 왕은 다시 총독들에게 엄명을 내렸습니다.

"정의로 백성을 다스리고 빈부의 차별 없이 백성을 사랑하며 저마다 신분에 따라 국고의 부담 구제하도록 해라."

대신들이 왕의 무운장구(武運長久)와 장수를 기원하니, 왕은 다시 전능하신 알라로부터 받은 수많은 은총에 감사하고, 사흘 동안 수도를 아름답게 장식하라고 분부했습니다.

이렇게 하여 위르드 한 왕과 이븐 시마스(2) 재상은 태수와 총독의 손을 거쳐 국정을 가다듬을 수 있었습니다. 한편 전에 불충과 불신으로 대신들을 모조리 죽이고 하마터면 나라까지 멸망시킬 뻔했던 그 애첩과 측실과 왕비들에 대한 처리가 남아 있었으므로, 왕은 모든 일이 무사히 처리되자 젊은 재상과 새 대신 여섯 명을 불러 은밀하게 의논했습니다.
 "오, 대신들이여, 나는 어리석게도 사악한 길에 빠져 교훈을 외면하고 진리를 짓밟고 충실한 도움말에 귀 기울이지 않았다. 그것은 모두 저 여자들의 꾀에 넘어간 탓으로, 그들의 간사한 꾀에 놀아나고 아첨하는 말에 속아 넘어가서 결국은 부추김을 받아 죄를 범하면서도 이를 전혀 부끄러워하지 않았다. 그런데 어찌 생각이나 했으랴! 그들의 말은 무서운 독약이었다! 이제 분명해졌지만, 저 여자들은 다만 나를 파멸의 구렁텅이에 밀어 넣으려 한 것이다. 그러니 정의를 위해서도 마땅히 징벌을 받고 나의 보복을 받아야 할 것이며, 교훈이 필요한 인간들에게 그 본보기로 보여 줘야겠다. 그래서 저년들을 사형에 처하고 싶은데 그대들의 의견은 어떠한가?"
 그러자 소년 재상이 대답했습니다.
 "오, 임금님, 앞에서도 말씀드렸지만, 나쁜 것은 여자들뿐만이 아니라 색욕에 빠져 여자들의 달콤한 말에 속아 넘어 간 것도 같은 죄라고 말씀드렸습니다. 그러나 그 여자들은 두 가지 이유에서 벌을 받는 것이 마땅합니다. 첫째, 임금님께서는 가장 고귀한 왕이시니 스스로 한 번 말씀하신 것은 끝까지 이행하셔야 합니다. 둘째로, 여자들이 방자하게도 임금님을 부추겨 자신들과는 아무 상관도 없는 일에 참견했기 때문입니다. 그러한 주제넘은 일은 받아들일 수 없습니다. 이 두 가지 이유로 여자들은 사형을 받아 마땅합니다. 하지만 이미 지금까지의 사건으로 충분히 깨달은 바가 있을 테니, 지나간 일은 묻지 않고 그 여자들을 하녀의 신분으로 떨어뜨리는 것이 어떻겠습니까? 그러나 이 일뿐만 아니라, 모든 일을 결정하는 것은 어디까지나 임금님 자신입니다."
 그러자 대신 한 사람이 이븐 시마스의 의견을 지지했습니다. 그러나 다른 한 사람은 왕 앞에 엎드려 이렇게 말했습니다.
 "알라여, 부디 임금님께 장수를 내려주시기를! 만약 진심으로 여자들을 죽이실 결심을 하셨다면, 제가 말씀드리는 방법을 택하심이 어떠하온지요?"

"그것은 어떤 방법인가?"

"누군가 노예처녀에게 분부하여 임금님을 농락한 그 계집들을 대신과 현자들이 죽은 방에다 가두어 버리는 겁니다. 그리고 간신히 목숨을 이어갈 정도의 물과 음식만 줄 뿐, 무슨 일이 있더라도 방에서 꺼내주어서는 안 됩니다. 죽는 자가 있더라도 상관하지 마시고 마지막 하나까지 죽도록 그대로 내버려 두십시오. 그토록 사악한 짓을 거듭하여 이 시대의 고통과 상서롭지 못한 일의 근원이 된 여자들이니 이만한 처분은 당연한 일입니다. 그렇게 되면 '자기 동포의 무덤을 파는 자는 비록 오랫동안 단물을 빨더라도 반드시 자기 스스로 그 무덤에 묻힌다'고 한 세상의 속담이 밝혀지게 될 것입니다."

왕은 그 대신의 권고를 받아들여 곧 억센 여자노예 네 명을 불러, 애첩과 측실들을 대신과 대관을 죽인 방에 가두고 날마다 약간의 물과 음식만 주게 했습니다. 여자노예들이 왕이 지시한 대로 하자 애첩과 측실들은 자신들의 잘못을 뉘우치고 몸부림치며 울부짖었습니다.

이렇게 하여 알라께서는 이 세상에 악업의 벌을 내리시고 내세의 괴로움을 깨닫게 하셨던 것입니다. 여자들은 어두운 방에서 제대로 먹지도 못하고 지내다가 시간이 흐르면서 하나둘씩 쓰러지더니, 마침내 모두 죽고 말았습니다. 이 소문은 널리 전 세계의 나라들로 순식간에 떠들썩하게 퍼졌습니다.

이것으로 위르드 한 왕과 그 대신들에 대한 이야기는 끝났습니다. 사람들을 죽게 하고, 썩은 시체를 다시 살리시는 알라를 찬양하라! 영원히 찬사와 칭찬과 존숭을 받아 마땅한 것은 오직 알라뿐! 또 수많은 이야기 가운데 이런 이야기도 있습니다.

〈주〉

*1 레인은 이 이야기를 '매우 재미없다'는 이유로 생략했다. 그러나 이 이야기는 《아라비안나이트》 가운데 가장 오래된 두 가지 이야기 가운데 하나이자 가장 이색적인 이야기로, 알 마수디는 《하자르 아프사나 *Hazar Afsanah*》〔아라비안나이트의 원형으로 일컬어지는 페르시아의 이야기〕에 속하는 것이라고 말했다.

폰 하머(트레비찬 번역의 머리글)는 이 이야기 속의 우화를 인도(이집트?) 기원으로 보고 다음과 같이 평했다. "오래된 점과 그것이 내포하는 우의(寓意)에서 보아 가장 큰 주목을 받을 만한 가치가 있다. 그렇지만 결코 재미있는 이야기라고는 할 수 없다(sous le rapport de leur antiquité et de la morale qu'ils renferment, elles méritent la plus

grande attention, mais d'un autre côté elles ne sont rien moins qu'amusantes)."
*2 잘리아드(Jali'ad)는 브레슬라우판에서는 (제8권) 킬라드(Kil'ad)로 되어 있고, 트레비찬(제3권)은 '질리아 왕(le roi Djilia)'이라고 했다.
*3 다음의 우화를 읽으면 알 수 있지만, 맥나튼판의 책 이름처럼 '고양이와 생쥐'라고 하여, 독선적 행위에 대한 대가로서 '생쥐를 괴롭힌 고양이에게 내린 재앙(what befell the Cat with the Mouse)'이라고 하는 편이 나왔을 것이다. 그러나 세 종류의 판이 모두 본문처럼 되어 있기 때문에 나도 변경을 가하지 않았다. 유럽의 언어로 번안하면, 생쥐는 그냥 쥐가 될 것이다.
*4 함부로 흉하고 언짢은 일을 예언하여 자신이 불행을 당하지 않도록 해달라는 뜻.
*5 큰 뱀(serpent)은 아랍어로 아프아(Af'a, 복수형 아파이 Afa'i)이며, 그리스어의 $ὄφις$에 해당하는데, 모두 고대 이집트어 Hfi 즉 '벌레, 뱀'에서 나왔다. 아프아는 여러 가지 종류의 큰 뱀으로, 모두 독성이 있다고 상상이 되는 것에 사용된다.
*6 어떤 그리스도교도들은 잔인성은 '원죄(原罪)'와 함께 이 세상에 태어난 것으로 생각하고 있다. 그러나 생명의 무서운 낭비와 뚜렷하게 인간에게서 아무것도 배우지 않는 어류의 맹렬한 파괴성을 그들은 과연 어떻게 설명할 것인가? 만물의 잔인성의 비밀은 입법자가 없는 법칙에 의해서만 설명할 수 있다.
*7 남유럽에서는 죽기 전에 칭찬해서는 안 되는 것 세 가지가 있는데 그것은, 말과 승려와 여자이다. 또 미리 예언하는 것은 어리석은 자뿐이라는 것도 일종의 속담이 되어 있다.
*8 투명버터(clarified butter)란 아랍어로 삼(Samn)이라고 하며, 녹여서 위에 떠오른 찌꺼기를 떠낸 버터를 말한다. 이 책 15번째 밤〔'바그다드의 짐꾼과 세 여자' 이야기 주석 94〕 참조.
*9 이 이야기는 '이발사의 다섯째 형 이야기'〔32번째 밤〕와 비슷한 이야기이다. 같은 곳에서 말한 여러 책〔이 책 '꼽추 시체가 들려주는 이야기' 주석 105〕 말고도 다음의 것을 덧붙여 둔다.

갈랑이 번역한 '아르나샤르와 유리상자'에서 따온 〈스펙테이터〉 잡지 지면의 애디슨 학교용 교훈.

《히토파데샤 Hitopadesa》(산스크리트어이며, 유익한 교훈이라는 뜻)의 페르시아어역 《안와르 이 수하일리 Anwar-i-Suhayli》(캐놉스의 빛). 번역자는 사람은 후사인 바이즈(Husayn Va'iz).

《인도 동화집》(스토크스 여사) 속의 '어리석은 사찰리'.

'구두장수와 우유 항아리'의 운명을 풍자한 라블레의 이야기. '교훈화된 동물 대화 (Dialogues of Creatures Moralised)'(1516), 라퐁텐은 아마 여기서 그 우화 '젖 짜는 여자와 우유 항아리(Le Laitière et le Pot au lait)'를 빌려 썼을 것이다.

* 10 이집트어 농부(Fellah)는 나일 강에서 아틀라스 산맥 뒤쪽까지 널리 쓰인다. 〔아틀라스 산맥은 모로코, 알제리, 튀니지에 걸치는 북부의 산맥. 또한 이집트에 아랍어가 들어간 것은 서기 640년 오마르 교주의 시대이지만, 그 뒤 아랍어는 특히 입말에서 비상한 변화를 이룩하여, 지금은 뚜렷하게 일종의 방언이 되어 있다. 따라서 어떤 경우에는 이집트어라고도 불리는 것이다.〕
* 11 문학(polite letters)은 아랍어로 아다브(Adab)라고 한다. 좋은 교육과 좋은 예의범절 사이에 있는 모든 것을 가리키는 언어. 따라서 번역가에게는 매우 어려운 단어이다. 때로는 글재주나 고전적인 학문을 뜻하는 때도 있다.
* 12 즉 나는 그대의 가치만큼 존경한다는 뜻.
* 13 브레슬라우판(제8권)에는 '많은 사람' 대신, '터키인들'이나 '터키인'으로 되어 있다.
* 14 이 대신의 상당히 난해한 연설문의 곤란한 점을 훌륭하게 정복하여 내 것으로 만든 페인 씨에게 찬사를 보내지 않을 수 없다.
* 15 이것은 바로 오늘날의 이슬람교도들이 좋아할 만한, 반숙명론적이고 완전히 미신적인 말이다. 그들은 스스로 노력하기보다는 '헤라클레스에게 구원을 청하는' 쪽을 선택한 것이다. 〔그리스 신화의 헤라클레스는 괴력을 지닌 영웅이었다.〕
* 16 온대지방에 사는 사람들은 열대지방의 개미의 습관에 대해 전혀 알지 못한다. 남아프리카의 카피르족은 개미총 위에 말뚝을 박고 포로들(그중에는 나의 가엾은 지인도 있었다)을 묶어두는데, 그러면 그들은 불과 두세 시간 만에 뼈만 남게 된다. 이러한 죽음은 가장 완만한 형태의 고문이 틀림없다. 그러나 아마 신경계통은 곧 감각이 없어질 것이다.

  서아프리카에서 회복될 희망도 없이 병상에 누워 있는 불행한 어느 병자도 이런 운명을 당했다. 나는 졸저 《잔지바르》(제2권)에서 개미의 침입에 대해 얘기했는데, 잔지바르에서 다호메까지 가는 사이 많은 장소에서 정말로 그러한 개미의 습격을 받았다.
* 17 승냥이(jackal)는 아랍어로 살라브(Sa'lab)이며, 이 책 '이리와 여우 이야기'(148번째 밤)에서는 이 승냥이가 여우로 되어 있다. 내가 이것을 승냥이라고 번역한 것은, 이 여우의 형제뻘은 힌두교도의 민화 《히토파데샤》 등에서 썩은 고기를 먹는 짐승으로 등장하기 때문이다. 말할 것도 없이 이 이야기는 《Katha Sarit Sagara(이야기가 흐르는 바다)》에도 있으며 단순한 변형에 지나지 않는다. 〔뒤의 민화에 대해서는 이 책 '샤리아르 왕과 그 아우 이야기' 주석 14 참조.〕
* 18 모리타니(Mauritanie)는 아랍어로 마그리브(Maghrib, 정확하게는 Maghrib al-Aksa)이며, 글자 그대로는 '가라앉는 태양의 나라'를 뜻한다. 이 마그리브와 모리타니의 관계에 대해서는 앞에서 설명했다. 또한 마그리브는 거의 알 가르브(Al-Gharb) = '서부(西部)'와 동의어이며, 포르투갈인은 여기서 두 개의 알가르베(Algarve)를 빌려 썼다.

하나는 남유럽(즉 포르투갈 최남단에 있는 주(州))에 있고, 또 하나는 서부의 맨 꼭 대기인 스페인령 트라팔가르(Trafalgar), 즉 Taraf al-Gharb(서(西)타라프)에 면한 탄제르 세우타(Tangier-Ceuta) 부근의 해협을 사이에 둔 맞은편이다.

*19 아무리 가난한 순례자도 두 번의 잔치를 축하하고 사원에서 금요일의 근행을 위해 새 옷 한 벌씩은 꼭 지니고 다닌다. 졸저 《순례》 제1권에도 나와 있다.

*20 이것은 이슬람세계 전체의 풍습이었다. 자신들의 신 말고 다른 모든 '신의 아들'에 대한 그리스도교도의 인정 없는 모진 모욕에 의해 더럽혀지지 않은 곳에서는, 오늘날에도 이 풍습이 남아 있다. 그러나 이집트 같은 곳은 완전히 변해 버려서 이제는 나아질 가능성이 전혀 없어 보인다. 일찍이 1852년 알렉산드리아와 카이로에서 탁발승의 승복을 입고 다녔던 나는 사람들의 경멸만 샀을 뿐이다.

*21 동양의 관례로는 감옥은 왕궁 속에 있었다. 그러므로 총독이나 그 호위병의 숙소인 무어인의 카스바(Kasbah)(성채)에는 언제나 감옥이 있다.

*22 뱀 사육사(serpent-charmer)는 아랍어로 하위(Hawi)라고 하며, 뱀의 하이야(Hayyah)에서 나왔다. 이집트의 뱀 사육사는 대부분 집시이며, 그들은 자신의 출신을 입에 올리는 것을 좋아하지 않는다.

나는 구제라트(인도)의 바로다에서 뱀 잡는 기술을 배운 적이 있는데, 이 놀이는 상당히 위험한 것이었다. 뱀(코브라)이 달아나면 왼손으로 그 꼬리를 붙잡고 오른손을 목 있는 데까지 미끄러지듯이 가져가는 것인데, 2, 3인치라도 손이 더 나아가거나 조금이라도 어설플 때는 당장 물려서 목숨을 잃게 된다. 내 친구 하나가 결국 뱀을 한 마리 죽였기 때문에, 뱀 부리는 사람은 두 번 다시 나를 상대해 주지 않았다.

*23 브레슬라우판(제8권)에는 문 대신 통풍구(Badhanj)로 되어 있다. 거미집은 《코란》(제29장 40절)에도 다음과 같이 언급되어 있다. '모든 집 가운데서 가장 약한 것은 거미집이다.'

*24 아마도 페르시아어의 위르드(Wird), 즉 학생, 제자에서 나온 것이리라.

*25 열두 살로 되어 있지만, 왕자의 교육은 열세 살 때 끝난다. 그러나 세 가지의 원전이 모두 일치하여 그렇게 되어 있어서, 나도 굳이 이 수를 여섯 살 또는 일곱 살로 바꾸지 않았다. 대개 그 나이 무렵부터 하렘 밖에서의 교육이 시작된다.

*26 표범은 아랍어로 니므르(Nimr)이며, 맥나튼판은 표범이 사자의 대신이라고 간접적으로 표현해 주고 있다.

*27 이 대답은 모두 정통파 이슬람교 교의로, "ex nihilo nihil fit"(무(無)에서는 아무것도 나오지 않는다는 뜻)이라는 금언을 완전히 무시하고 있다. 이 교의는 기적에 의한 창조(모세적인 천지개벽설)에 대립하는, 법칙에 의한 창조(진화론)를 터무니없는 모독으로 여겼다.

*28 이것은 이슬람교도의 상투어일 것이다. 보통은 바닥이 없는 우물 속에서, 끊임없이

쥐가 갉아먹고 있는 가느다란 새끼줄 한 가닥에 매달려, 꿀벌이 벽에 남긴 약간의 꿀을 핥으면서 만족해하는 인간에 비유된다.

*29 독수리(ossifrage)는 아랍어로 우카브 알 카시르(Ukab al-kasir), 즉〔뼈를〕부수는 매.

*30 재갈(bit)은 아랍어로 리잠 샤디드(Lijam shadid)이며, 이 아랍인의 재갈만큼 가혹한 것은 아마 없을 것이다. 이것은 전속력으로 빨리 달리고 있는 말을 멈추게 하는 동양인의 관습을 위해 필요하다. 대체로 아랍인은 '귀부인의 손으로' 말을 몰고 가기는 하지만, '재갈에 매달리는' 야만적인 방법으로 말을 타지는 않는다.

*31 이 정확한 시간의 구분(아무도 채용하지는 않지만)은 여러 언어에서 많은 형태로 나타나 있다. W. 존스(Jones) 경(《시집과 기타》제1권)의 전기에서 다음과 같은 문장을 볼 수 있다.〔존스는 원래 영국의 법률가였으나 동양학 관계의 공적이 많으며, 벵갈의 아시아협회를 설립하고 수많은 저작과 번역을 남겼다. 1746~94년. 에드워드 코크(Coke) 경도 영국의 법학자로 유명하다. 1552~1634년.〕

"인도에서 종잇조각에 쓰다,
에드워드 코크 경은
잠자는 데 6시간, 법률 공부에 6시간!
4시간은 기도에―나머지는 하늘에 바친다!
그러나 오히려
7시간을 법률에, 평온한 잠에 7시간,
세상일에는 10시간, 하늘에는 온종일!"

그러나 이것은 실제적이지 않다. 나는 처치스트 운동의 배분법을 채택하지 않을 수 없다.

잠자는 데 6시간, 노는 데 6시간,
일하는 데 6시간, 하루에 6실링.

프루드(Froude) 씨(《오시아나 *Oceana*》에 의하면, 뉴질랜드 사람들은 참으로 절묘한 이상(理想)에 도달해 있다.

일하는 데 8시간, 노는 데 8시간,
잠자는 데 8시간, 하루에 8실링.

〔제임스 앤서니 프루드는 영국의 역사가. 위의 책은 호주의 항해기이다. 1818~94년.〕

*32 원칙적으로 고양잇과 동물이 꼬리를 흔드는 것은 화를 내는 표시이다. 개과 동물은 그 반대이다.

*33 인도에서는 일반적으로 왕후는 농민의 부녀자와 그 종교―재산이 아니다―를 존중하는 한, 어떠한 짓을 해도 상관없다고 한다.

*34 관행은 수난(Sunan)이라고 하는데, 이 책 '운스 알 우우드와 대신의 딸 알 와르드 필 아크맘' 이야기 주석 7을 참조하기 바란다. [이것은 복수형으로, 단수는 순나(Sunna)라고 한다.] 여기서는 라슴(Rasm)='관습'과 같다. 특히 고대부터 행해지고 있을 때는, 《코란》이 정한 바에 따라 확실하게 규정되어 있지 않은 모든 사항에 걸쳐 타당한 것으로 여겨지고 있다. 이를테면 인도 북부의 이슬람교도(의심할 것 없이 힌두교도로부터 모든 관습을 빌려 쓴 것이지만)는 카피르족과는 식사를 함께하지 않을 것이다. 만일 《코란》에는 그런 금령이 없다고 카피르족이 항의한다면, "아니요, 이것은 우리의 라슴이오"라고 대답할 것이다. 대부분의 영인인(英印人)은 이 중대한 점에 대해 아는 것이 없다.

*35 인간과 동물의 정액을 간접적으로 표현할 뿐만 아니라, 고대 그리스인과 힌두교도들이 지지했고, 지나간 세기의 유럽에서 발전한 수성론(水成論)적인 원리도 암시하고 있다.

*36 이슬람교도는 그리스도교에 고유한 금욕적 관념에 대해 온 힘을 다해 저항하며, 육욕에 대해서도 부끄러워하지 않는다. 오히려 그 반대이다. 나는 페르시아에서 다음과 같은 얘기를 들은 적이 있다. 신앙심이 깊고 학문과 도덕적인 생활로 매우 존경받고 있었던 어떤 인물이 시라즈의 한 제자의 집에 머물렀을 때, 갑자기 침실에서 나와 "샤와트 다람(Shahwat daram)!"—우리가 '나는 여자가 필요해'라고 말하는 것과 같다—이라고 말하면서 주인을 흔들어 깨웠다. 그리고 곧 한 노예여자와 함께 색욕을 채웠다는 것이다.

*37 이 사람 자신은 물론 타인이 보는 바로도, 인간을 타락시키는 유일한 거짓말은 진실을 얘기하는 것이 두려워서 하는 거짓말이다. 또한 인간사회와 문명인의 교제는 인습적인 거짓말을 바탕으로 하고 있으며, 많은 우스개 이야기는 La vérité n'est pas toujours bonne à dire[무조건 진실만 얘기하는 것은 좋지 않다]고 하는 금언을 무시한 결과임을 뒷받침하고 있다.

*38 다양한 마취제를 가지고 있으면서도 아랍인은 이른바 '안락사(euthanasia)' 문제에 대해서는 한 번도 연구한 적이 없는 듯하다. 그들은 최면제와 그 밖의 약물을 이용하여 고통을 없애기보다는, 무서운 단말마에 허덕이면서 임종하는 모습을 바라보는 것을 좋아했다. 나는 그리스도교를 옳다고 믿고 받드는 아랍인이 수난자는 '최후까지 의식을 잃지 않았다'고 의기양양하게 주장하는 것을 들은 적이 있다.

물론 이러한 야만적인 관습의 밑바탕에는 미신이 그 사이에 끼여 있다. 그것과 같은 이유로, 약 30년 전에 어떤 어리석은 산부인과 의사는, "너는 수고하여 자식을 낳는다"(창세기 제3장 16절)는 신성한(?) 말을 방패삼아 에테르 사용을 허용하지 않았다.

보스니아와 헤르체고비나의 전투[1878년에 오스트리아군이 이를 정복]에서는, 대부분의 오스트리아인 장교가 적인 용맹한 야만인에게 포로로 잡혔을 때 스스로 복용하기 위한 독약을 휴대하고 있었다.

'가련한 연인의 고통을 가볍게 하는' 많은 일화가 증명하고 있듯이, 영국의 하층계급은 안락사의 방법을 절대 모르지 않았다. 이 문제에 대해서는 나중에 다시 언급할 생각이다.

*39 국왕의 은둔에 의한 결과에 대해서는 이 책 '카마르 알 자만의 이야기'(192번째 밤)를 참조하기 바란다. 이 교훈은 단순히, 세상은 왕실이 없어도 충분히 돌아간다는 것이다.

*40 성품이 착하고 어질던 청년이 갑자기 나쁜 쪽으로 바뀌는 것이 이 이야기의 아랍인다운 기분 나쁜 유머이다. 동양인은 '무엇이든 갑자기 사악하게 돌변하는 일은 없다 (Nemo repente fuit turpissimus)'는 서양의 격언을 믿지 않는다. 가신들의 기개 있는 행동에 대해서는 유럽의 역사, 특히 포르투갈에서 많은 유례를 볼 수 있다(졸저 《카몽이스전(傳)》).

*41 성품이 착하고 어진 이슬람교도들은 이런 더럽고 지저분한 행동을 말려 못하게 할 의무가 있다. 그리고 그러한 행동은 이웃도 경비대장 앞에서 어려움을 호소할 수 있다. 이 관행 때문에 동양의 이슬람권 전체에 '자경단(自警團)'이 결성되어 있다.

*42 그러나 무함마드의 말로 알려진 전설에는 '백성의 왕은 그들의 하인이다'라고 되어 있다. 마태복음 제20장 26~27절을 보기 바란다. (이 책에는 "으뜸이 되고자 하는 자는 종이 되어야 하리라"고 되어 있다.)

*43 원칙적으로 신뢰할 만한 손니는 참으로 신기한 독약에 대해 언급하고 있다. 즉, 이 집트 여자의 원한을 다루며, 그녀들은 어느 일정한 달의 월경을 많이 섞어서 물약을 만드는데, 그것을 먹으면 괴혈병의 징후가 일어나, 잇몸이 썩고 이가 빠질 뿐만 아니라 수염과 머리카락도 빠지고, 육체는 말라붙어서 팔다리에 힘이 하나도 없이 1년 안에 사망한다는 것이다. 손니는 또, 그것의 해독제는 알 수 없다고 주장하고 있다. 만일 그것이 사실이라면, 현대 유럽의 로쿠스타(Locusta)나 브랑빌리에(Brinvillier) 같은 자들이 참으로 반가워할 일이다. (로쿠스타는 서기 54년 무렵의 로마 여성으로 독을 써서 사람을 죽이는 일이 직업이었다고 하며, 브랑빌리에는 재산을 빼앗아 가질 목적으로 아버지와 형제들에게 독을 먹여 죽게 한 프랑스의 유명한 범죄자이다. 1630~76년.)

*44 그 속에 궁전이 있었다.

*45 자세한 것은 위 주석 17 참조. 모로코에서는 살라브는 의심할 여지없이 붉은 여우, 또는 일반 여우를 가리키지만, 본문처럼 무리를 지어 서식하는 동물은 아니다.

*46 아부 시르한(이리)에 대해서는 이 책 '이리와 여우 이야기' 주석 1 참조.

*47 먹이 또는 식량은 아랍어로 무나(Muunah)라고 하며, 모로코에서는 술탄이 발행하는

여권을 가진 여행자들에게 불행한 마을 사람들이 무료로 제공하는 식량을 가리킨다. 그 어원은 마운(Maun)이며, 필수품을 공급한다는 의미이다.
 "이 이름은 만나(Manna)라고 하여, 아라비아의 사막을 이리저리 떠돌아다니던 당시의 이스라엘인에게 하늘의 은총으로 주어진 기적의 식량에서 유래한 것으로 추정되고 있다."(존 드러몬드 헤이 저 《모로코와 무어인》 1861년)

*48 즉 그들을 그릇됨 없이 정당하게 대우하여 하늘의 보답을 얻으려고 결심했다는 뜻.

*49 아랍어로 루스(Luss), 즉 '도둑, 강도, 악인'이라고 하며, 페르시아어의 속어 루티(Luti)에 해당한다. 이 이야기는 동양의 민화에 매우 많은 '바보 이야기(Simpleton stories)' 가운데 하나이다. 클라우스턴 씨는 현재 이런 종류의 이야기를 수집하고 있다고 하는데, 크게 기대되는 바이다.

*50 악마라는 뜻이기도 한 Divan(디브(Div)의 복수형. 여기서는 '알현실')을 최초로 사용한 것은 어느 페르시아 왕으로 알려 있다. 그는 서기들이 온갖 어려운 서류와 계산서를 너무나 신속하고 교묘하게 처리하는 것을 보고 자기도 모르게 '이들은 틀림없이 악마렷다!' 소리쳤다고 한다.

*51 판례집(Book of law-cases)은 아랍어로 키타브 알 카자(Kitab al-Kaza)이며, '심판의 책'이라는 뜻이다. 이를테면 판관〔재판관〕이 판결사례와 그 나라의 관행에 따라 분쟁 중인 사건을 판결할 때 사용한다.

*52 사납고 악한 수장들의 이러한 대량 학살은 동양의 국정수단에서 보면 강력한 수완의 하나이다. 그리고 정세에 따라 어쩔 수 없는 것으로 받아들여지므로 거의 언제나 성공을 거둔다. 매우 신중하게 극비리에 계획되어 단행되며, 여론도 그것을 지지한다.
 지금의 세기〔19세기〕에 들어온 뒤 이 같은 예로는, 무함마드 알리 파샤에 의한 백인 노예병의 대규모 학살과 우리나라의 오랜 동맹자인 사이드 사이드(Sayyid Sa'id, '마스카트의 이맘'이라고 잘못 불리고 있지만)가 우리 권력에 순응하지 않는 오만의 아랍인 족장들을 모조리 죽인 일이다.

*53 외인도는 아랍어로 알 힌드 알 아크사(Al-Hind al-Aksa)라고 한다. 산스크리트어의 신두(Sindhu, 인두스 강변의 나라들)는 젠드어〔고대 페르시아어〕에서는 헨두(Hendu)가 되었다. 여기서 아랍어의 신드(Sind)와 힌드(Hind)의 호칭이 생긴 것이며, 나는 고전적인 인디아(India) 또는 시적인 인드(Ind) 대신 힌드를 보존했으면 좋았을 거라고 생각한다.

*54 '여자의 흉악한 계획은 진실로 크도다'라는 문구는 《코란》의 요셉의 장, 즉 제12장 28절에 나오며, 요셉의 순결이 포티발 집안의 증언으로 증명된 뒤에 포티발이 하는 말이다. 《탈무드》에 의하면 요람 속 아기가 증언하는 것으로 되어 있다.

*55 〔본문에서 백만은 a thousand thousand로 되어 있다.〕 아랍어에는 백만을 나타내는 단어가 없다. 그래서 모로코인은 스페인에게서 빌린 밀륜(Milyun)이라는 말을 받아들여

썼다. 〔호세 데 레르춘디(Jose de Lerchundi)가 쓴《마로코국에서 사용되는 통속 아랍어 입문 Rudimentos del Arabe vulgar que se habla en el imperio de Marruccos》 1872년 마드리드 발행.〕

힌두인의 언어와는 반대로 높은 수사(數詞)가 없으므로, 아랍인의 '산수학 (arithmology)'은 발달되지 않은 처음 상태 그대로 있다.

\*56 즉, 살리고 죽일 수 있는 권리와 주고 빼앗을 수 있는 권리가 당신에게 달린 노예라는 뜻.

\*57 머리글은 아랍어로 히타브(Khitab)라고 하며, 볼일에 들어가기 전에 글쓴이가 기교를 부려 쓰는 편지의 글머리를 말한다. 이 글머리는 마지막에 '암마 바드(Amma ba'd, 직역하면 '그러나, 그 뒤'라는 뜻)'라는 문구로 끝맺는데, 우리의 '근계(謹啓)(삼가 아룁니다)'에 해당한다.

지금의 정치가들은 대부분 이 히타브를 생략하고, '무의미한 인사말은 생략하고 본론으로 들어가서'라고 한다. 그러나 비서들은 그 한 마디 한 마디를 꼼꼼하게 검토하여 잘못된 점에 대해서는 화를 낸다.

\*58 이 왕이 글을 잊어버린 것을 강하게 암시하고 있다. 그와 같이 신드의 태수들 가운데 적지 않은 자들이 글을 쓸 줄 모르며, 오히려 그것을 자랑으로 여기고 있는 것처럼 보였다.

〈역주〉
(1) '스바나 루라'는 '알라를 찬양하라'는 뜻.
(2) 이븐 시마스는 '시마스의 아들'이라는 뜻.

### 고산고정일(高山高正一)

서울에서 태어나다. 성균관대학교국문학과졸업. 성균관대학교대학원비교문화학과졸업. 소설「청계천」으로「자유문학」등단. 1956년~현재 동서문화사 발행인. 1977~87년 동인문학상운영위집행위원장. 1996년「한국세계대백과사전」편찬주간발행. 지은책「청계천 사람들」「불굴의 혼·박정희」「한국출판100년을 찾아서」「愛國作法·新文館 崔南善·講談社 野間淸治」「망석중이들 잠꼬대」「高山 大三國志」「불과 얼음 17일 전쟁 장진호」「세계를 매혹한 최승희」 한국출판문화상수상, 한국출판학술상수상.

World Book 136
Richard Francis Burton
THE BOOK OF THE THOUSAND NIGHTS AND ONE NIGHT
아라비안나이트 Ⅳ
리처드 버턴/고산고정일 옮김
1판 1쇄 발행/1969. 12. 12
2판 1쇄 발행/2010. 12. 12
2판 4쇄 발행/2022. 9. 1
발행인 고윤주
발행처 동서문화사
창업 1956. 12. 12. 등록 16-3799
서울 중구 마른내로 144(쌍림동)
☎ 546-0331~2 Fax. 545-0331
www.dongsuhbook.com

잘못 만들어진 책은 바꾸어 드립니다.
＊
이 책의 출판권은 동서문화사가 소유합니다.
의장권 제호권 편집권은 저작권법에 의해 보호를 받는 출판물이므로
무단전재와 무단복제를 금합니다.
사업자등록번호 211-87-75330
ISBN 978-89-497-0677-1 04080
ISBN 978-89-497-0382-4 (세트)

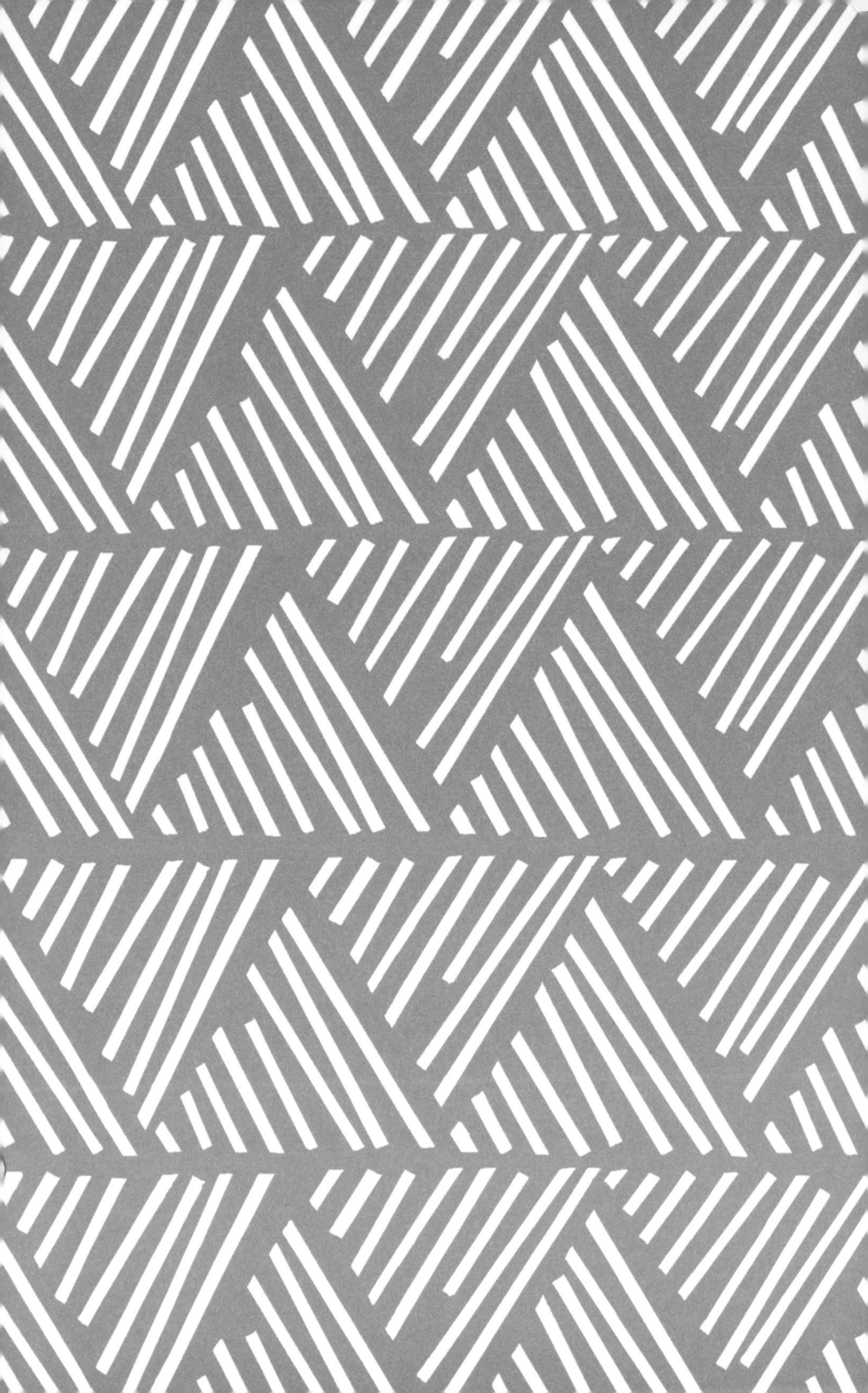